清代达斡尔族档案辑录

黑龙江将军衙门达斡尔族满文档案选编

12

乾隆朝

中国第一历史档案馆
内蒙古自治区少数民族古籍征集研究室
呼伦贝尔市民族事务委员会
莫力达瓦达斡尔族自治旗人民政府
编

辽宁民族出版社

目 录

一一七三　军机处为办理拣选索伦达斡尔西丹为披甲移驻伊犁事宜事咨黑龙江将军文
乾隆二十八年二月初七日 ……1
一一七四　黑龙江将军衙门为妥善办理挑选索伦达斡尔等兵丁移驻伊犁事宜事札布特哈索伦达斡尔总管等文
乾隆二十八年二月初九日 ……17
一一七五　布特哈索伦达斡尔总管噶布舒等为询问如何办给派驻伊犁索伦达斡尔兵丁马匹事咨呈黑龙江将军衙门文
乾隆二十八年二月十五日 ……21
一一七六　黑龙江将军衙门为现今马匹充足不需办给索伦达斡尔等牧群马匹事札布特哈索伦达斡尔总管等文
乾隆二十八年二月十九日 ……24
一一七七　布特哈索伦达斡尔总管噶布舒等为查报移驻京城达斡尔杜尔格齐等人家口数目事咨呈黑龙江将军衙门文
乾隆二十八年三月初四日 ……29
一一七八　黑龙江将军衙门为确定索伦达斡尔等会盟地点日期并严加查收貂皮事札布特哈总管等文
乾隆二十八年四月十四日 ……34
一一七九　黑龙江将军衙门为选派技艺娴熟索伦达斡尔官兵赴木兰行围

并造送花名册事咨黑龙江副都统衙门文
乾隆二十八年五月十四日 ……36
一一八〇 布特哈索伦达斡尔总管噶布舒等为报驻京正白满洲旗护军达斡尔华颜效力及三代情形事咨呈黑龙江将军衙门文
乾隆二十八年五月二十日 ……44
一一八一 布特哈索伦达斡尔总管噶布舒等为报驻京正黄满洲旗护军达斡尔逊提恩效力及三代情形事咨呈黑龙江将军衙门文
乾隆二十八年五月二十四日 ……47
一一八二 喀什噶尔参赞大臣为知会军营达斡尔披甲维霍托出缺由西丹萨穆保挑补事咨黑龙江将军文
乾隆二十八年六月初八日 ……49
一一八三 黑龙江将军衙门为本年照例办理布特哈索伦达斡尔等比丁事宜事札布特哈副都统衔总管等文
乾隆二十八年七月初二日 ……52
一一八四 黑龙江将军衙门为查报阵亡满洲索伦达斡尔等官员履历及阵亡地点日期事咨兵部文（附册一件）
乾隆二十八年八月十二日 ……58
一一八五 黑龙江将军衙门为布特哈镶黄旗达斡尔佐领察布敦病故出缺拟定正陪人员引见事咨理藩院文
乾隆二十八年九月初二日 ……133
一一八六 黑龙江将军衙门为布特哈正白旗达斡尔佐领桑阿穆保病故出缺查明源流拣选应补人员引见事咨理藩院文
乾隆二十八年九月初二日 ……136
一一八七 黑龙江将军衙门为本年布特哈索伦达斡尔鄂伦春等照例比丁并造册报送事咨理藩院文
乾隆二十八年九月十三日 ……143

一一八八　黑龙江将军衙门为索伦达斡尔笔帖式期满允准选放骁骑校事札署布特哈索伦达斡尔总管托恩济勒图文
乾隆二十八年十一月二十八日 ……149
一一八九　兵部为复行查明出征阵亡满洲索伦达斡尔官兵姓名并造册送部事咨黑龙江将军文（附名单一件）
乾隆二十八年十二月初七日 ……154
一一九〇　黑龙江将军衙门为查明各城驻防满洲索伦达斡尔等官兵数目并造册送部事咨兵部文（附官员数目册一件）
乾隆二十八年十二月十四日 ……164
一一九一　镶白满洲旗为收取达斡尔佐领嘉哈图等员倒毙马价银事咨黑龙江将军衙门文
乾隆二十九年三月十四日 ……185
一一九二　布特哈索伦达斡尔总管噶布舒等为请确定会盟日期地点以便索伦达斡尔等准备事咨呈黑龙江将军衙门文
乾隆二十九年四月十二日 ……192
一一九三　布特哈索伦达斡尔总管等为报布特哈索伦达斡尔等本年春秋二季捕貂数目事咨呈黑龙江将军衙门文
乾隆二十九年四月十三日 ……194
一一九四　黑龙江将军衙门为确定布特哈索伦达斡尔等会盟日期地点事札布特哈总管等文
乾隆二十九年四月十三日 ……196
一一九五　黑龙江将军衙门为严禁布特哈索伦达斡尔等狩猎使用鸟枪事札布特哈索伦达斡尔总管等文
乾隆二十九年四月十六日 ……198
一一九六　黑龙江将军衙门为报送拟选黑龙江各处满洲达斡尔汉军等骁骑校缺人员事咨兵部文
乾隆二十九年四月十九日 ……202

一一九七　黑龙江将军衙门为墨尔根正黄旗达斡尔骁骑校蒙库勒图病故出缺以笔帖式托克莎岱补授事咨正黄旗满洲都统衙门文
乾隆二十九年四月十九日 ……209
一一九八　黑龙江将军衙门为墨尔根正白旗达斡尔骁骑校鄂济穆保病故出缺以领催额尔格勒图补授事咨正白旗满洲都统衙门文
乾隆二十九年四月十九日 ……211
一一九九　黑龙江将军衙门为报送黑龙江各处满洲达斡尔协领兼管佐领情形事咨兵部文
乾隆二十九年四月十九日 ……213
一二〇〇　黑龙江将军衙门为知会黑龙江各处满洲达斡尔协领兼管佐领情形事咨墨尔根副都统衙门文
乾隆二十九年四月二十三日 ……217
一二〇一　黑龙江将军衙门为选派马步箭娴熟满洲索伦达斡尔官兵进木兰围并造送花名册事咨黑龙江副都统衙门文
乾隆二十九年五月十二日 ……220
一二〇二　黑龙江将军衙门为造送拣选技艺娴熟索伦达斡尔等官兵花名册事咨理藩院文
乾隆二十九年五月二十四日 ……225
一二〇三　黑龙江将军衙门为派遣达斡尔骁骑校德锡延等员赴木兰行围事咨御前大臣等文
乾隆二十九年五月二十四日 ……229
一二〇四　黑龙江将军衙门为派遣满洲达斡尔等官兵赴木兰围事咨兵部文
乾隆二十九年六月初四日 ……232
一二〇五　黑龙江将军衙门为查明达斡尔协领阿迪穆保等兼管本城佐领情形事咨镶黄旗满洲都统衙门文
乾隆二十九年七月十九日 ……236
一二〇六　黑龙江将军富僧阿奏闻严加查缴布特哈索伦达斡尔等鸟枪情

形折
乾隆二十九年七月二十五日 ……251
一二〇七　黑龙江将军衙门为查明达斡尔雅穆布勒等佐领源流并造册送部事咨兵部文（附册一件）
乾隆二十九年八月初十日 ……256
一二〇八　署布特哈索伦达斡尔总管托恩济勒图等为达斡尔佐领等员出缺拟会盟时选派正陪人员引见事呈黑龙江将军衙门文
乾隆二十九年八月十七日 ……314
一二〇九　呼兰城守尉察明阿为报送佐领骁骑校等缺应选满洲达斡尔等员履历考语事呈黑龙江将军衙门文
乾隆二十九年八月十七日 ……316
一二一〇　墨尔根副都统衙门为报送佐领骁骑校等缺应选满洲达斡尔等官员履历考语事咨黑龙江将军衙门文
乾隆二十九年八月十七日 ……323
一二一一　墨尔根副都统衙门为遵旨查明达斡尔等官兵一家多人出征亡故者子弟选放骁骑校事咨黑龙江将军衙门文（附履历单一件）
乾隆二十九年八月二十一日 ……333
一二一二　黑龙江副都统衙门为报送佐领骁骑校等缺应选满洲达斡尔等官员履历考语事咨黑龙江将军衙门文
乾隆二十九年八月二十一日 ……337
一二一三　黑龙江将军衙门为报查缴布特哈索伦达斡尔等鸟枪入库情形事咨兵部文
乾隆二十九年八月二十五日 ……341
一二一四　黑龙江将军衙门为令设置卡伦禁止索伦达斡尔等私自买卖貂皮事咨黑龙江副都统衙门文
乾隆二十九年九月初七日 ……347
一二一五　墨尔根副都统衙门为咨送达斡尔德汉军官学生所写字事咨黑

龙江将军衙门文
乾隆二十九年九月二十八日 ······352
一二一六 布特哈索伦达斡尔总管噶布舒等为严加办理索伦达斡尔等贡貂事宜事咨呈黑龙江将军衙门文
乾隆二十九年十月二十六日 ······354
一二一七 黑龙江将军衙门为令带领索伦达斡尔等官兵行围演练弘扬骑射事咨黑龙江副都统衙门文
乾隆二十九年十一月二十四日 ······368
一二一八 黑龙江将军衙门为办理达斡尔领催披甲留驻京城事宜事札布特哈索伦达斡尔总管等文（附名单一件）
乾隆二十九年十二月十九日 ······374
一二一九 黑龙江将军衙门为令严办理布特哈索伦达斡尔等贡貂事宜事札布特哈总管等文
乾隆三十年正月二十六日 ······377
一二二〇 黑龙江将军衙门为报送防御骁骑校等缺应选满洲达斡尔等官员履历考语事咨黑龙江副都统衙门文（附单一件）
乾隆三十年二月初七日 ······386
一二二一 户部为本年布特哈索伦达斡尔等所贡貂皮足数不及等第仍照例赏赐事咨黑龙江将军文（附来文一件）
乾隆三十年二月十二日 ······390
一二二二 喀什噶尔总理回城事务参赞大臣等为索伦罗颇礼接替达斡尔图勒锡披甲缺事咨黑龙江将军文
乾隆三十年二月十六日 ······401
一二二三 呼兰城守尉察明阿为报送协领佐领等缺应选索伦达斡尔等官员履历考语事呈黑龙江将军衙门文
乾隆三十年闰二月十二日 ······404
一二二四 墨尔根副都统衙门为报送佐领骁骑校等缺应选满洲达斡尔等

官员履历考语事咨黑龙江将军衙门文
乾隆三十年闰二月十二日 ……412
一二二五 墨尔根副都统衙门为报送达斡尔披甲伊勒噶穆保履历考语事咨黑龙江将军衙门文（附单一件）
乾隆三十年闰二月十二日 ……424
一二二六 户部为遵照旧例仍由布特哈索伦达斡尔等官兵赴京解送貂皮事咨黑龙江将军文
乾隆三十年闰二月二十七日 ……427
一二二七 黑龙江将军衙门为遵照旧例仍由索伦达斡尔等官兵赴京解送貂皮并令勤奋贡貂事札布特哈总管等文
乾隆三十年三月初一日 ……438
一二二八 黑龙江将军衙门为拣员补放齐齐哈尔正黄旗达斡尔骁骑校领催事咨兵部文
乾隆三十年三月初七日 ……450
一二二九 黑龙江将军衙门为齐齐哈尔城正蓝旗达斡尔世管佐领喀勒扎病故出缺查明源流拟定正陪人员引见事咨兵部文
乾隆三十年三月初七日 ……453
一二三〇 黑龙江将军衙门为墨尔根城正红旗达斡尔佐领韬赉休致出缺拟定正陪人员引见事咨兵部文
乾隆三十年三月初七日 ……463
一二三一 黑龙江将军衙门为齐齐哈尔城正红旗达斡尔骁骑校玛喀图升迁出缺拟定正陪人员引见事咨兵部文
乾隆三十年三月初七日 ……466
一二三二 黑龙江将军衙门为齐齐哈尔城正黄旗达斡尔骁骑校蒙郭勒岱升迁出缺以领催霍博塞补授事咨正黄旗满洲都统衙门文
乾隆三十年三月初七日 ……470
一二三三 黑龙江将军衙门为黑龙江城正白旗领催墨库理病故出缺以披

甲伊勒噶穆保补授事咨正白旗满洲都统衙门文
乾隆三十年三月初七日 ……472
一二三四 理藩院为嗣后仍由布特哈索伦达斡尔等官兵赴京解送貂皮并照例赏赐事咨黑龙江将军文
乾隆三十年三月十一日 ……474
一二三五 墨尔根副都统衙门为解送达斡尔汉军官学生所写字事咨黑龙江将军衙门文
乾隆三十年三月十八日 ……485
一二三六 布特哈索伦达斡尔总管噶布舒等为请定会盟日期以便索伦达斡尔等预先准备事咨呈黑龙江将军衙门文
乾隆三十年三月二十二日 ……487
一二三七 黑龙江将军衙门为造送各城满洲索伦达斡尔等官员数目清册事咨兵部文（附清册一件）
乾隆三十年三月二十六日 ……488
一二三八 黑龙江将军衙门为确定布特哈索伦达斡尔等会盟选貂日期地点事札布特哈总管等文
乾隆三十年三月二十六日 ……496
一二三九 署布特哈索伦达斡尔总管托恩济勒图等为报拨入京城正黄旗护军达斡尔鄂理穆保三代效力情形事呈黑龙江将军衙门文
乾隆三十年四月初八日 ……498
一二四〇 黑龙江副都统衙门为请每月拨给年迈不能当差另户达斡尔披甲霍和逊等银两事咨黑龙江将军衙门文
乾隆三十年四月十四日 ……500
一二四一 布特哈索伦达斡尔总管噶布舒等为查报索伦达斡尔等春秋二季捕貂数目事咨呈黑龙江将军衙门文
乾隆三十年四月十七日 ……505
一二四二 黑龙江将军等为令满洲蒙古索伦达斡尔等官兵严加巡查索岳

尔济围场附近卡伦缉拿不法人犯事告示
乾隆三十年四月二十二日 ……507
一二四三 布特哈索伦达斡尔总管噶布舒等为造送布特哈索伦达斡尔等丁及交纳貂皮数目册事咨呈黑龙江将军衙门文
乾隆三十年五月初五日 ……513
一二四四 布特哈索伦达斡尔总管噶布舒等为报送佐领骁骑校等缺应选满洲索伦达斡尔等员履历事咨呈黑龙江将军衙门文（附单一件）
乾隆三十年五月十六日 ……516
一二四五 布特哈索伦达斡尔总管噶布舒等为核查移驻伊犁索伦达斡尔官兵并造送比丁册事咨呈黑龙江将军衙门文
乾隆三十年五月二十二日 ……566
一二四六 黑龙江将军衙门为造送由布特哈移驻伊犁索伦达斡尔官兵比丁册事咨伊犁将军文
乾隆三十年五月二十五日 ……570
一二四七 黑龙江将军衙门为选派黑龙江满洲达斡尔等官兵赴木兰行围事咨兵部文
乾隆三十年六月初一日 ……573
一二四八 黑龙江将军衙门为造送选派黑龙江技艺娴熟索伦达斡尔巴尔虎等官兵花名册事咨理藩院文
乾隆三十年六月初一日 ……576
一二四九 正红满洲旗为齐齐哈尔城正红旗玛济勒图佐领下达斡尔骁骑校玛喀图升迁出缺准以科博锡图补授事咨黑龙江将军衙门文
乾隆三十年六月初七日 ……580
一二五〇 黑龙江将军衙门为报齐齐哈尔城正白旗达斡尔世管佐领莎诺沙升任协领仍兼管佐领事咨兵部文
乾隆三十年六月十九日 ……582

一二五一　黑龙江将军衙门为报送佐领骁骑校等缺应选满洲达斡尔等官员履历考语事咨黑龙江副都统衙门文（附单一件）
乾隆三十年七月初八日 ……587
一二五二　布特哈索伦达斡尔副都统衔总管萨垒为报索伦达斡尔等捕貂丁数并派员解送貂皮事咨呈黑龙江将军衙门文
乾隆三十年八月初三日 ……593
一二五三　黑龙江将军衙门为达斡尔新满洲官员家谱不合规格驳回修改火速解送事札暂护黑龙江副都统印务协领舒德勒文
乾隆三十年八月初九日 ……596
一二五四　黑龙江将军衙门为齐齐哈尔城正白旗达斡尔骁骑校兆格病故出缺拟定正陪人员引见事咨兵部文
乾隆三十年九月十六日 ……599
一二五五　黑龙江将军衙门为墨尔根城镶蓝旗达斡尔骁骑校察库病故出缺拟定正陪人员引见事咨兵部文
乾隆三十年九月十六日 ……602
一二五六　黑龙江将军衙门为查报纂修一统志所需满洲索伦达斡尔等官兵数目等项事咨平定准噶尔方略馆文（附清册一件）
乾隆三十年九月二十四日 ……605
一二五七　黑龙江将军衙门为咨送黑龙江各处满洲索伦达斡尔巴尔虎等比丁册事咨镶黄旗满洲都统衙门文
乾隆三十年十月初四日 ……637
一二五八　黑龙江将军衙门为造送布特哈索伦达斡尔等年贡貂皮及黑龙江各项贡品清册事咨户部文
乾隆三十年十月初五日 ……650
一二五九　黑龙江将军衙门为查报布特哈索伦达斡尔等按例年贡貂皮及黑龙江各项贡品事咨户部文
乾隆三十年十月初五日 ……653

一二六〇　黑龙江将军衙门为令缉拿逃逸另户达斡尔披甲济济穆保事咨扎赉特扎萨克多罗贝勒文
乾隆三十年十一月初三日 ……656
一二六一　黑龙江将军衙门为领取新授满洲达斡尔等官员俸银事咨盛京户部文
乾隆三十年十一月十三日 ……658
一二六二　黑龙江将军衙门为领取新授满洲达斡尔等官员俸银事咨盛京户部文
乾隆三十年十一月十三日 ……678
一二六三　黑龙江将军衙门为布特哈移驻伊犁索伦达斡尔官兵比丁册业已经咨送事咨伊犁将军文
乾隆三十年十一月十四日 ……689
一二六四　黑龙江将军富僧阿奏齐齐哈尔城正白旗达斡尔世管佐领索诺索升任协领仍兼管佐领折
乾隆三十年十二月初二日 ……692
一二六五　黑龙江将军衙门为查明各城满洲索伦达斡尔等官兵数目并造册送部事咨兵部文（附清册一件）
乾隆三十年十二月十一日 ……694

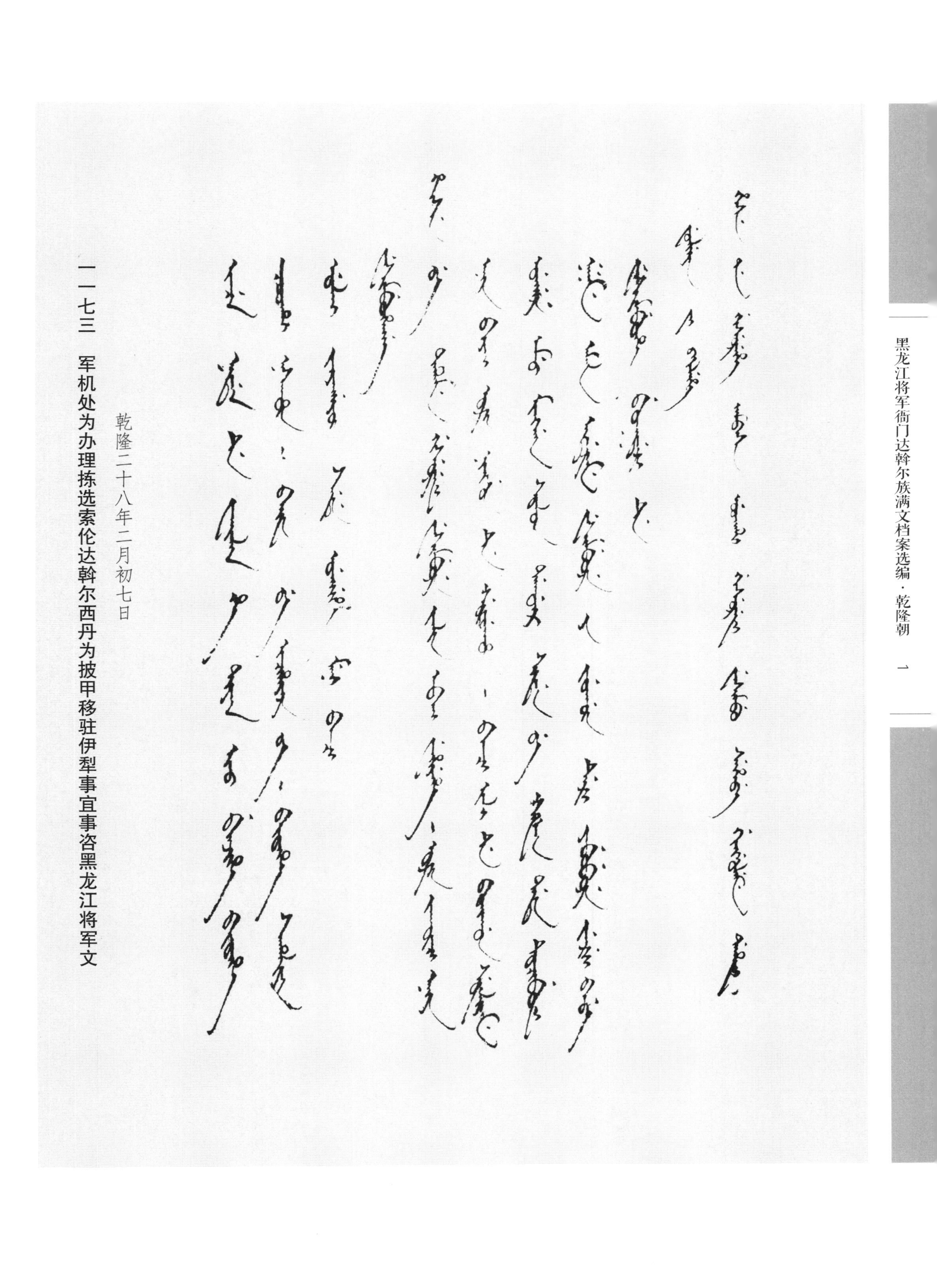

一一七三 军机处为办理拣选索伦达斡尔西丹为披甲移驻伊犁事宜事咨黑龙江将军文

乾隆二十八年二月初七日

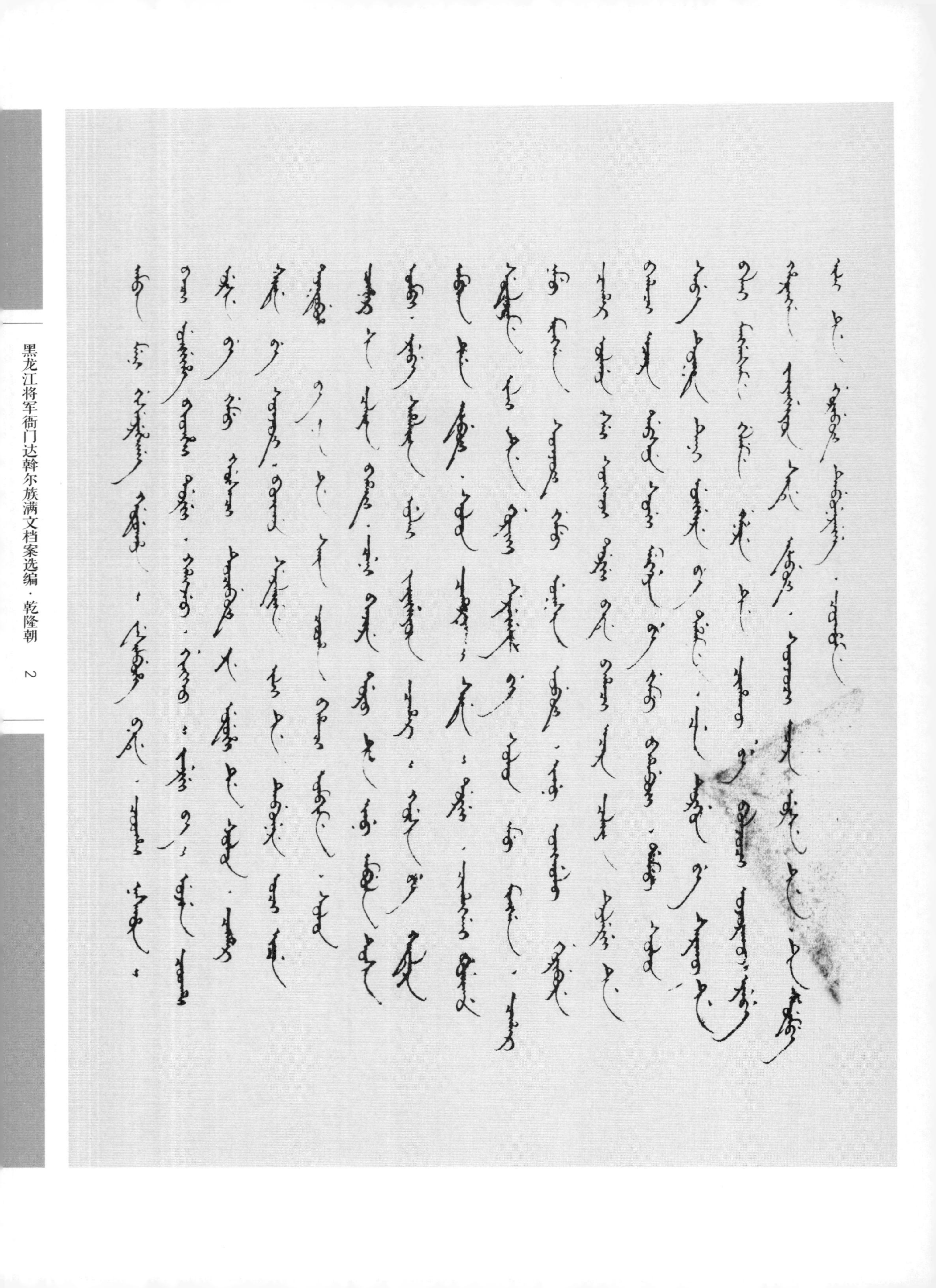

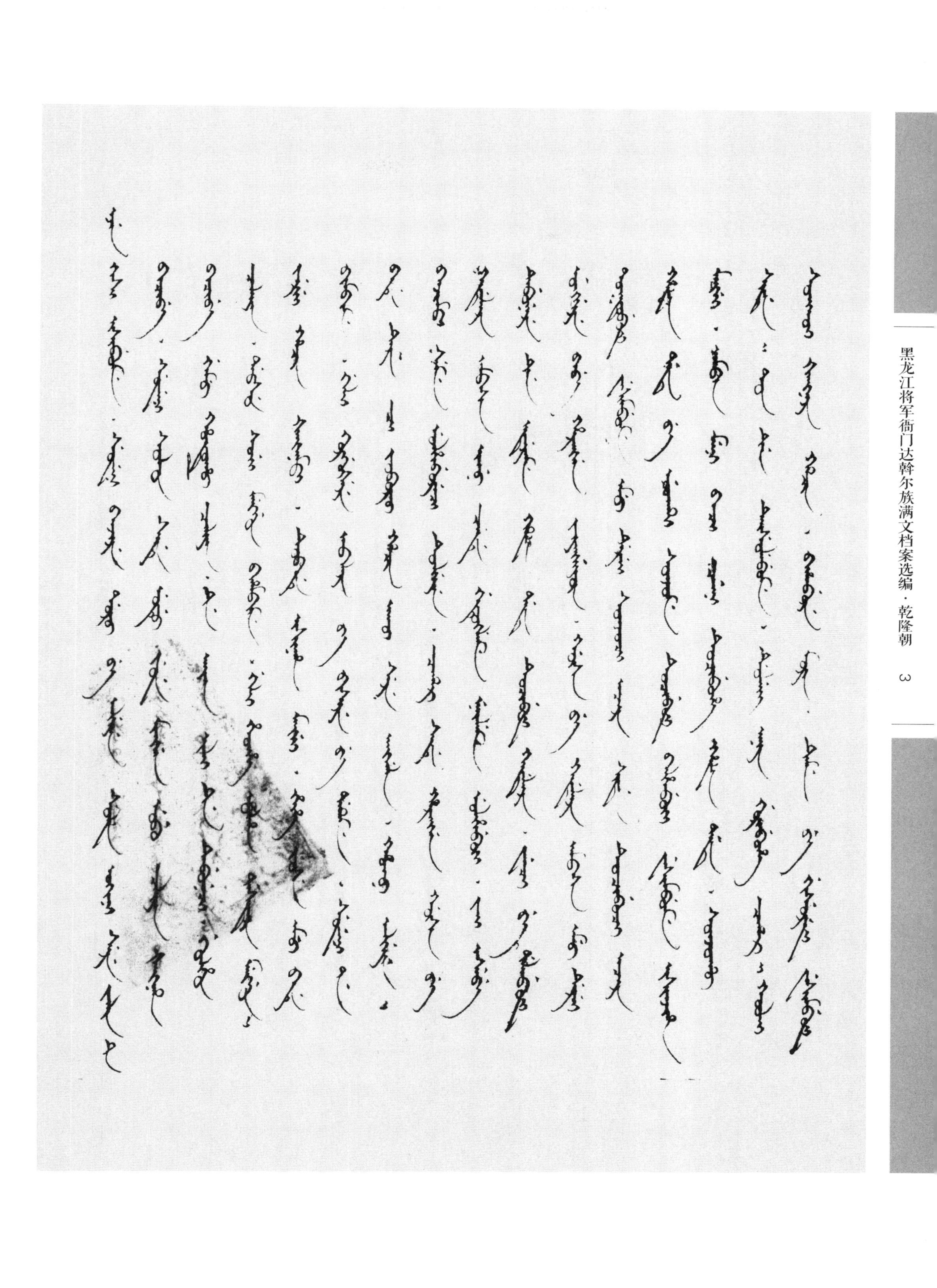

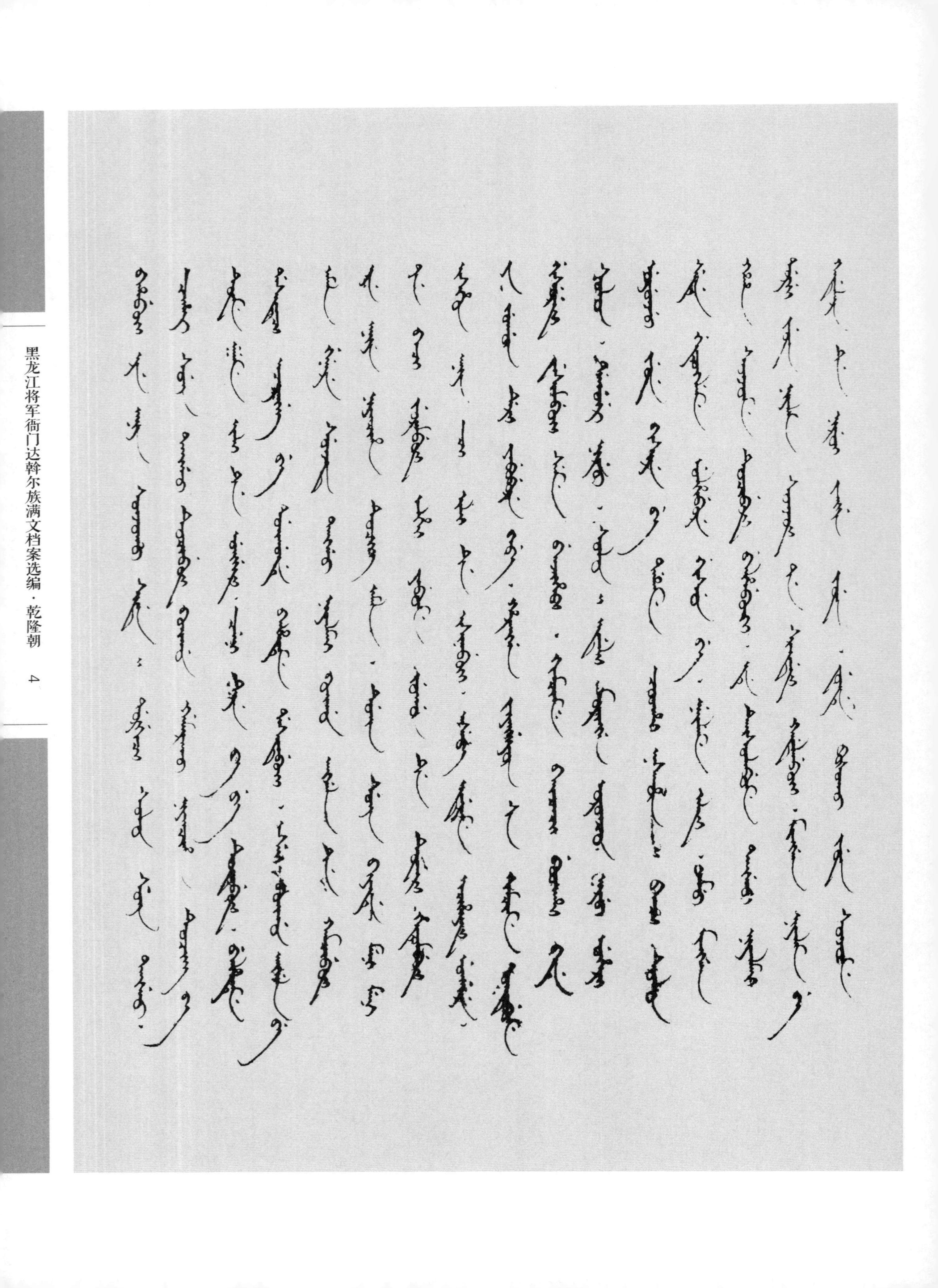

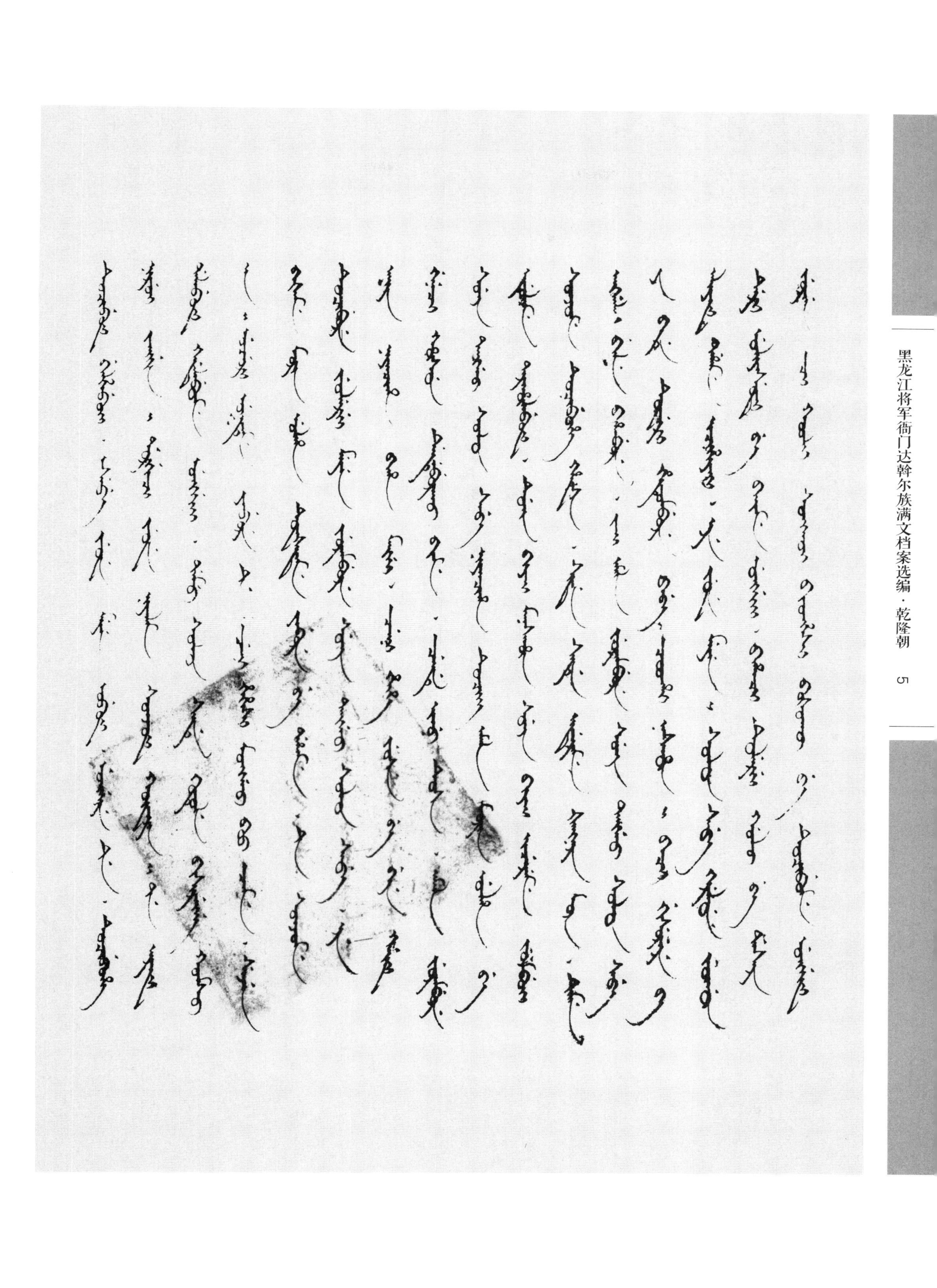

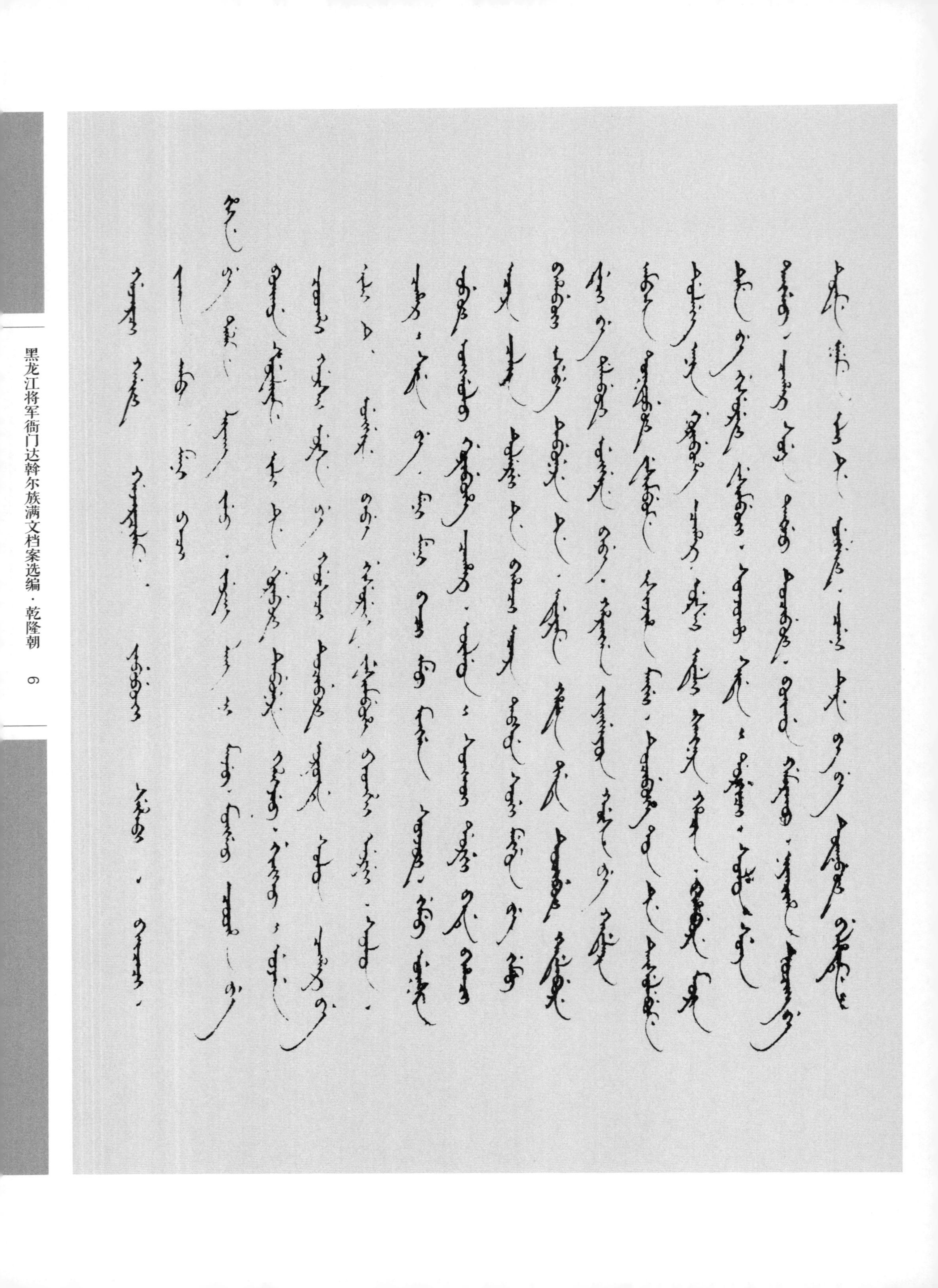

[illegible]

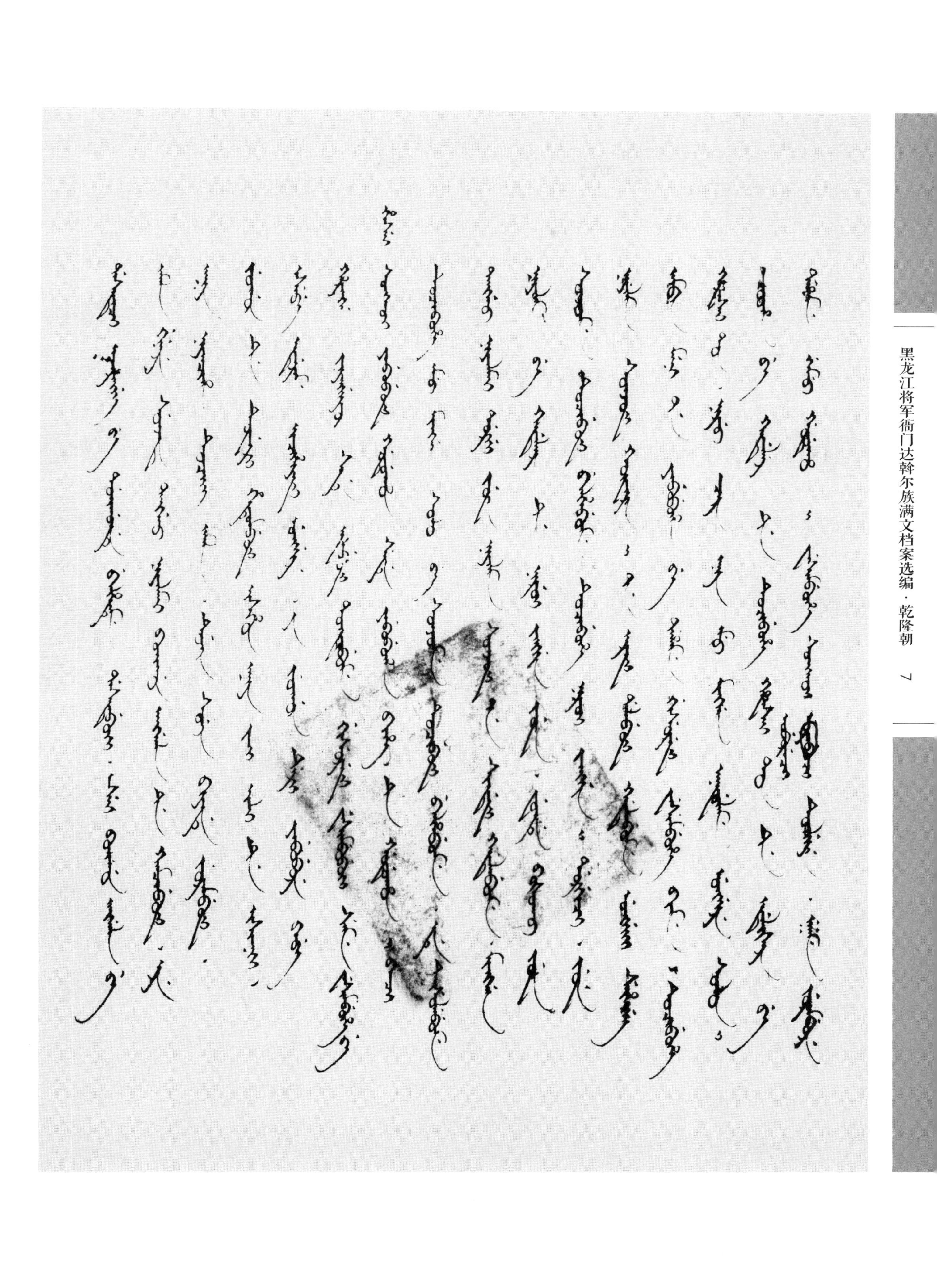

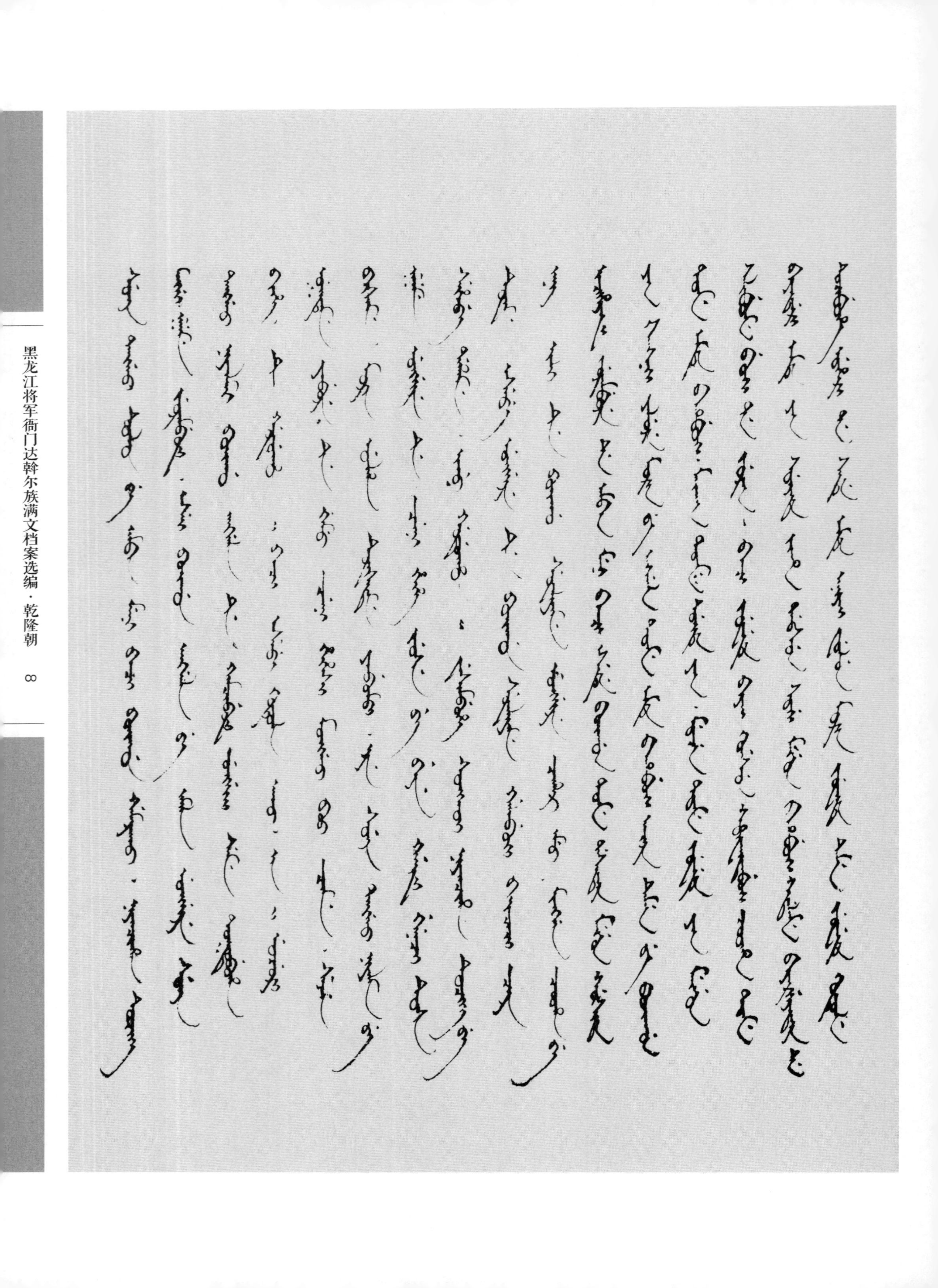

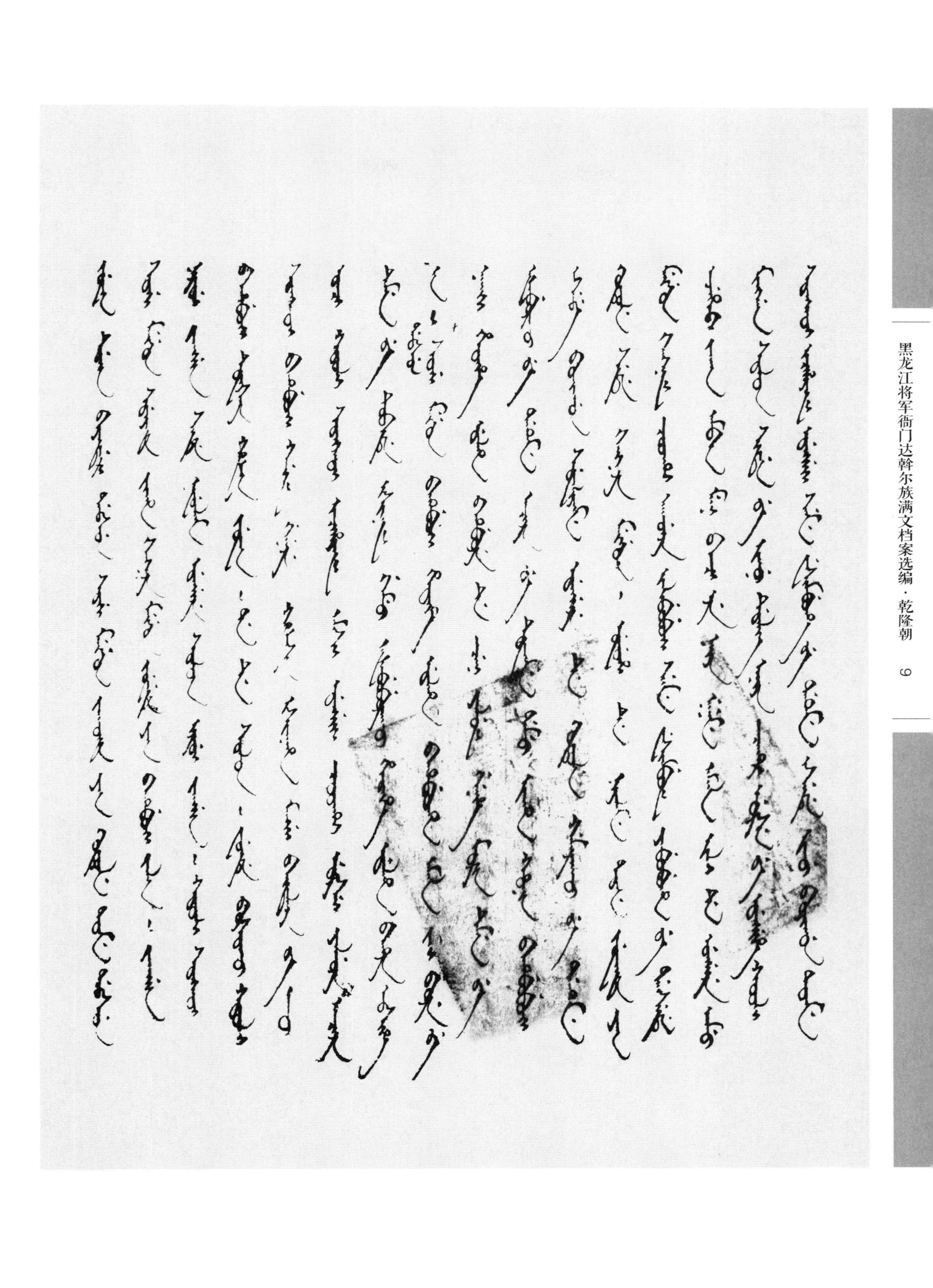

[illegible]

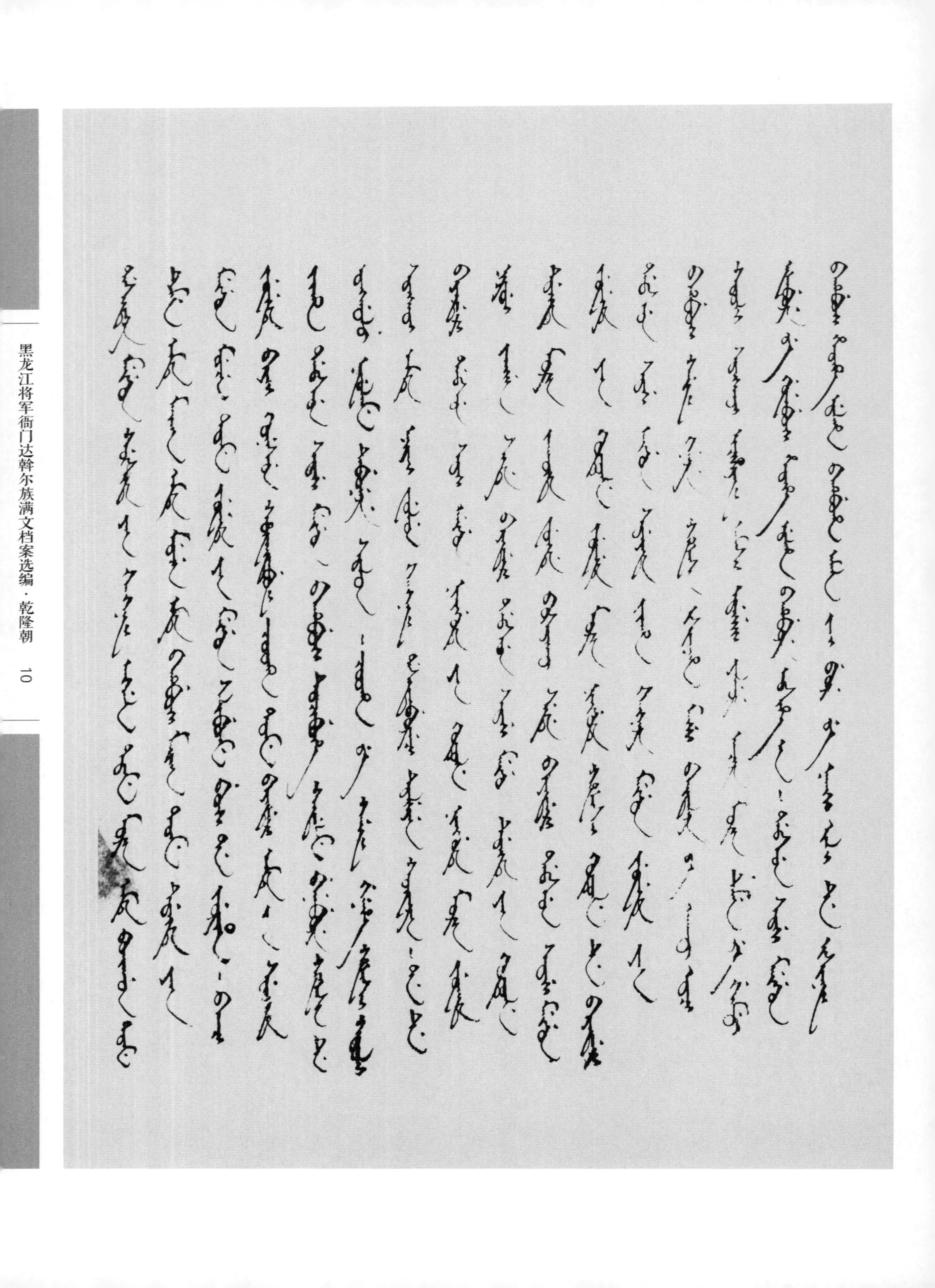

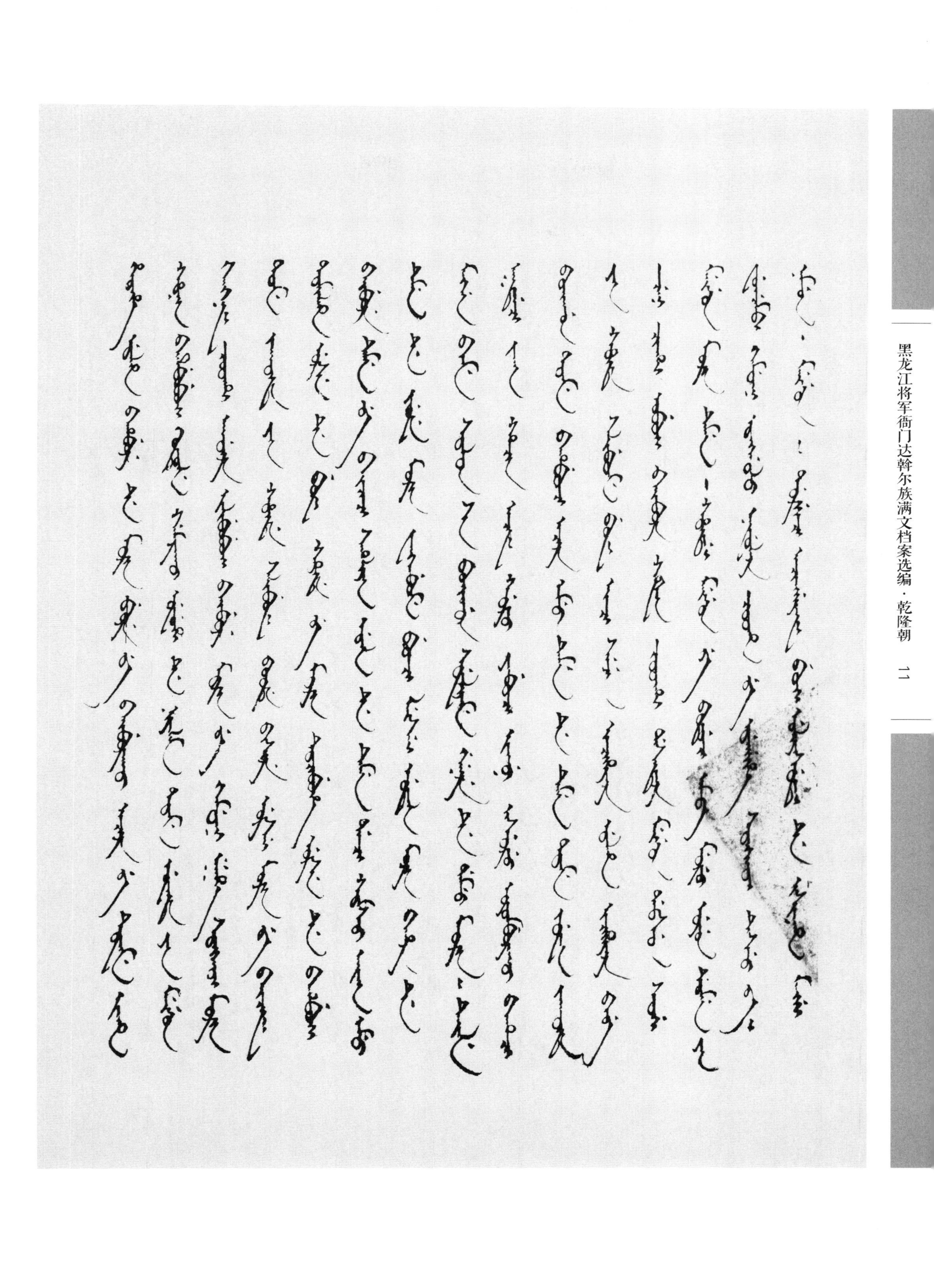

[illegible]

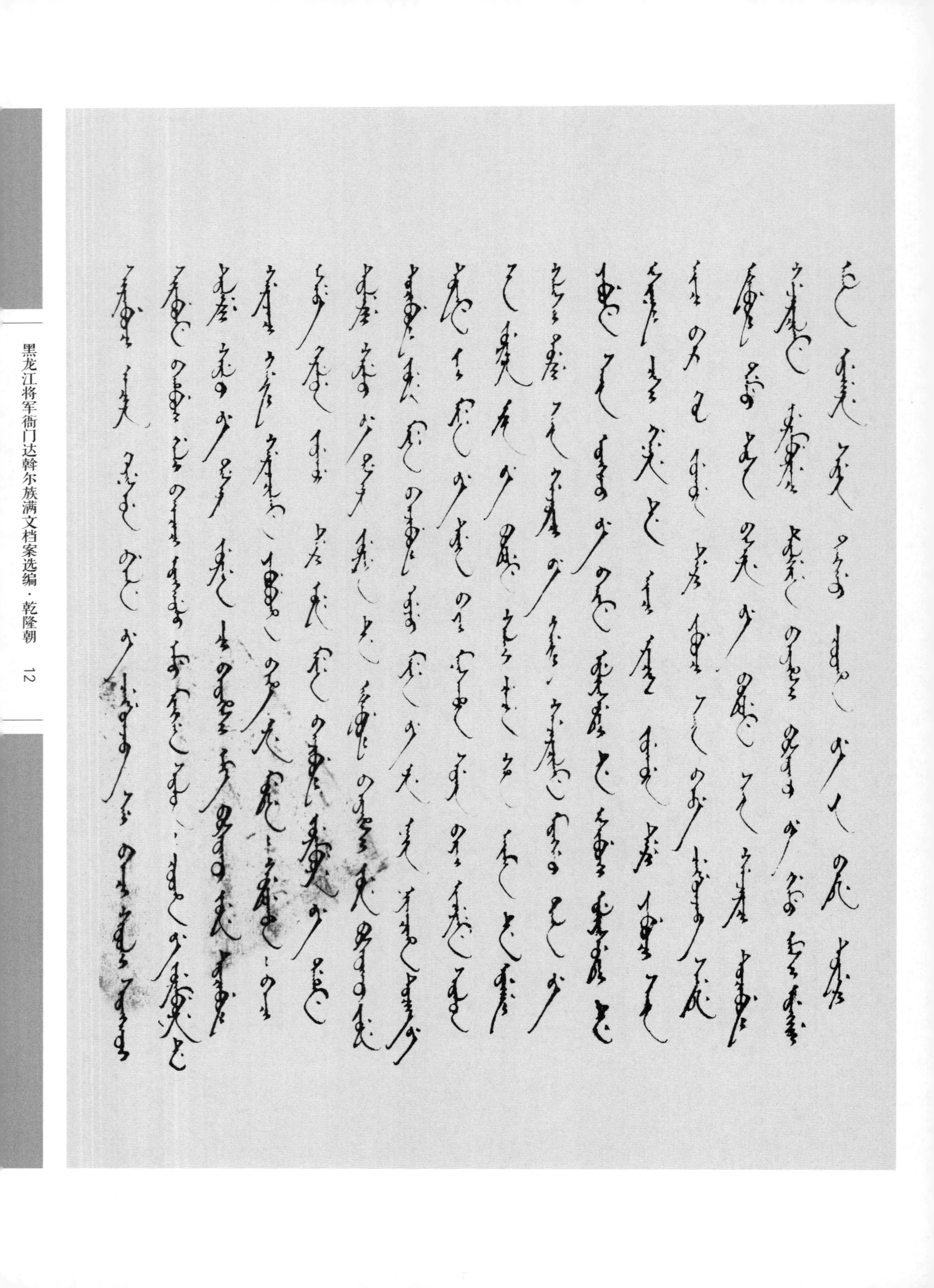

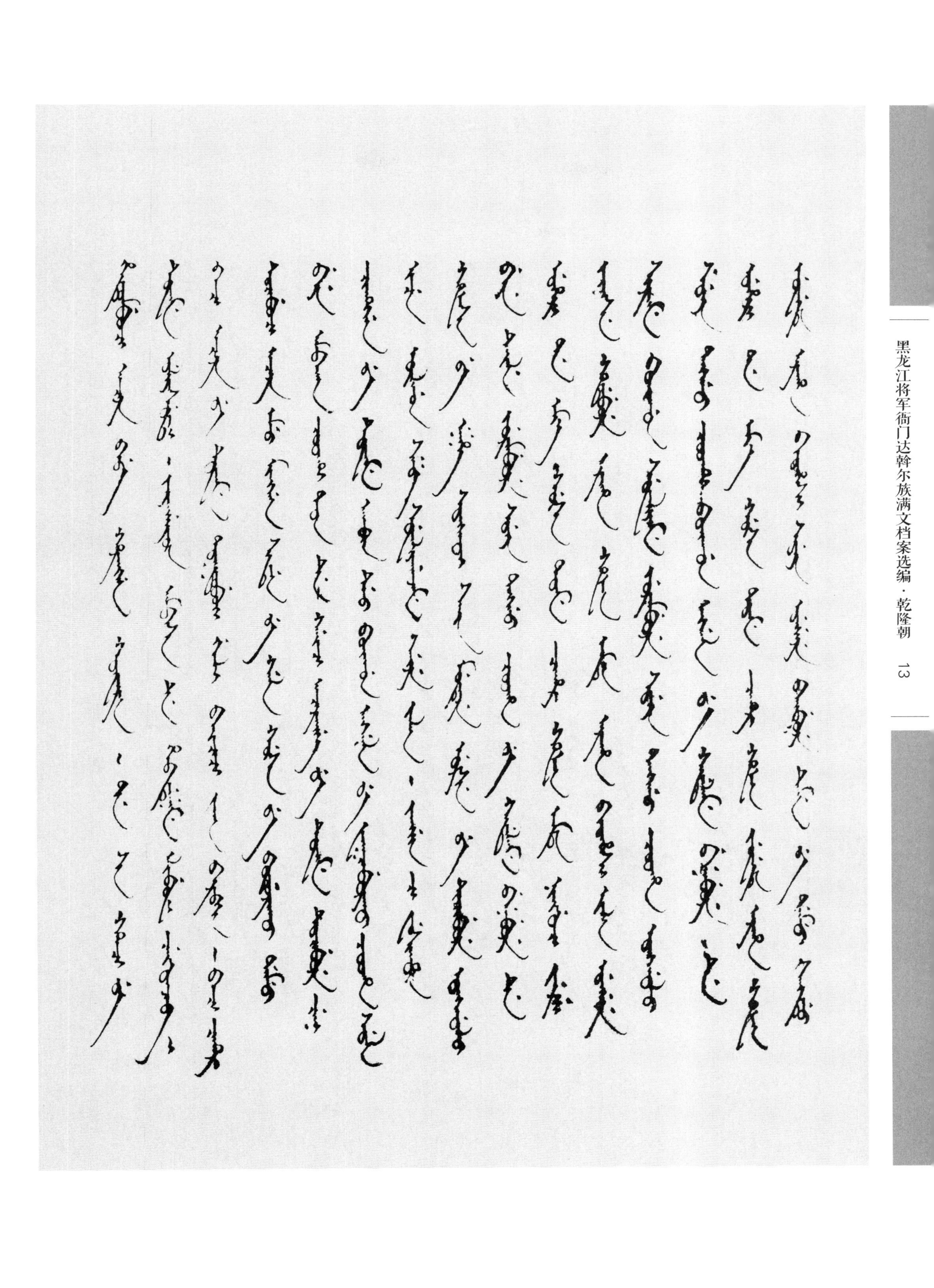

[illegible]

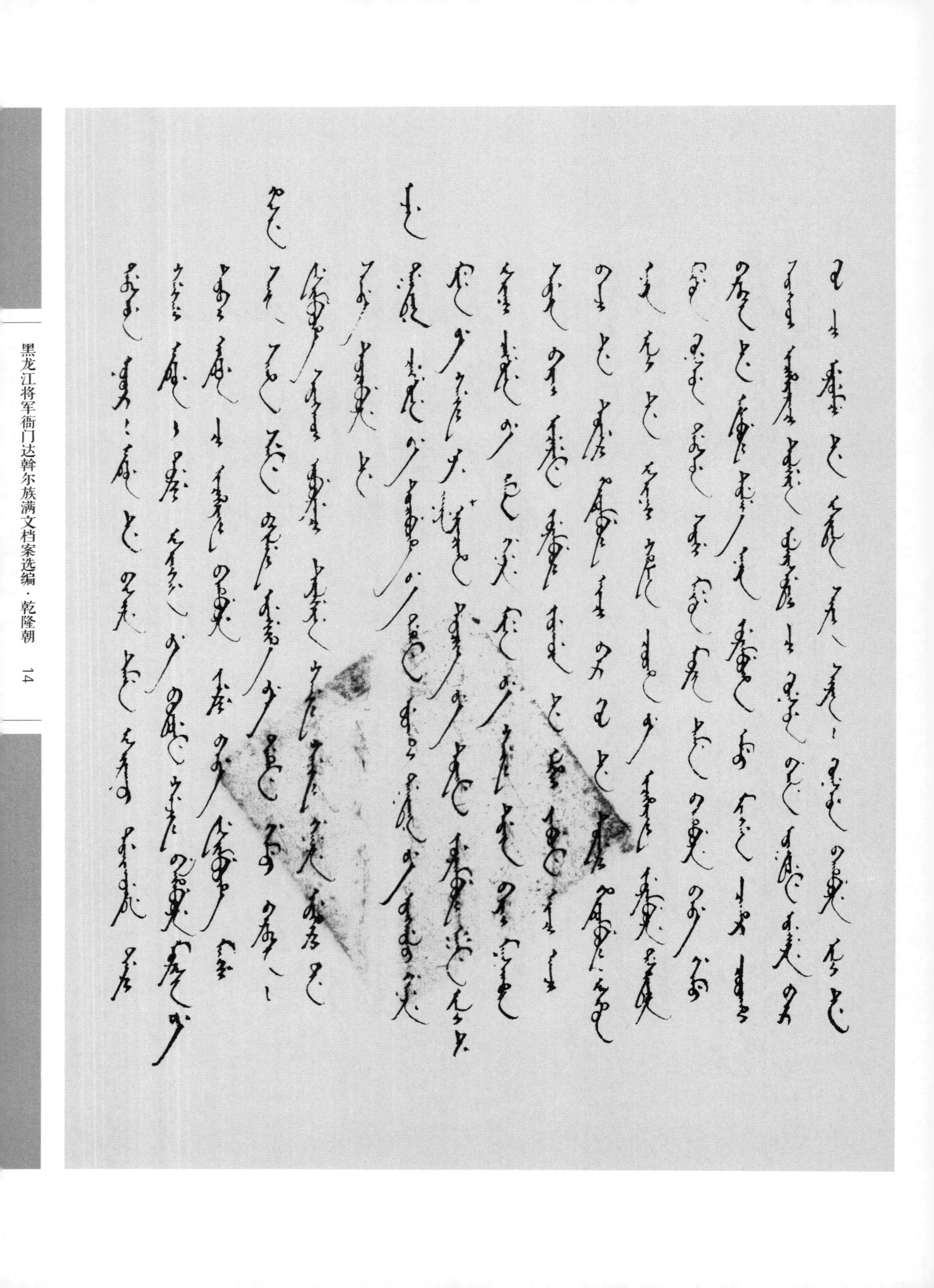

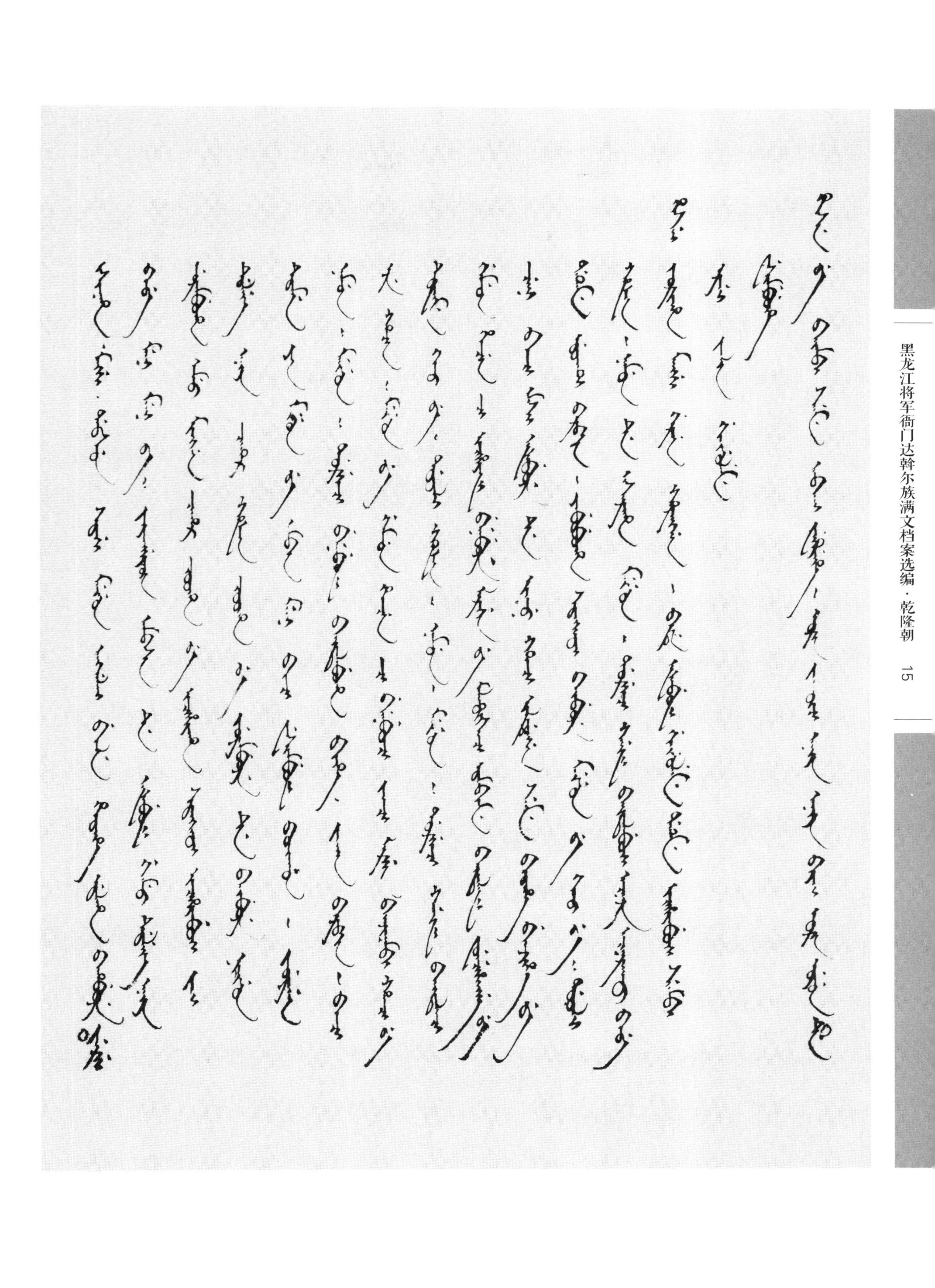

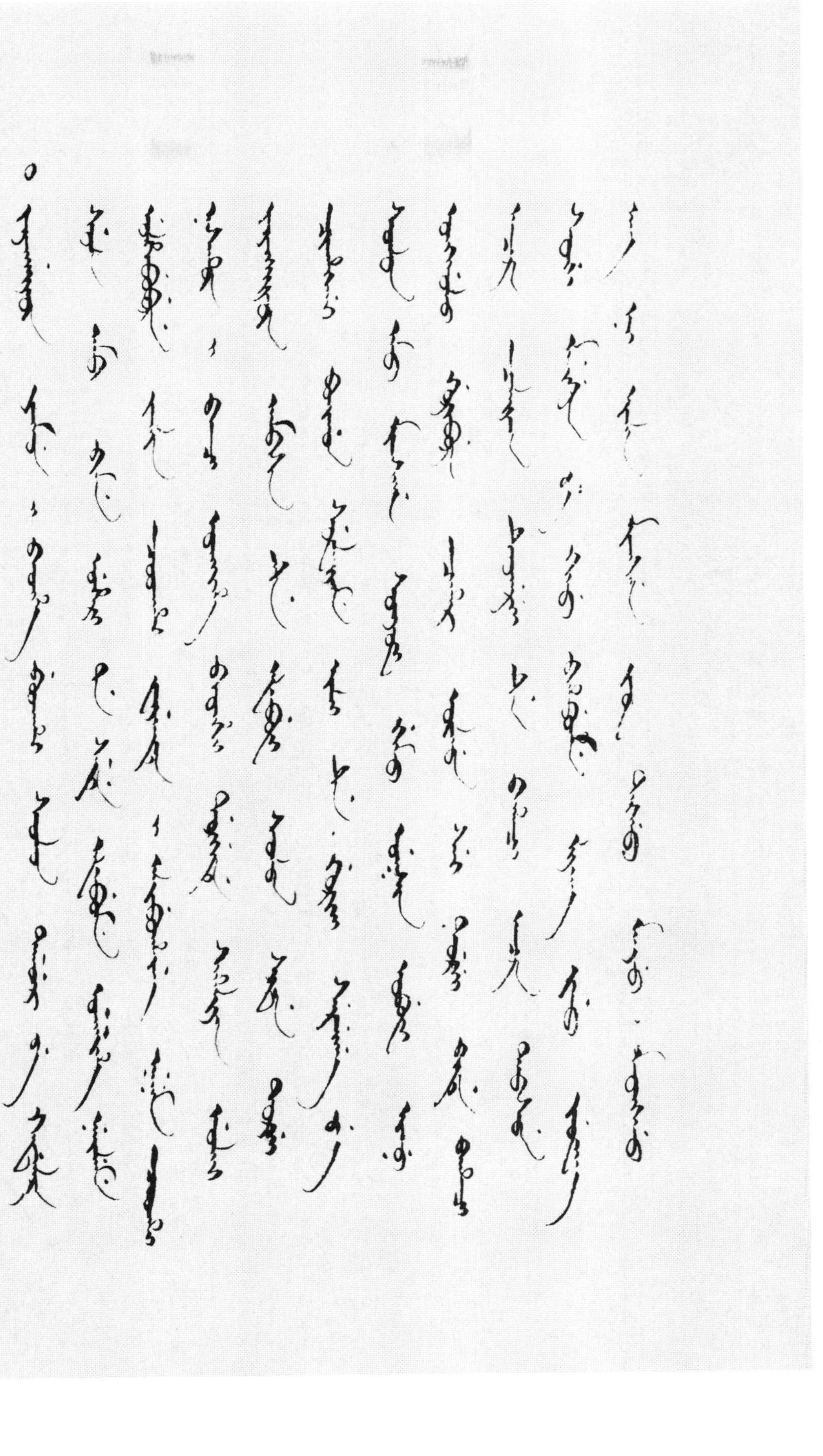

一一七四 黑龙江将军衙门为妥善办理挑选索伦达斡尔等兵丁移驻伊犁事宜事札布特哈索伦达斡尔总管等文

乾隆二十八年二月初九日

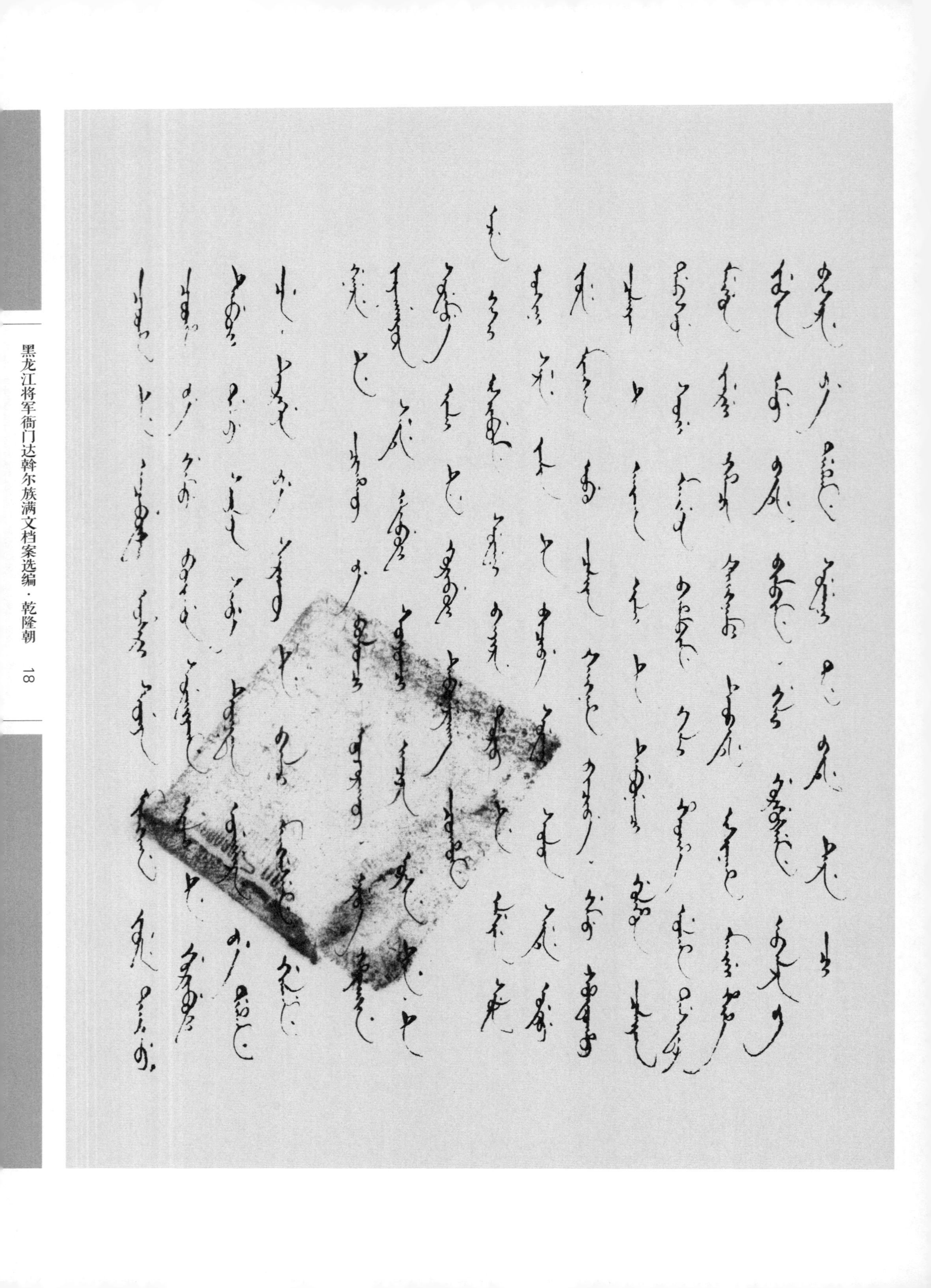

[illegible]

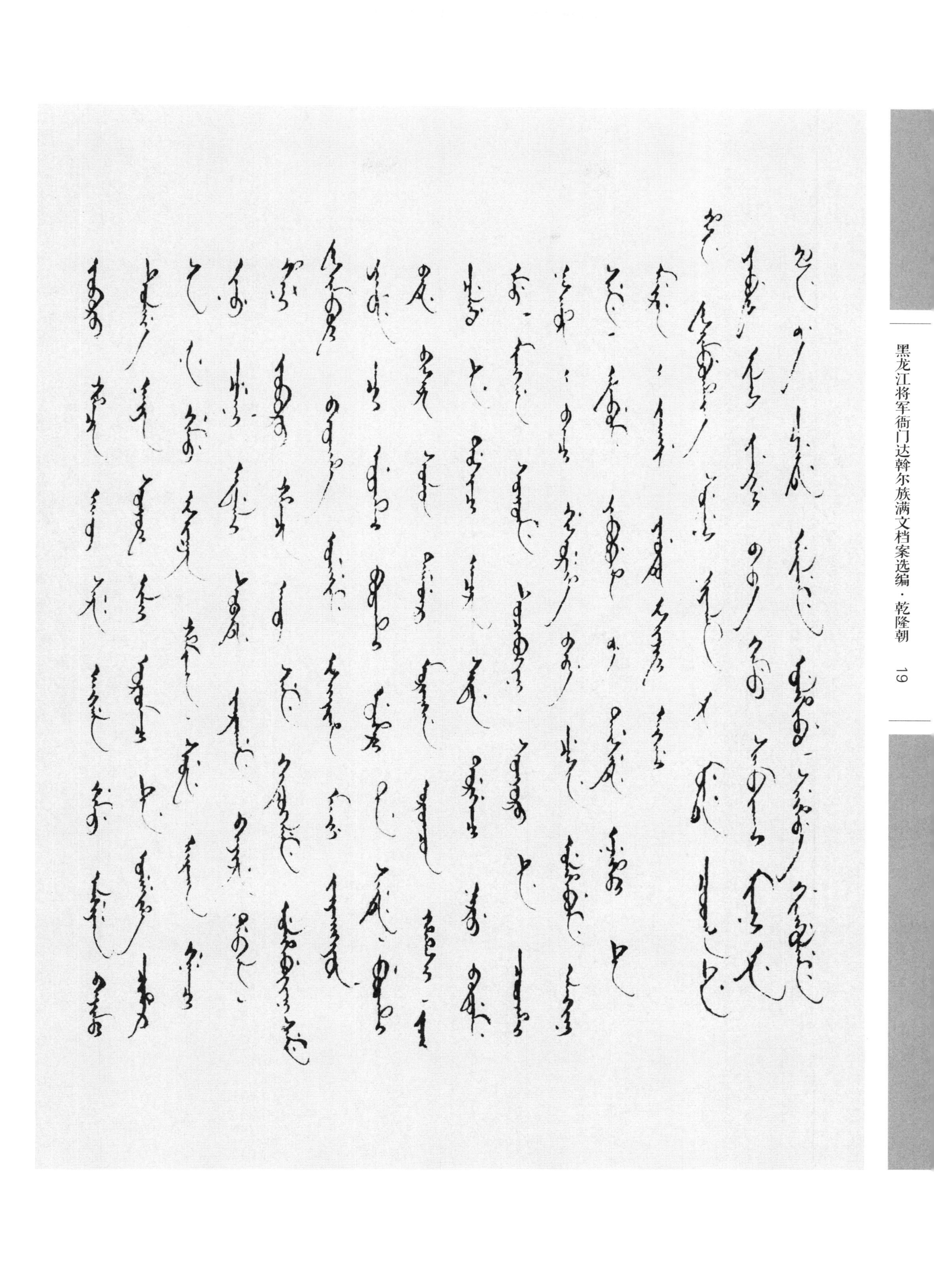

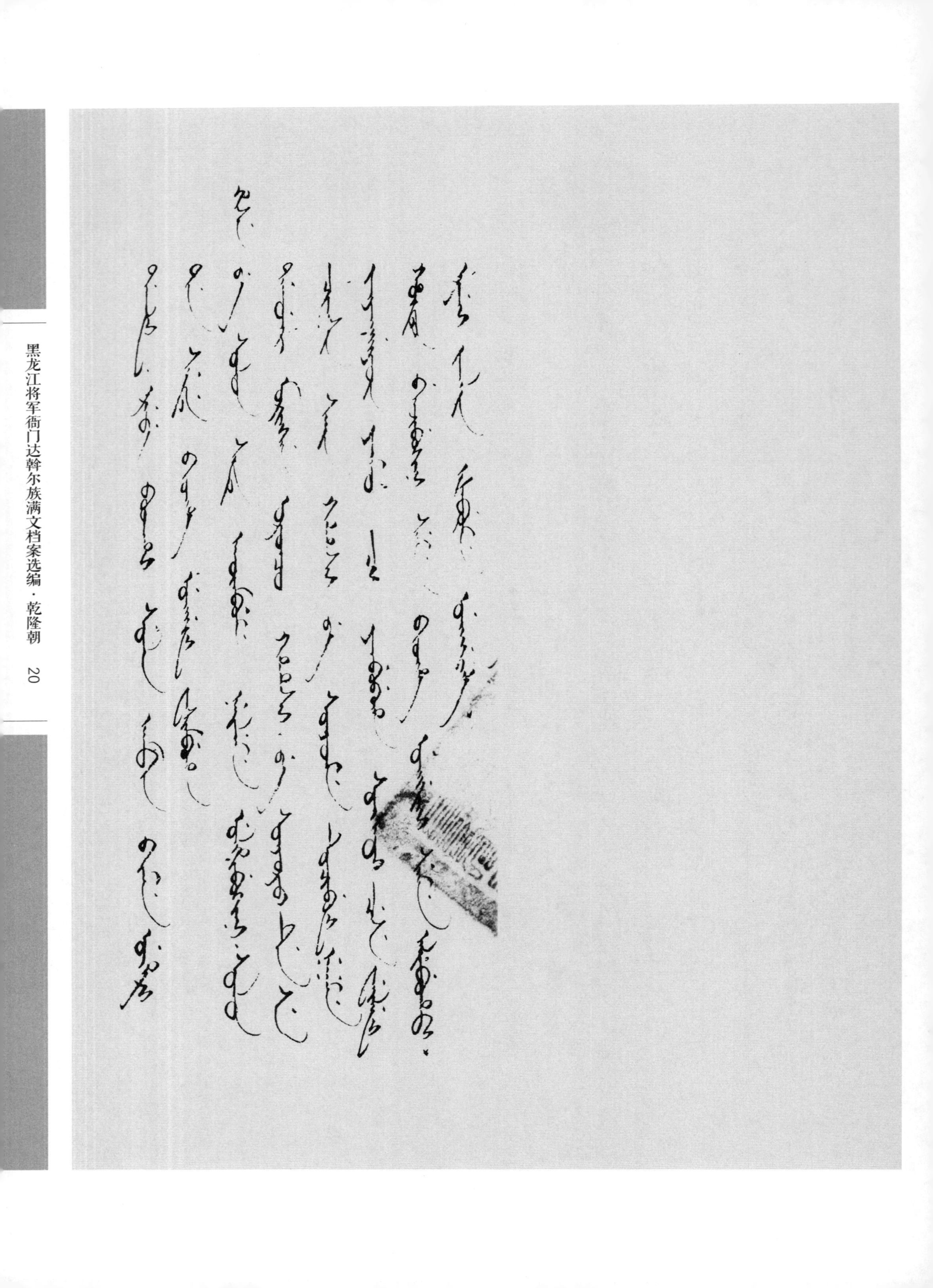

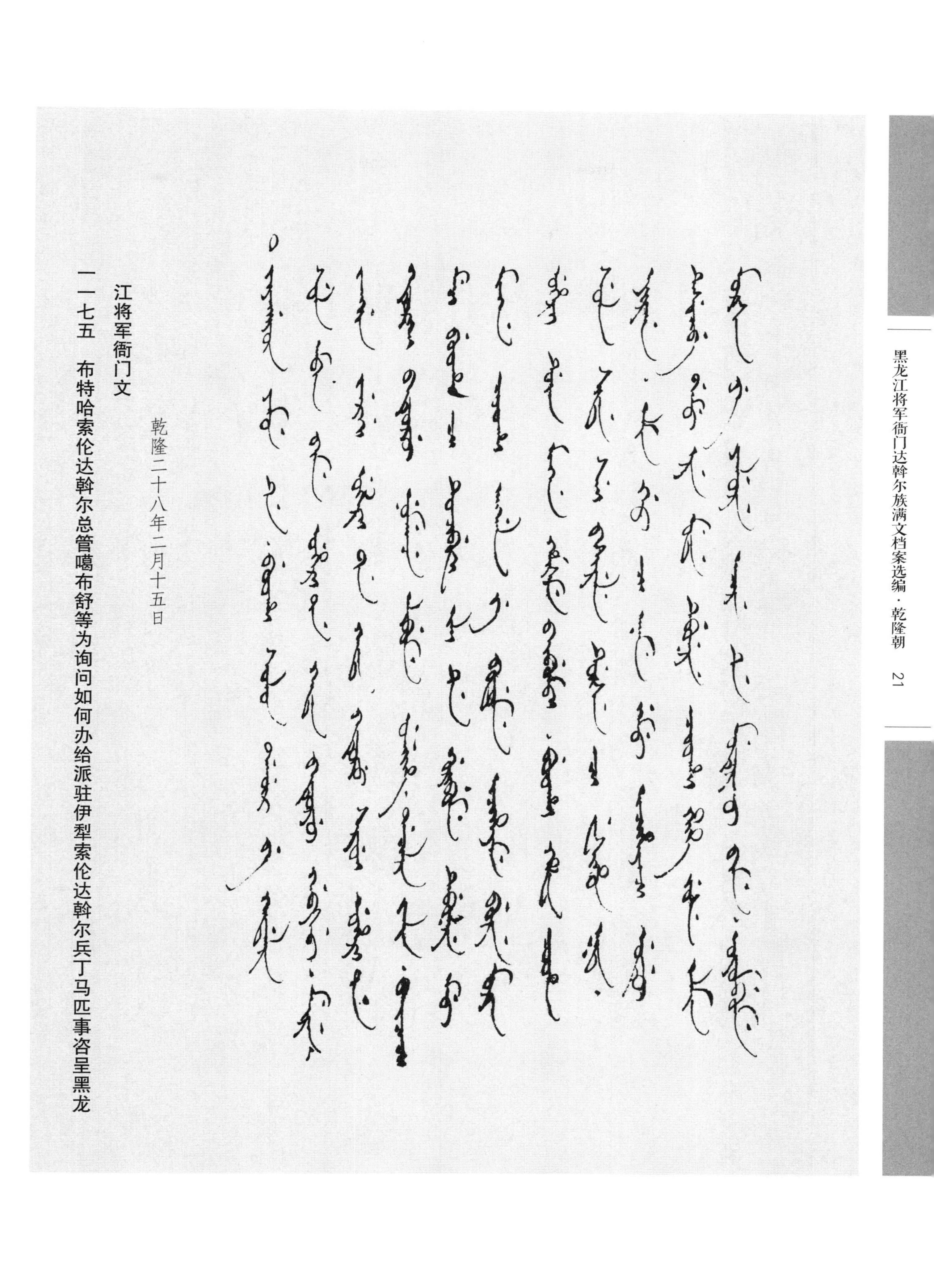

一一七五 布特哈索伦达斡尔总管噶布舒等为询问如何办给派驻伊犁索伦达斡尔兵丁马匹事咨呈黑龙江将军衙门文

乾隆二十八年二月十五日

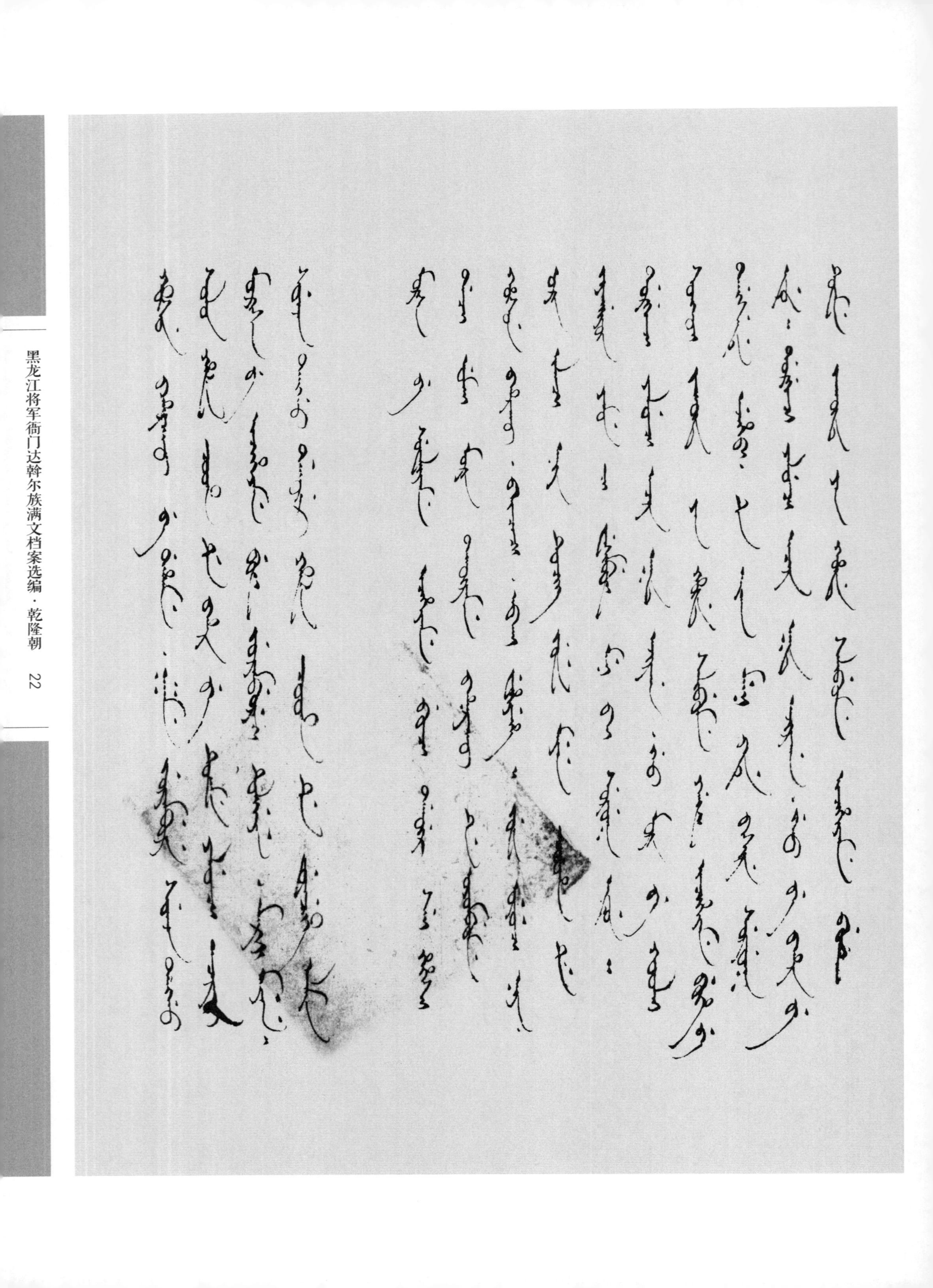

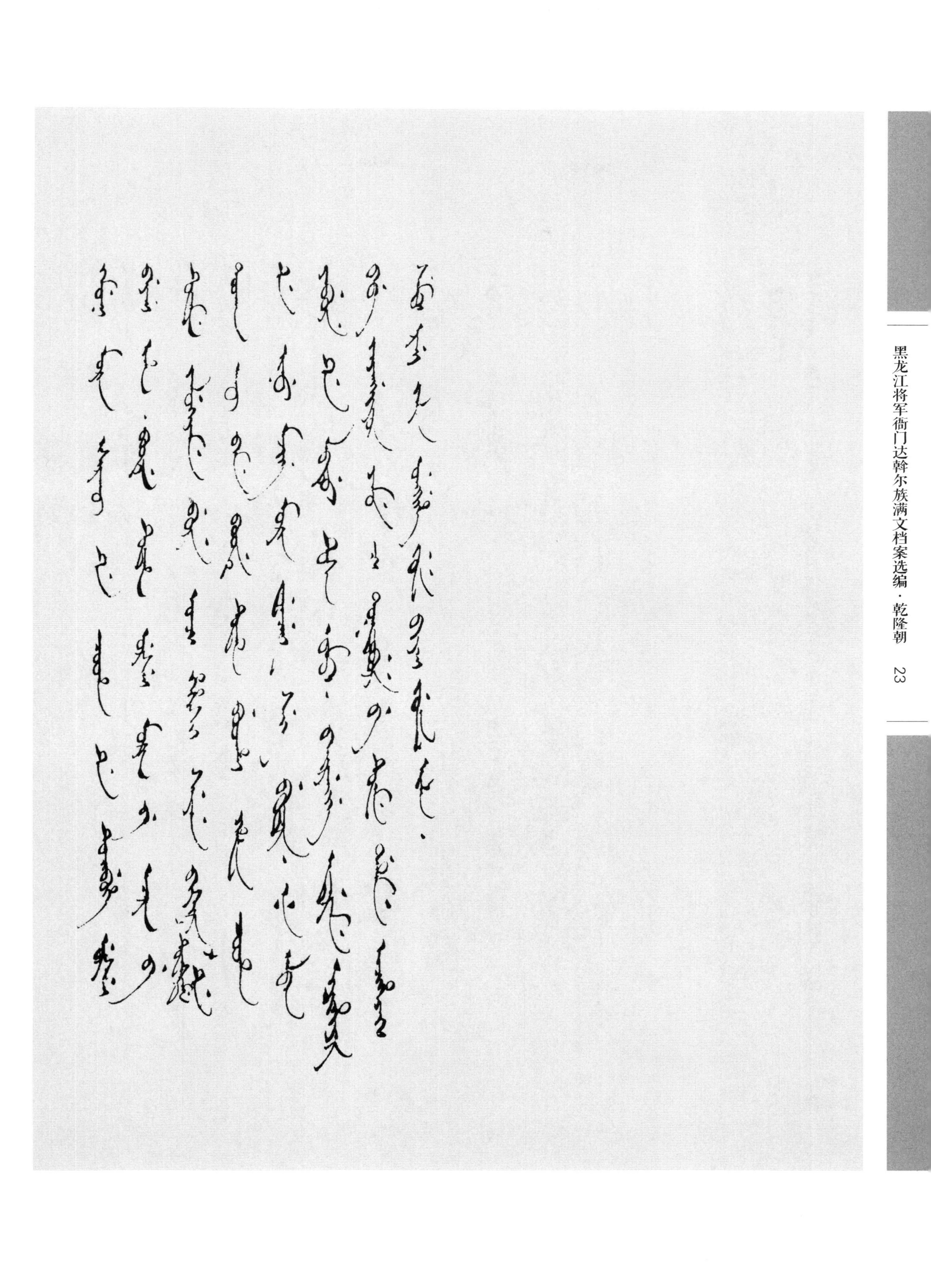

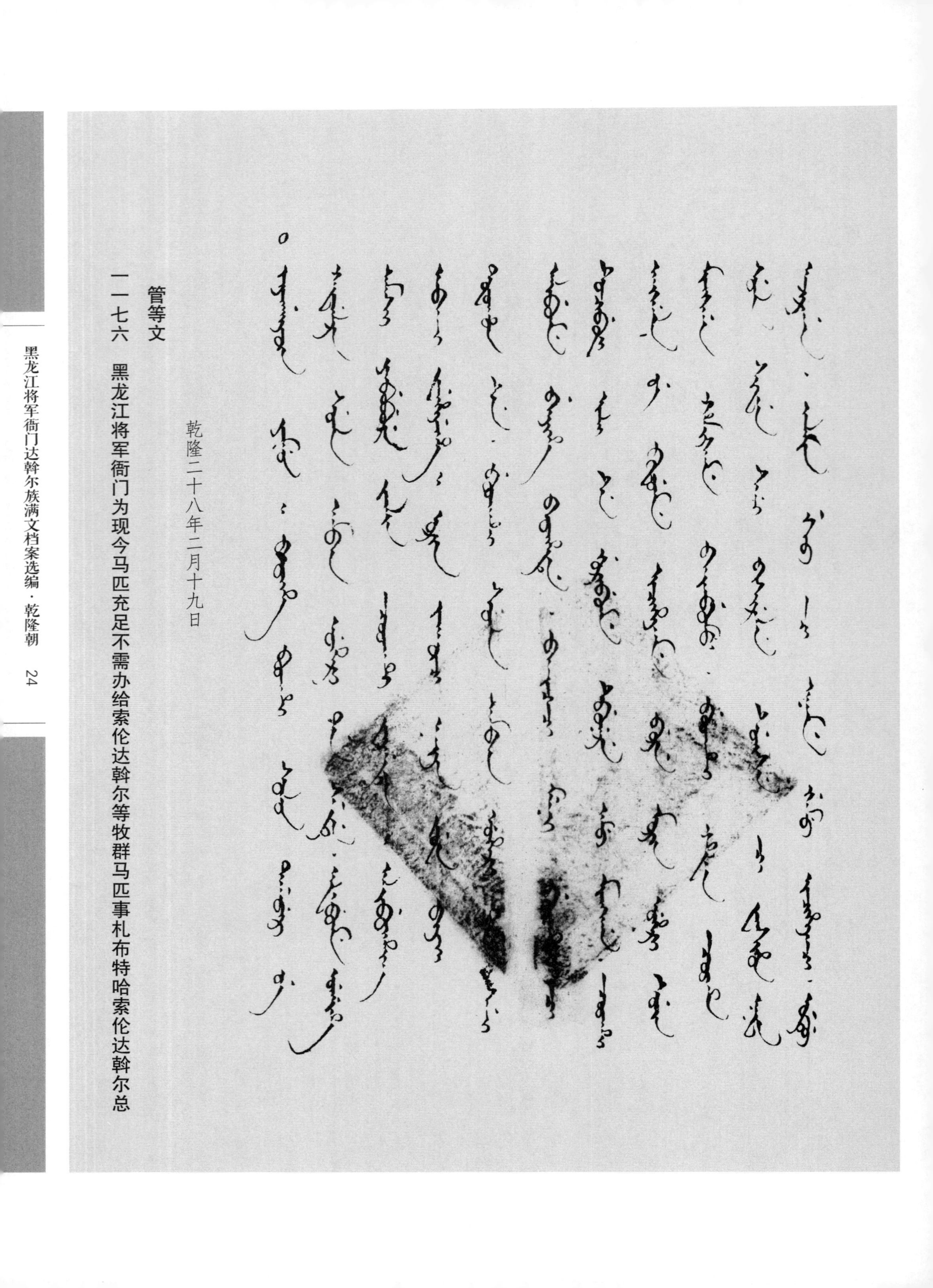

一一七六 黑龙江将军衙门为现今马匹充足不需办给索伦达斡尔等牧群马匹事札布特哈索伦达斡尔总管等文

乾隆二十八年二月十九日

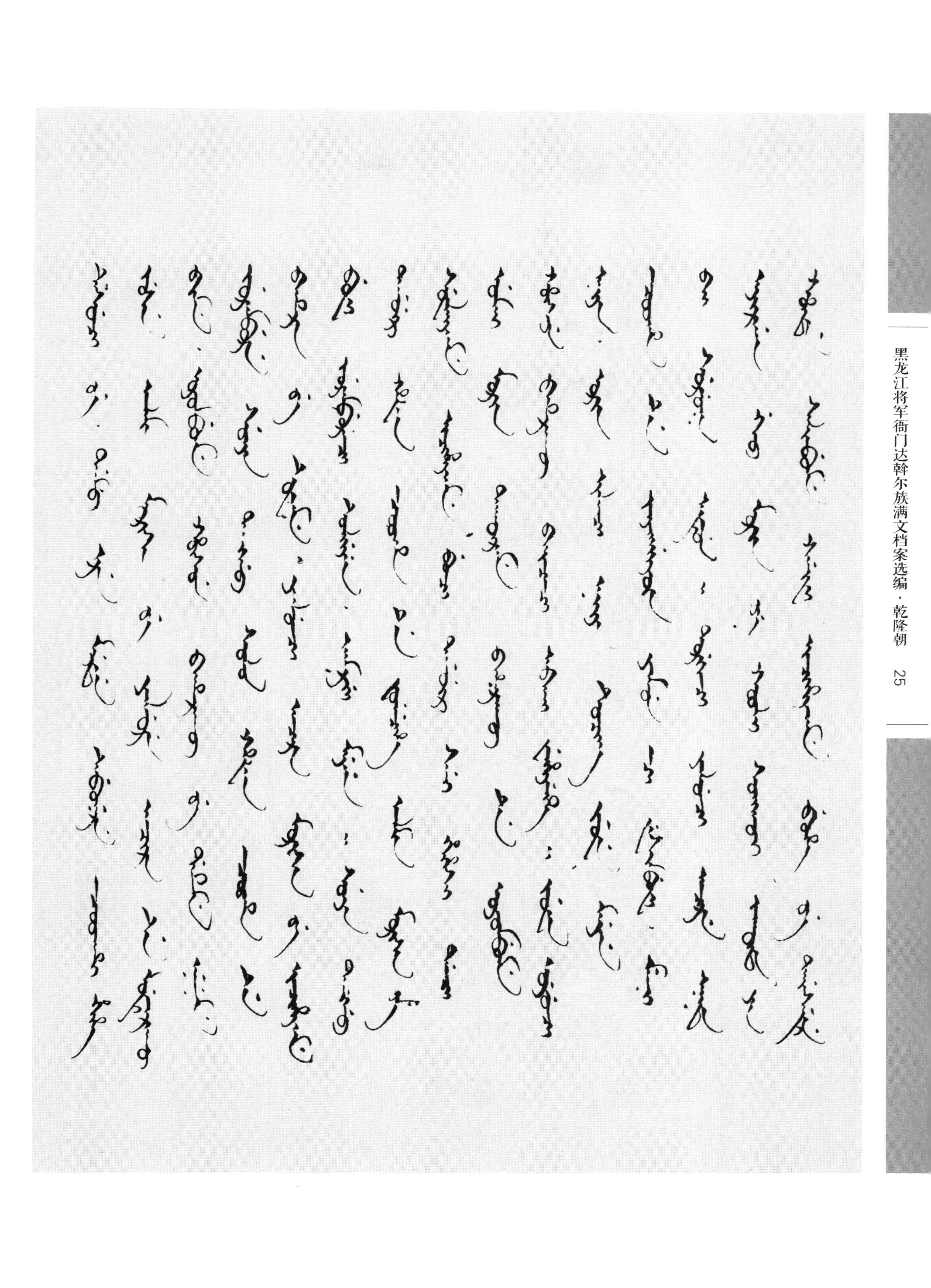

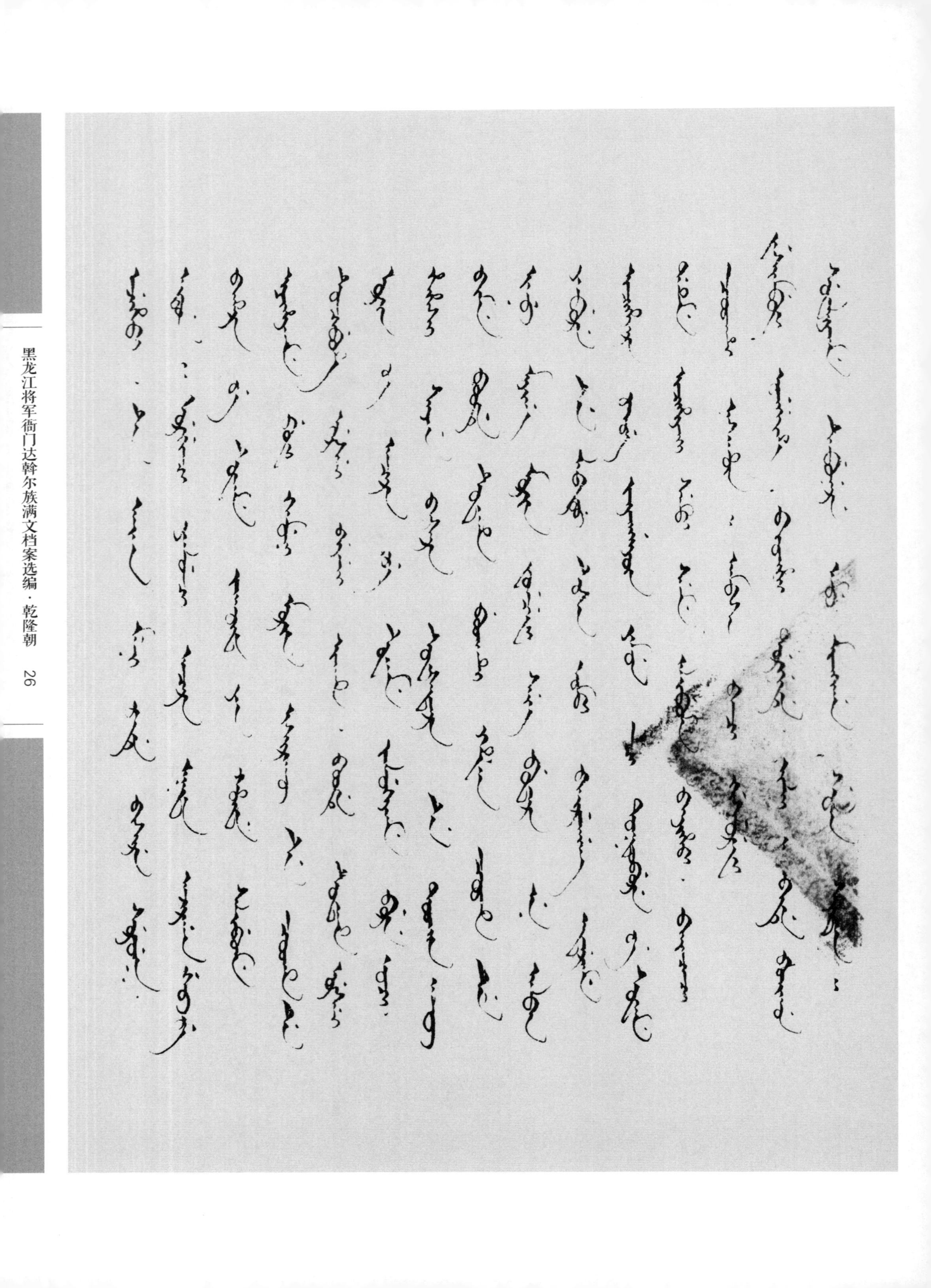

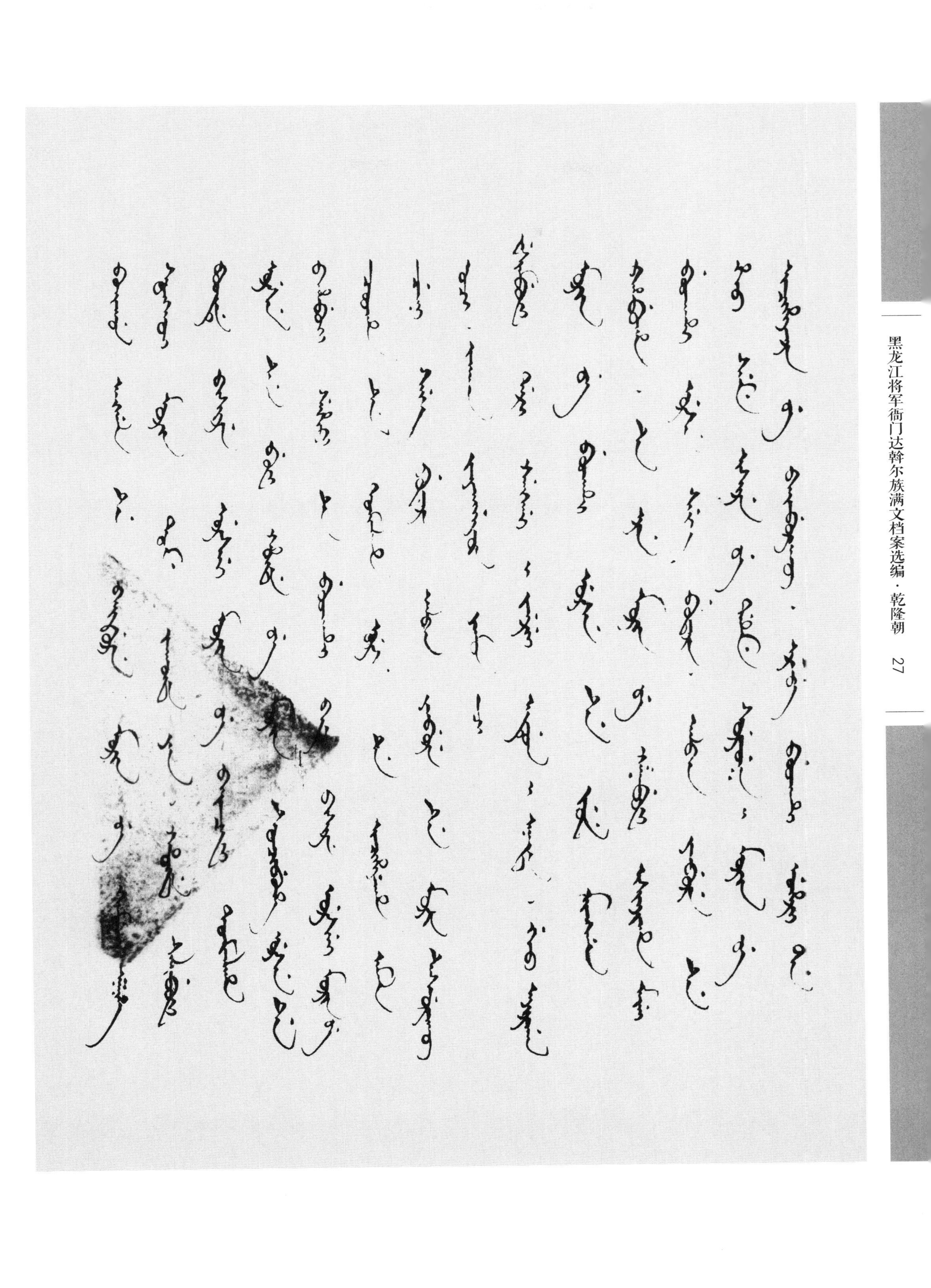

[illegible]

一一七七 布特哈索伦达斡尔总管噶布舒等为查报移驻京城达斡尔杜尔格齐等人家口数目事咨呈黑龙江将军衙门文

乾隆二十八年三月初四日

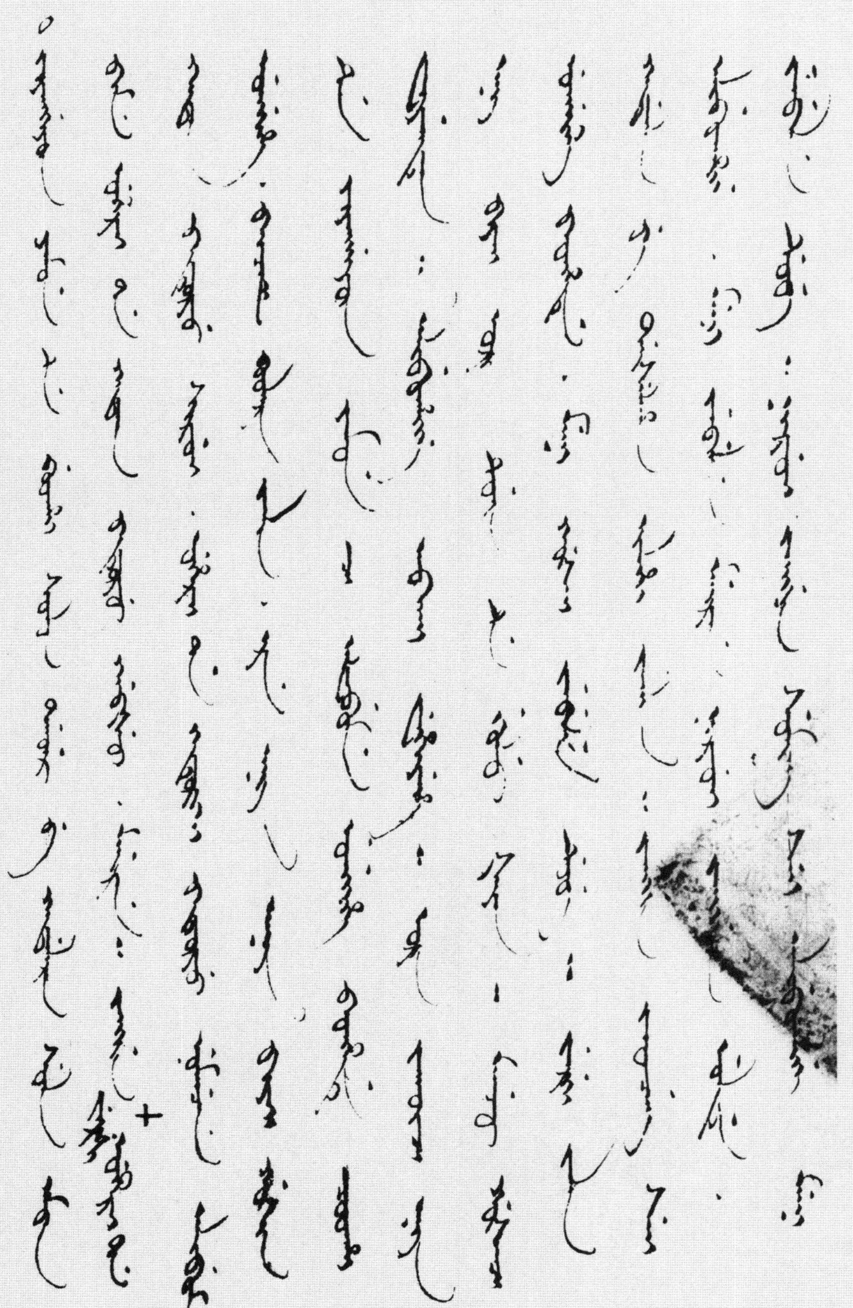

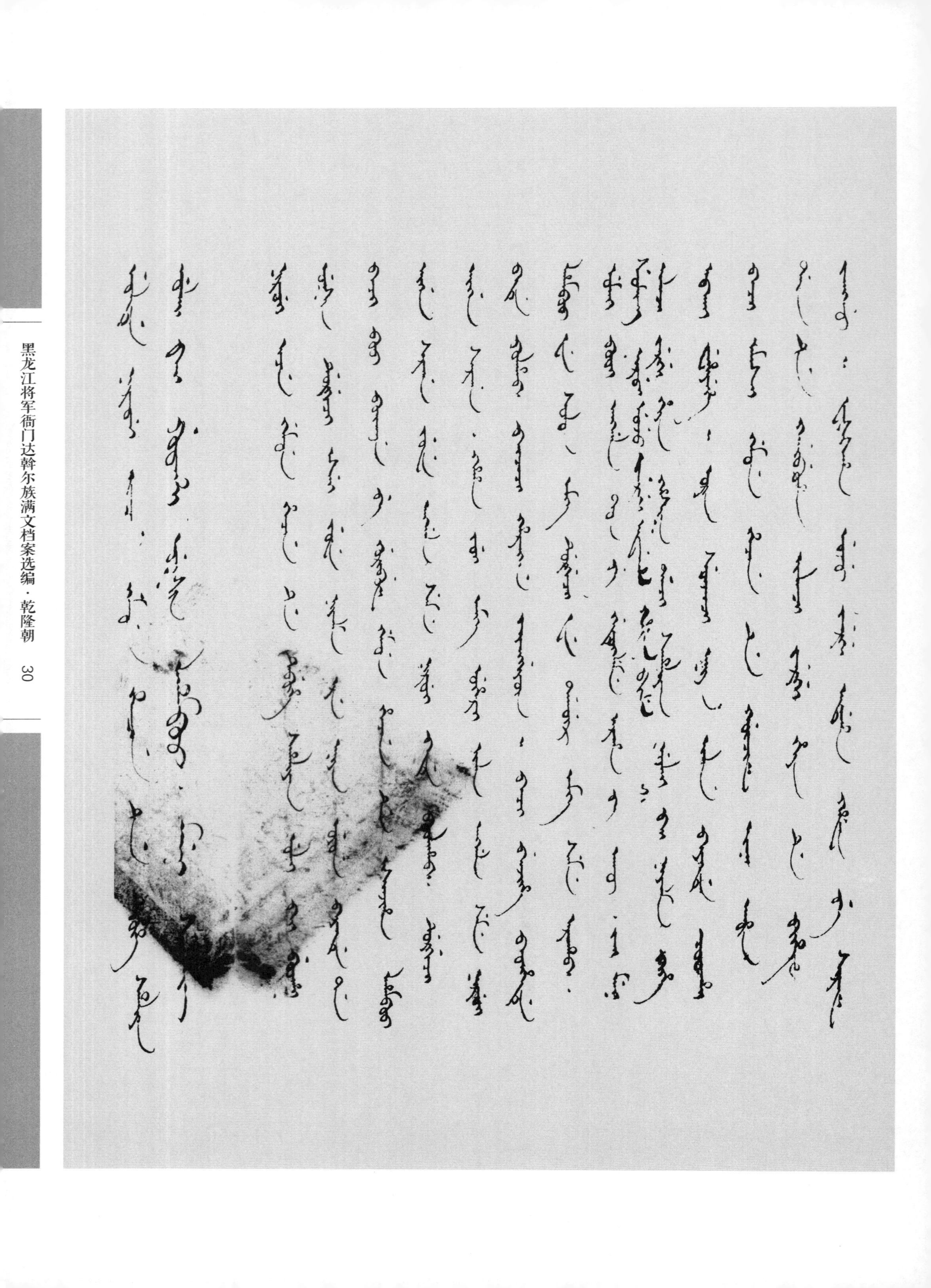

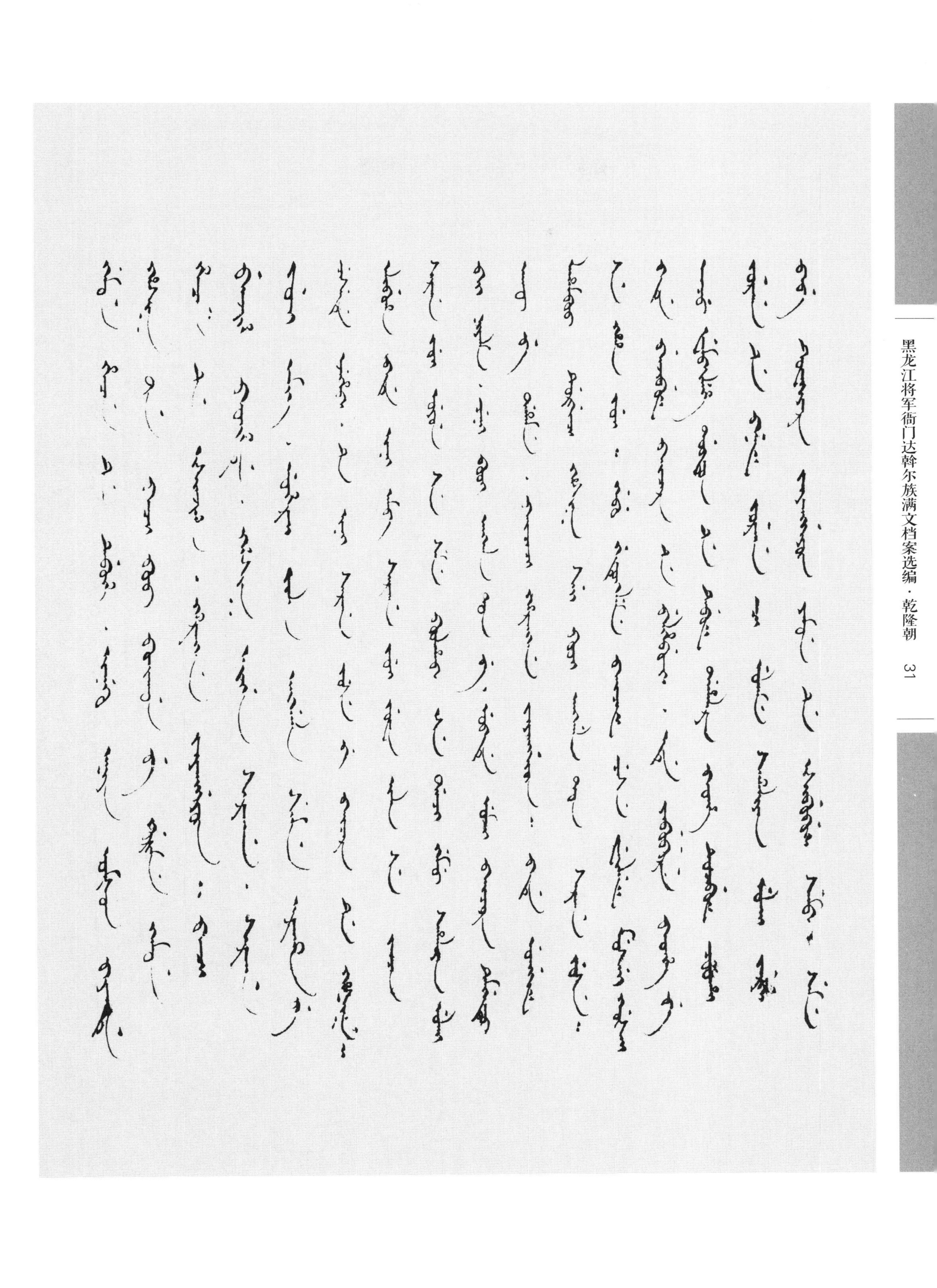

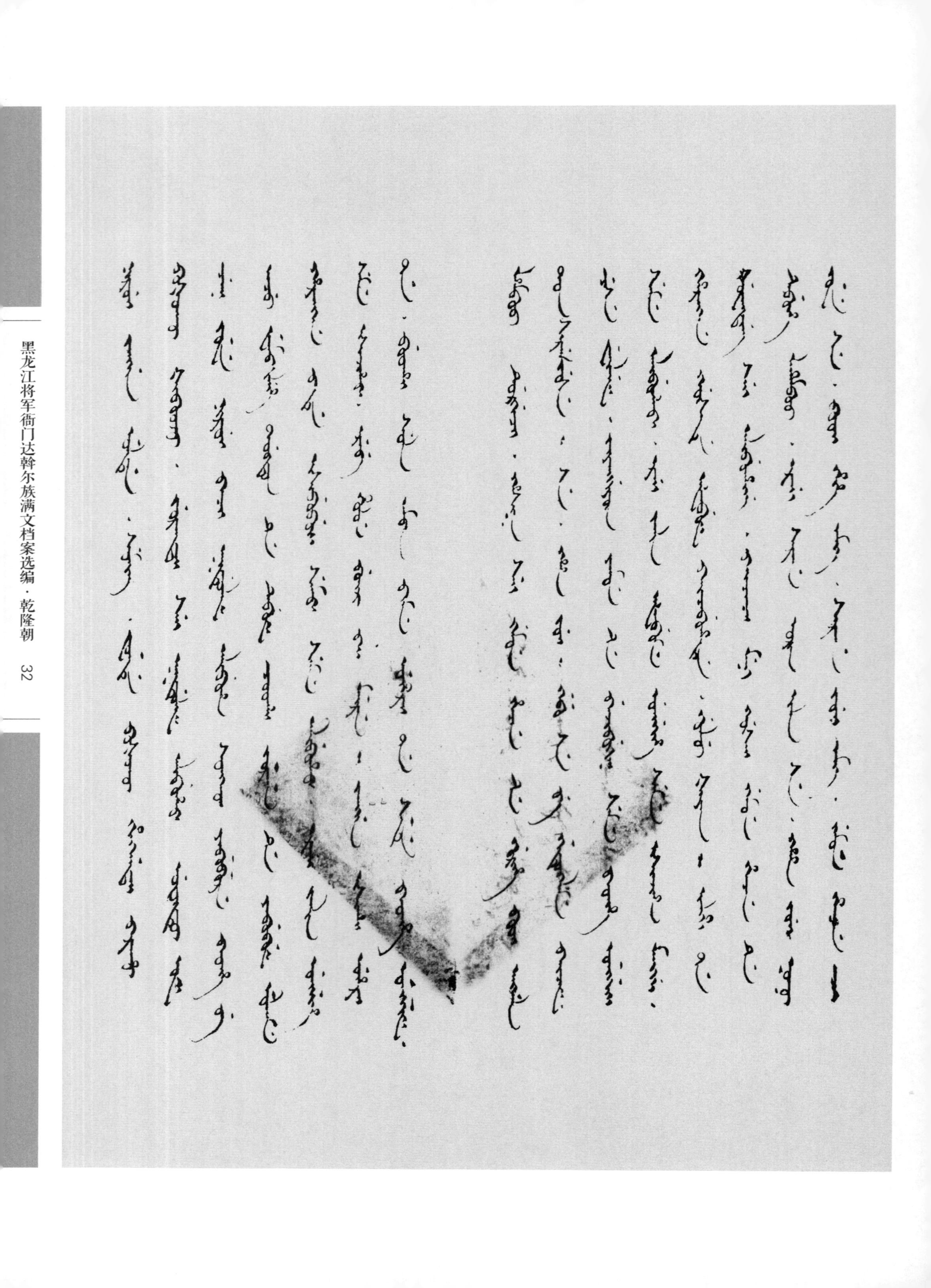

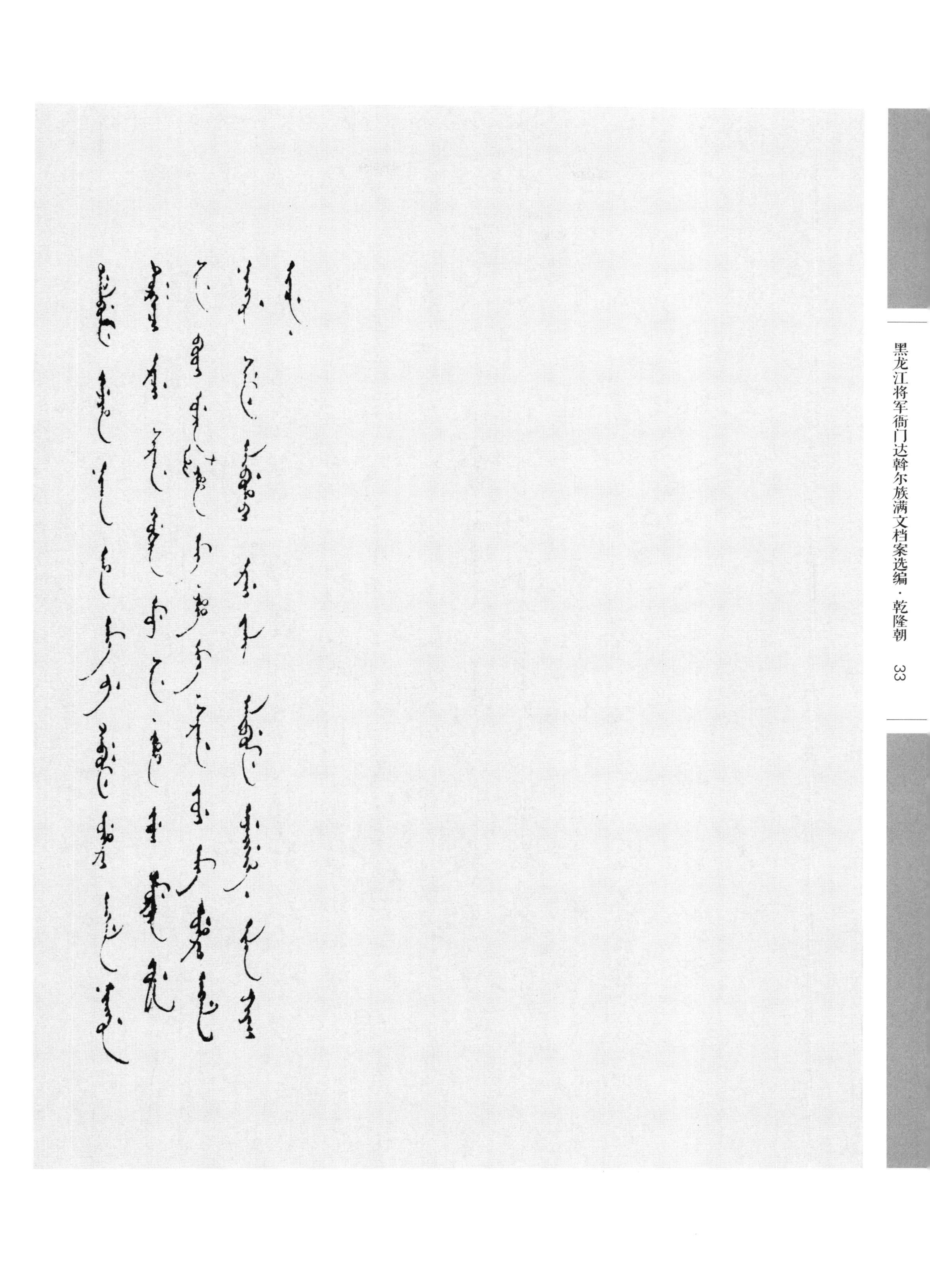

[illegible]

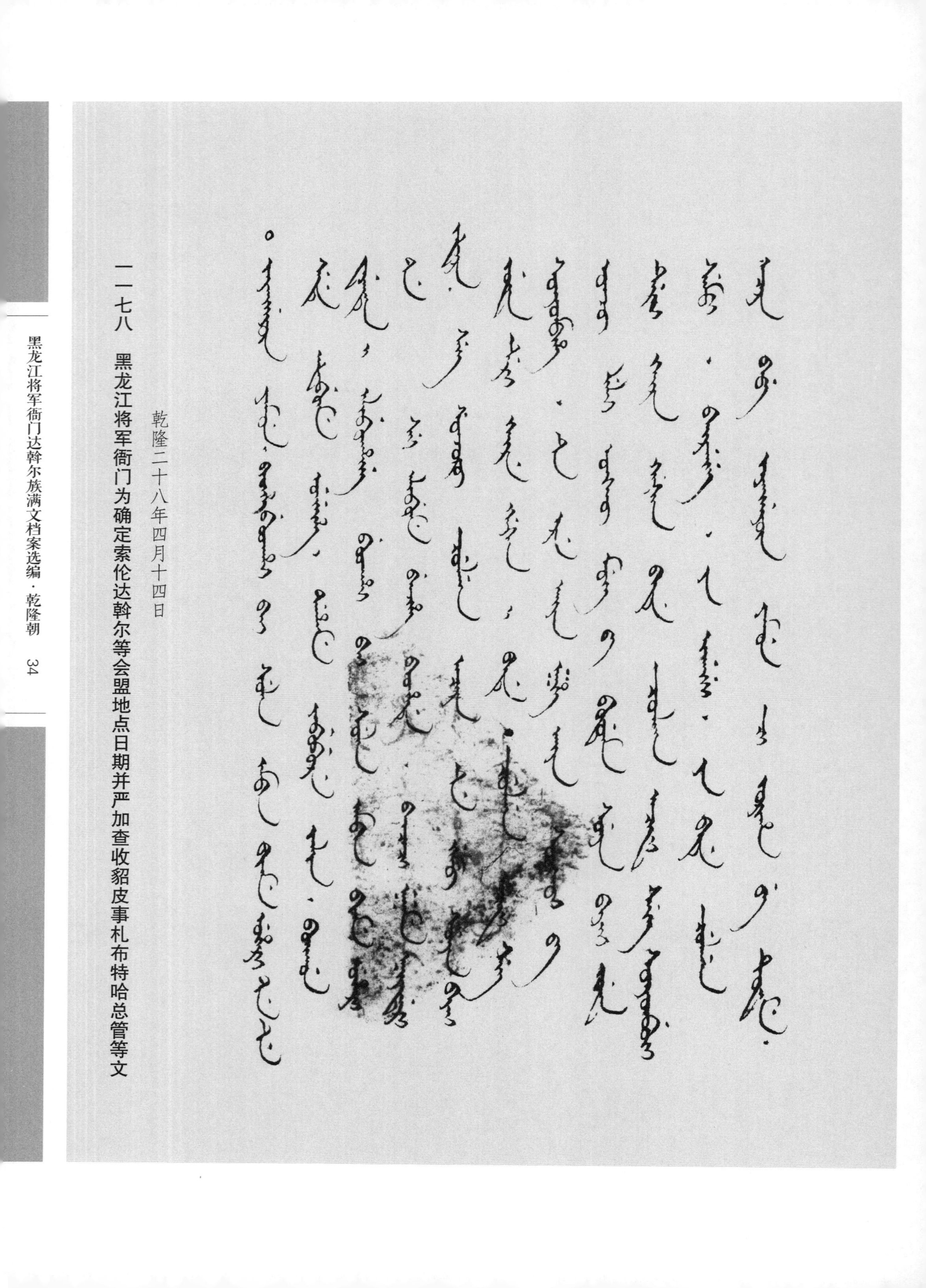

一一七八　黑龙江将军衙门为确定索伦达斡尔等会盟地点日期并严加查收貂皮事札布特哈总管等文

乾隆二十八年四月十四日

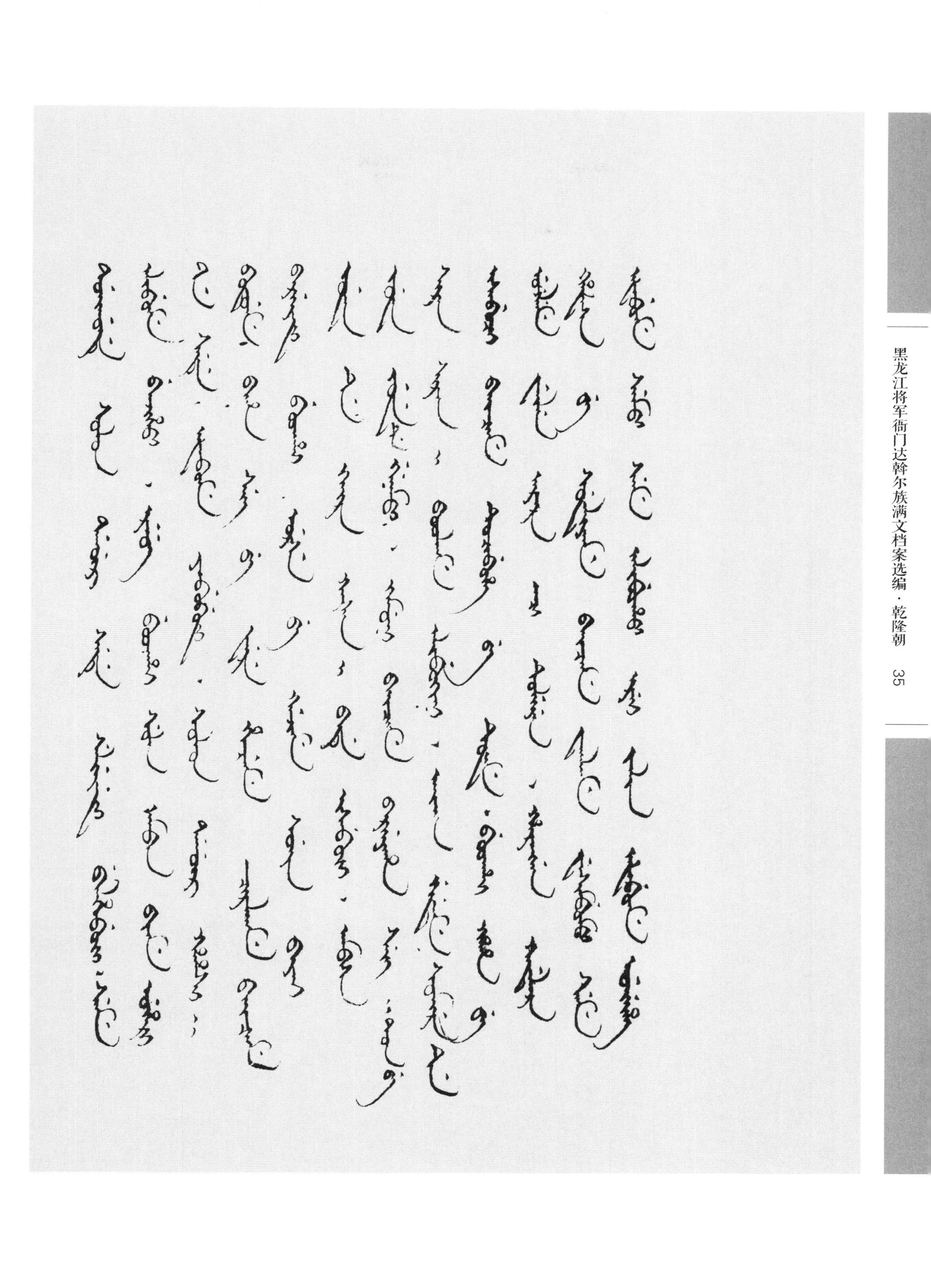

[illegible]

一一七九 黑龙江将军衙门为选派技艺娴熟索伦达斡尔官兵赴木兰行围并造送花名册事咨黑龙江副都统衙门文

乾隆二十八年五月十四日

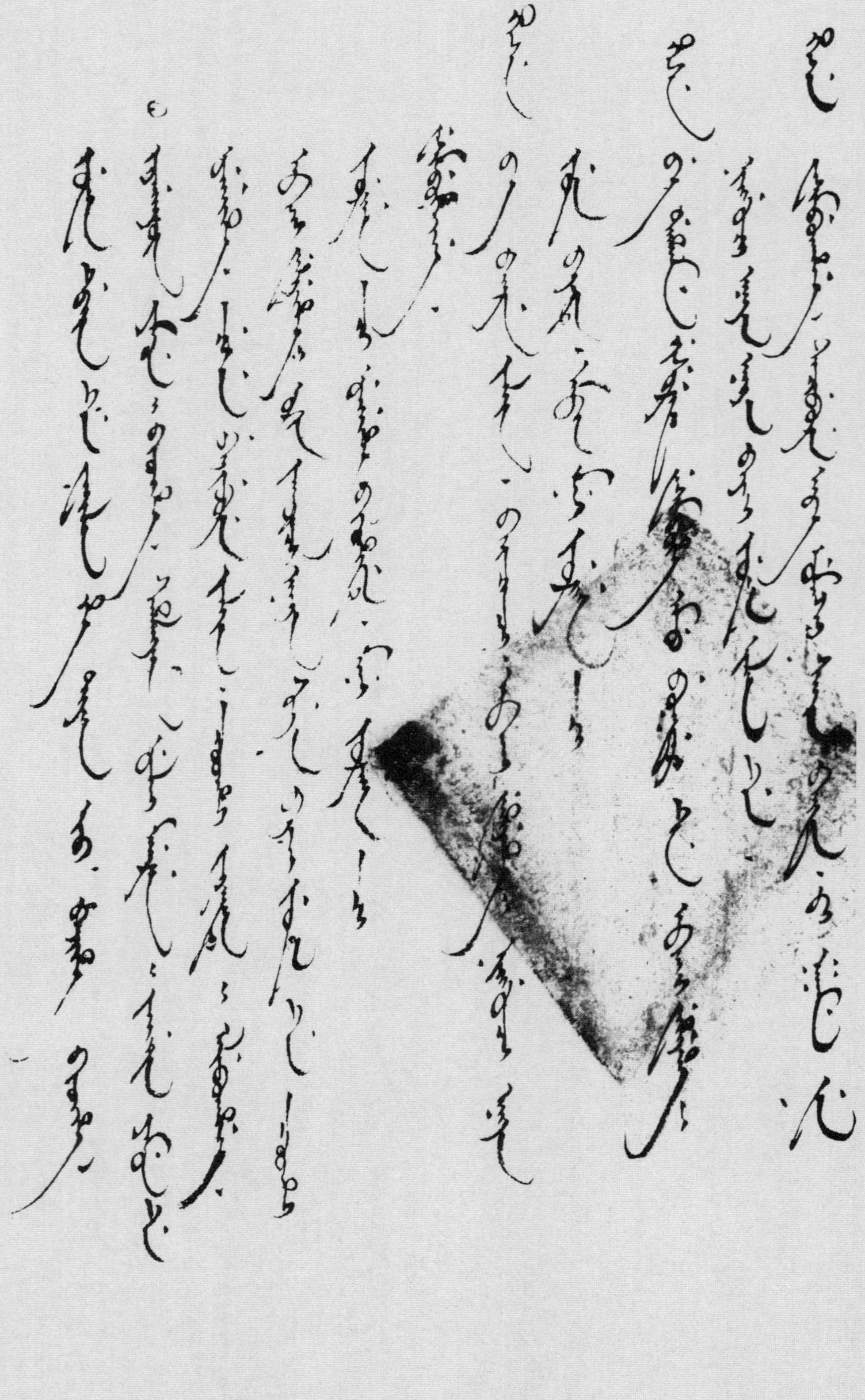

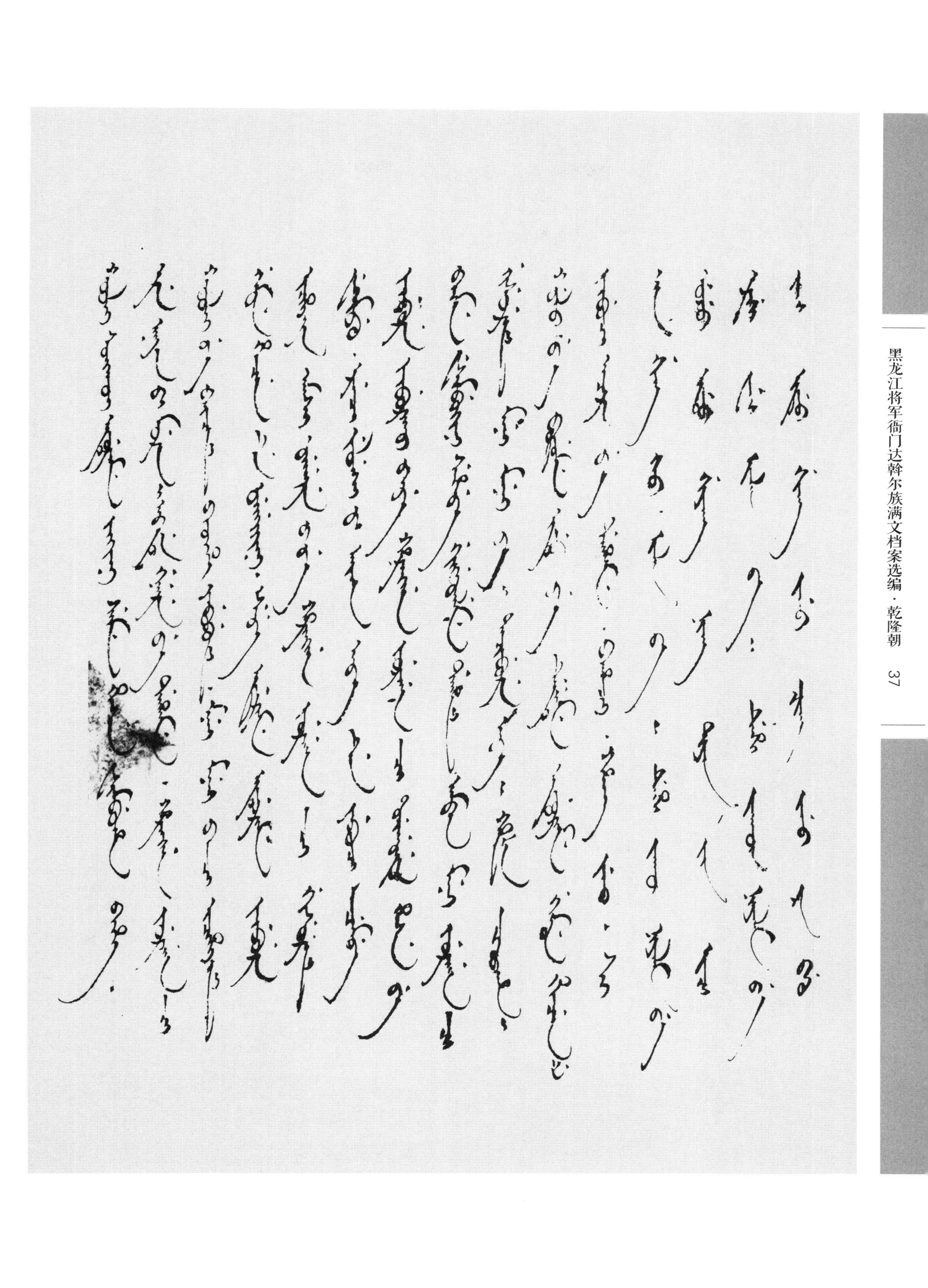

[illegible]

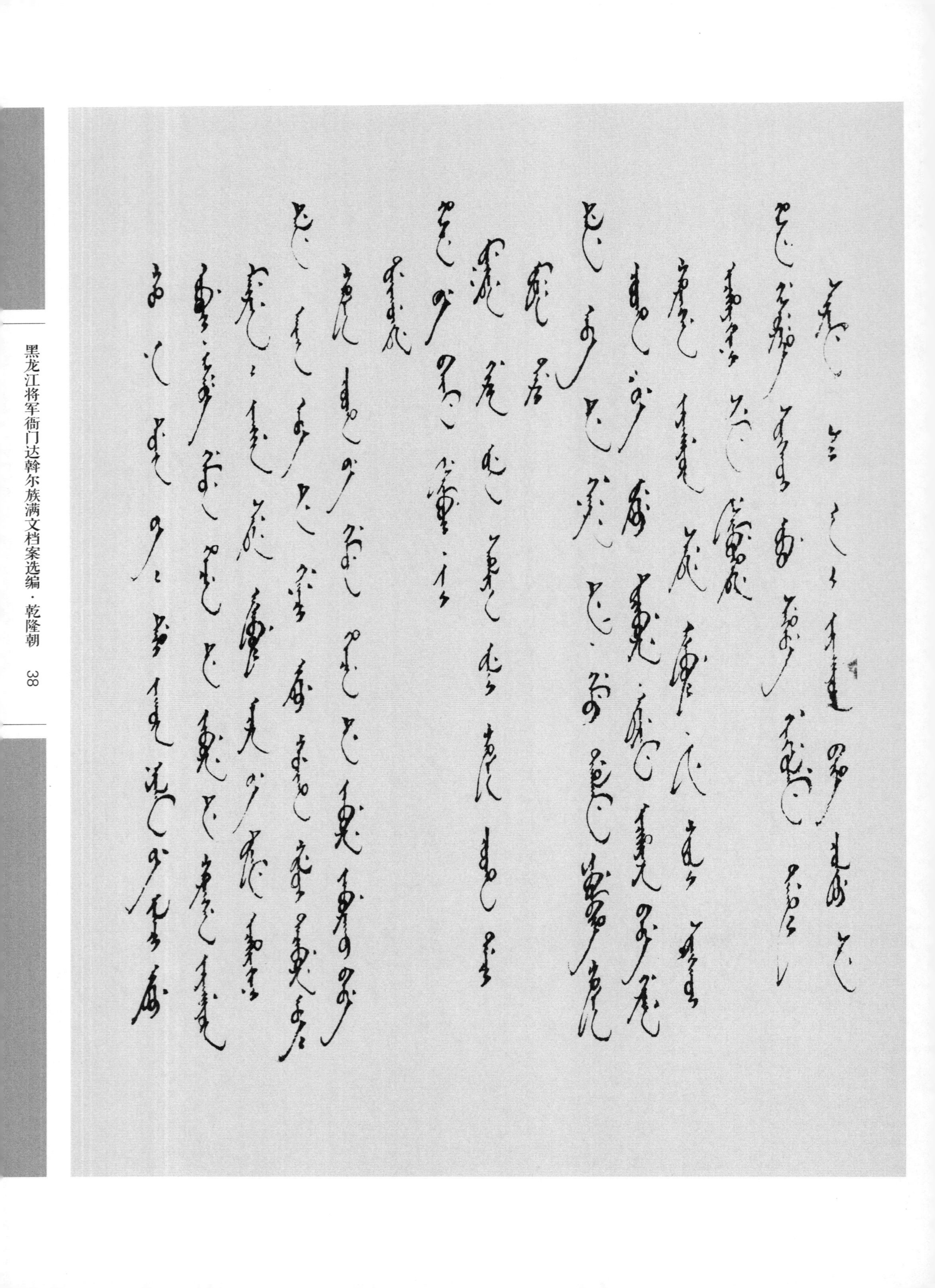

[illegible]

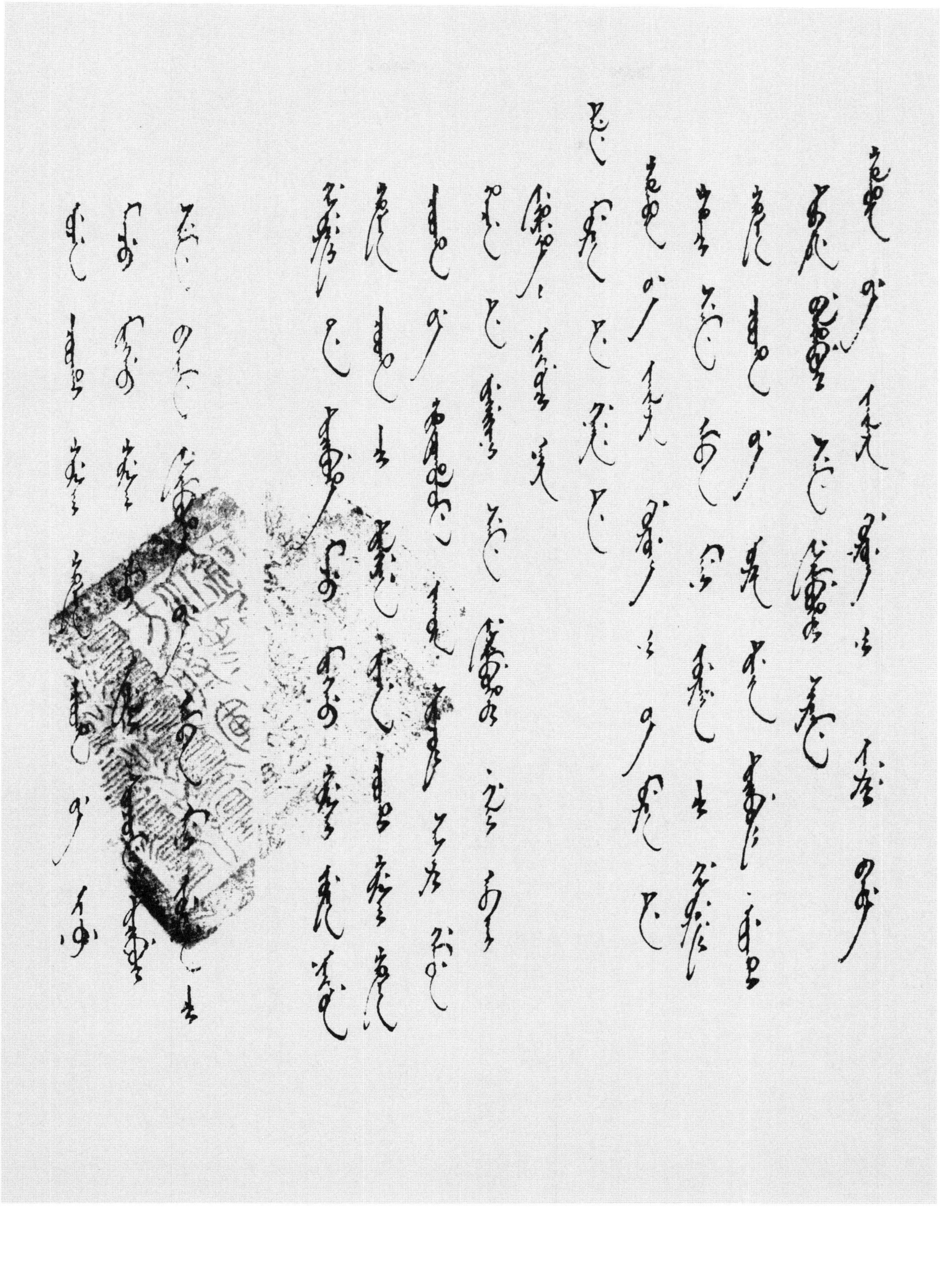

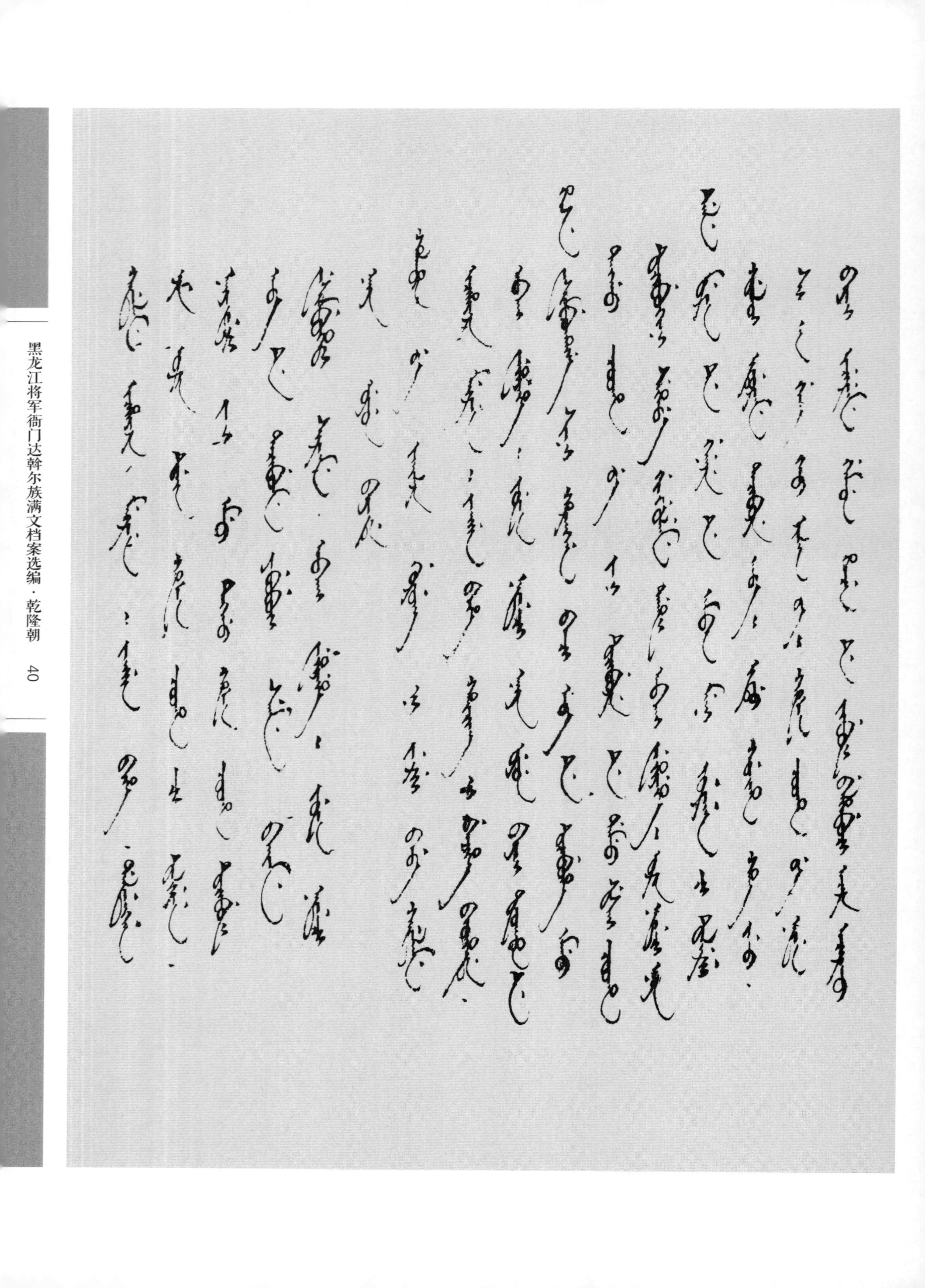

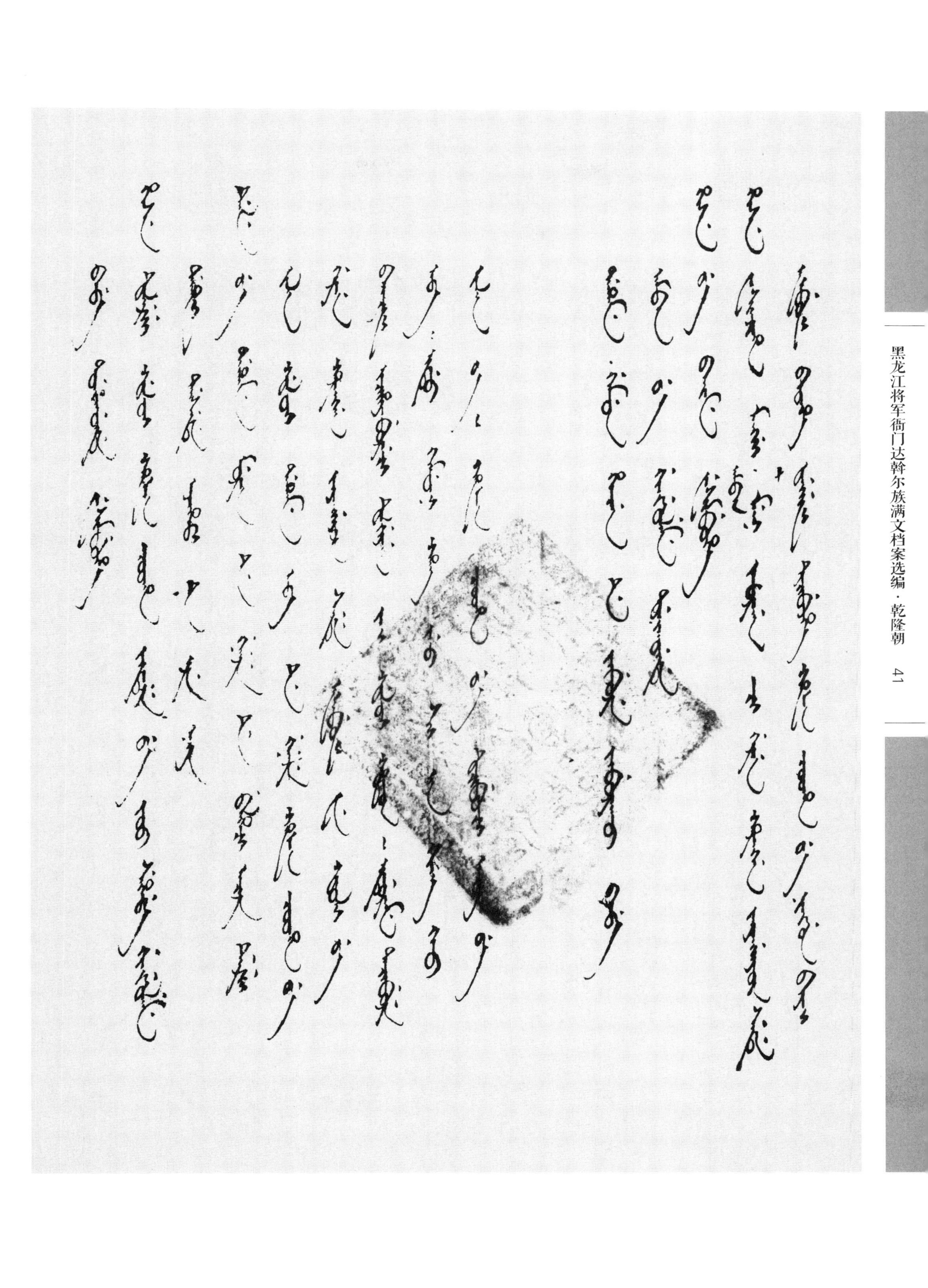

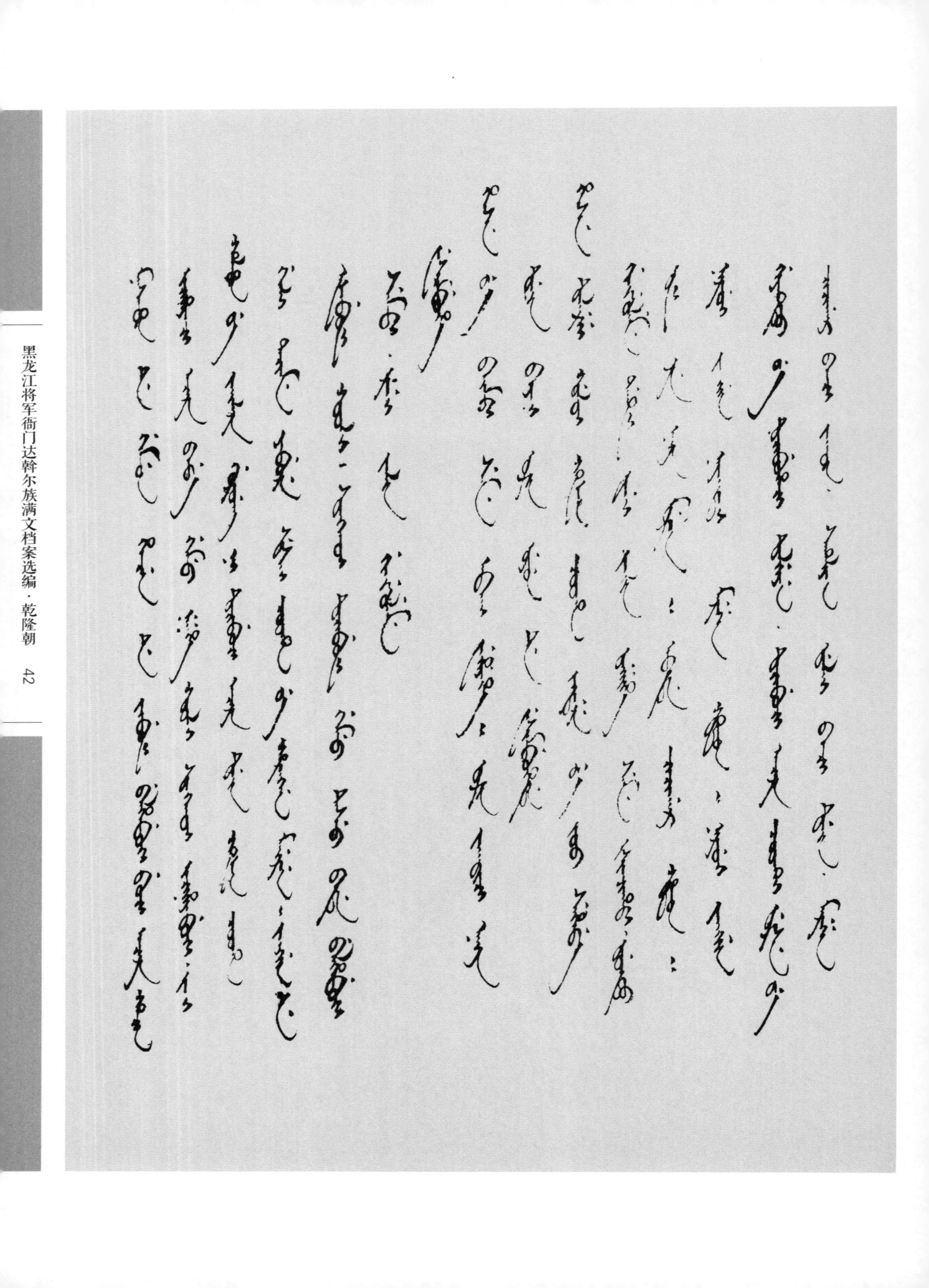

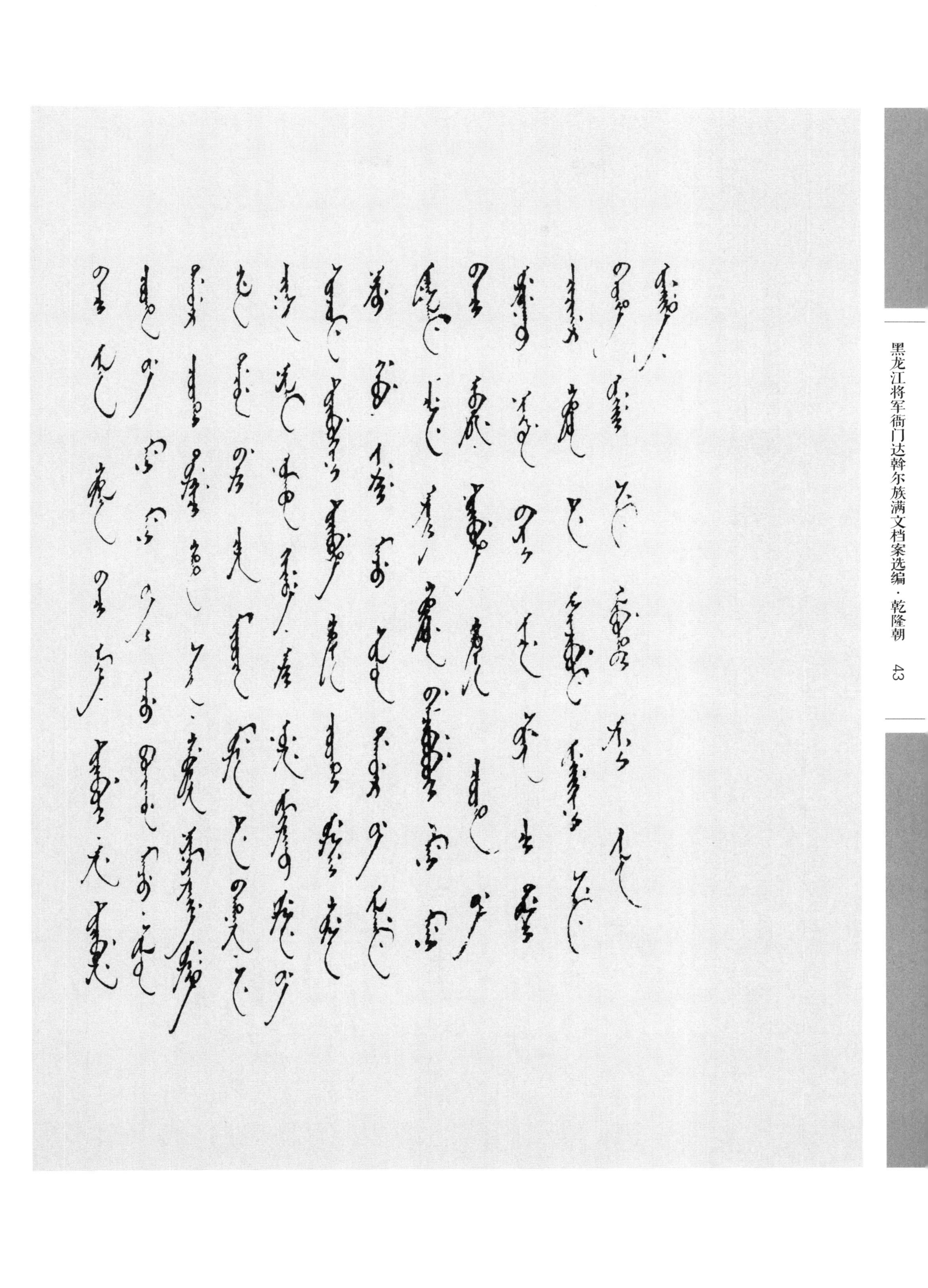

一一八〇 布特哈索伦达斡尔总管噶布舒等为报驻京正白满洲旗护军达斡尔华颜效力及三代情形事咨呈黑龙江将军衙门文

乾隆二十八年五月二十日

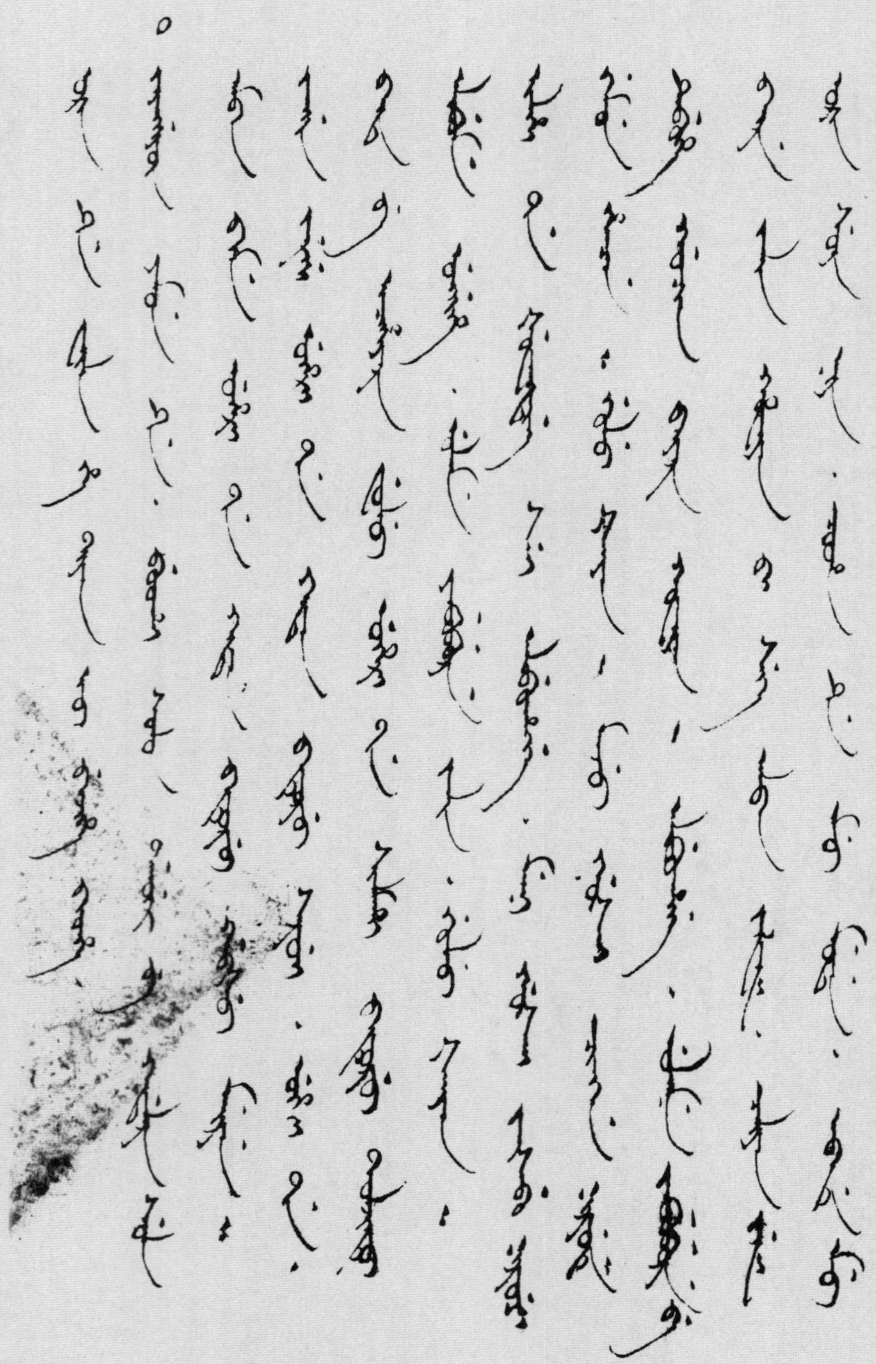

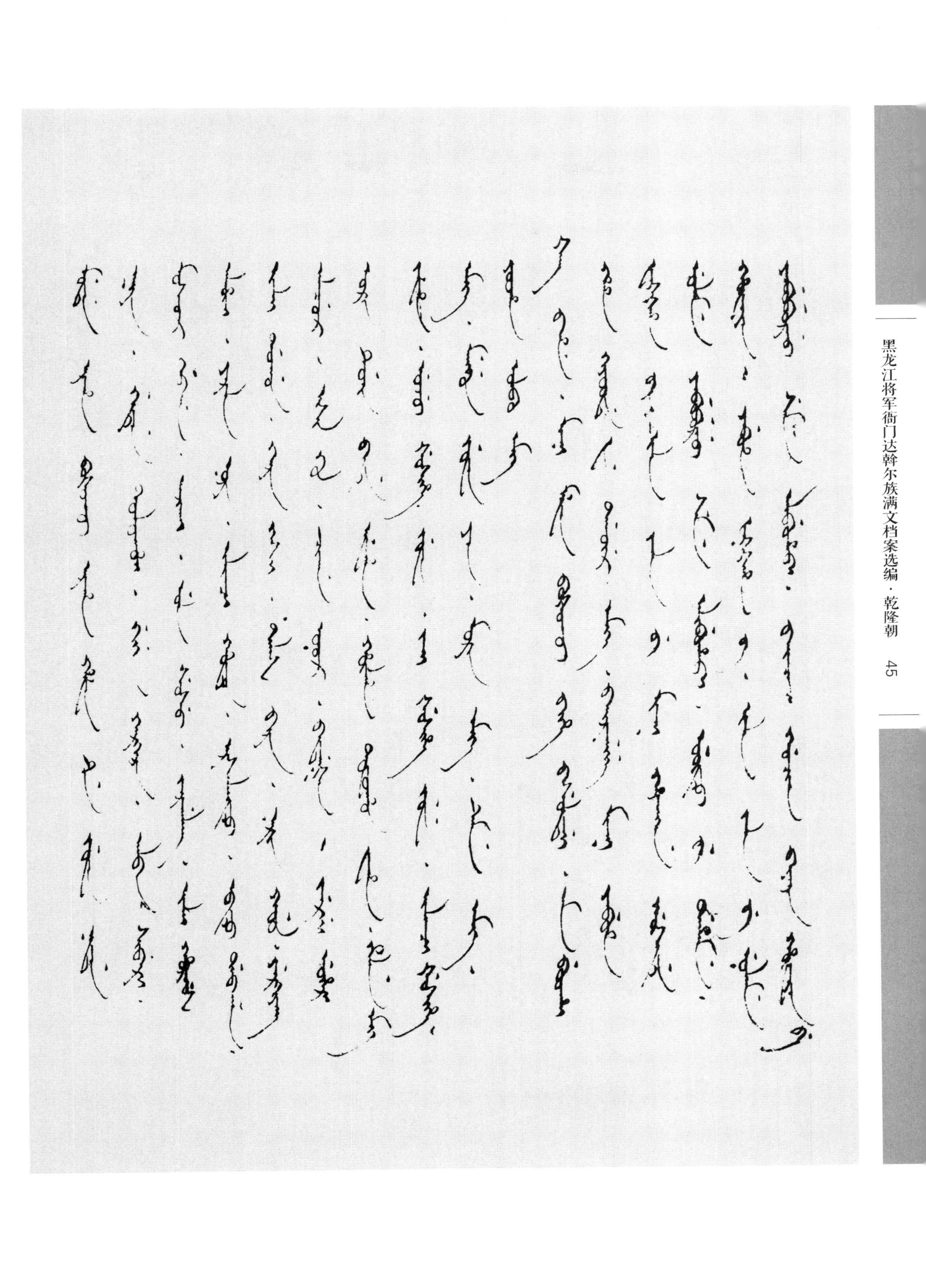

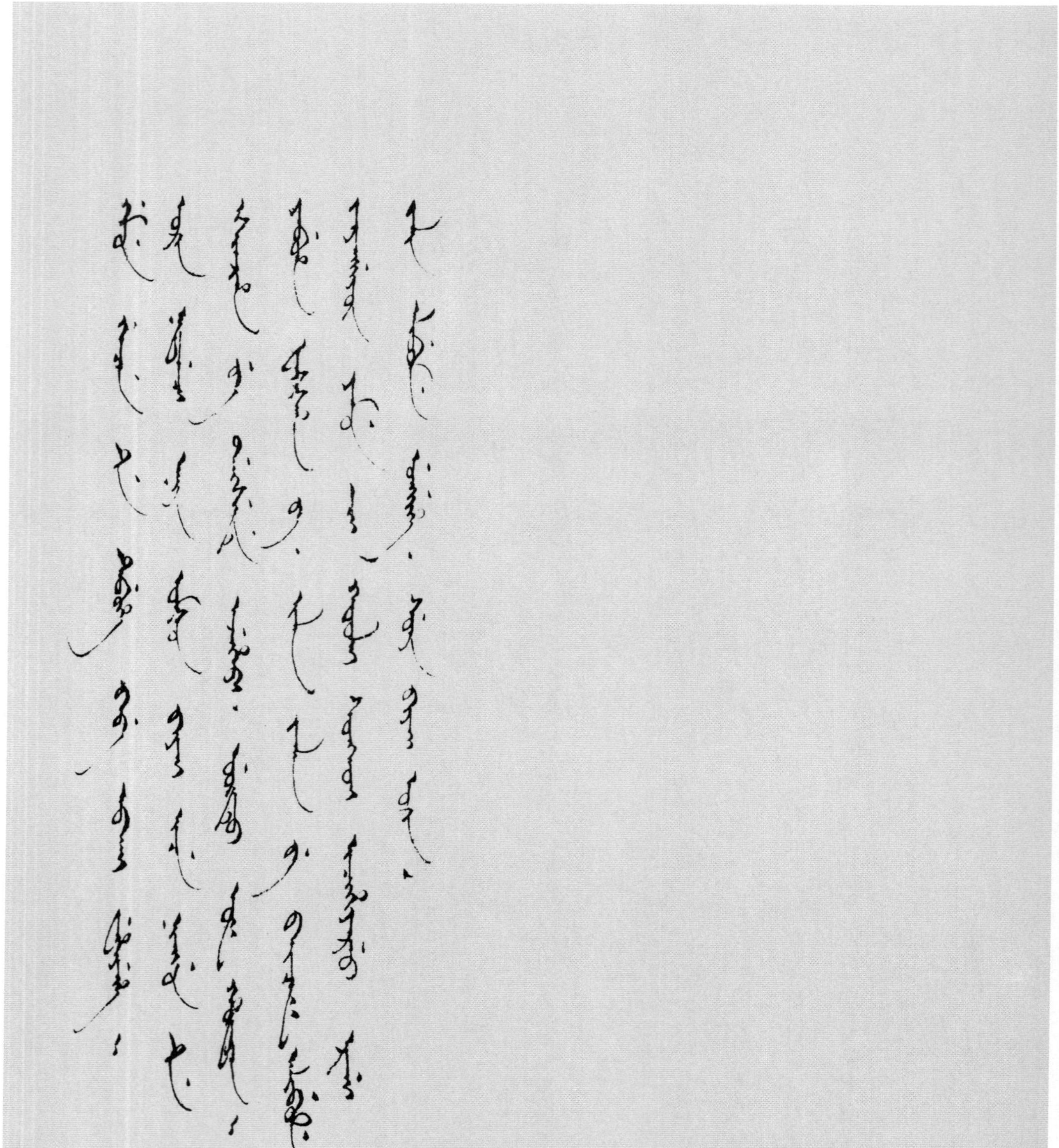

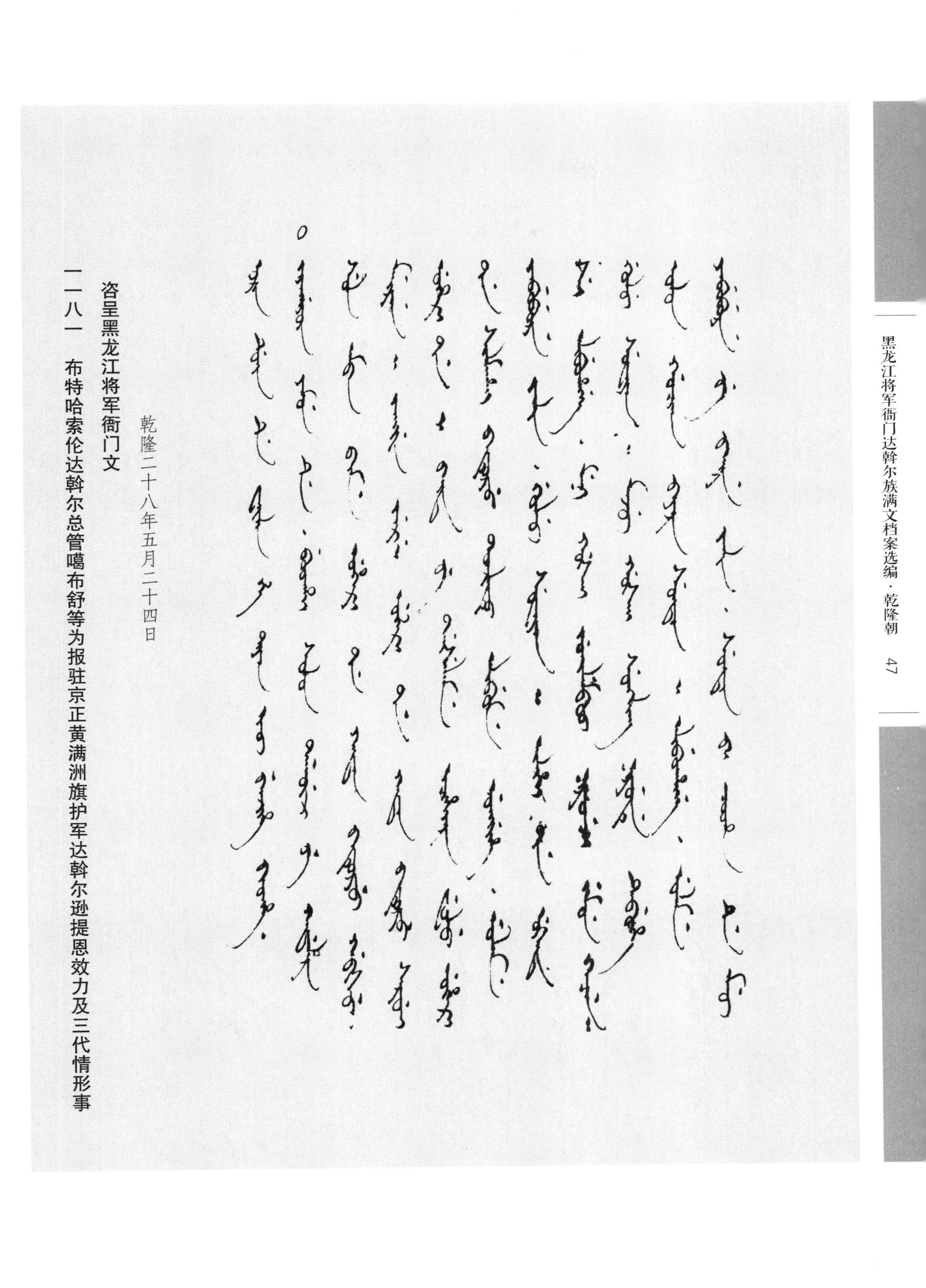

一一八一　布特哈索伦达斡尔总管噶布舒等为报驻京正黄满洲旗护军达斡尔逊提恩效力及三代情形事咨呈黑龙江将军衙门文

乾隆二十八年五月二十四日

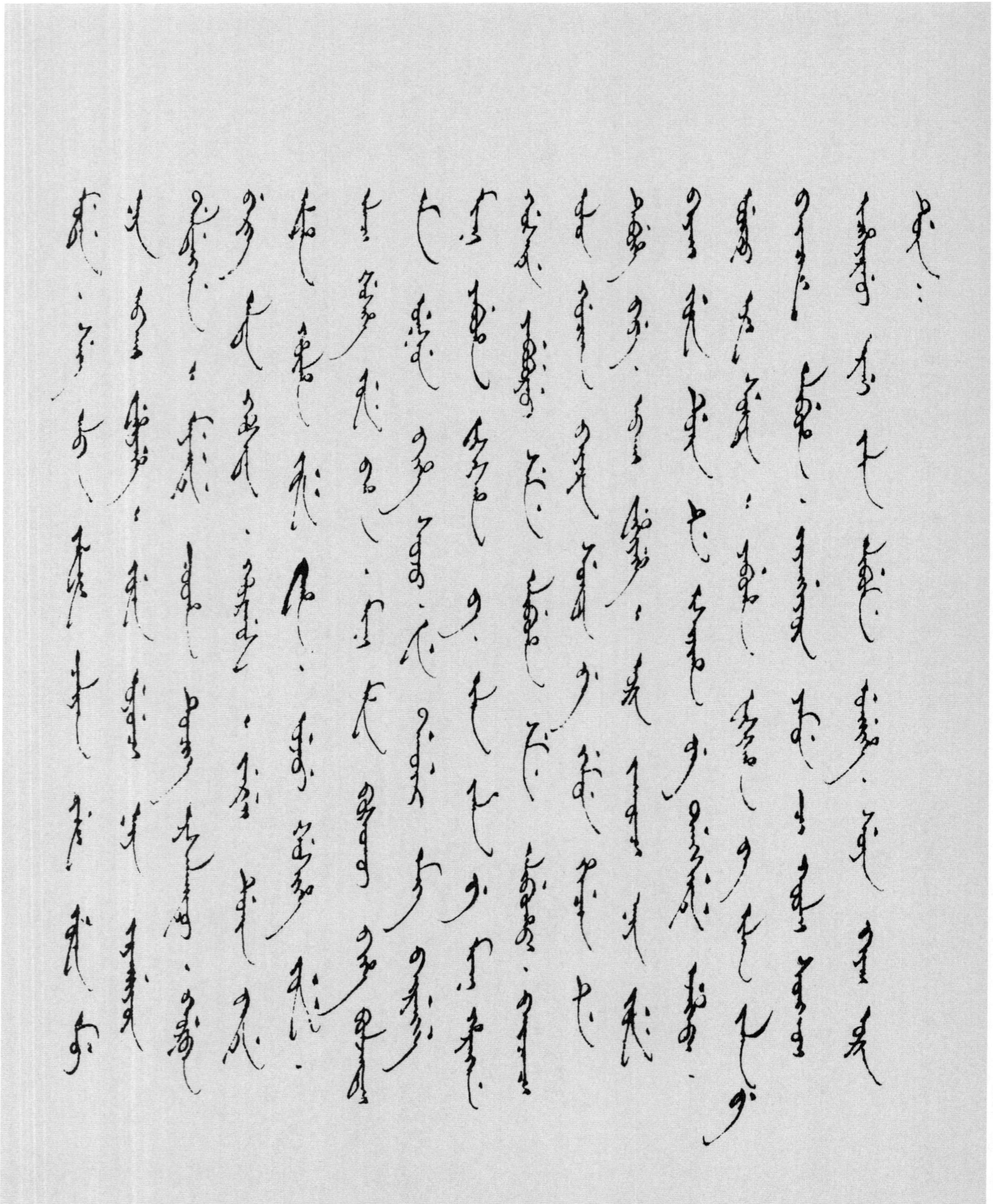

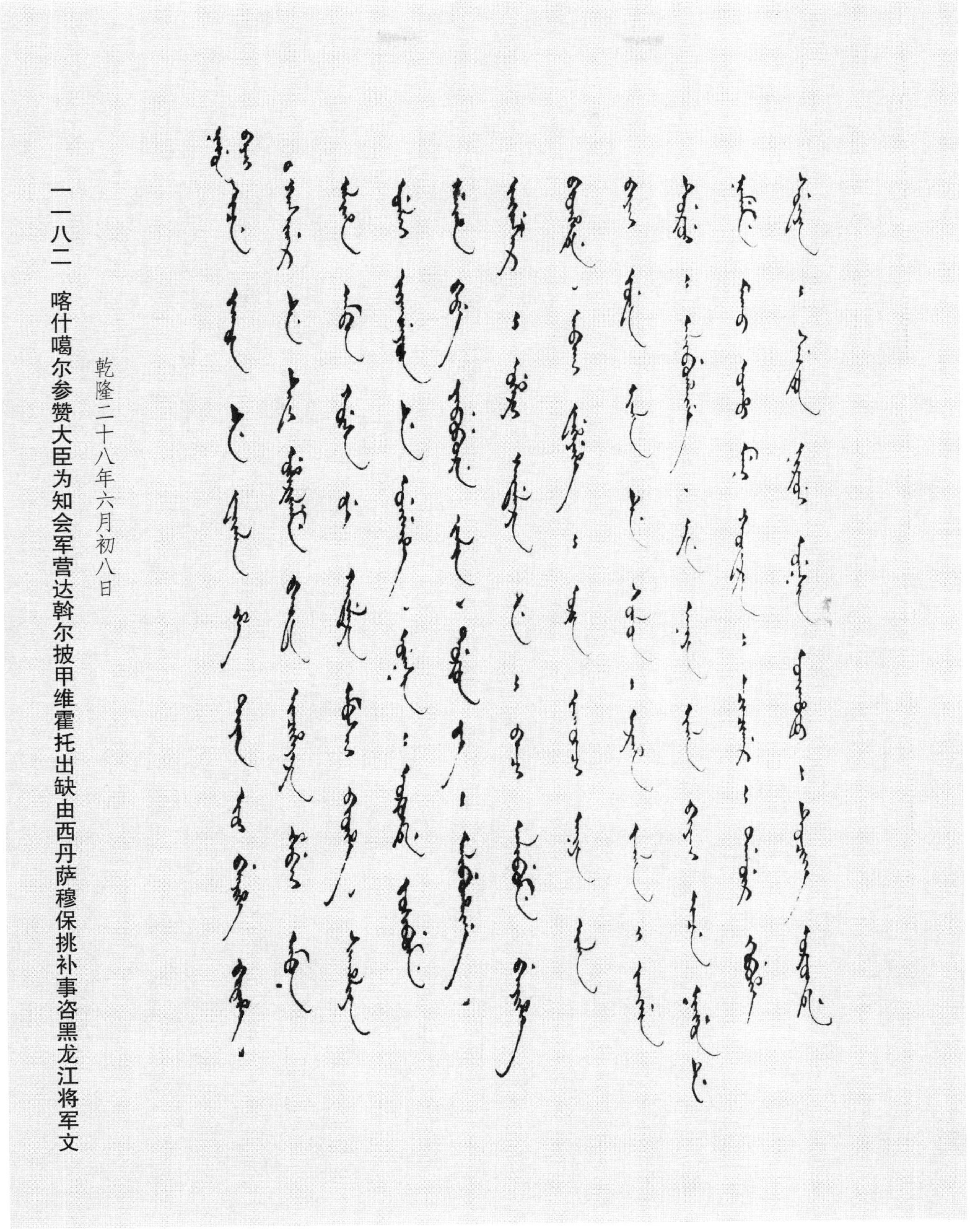

一一八二 喀什噶尔参赞大臣为知会军营达斡尔披甲维霍托出缺由西丹萨穆保挑补事咨黑龙江将军文

乾隆二十八年六月初八日

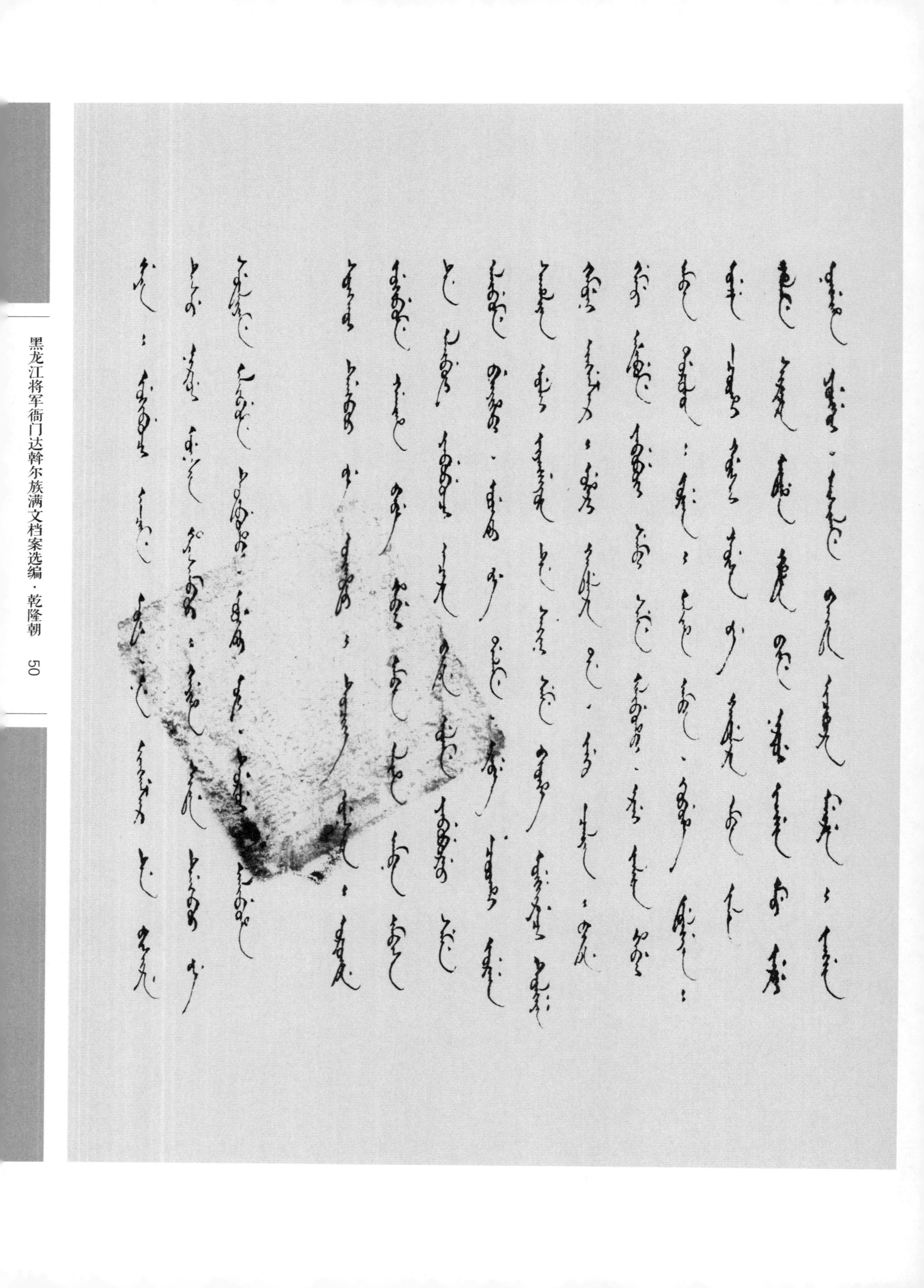

[illegible]

[illegible]

[illegible]

一一八三 黑龙江将军衙门为本年照例办理布特哈索伦达斡尔等比丁事宜事札布特哈副都统衔总管等文

乾隆二十八年七月初二日

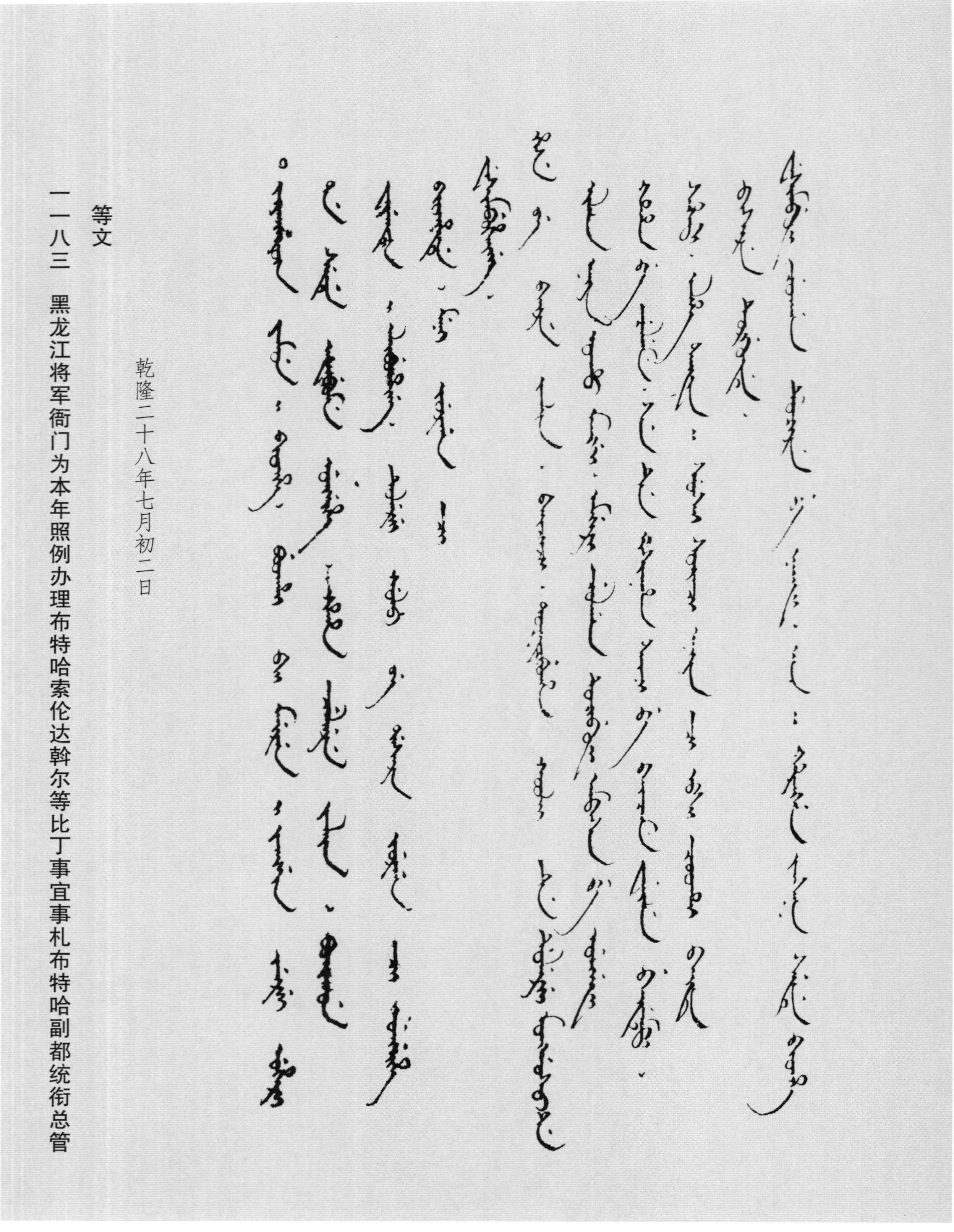

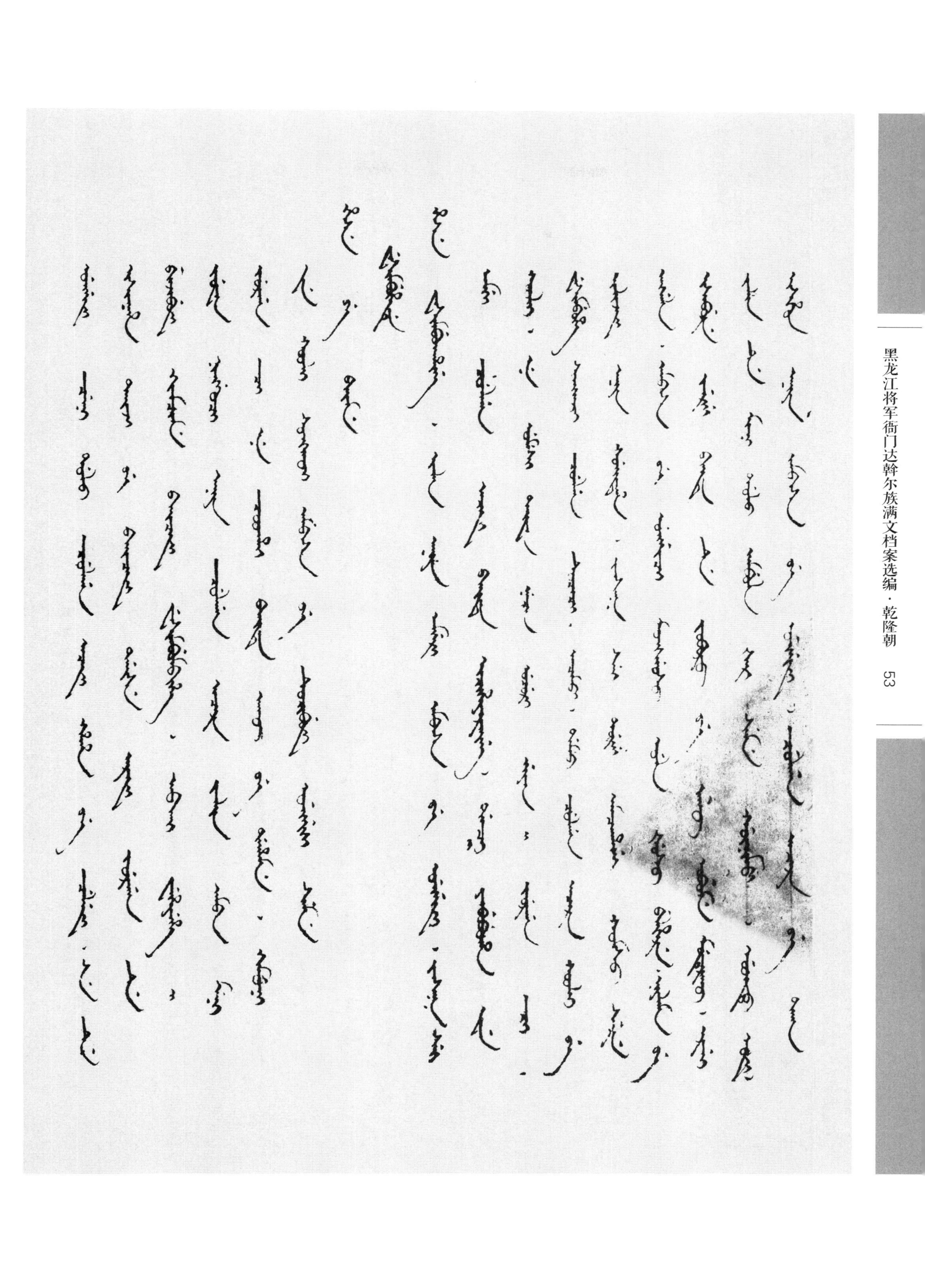

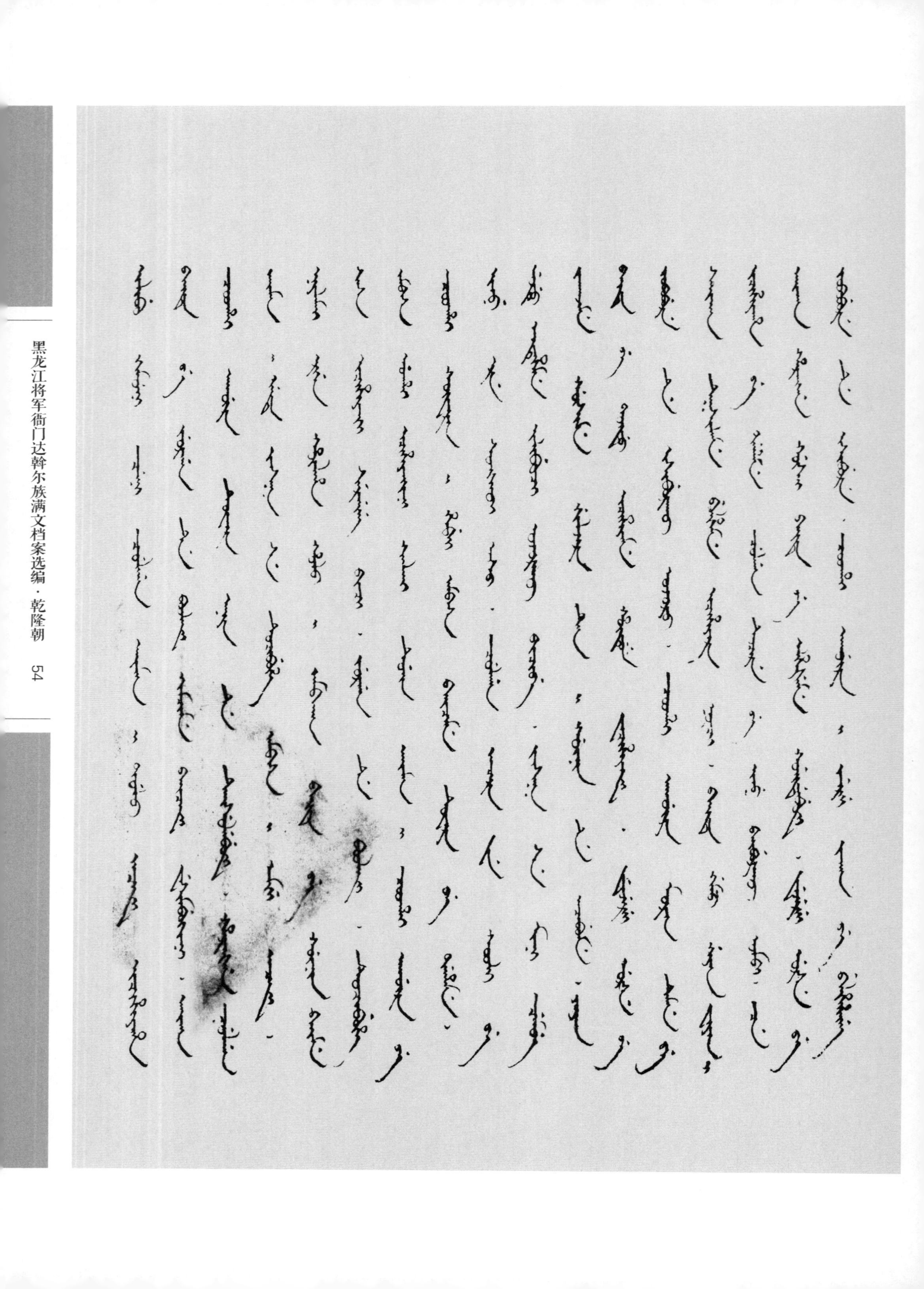

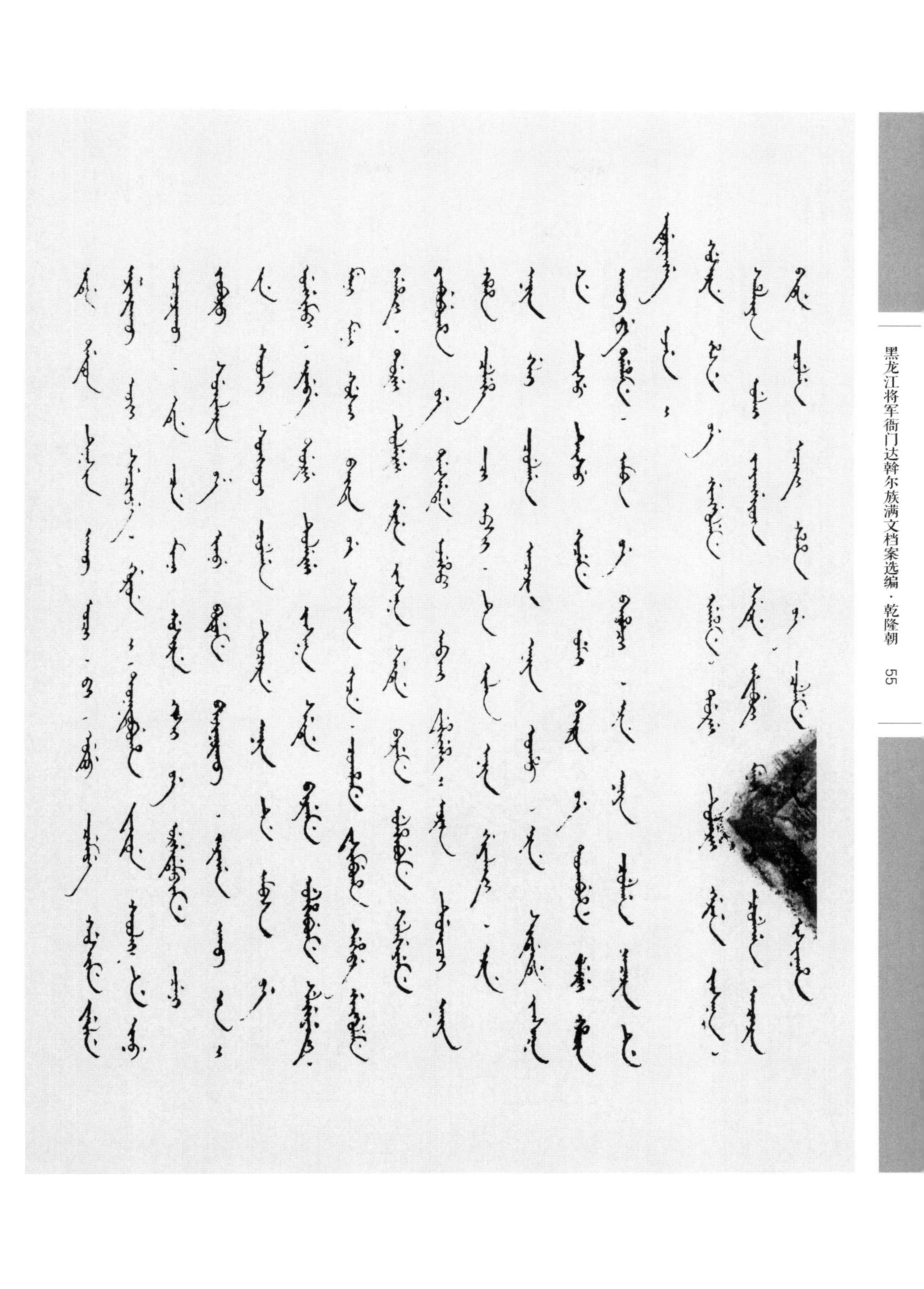

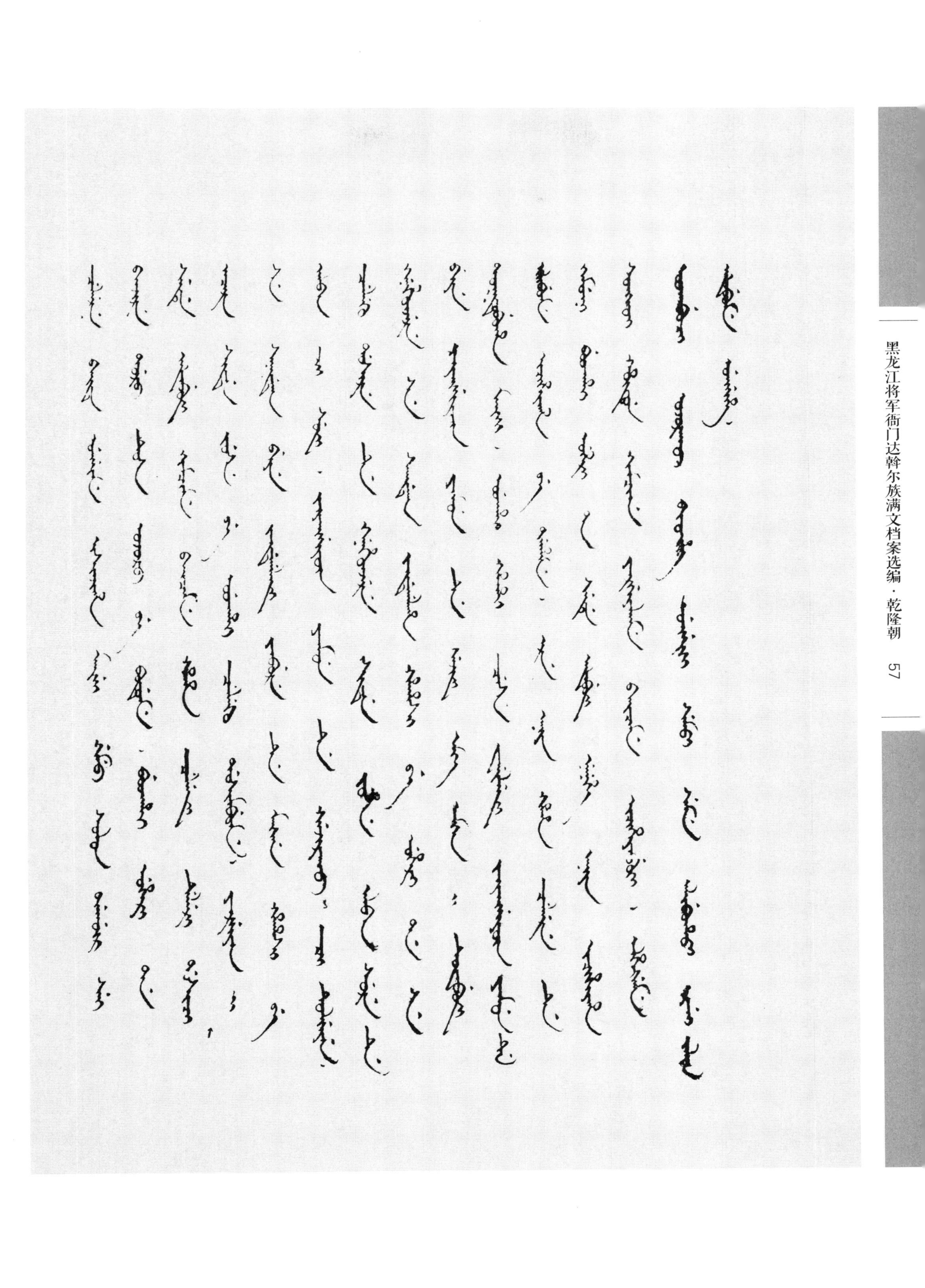

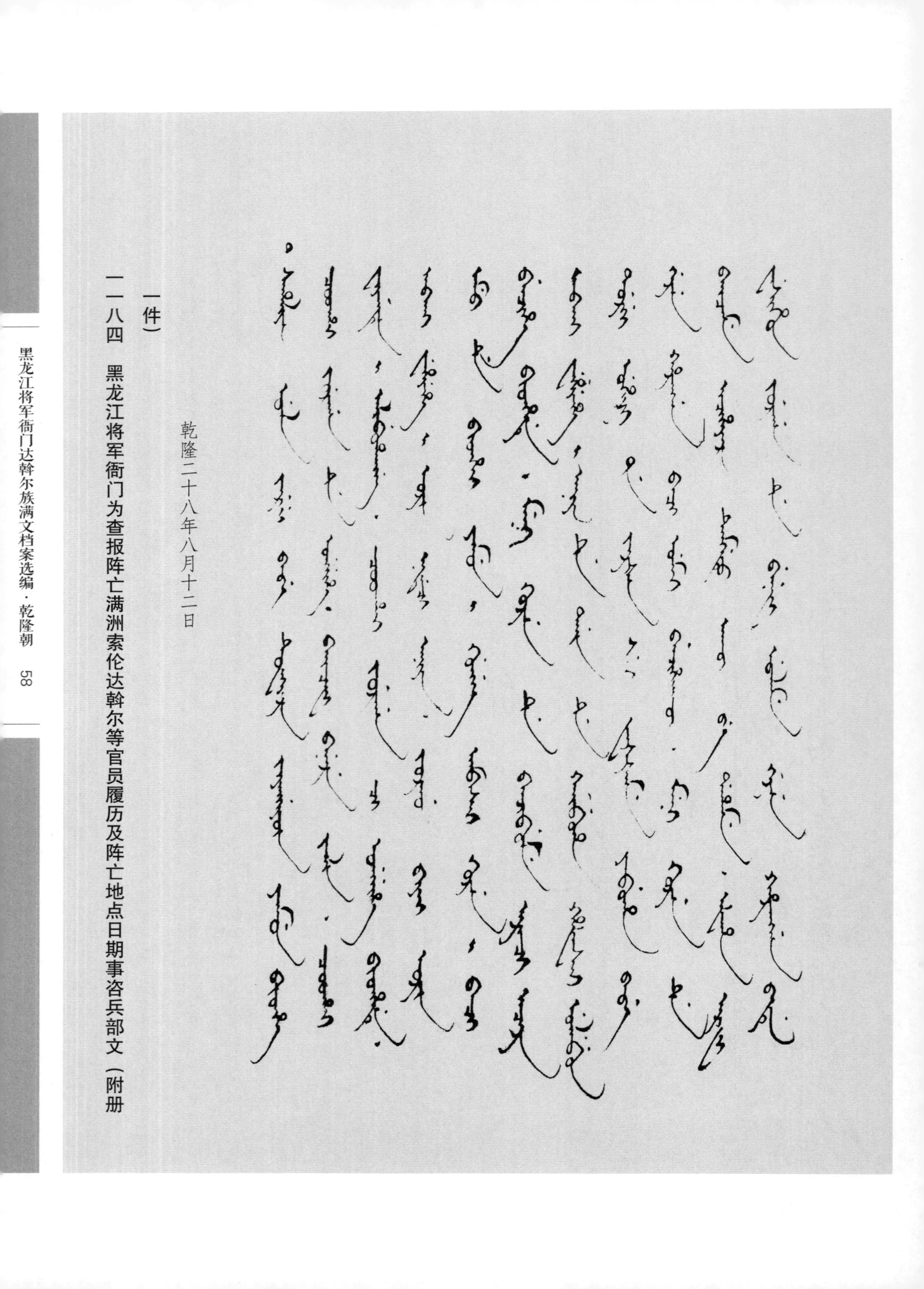

一一八四 黑龙江将军衙门为查报阵亡满洲索伦达斡尔等官员履历及阵亡地点日期事咨兵部文（附册一件）

乾隆二十八年八月十二日

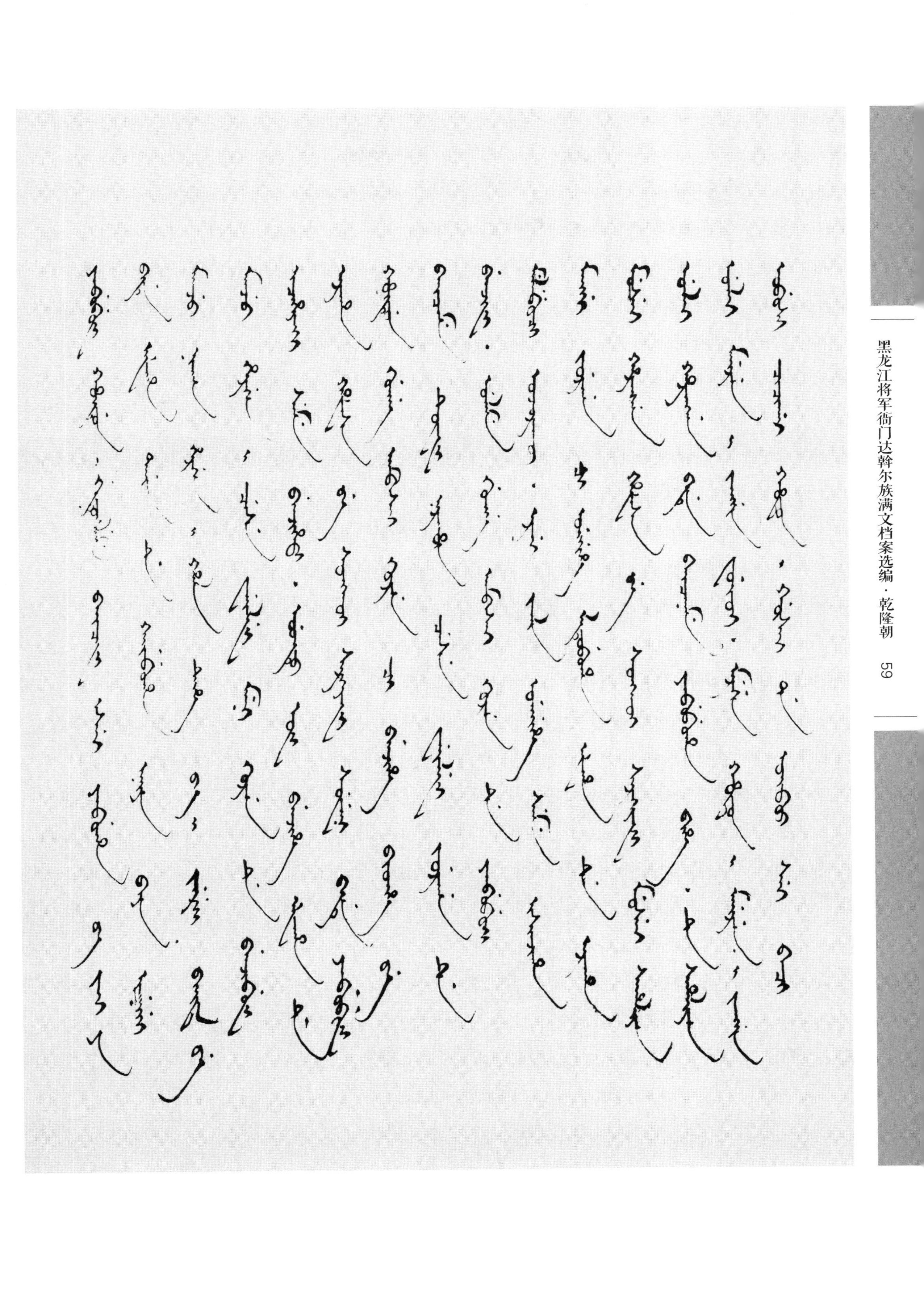

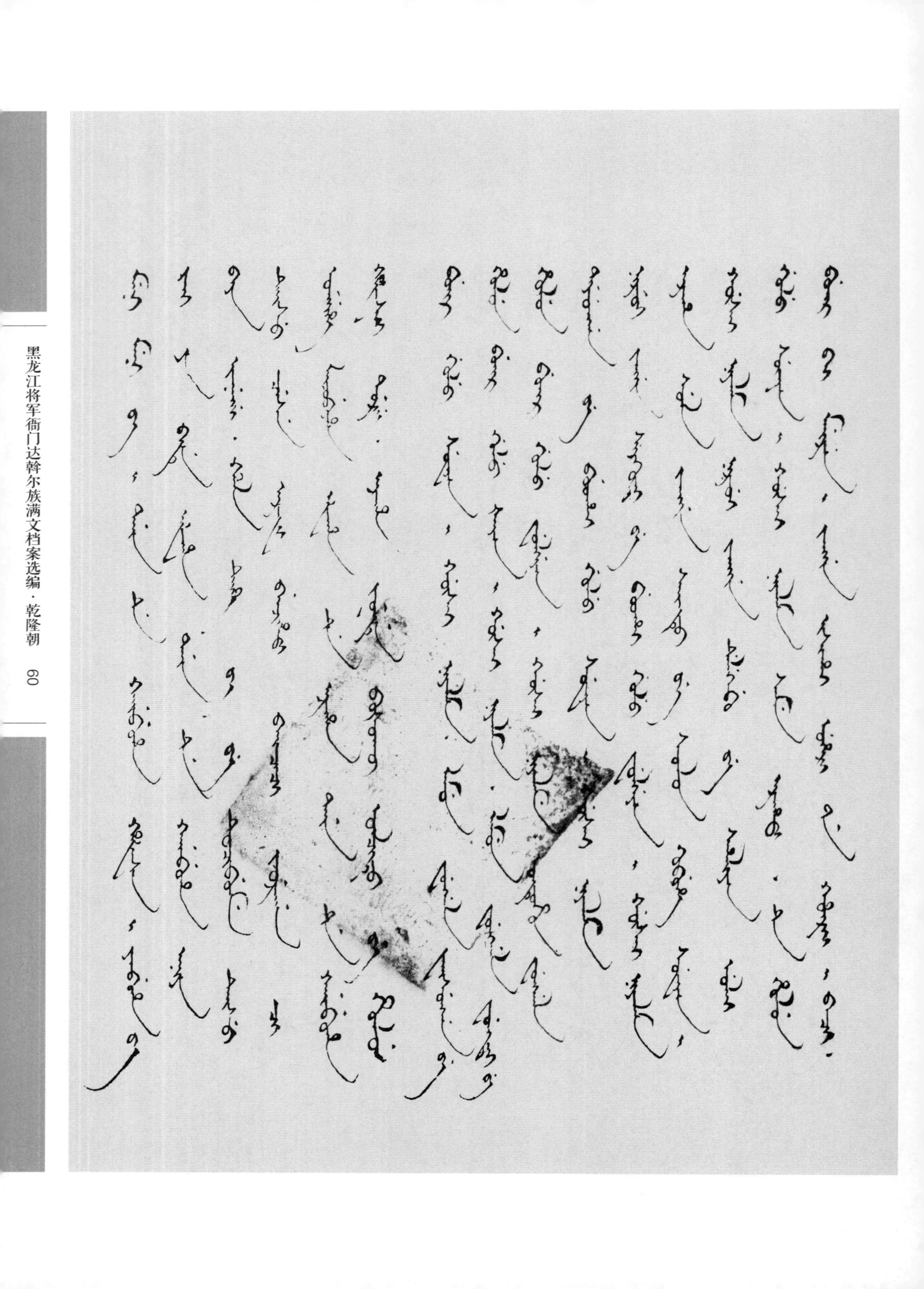

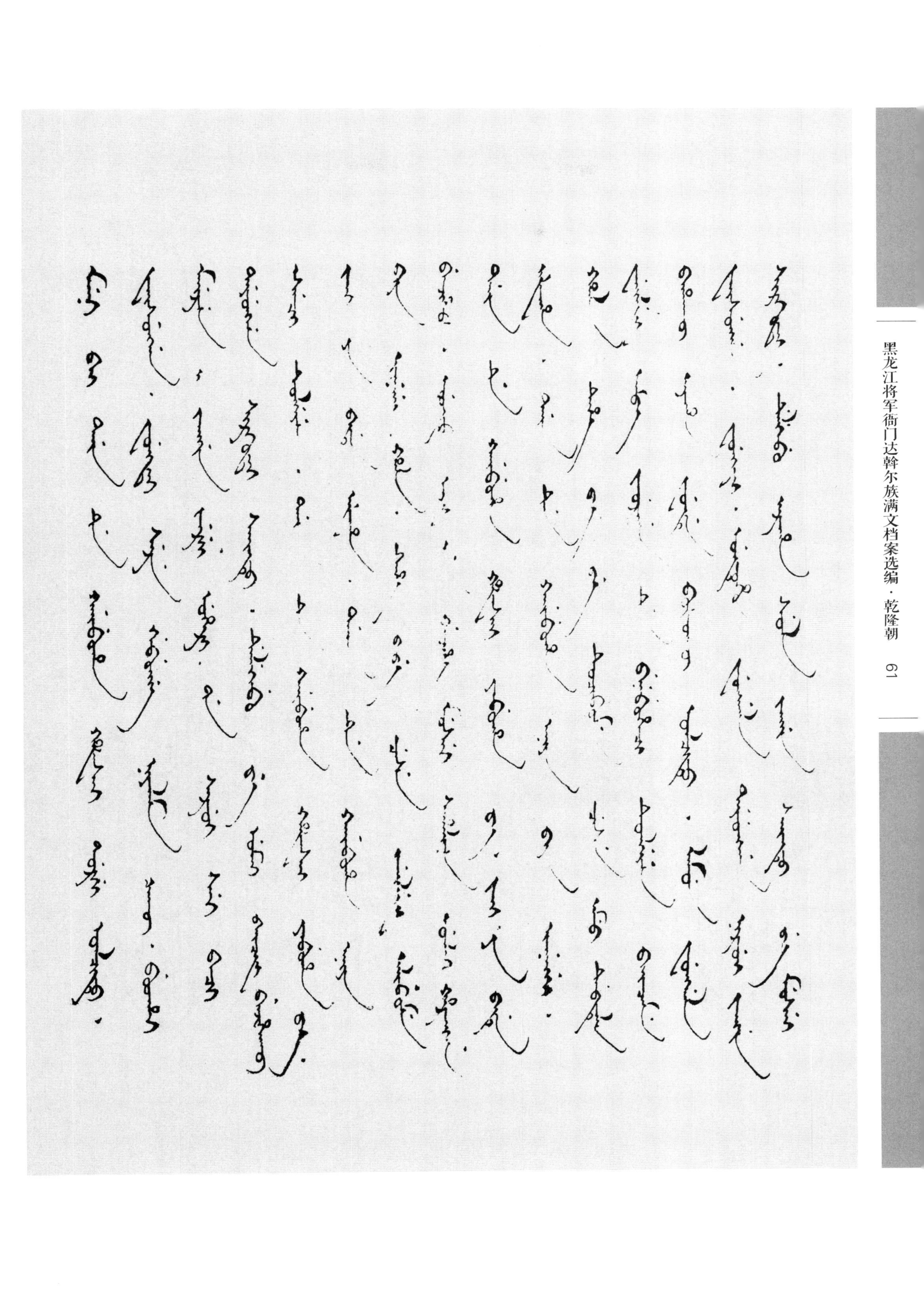

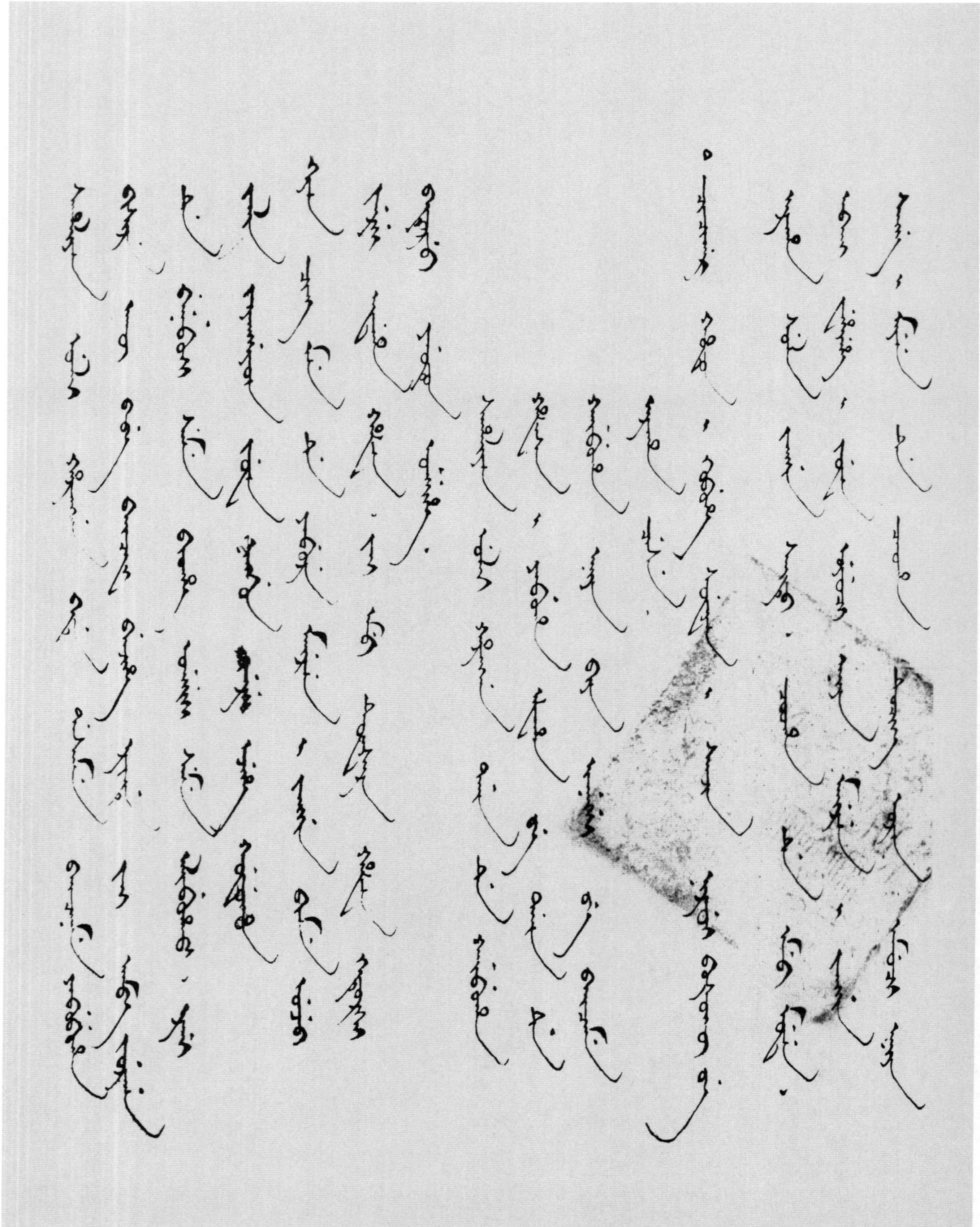

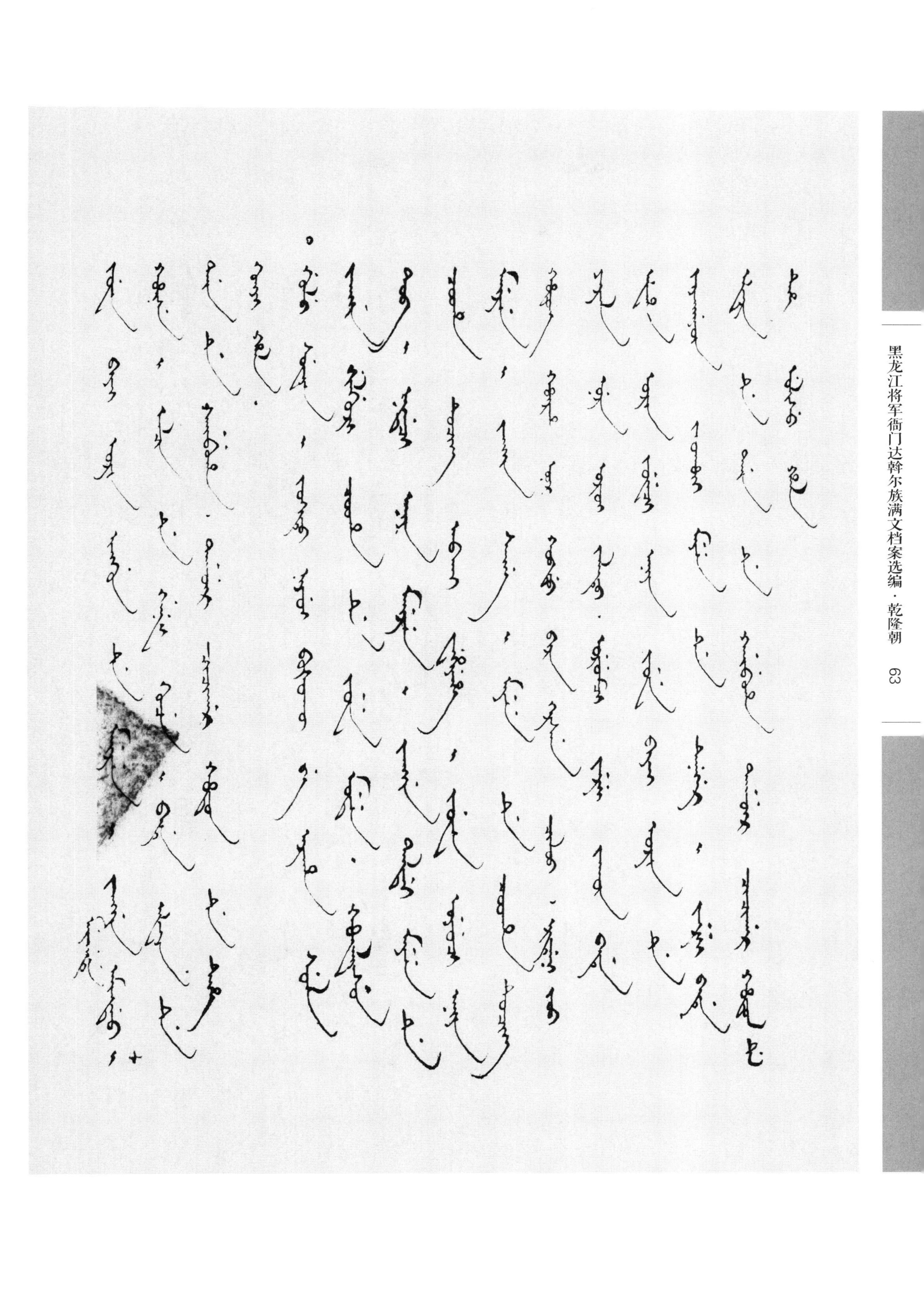

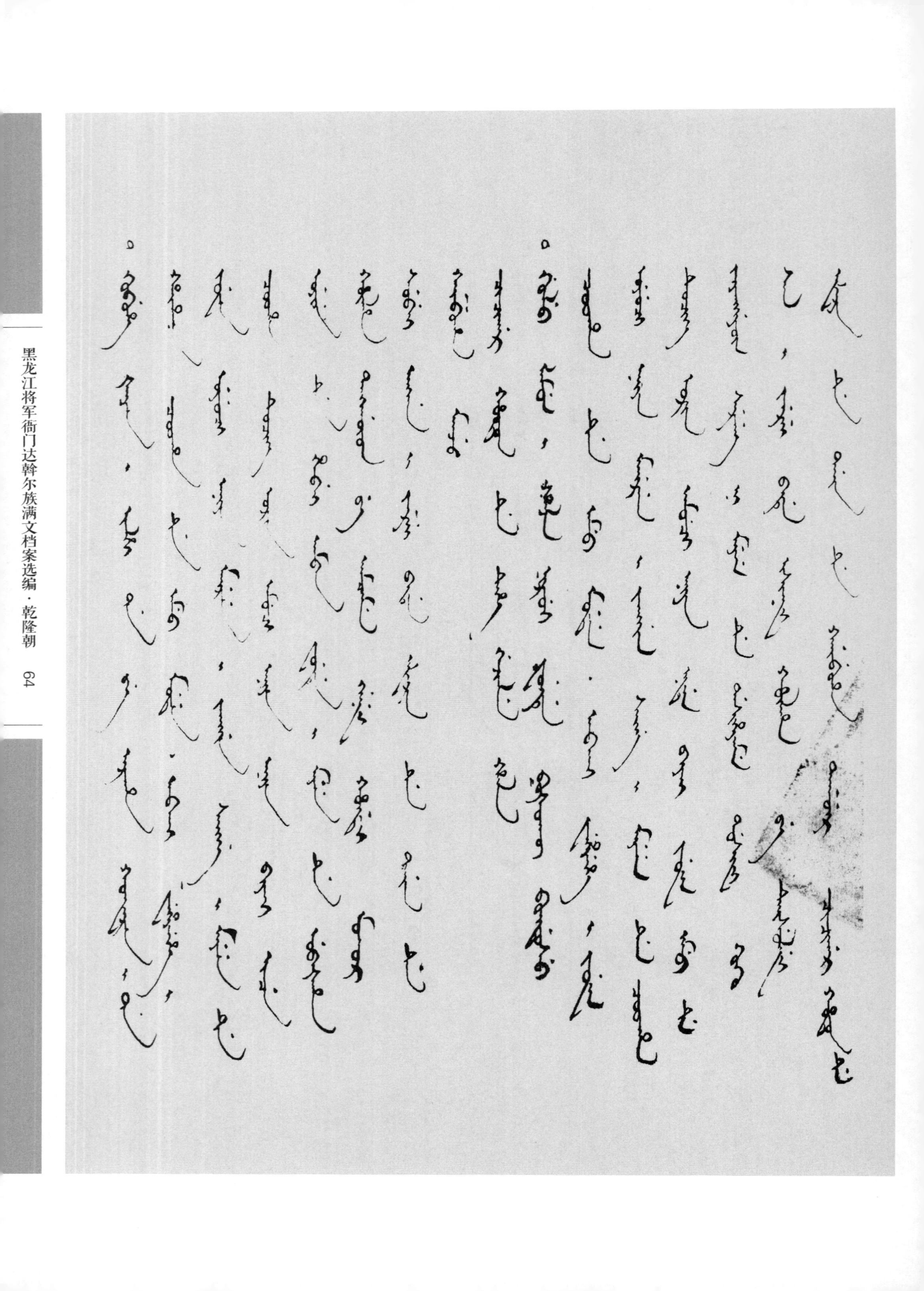

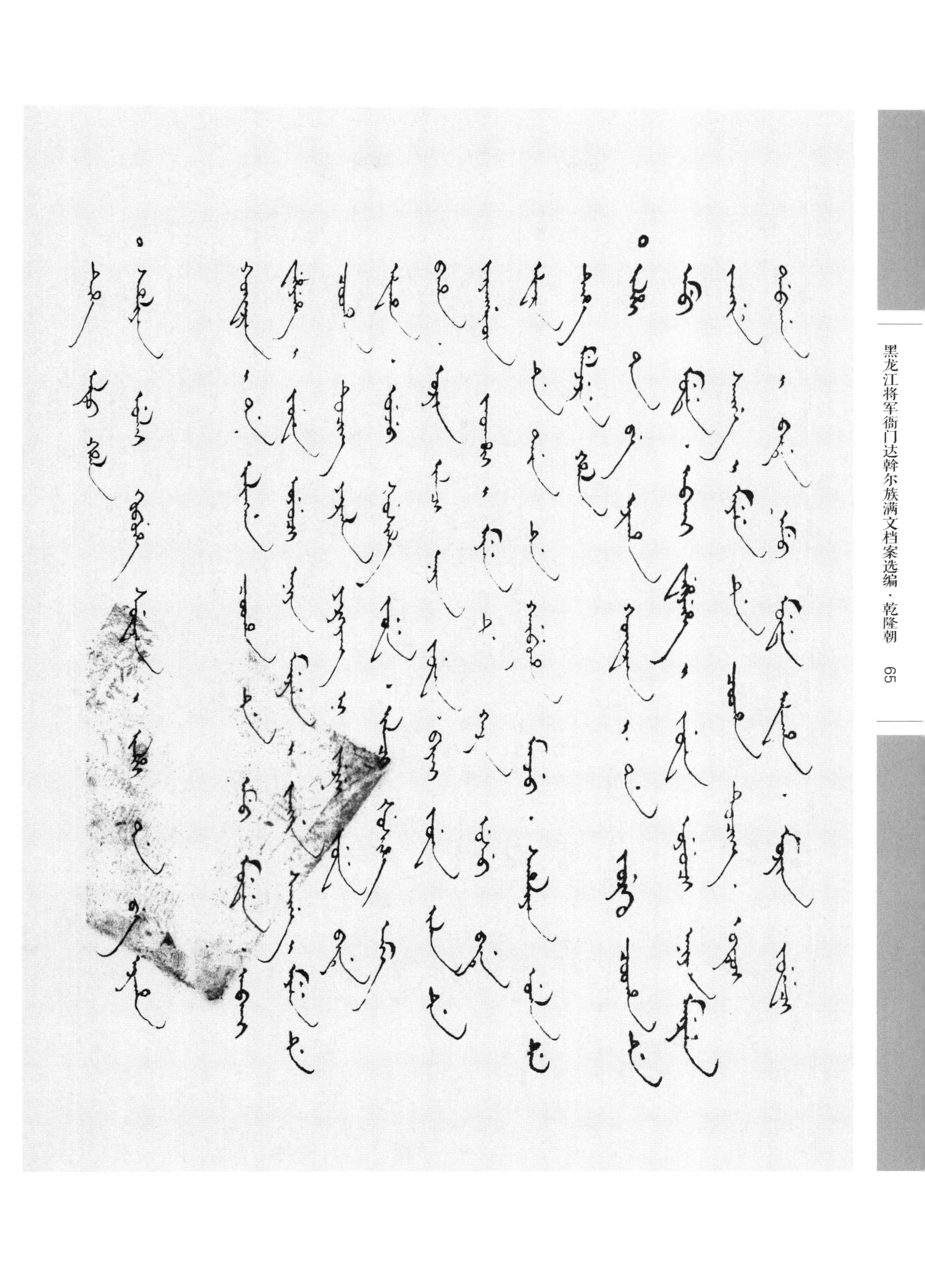

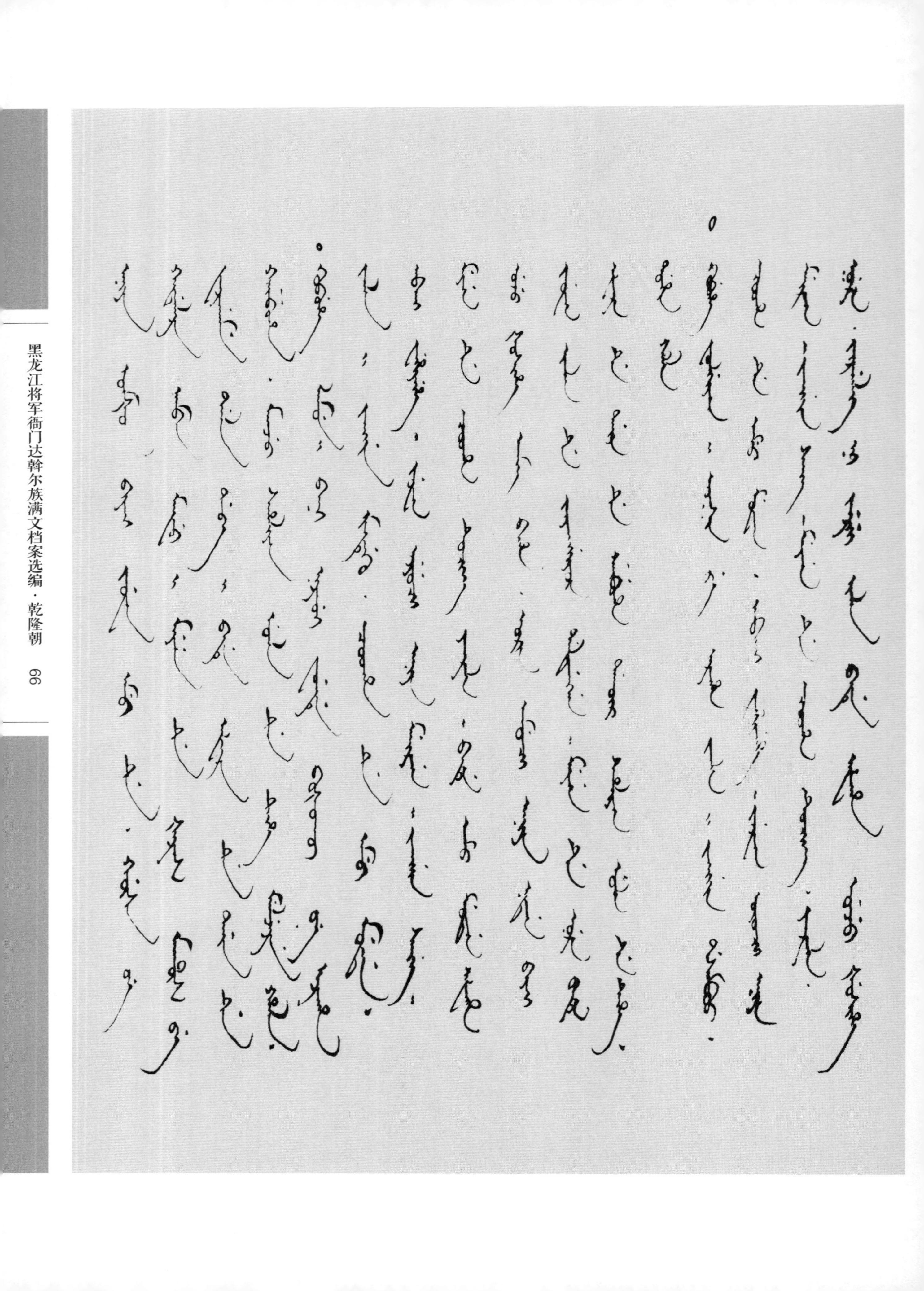

[illegible]

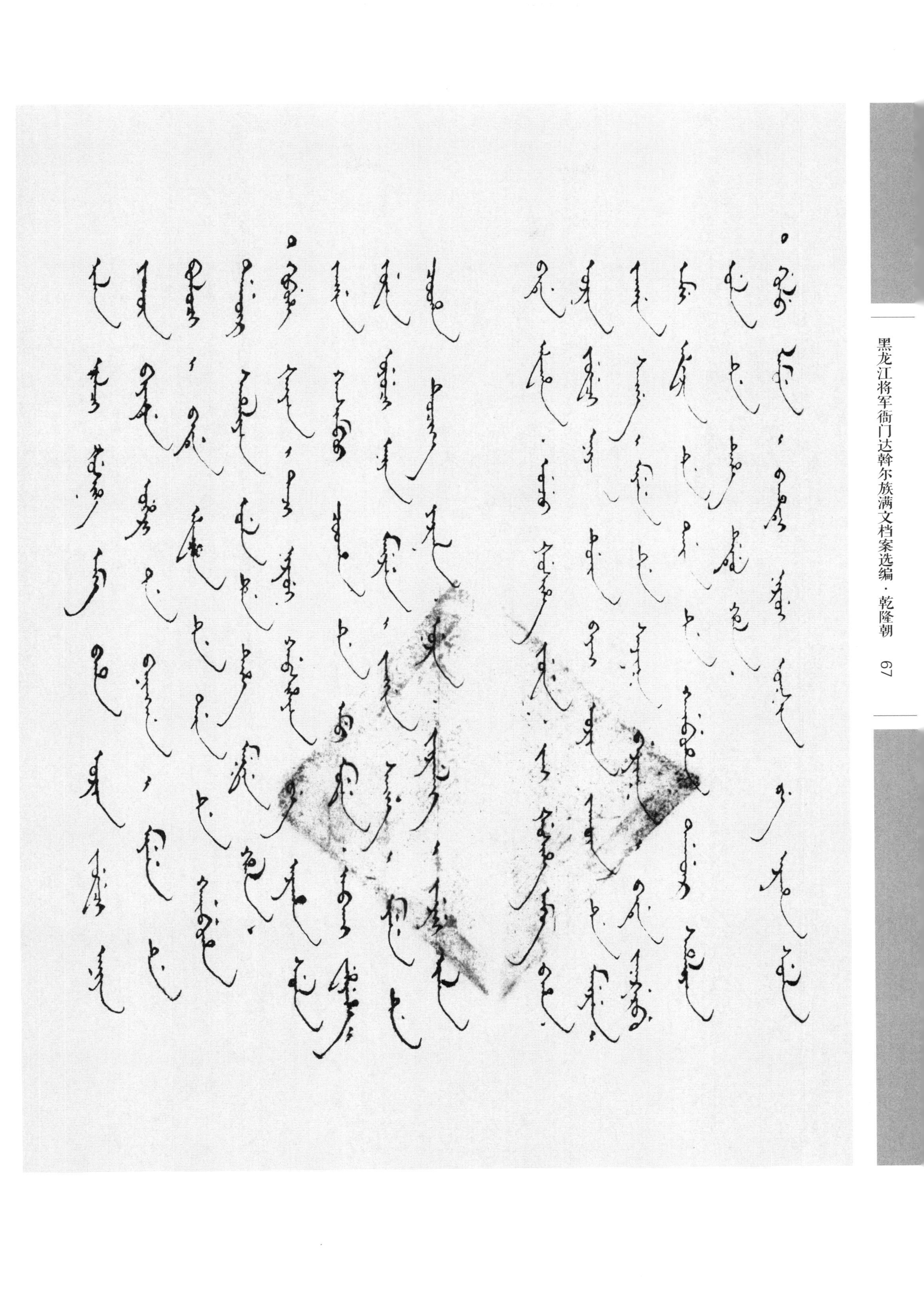

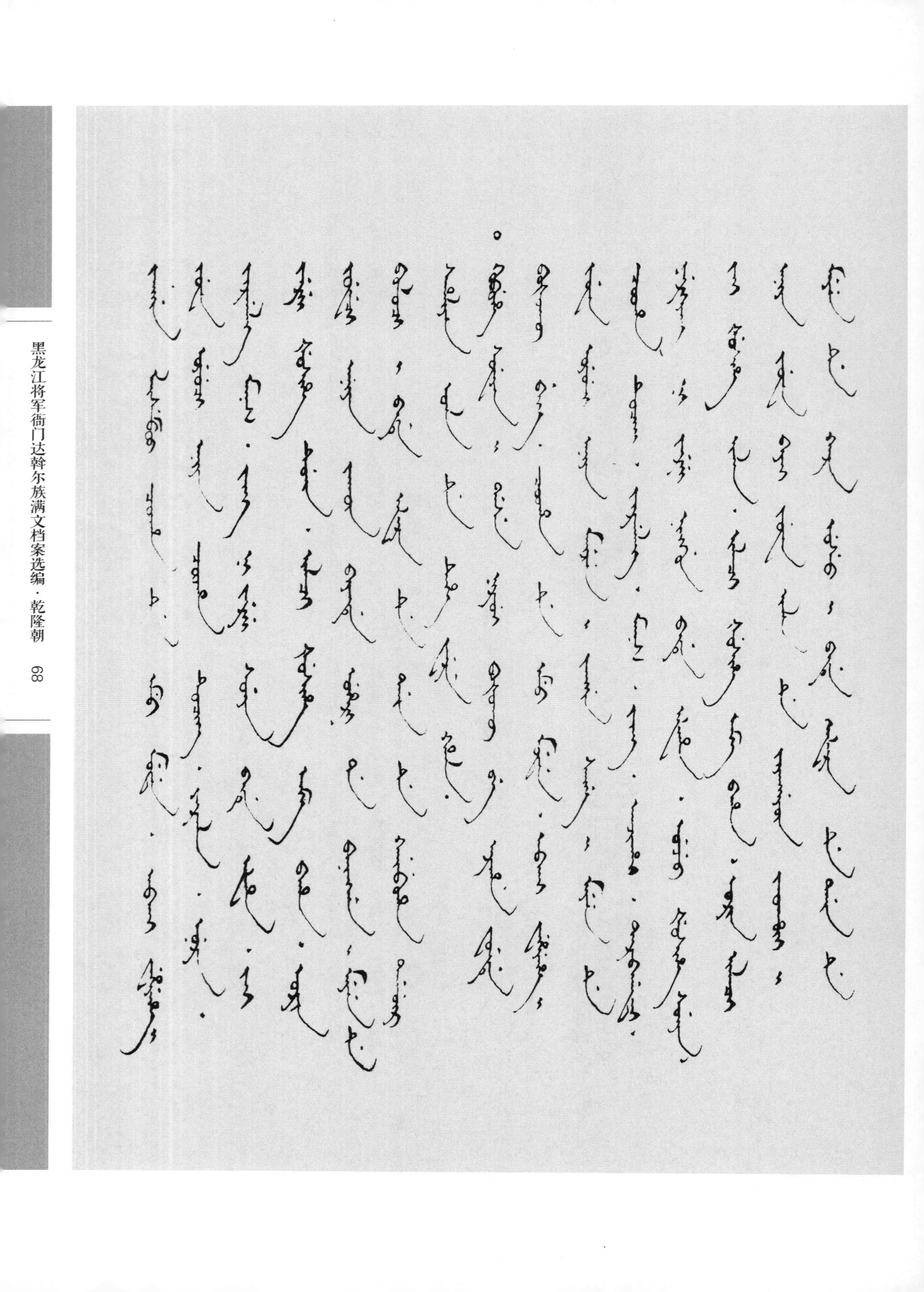

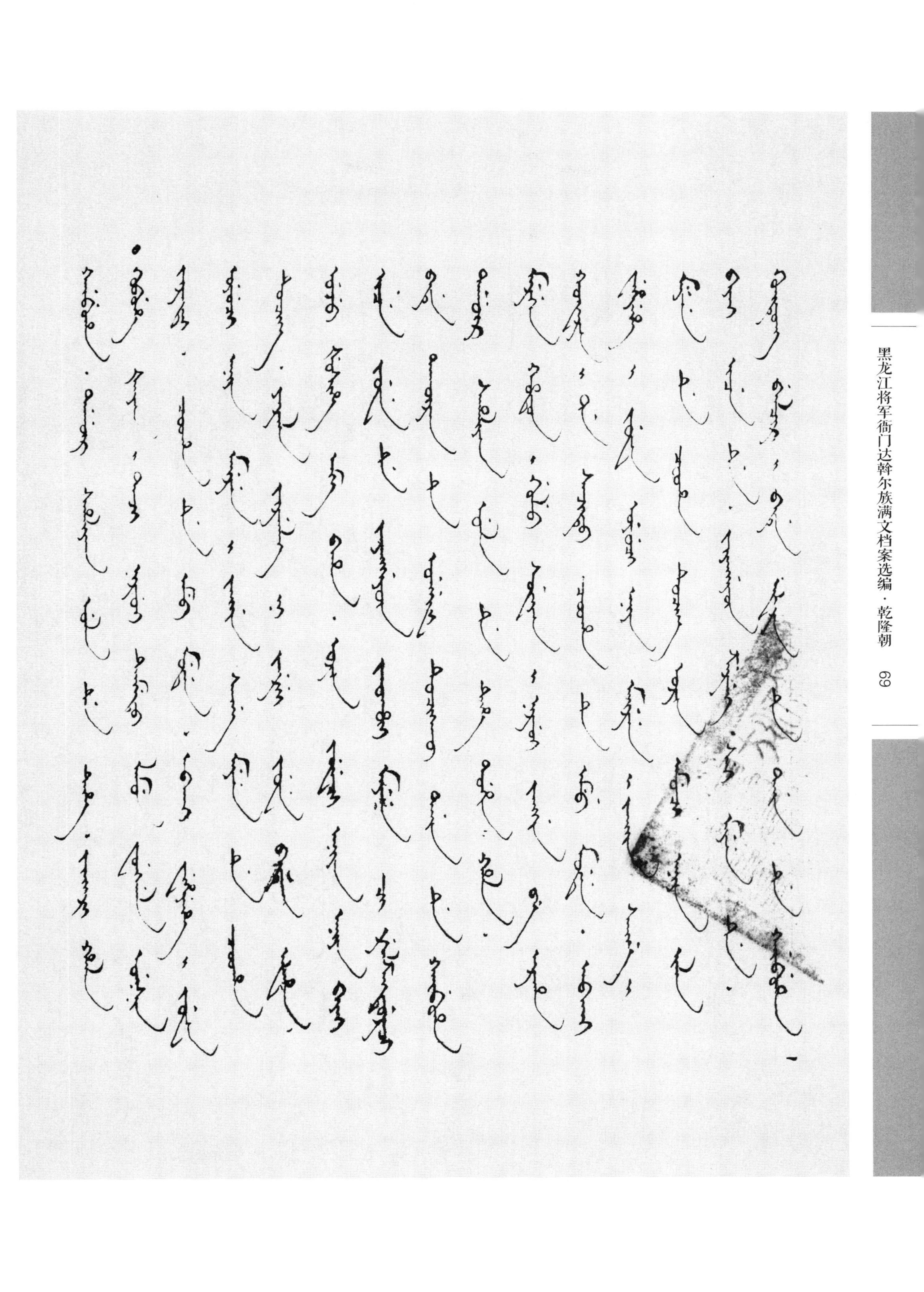

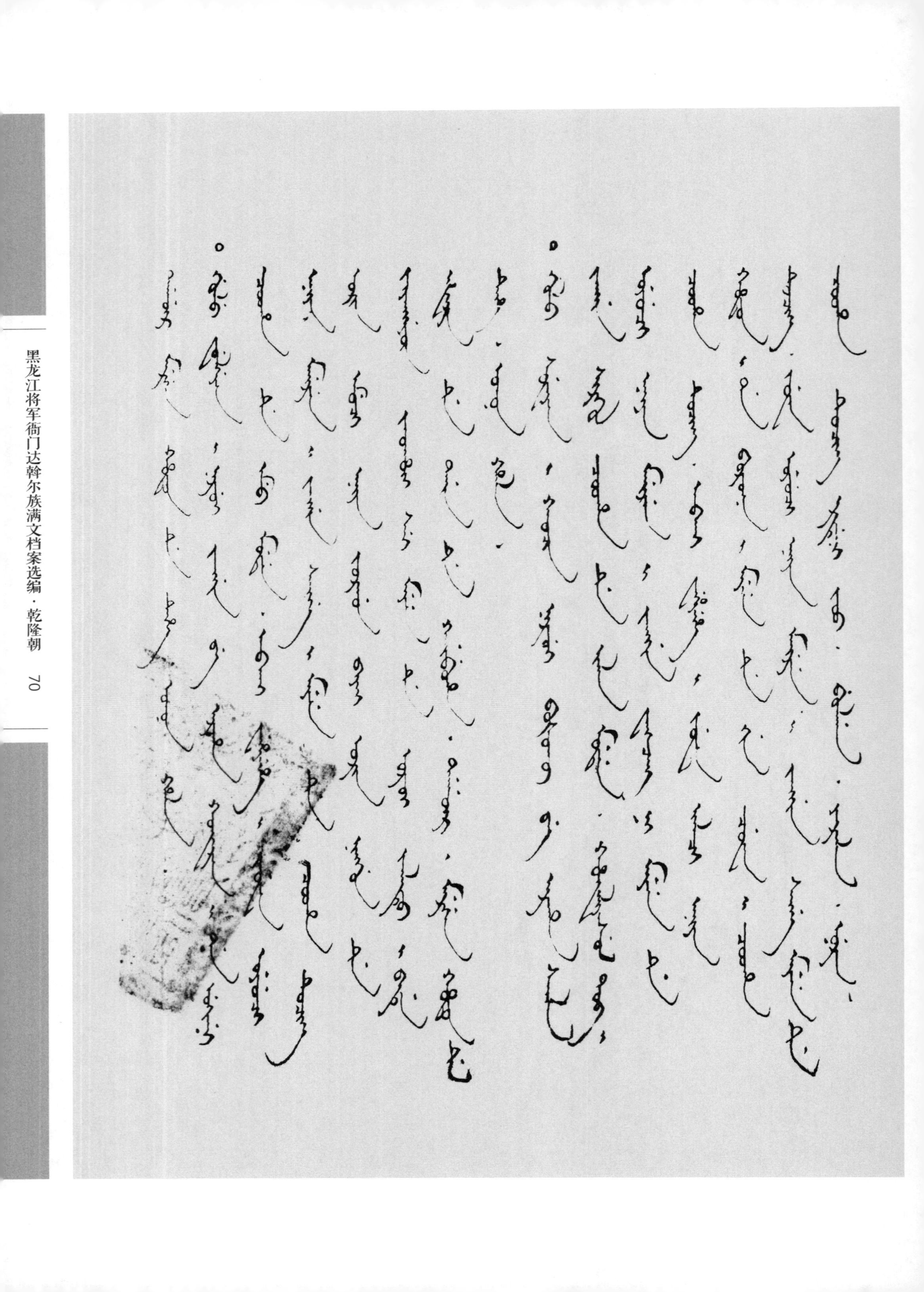

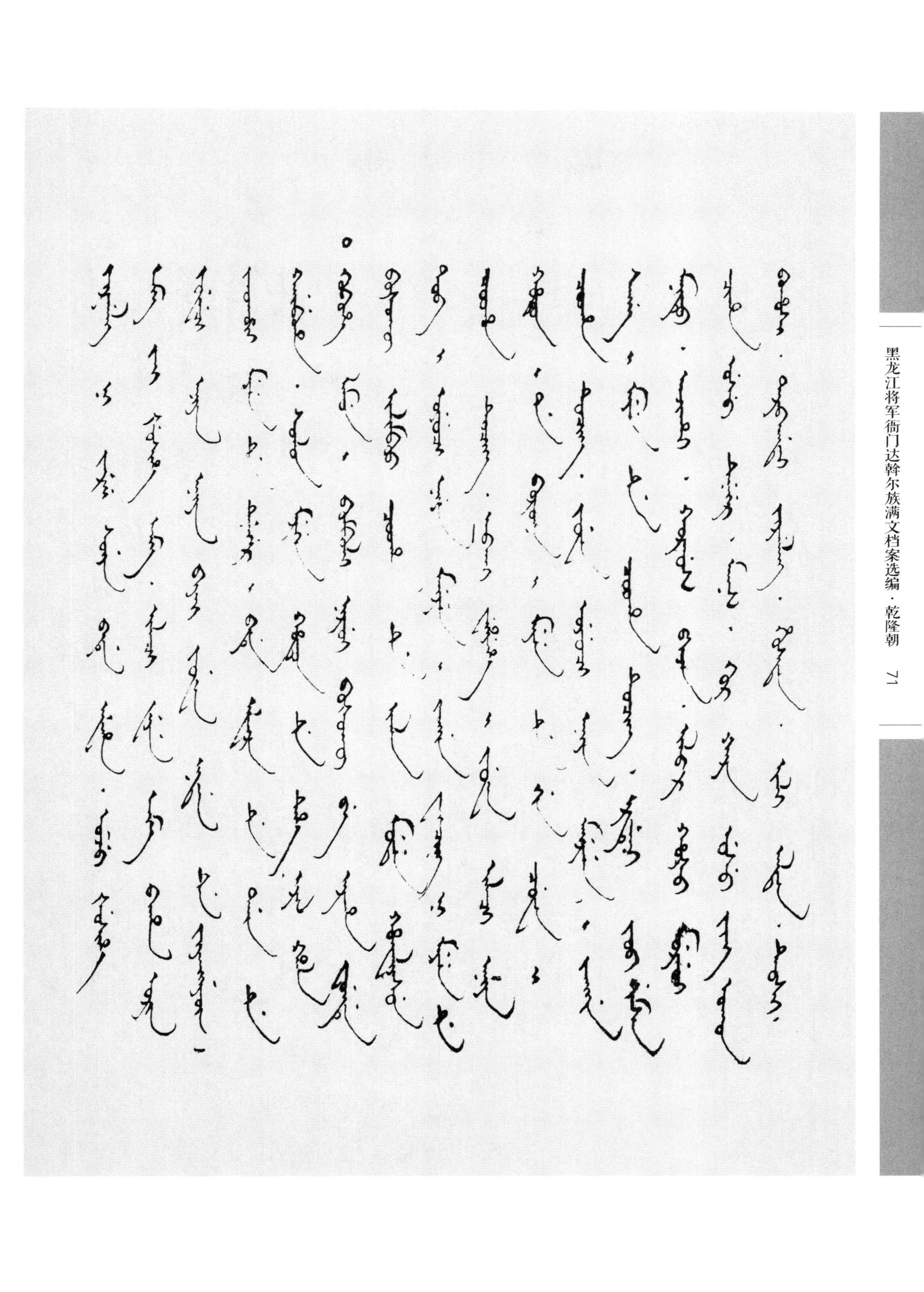

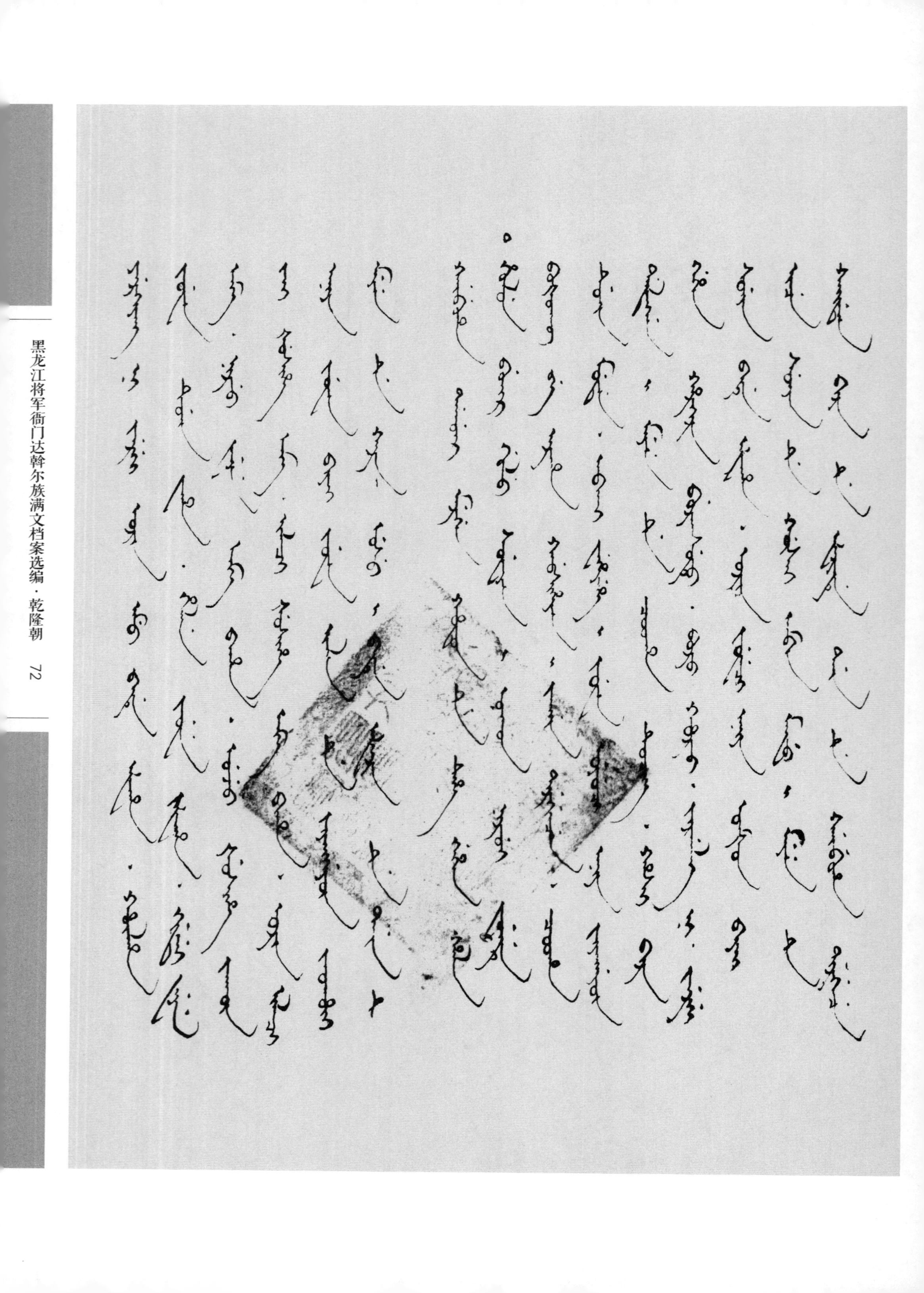

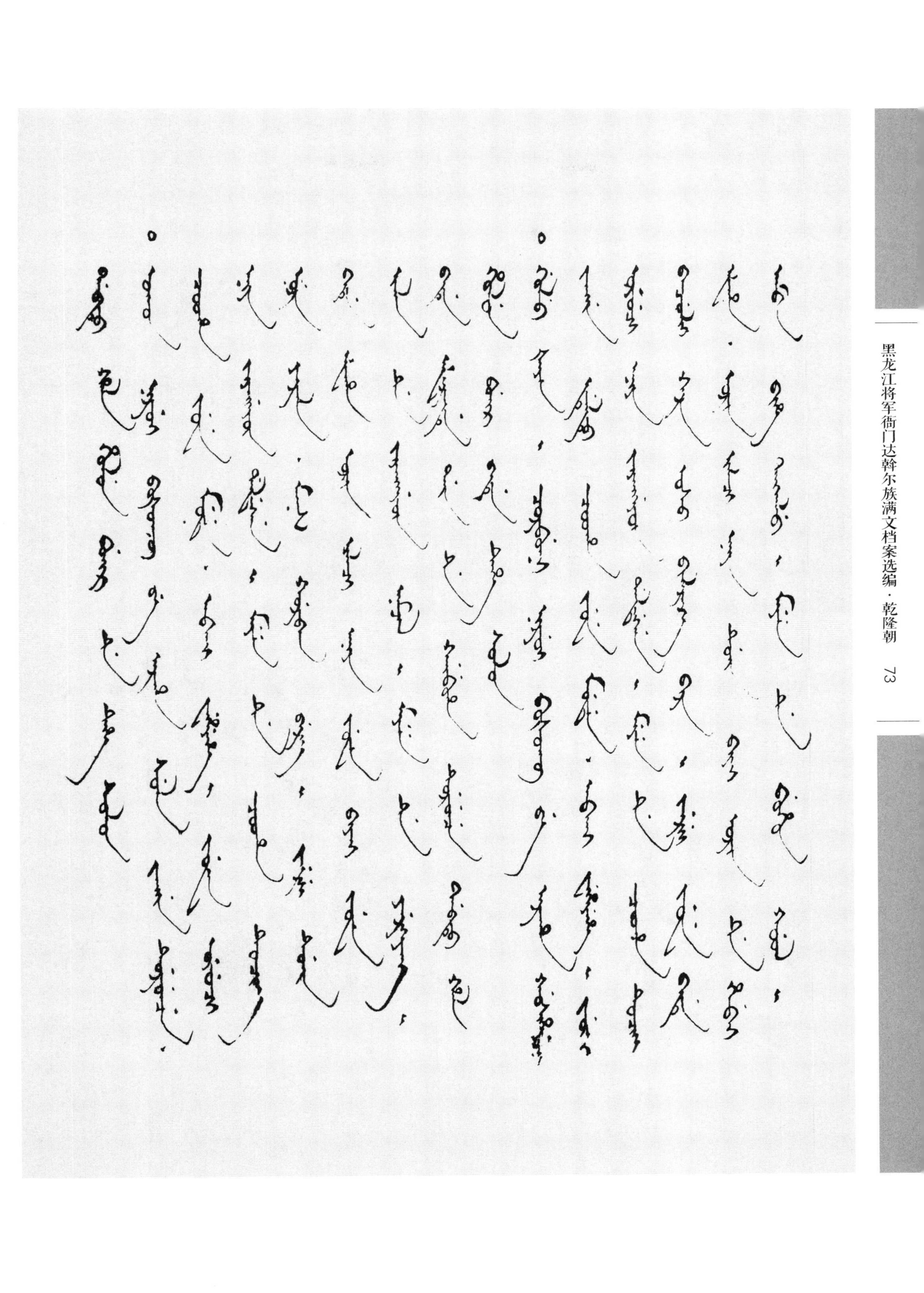

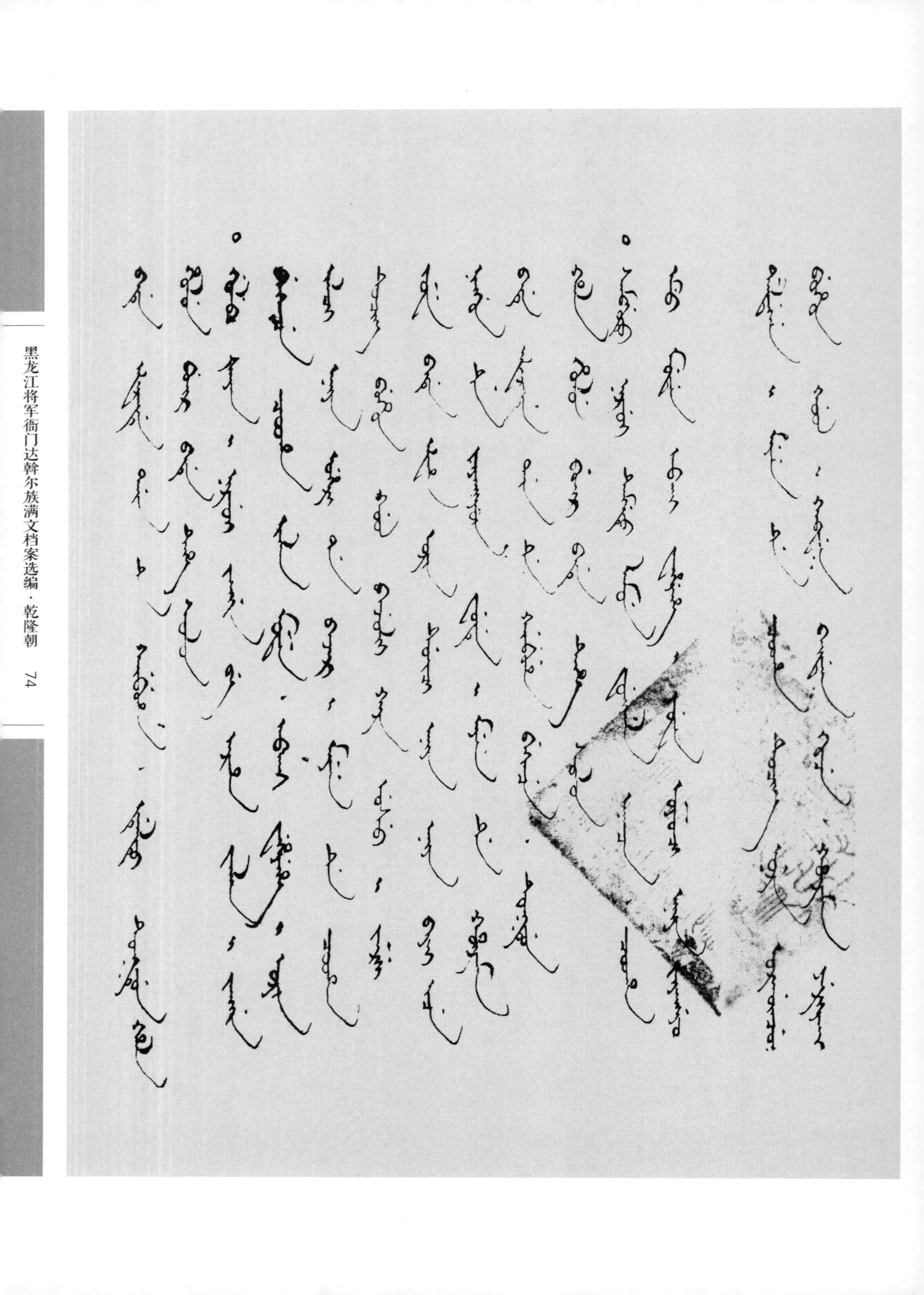

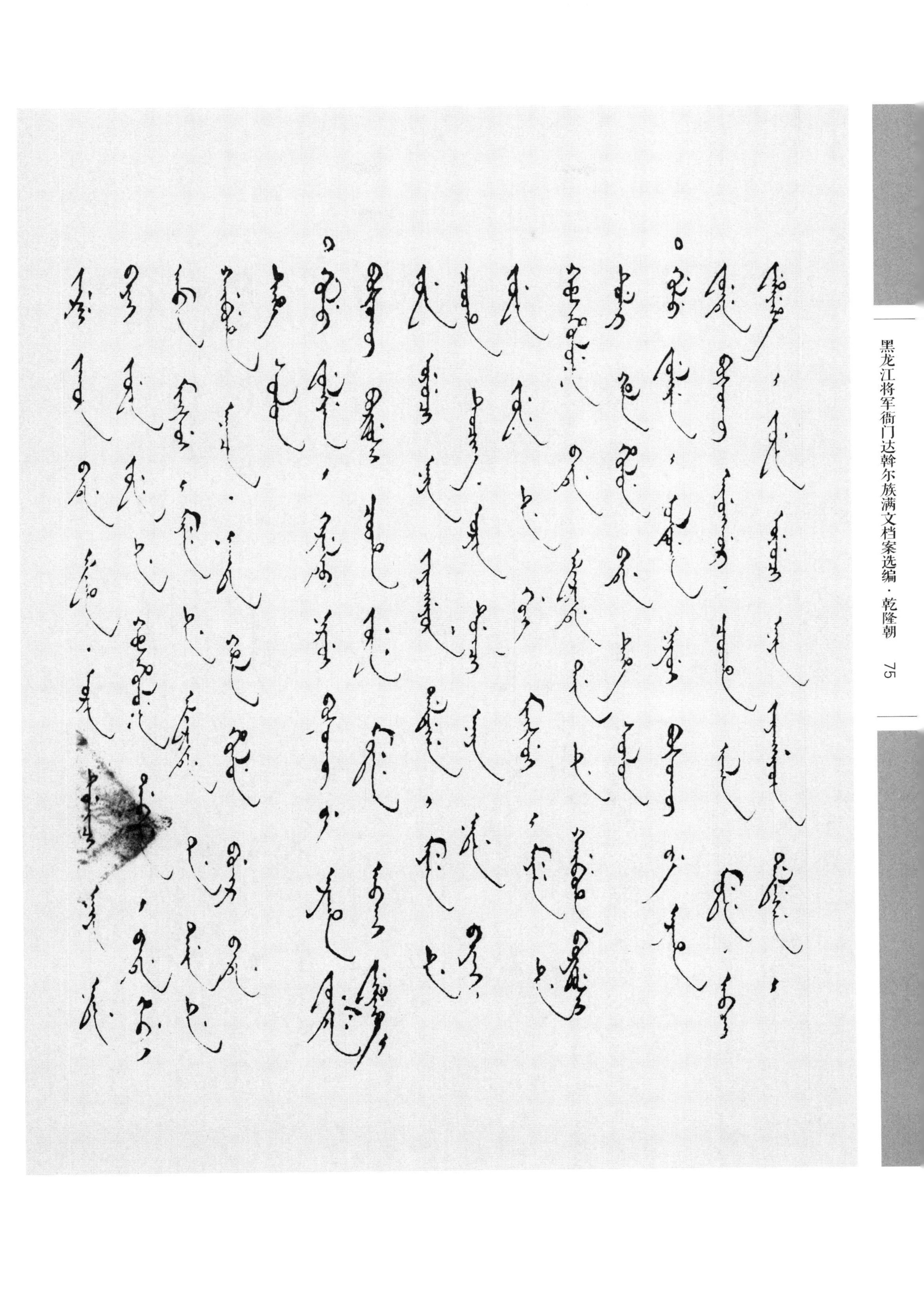

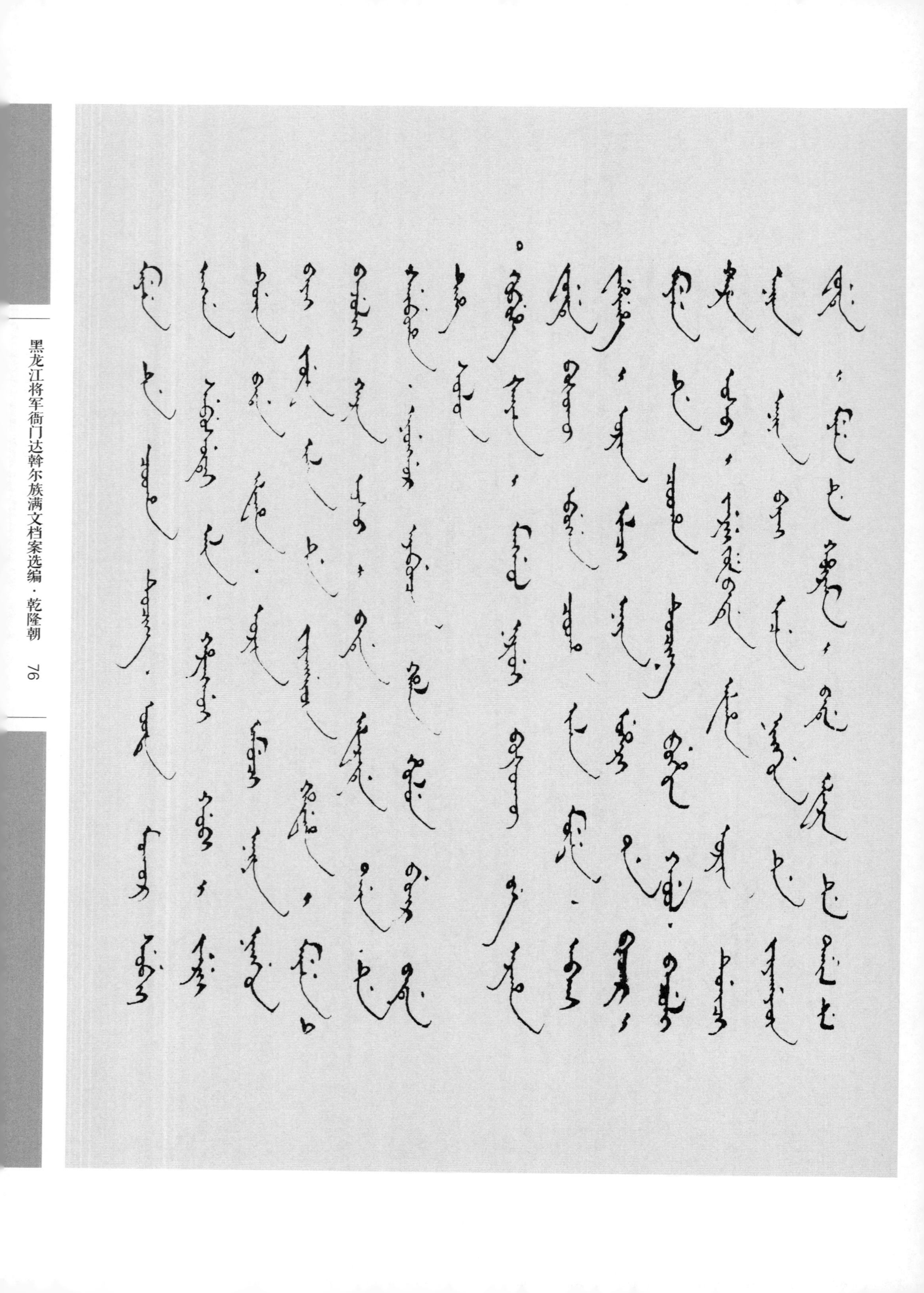

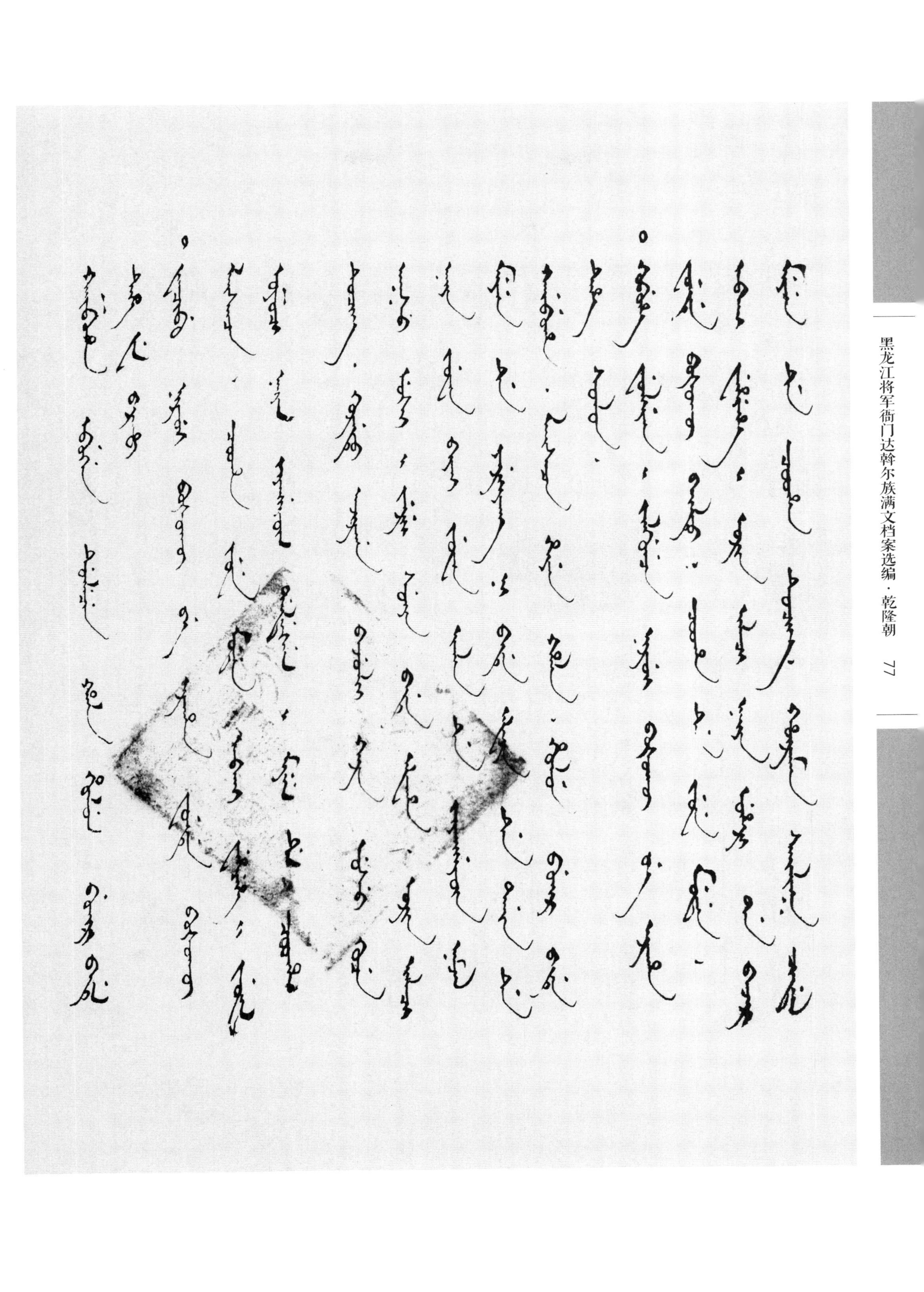

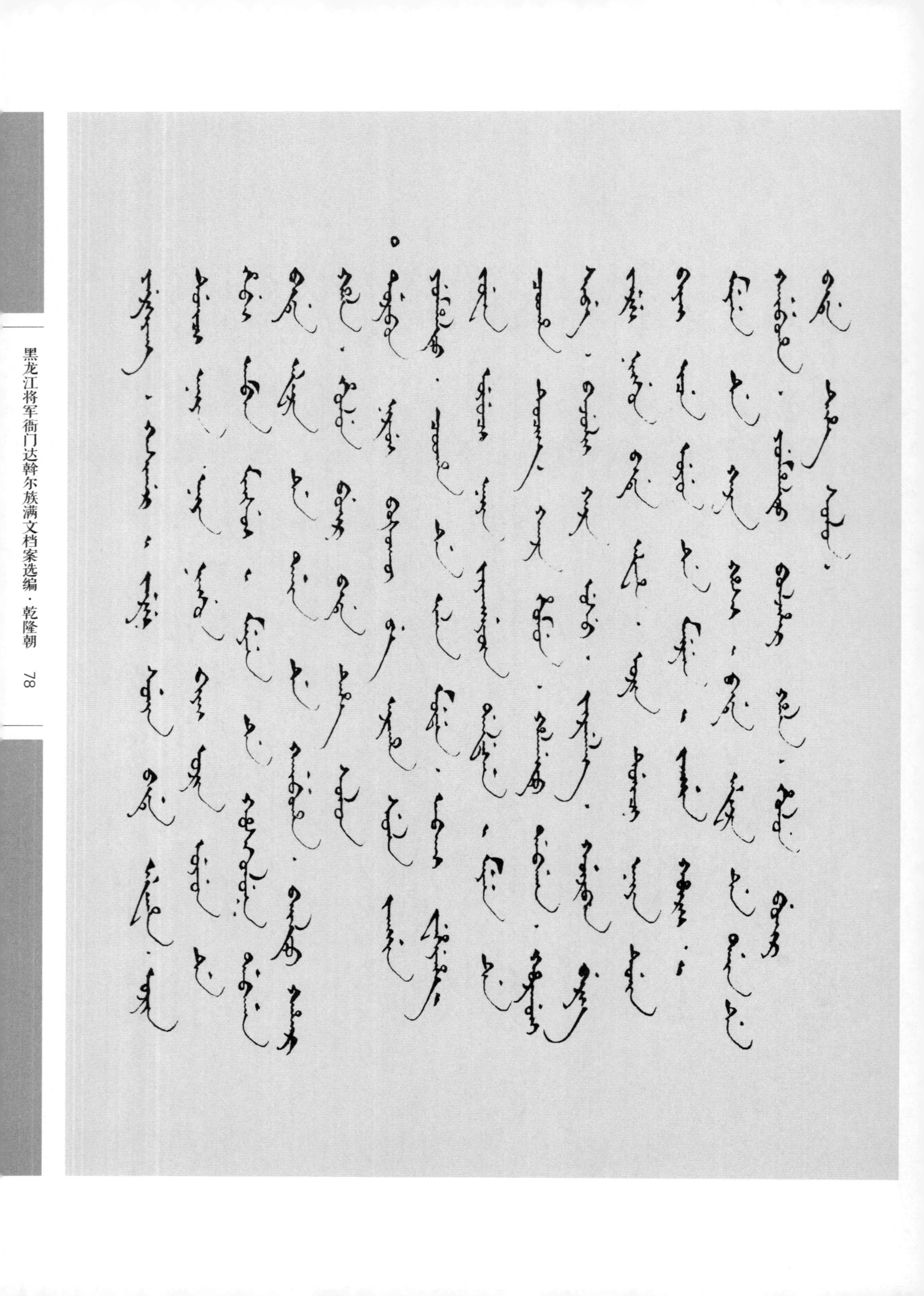

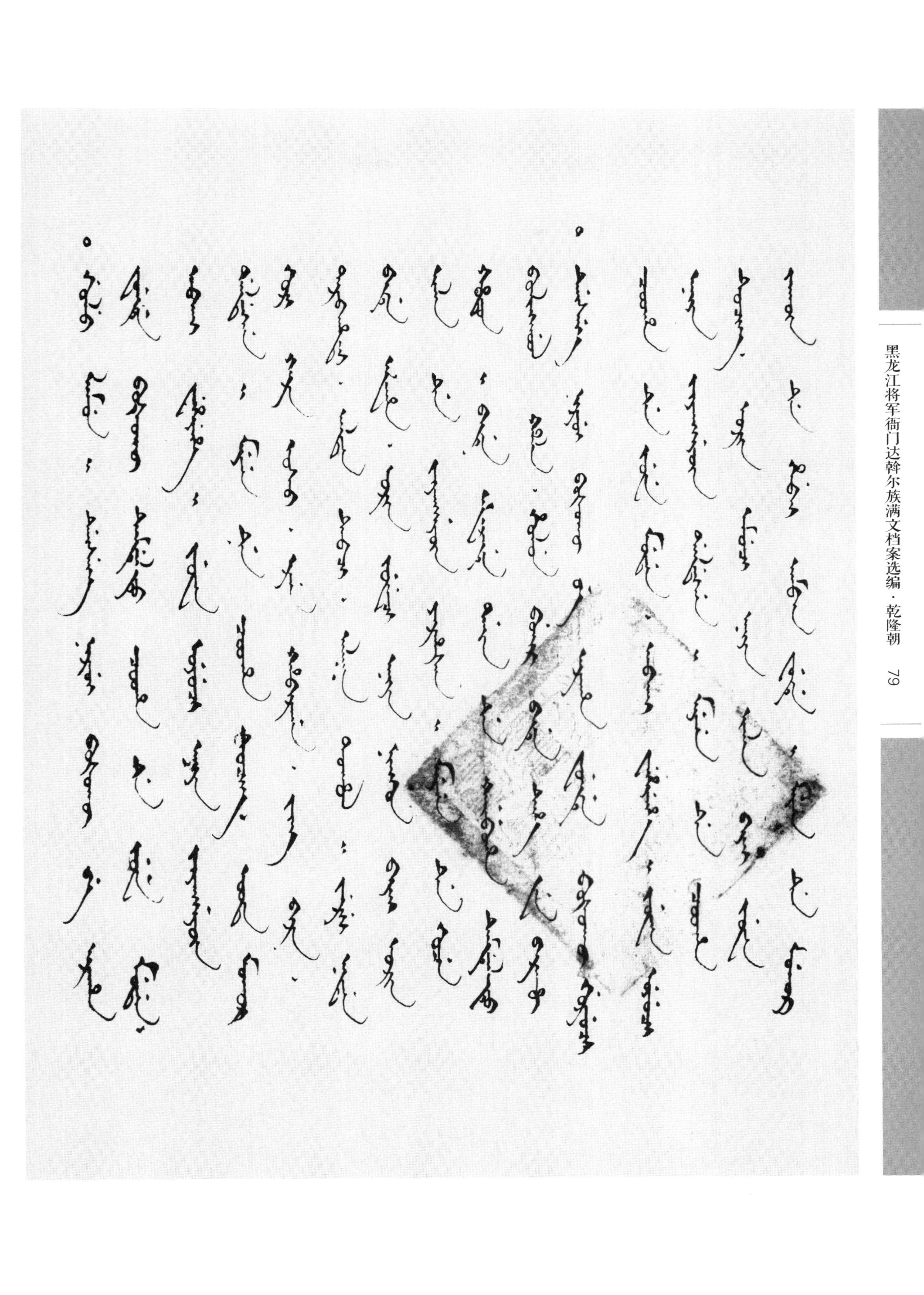

[illegible]

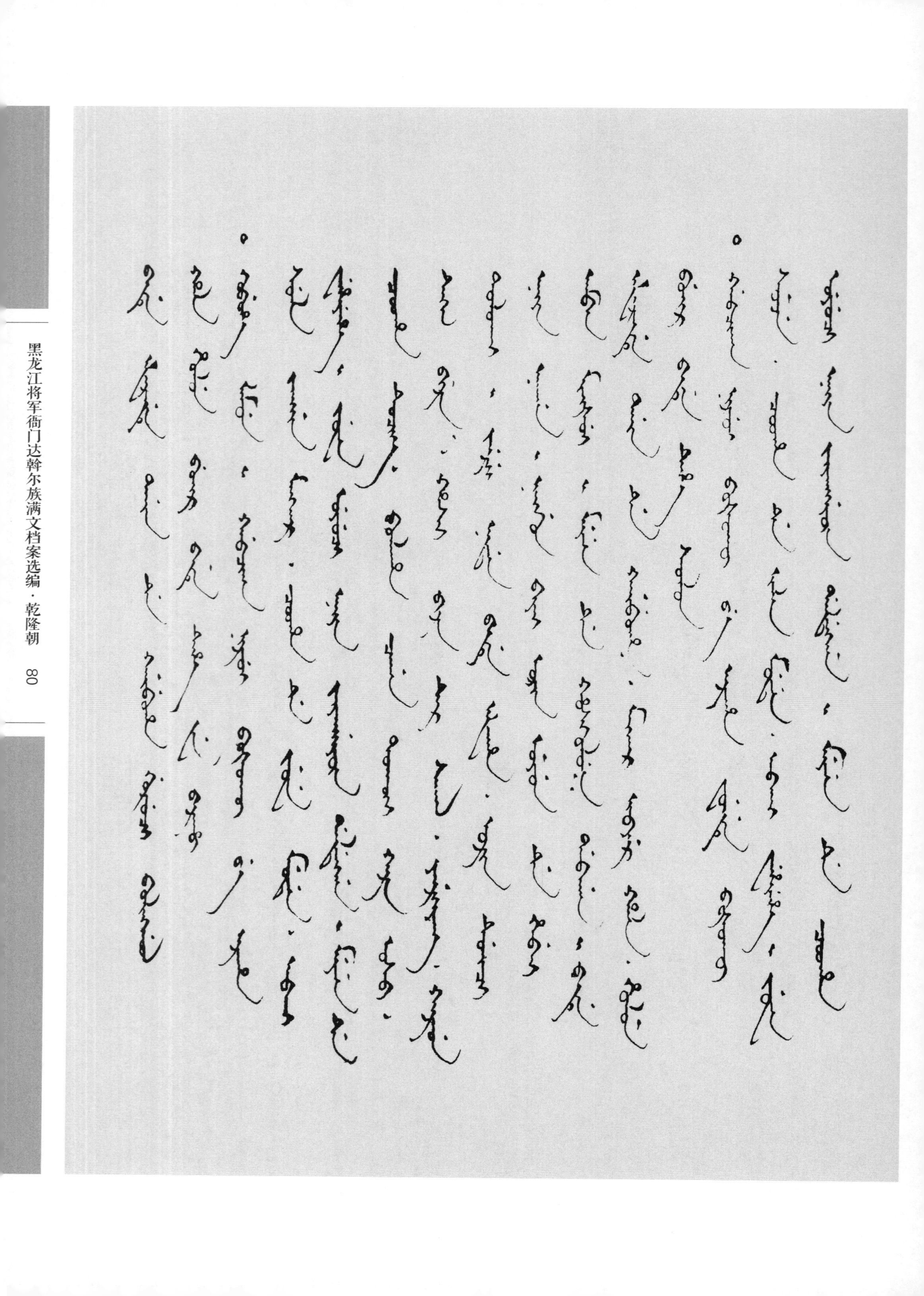

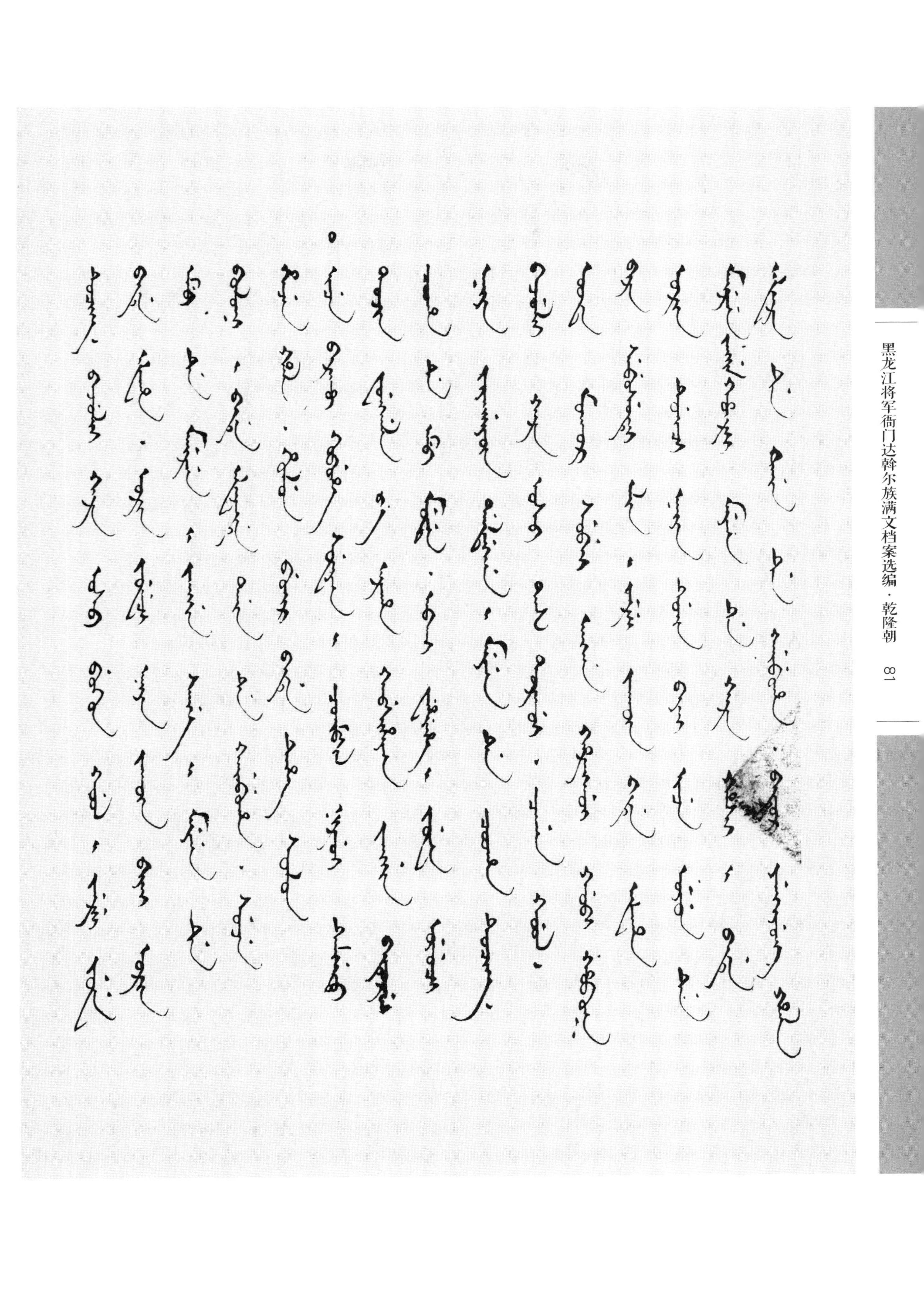

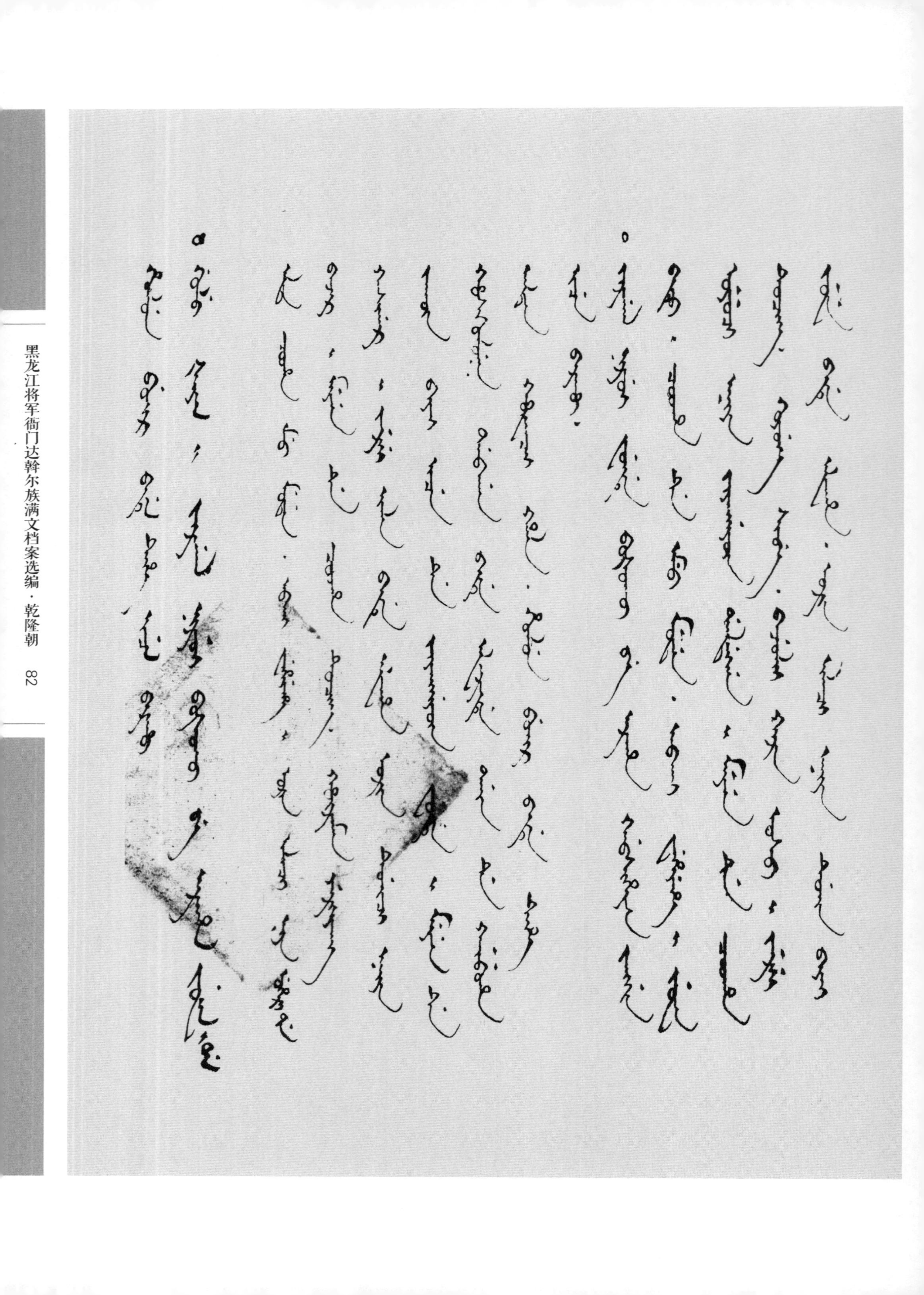

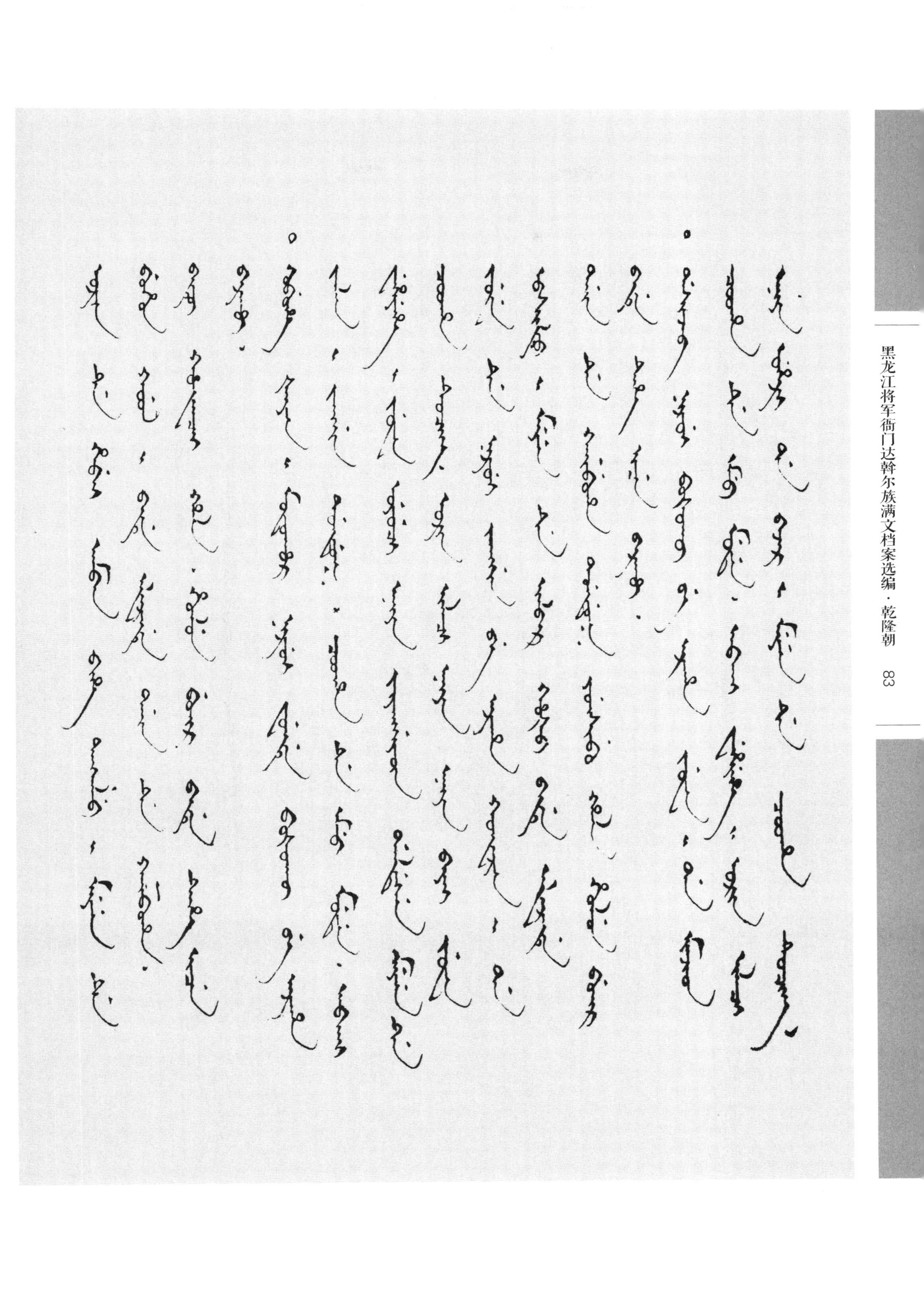

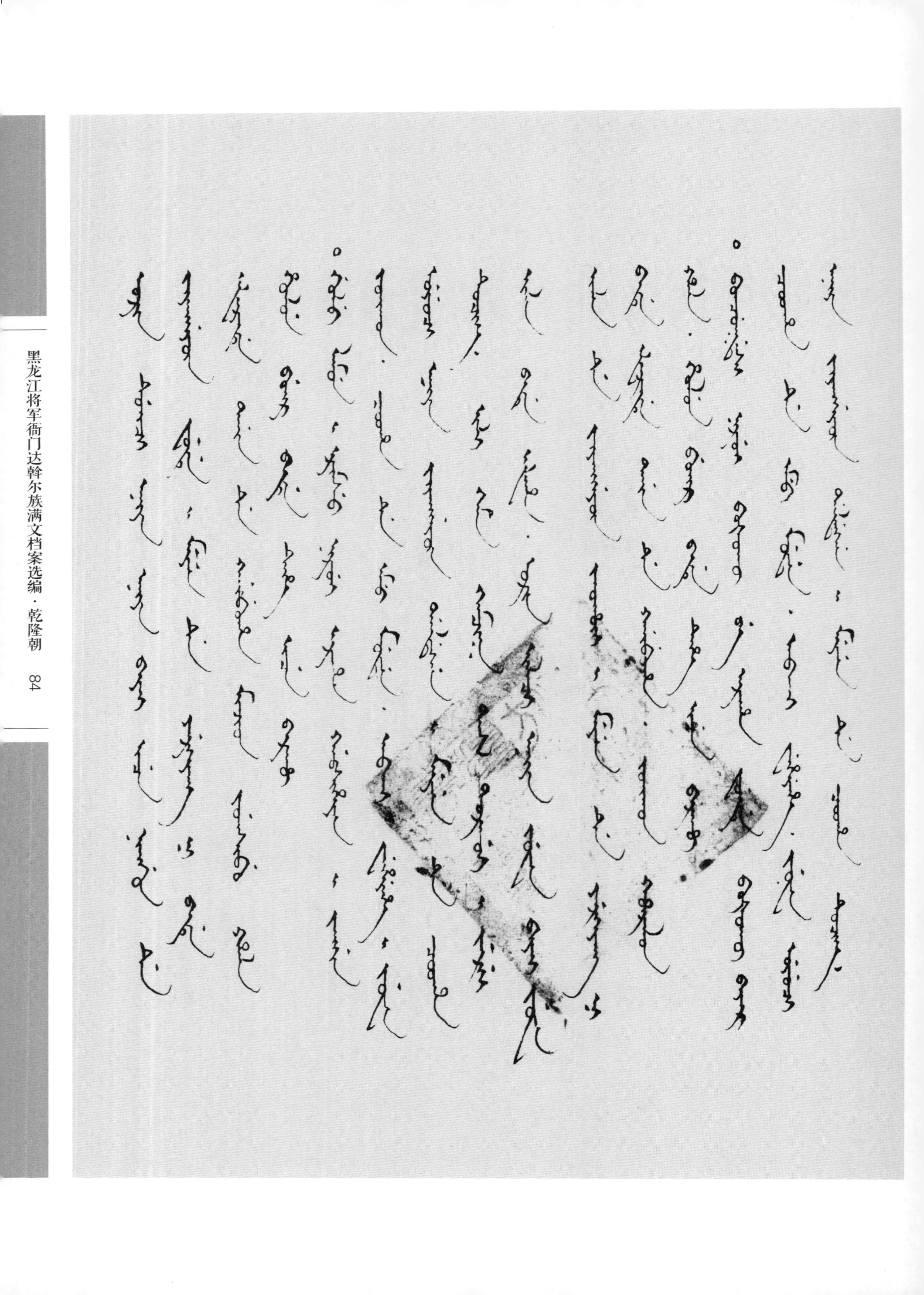

[illegible]

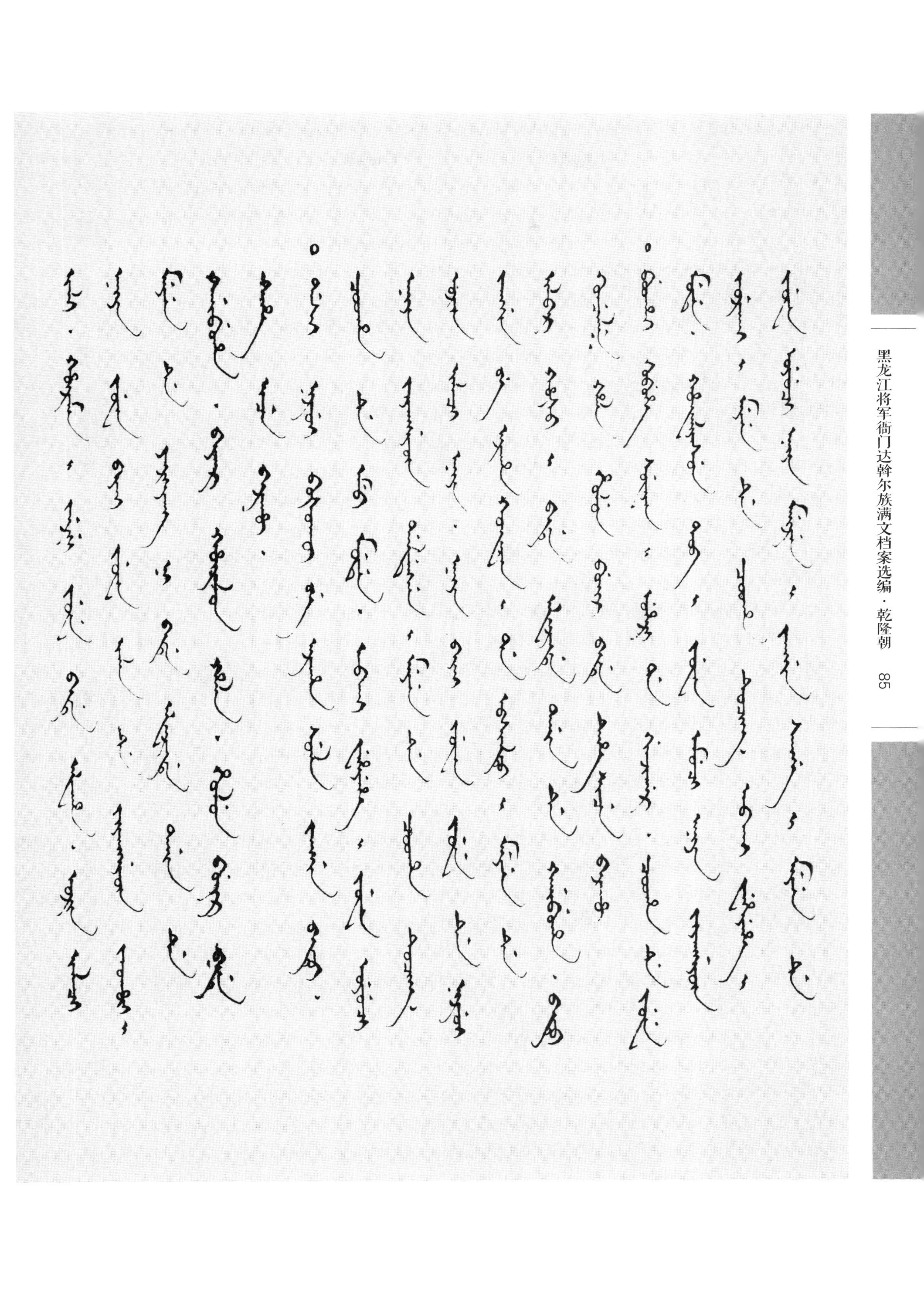

[illegible]

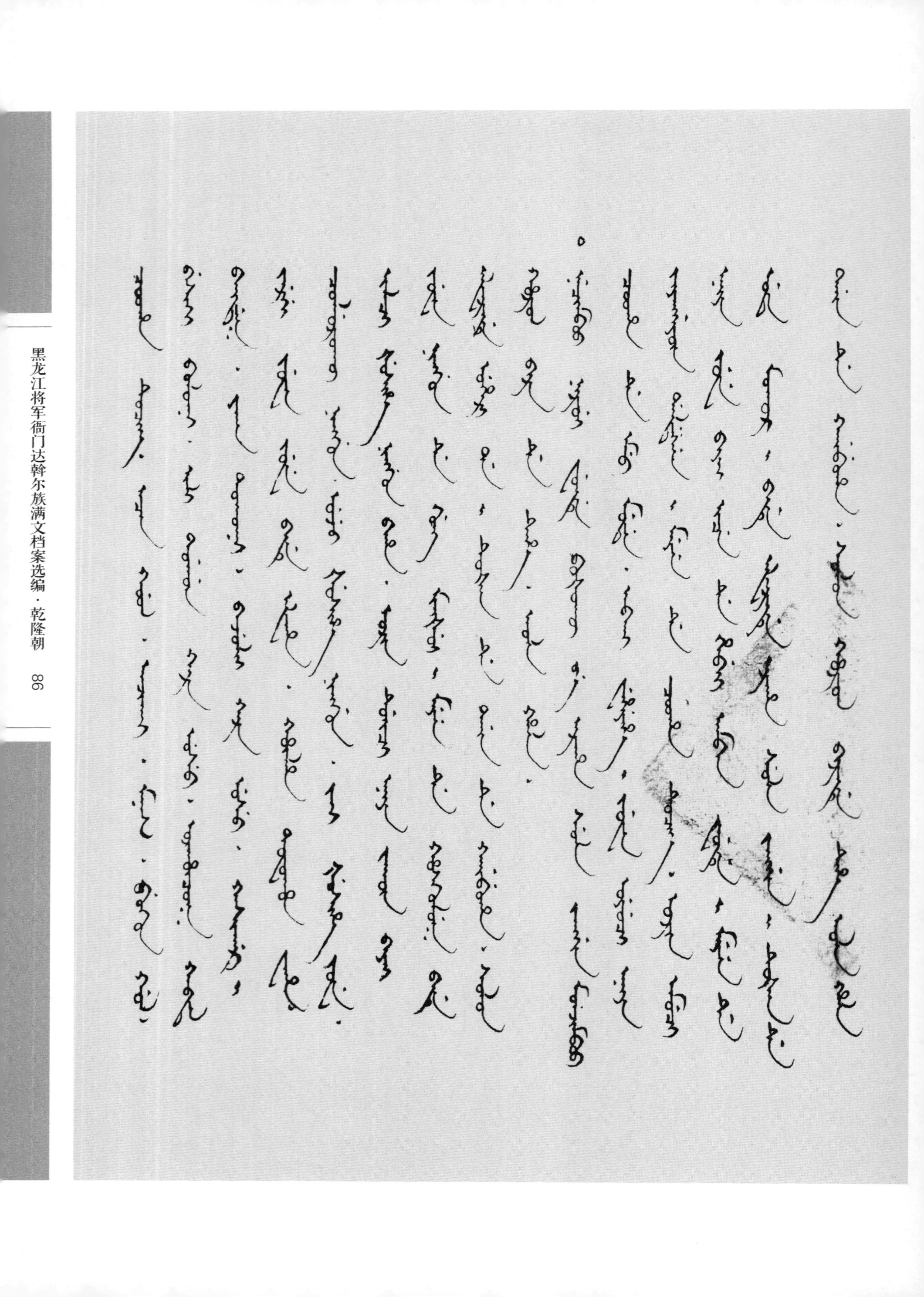

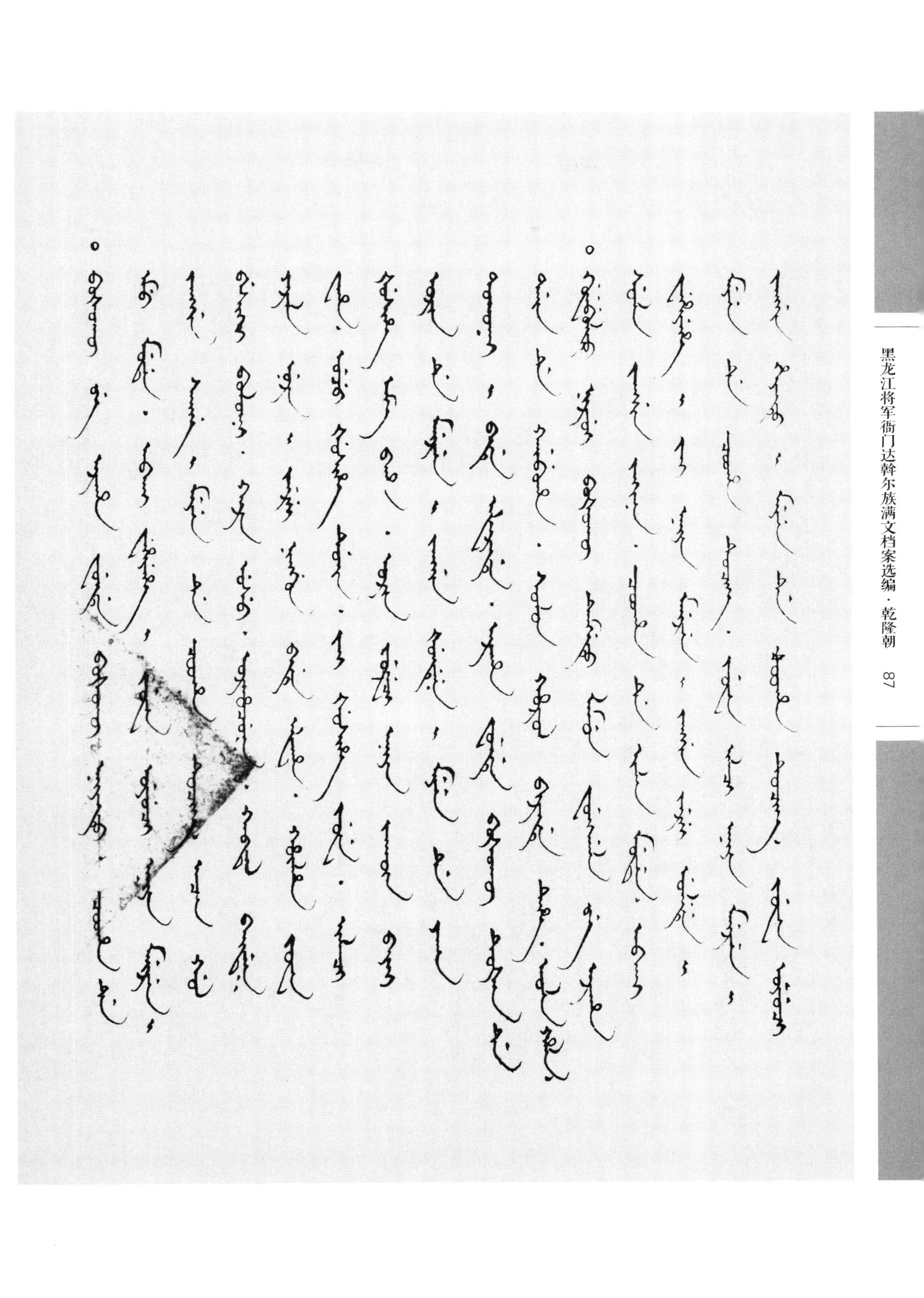

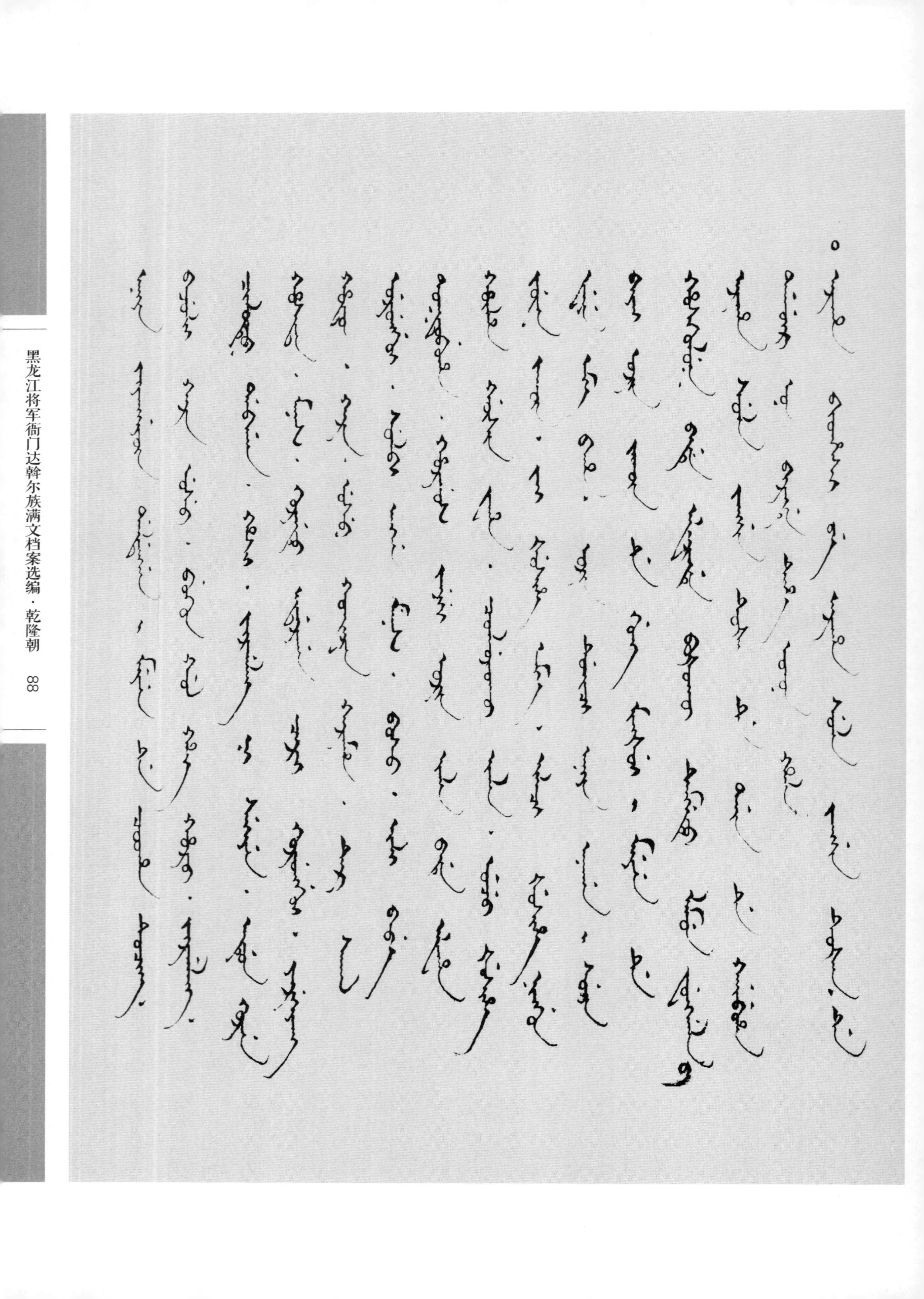

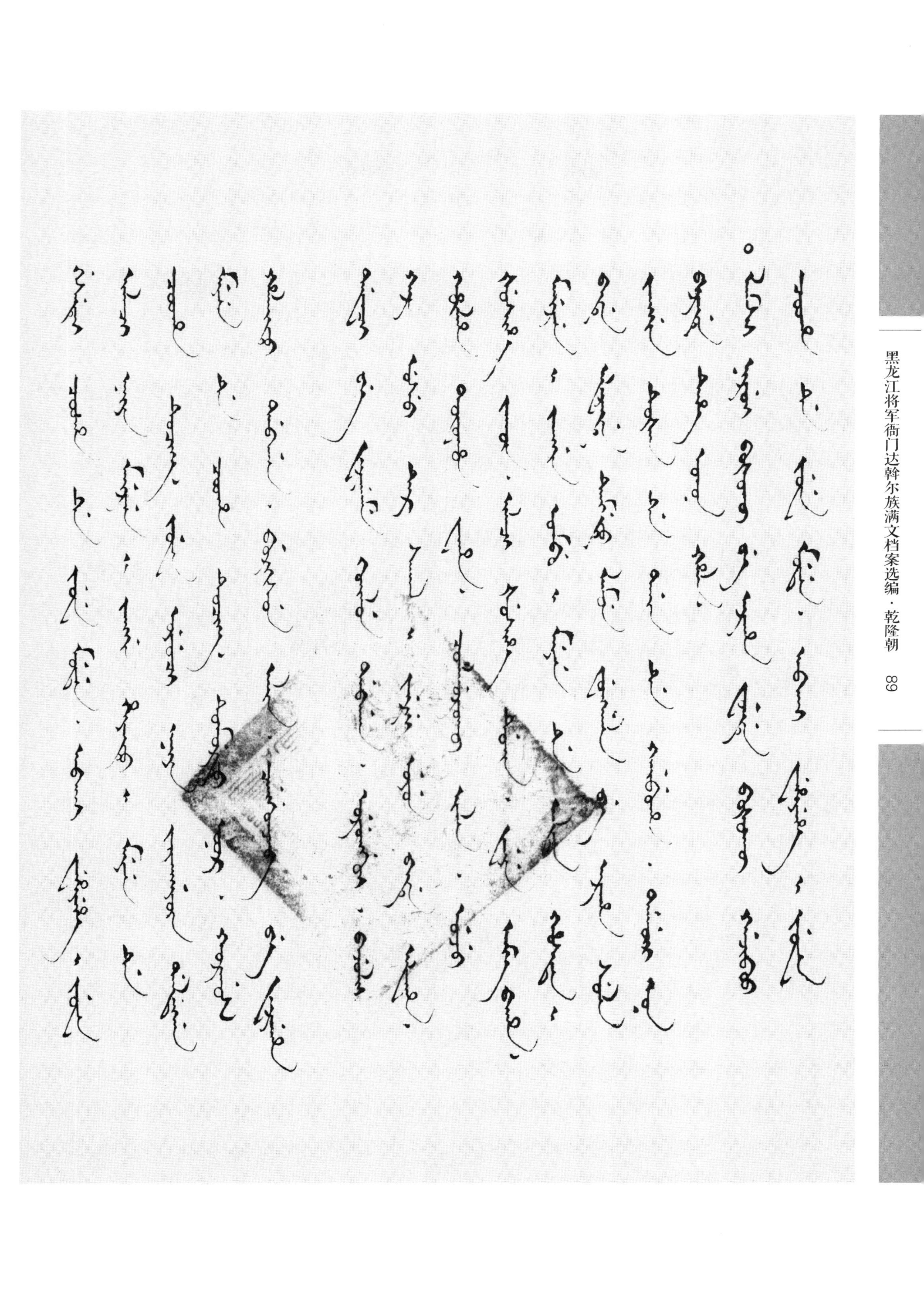

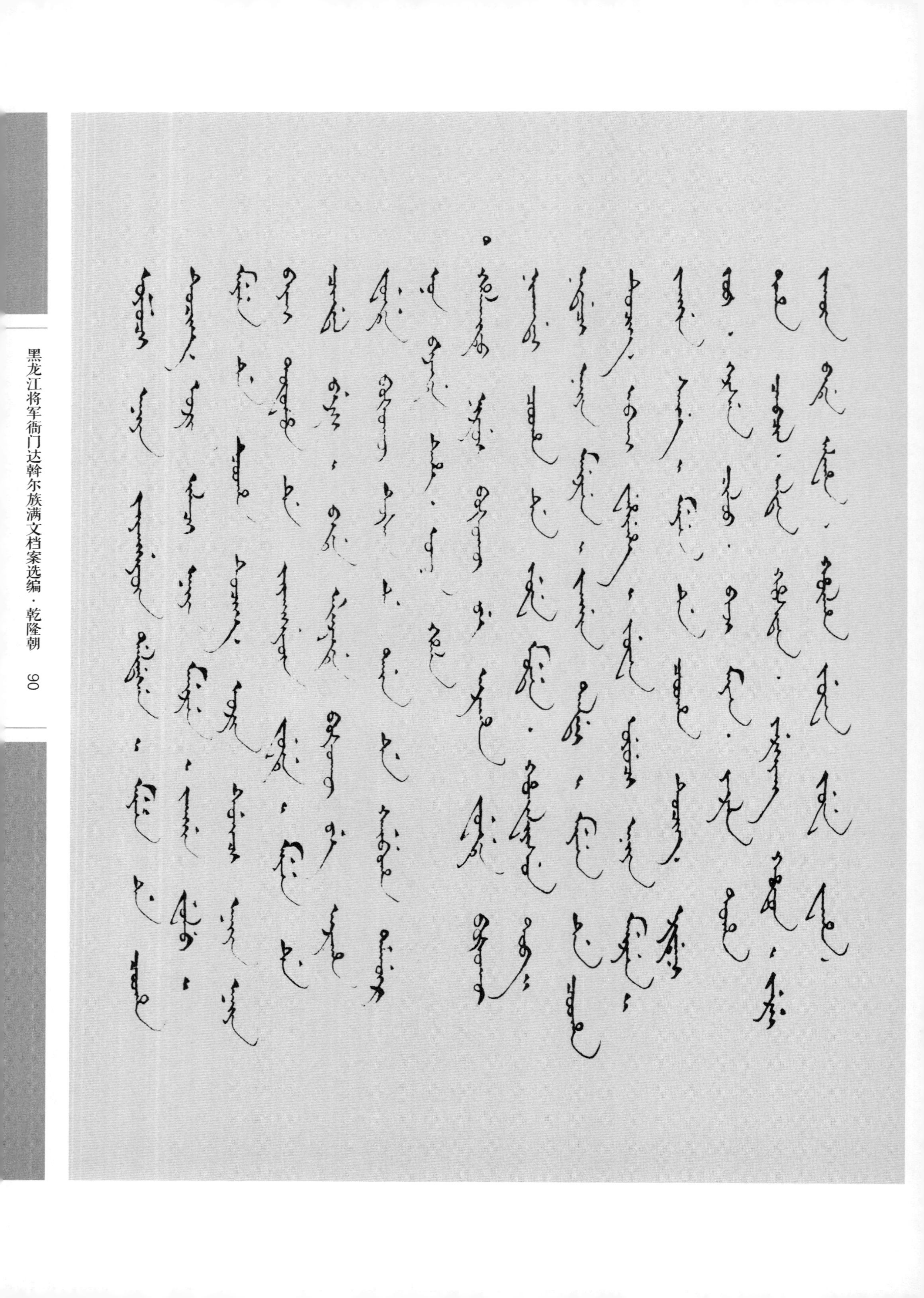

[illegible]

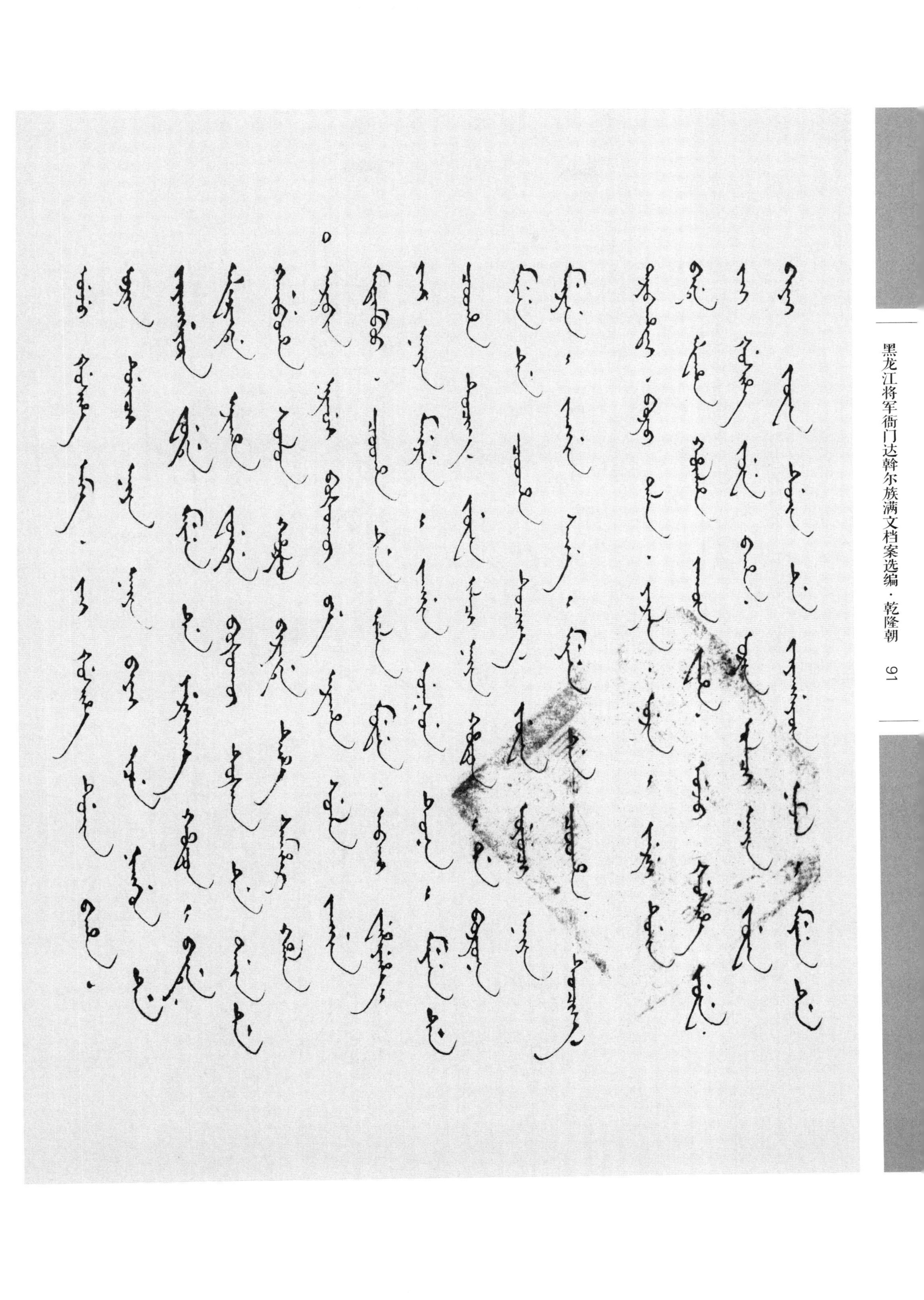

[illegible]

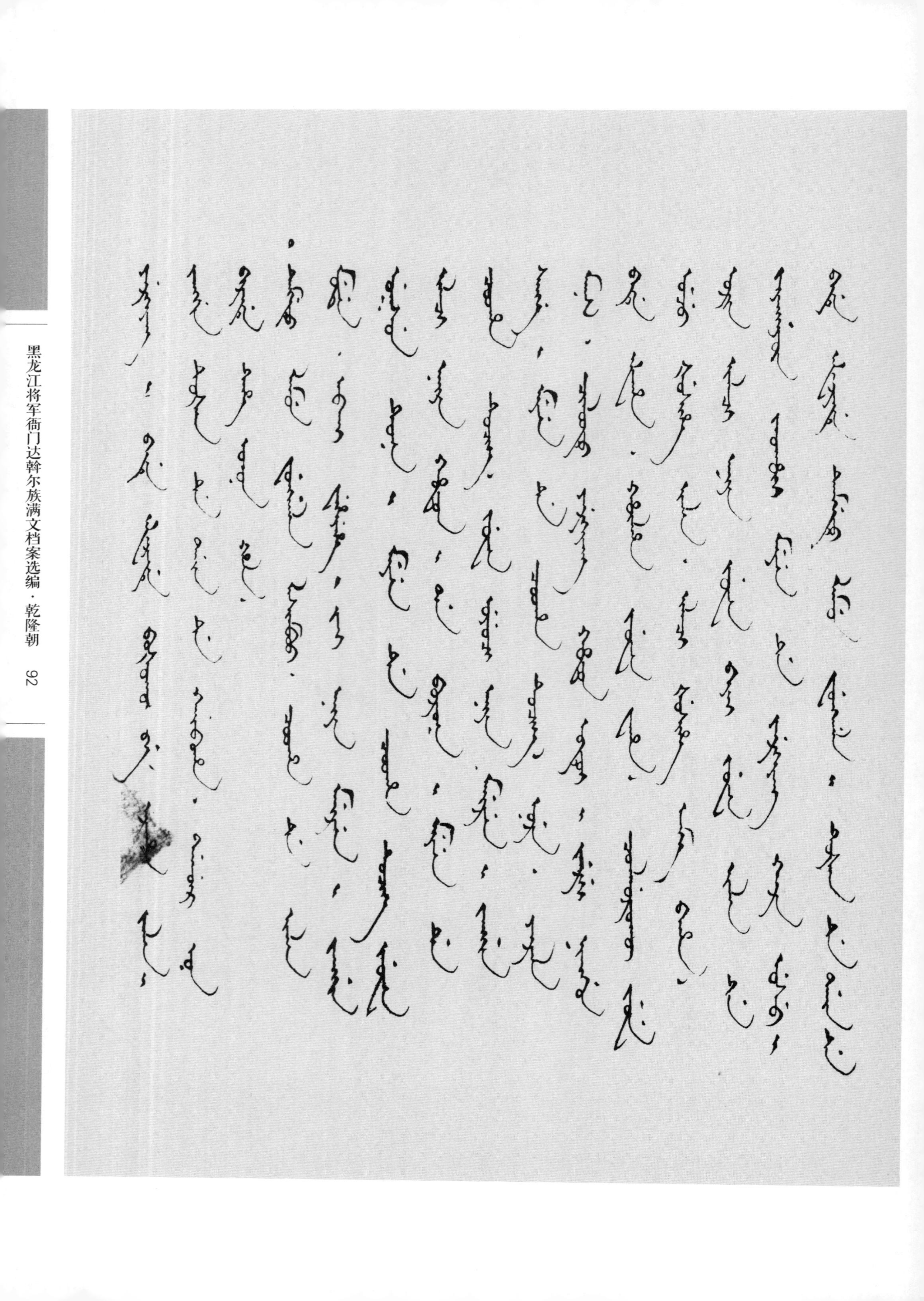

[illegible]

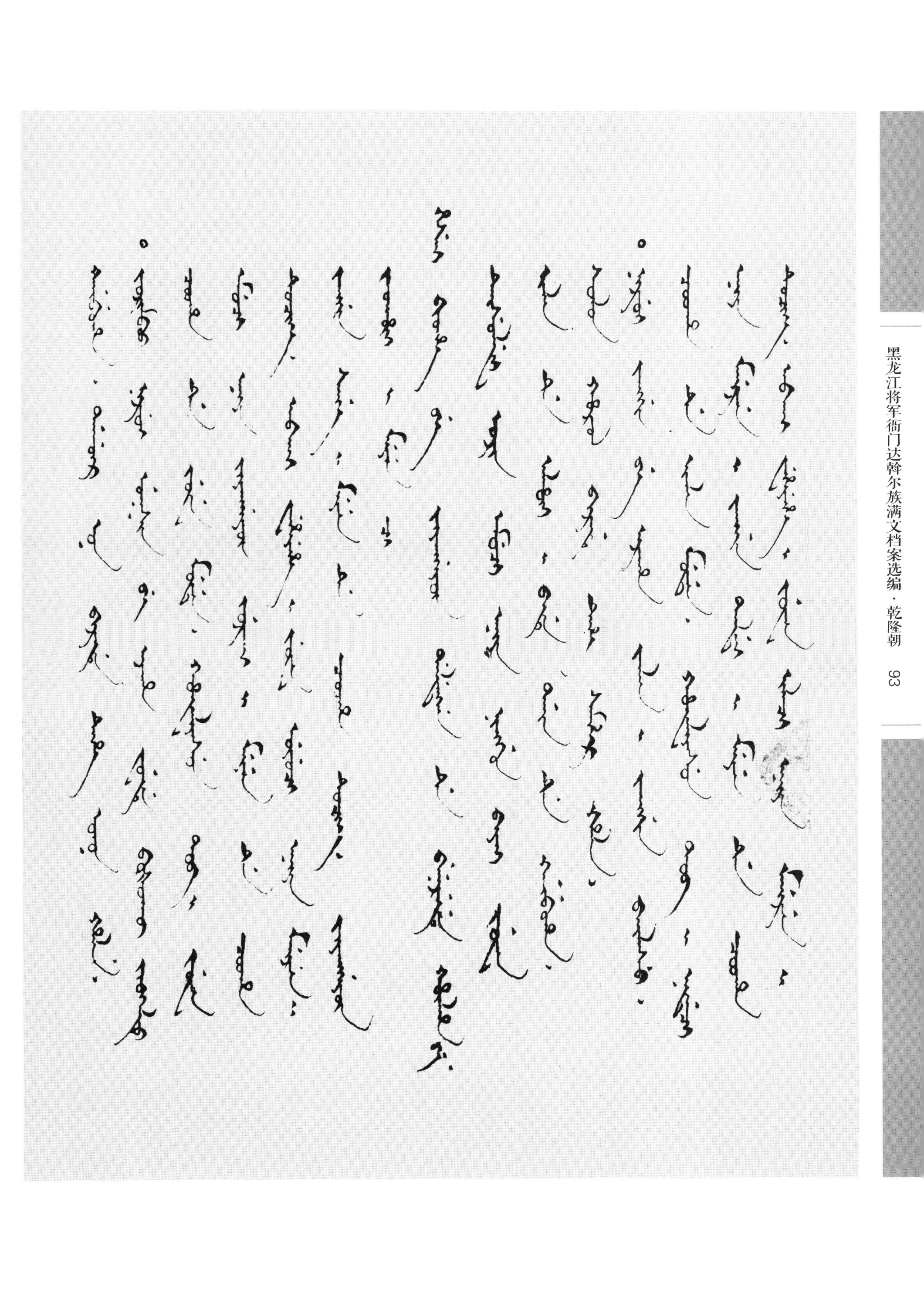

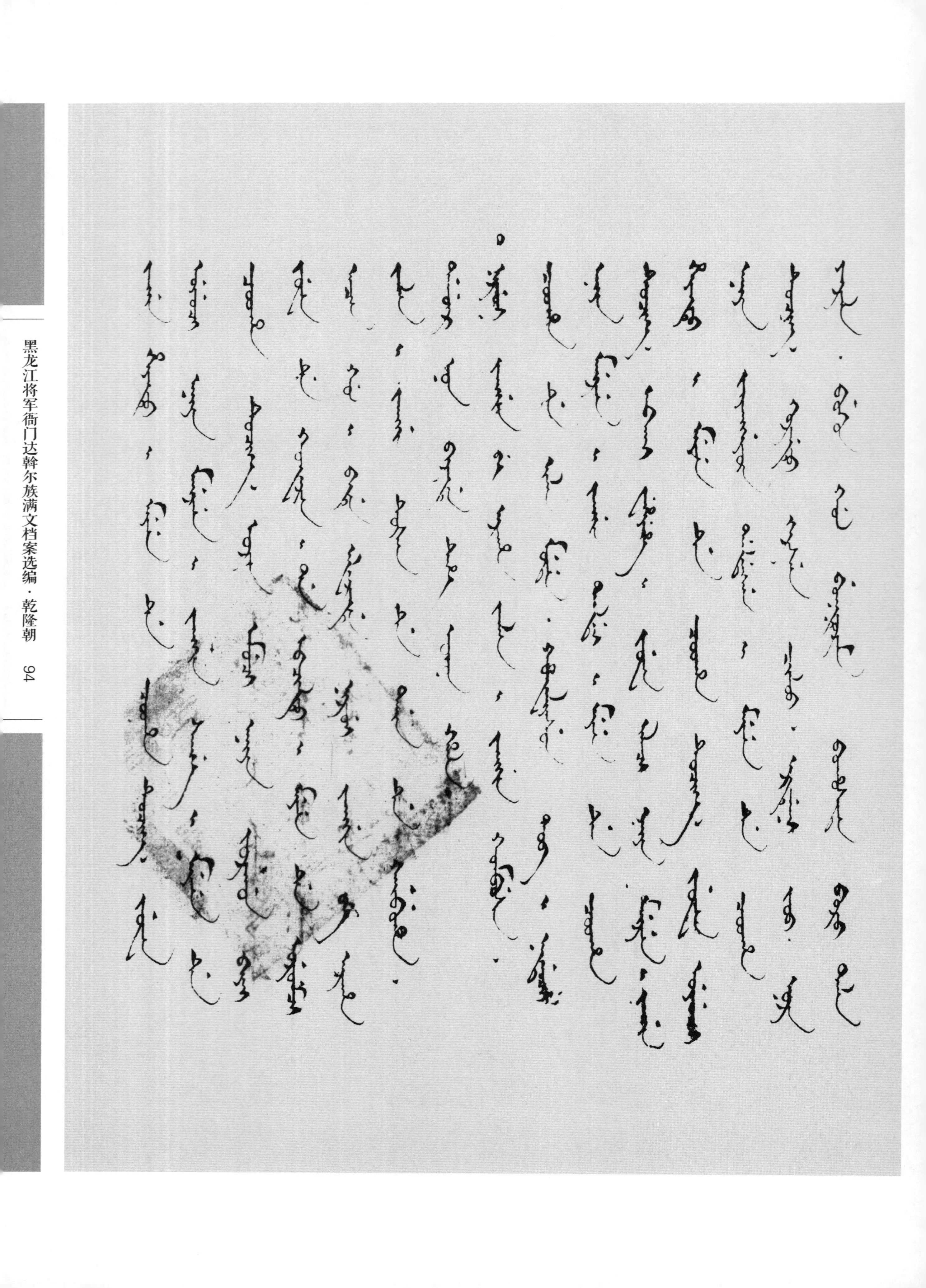

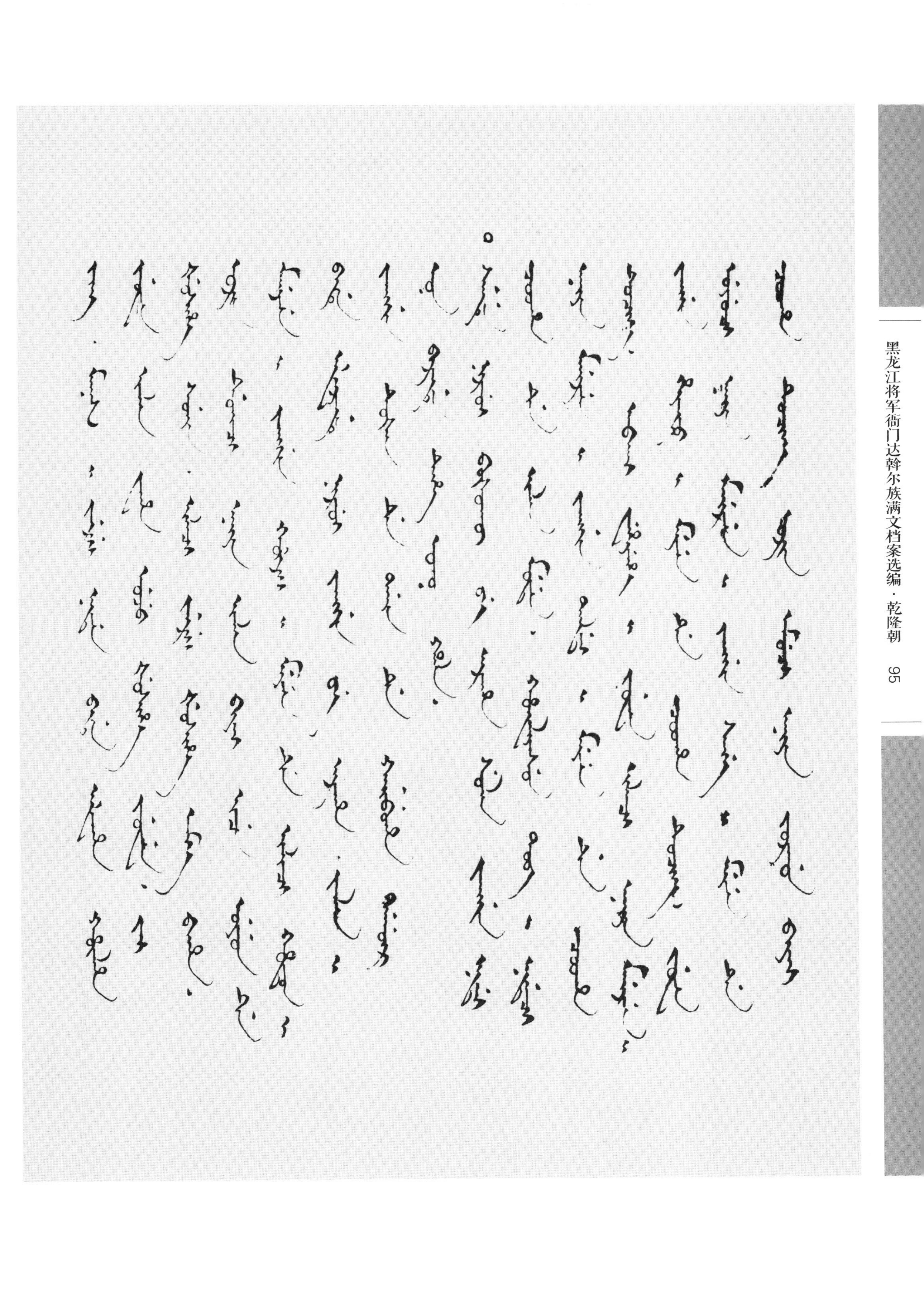

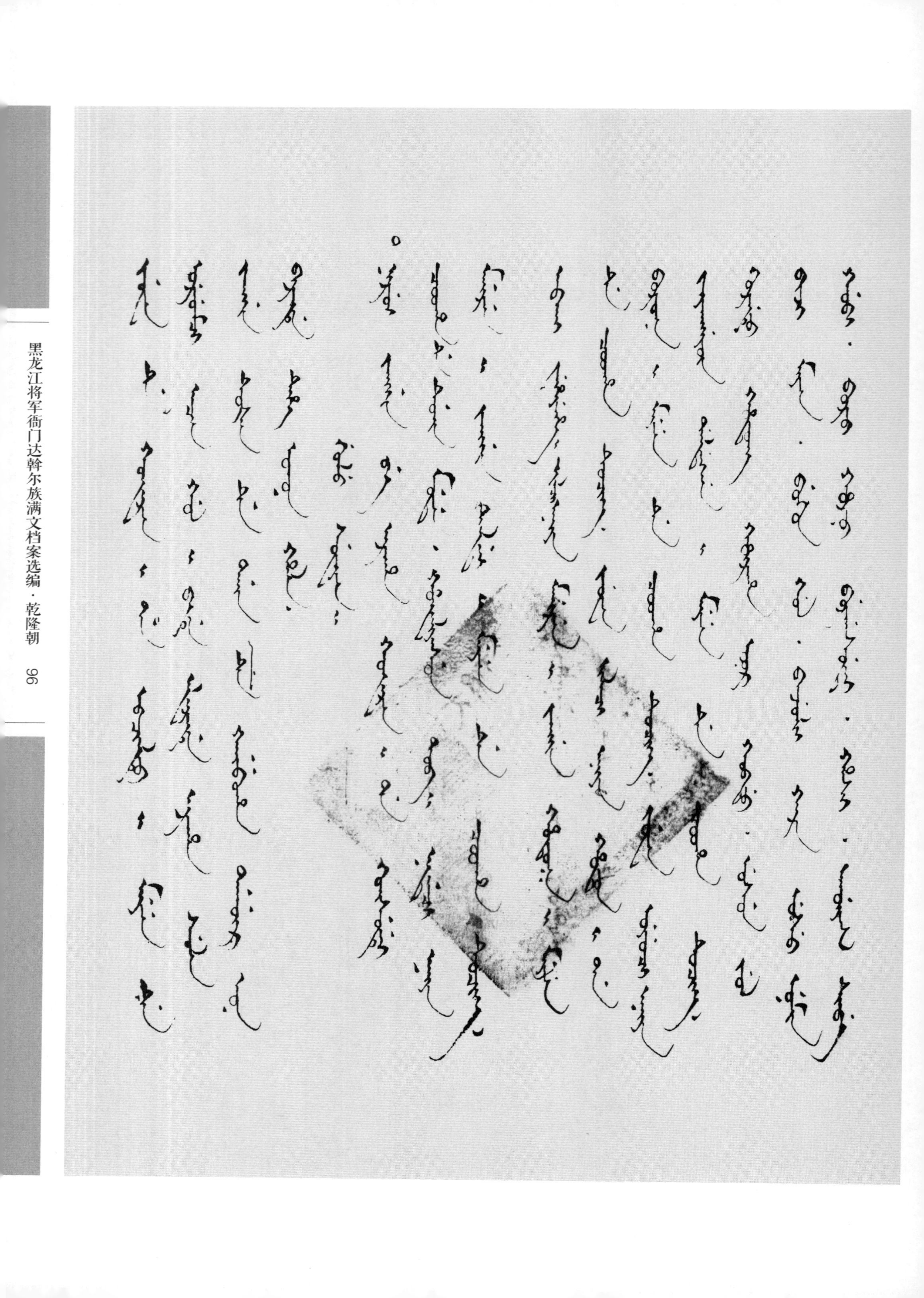

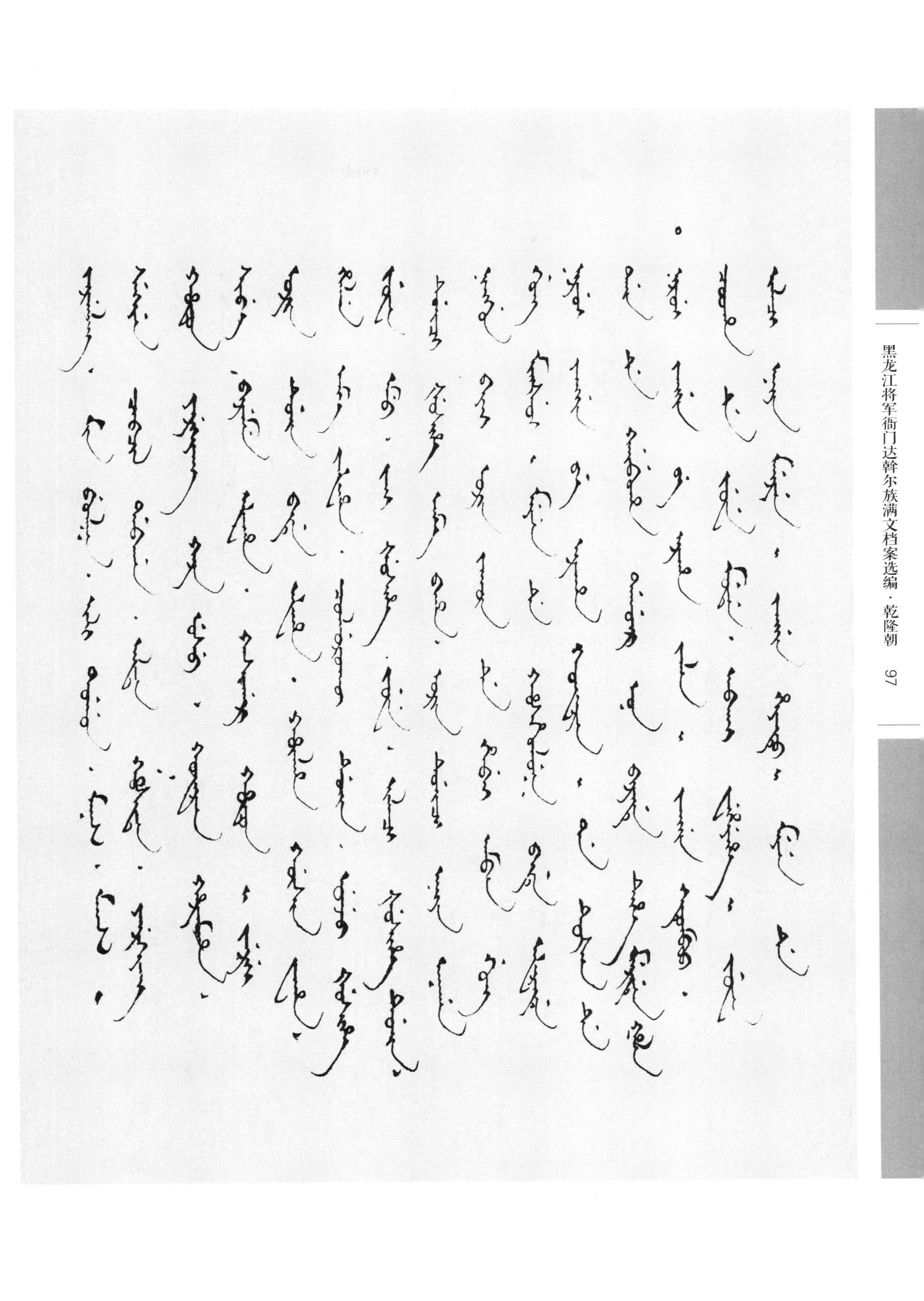

[illegible]

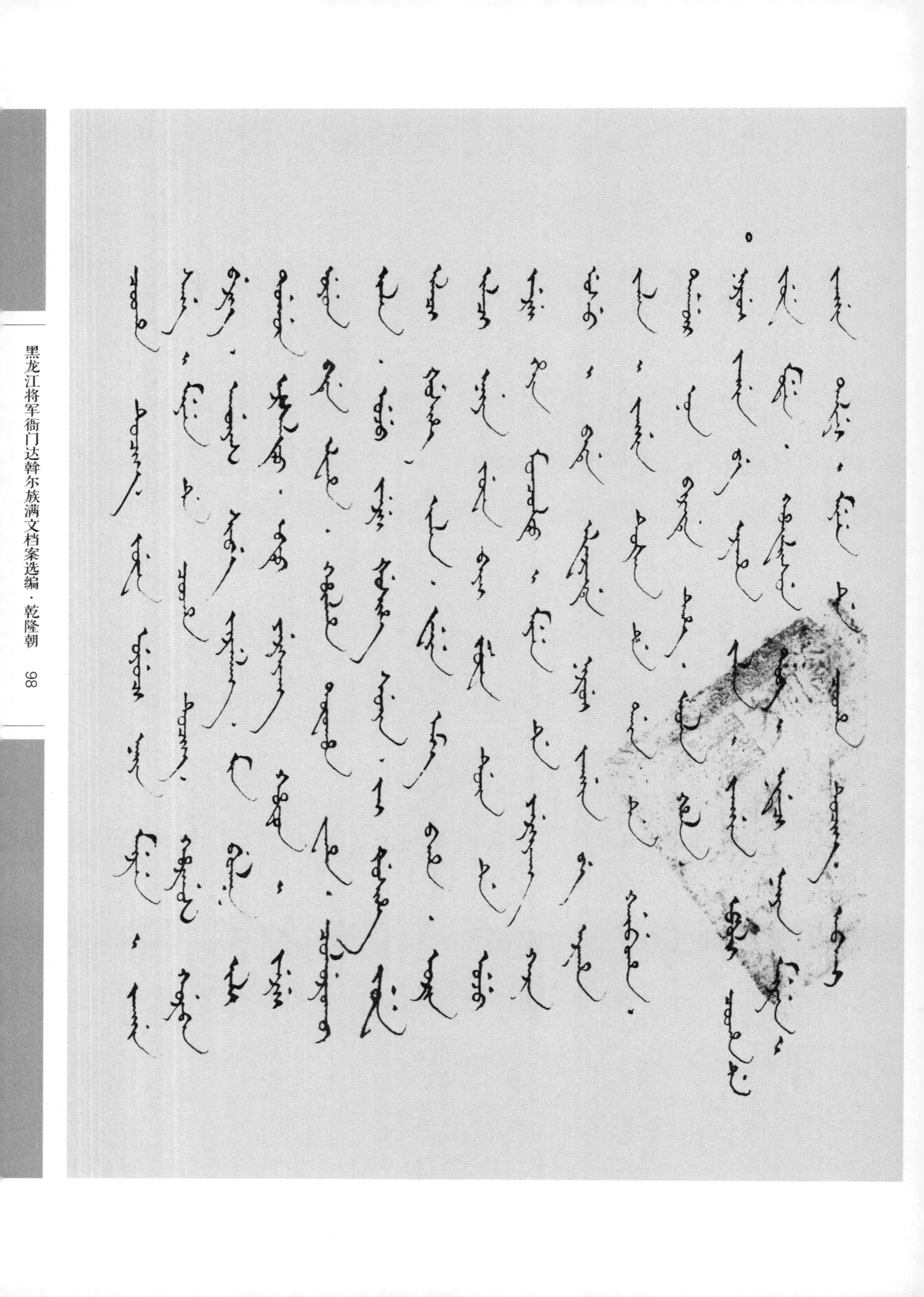

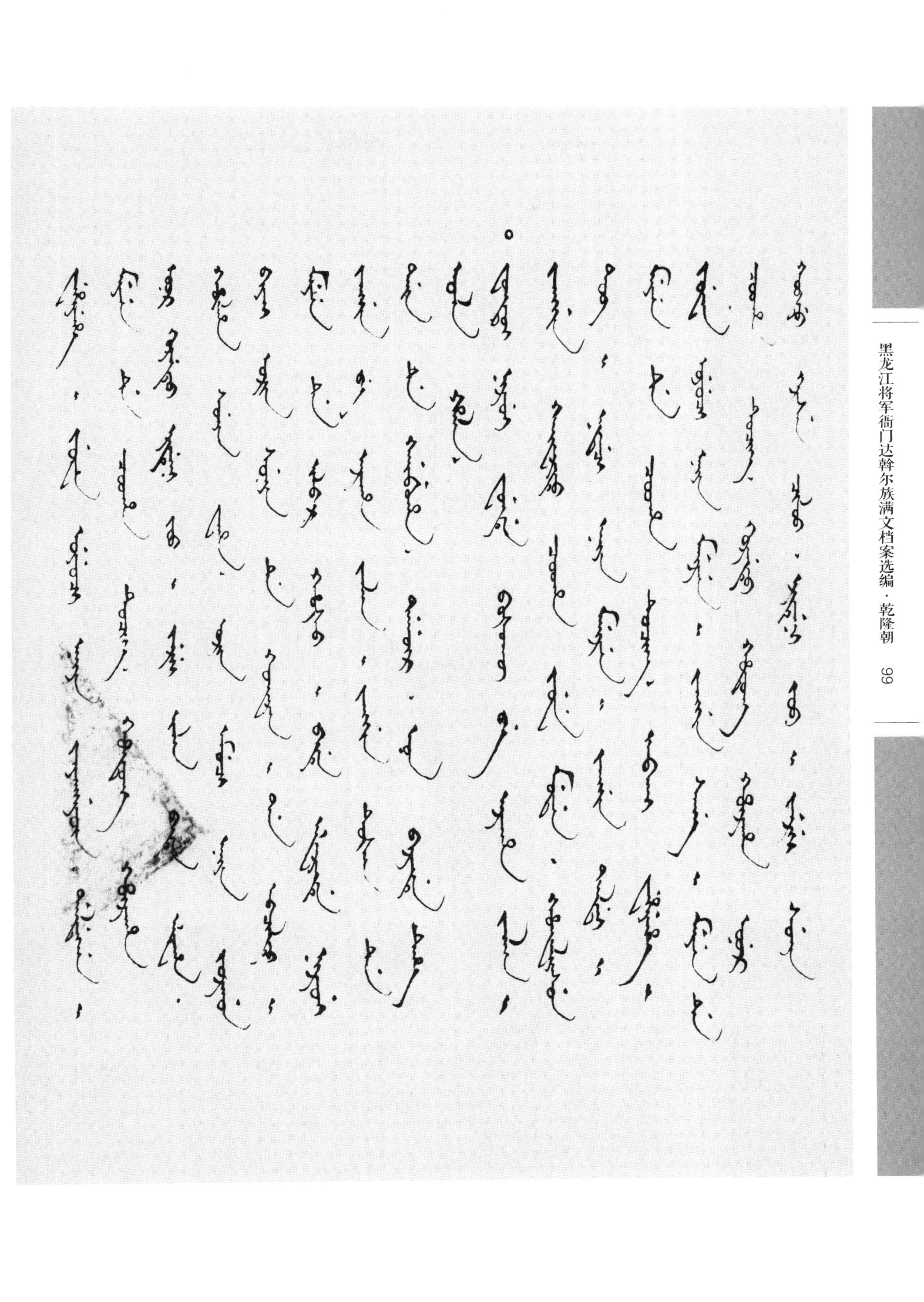

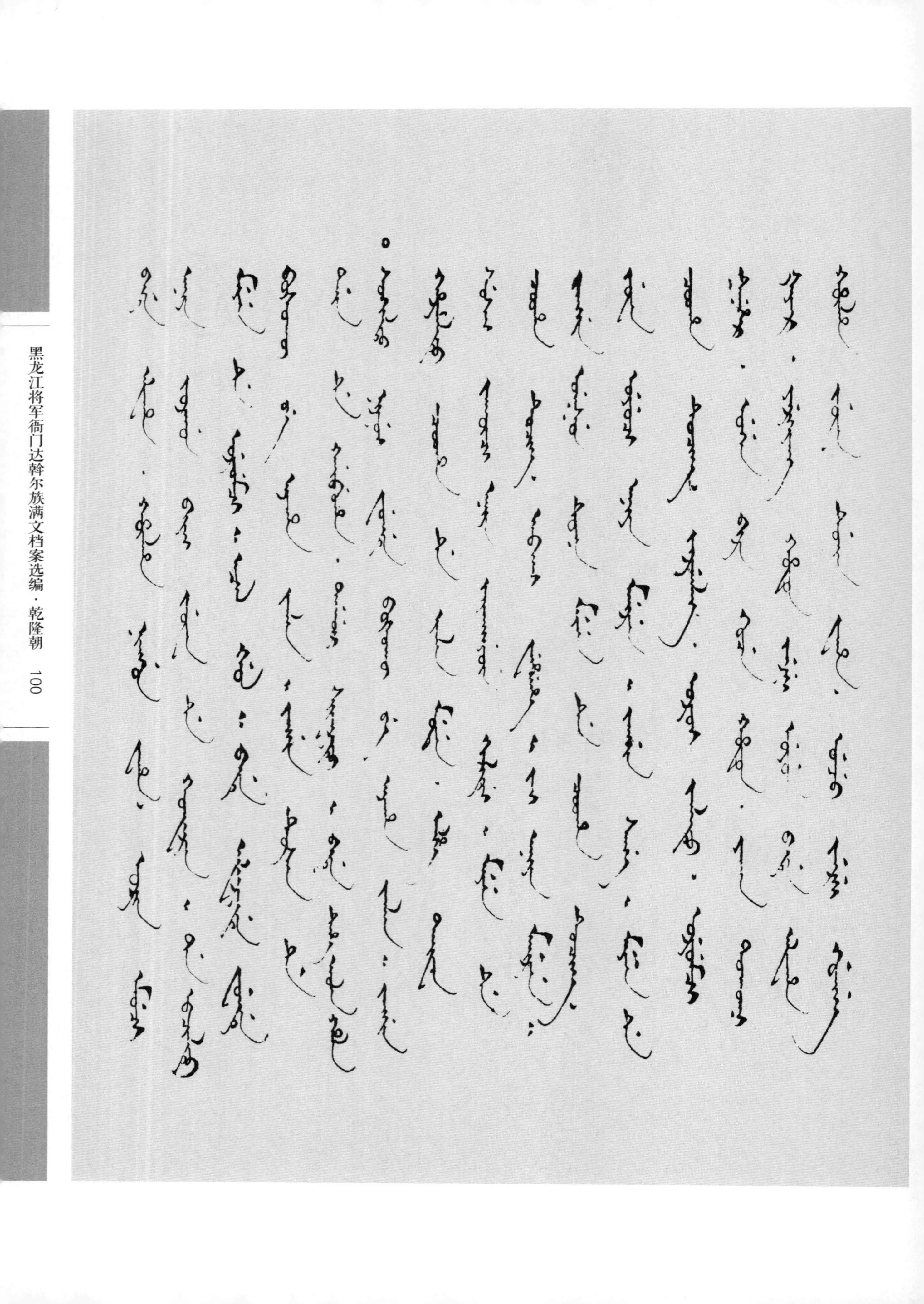

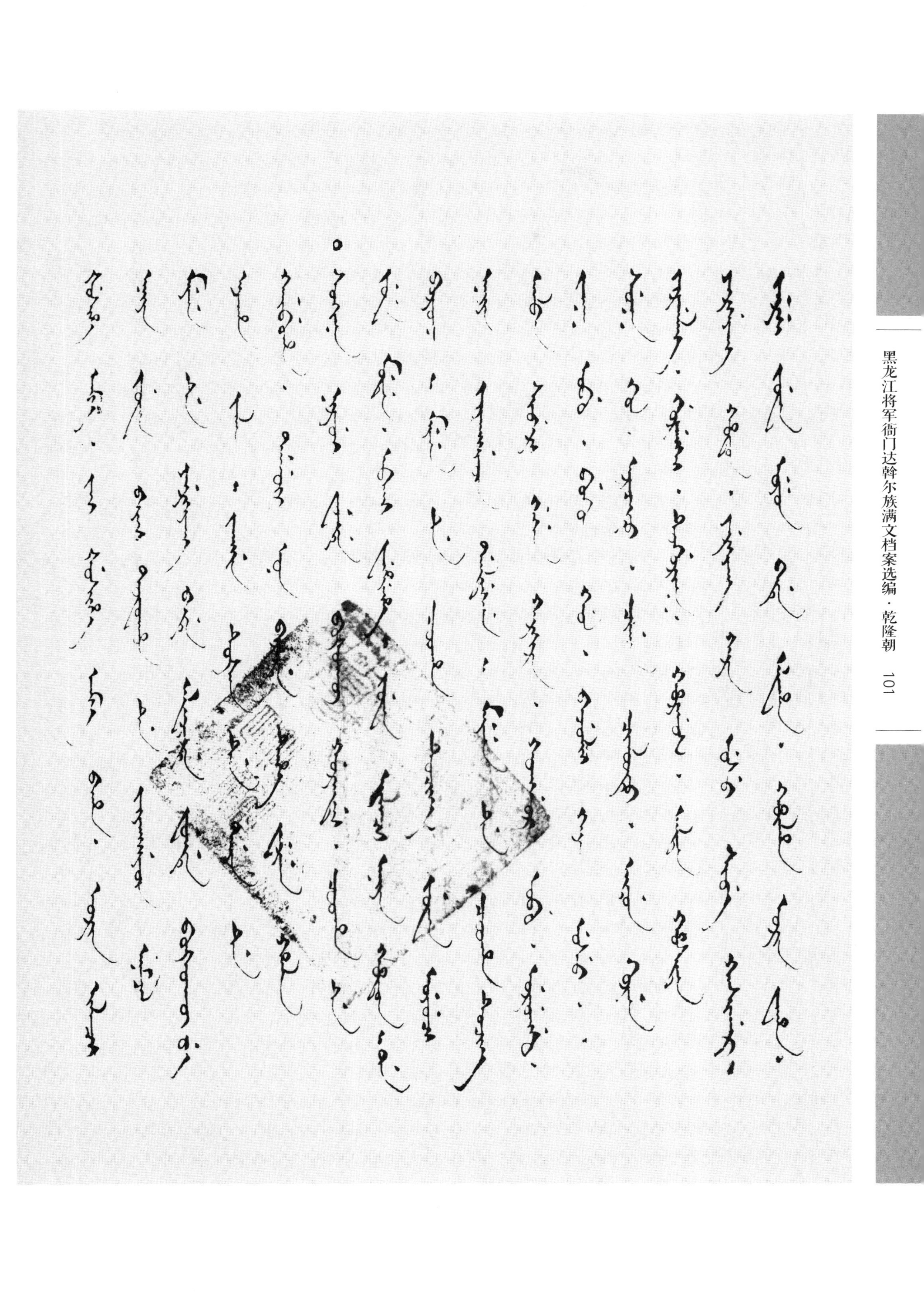

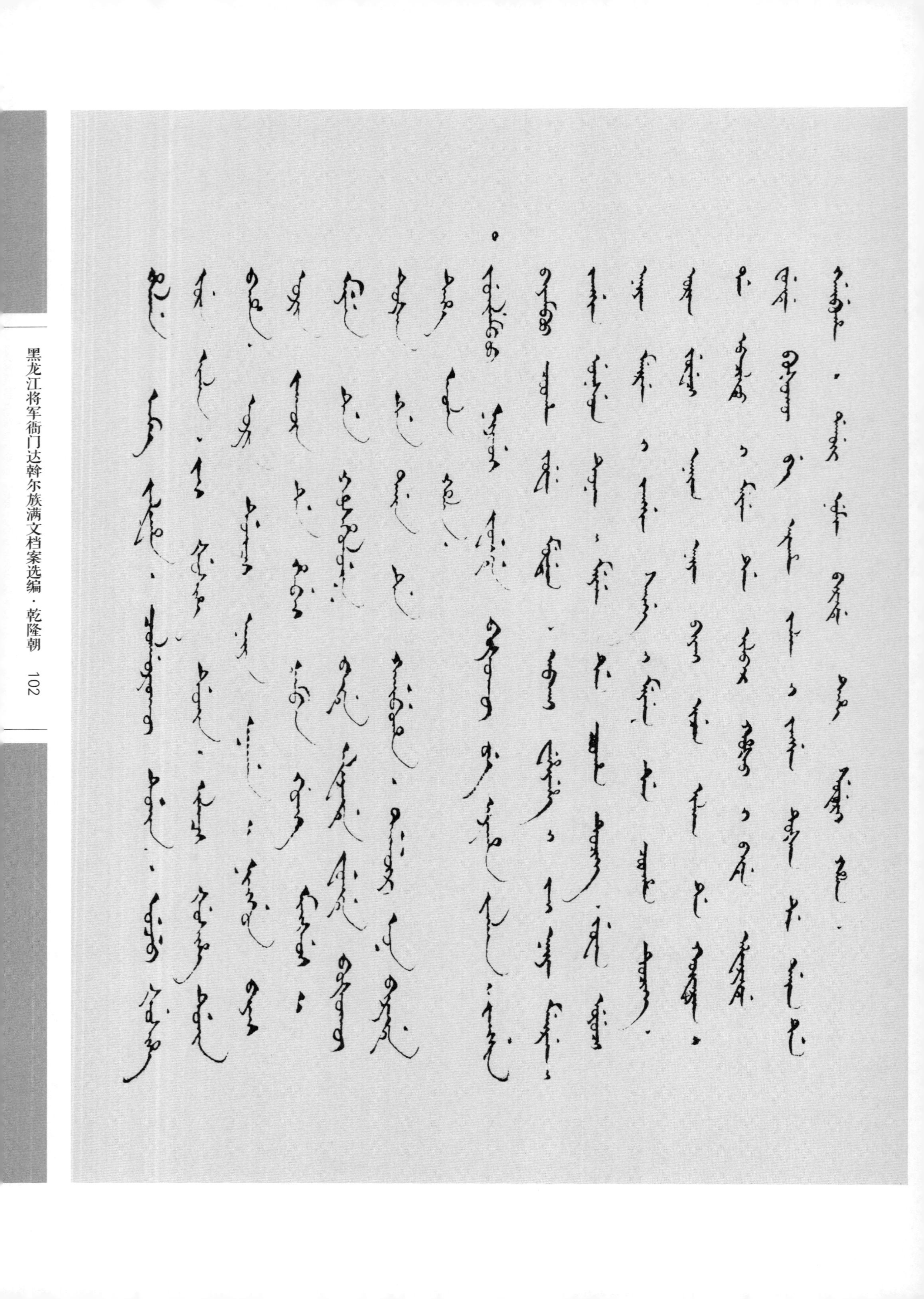

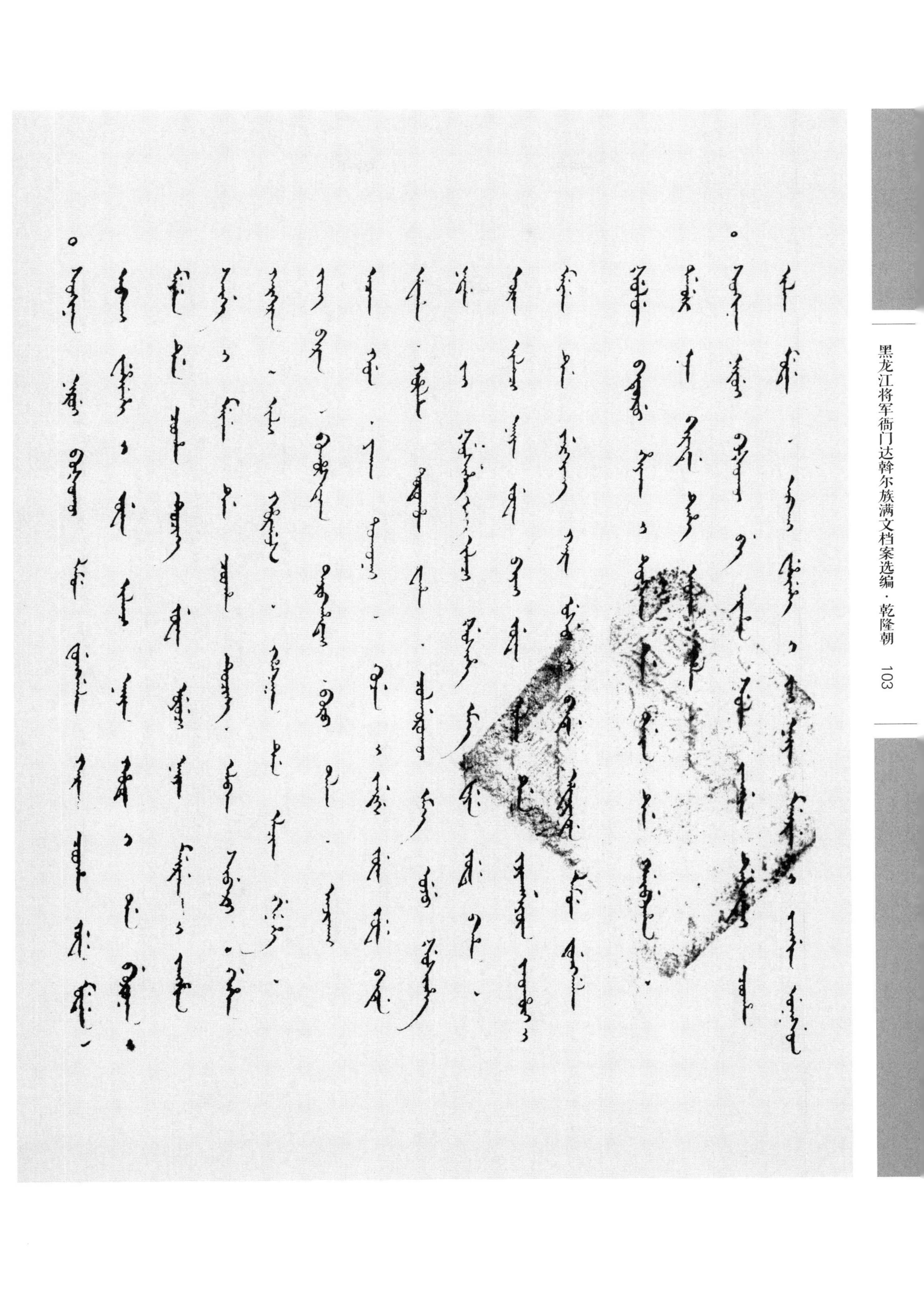

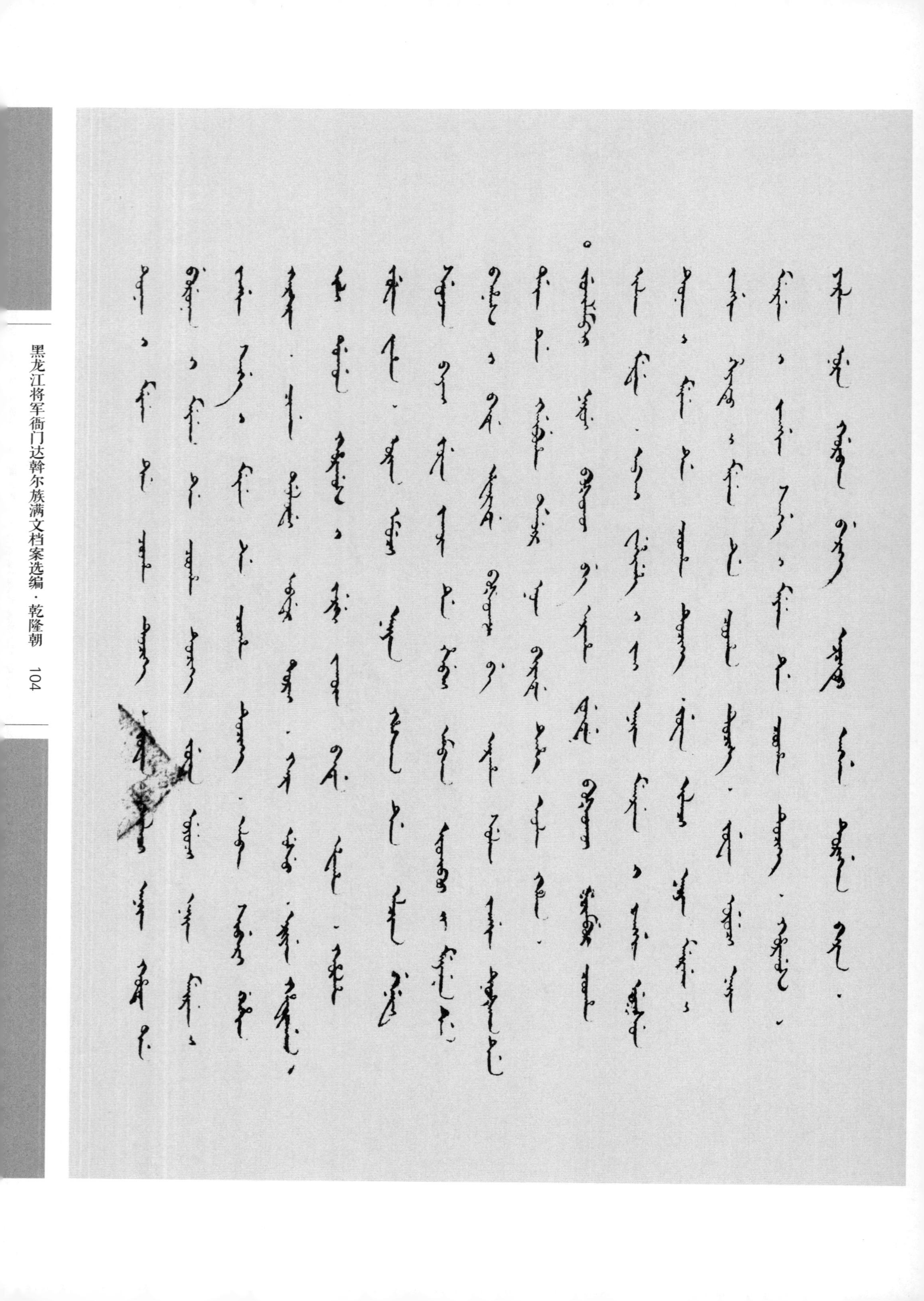

[illegible]

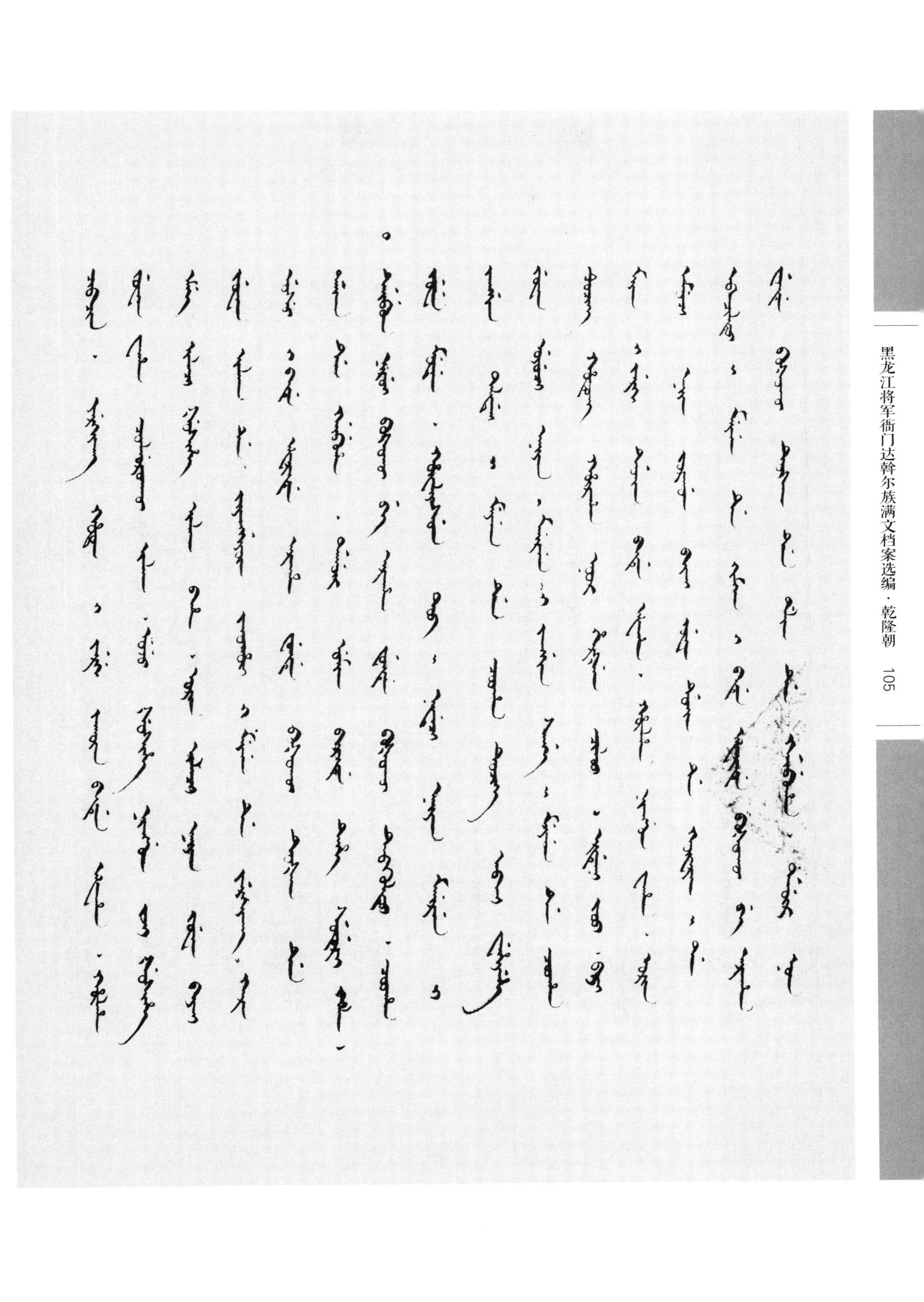

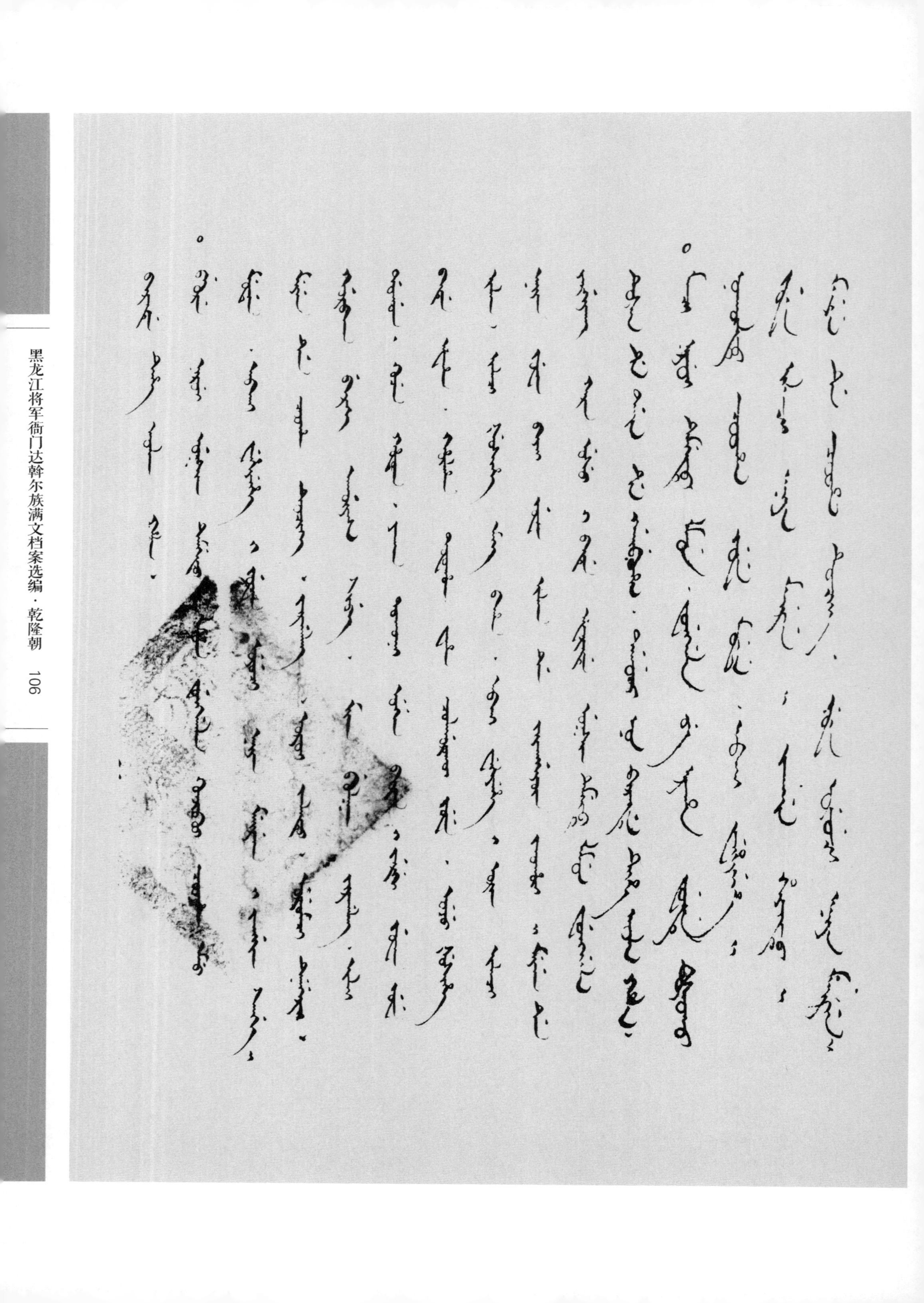

[illegible]

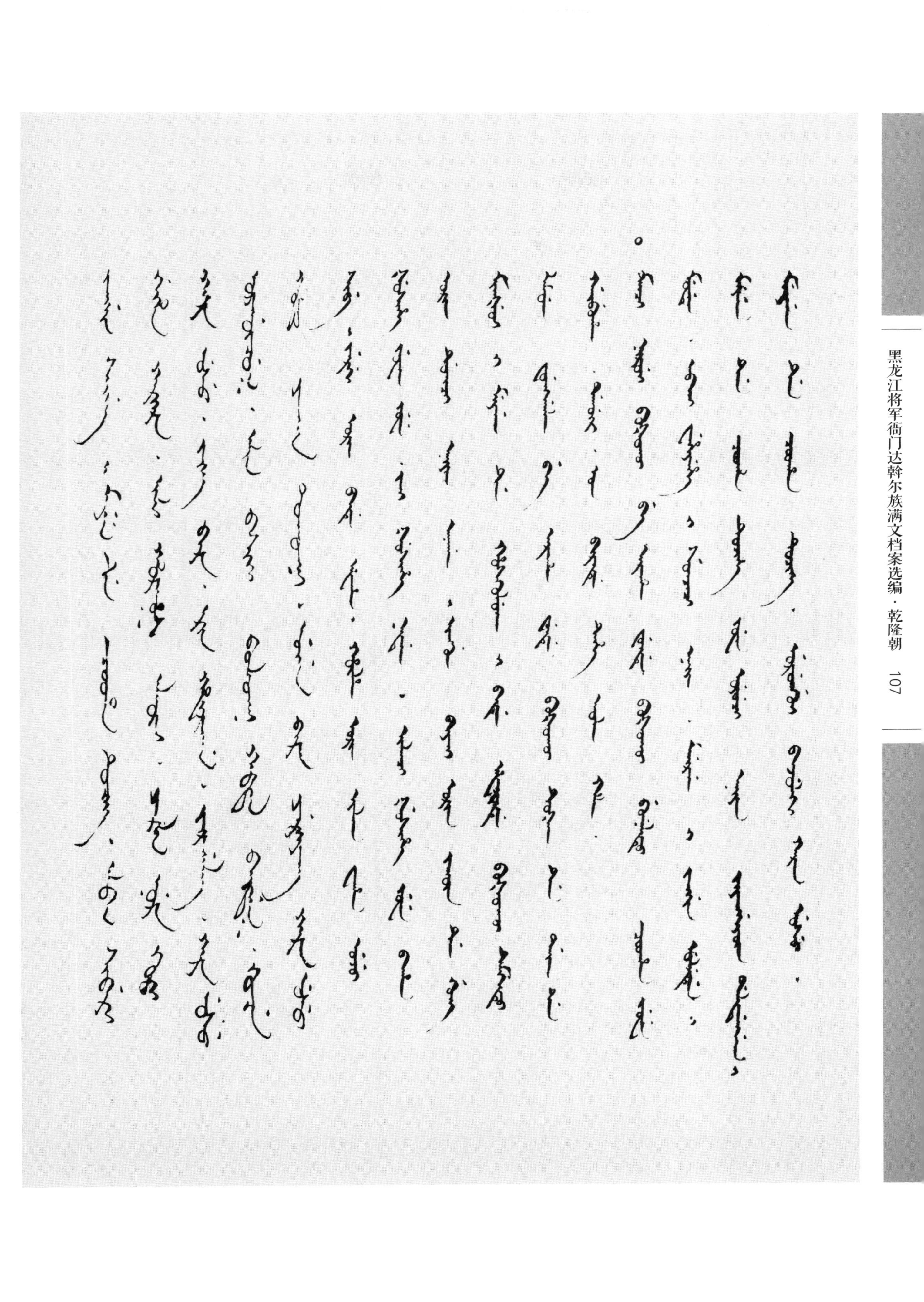

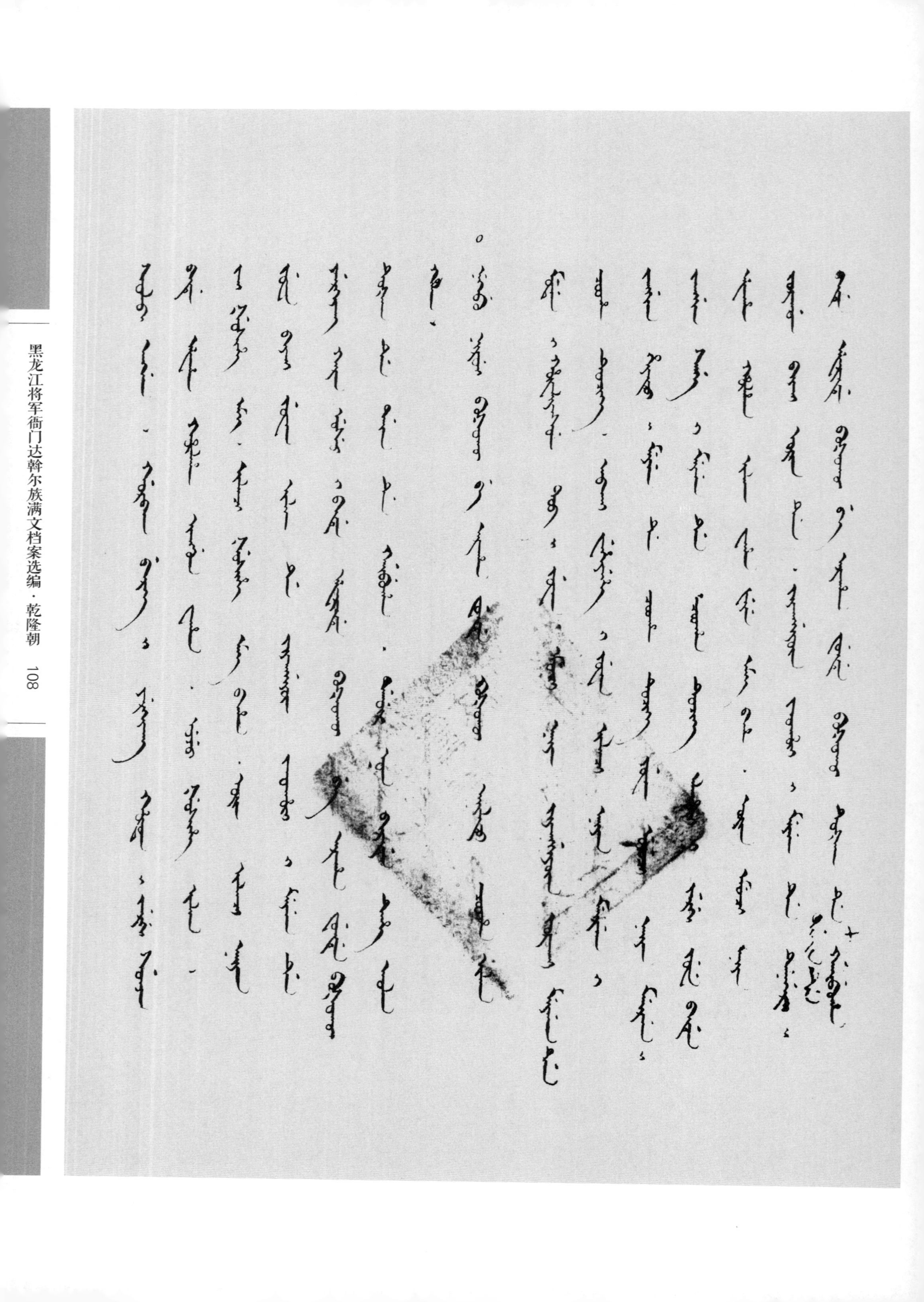

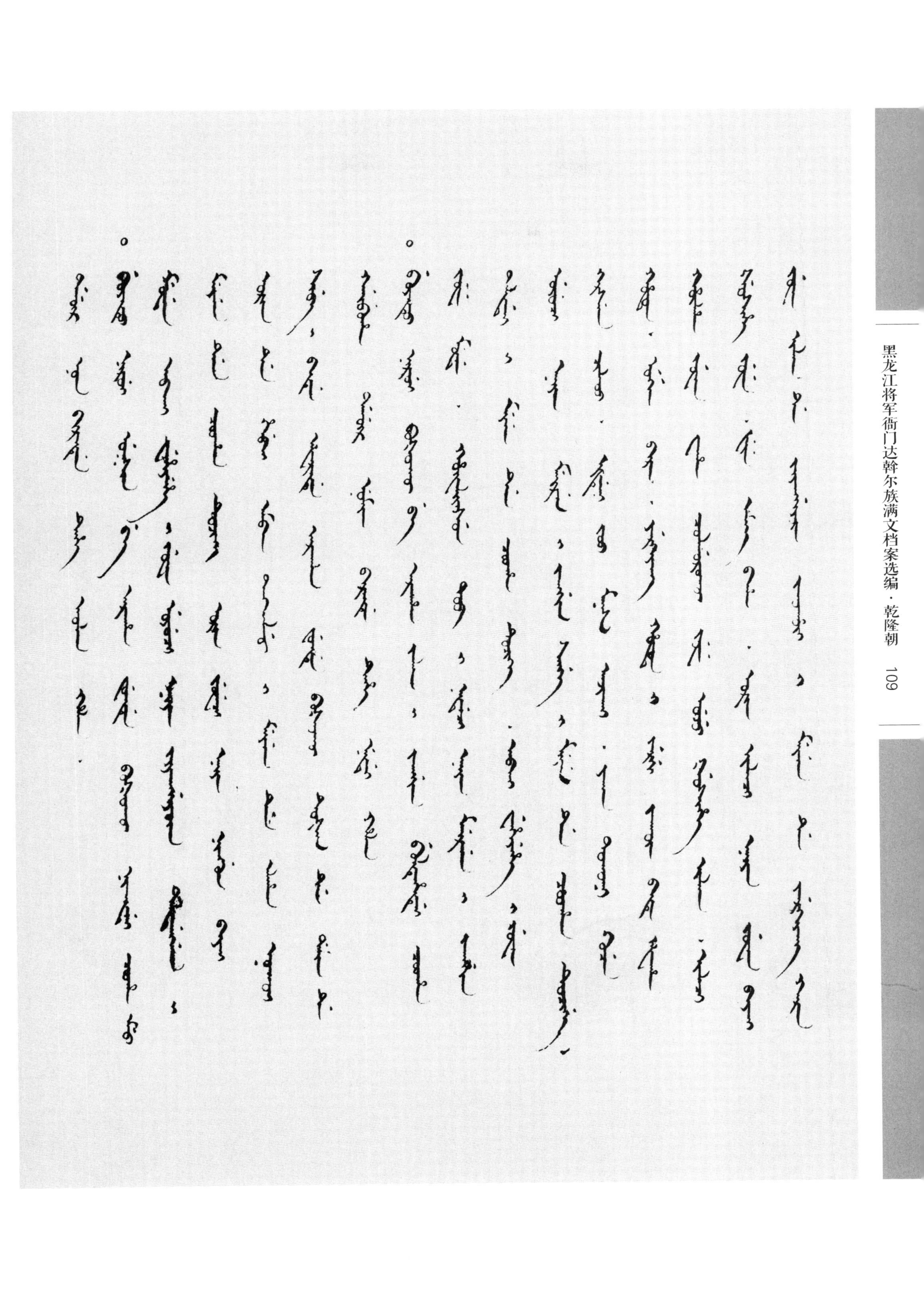

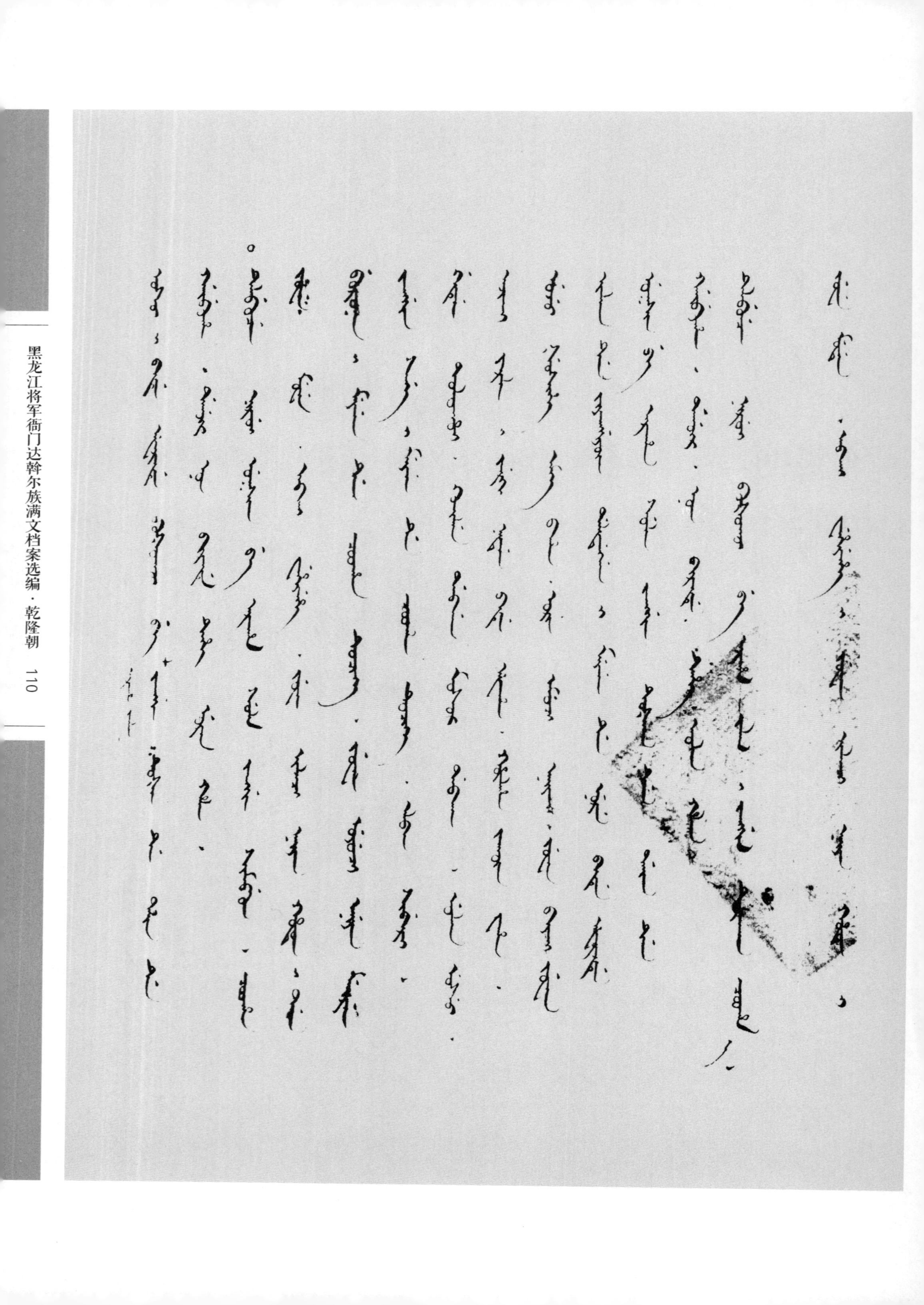

[illegible]

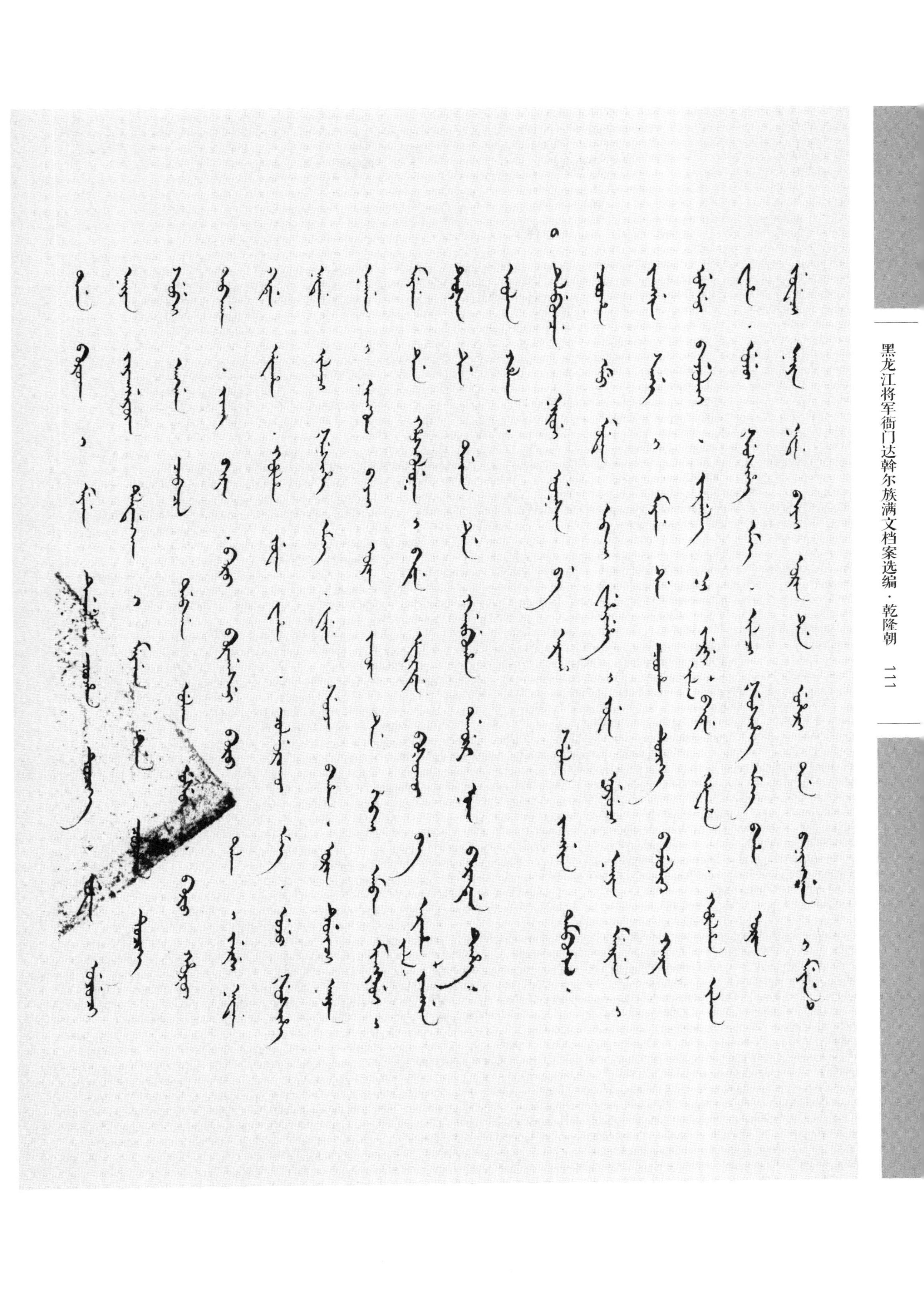

[illegible]

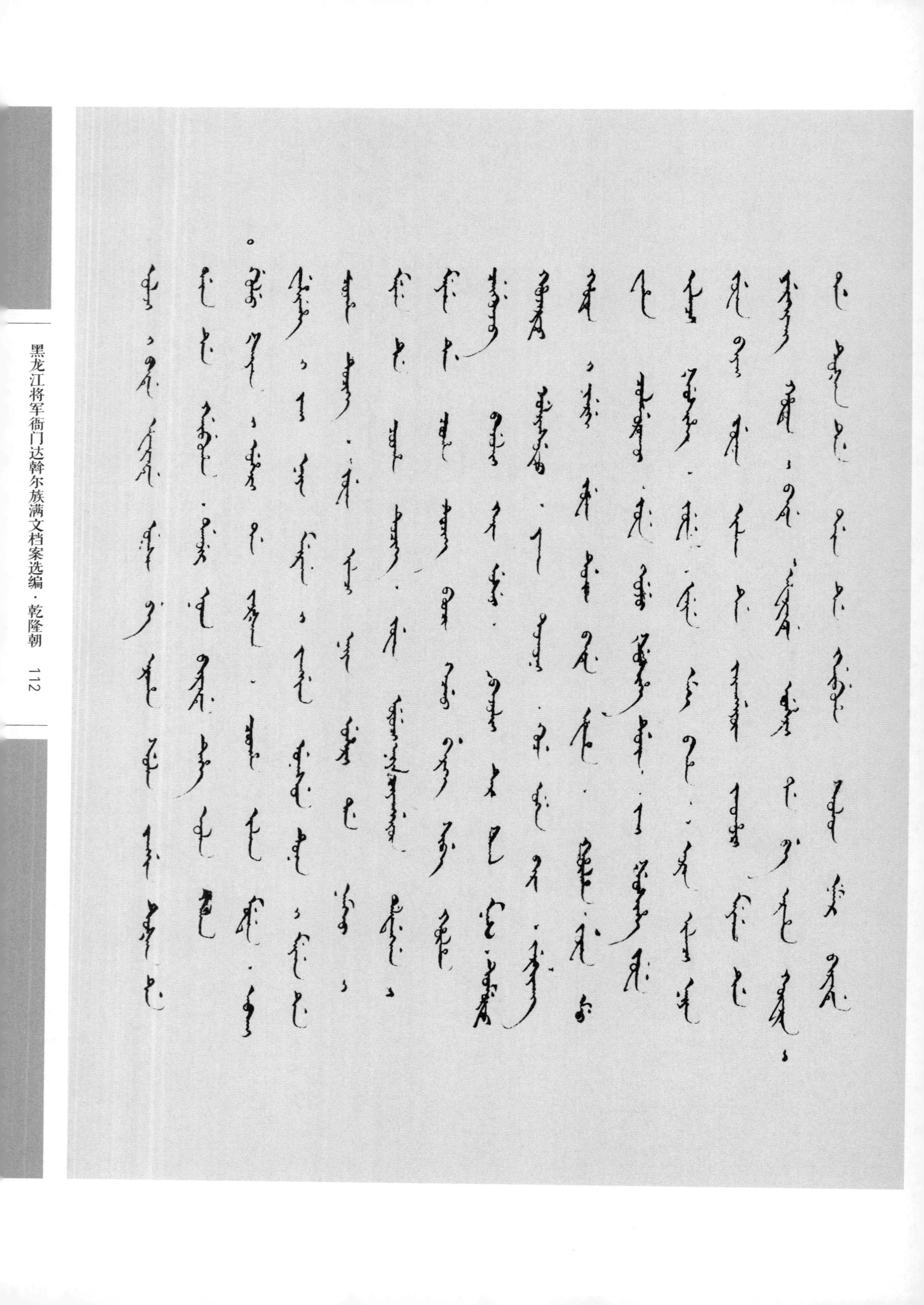

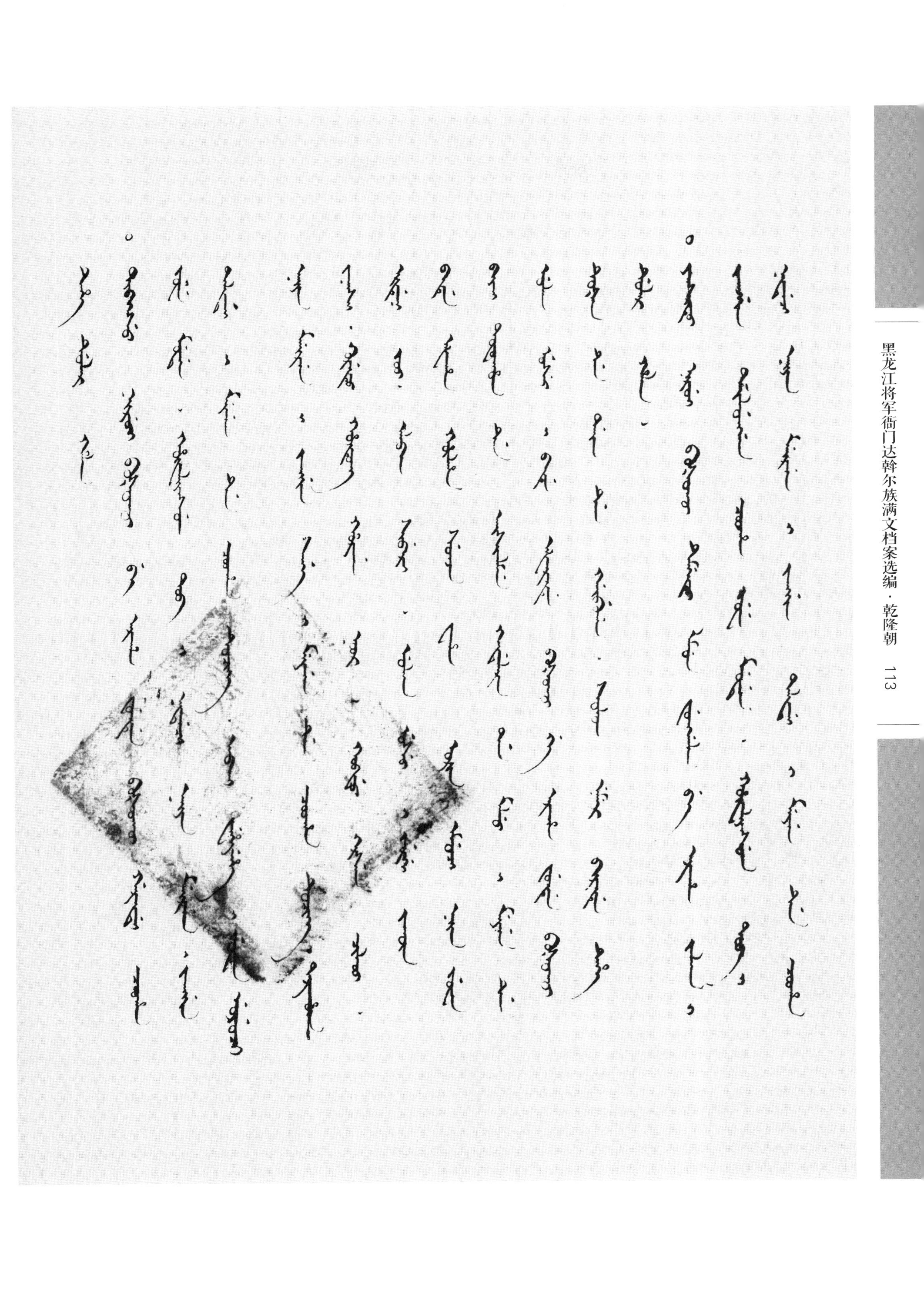

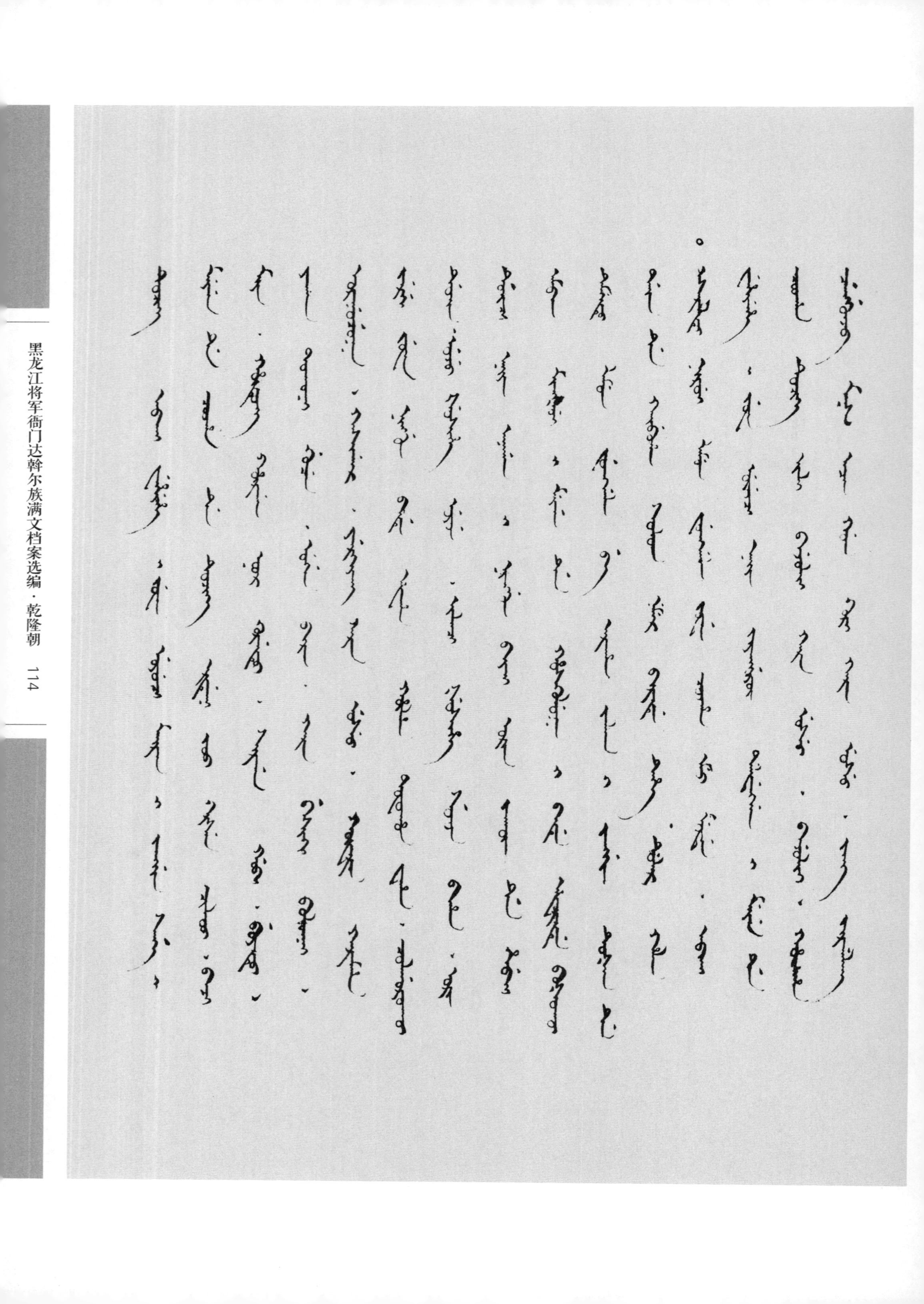

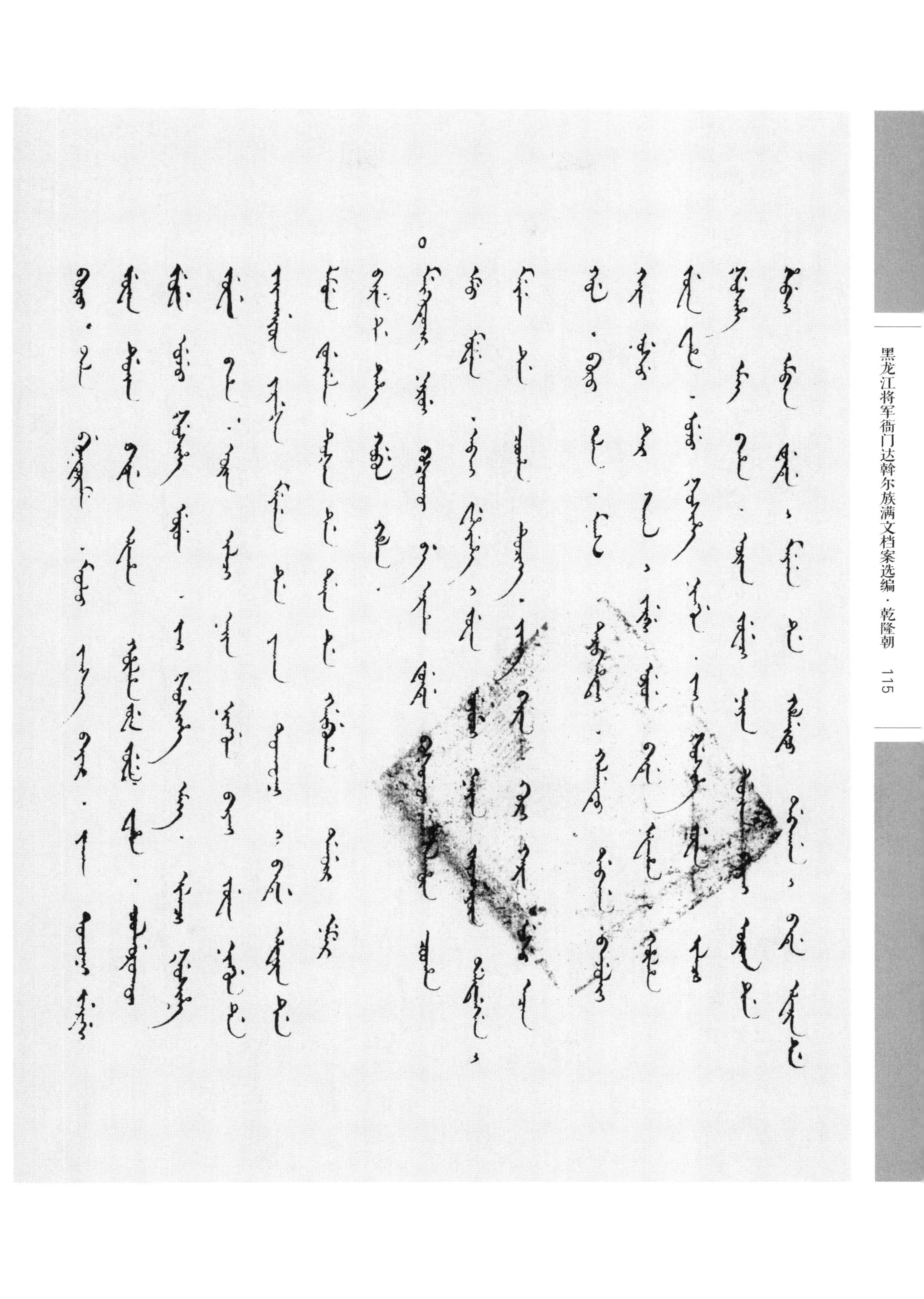

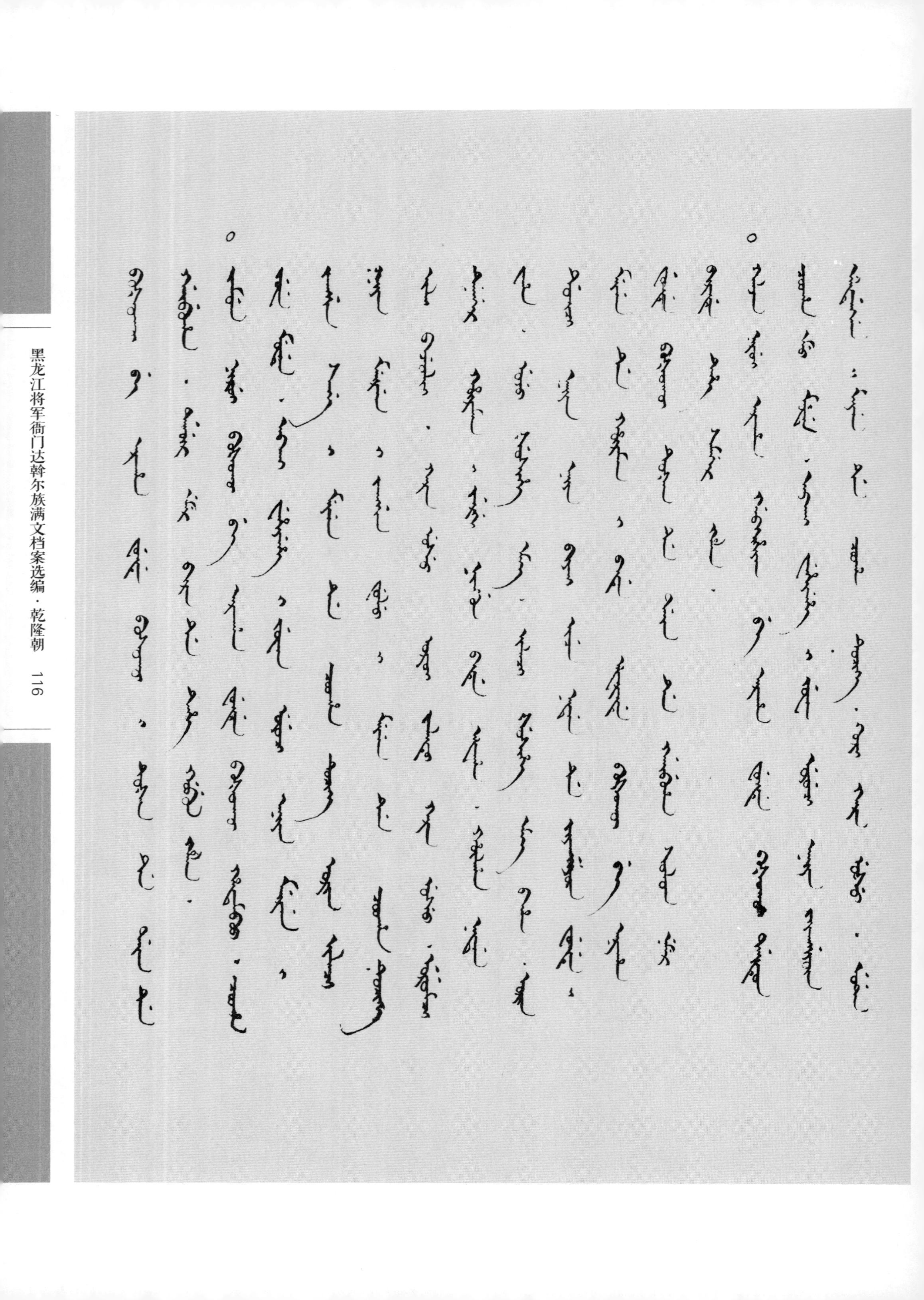

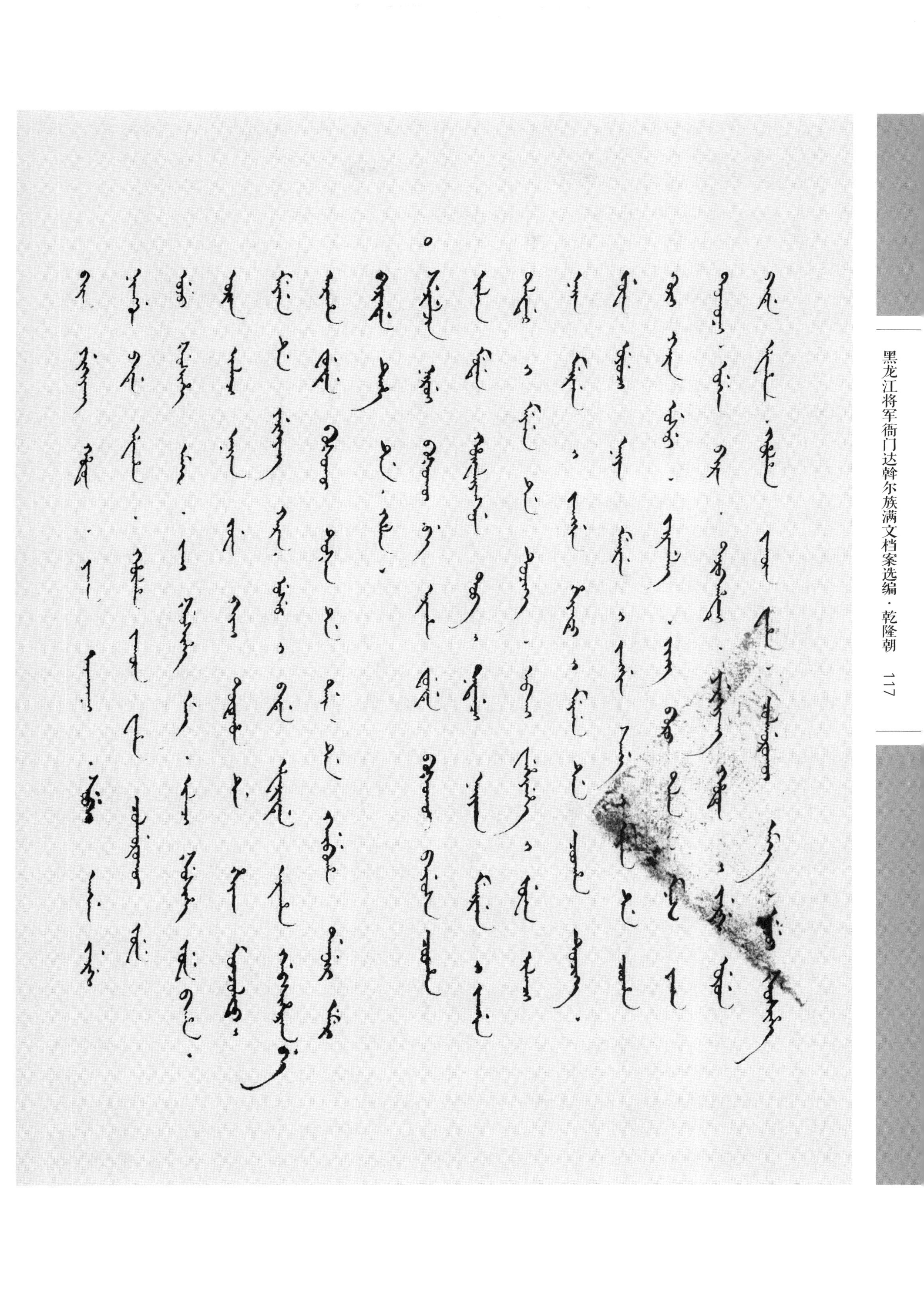

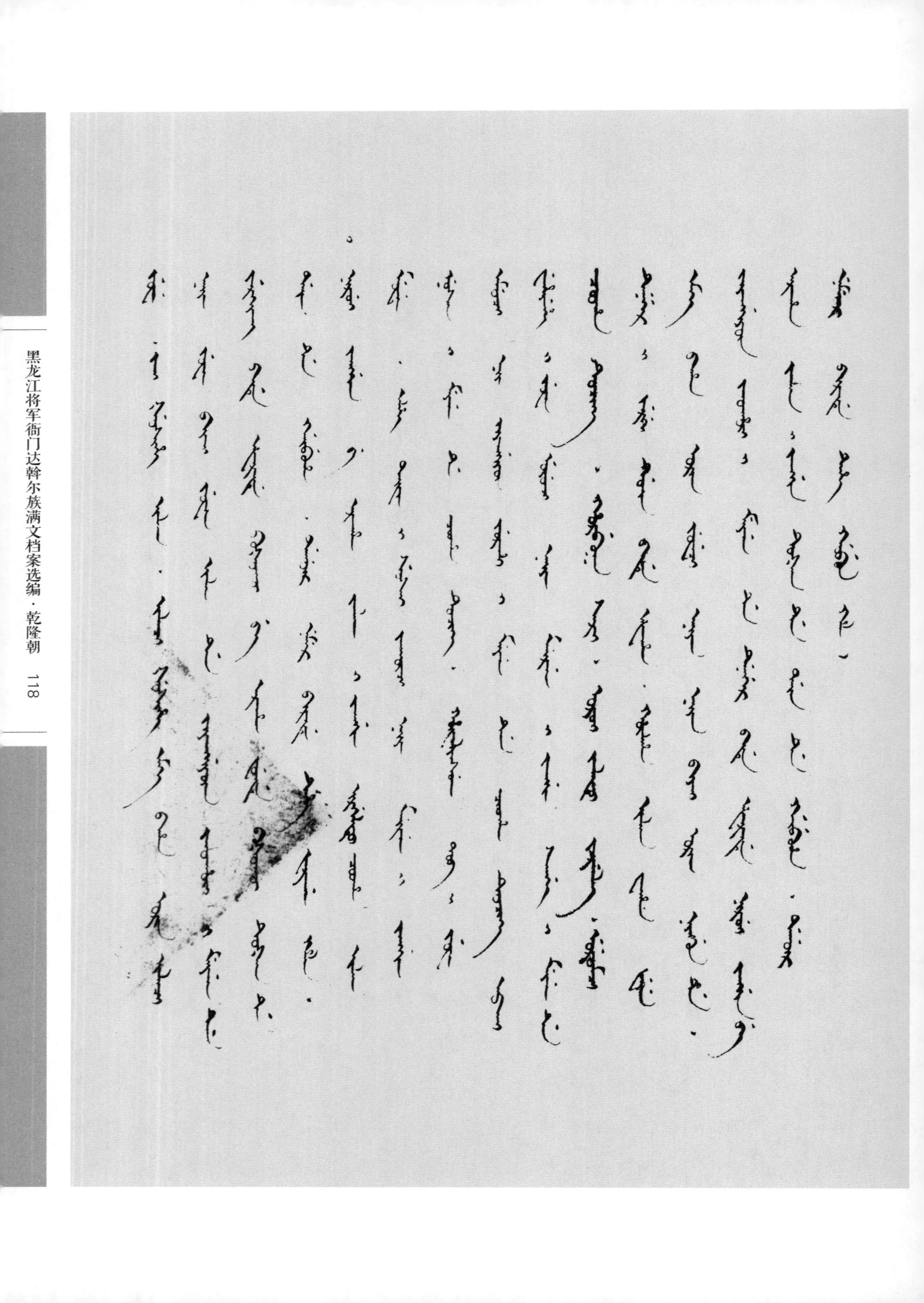

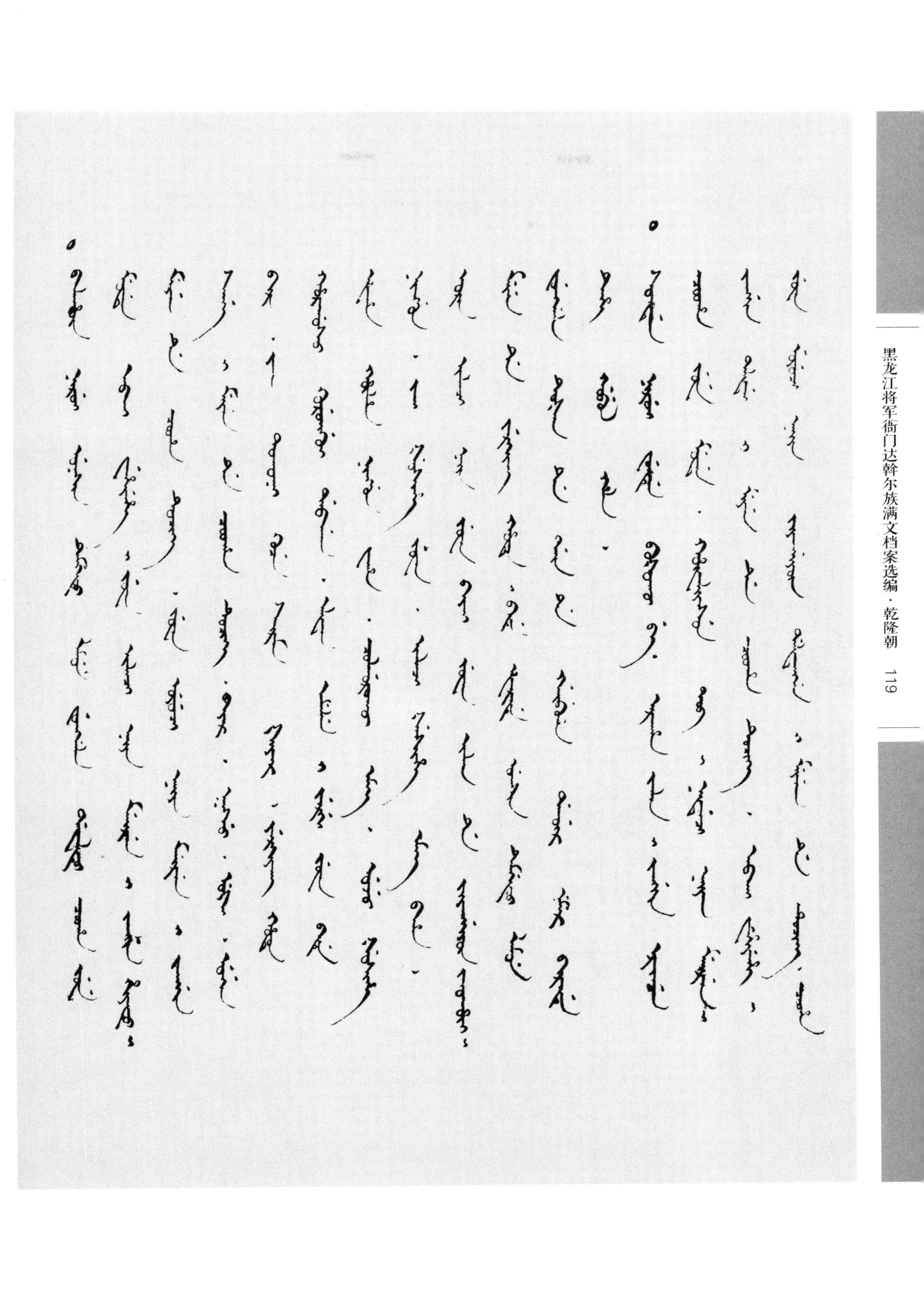

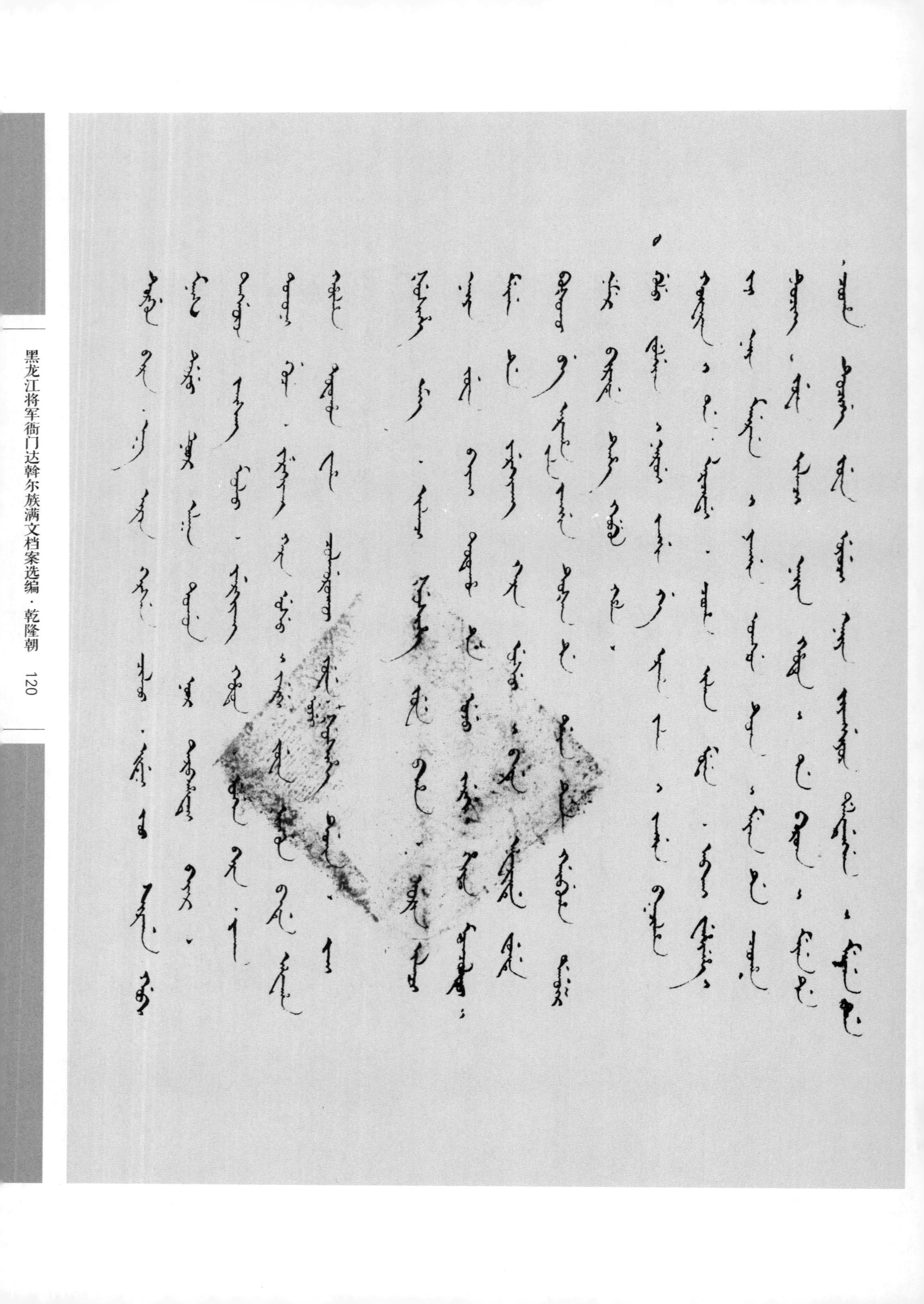

[illegible]

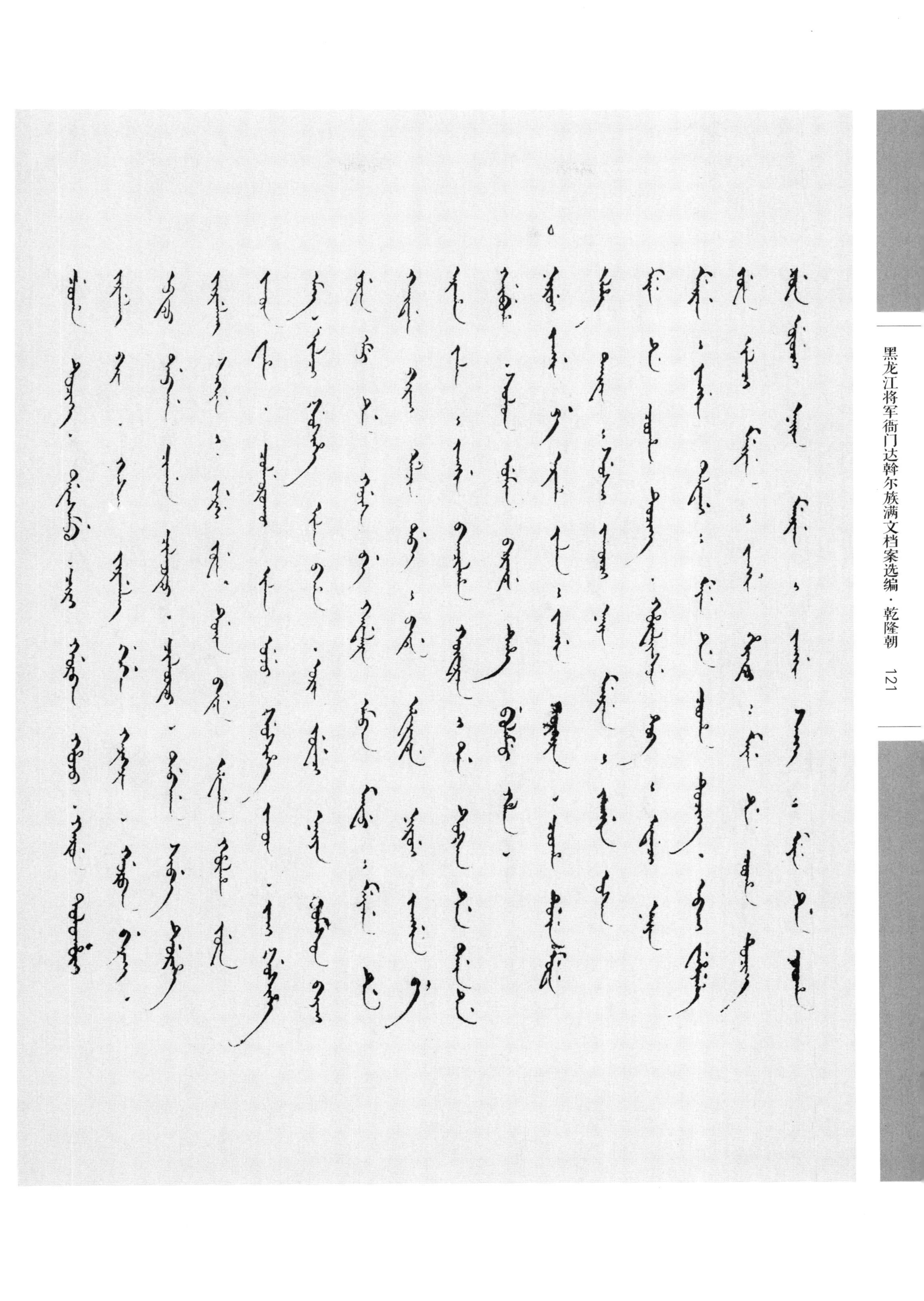

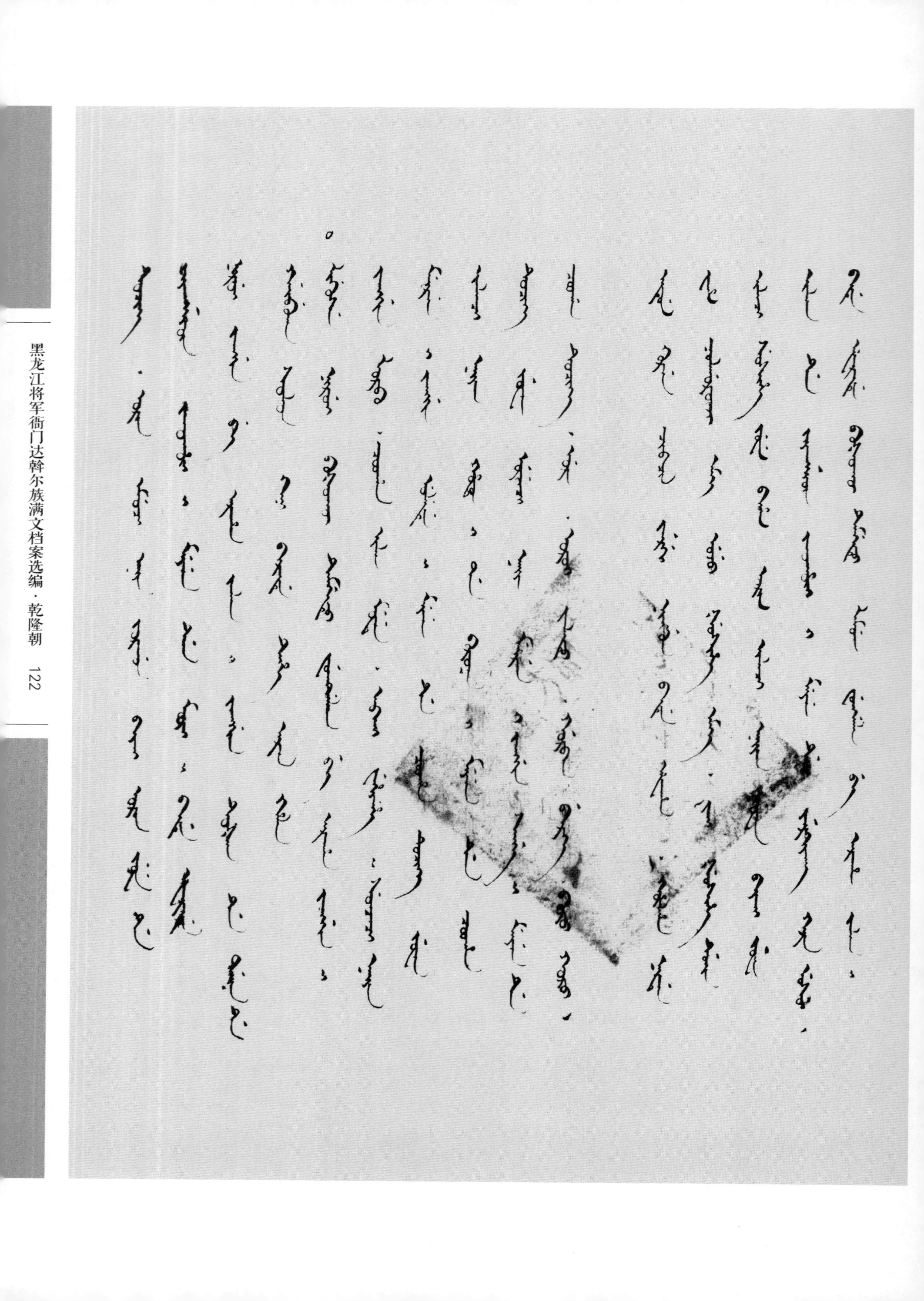

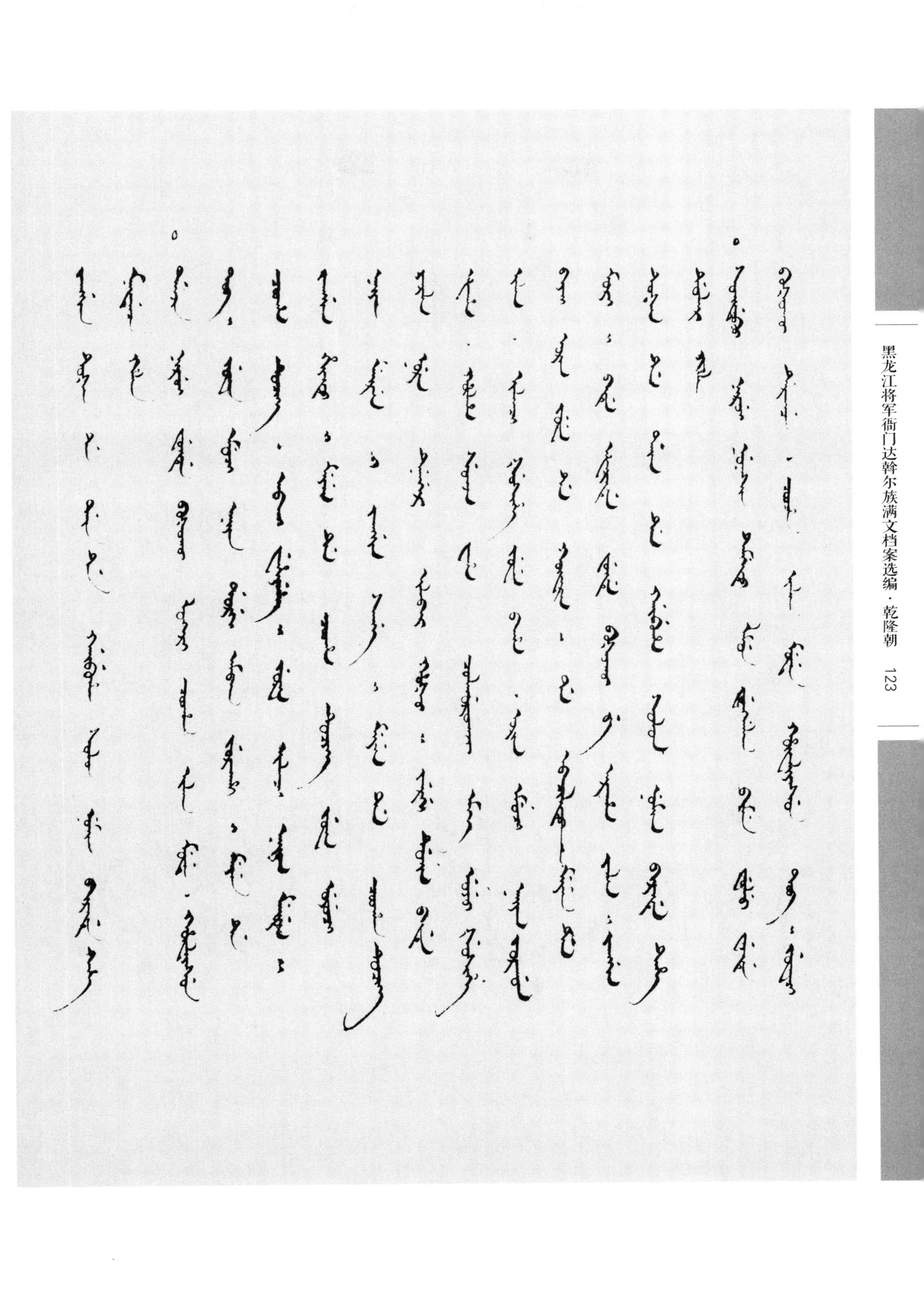

[illegible]

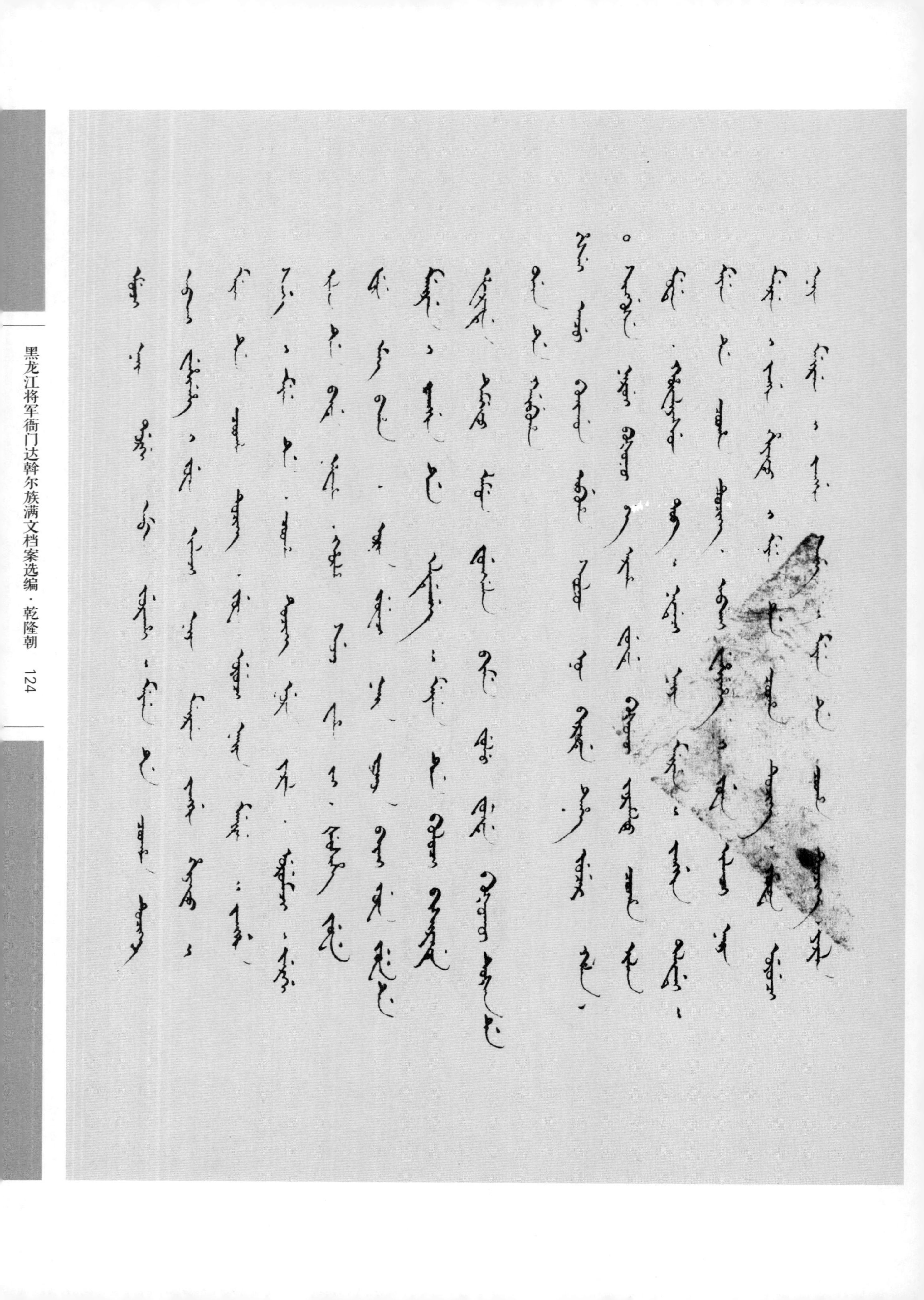

[illegible]

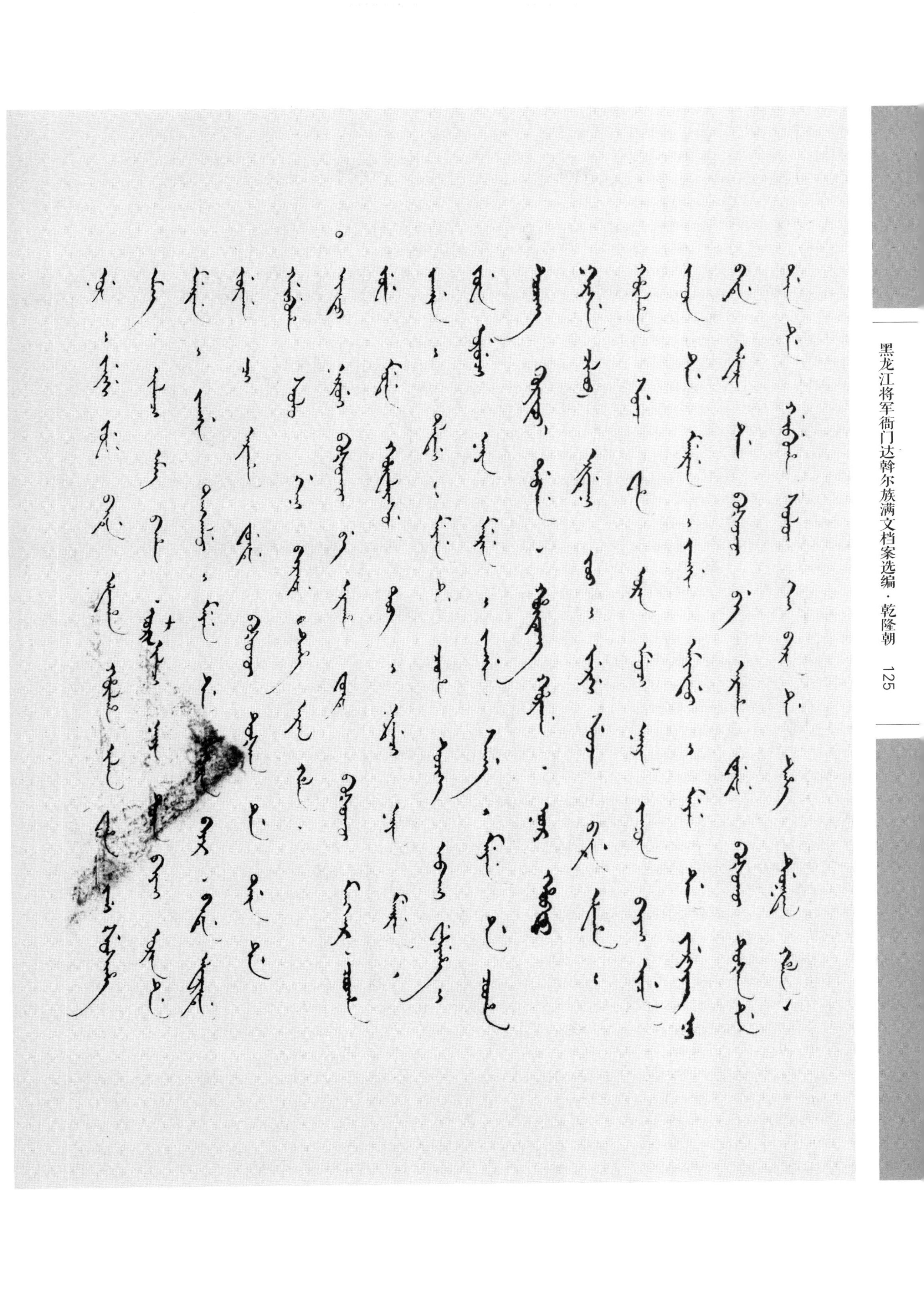

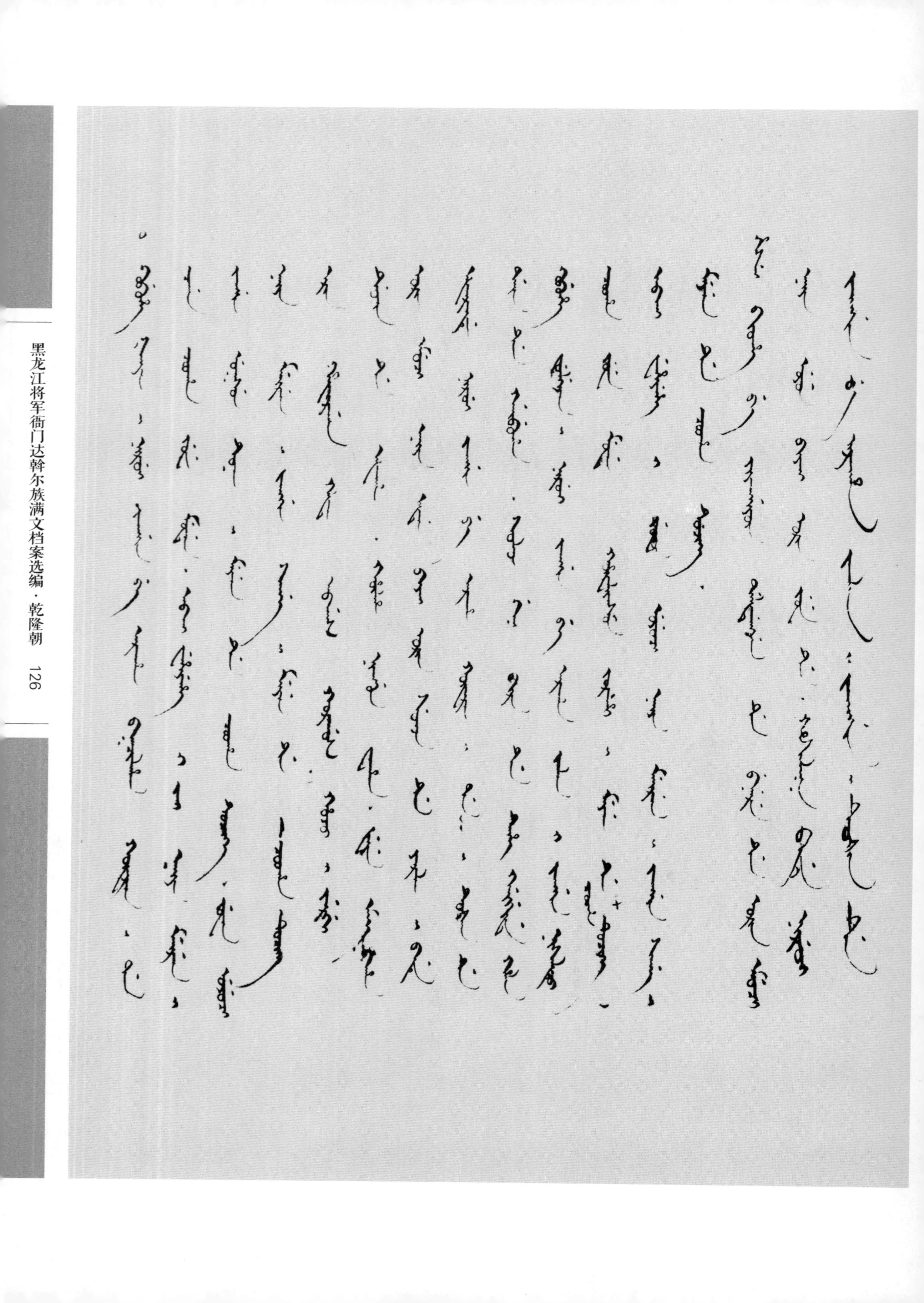

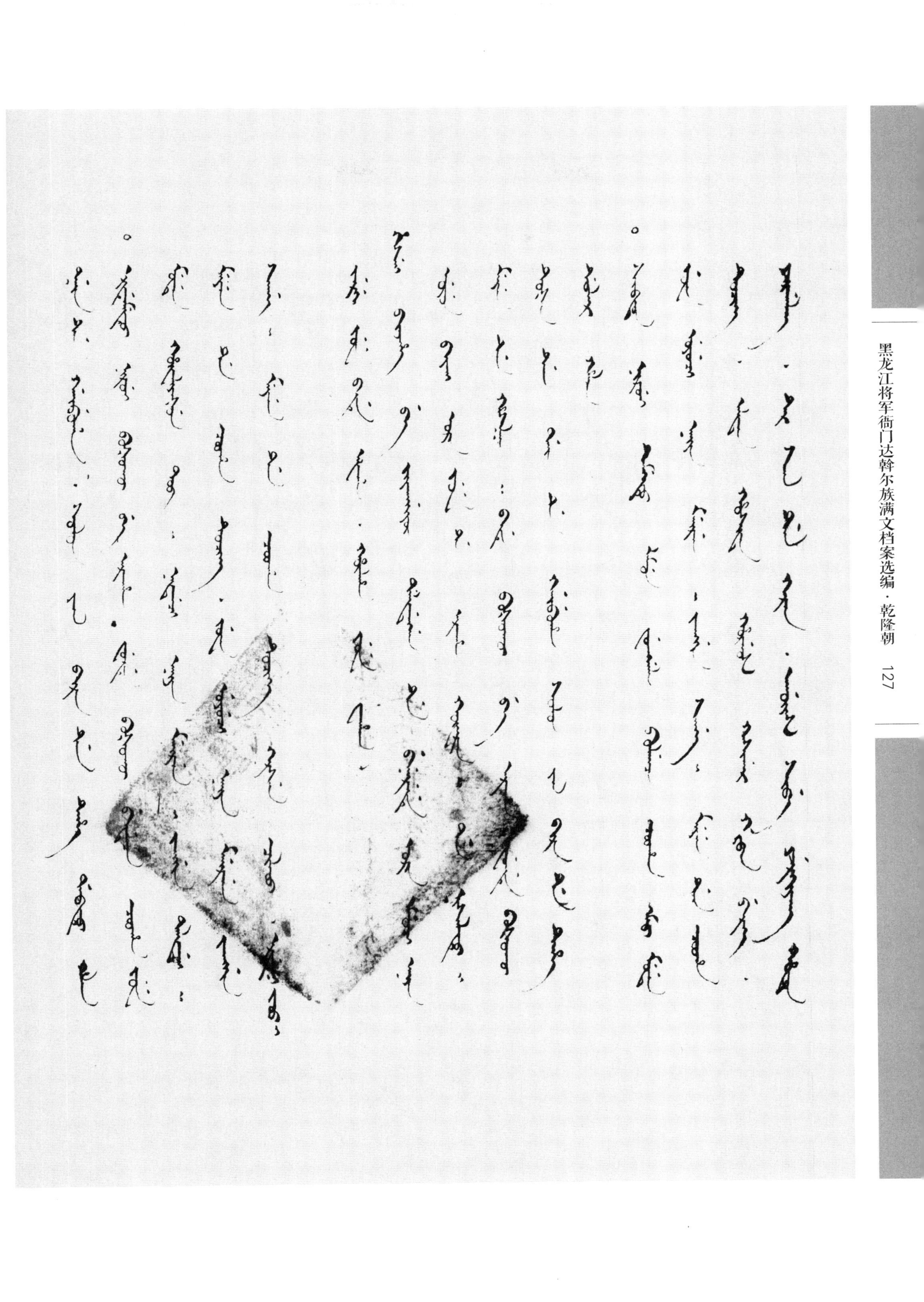

[illegible]

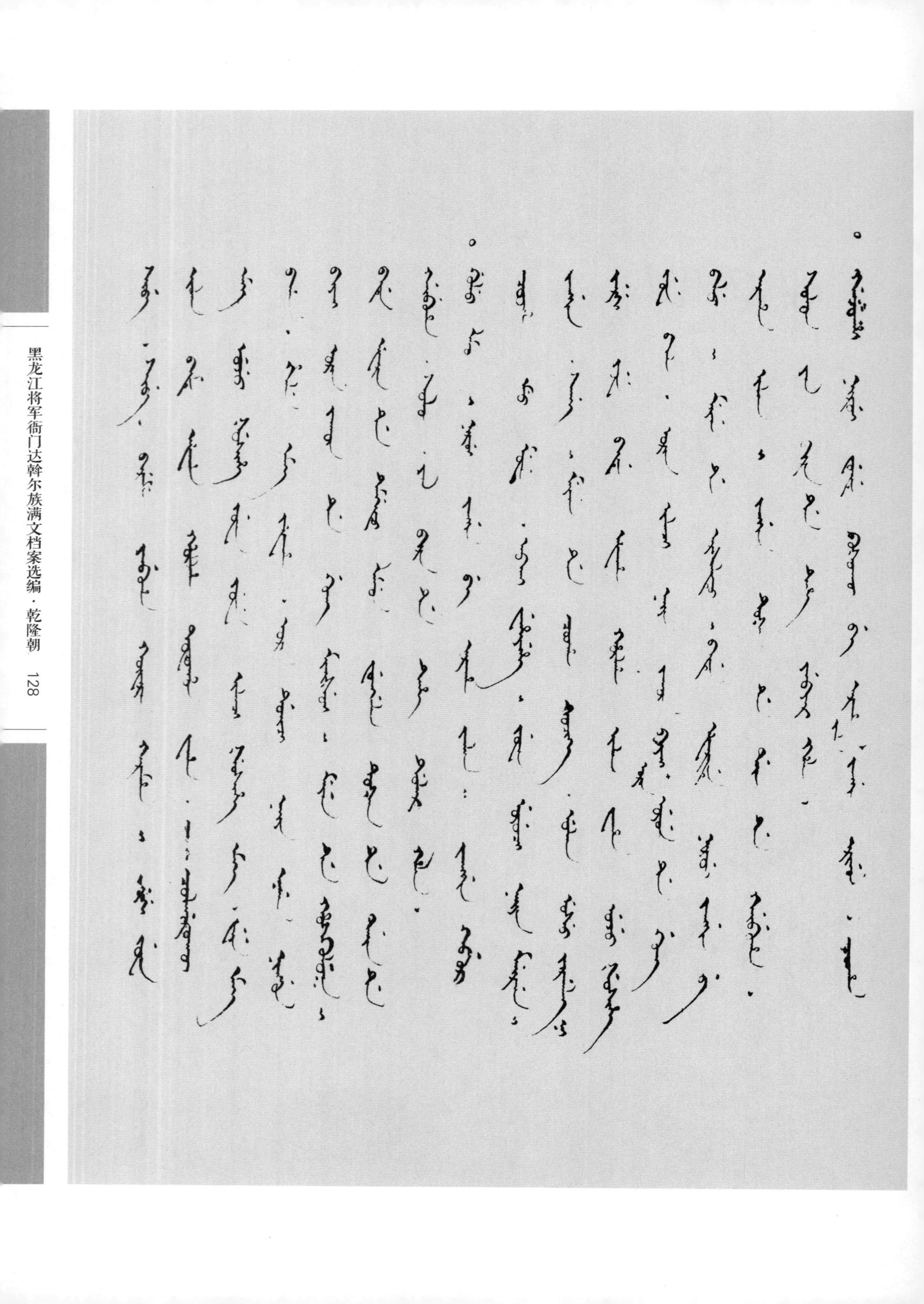

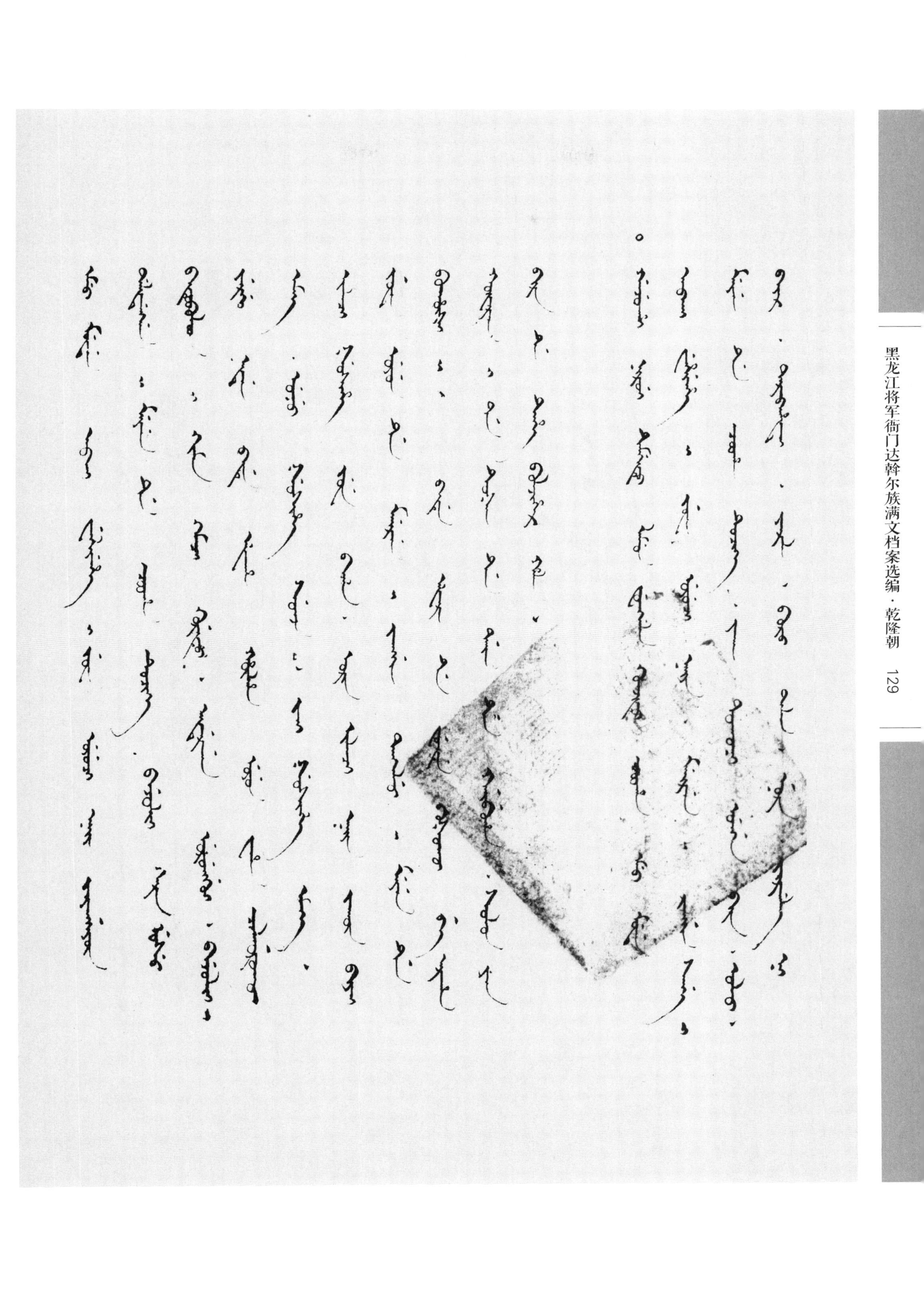

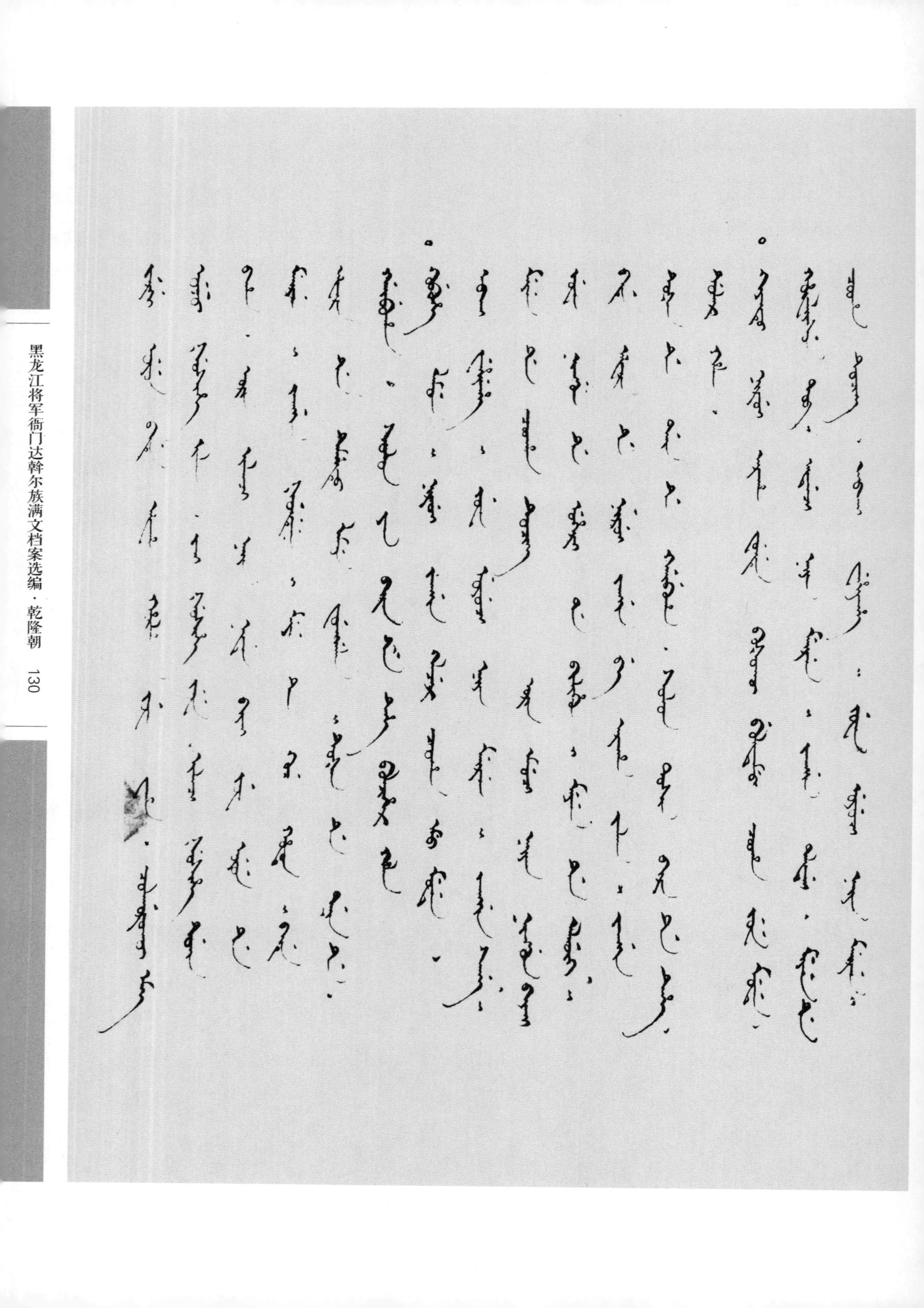

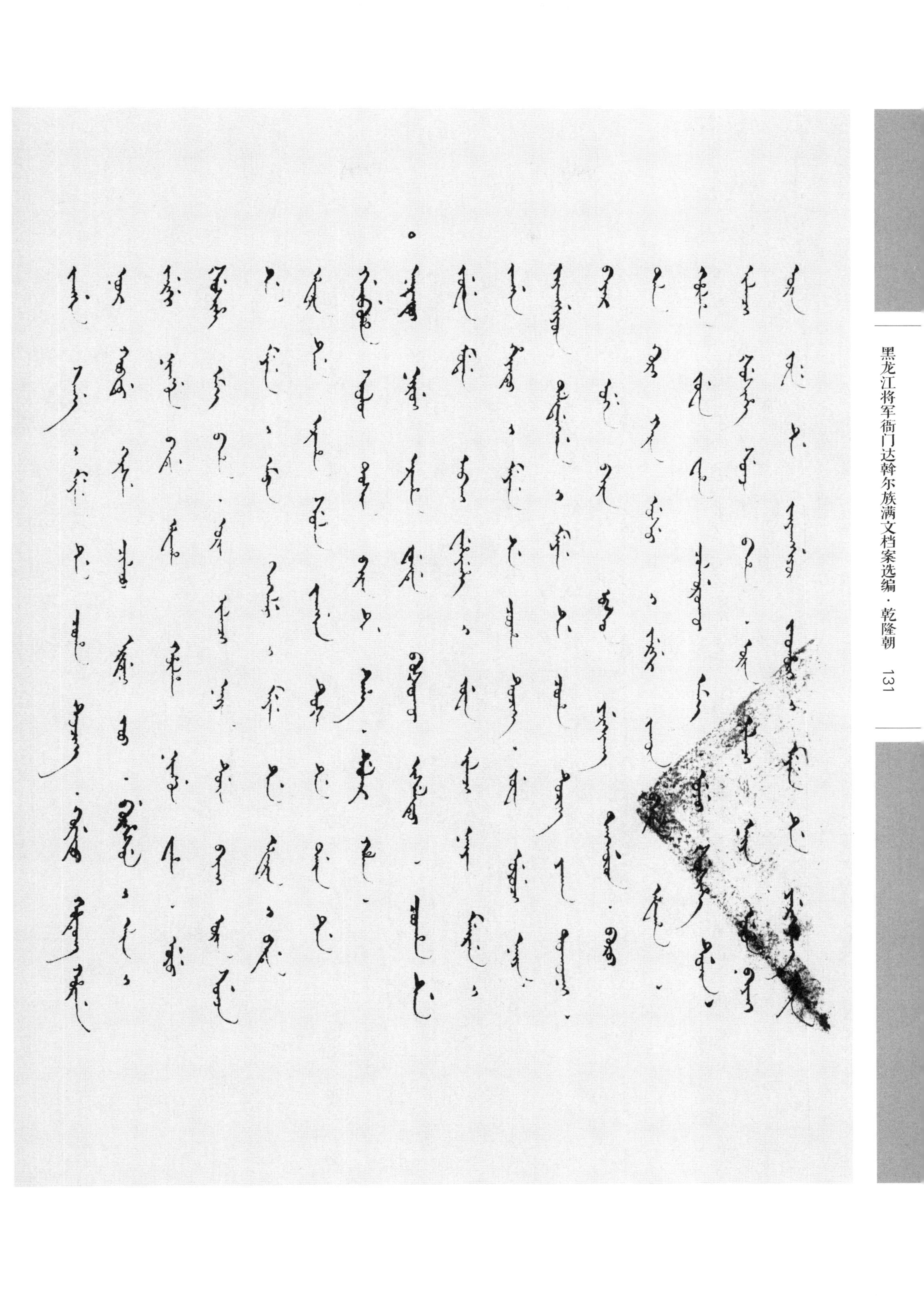

[illegible]

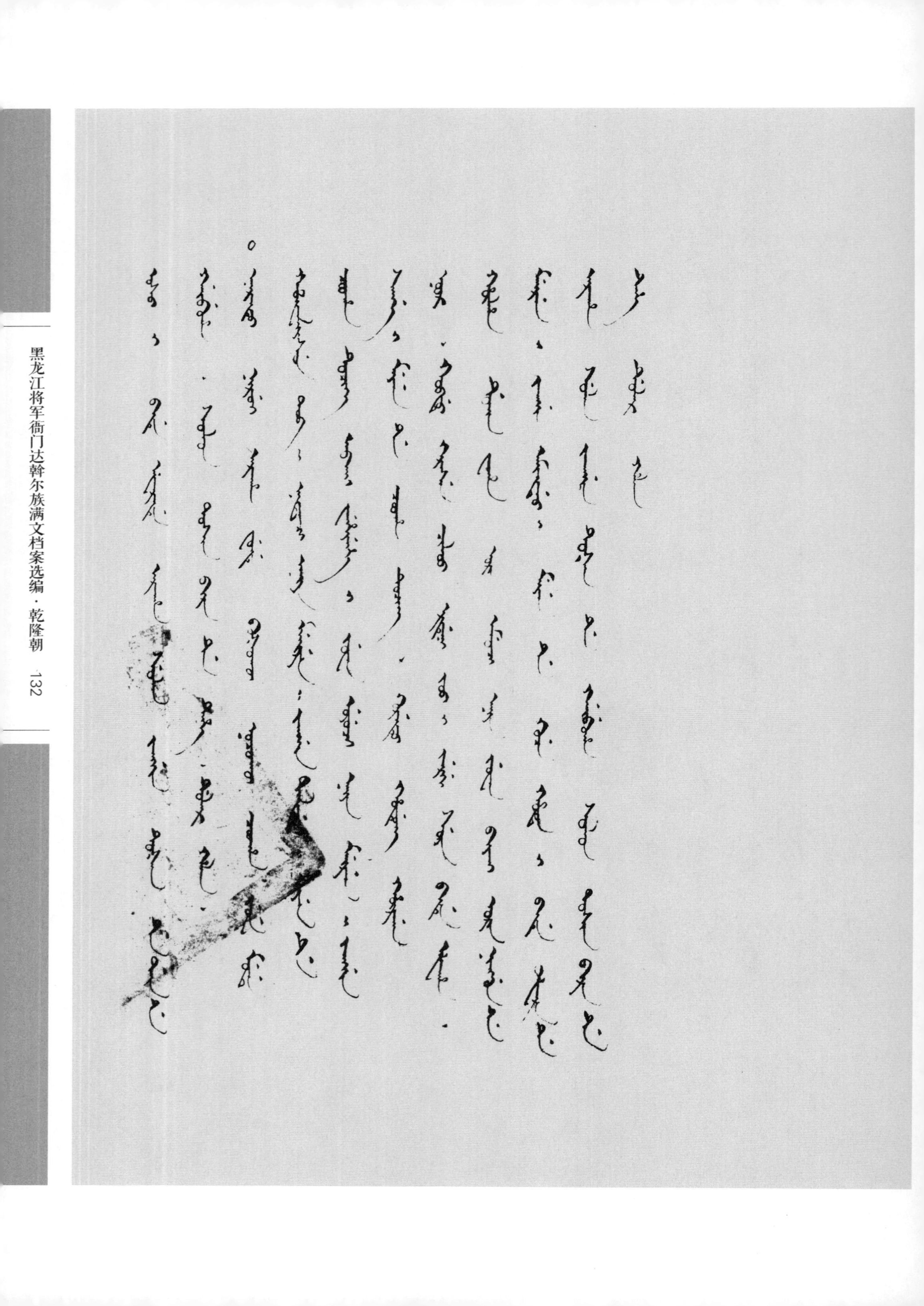

一一八五　黑龙江将军衙门为布特哈镶黄旗达斡尔佐领察布敦病故出缺拟定正陪人员引见事咨理藩院文

乾隆二十八年九月初二日

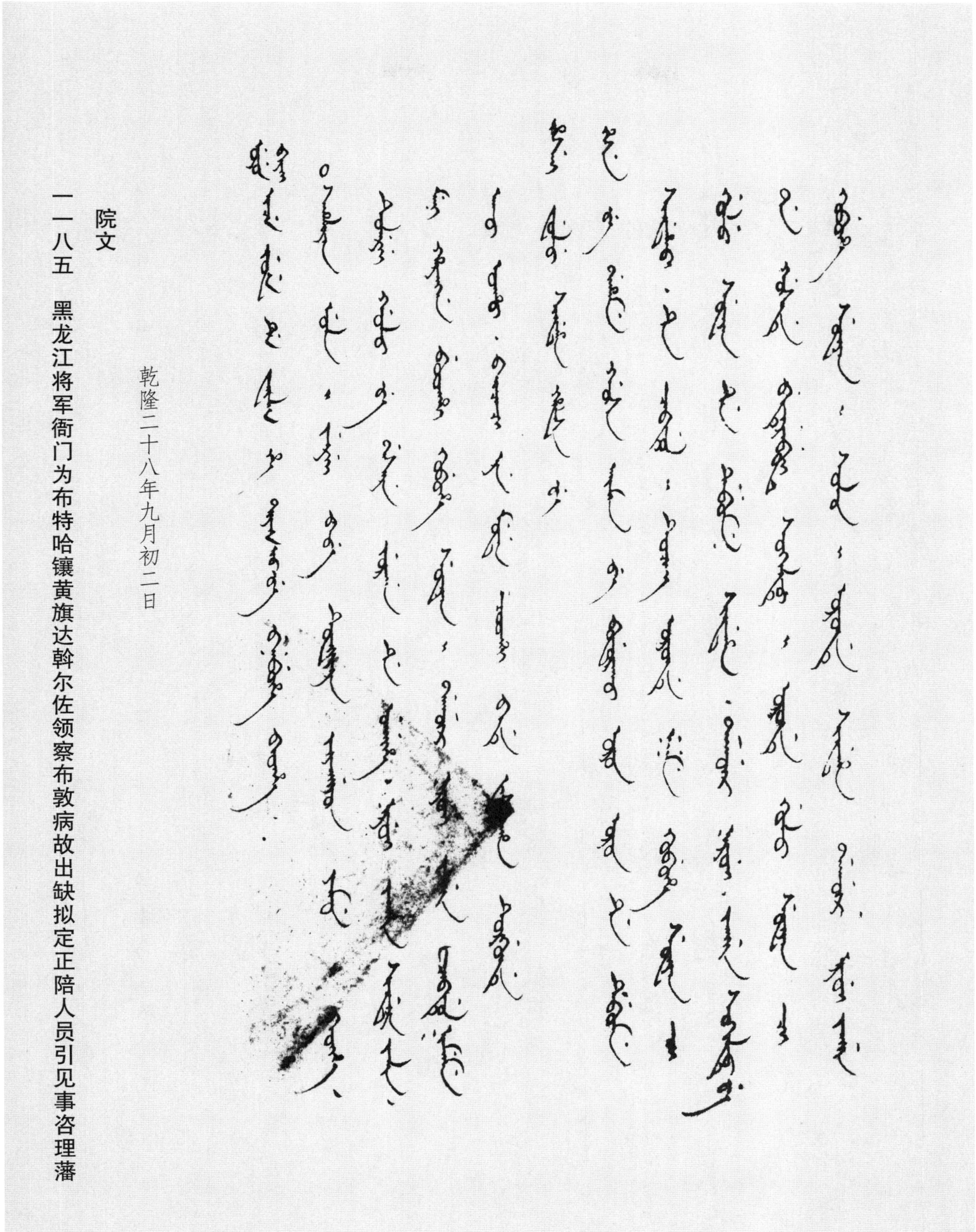

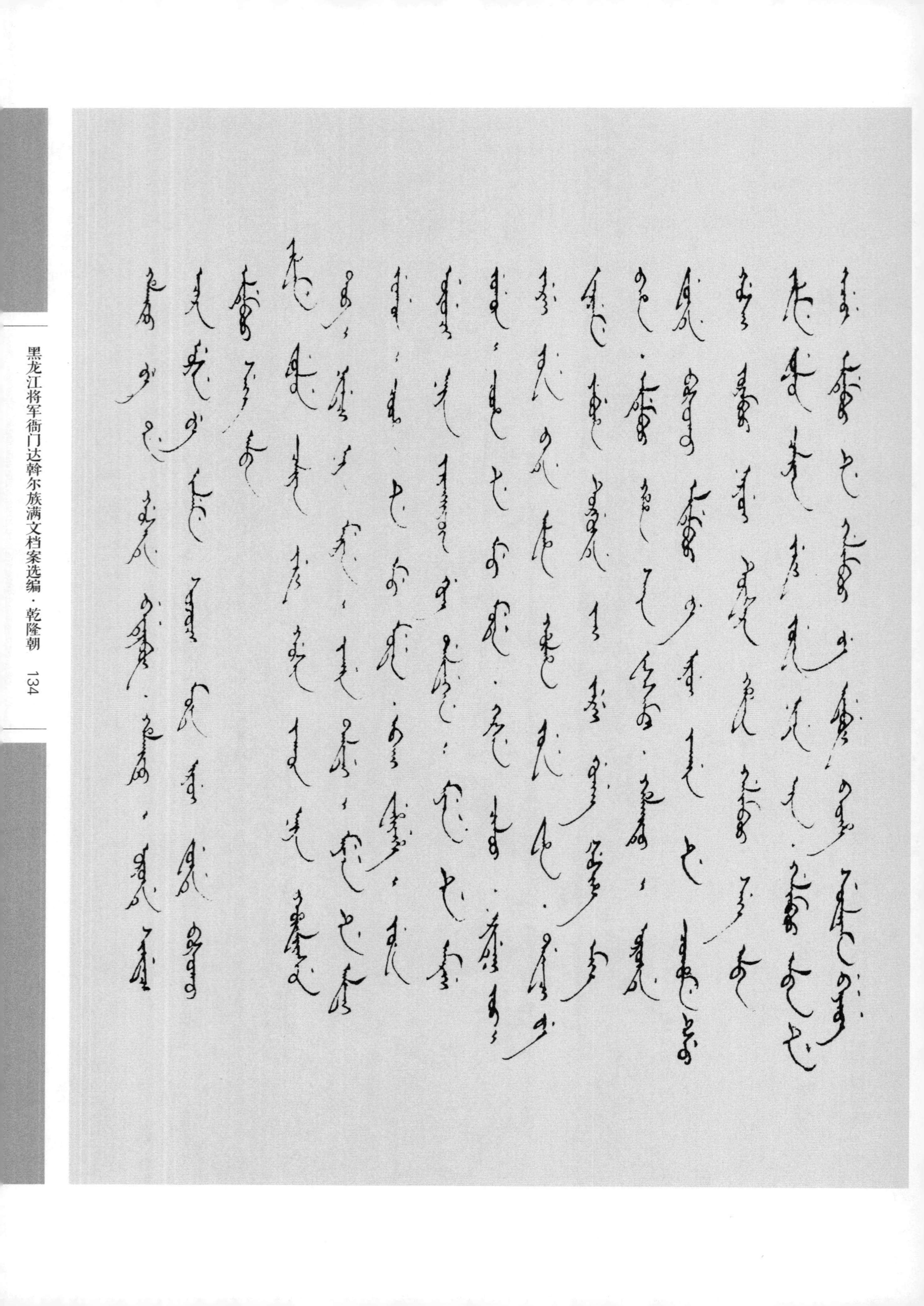

[illegible]

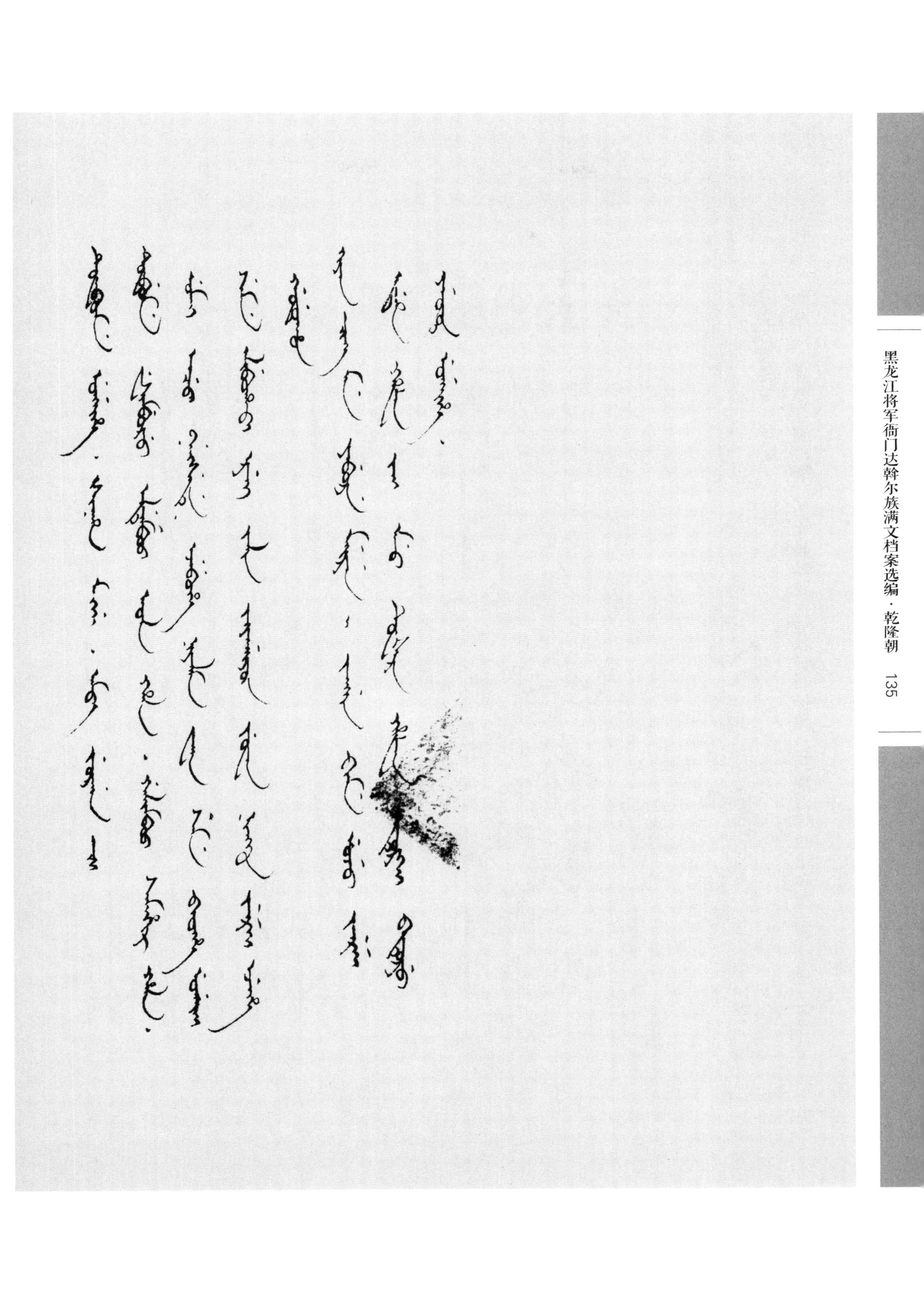

[illegible]

[illegible]

[illegible]

[illegible]

[illegible]

[illegible]

[illegible]

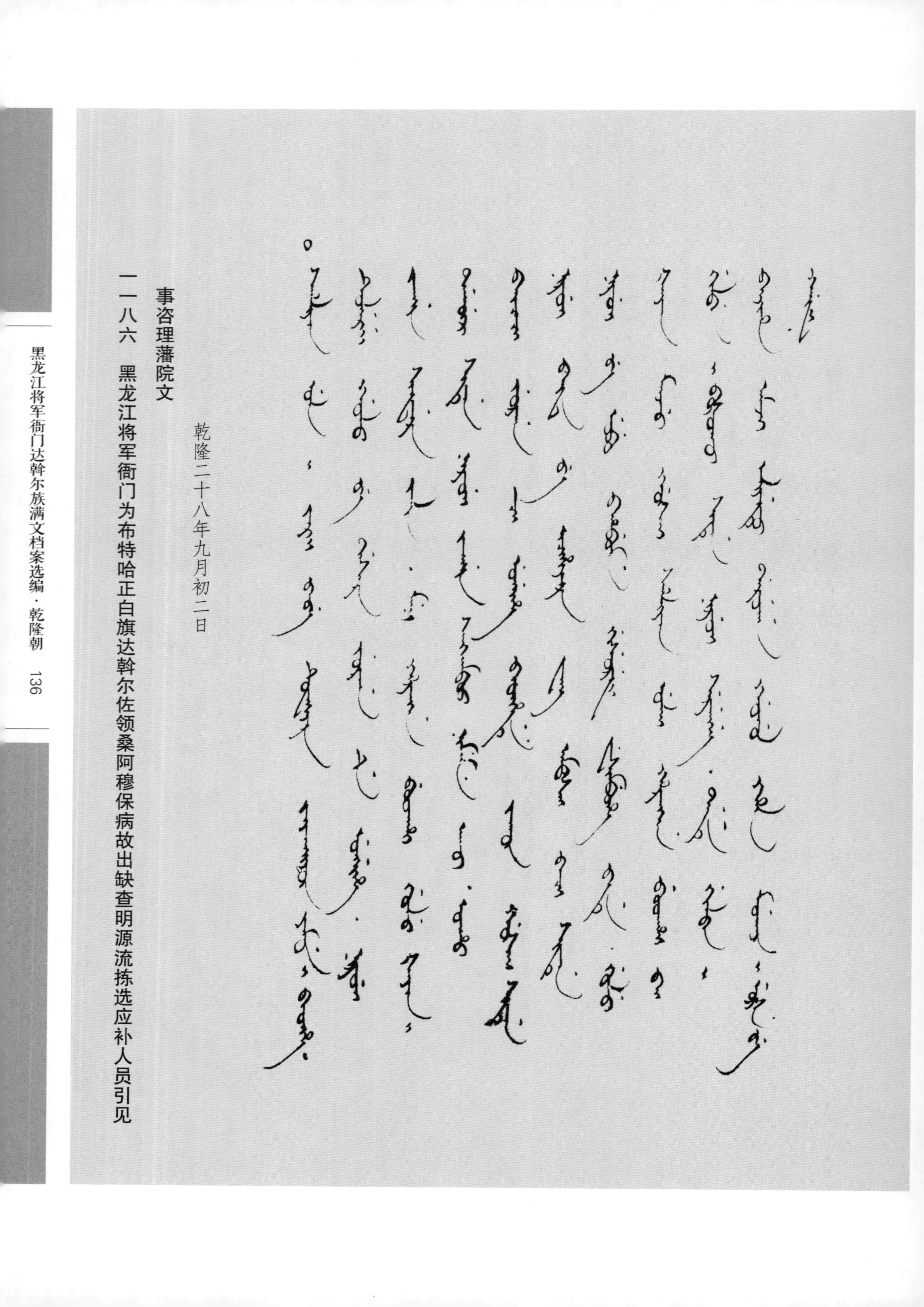

乾隆二十八年九月初二日

事咨理藩院文

一一八六　黑龙江将军衙门为布特哈正白旗达斡尔佐领桑阿穆保病故出缺查明源流拣选应补人员引见

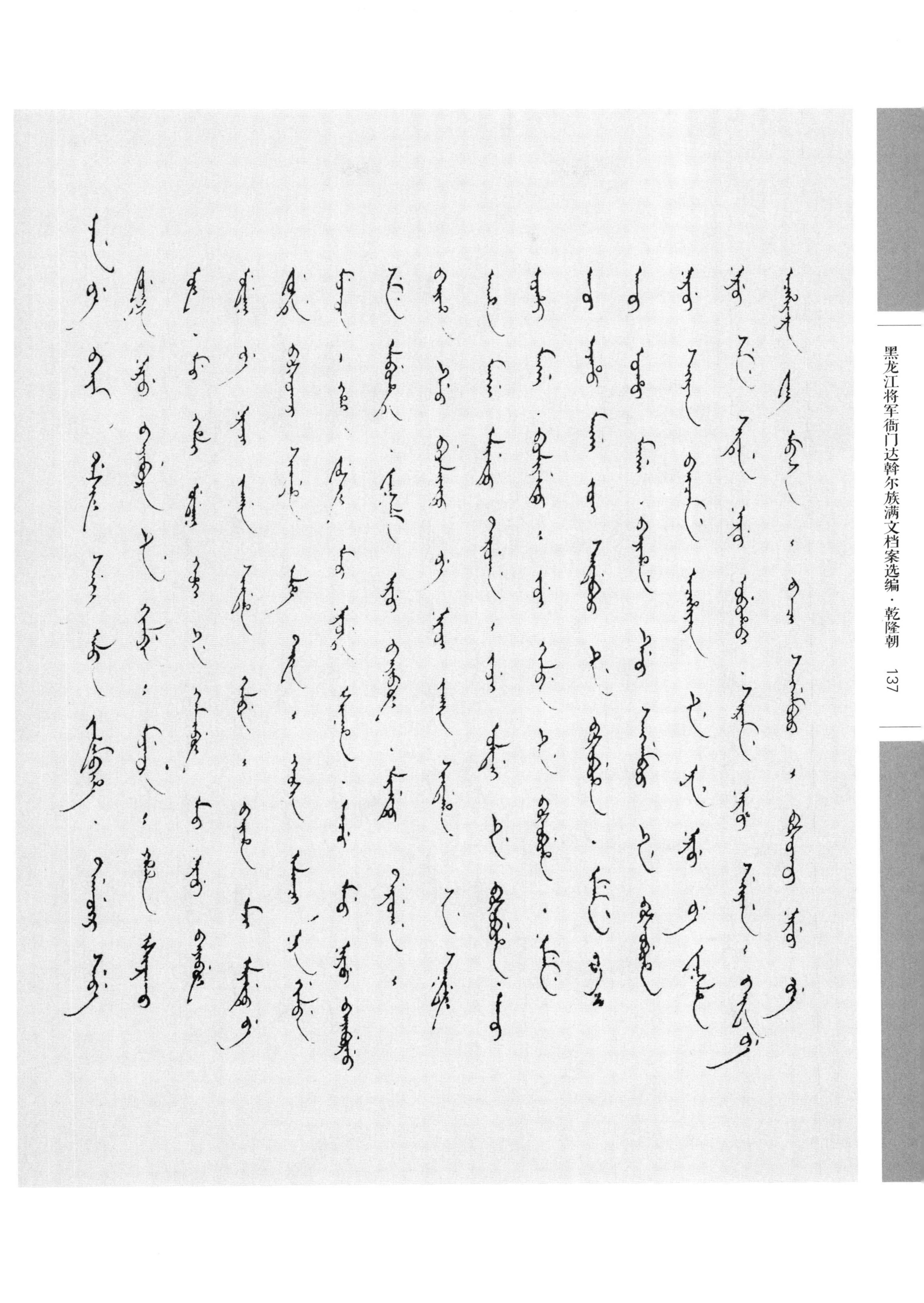

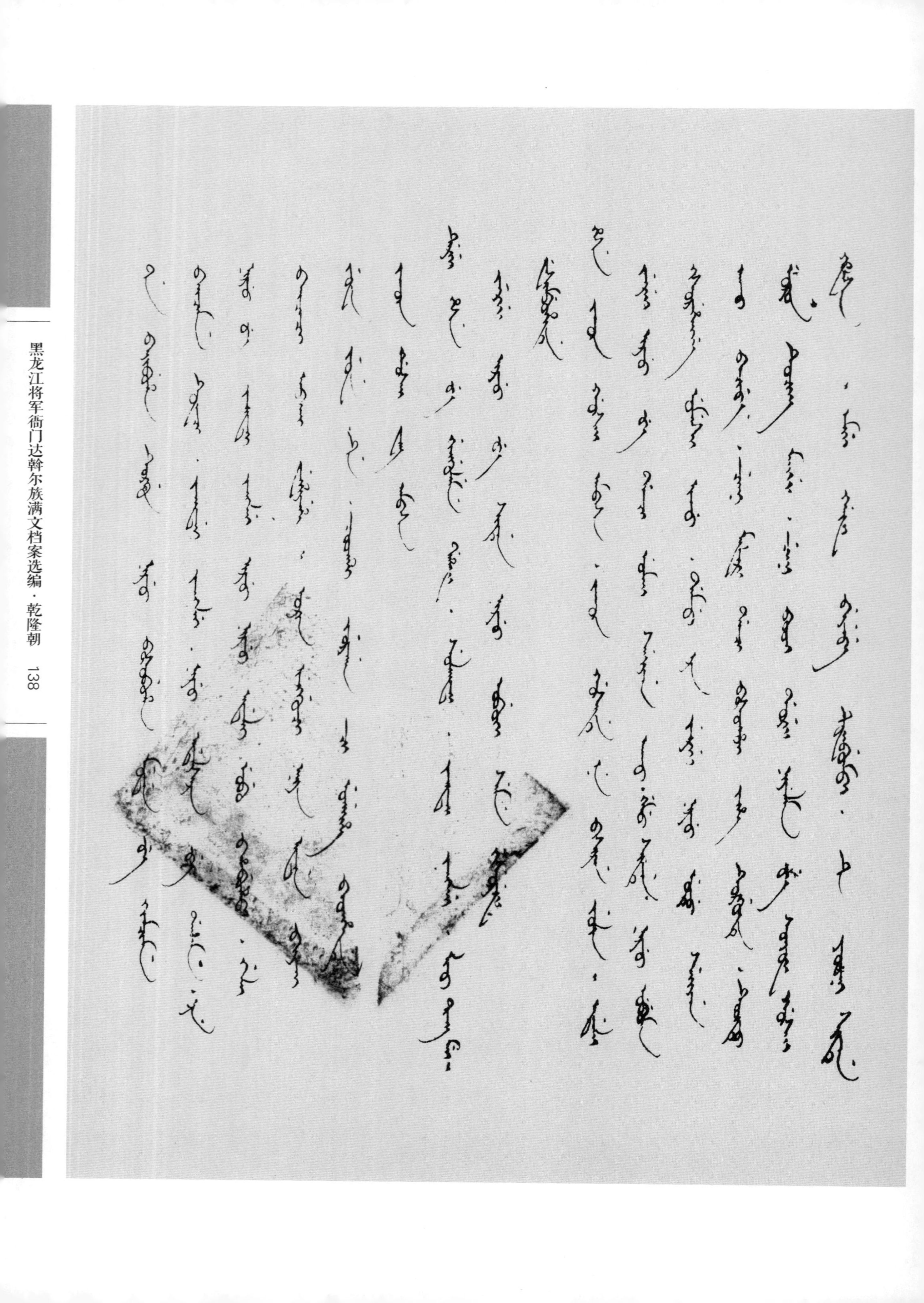

[illegible]

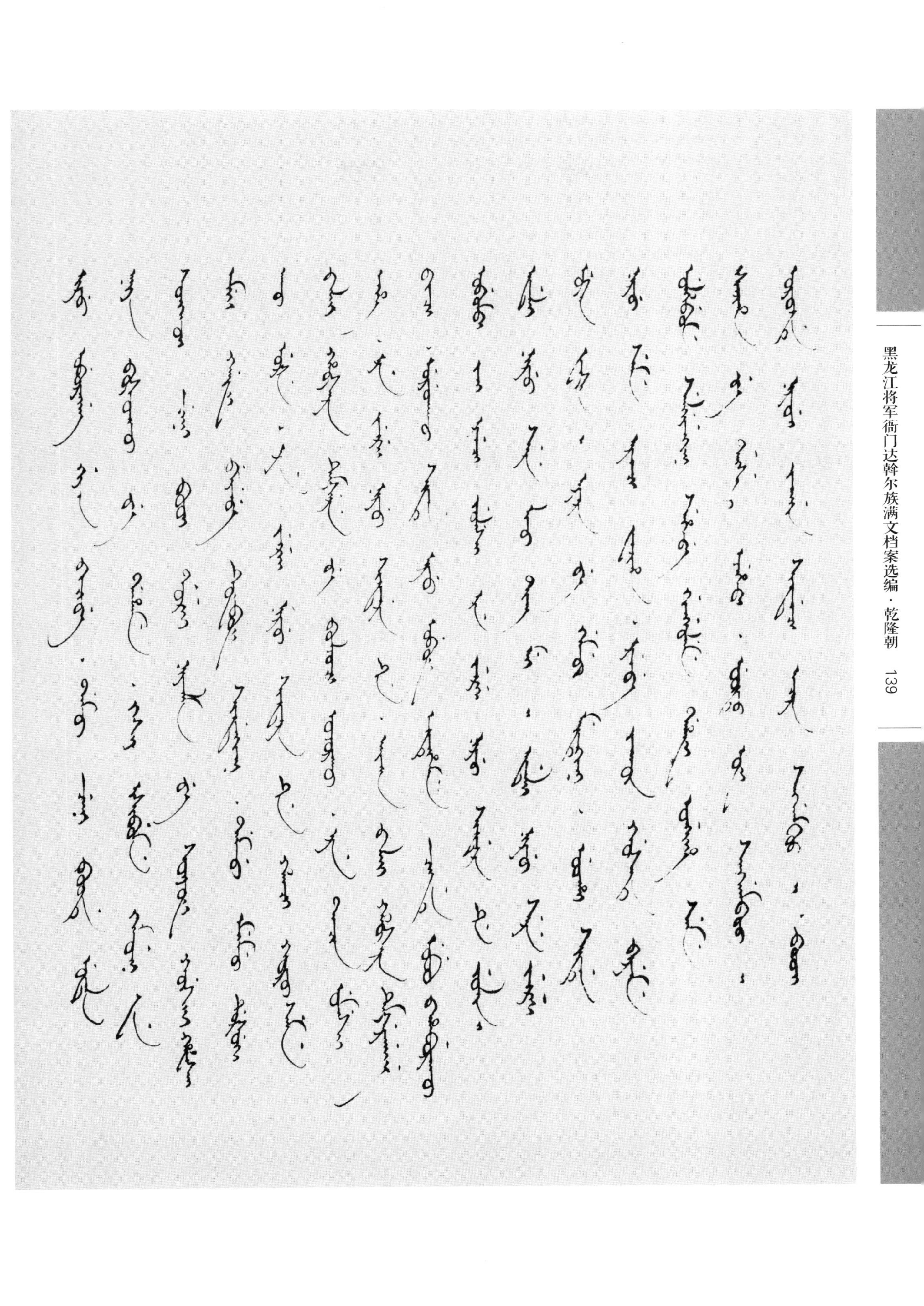

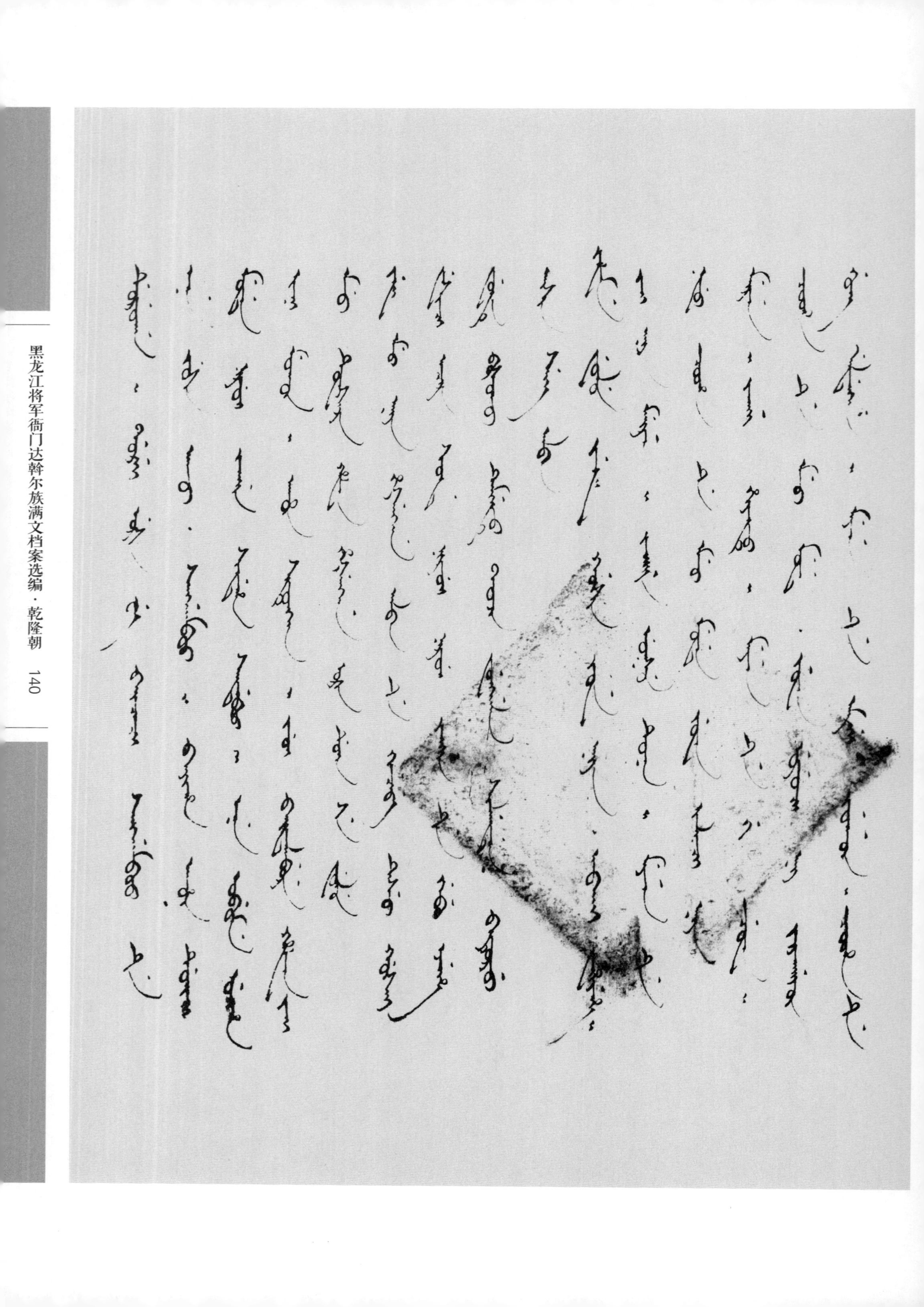

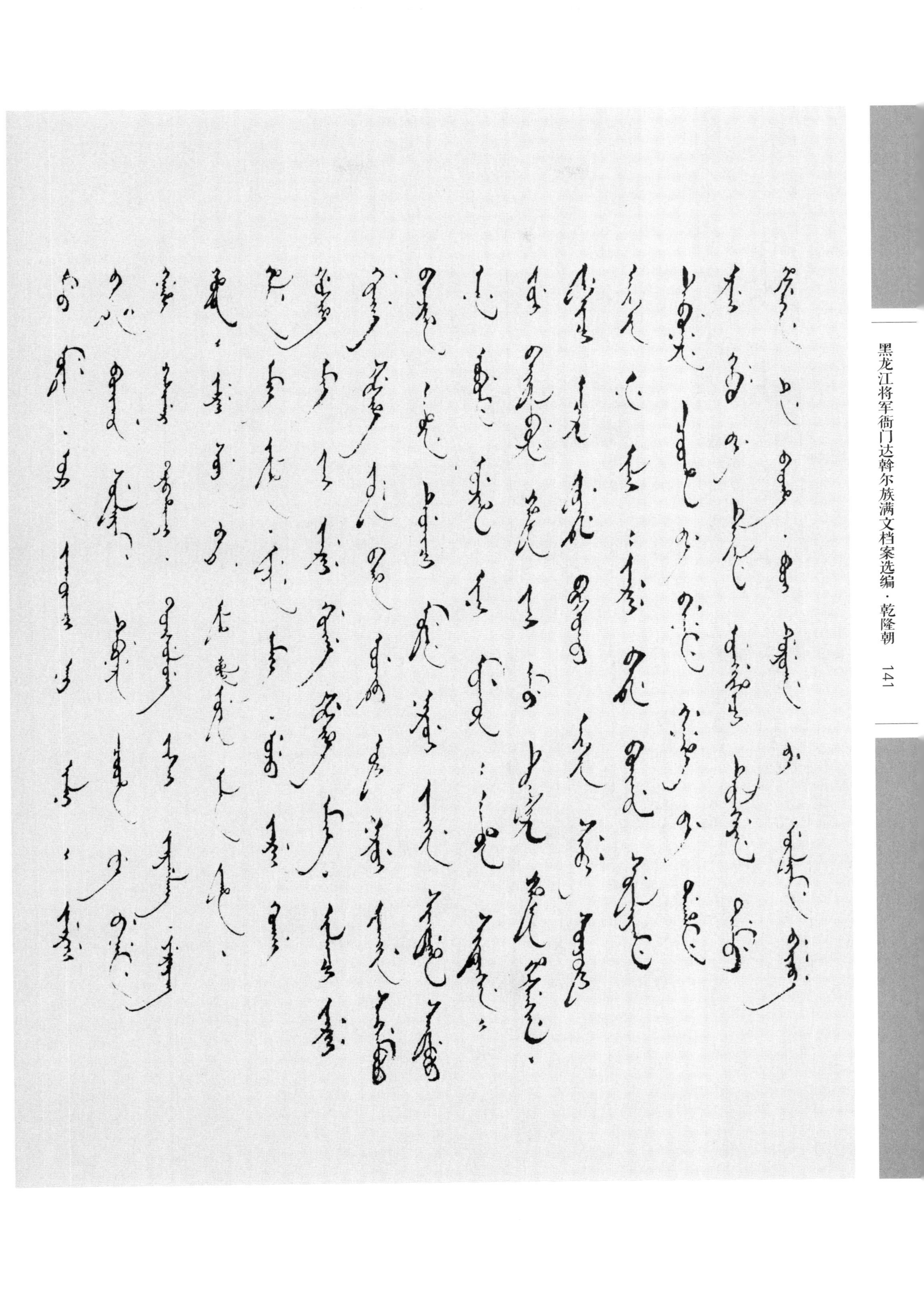

[illegible]

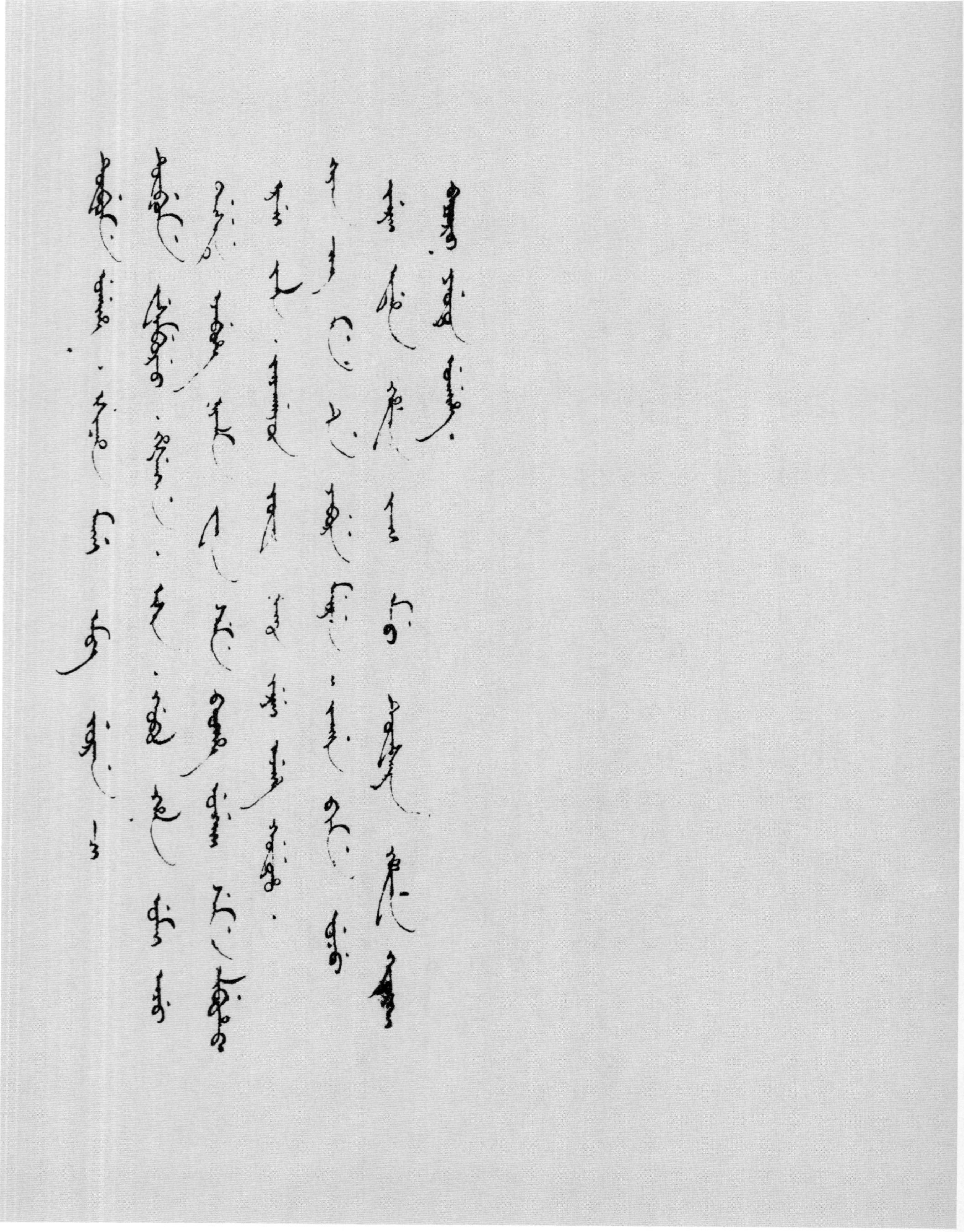

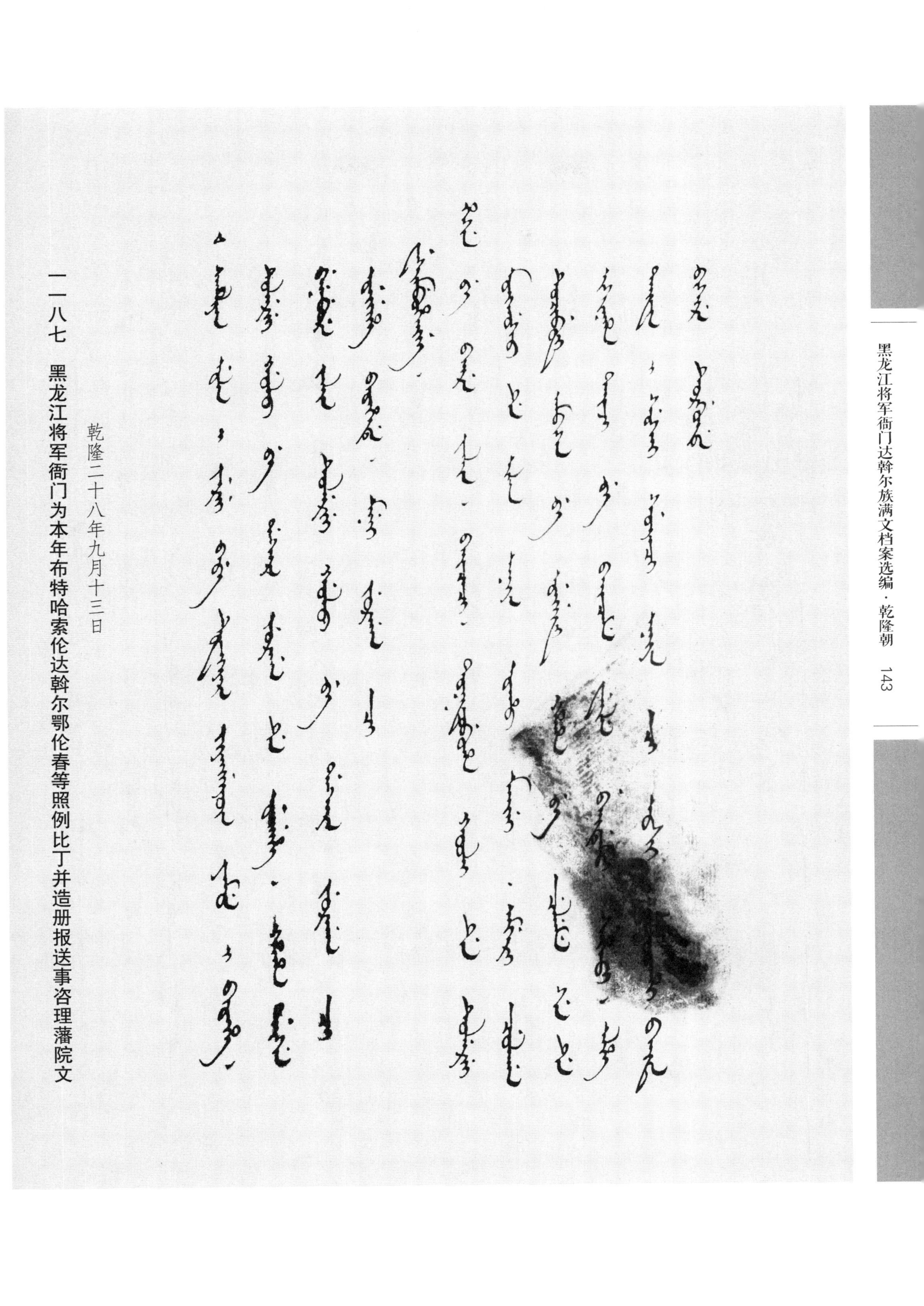

一一八七 黑龙江将军衙门为本年布特哈索伦达斡尔鄂伦春等照例比丁并造册报送事咨理藩院文

乾隆二十八年九月十三日

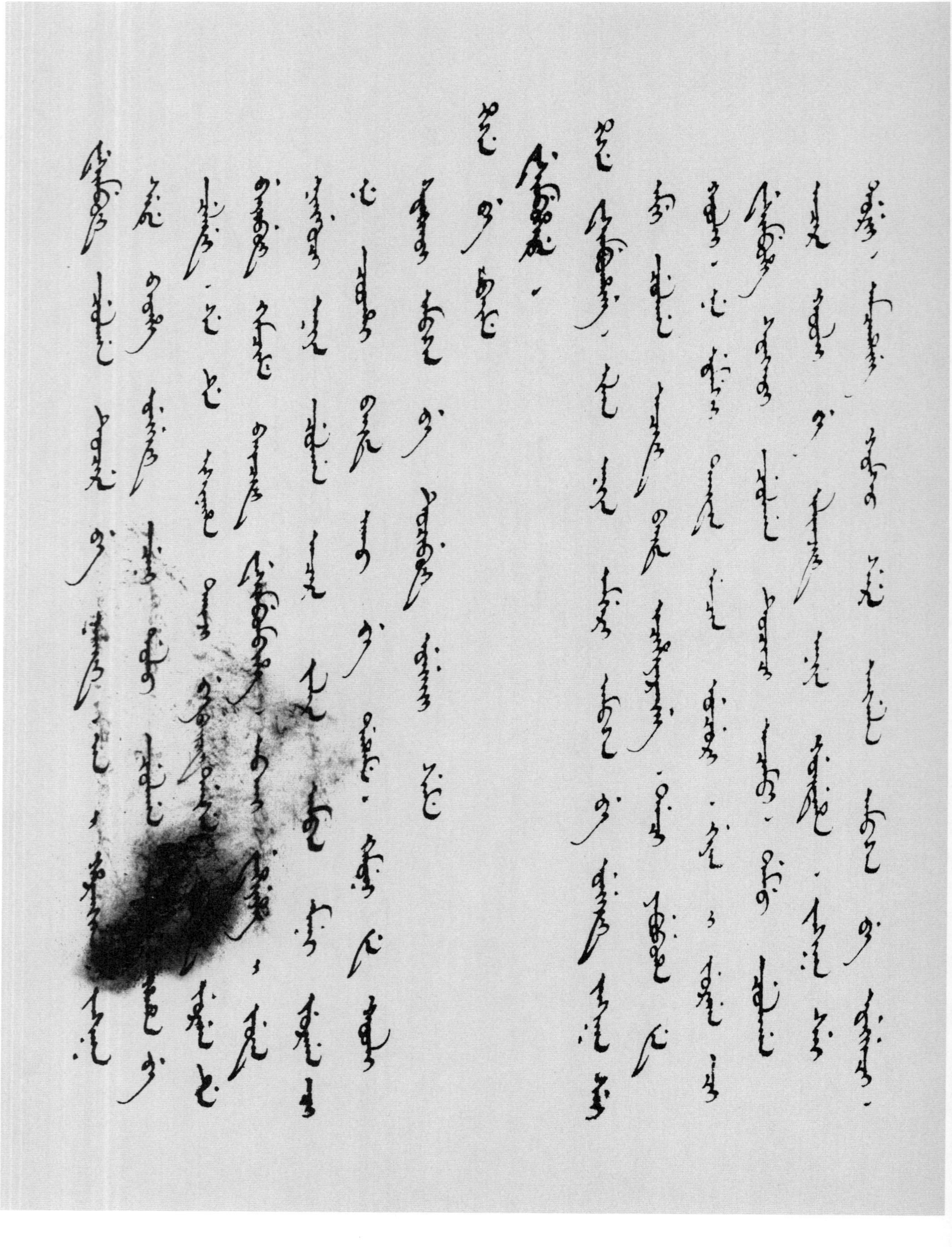

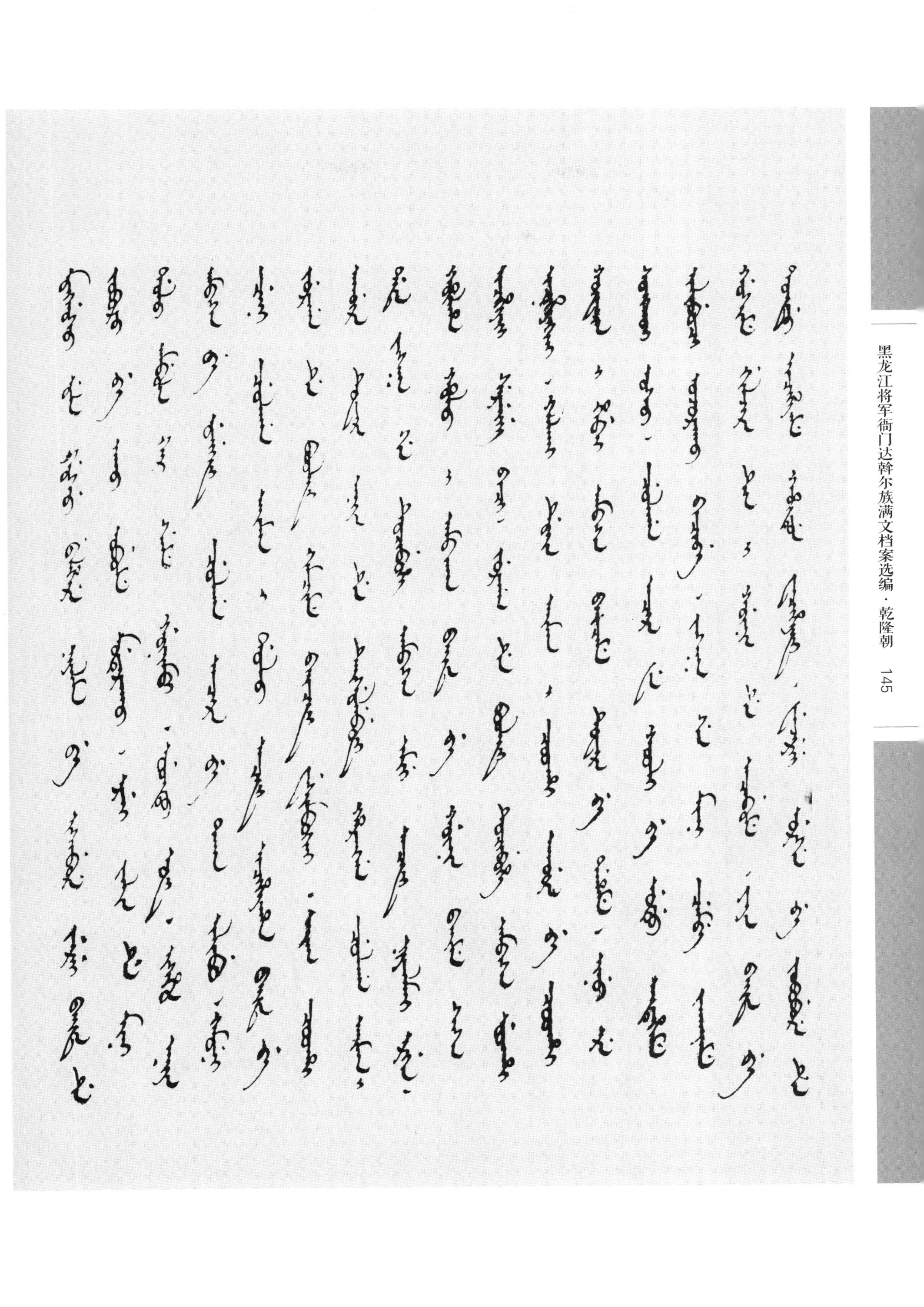

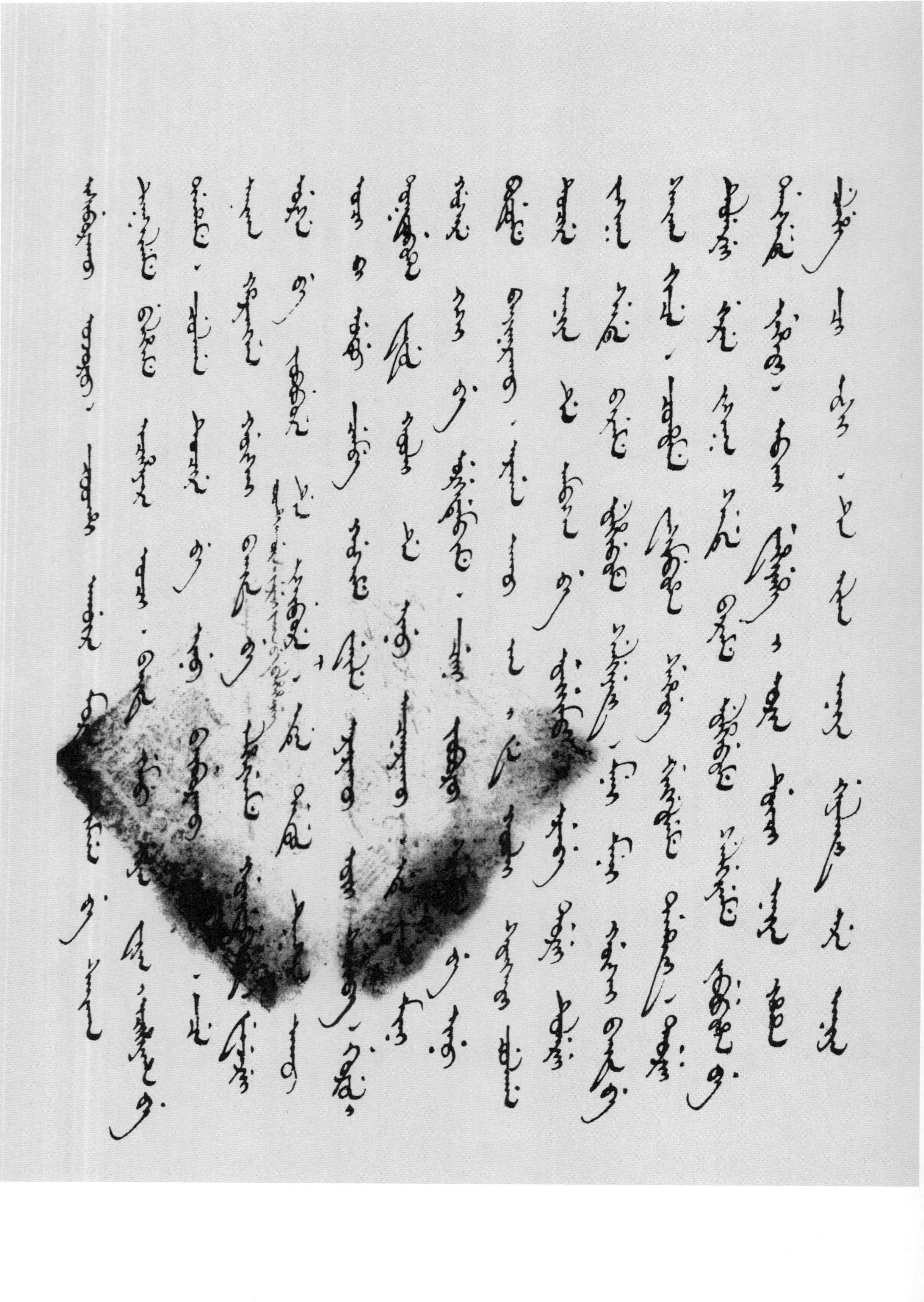

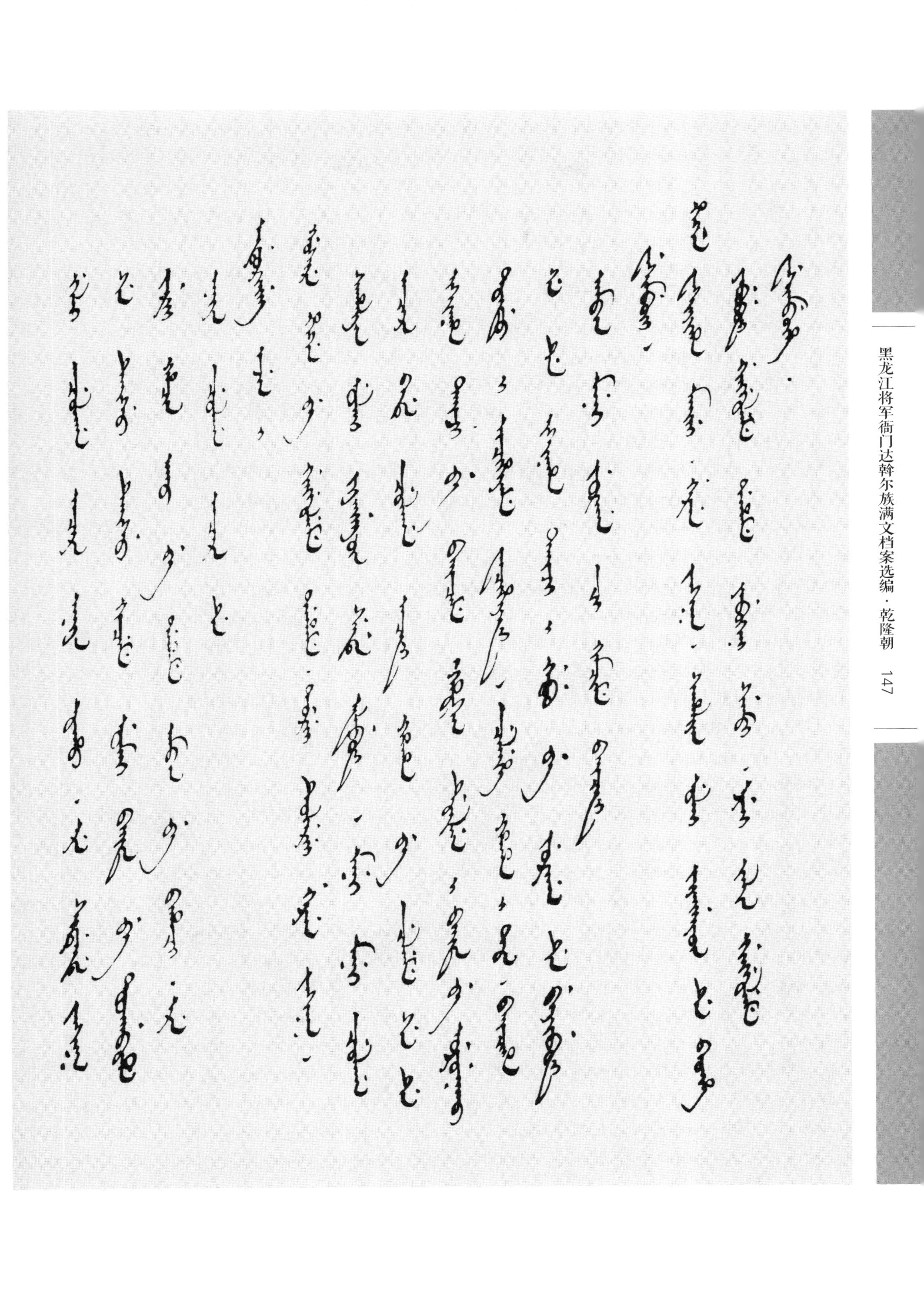

[illegible]

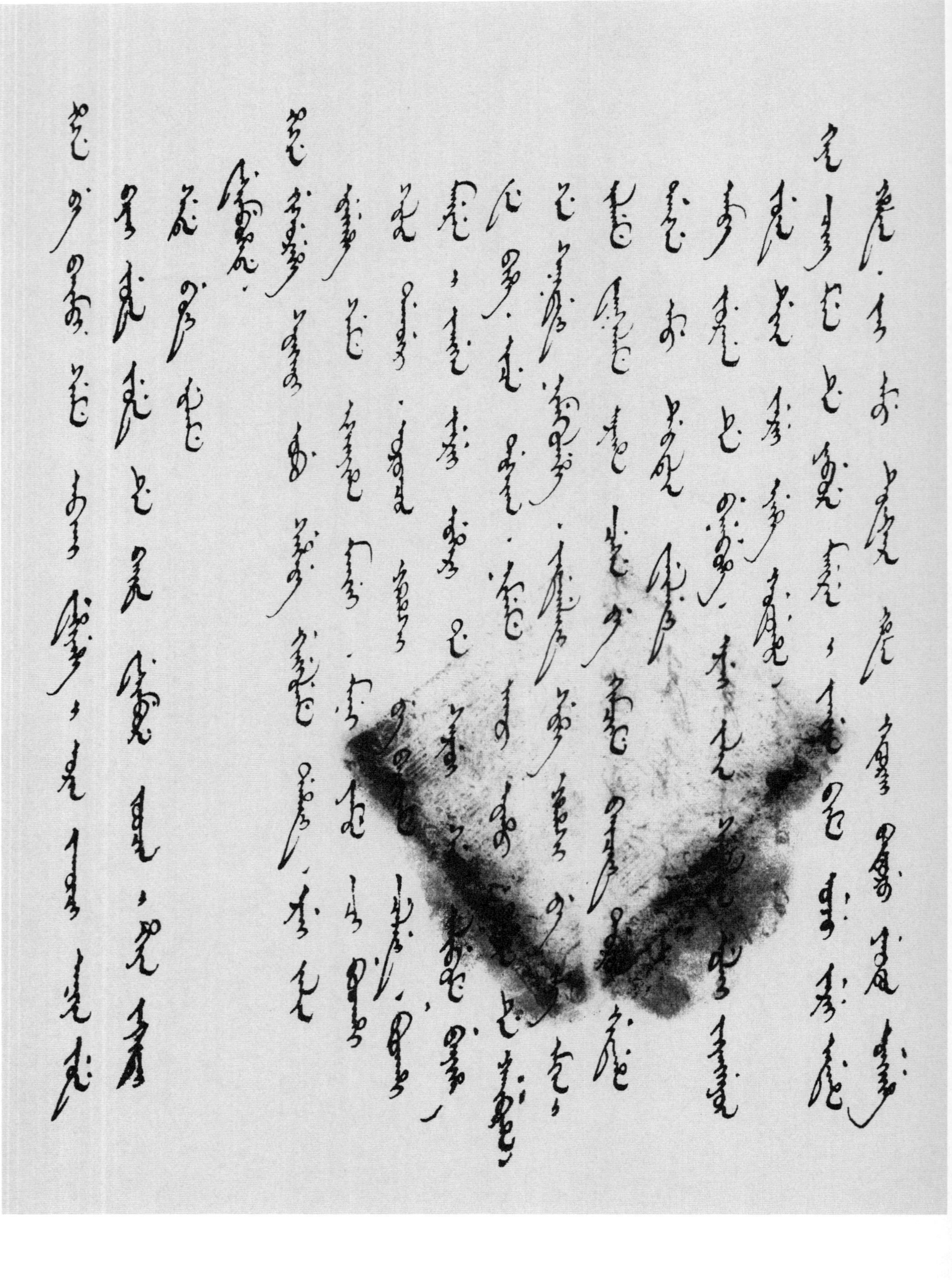

一一八八 黑龙江将军衙门为索伦达斡尔笔帖式期满允准选放骁骑校事札署布特哈索伦达斡尔总管托恩济勒图文

乾隆二十八年十一月二十八日

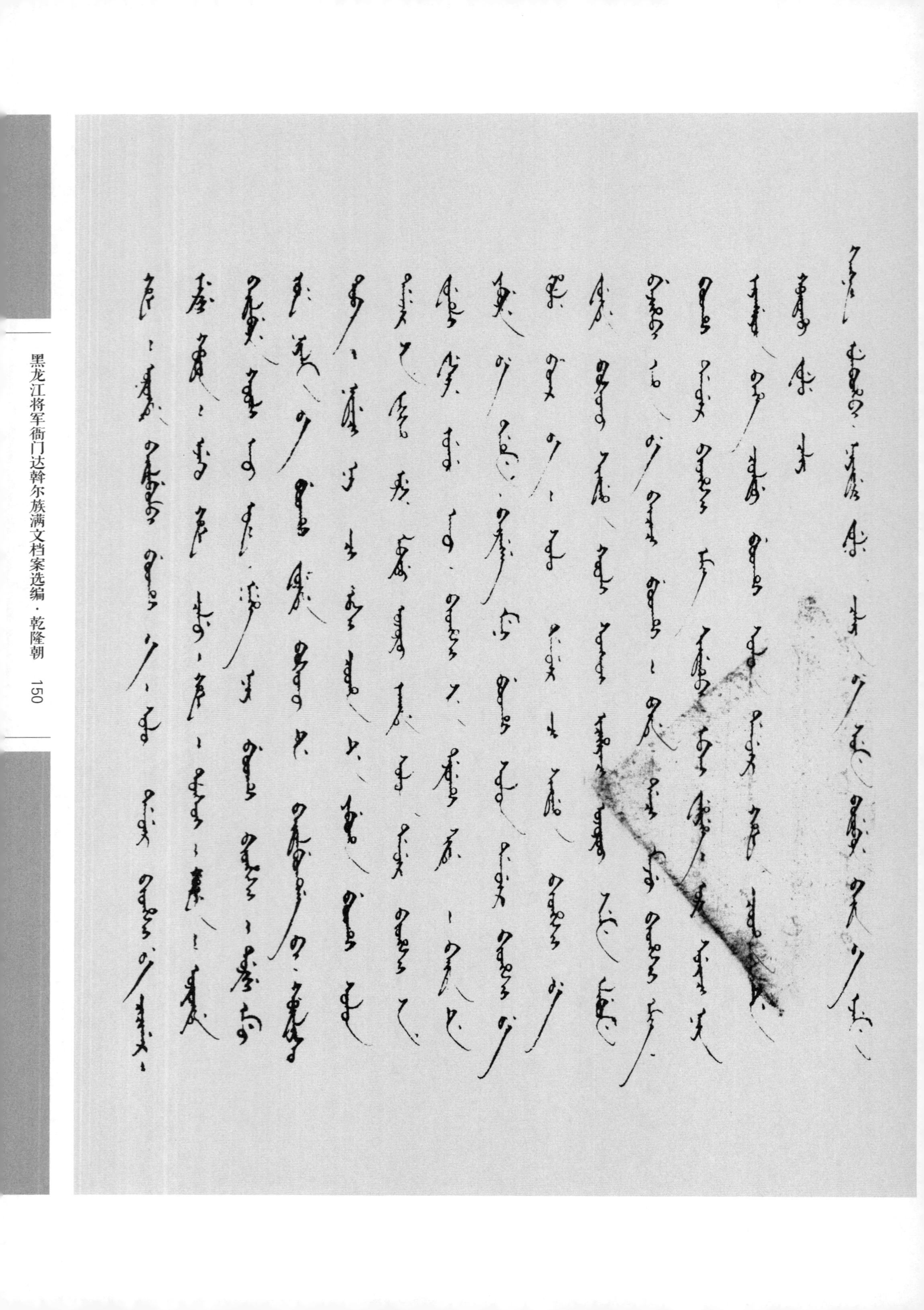

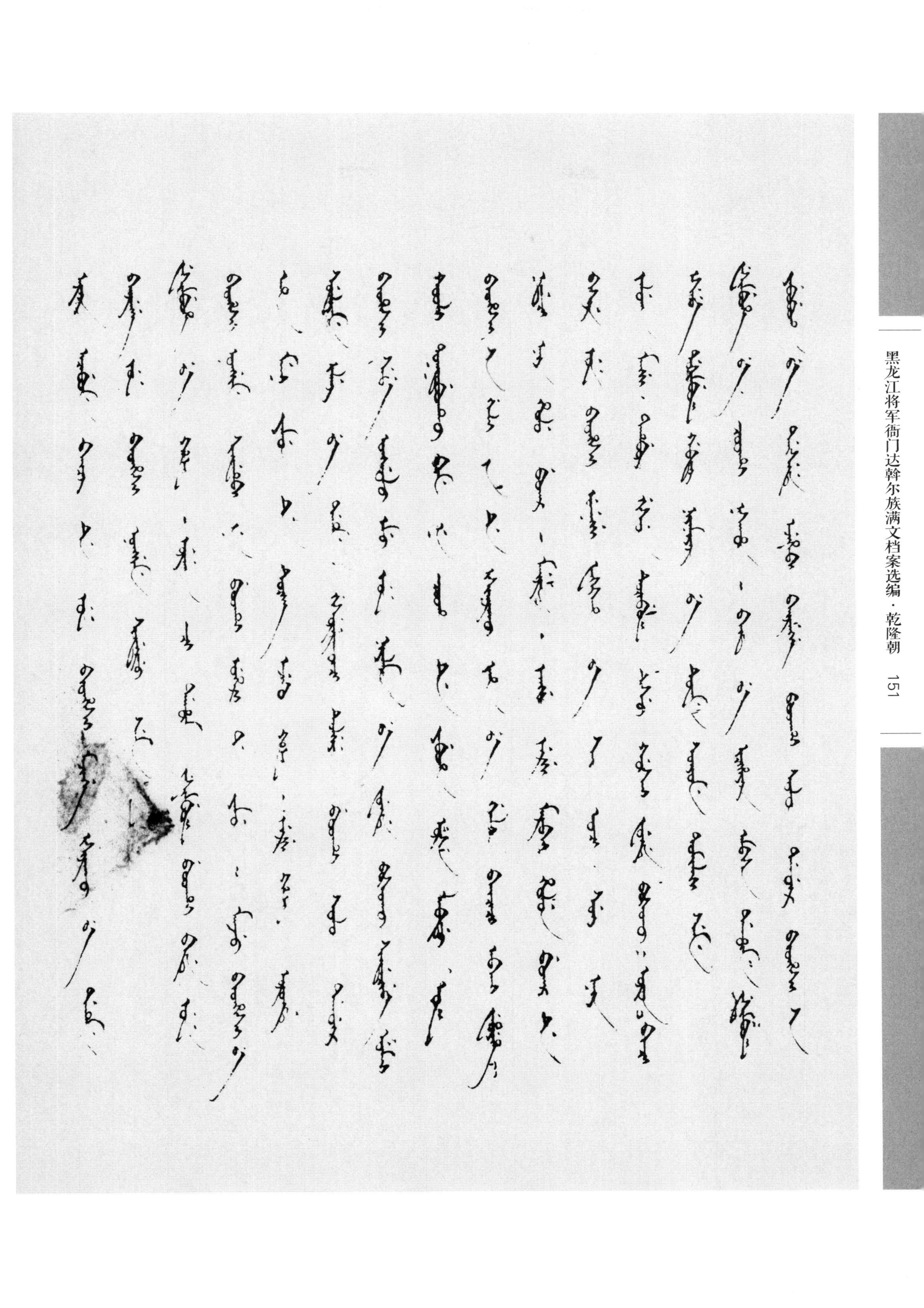

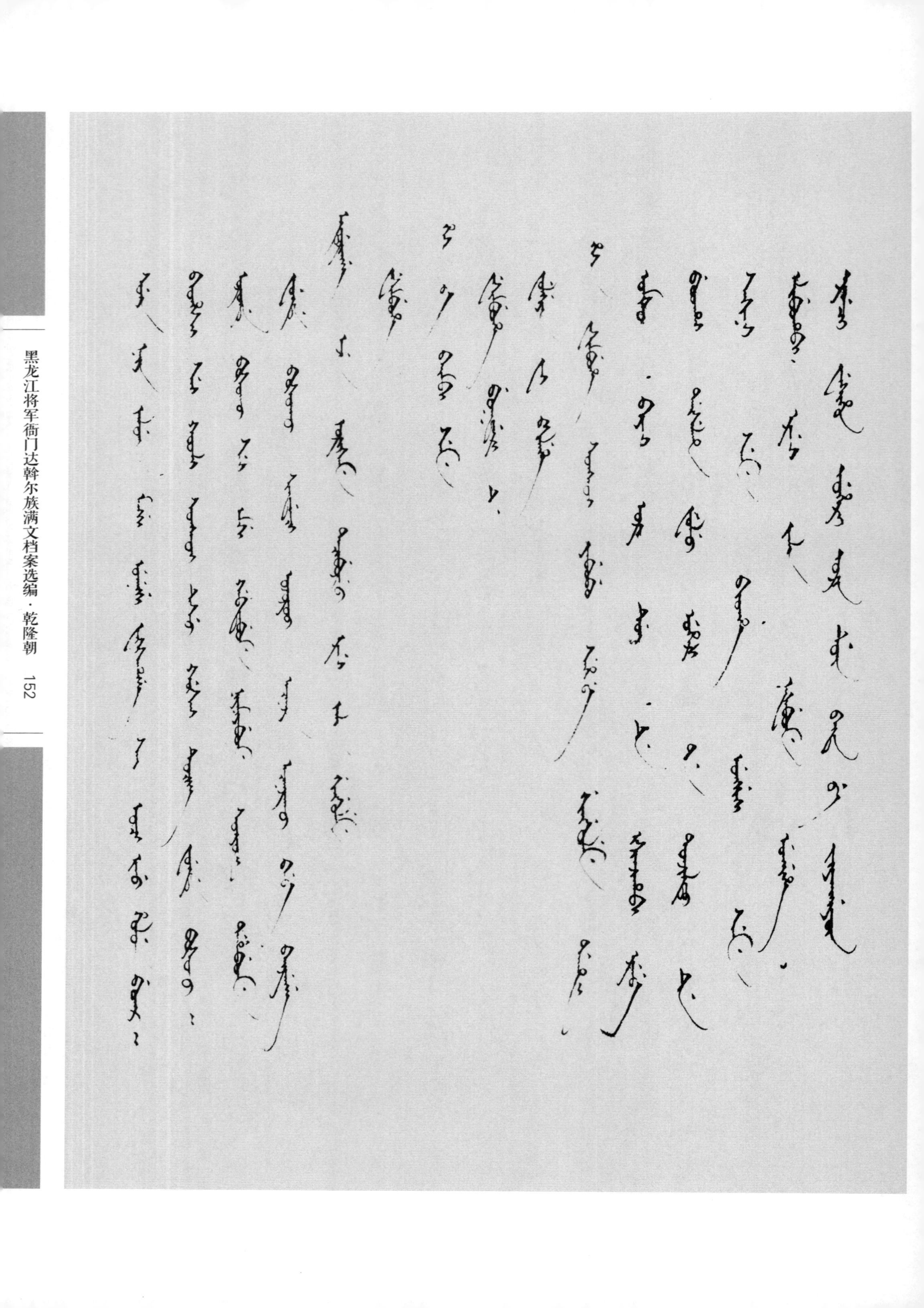

[illegible]

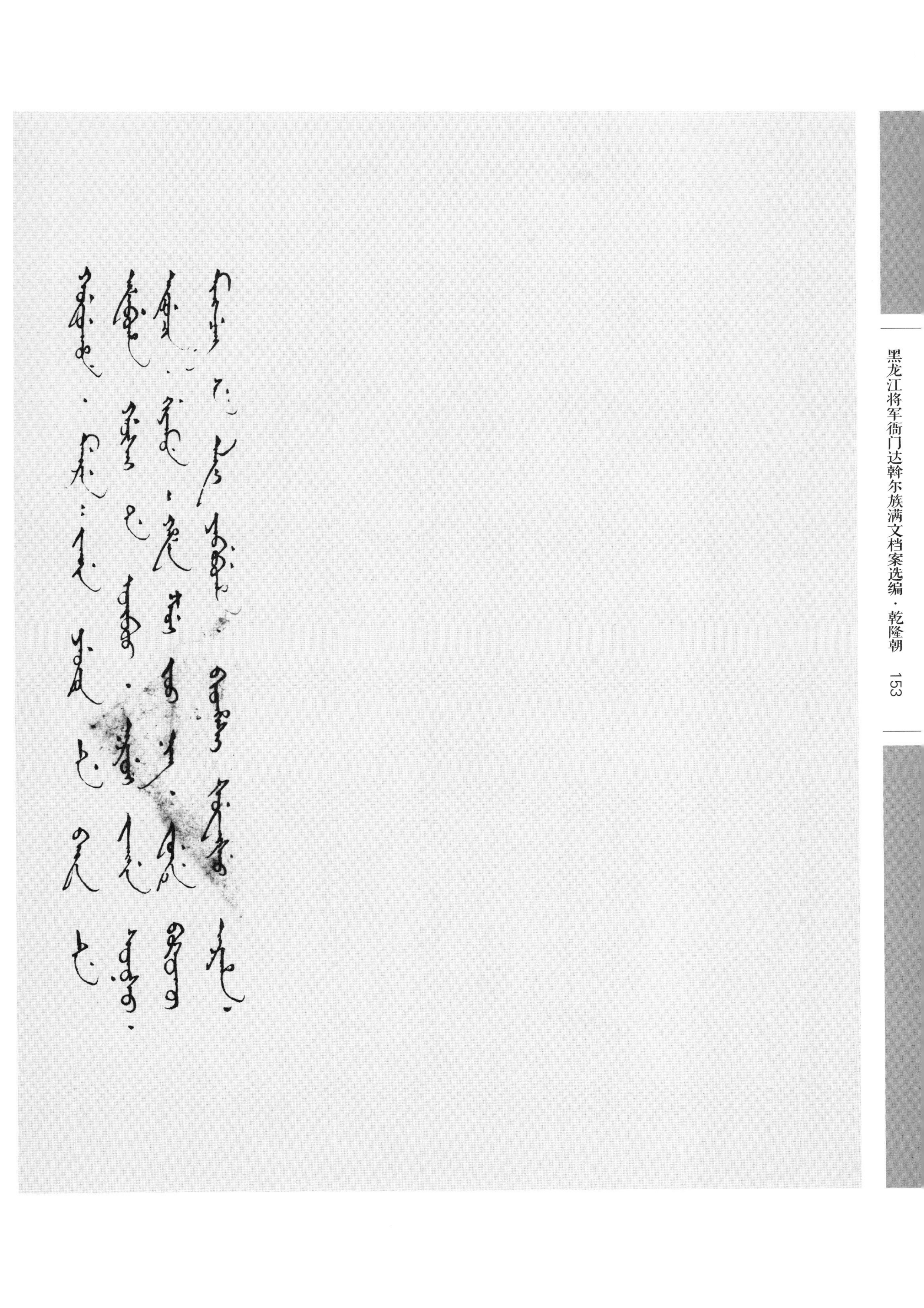

[illegible]

一一八九 兵部为复行查明出征阵亡满洲索伦达斡尔官兵姓名并造册送部事咨黑龙江将军文（附名单一件）

乾隆二十八年十二月初七日

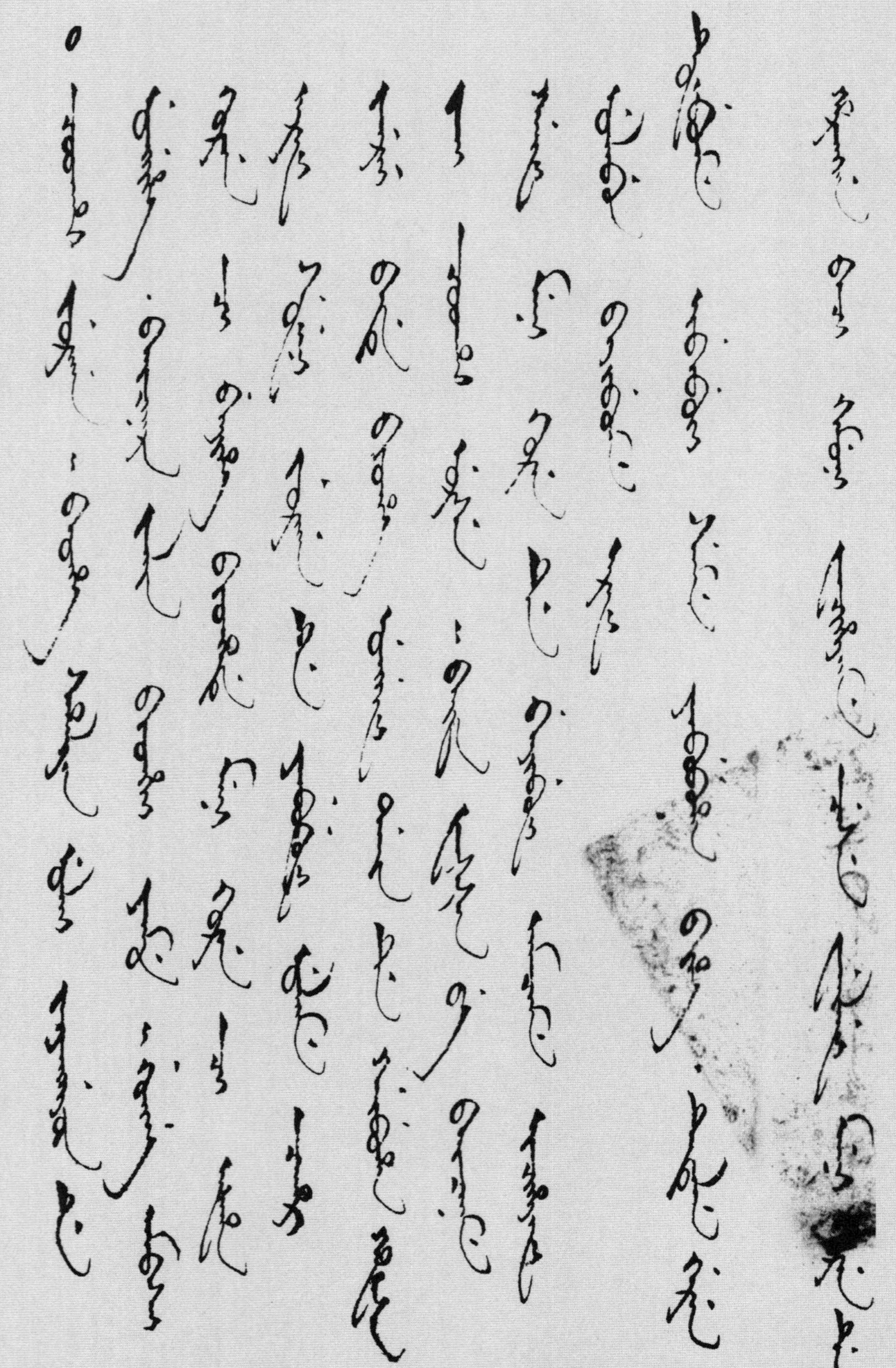

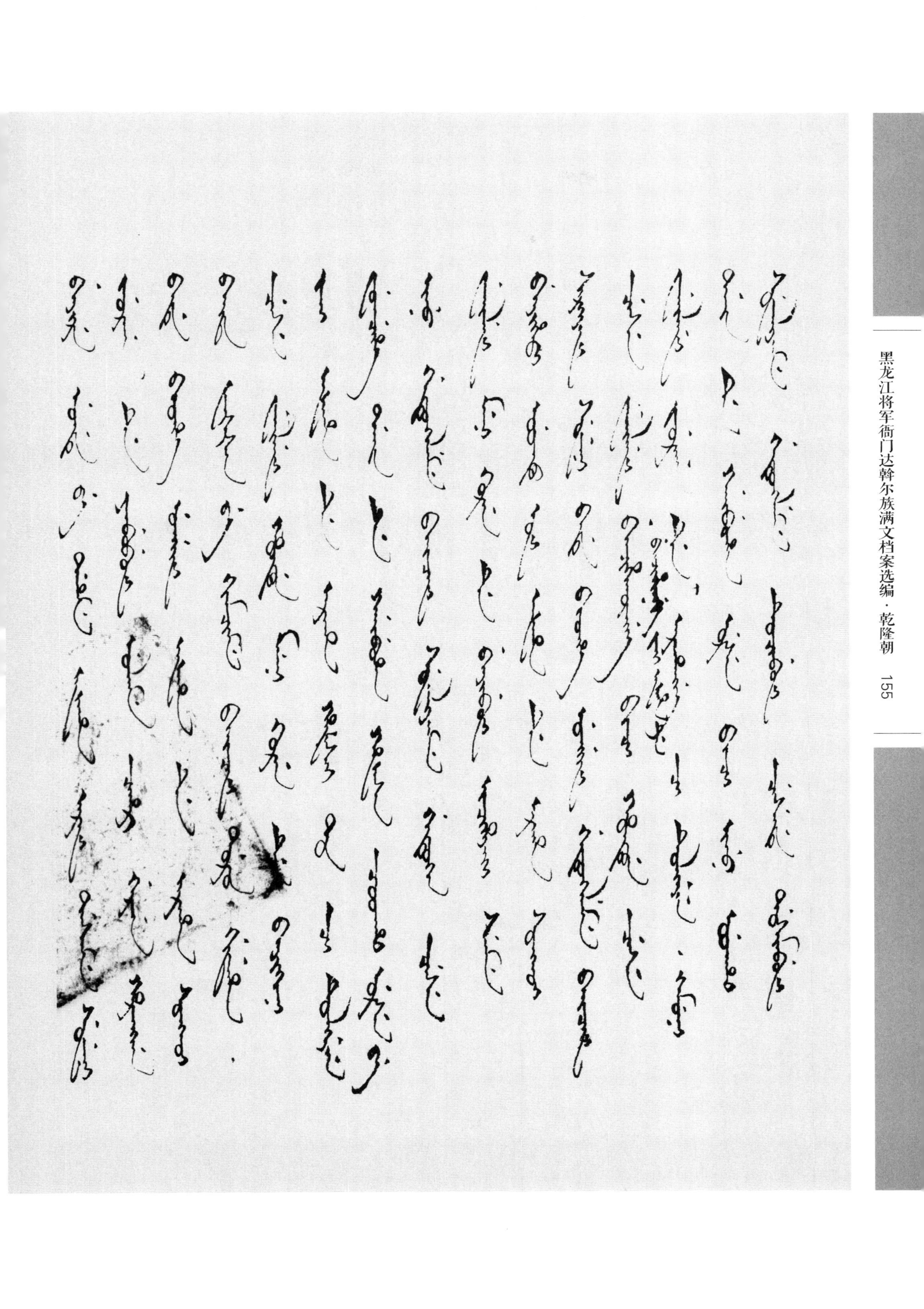

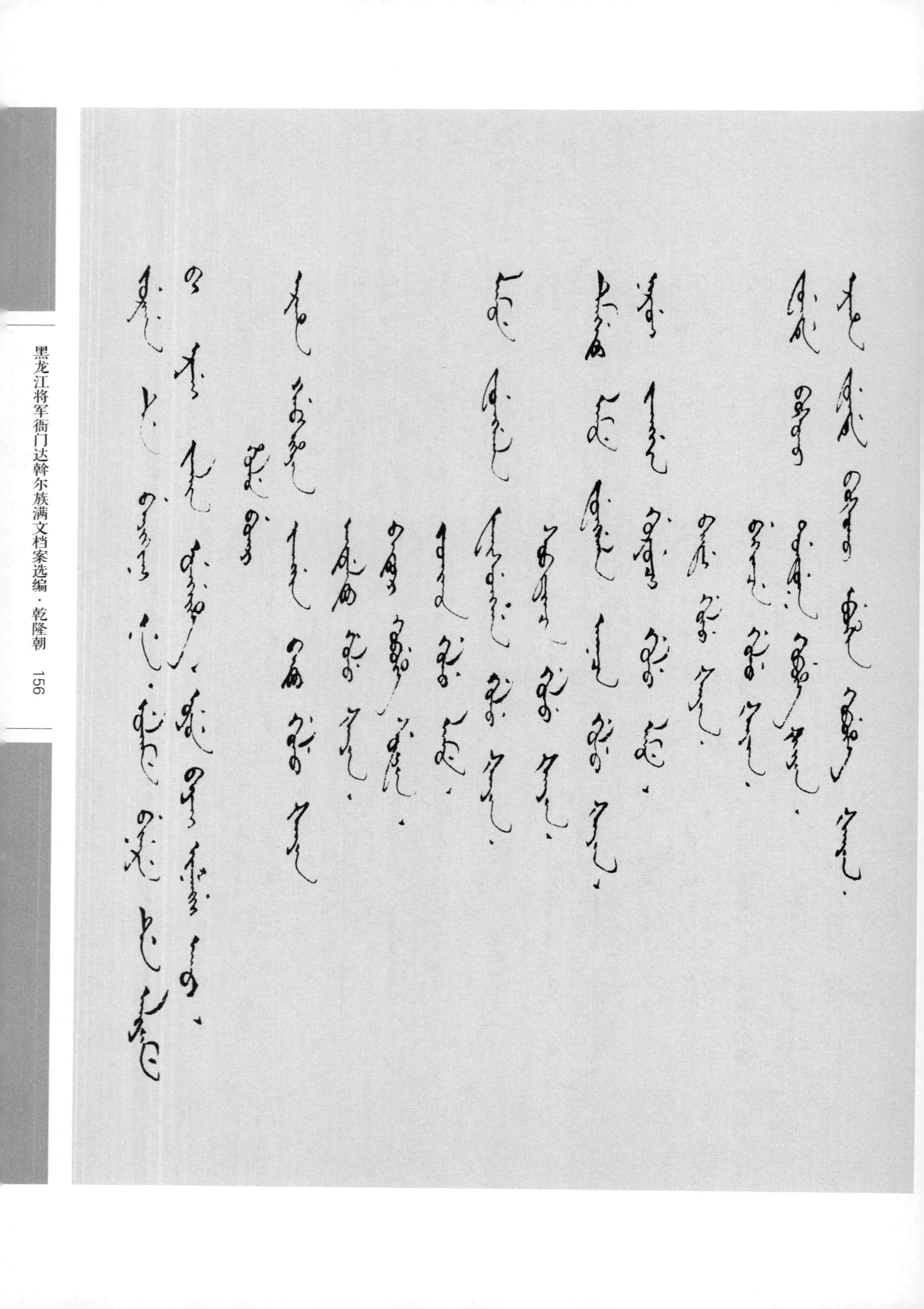

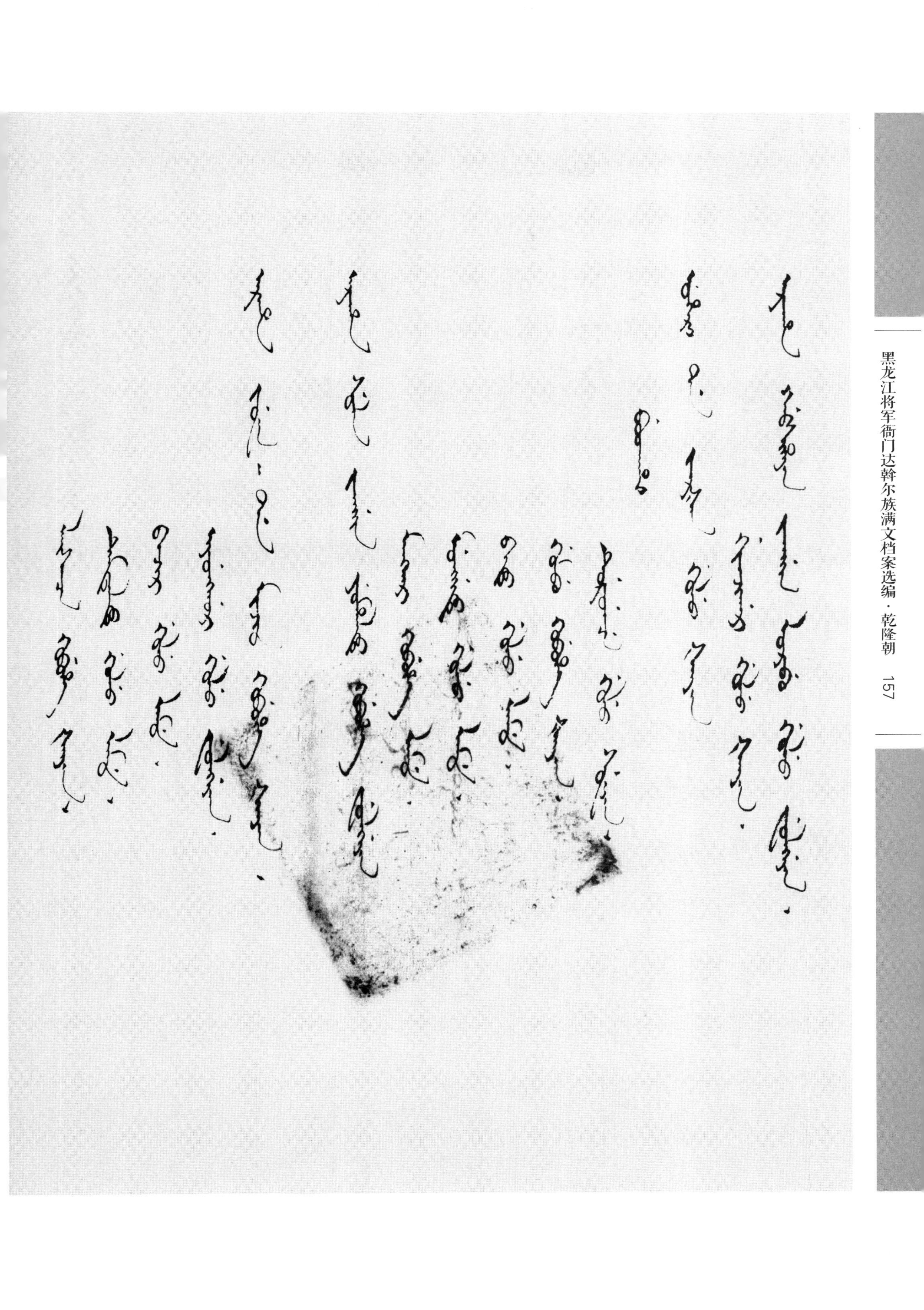

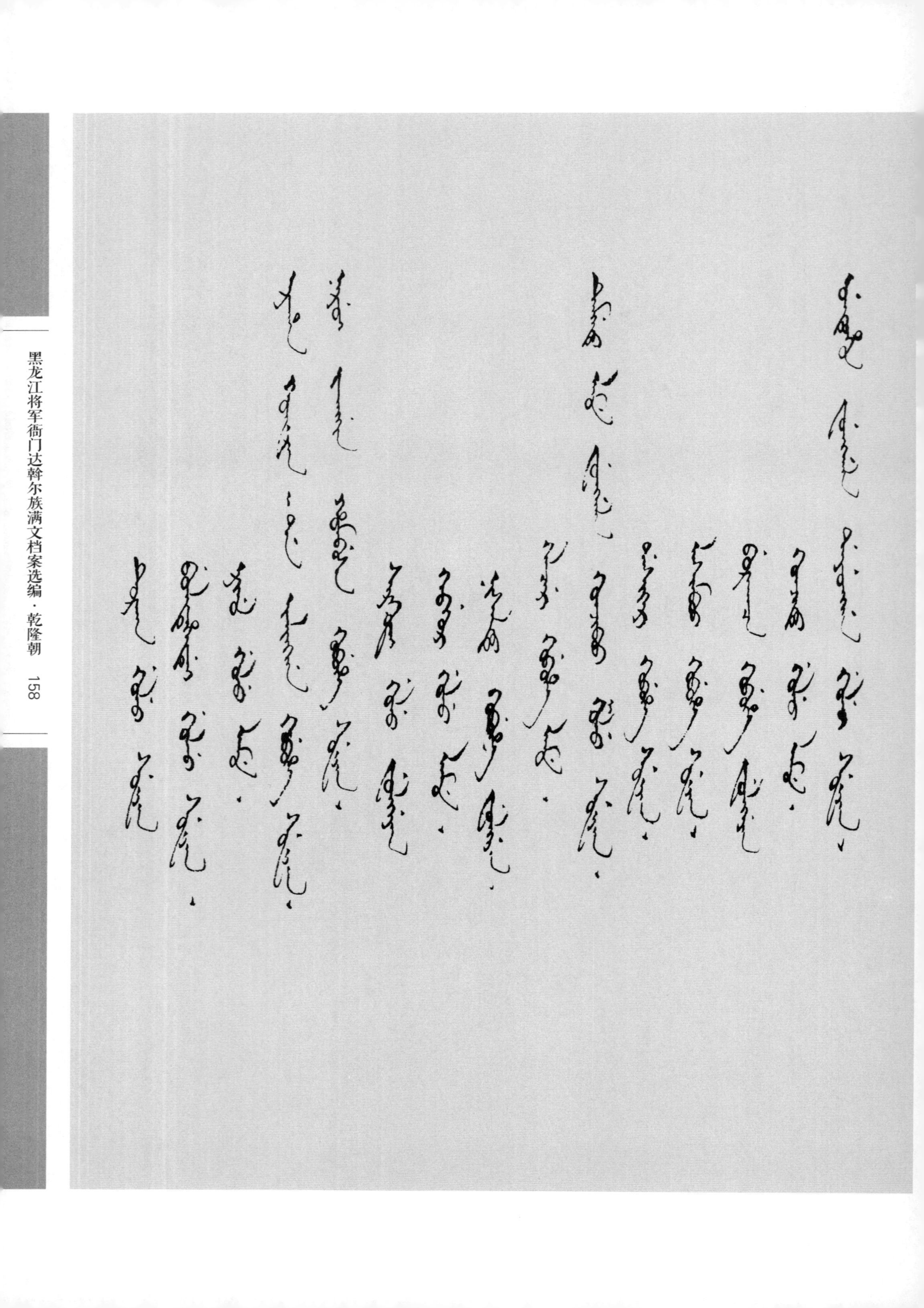

[illegible]

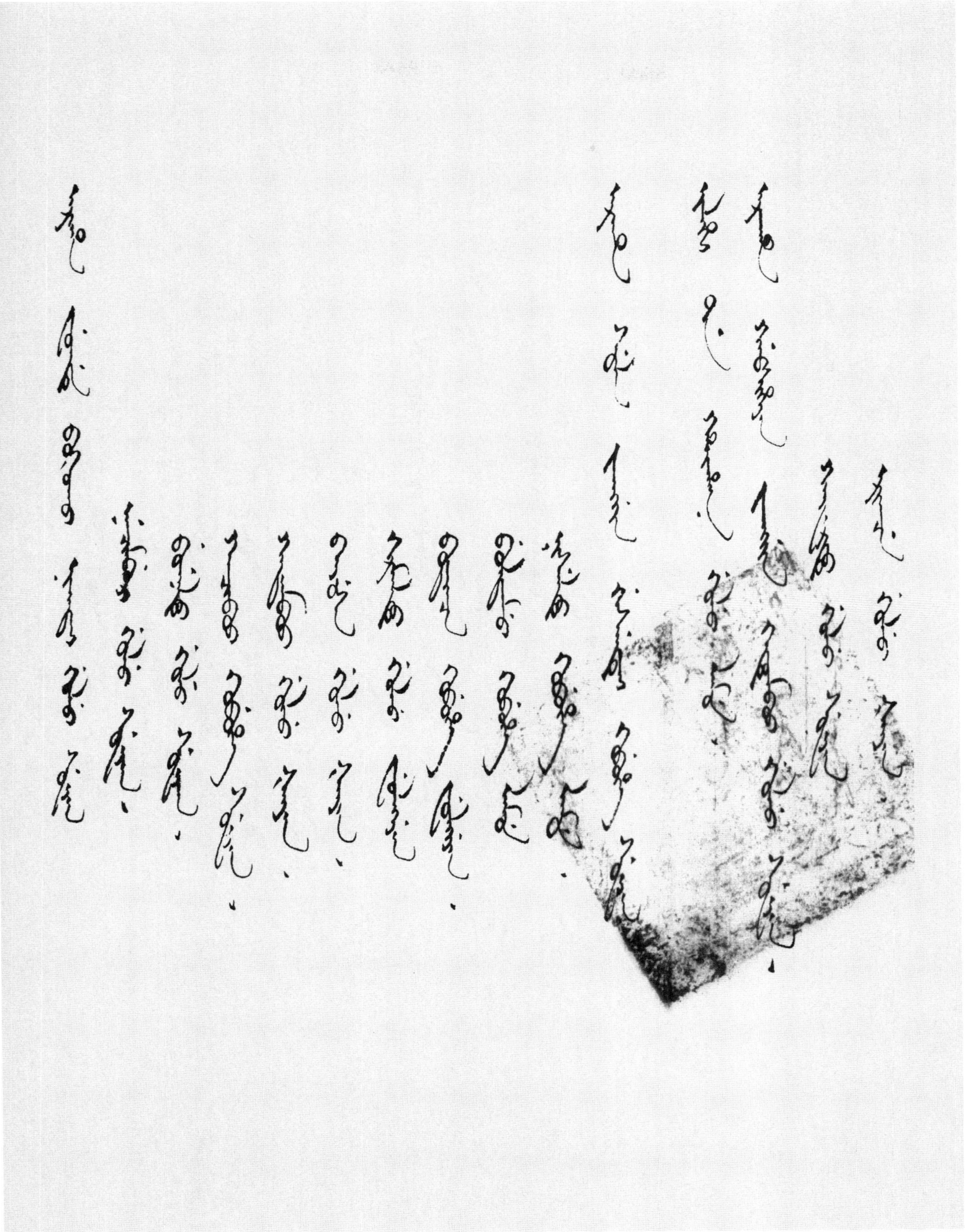

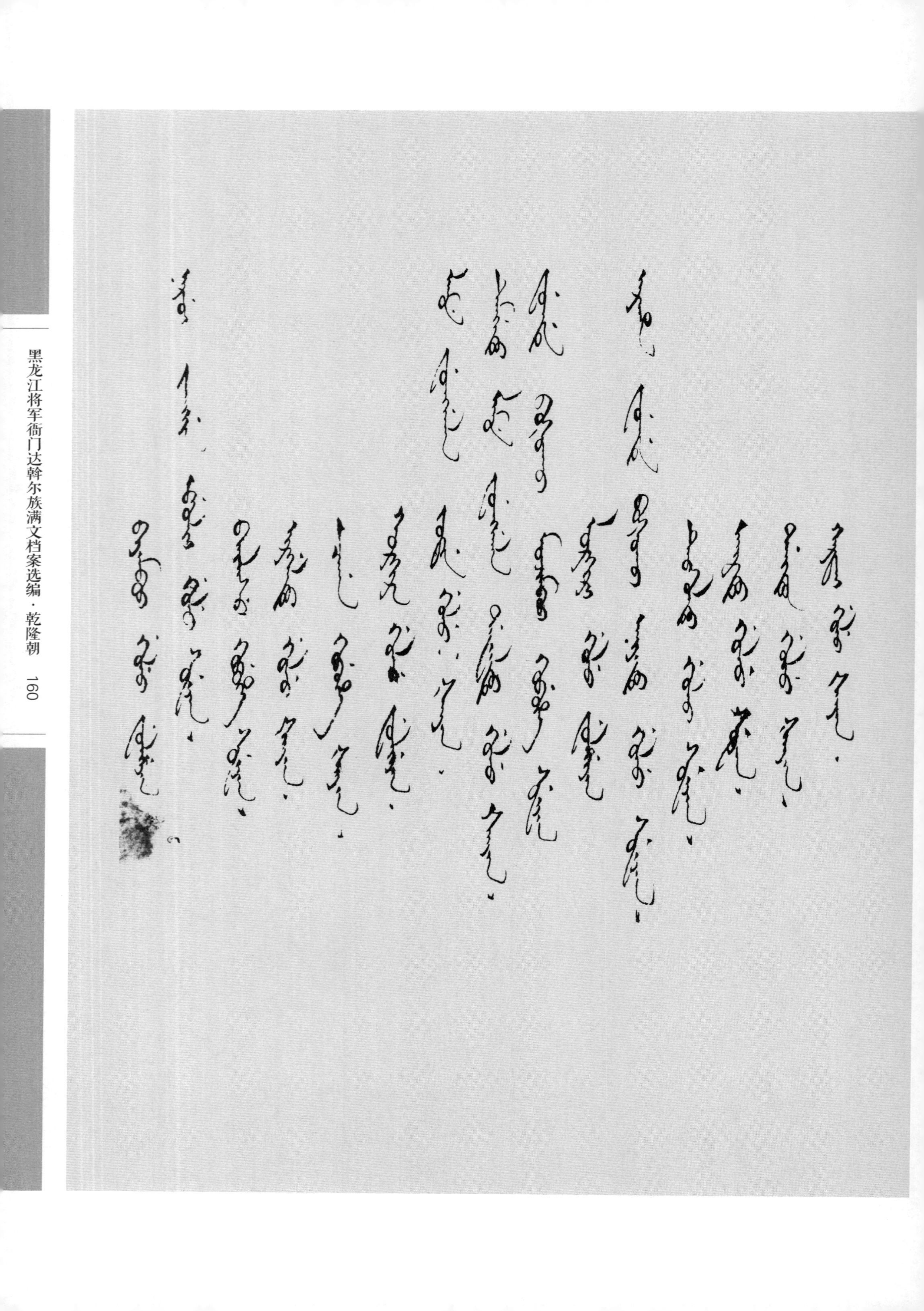

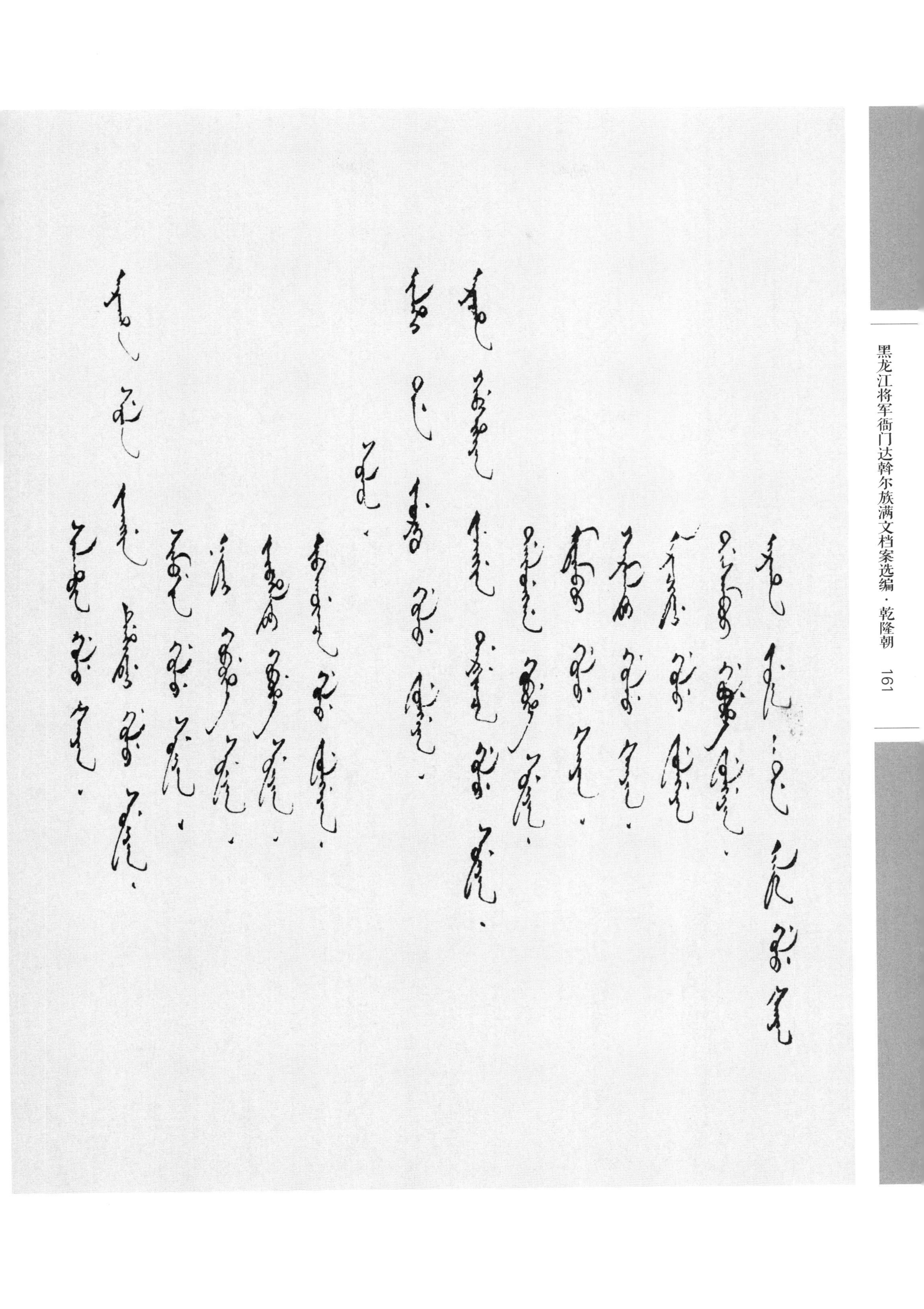

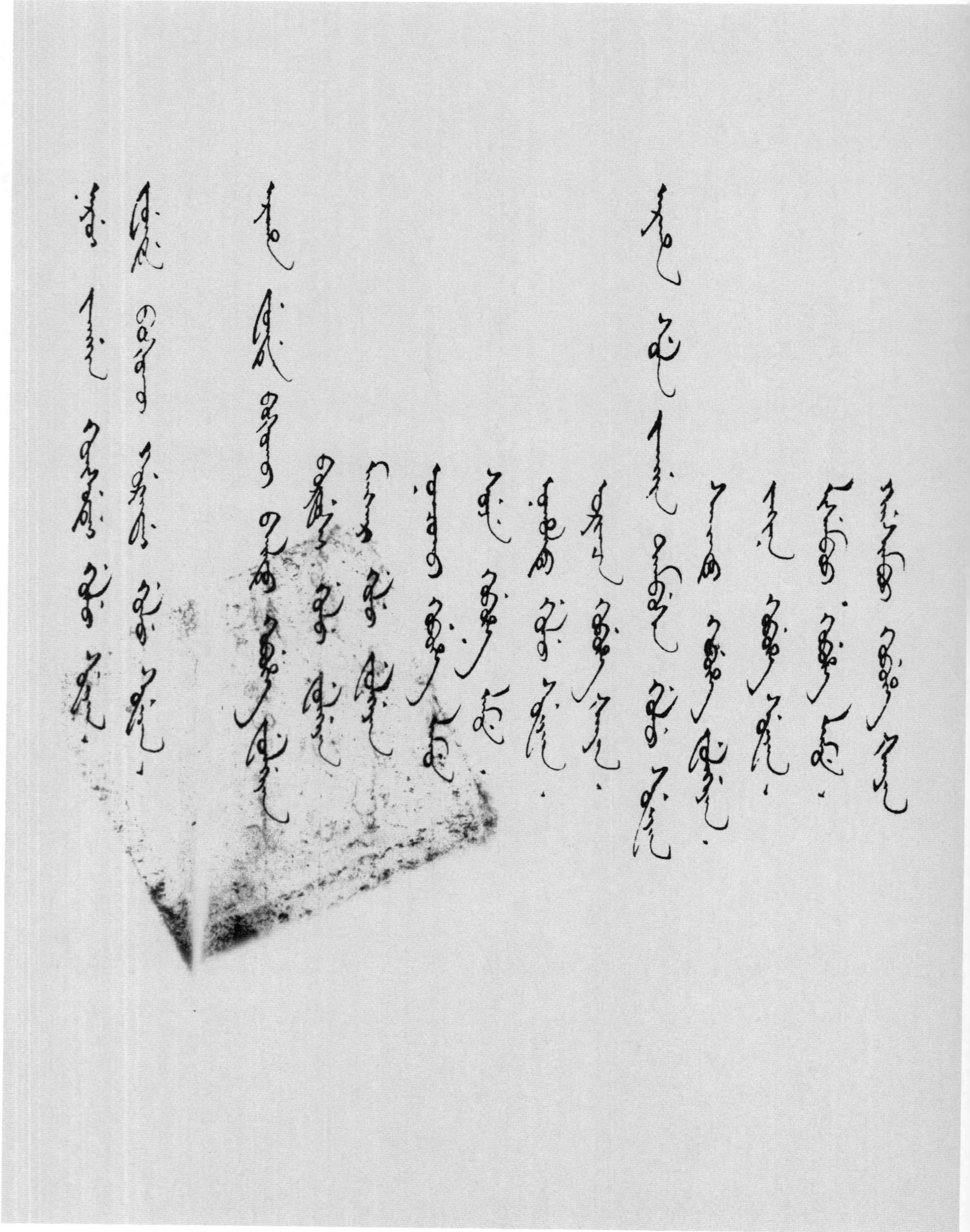

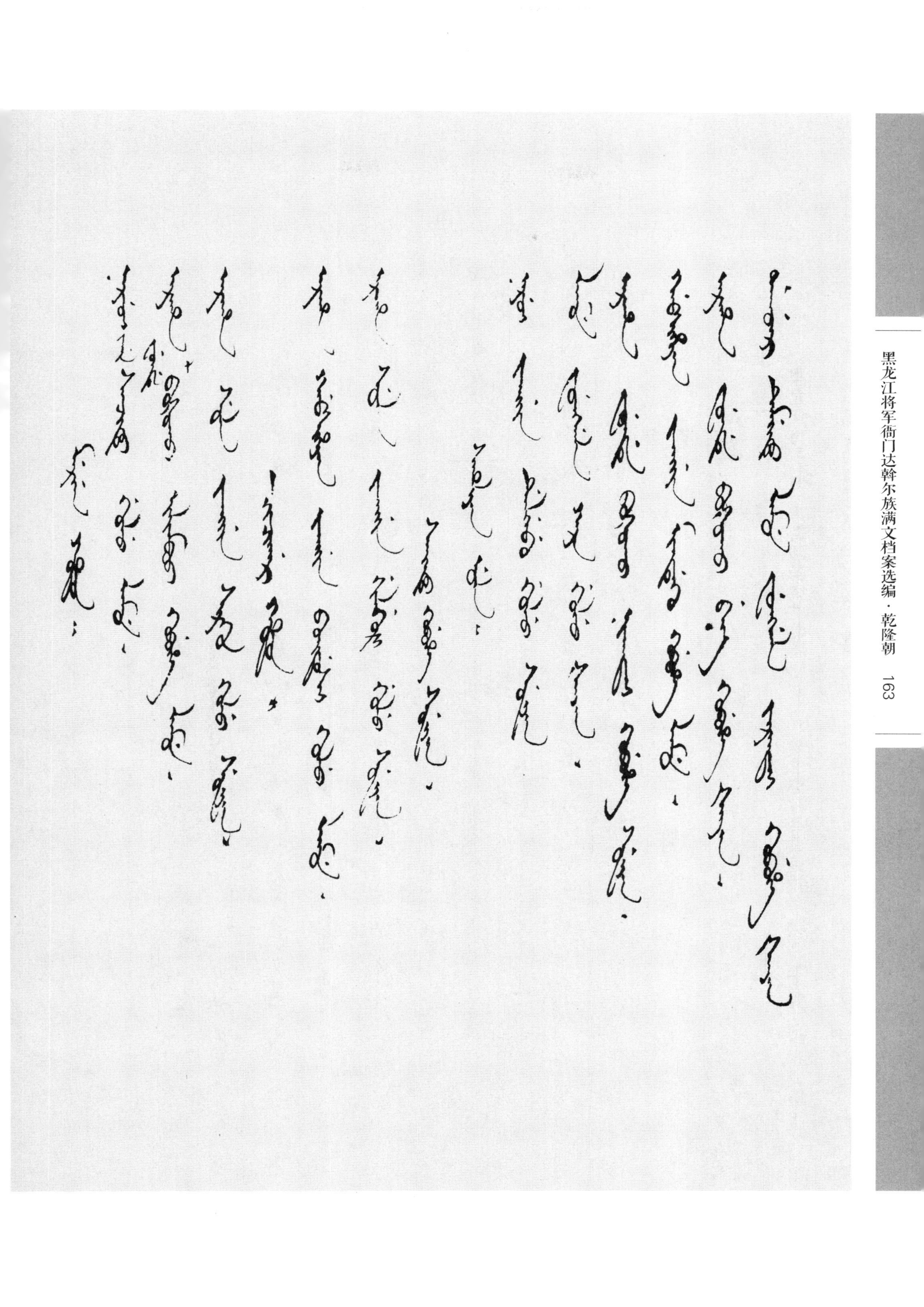

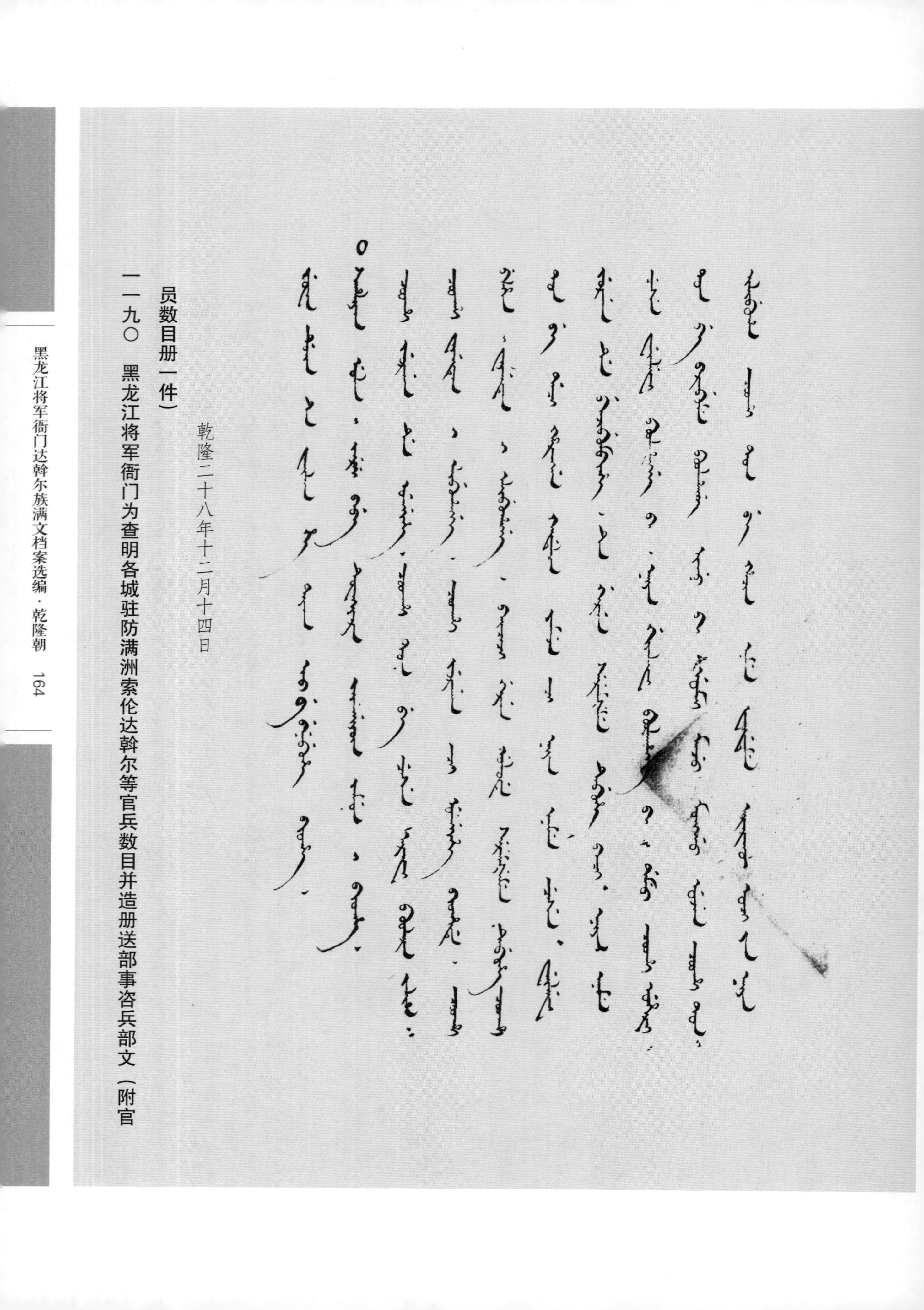

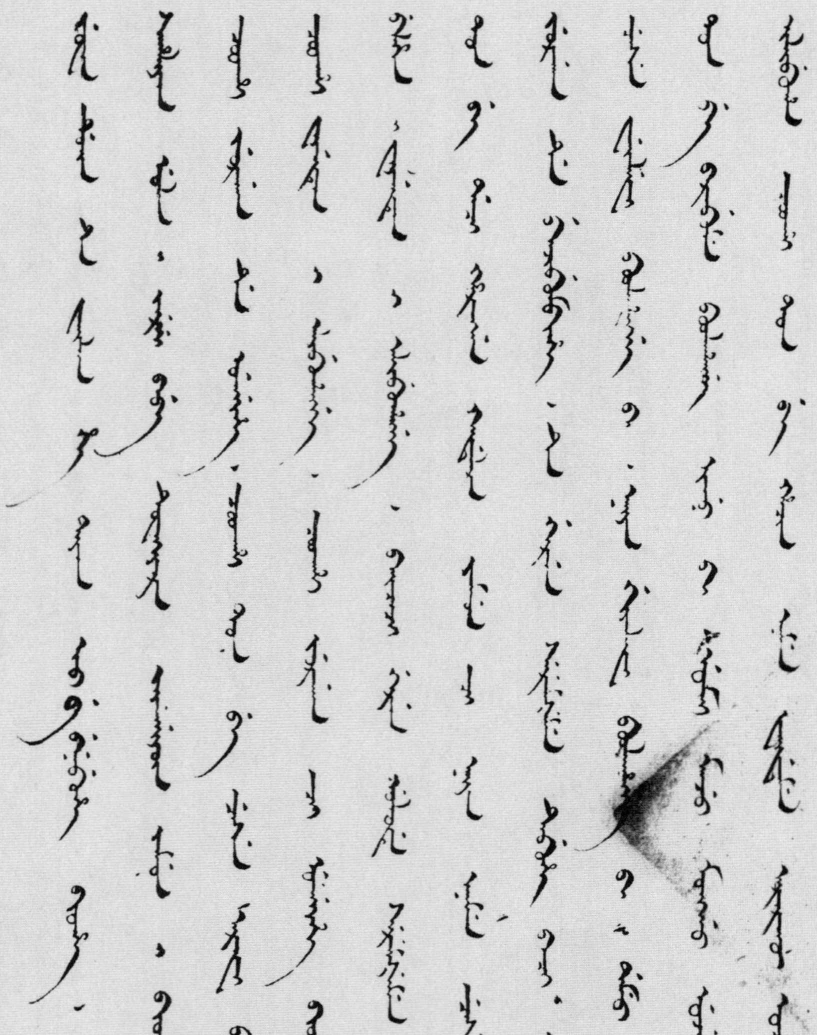

乾隆二十八年十二月十四日

一一九〇　黑龙江将军衙门为查明各城驻防满洲索伦达斡尔等官兵数目并造册送部事咨兵部文（附官员数目册一件）

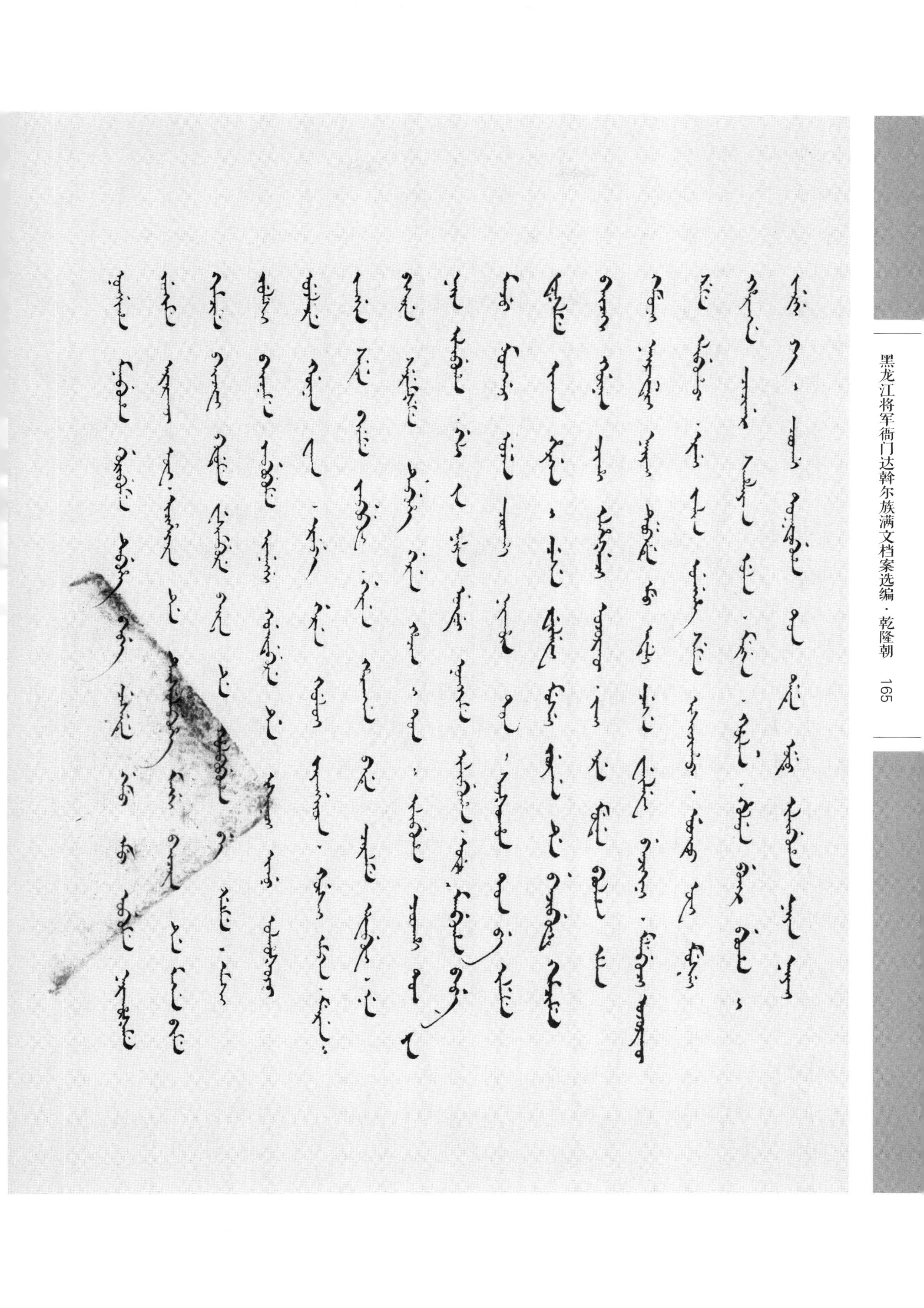

[illegible]

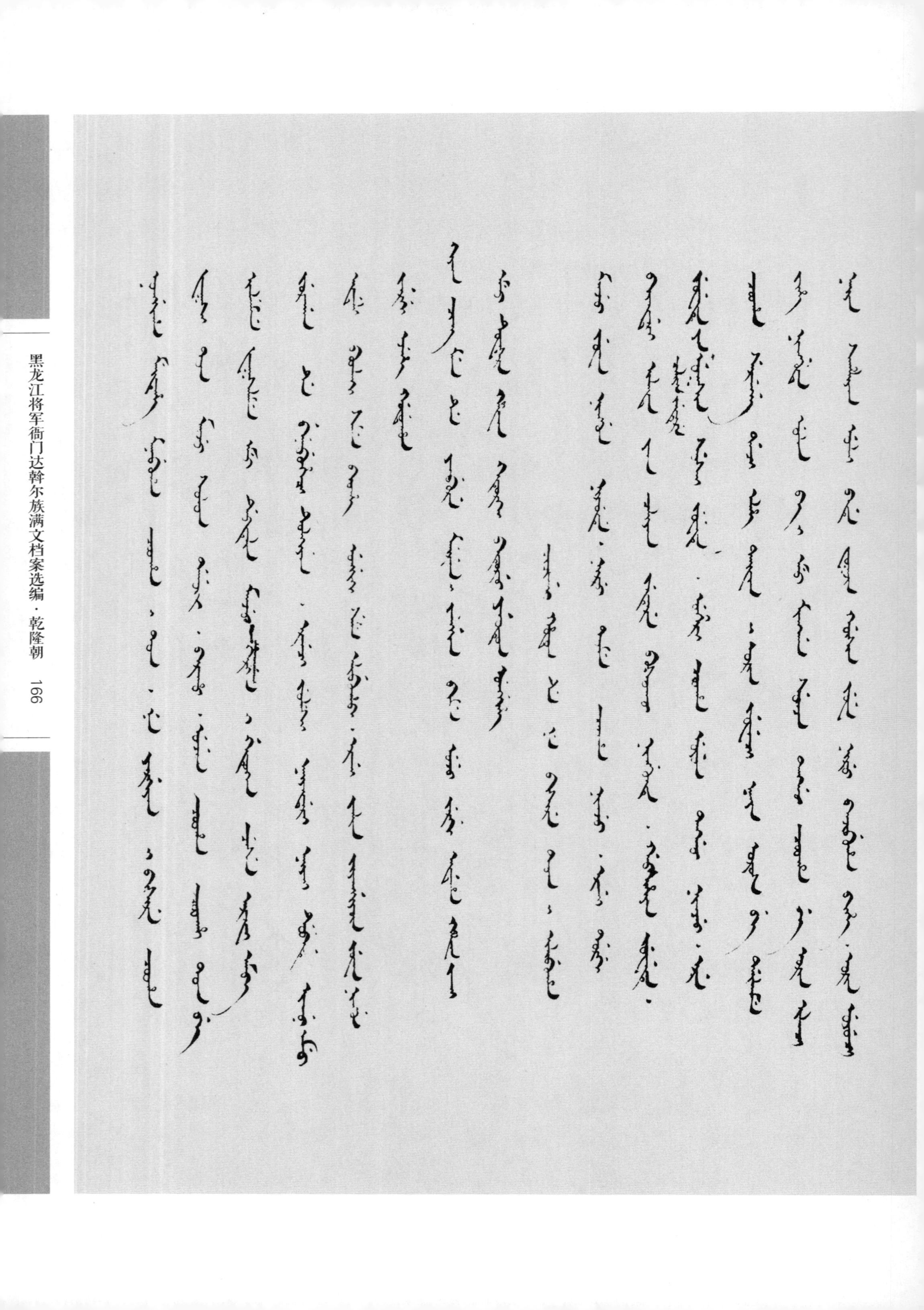

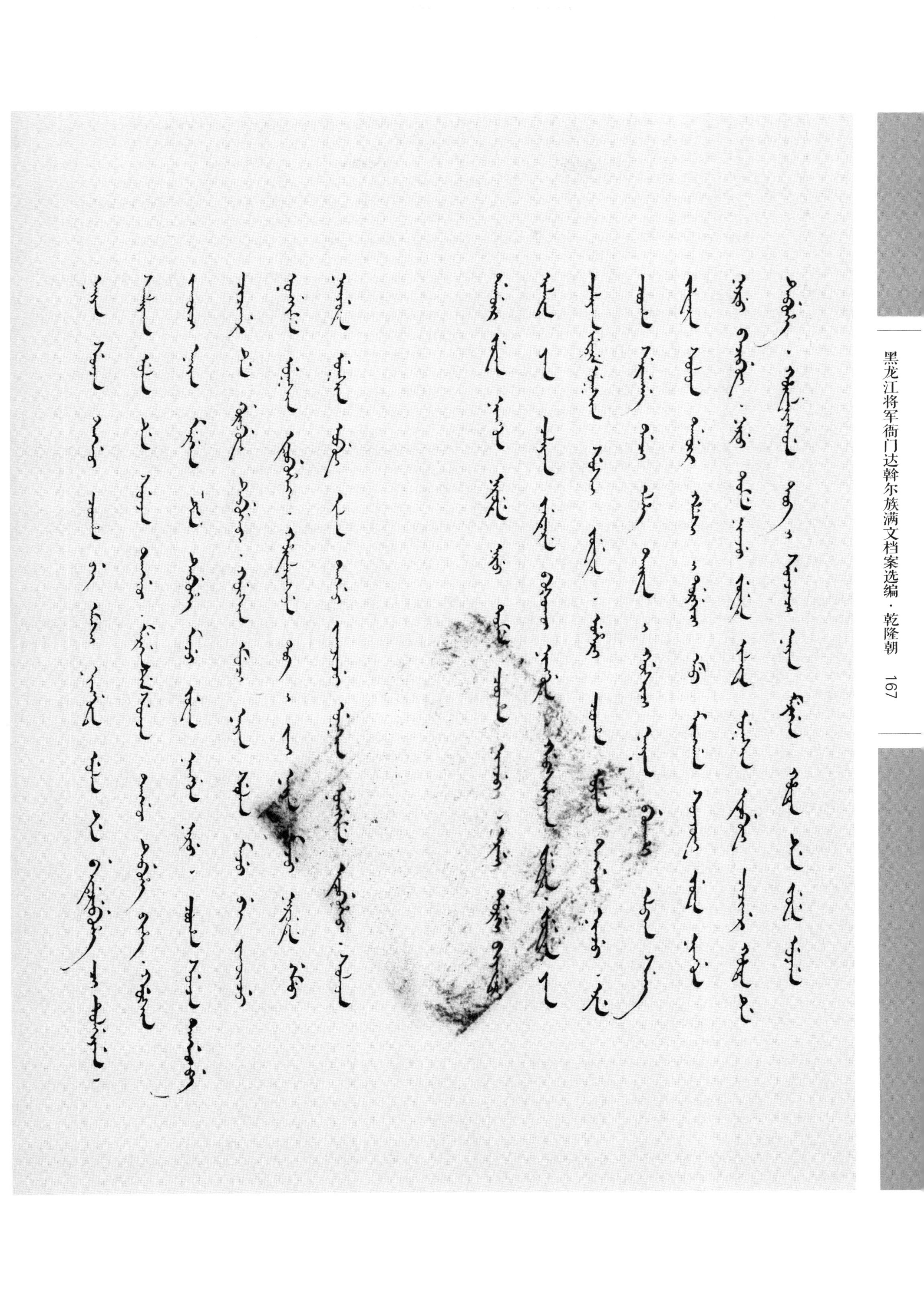

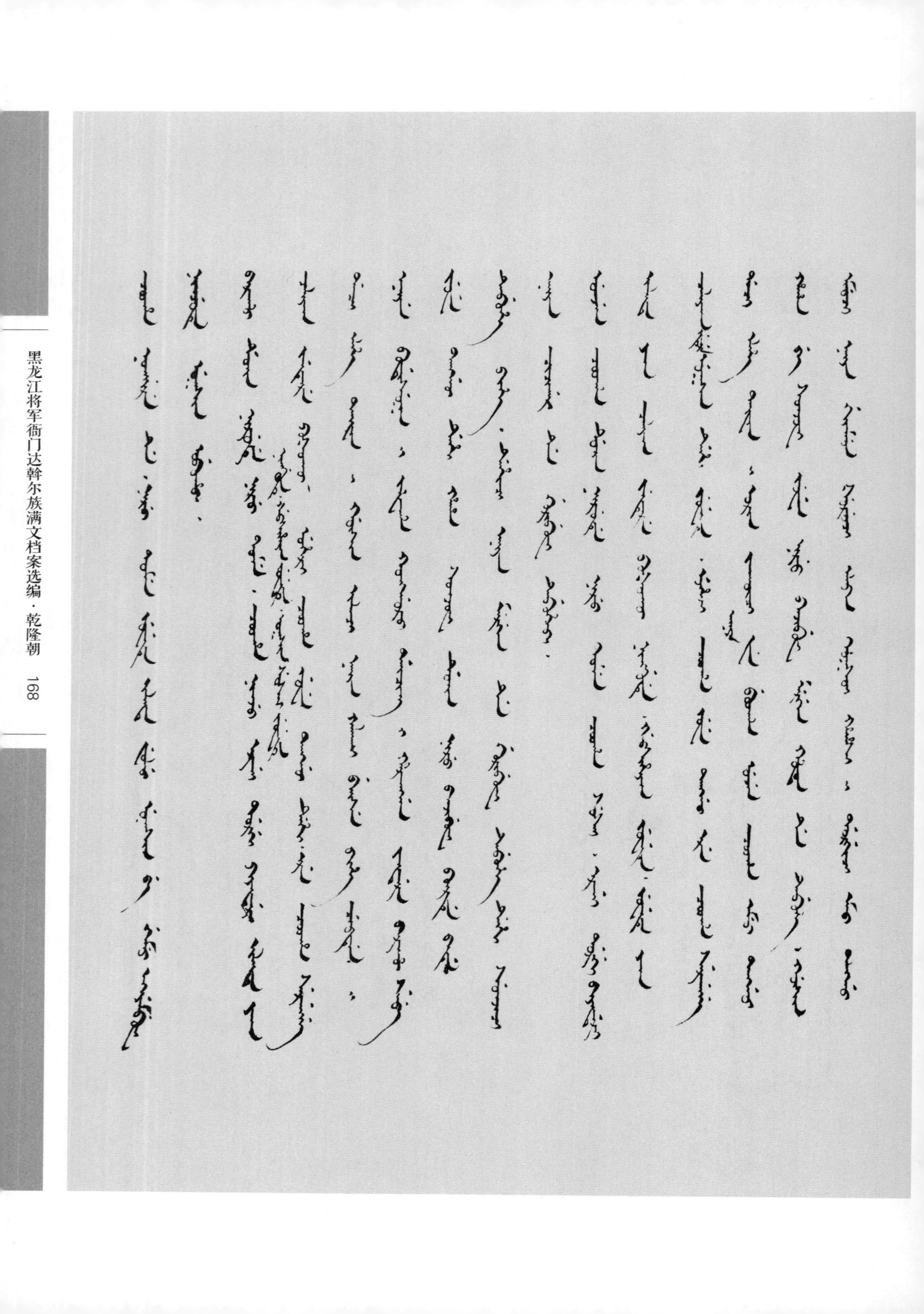

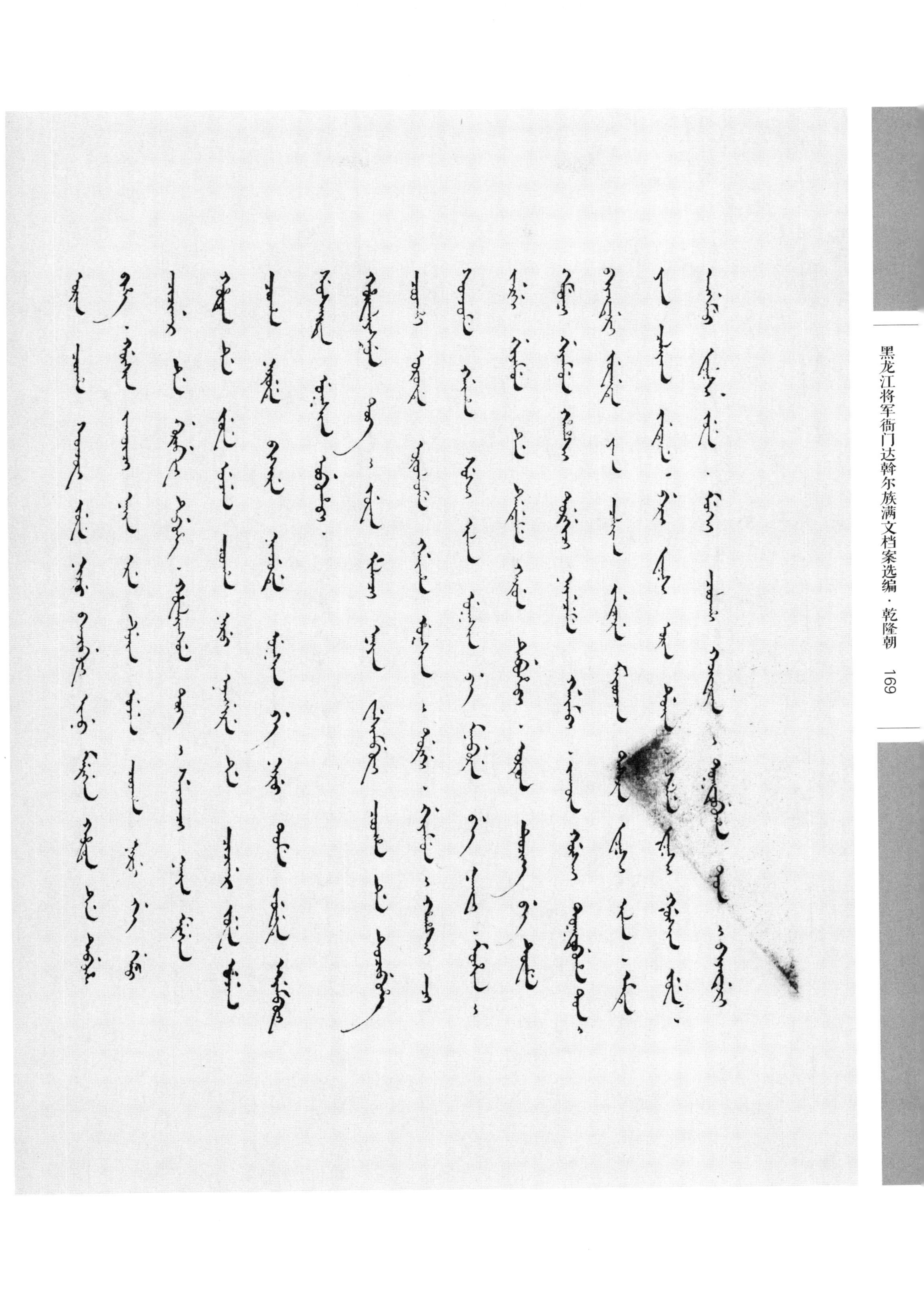

[illegible]

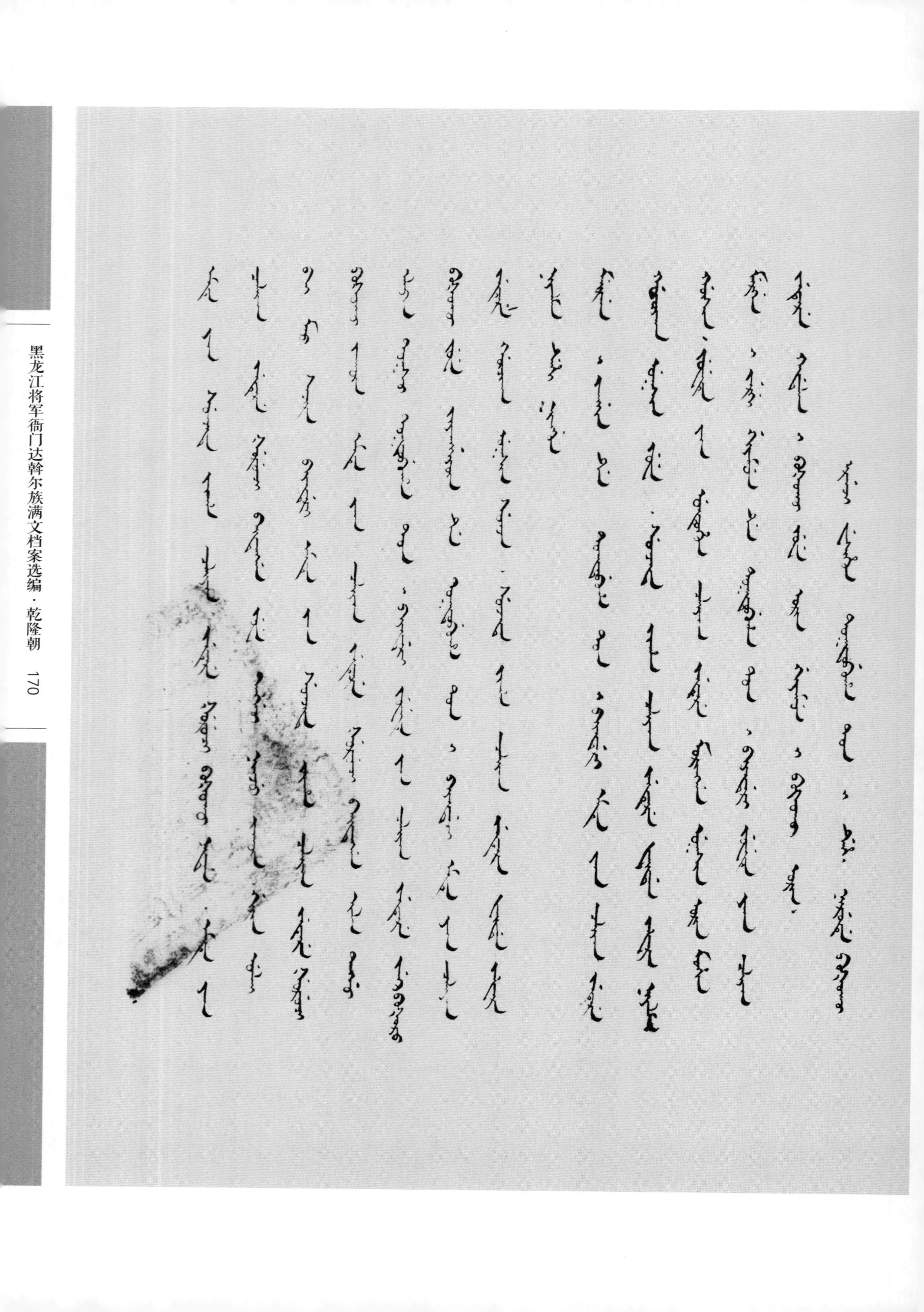

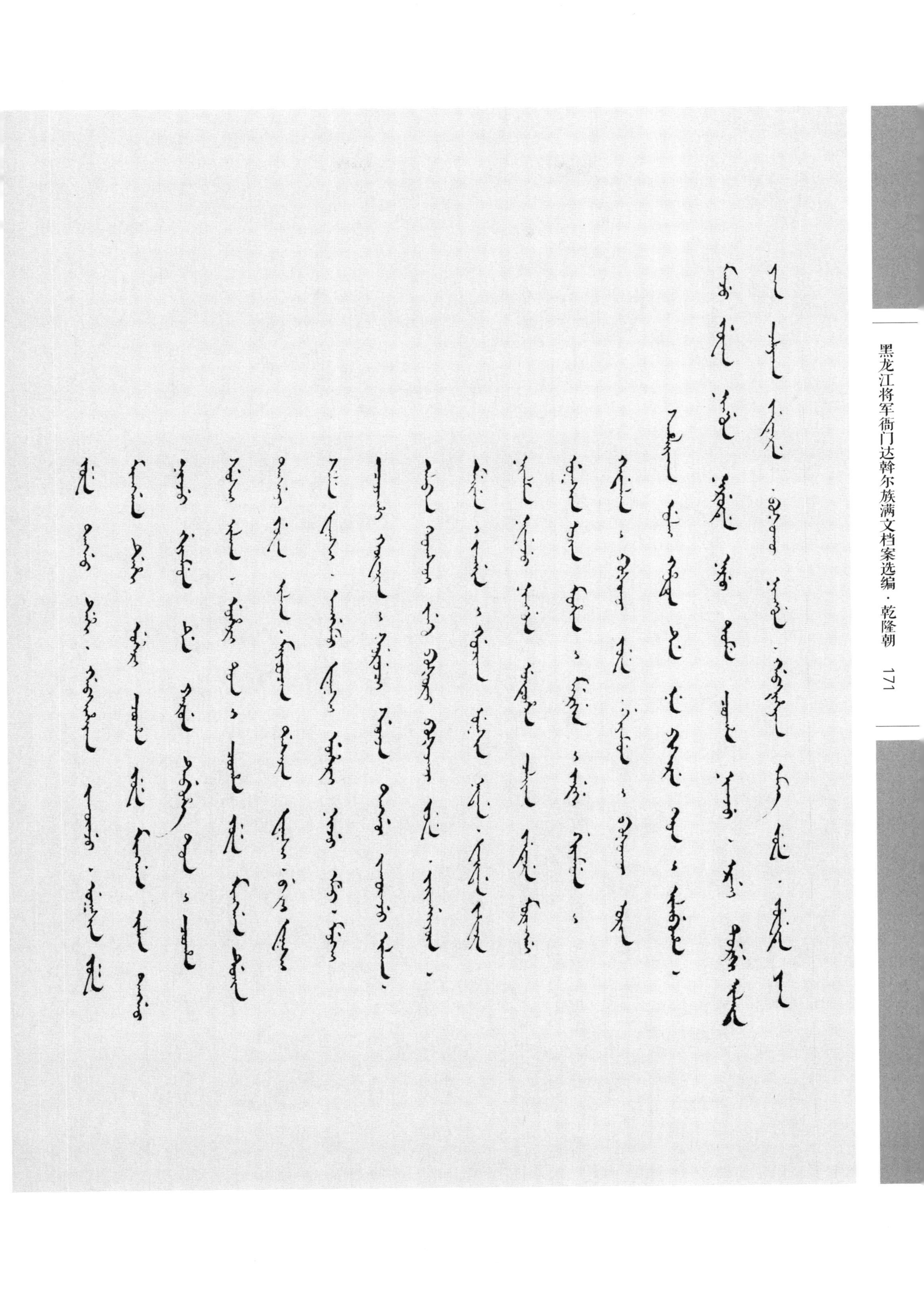

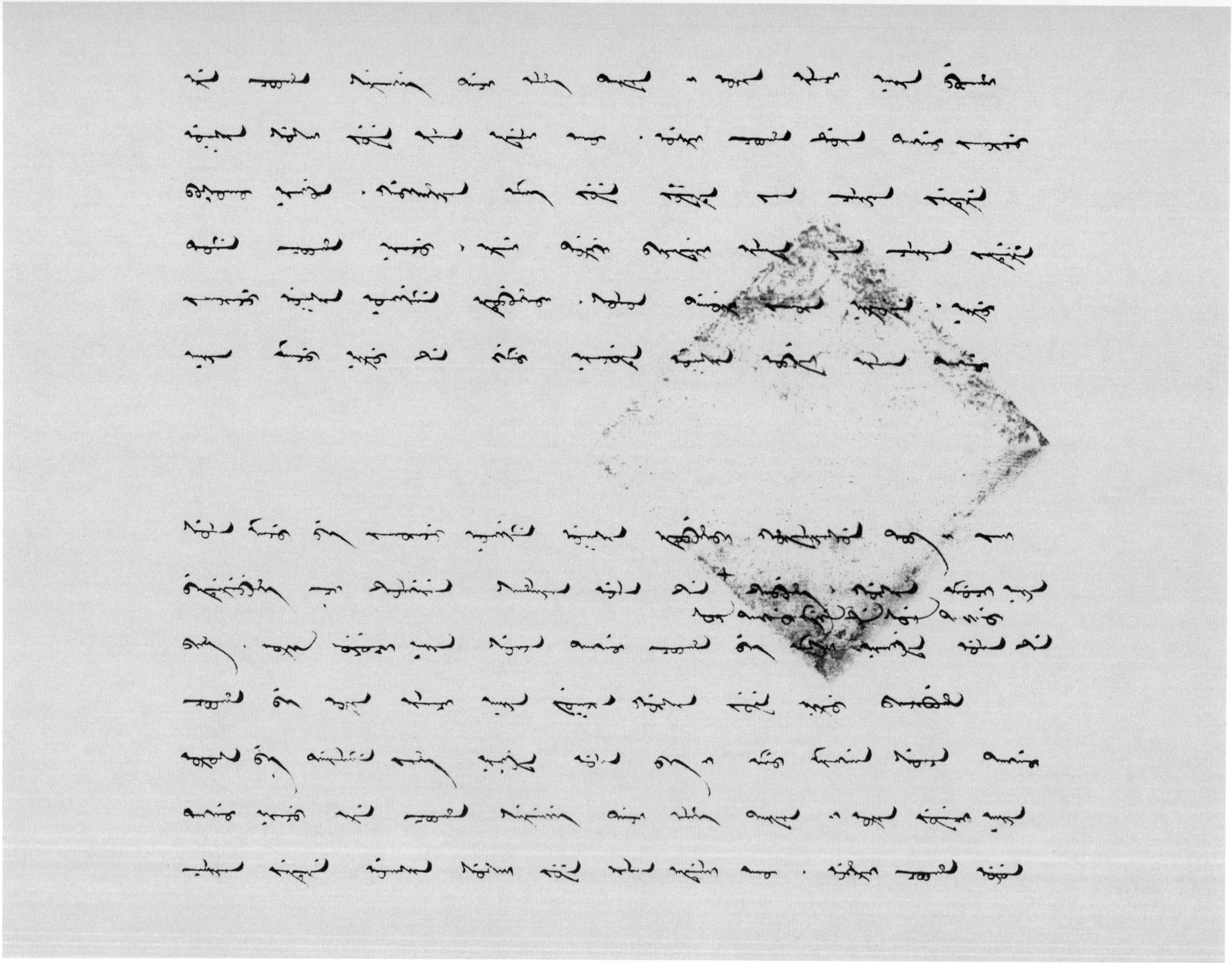

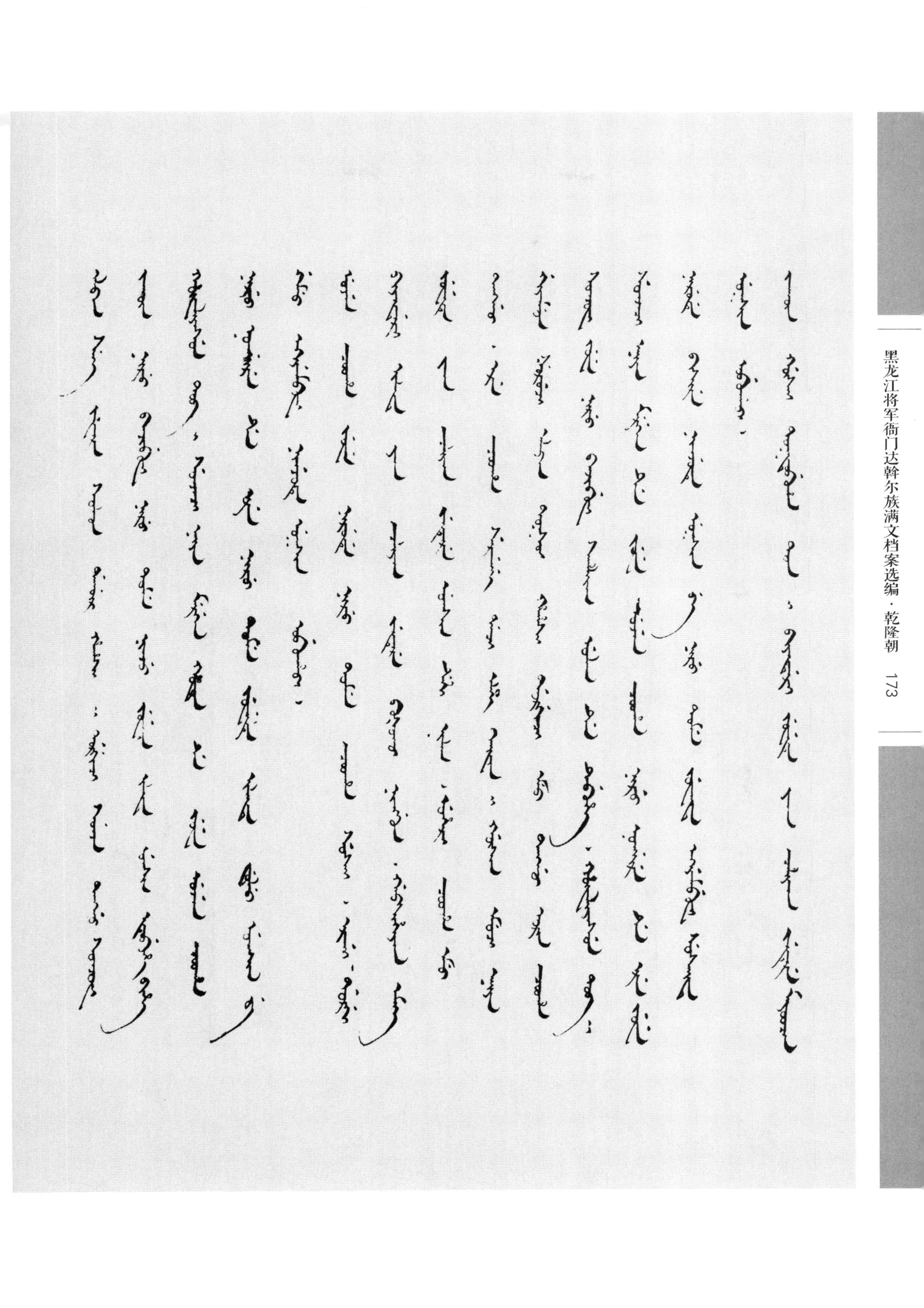

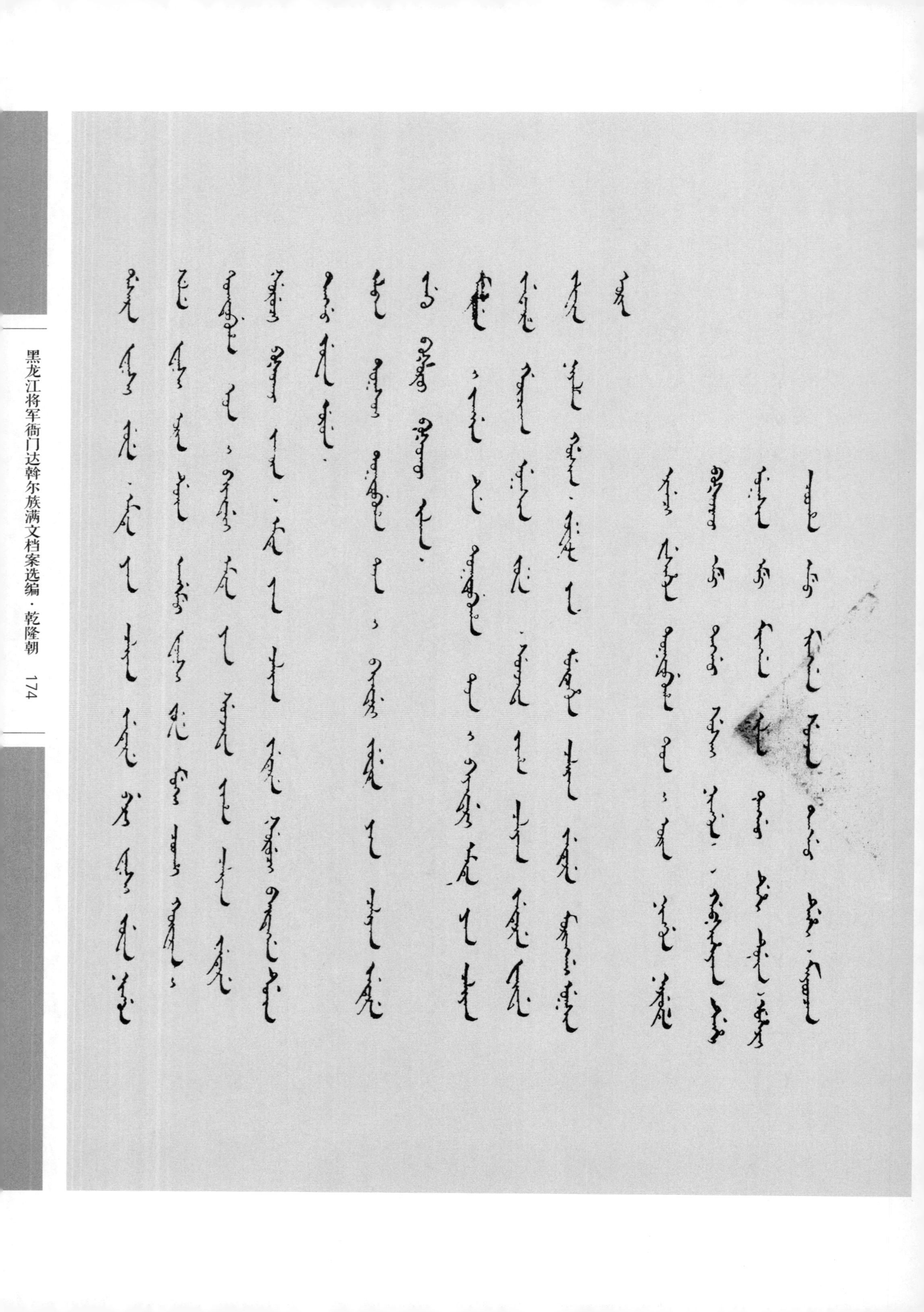

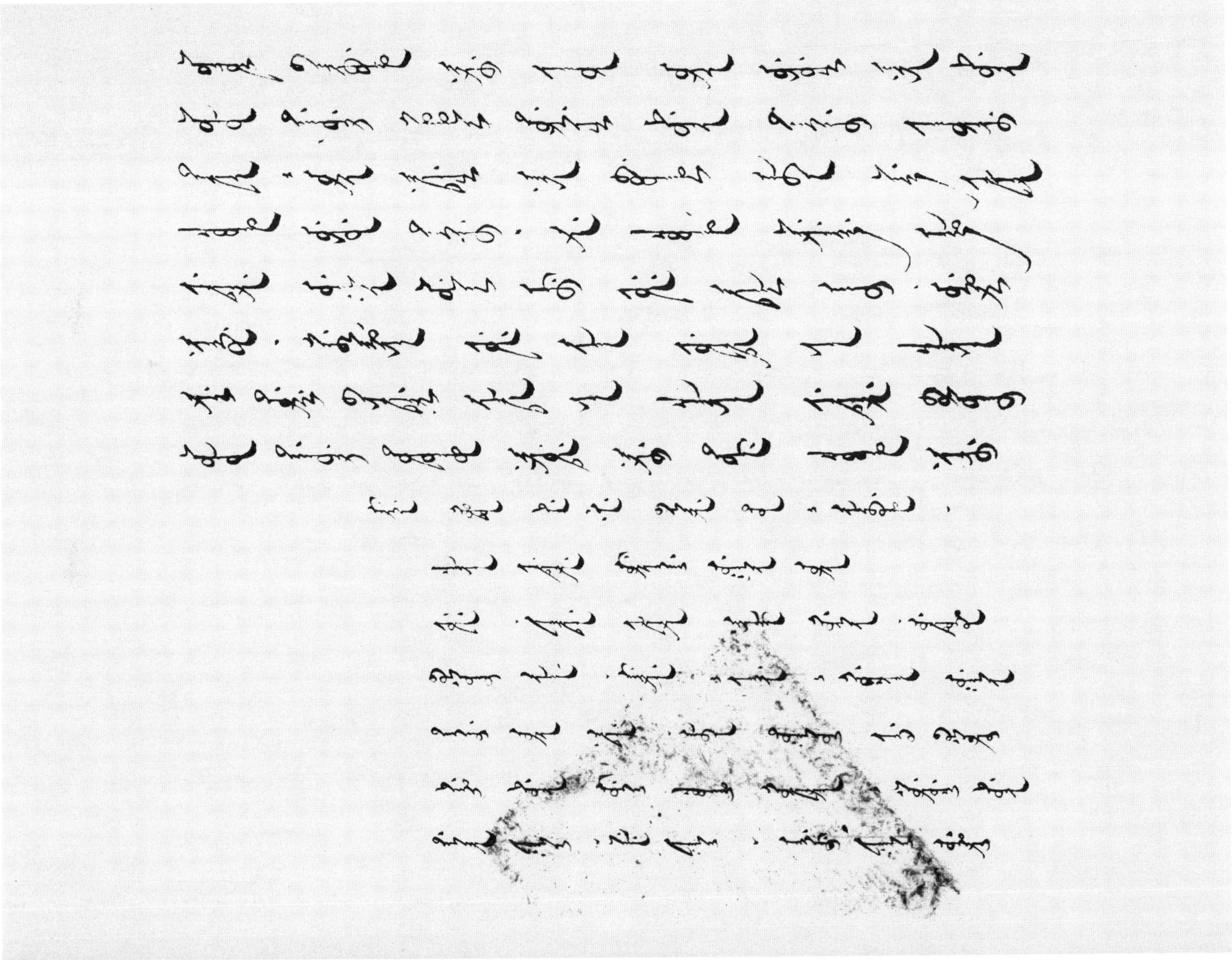

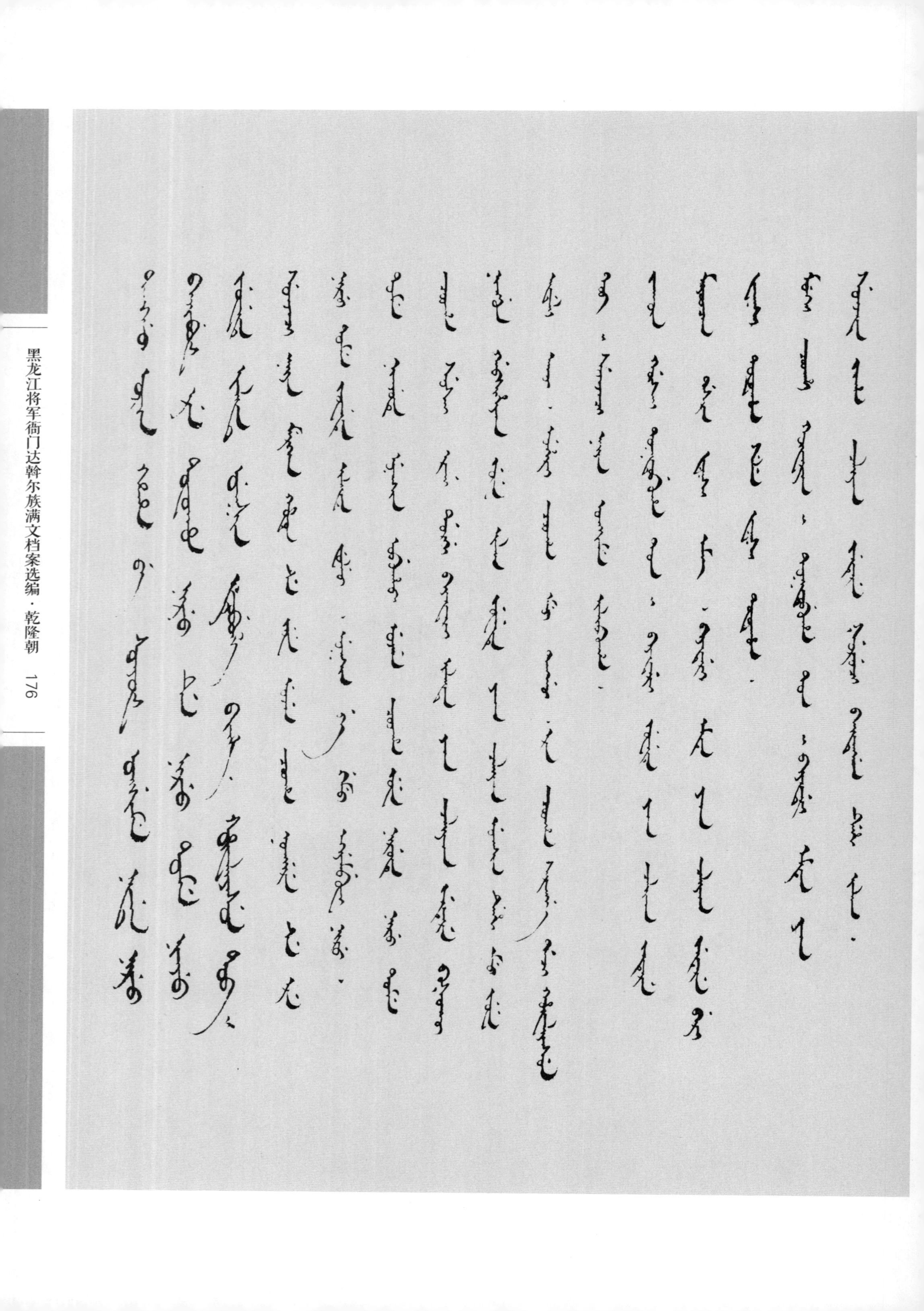

[illegible]

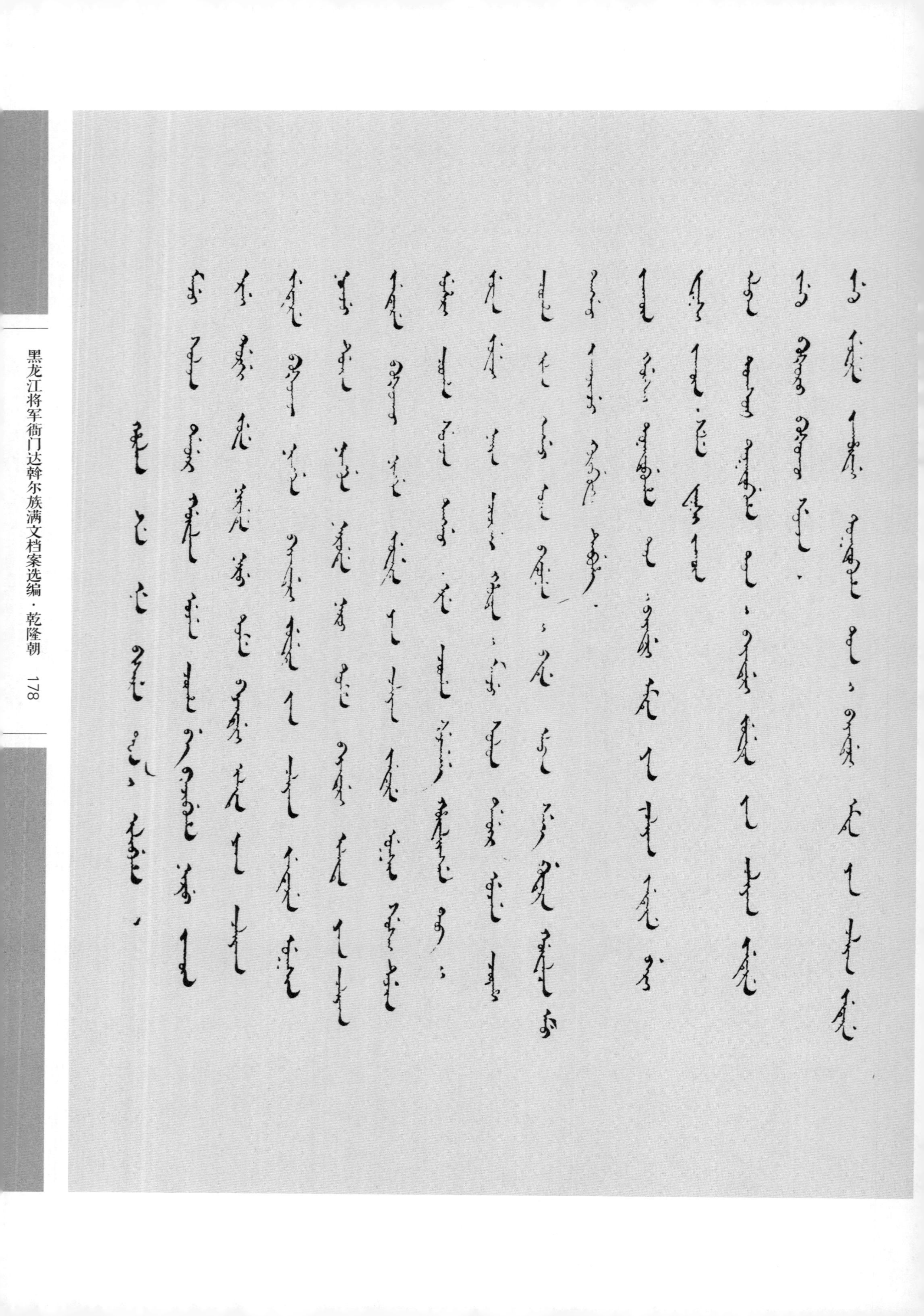

[illegible]

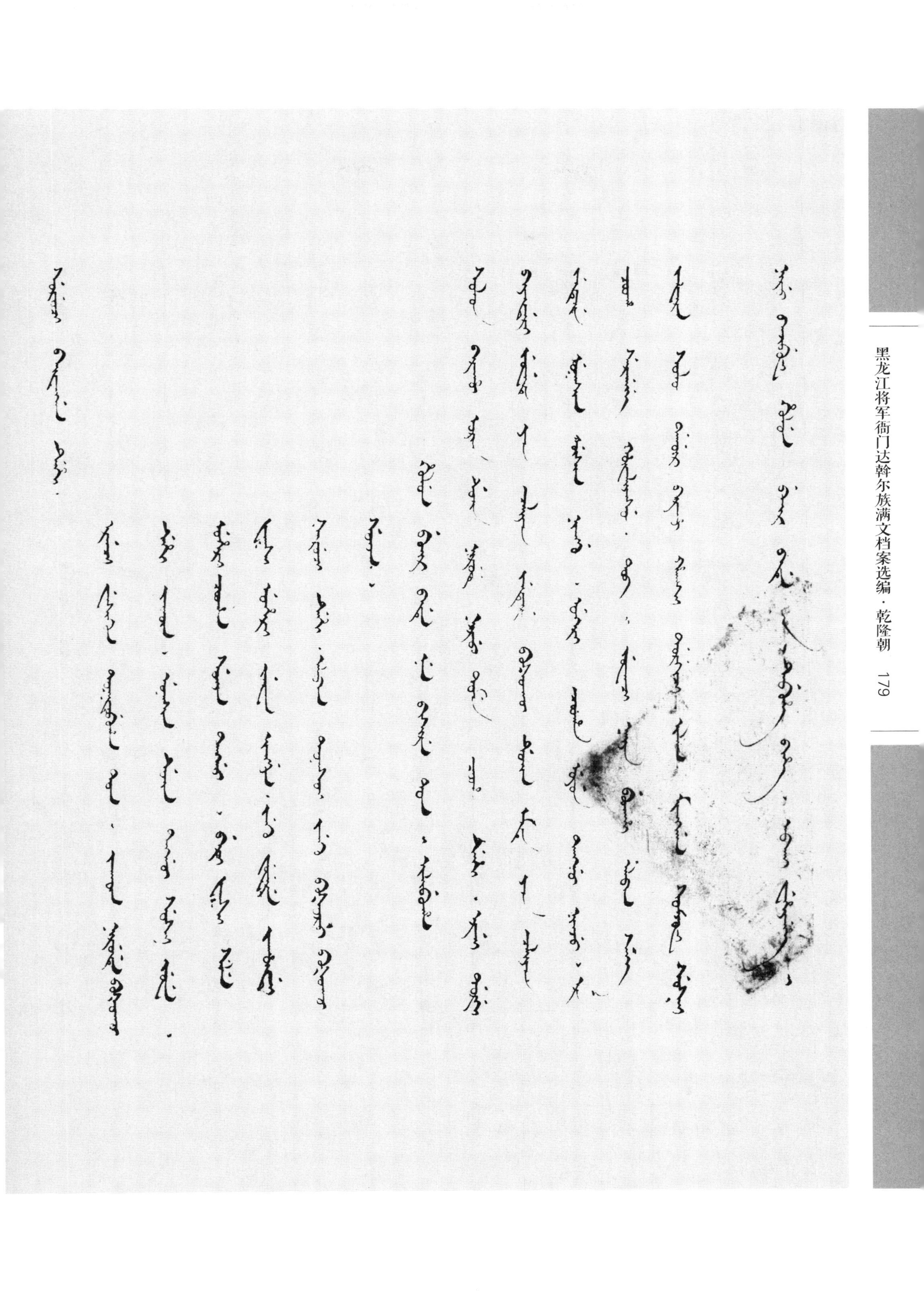

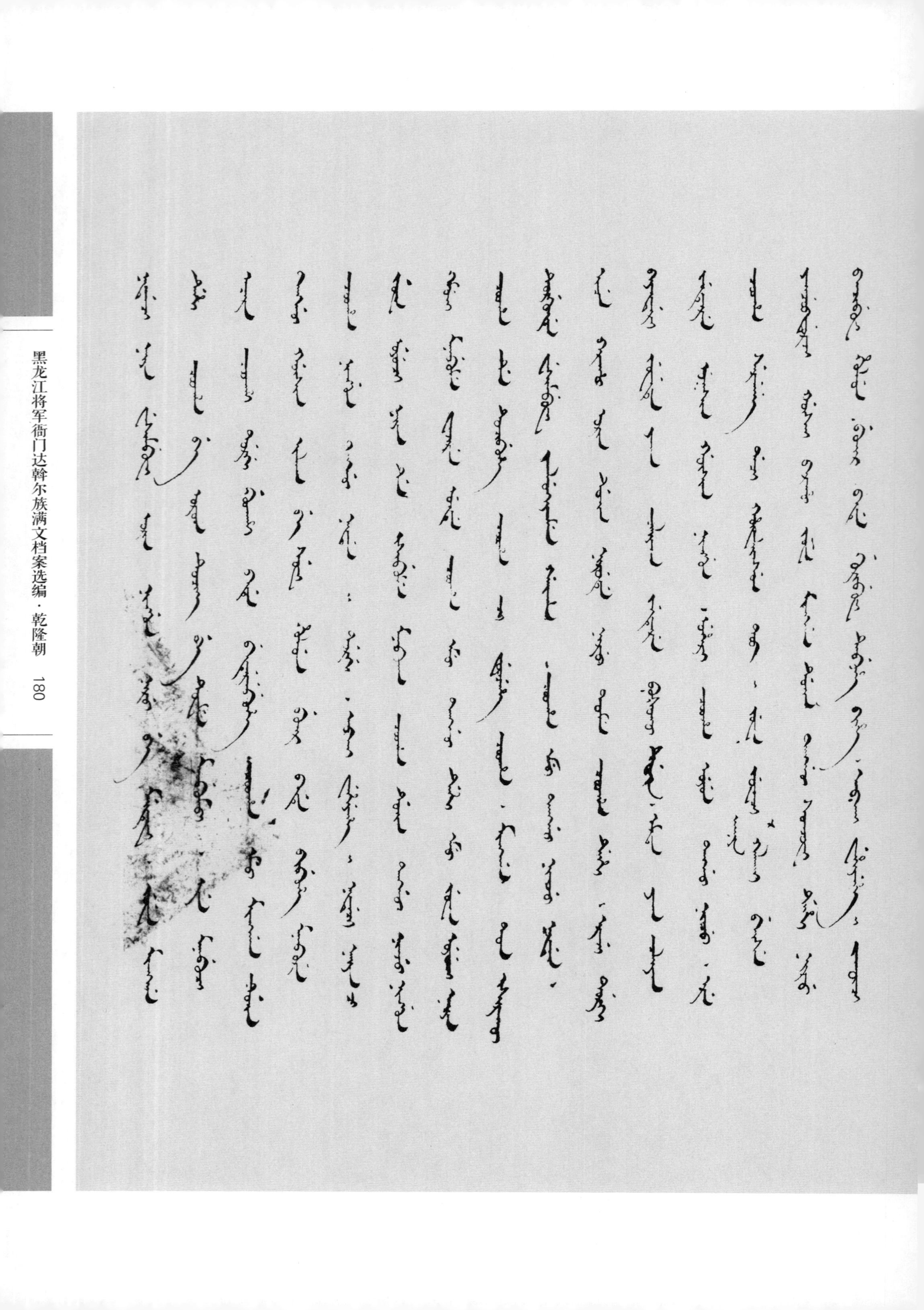

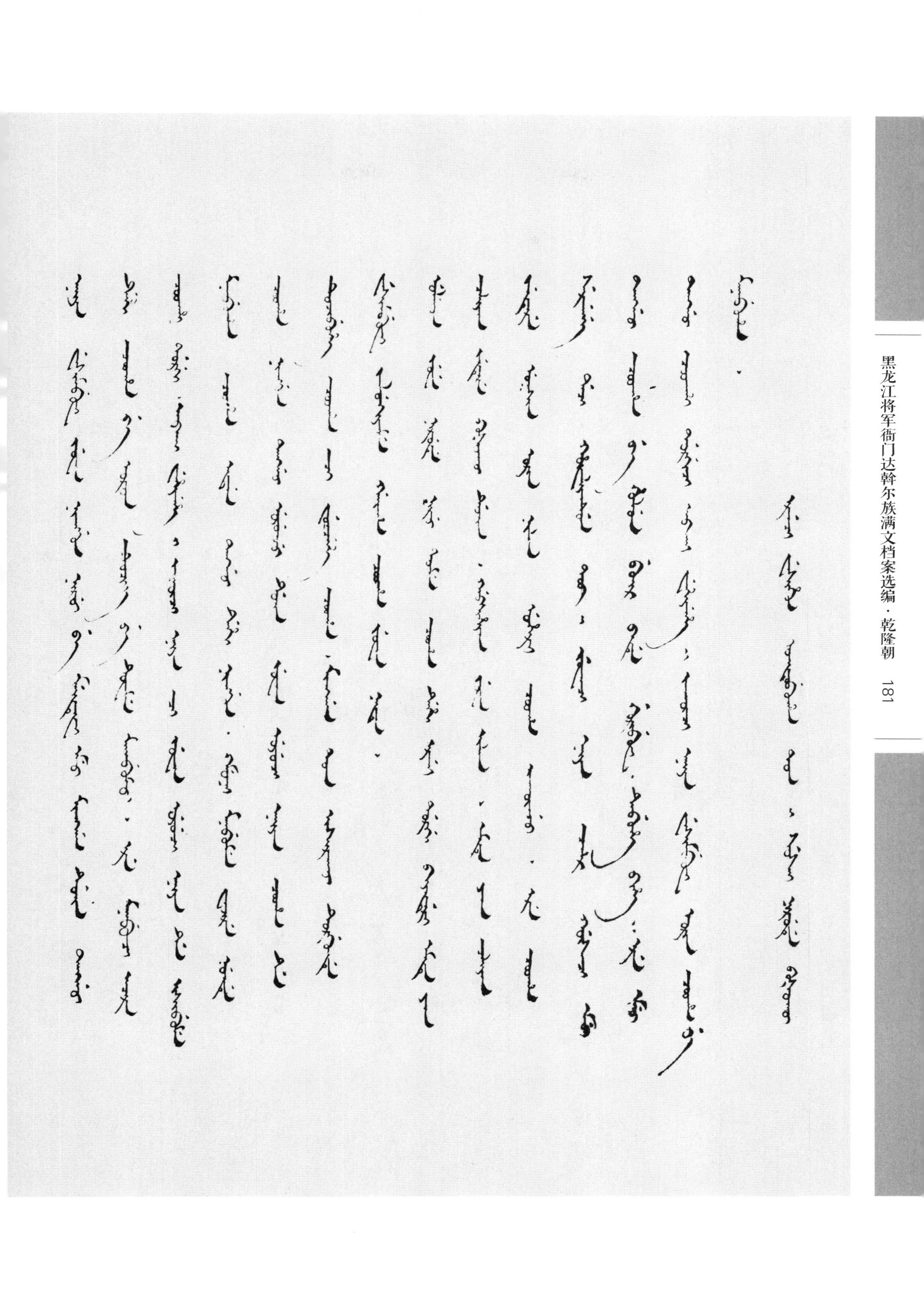

[illegible]

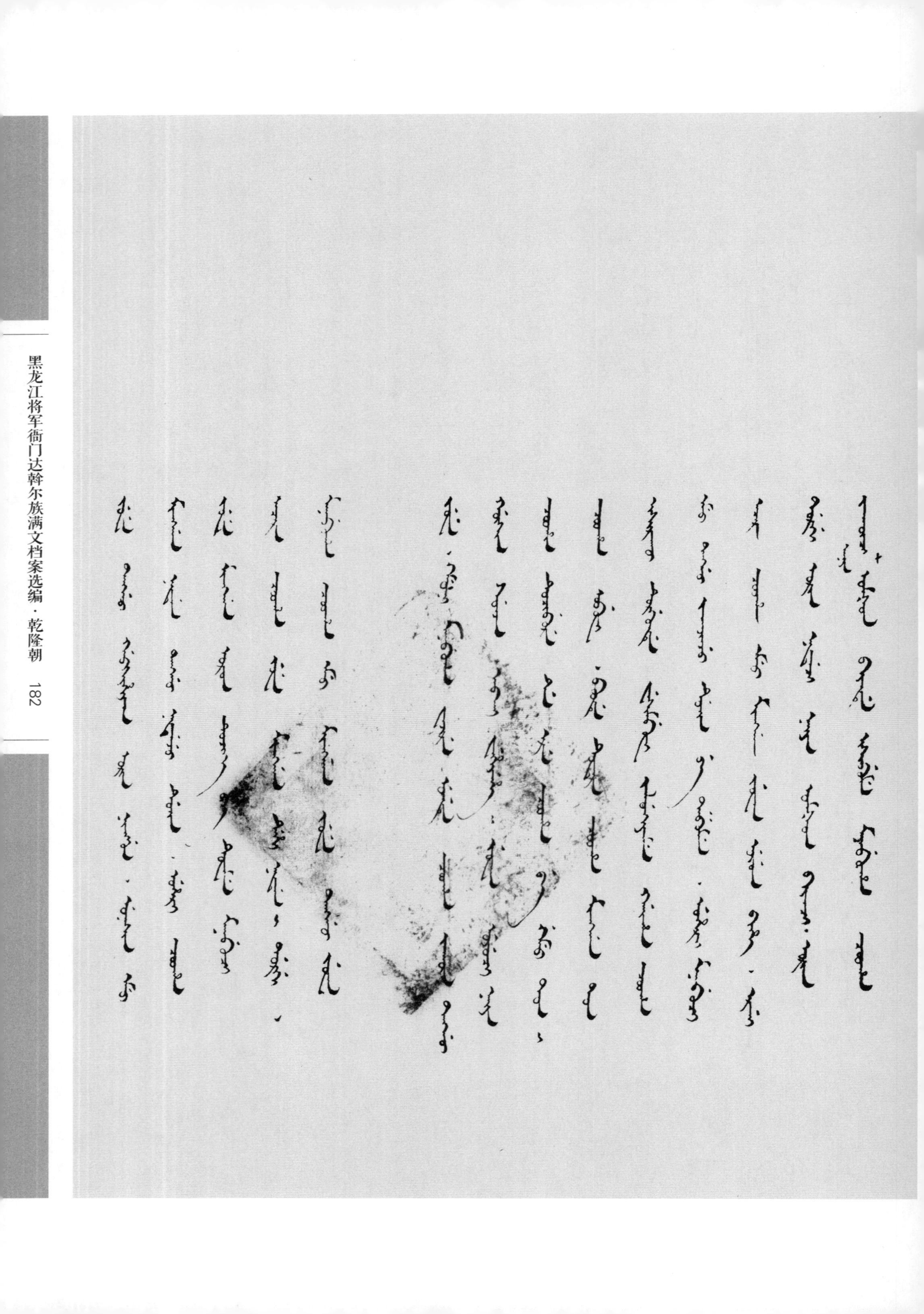

[illegible]

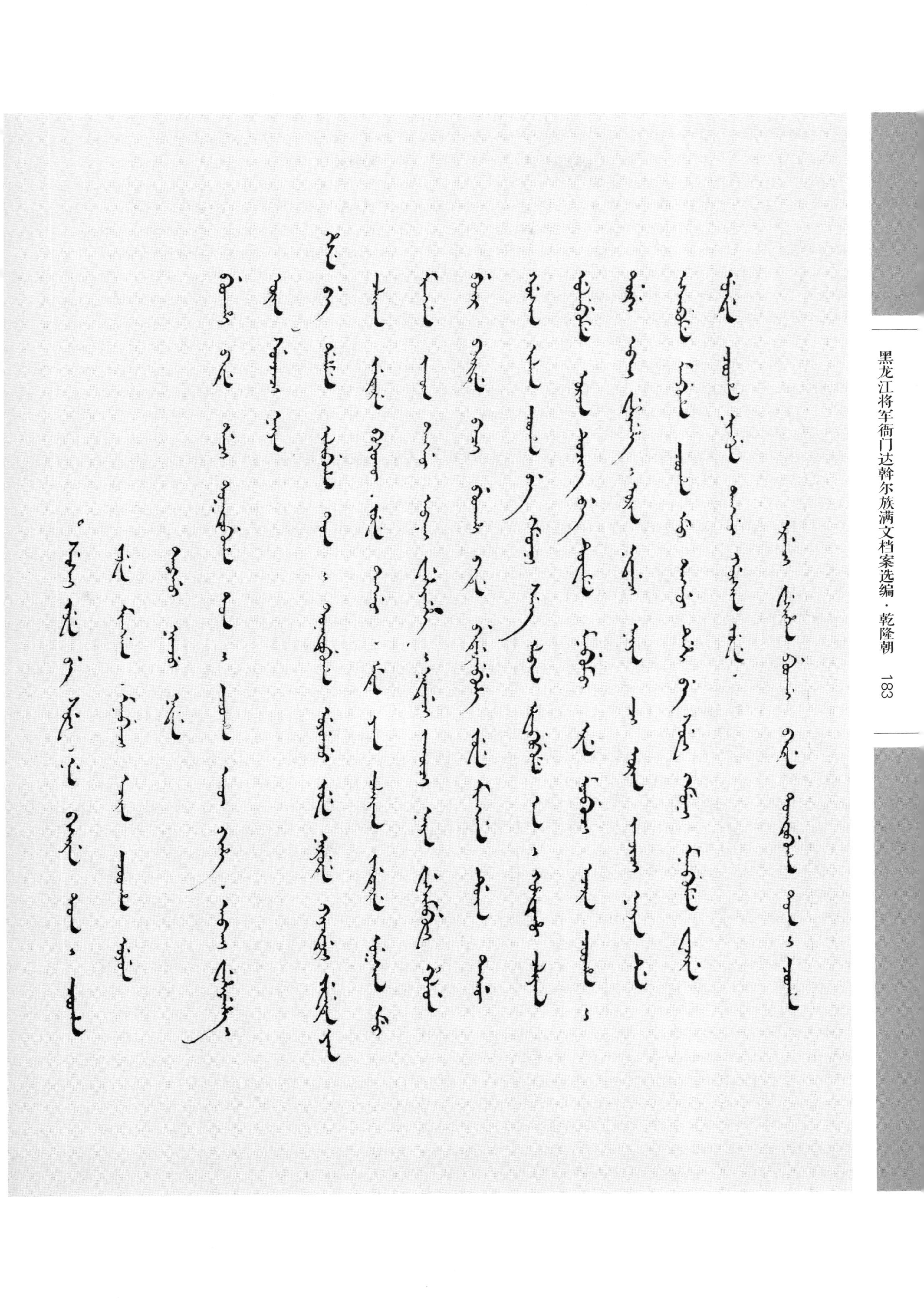

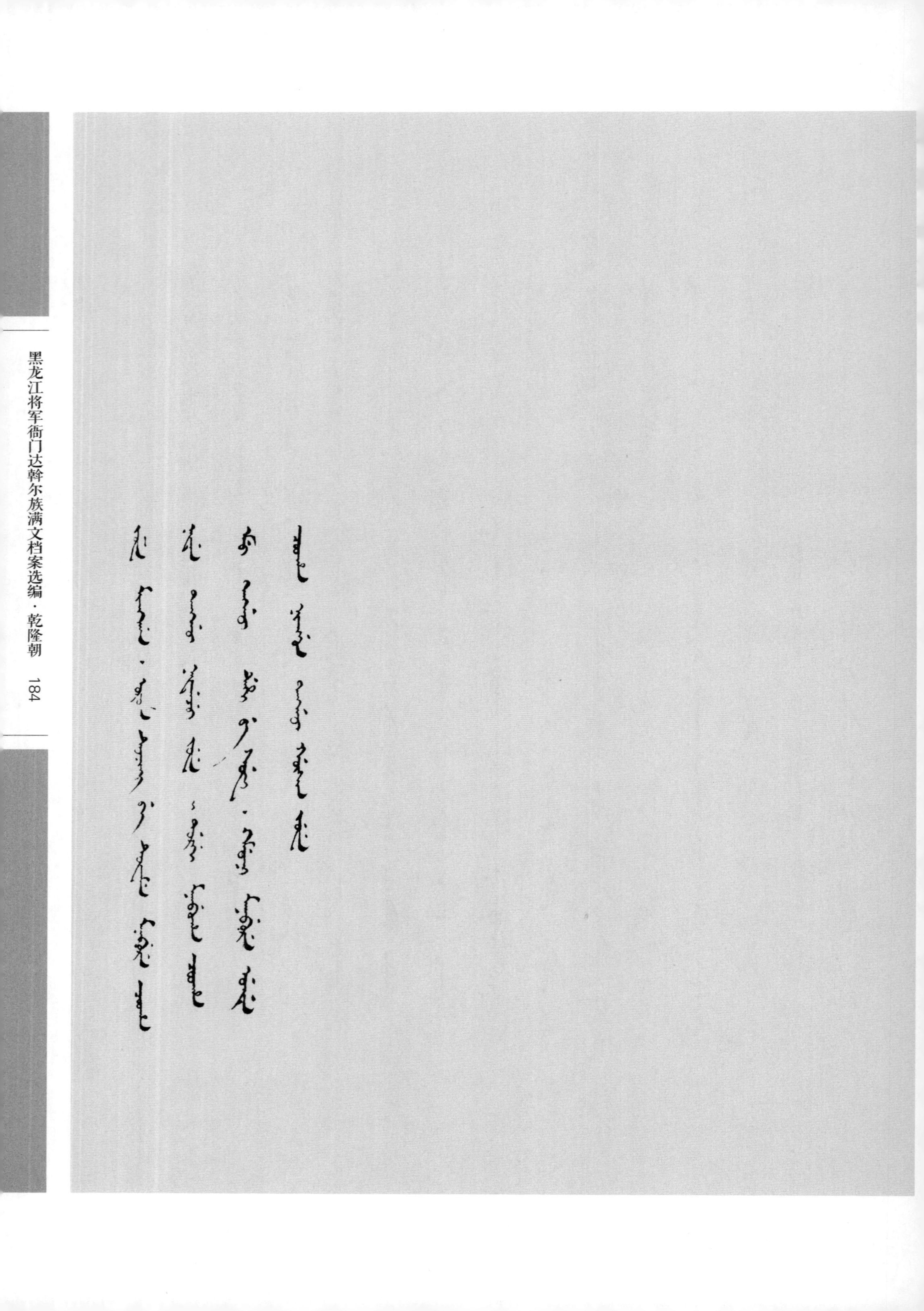

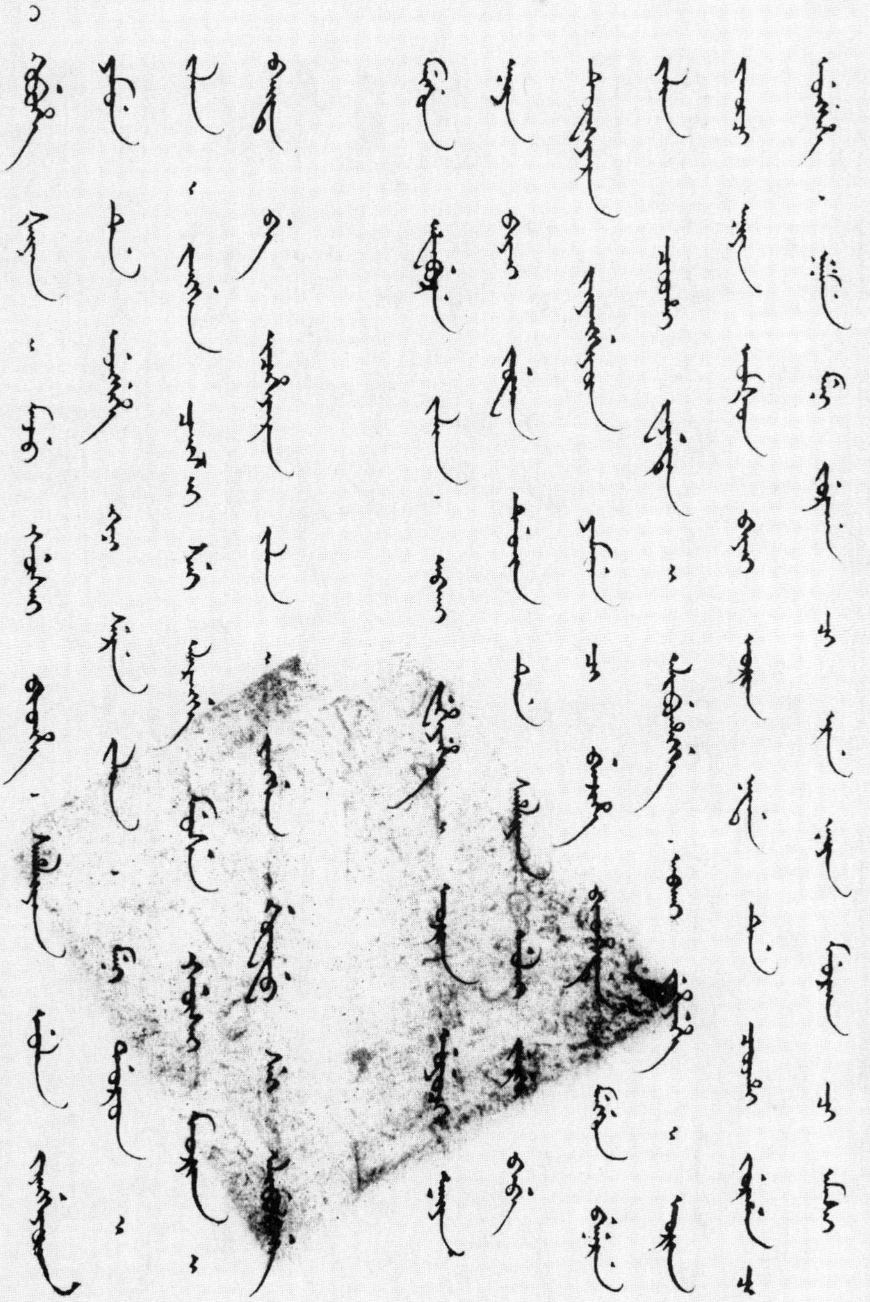

一一九一 镶白满洲旗为收取达斡尔佐领嘉哈图等员倒毙马价银事咨黑龙江将军衙门文

乾隆二十九年三月十四日

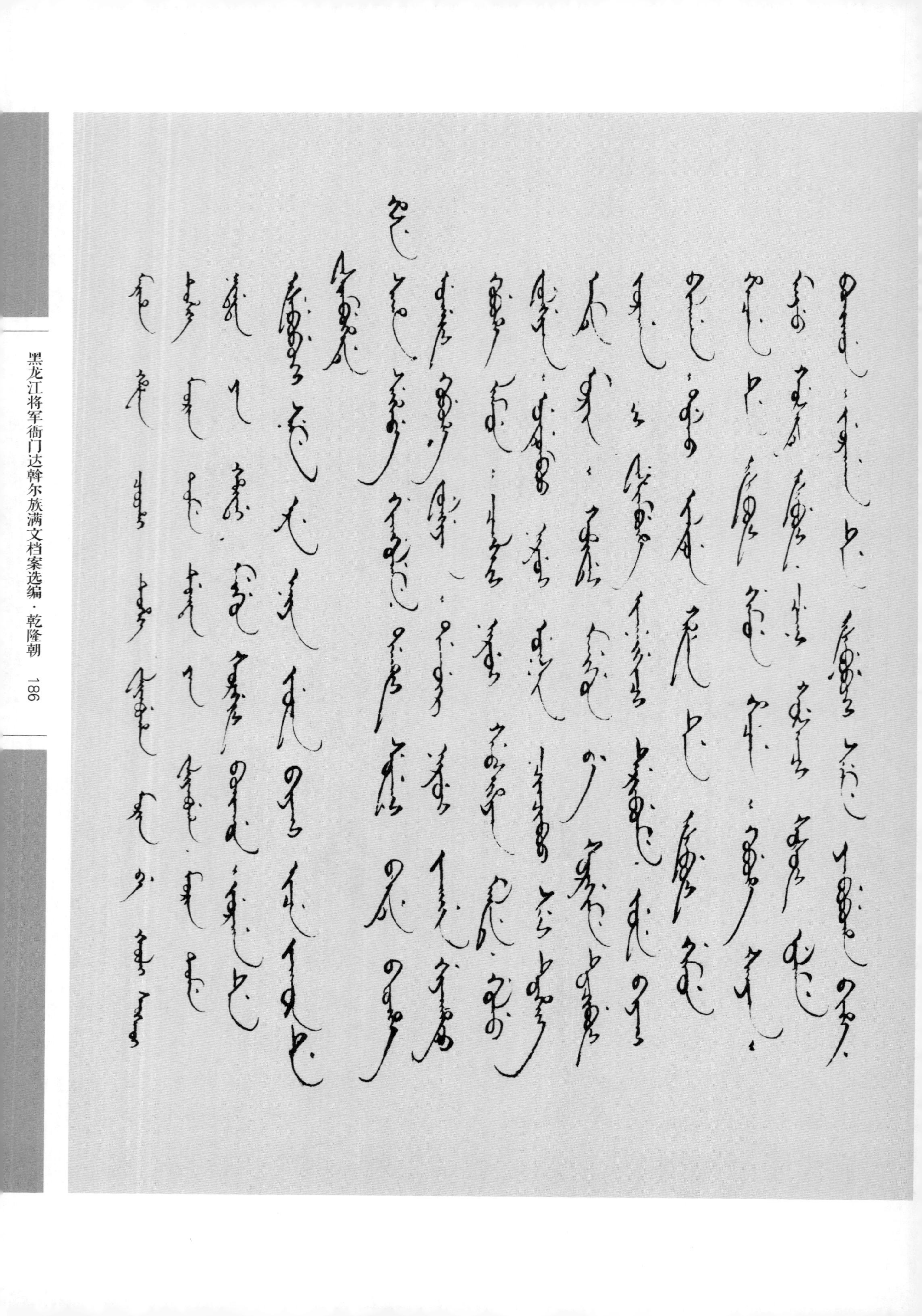

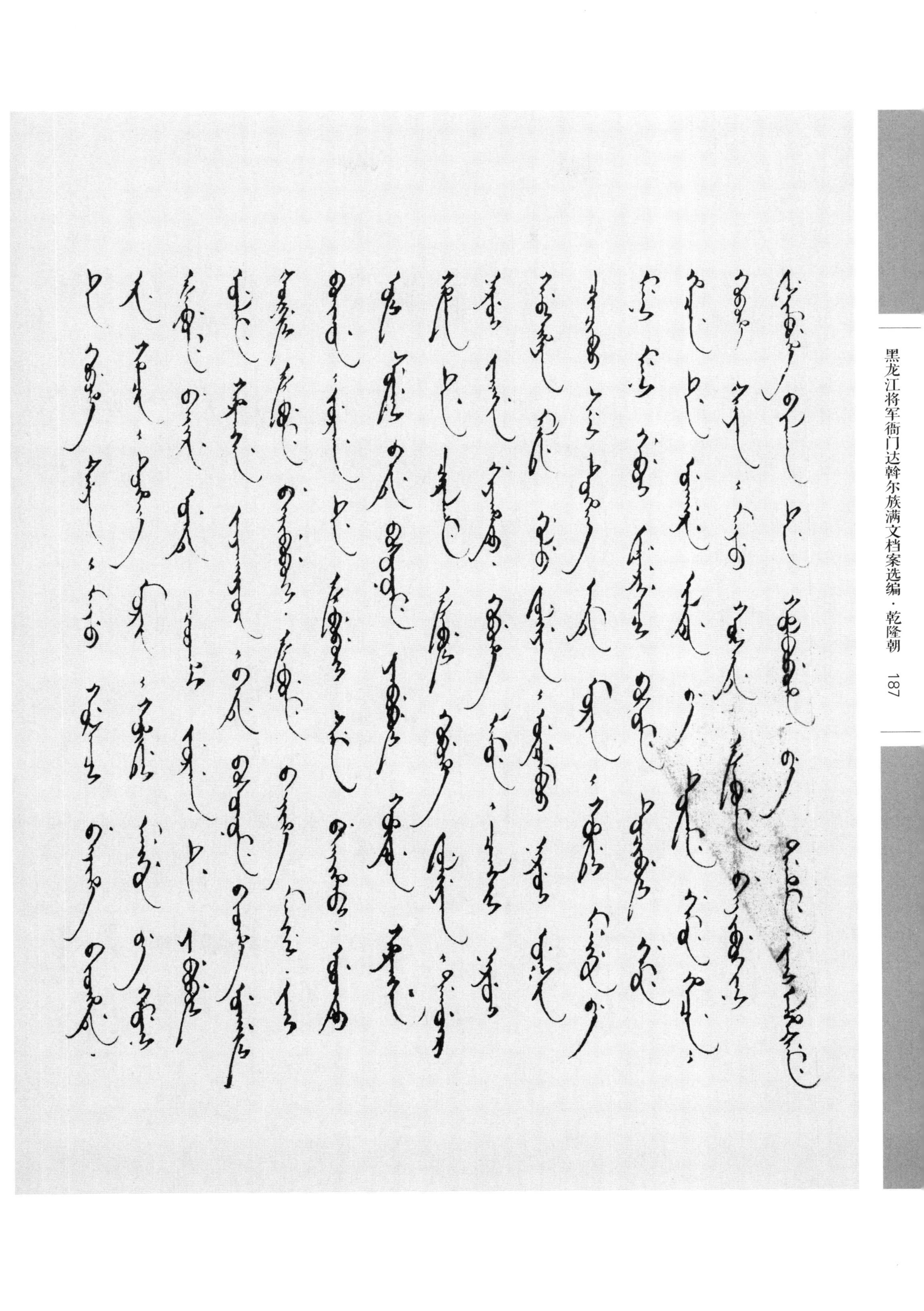

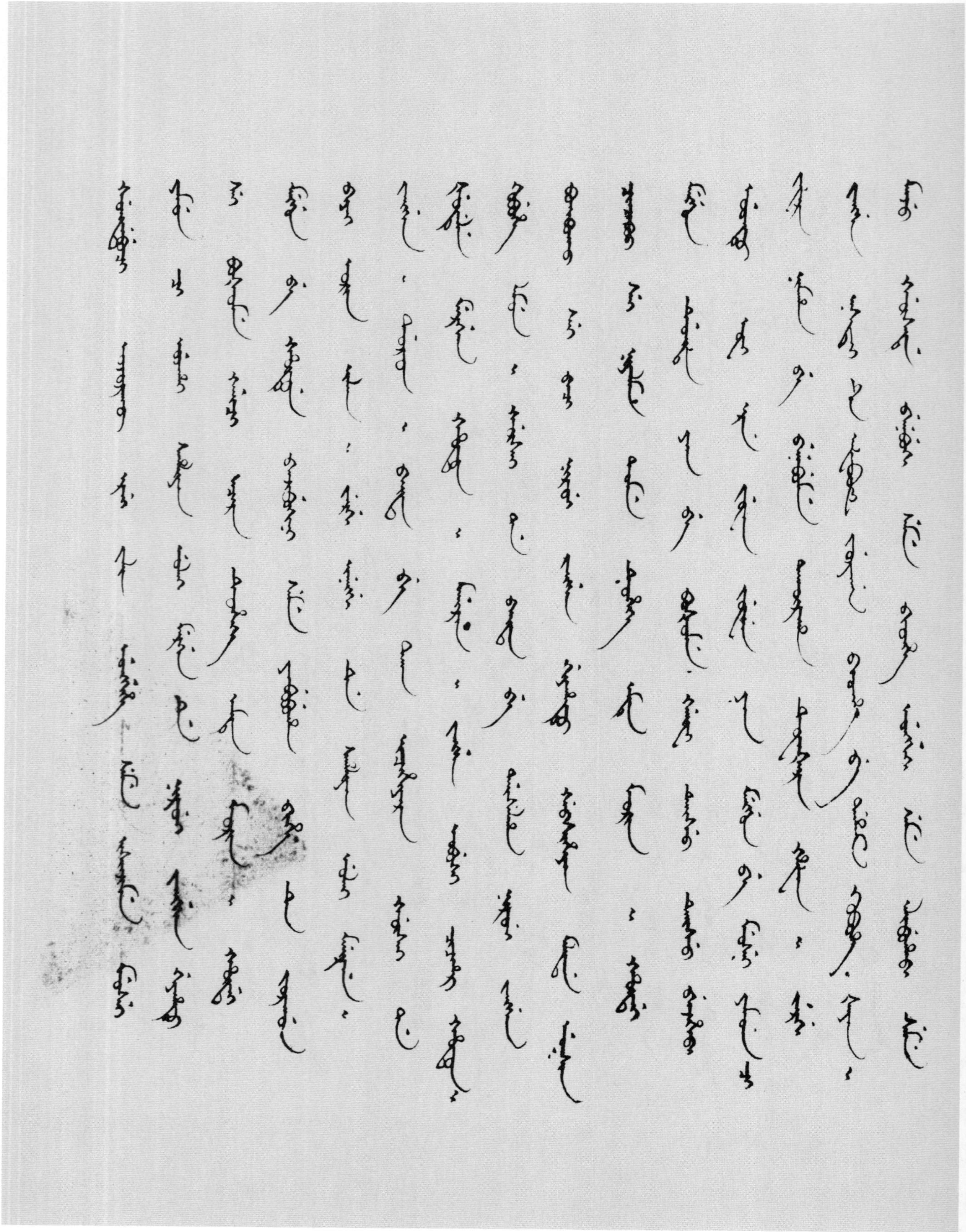

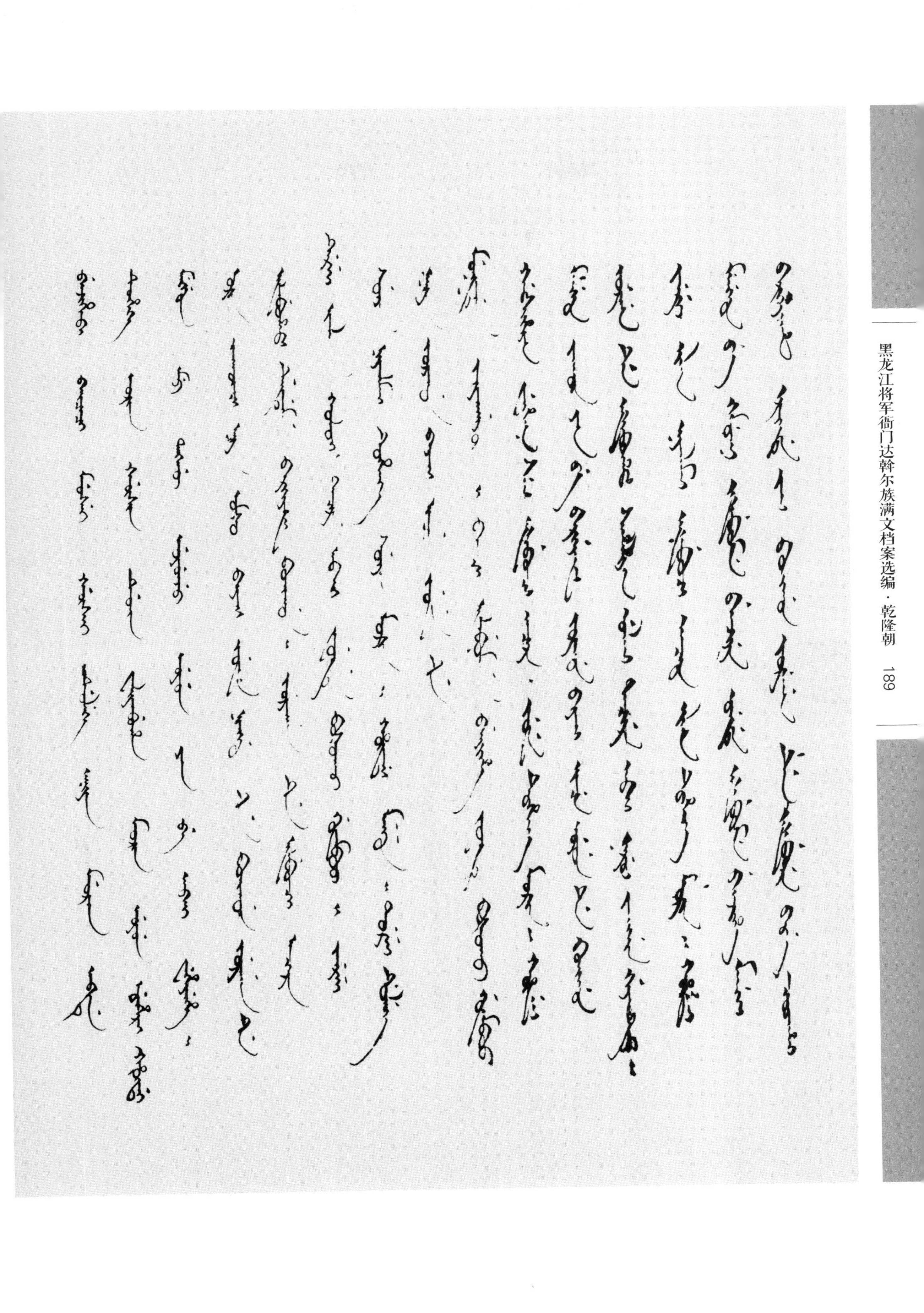

[illegible]

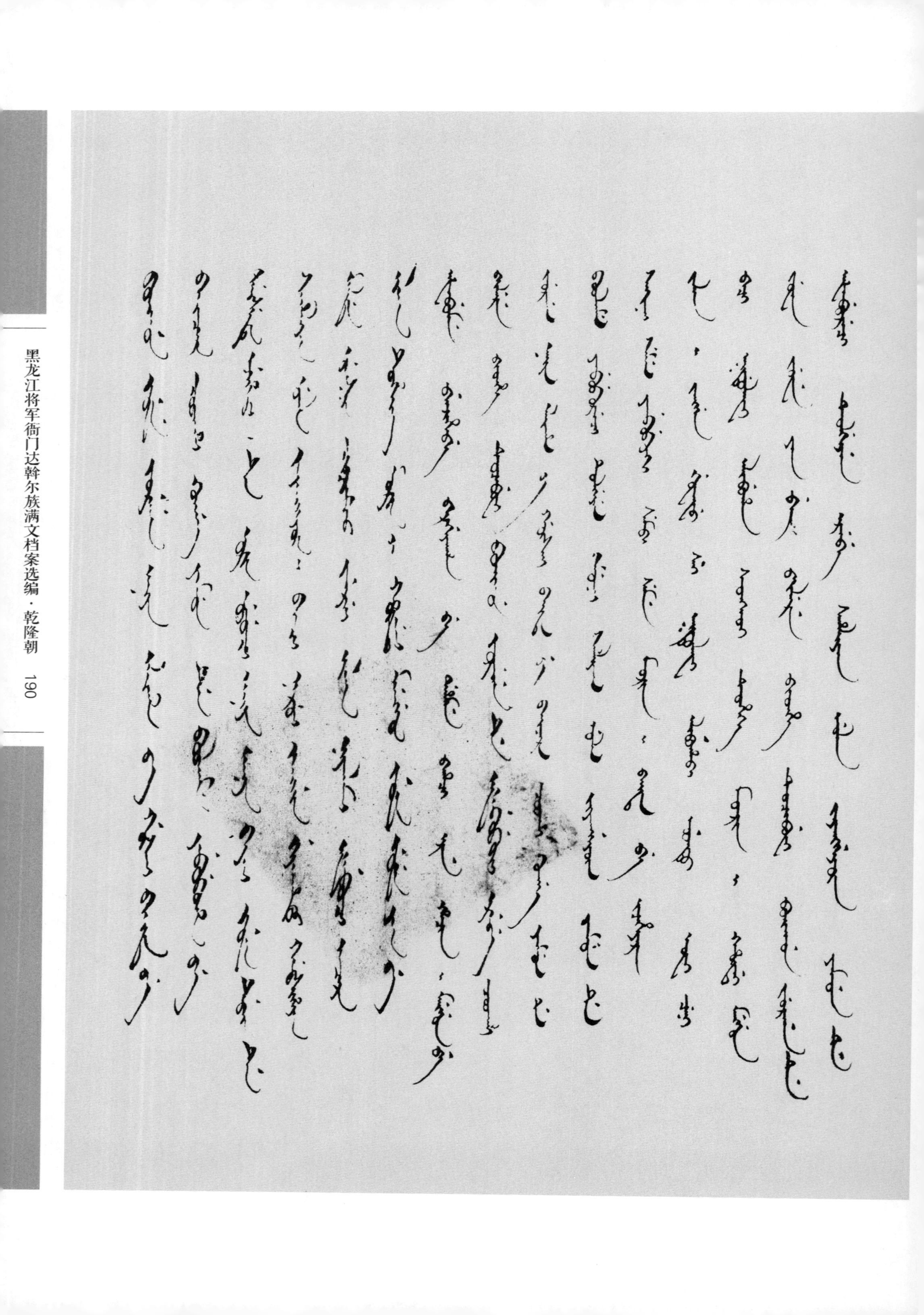

[illegible]

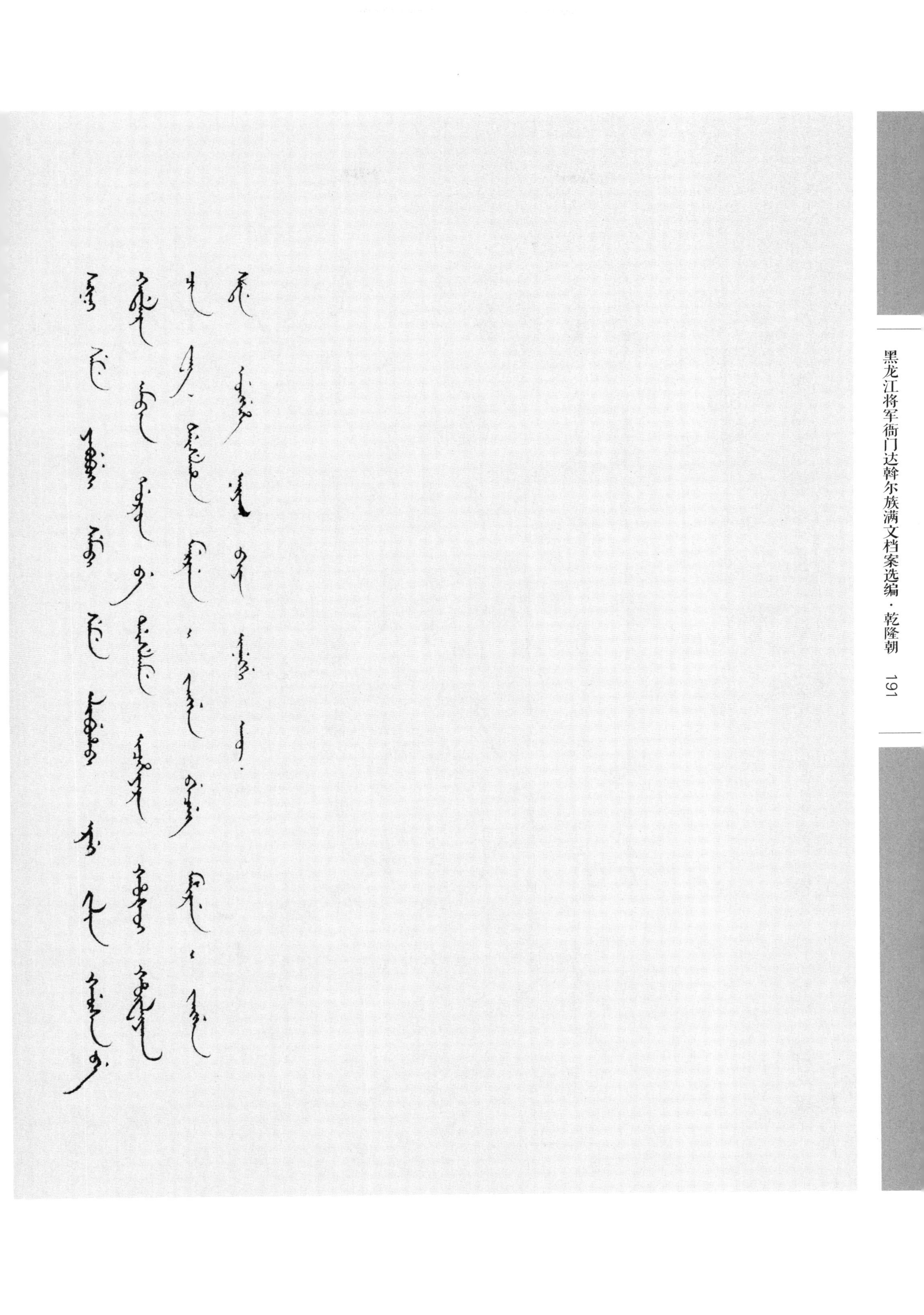

[illegible]

[illegible]

[illegible]

[illegible]

一一九二　布特哈索伦达斡尔总管噶布舒等为请确定会盟日期地点以便索伦达斡尔等准备事咨呈黑龙江将军衙门文

乾隆二十九年四月十二日

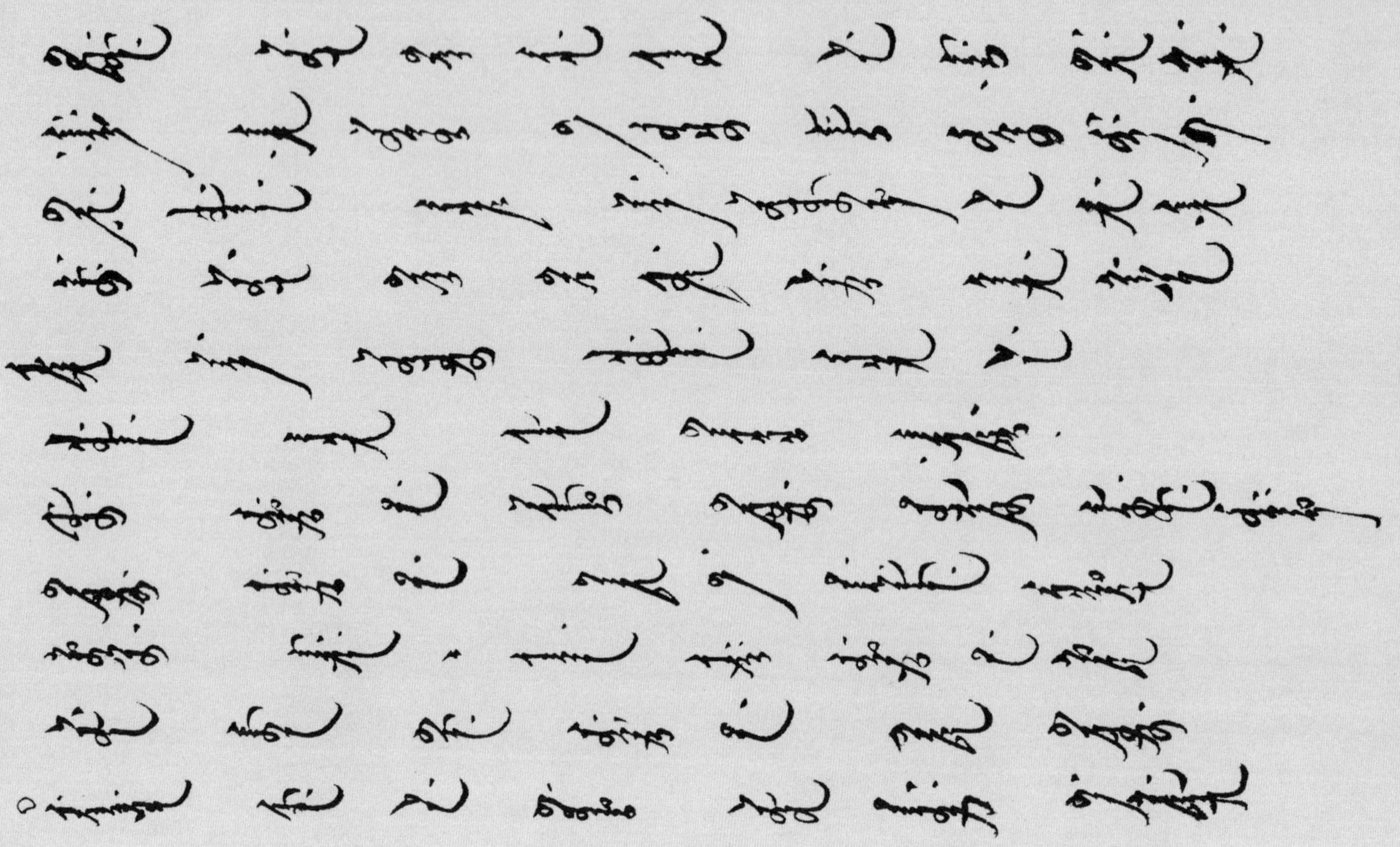

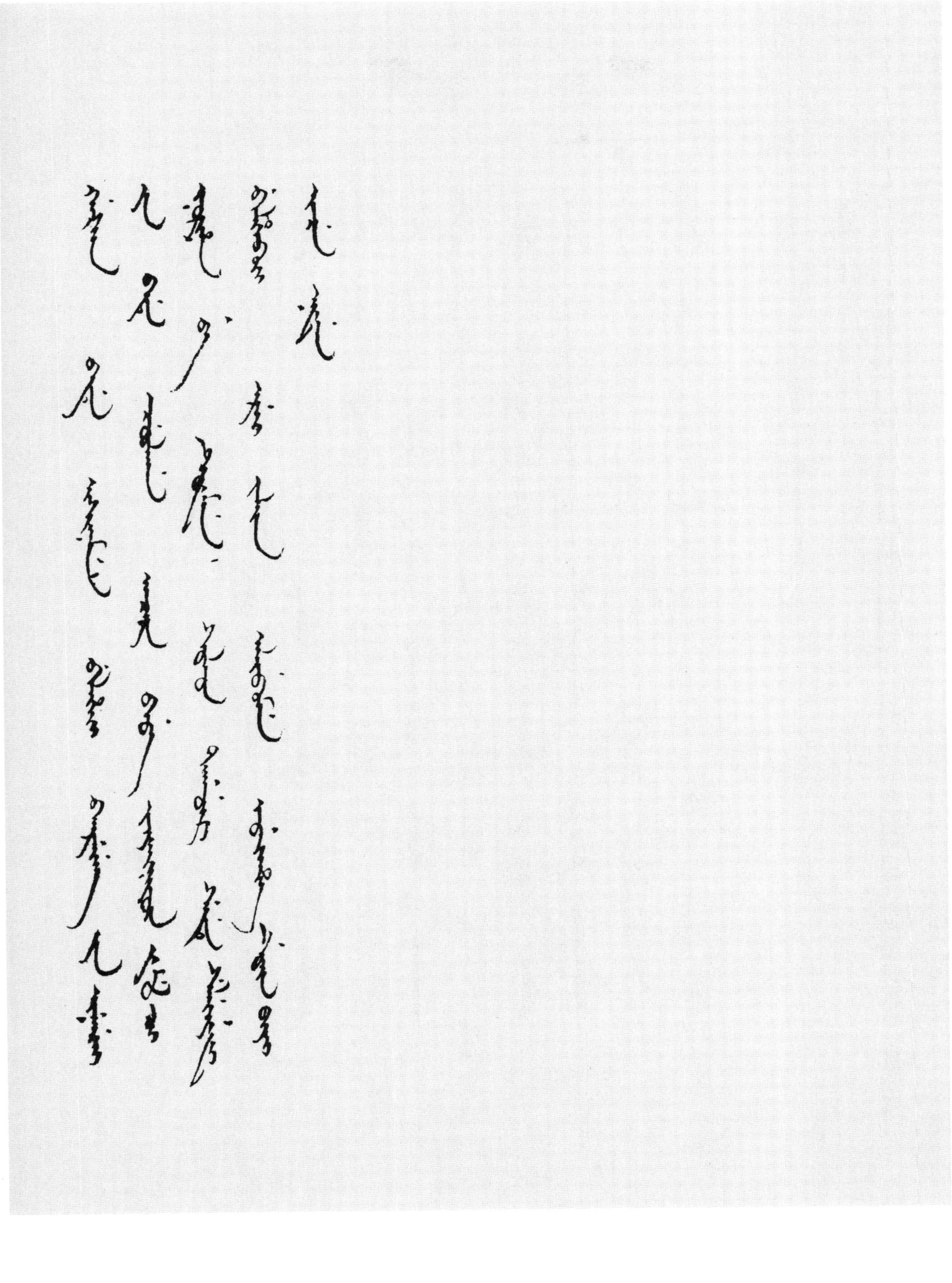

一一九三 布特哈索伦达斡尔总管等为报布特哈索伦达斡尔等本年春秋二季捕貂数目事咨呈黑龙江将军衙门文

乾隆二十九年四月十三日

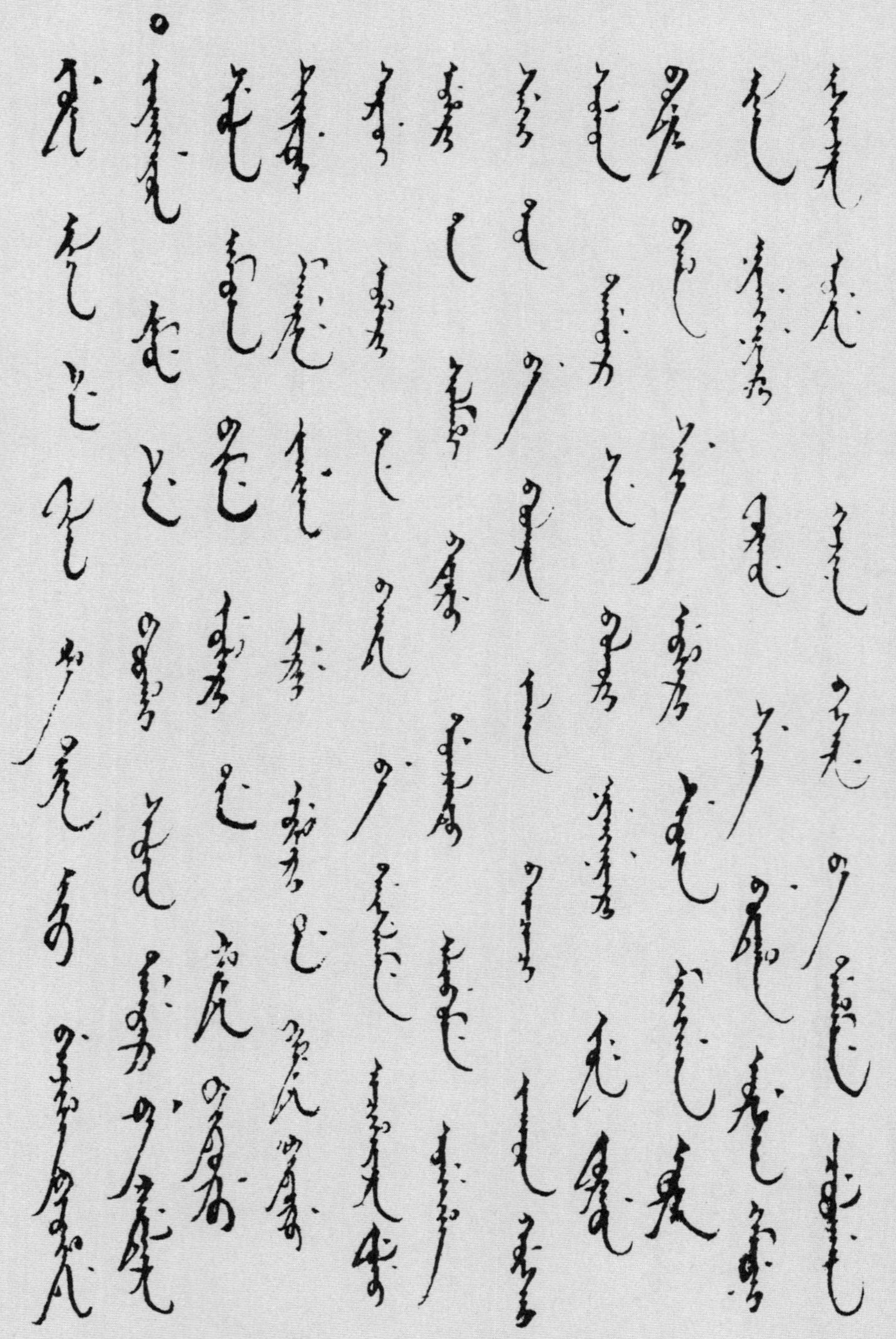

[illegible]

一一九四　黑龙江将军衙门为确定布特哈索伦达斡尔等会盟日期地点事札布特哈总管等文

乾隆二十九年四月十三日

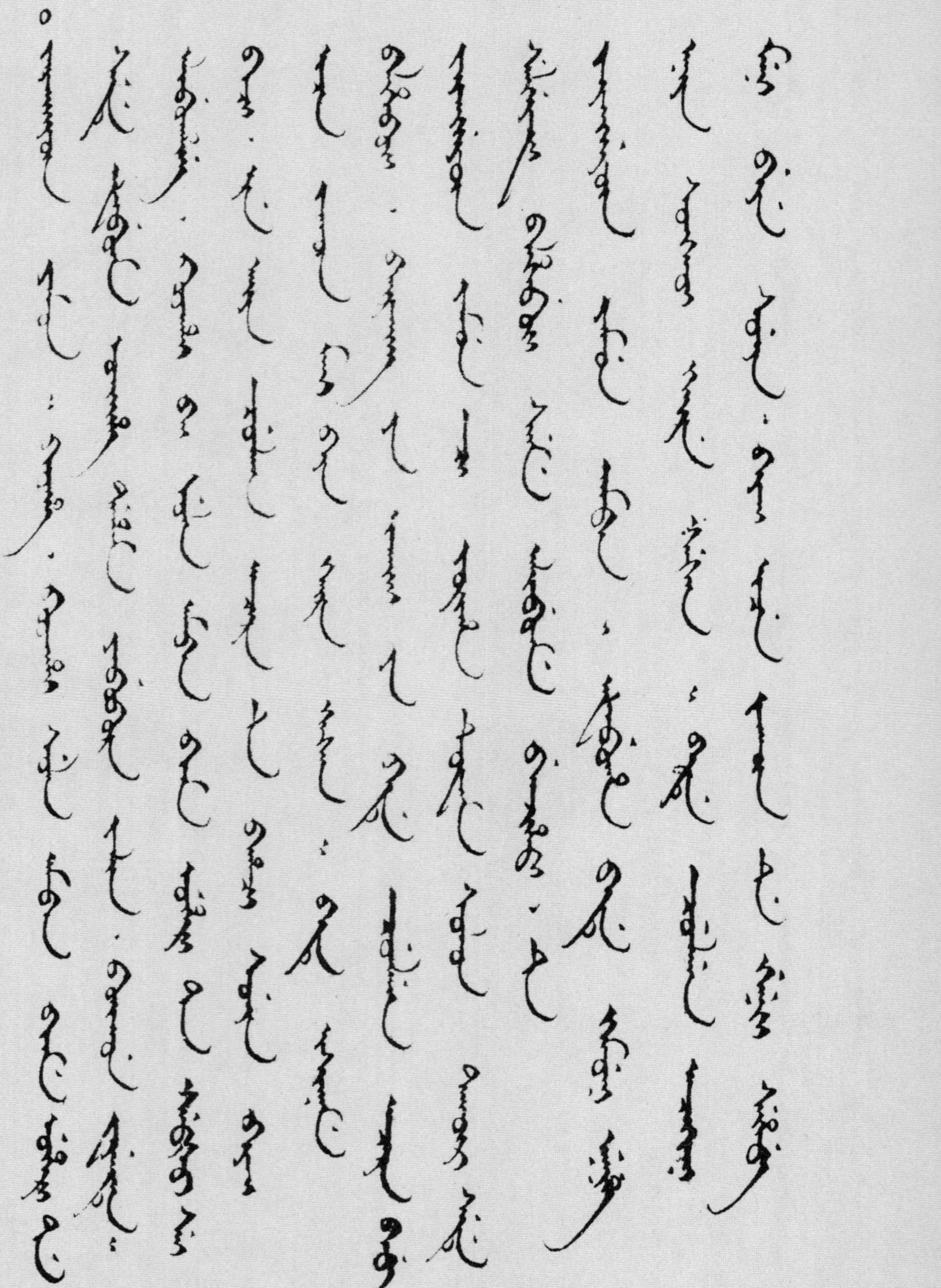

ᠪᠠᡳᠴᠠᡶᡳ ᠠᠨᡳᠶᠠ ᡨᡠᡵᡤᡠᠨ ᠪᡠᠮᡝ ᡨᡠᠴᡳᠮᡝ ᠪᡳᠶᠠᡳ ᠪᠠᡵᡳ ᡤᡳᠰᡠᡵᡝᡥᡝ ᠰᡝᡥᡝ

ᠠᠪᡴᠠᡳ ᠸᡝᡥᡳᠶᡝᡥᡝ ᠵᡠᠸᠠᠨ ᠨᡳᠶᠠᠨ ᠰᡠᠨᠵᠠᠴᡳ ᠠᠨᡳᠶᠠ ᠠᠨᡳᠶᠠ ᡳᠨᡝᠩᡤᡳ

一一九五　黑龙江将军衙门为严禁布特哈索伦达斡尔等狩猎使用鸟枪事札布特哈索伦达斡尔总管等文

乾隆二十九年四月十六日

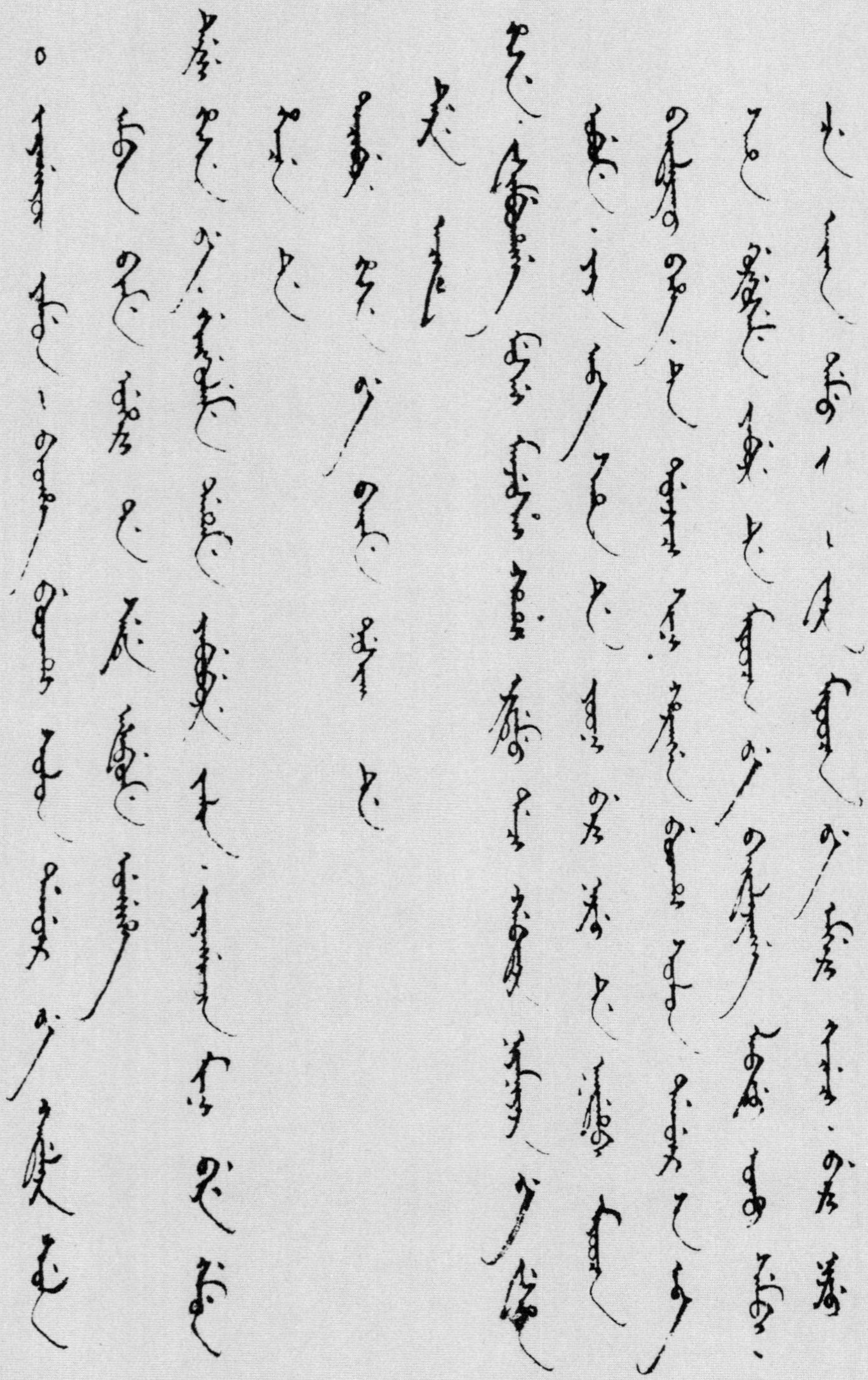

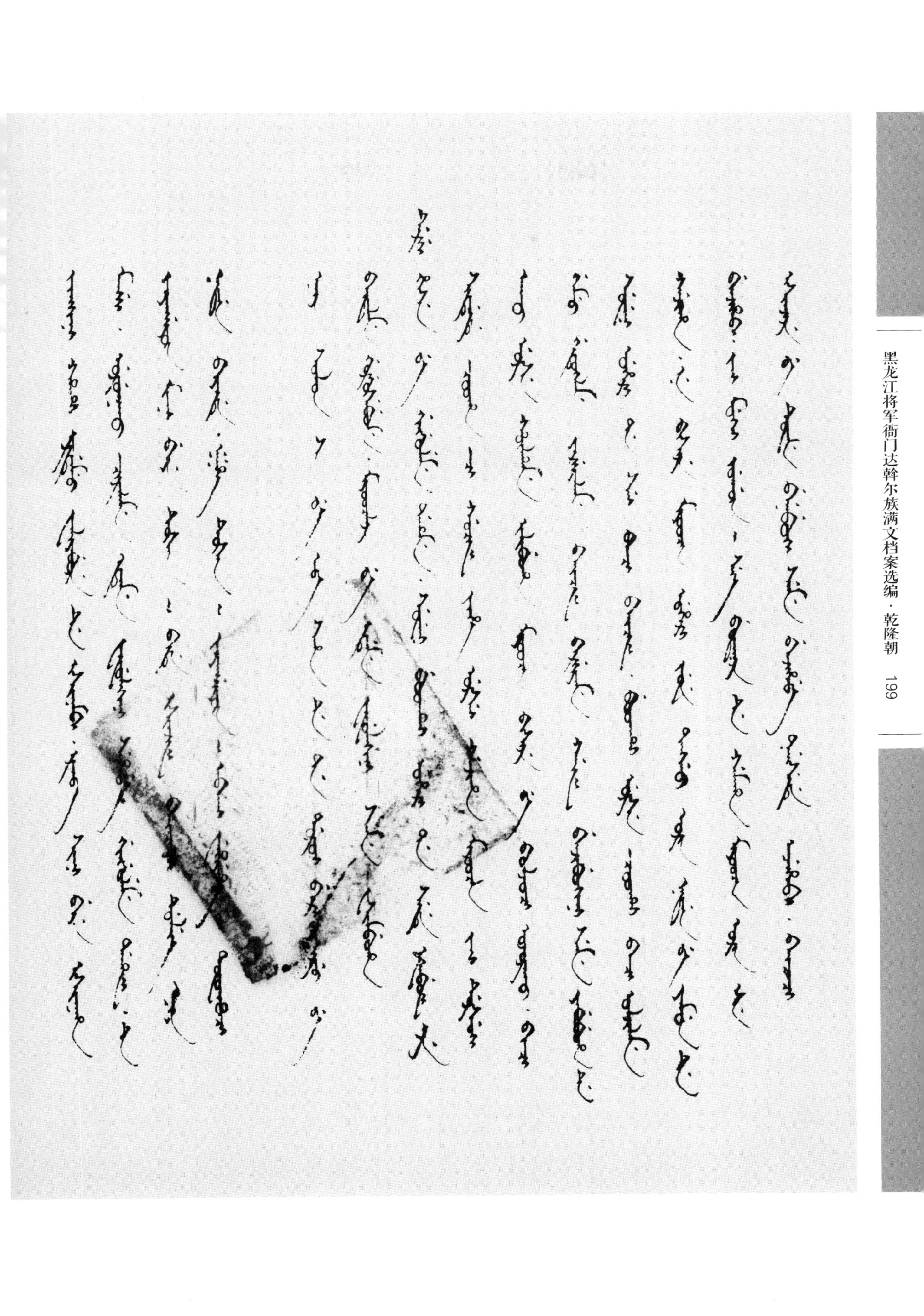

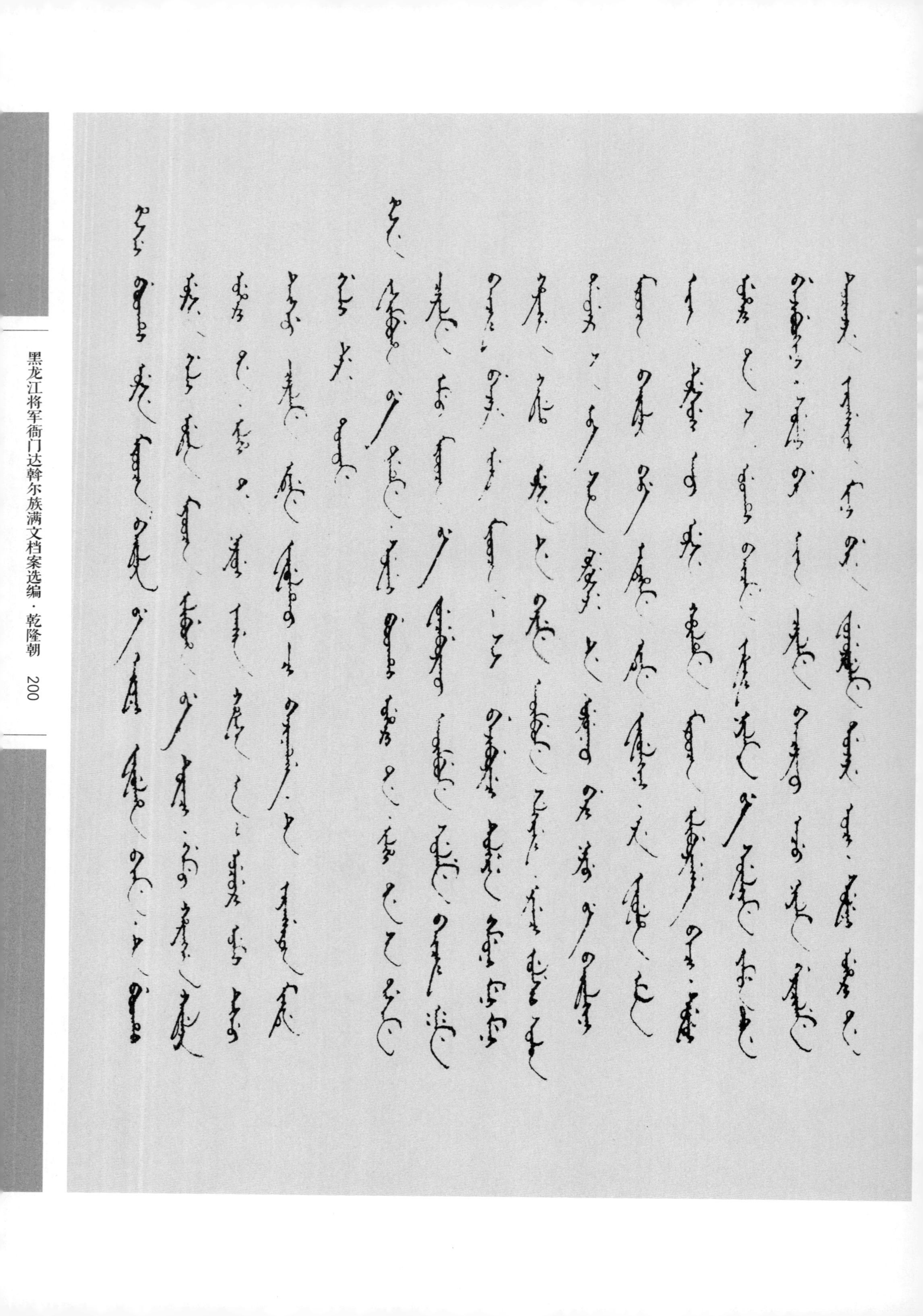

[illegible]

一一九六 黑龙江将军衙门为报送拟选黑龙江各处满洲达斡尔汉军等骁骑校缺人员事咨兵部文

乾隆二十九年四月十九日

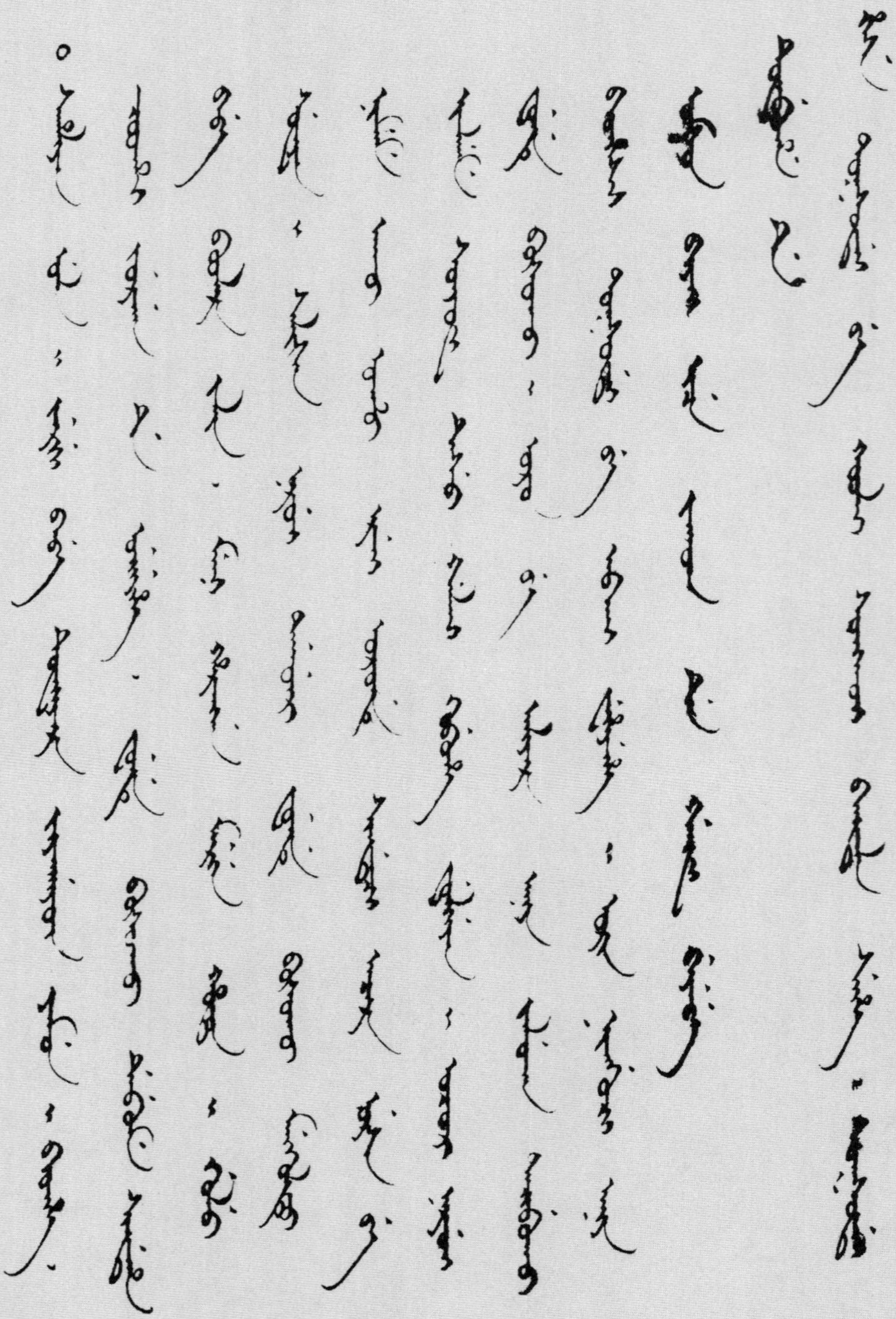

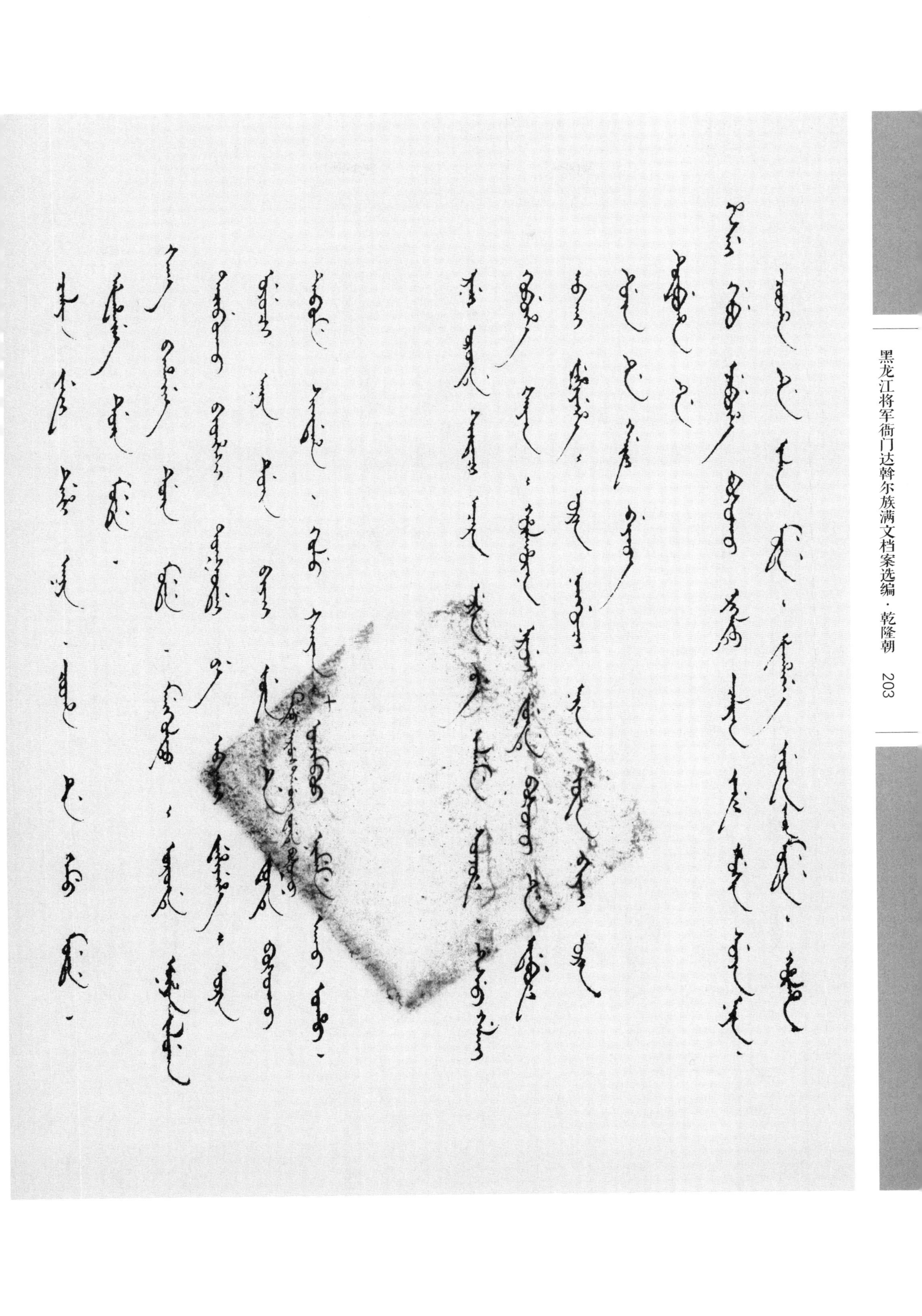

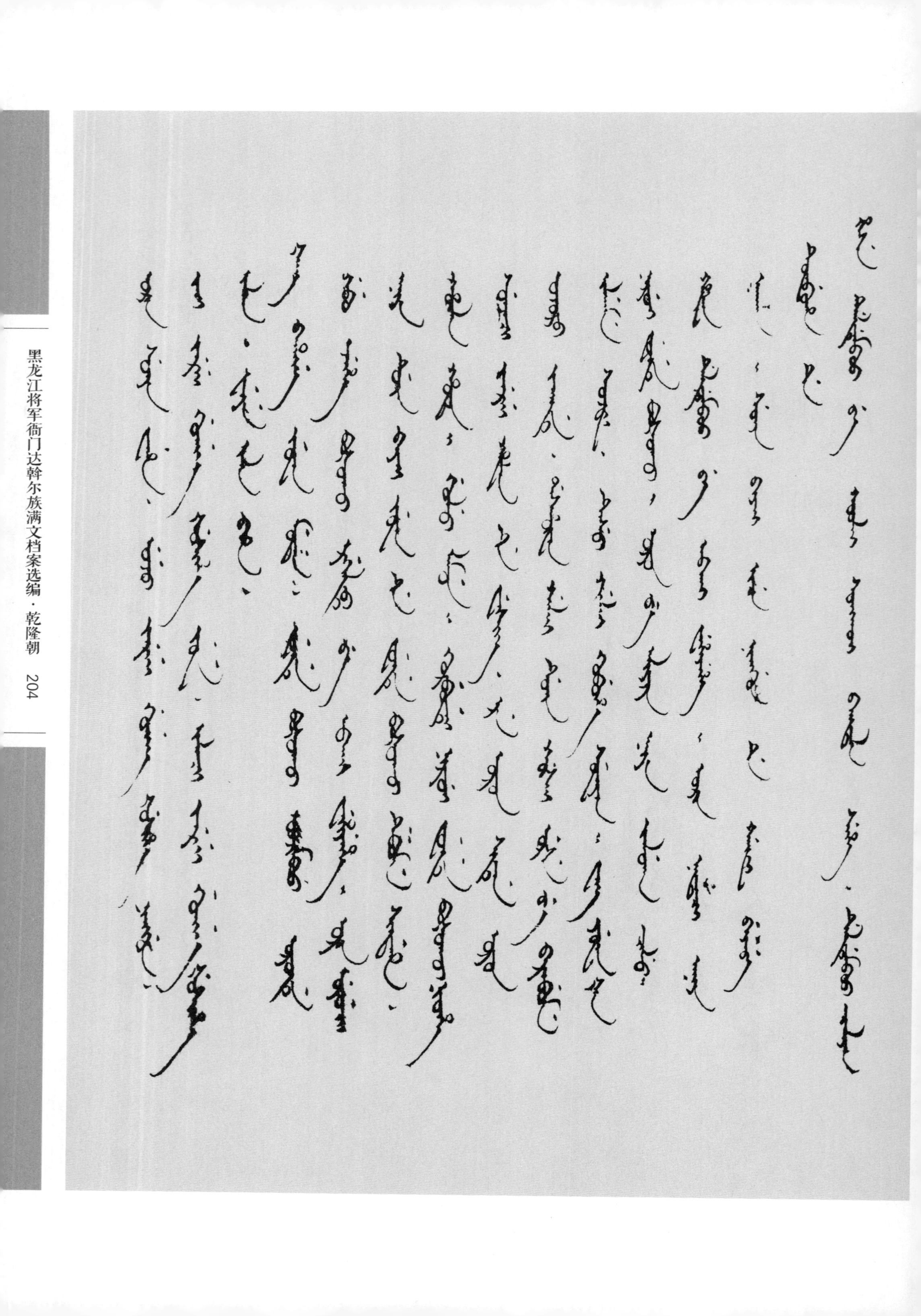

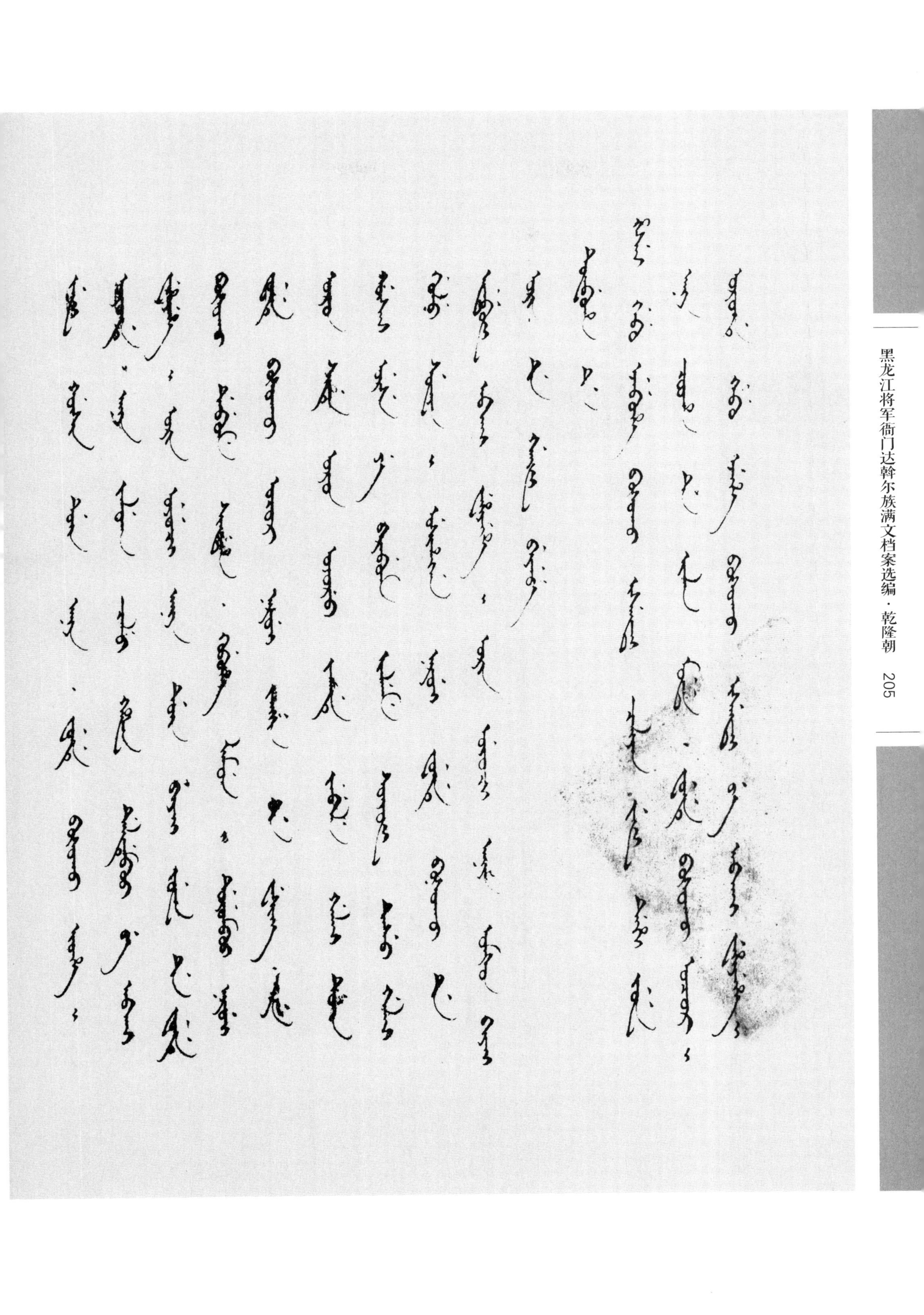

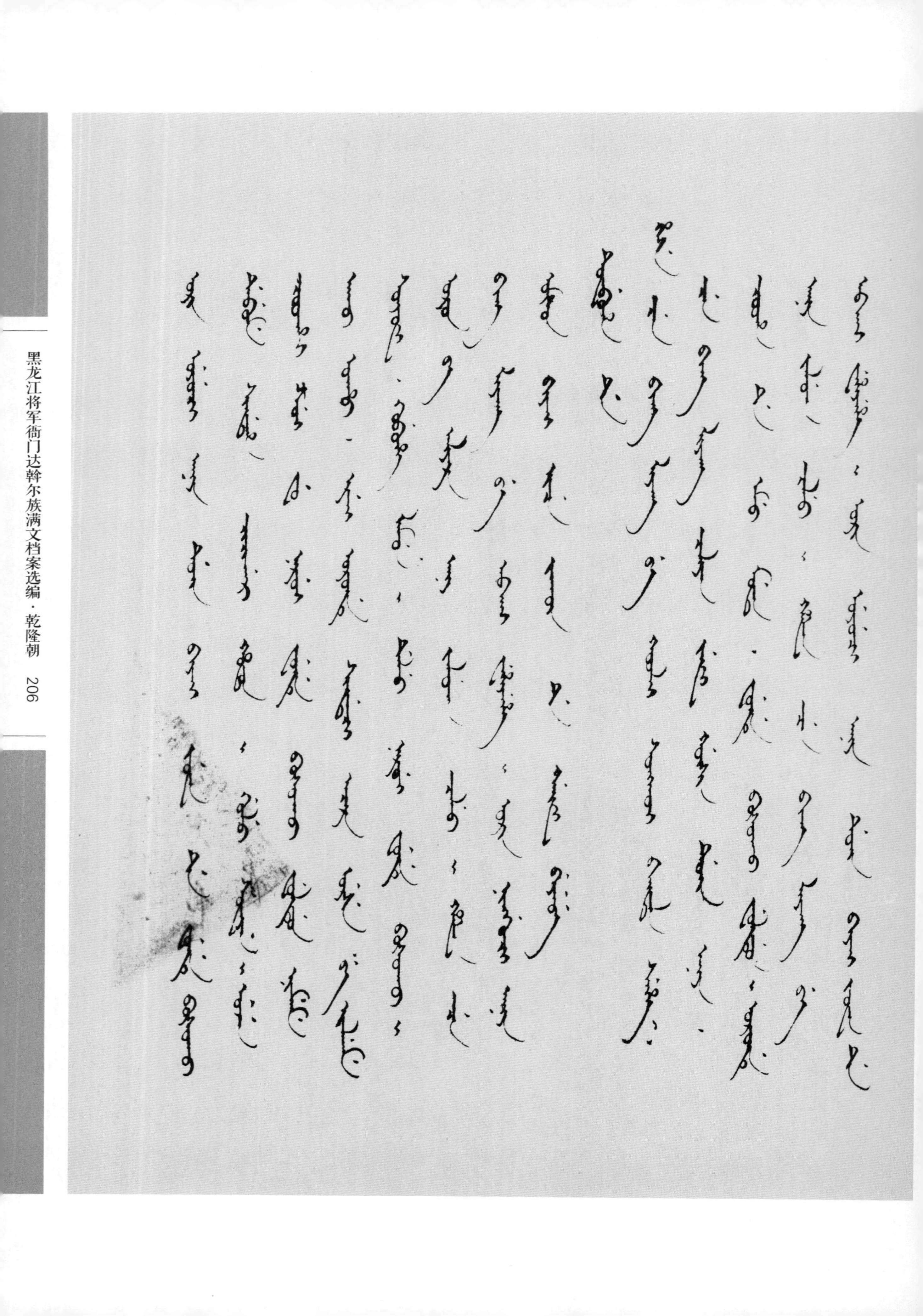

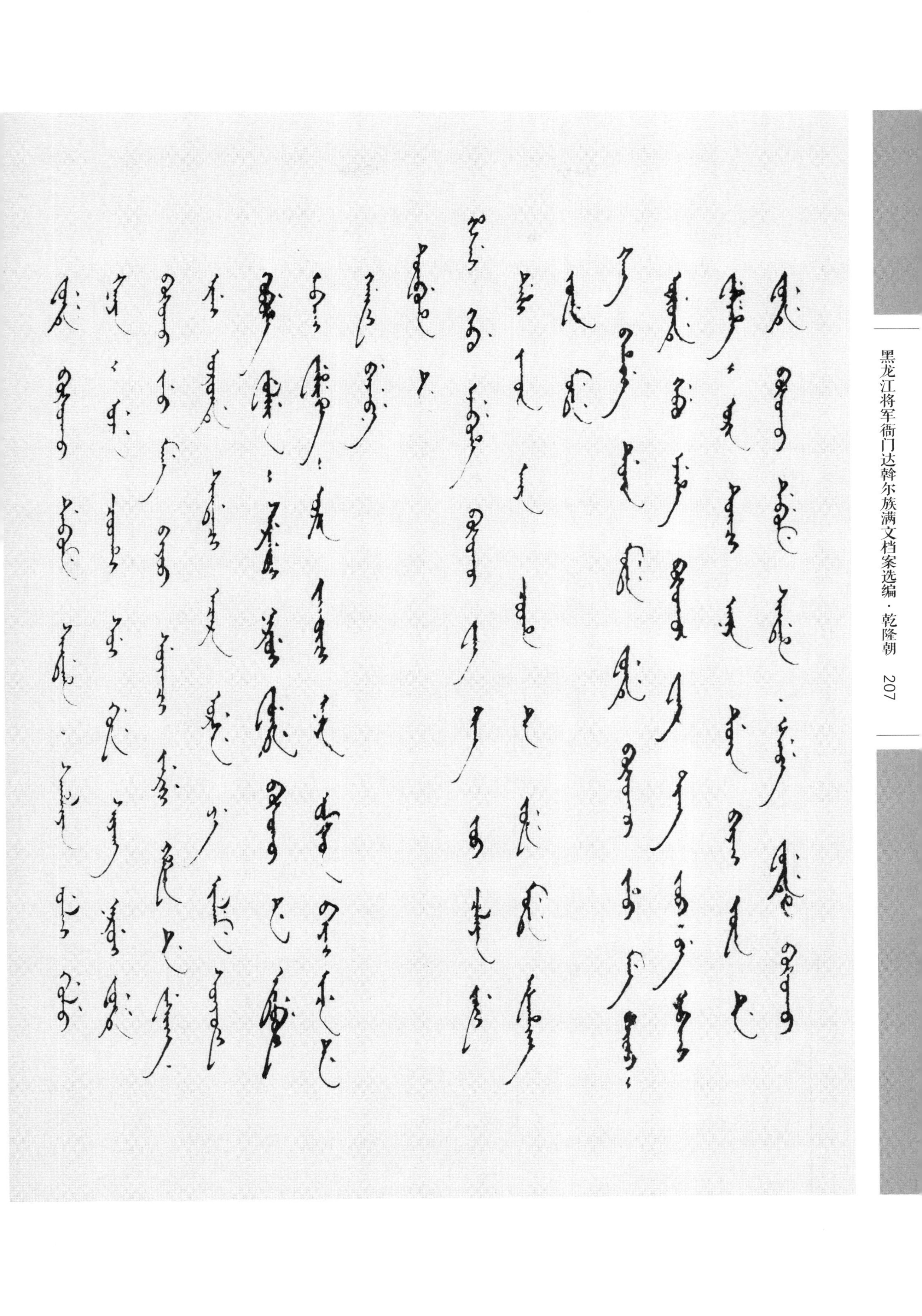

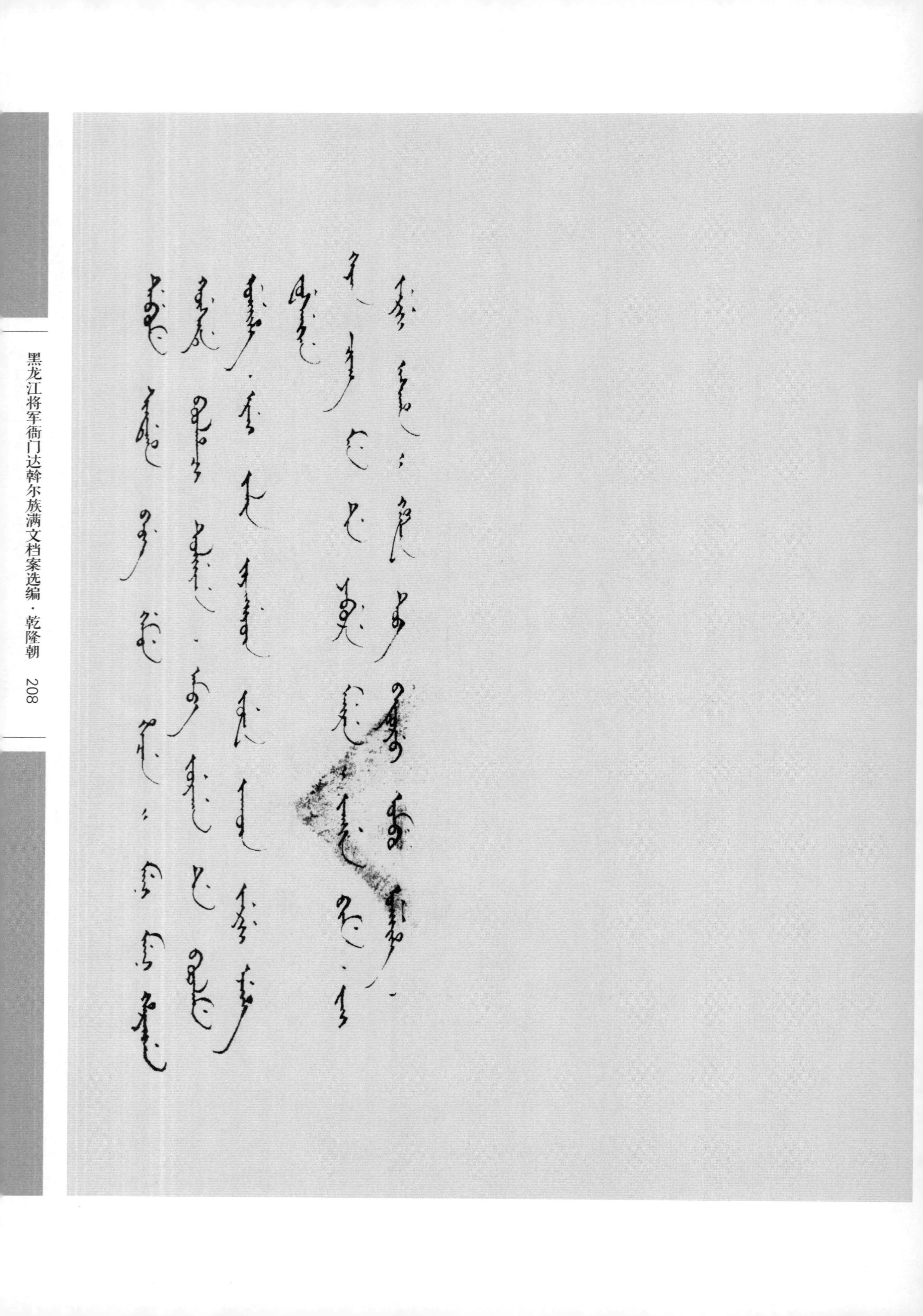

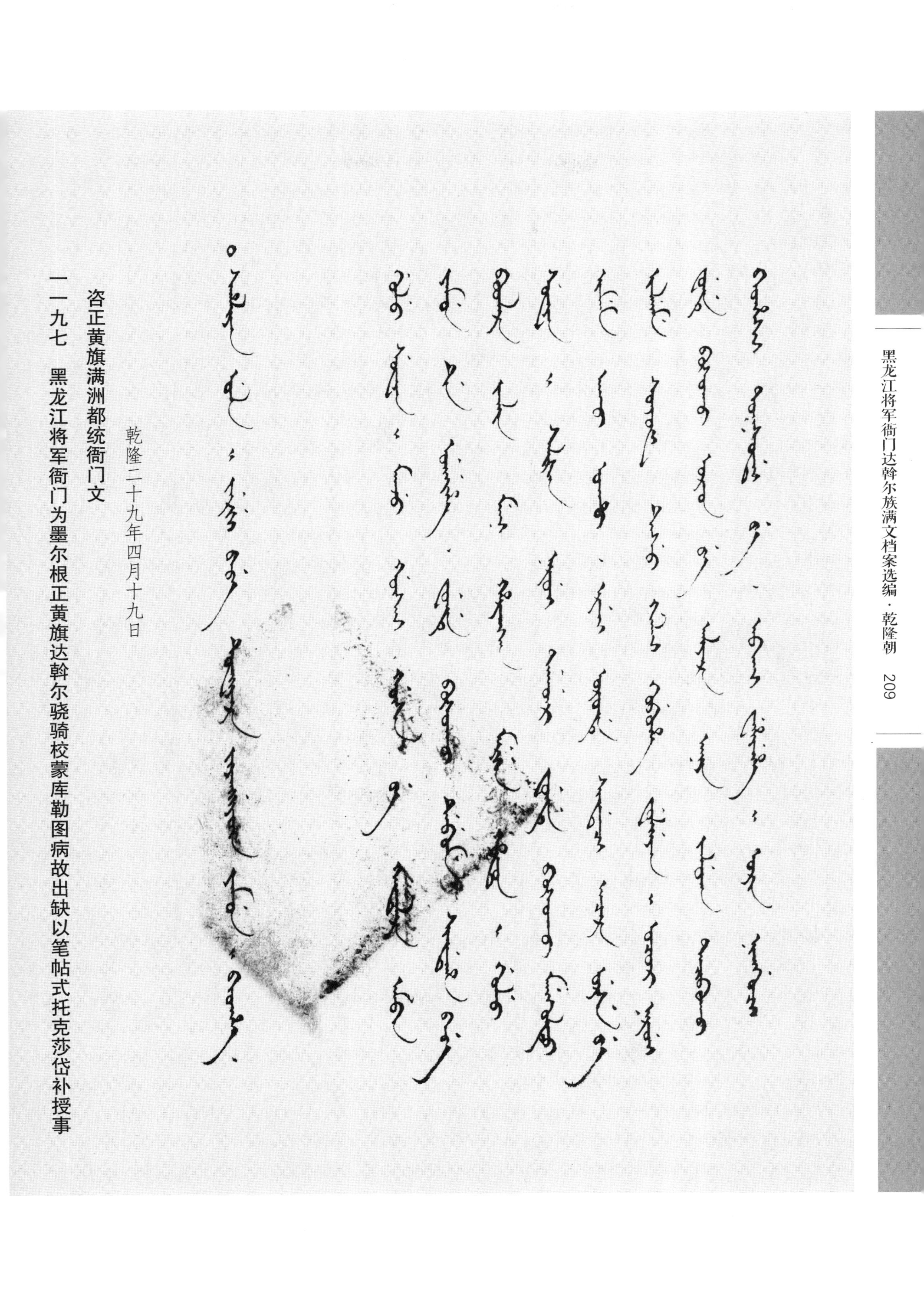

乾隆二十九年四月十九日

一一九七 黑龙江将军衙门为墨尔根正黄旗达斡尔骁骑校蒙库勒图病故出缺以笔帖式托克莎岱补授事咨正黄旗满洲都统衙门文

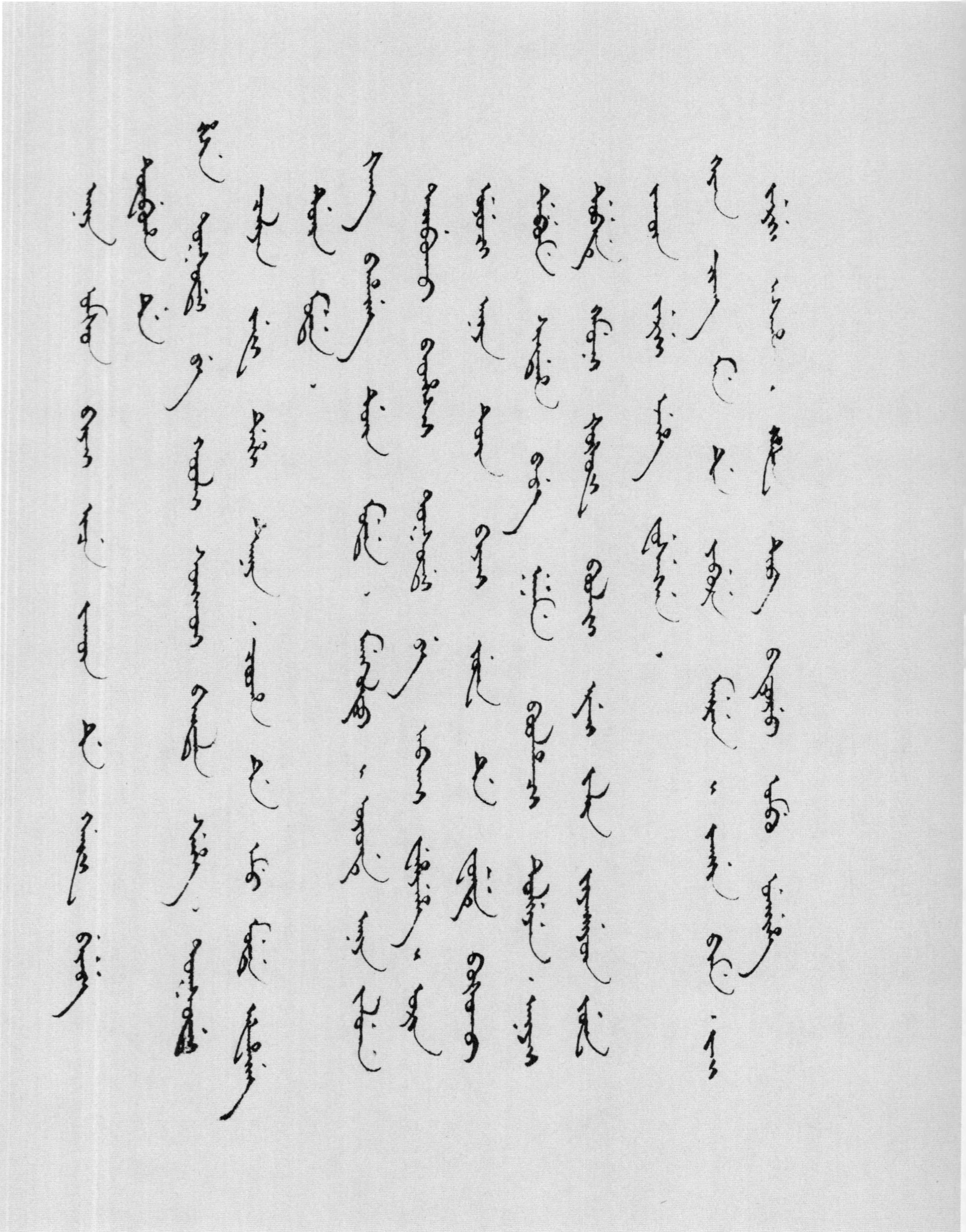

一一九八 黑龙江将军衙门为墨尔根正白旗达斡尔骁骑校鄂济穆保病故出缺以领催额尔格勒图补授事

咨正白旗满洲都统衙门文

乾隆二十九年四月十九日

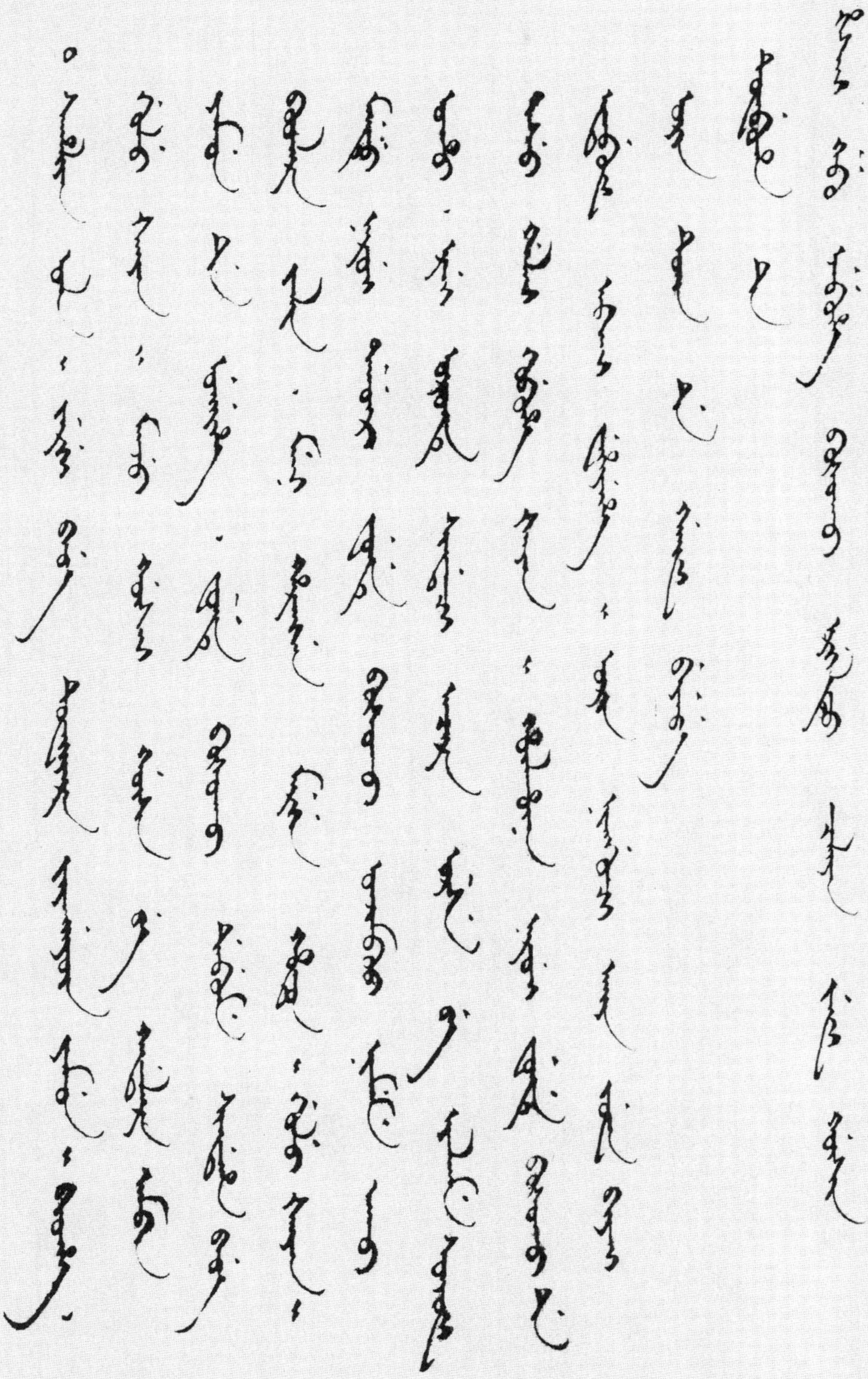

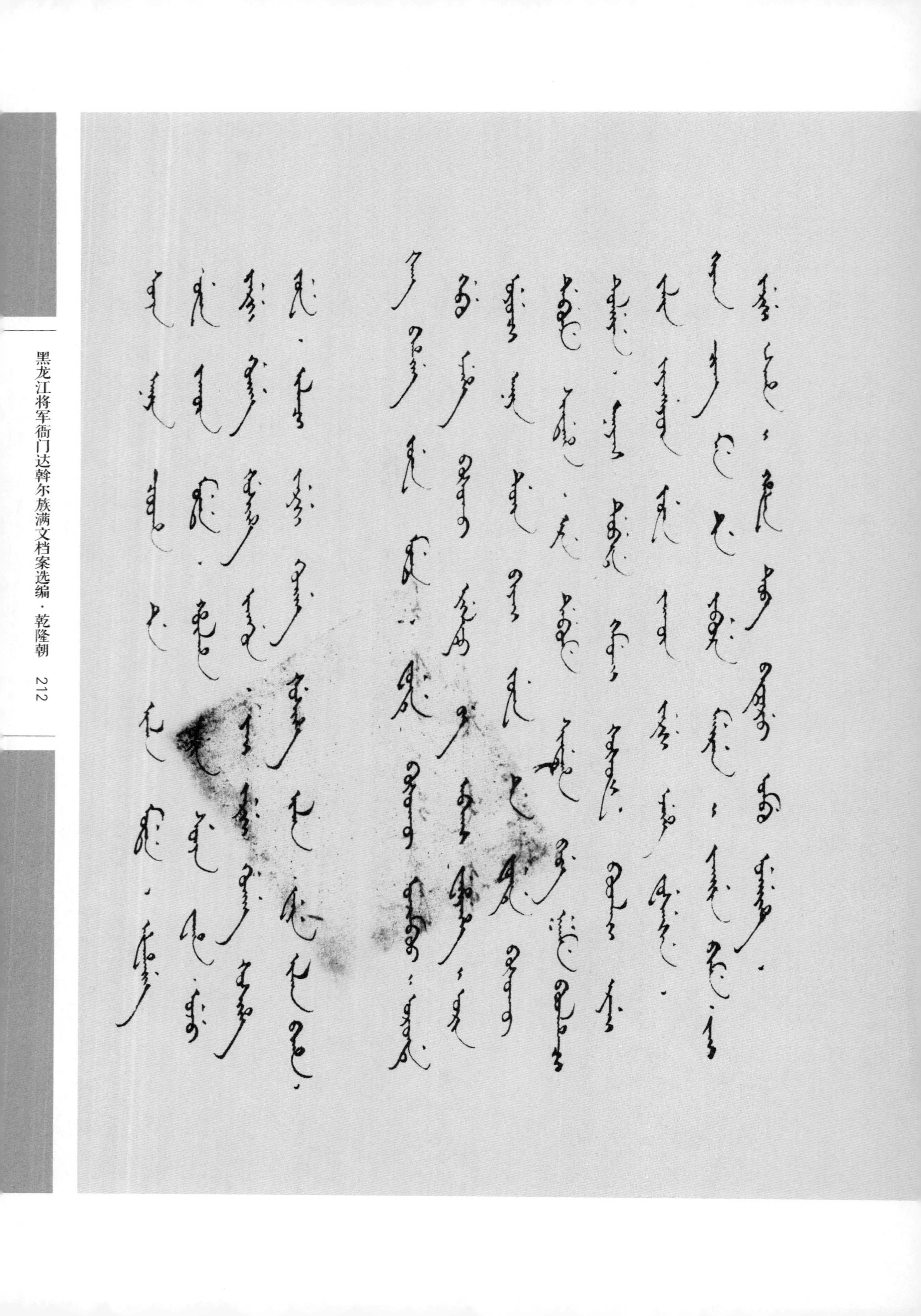

一一九九 黑龙江将军衙门为报送黑龙江各处满洲达斡尔协领兼管佐领情形事咨兵部文

乾隆二十九年四月十九日

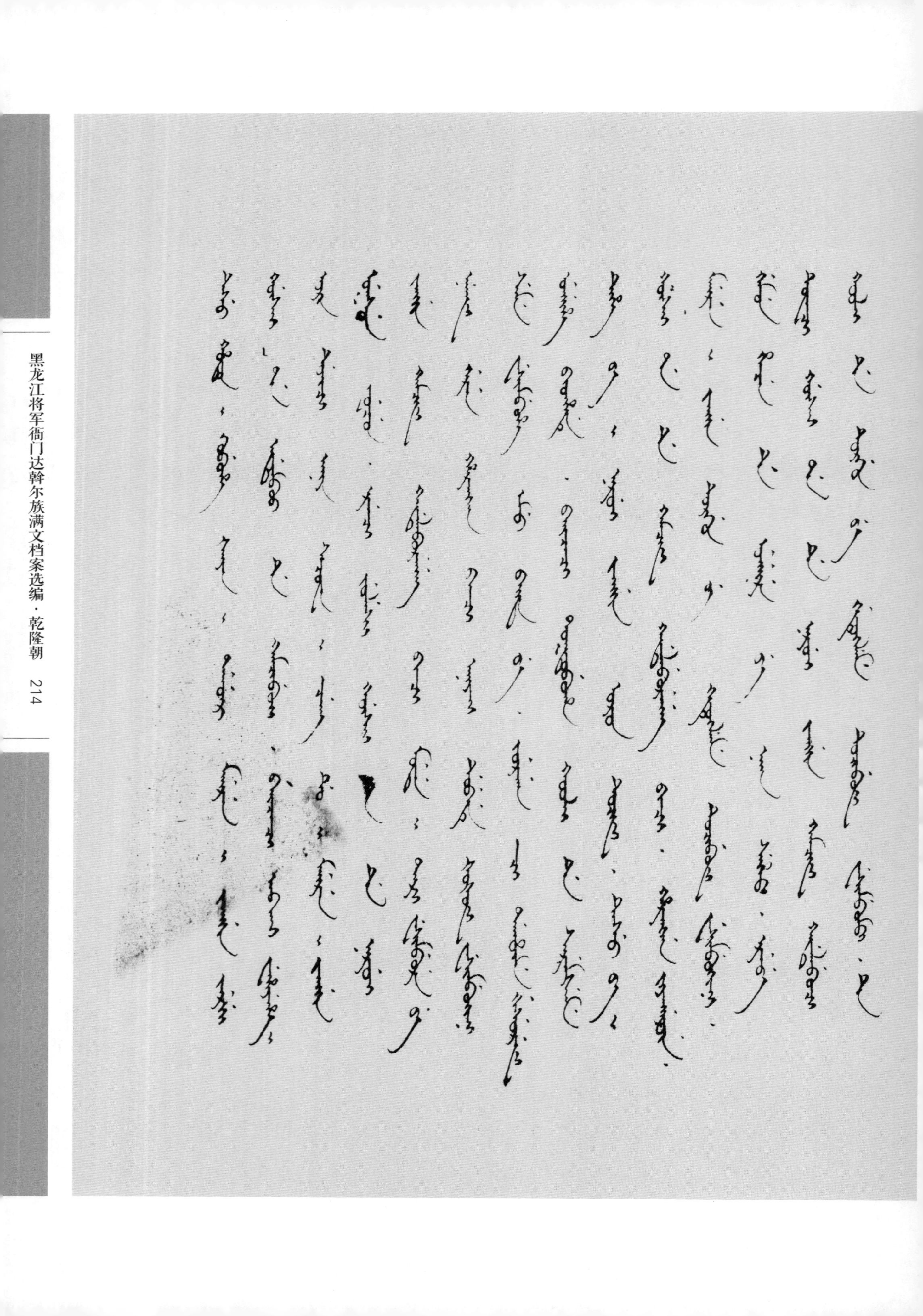

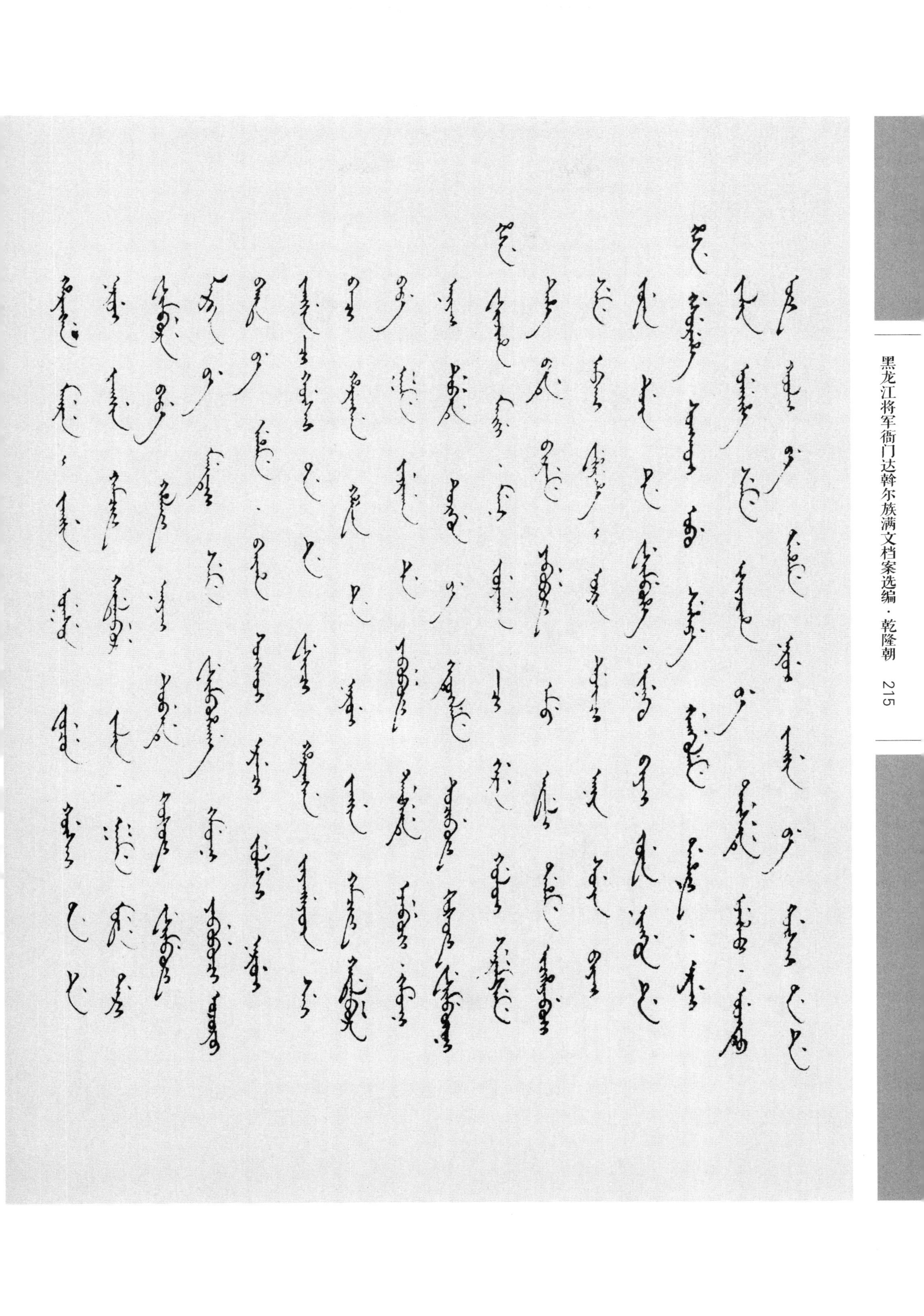

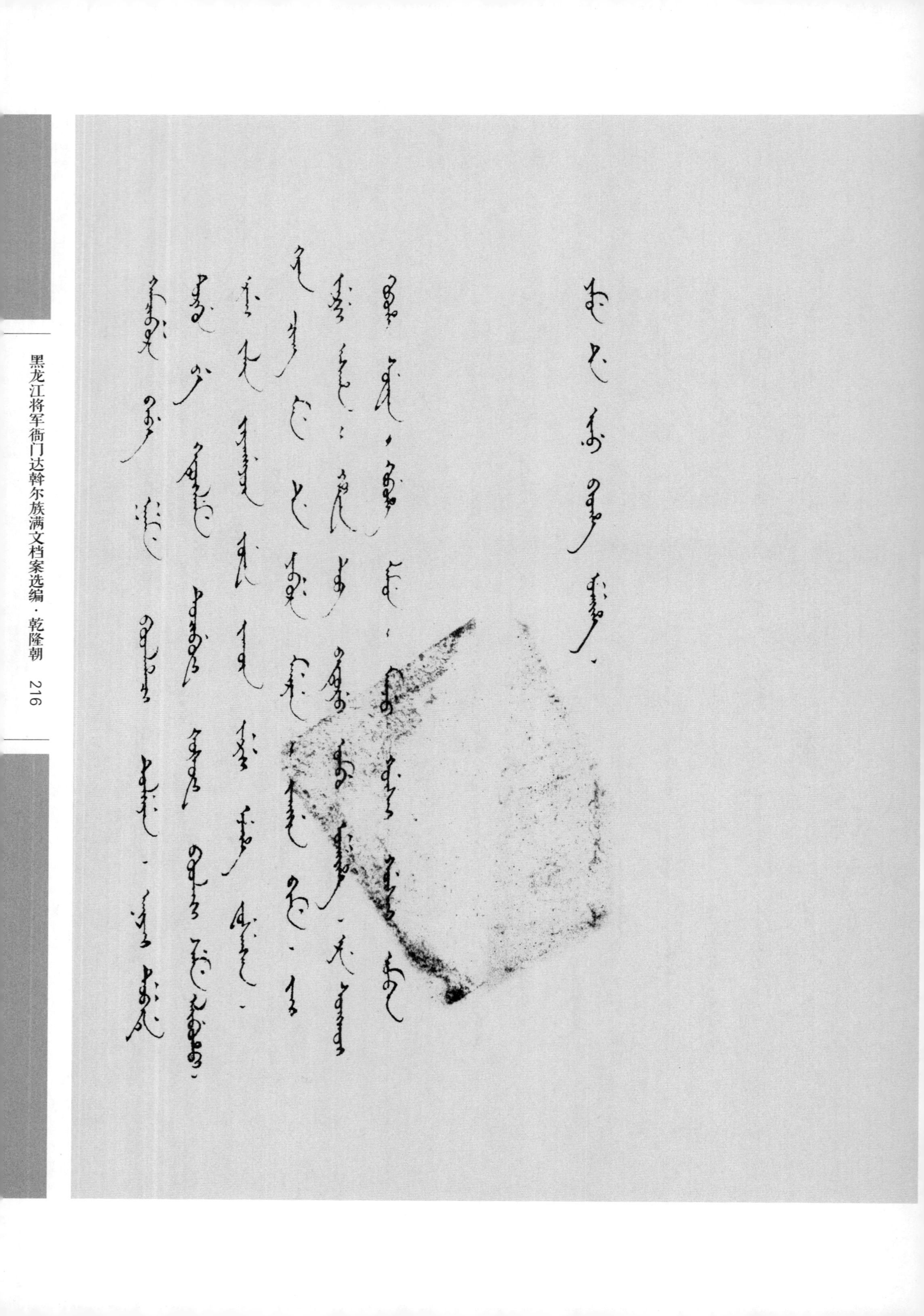

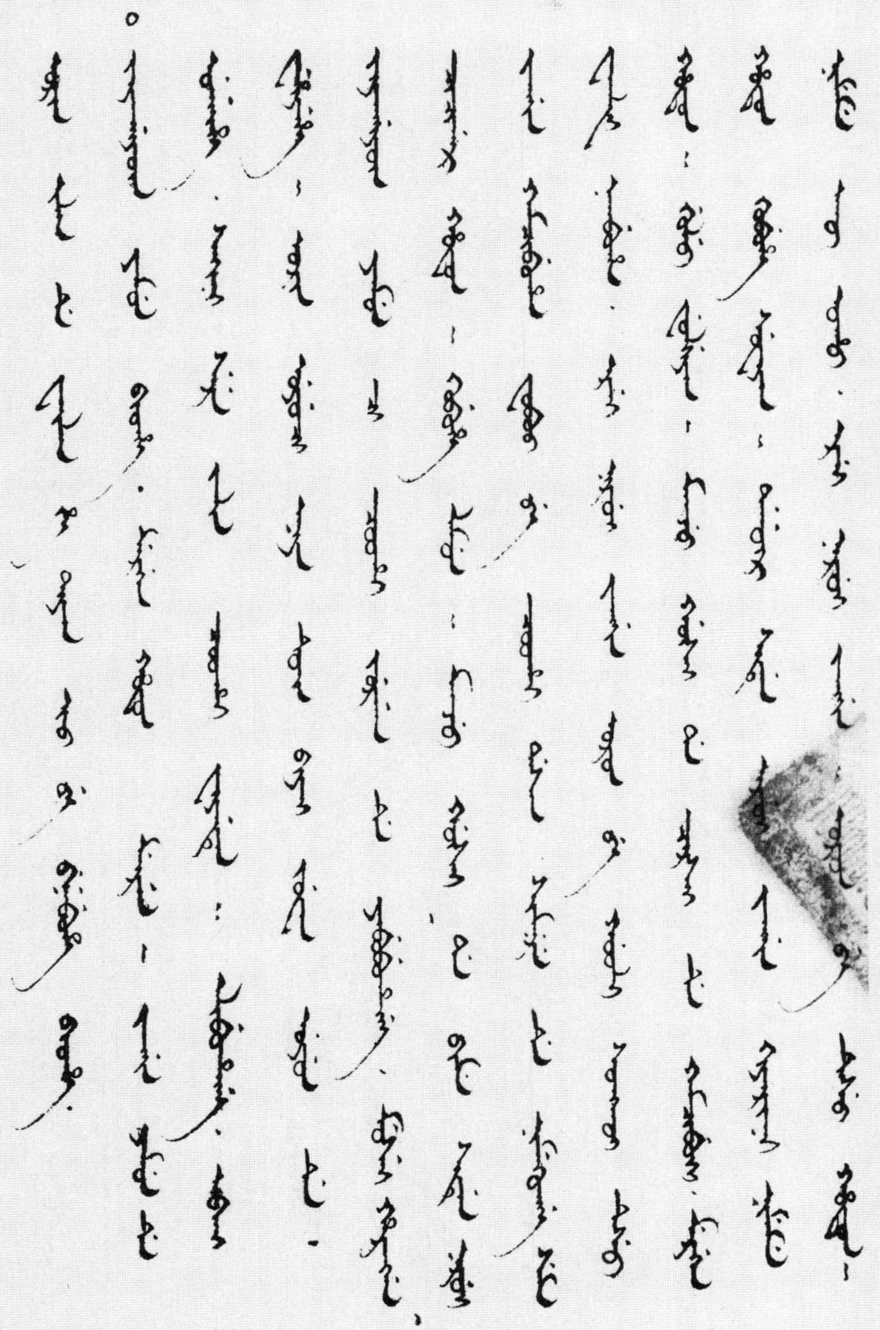

一二〇〇 黑龙江将军衙门为知会黑龙江各处满洲达斡尔协领兼管佐领情形事咨墨尔根副都统衙门文

乾隆二十九年四月二十三日

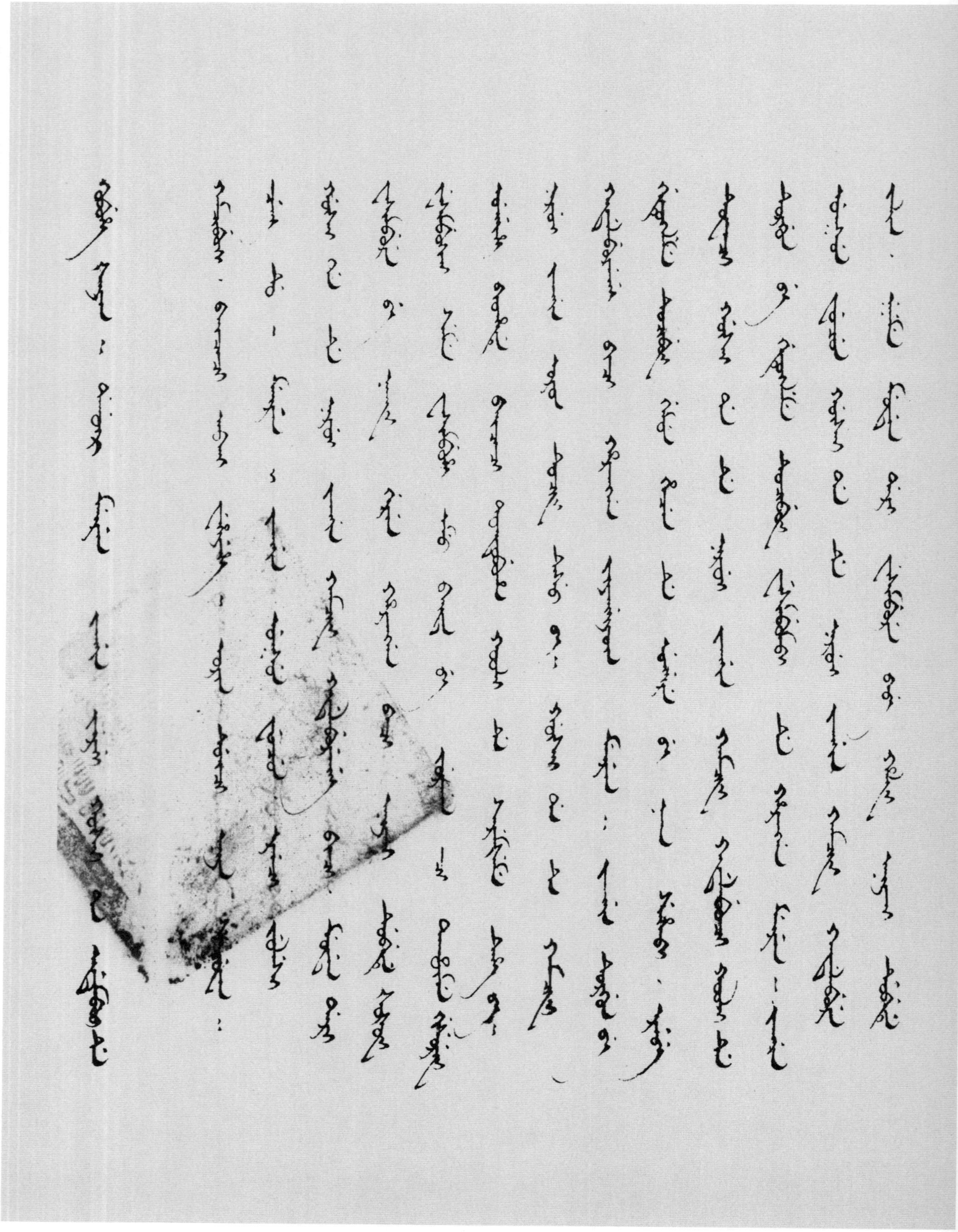

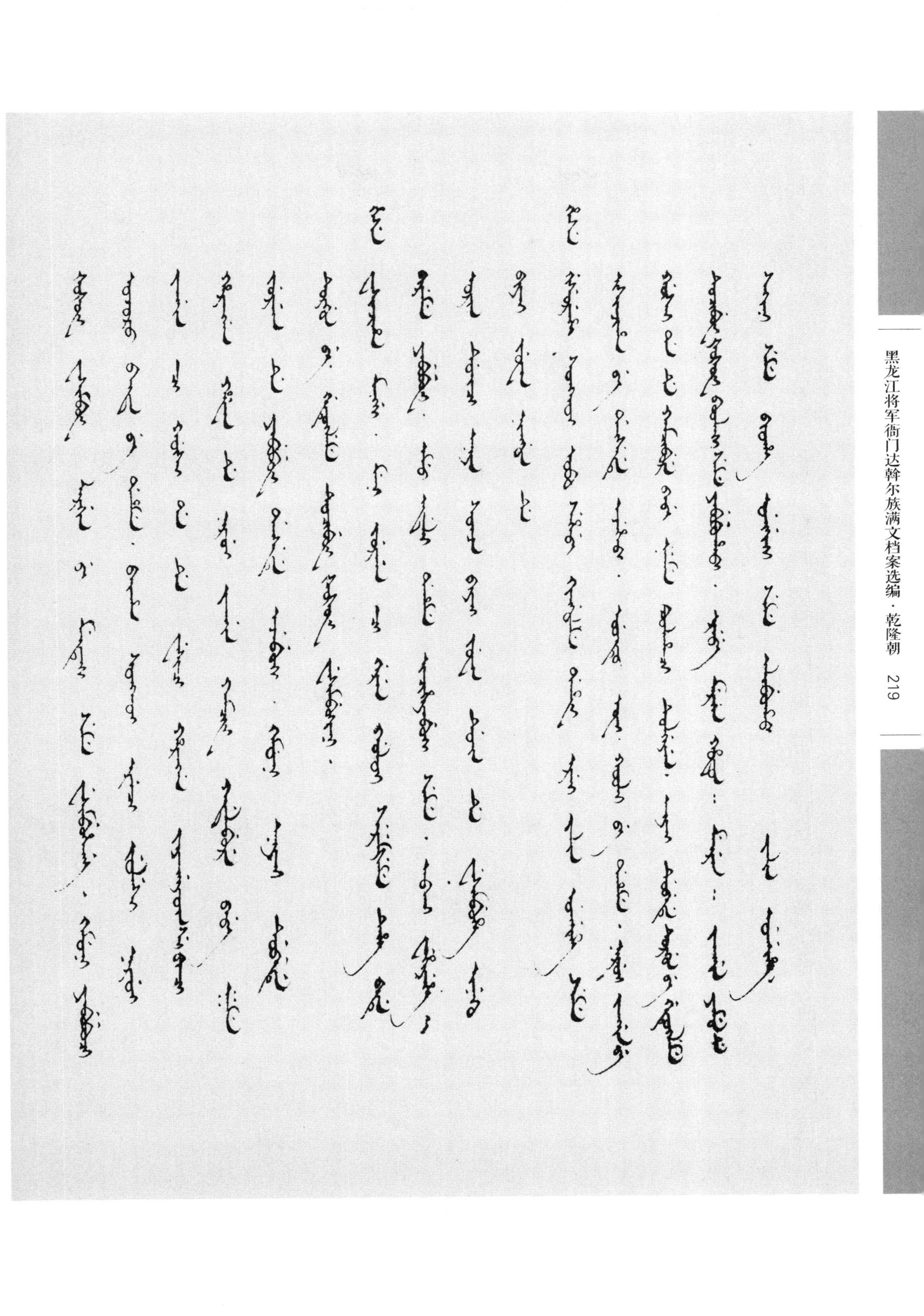

[illegible]

一二〇一　黑龙江将军衙门为选派马步箭娴熟满洲索伦达斡尔官兵进木兰围并造送花名册事咨黑龙江副都统衙门文

乾隆二十九年五月十二日

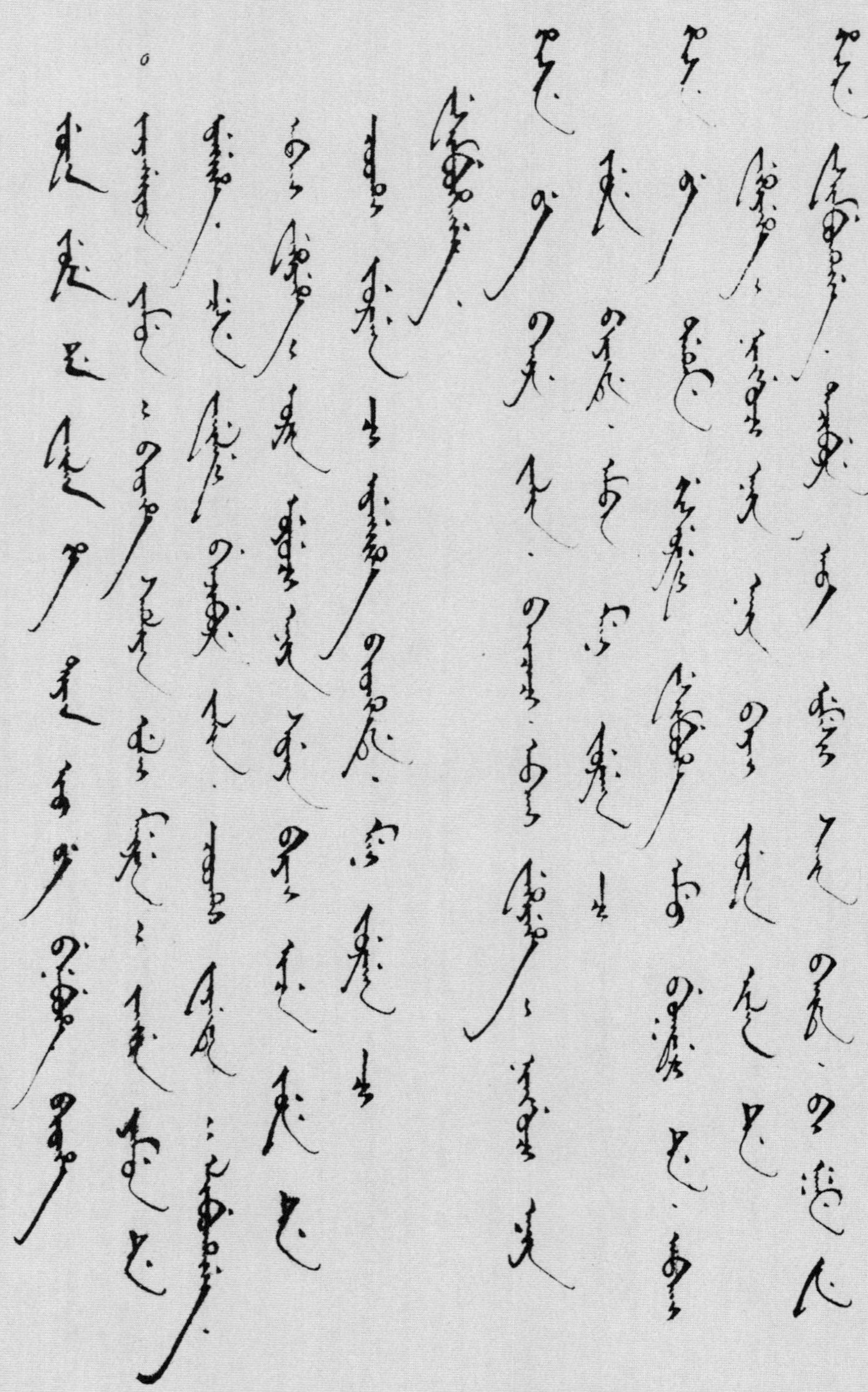

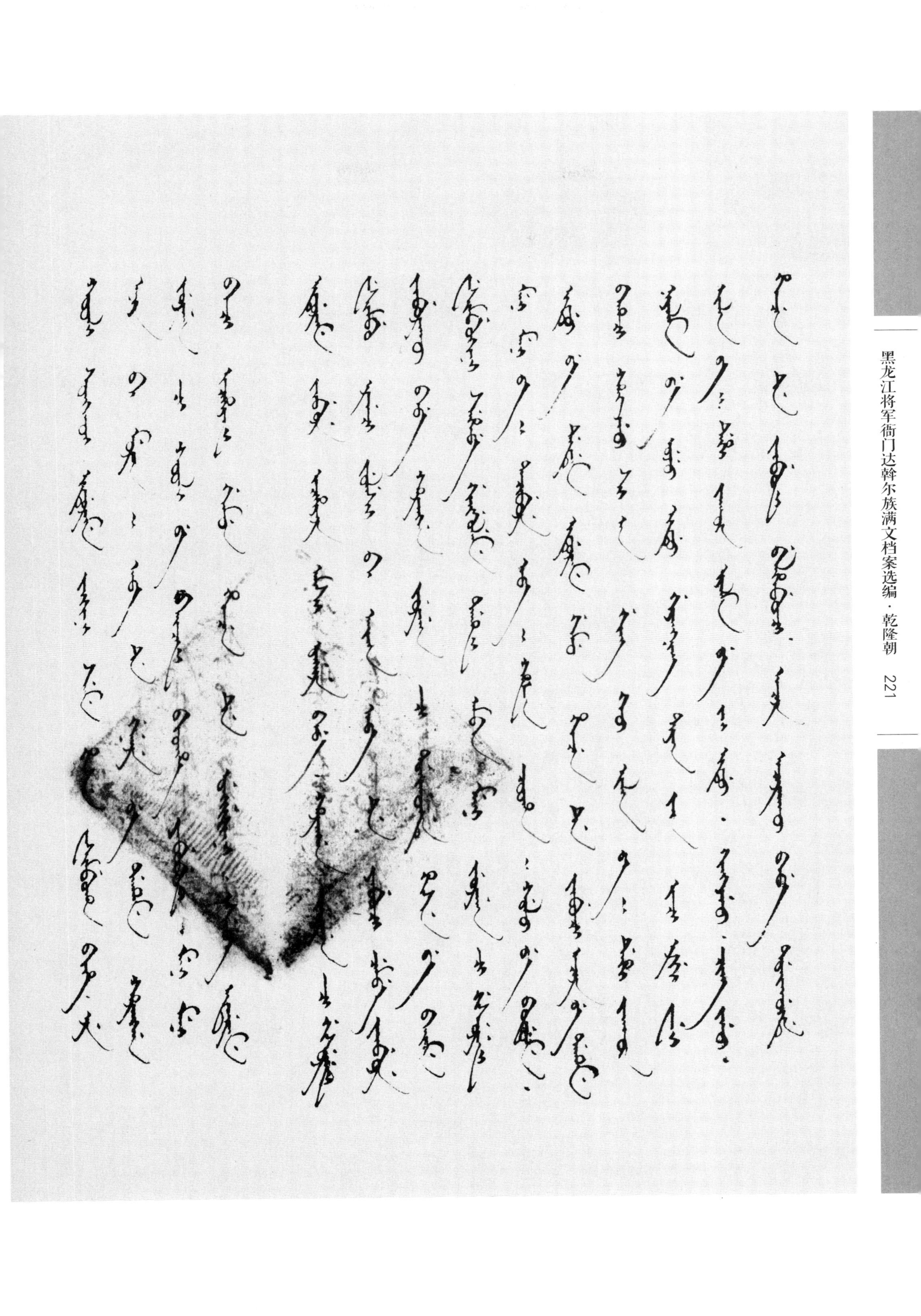

[illegible]

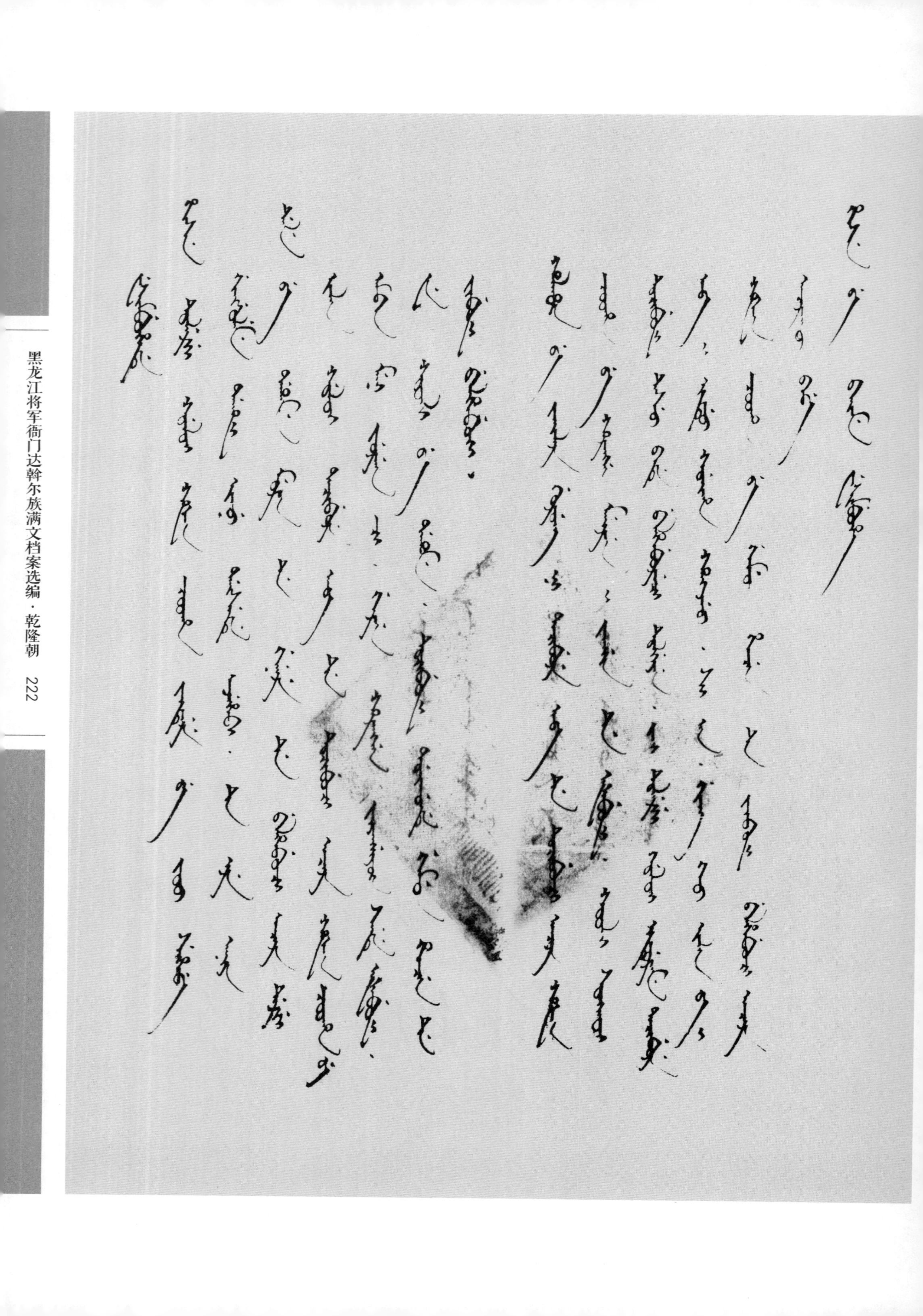

[illegible]

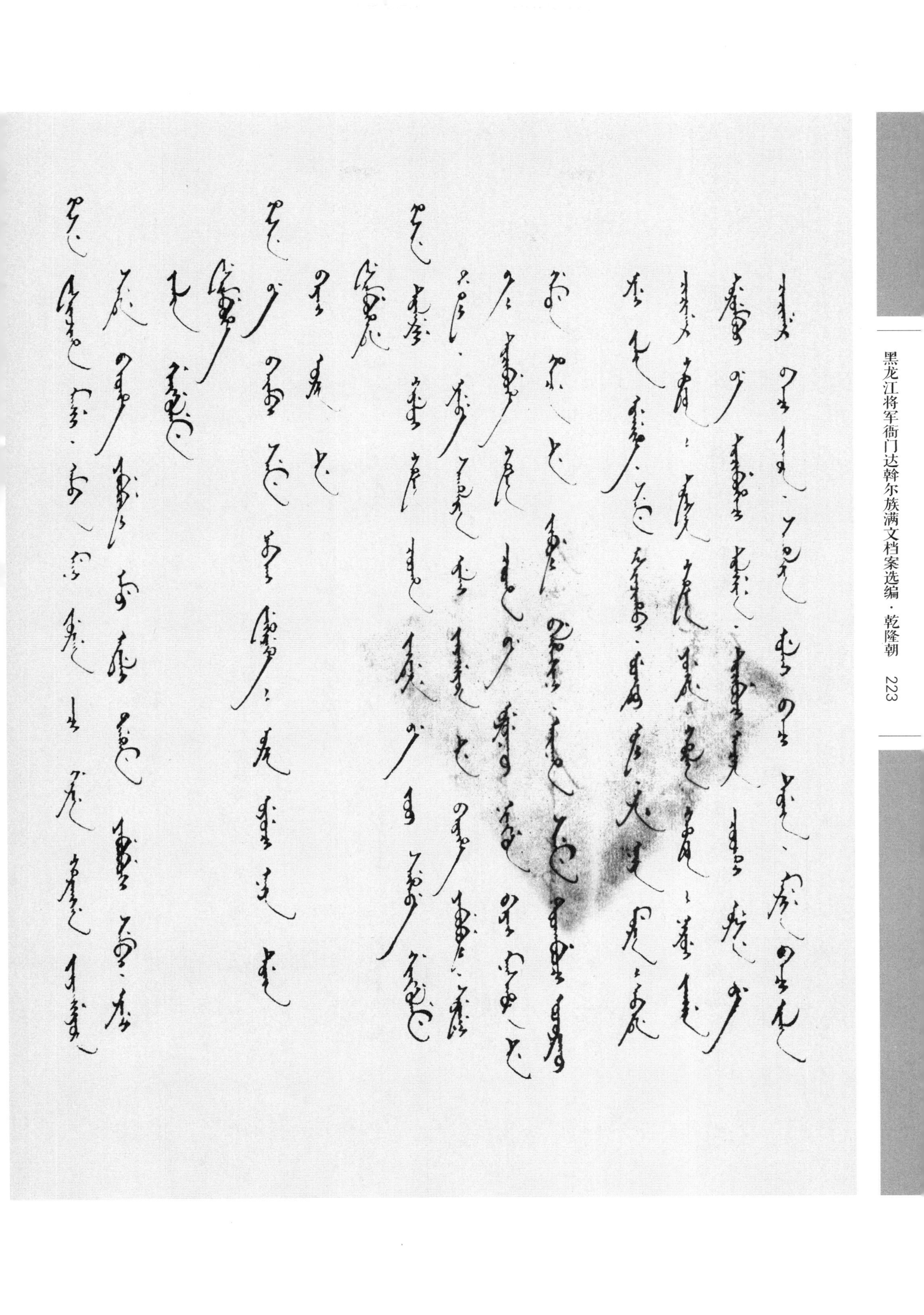

[illegible]

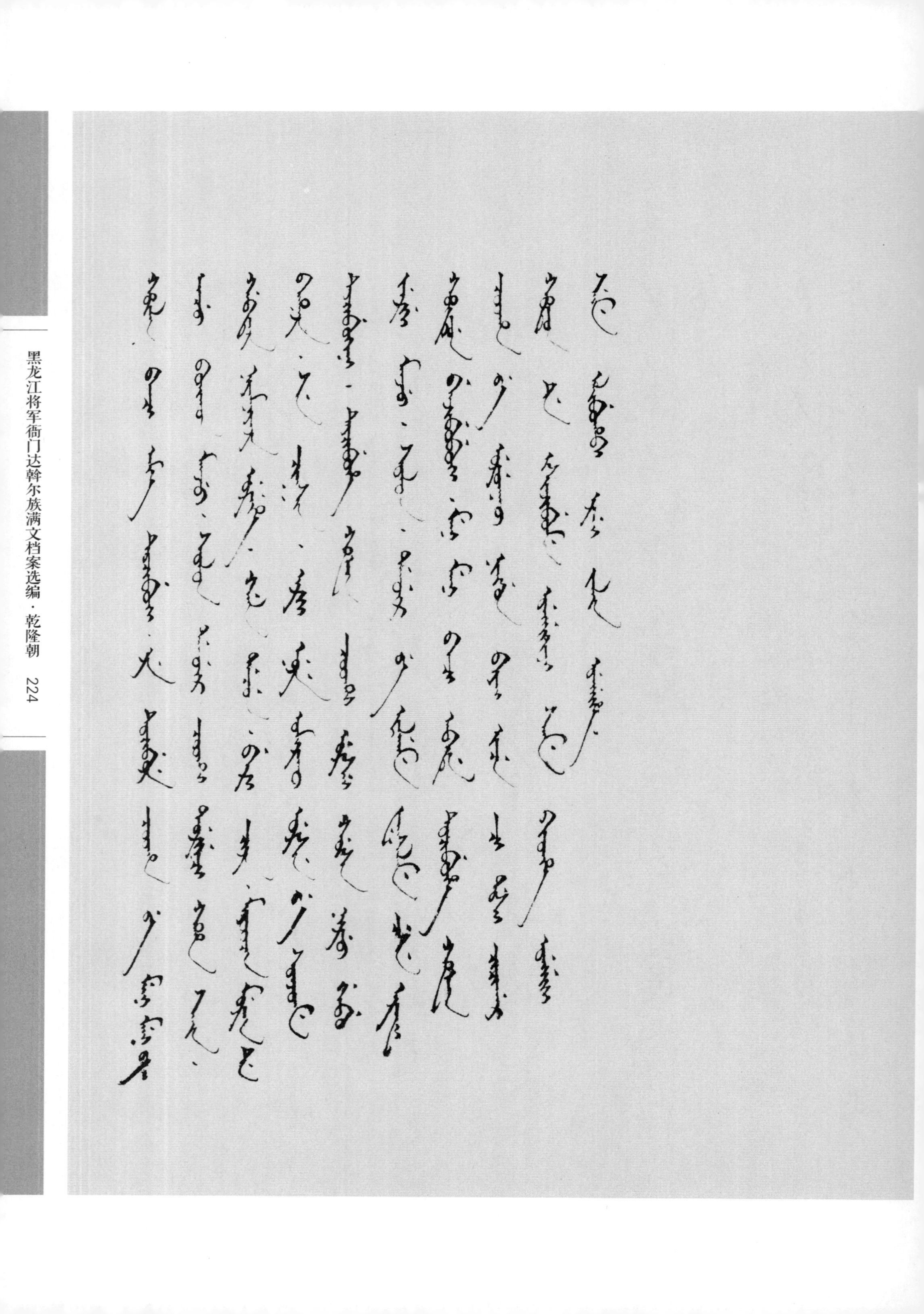

一二〇二 黑龙江将军衙门为造送拣选技艺娴熟索伦达斡尔等官兵花名册事咨理藩院文

乾隆二十九年五月二十四日

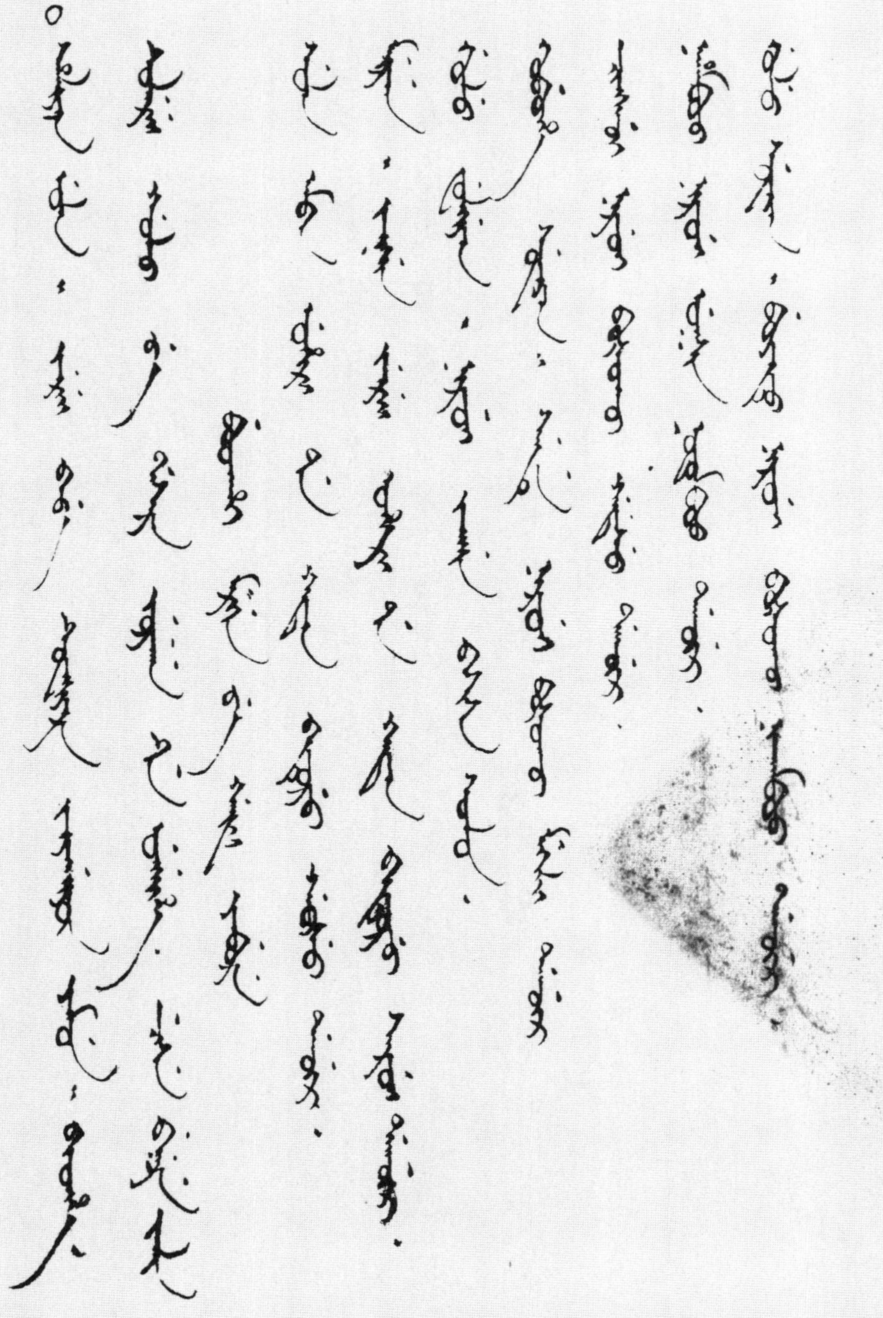

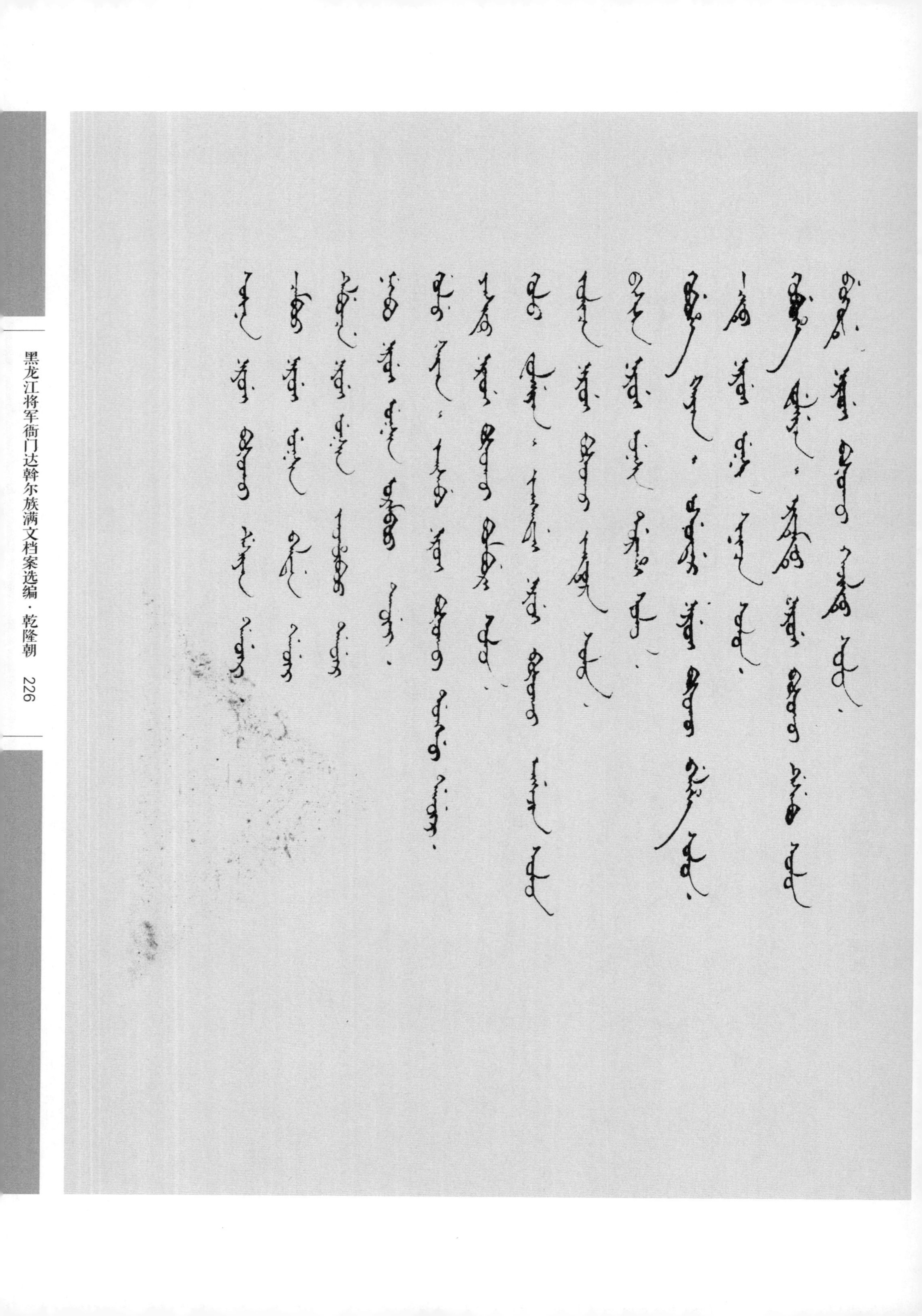

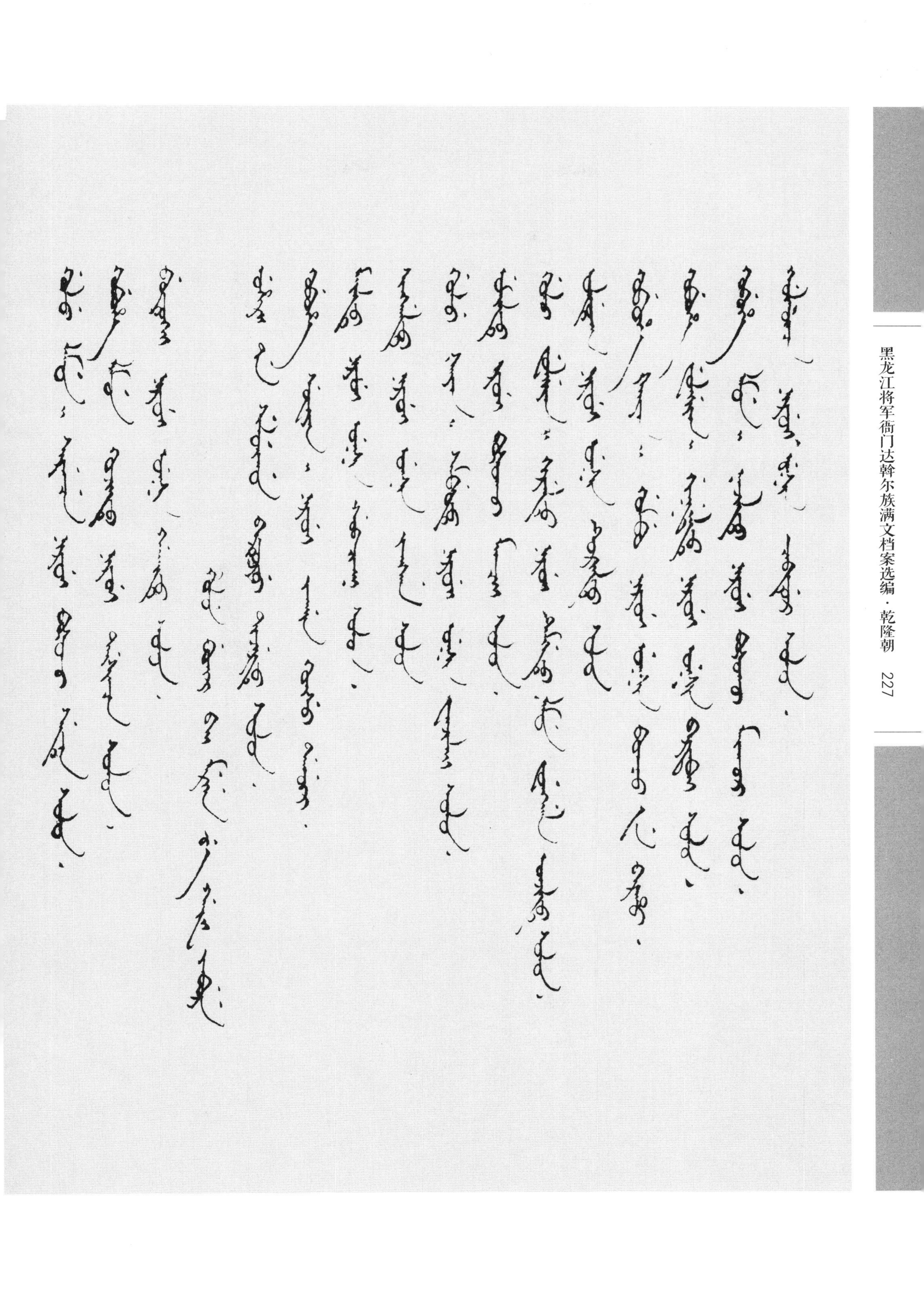

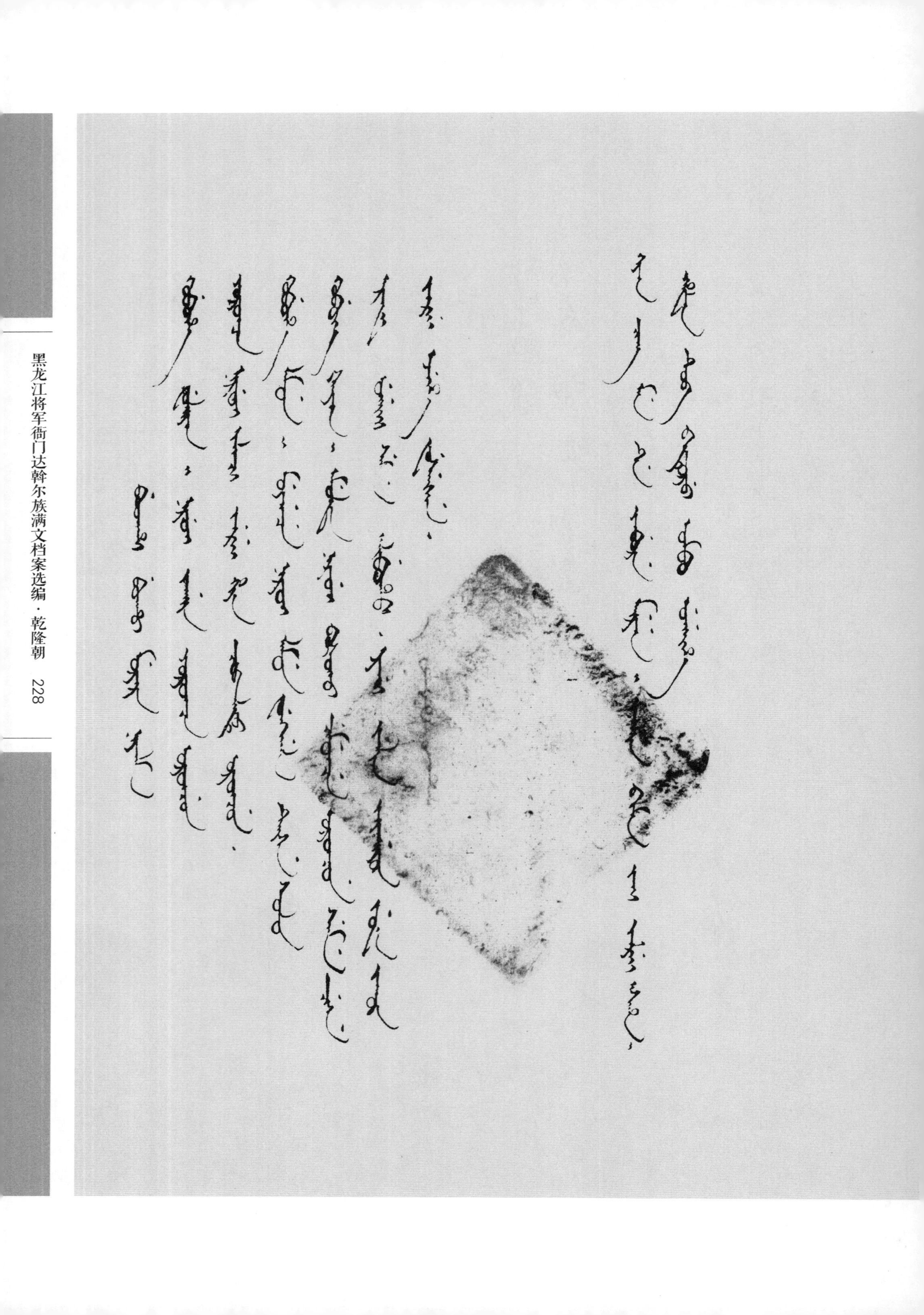

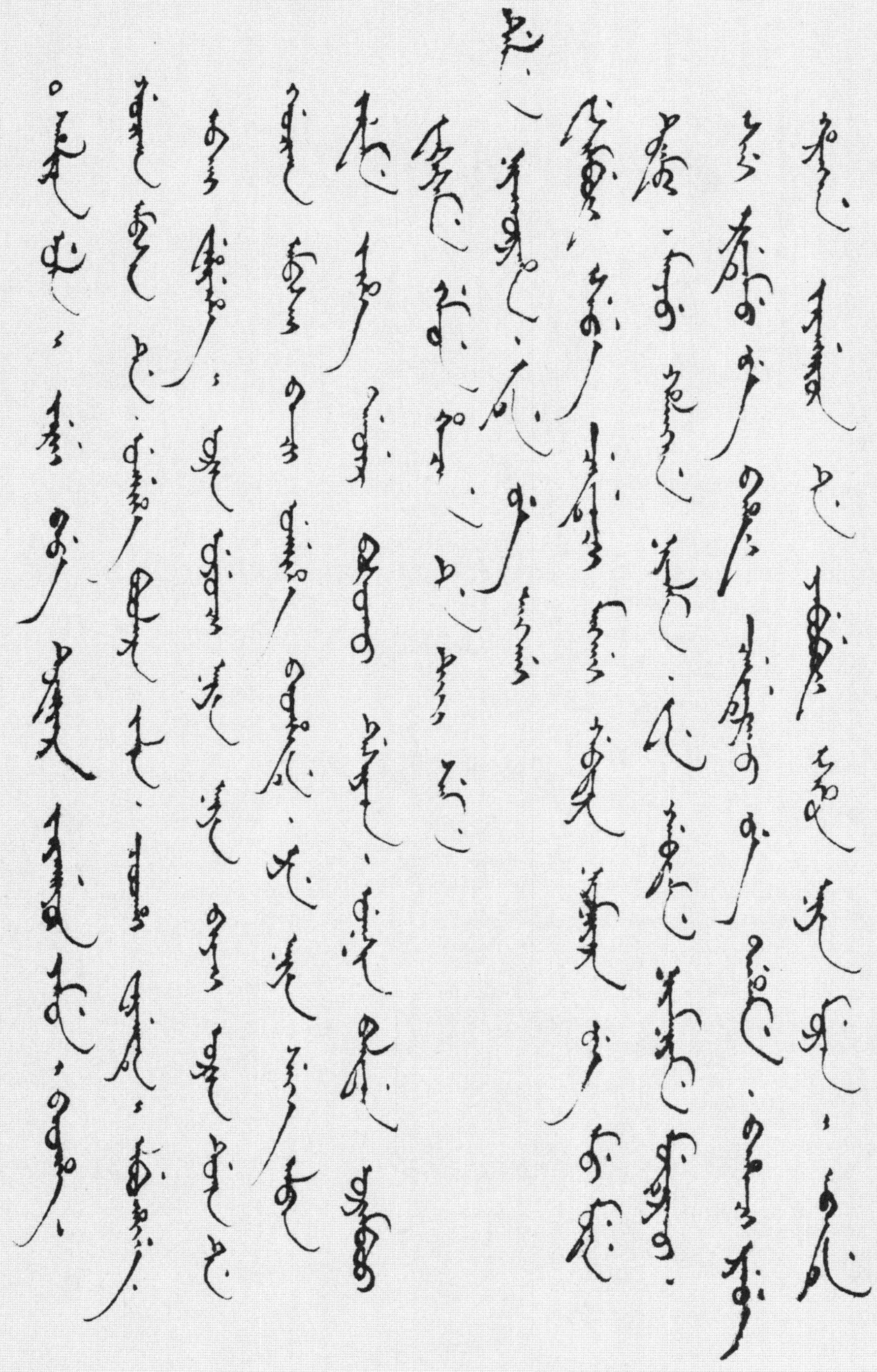

一二〇三 黑龙江将军衙门为派遣达斡尔骁骑校德锡延等员赴木兰行围事咨御前大臣等文

乾隆二十九年五月二十四日

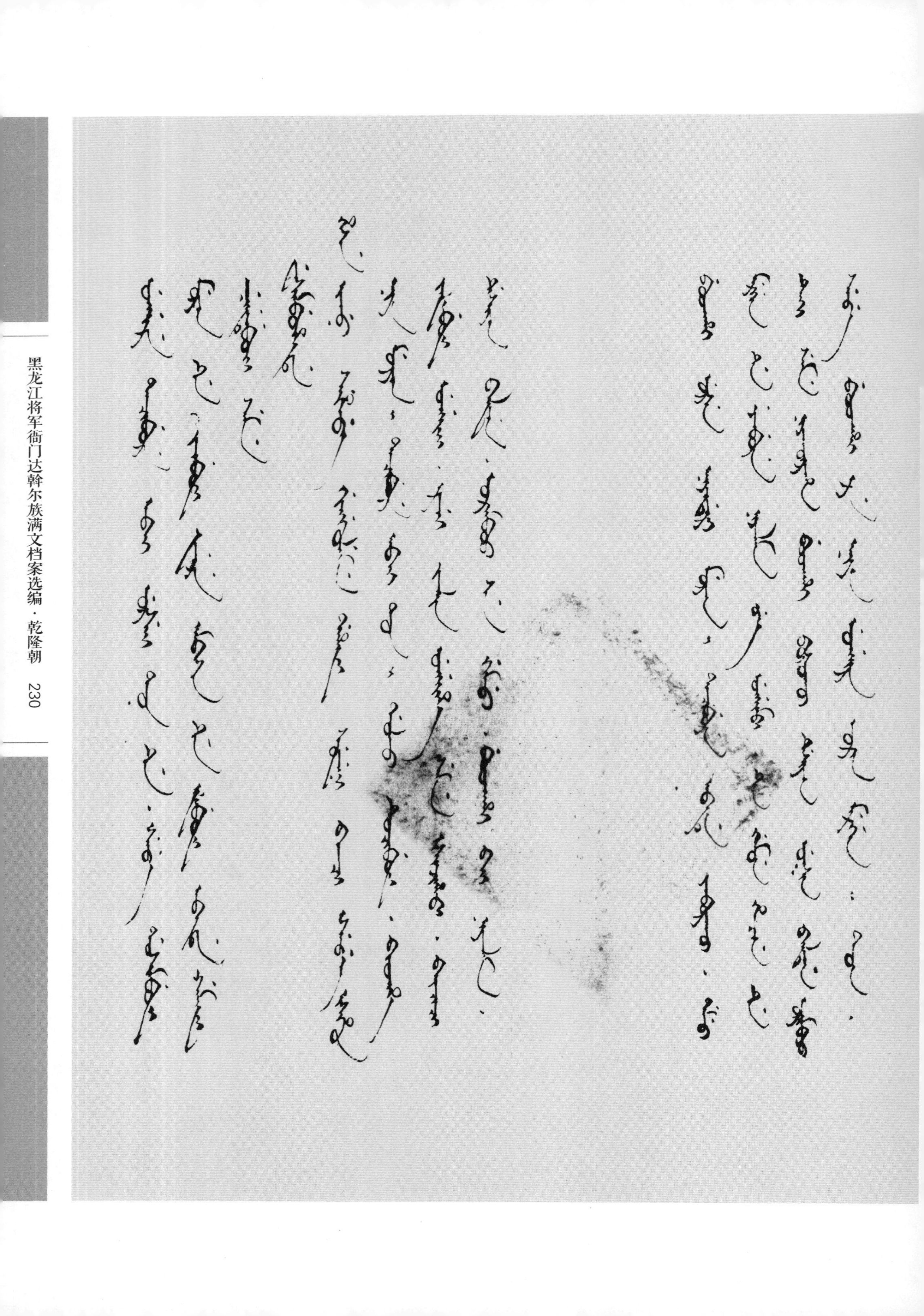

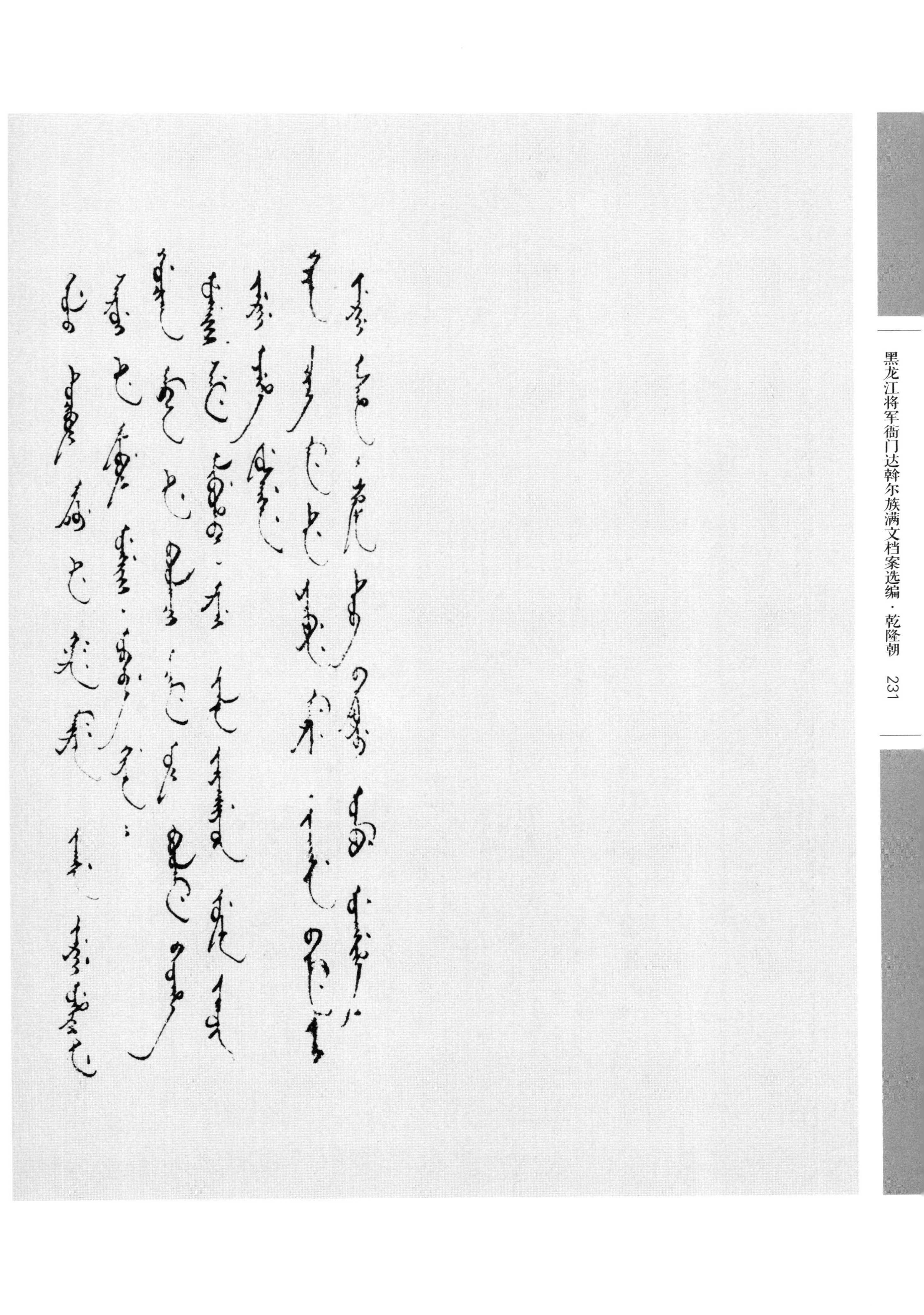

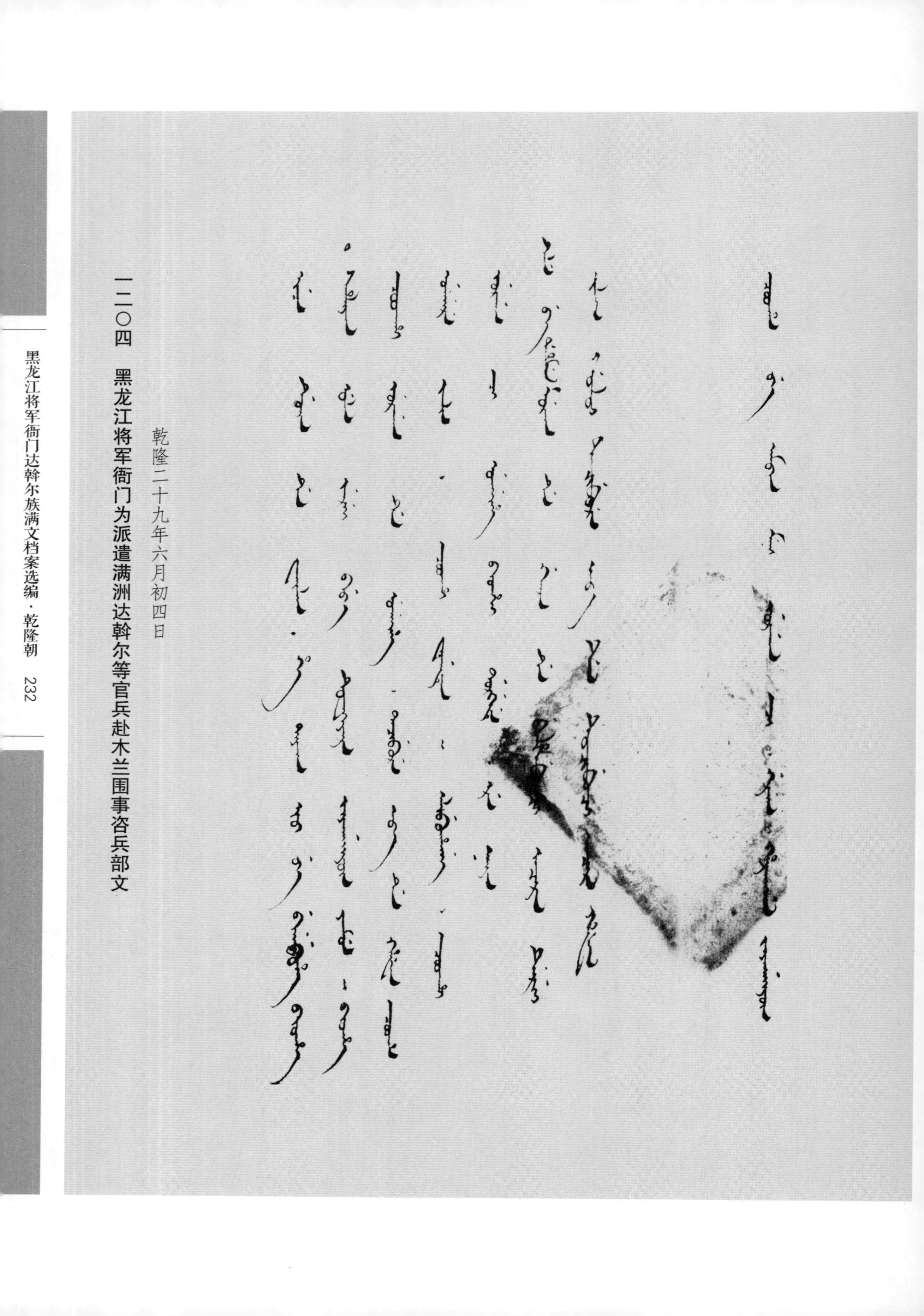

一二〇四　黑龙江将军衙门为派遣满洲达斡尔等官兵赴木兰围事咨兵部文

乾隆二十九年六月初四日

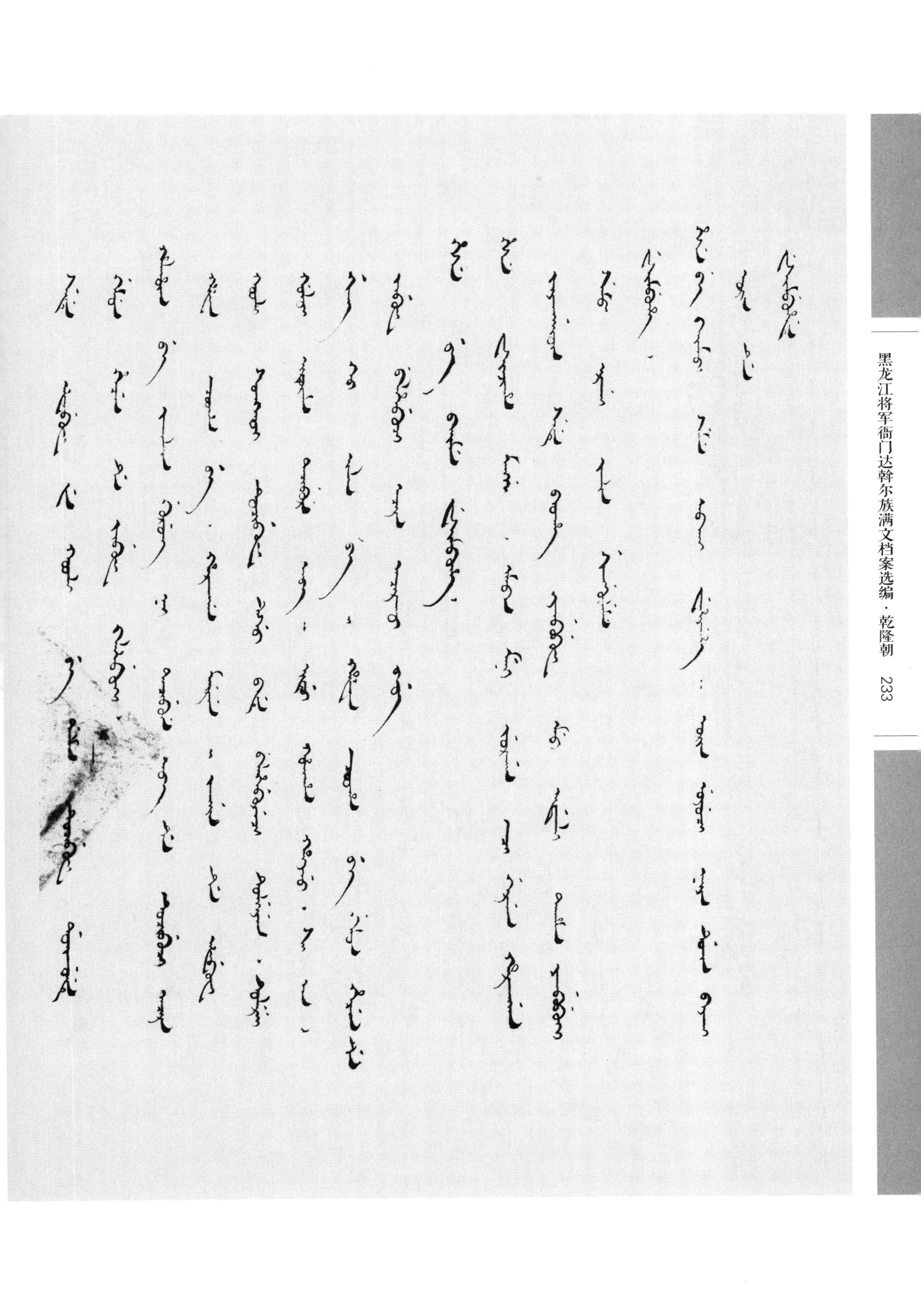

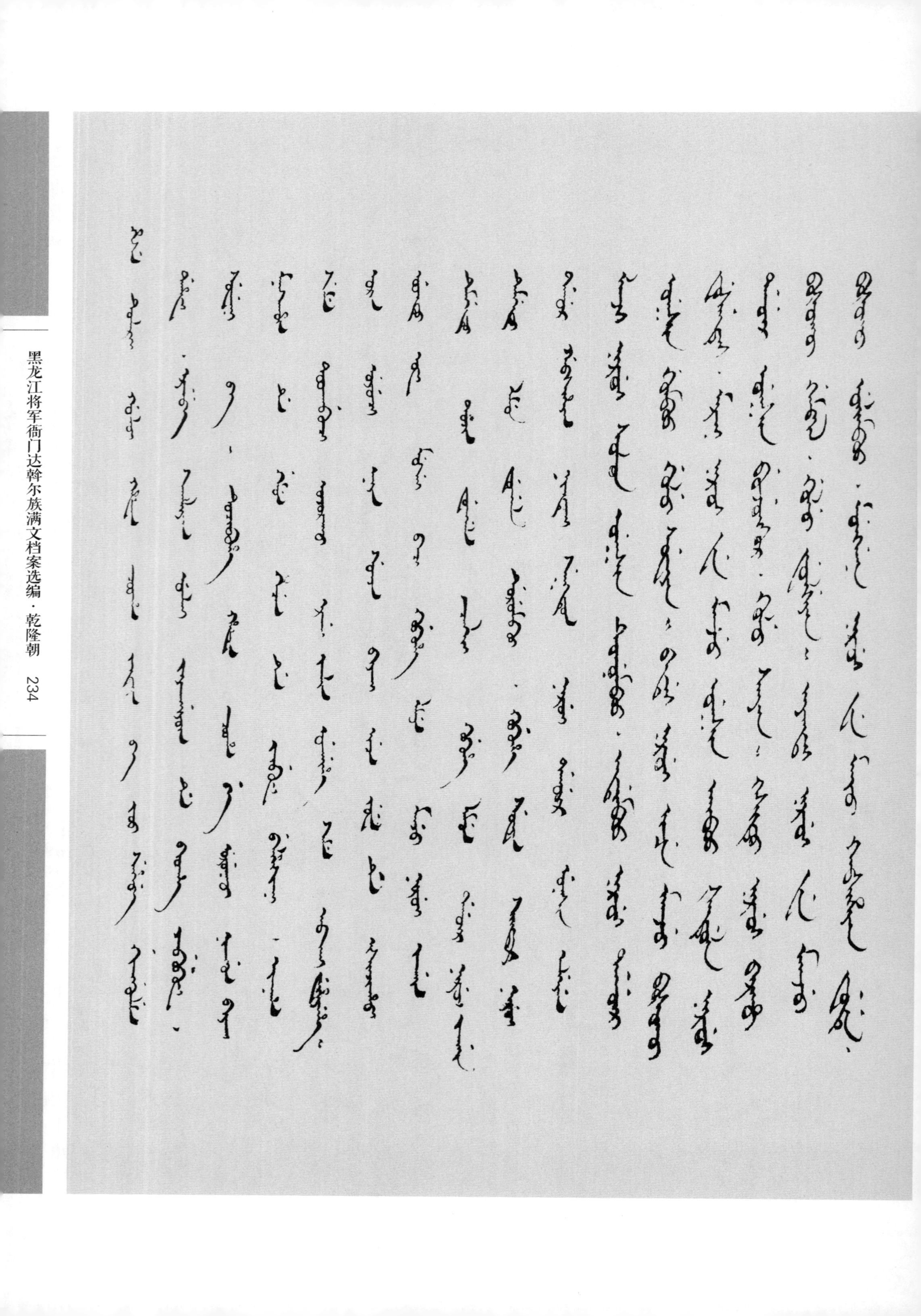

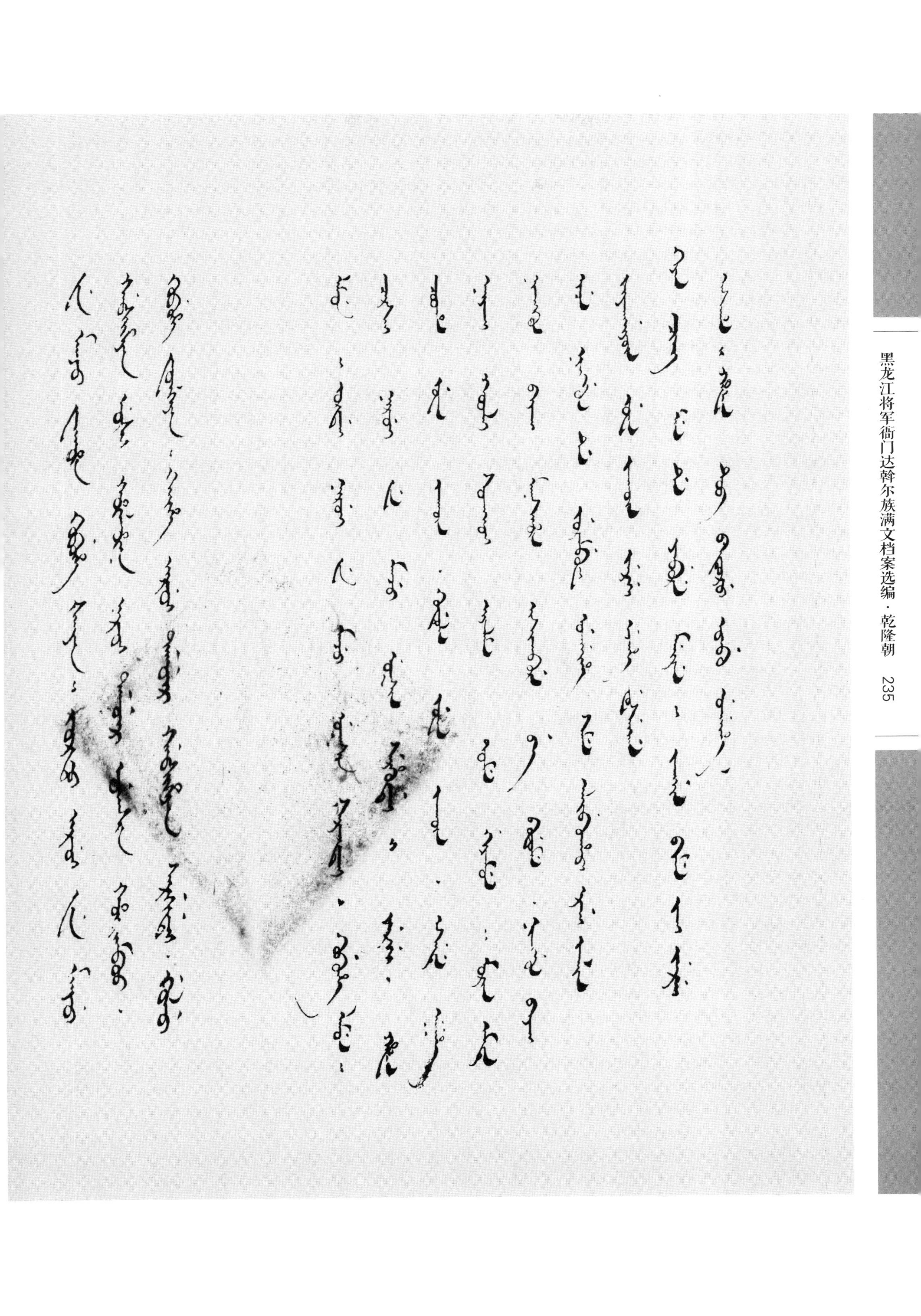

一二〇五 黑龙江将军衙门为查明达斡尔协领阿迪穆保等兼管本城佐领情形事咨镶黄旗满洲都统衙门文

乾隆二十九年七月十九日

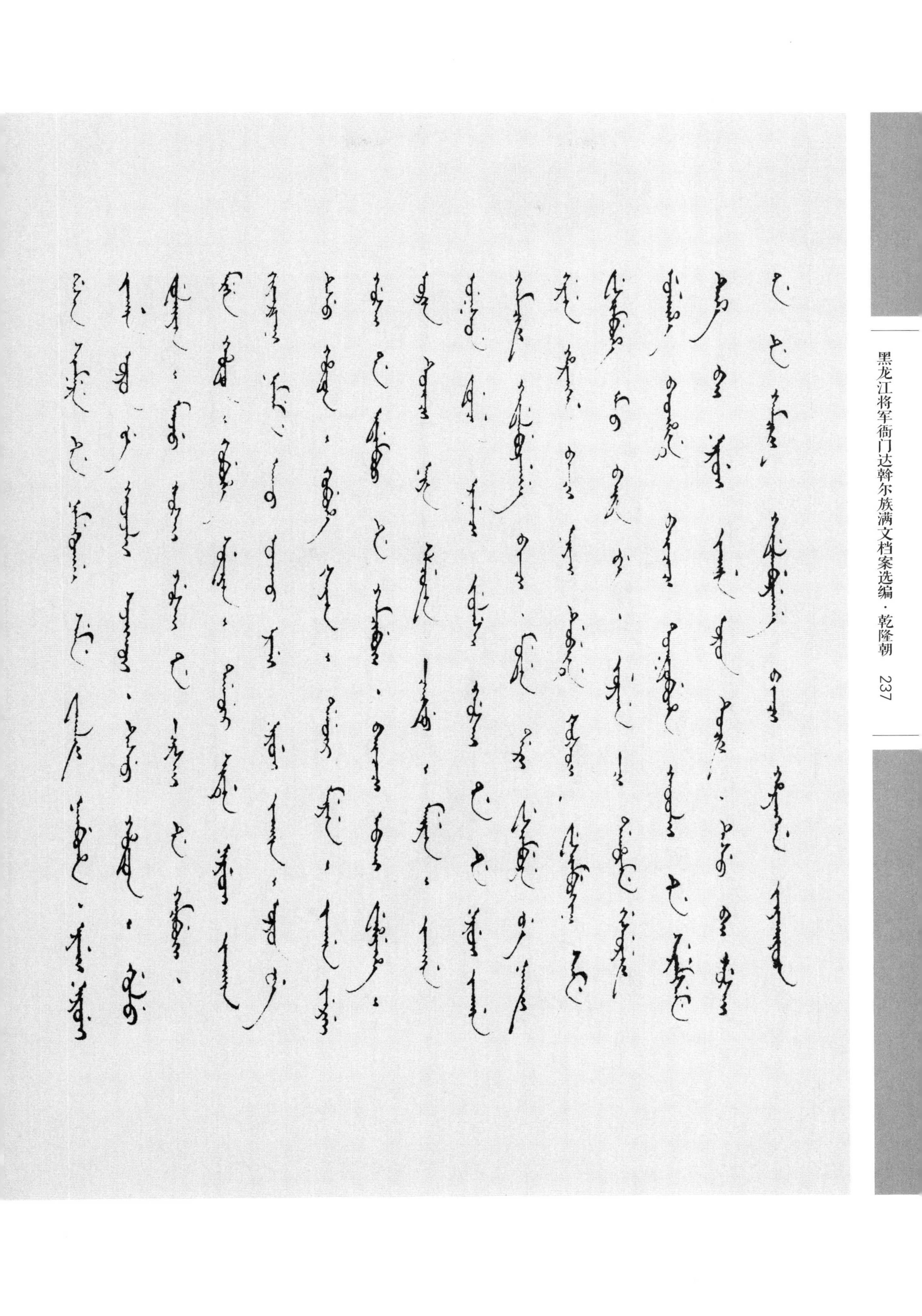

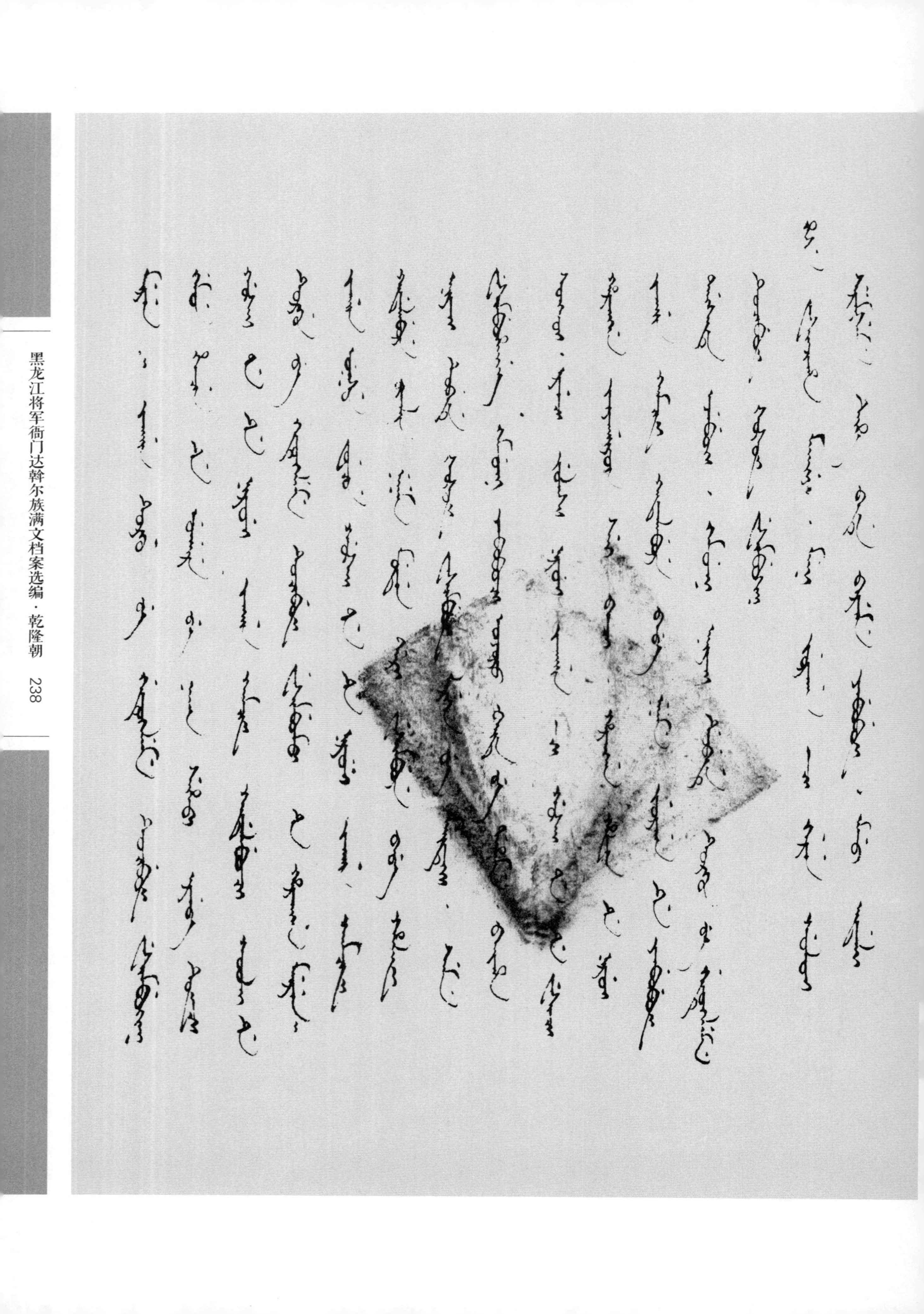

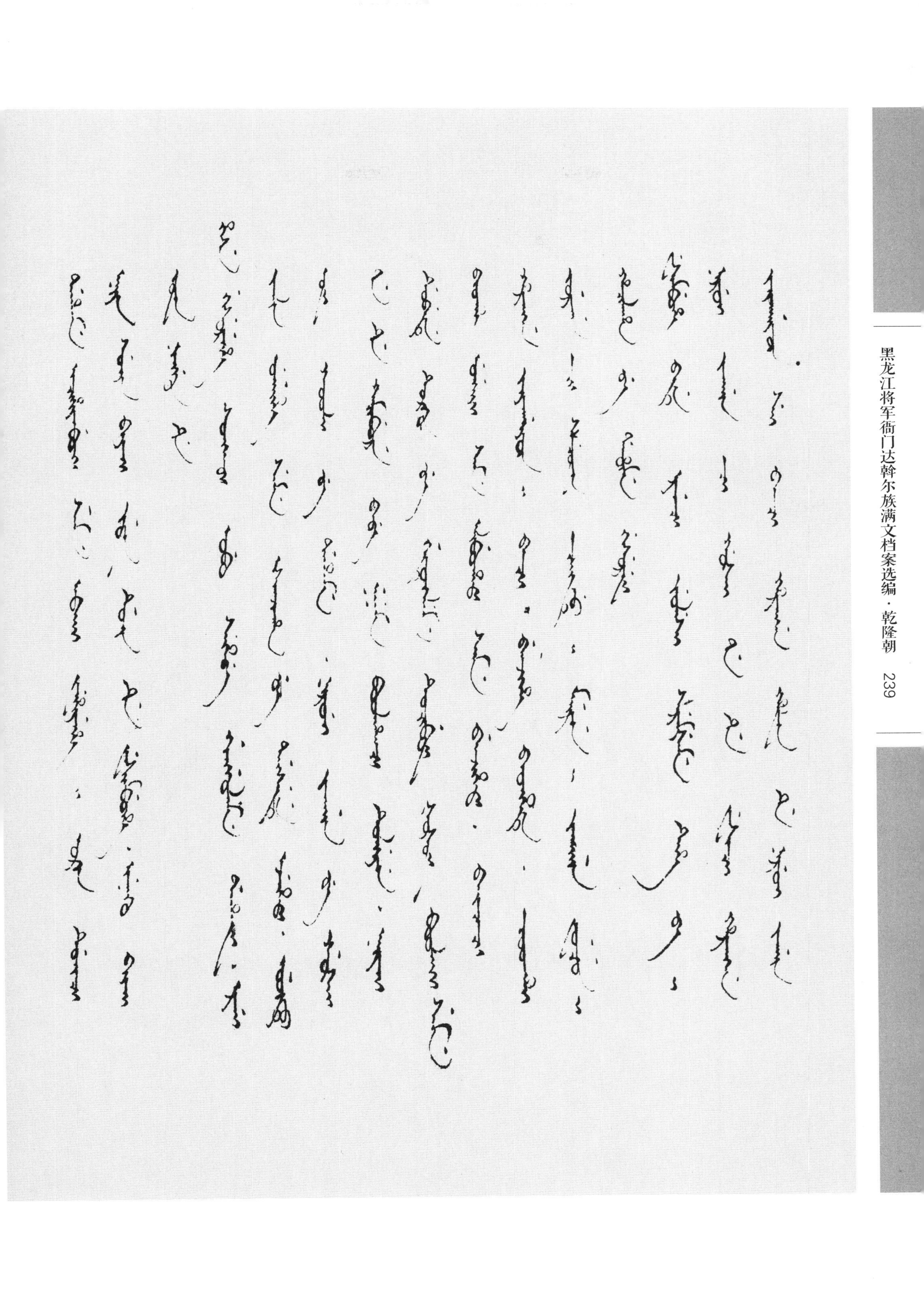

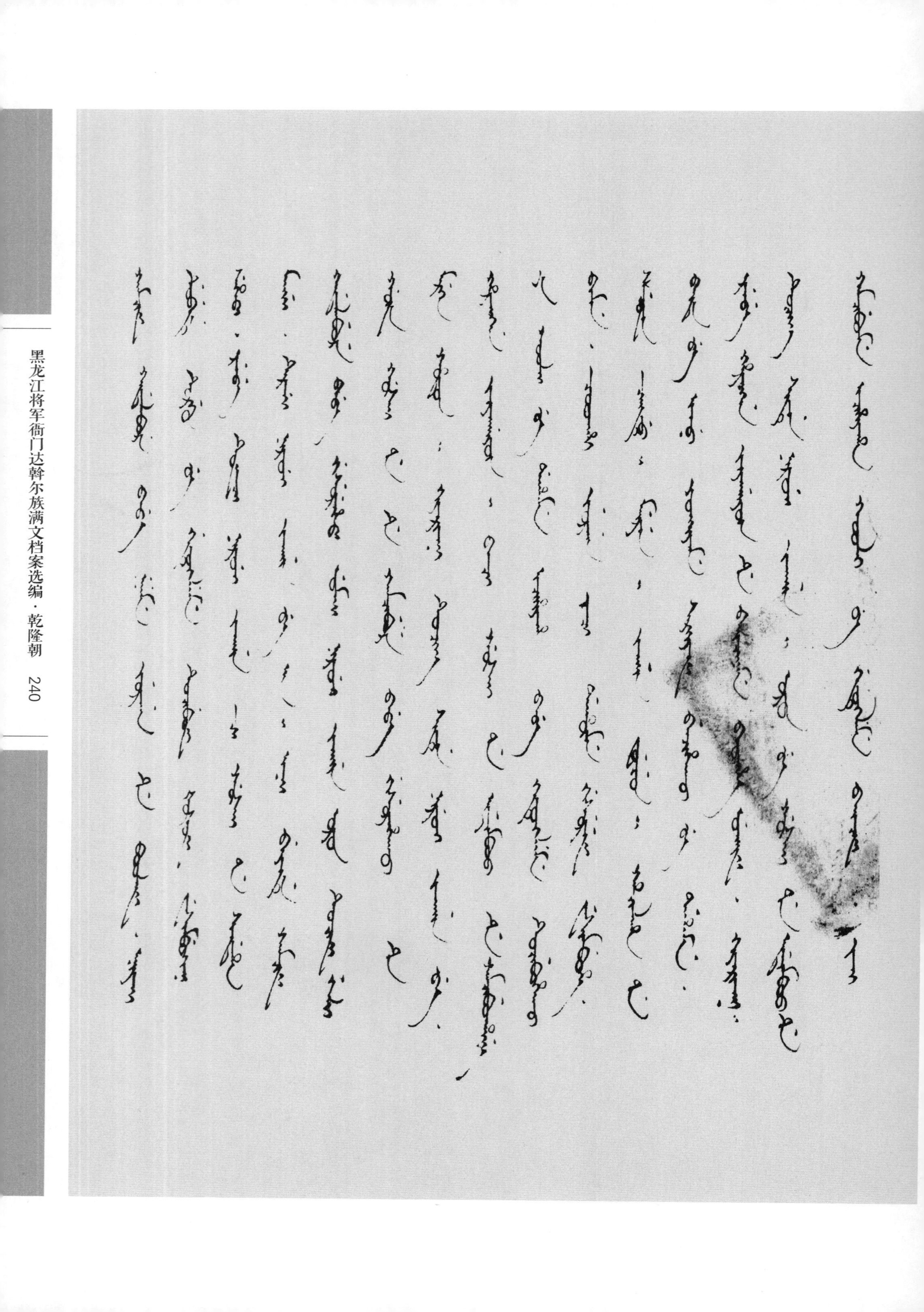

[illegible]

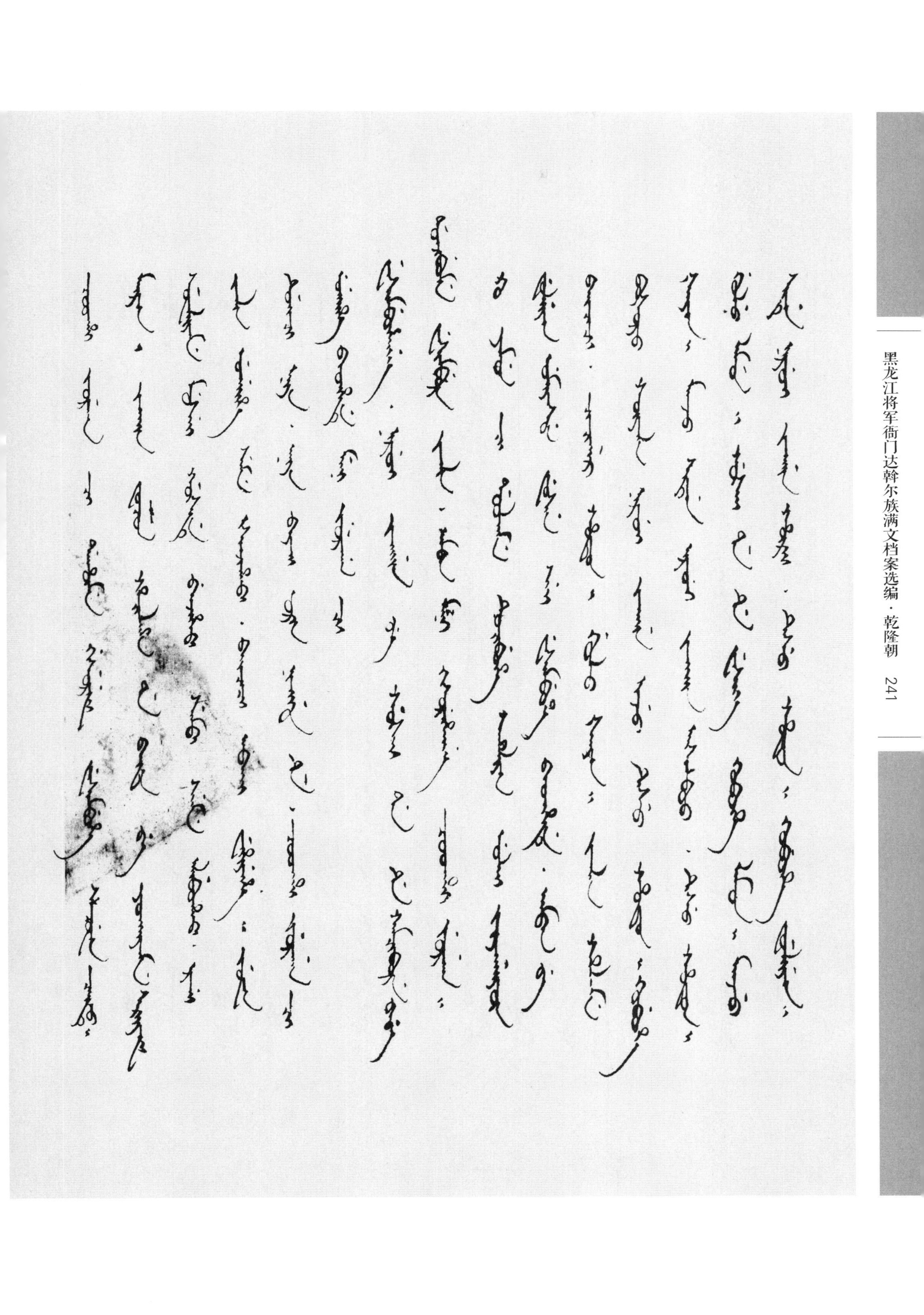

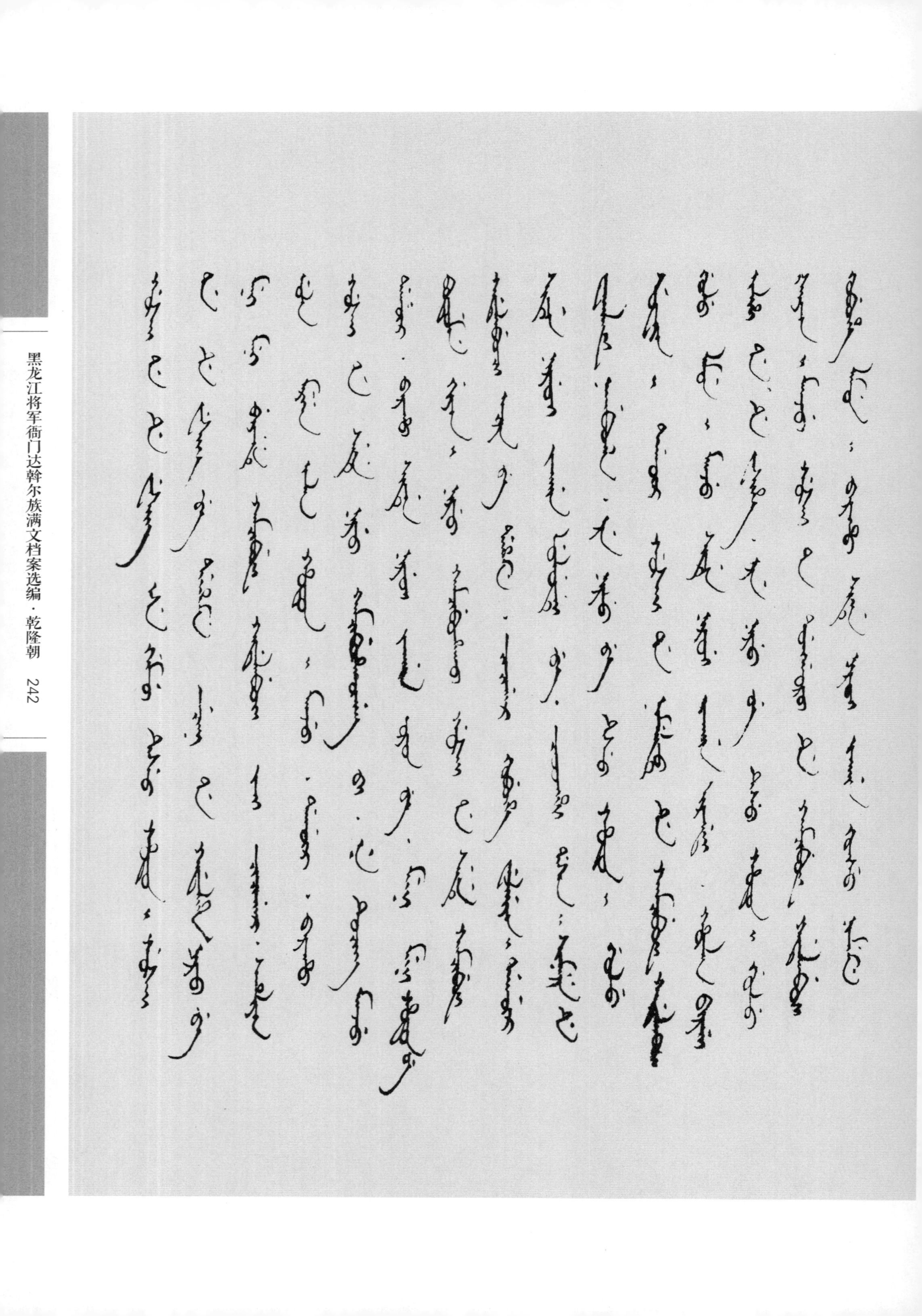

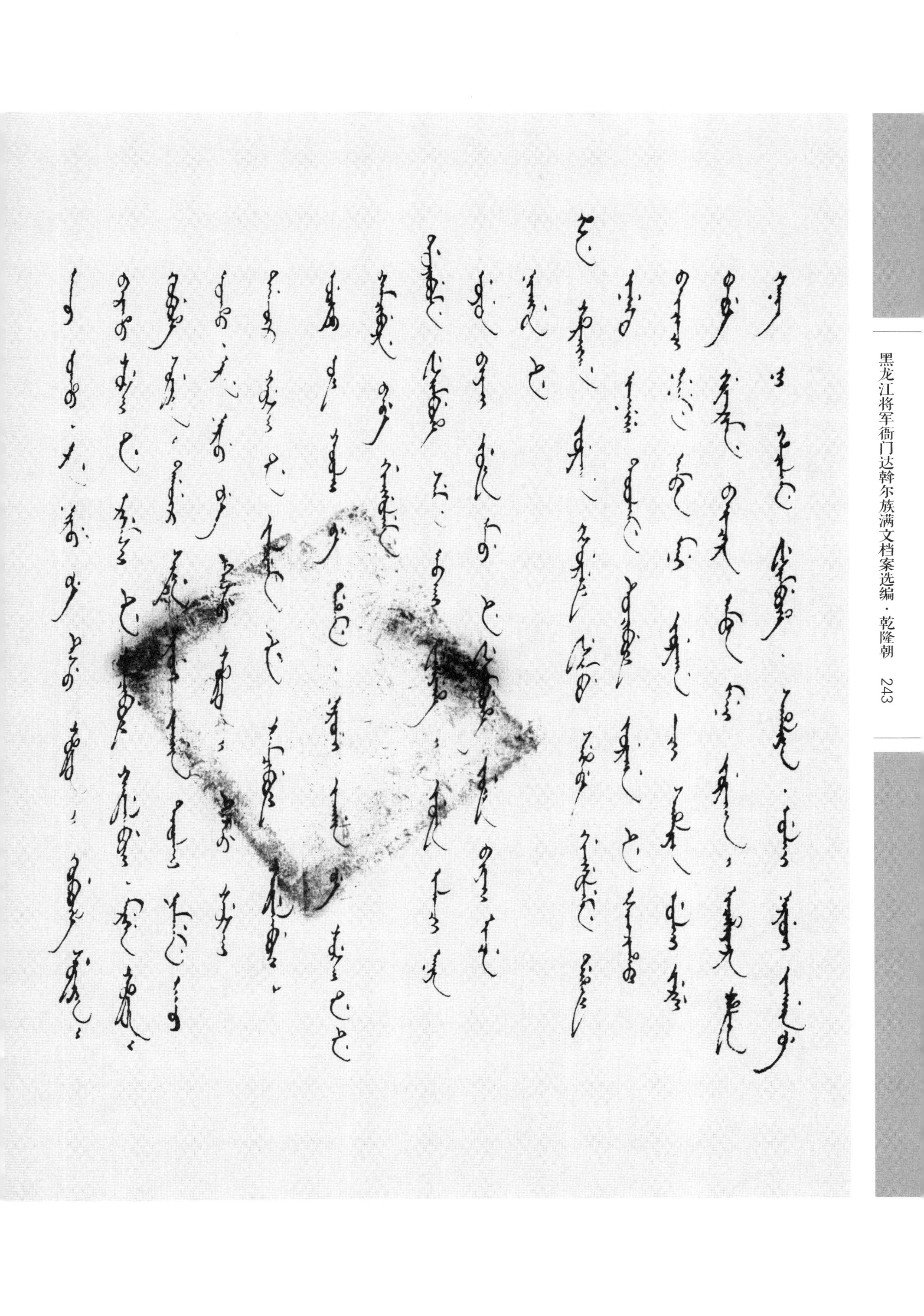

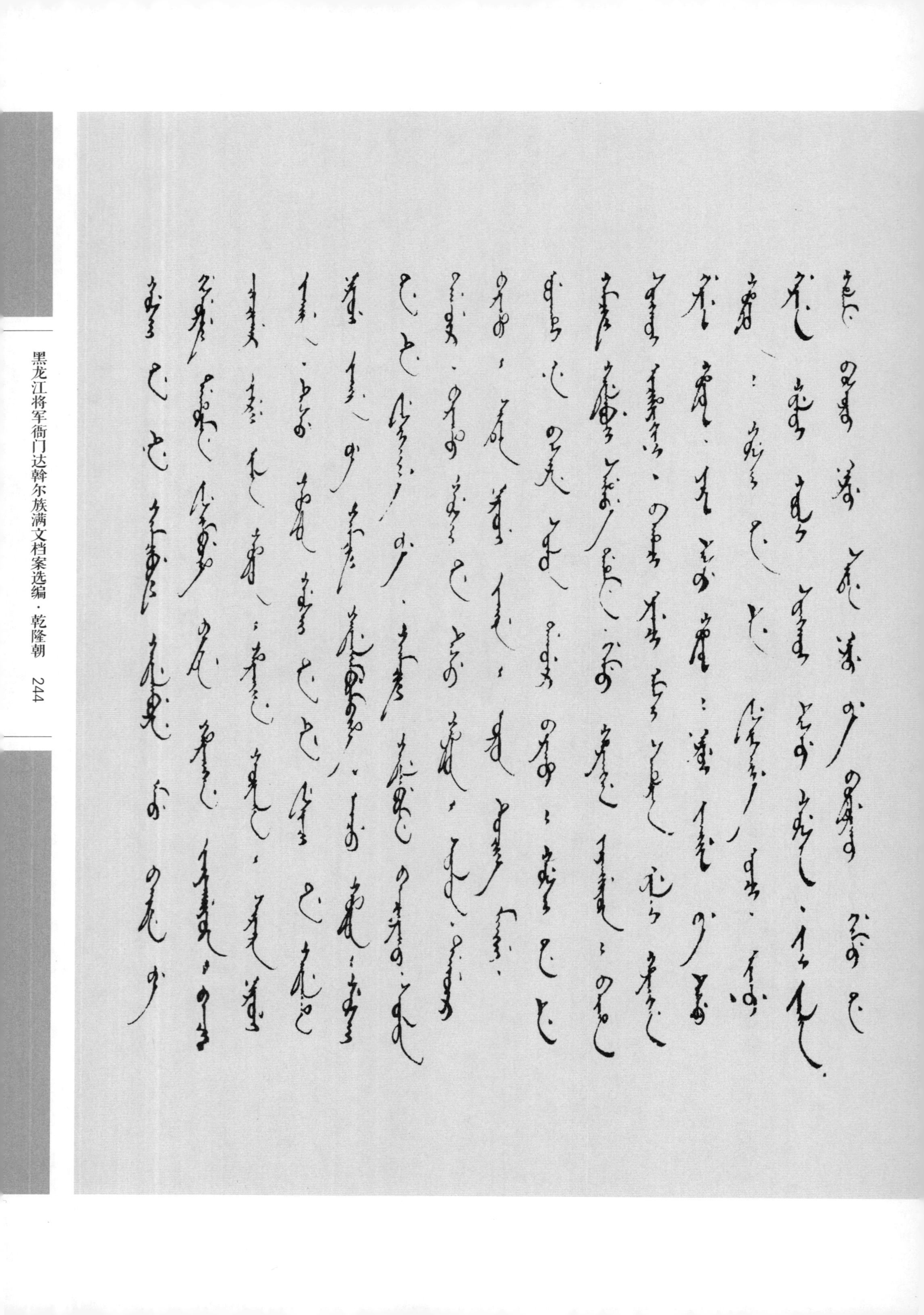

[illegible]

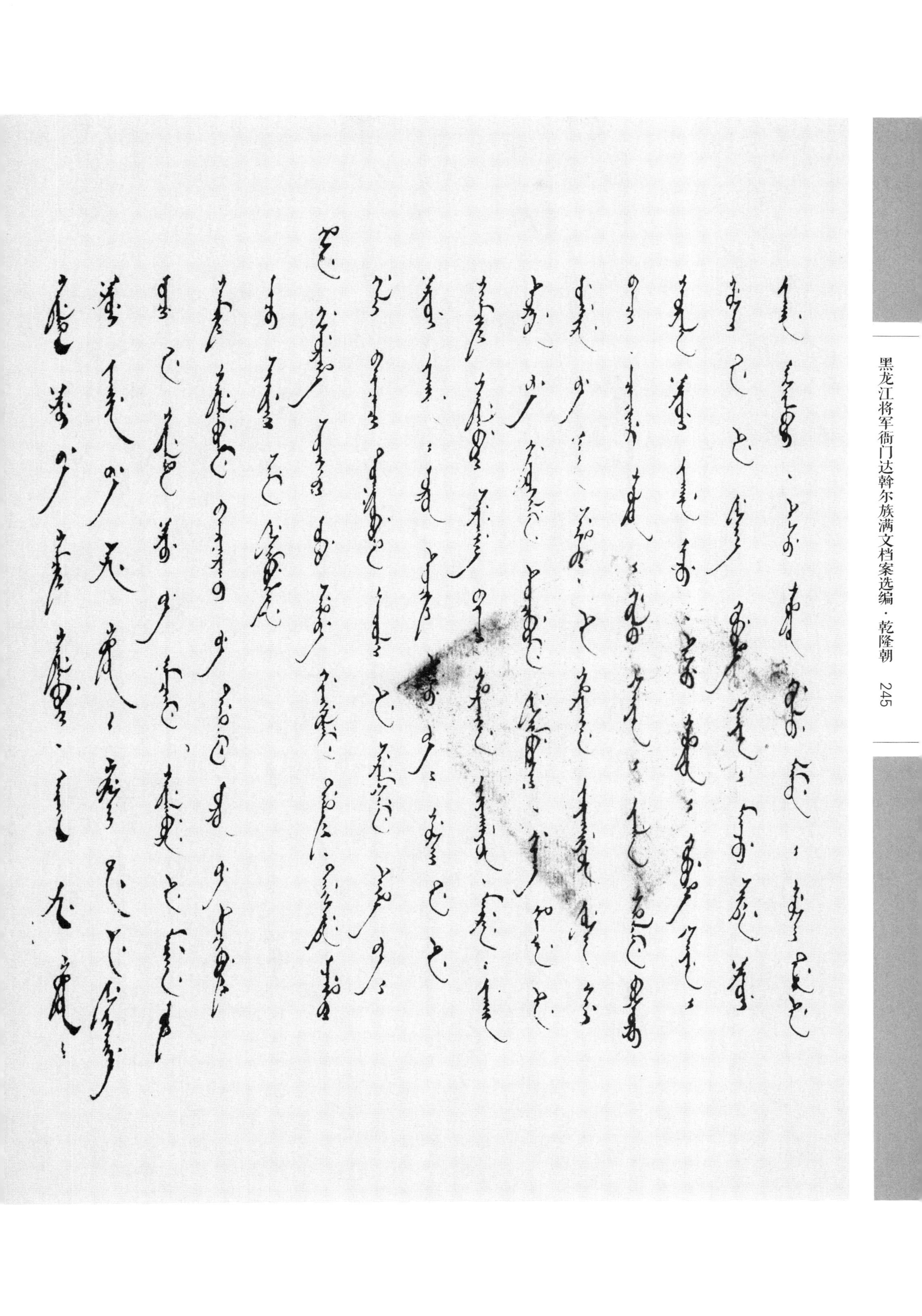

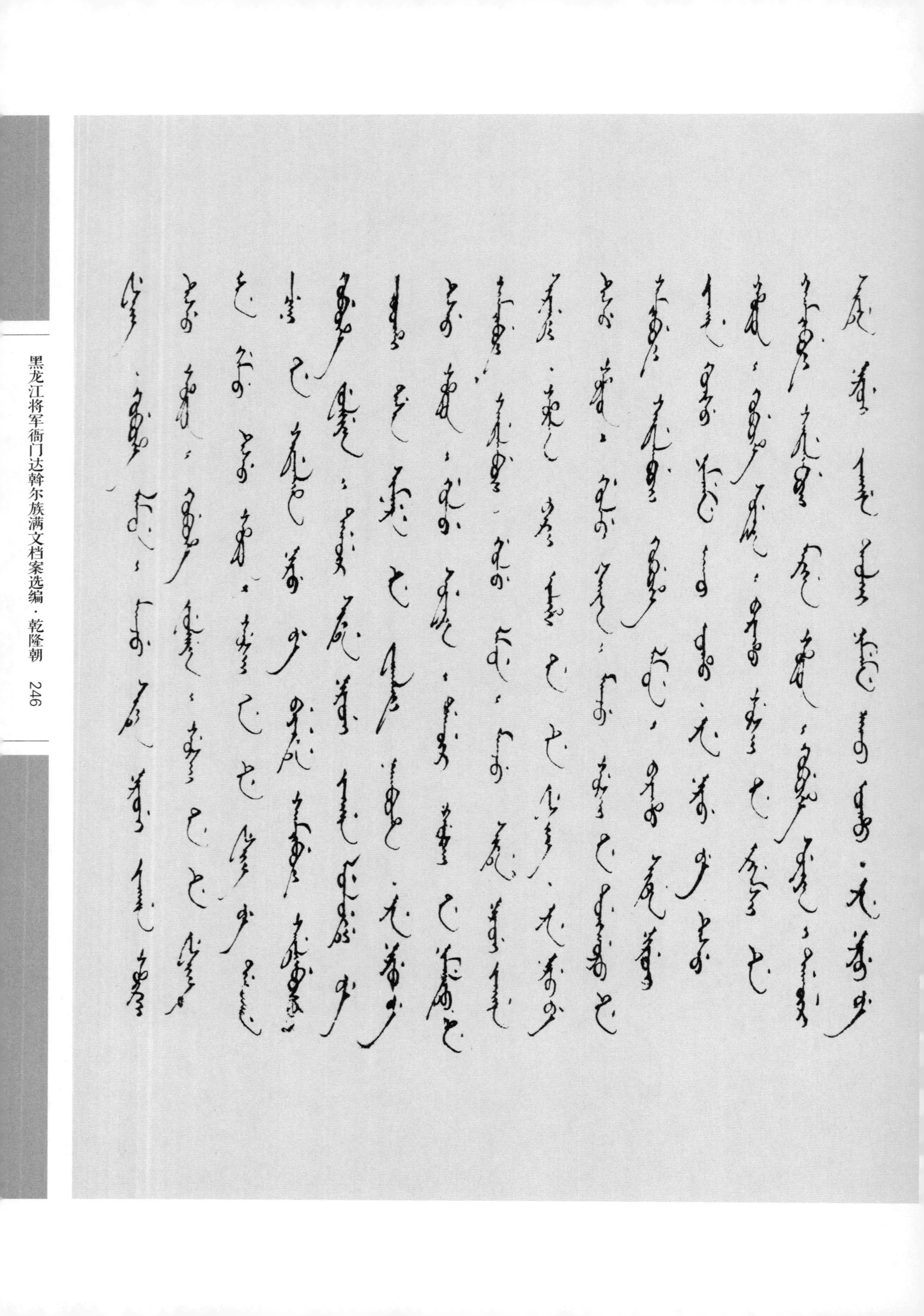

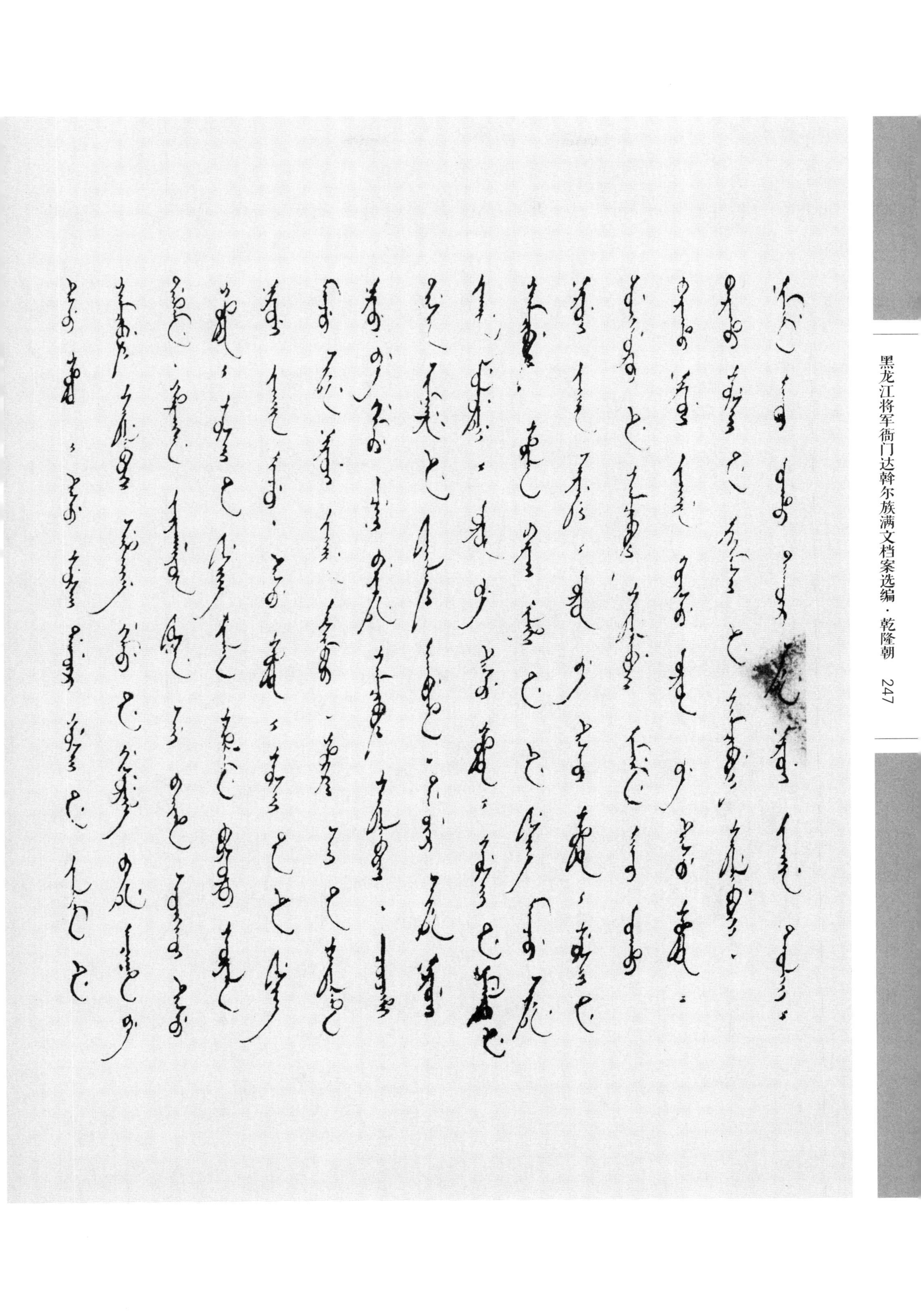

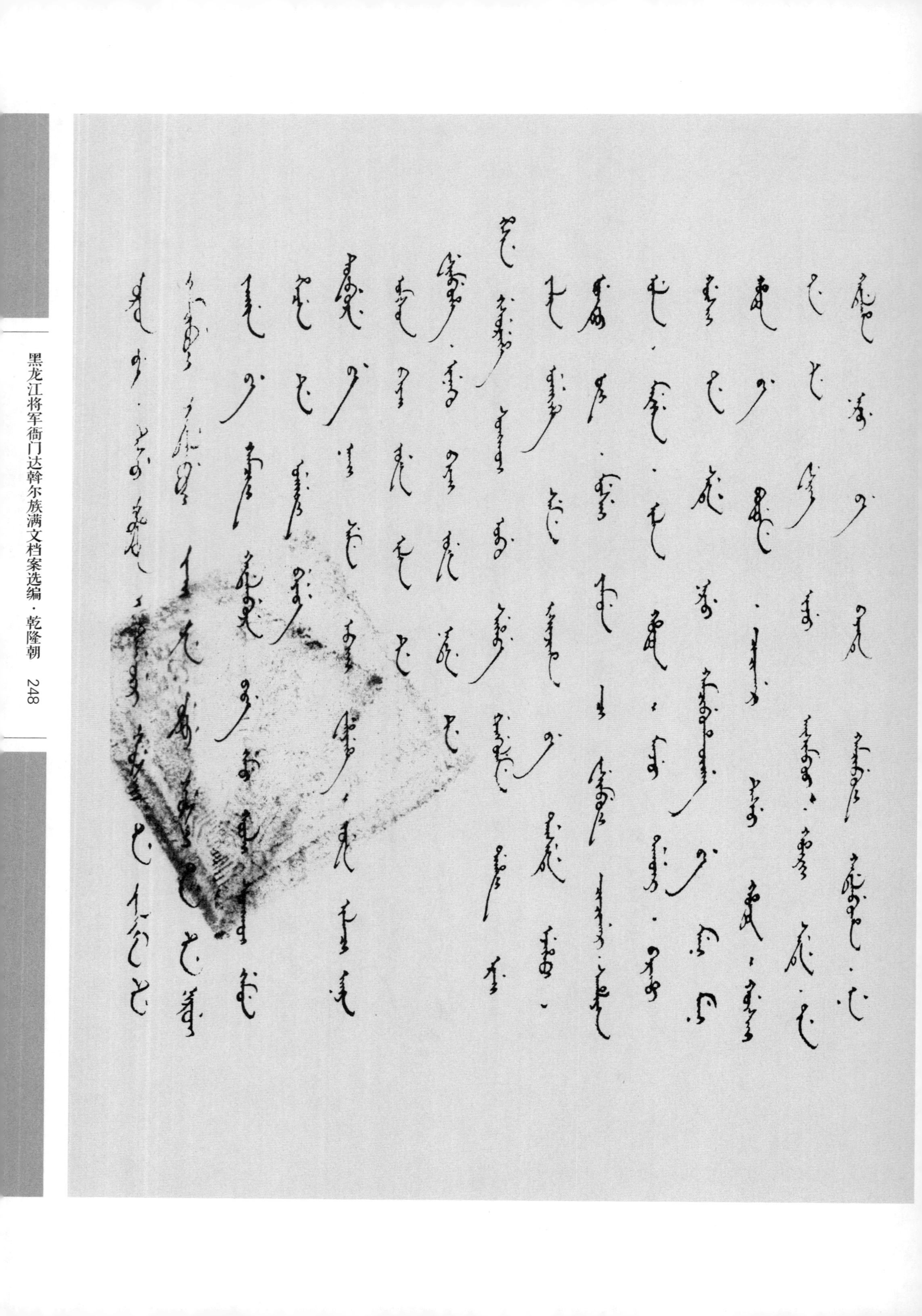

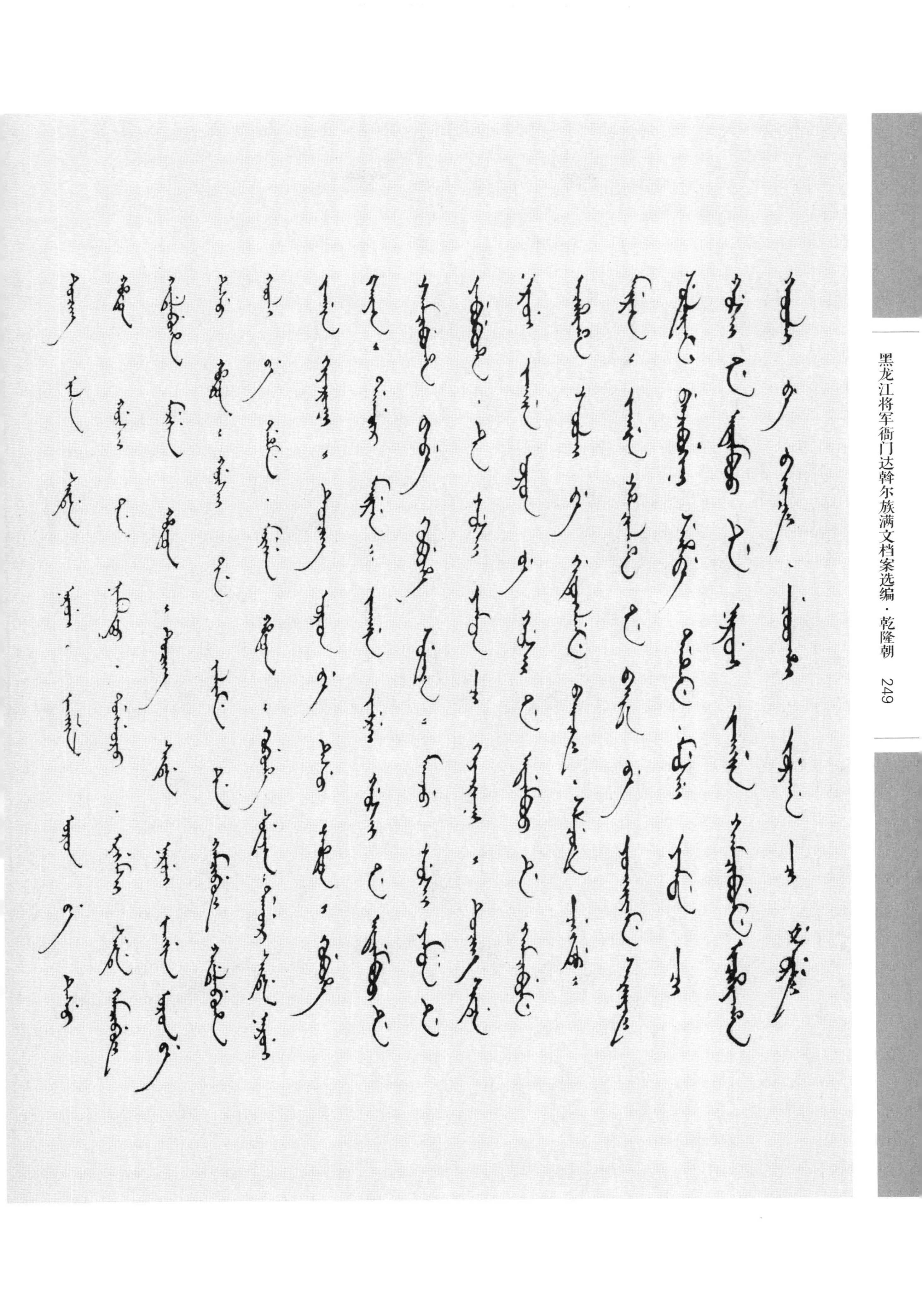

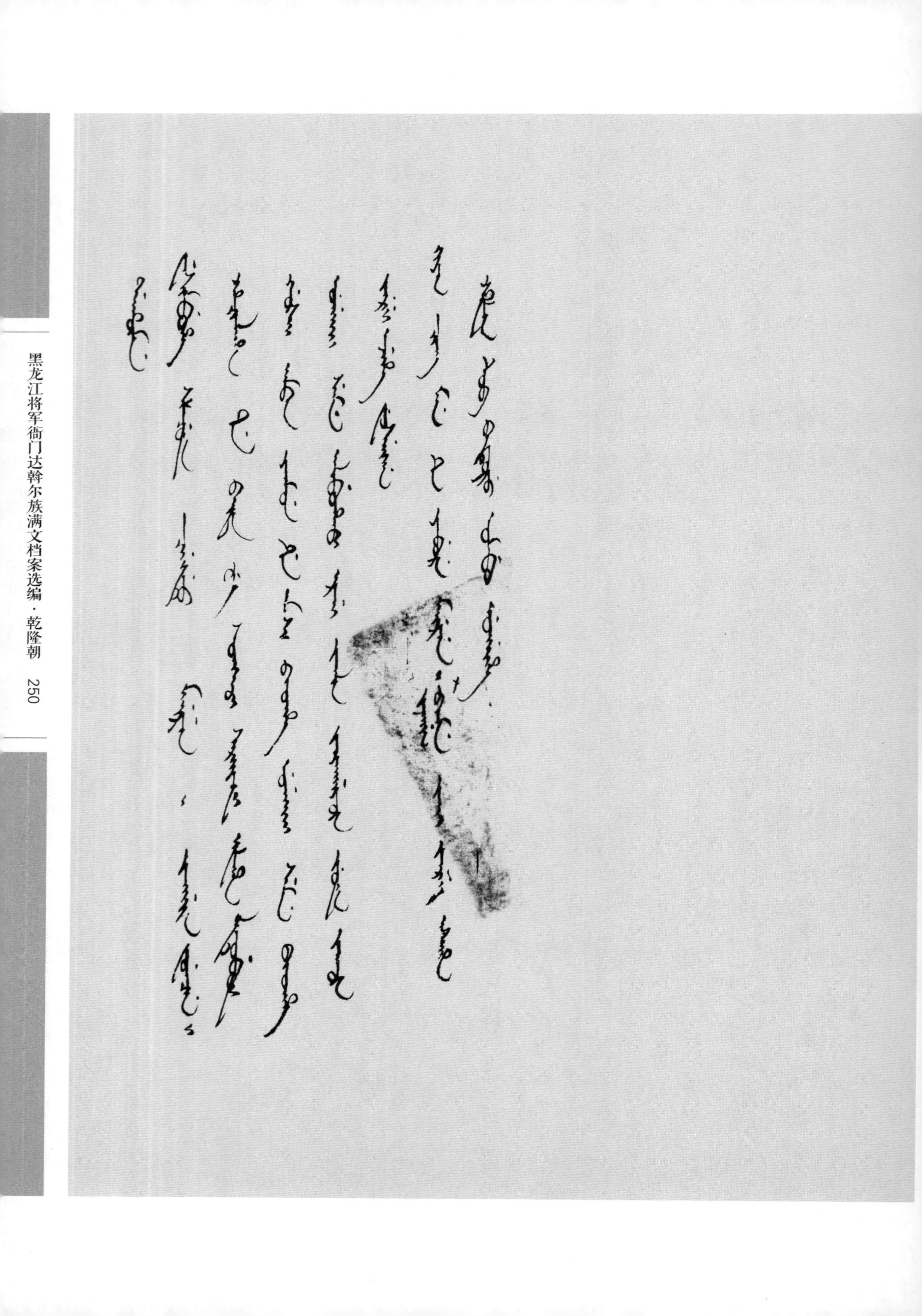

一二〇六　黑龙江将军富僧阿奏闻严加查缴布特哈索伦达斡尔等鸟枪情形折

乾隆二十九年七月二十五日

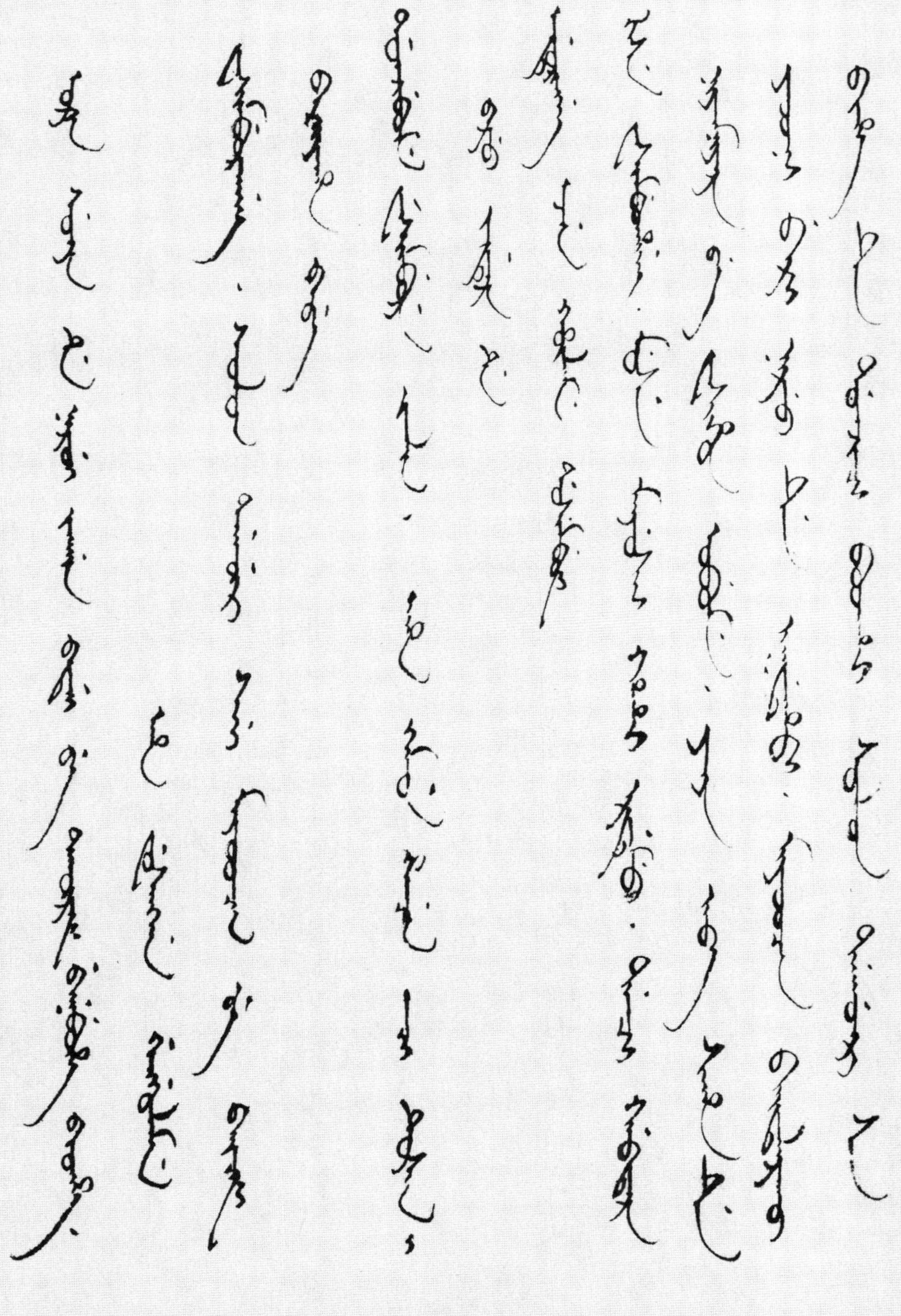

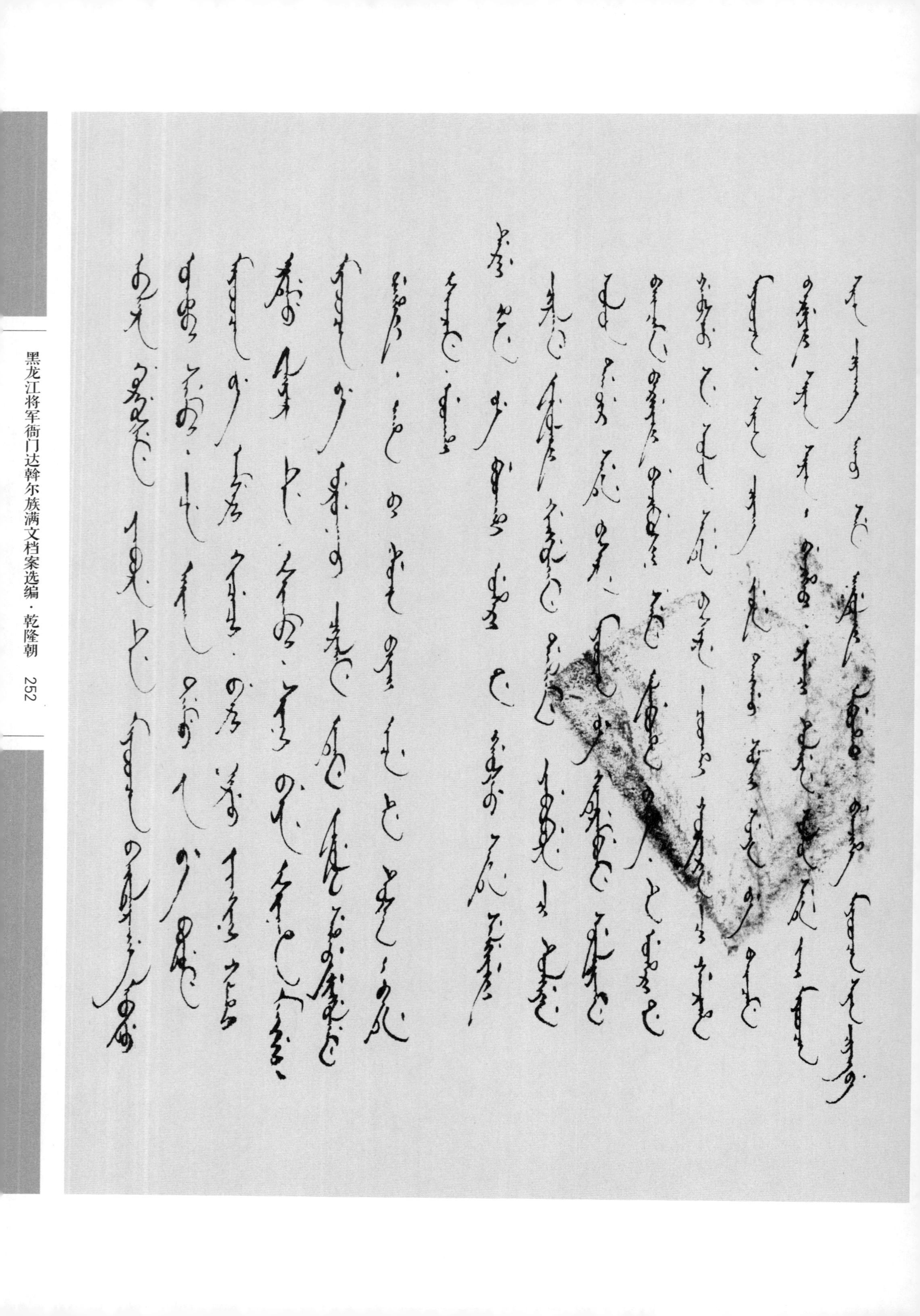

[illegible]

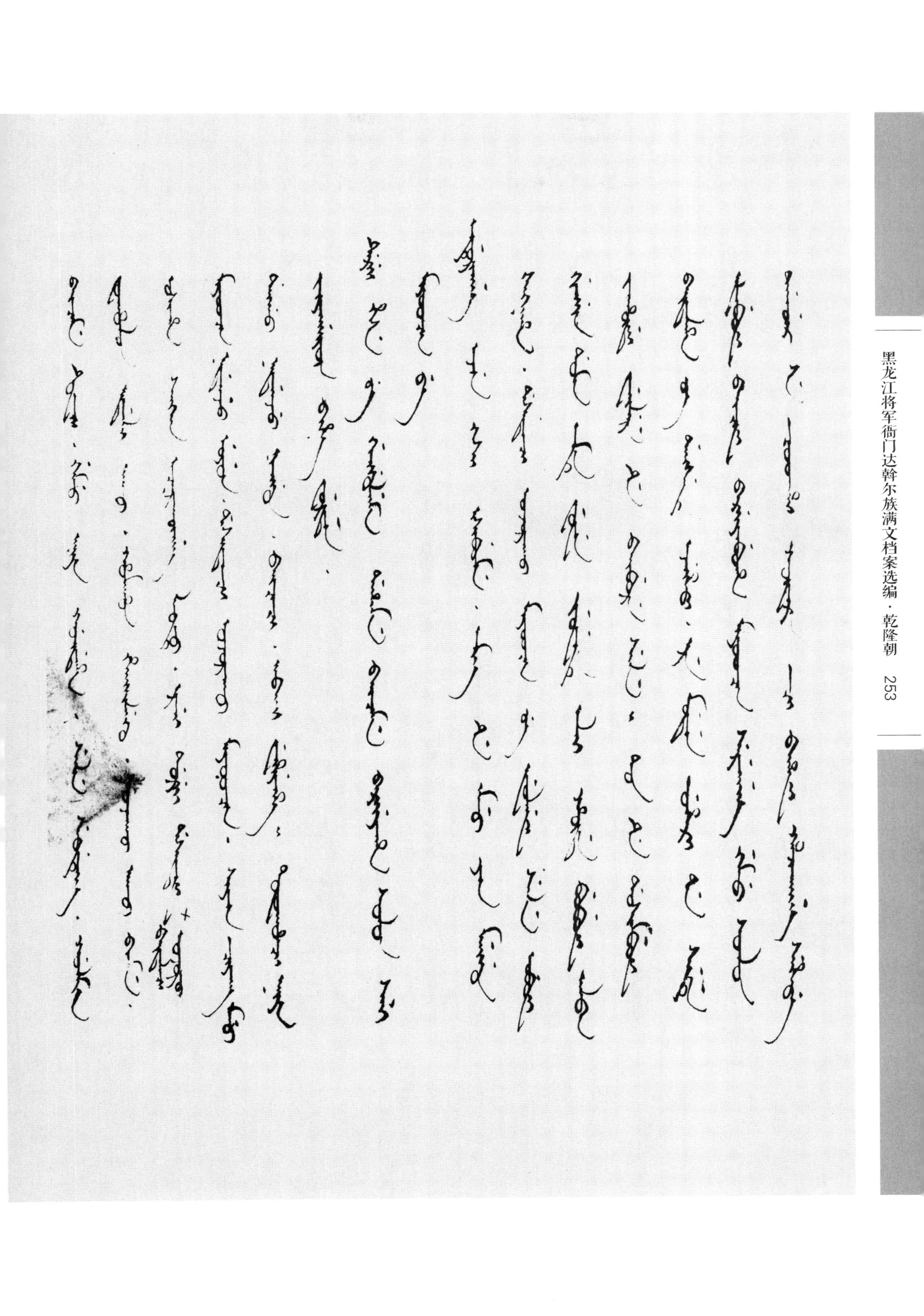

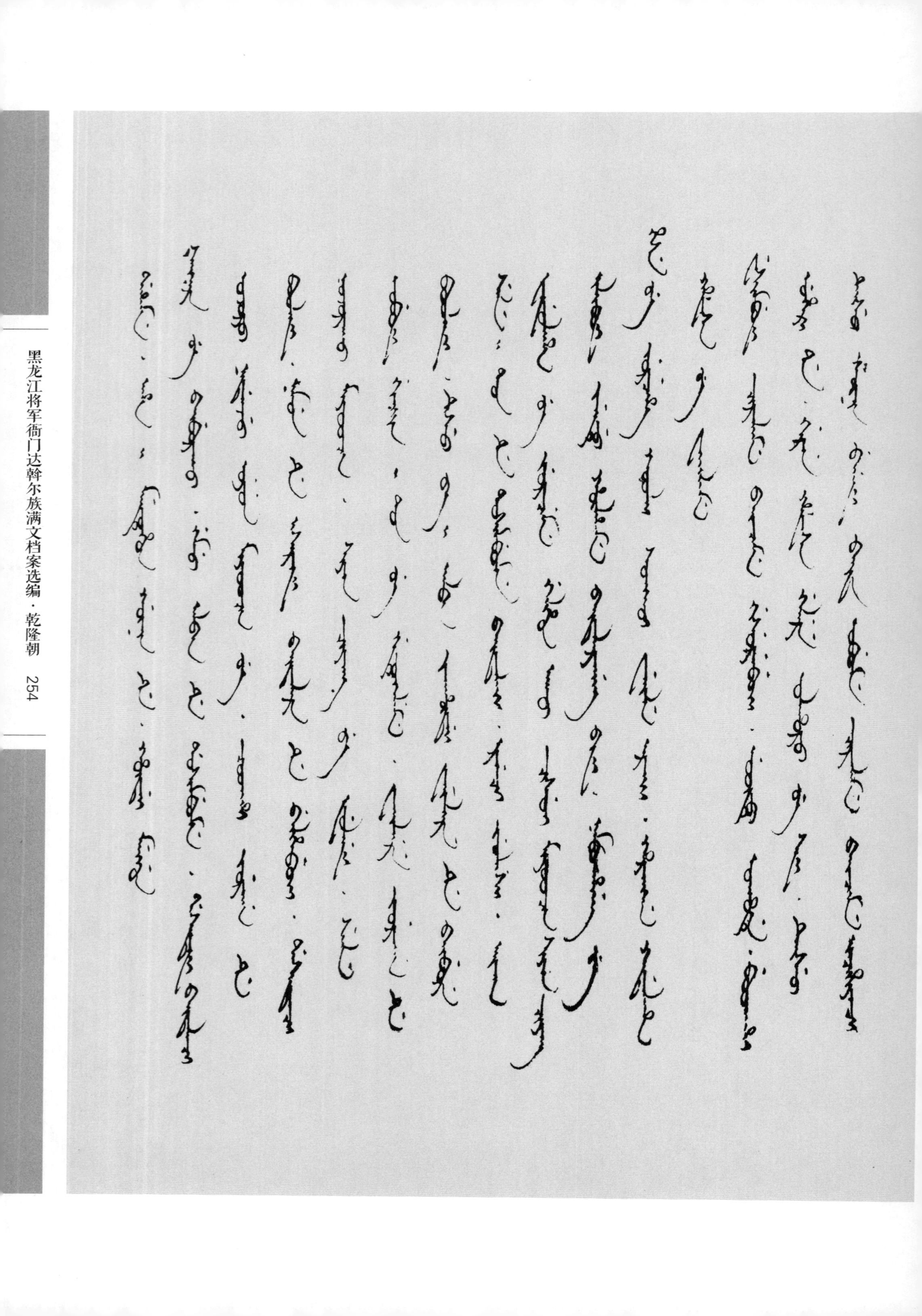

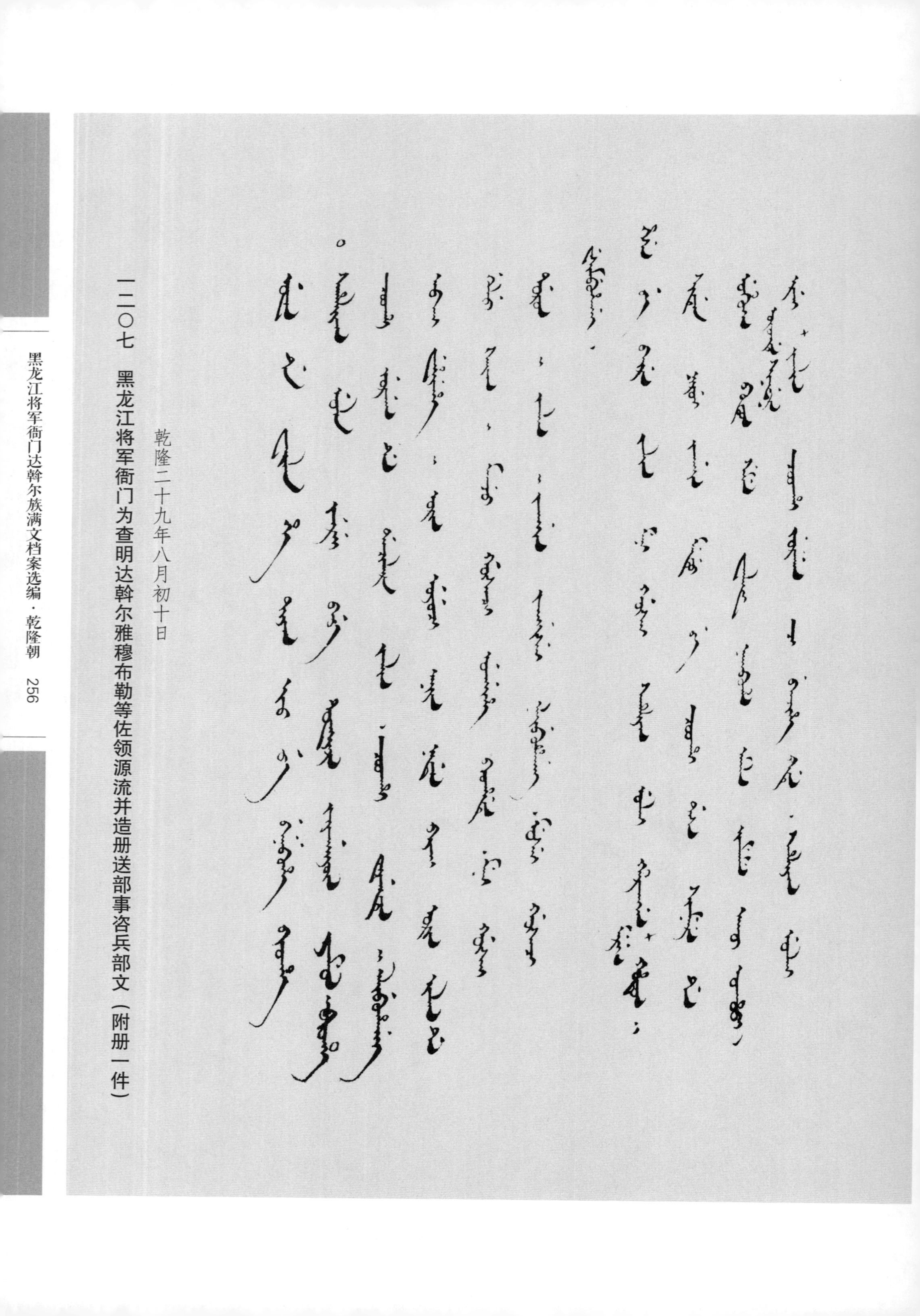

一二〇七 黑龙江将军衙门为查明达斡尔雅穆布勒等佐领源流并造册送部事咨兵部文（附册一件）

乾隆二十九年八月初十日

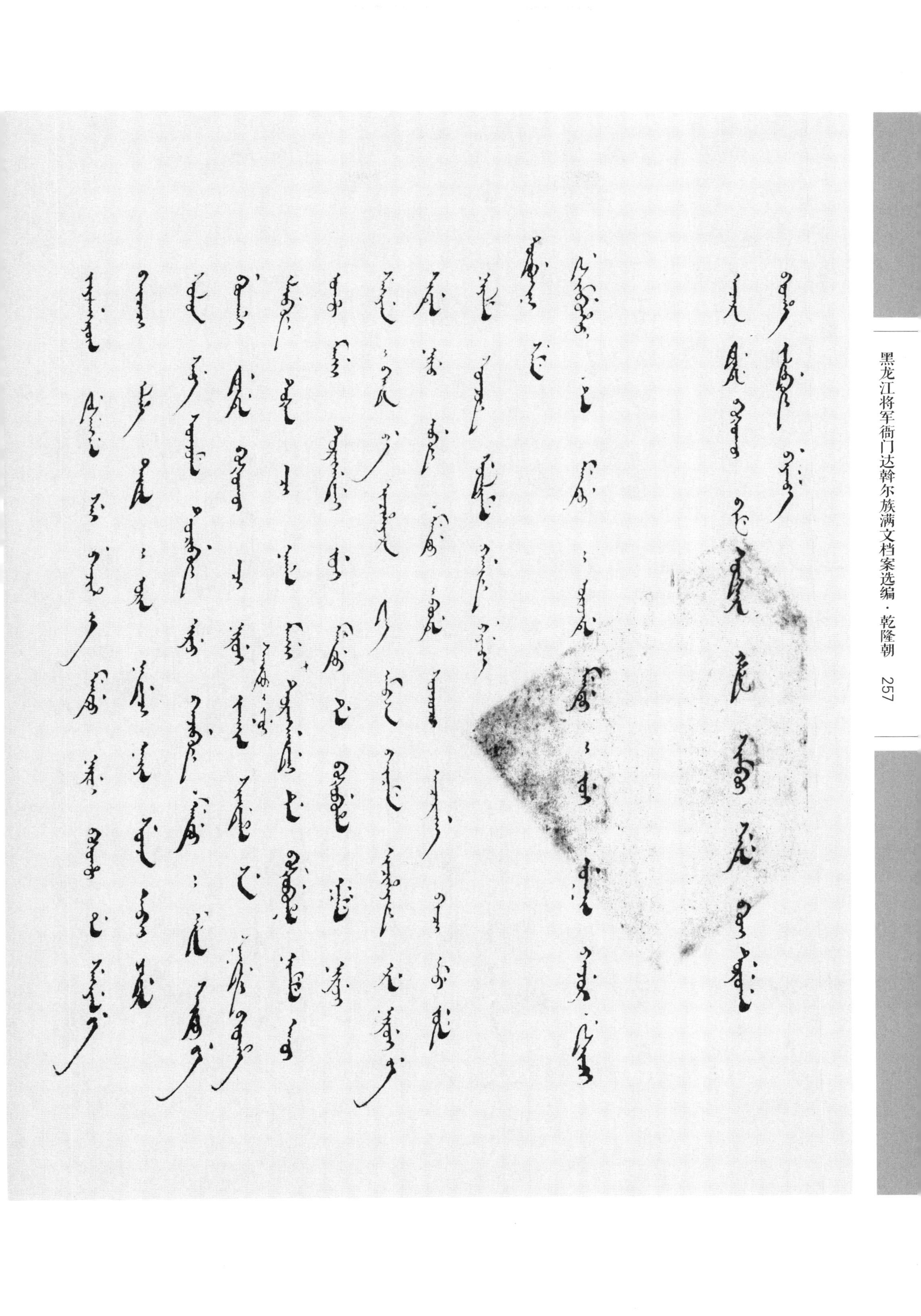

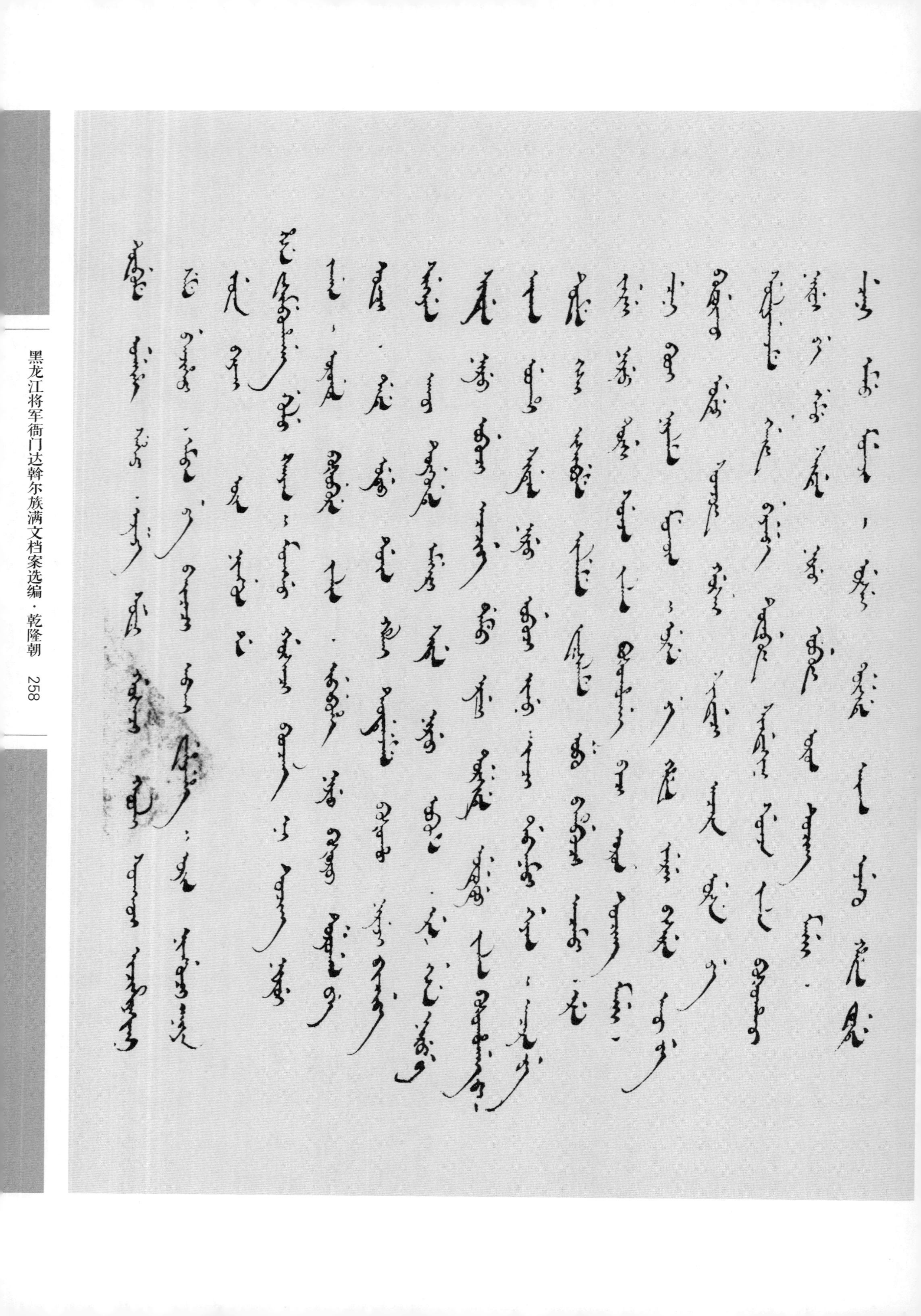

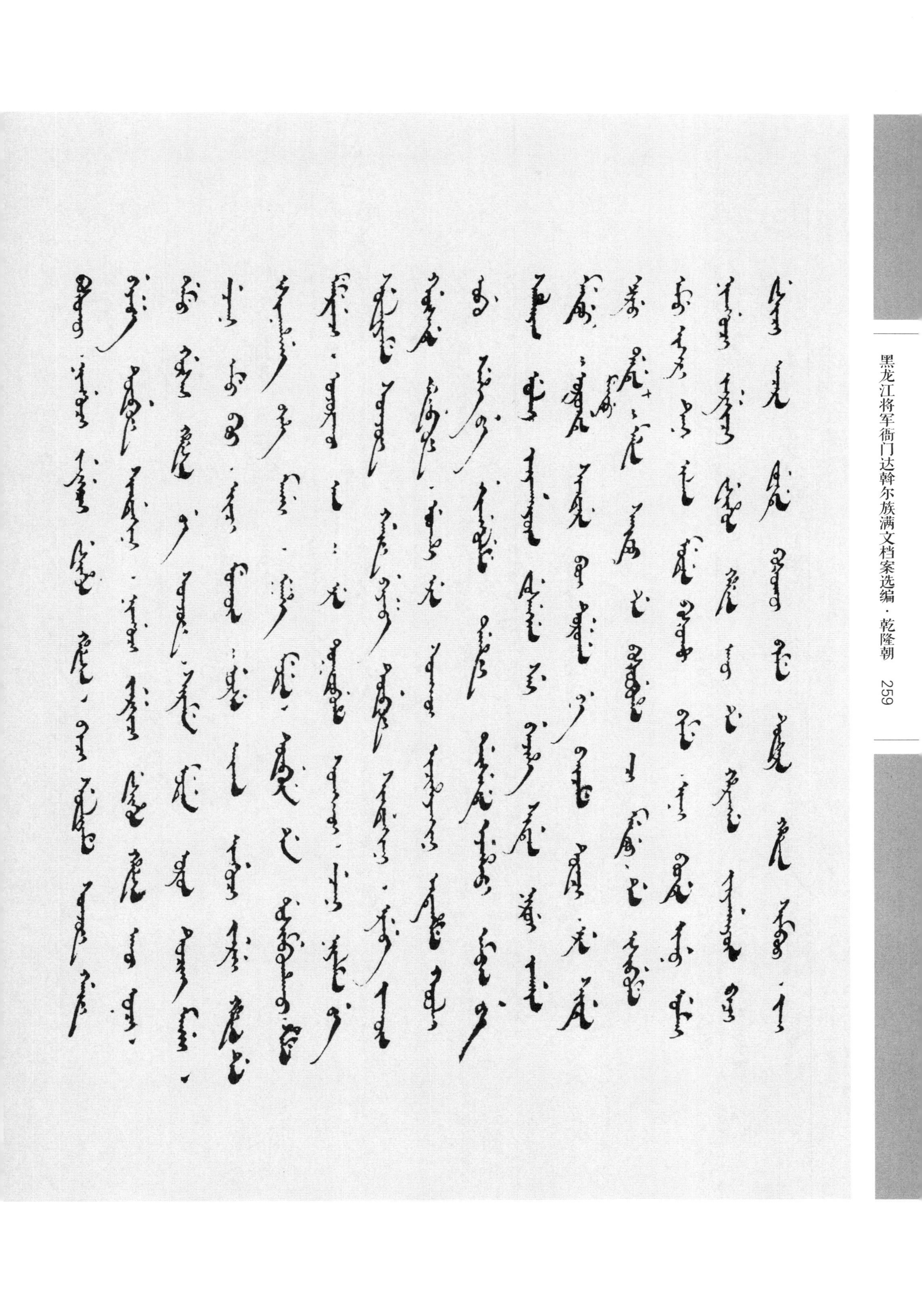

[illegible]

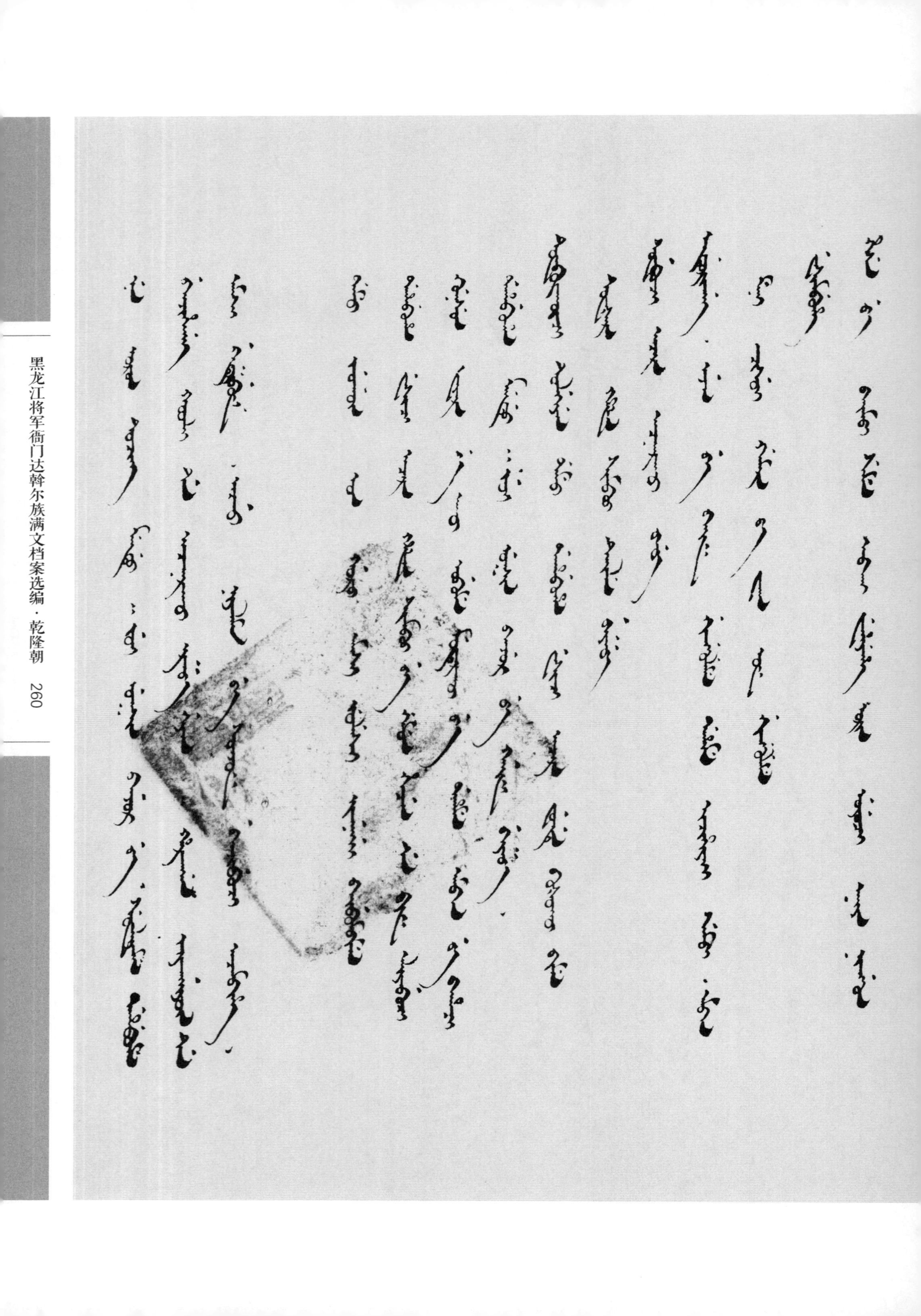

[illegible]

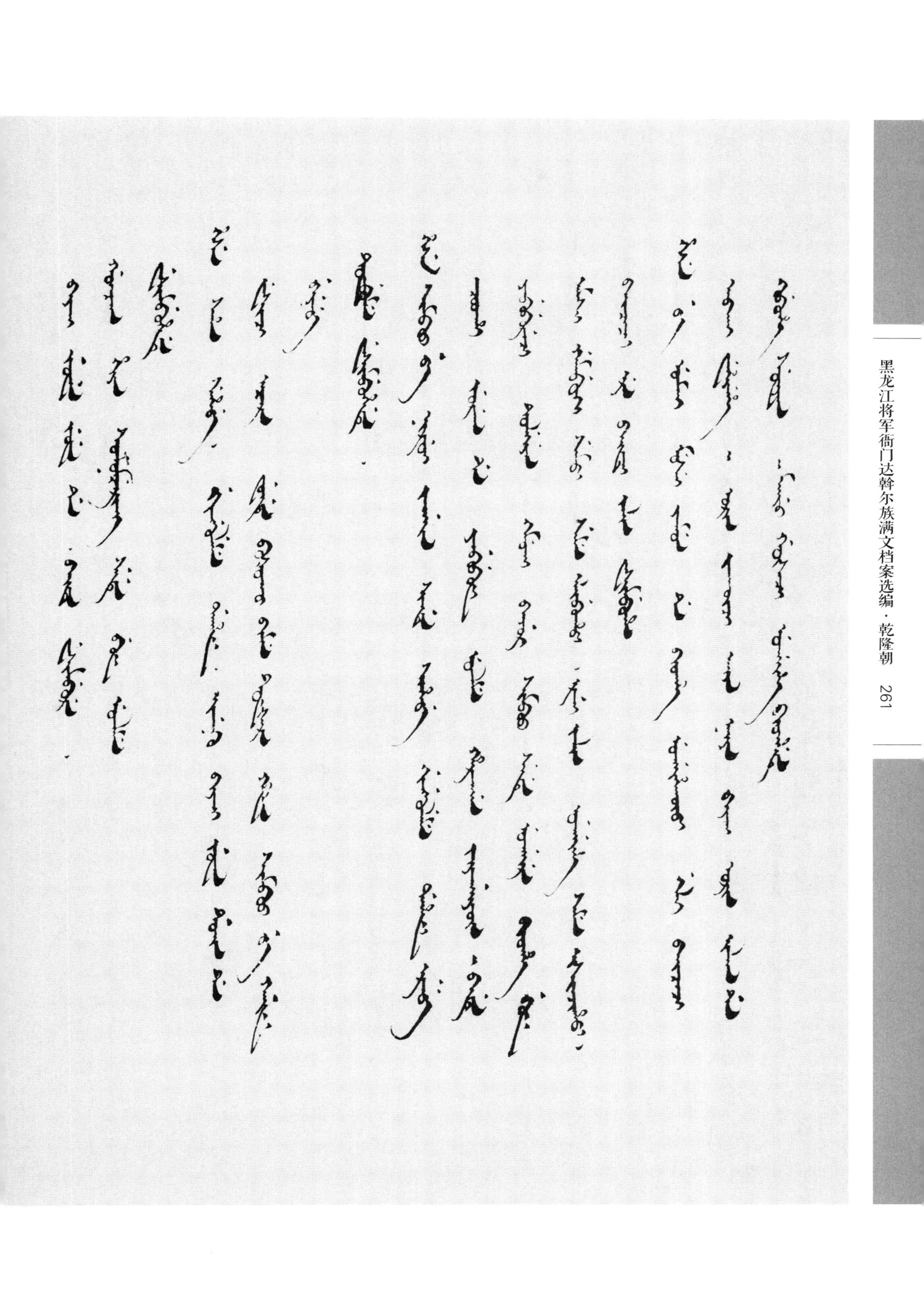

[illegible]

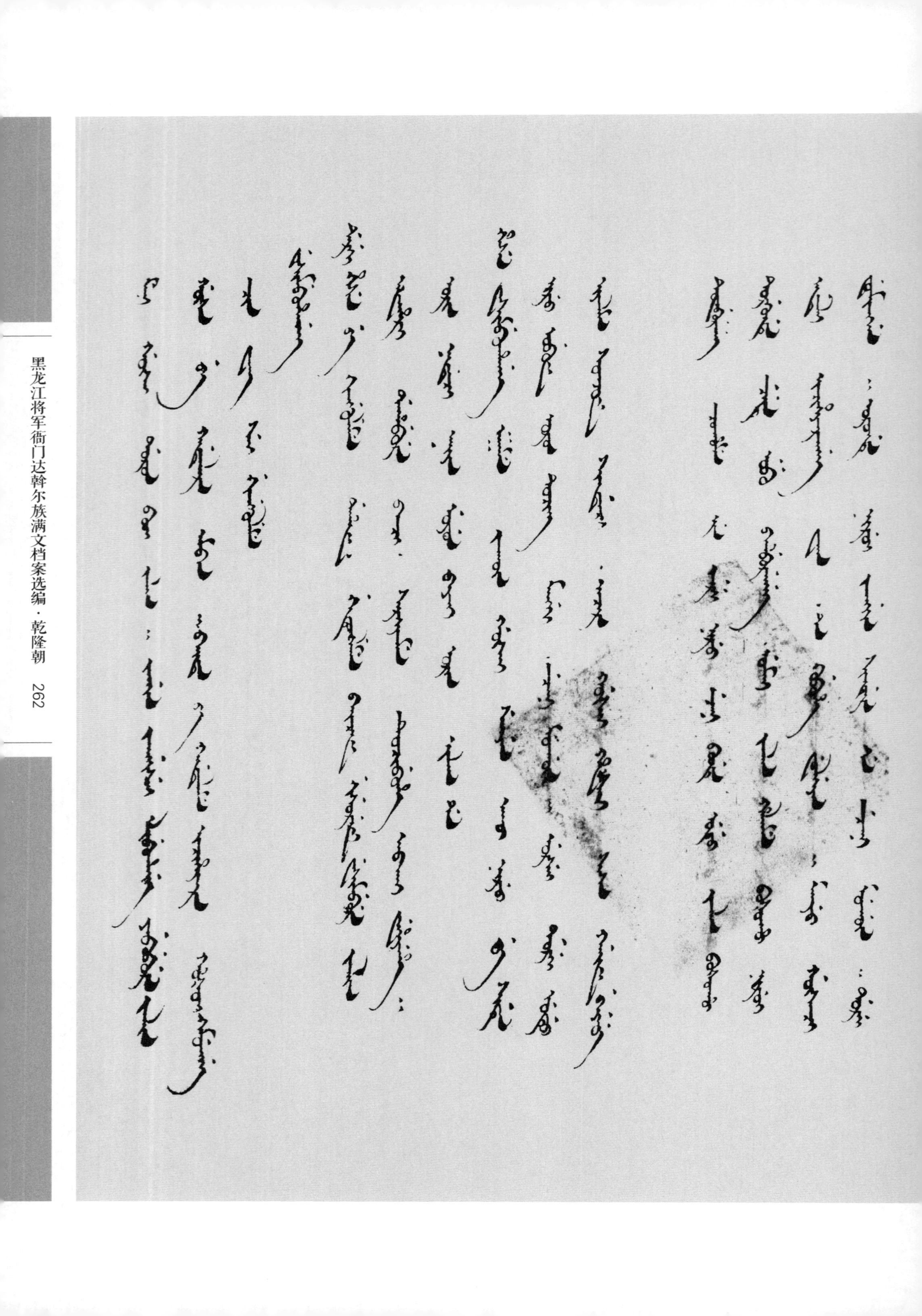

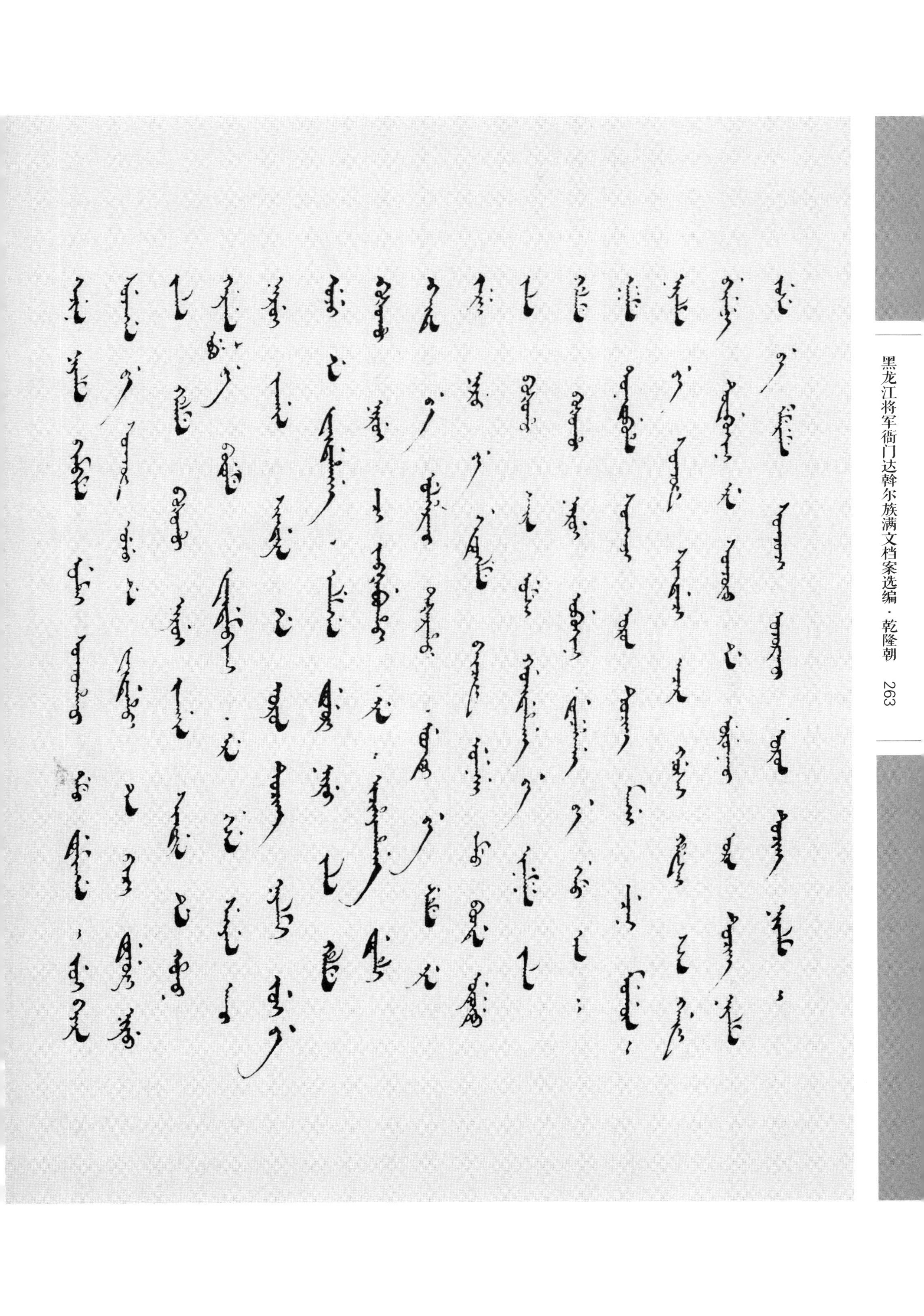

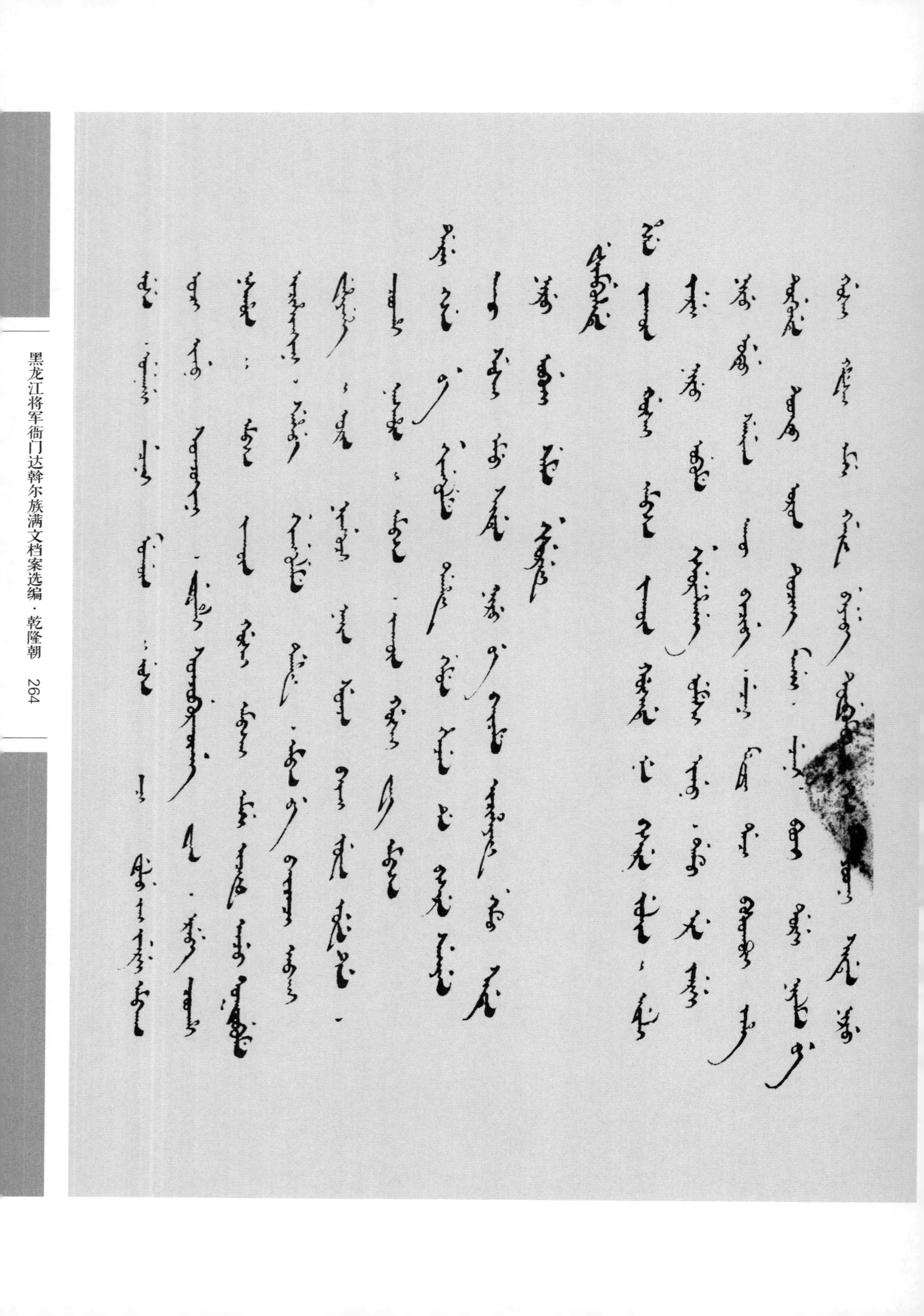

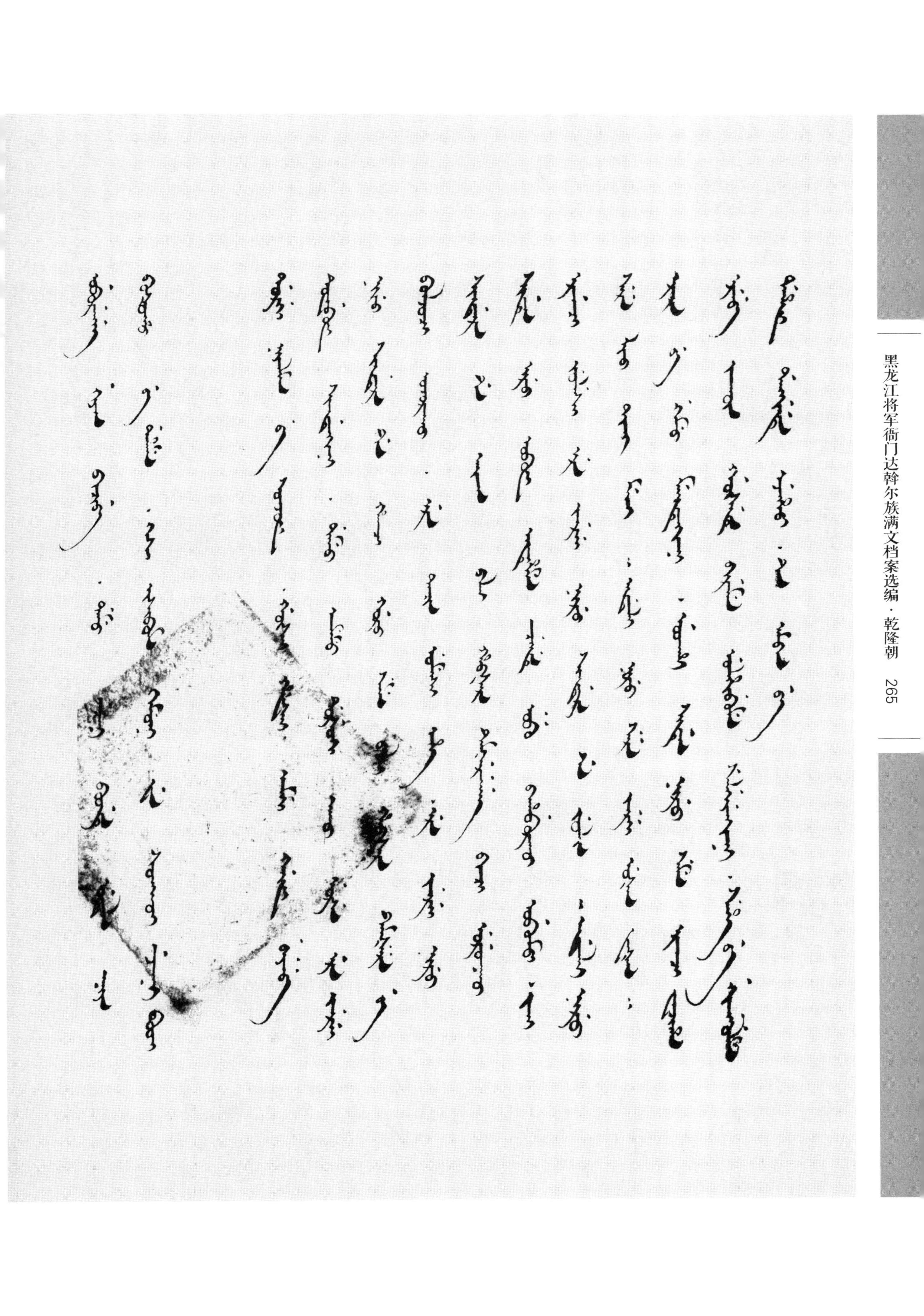

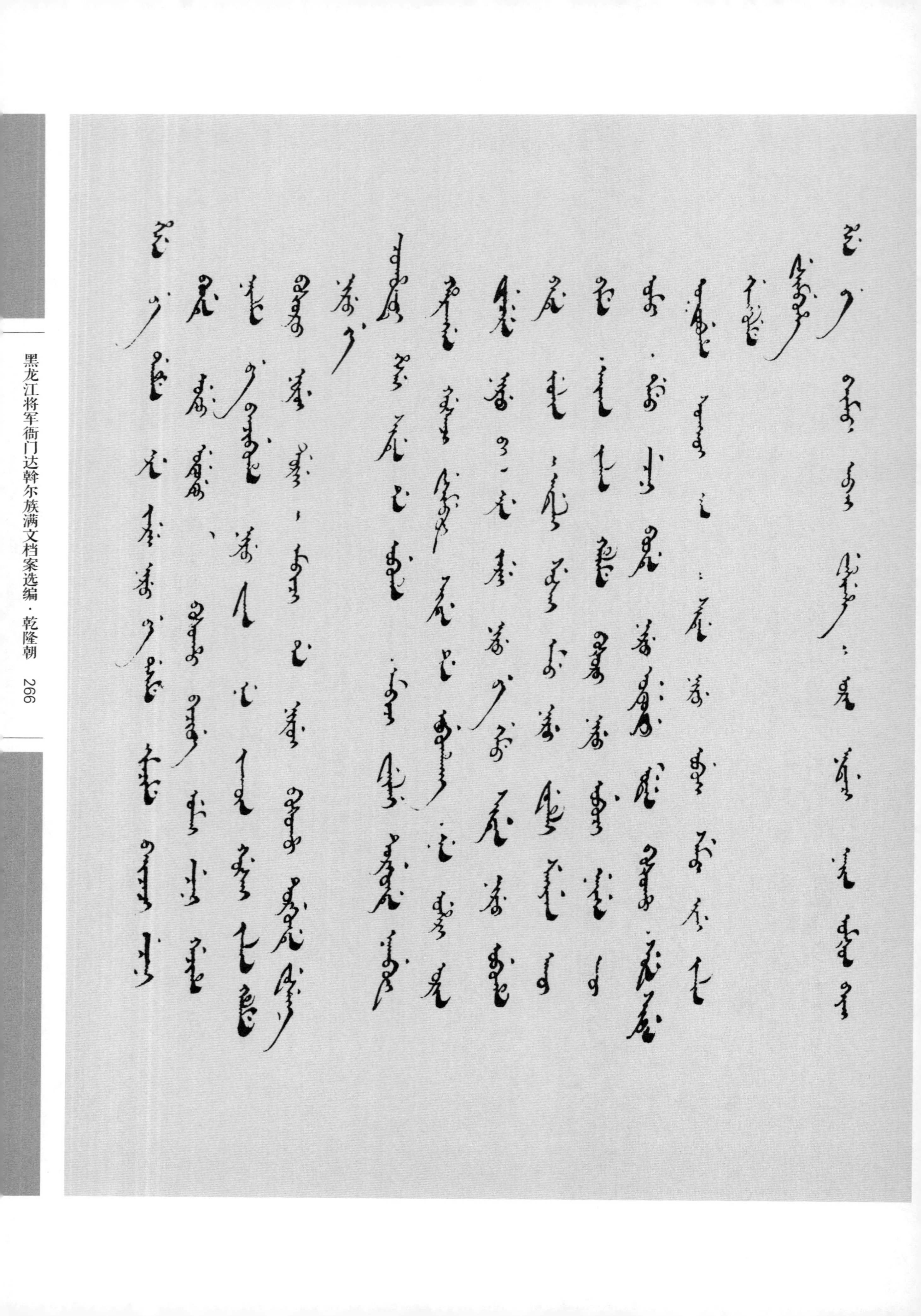

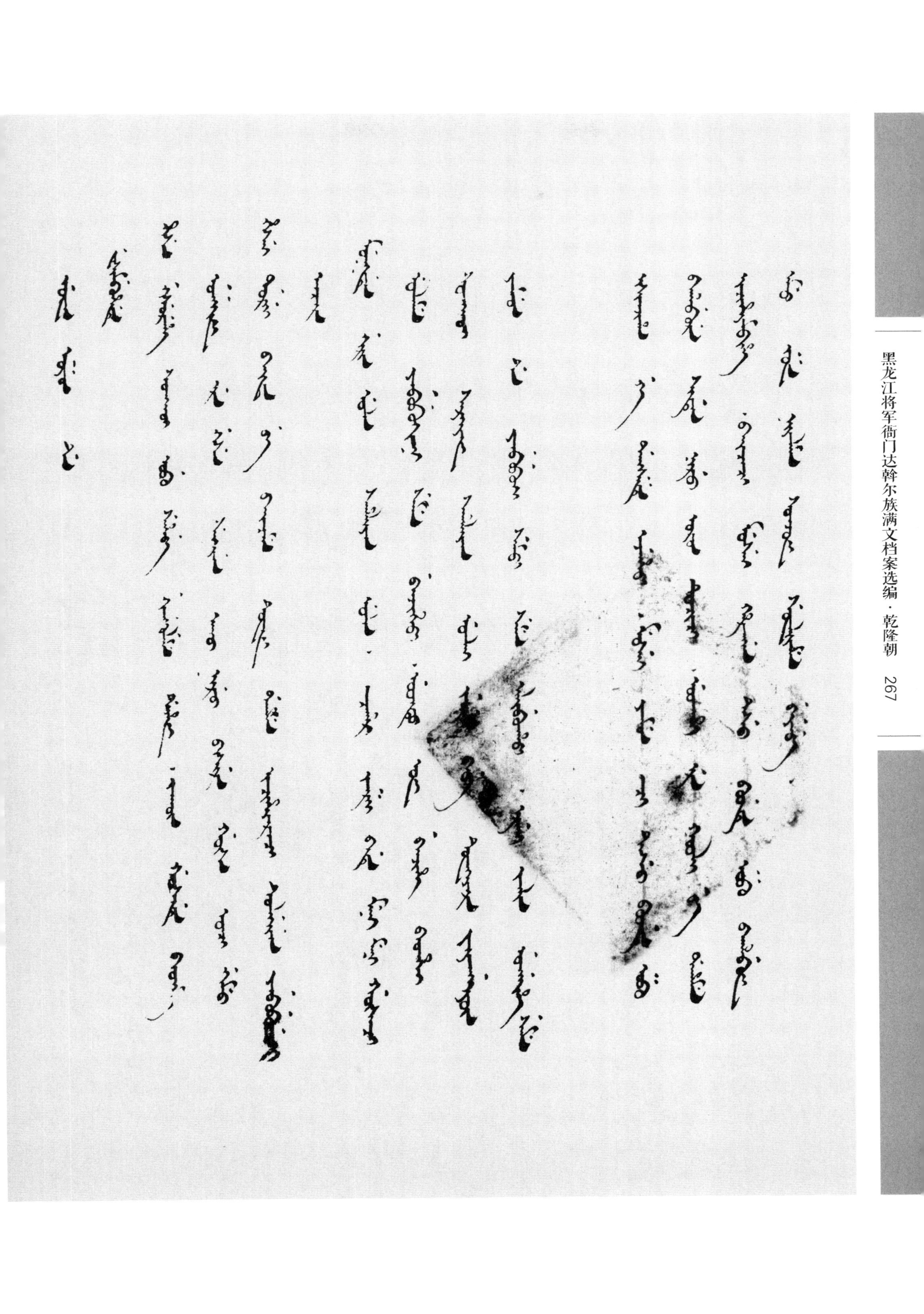

[illegible]

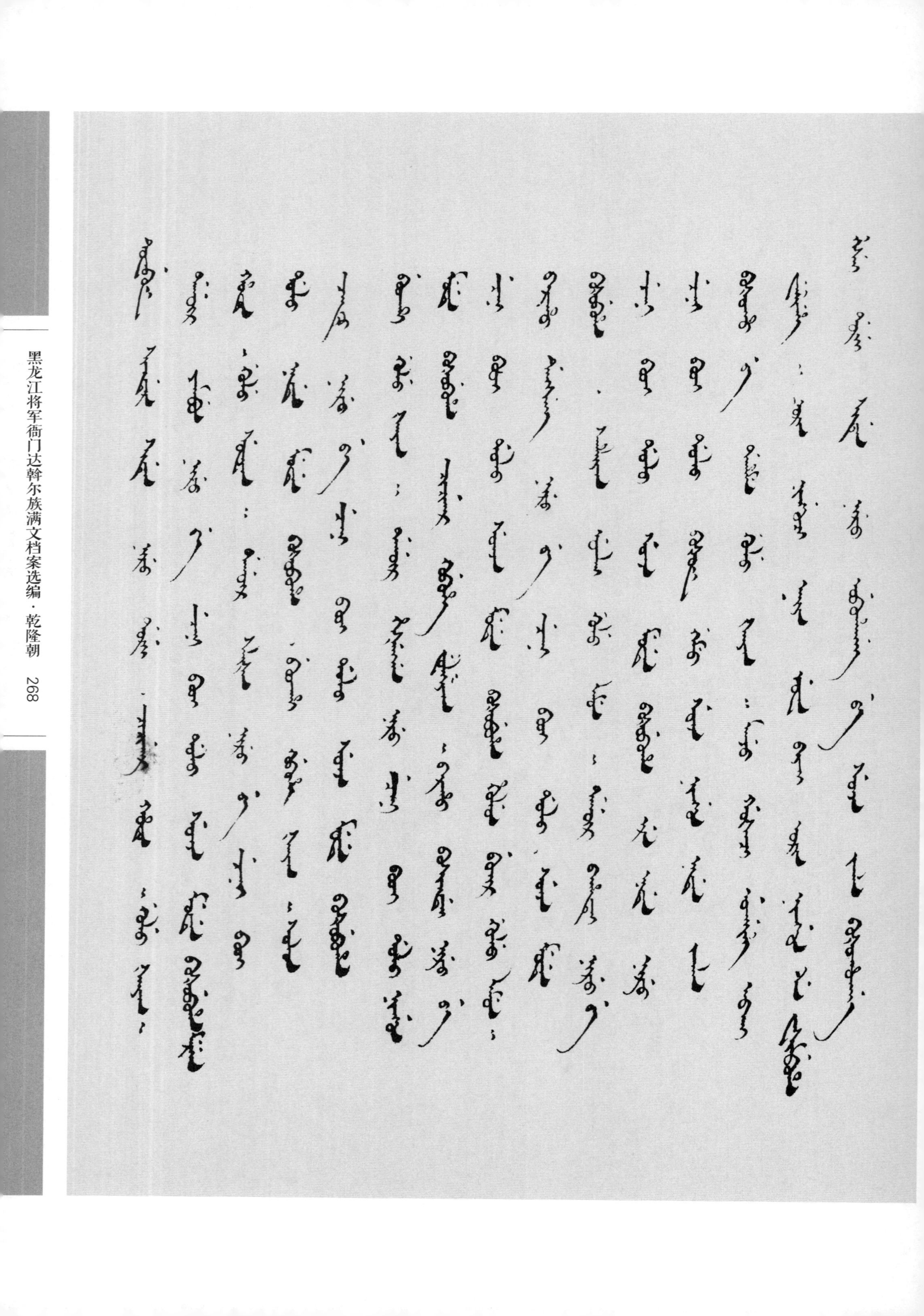

[illegible]

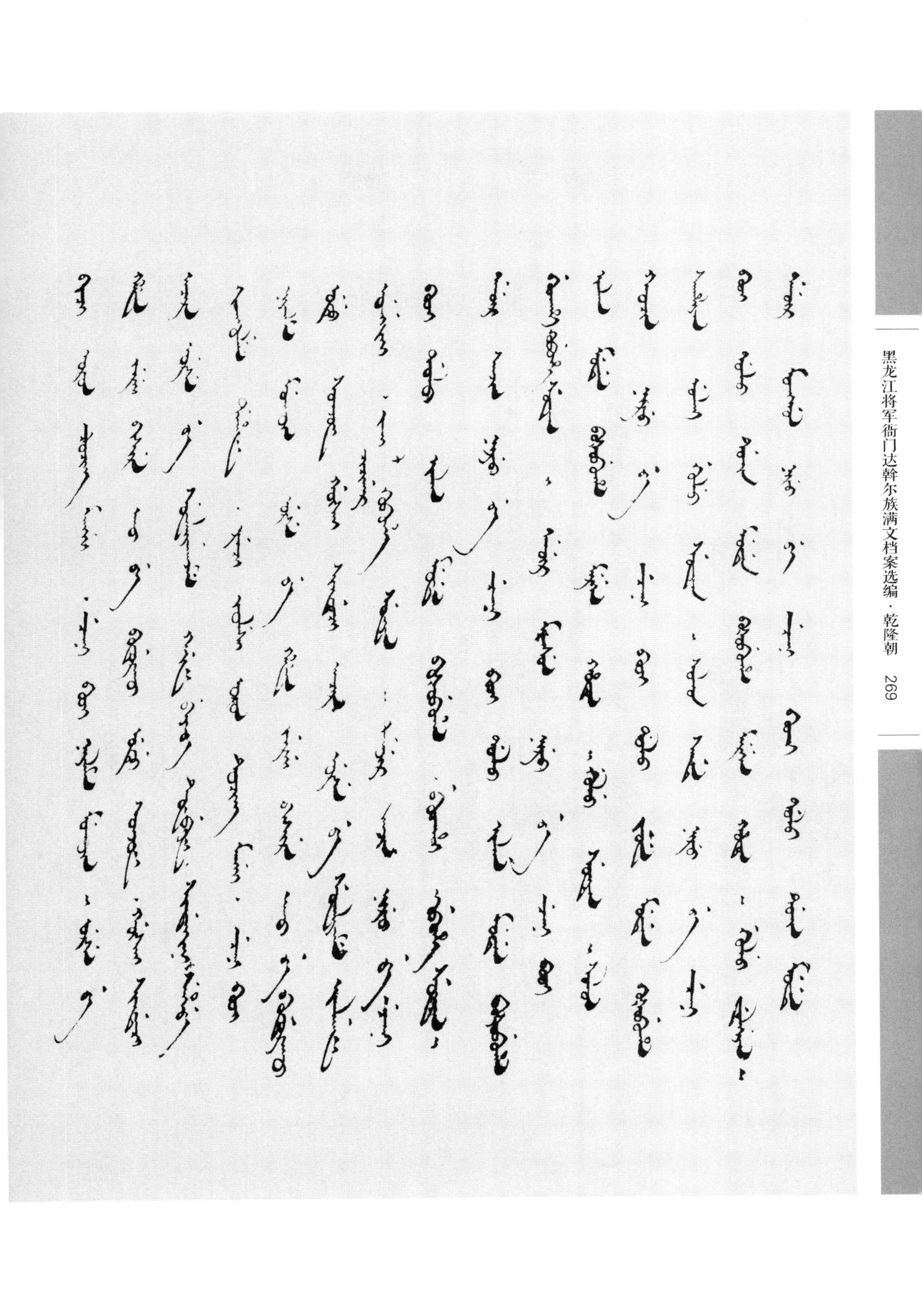

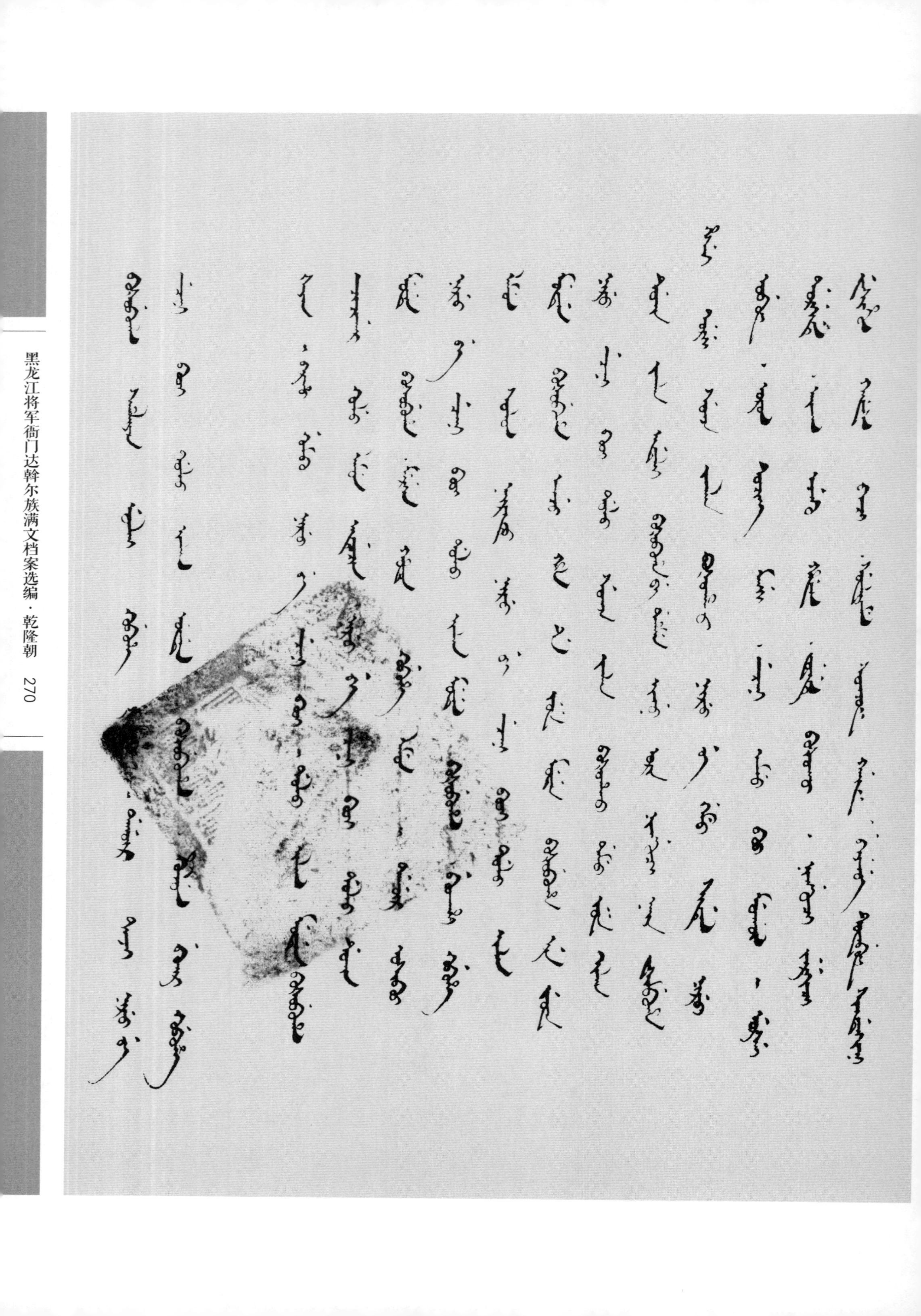

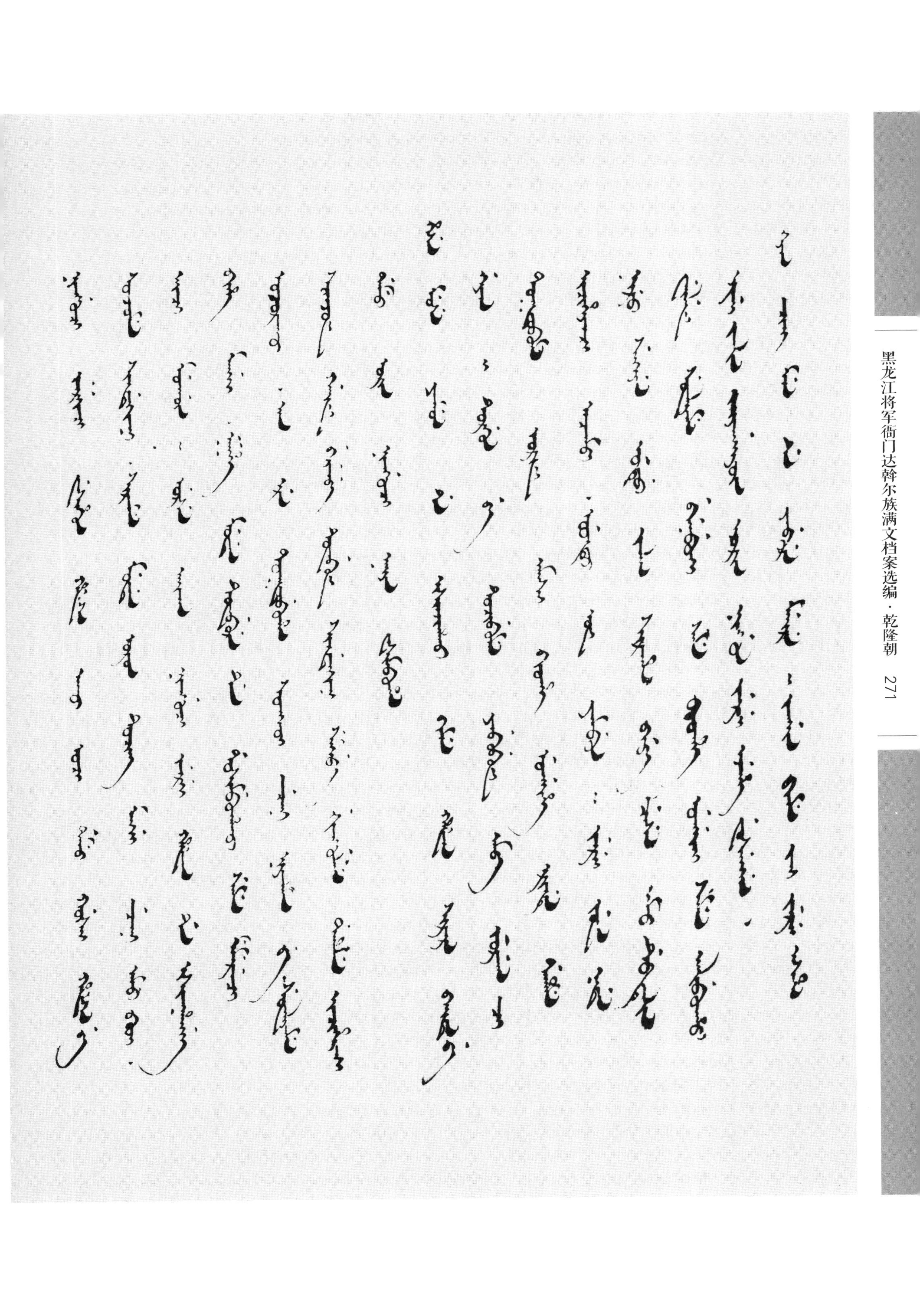

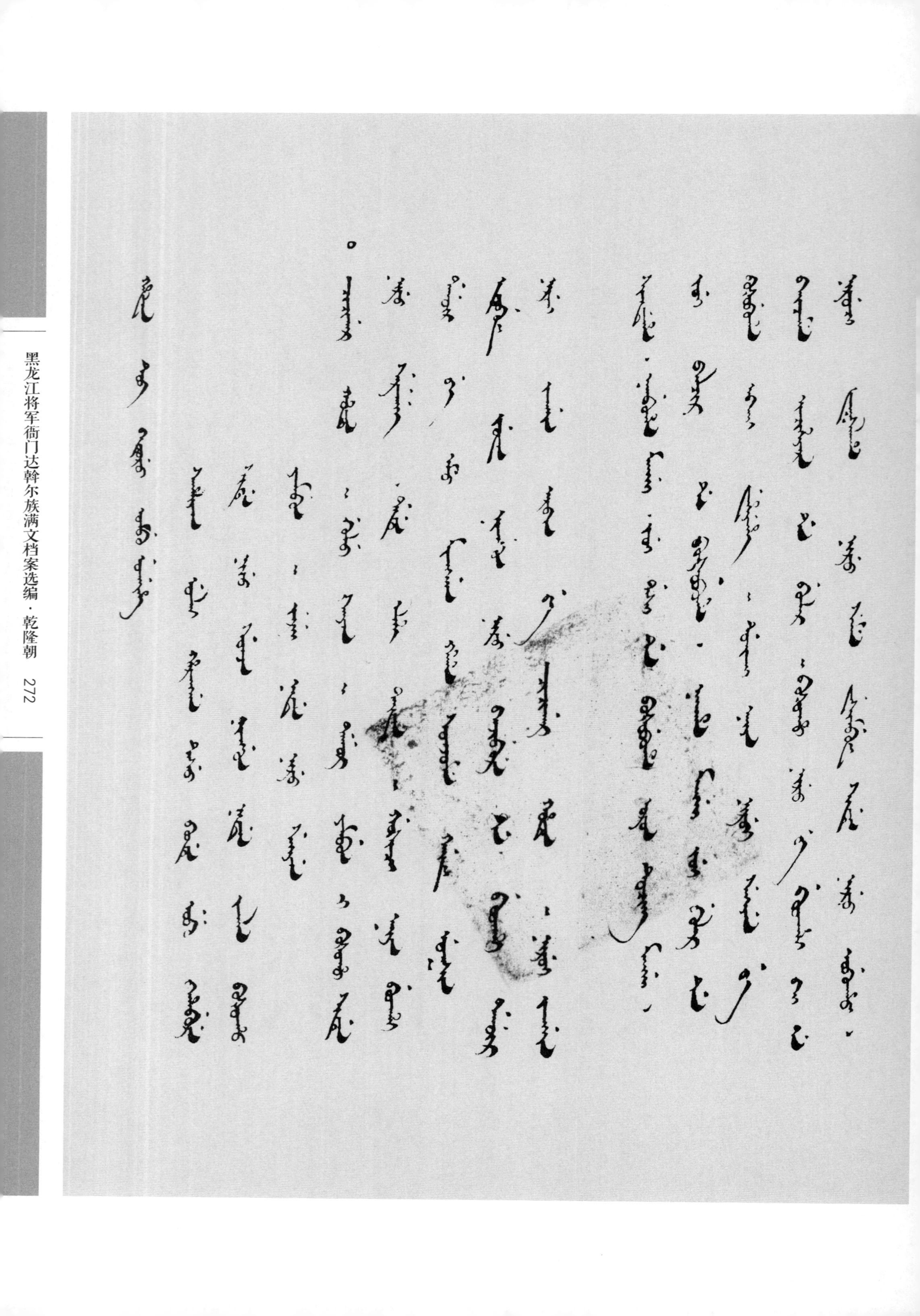

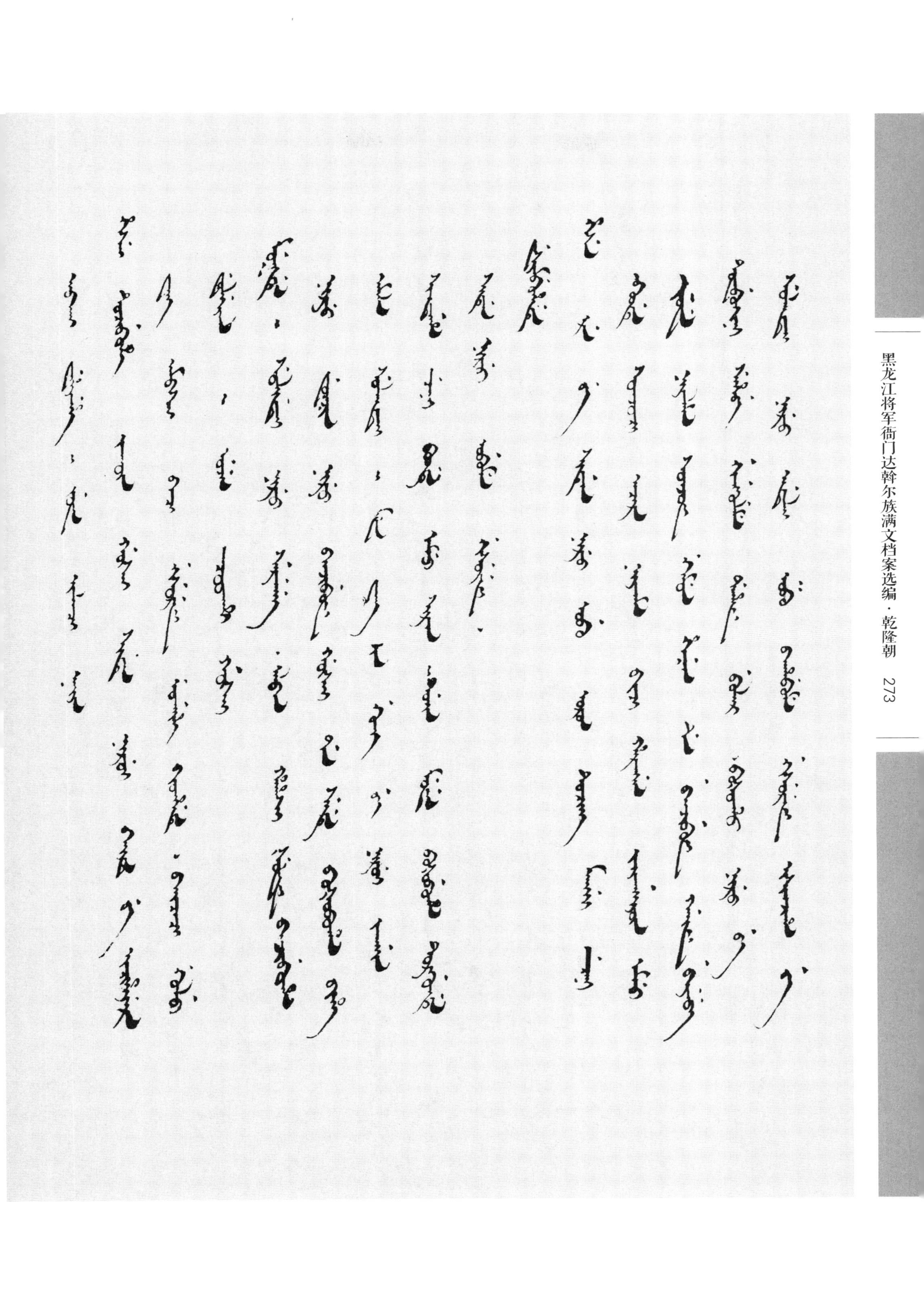

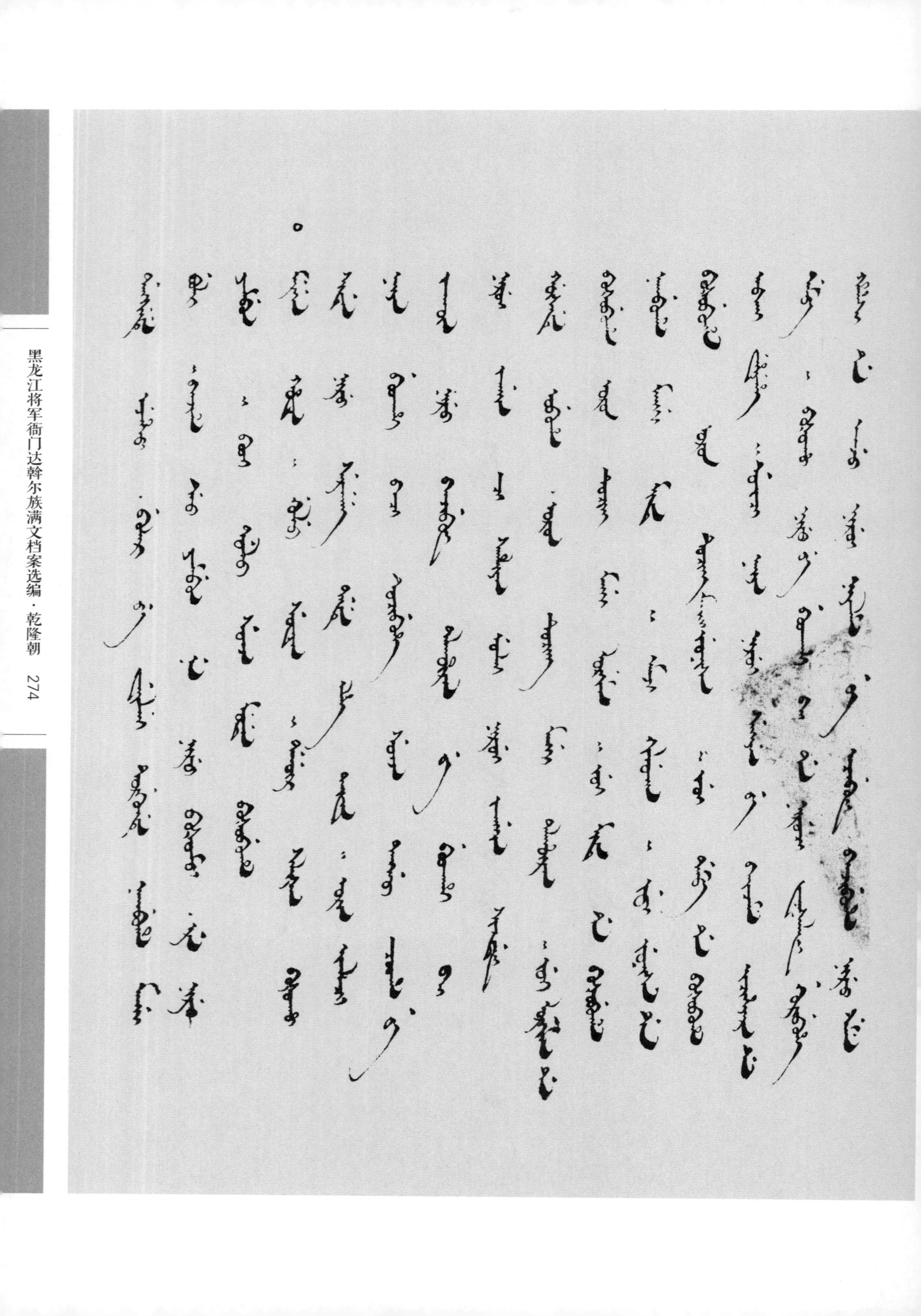

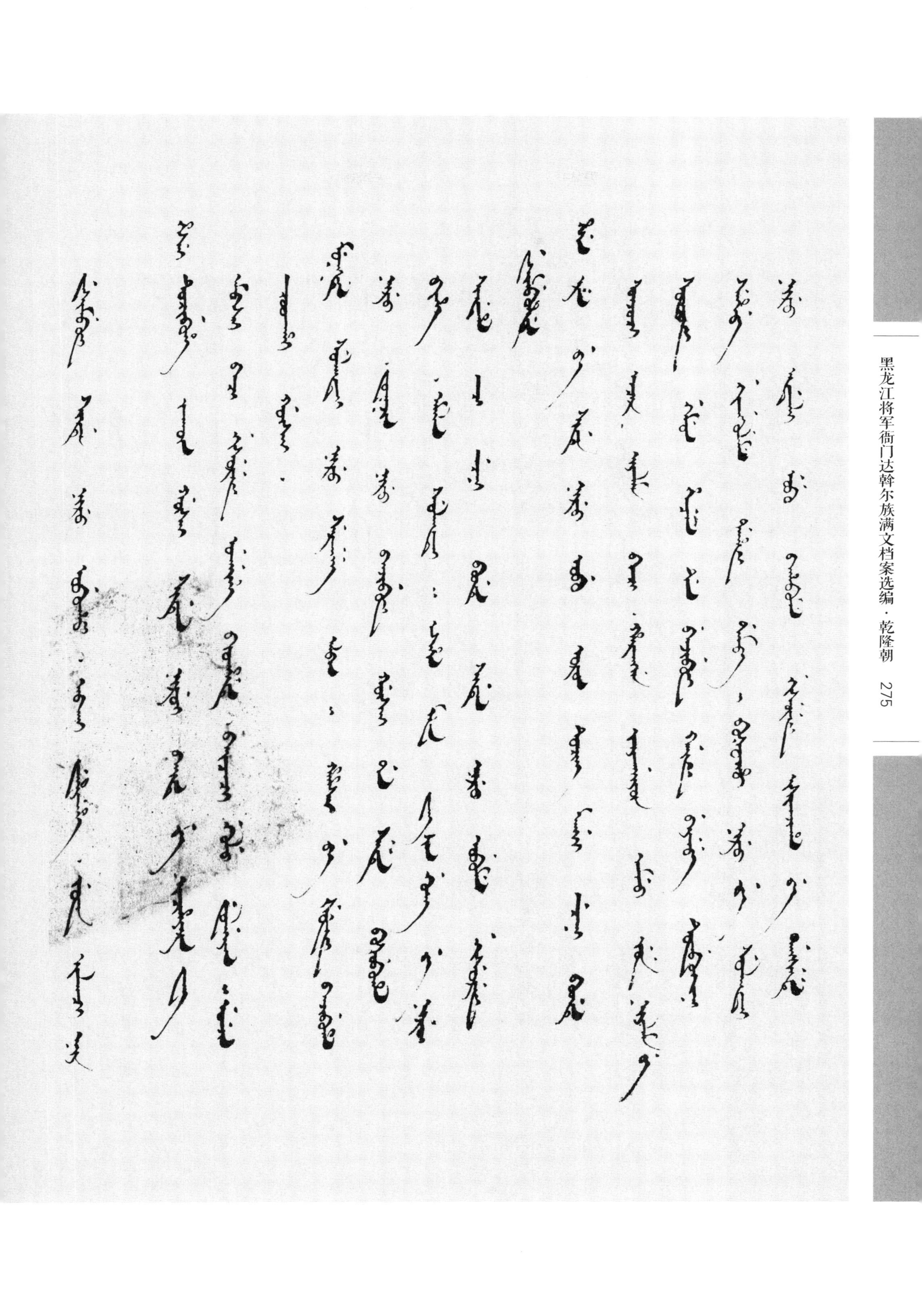

[illegible]

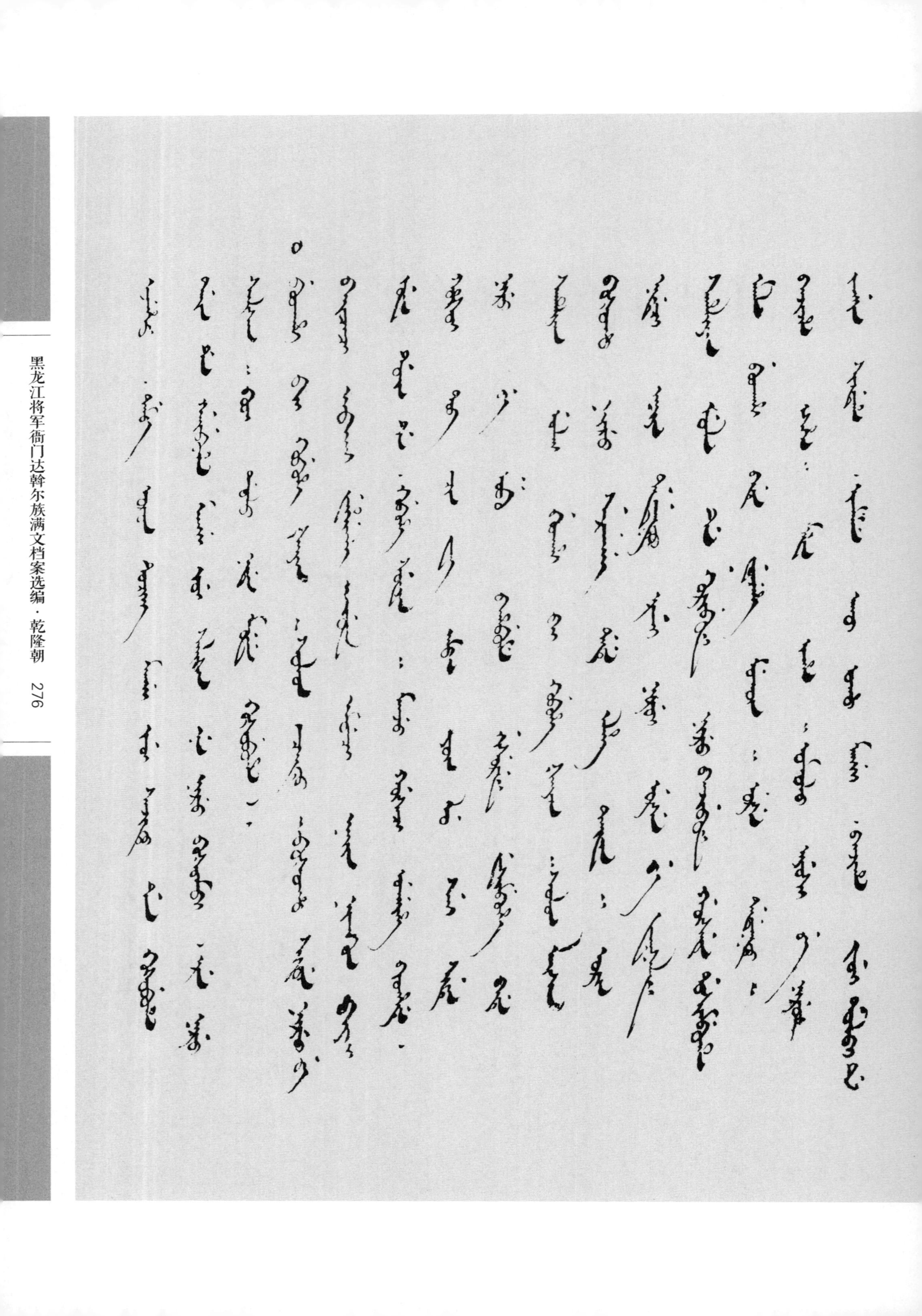

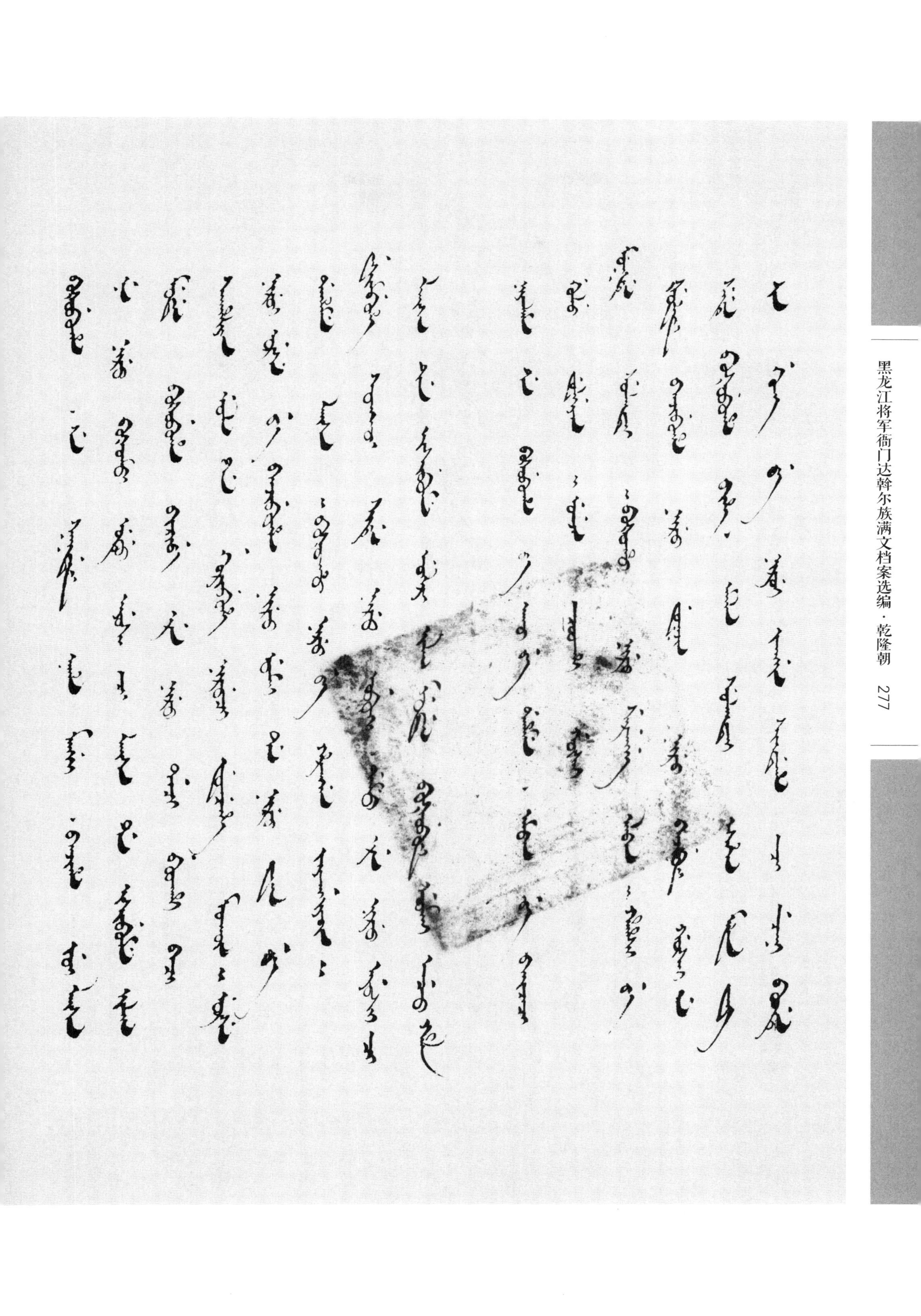

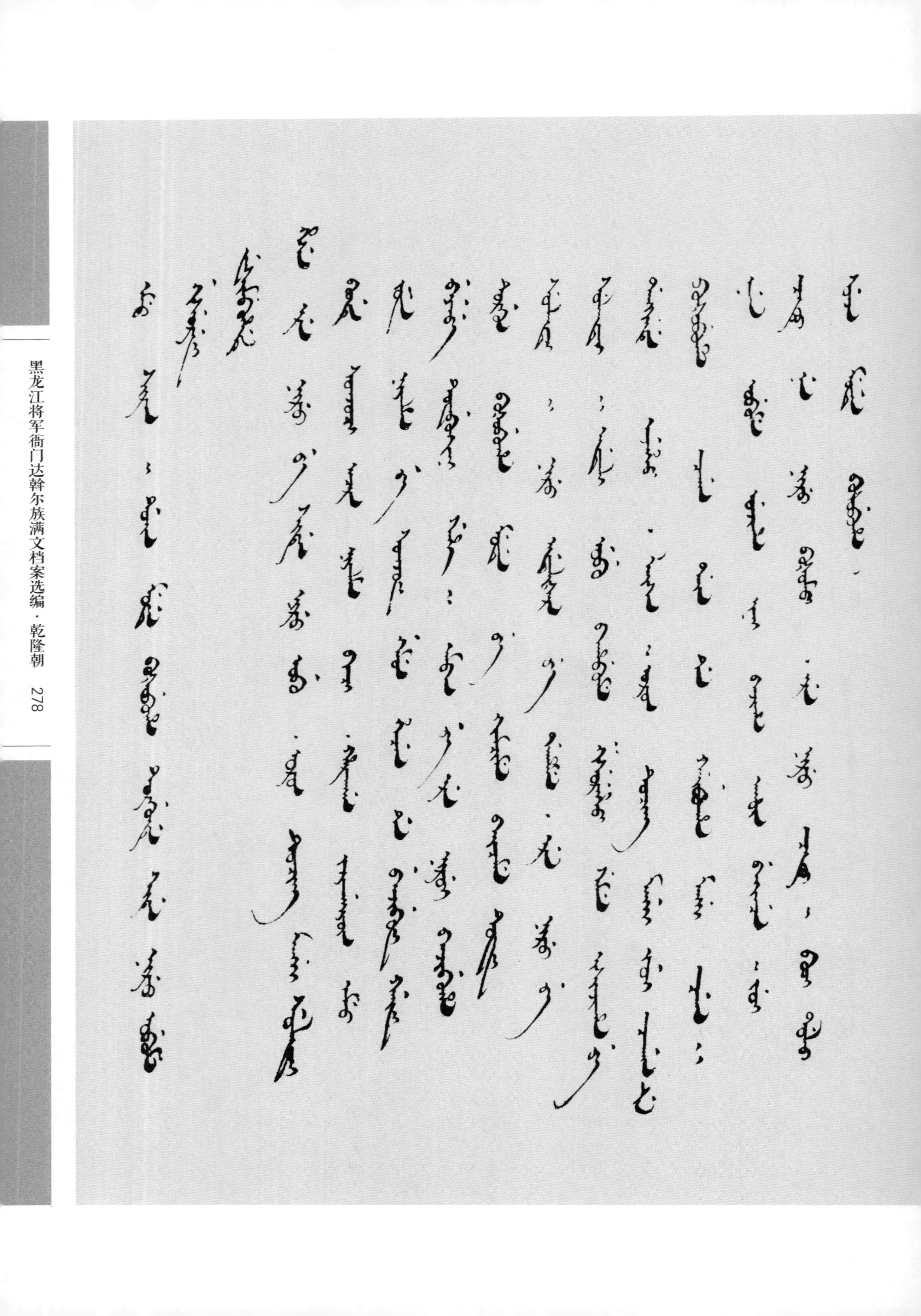

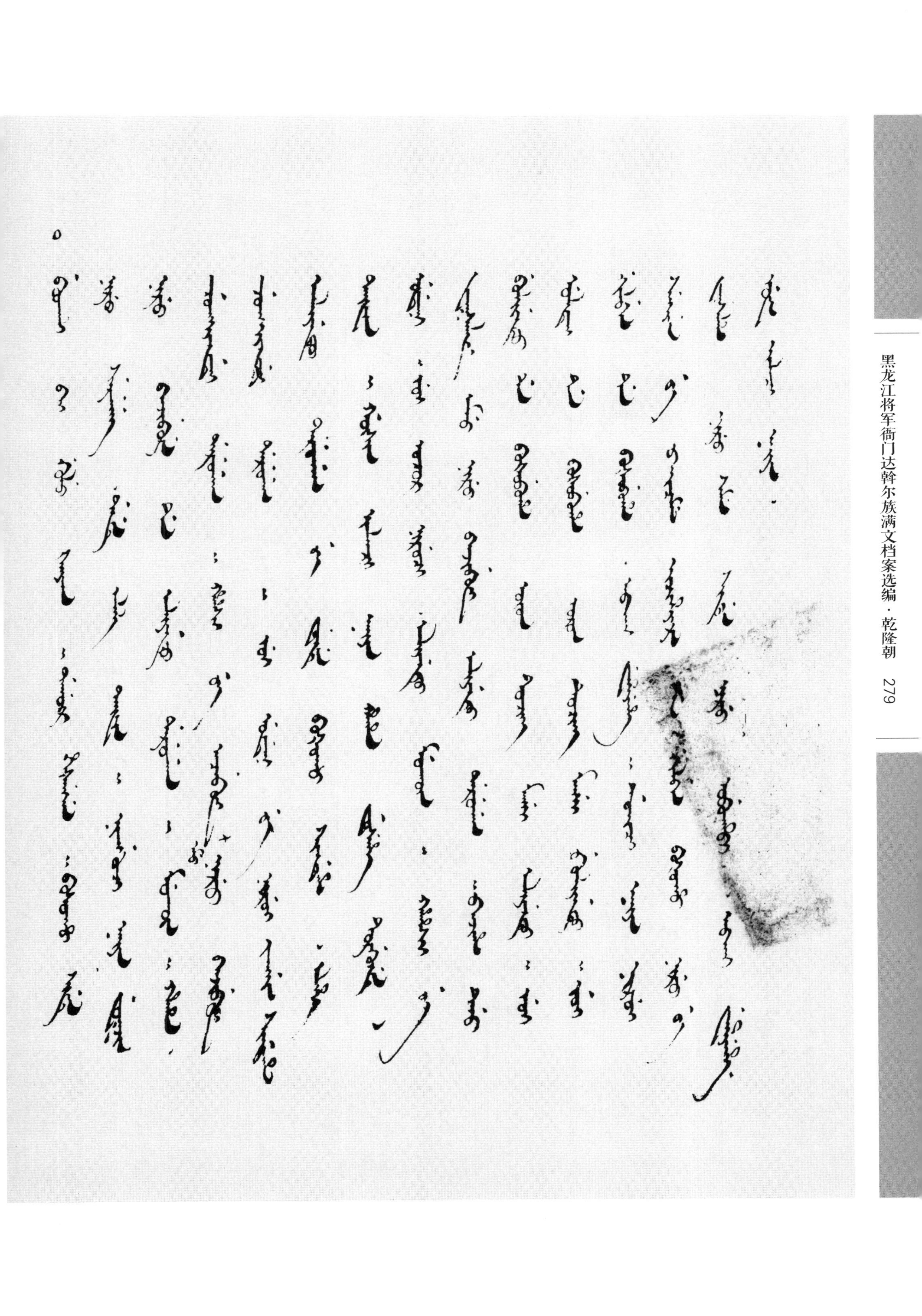

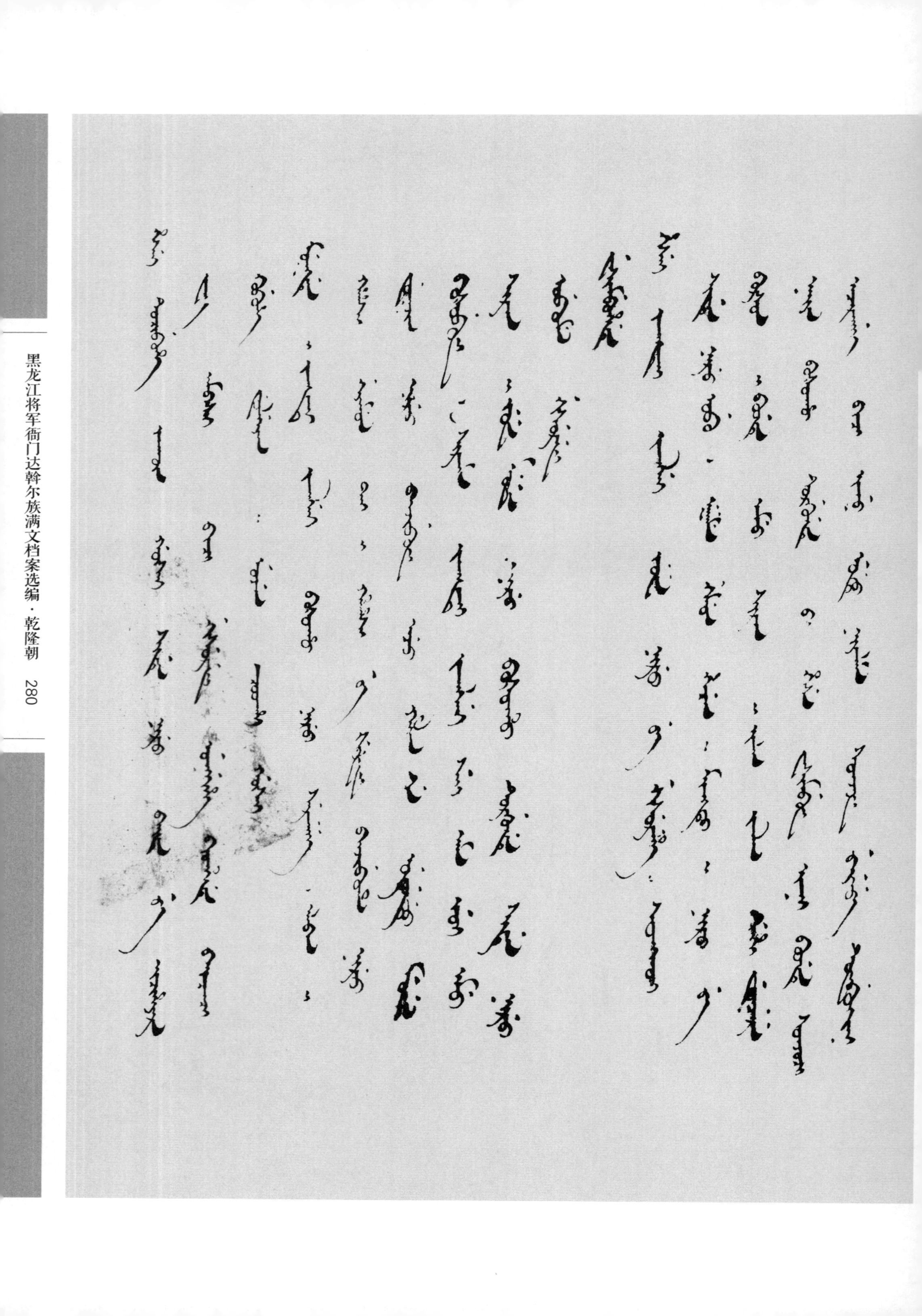

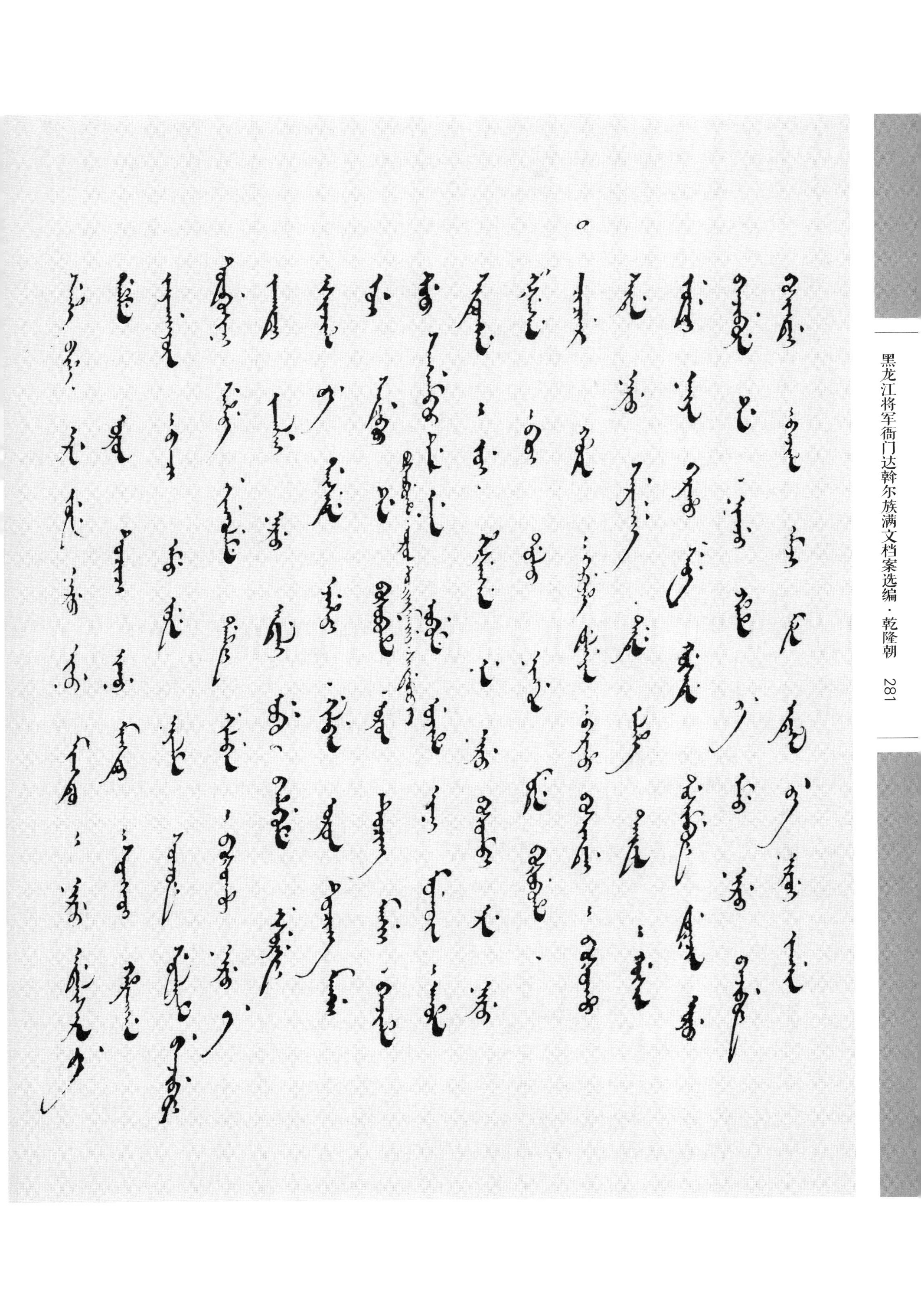

[illegible]

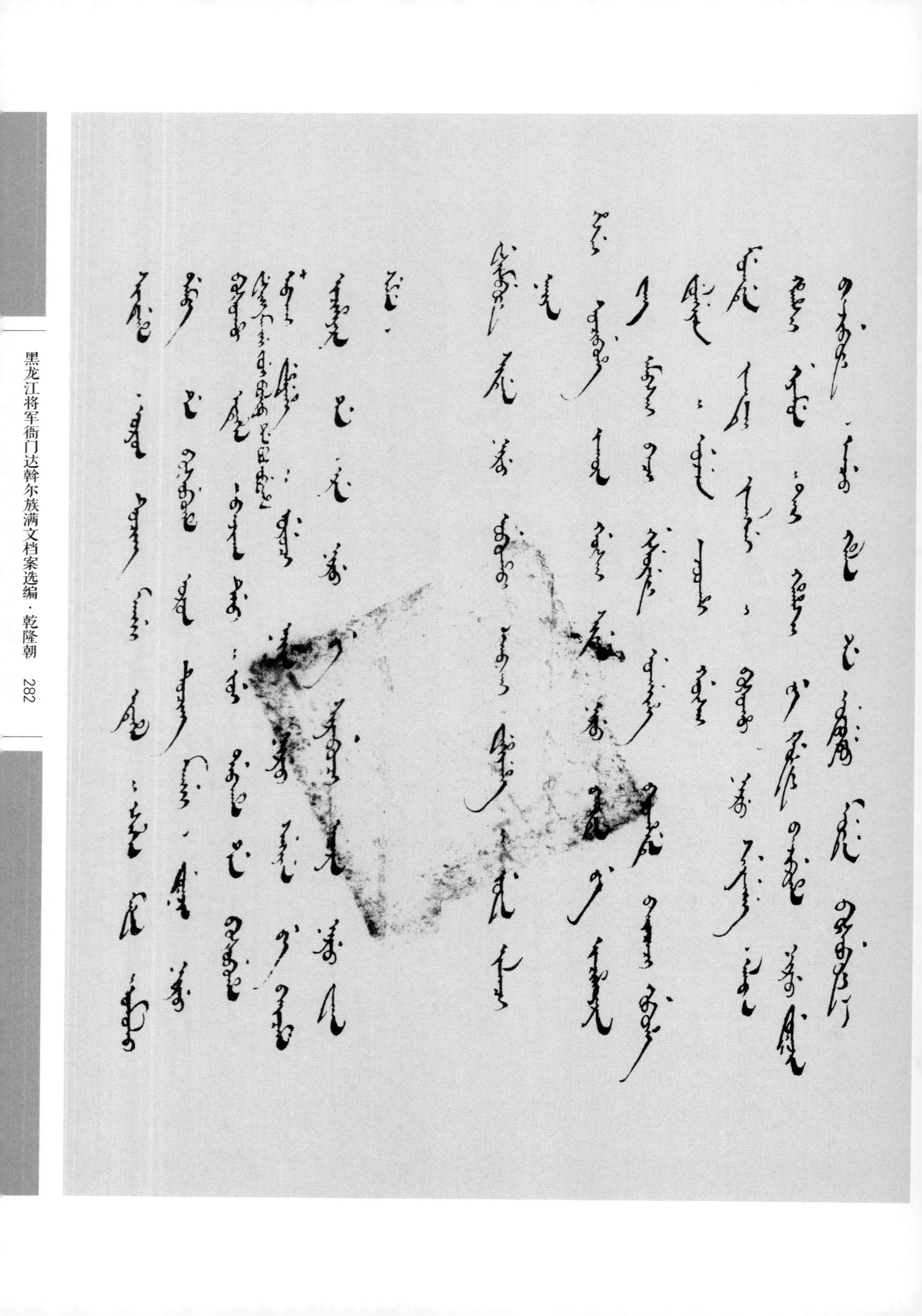

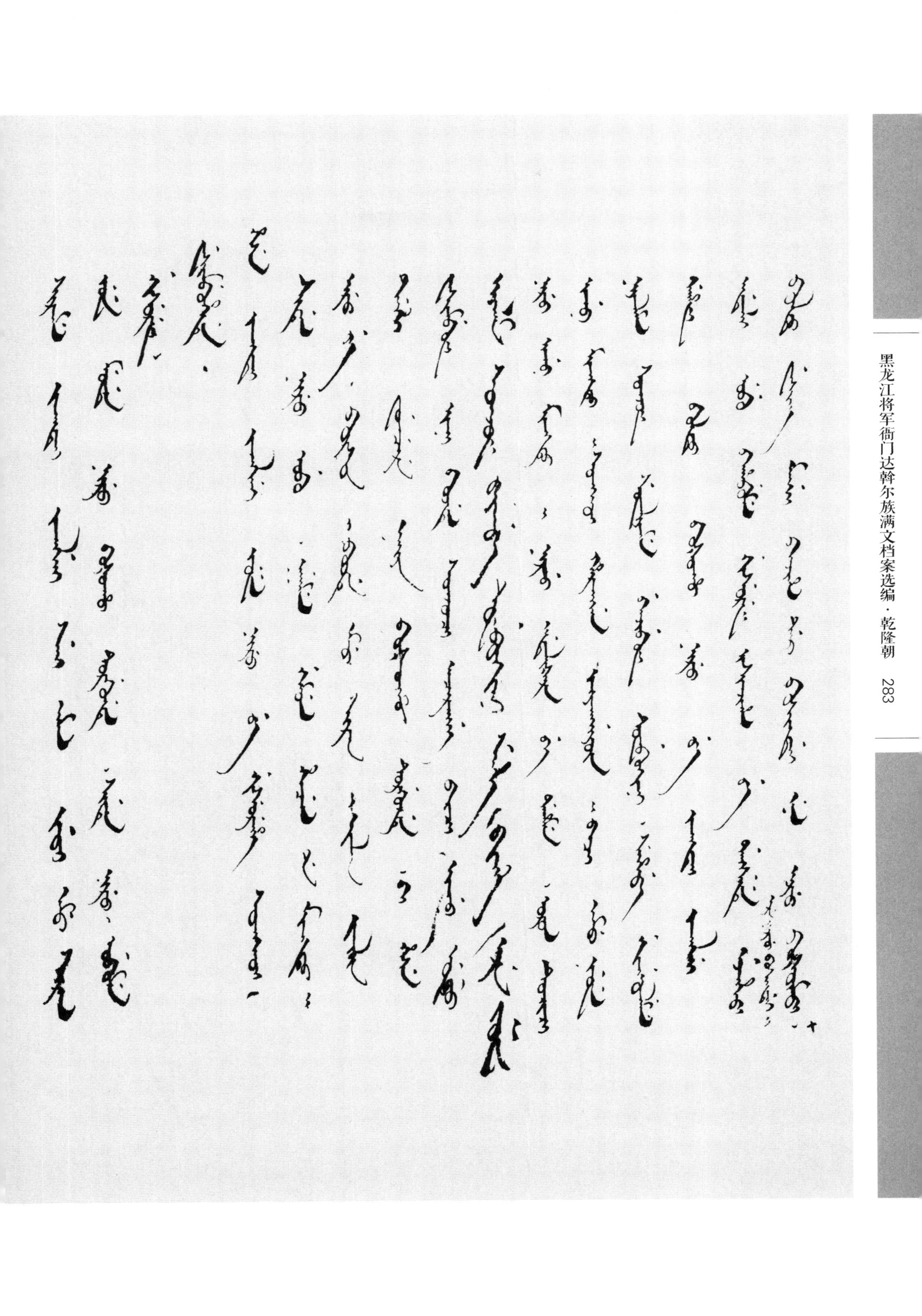

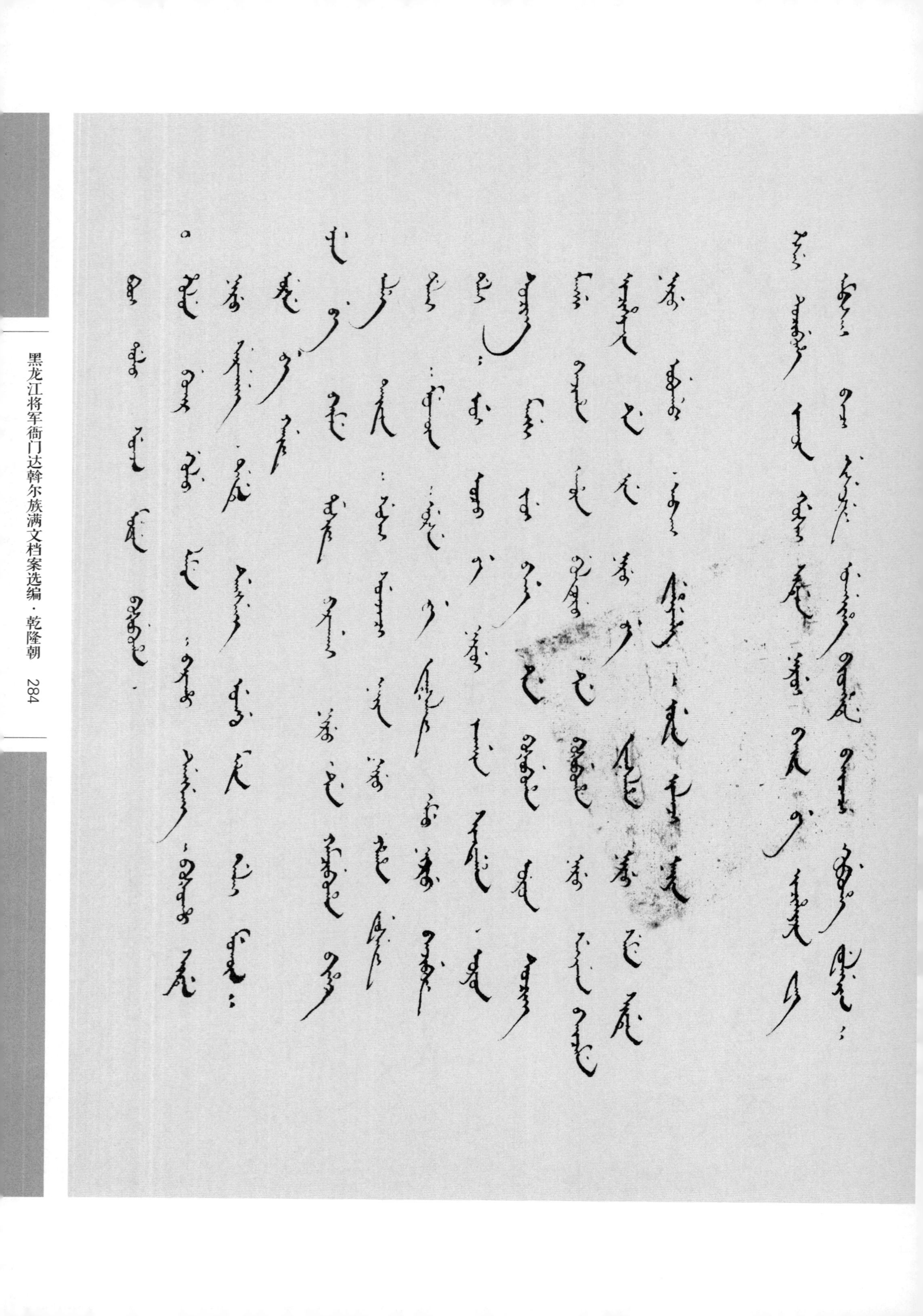

[illegible]

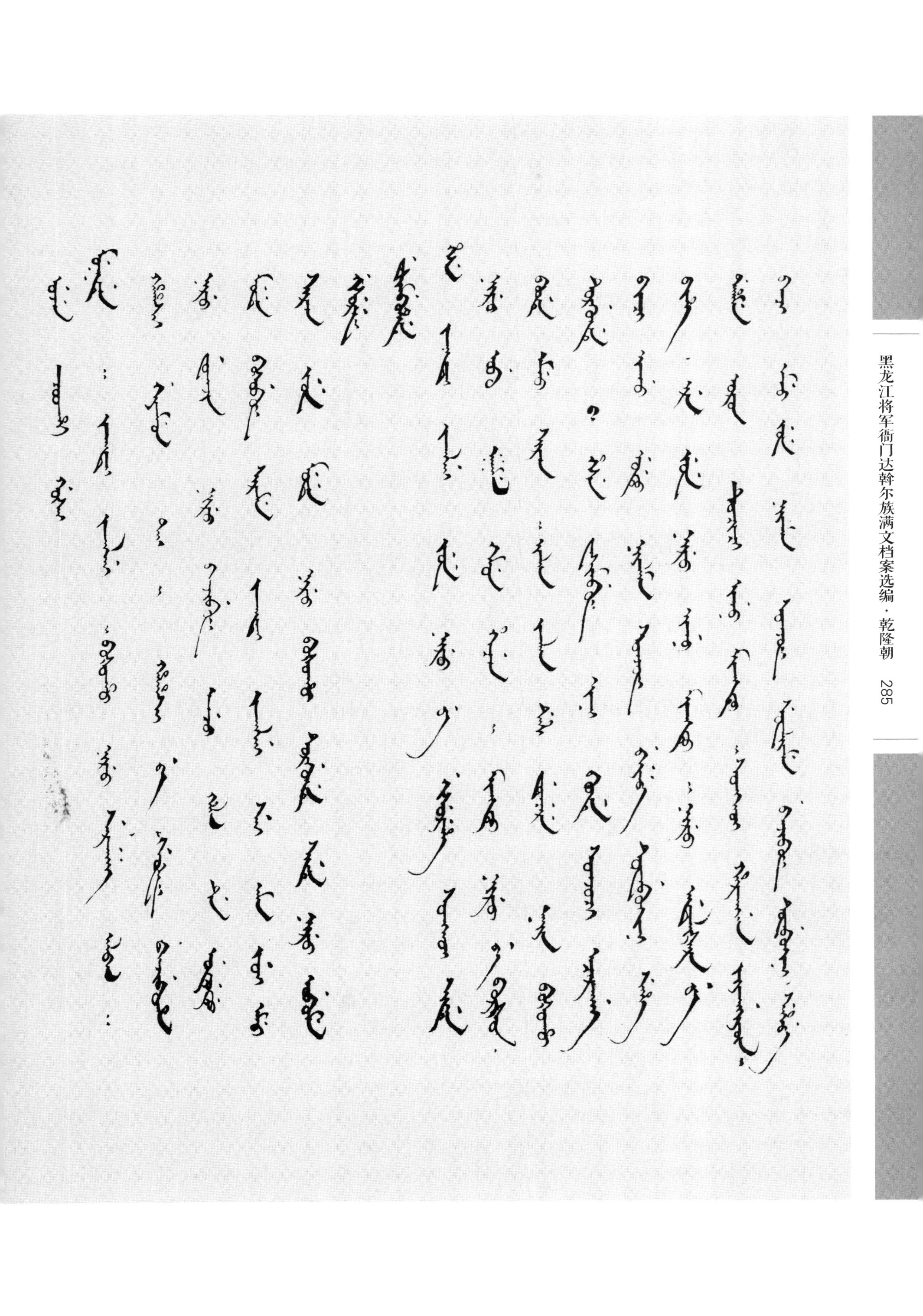

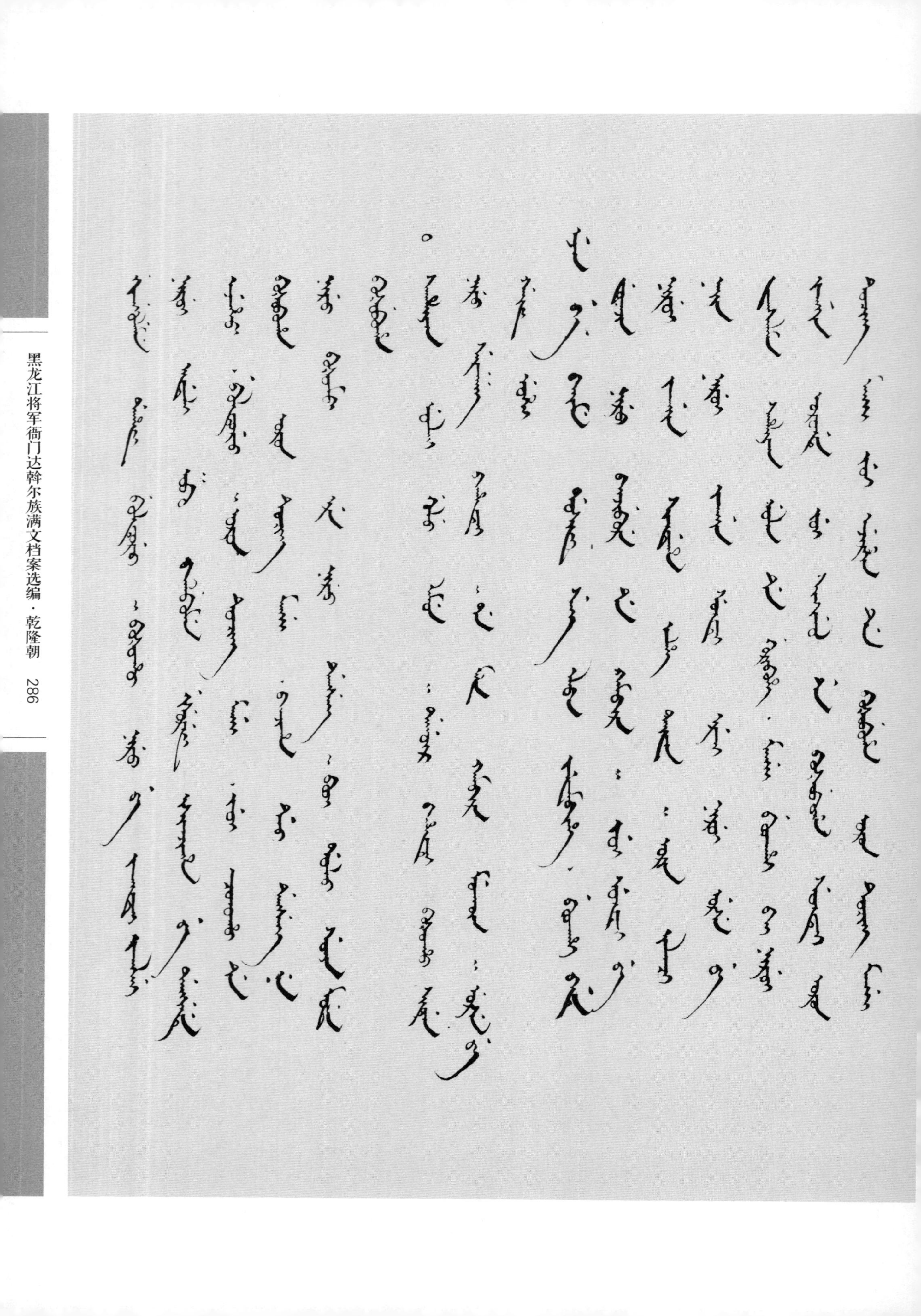

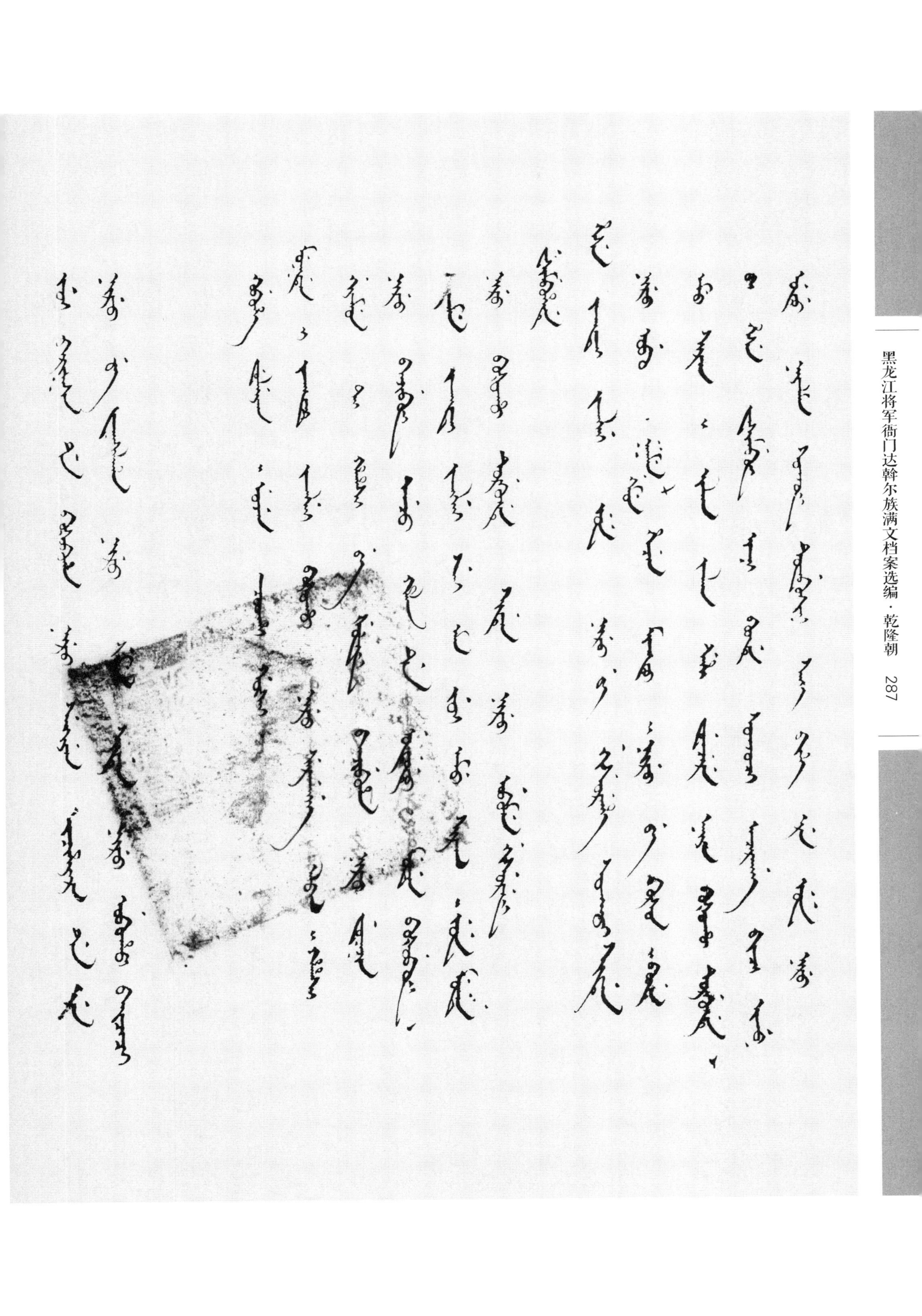

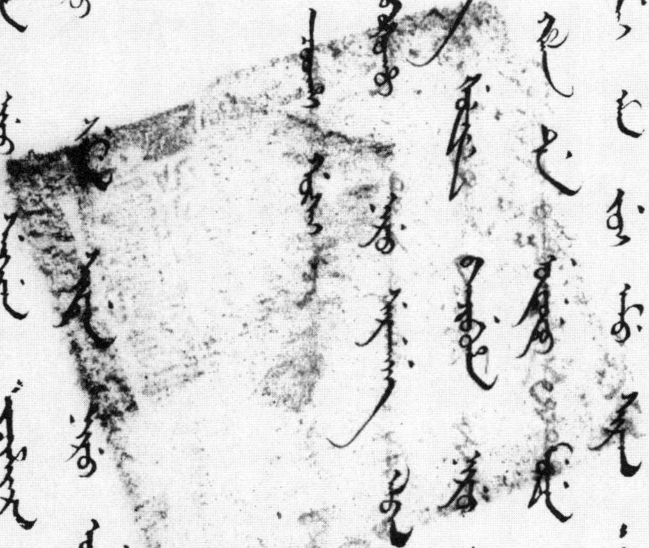

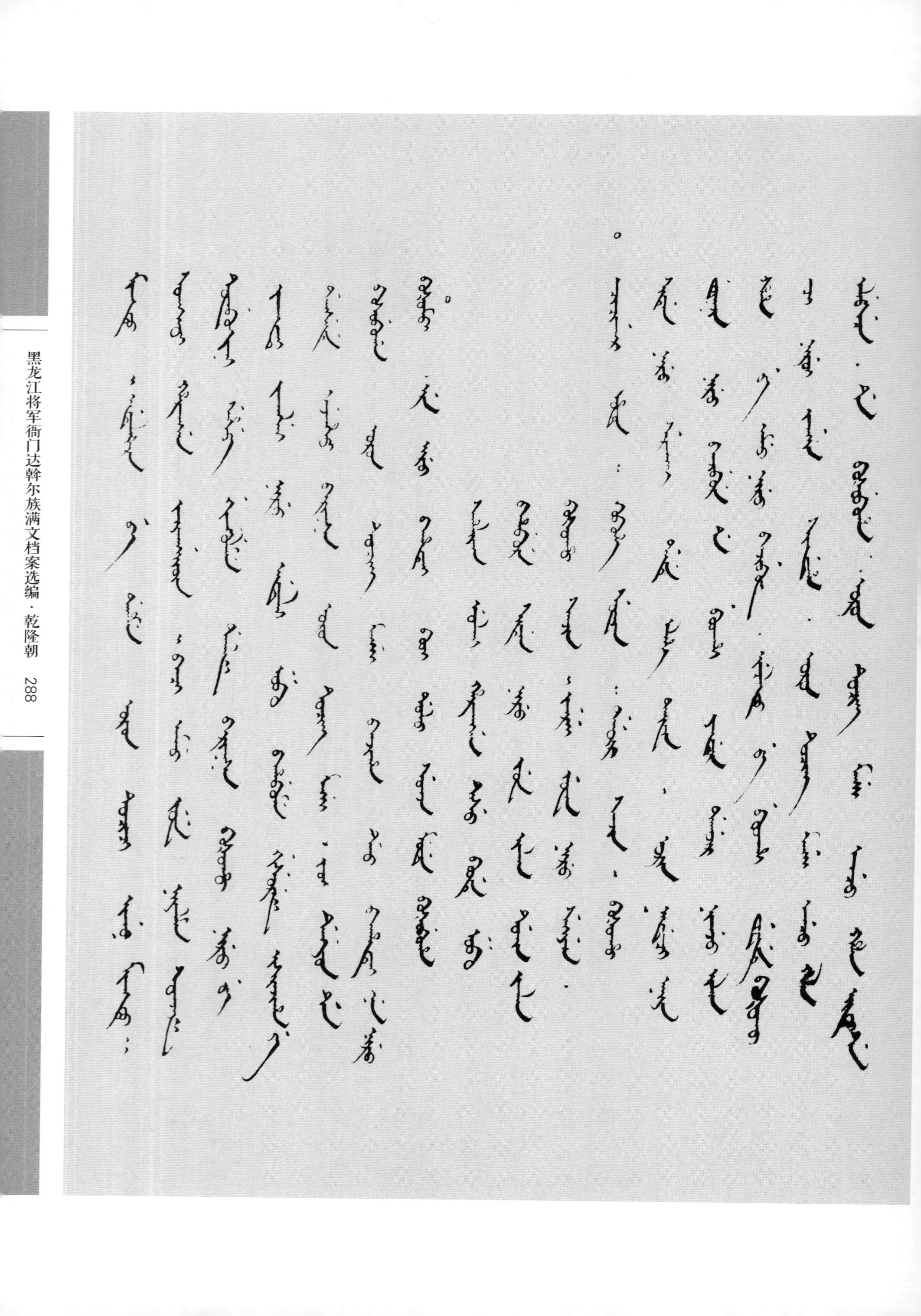

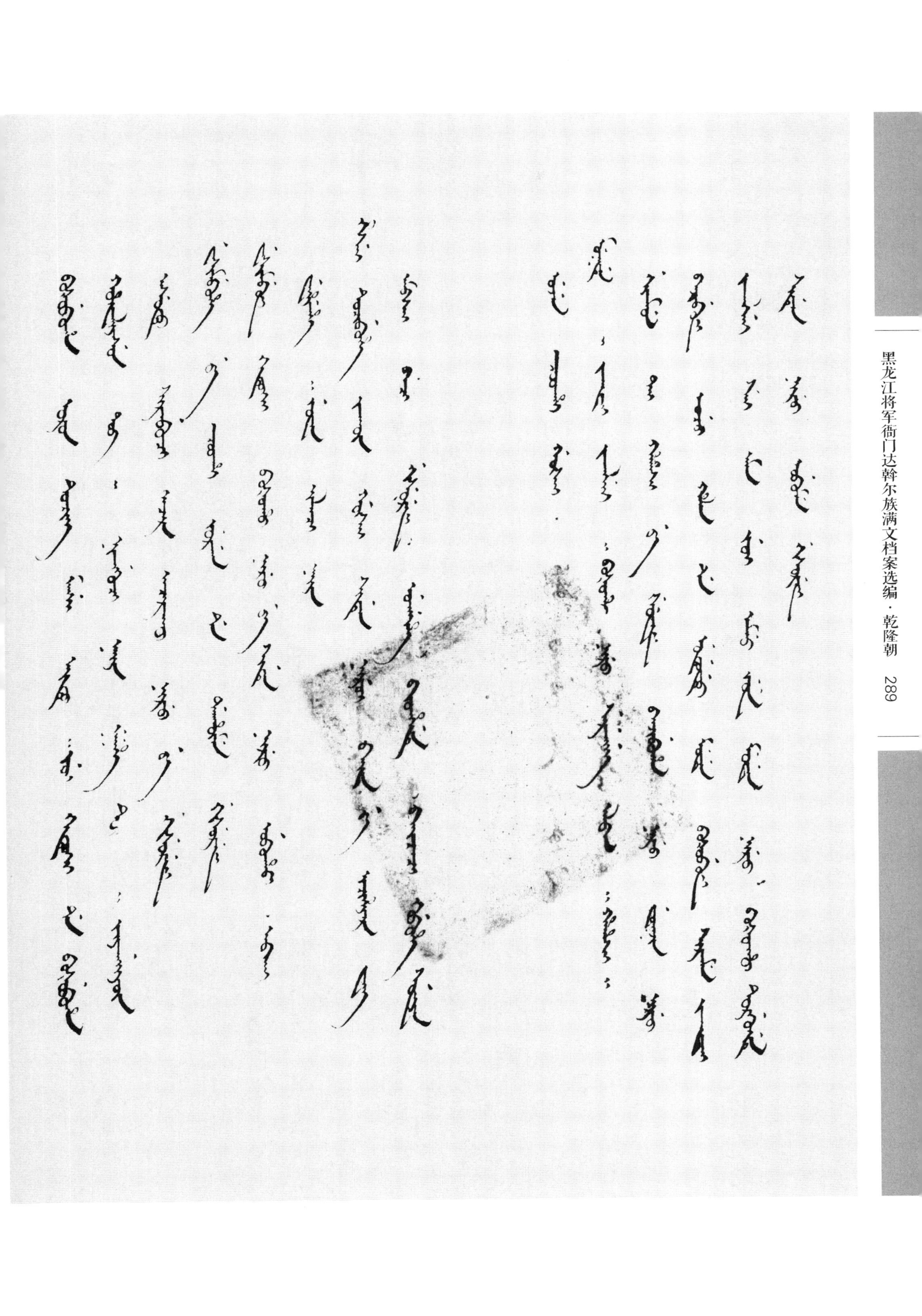

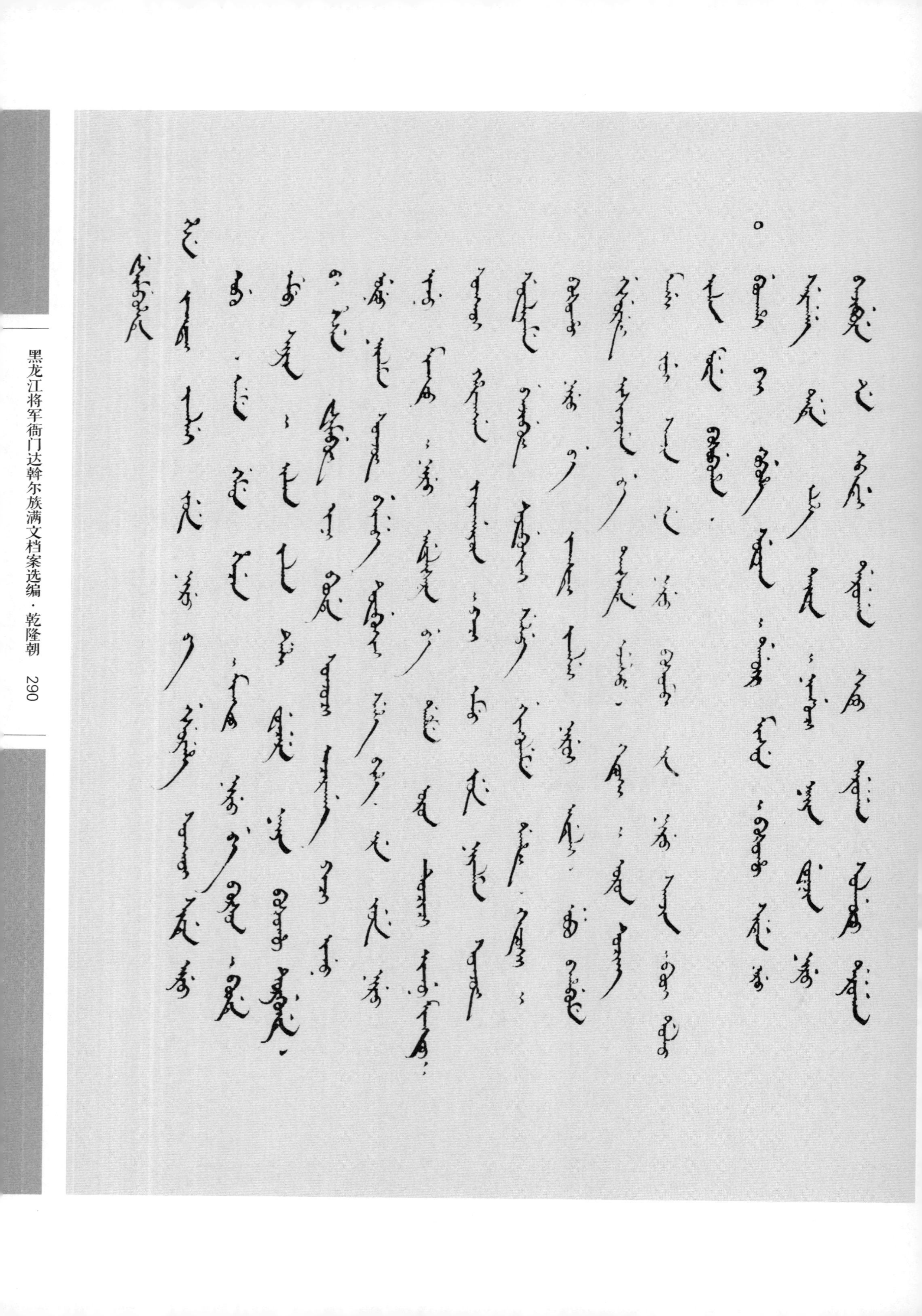

[illegible]

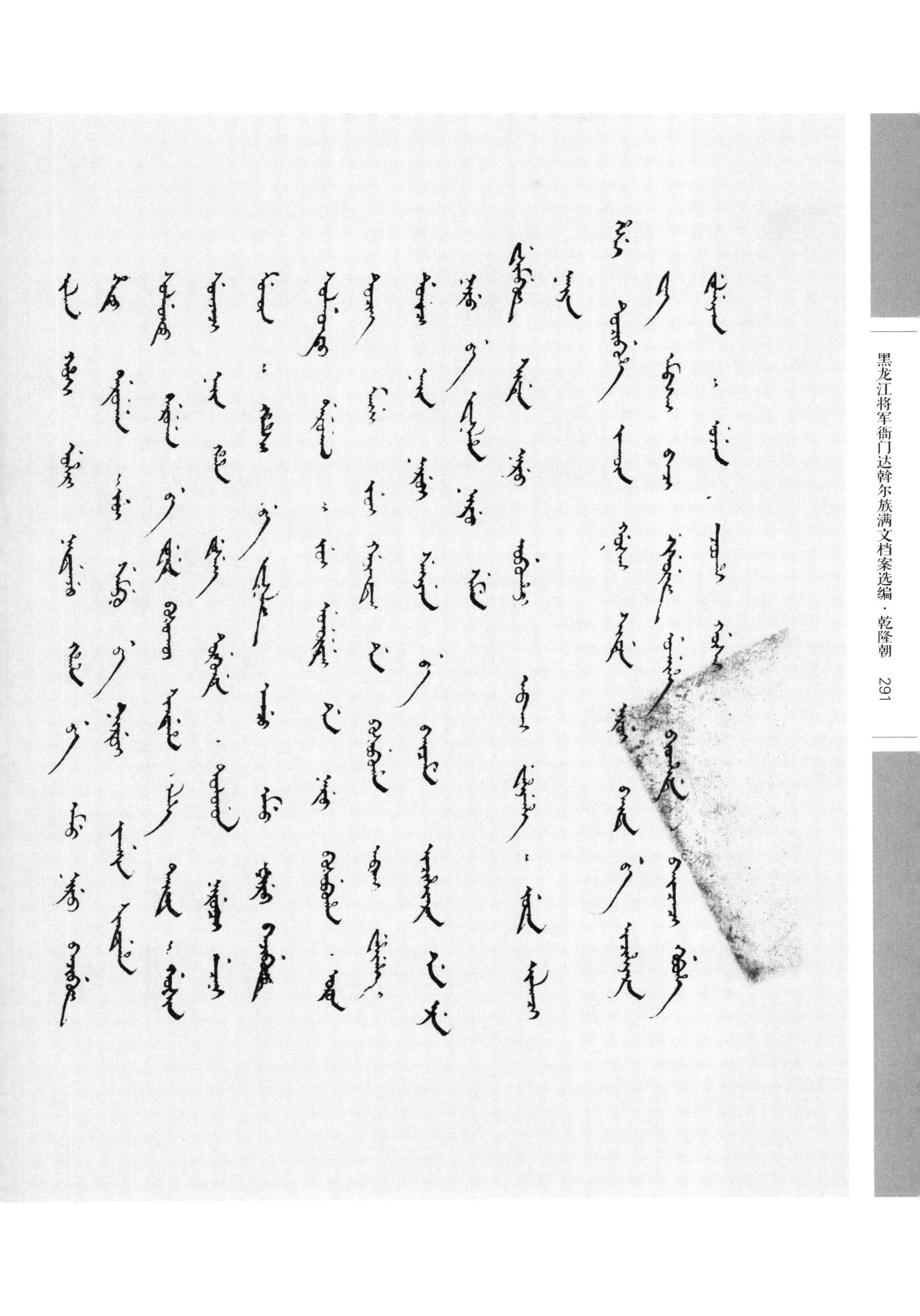

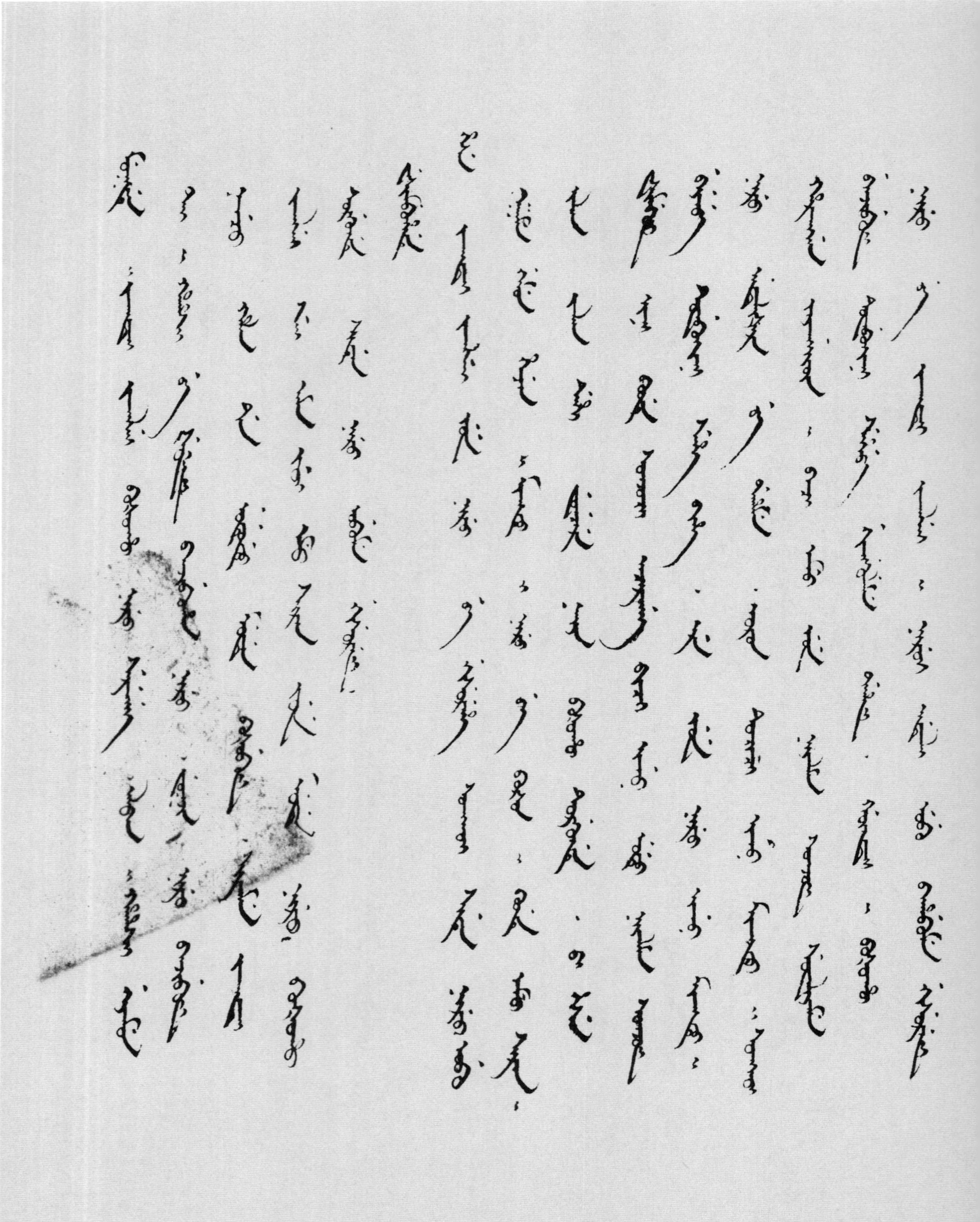

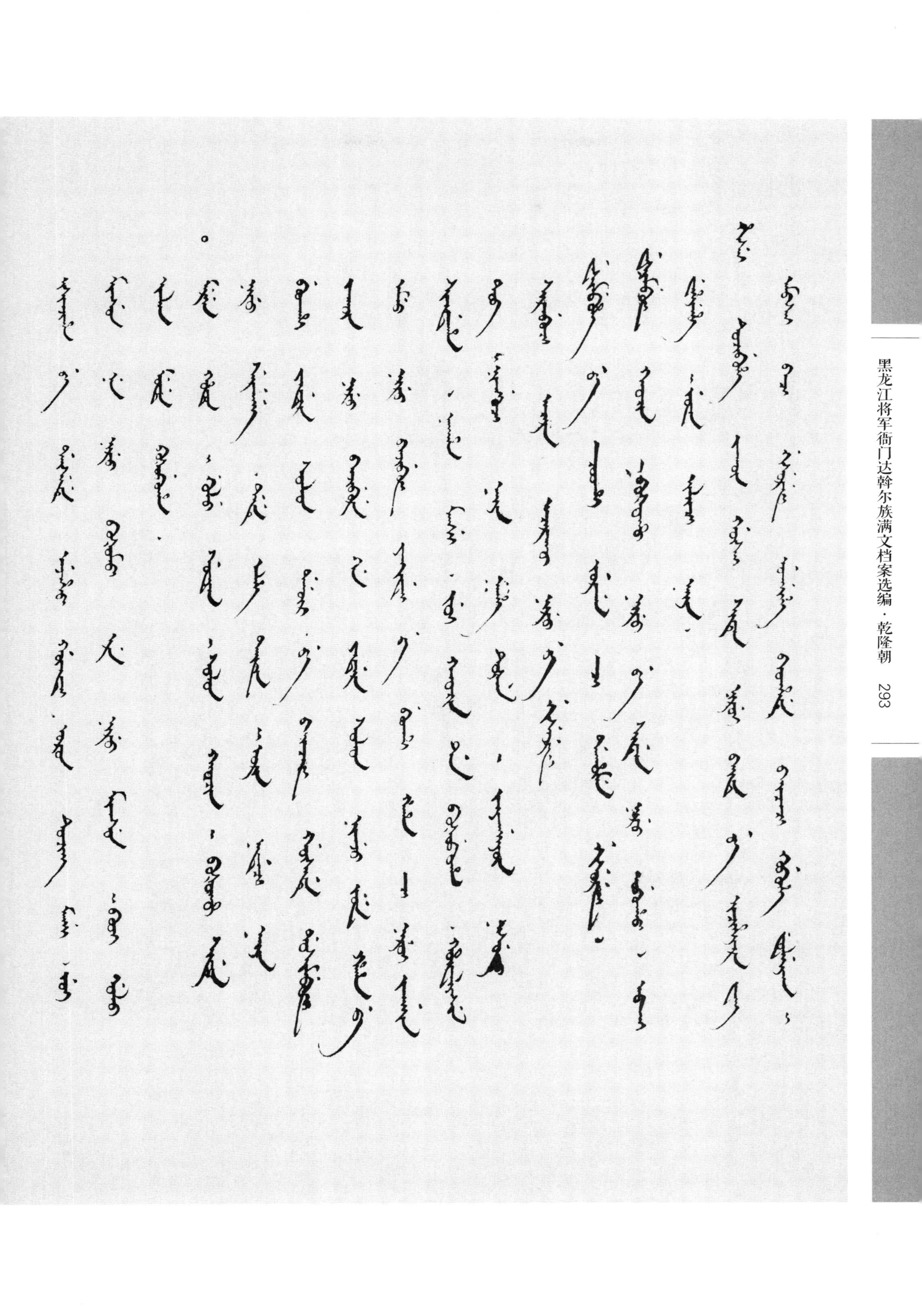

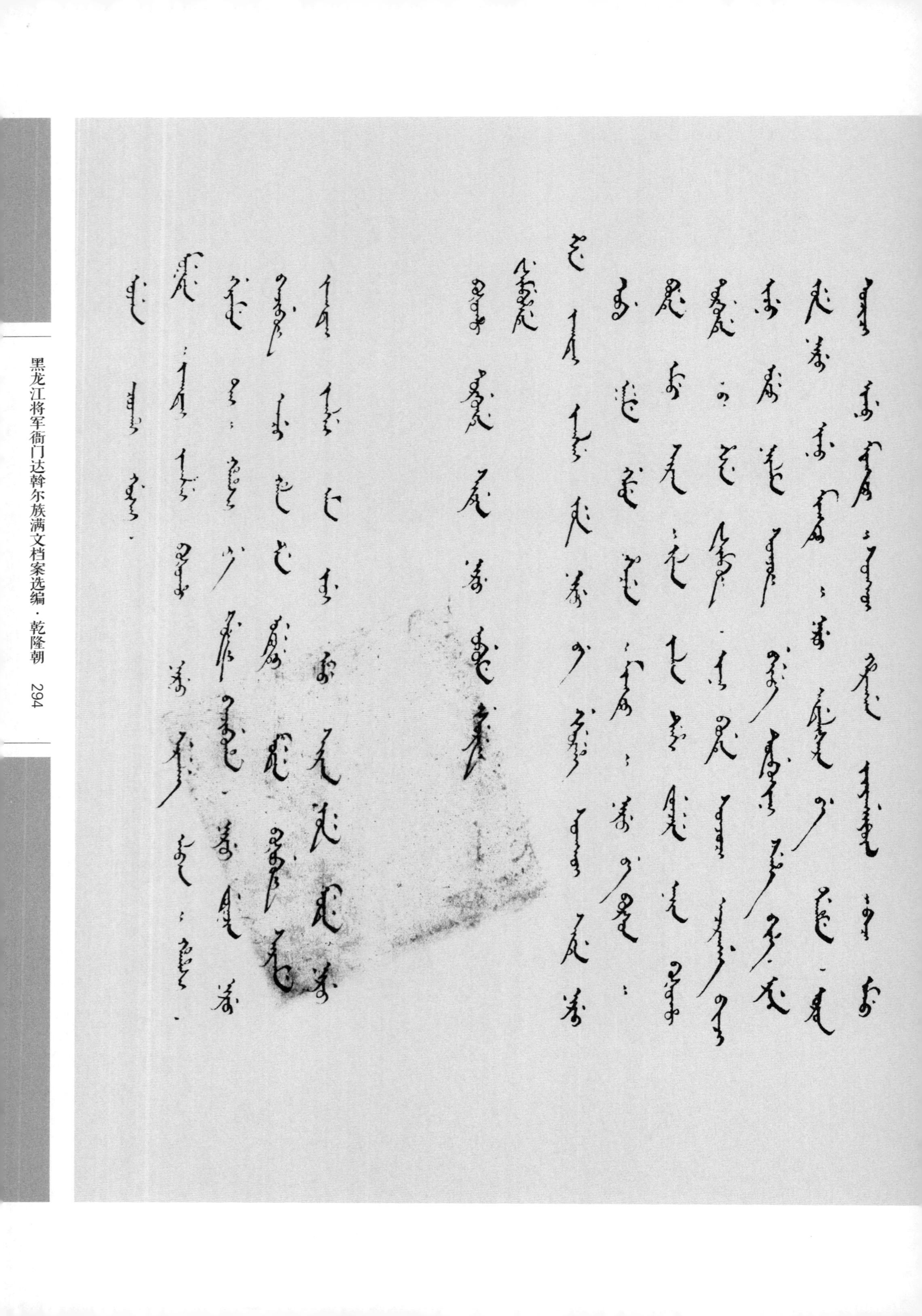

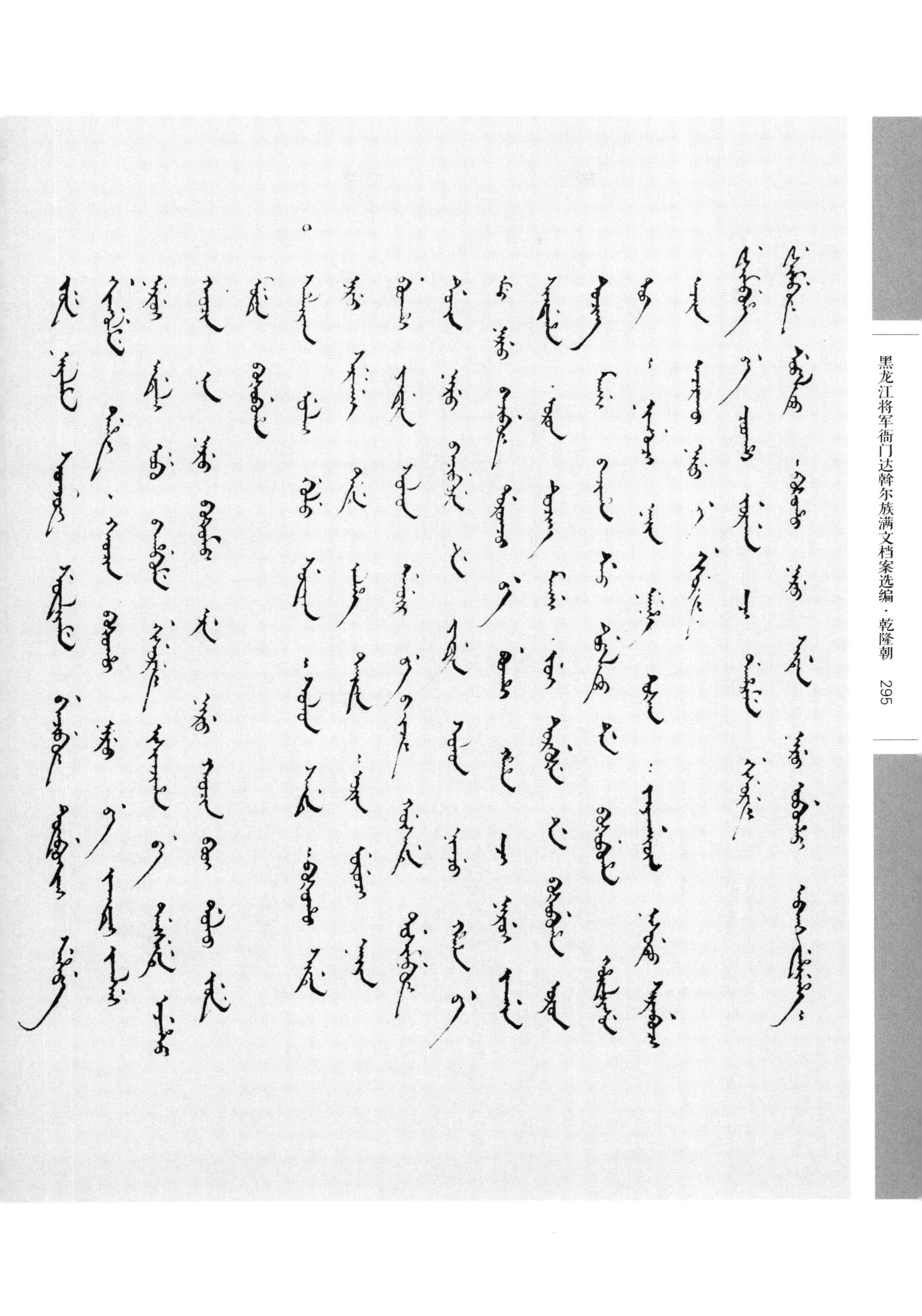

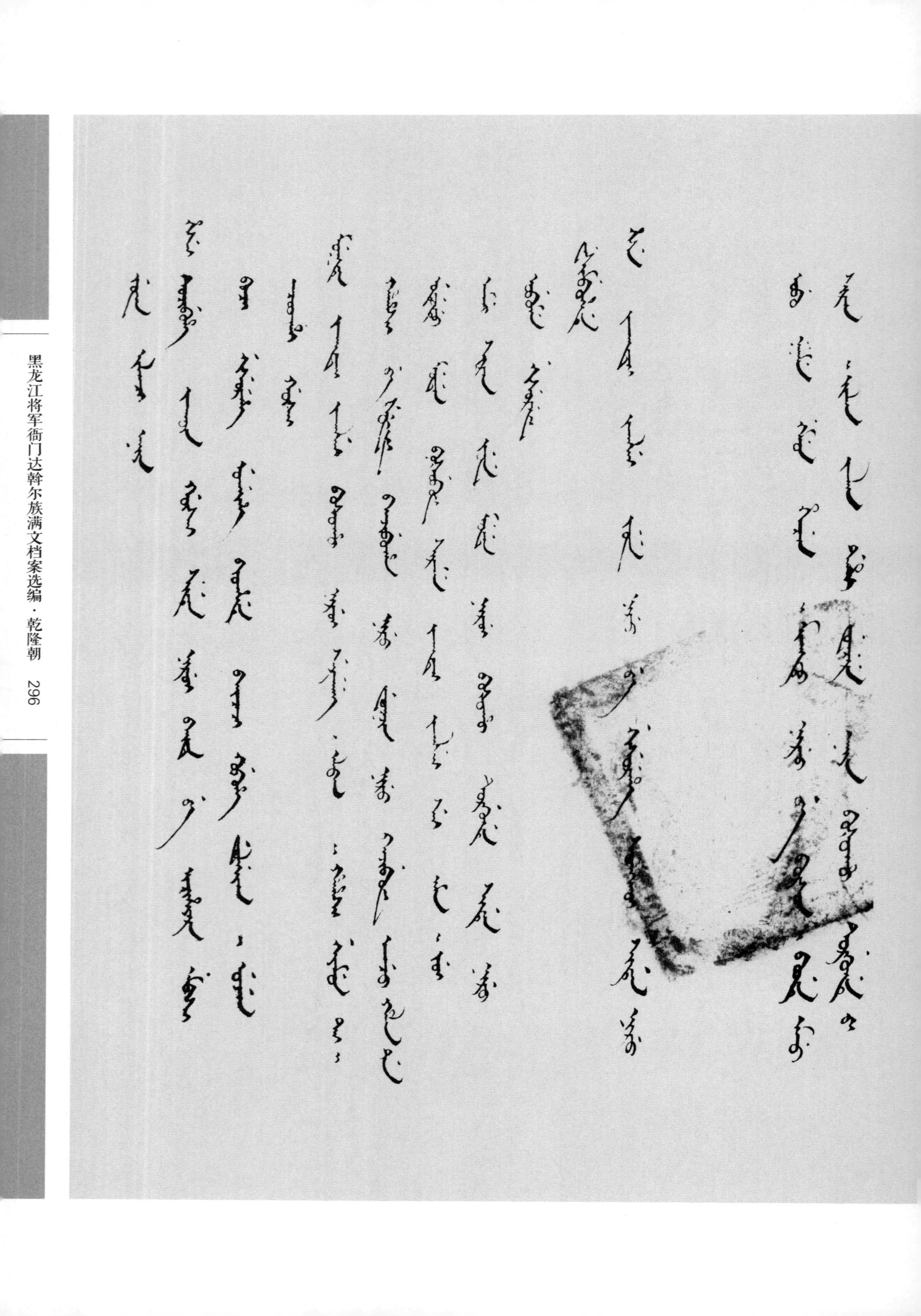

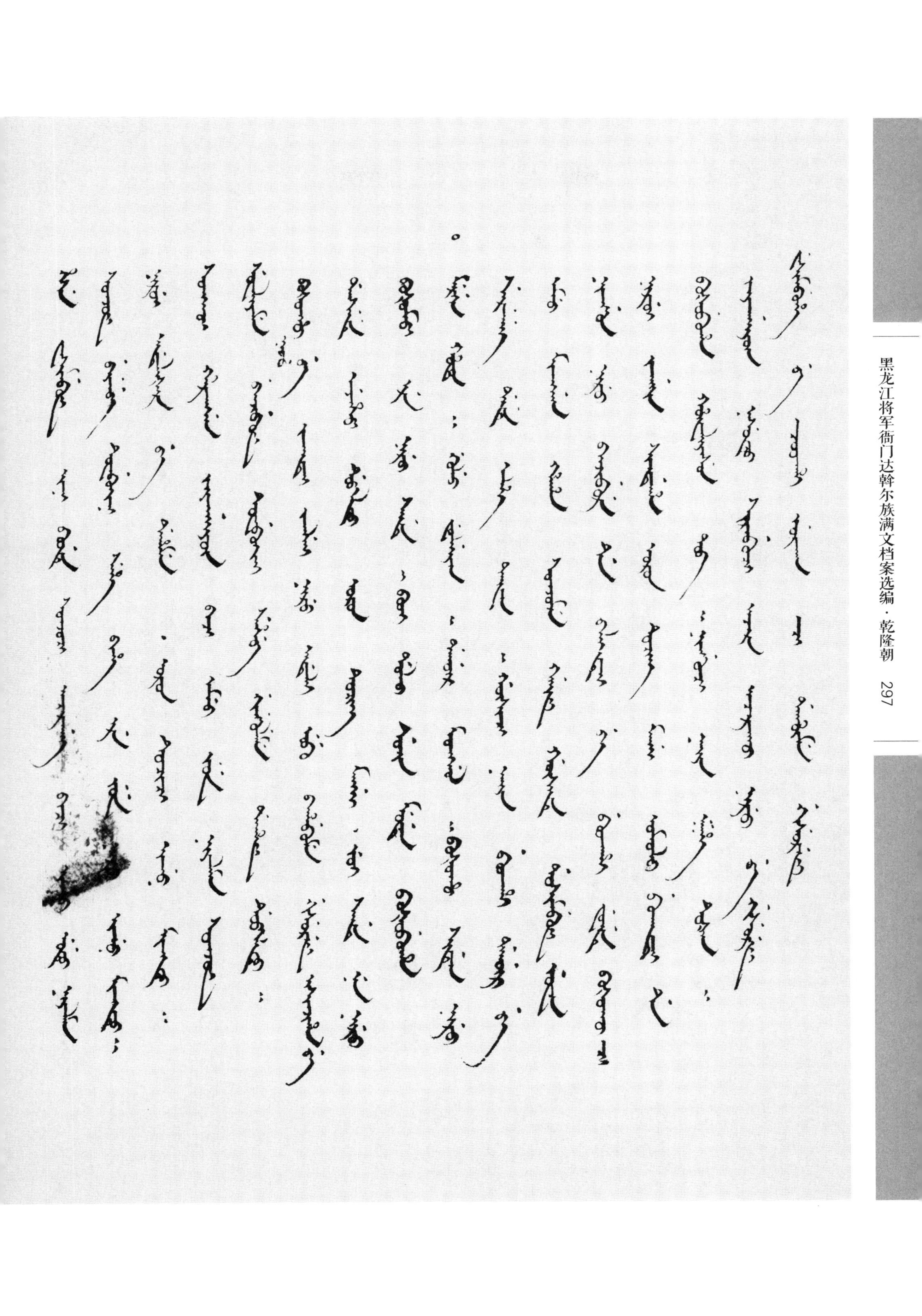

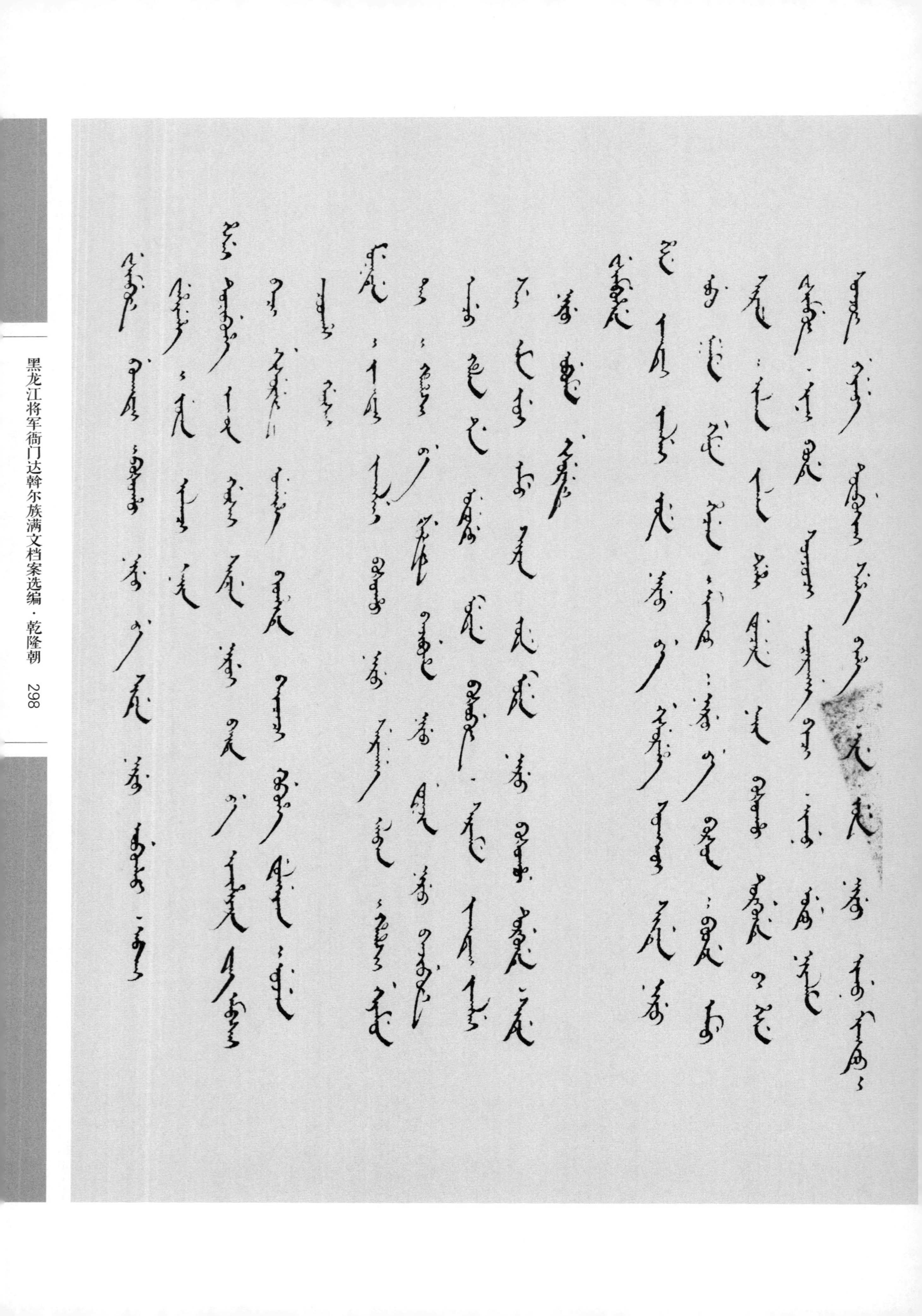

[illegible]

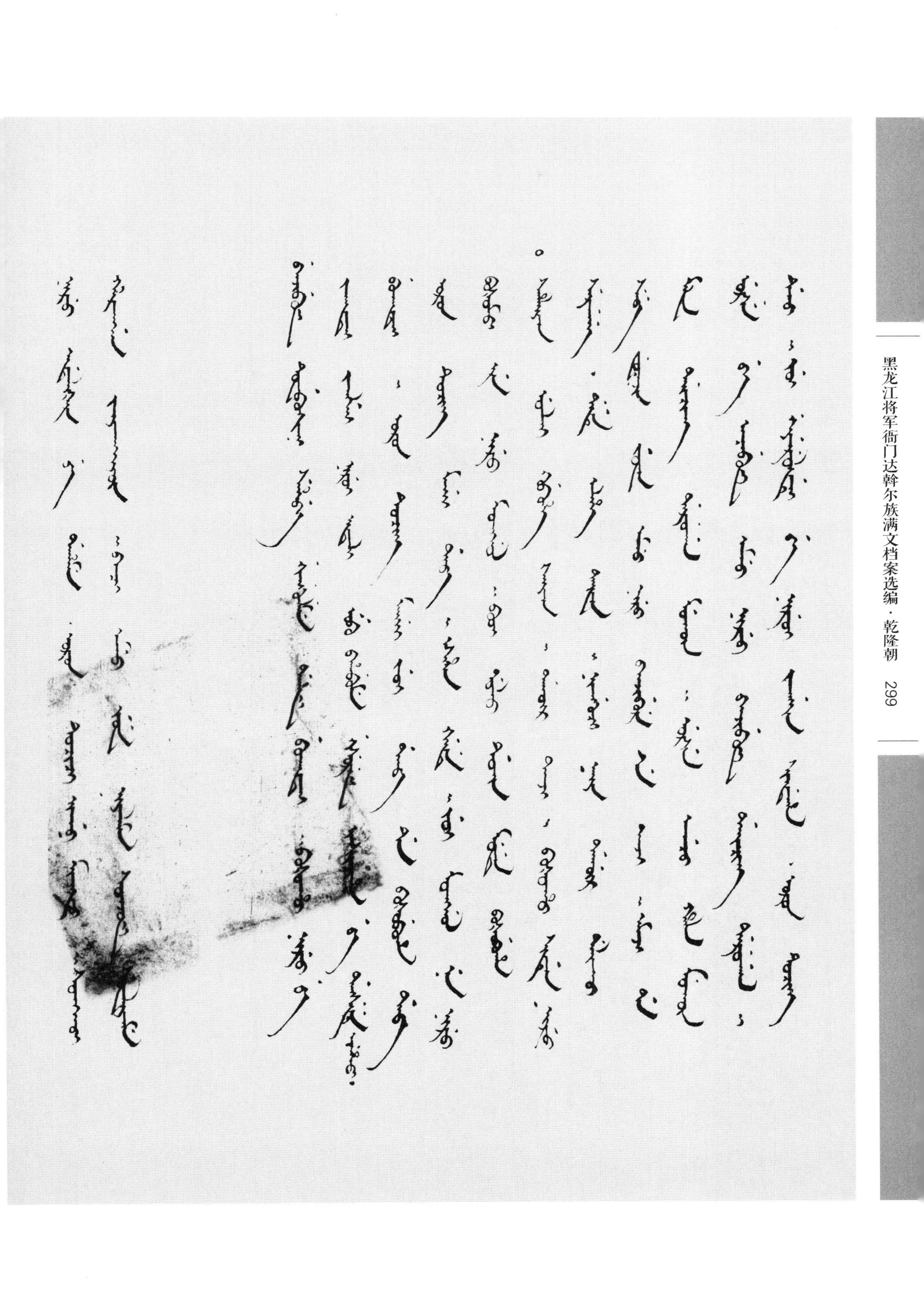

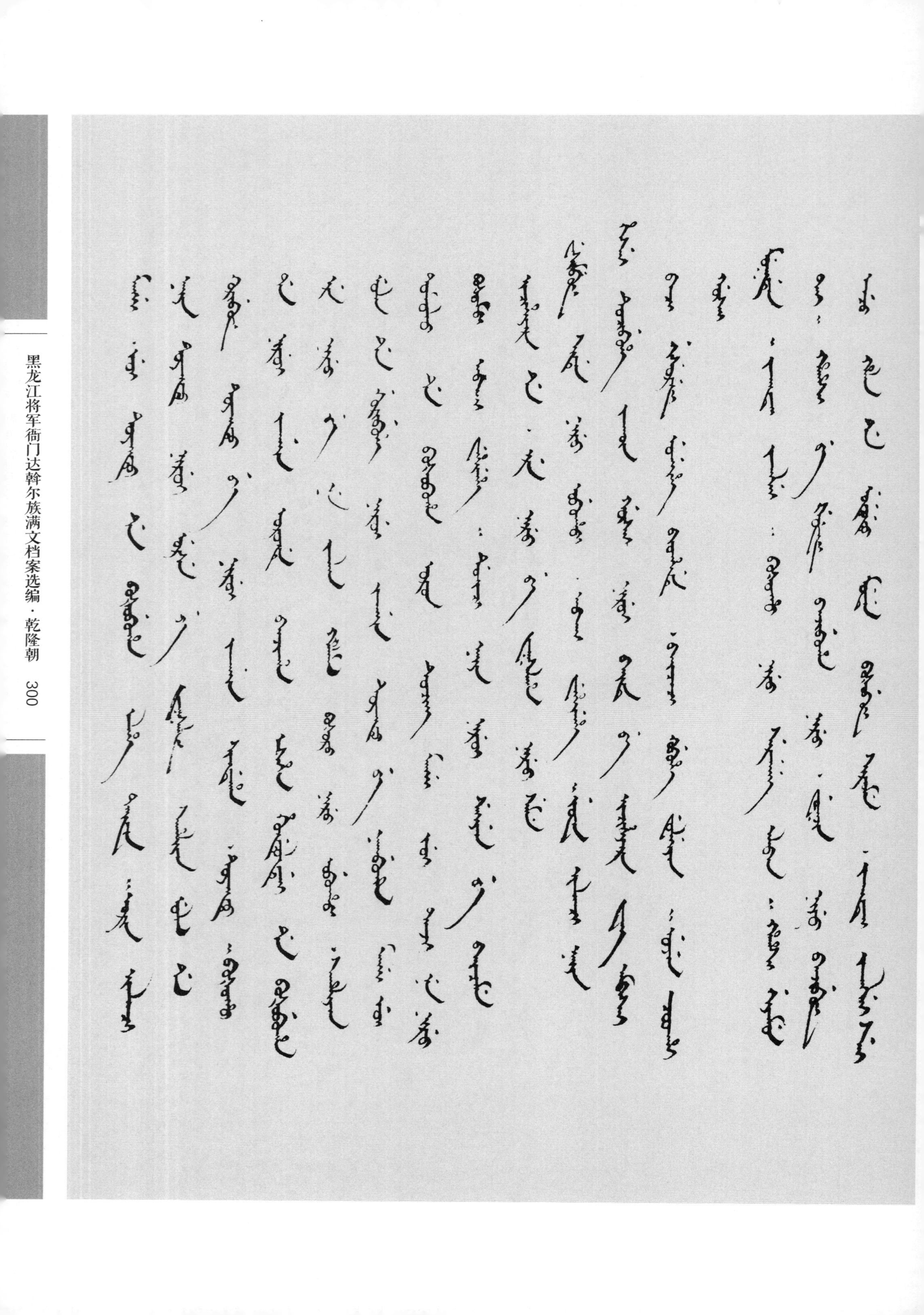

[illegible]

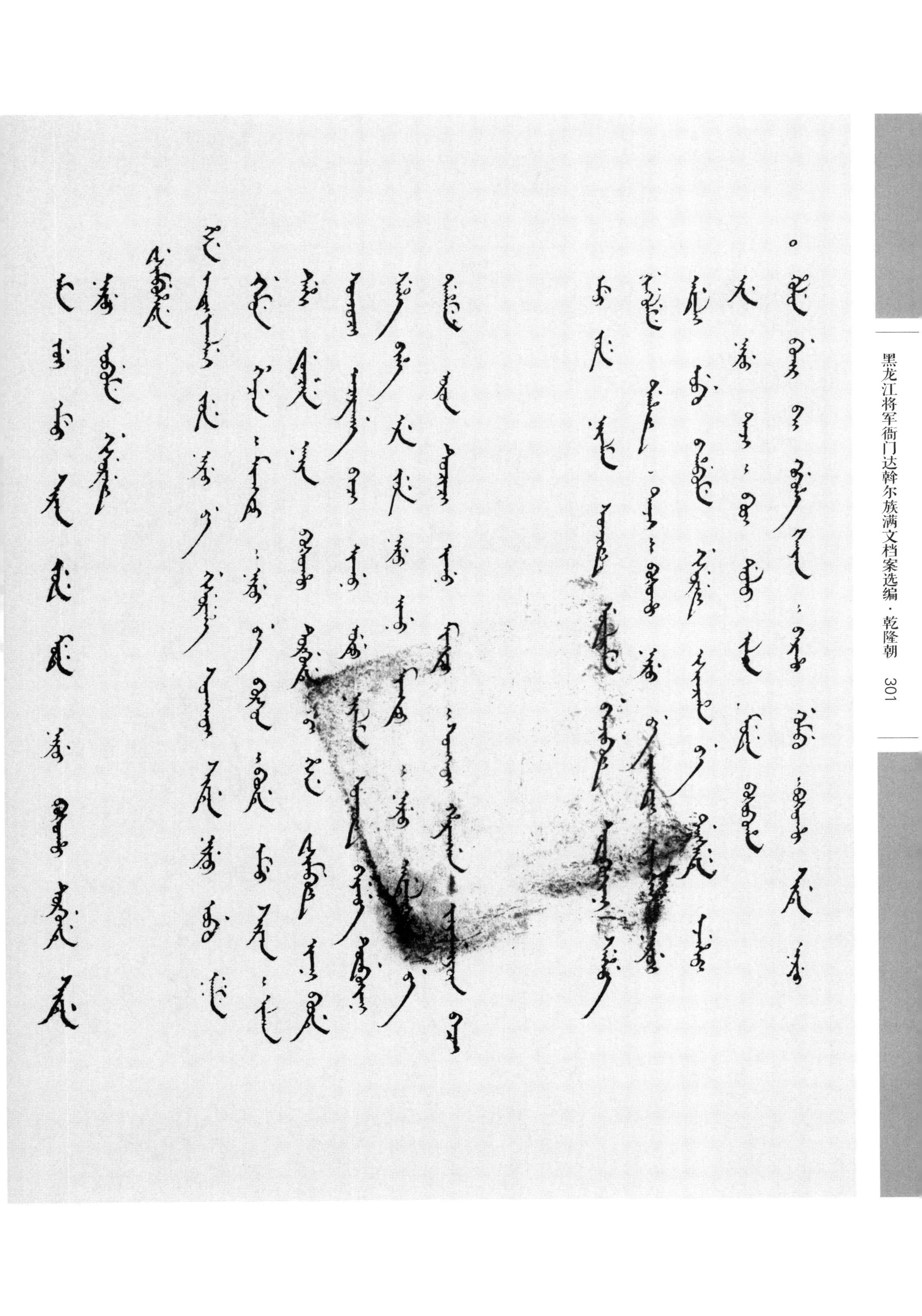

[illegible]

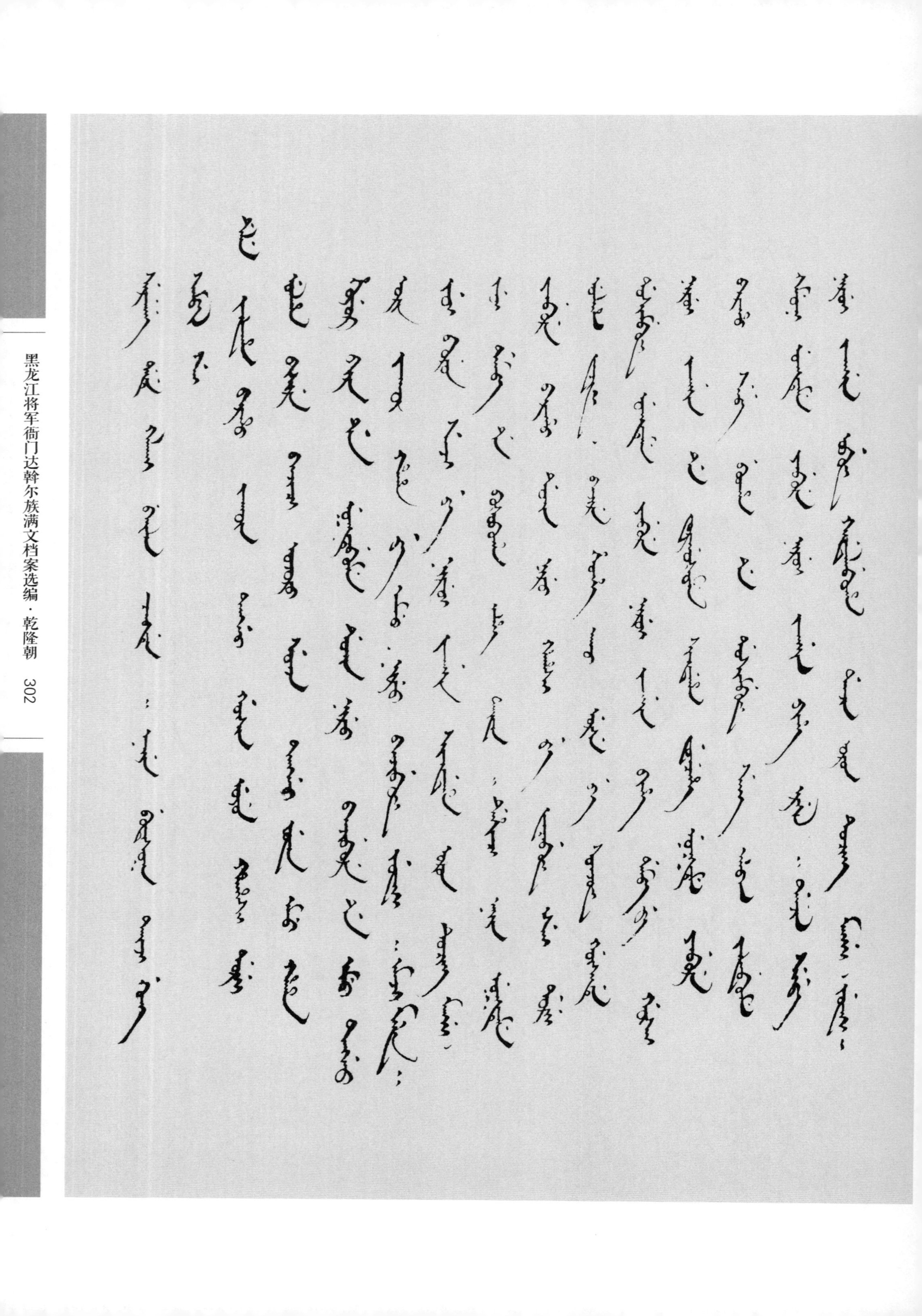

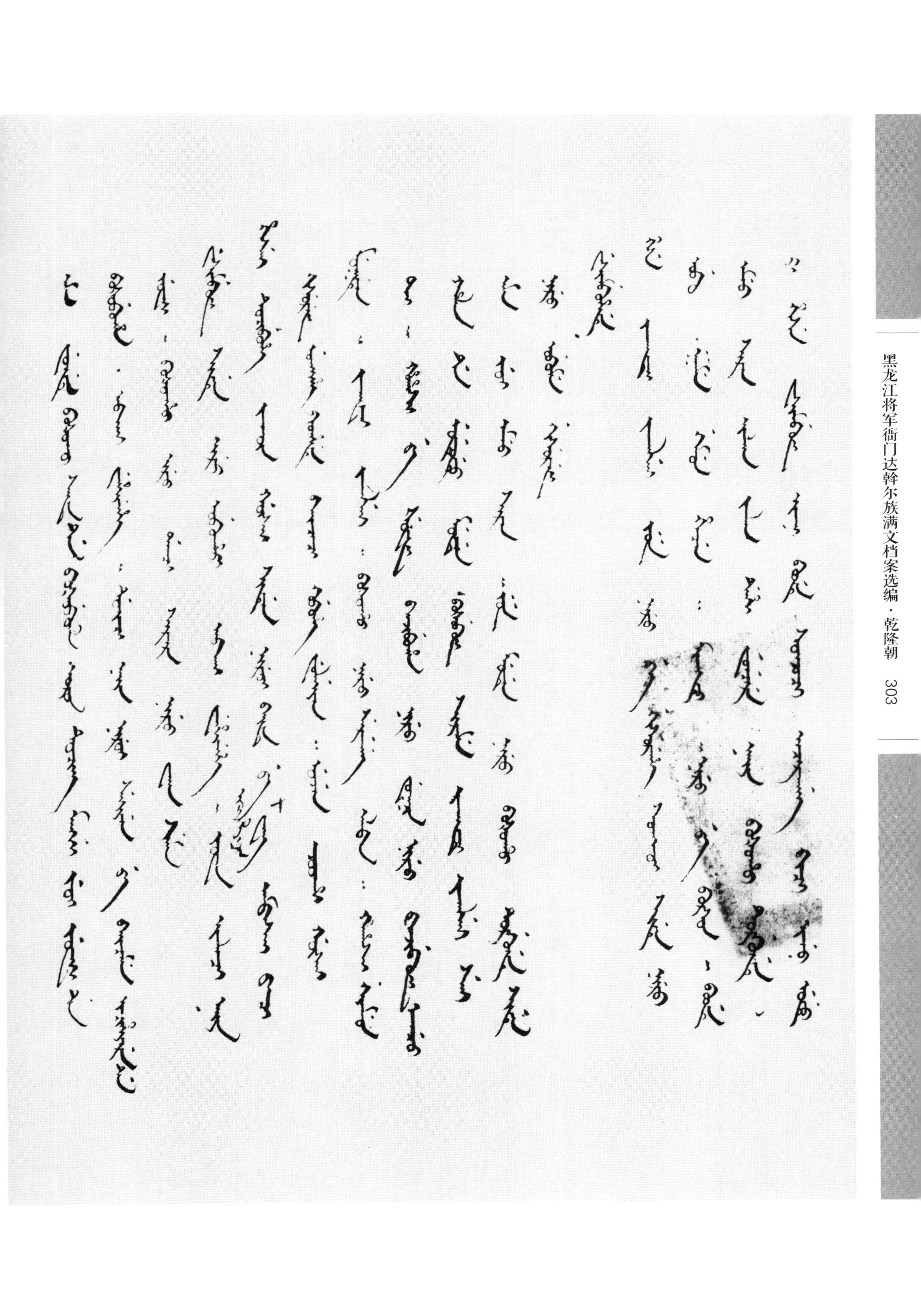

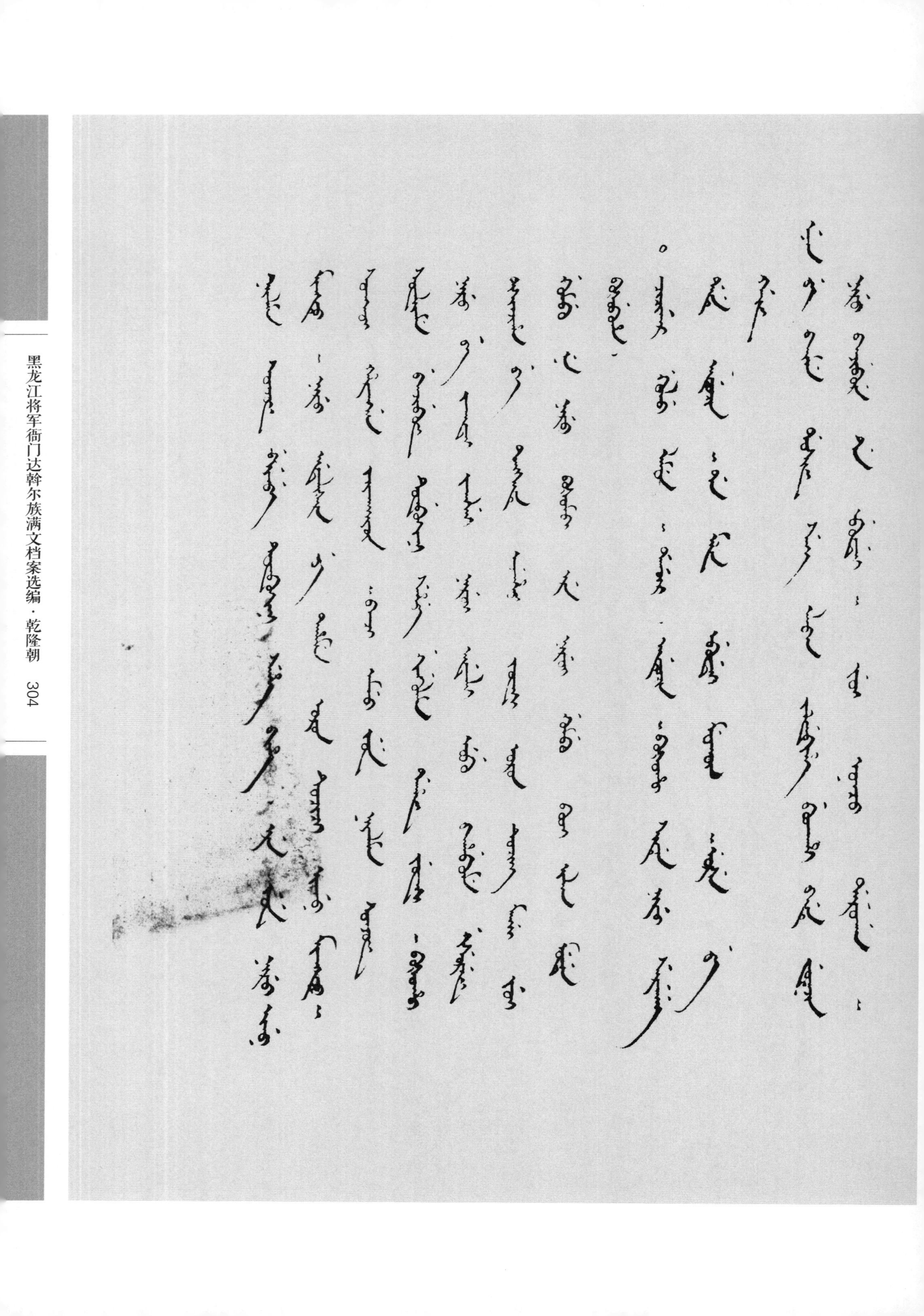

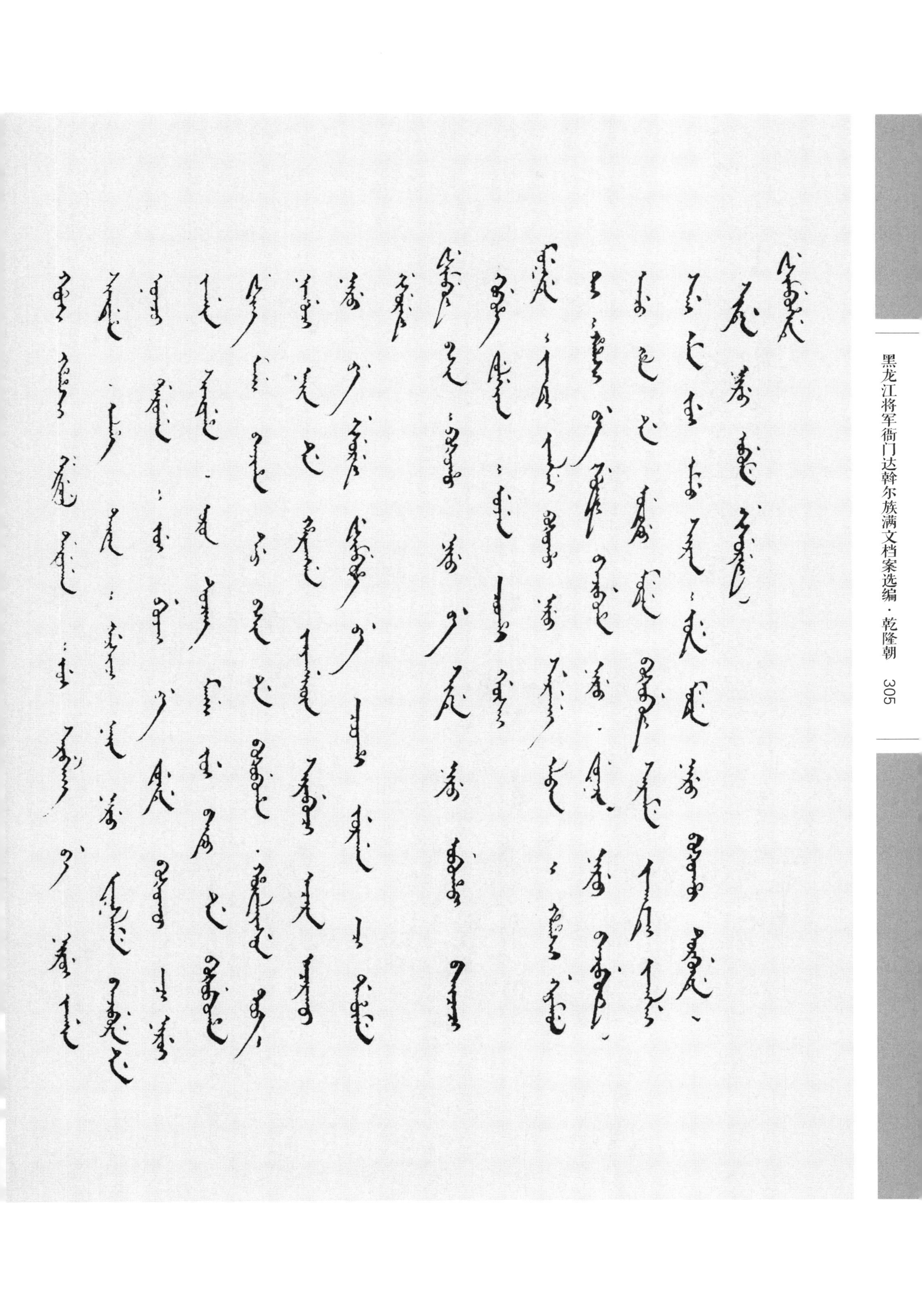

[illegible]

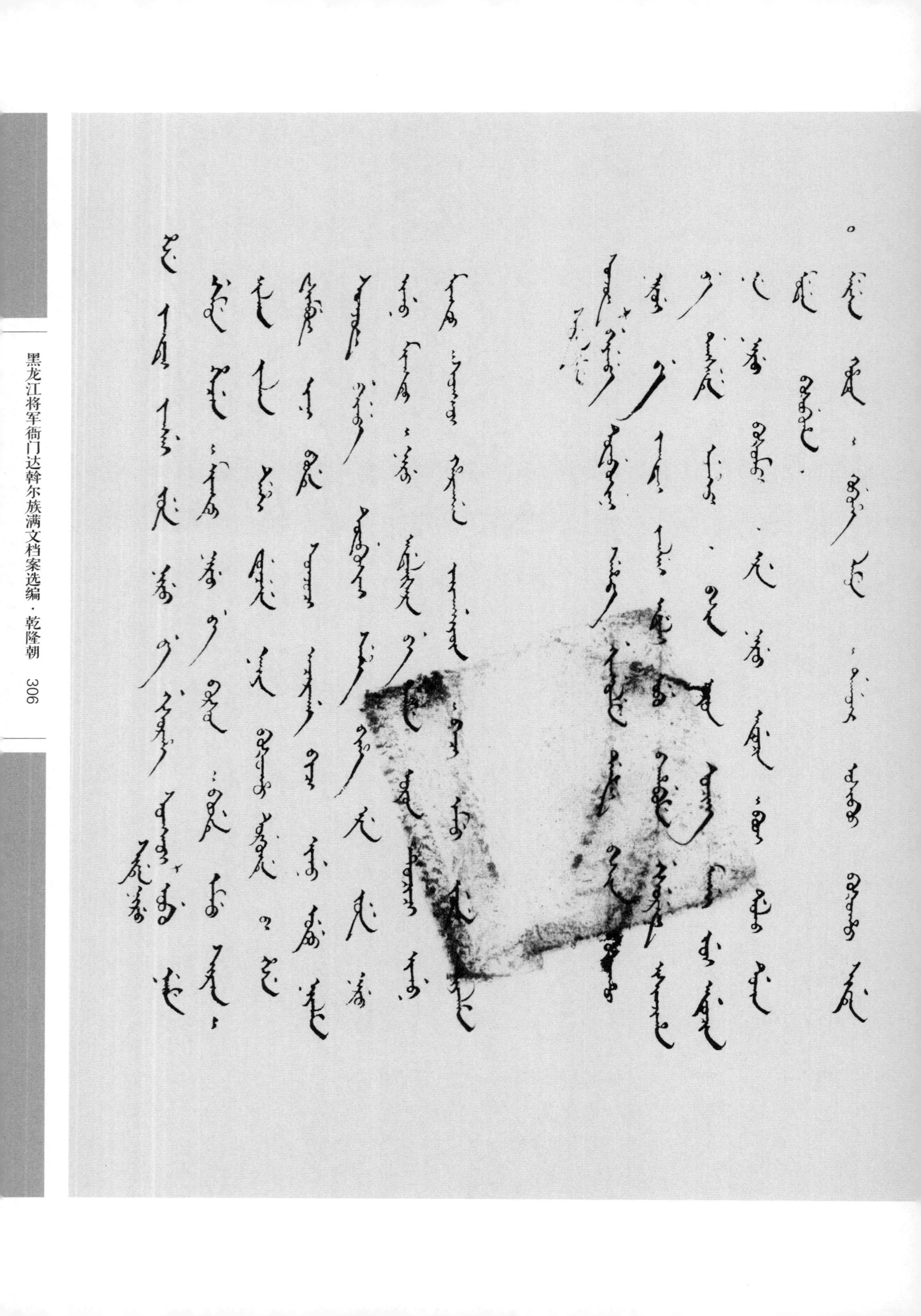

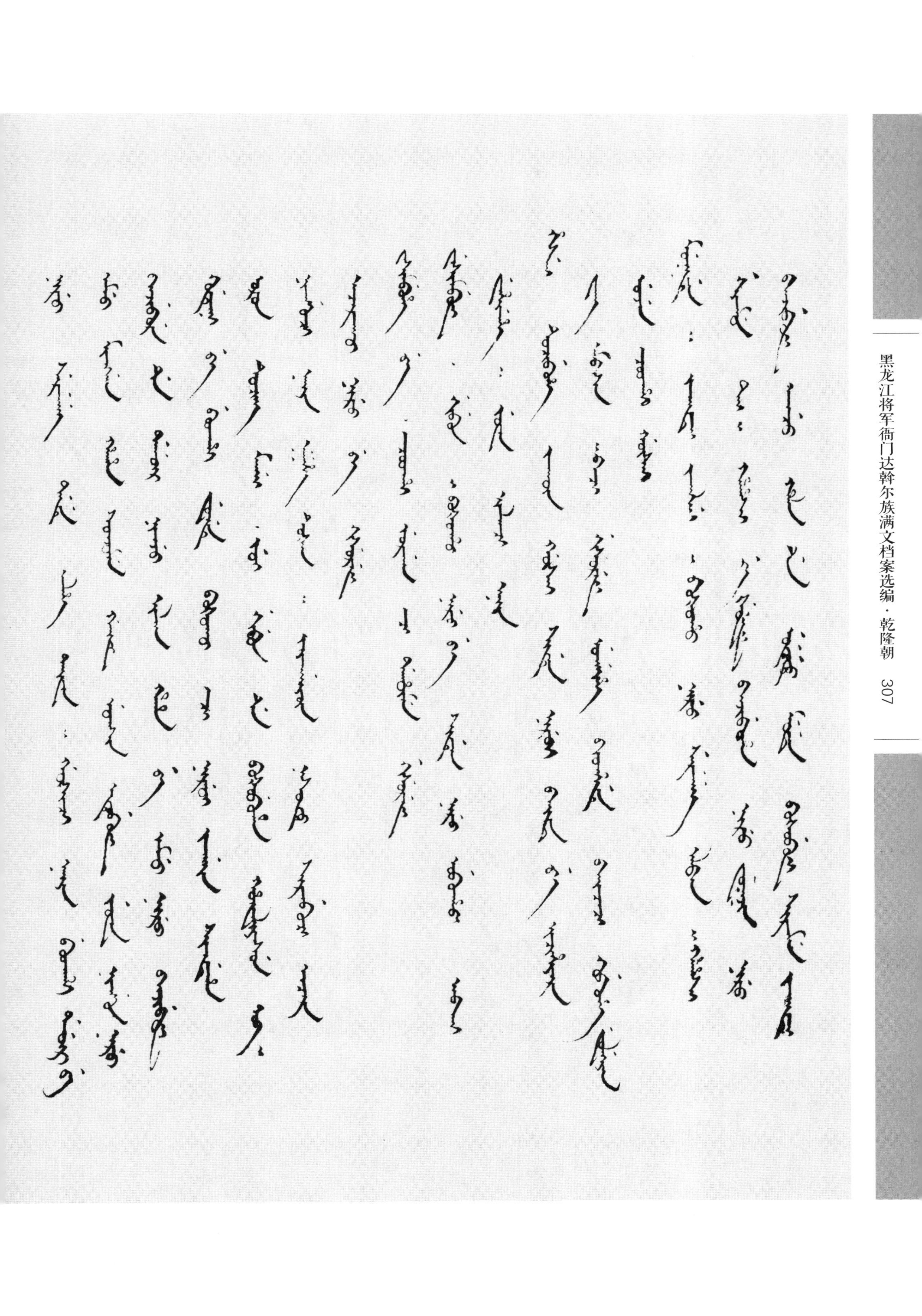

[illegible]

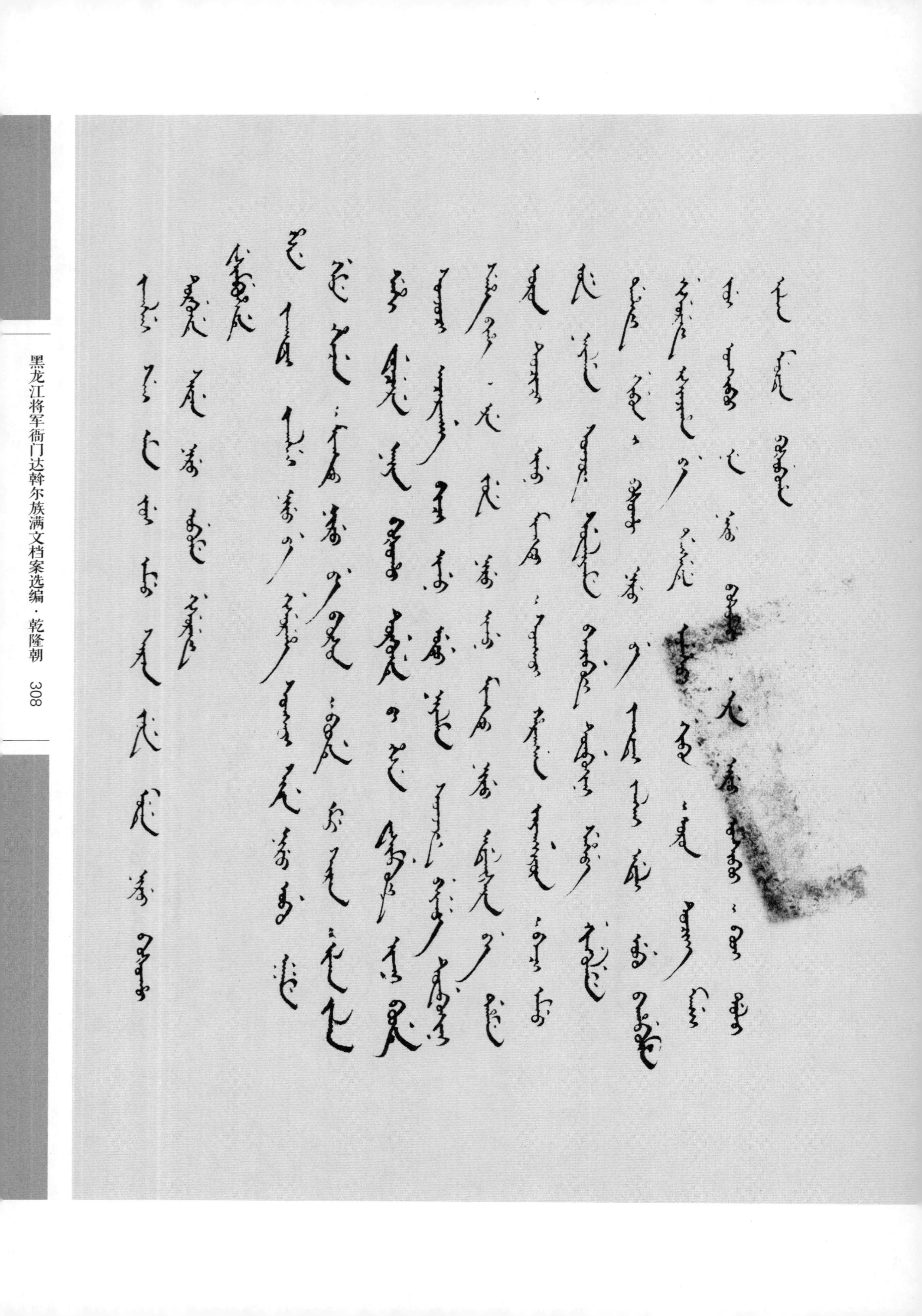

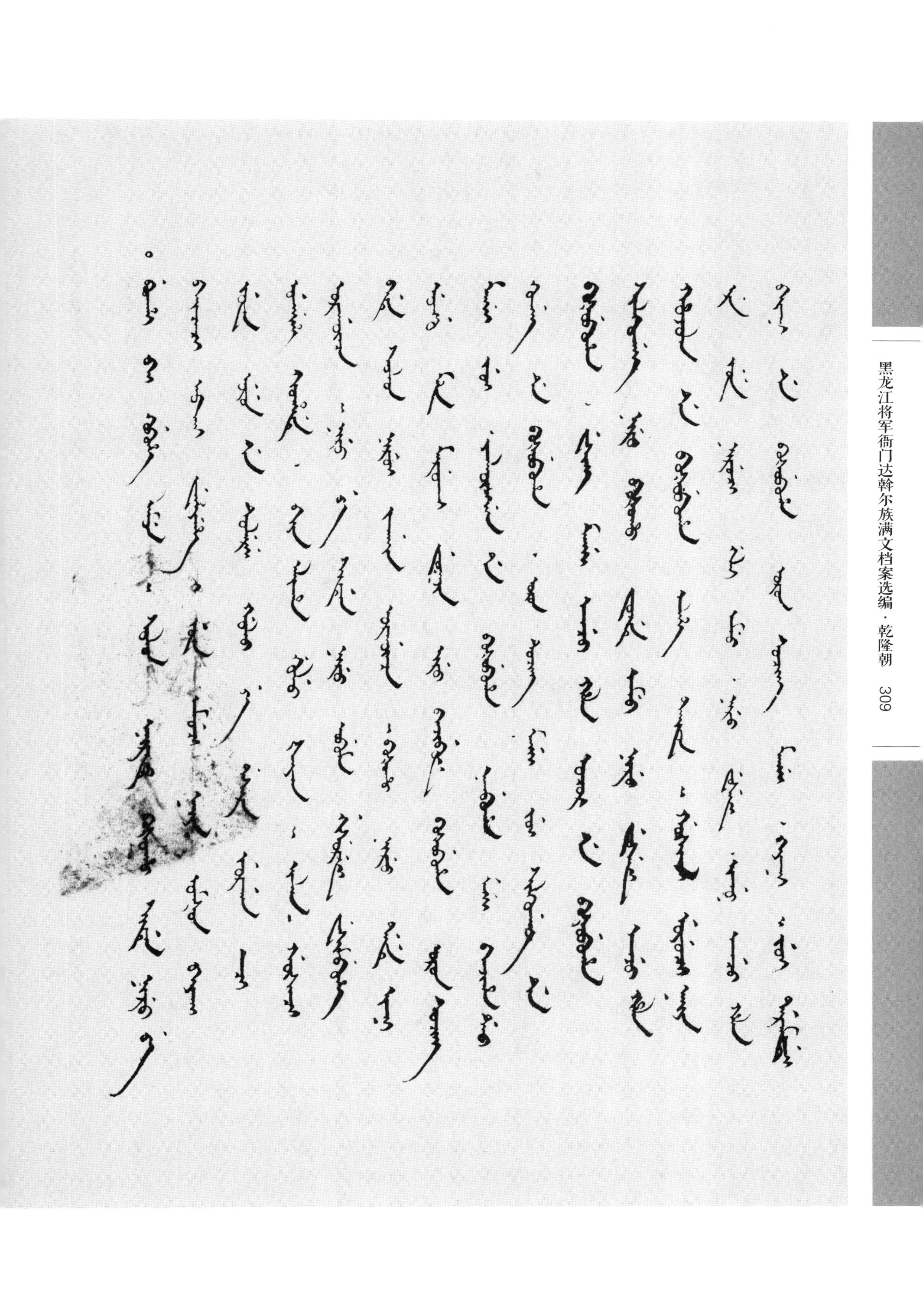

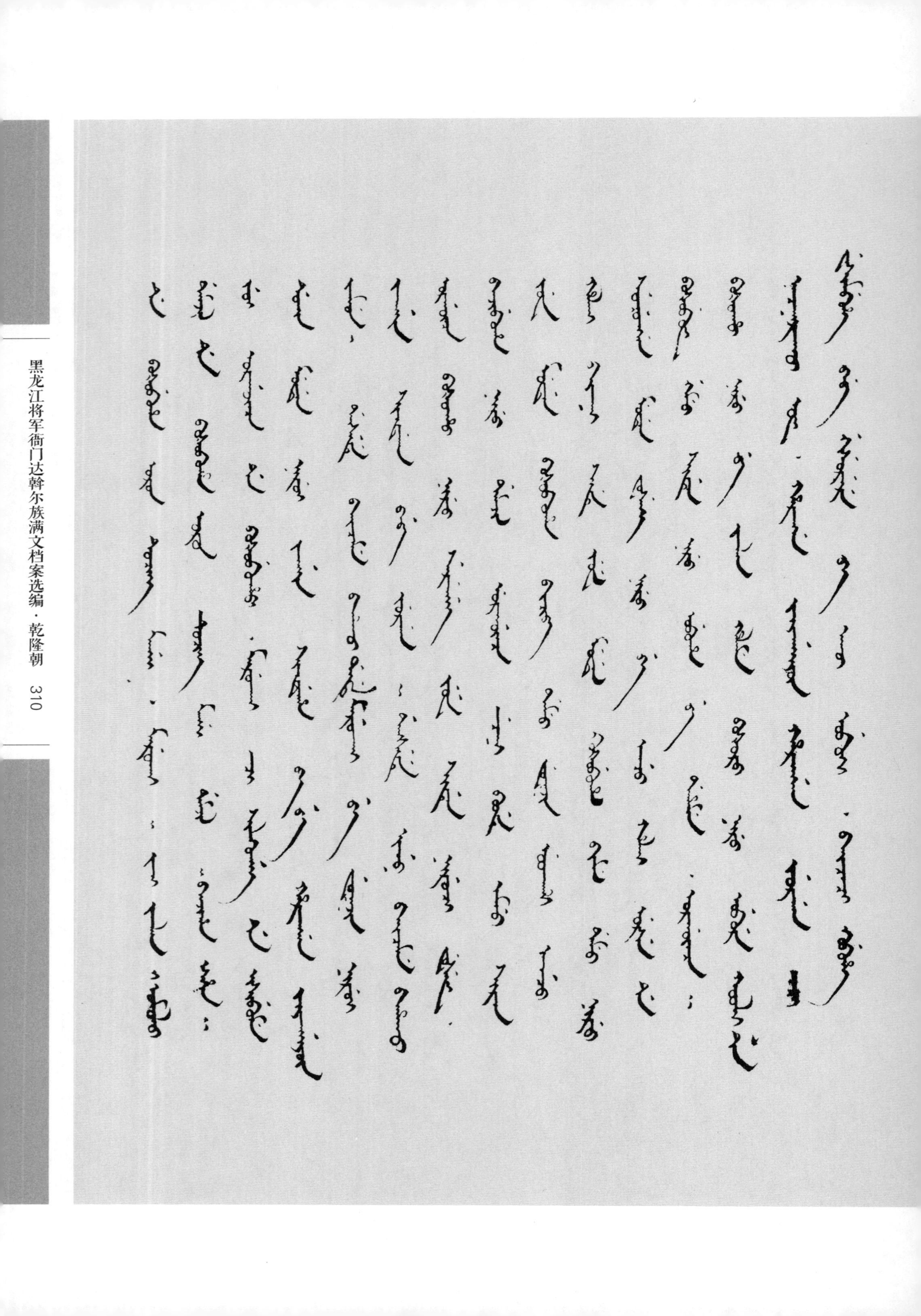

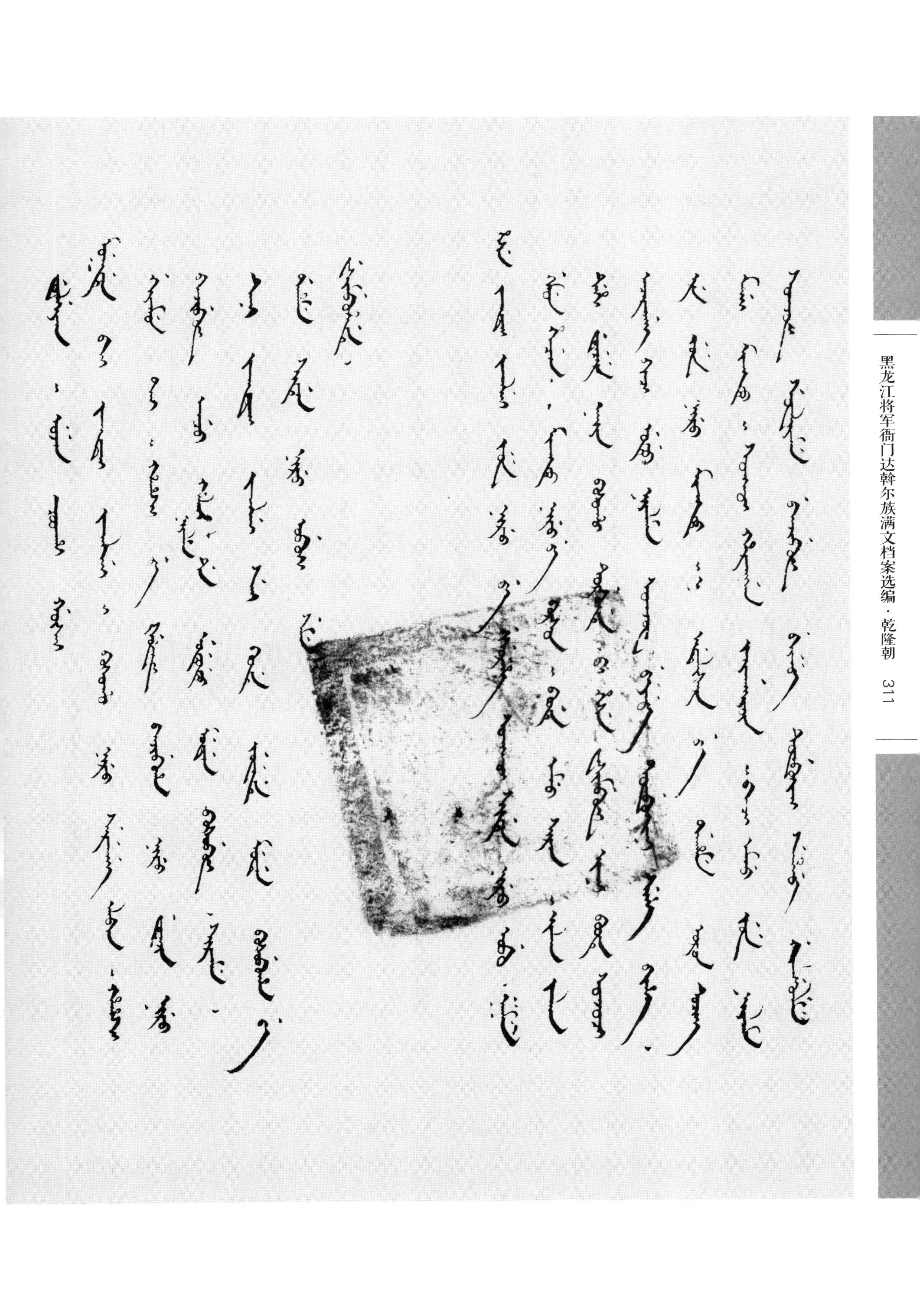

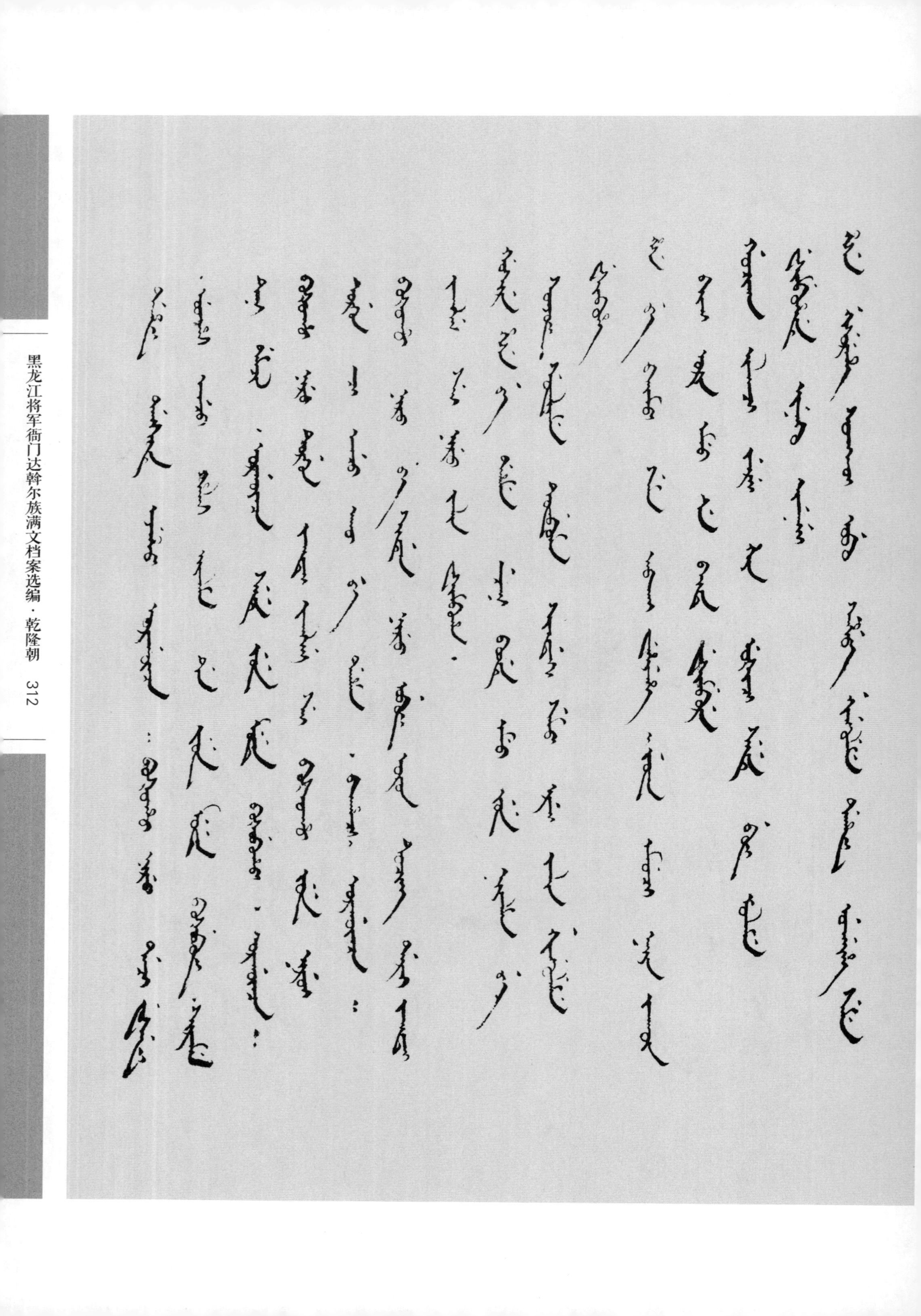

[illegible]

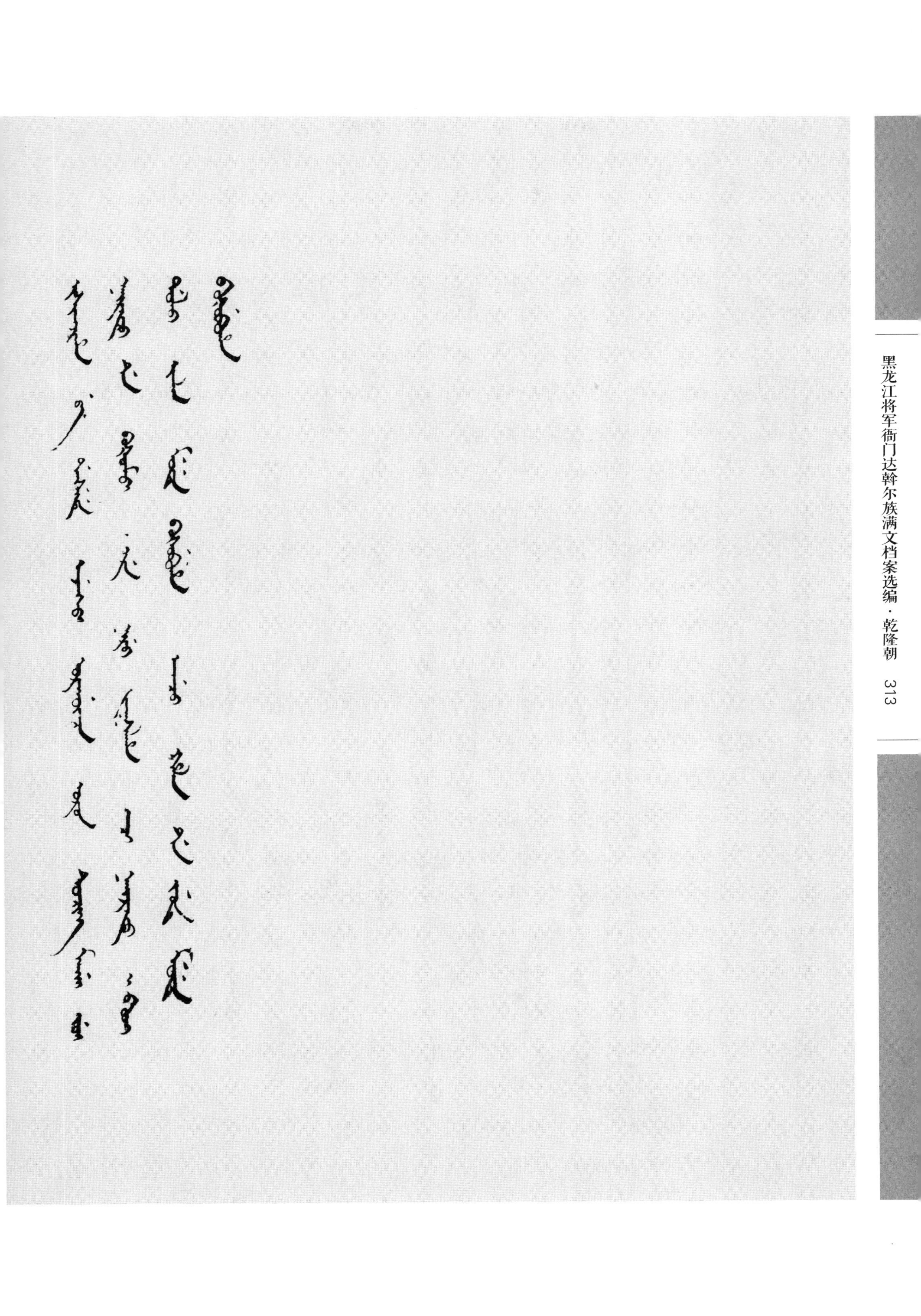

[illegible]

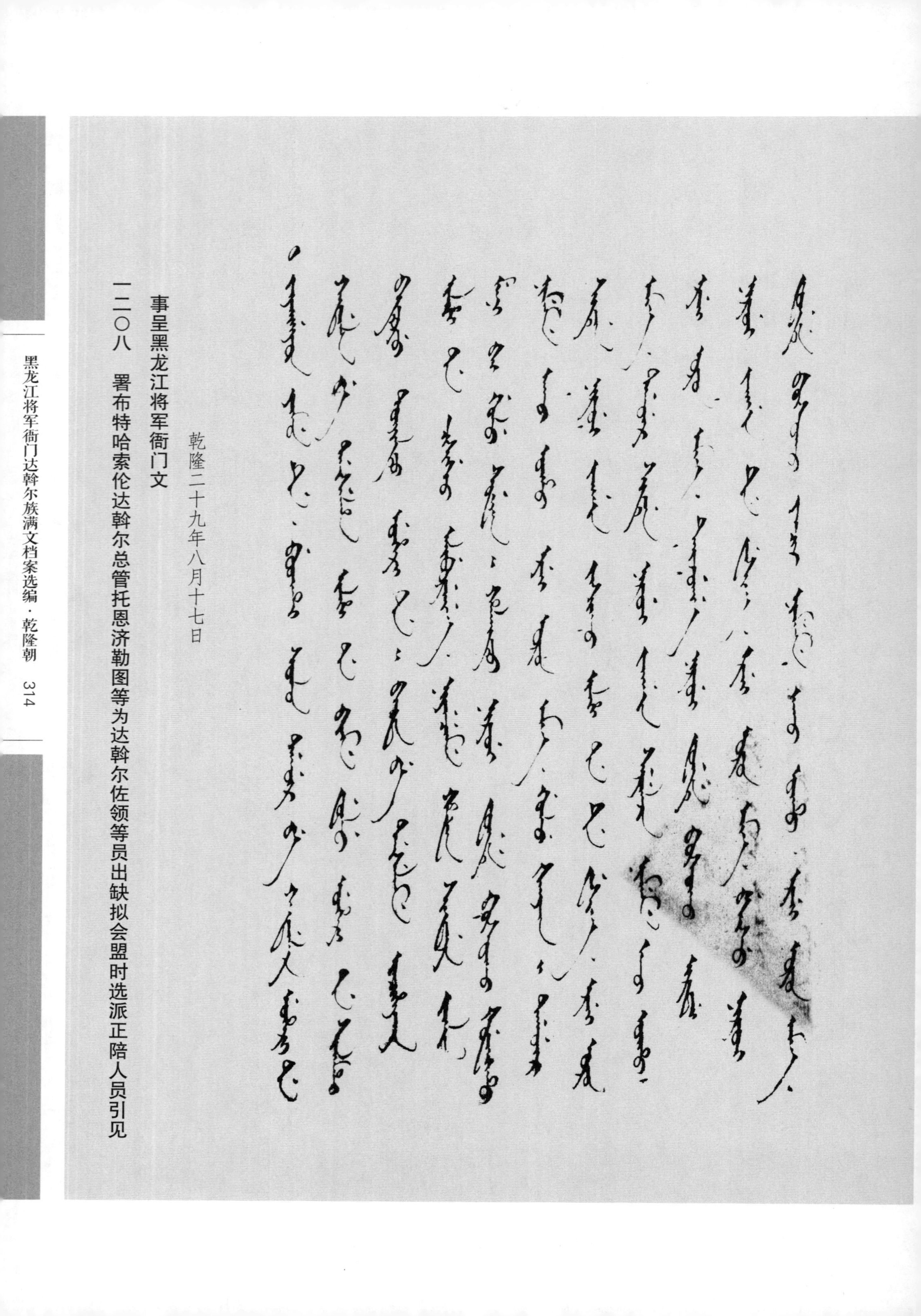

一二〇八 署布特哈索伦达斡尔总管托恩济勒图等为达斡尔佐领等员出缺拟会盟时选派正陪人员引见事呈黑龙江将军衙门文

乾隆二十九年八月十七日

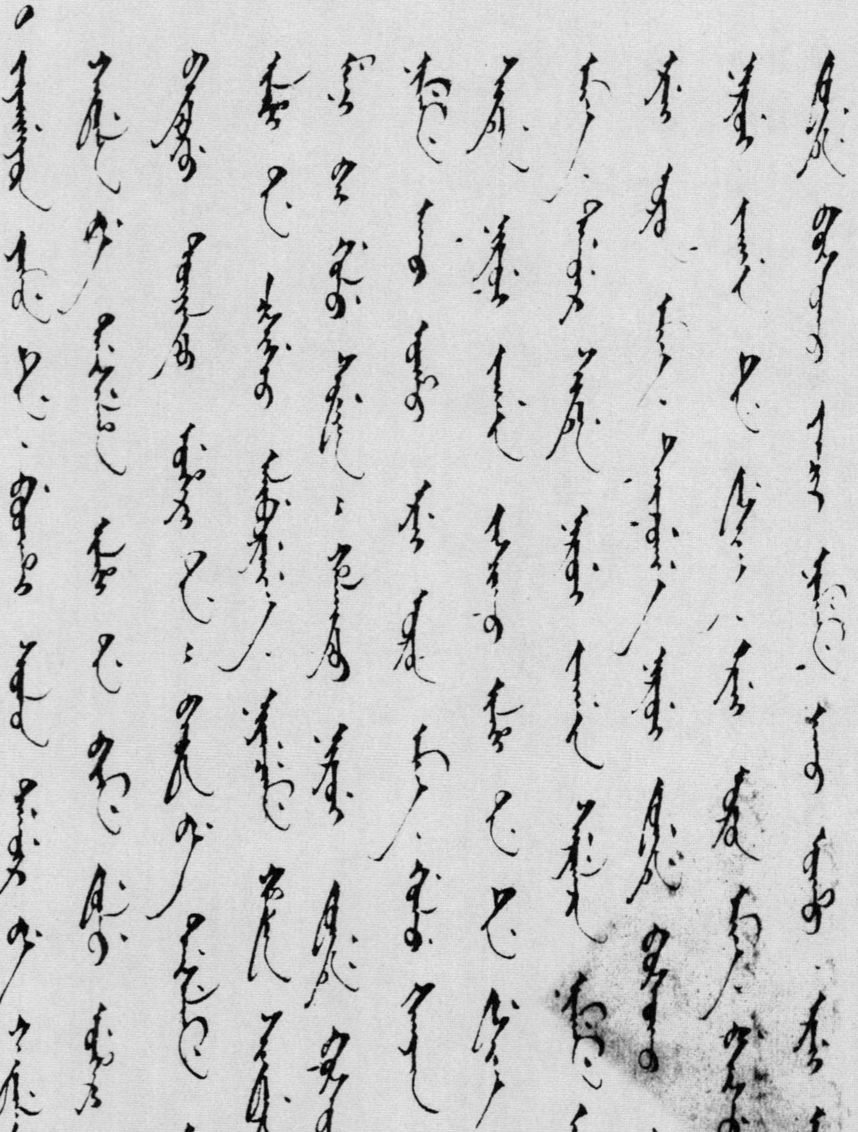

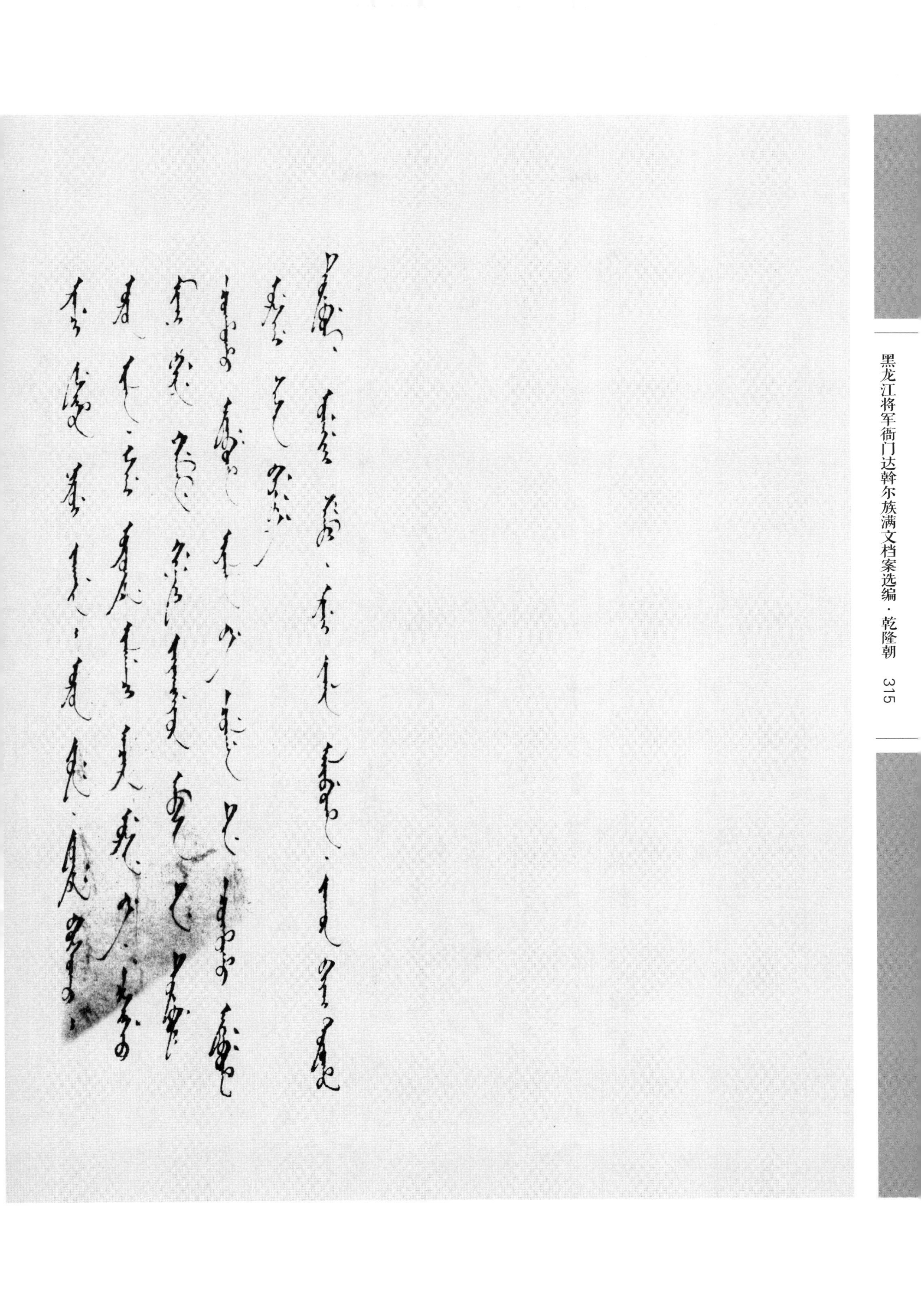

一二〇九　呼兰城守尉察明阿为报送佐领骁骑校等缺应选满洲达斡尔等员履历考语事呈黑龙江将军衙门文

乾隆二十九年八月十七日

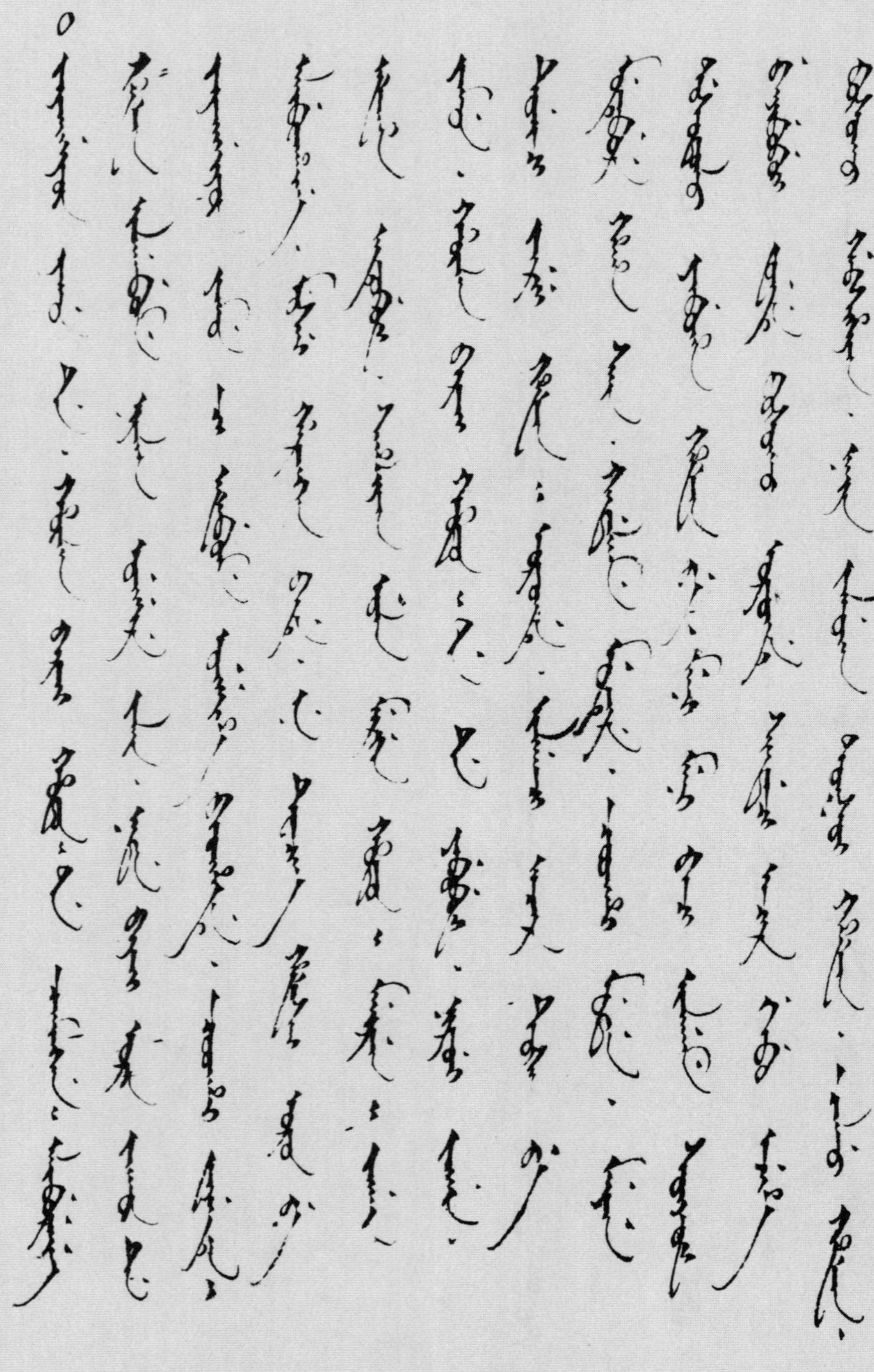

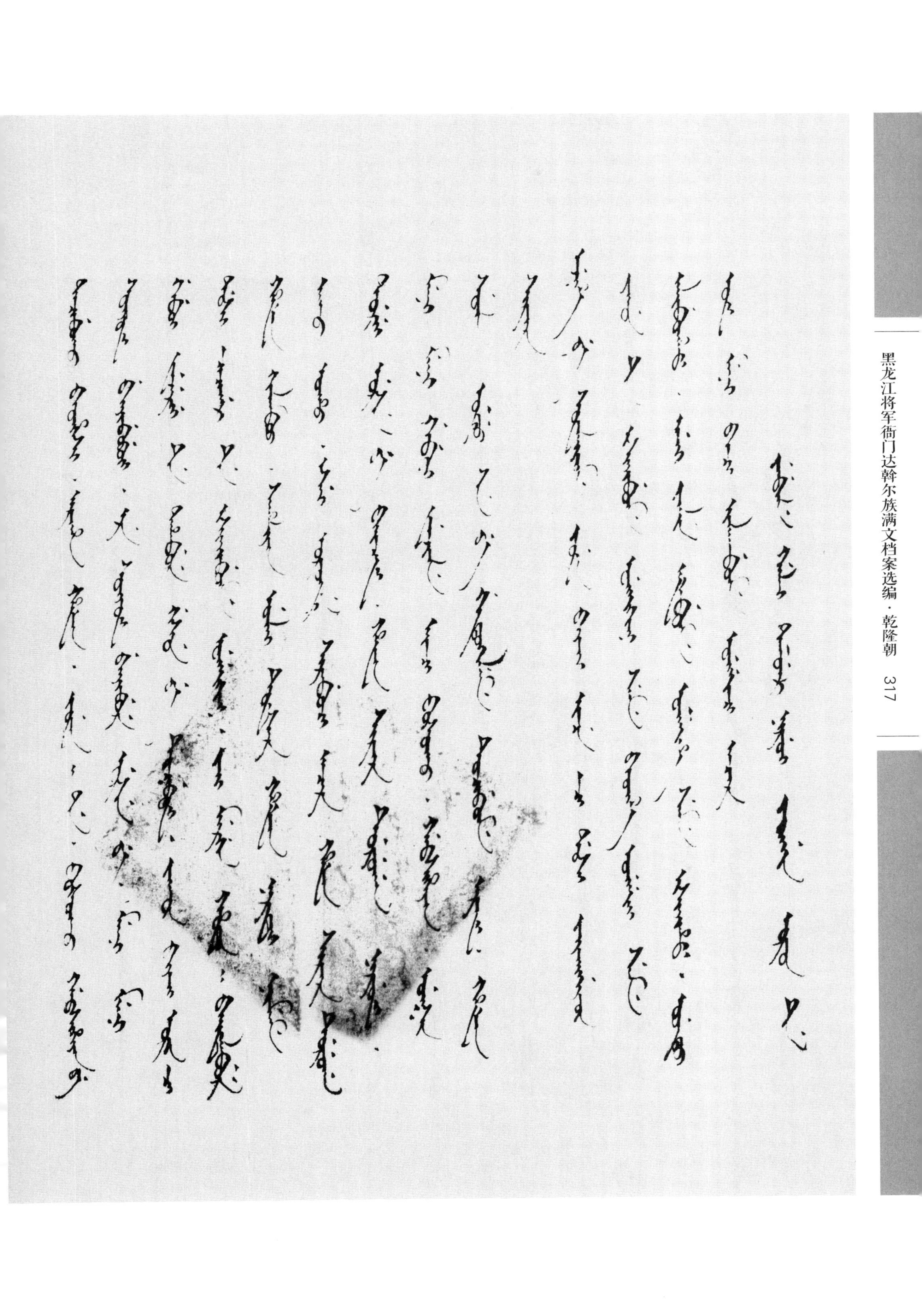

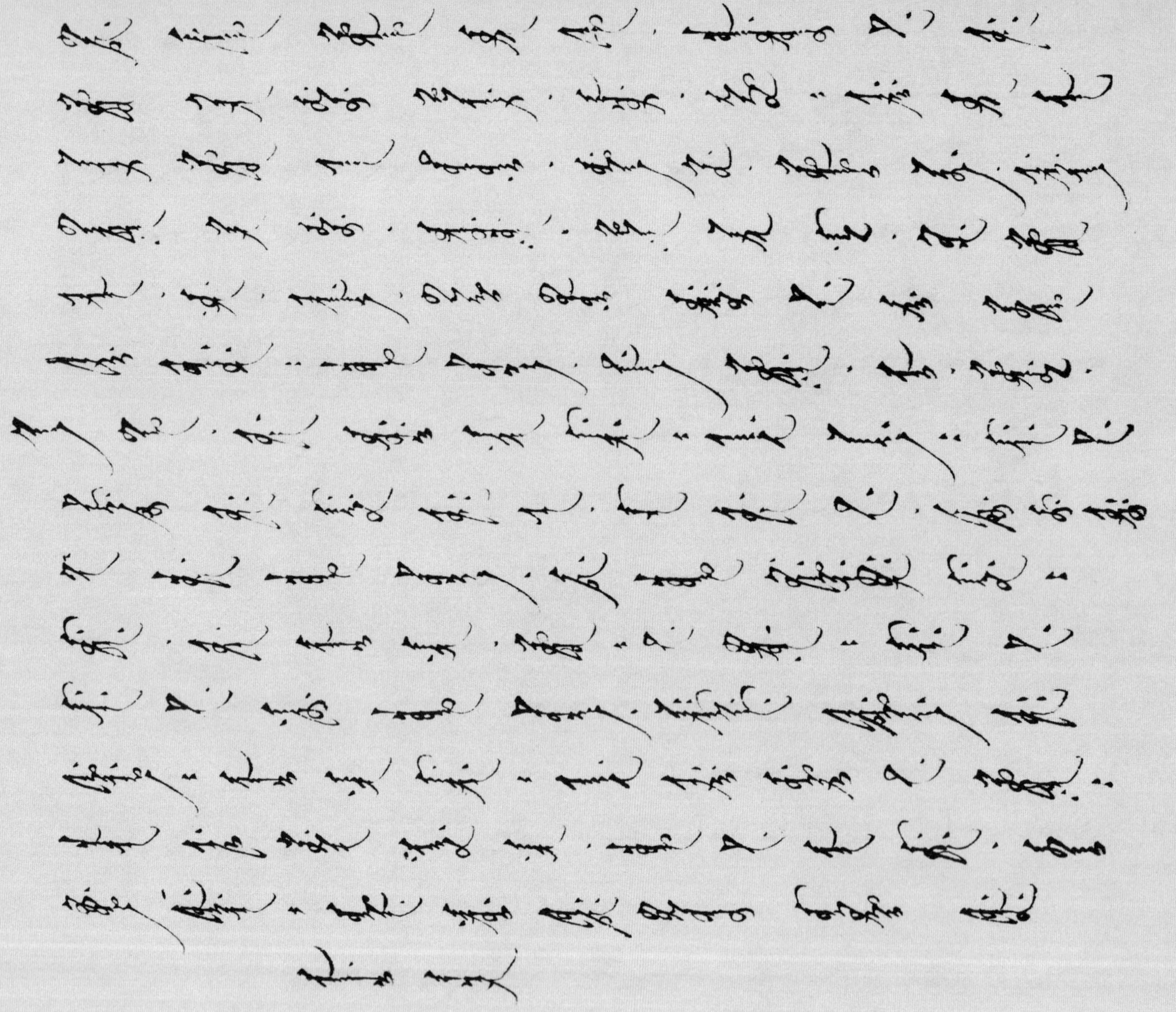

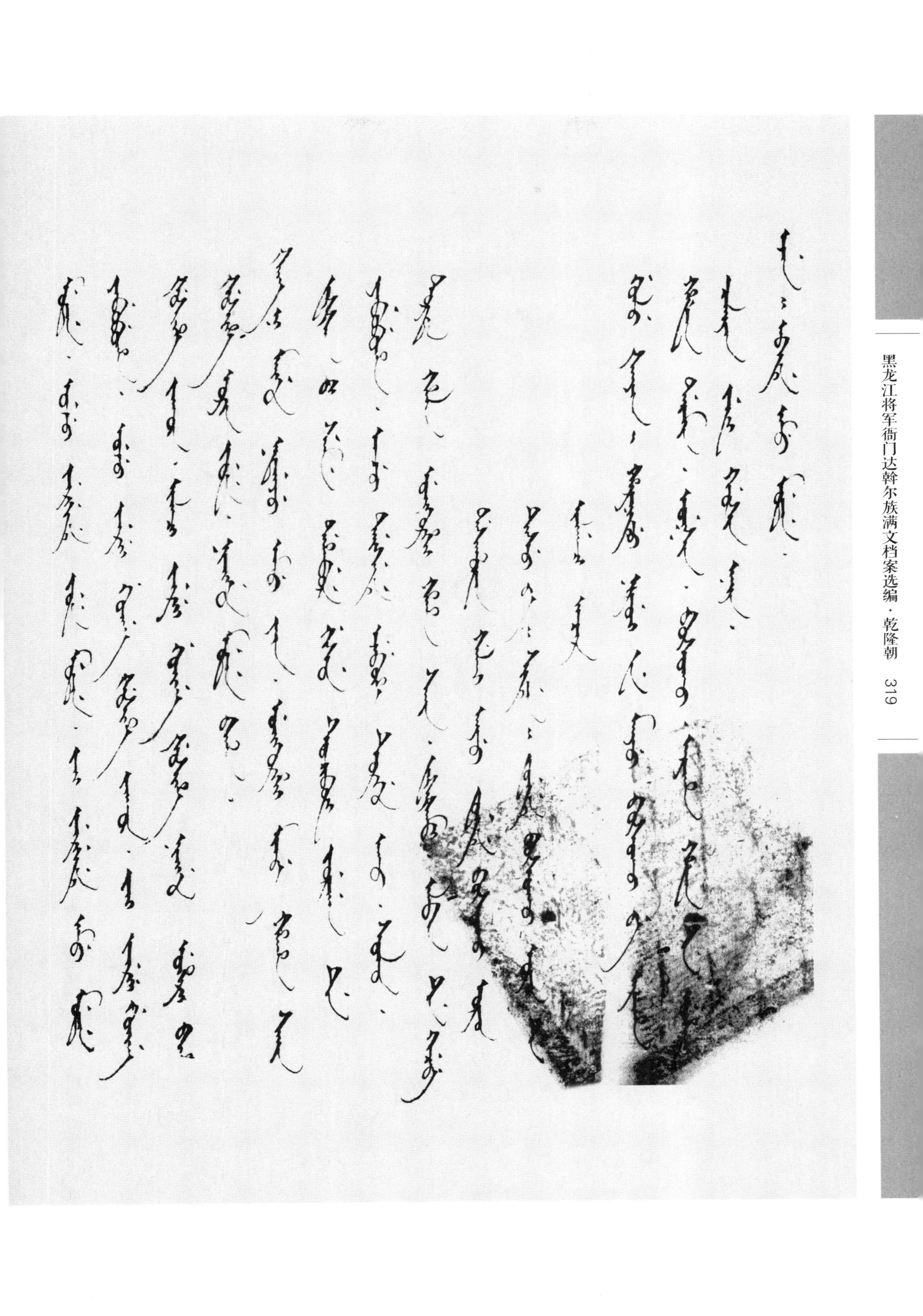

[illegible]

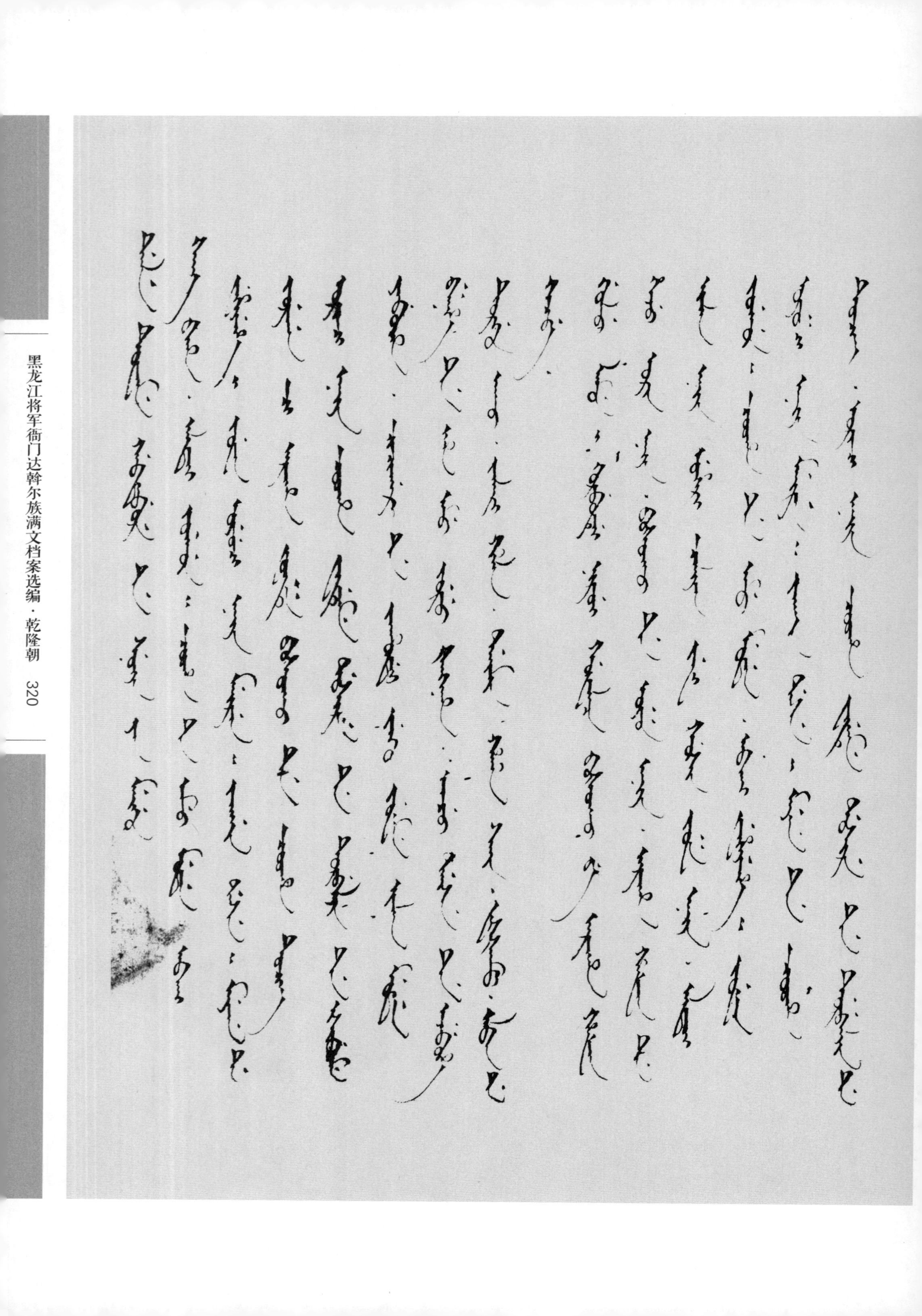

[illegible]

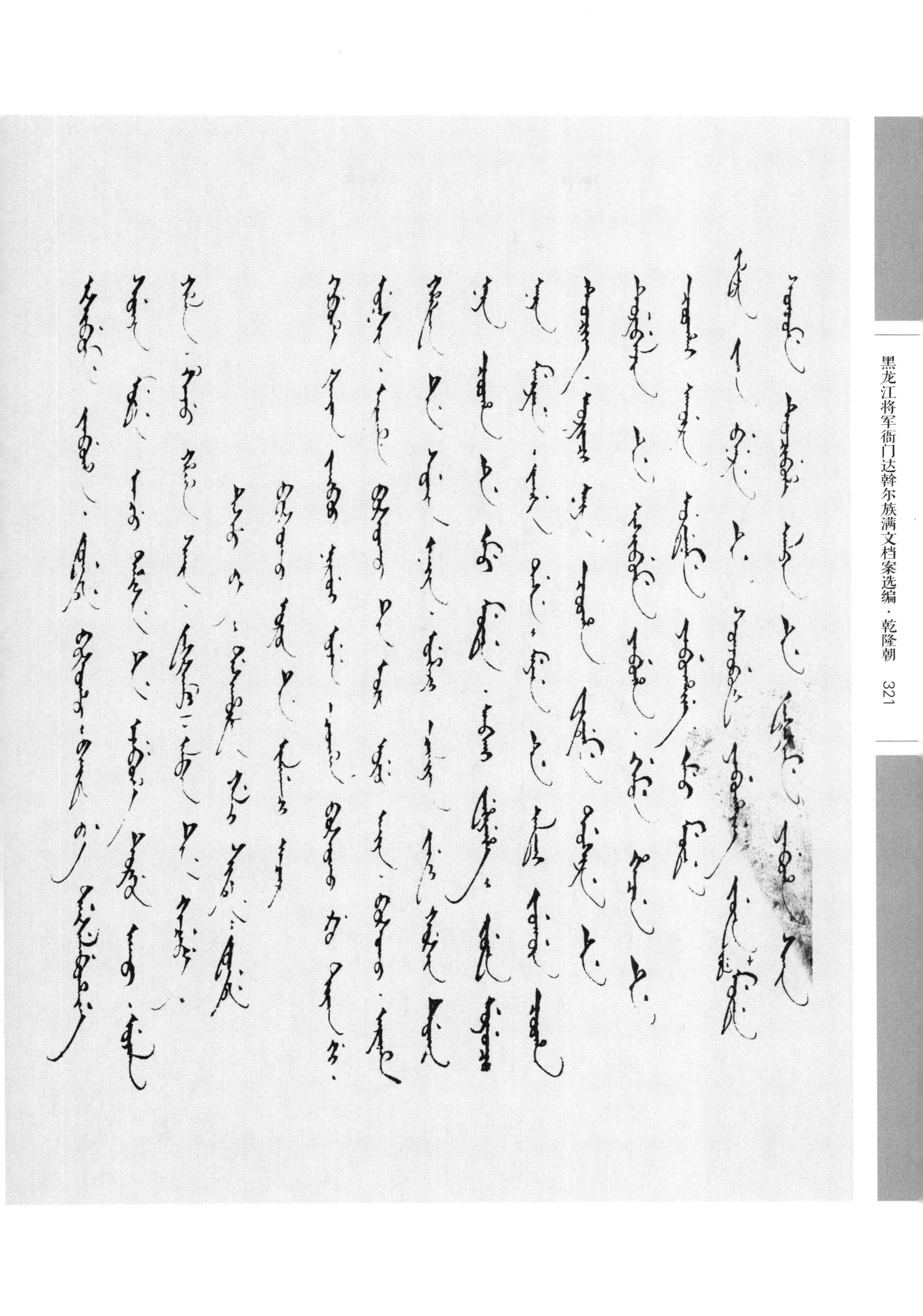

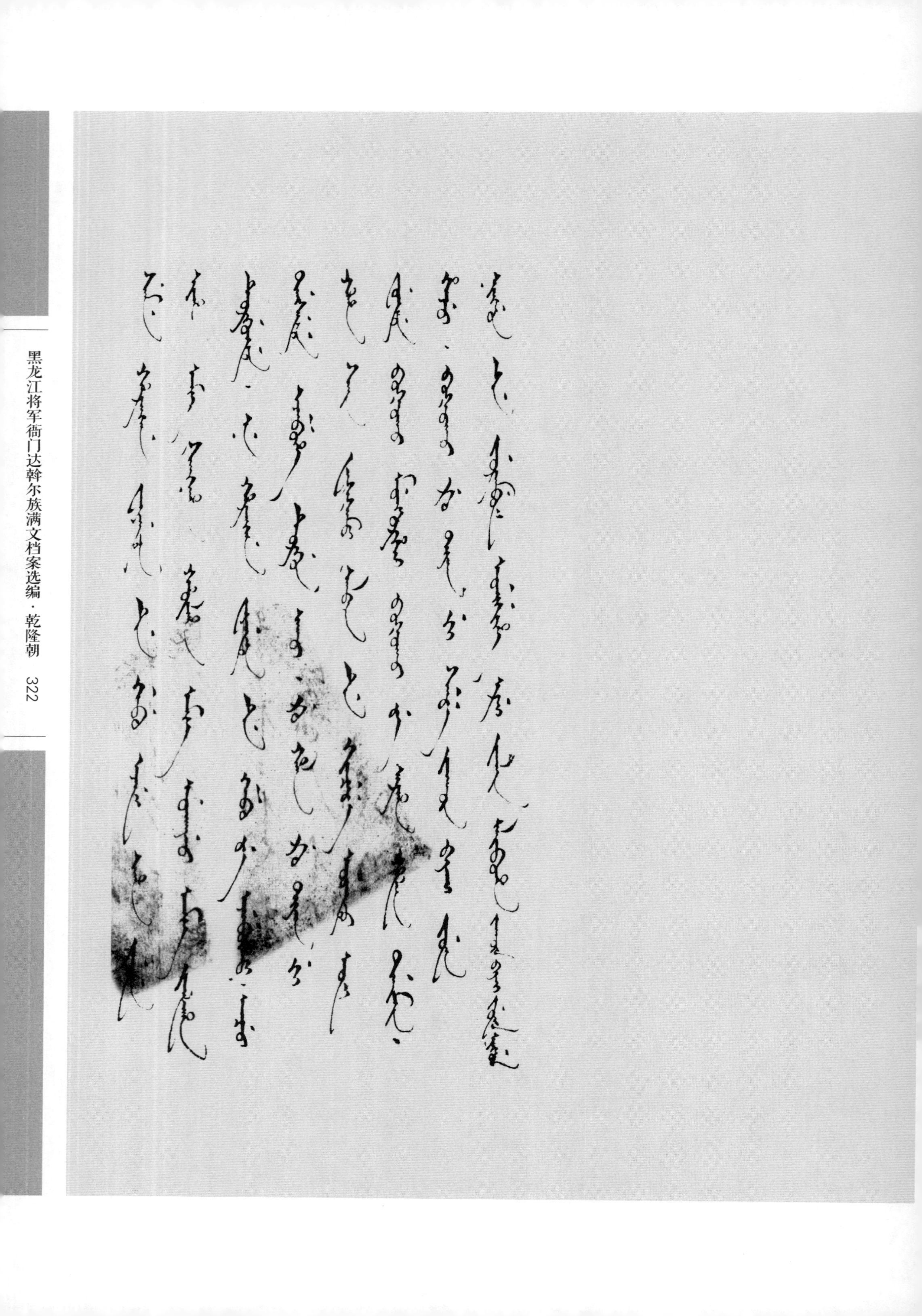

[illegible]

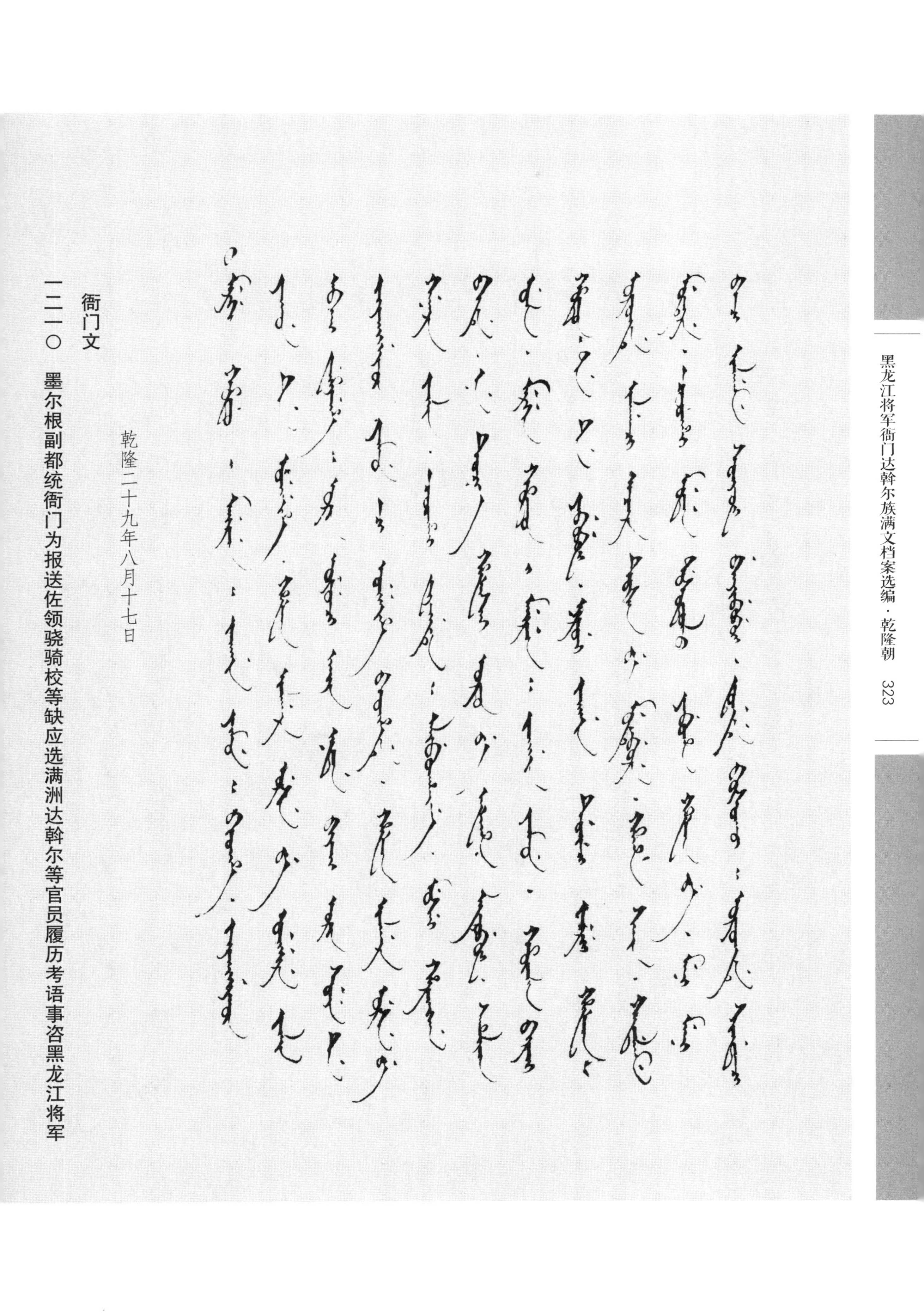

一二一〇 墨尔根副都统衙门为报送佐领骁骑校等缺应选满洲达斡尔等官员履历考语事咨黑龙江将军衙门文

乾隆二十九年八月十七日

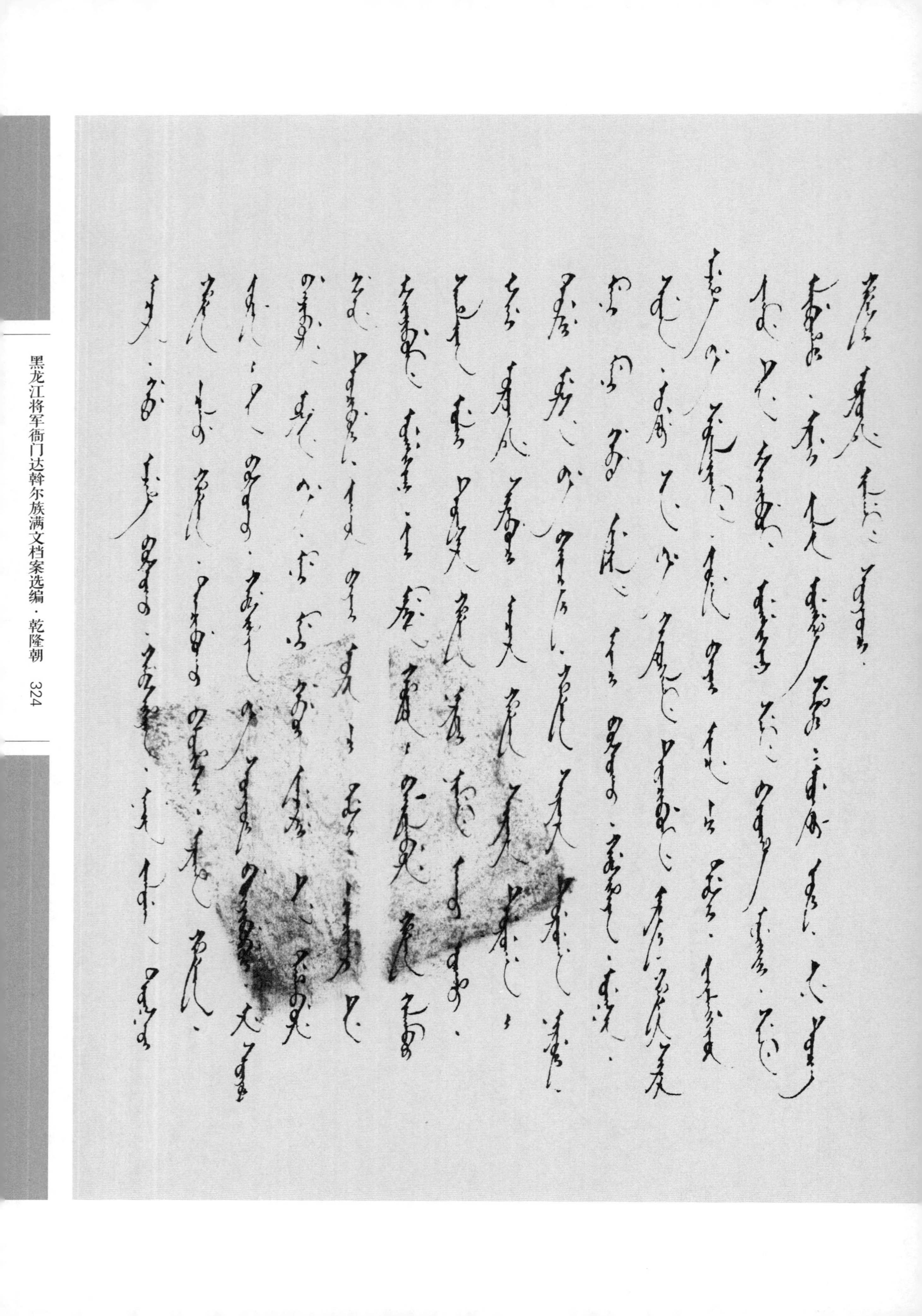

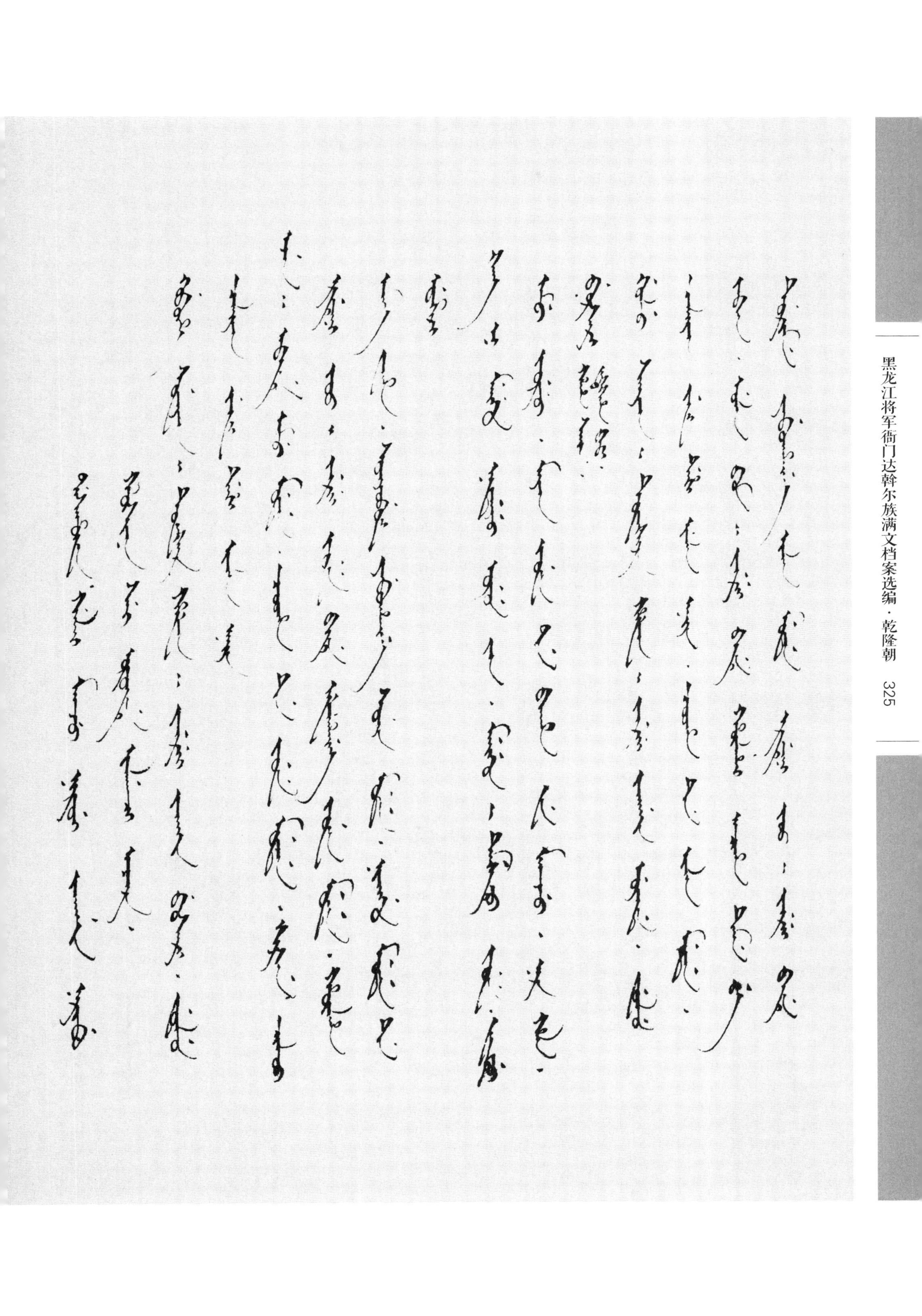

[illegible]

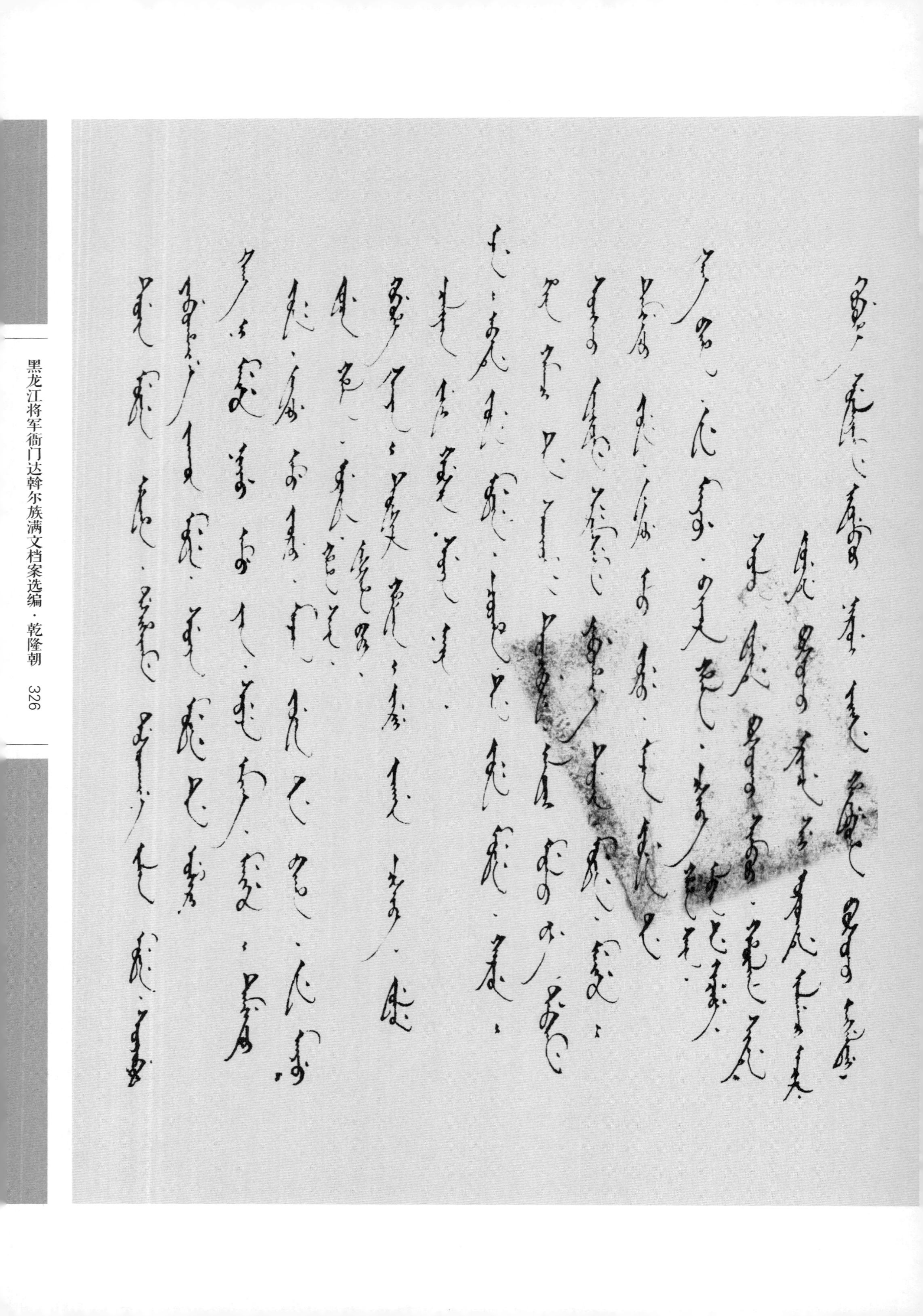

[illegible]

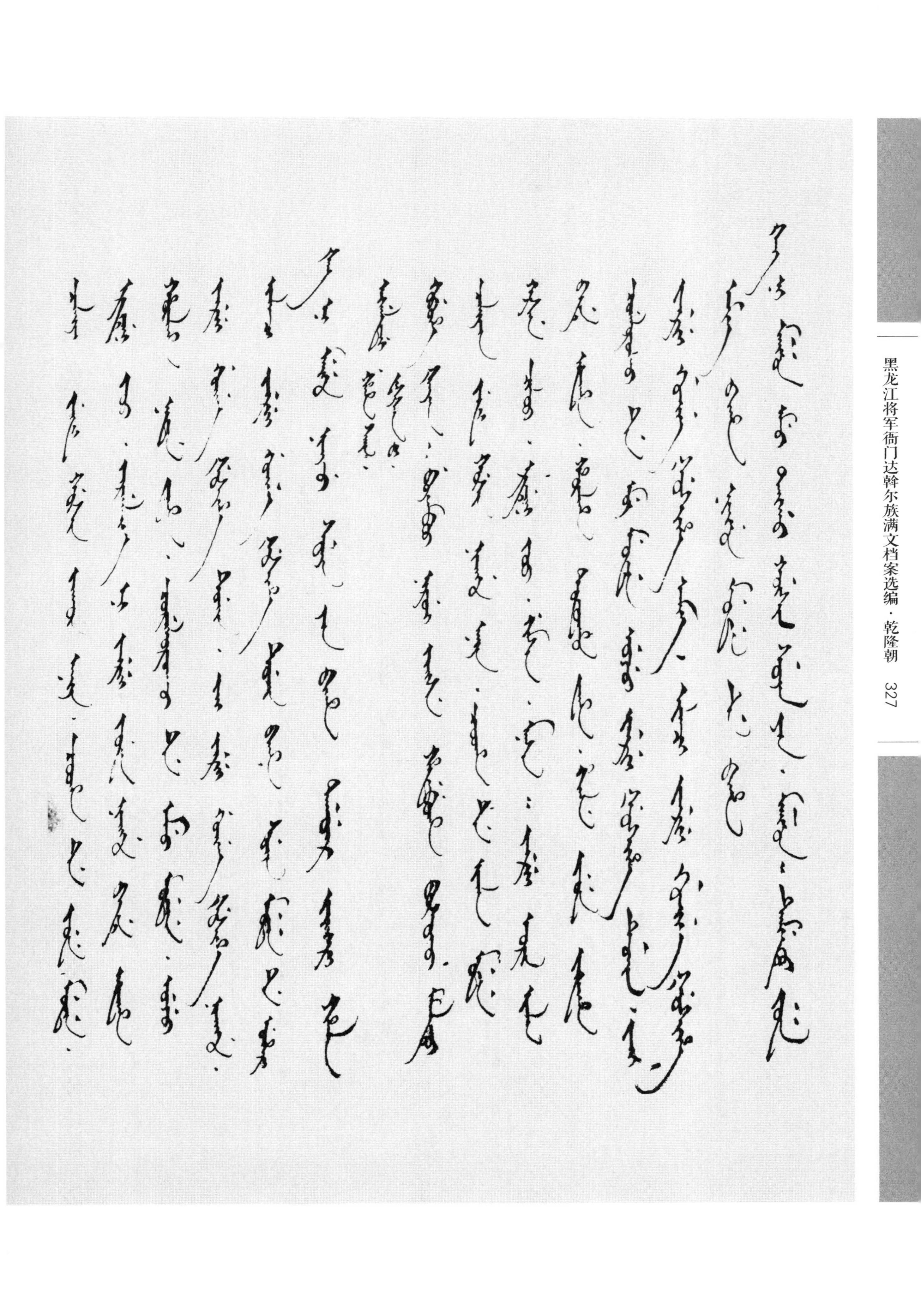

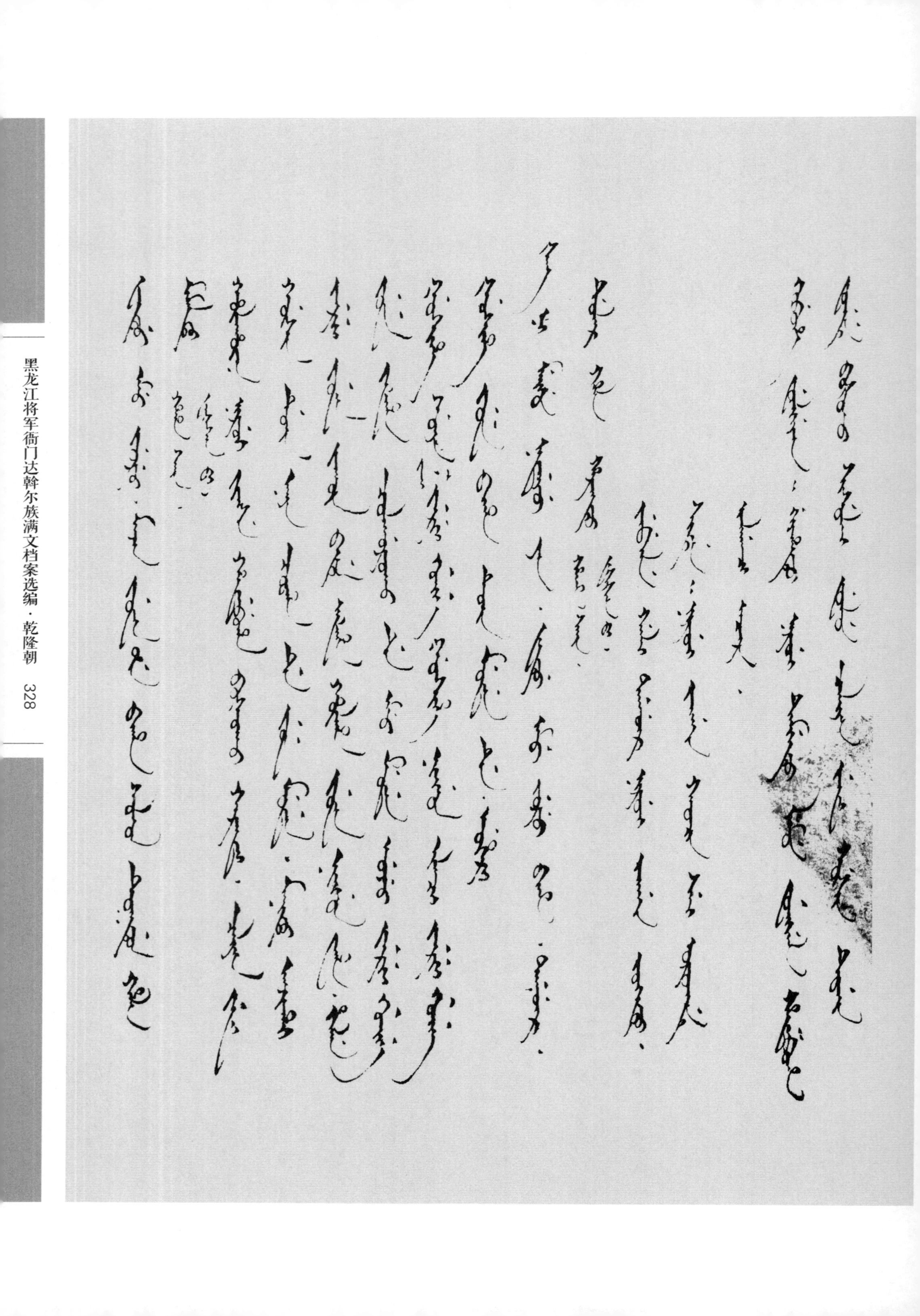

[illegible]

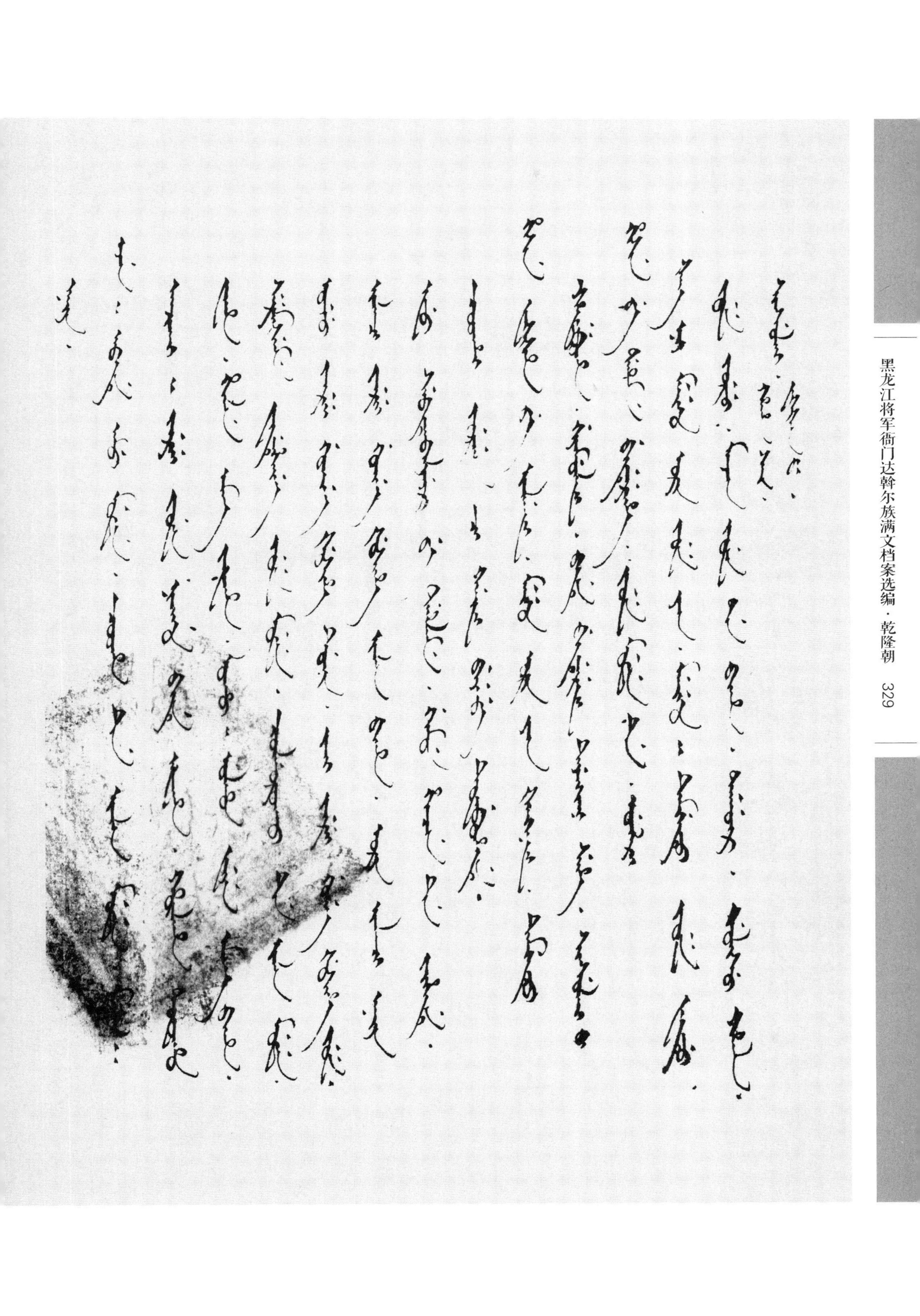

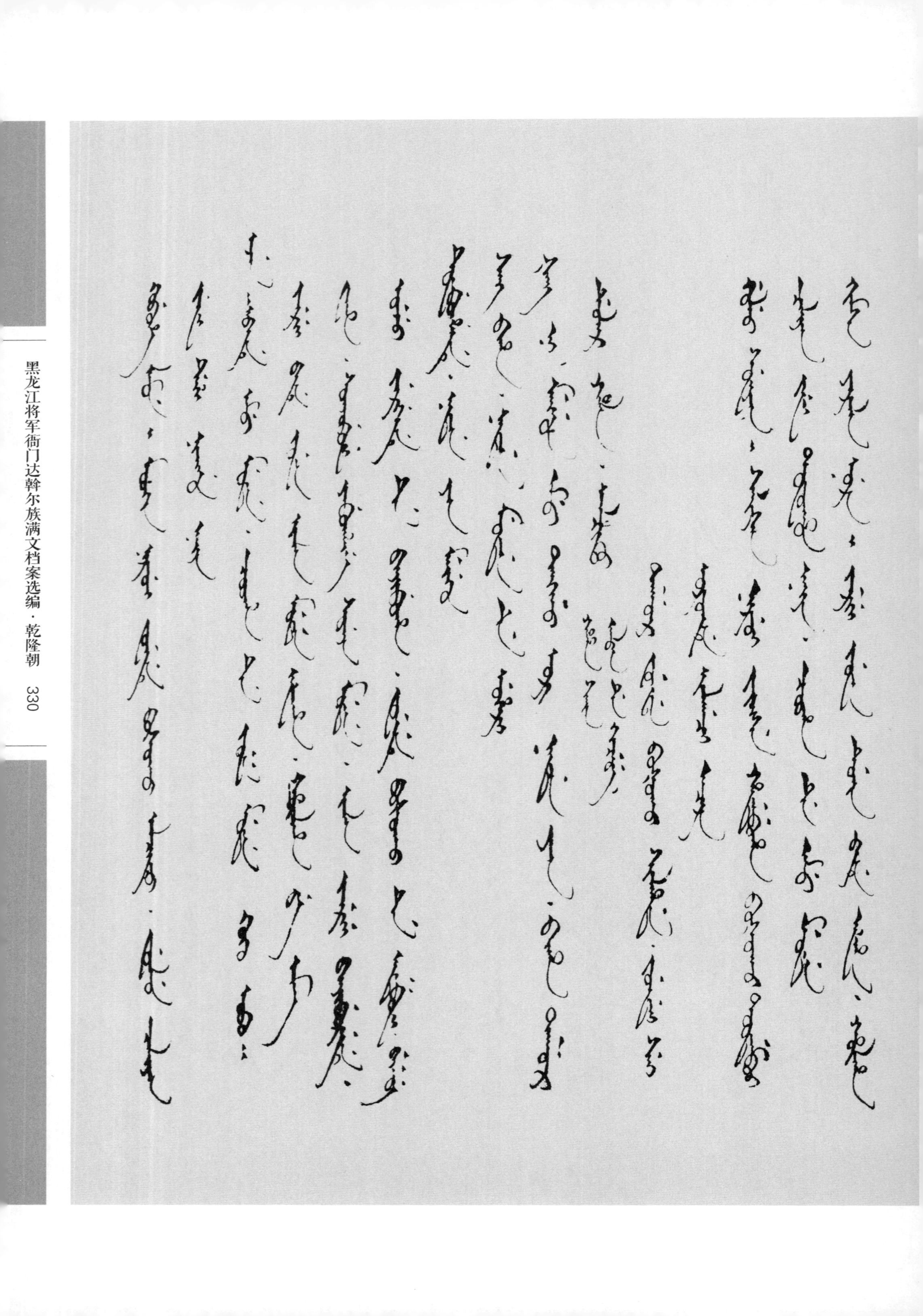

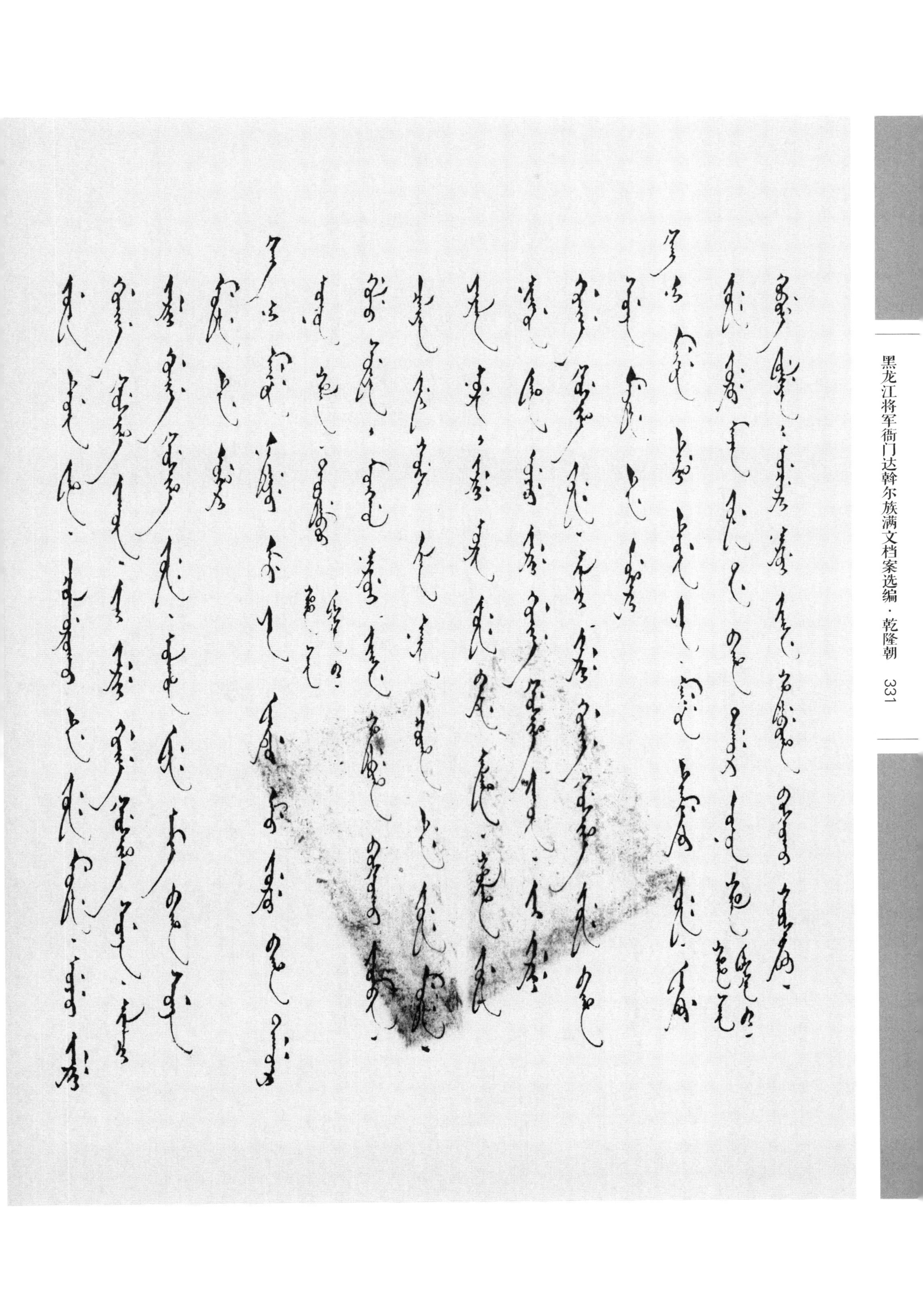

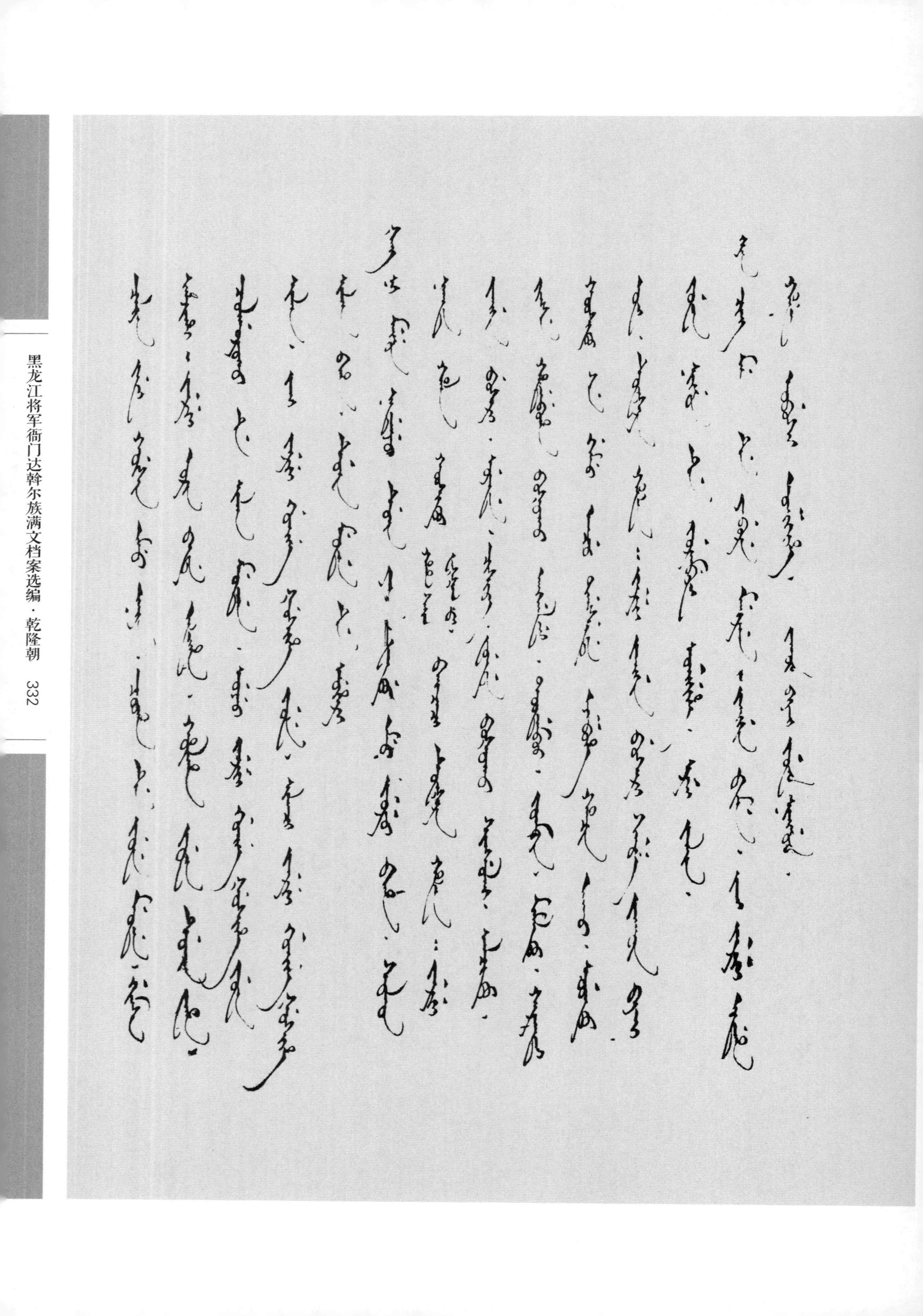

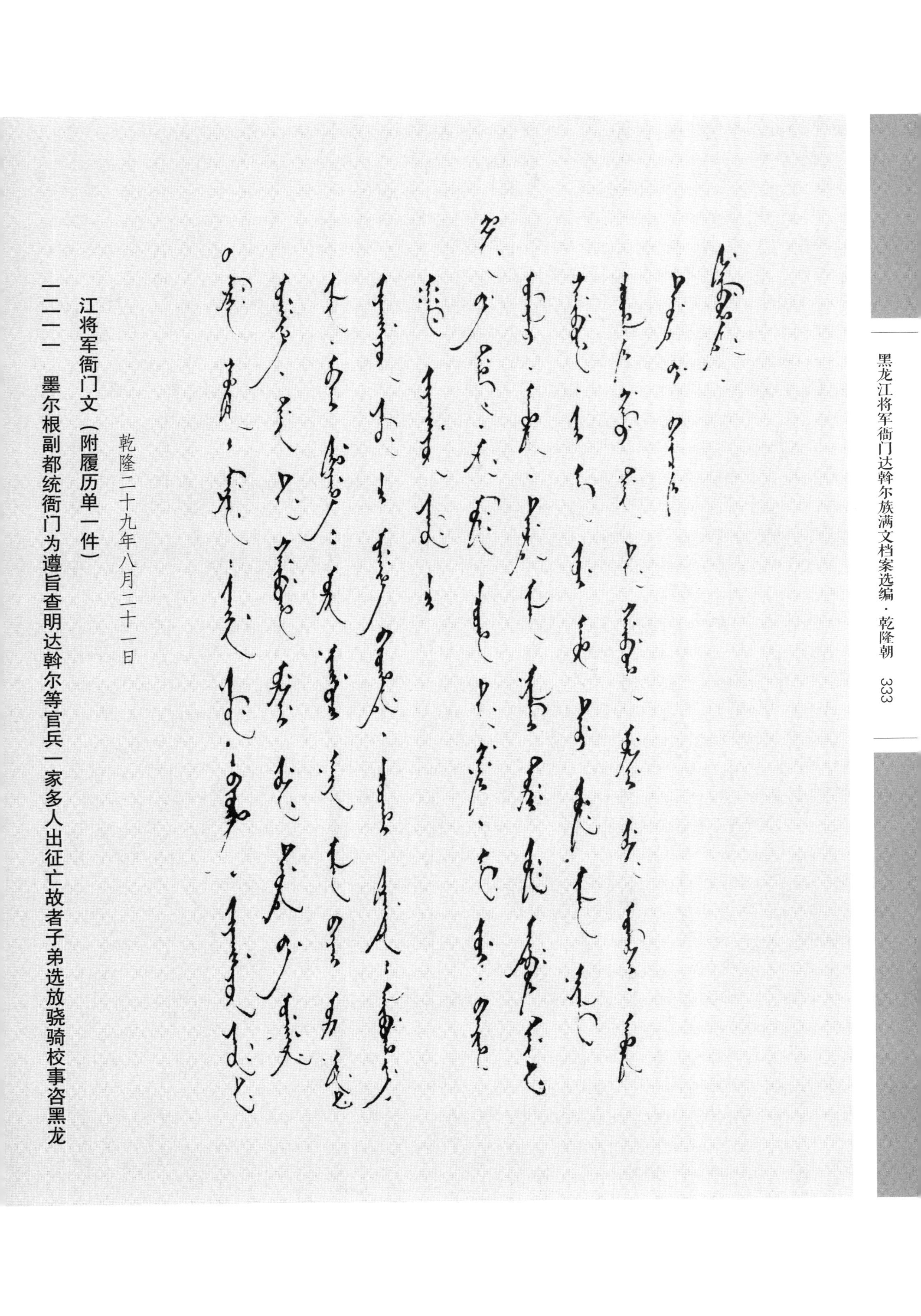

一二二一 墨尔根副都统衙门为遵旨查明达斡尔等官兵一家多人出征亡故者子弟选放骁骑校事咨黑龙江将军衙门文（附履历单一件）

乾隆二十九年八月二十一日

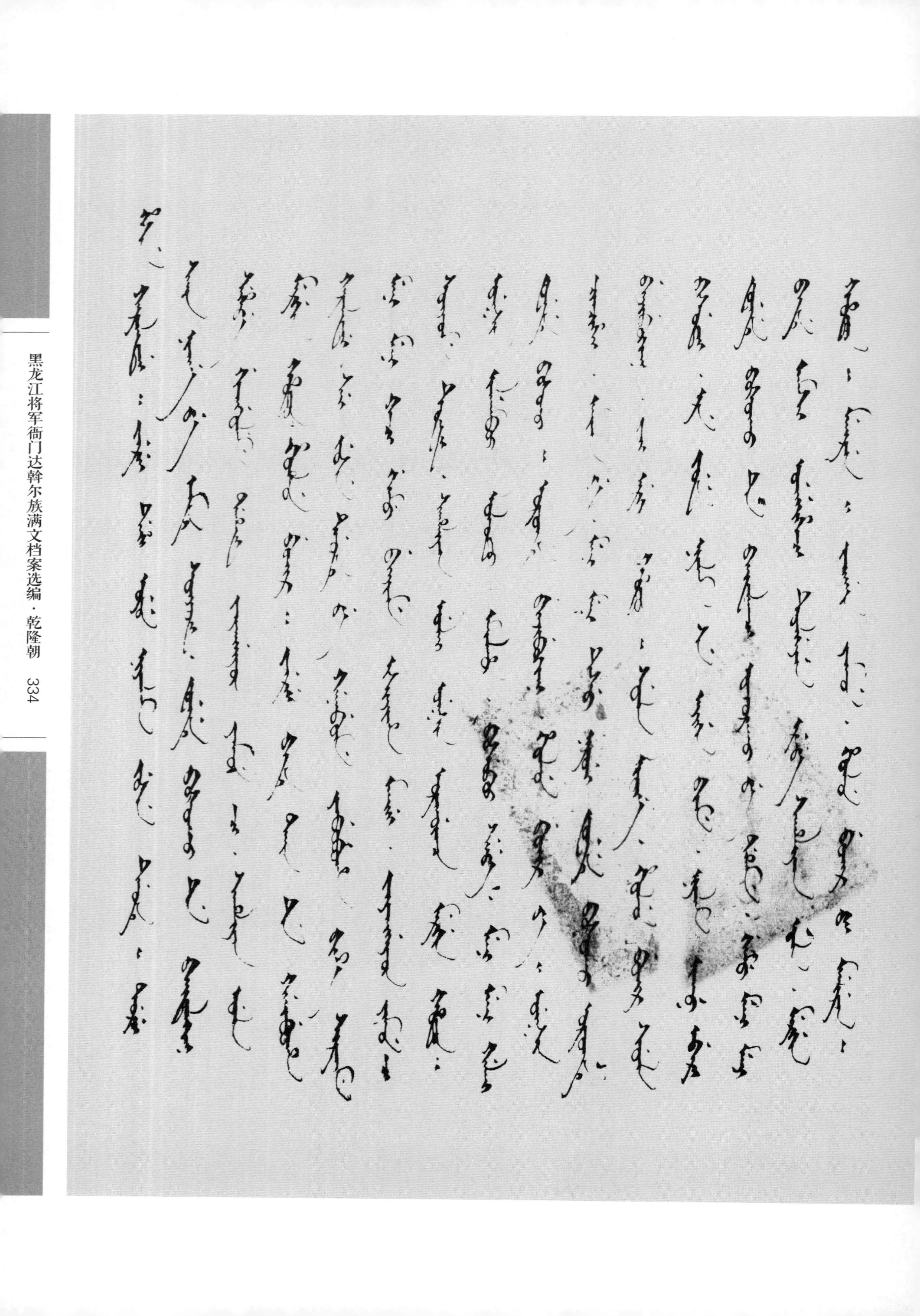

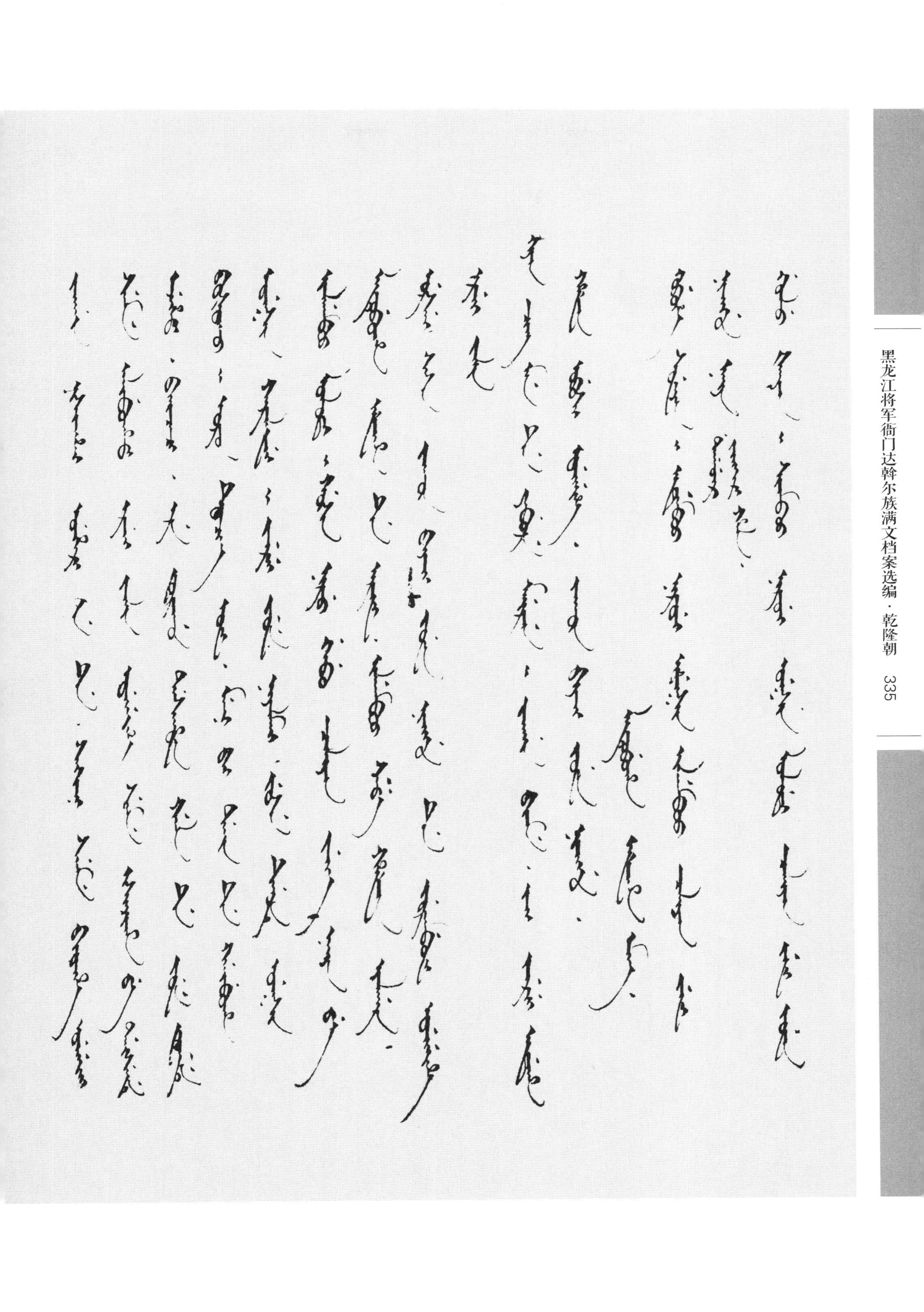

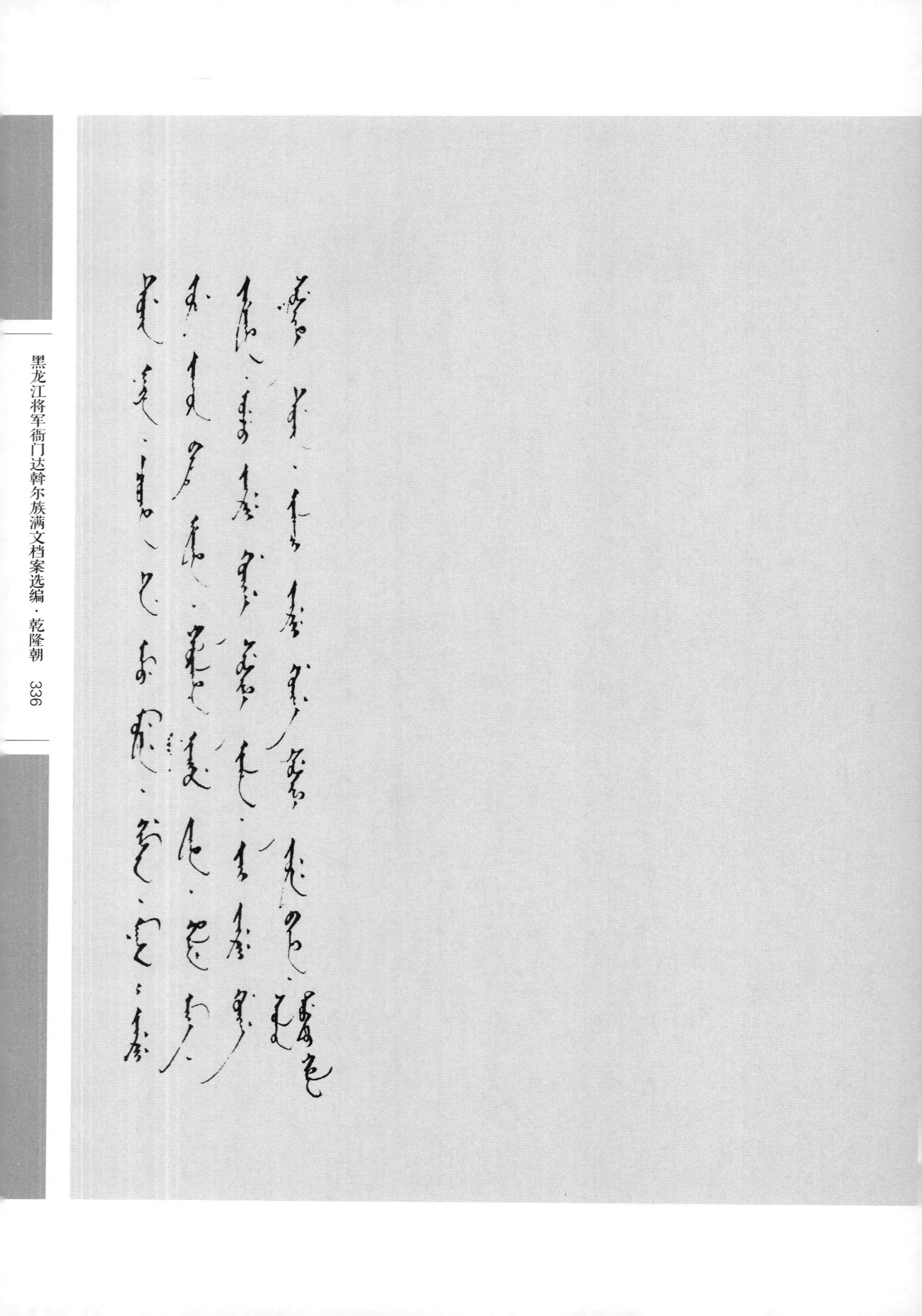

一二一二 黑龙江副都统衙门为报送佐领骁骑校等缺应选满洲达斡尔等官员履历考语事咨黑龙江将军衙门文

乾隆二十九年八月二十一日

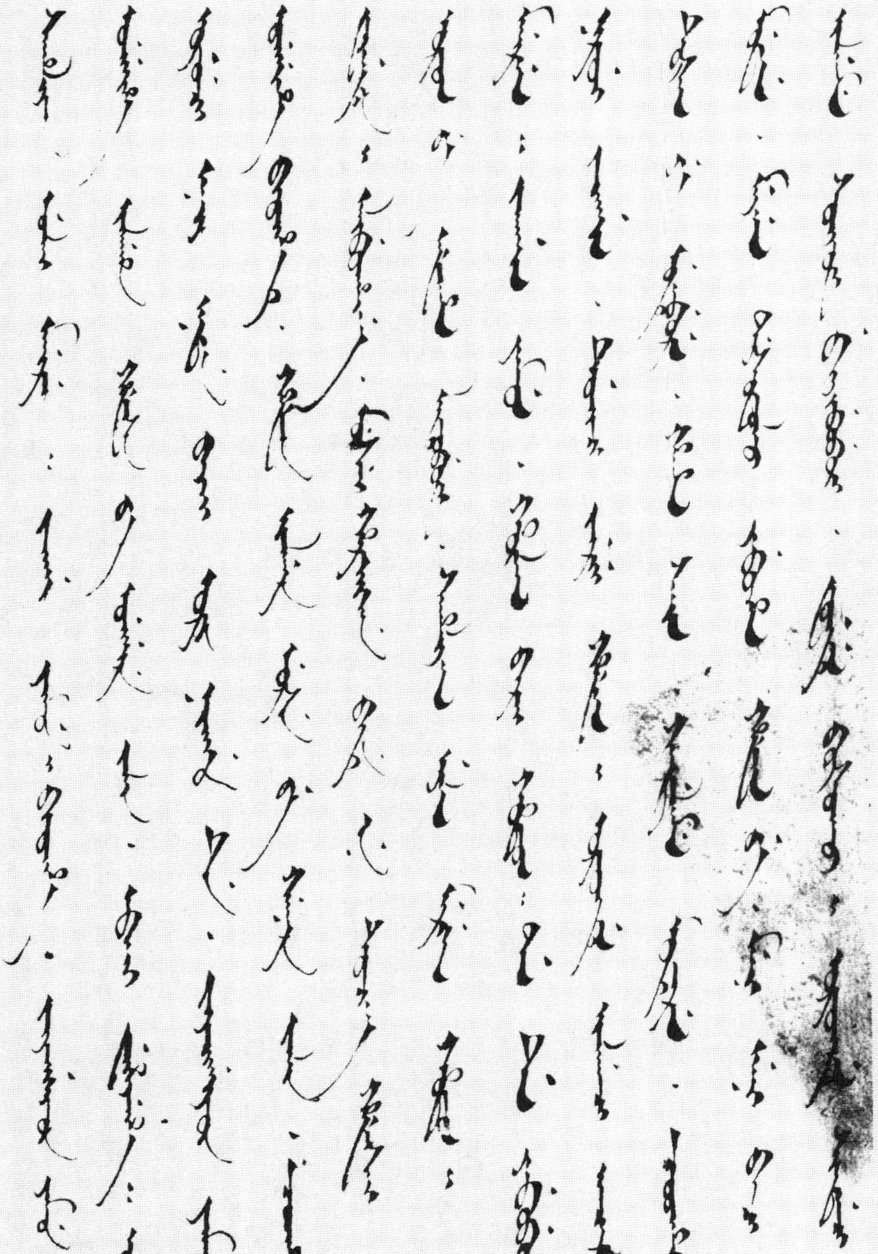

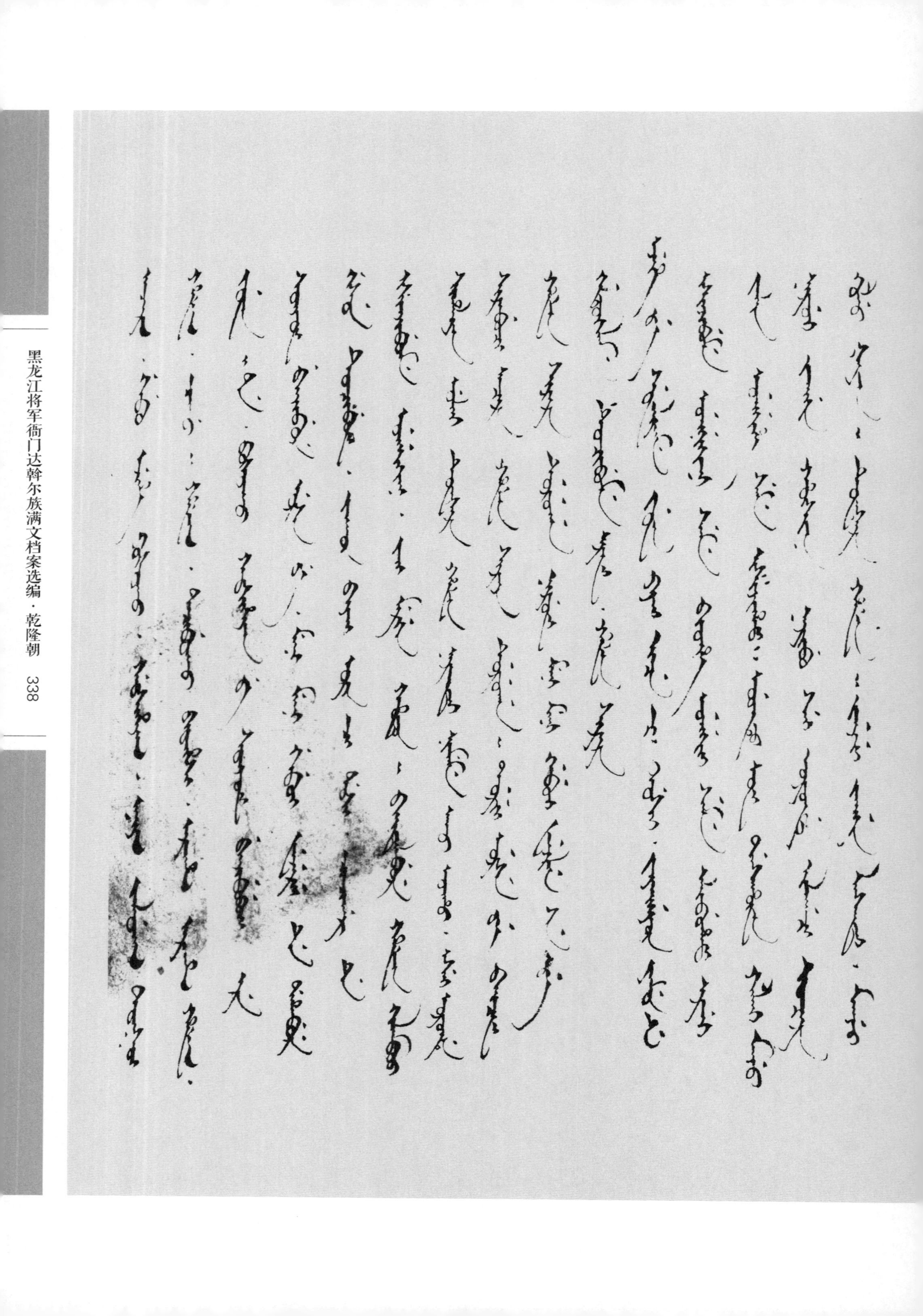

[illegible]

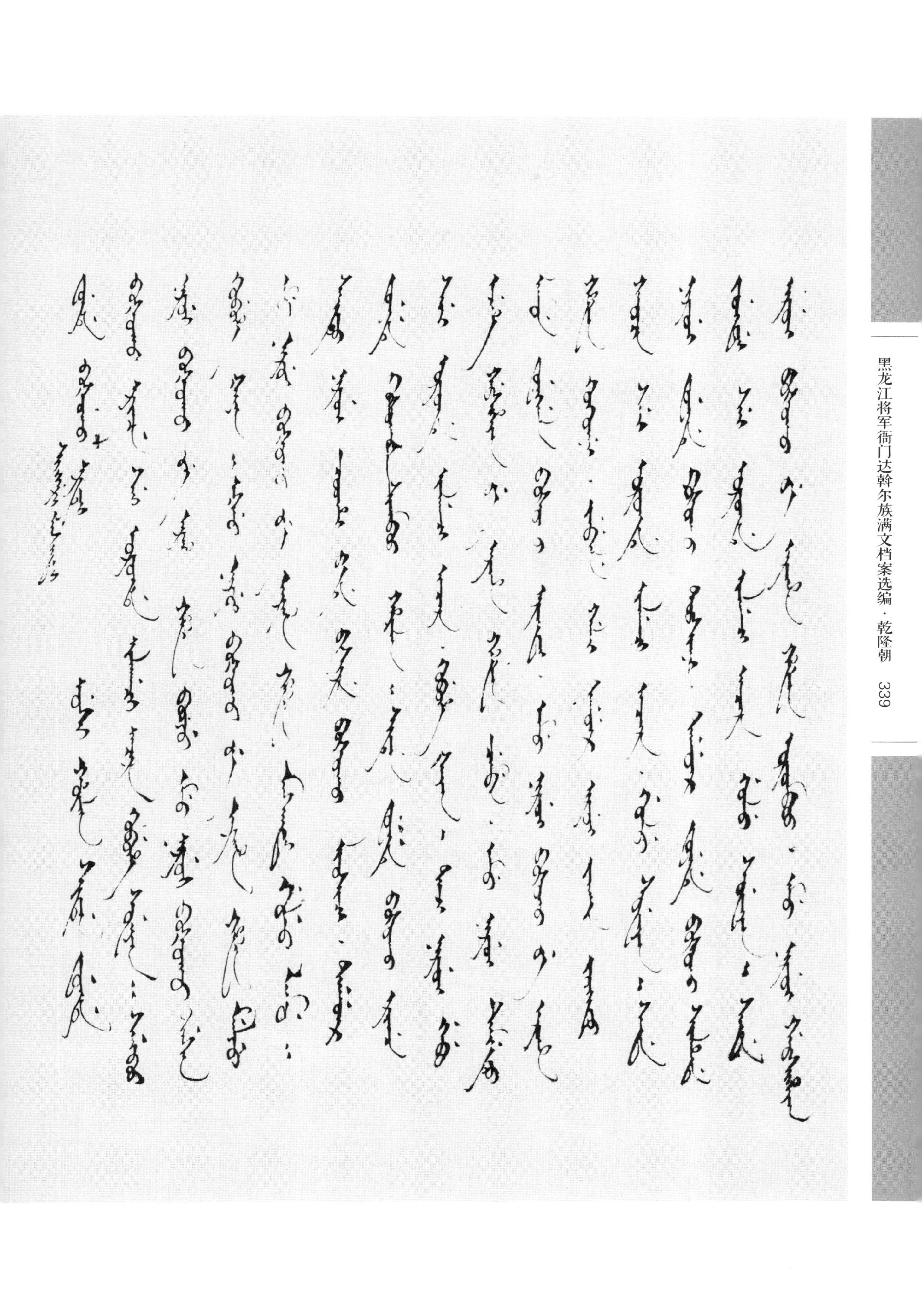

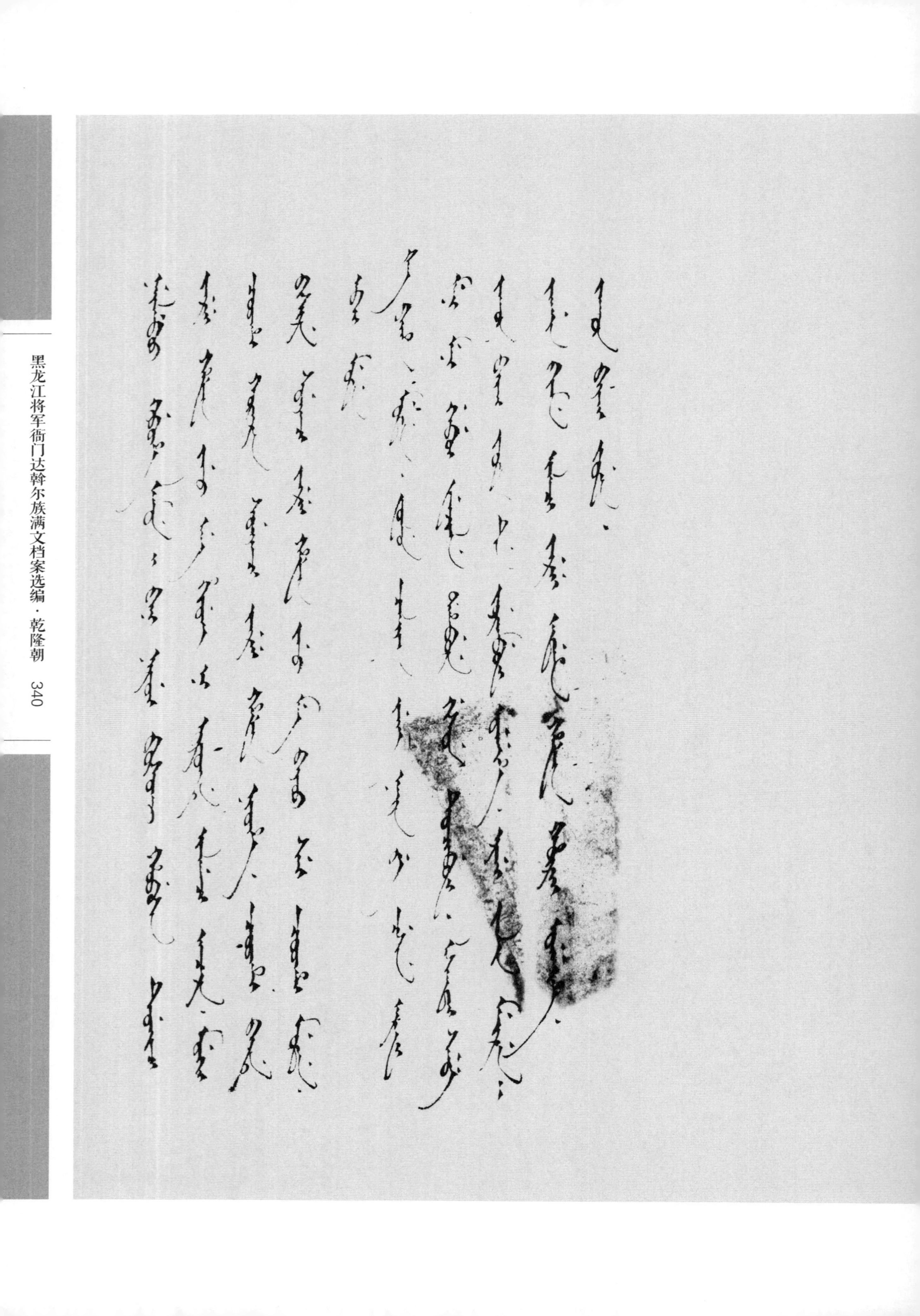

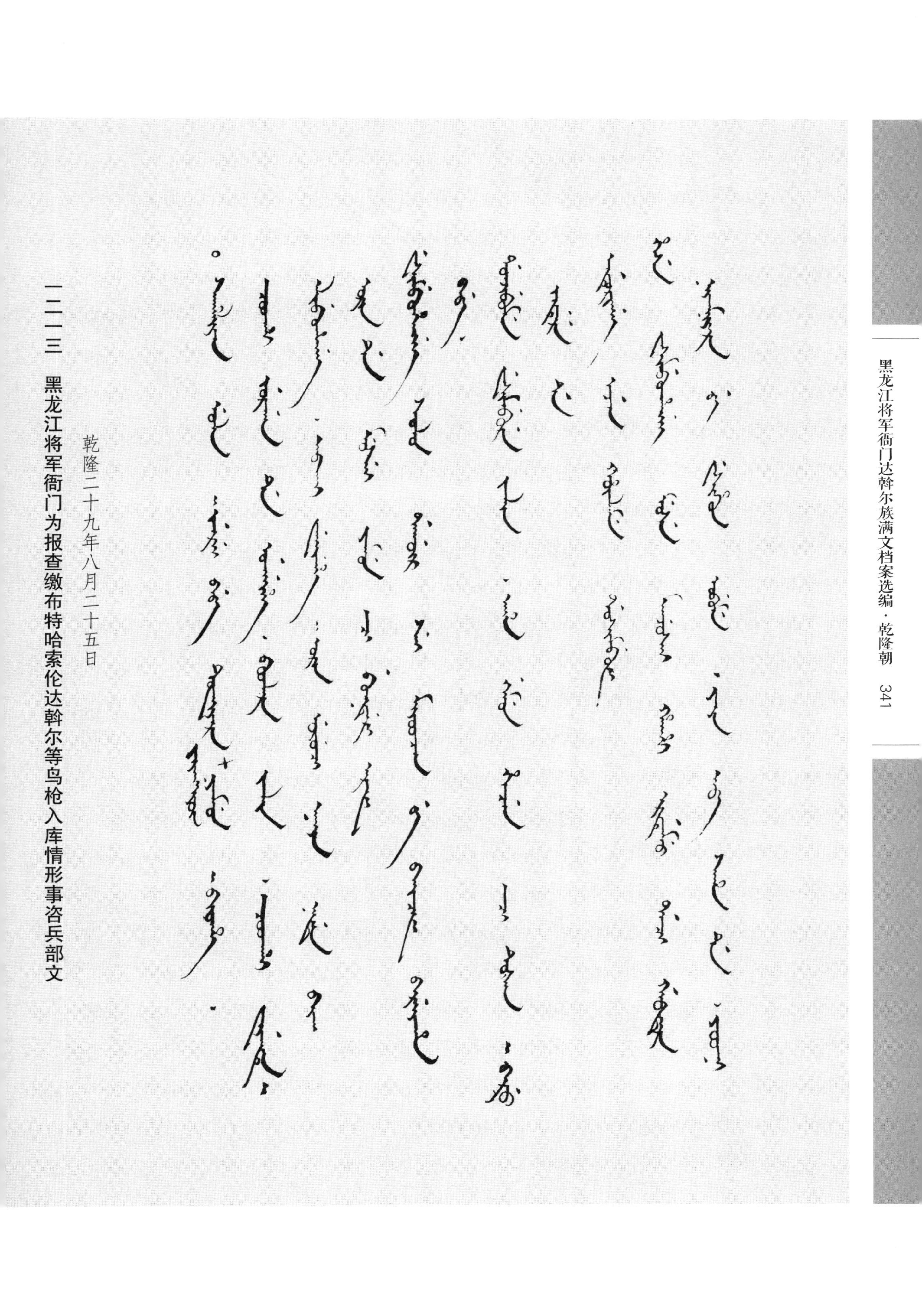

一二一三　黑龙江将军衙门为报查缴布特哈索伦达斡尔等鸟枪入库情形事咨兵部文

乾隆二十九年八月二十五日

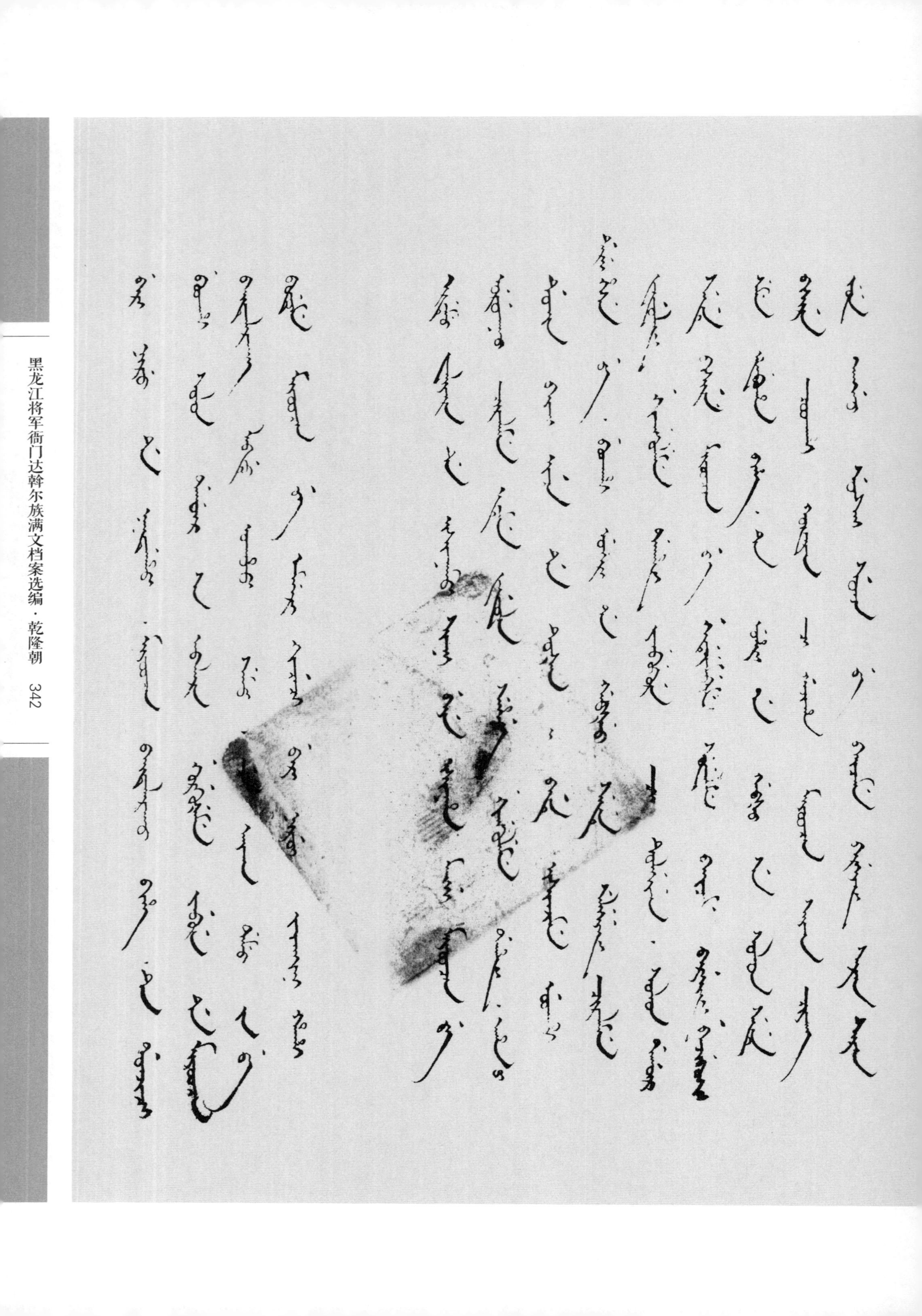

[illegible]

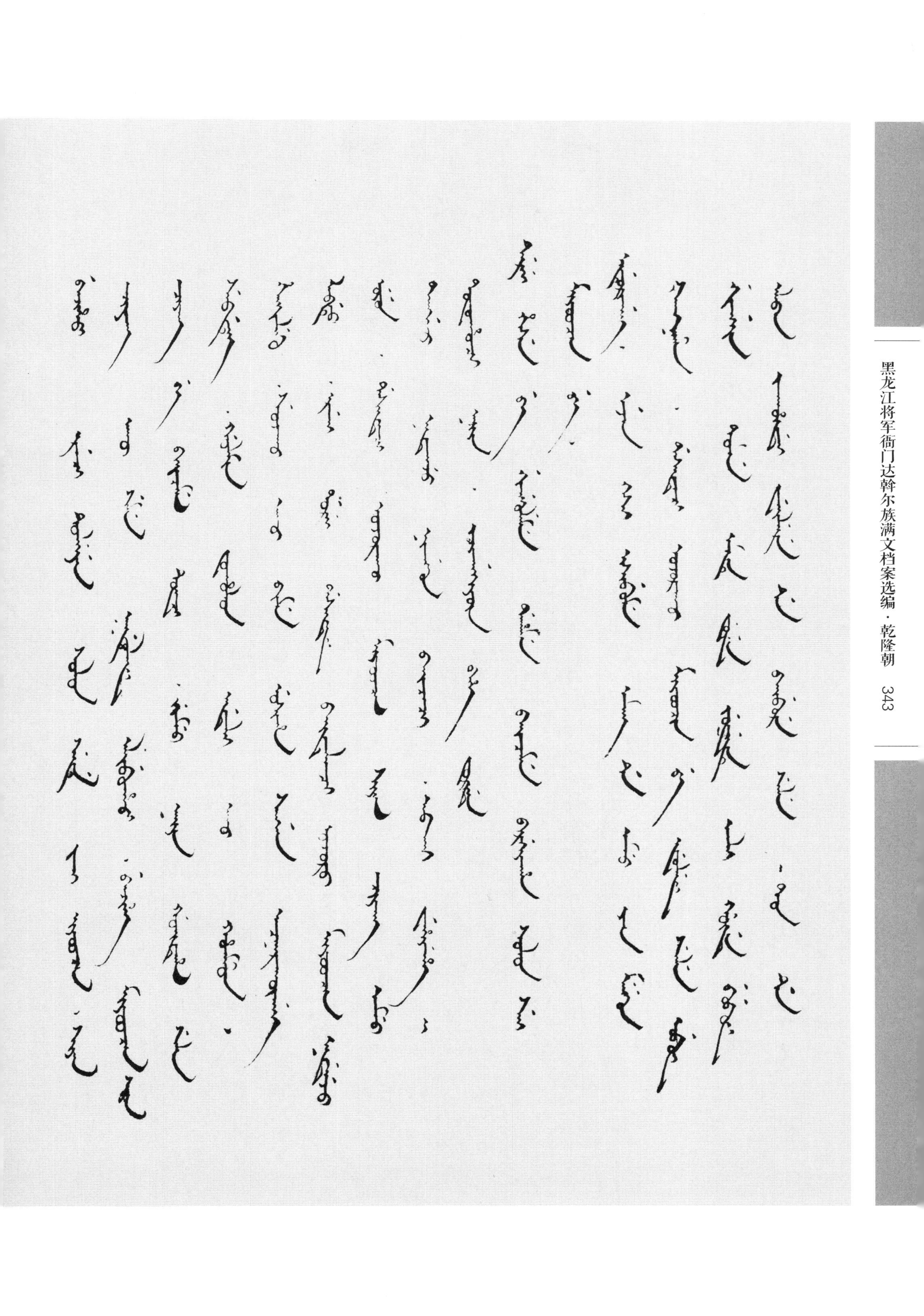

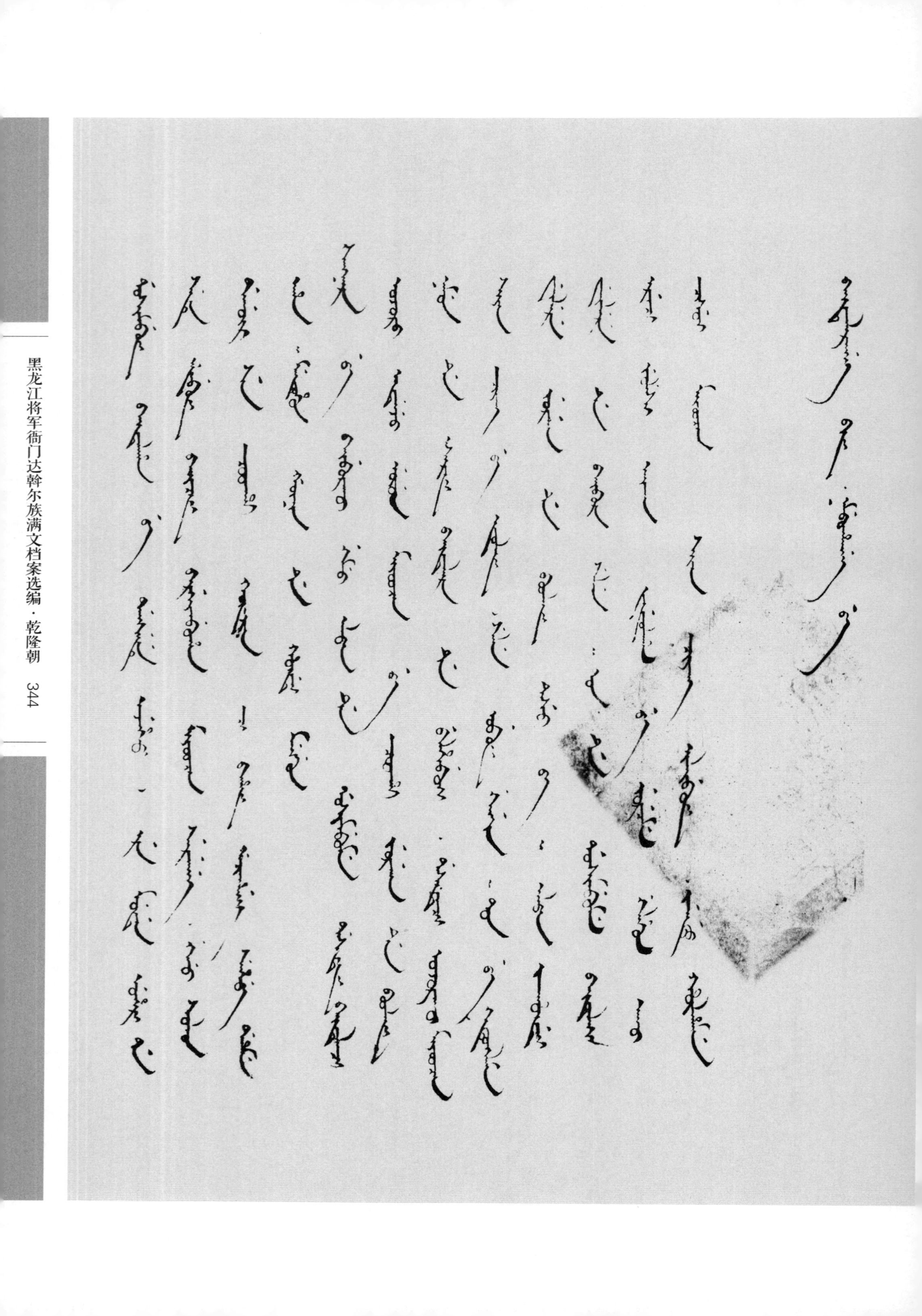

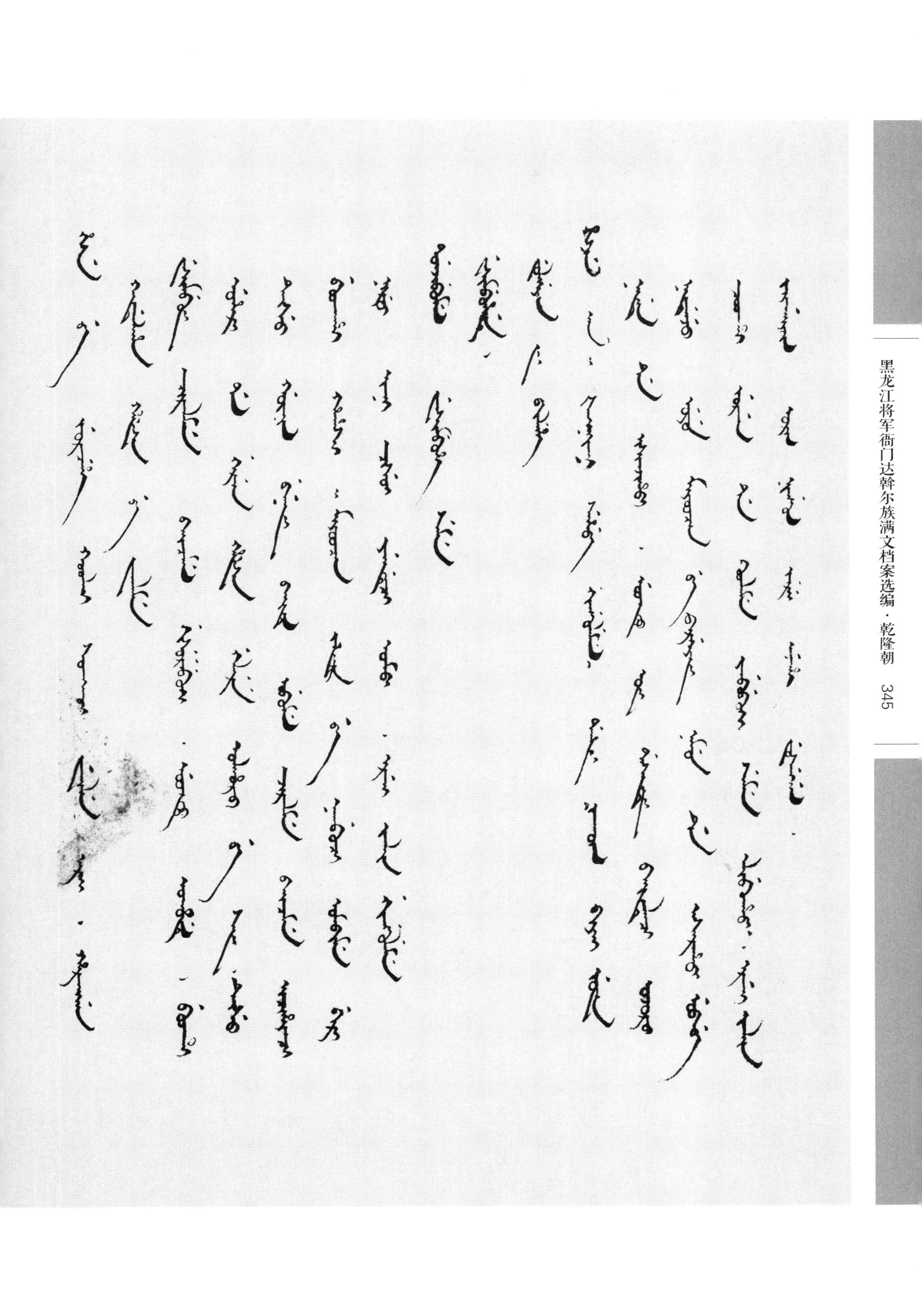

[illegible]

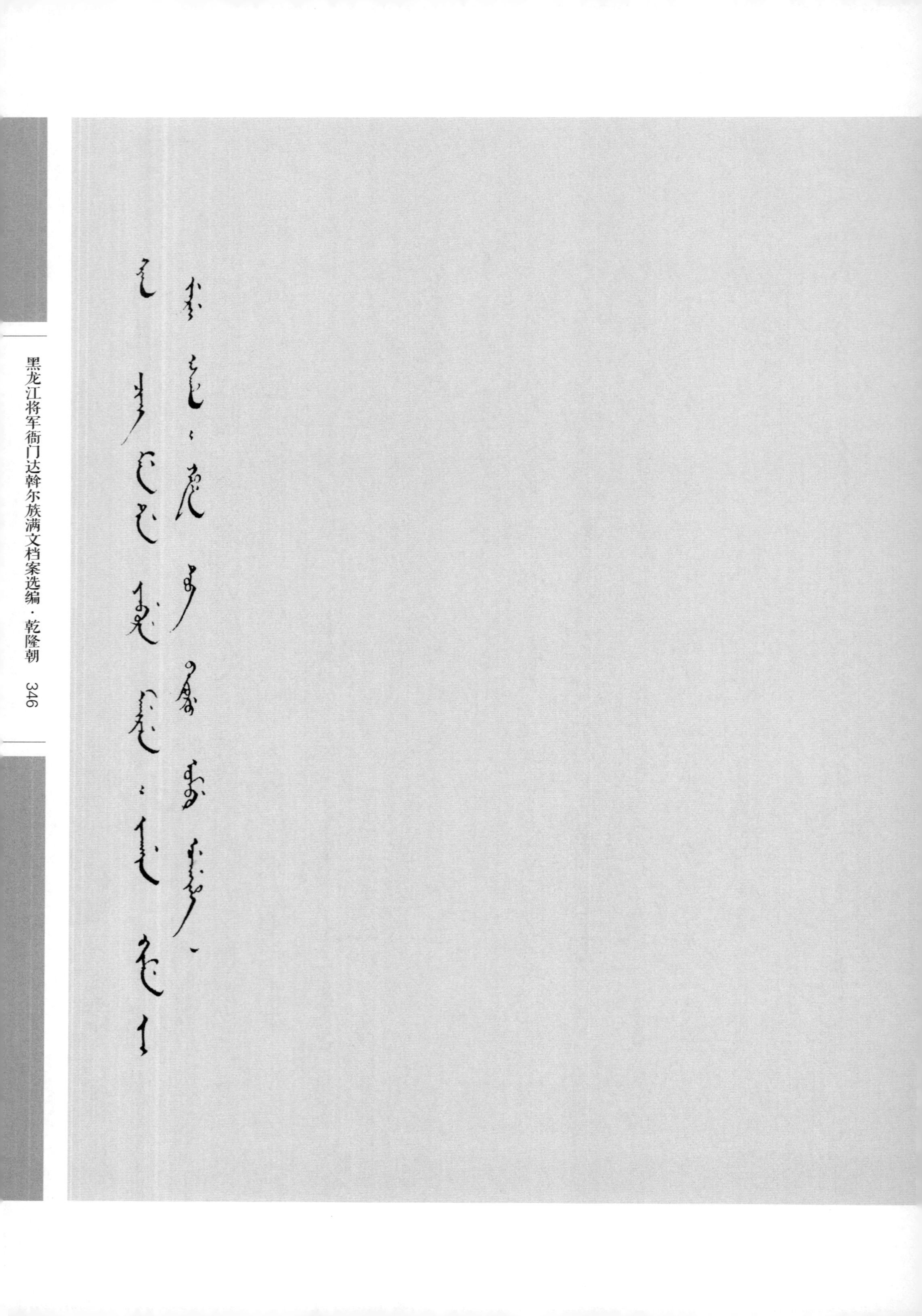

一二二四 黑龙江将军衙门为令设置卡伦禁止索伦达斡尔等私自买卖貂皮事咨黑龙江副都统衙门文

乾隆二十九年九月初七日

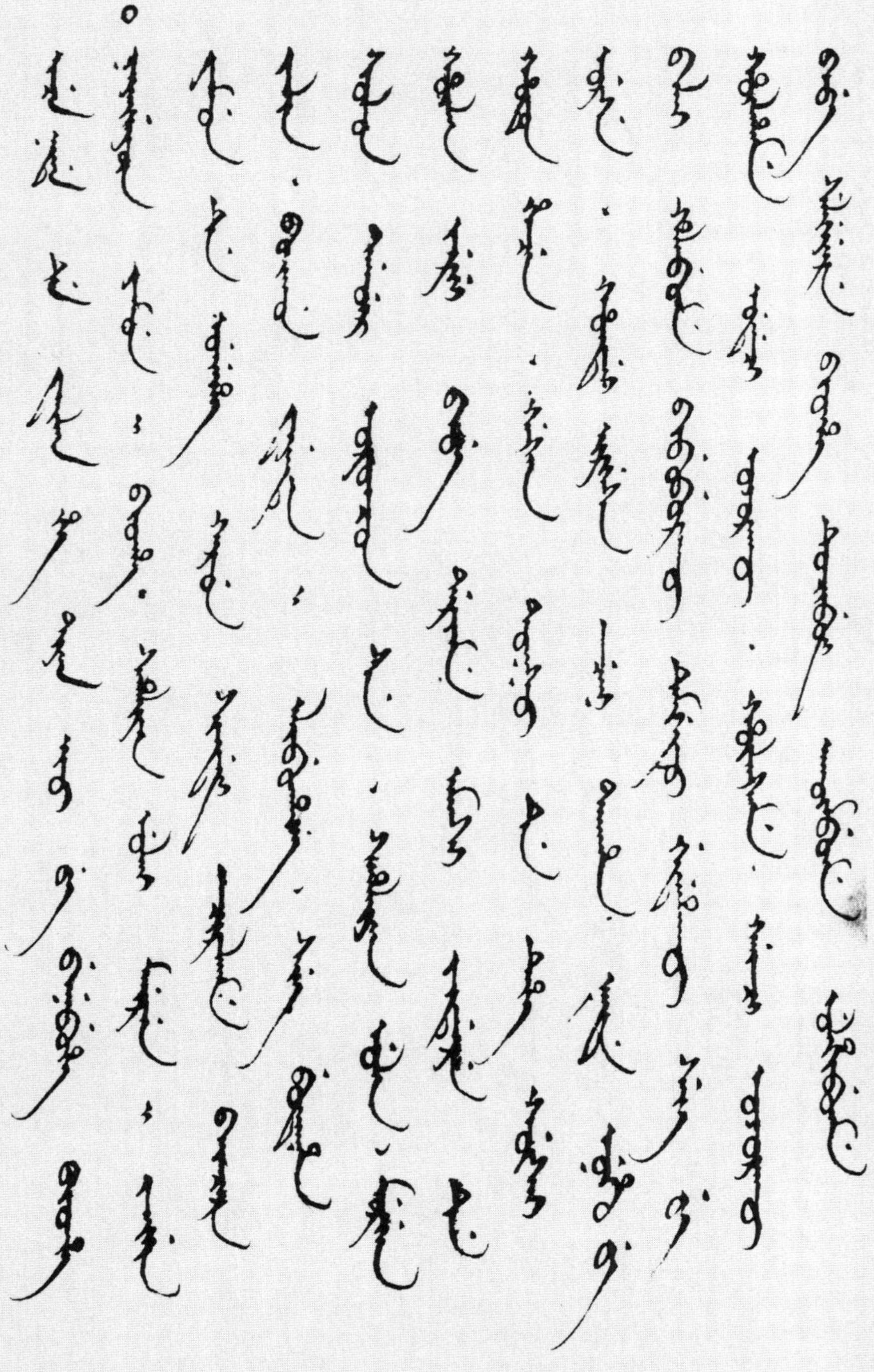

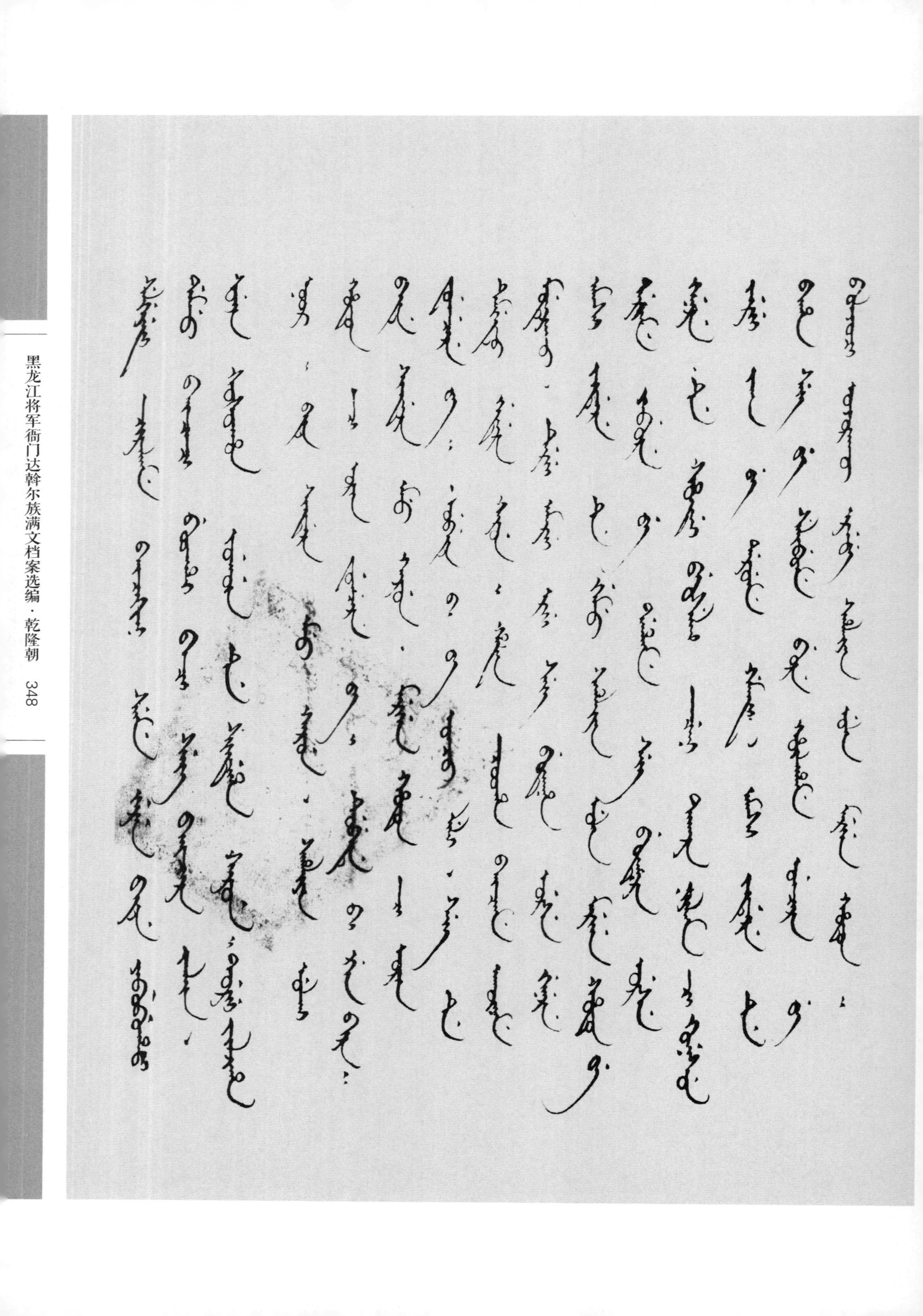

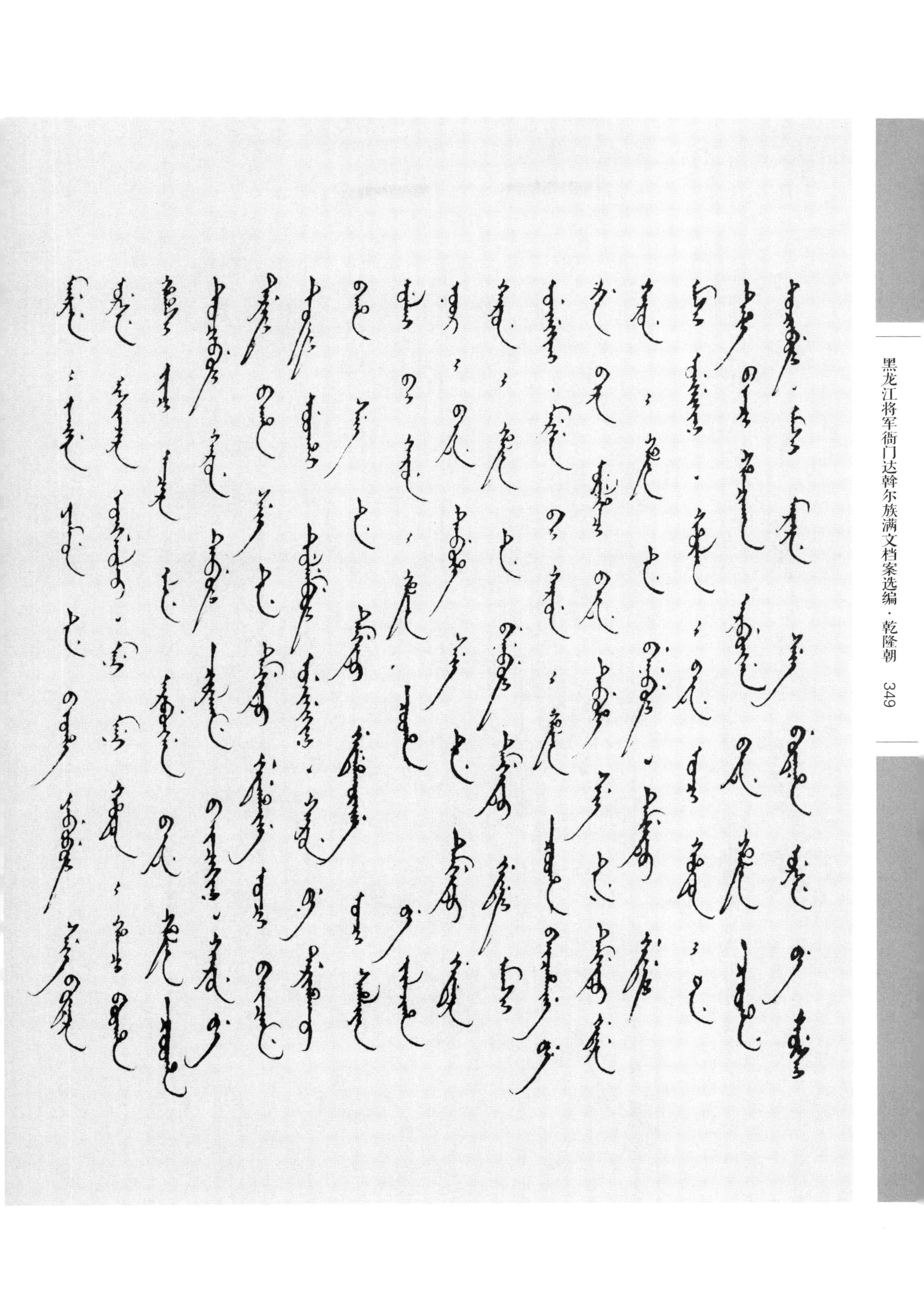

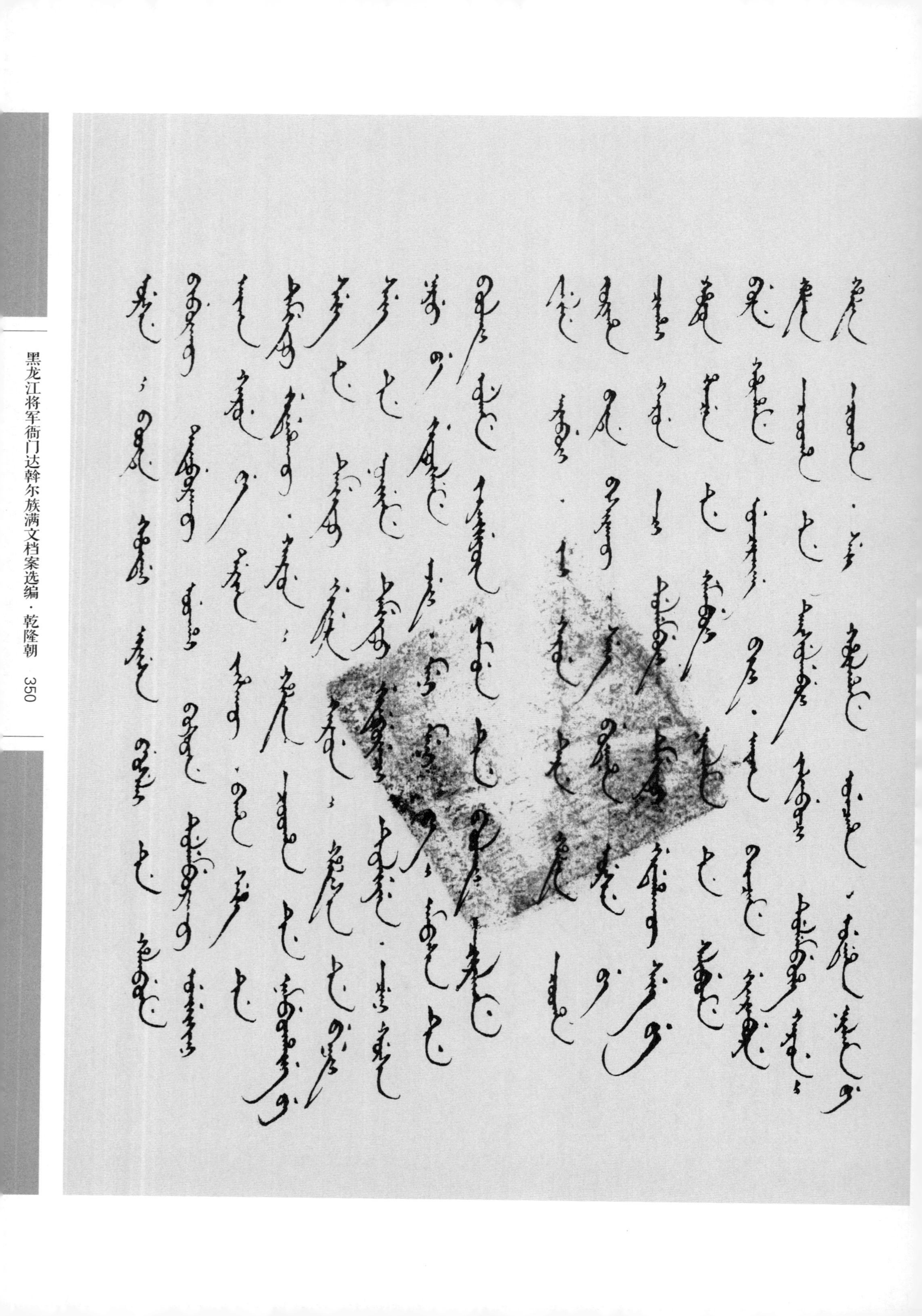

[illegible]

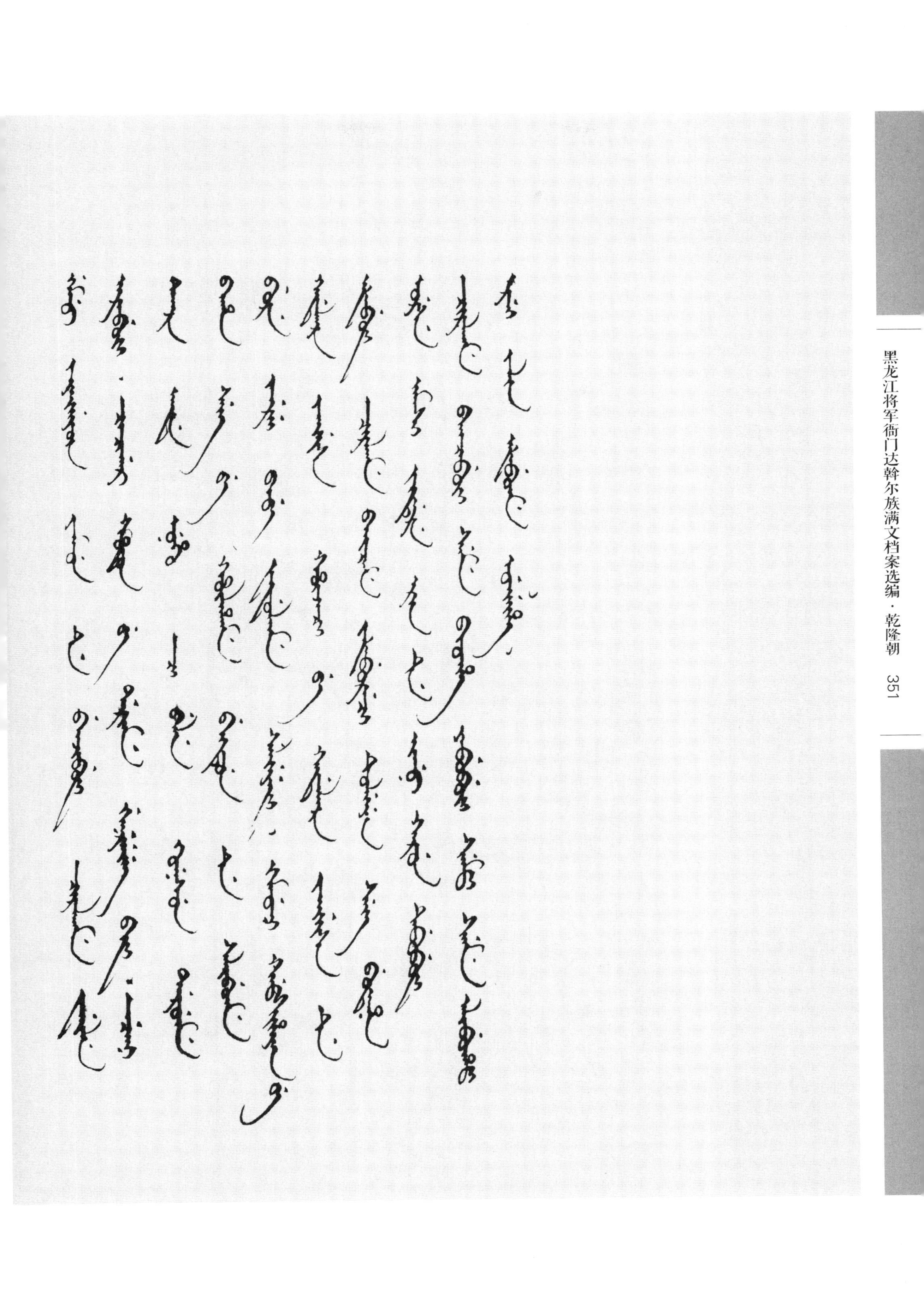

[illegible]

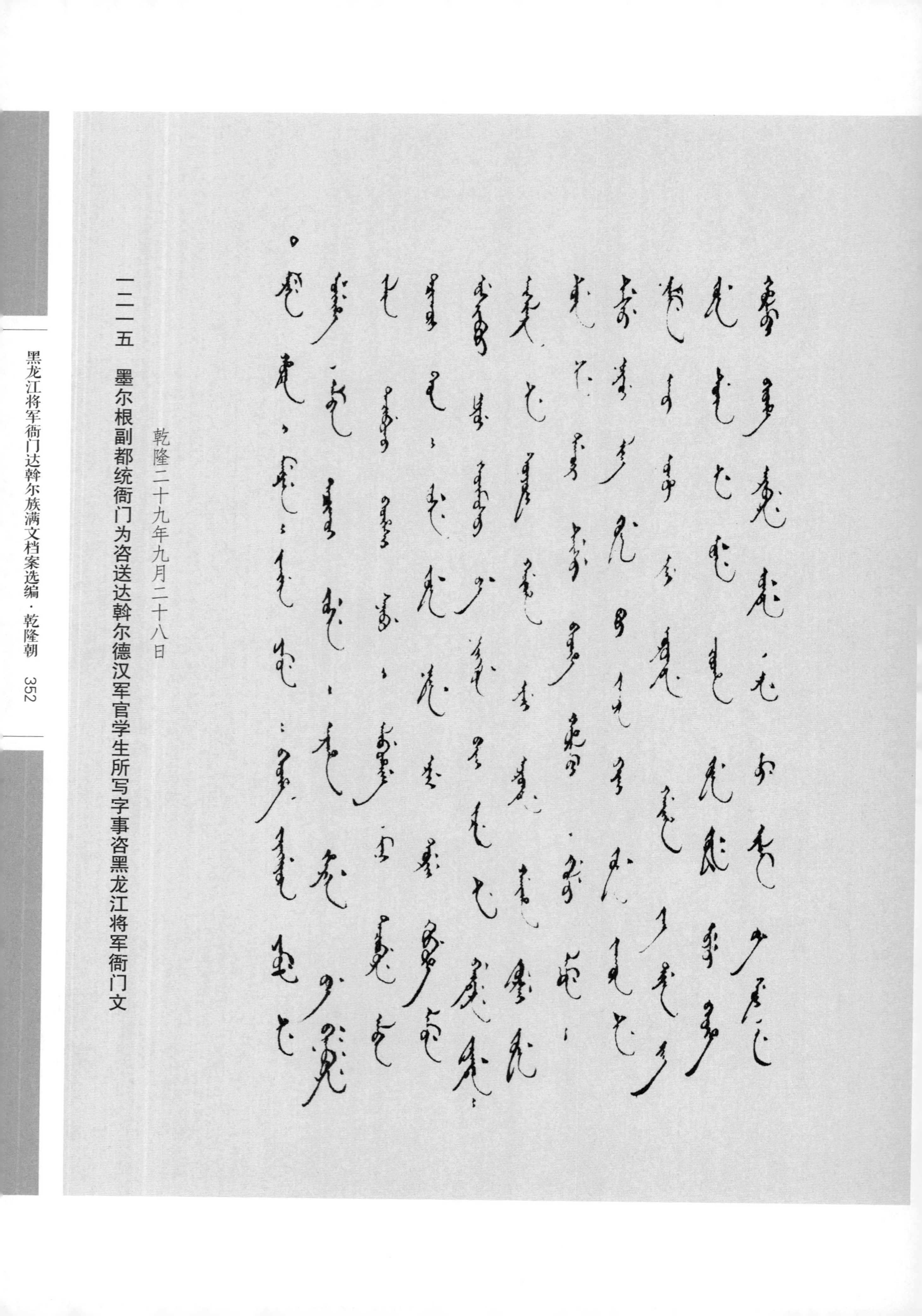

一二一五　墨尔根副都统衙门为咨送达斡尔德汉军官学生所写字事咨黑龙江将军衙门文

乾隆二十九年九月二十八日

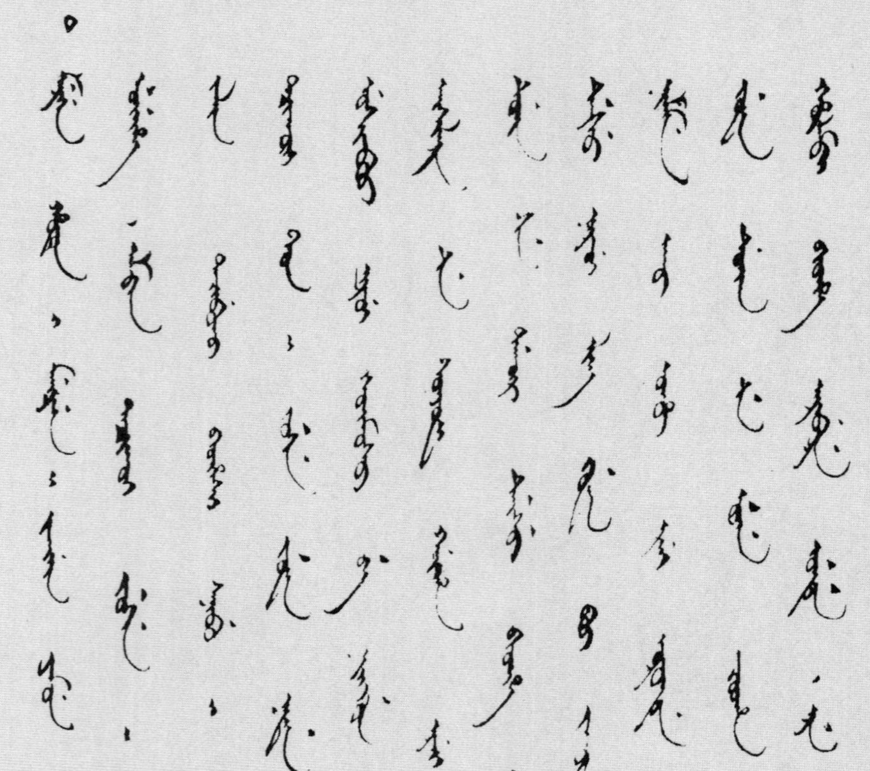

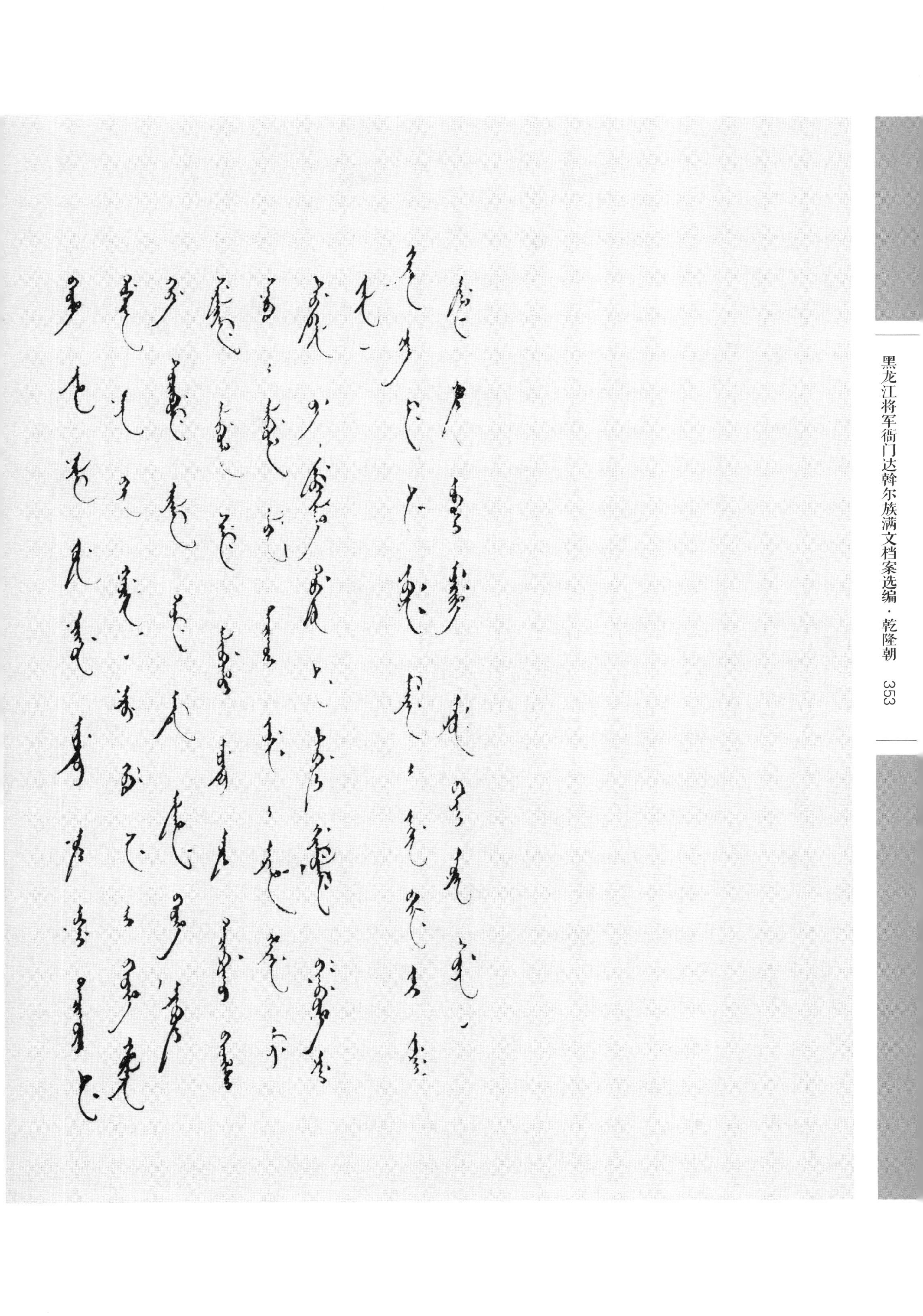

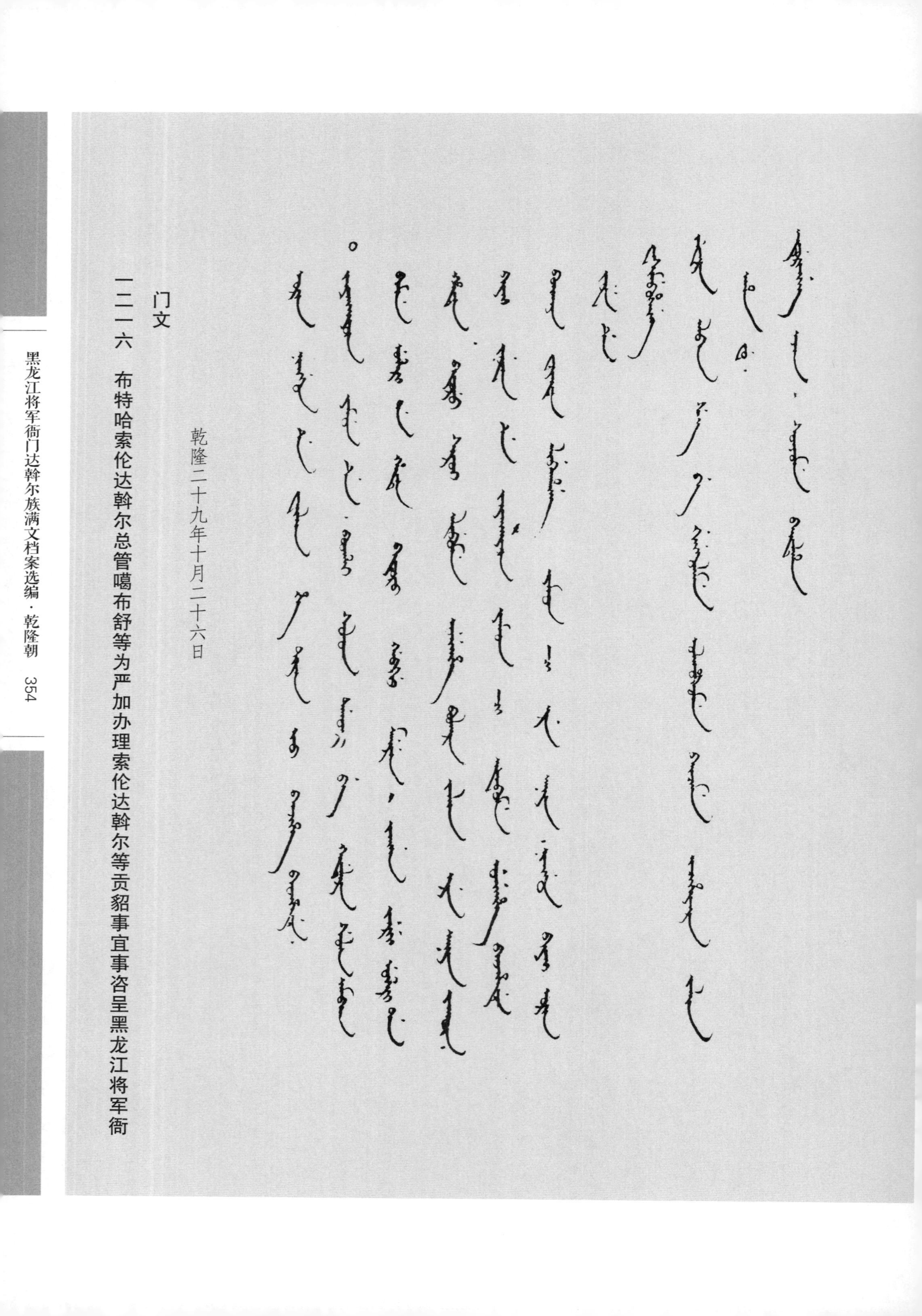

乾隆二十九年十月二十六日

一二一六　布特哈索伦达斡尔总管噶布舒等为严加办理索伦达斡尔等贡貂事宜事咨呈黑龙江将军衙门文

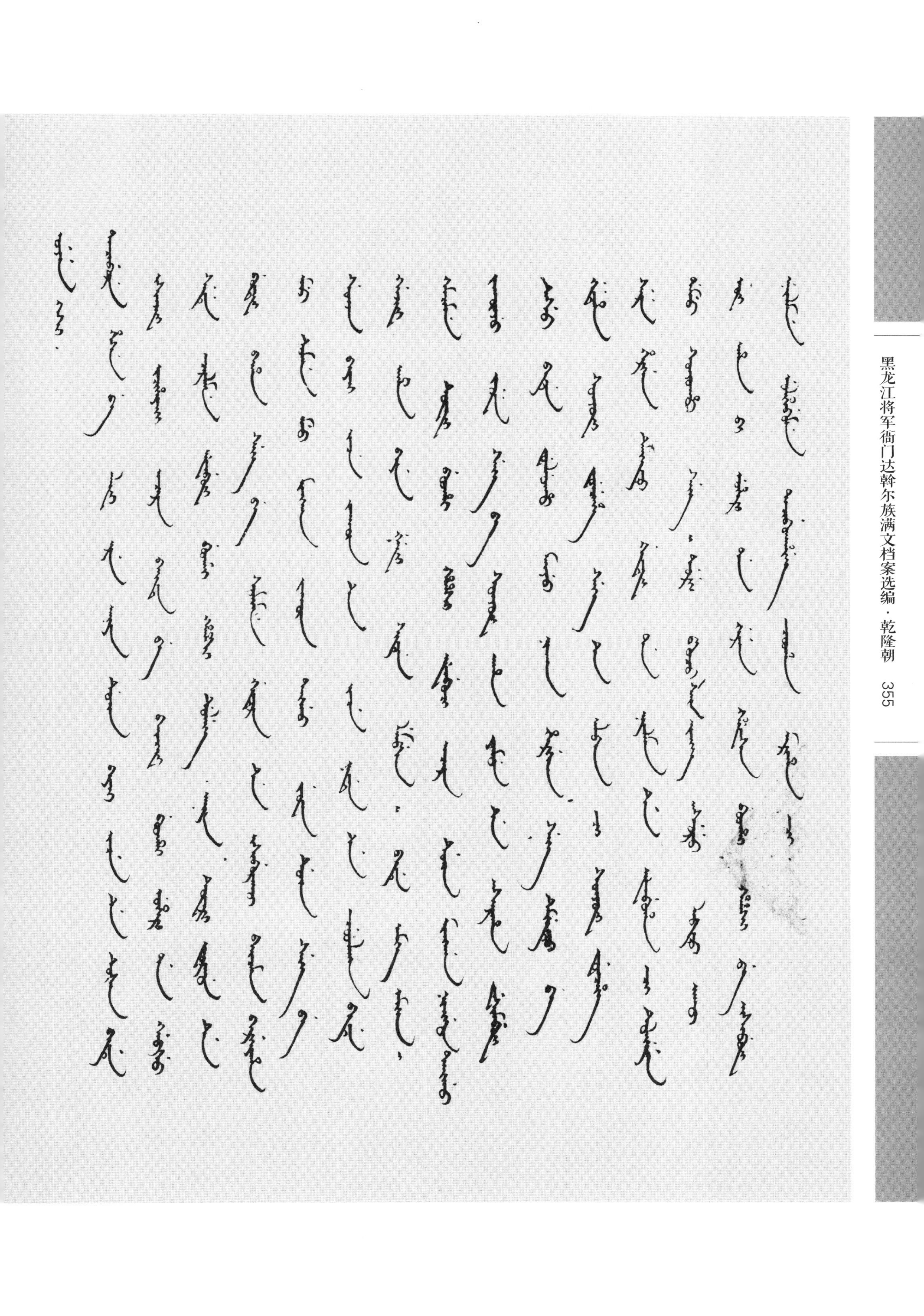

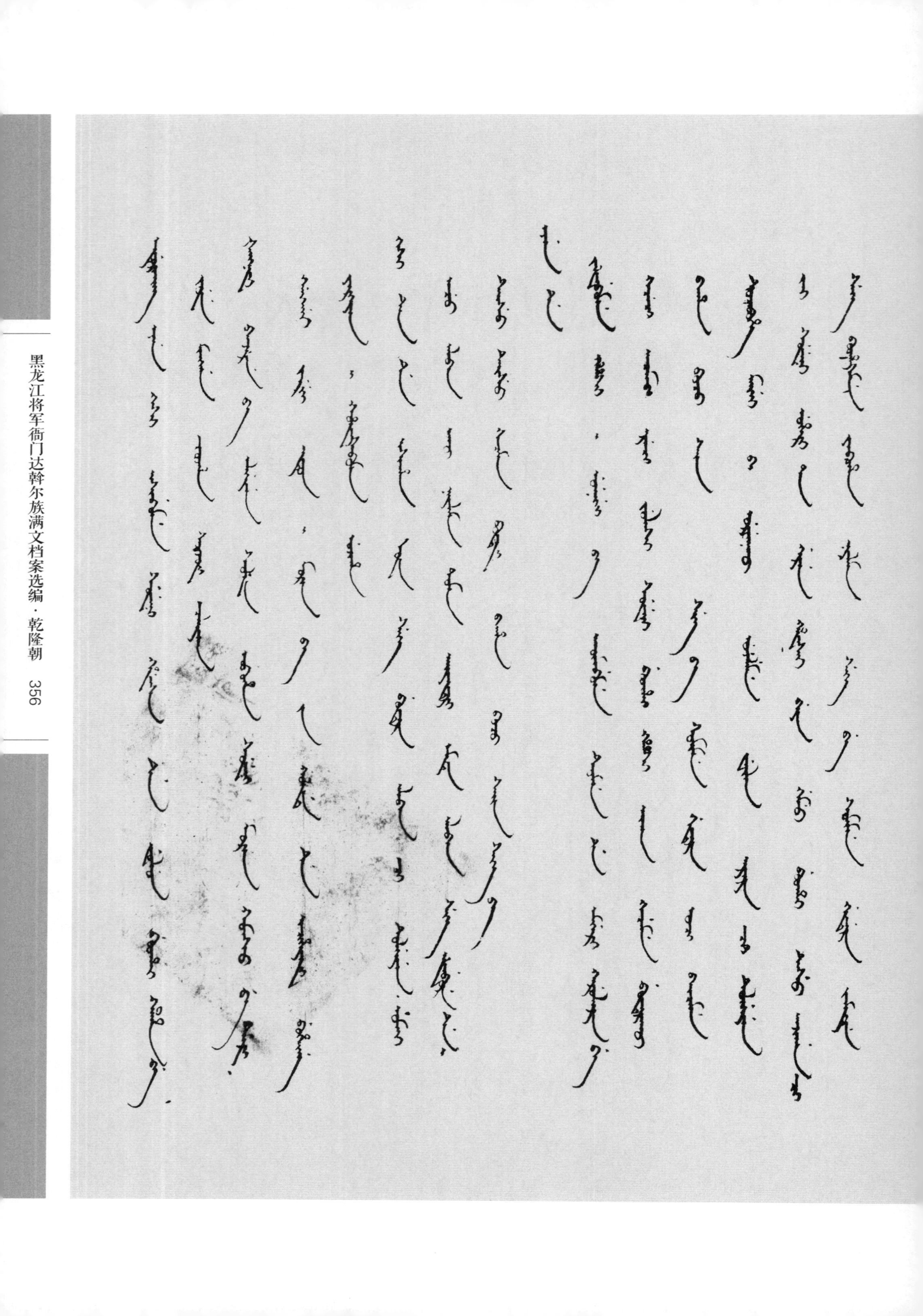

[illegible]

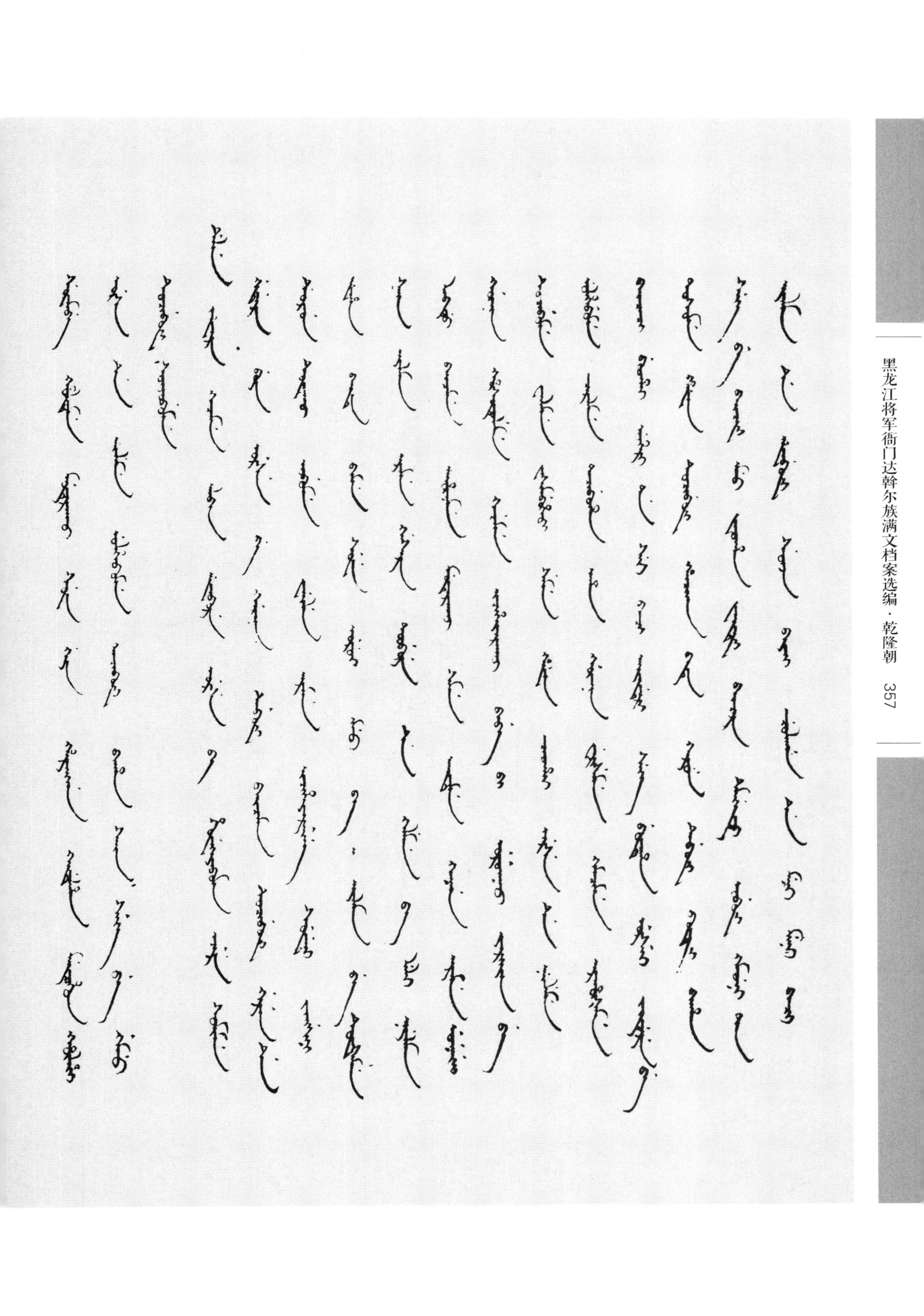

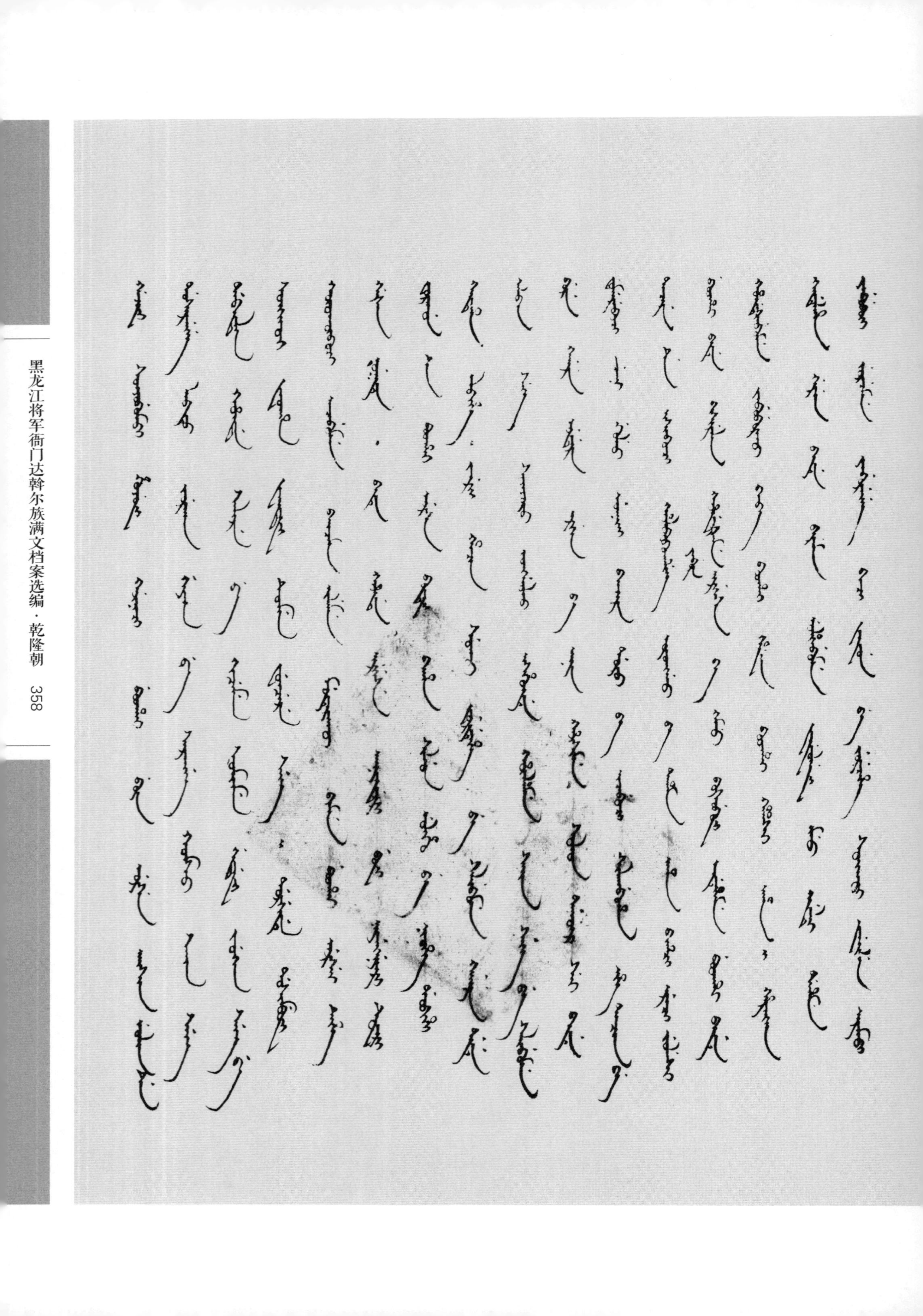

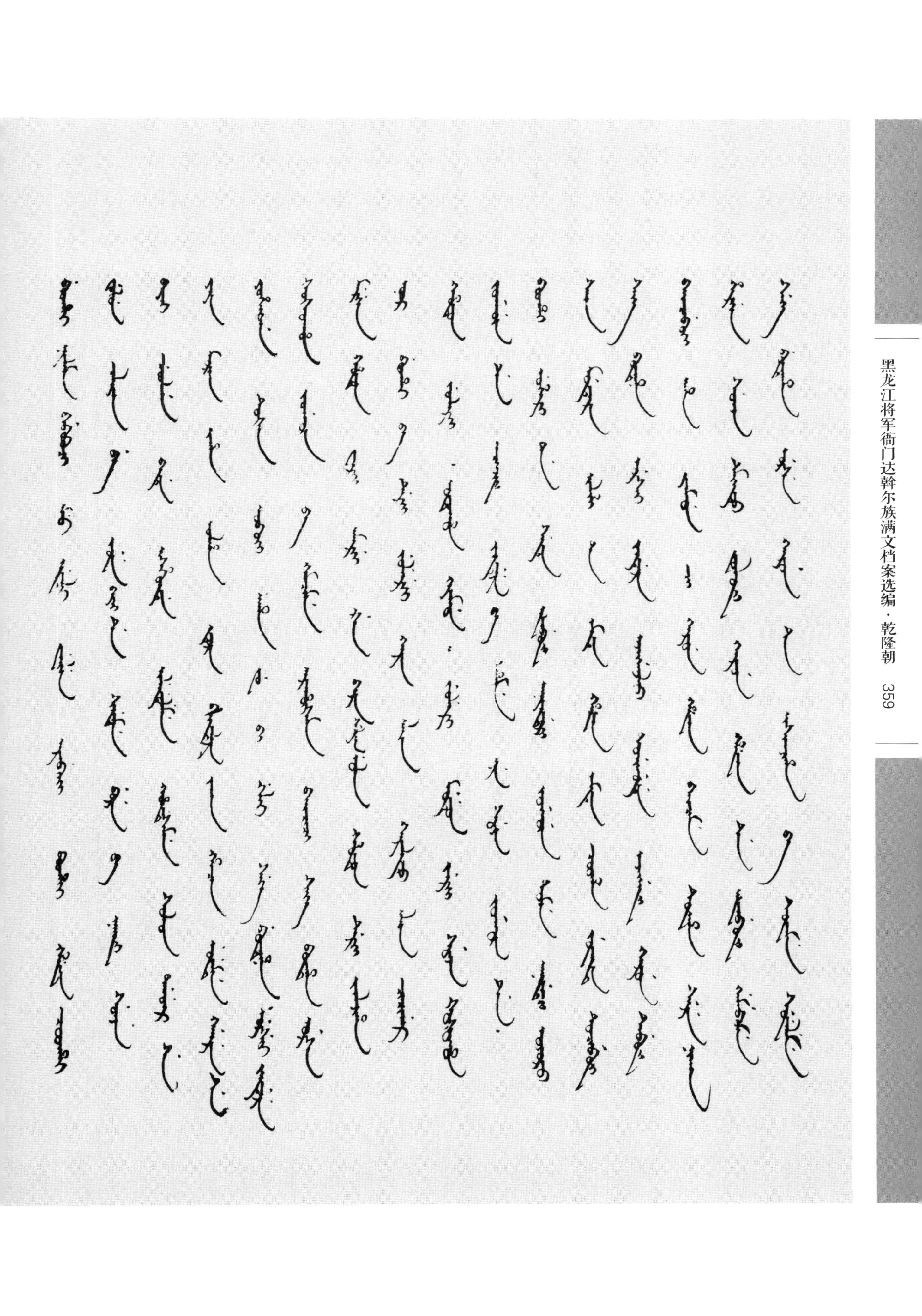

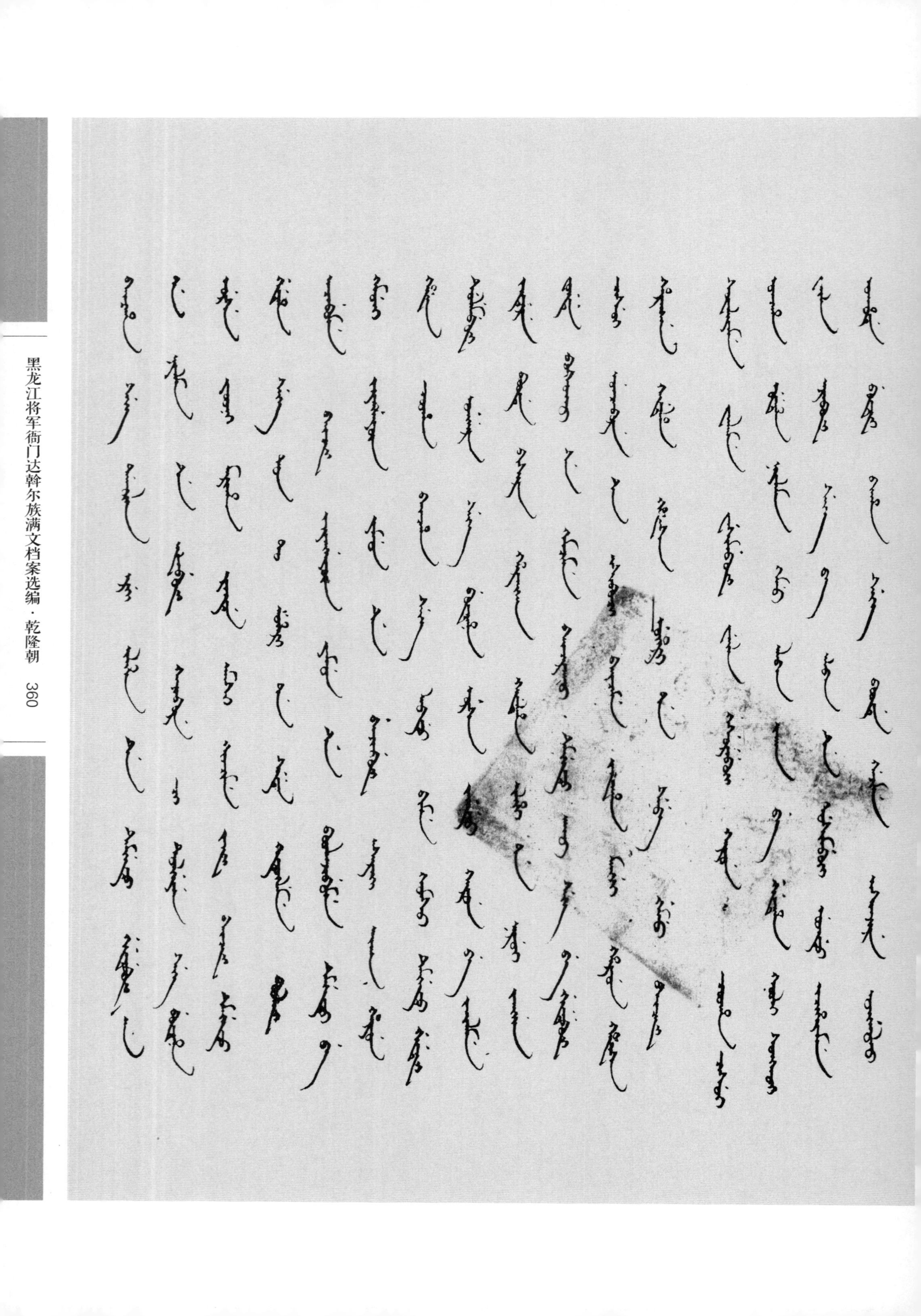

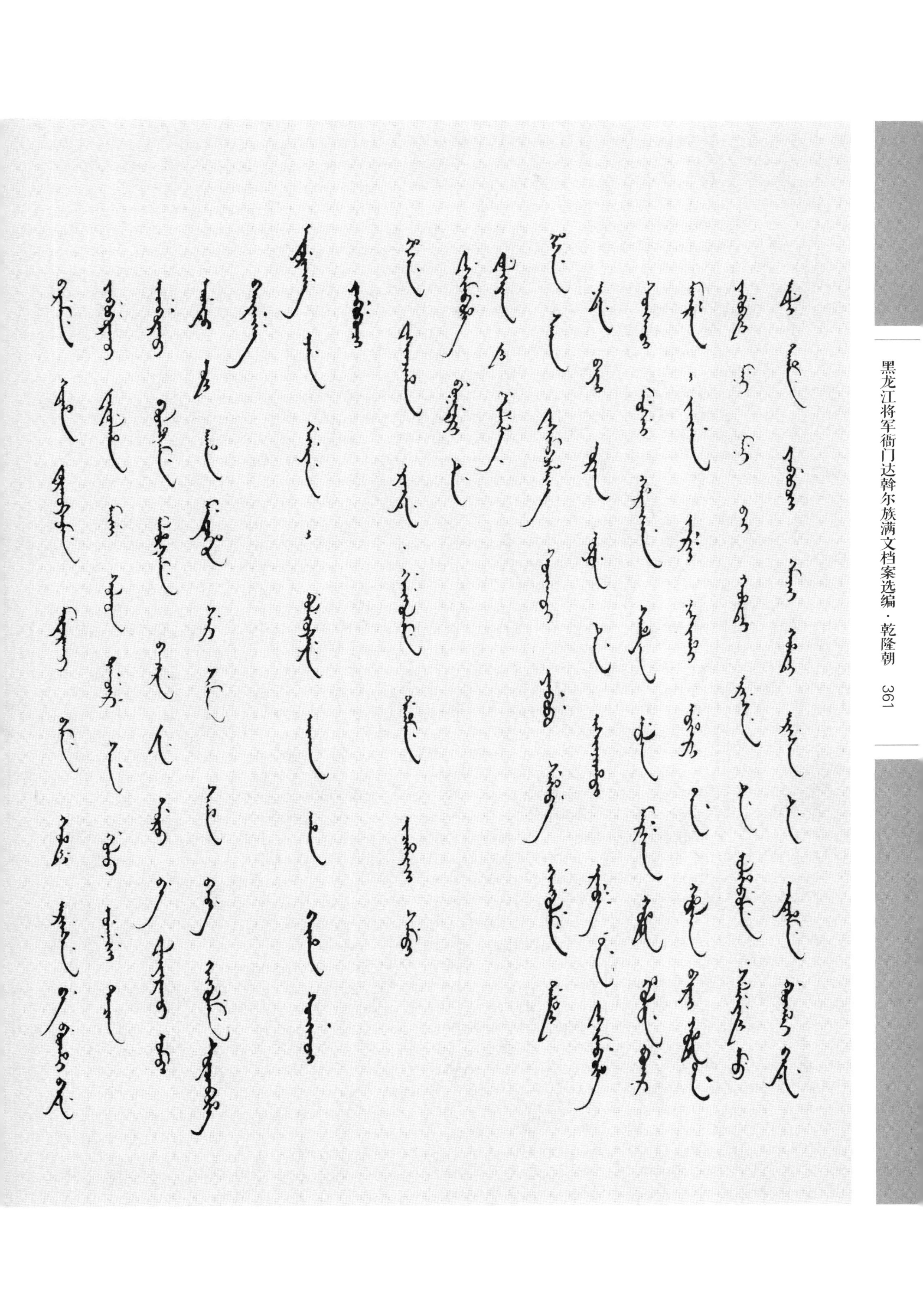

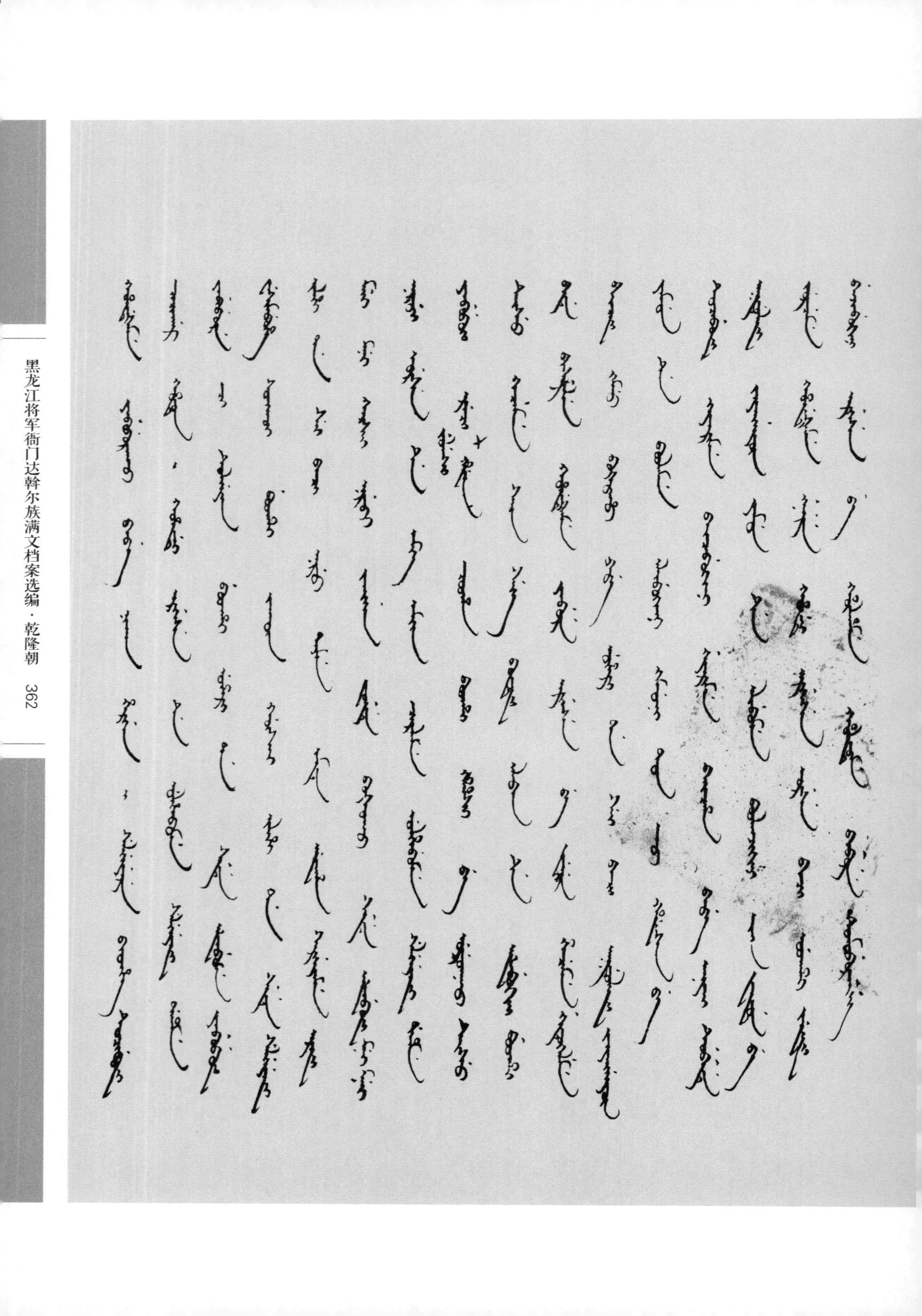

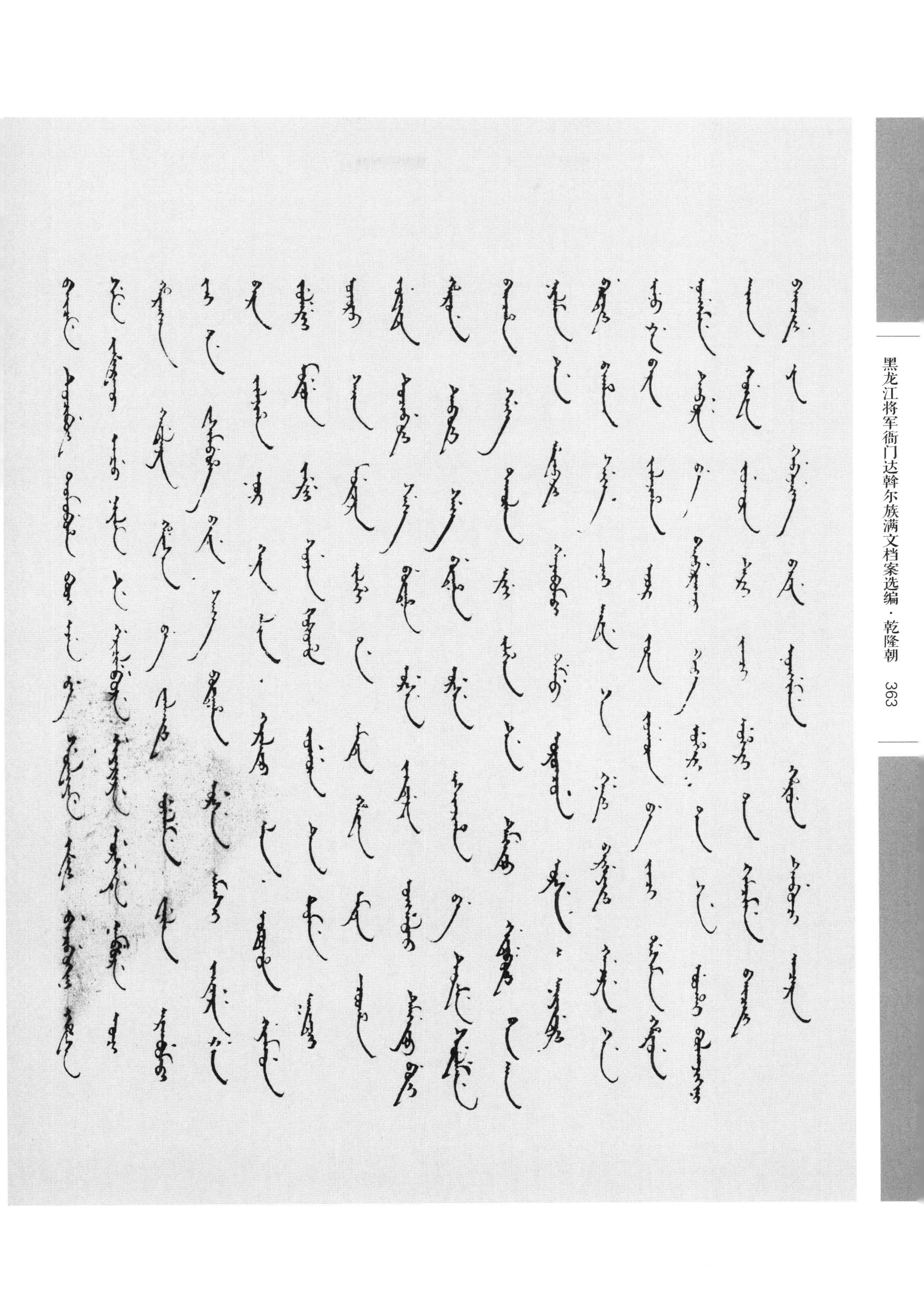

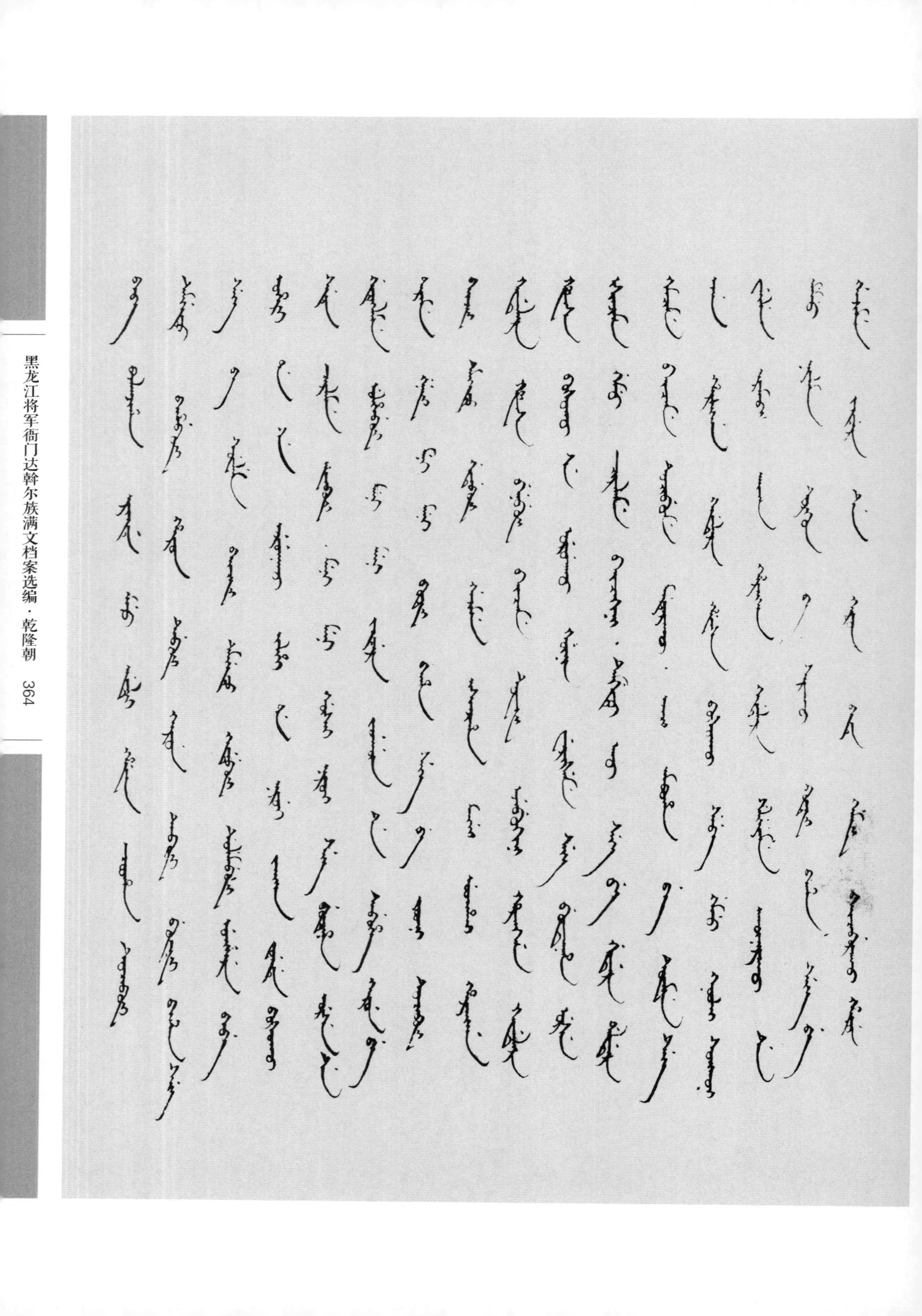

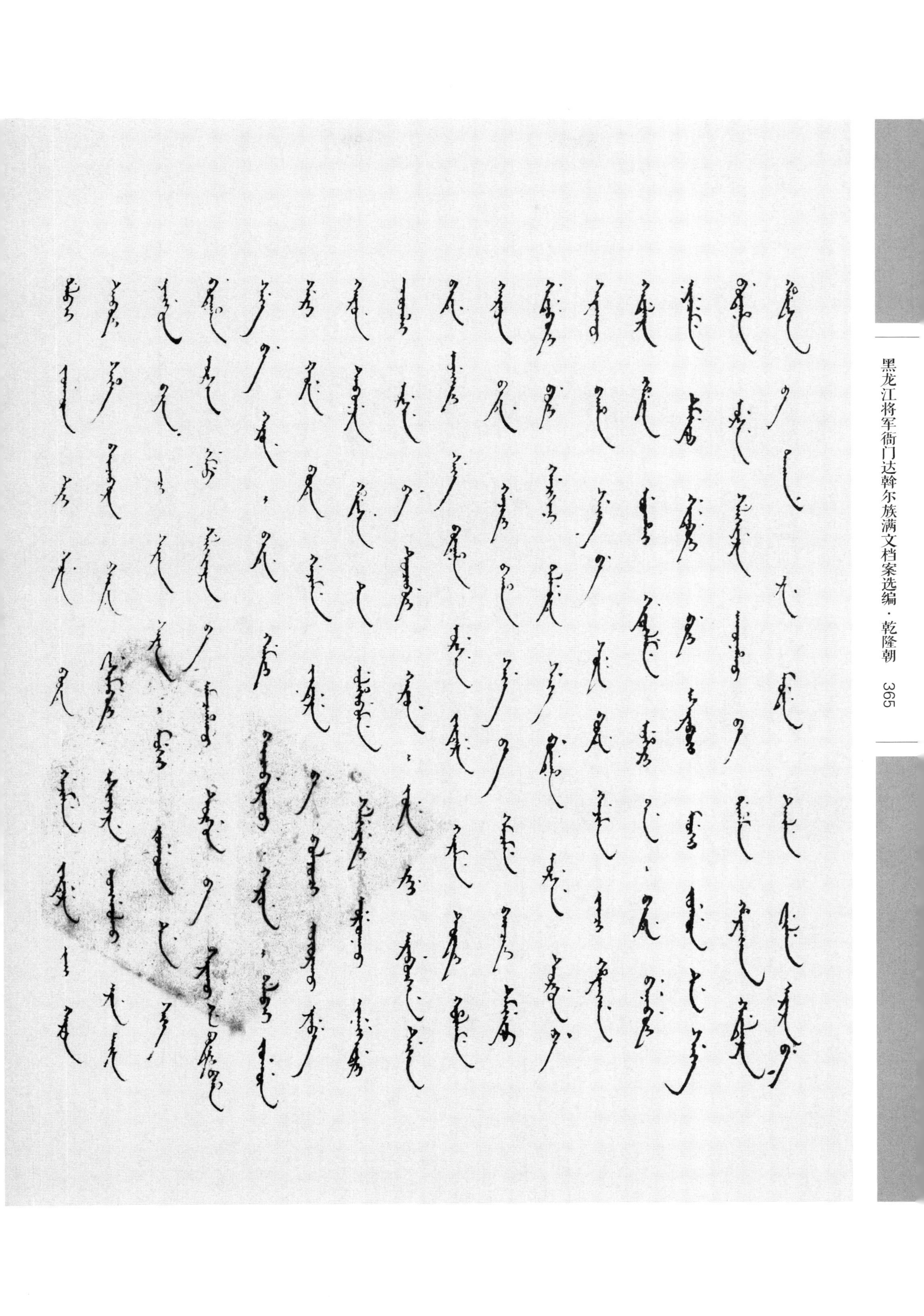

[illegible]

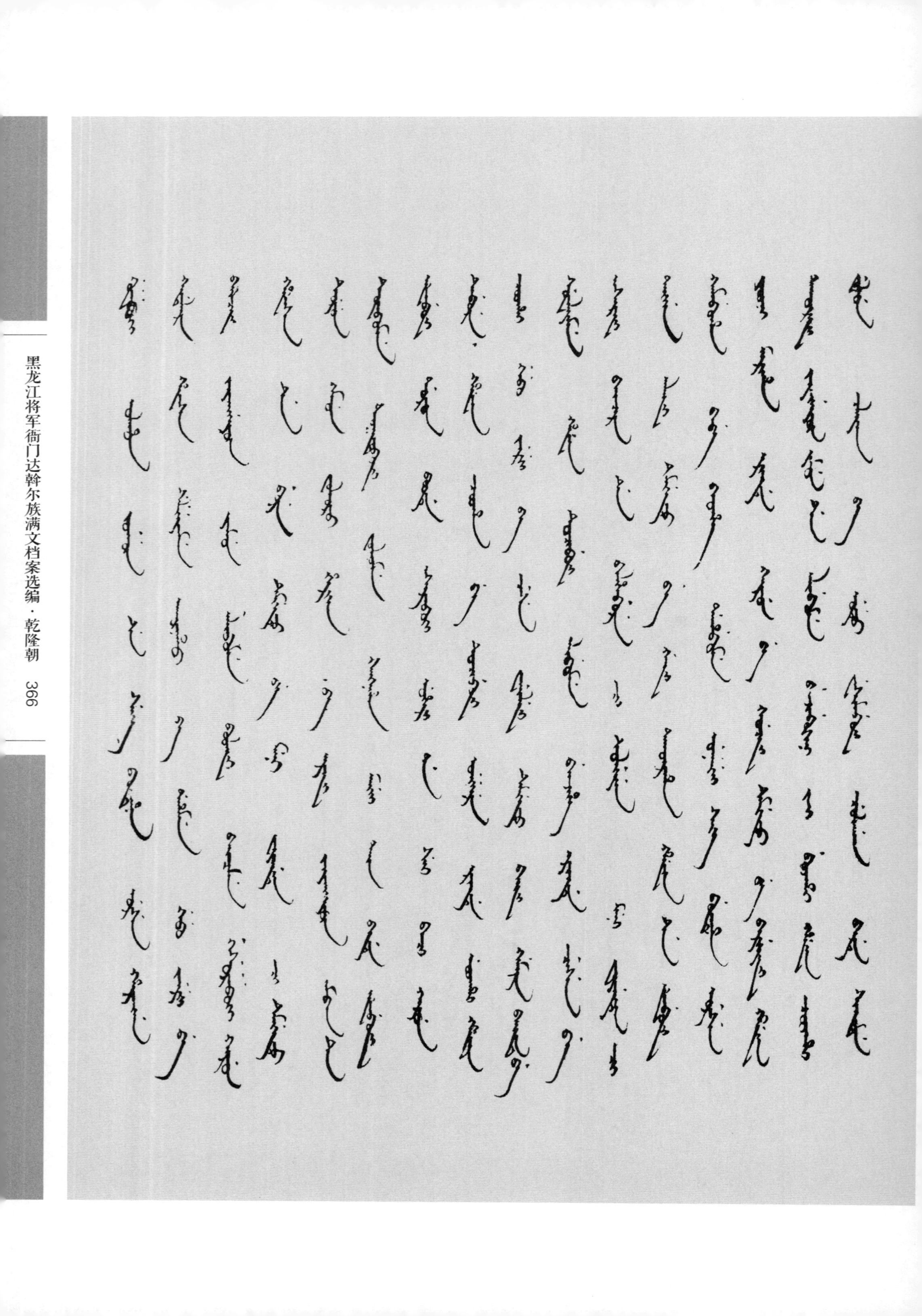

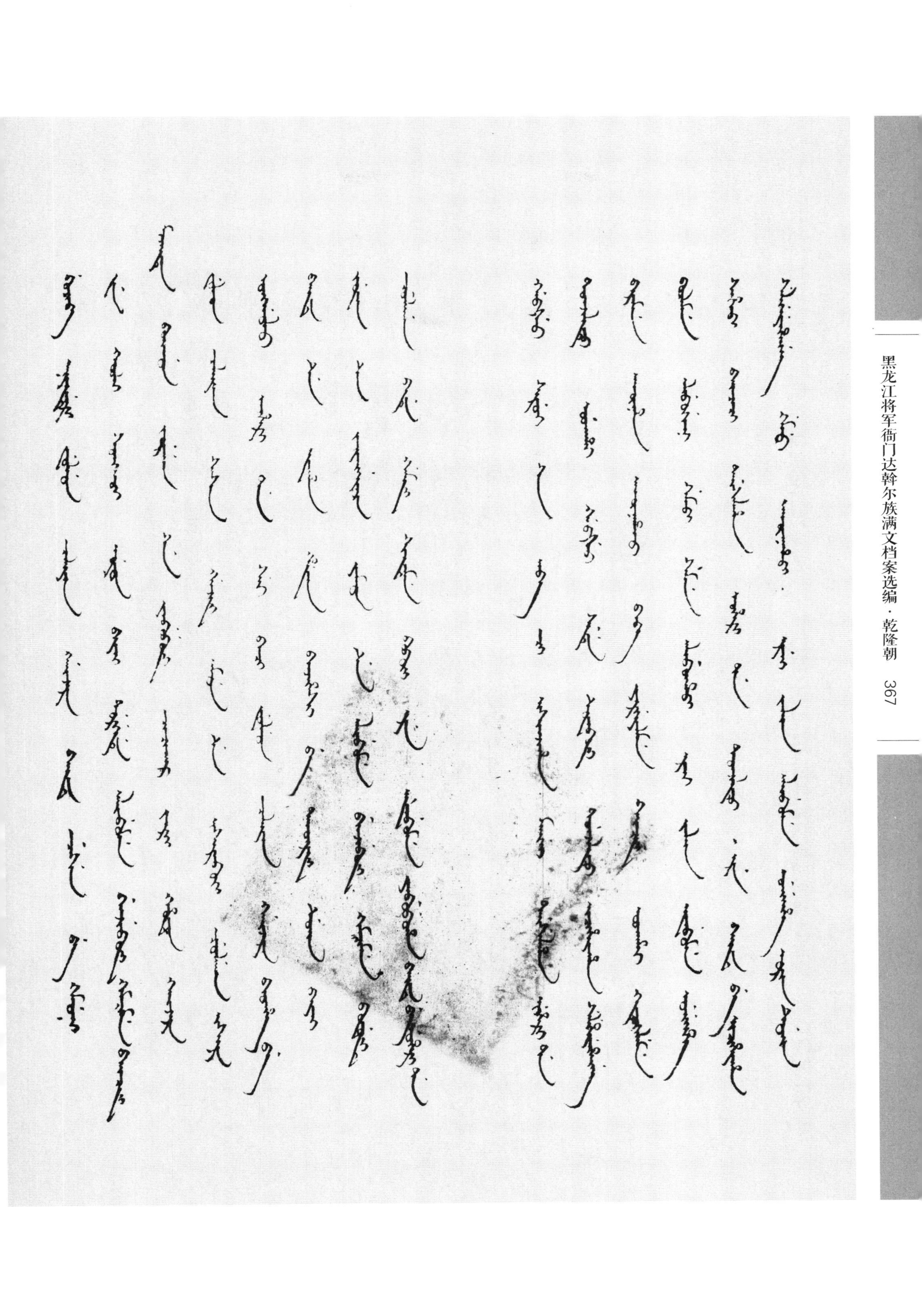

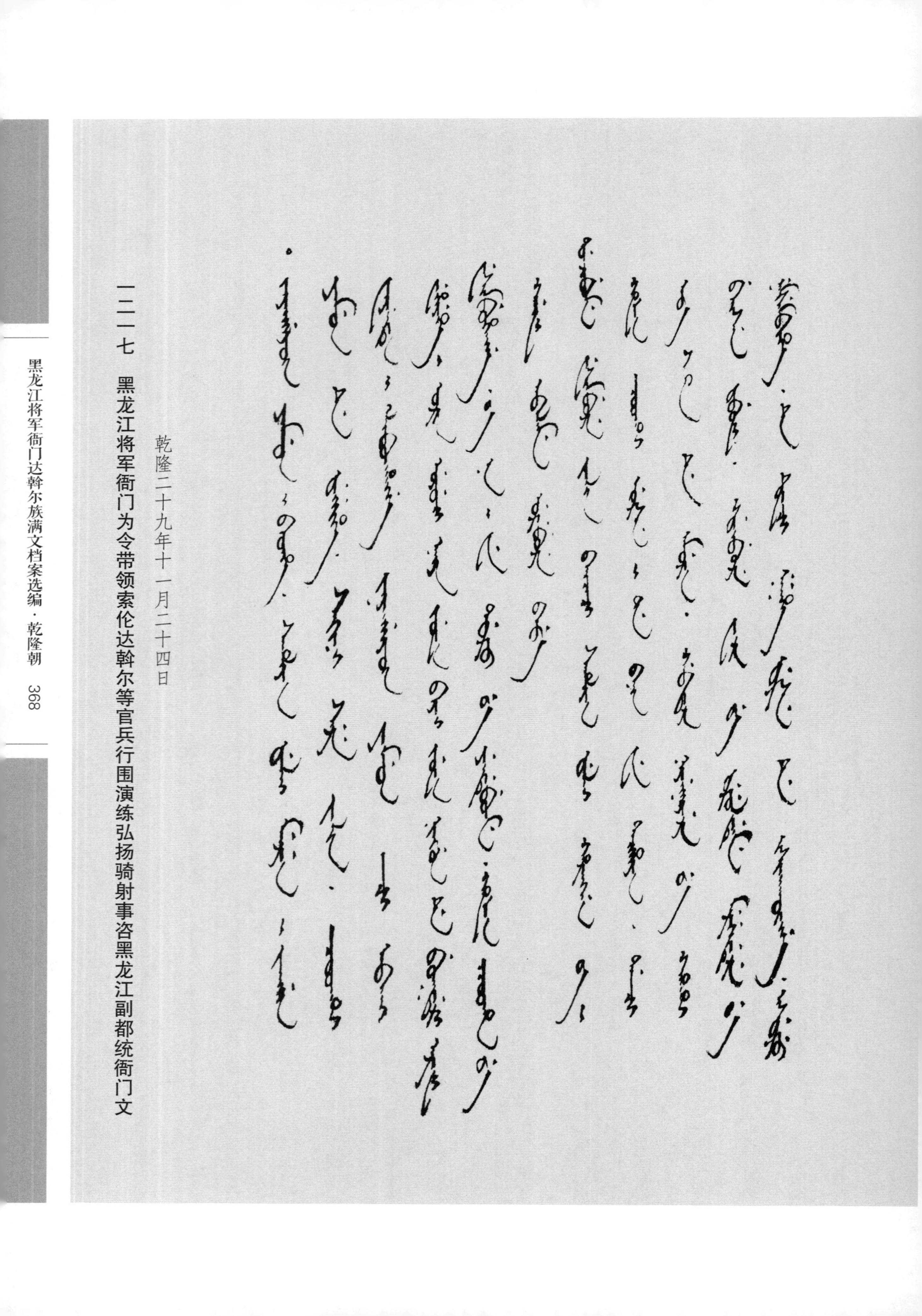

一二一七　黑龙江将军衙门为令带领索伦达斡尔等官兵行围演练弘扬骑射事咨黑龙江副都统衙门文

乾隆二十九年十一月二十四日

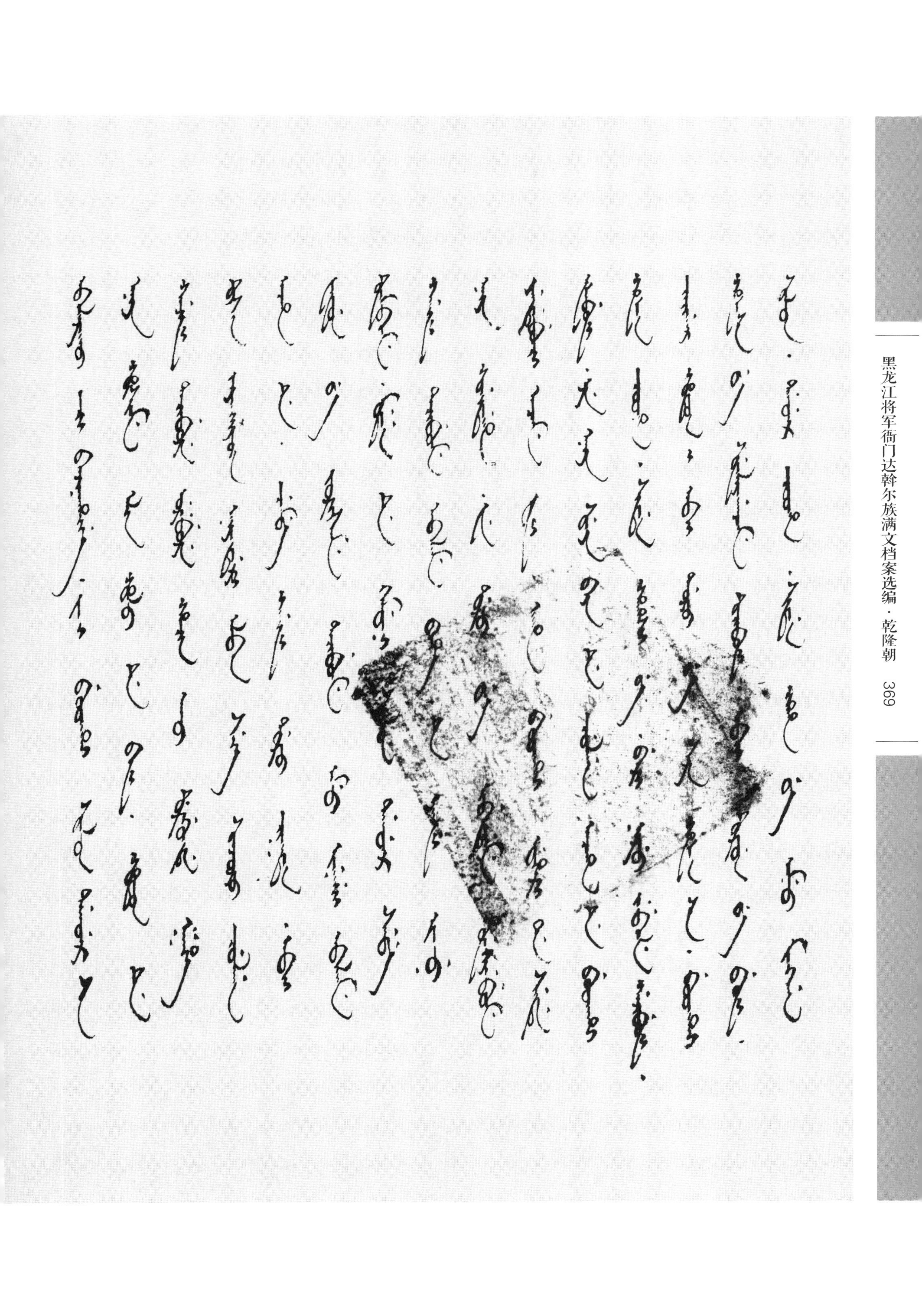

[illegible]

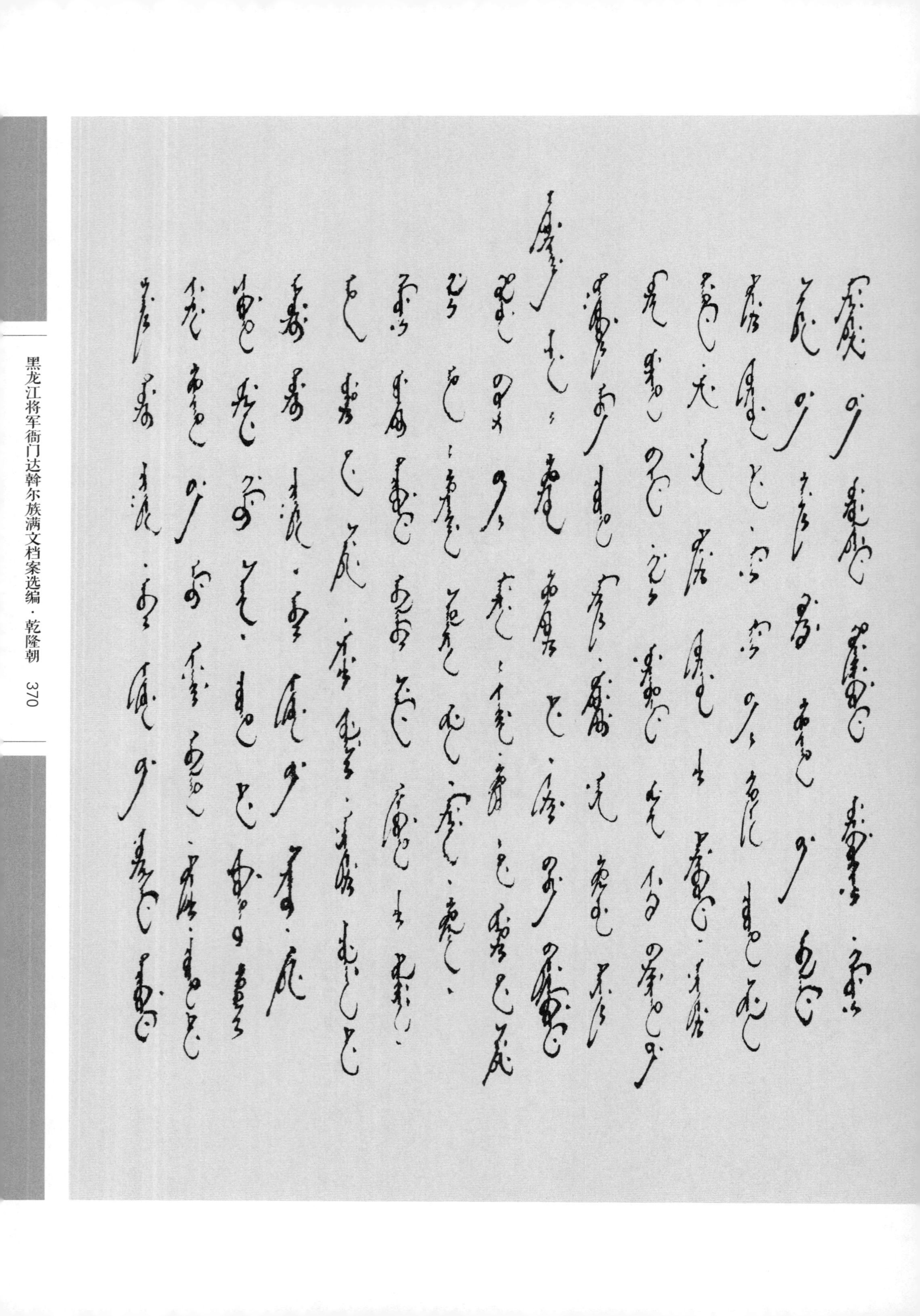

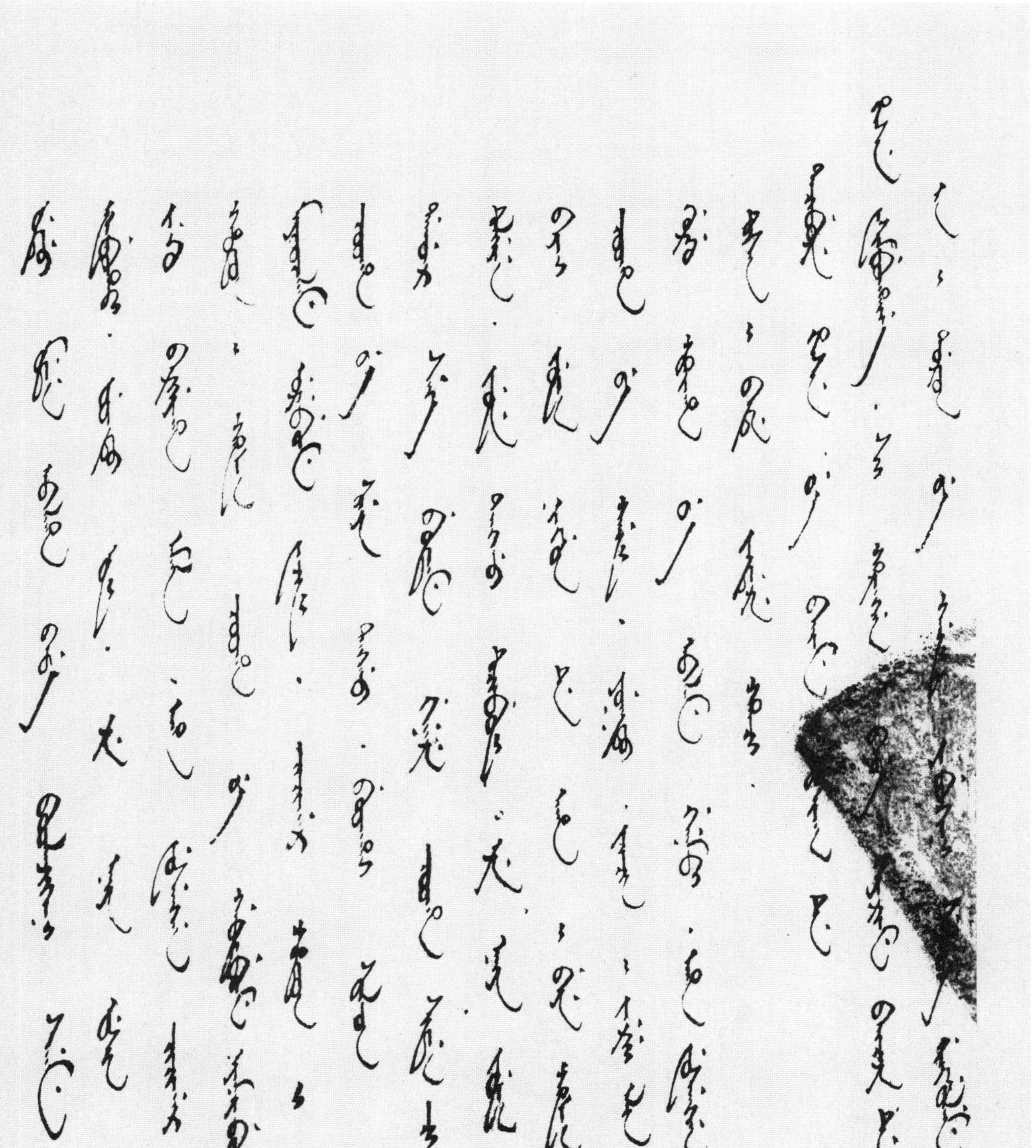

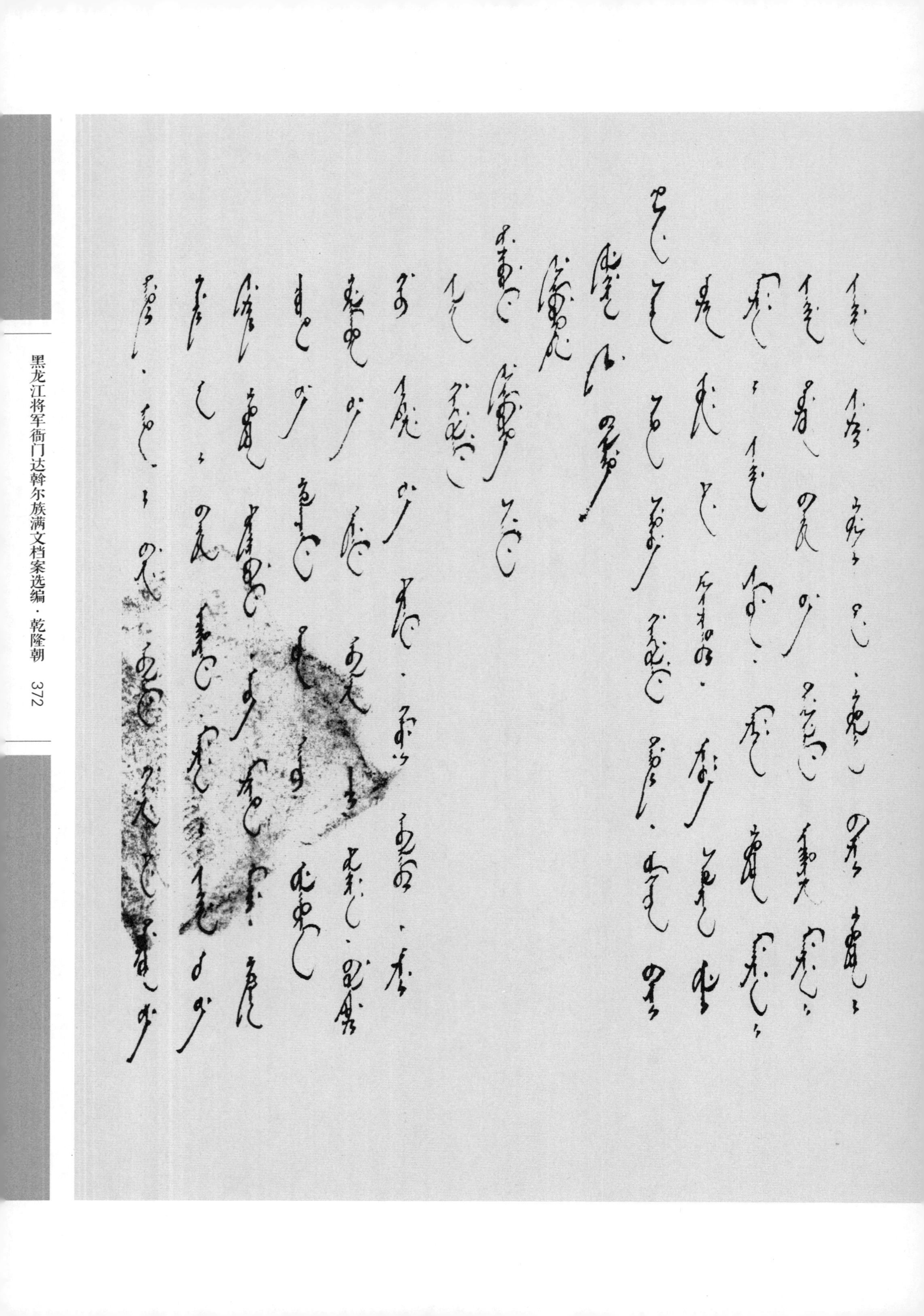

[illegible]

[illegible]

[illegible]

[illegible]

一二一八　黑龙江将军衙门为办理达斡尔领催披甲留驻京城事宜事札布特哈索伦达斡尔总管等文（附名单一件）

乾隆二十九年十二月十九日

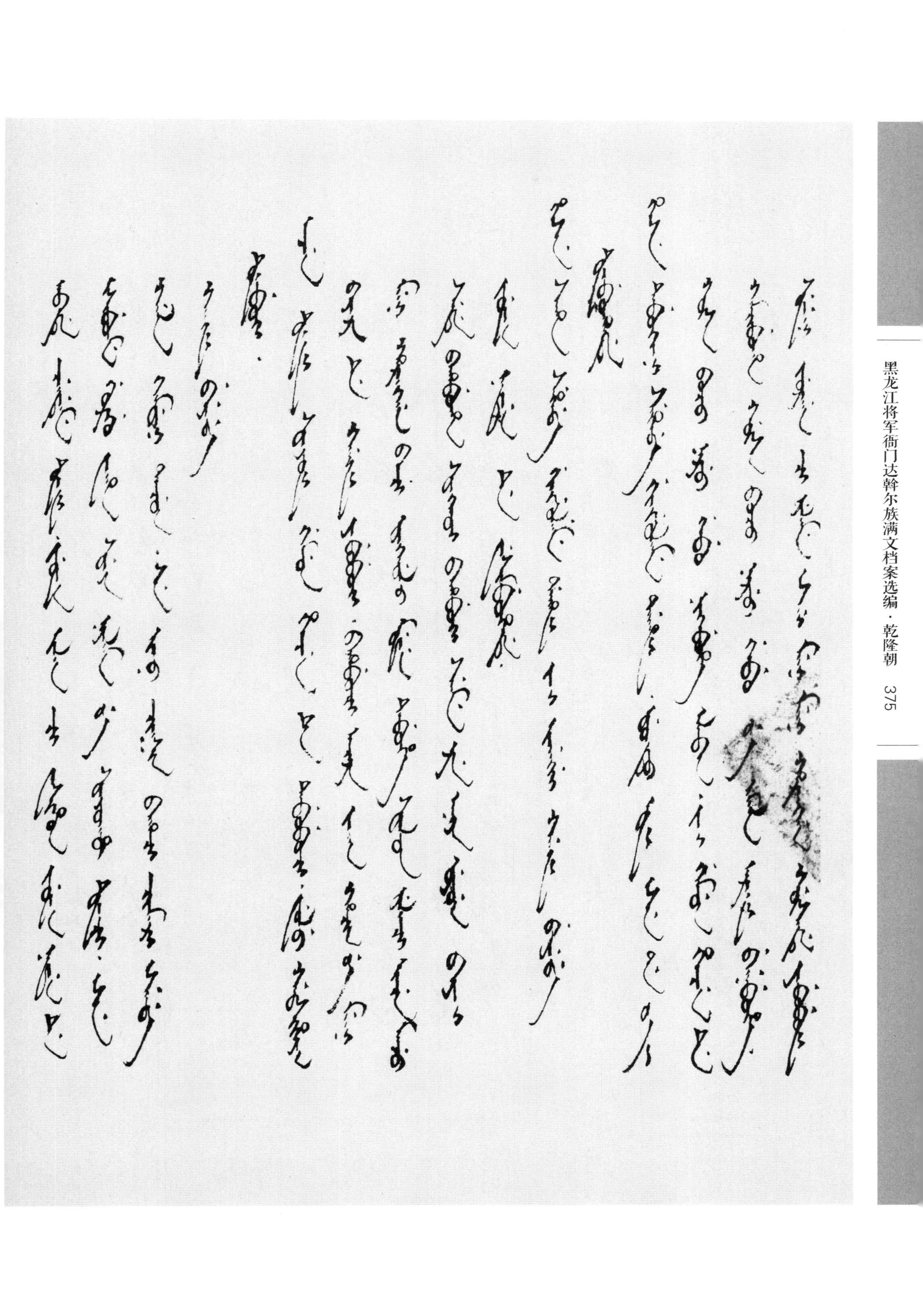

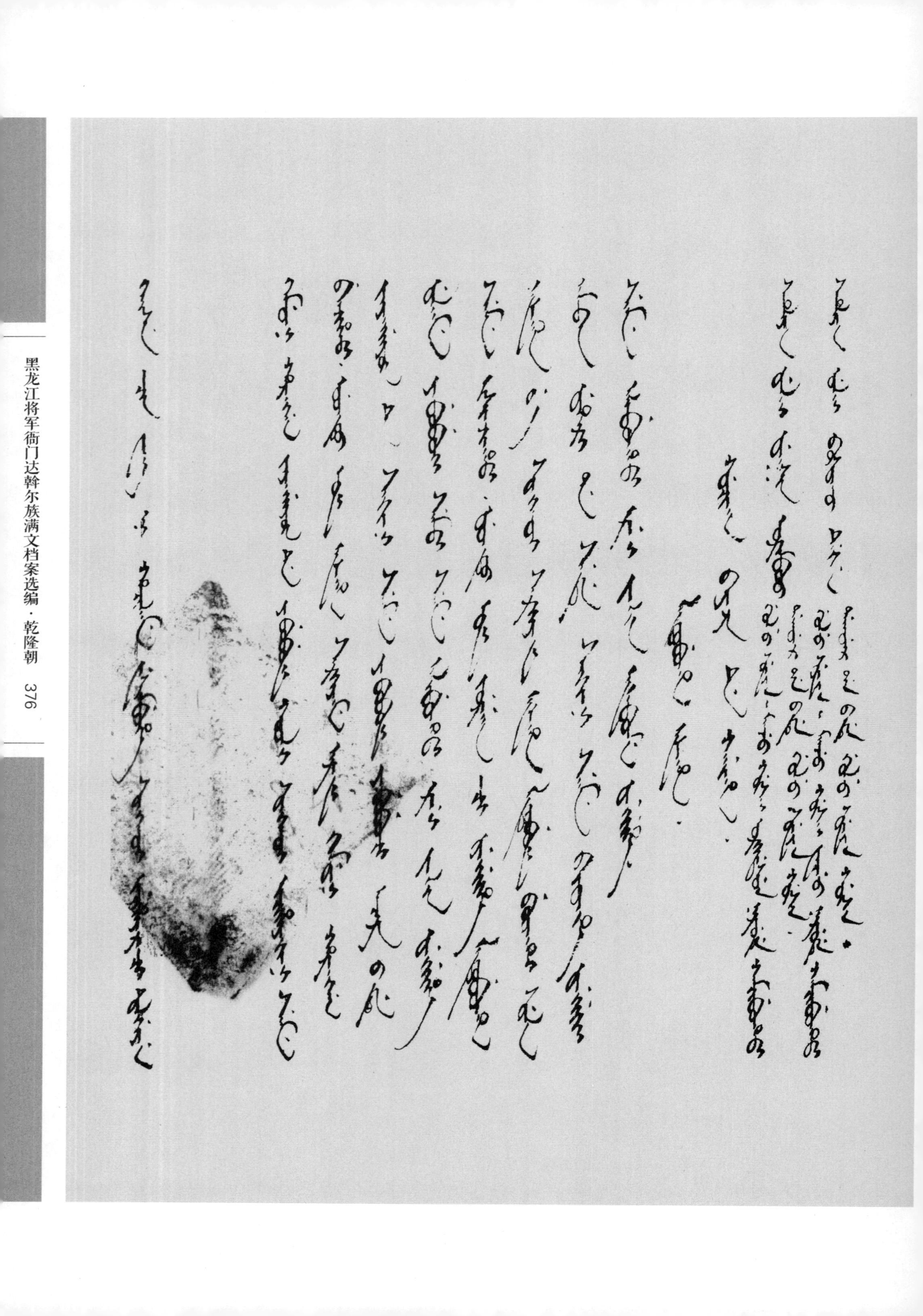

[illegible]

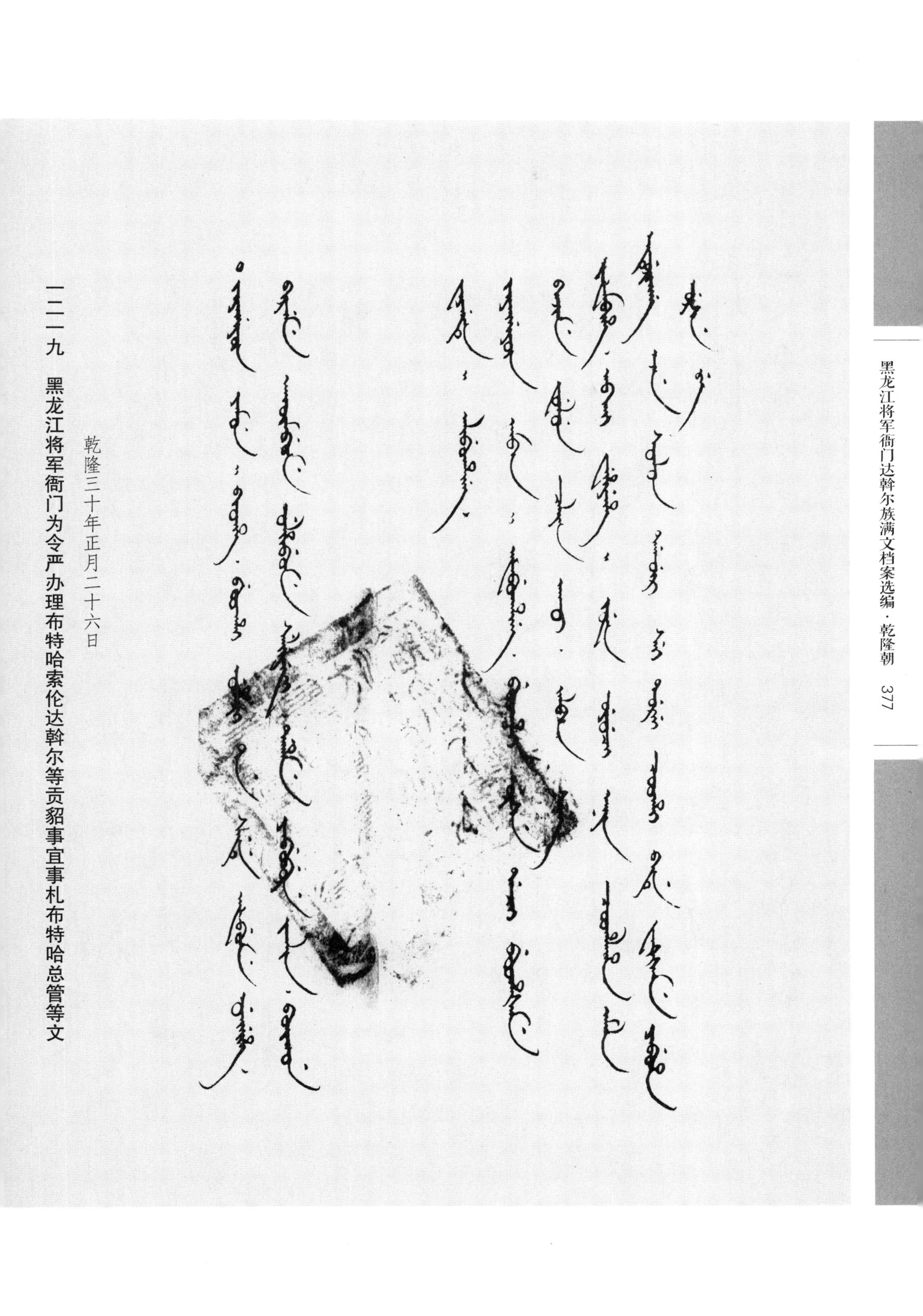

一二一九　黑龙江将军衙门为令严办理布特哈索伦达斡尔等贡貂事宜事札布特哈总管等文

乾隆三十年正月二十六日

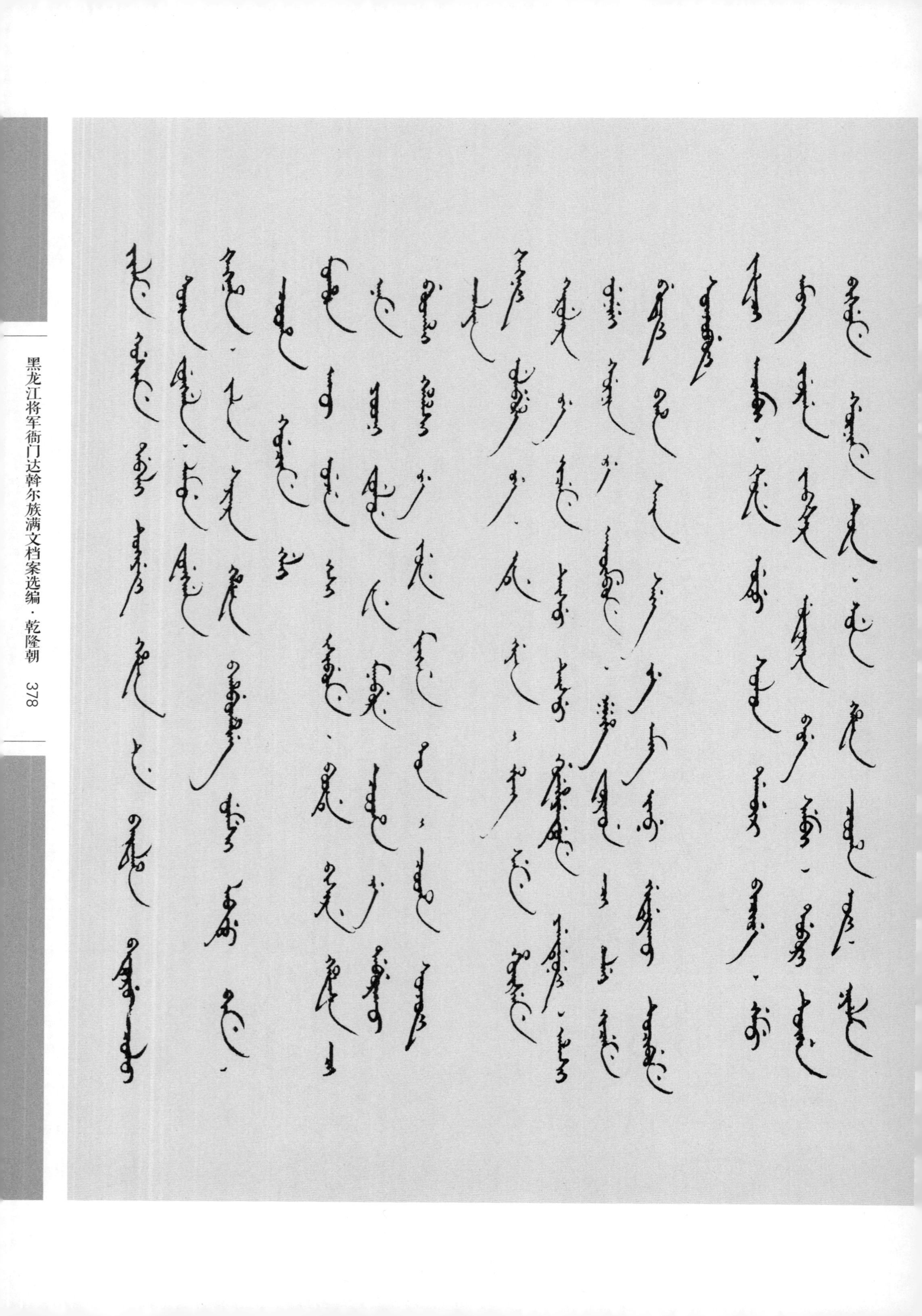

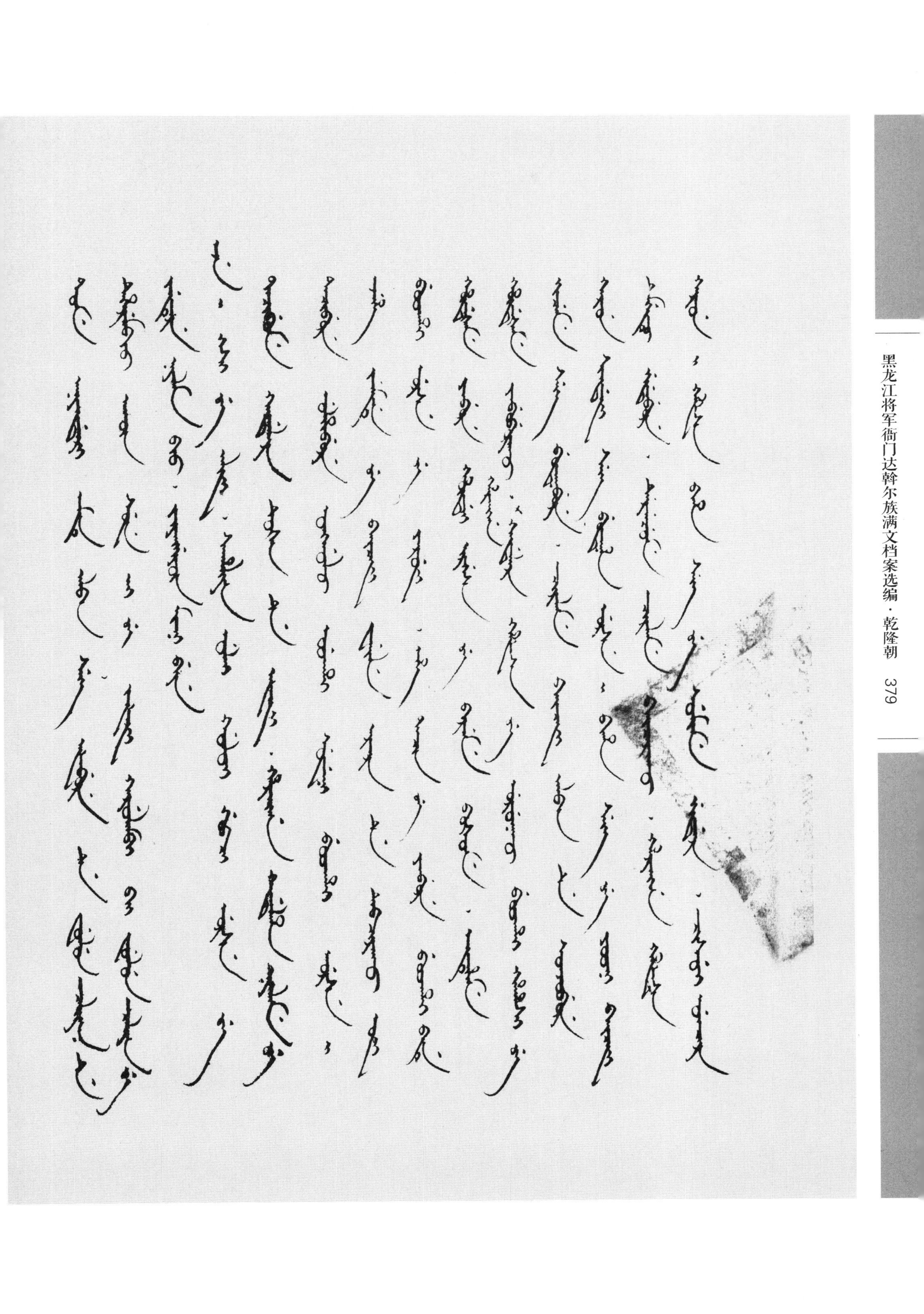

[illegible]

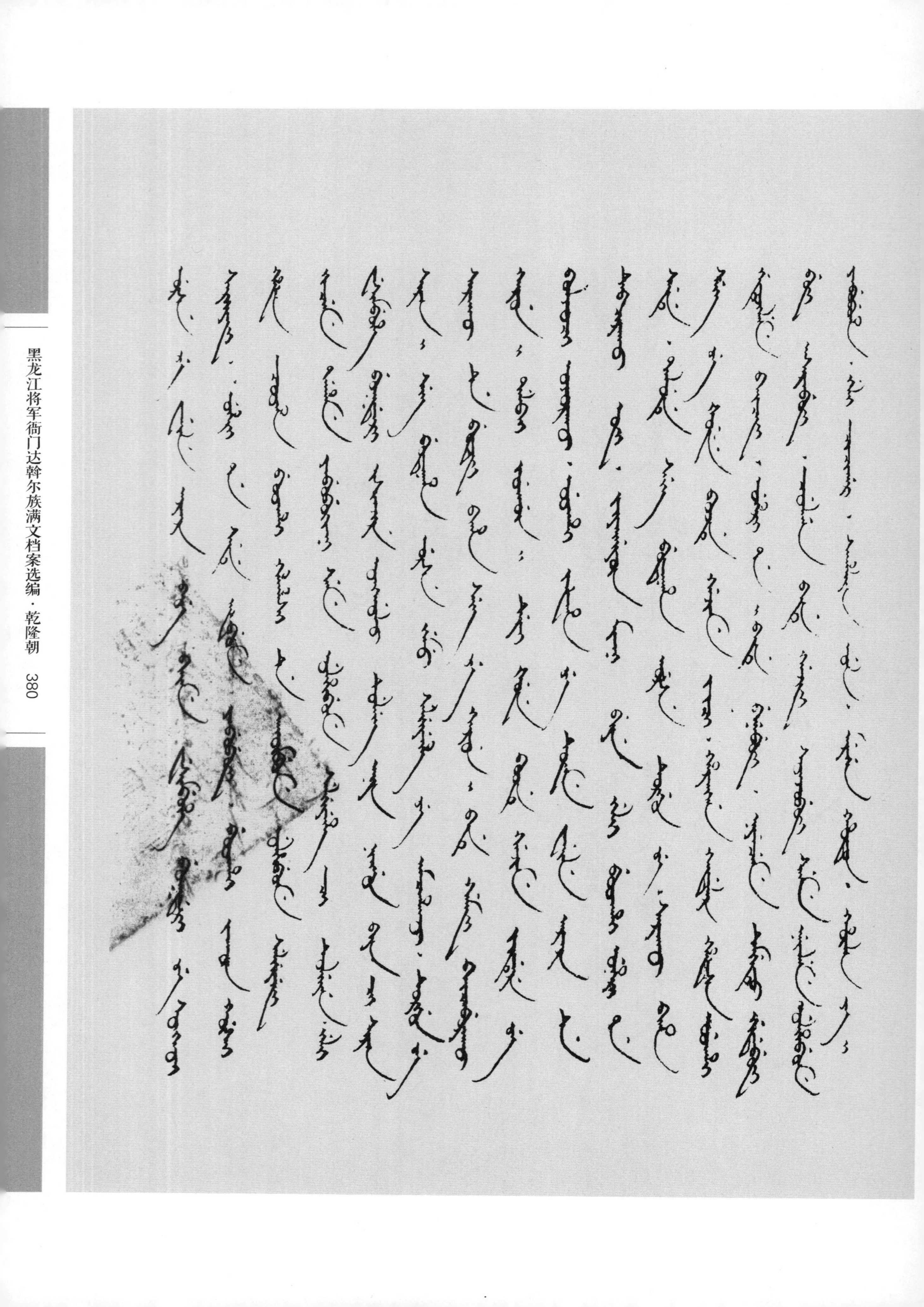

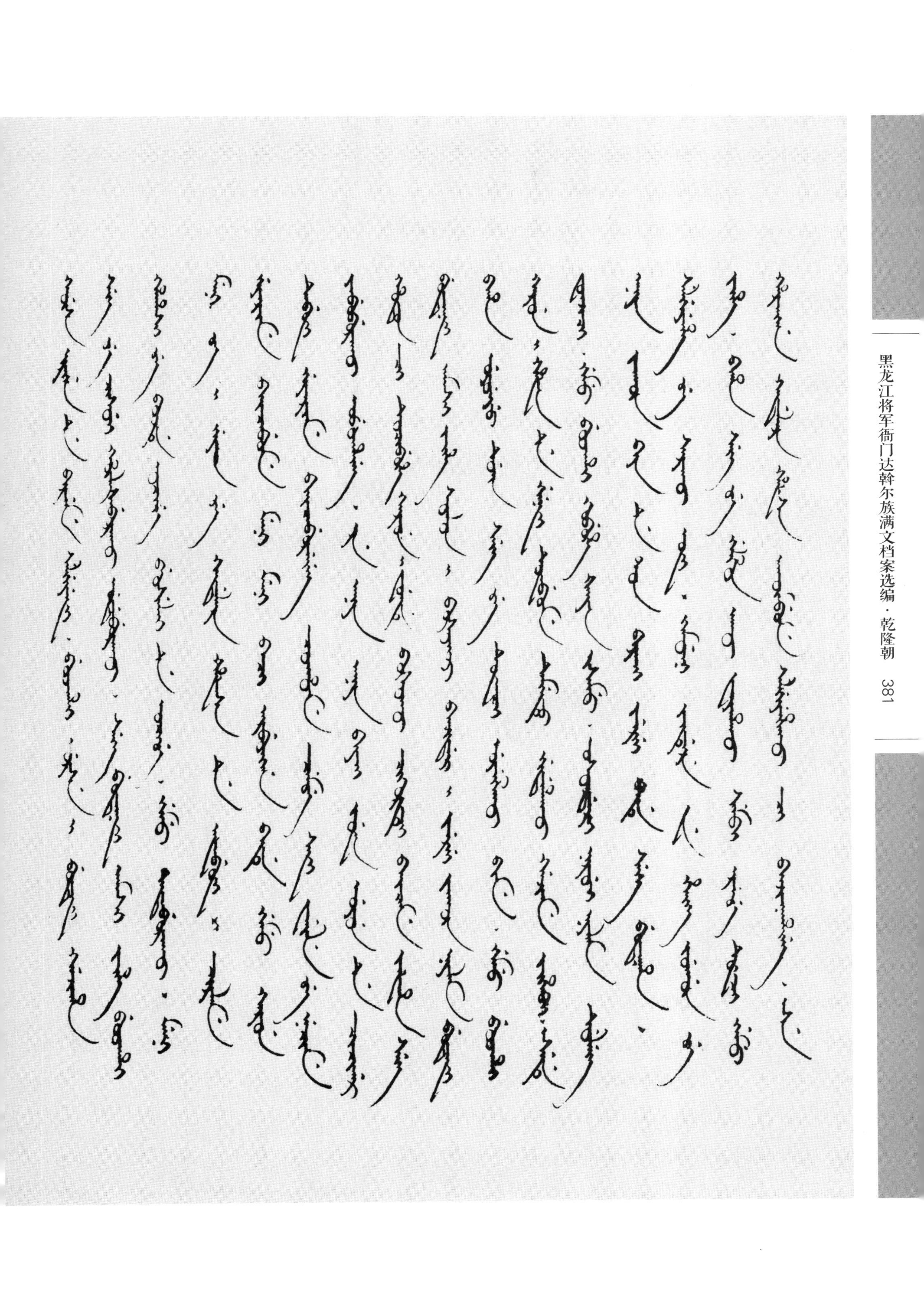

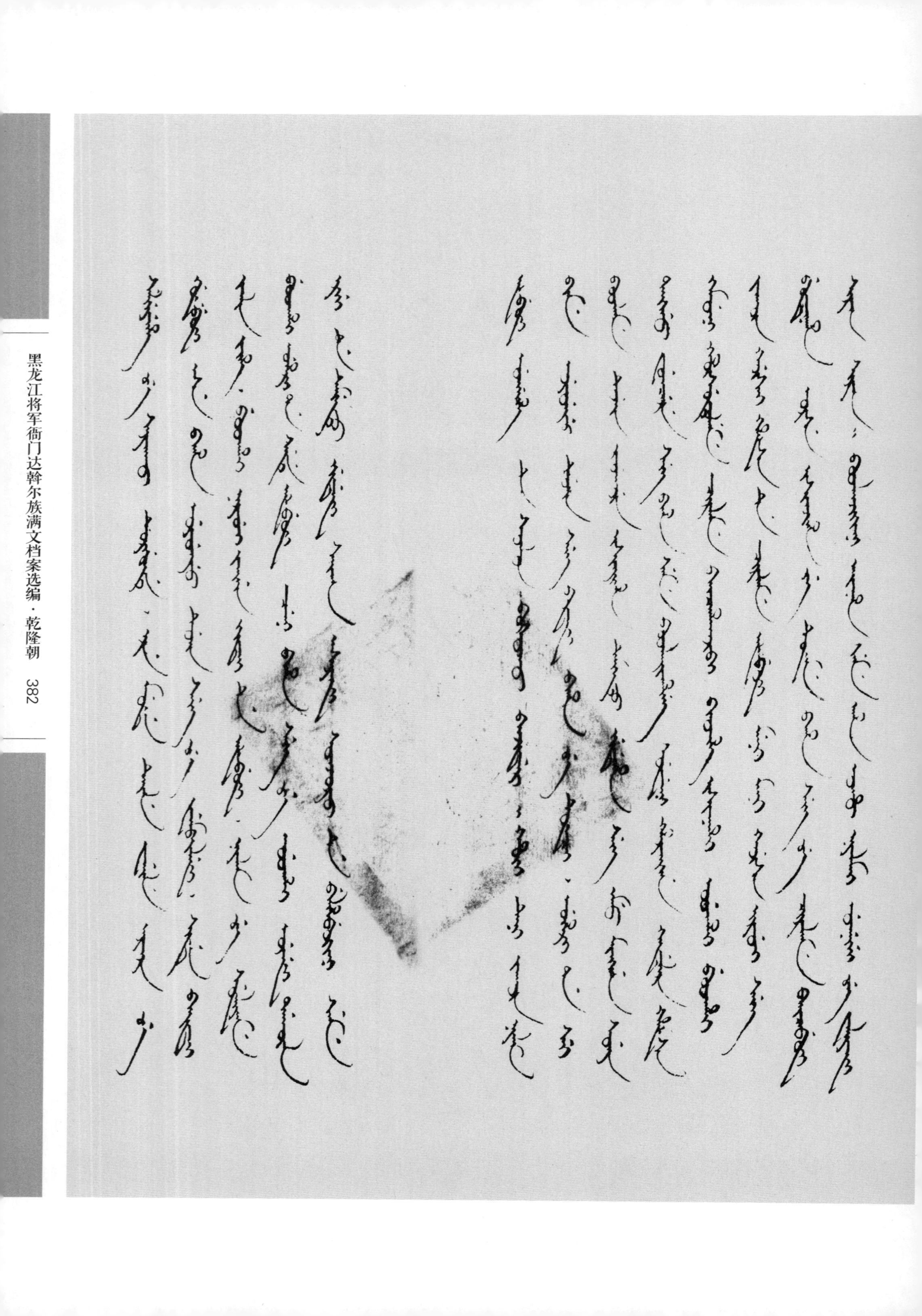

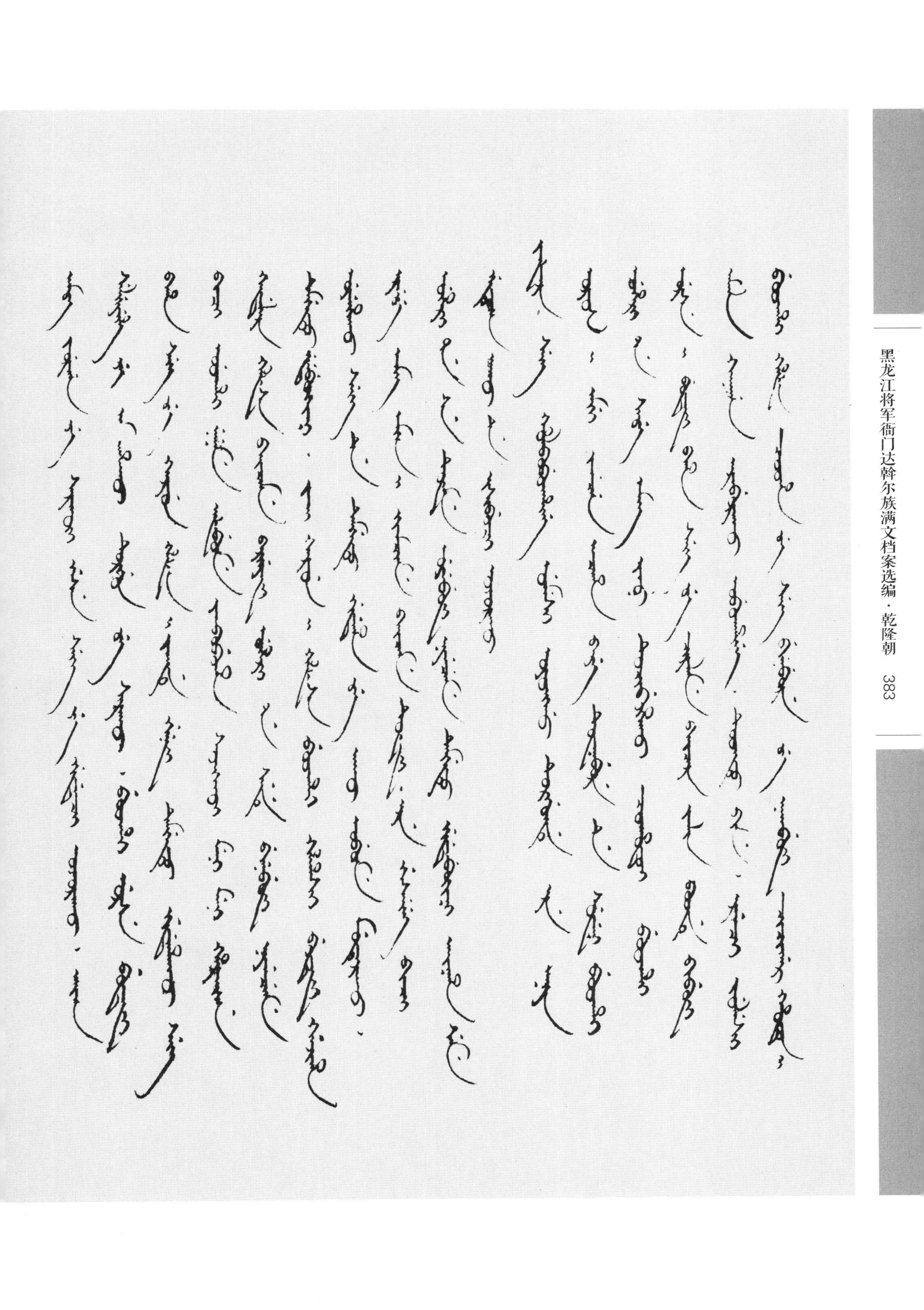

[illegible]

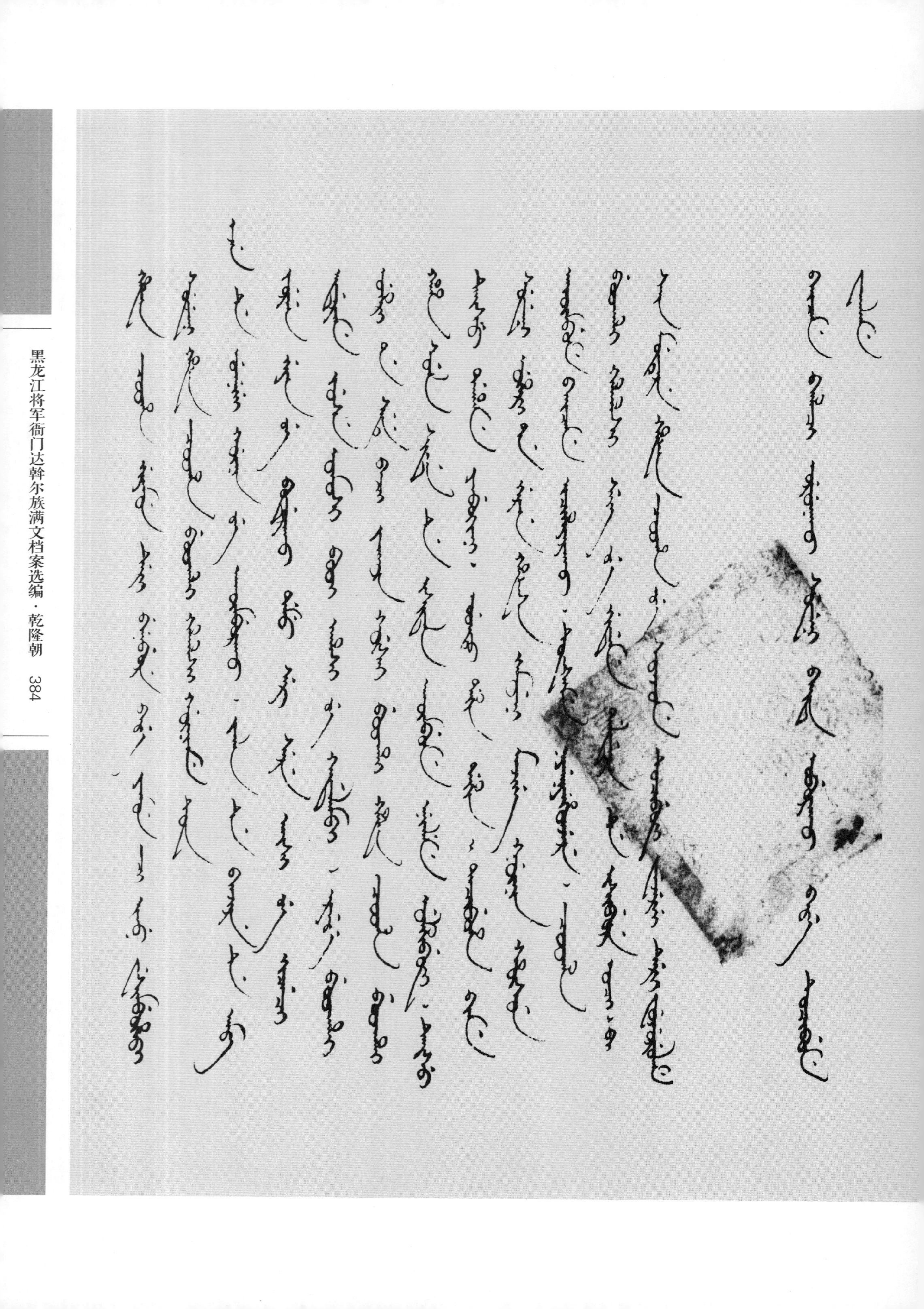

一二二〇 黑龙江将军衙门为报送防御骁骑校等缺应选满洲达斡尔等官员履历考语事咨黑龙江副都统

衙门文（附单一件）

乾隆三十年二月初七日

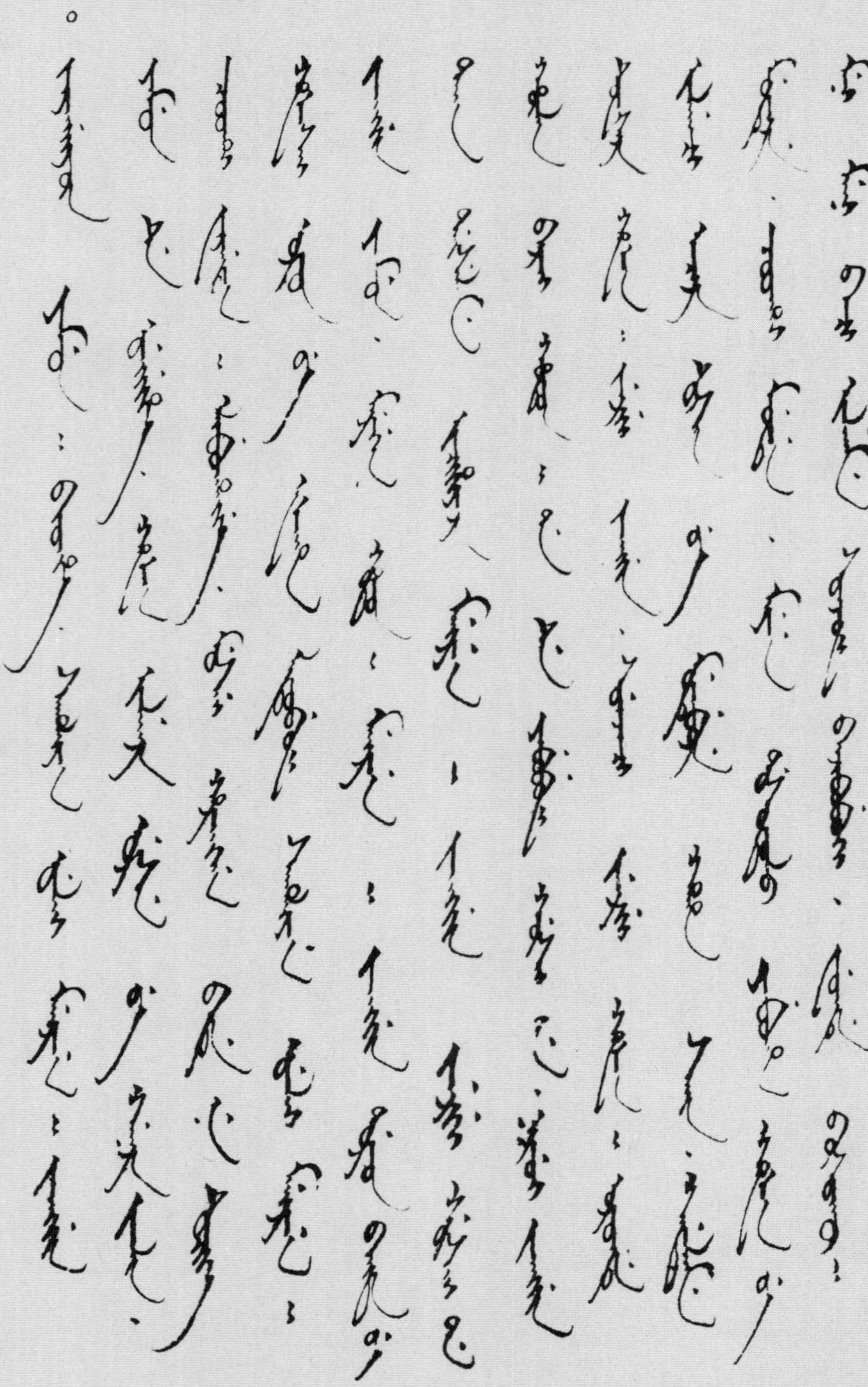

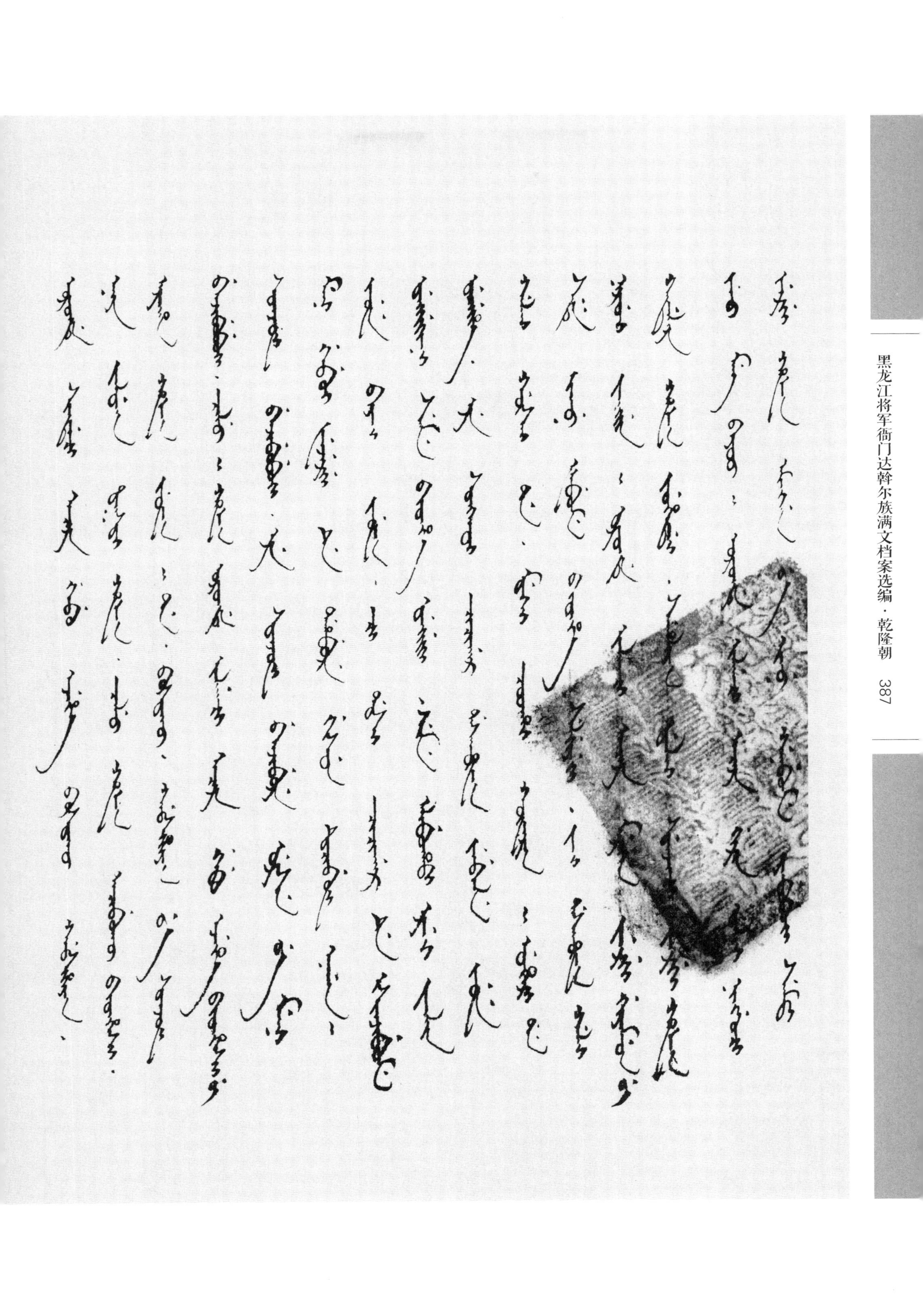

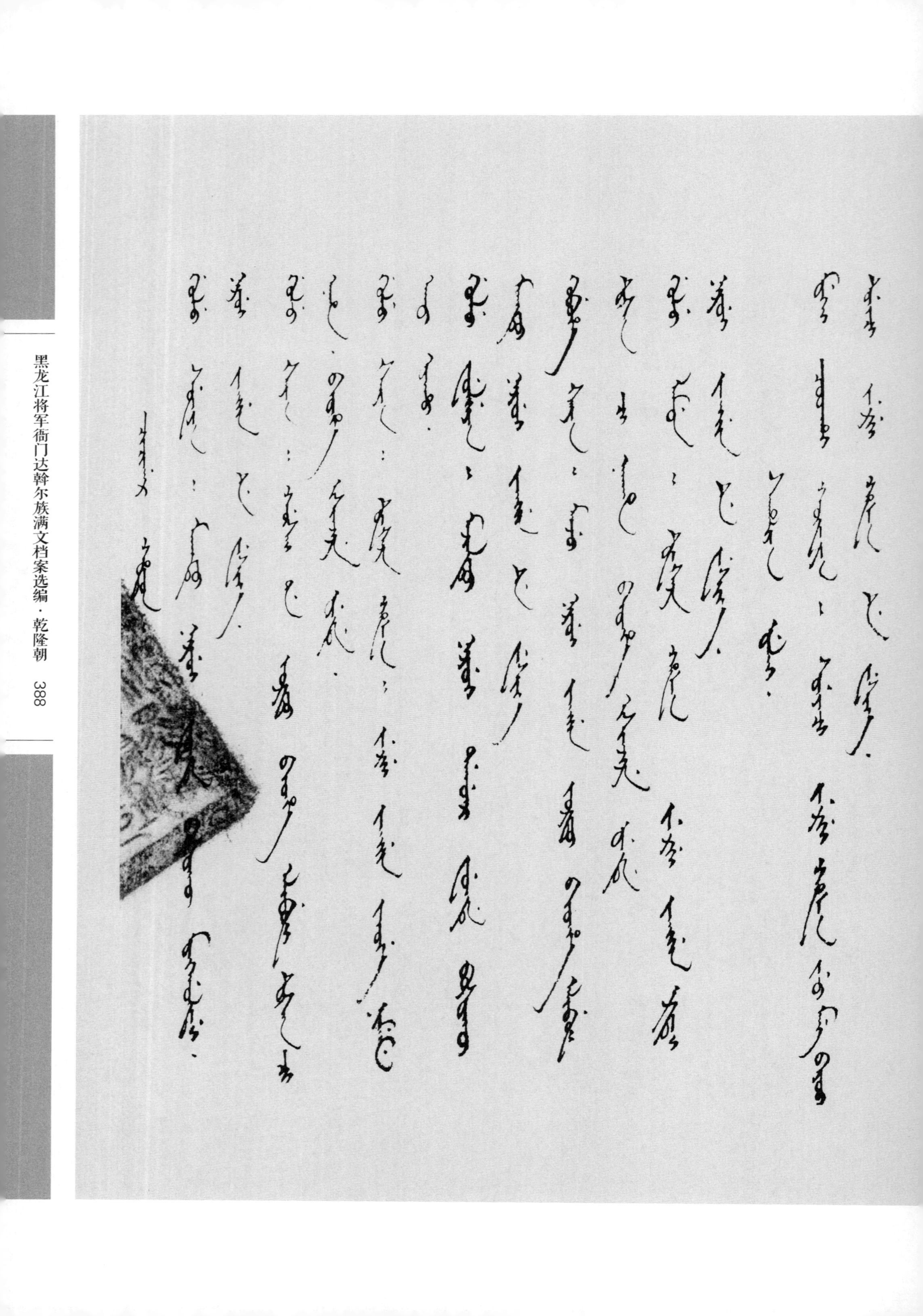

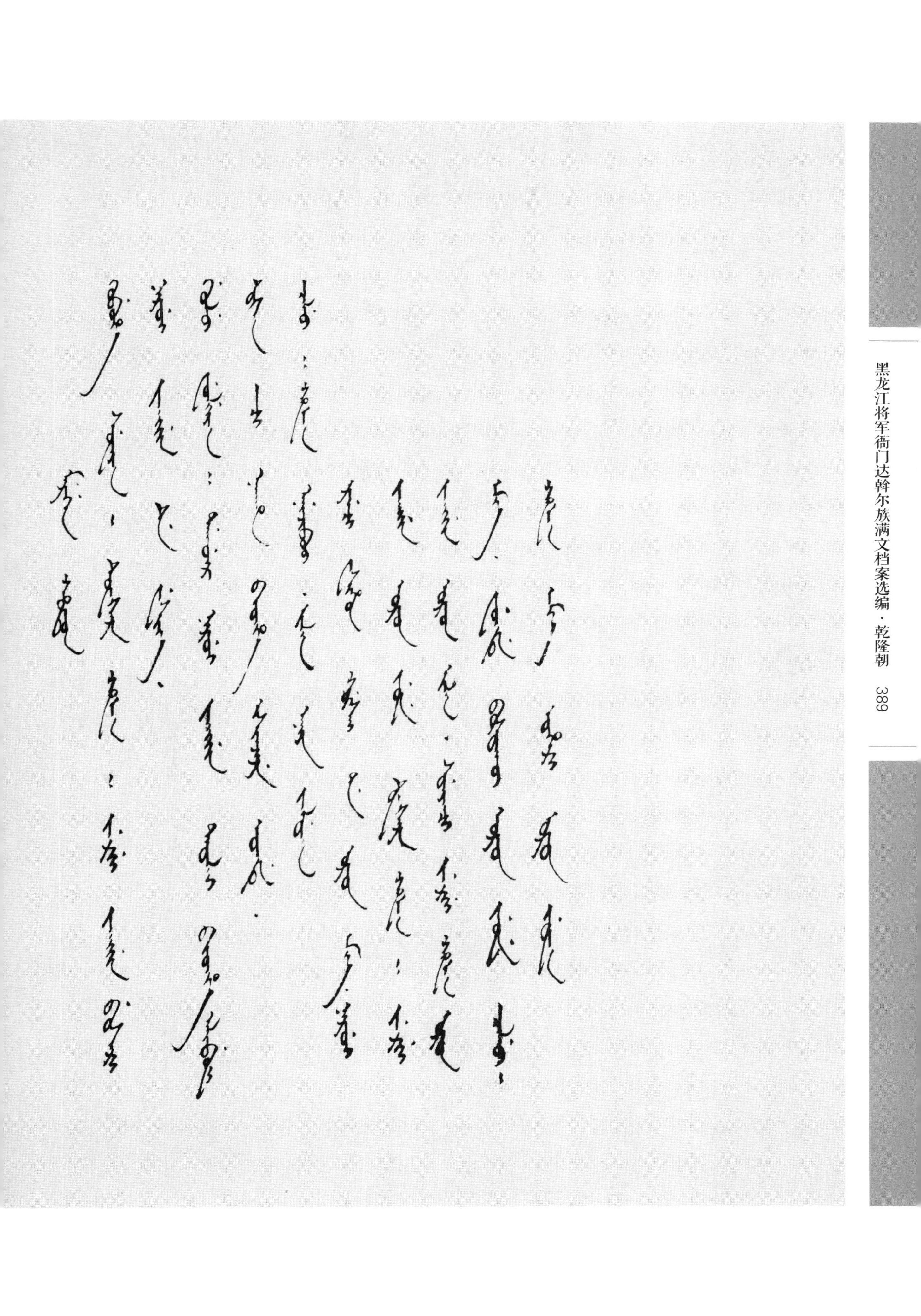

[illegible]

一二二一 户部为本年布特哈索伦达斡尔等所贡貂皮足数不及等第仍照例赏赐事咨黑龙江将军文（附来文一件）

乾隆三十年二月十二日

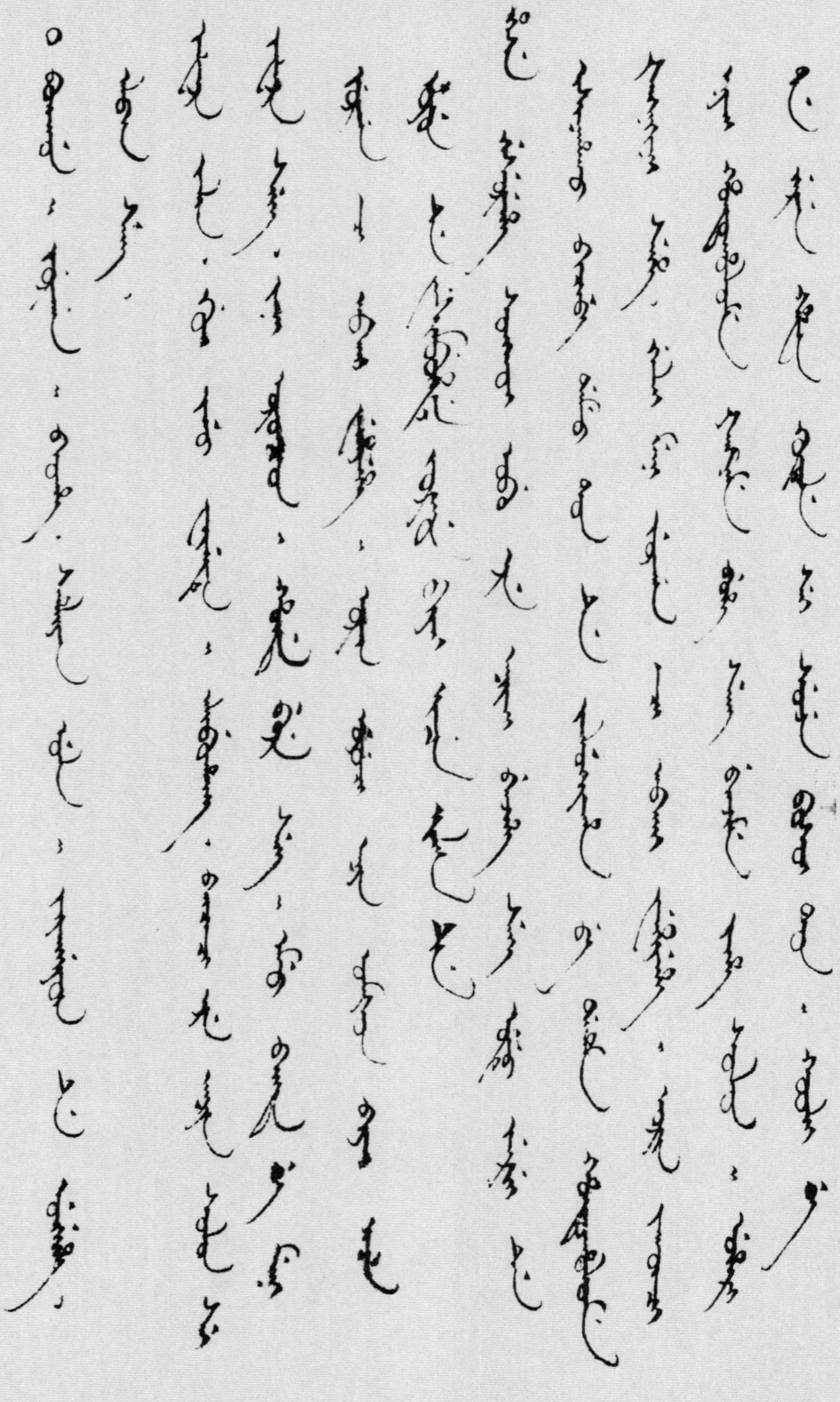

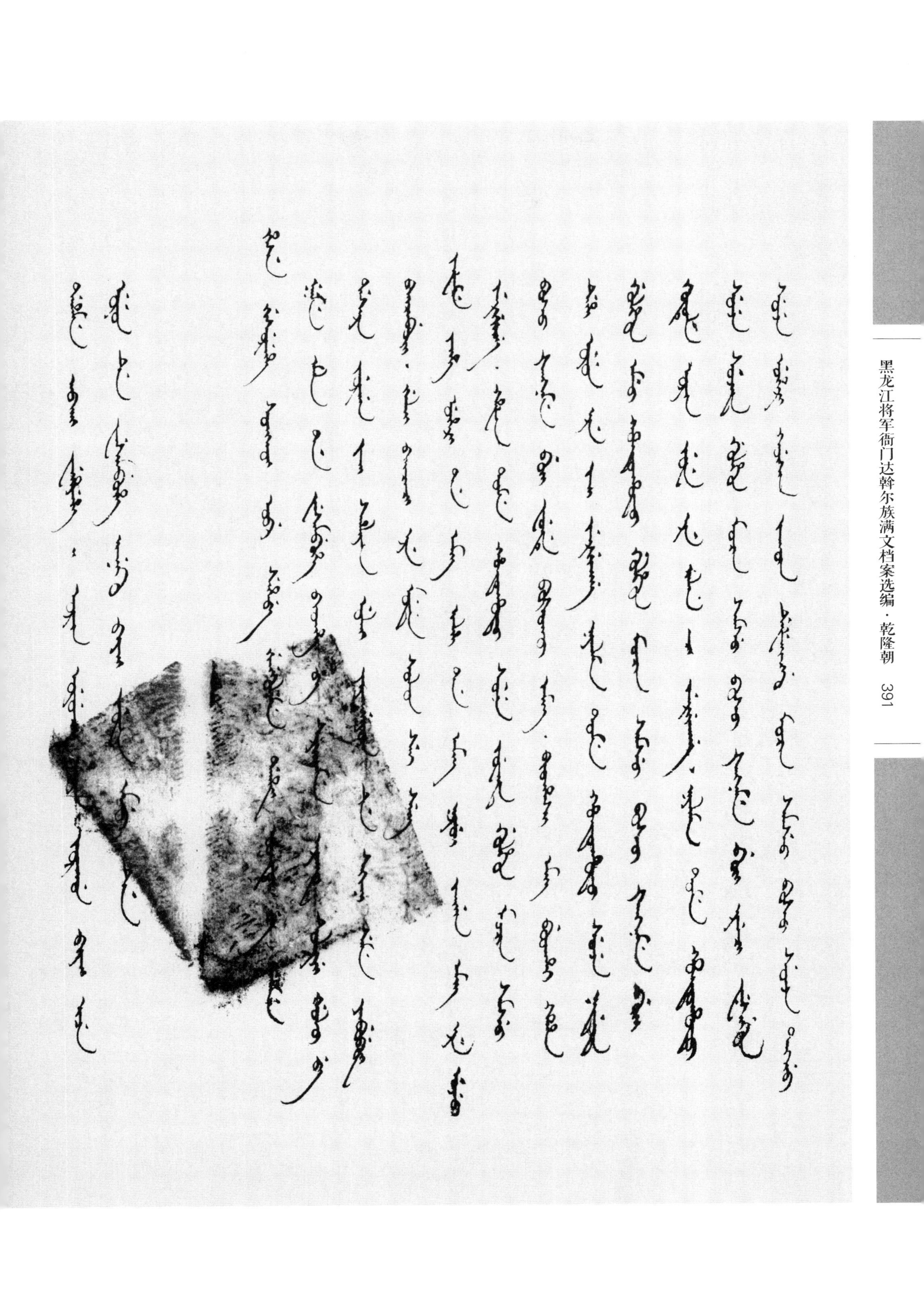

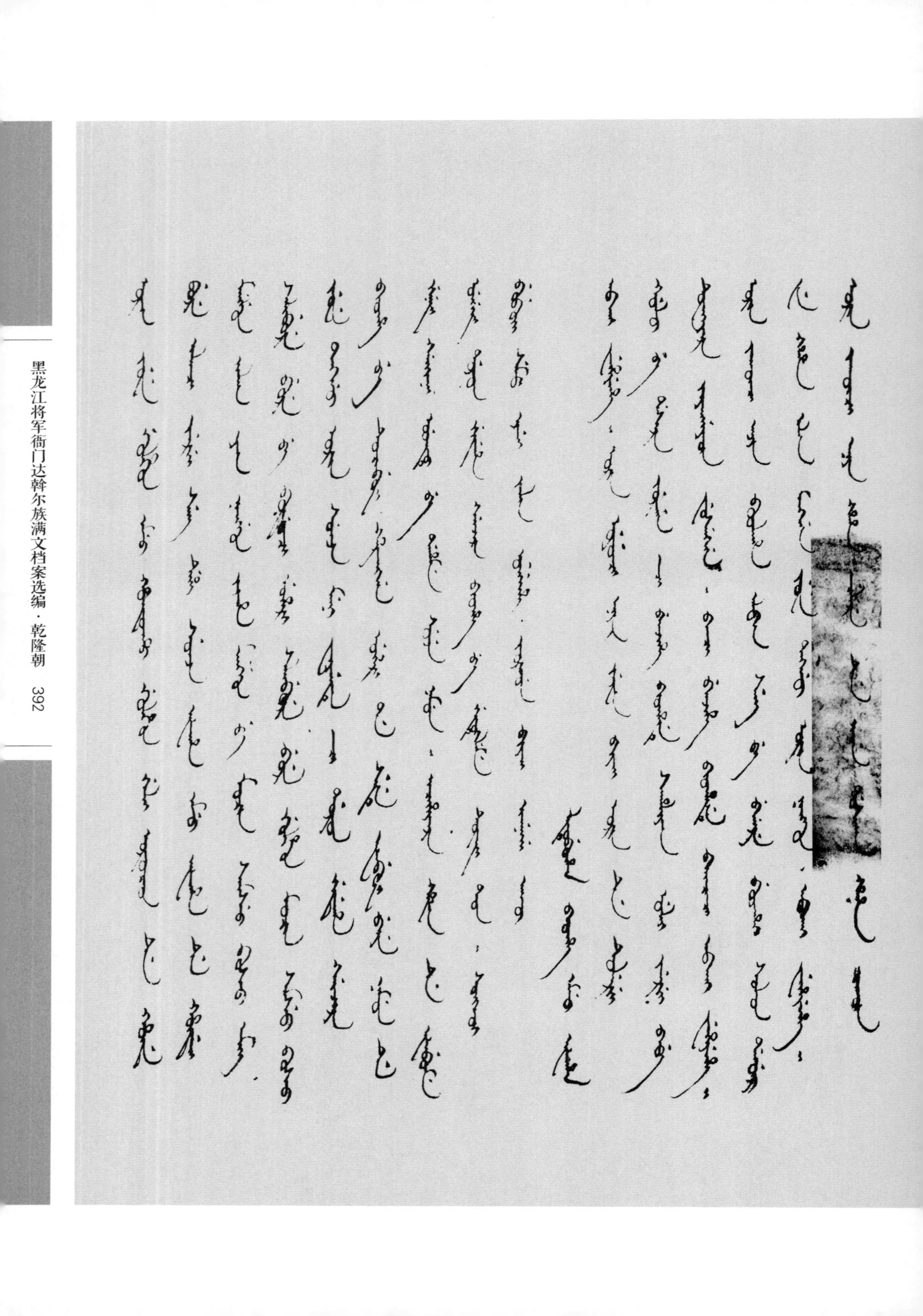

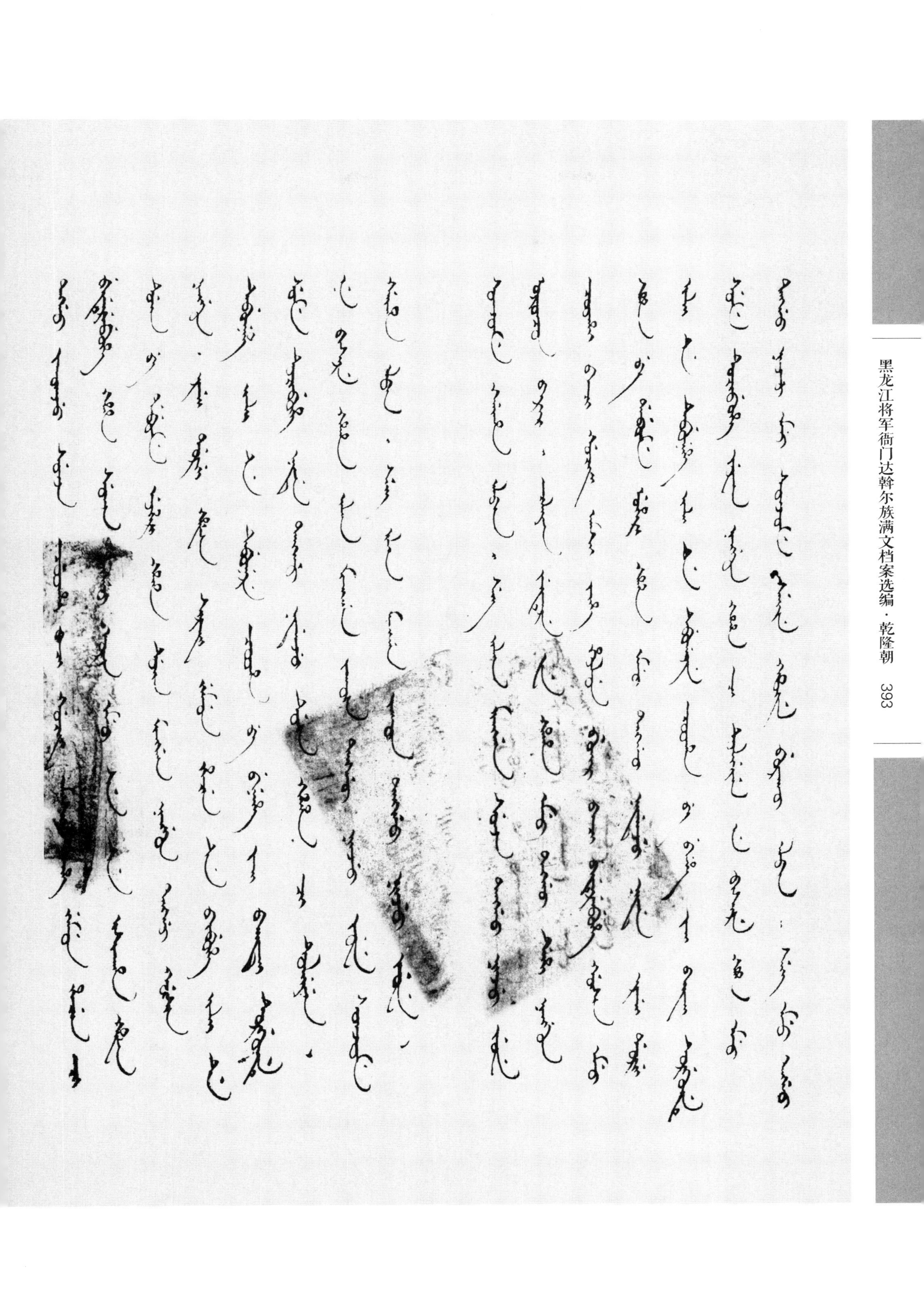

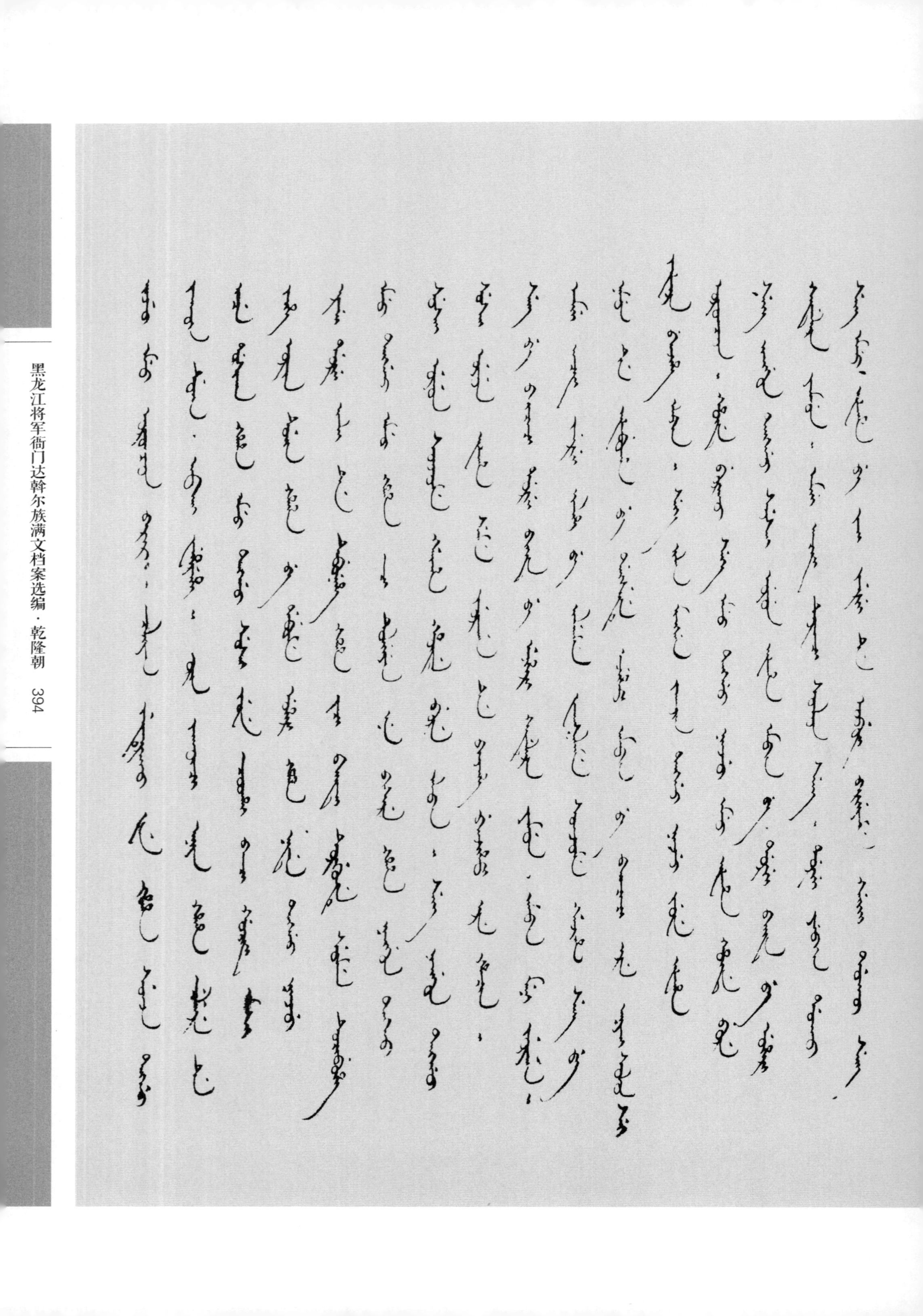

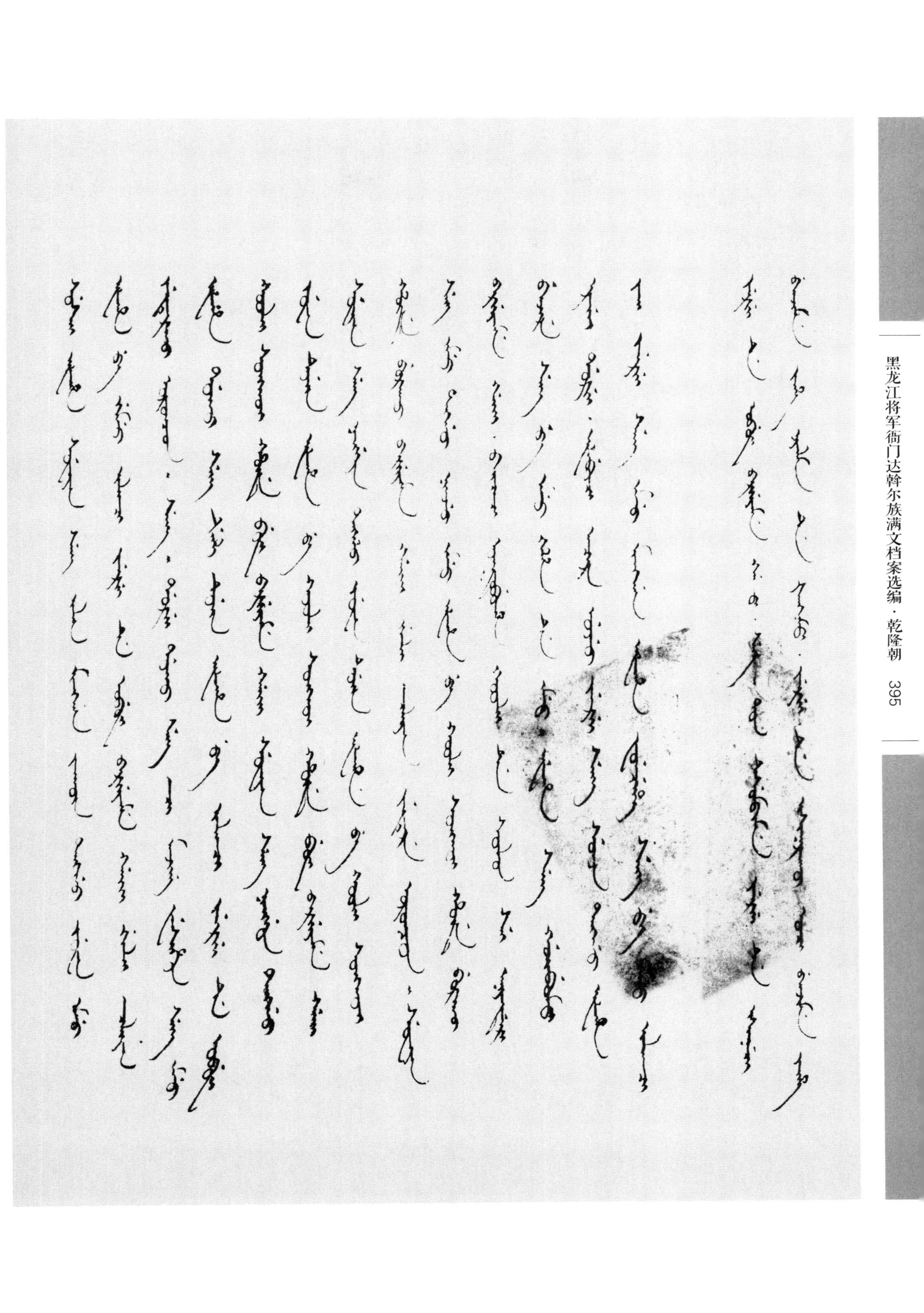

[illegible]

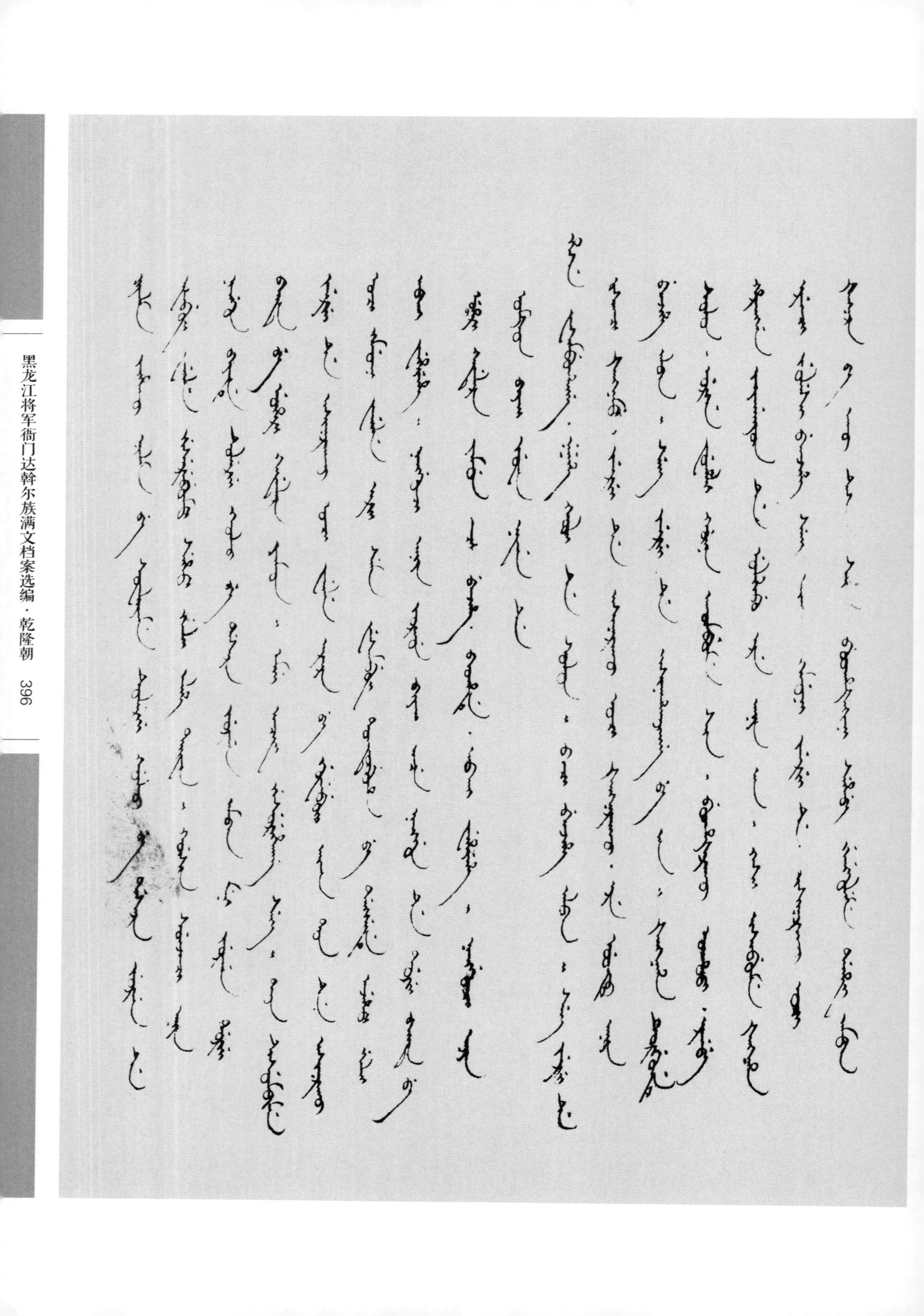

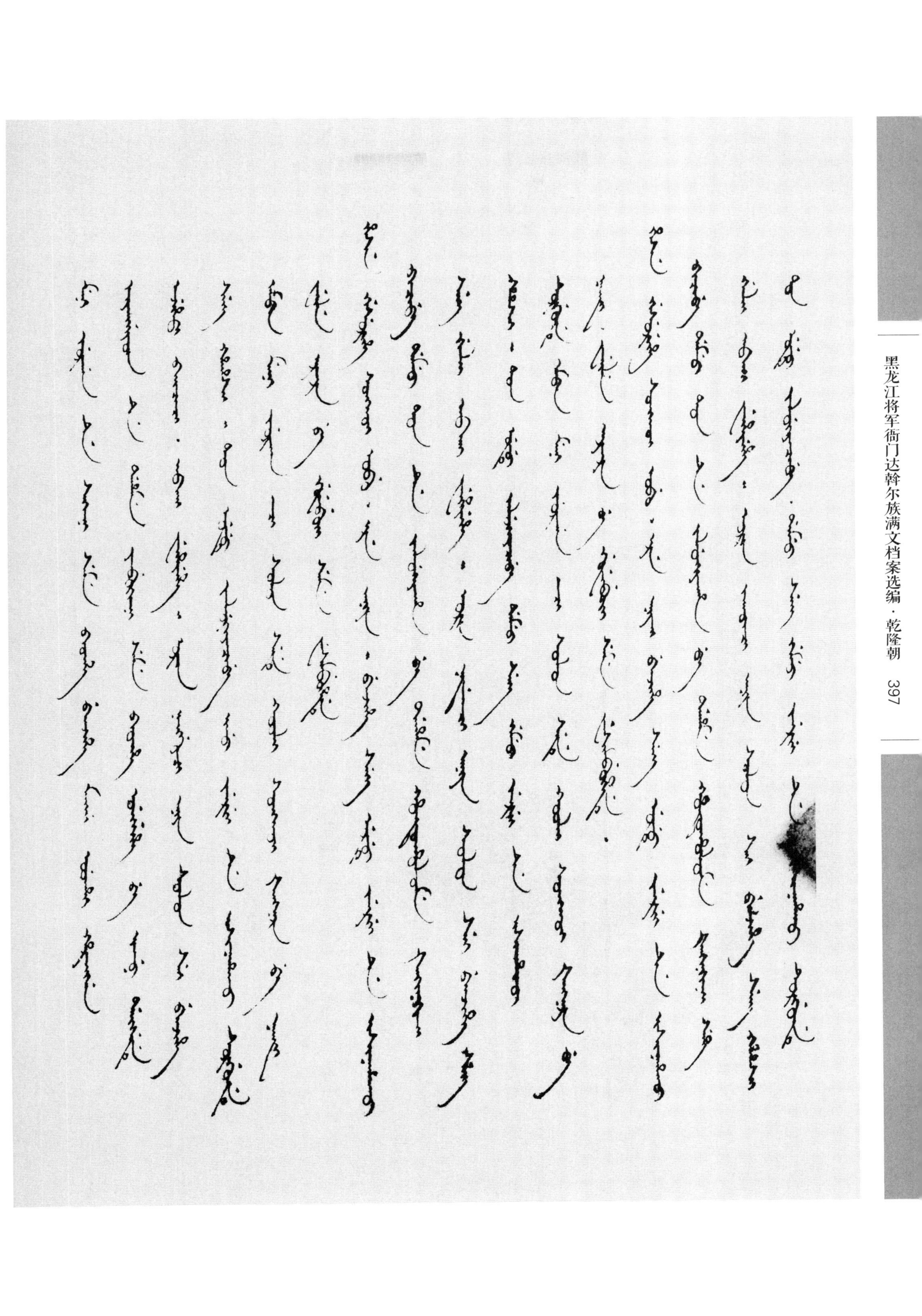

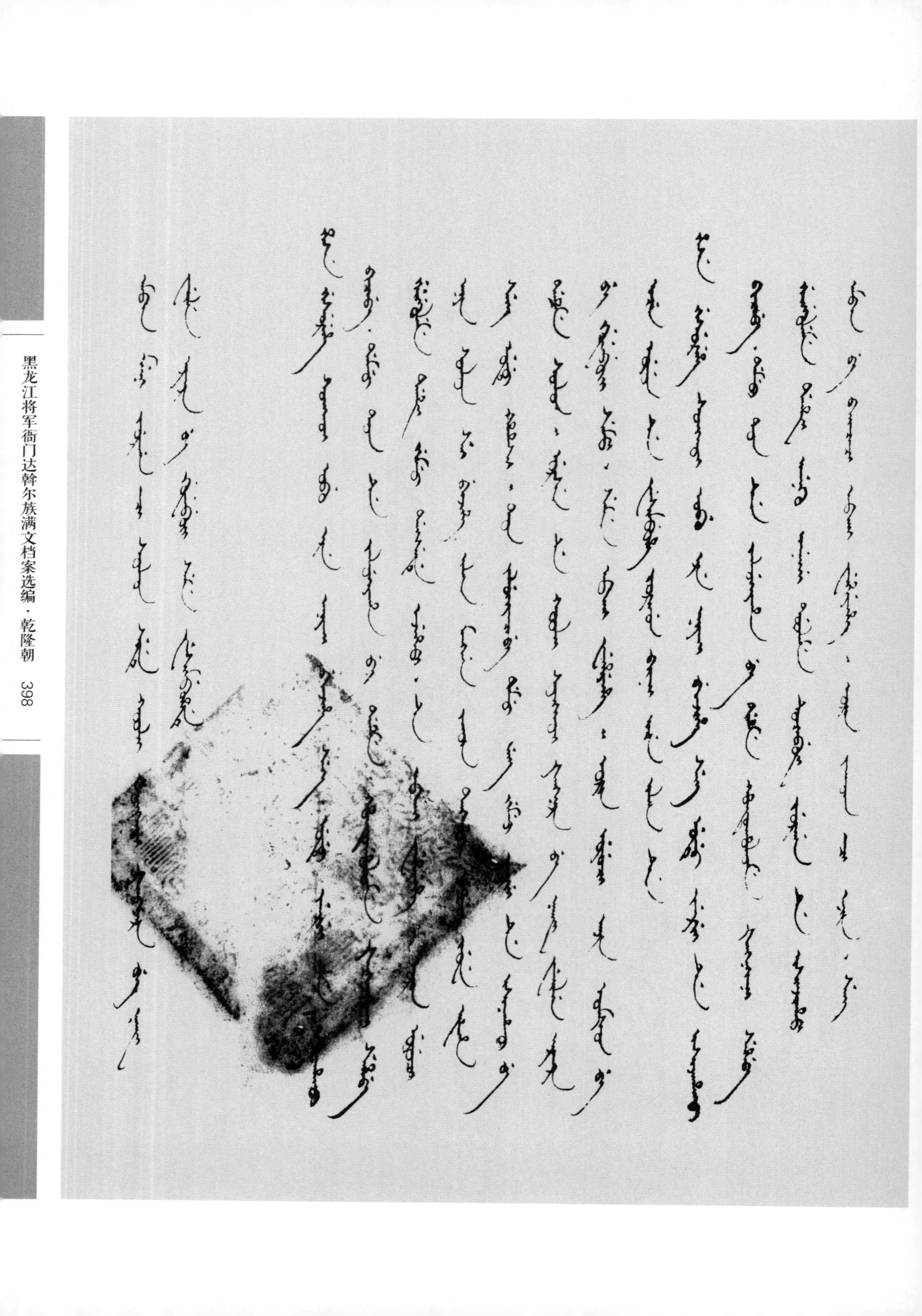

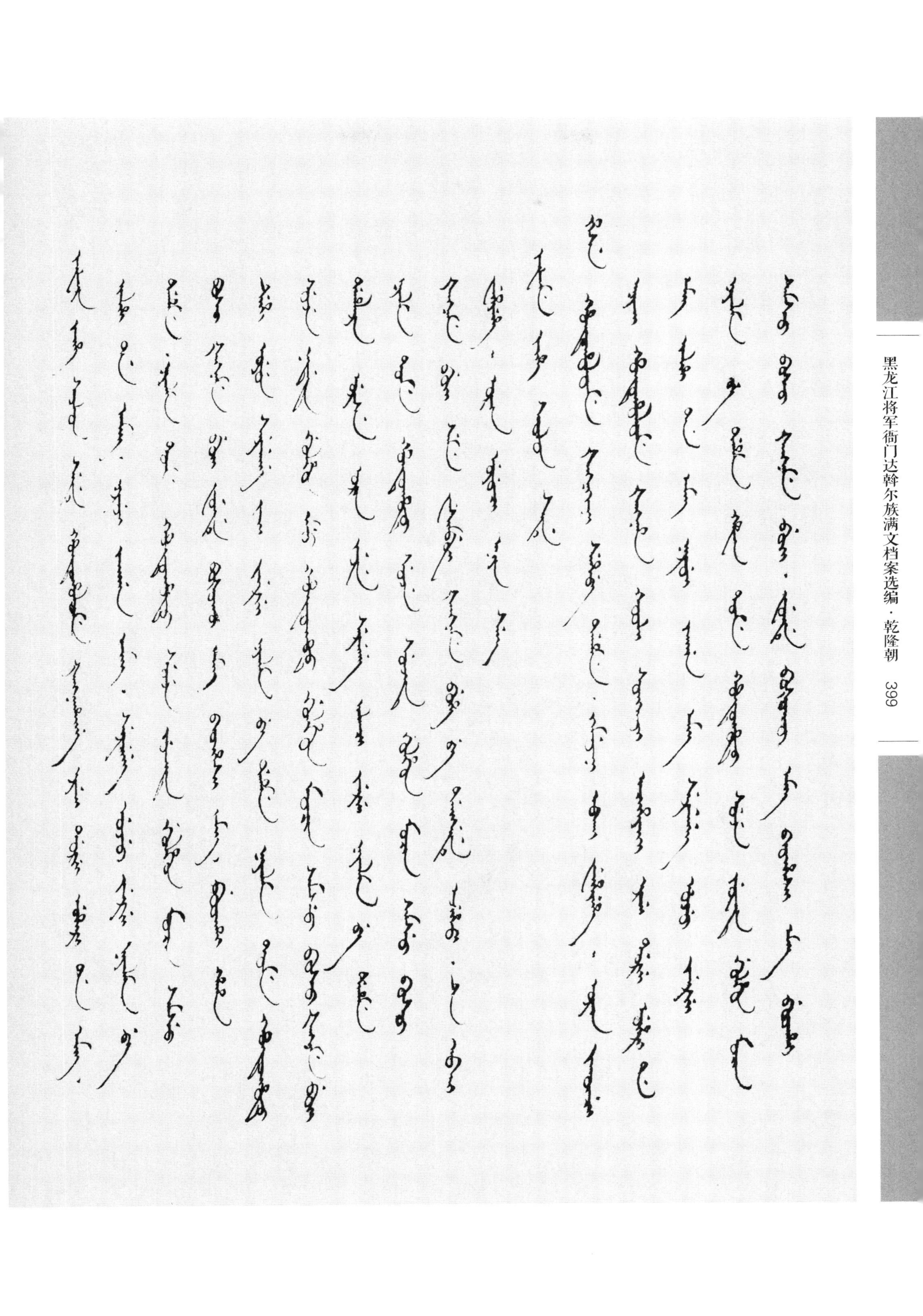

[illegible]

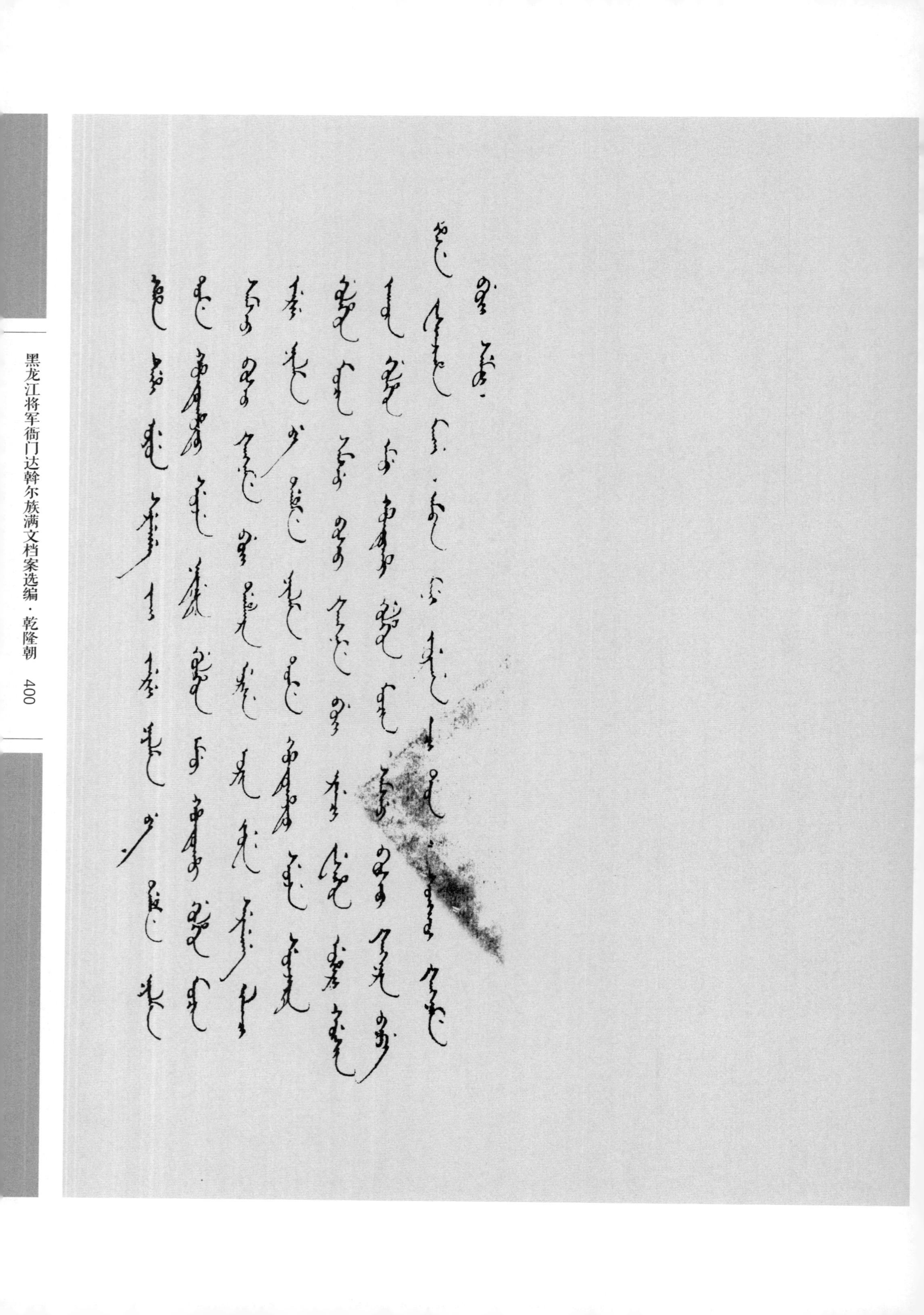

[illegible]

[illegible]

[illegible]

[illegible]

[illegible]

[illegible]

[illegible]

[illegible]

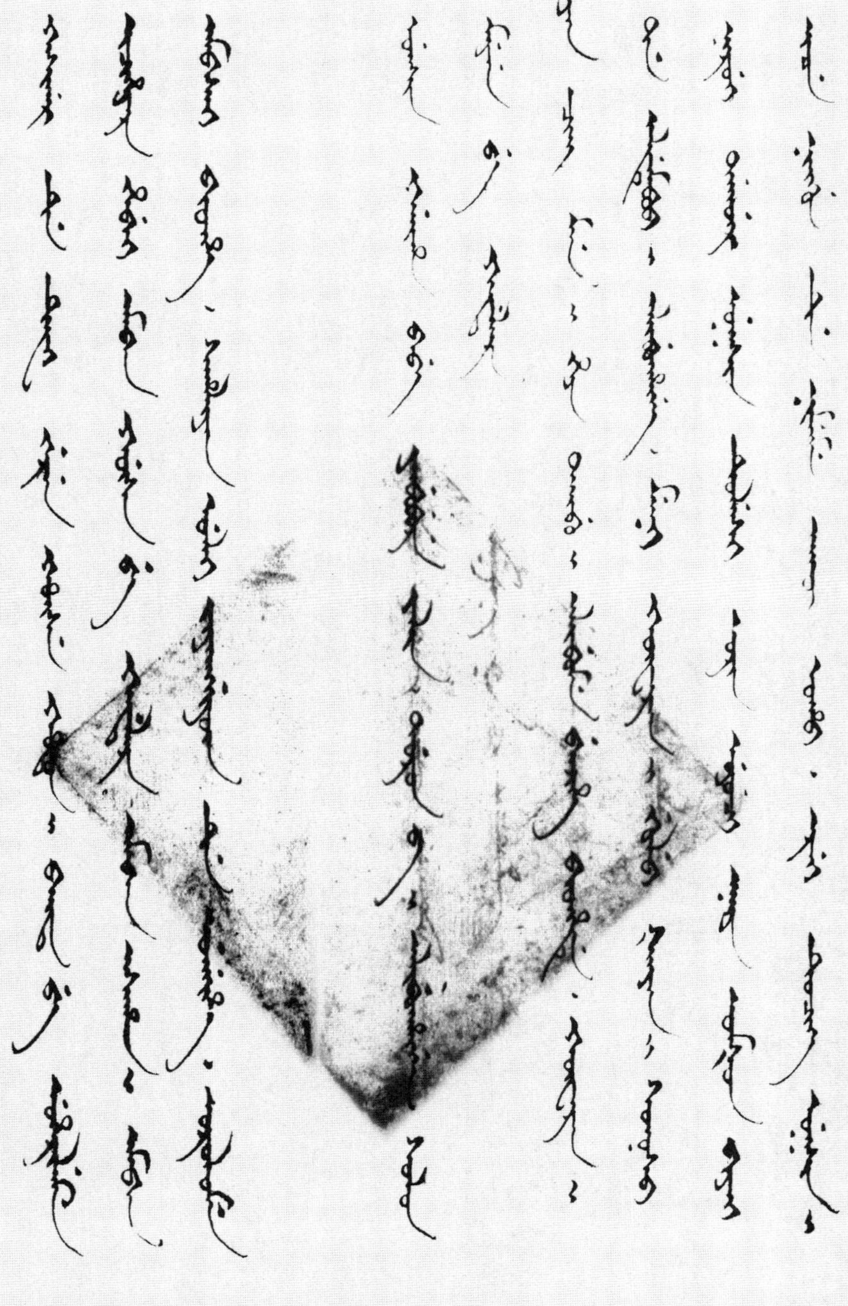

乾隆三十年二月十六日

一二二二 喀什噶尔总理回城事务参赞大臣等为索伦罗颇礼接替达斡尔图勒锡披甲缺事咨黑龙江将军文

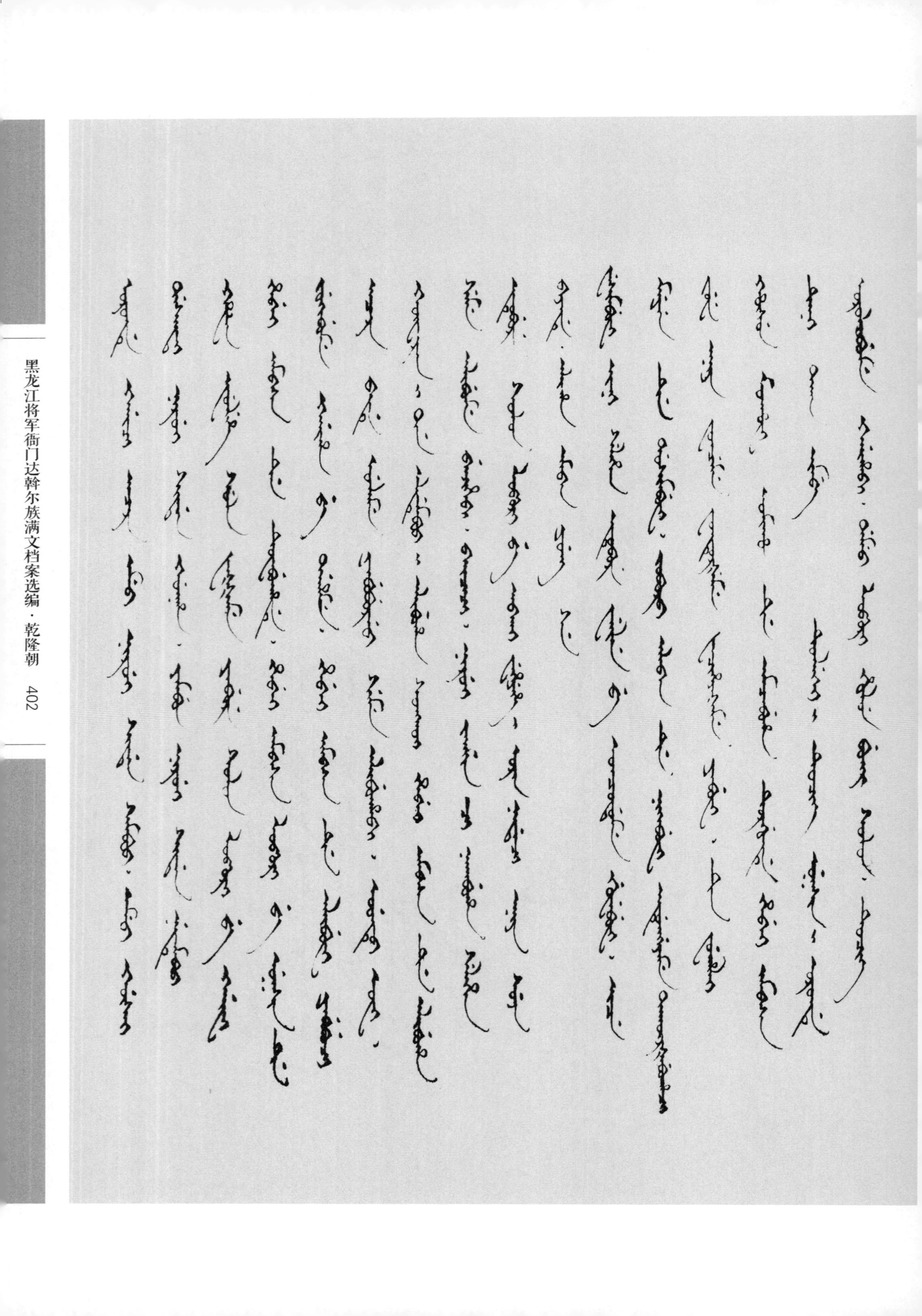

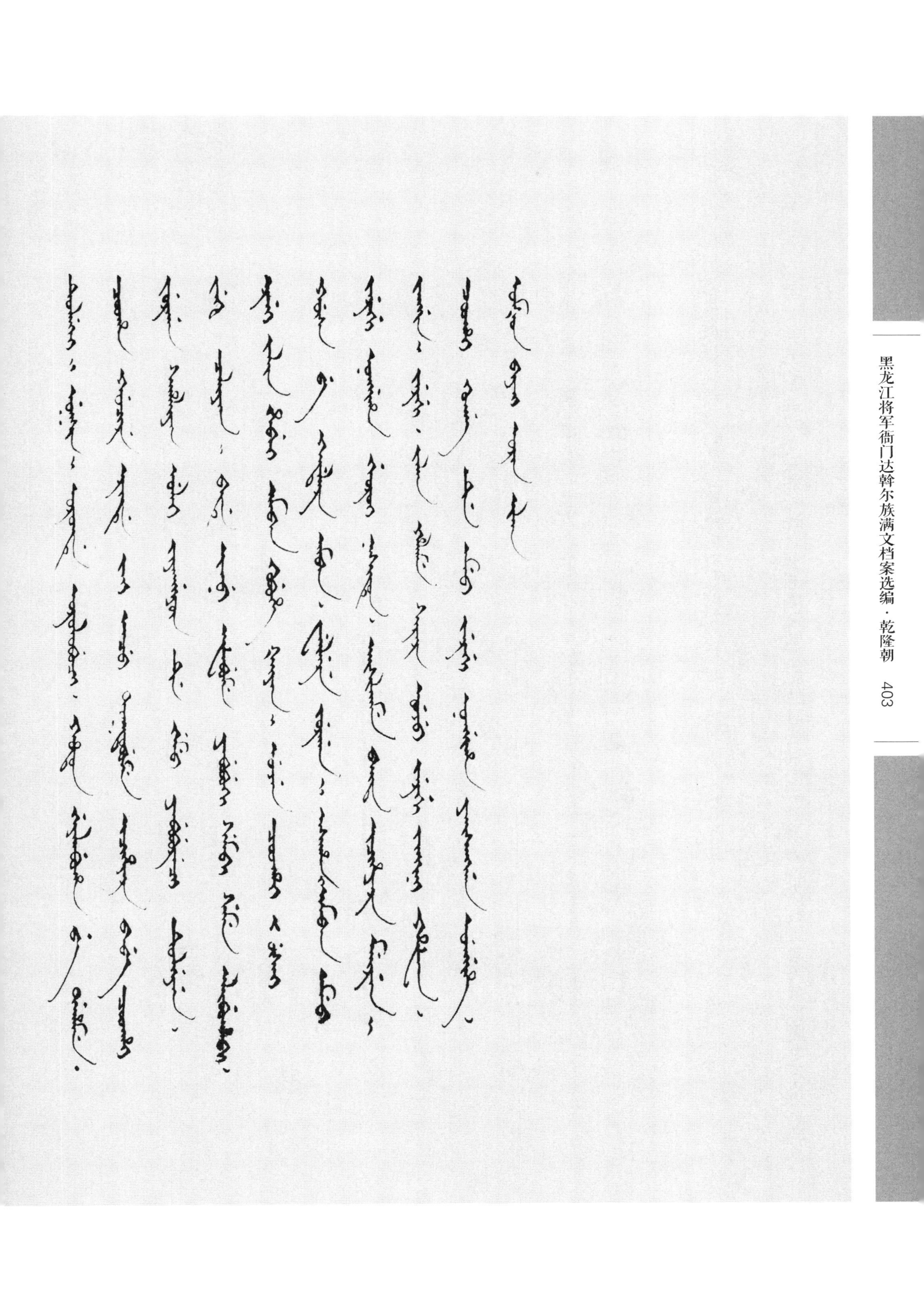

一二二三 呼兰城守尉察明阿为报送协领佐领等缺应选索伦达斡尔等官员履历考语事呈黑龙江将军衙门文

乾隆三十年闰二月十二日

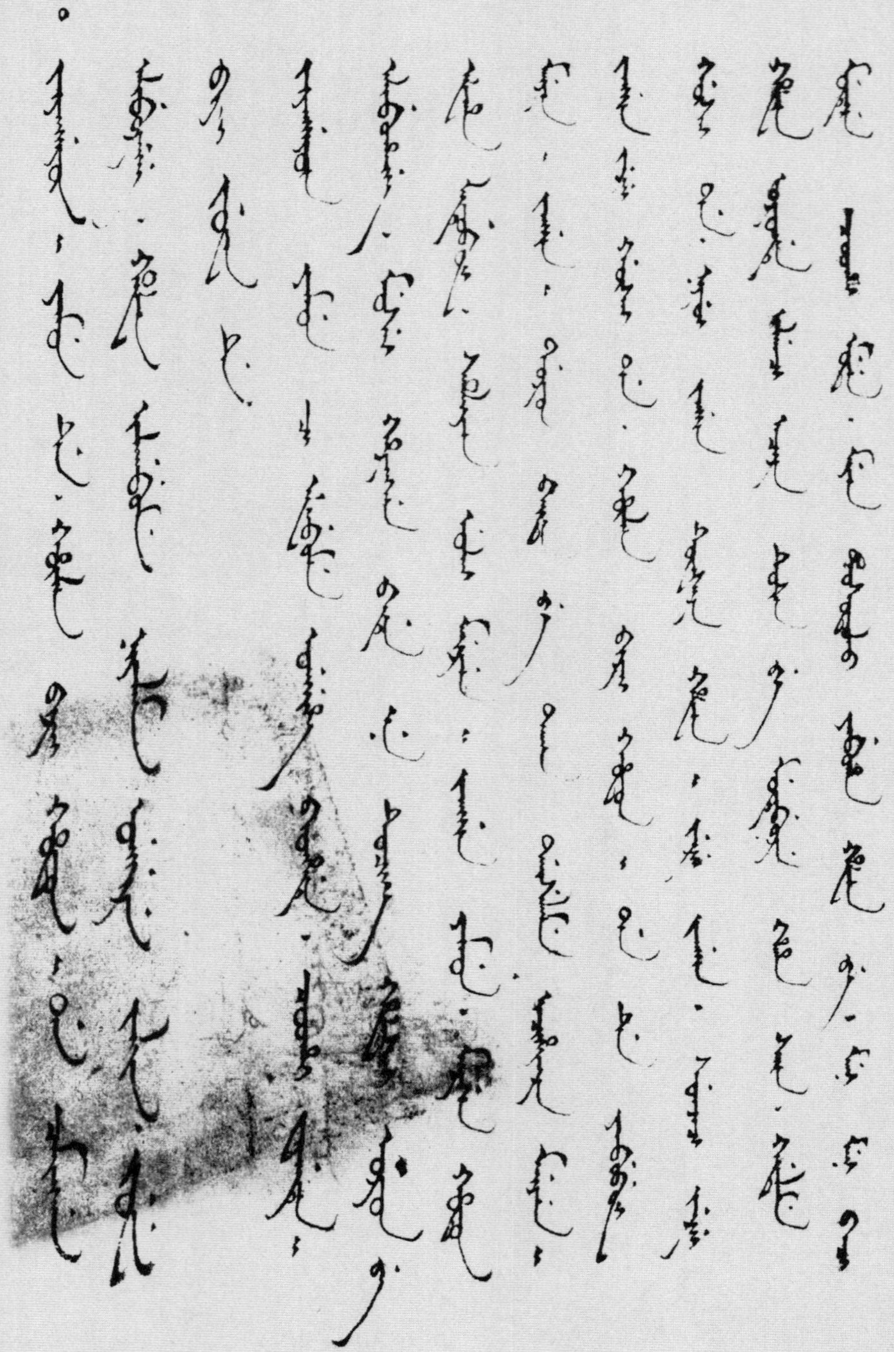

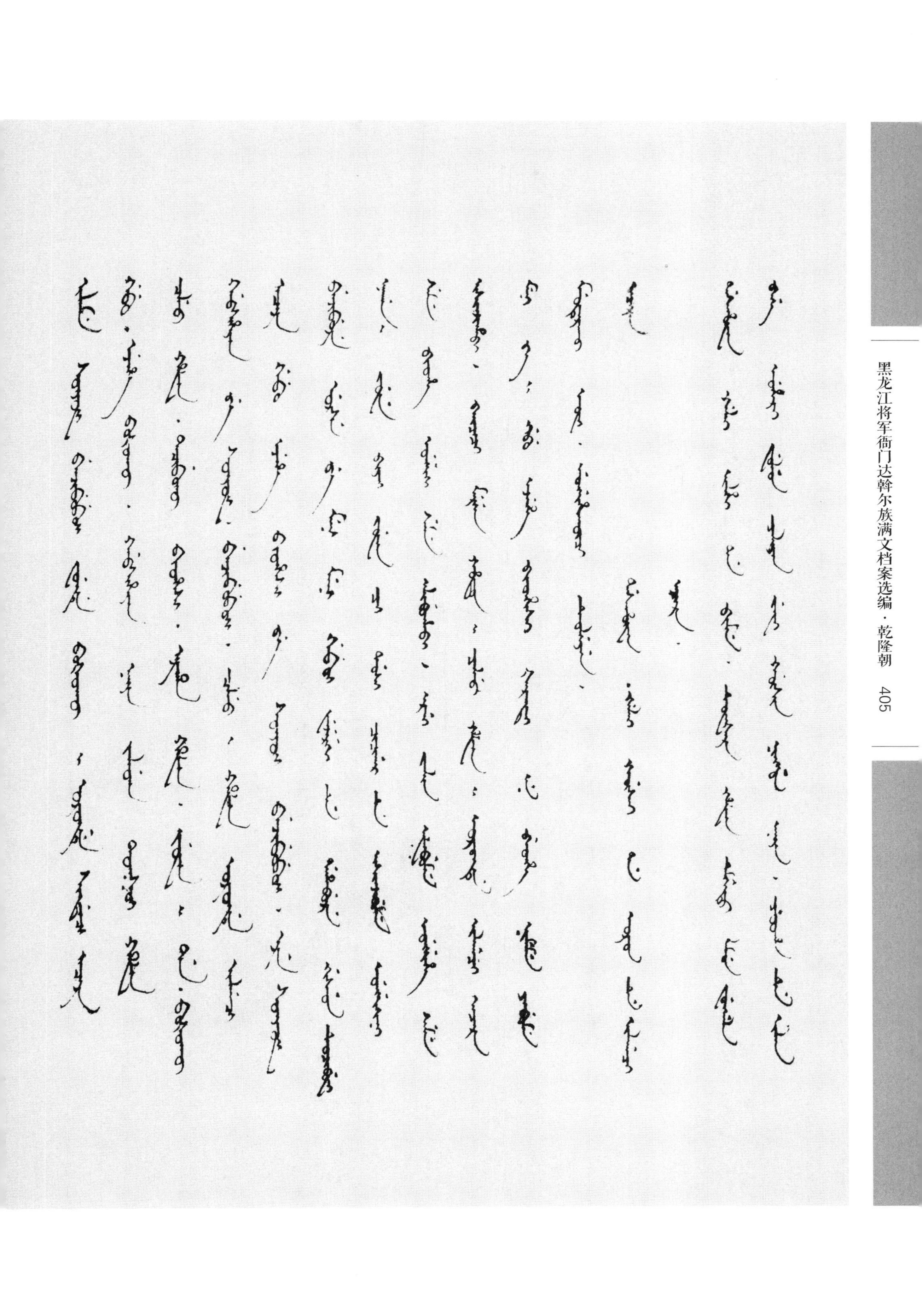

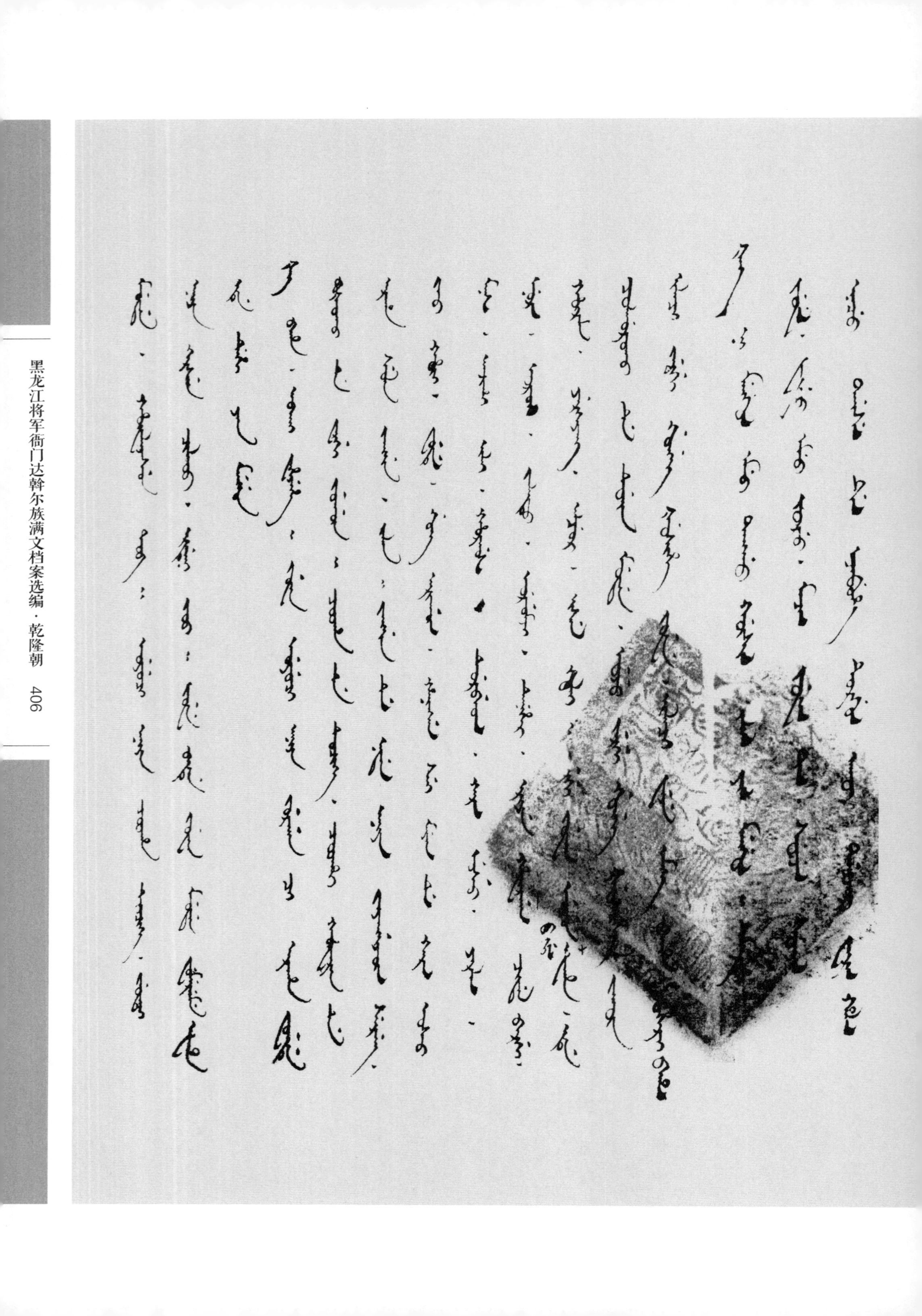

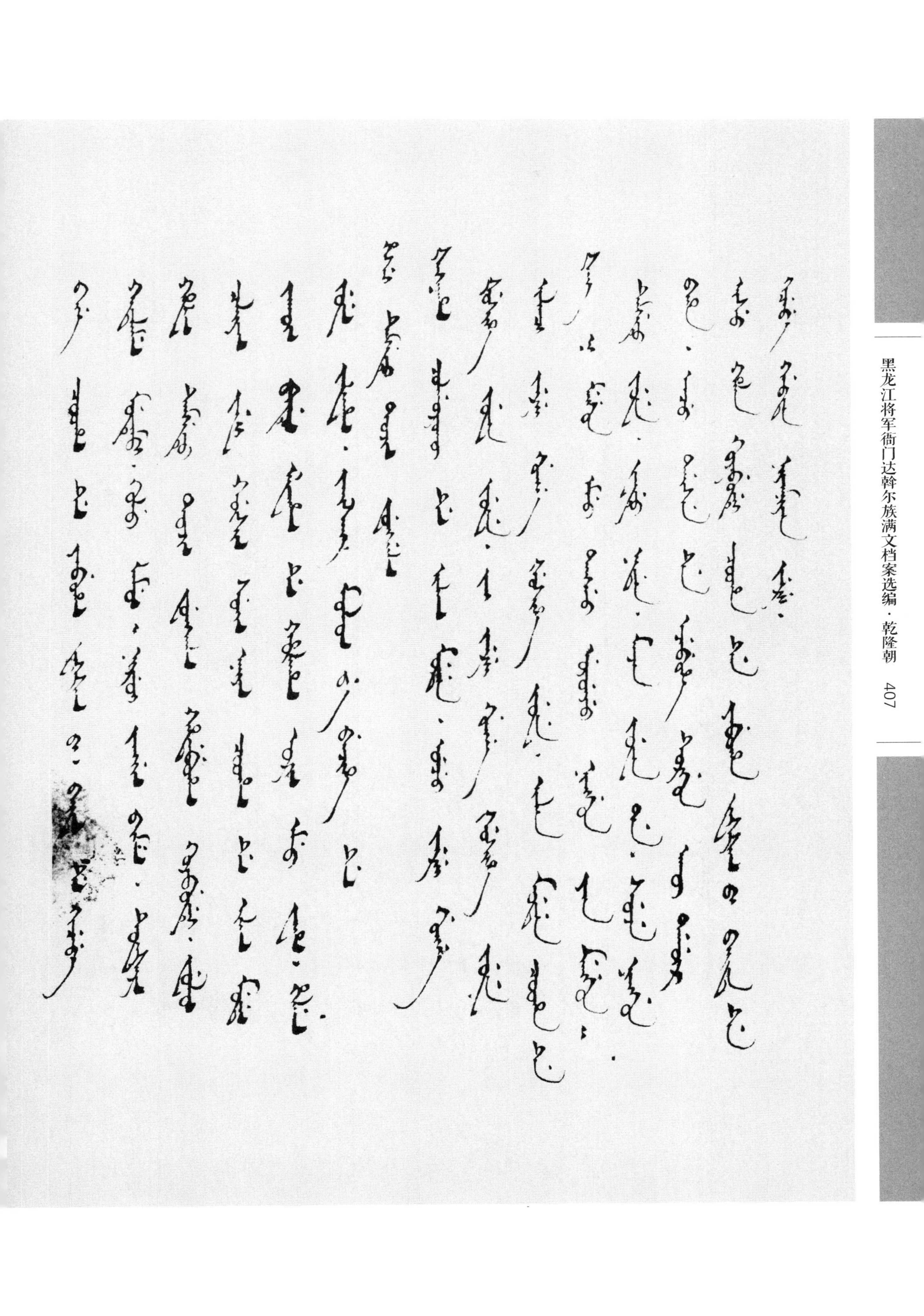

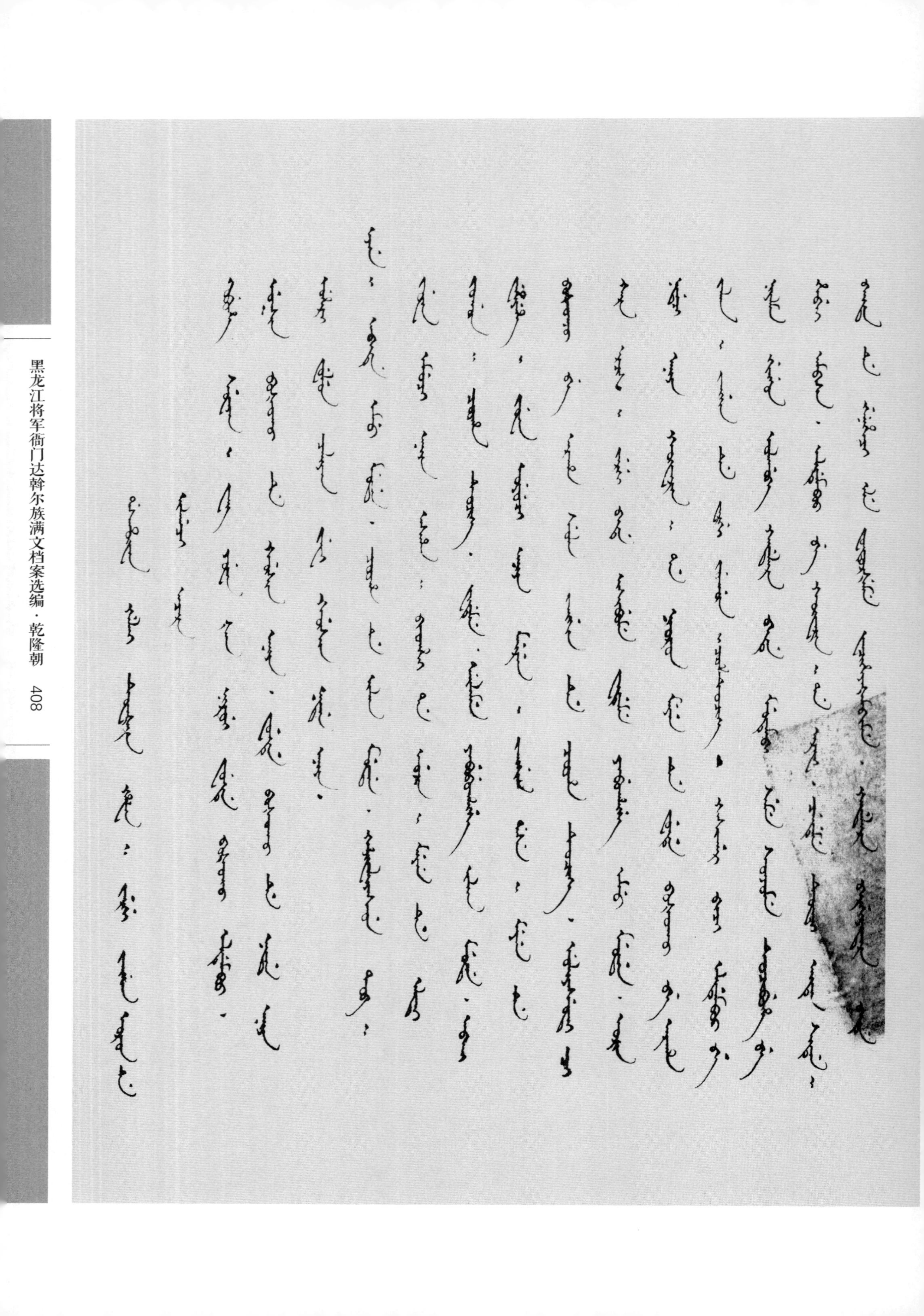

[illegible]

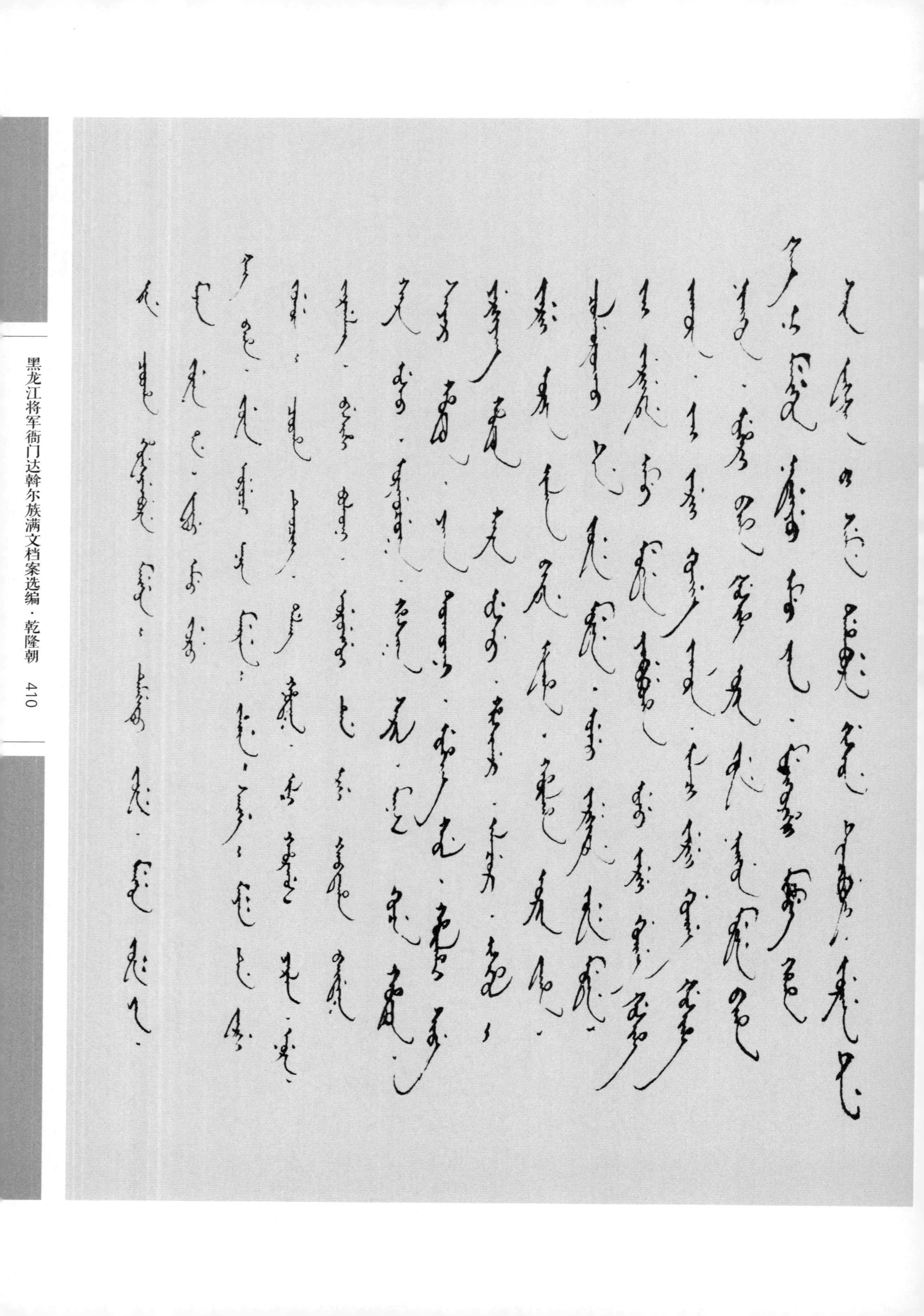

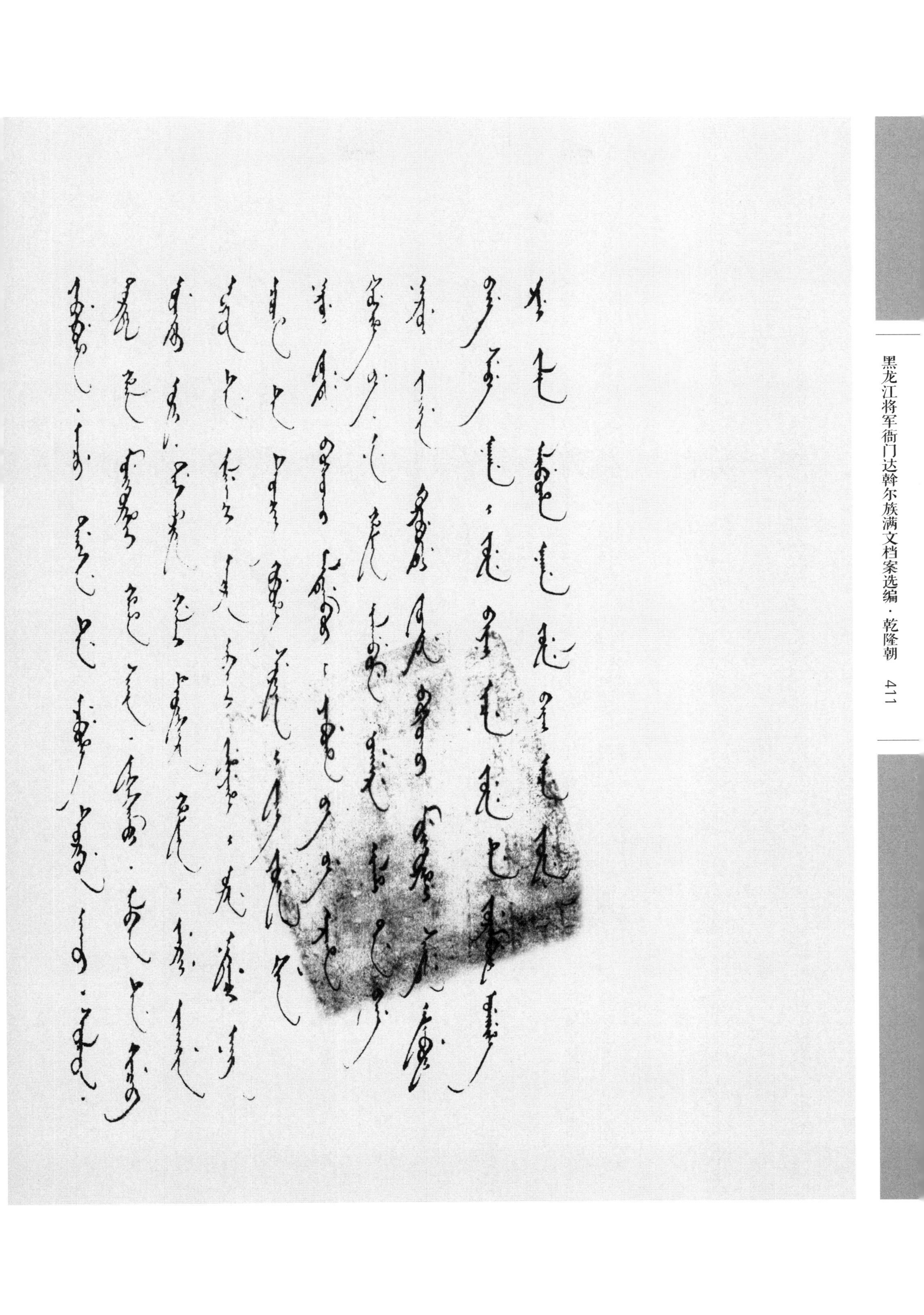

[illegible]

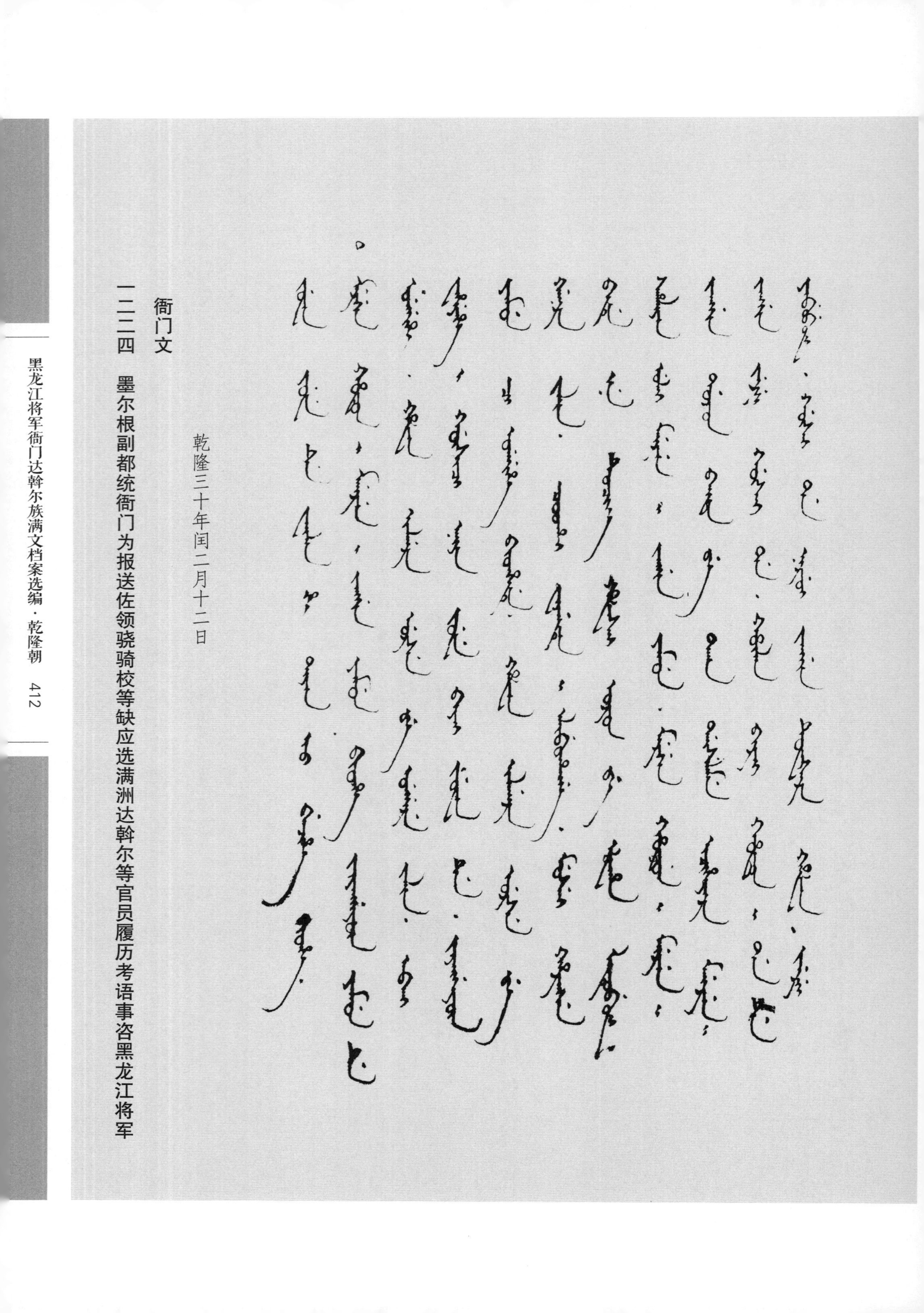

一二二四 墨尔根副都统衙门为报送佐领骁骑校等缺应选满洲达斡尔等官员履历考语事咨黑龙江将军衙门文

乾隆三十年闰二月十二日

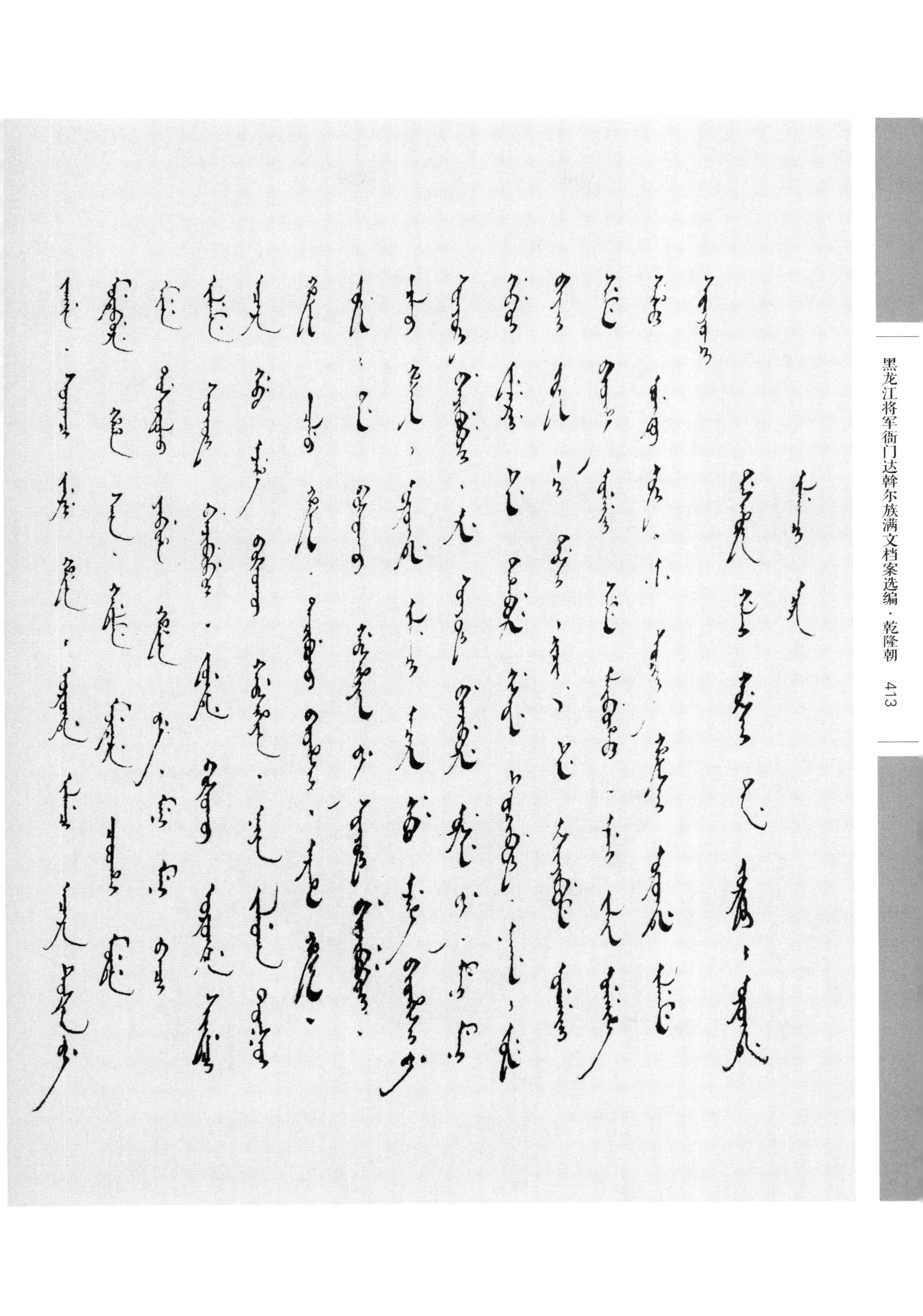

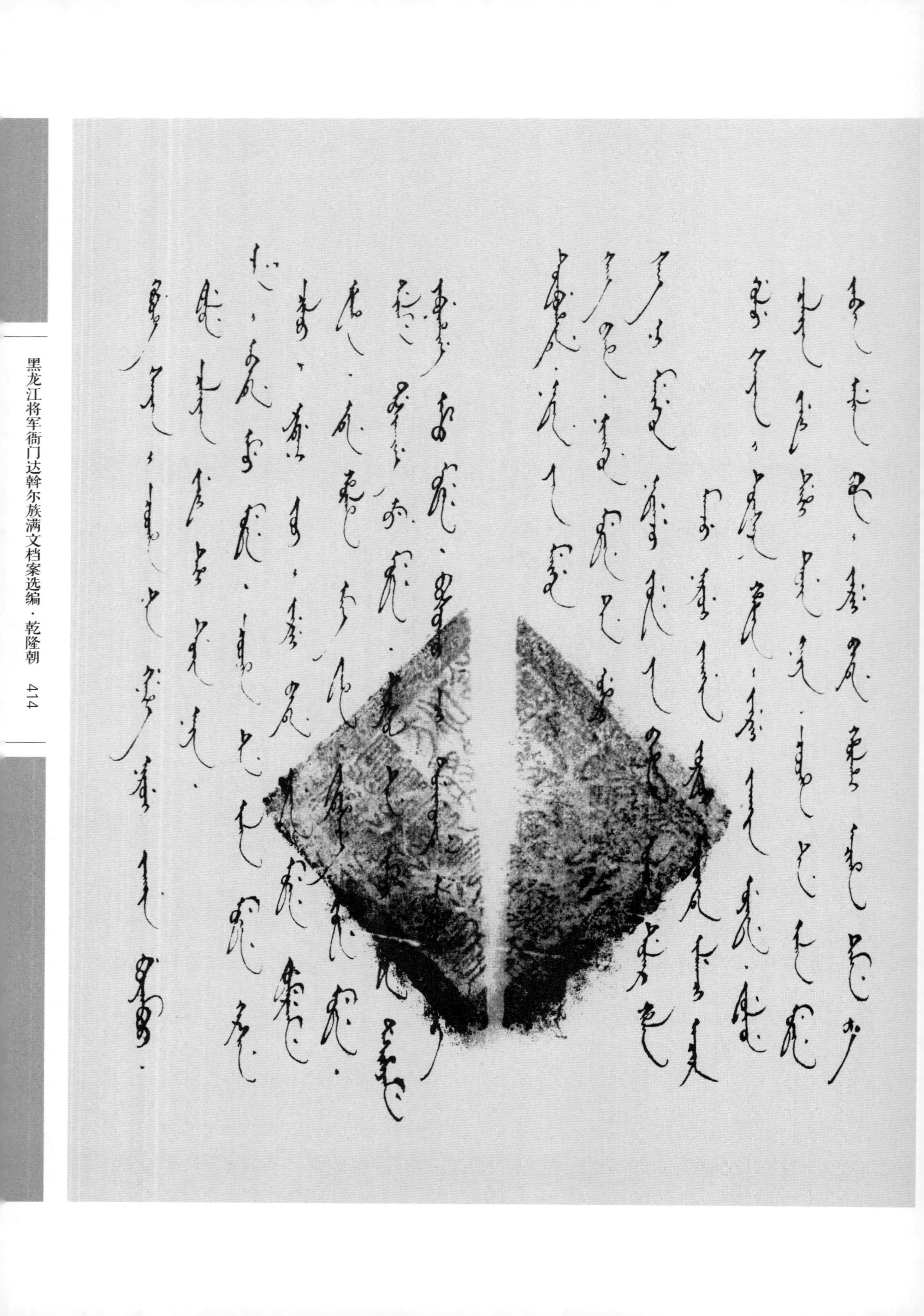

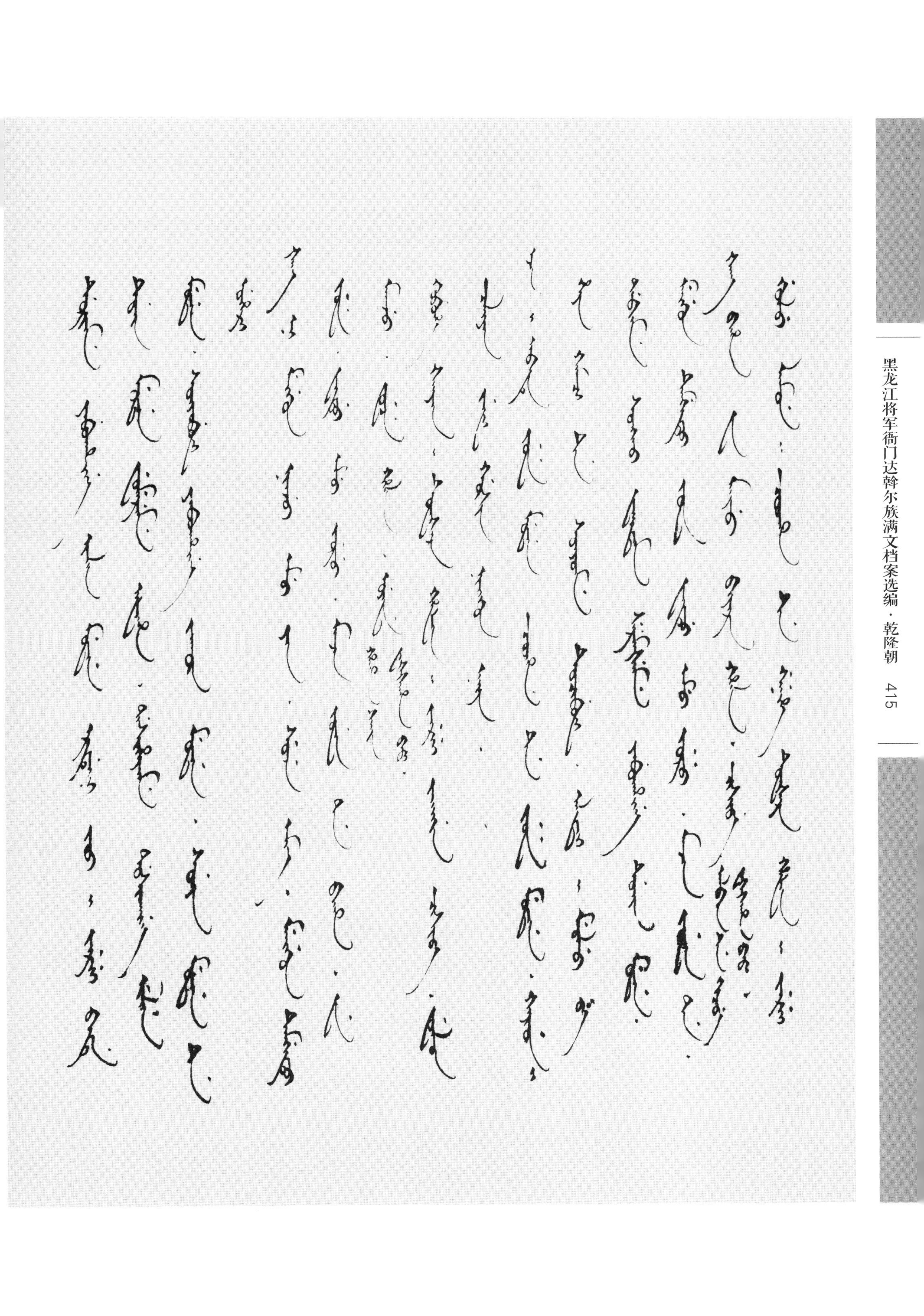

[illegible]

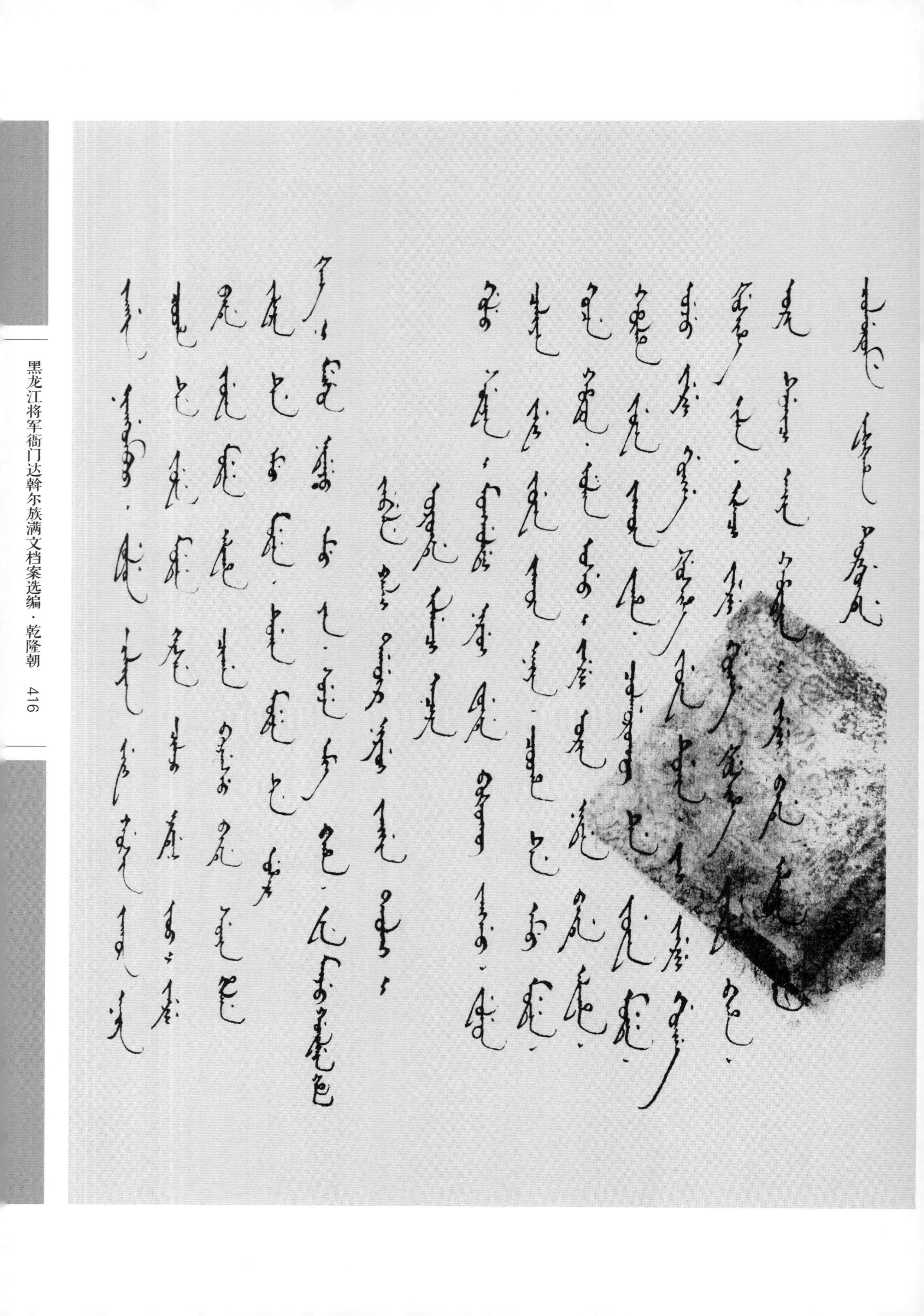

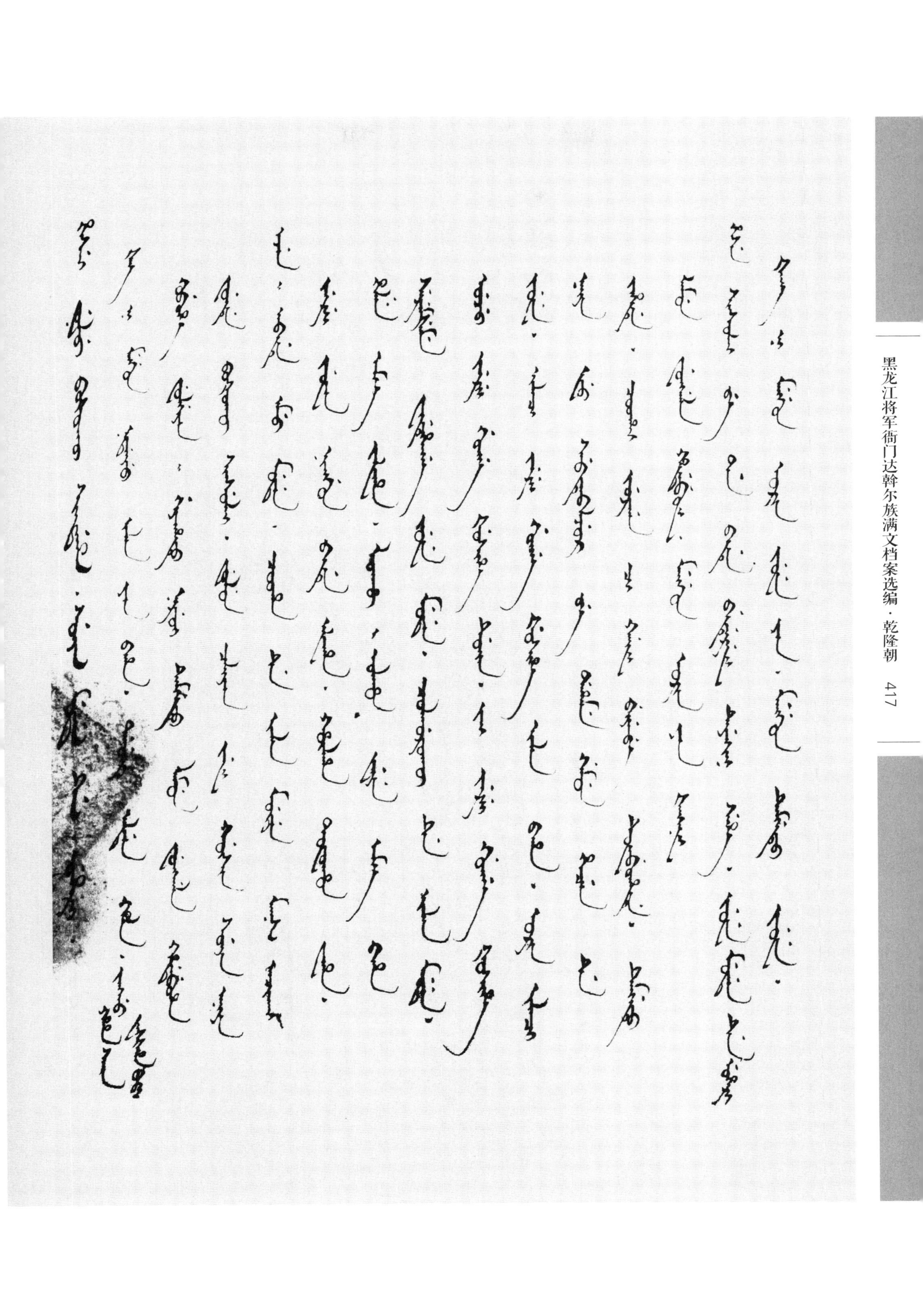

[illegible]

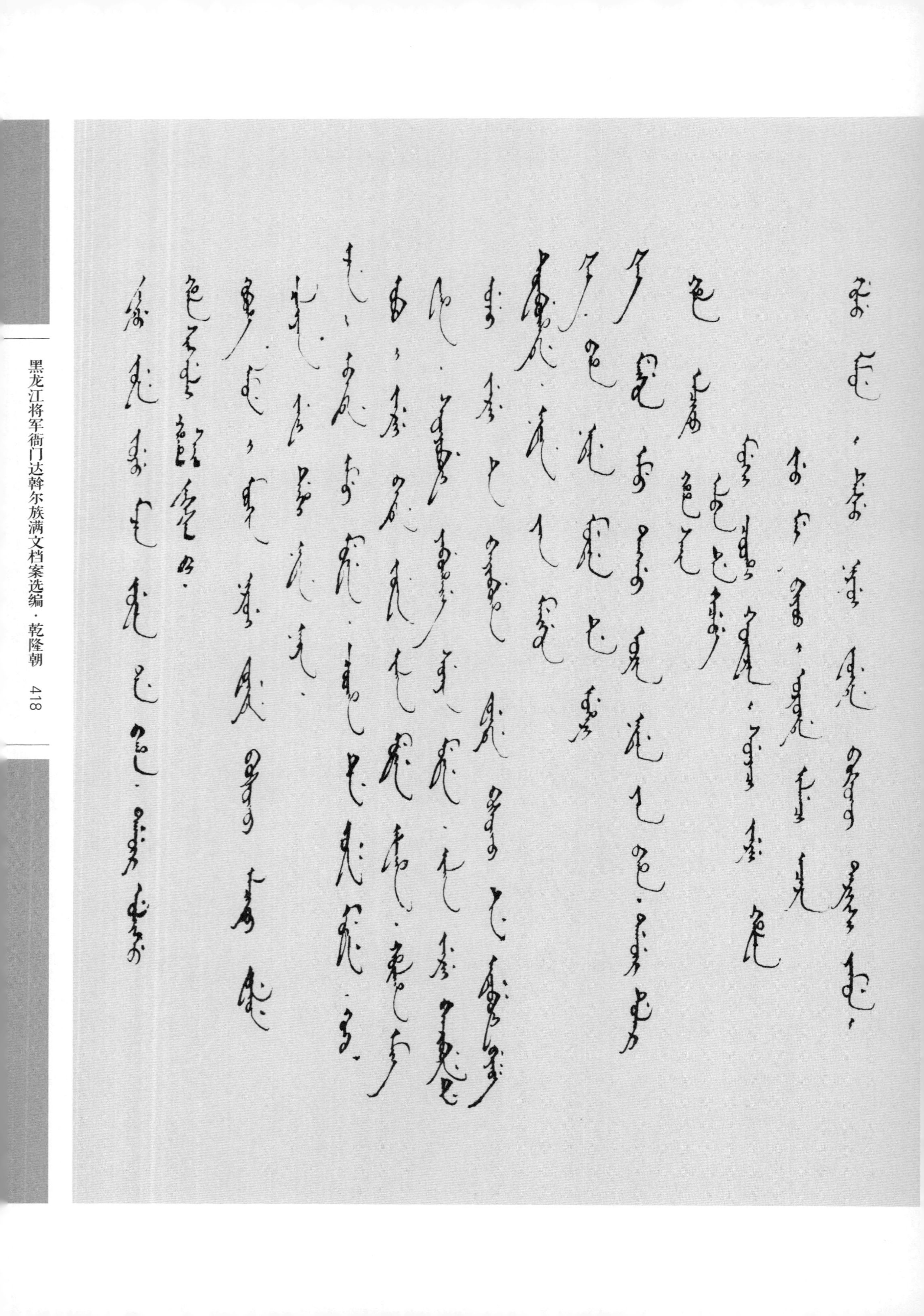

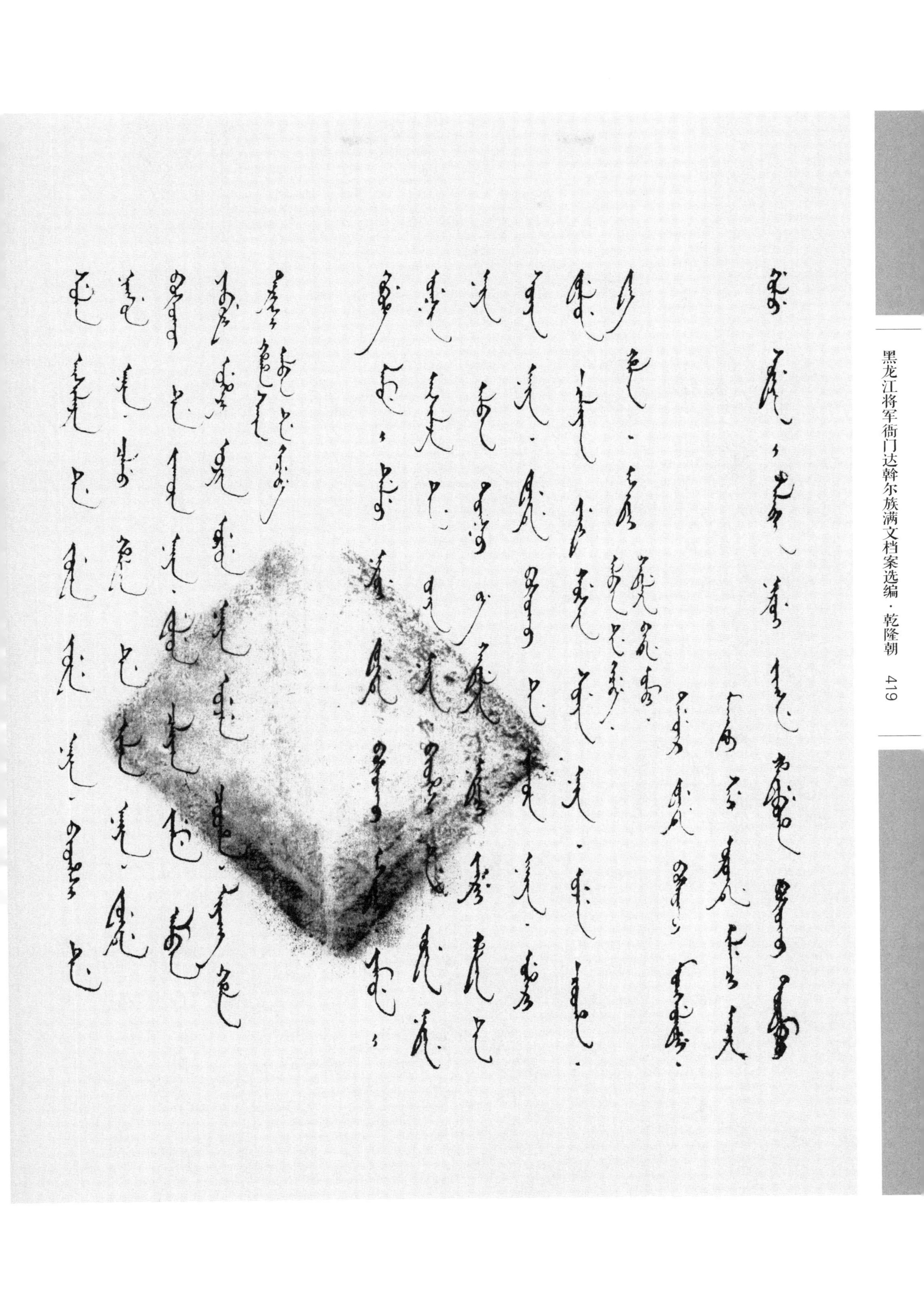

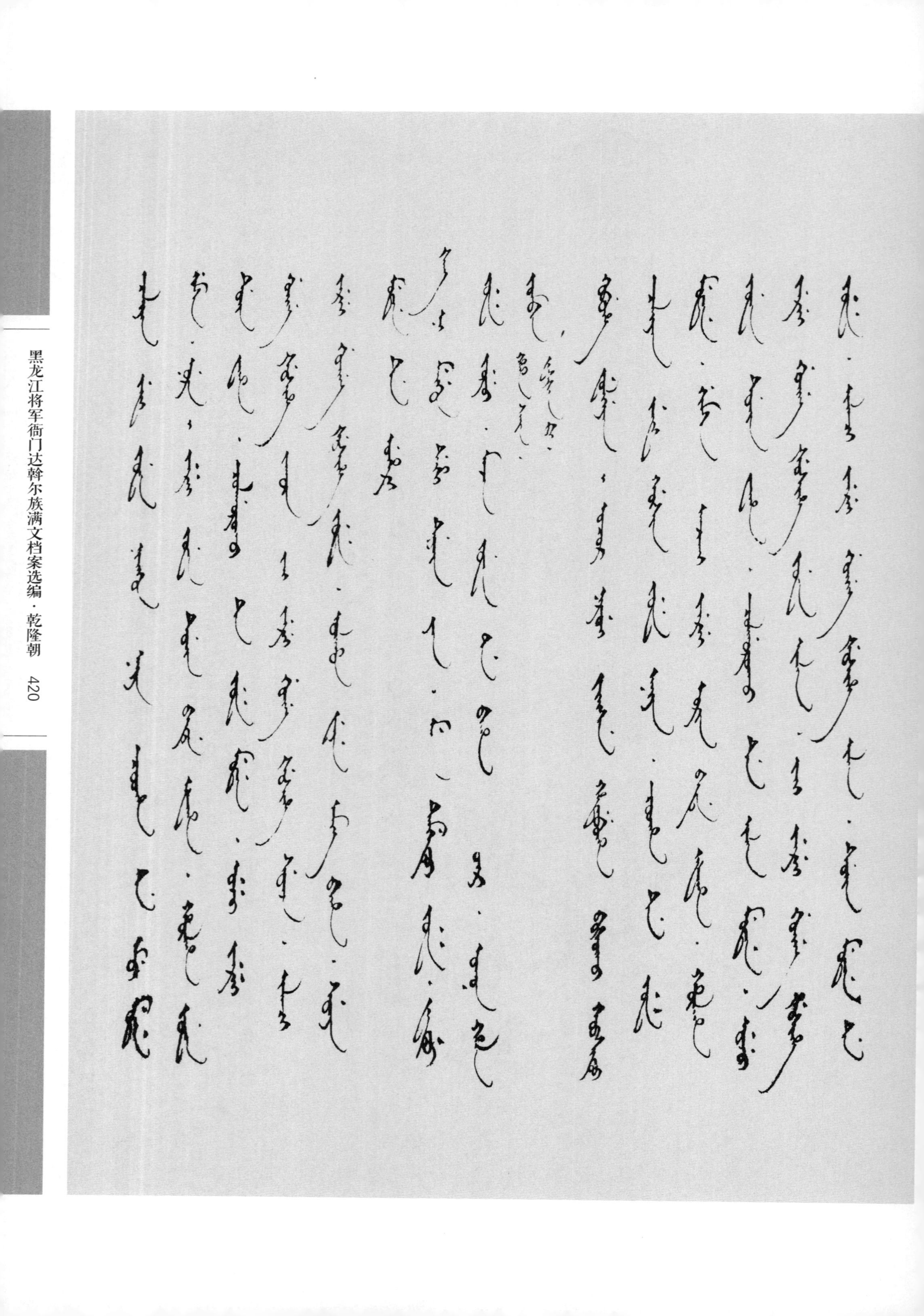

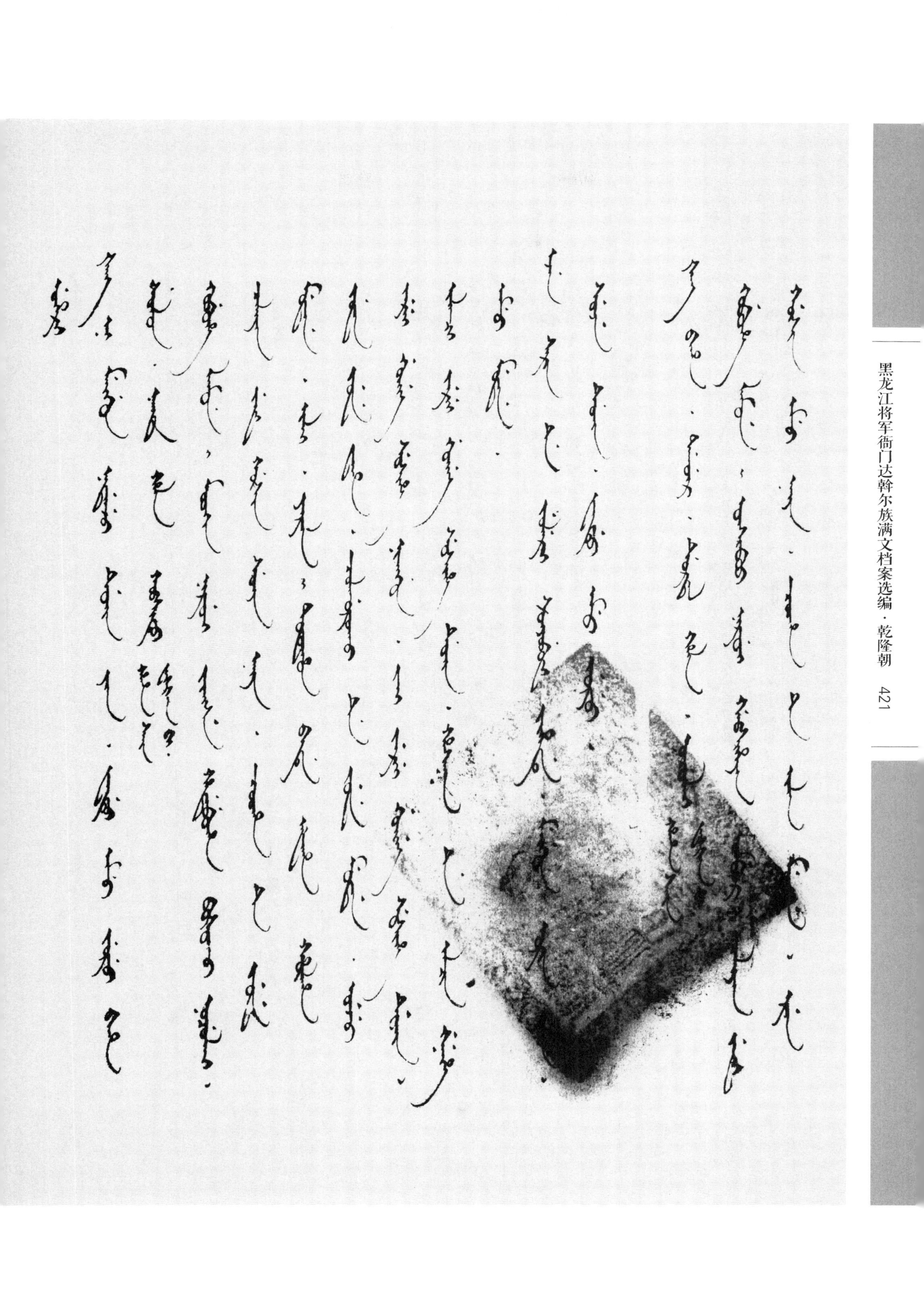

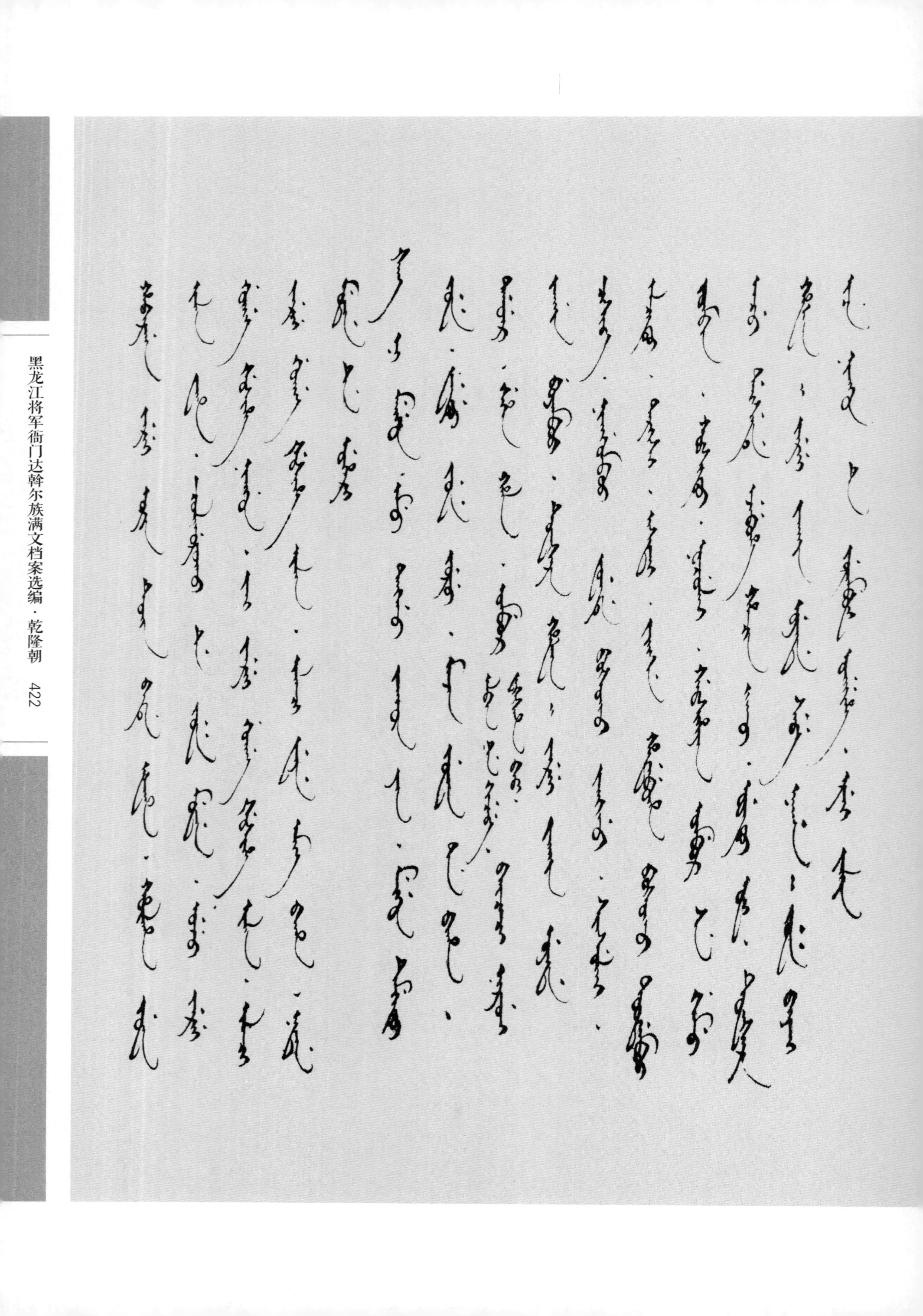

[illegible]

[illegible]

[illegible]

一二二五 墨尔根副都统衙门为报送达斡尔披甲伊勒噶穆保履历考语事咨黑龙江将军衙门文（附单一件）

乾隆三十年闰二月十二日

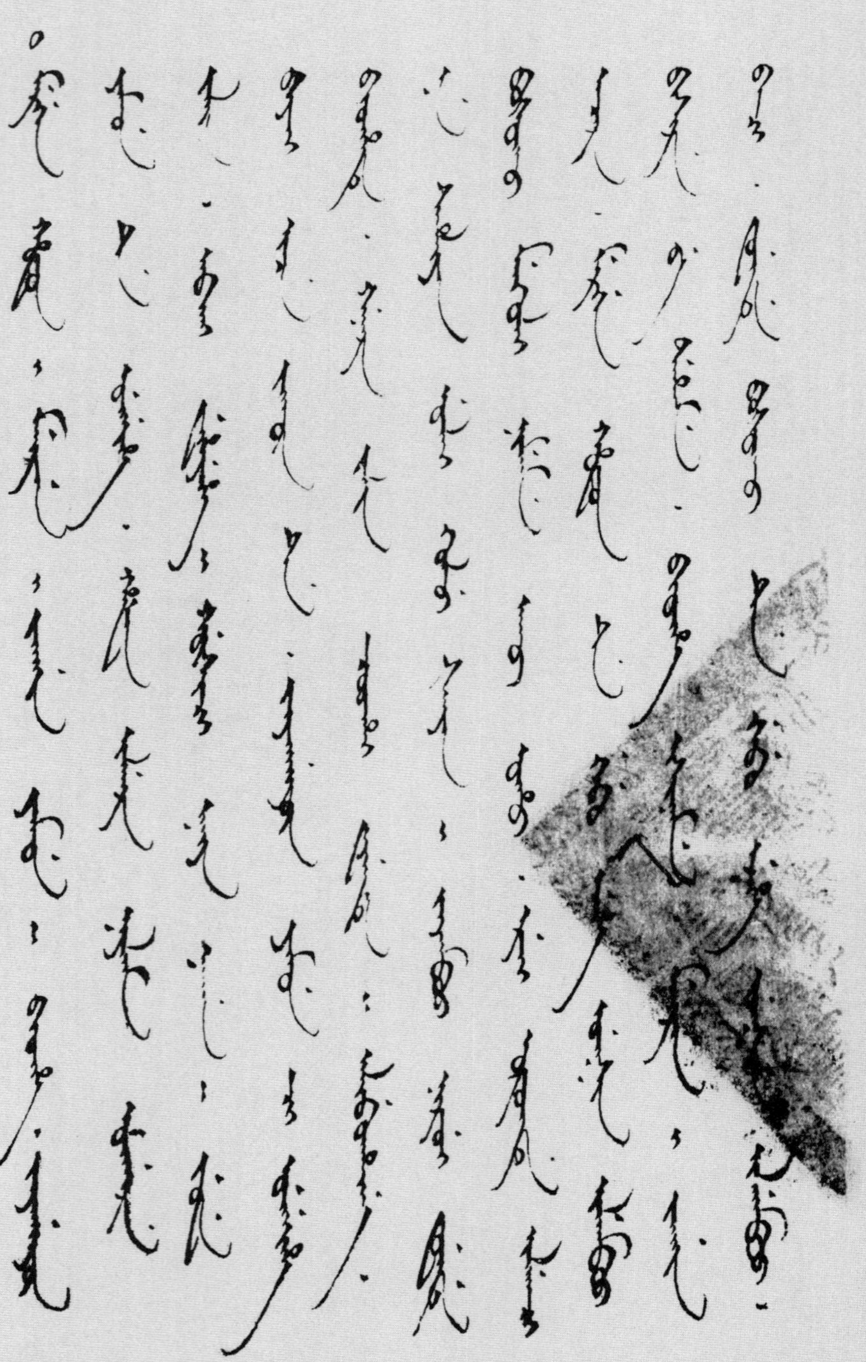

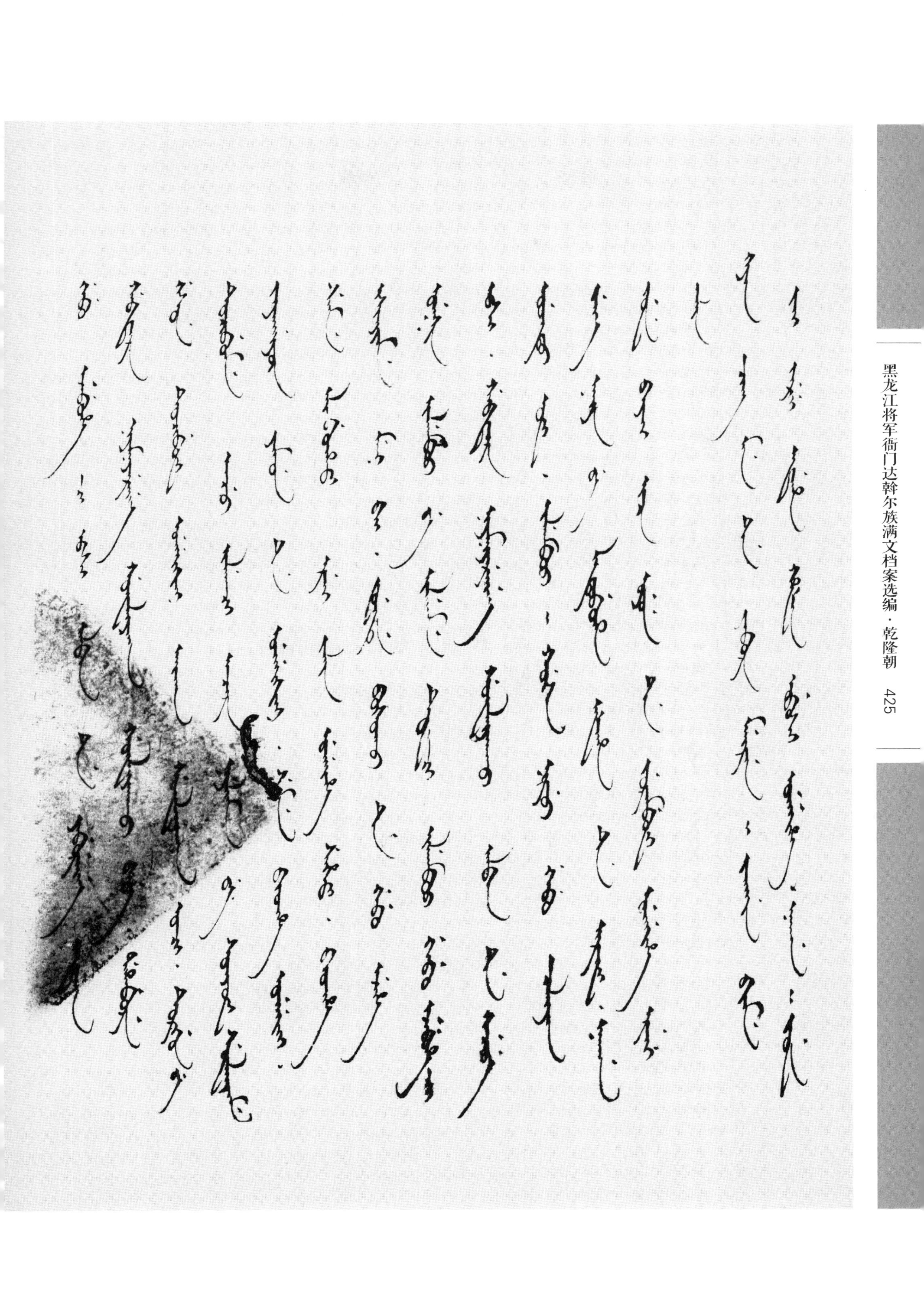

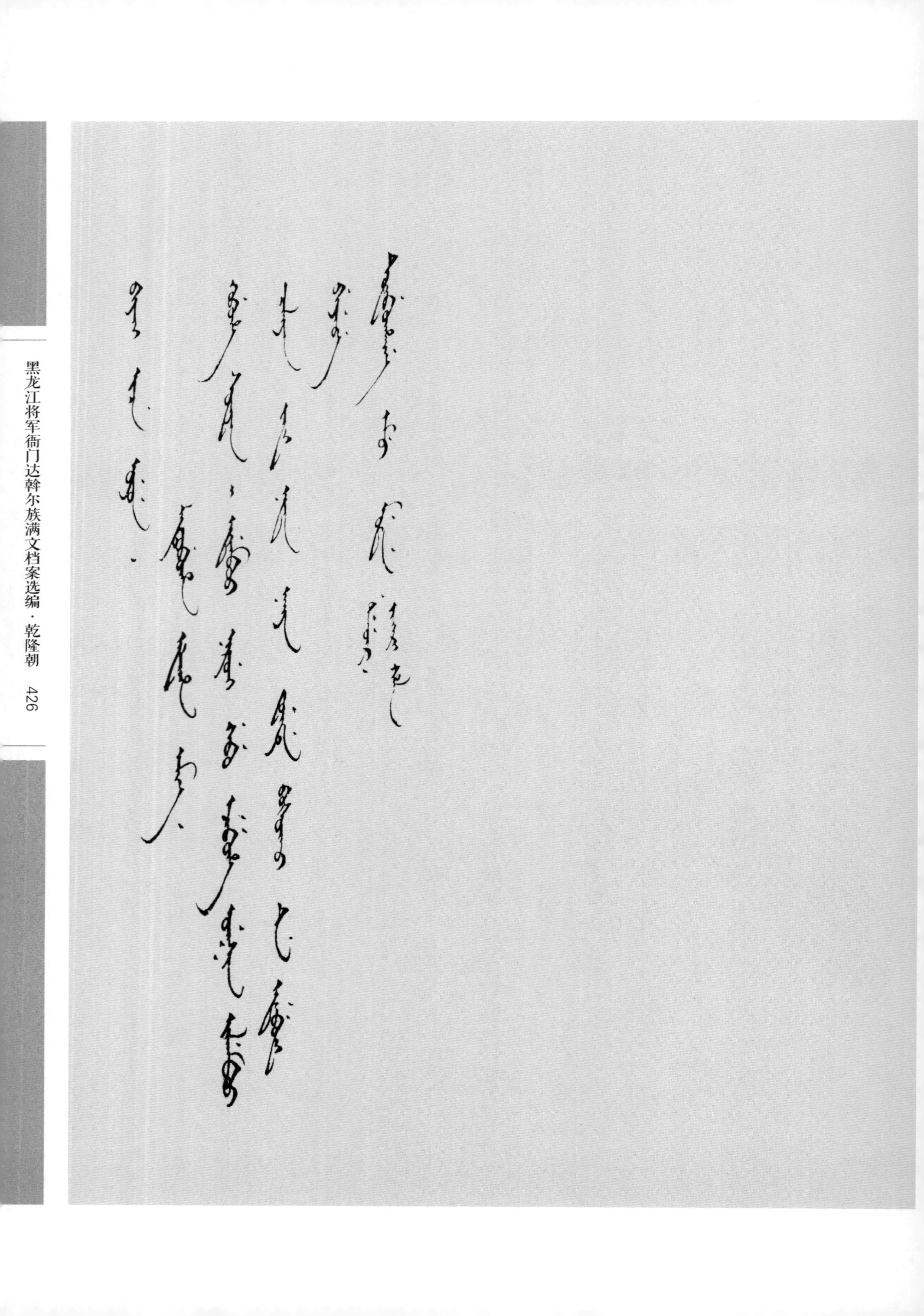

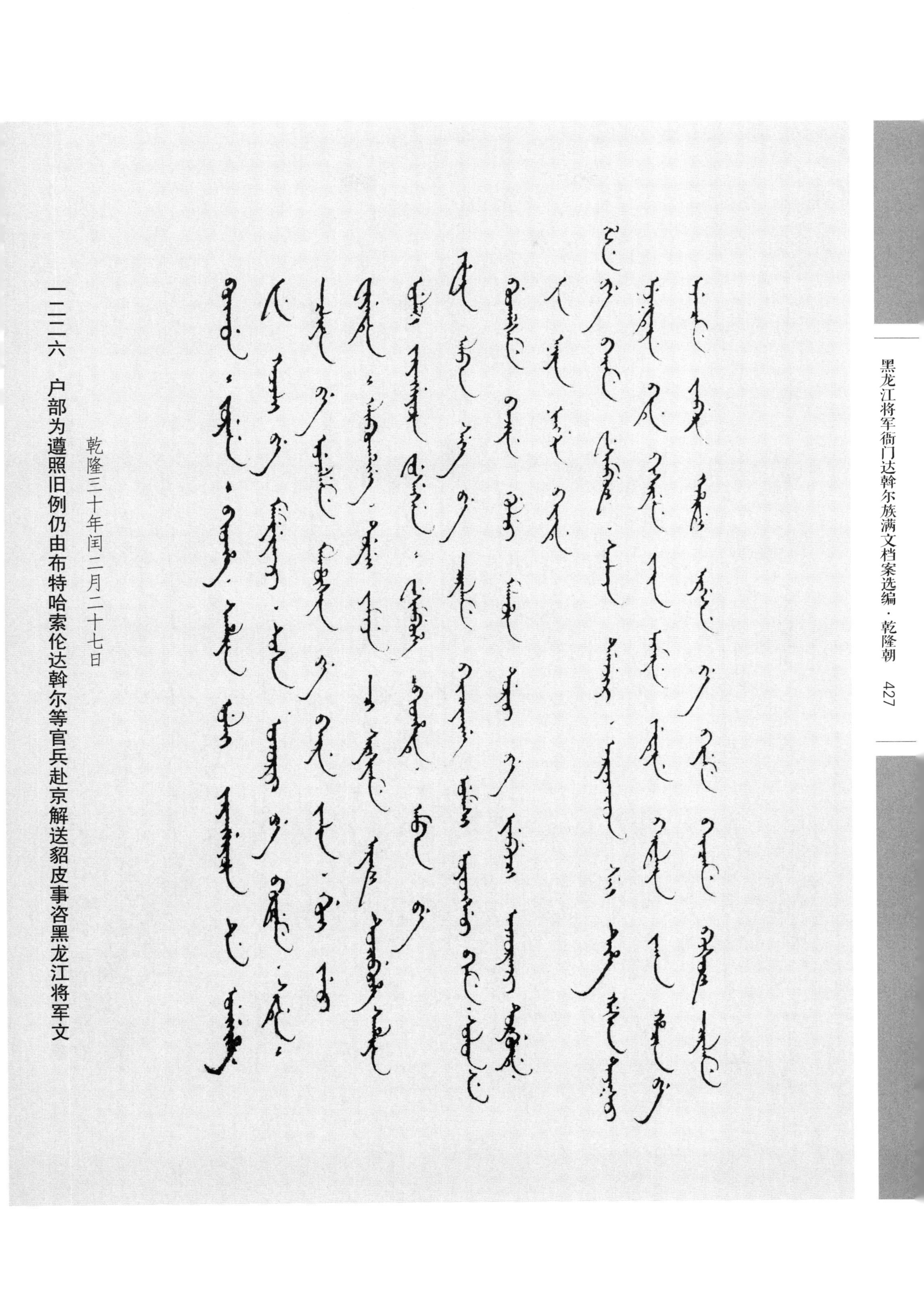

一二二六 户部为遵照旧例仍由布特哈索伦达斡尔等官兵赴京解送貂皮事咨黑龙江将军文

乾隆三十年闰二月二十七日

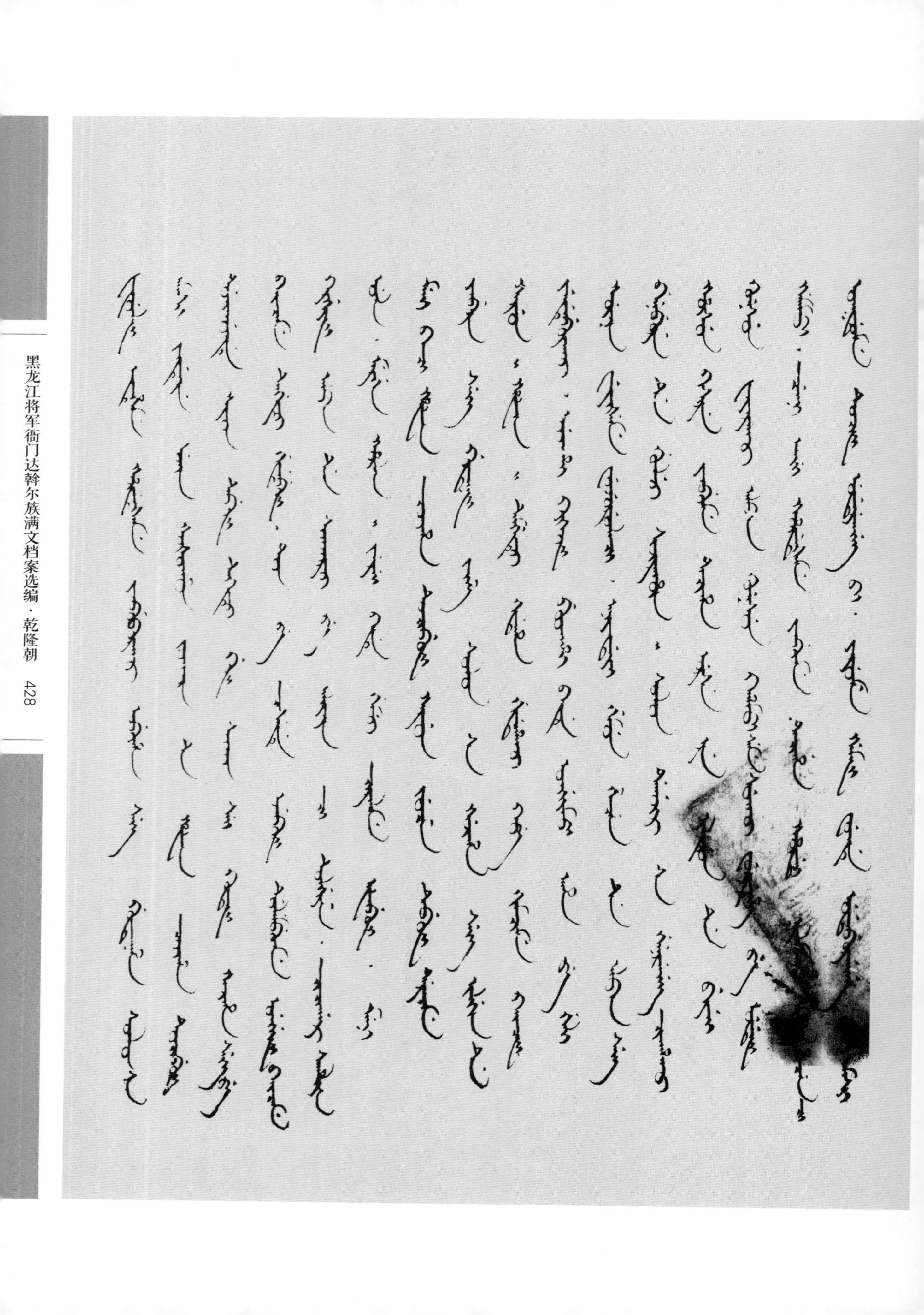

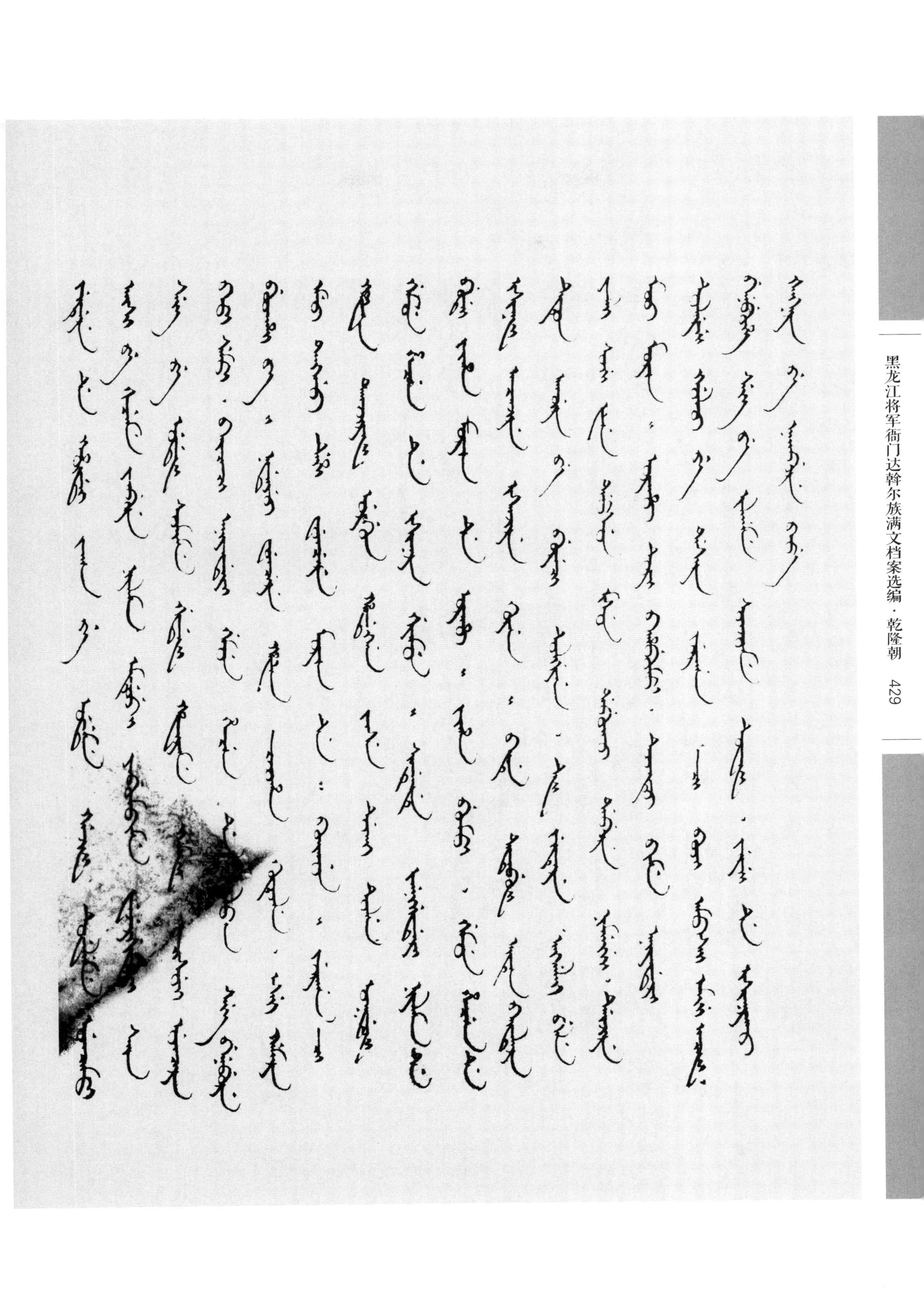

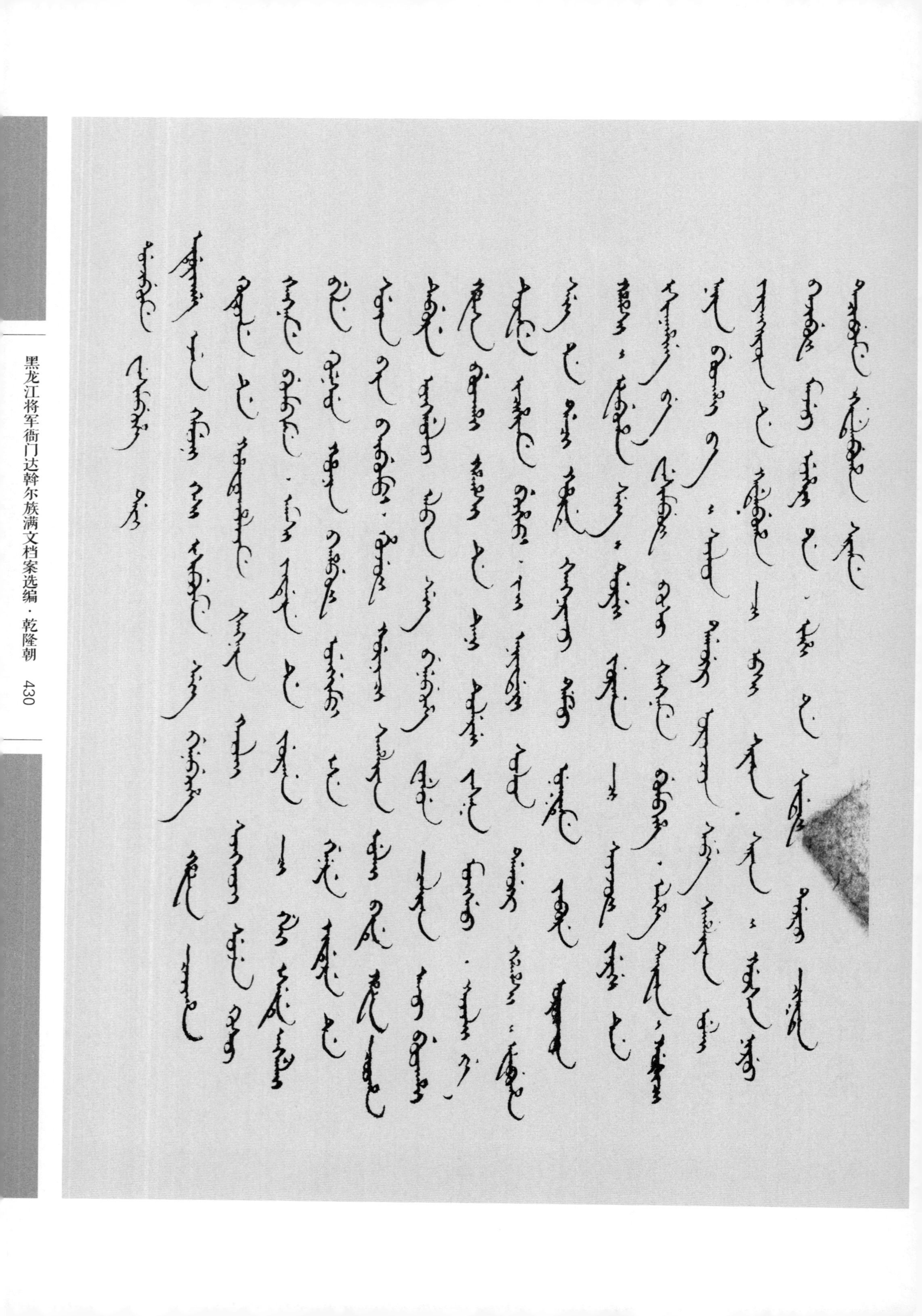

[illegible]

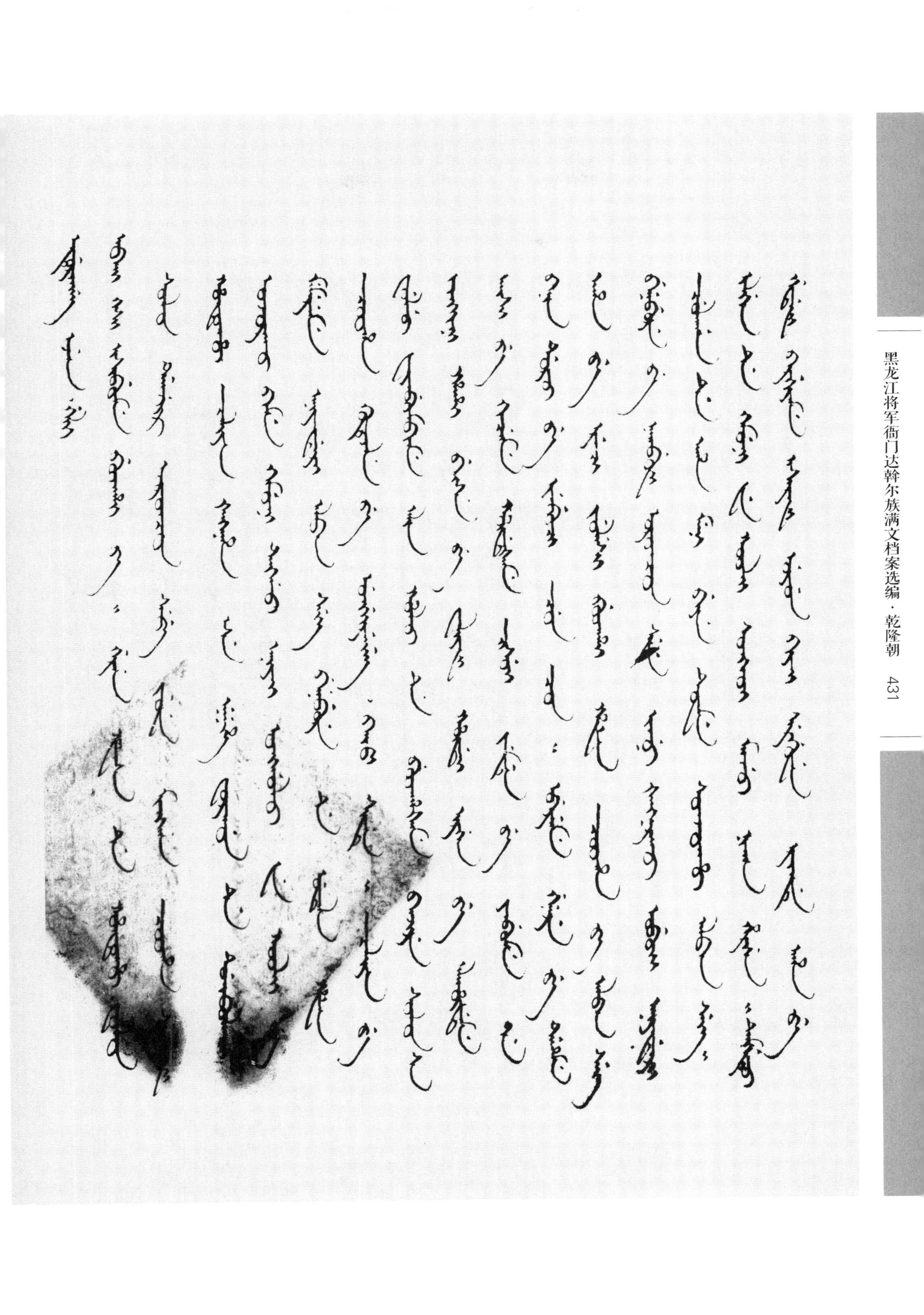

[illegible]

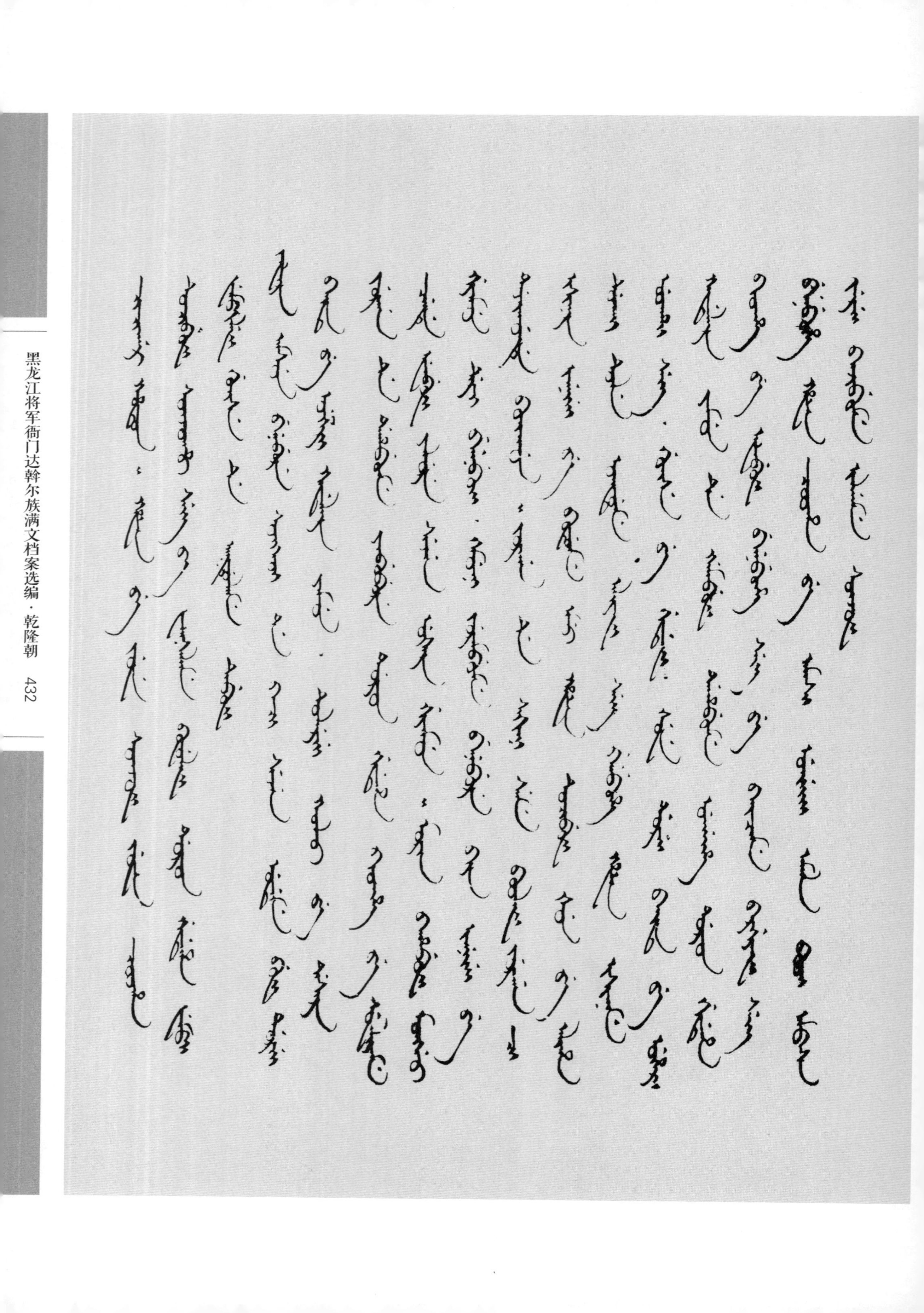

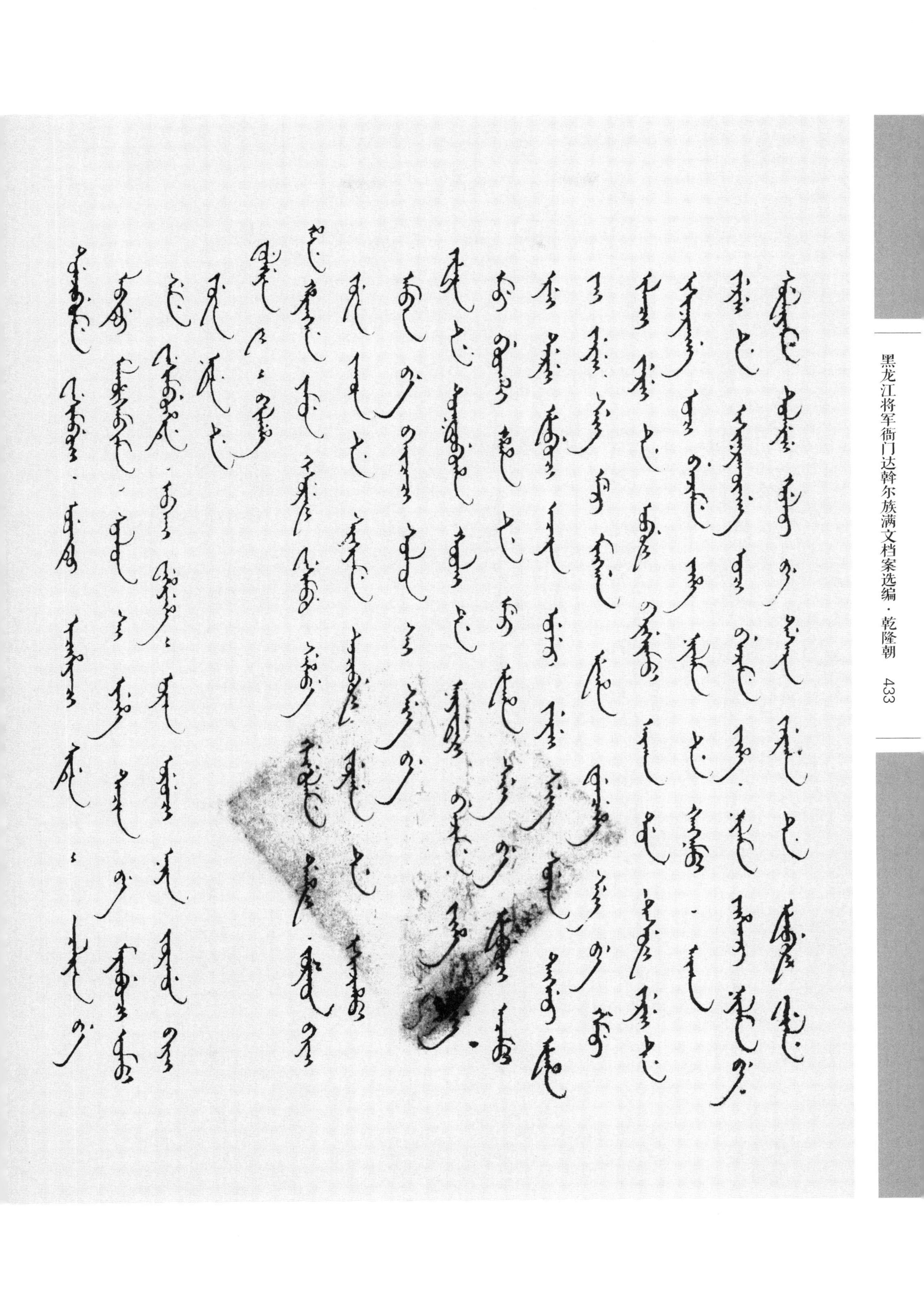

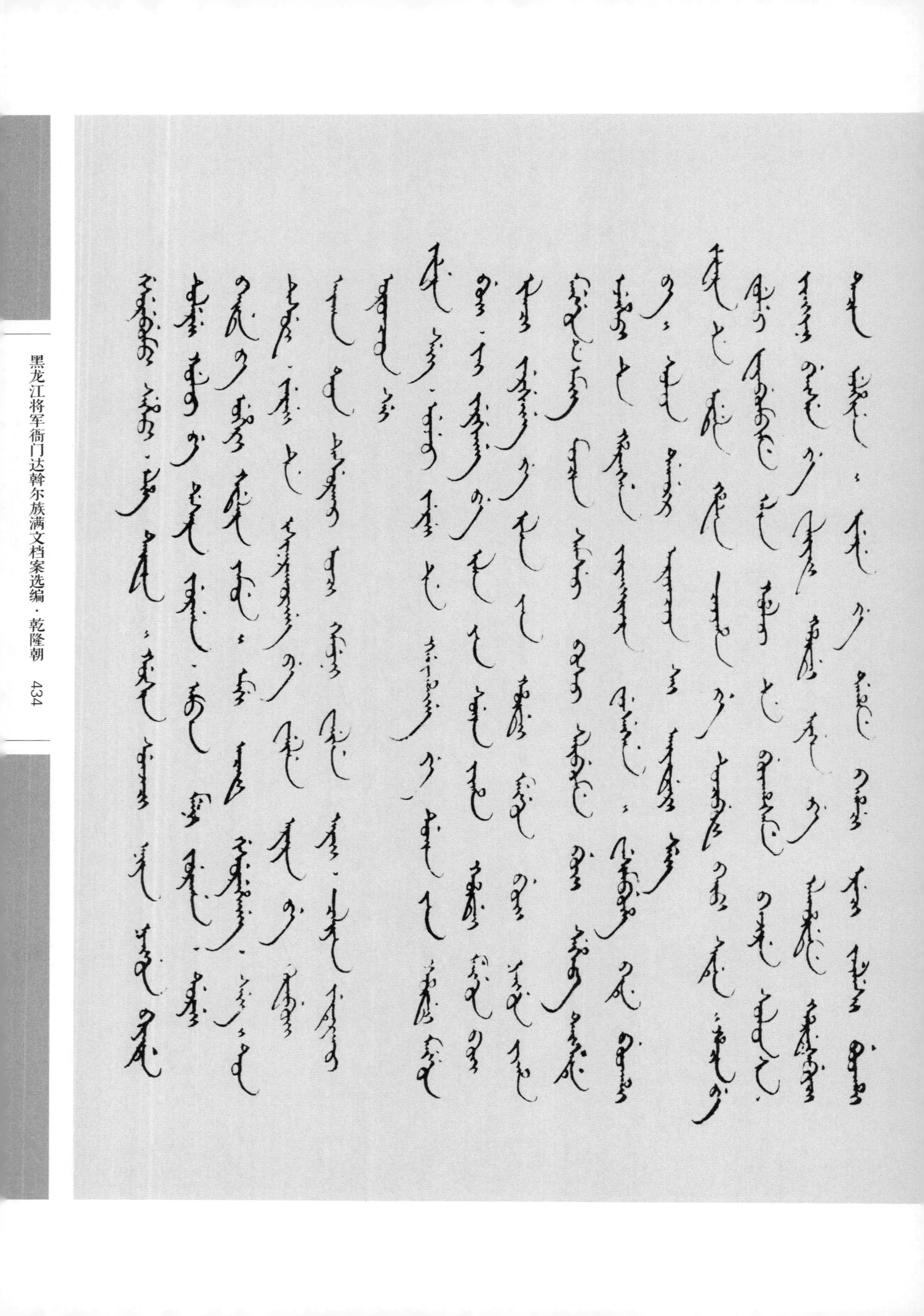

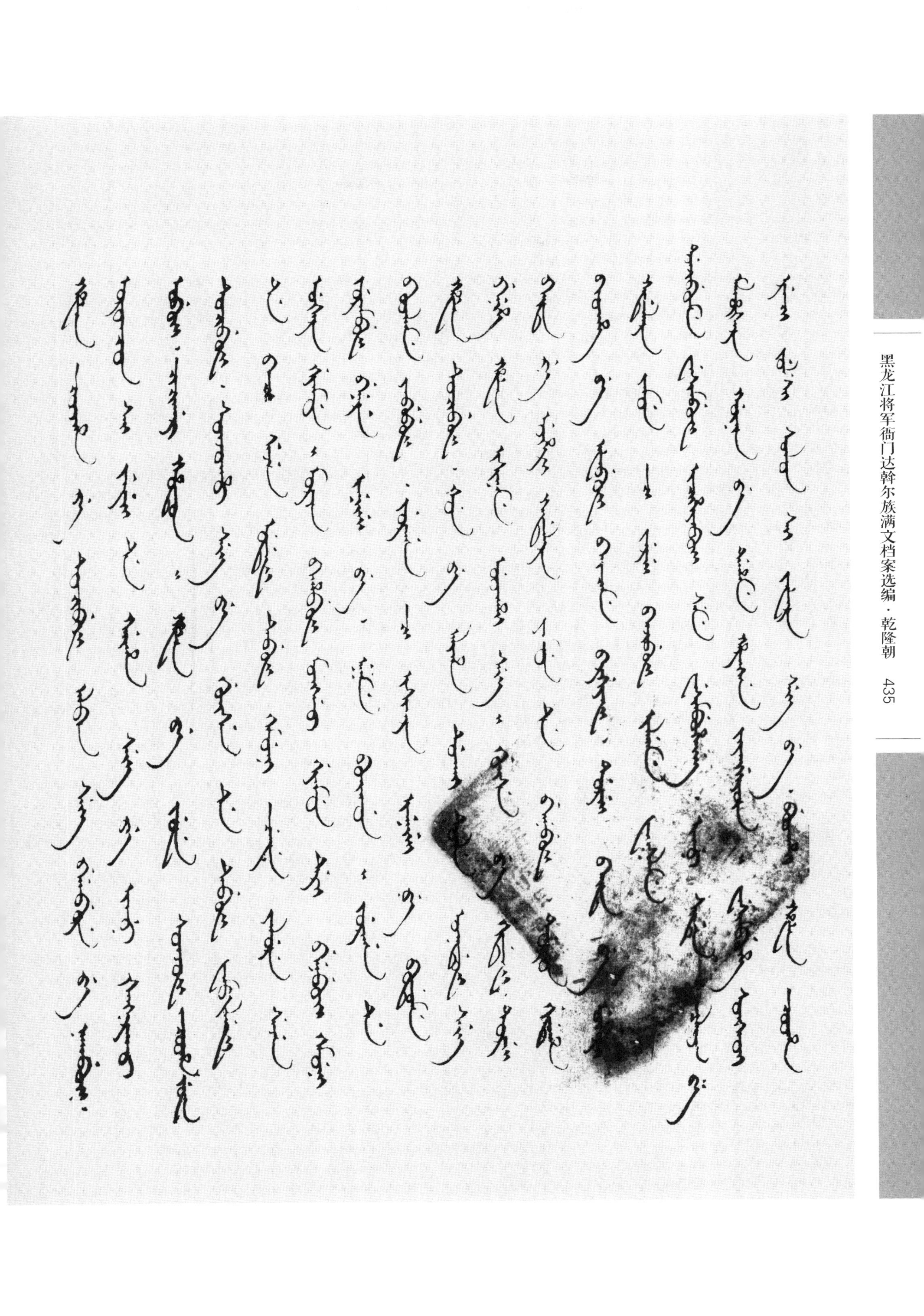

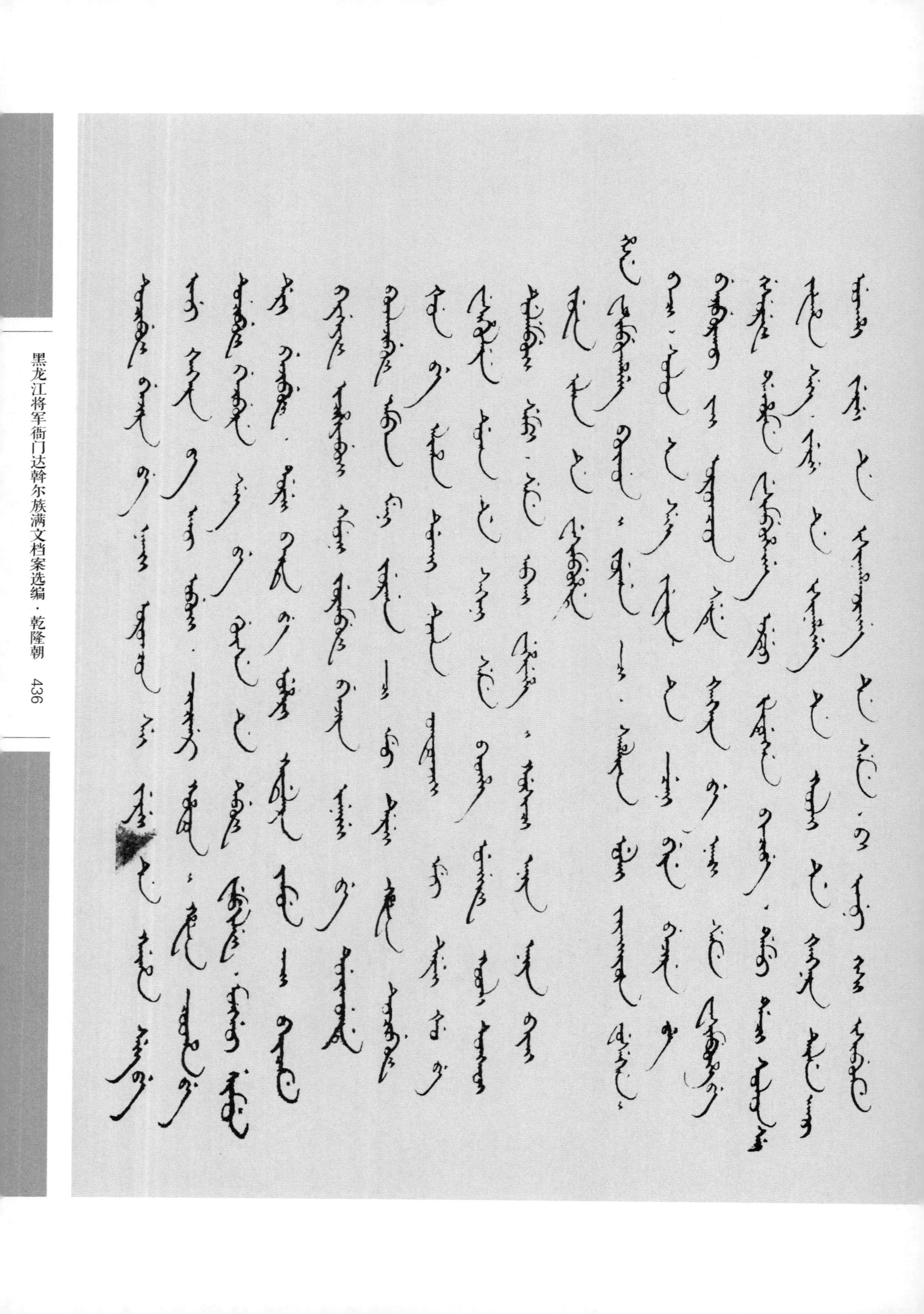

[illegible]

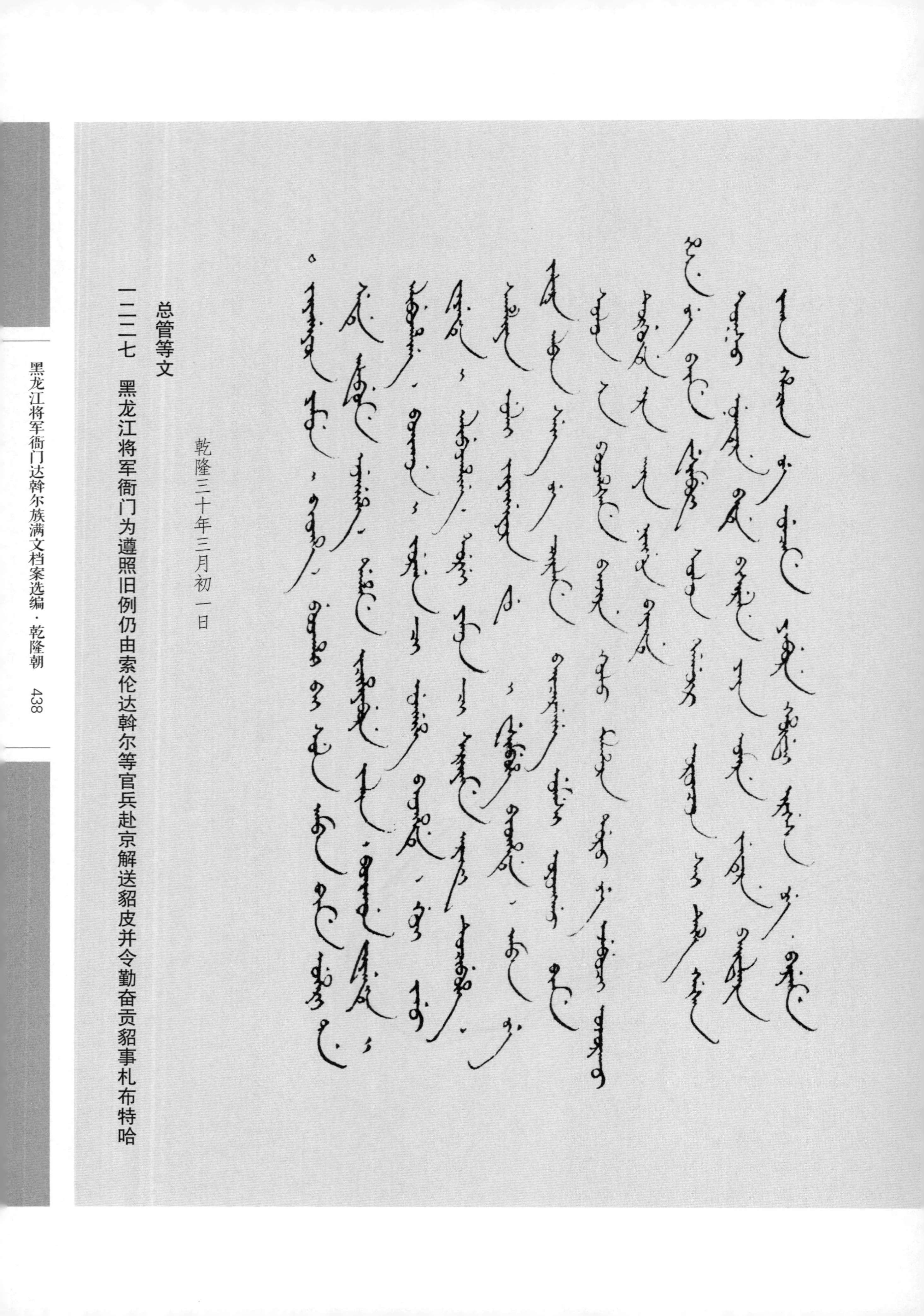

一二二七 黑龙江将军衙门为遵照旧例仍由索伦达斡尔等官兵赴京解送貂皮并令勤奋贡貂事札布特哈总管等文

乾隆三十年三月初一日

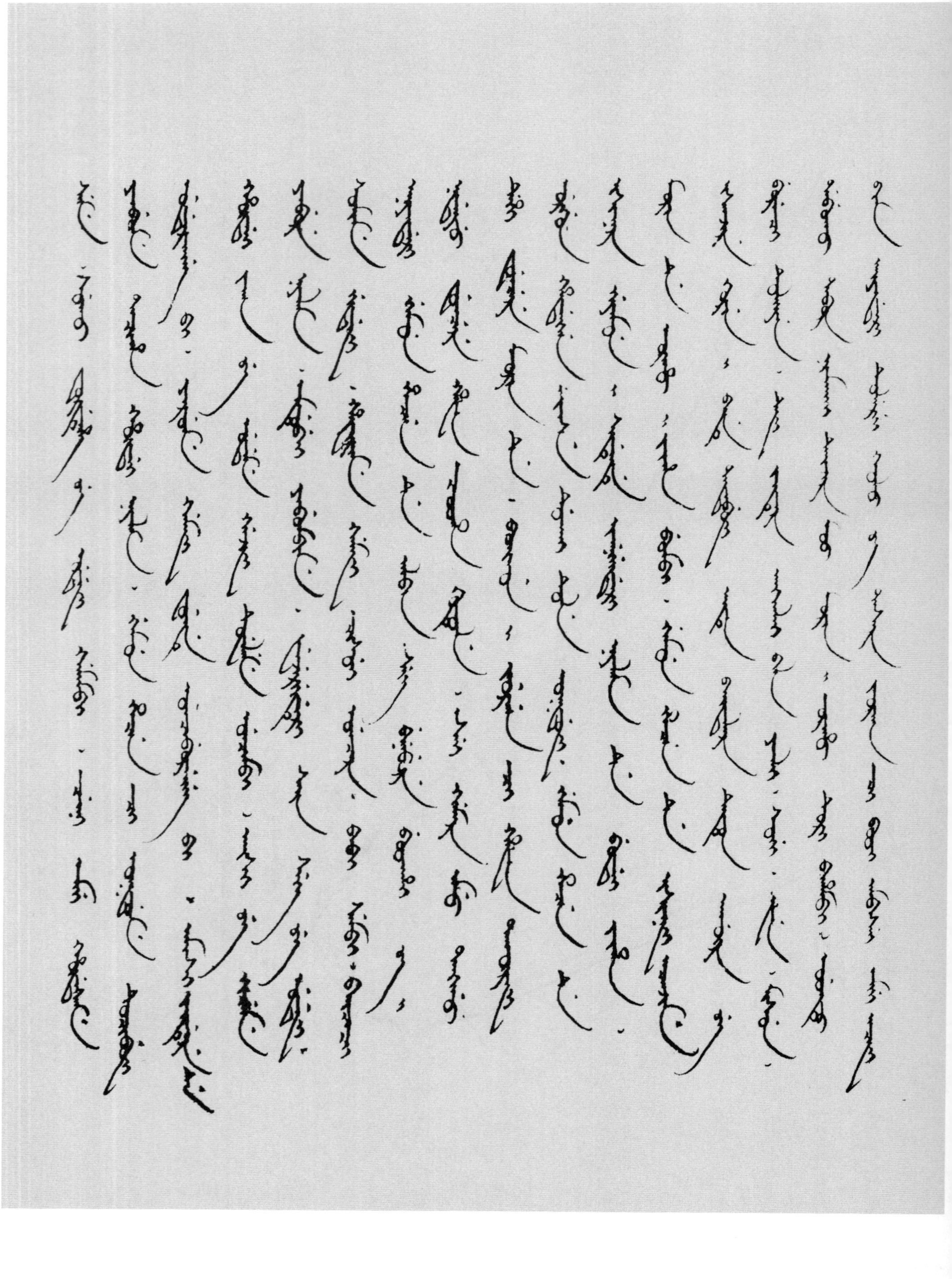

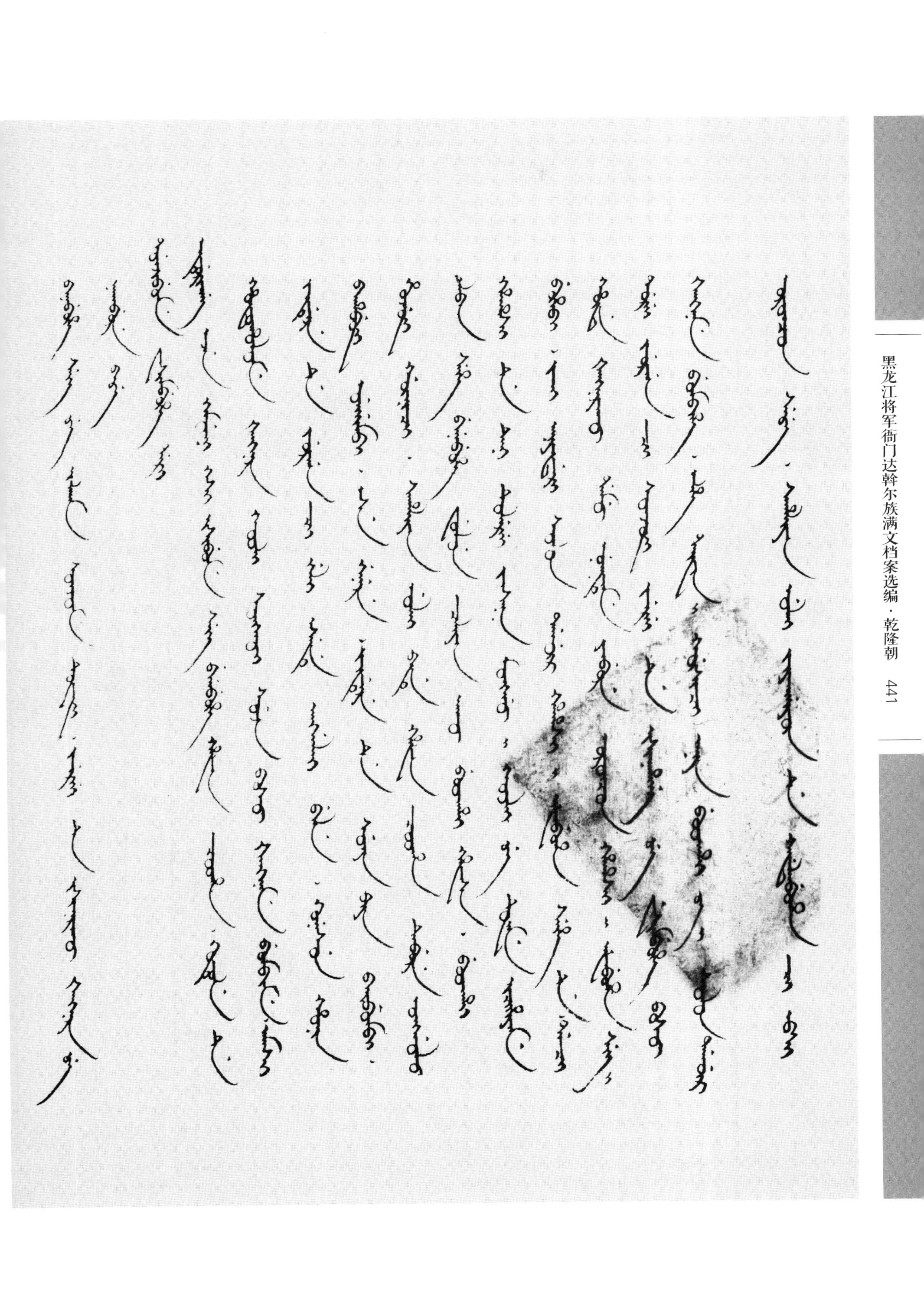

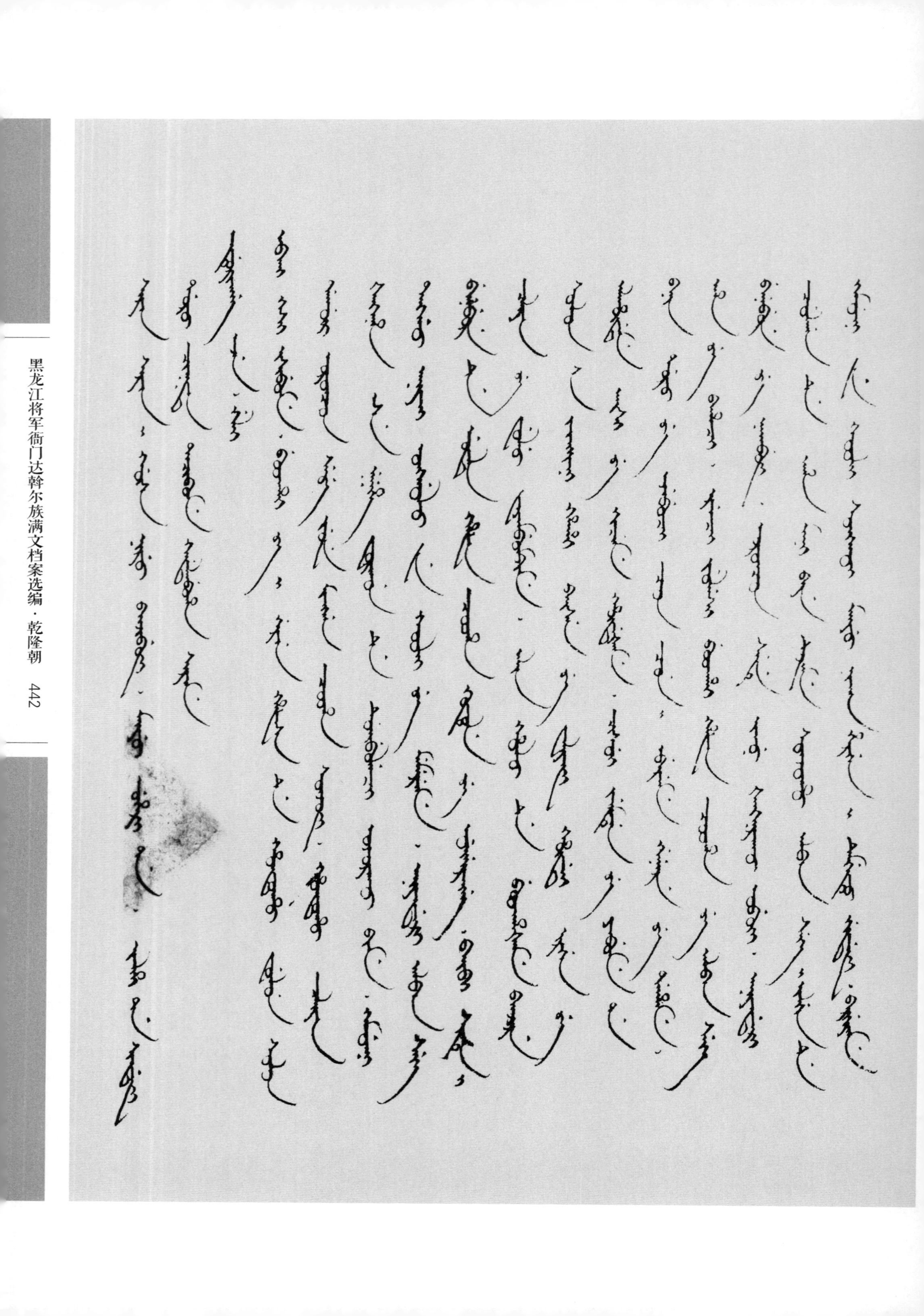

[illegible]

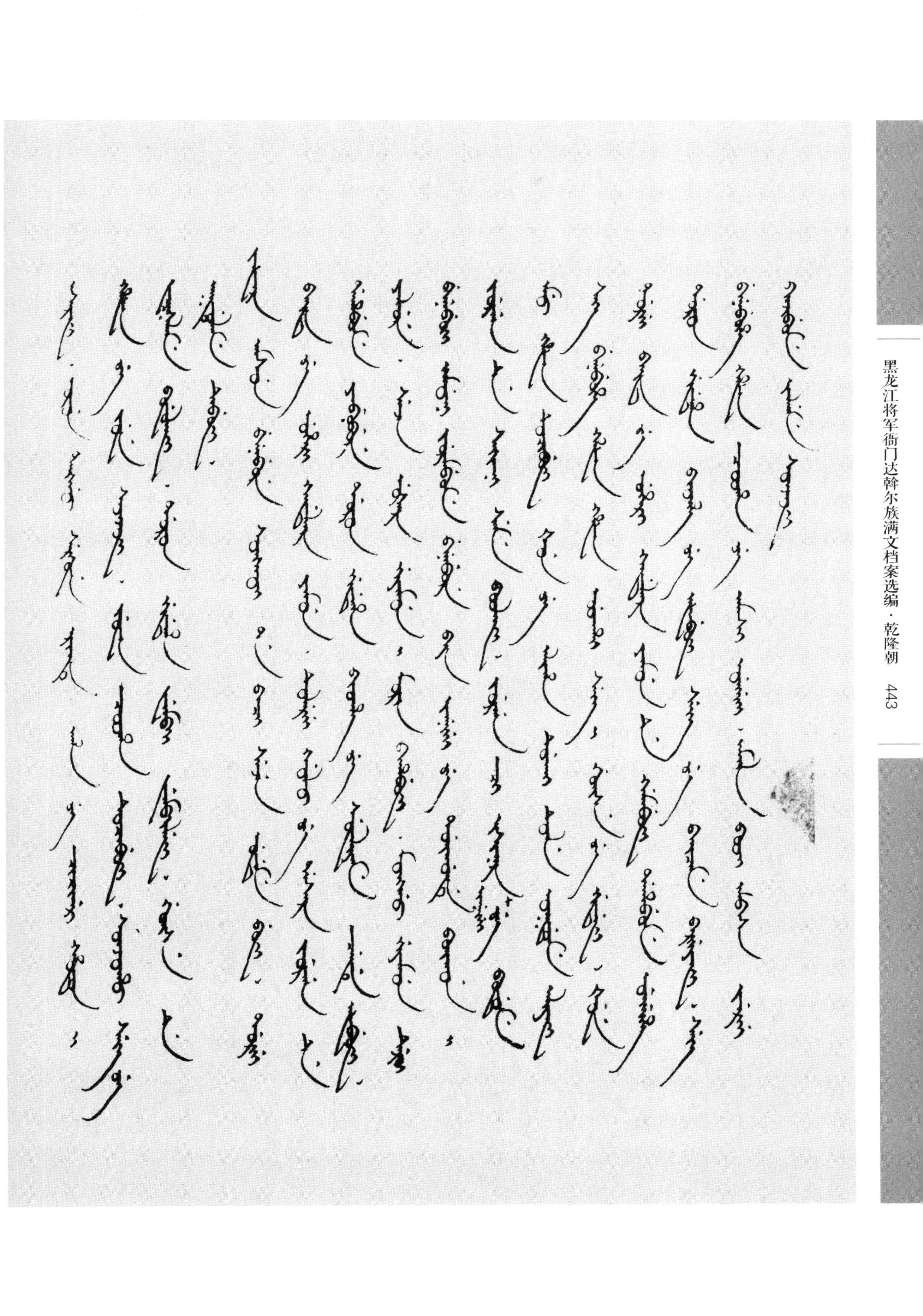

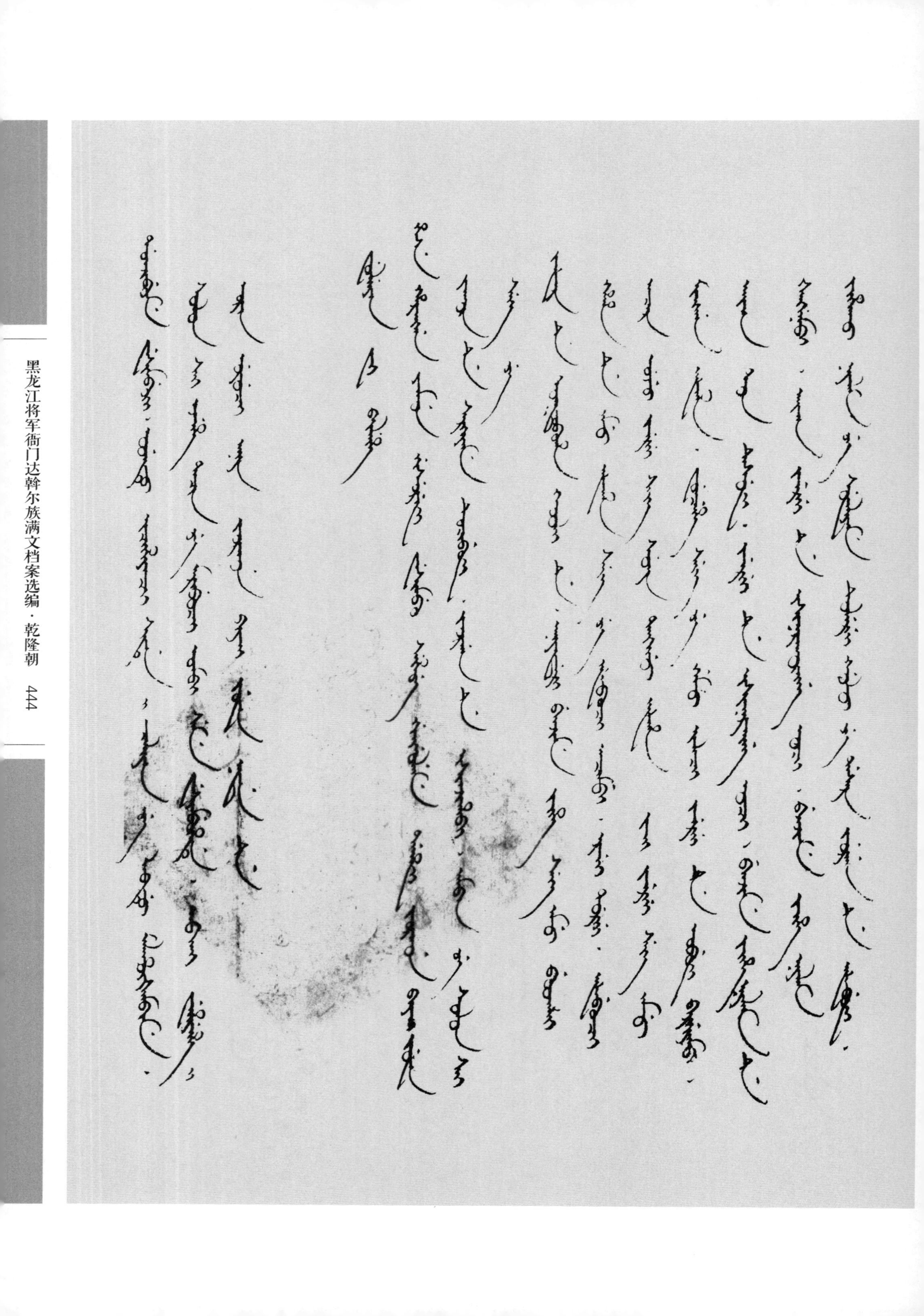

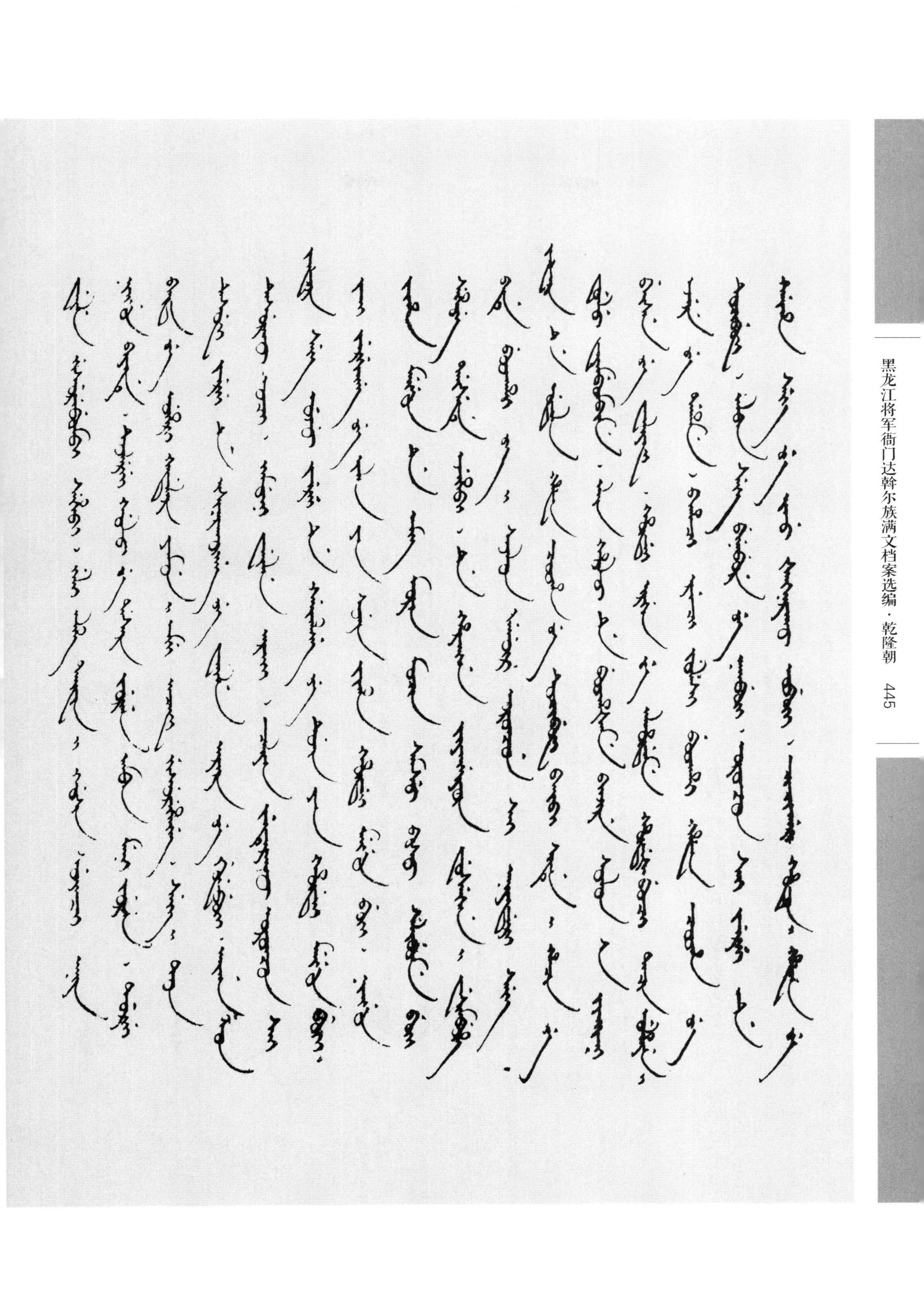

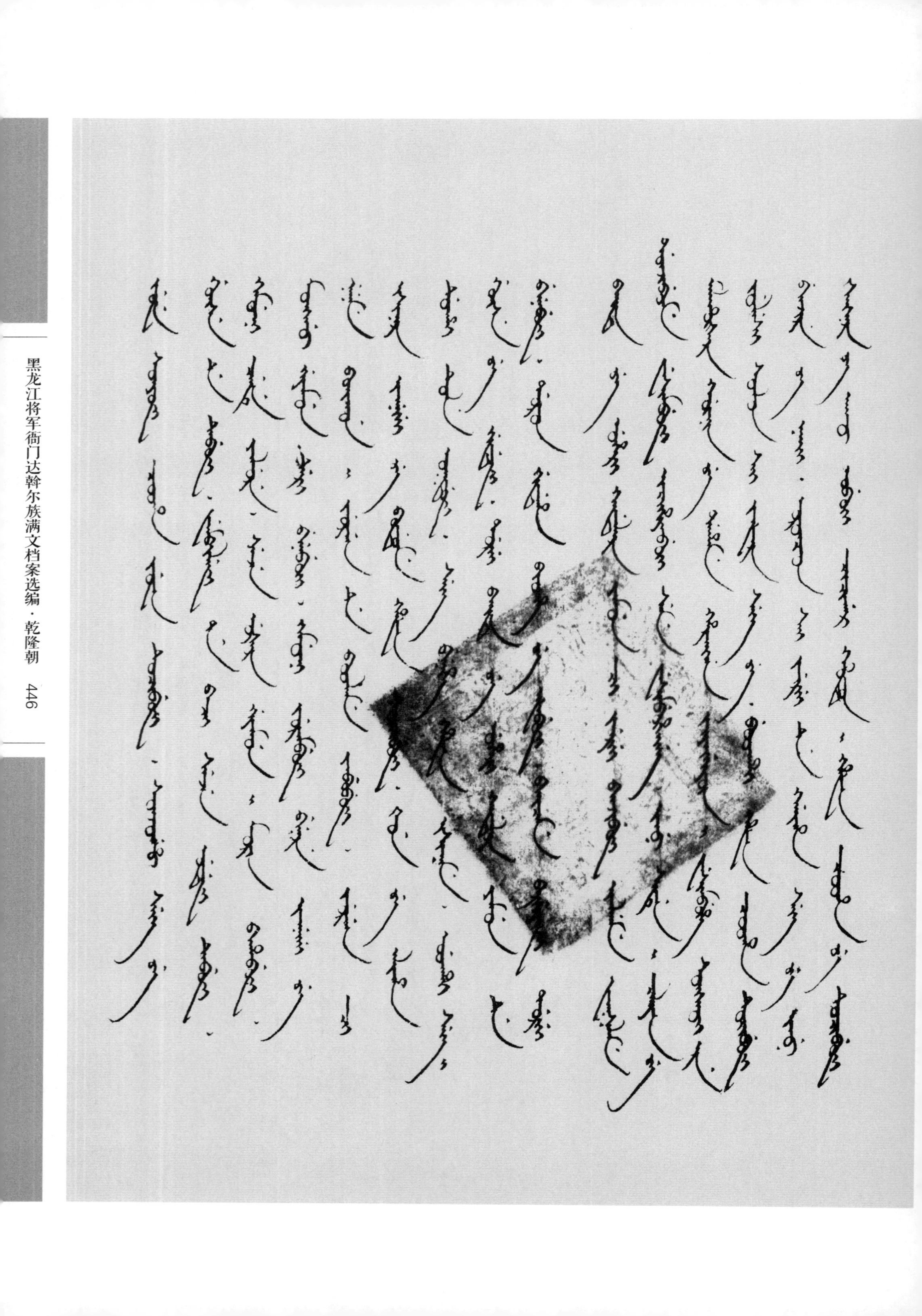

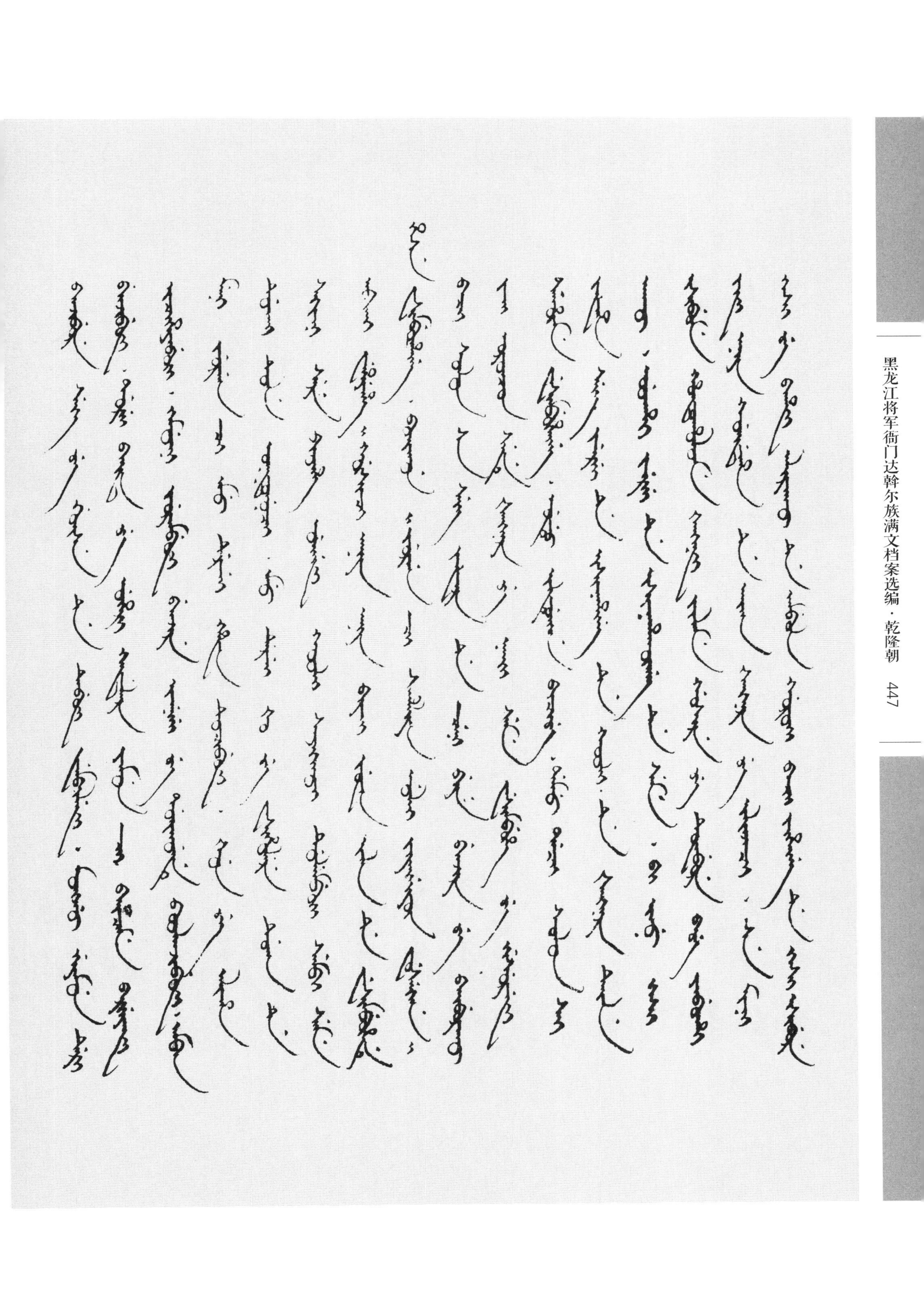

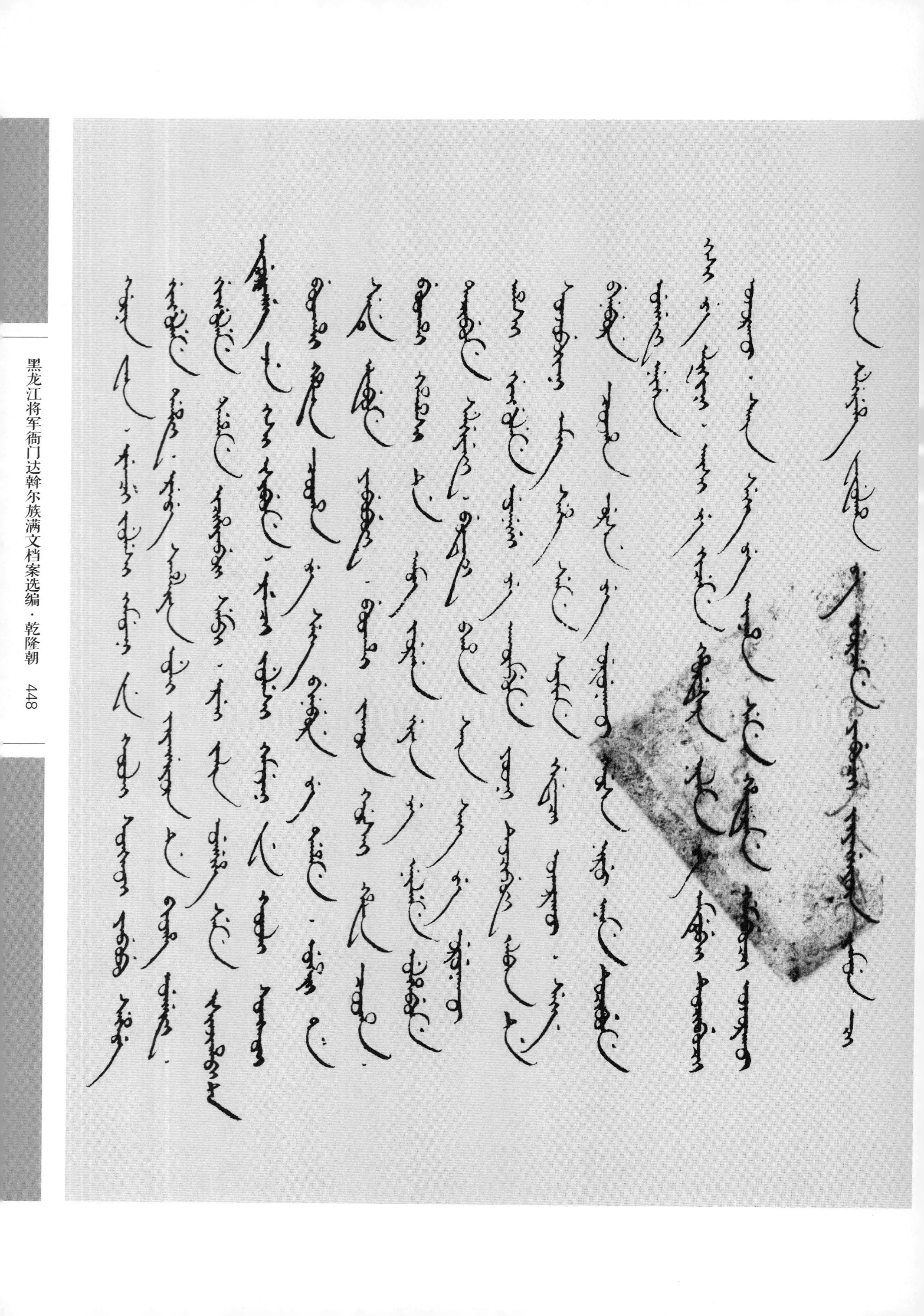

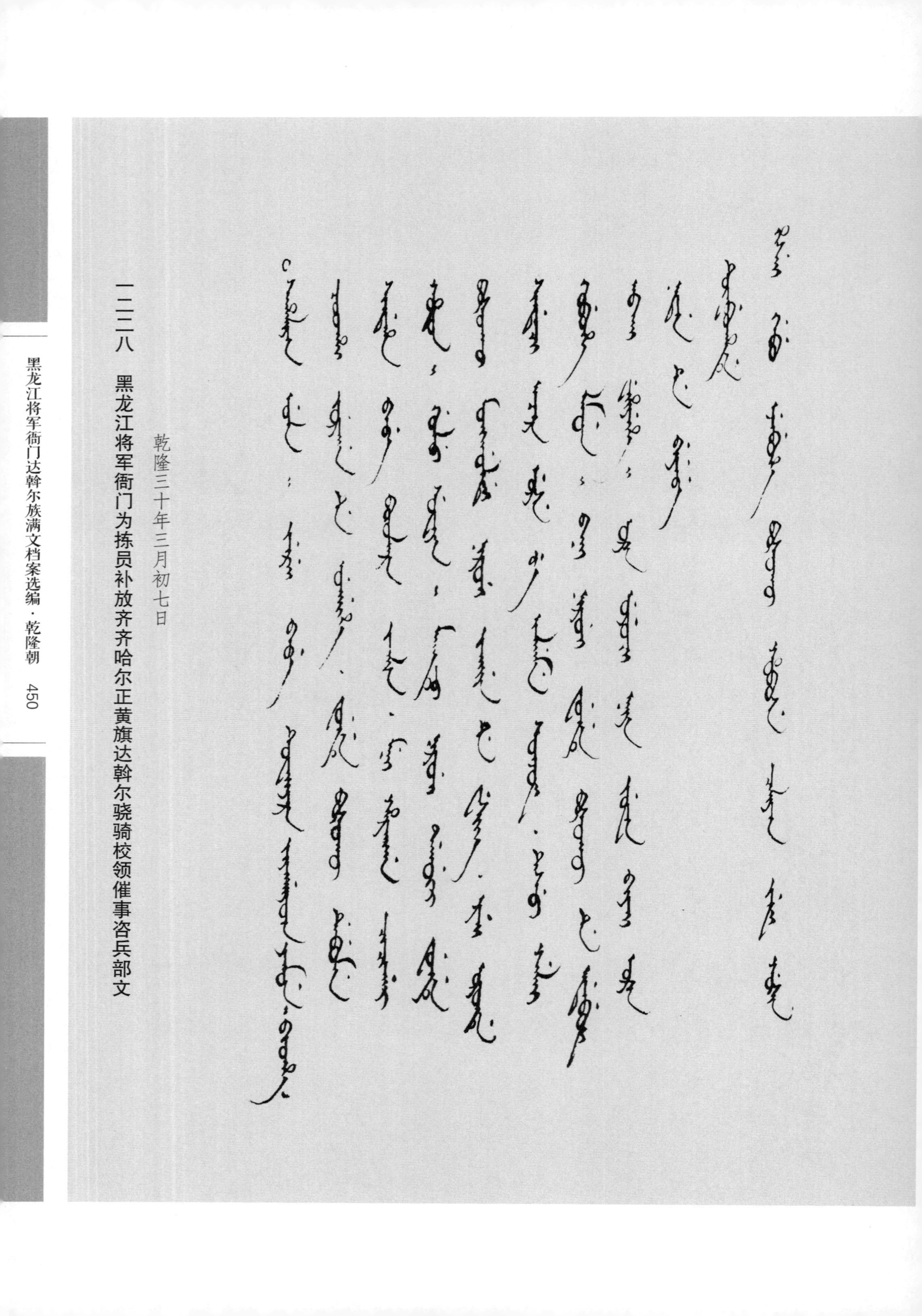

一二二八　黑龙江将军衙门为拣员补放齐齐哈尔正黄旗达斡尔骁骑校领催事咨兵部文

乾隆三十年三月初七日

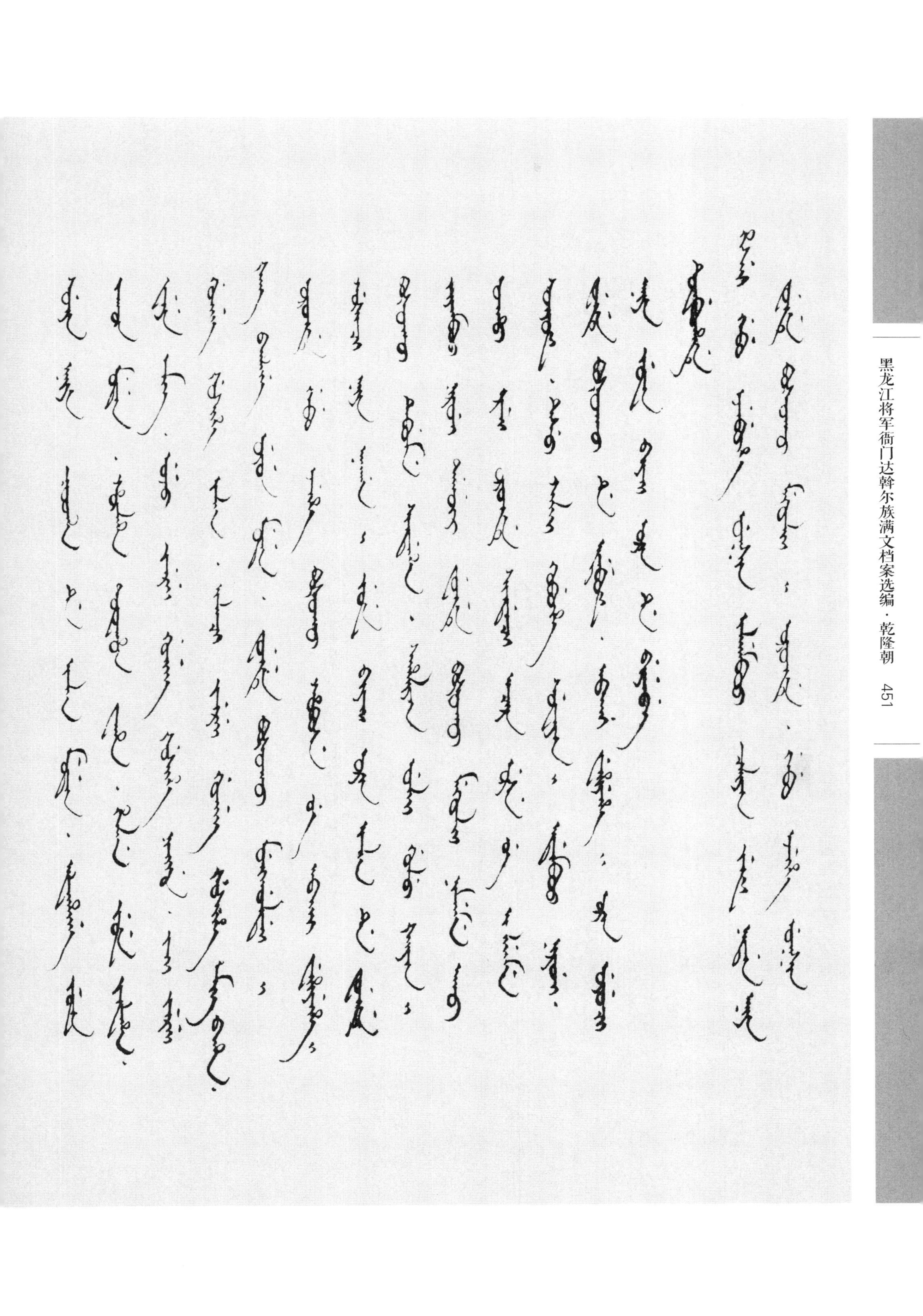

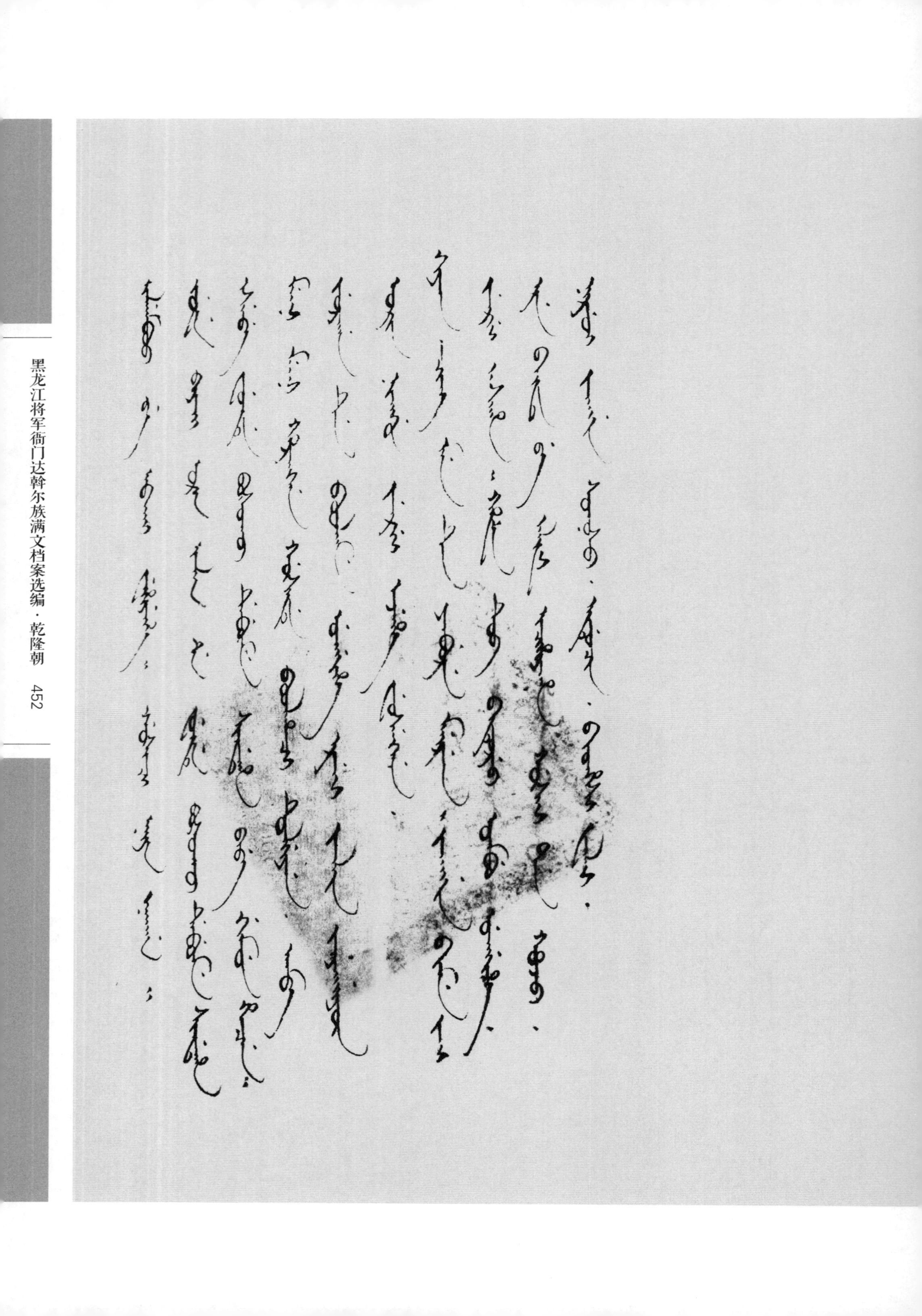

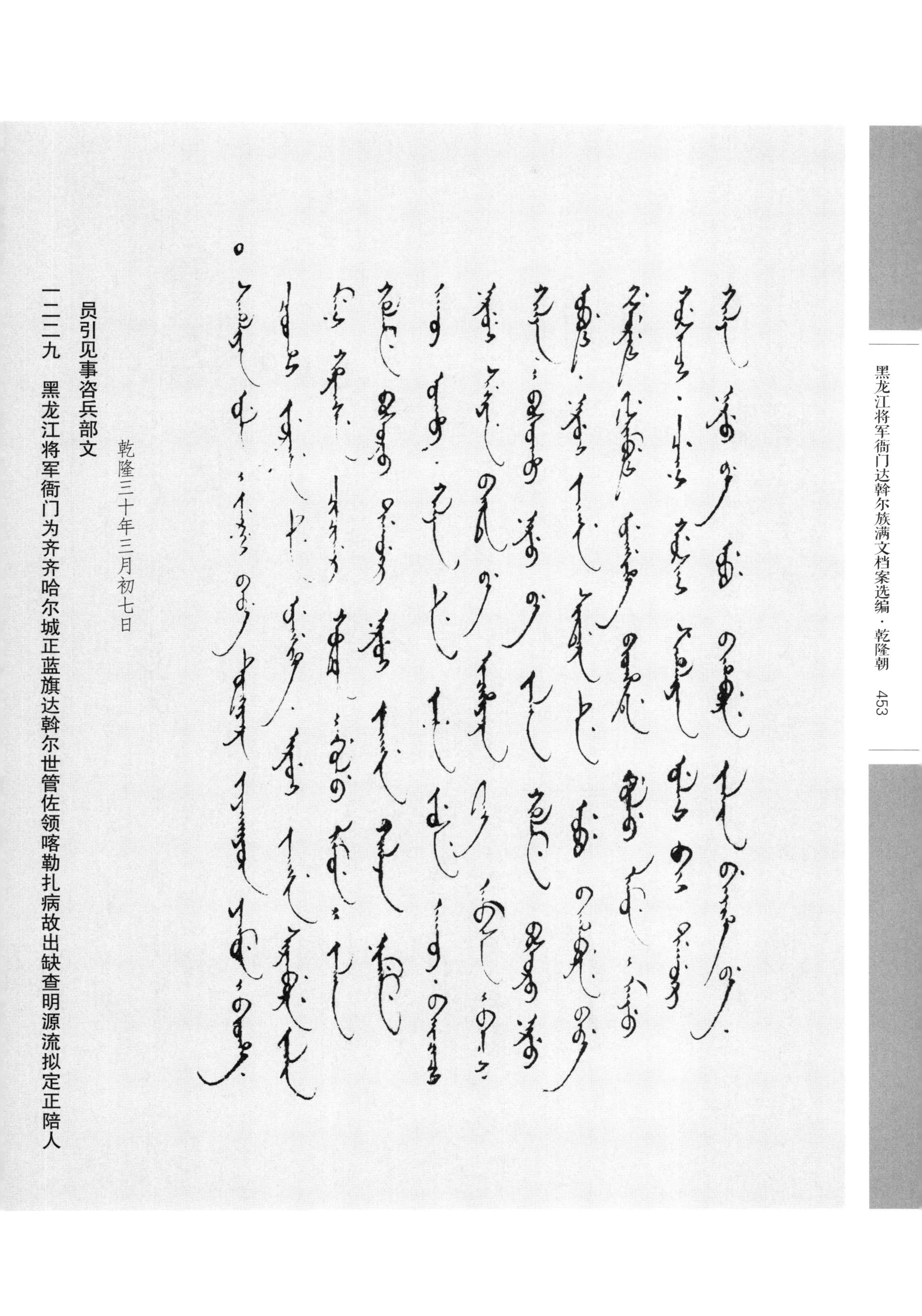

一二二九 黑龙江将军衙门为齐齐哈尔城正蓝旗达斡尔世管佐领喀勒扎病故出缺查明源流拟定正陪人员引见事咨兵部文

乾隆三十年三月初七日

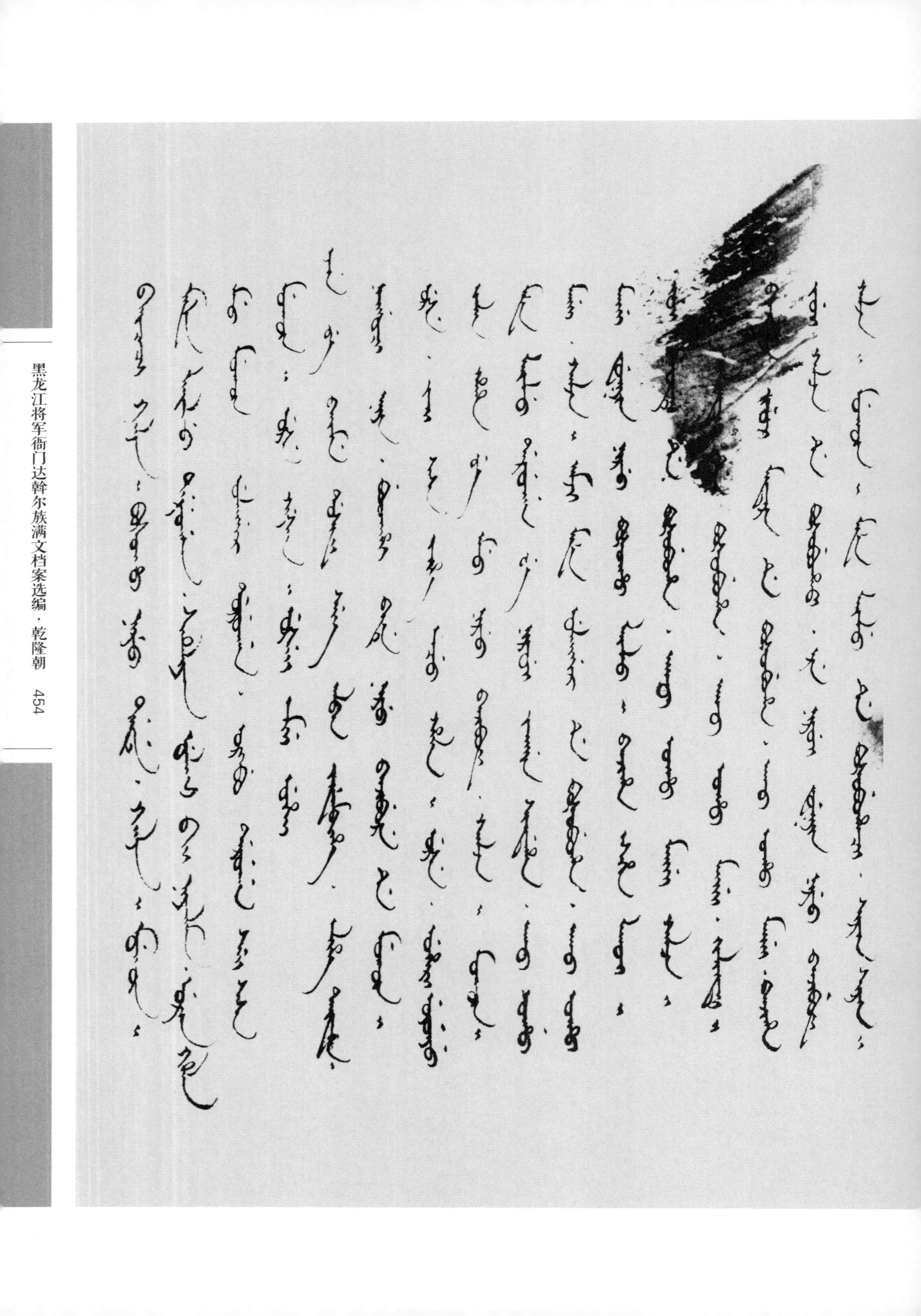

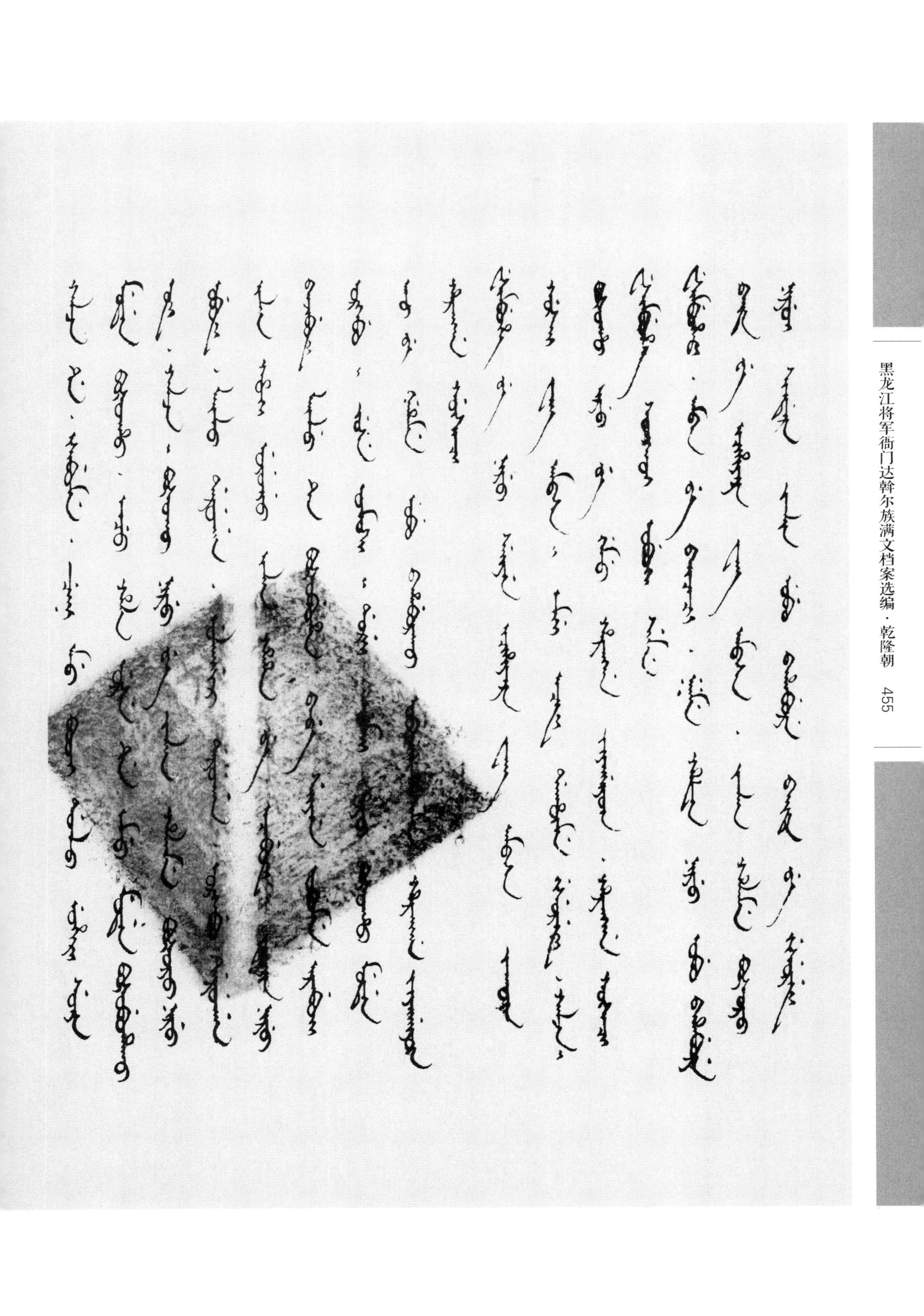

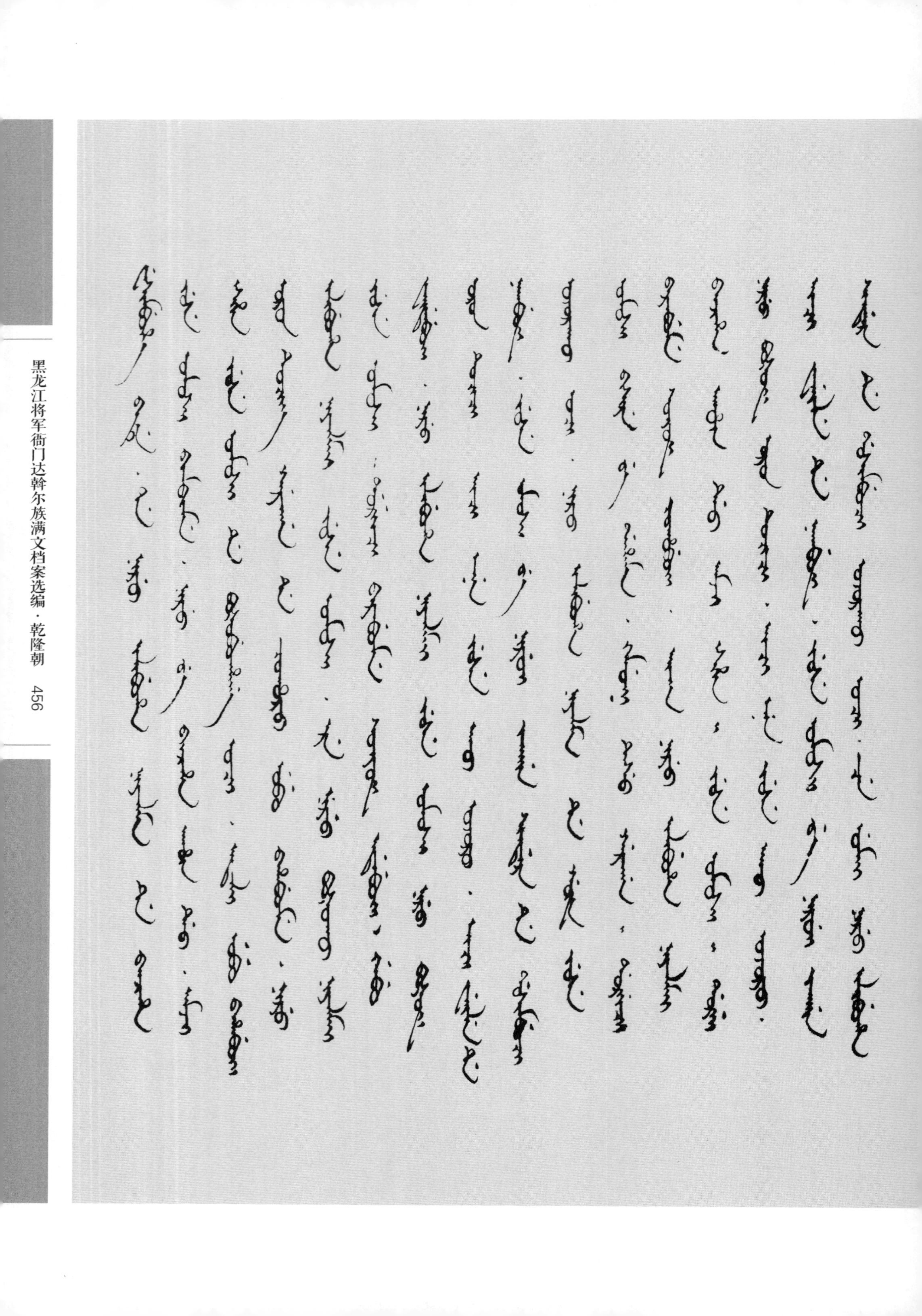

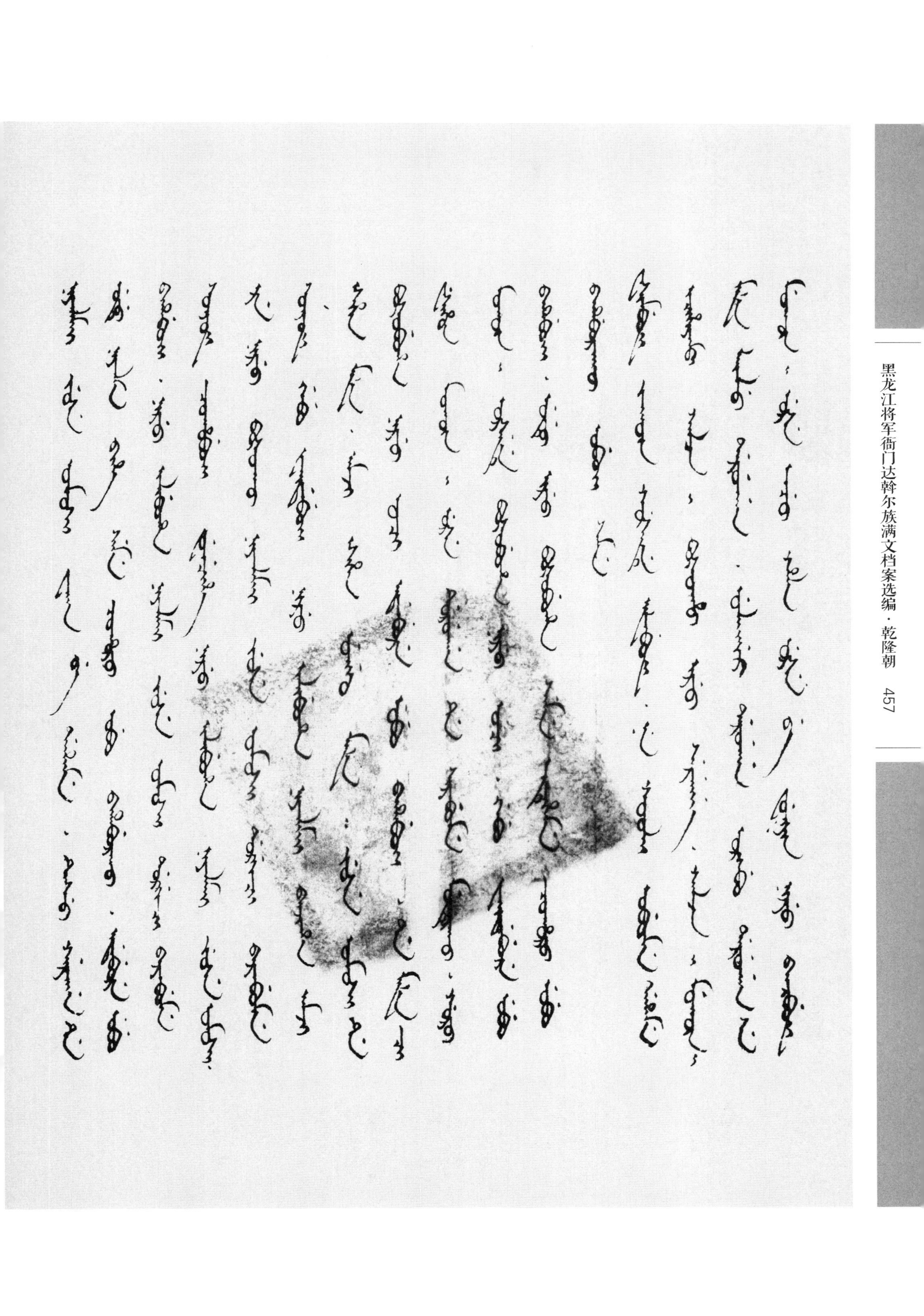

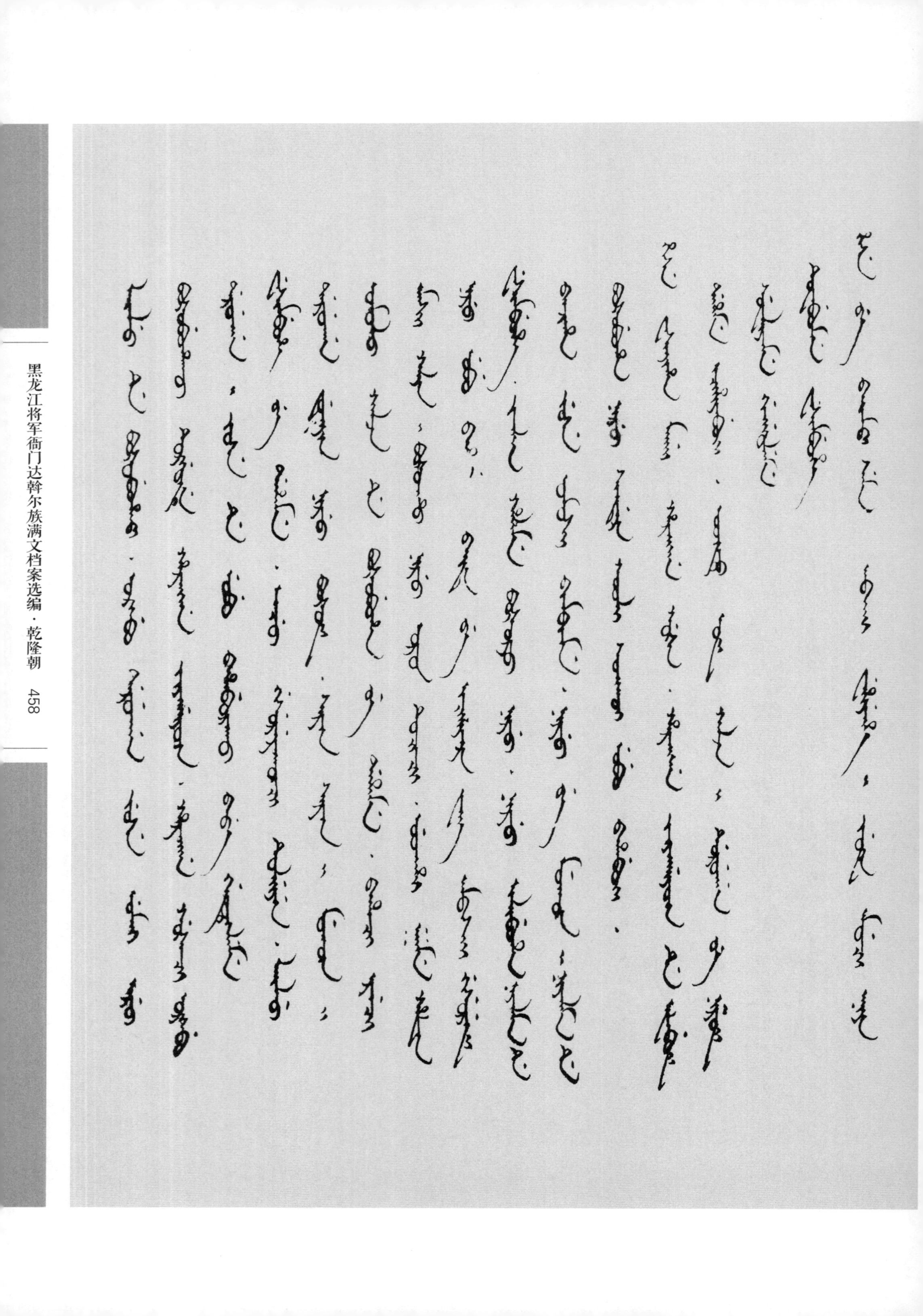

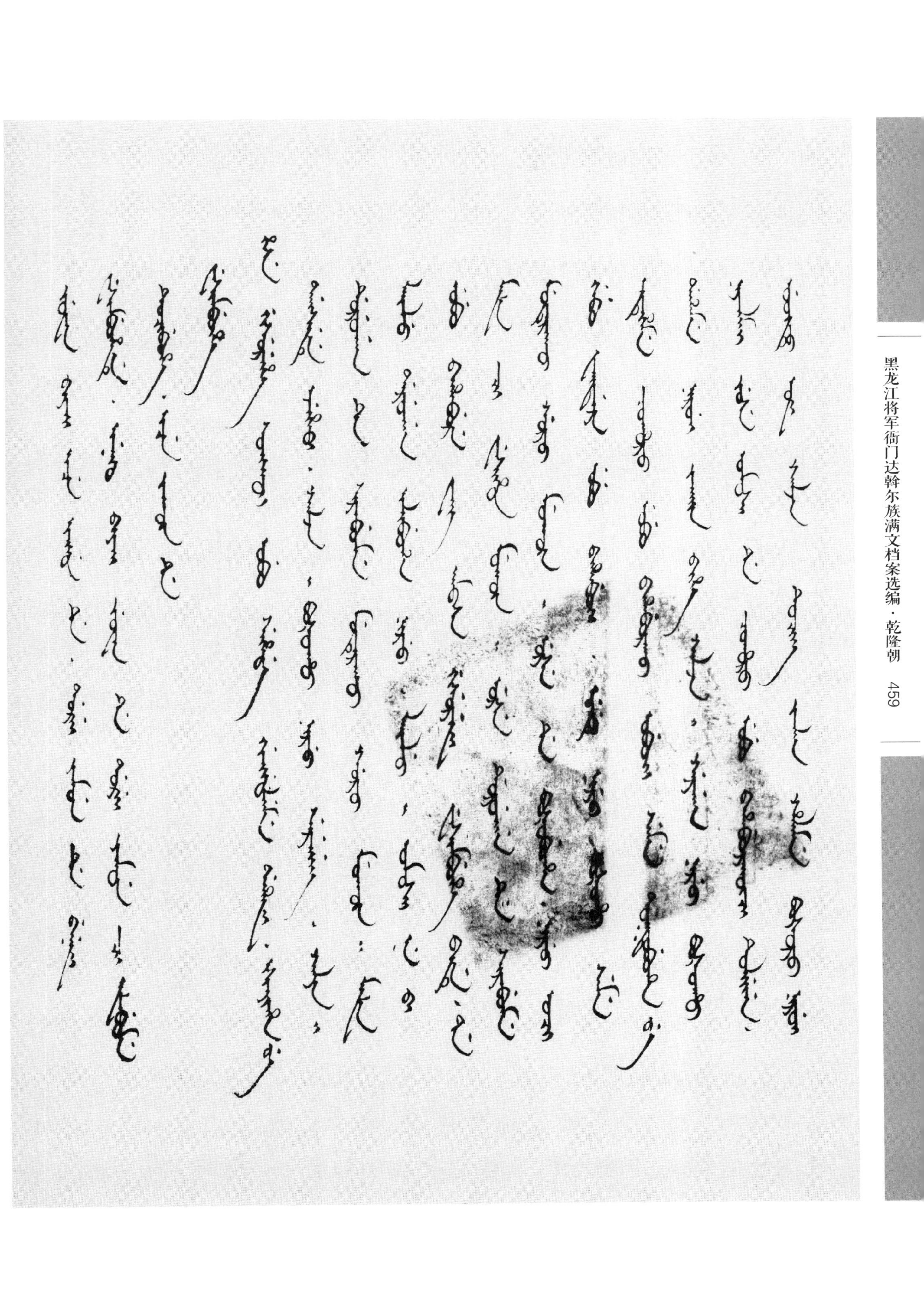

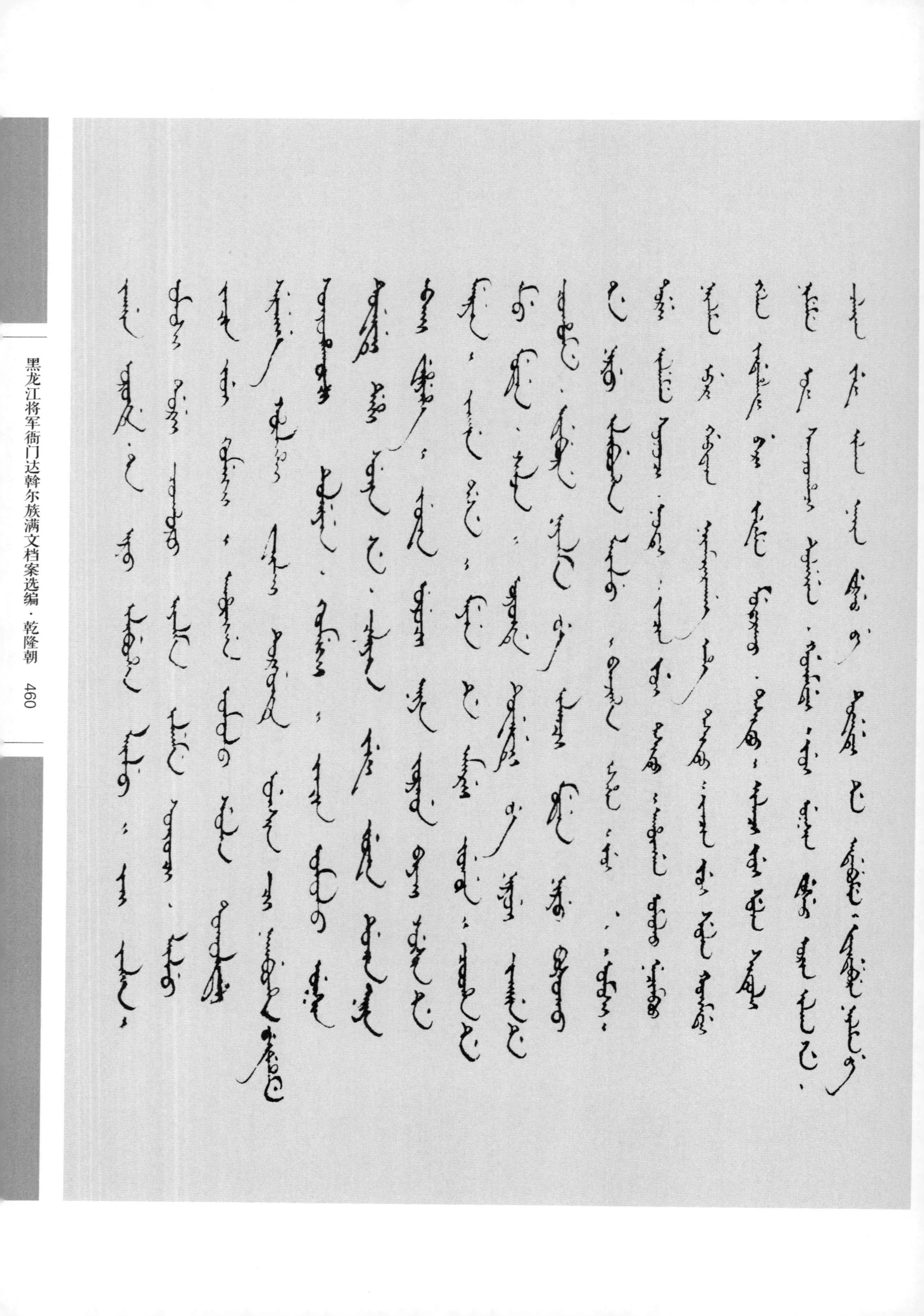

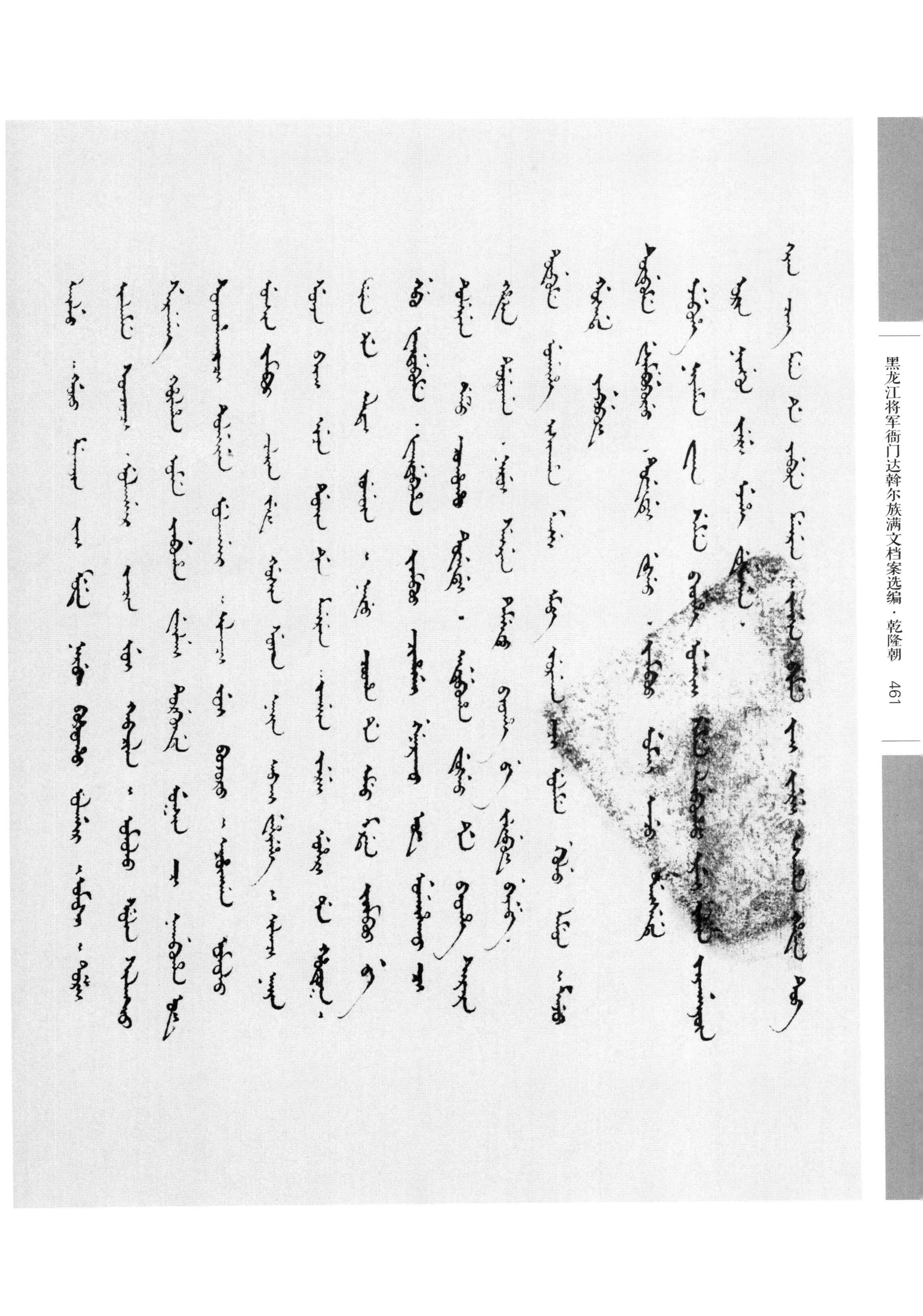

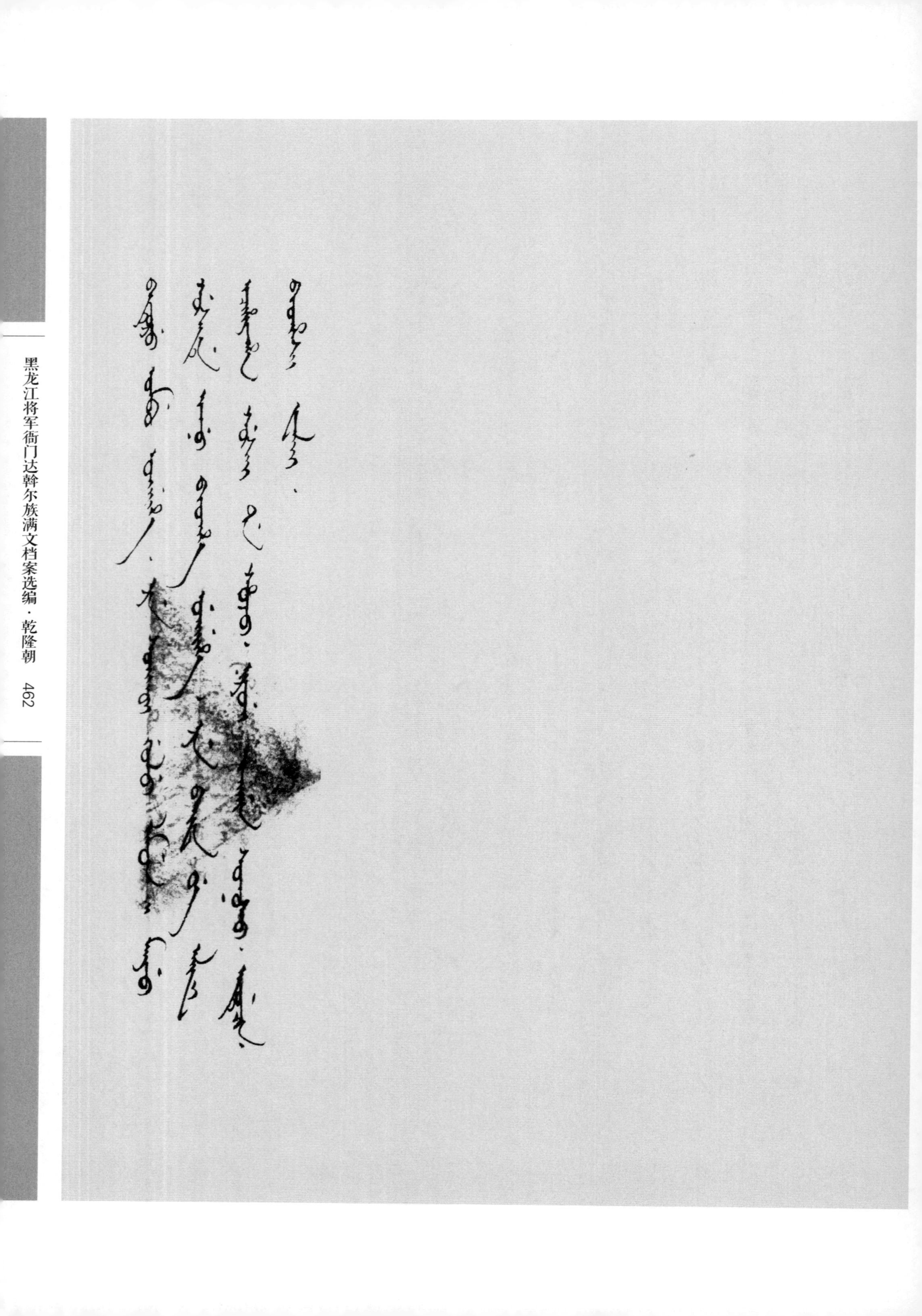

一二三〇 黑龙江将军衙门为墨尔根城正红旗达斡尔佐领韬赉休致出缺拟定正陪人员引见事咨兵部文

乾隆三十年三月初七日

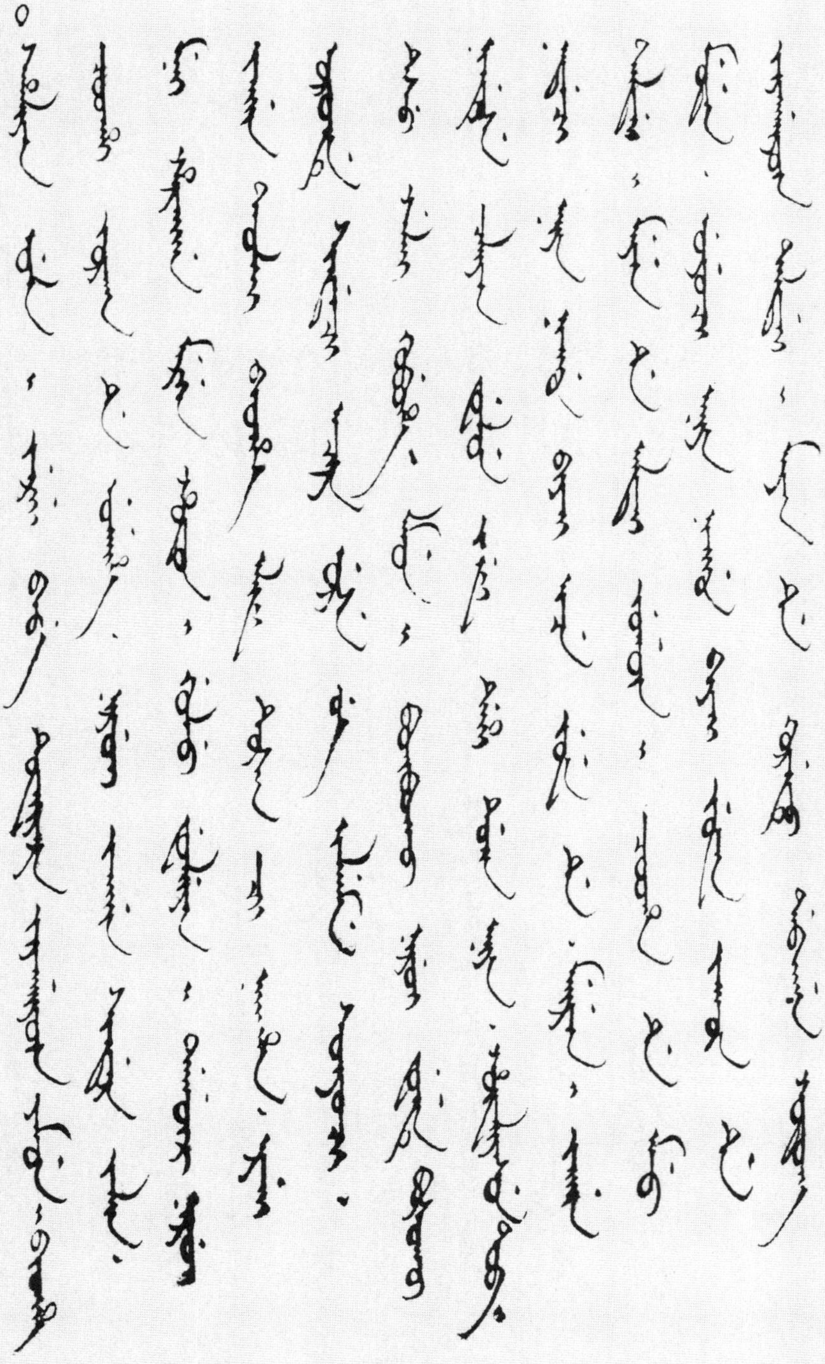

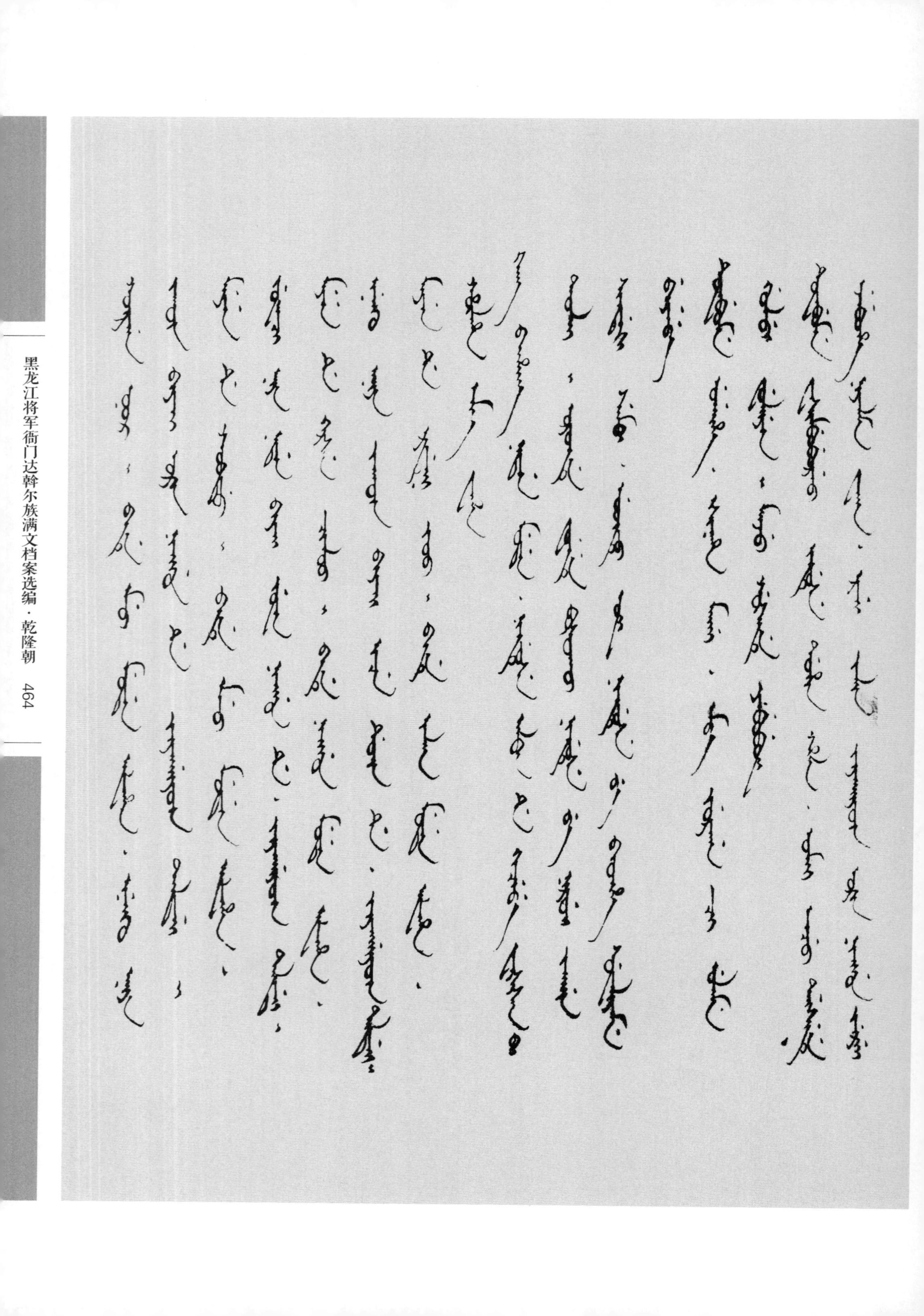

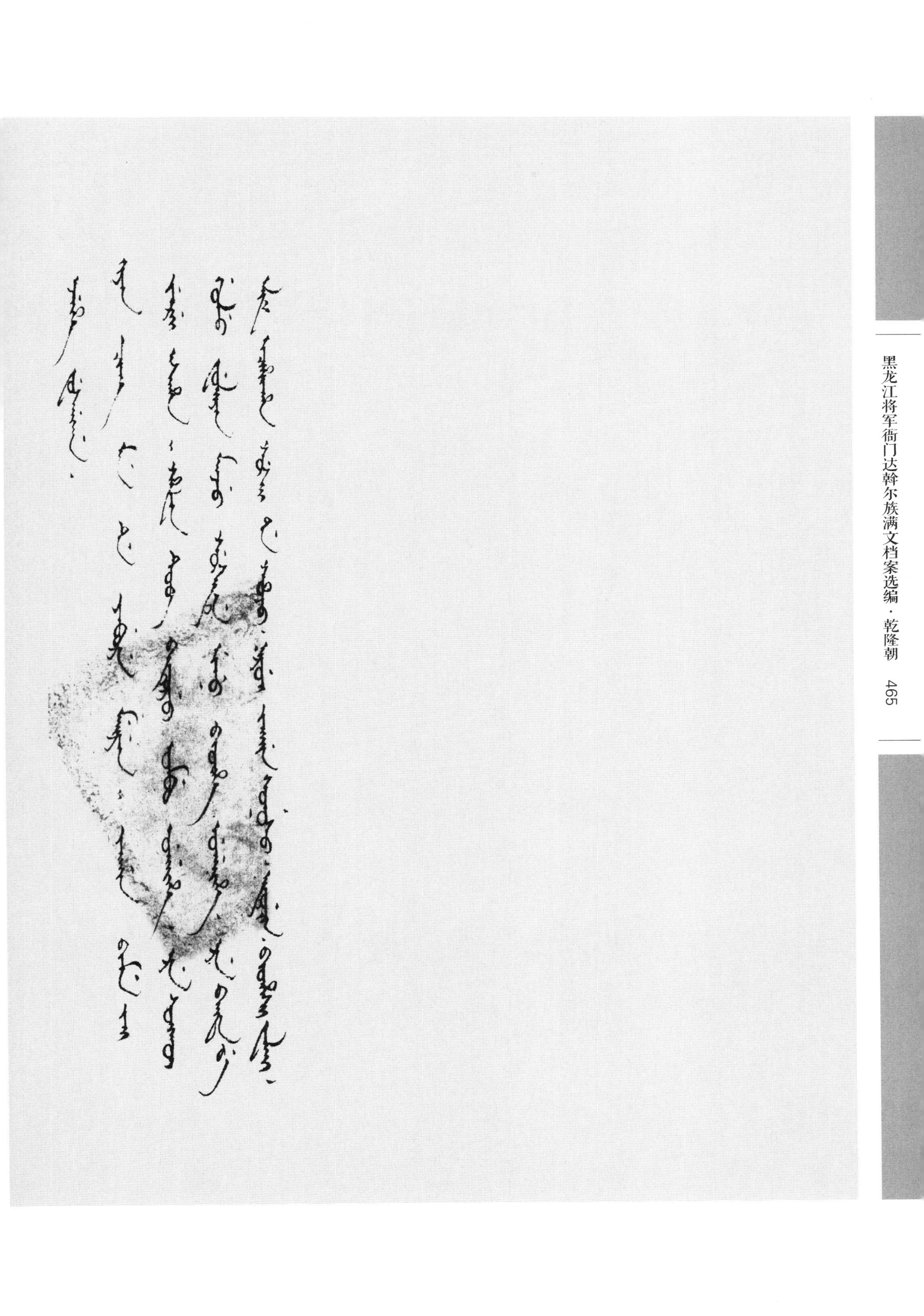

[illegible]

一二三一 黑龙江将军衙门为齐齐哈尔城正红旗达斡尔骁骑校玛喀图升迁出缺拟定正陪人员引见事咨兵部文

乾隆三十年三月初七日

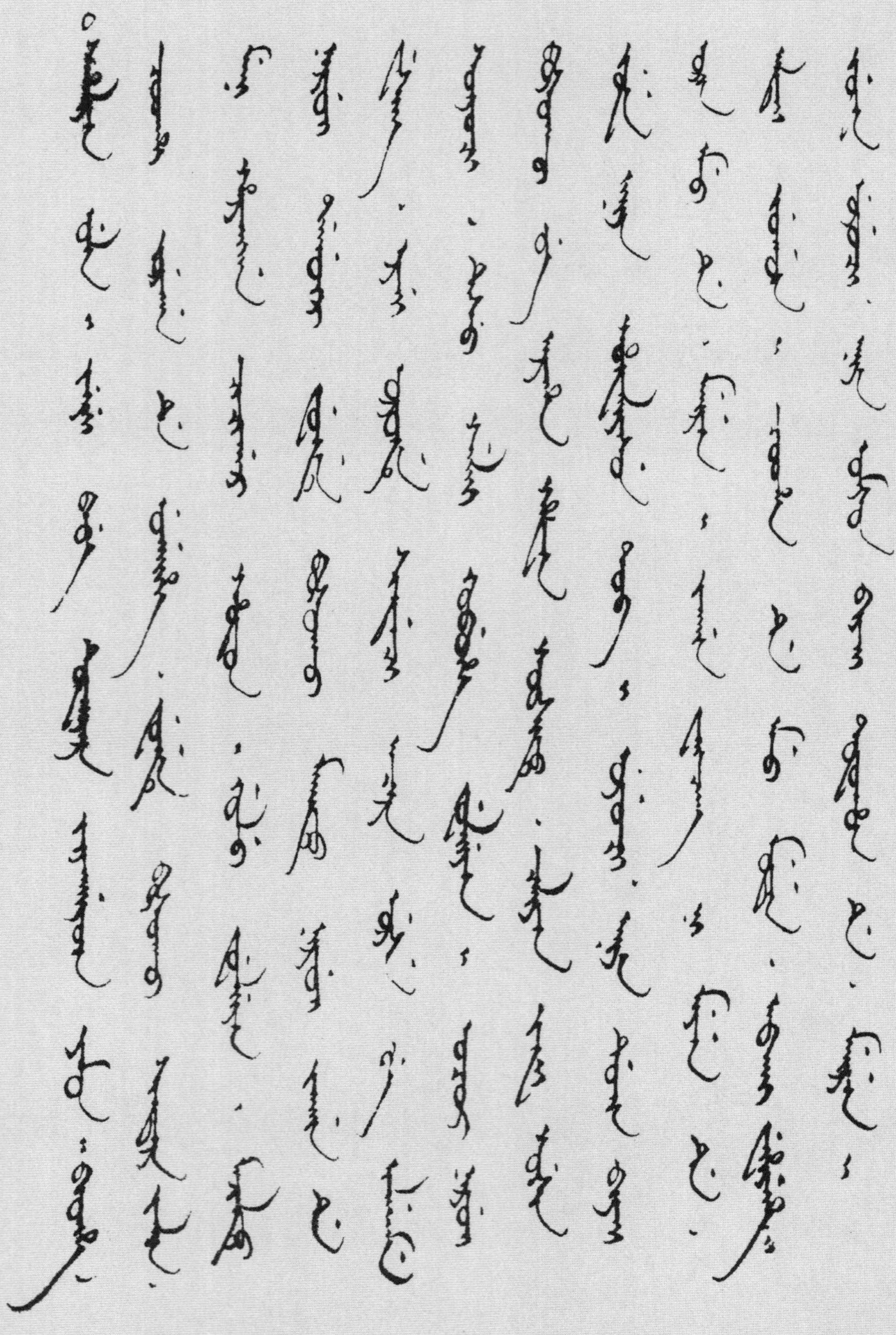

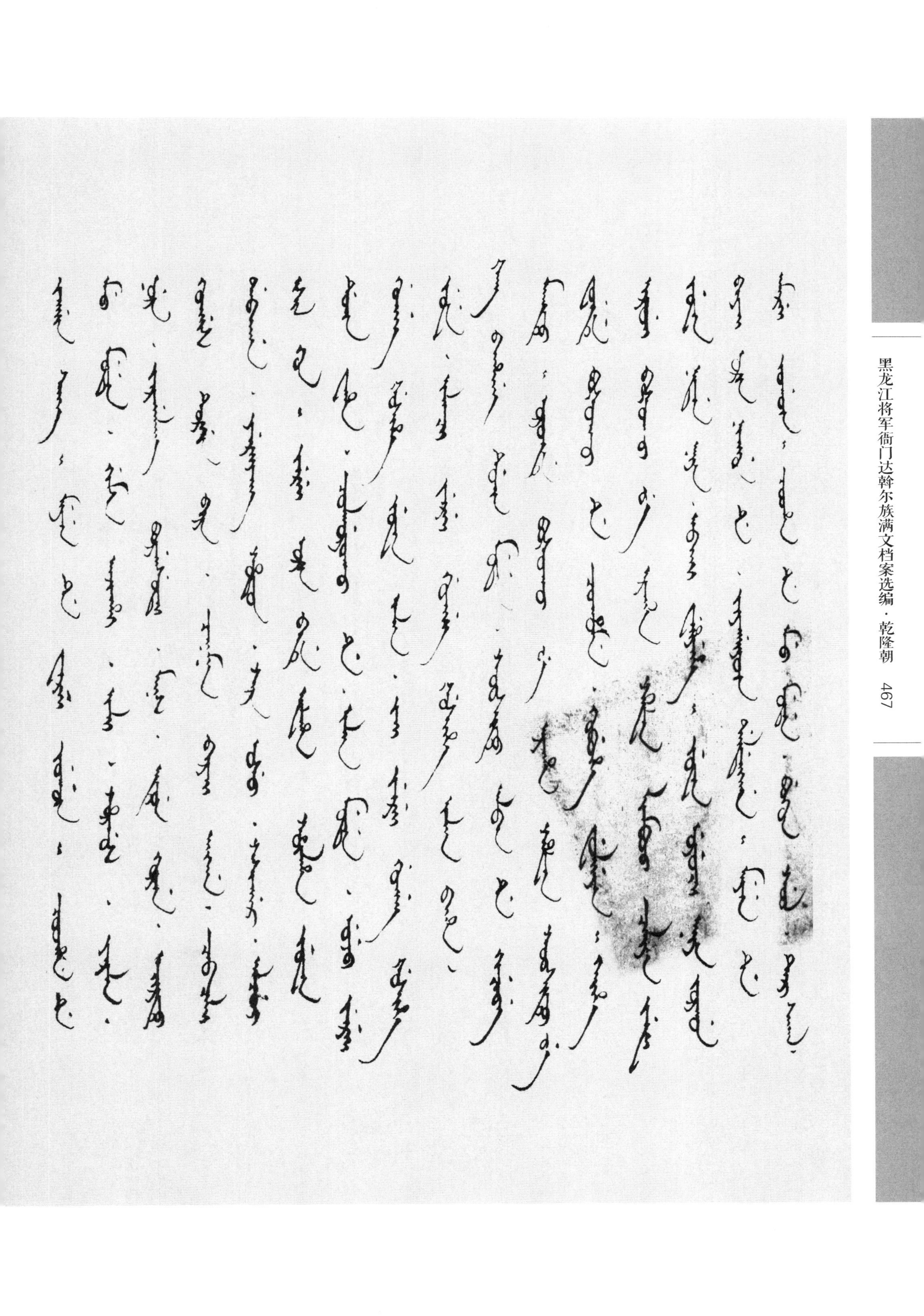

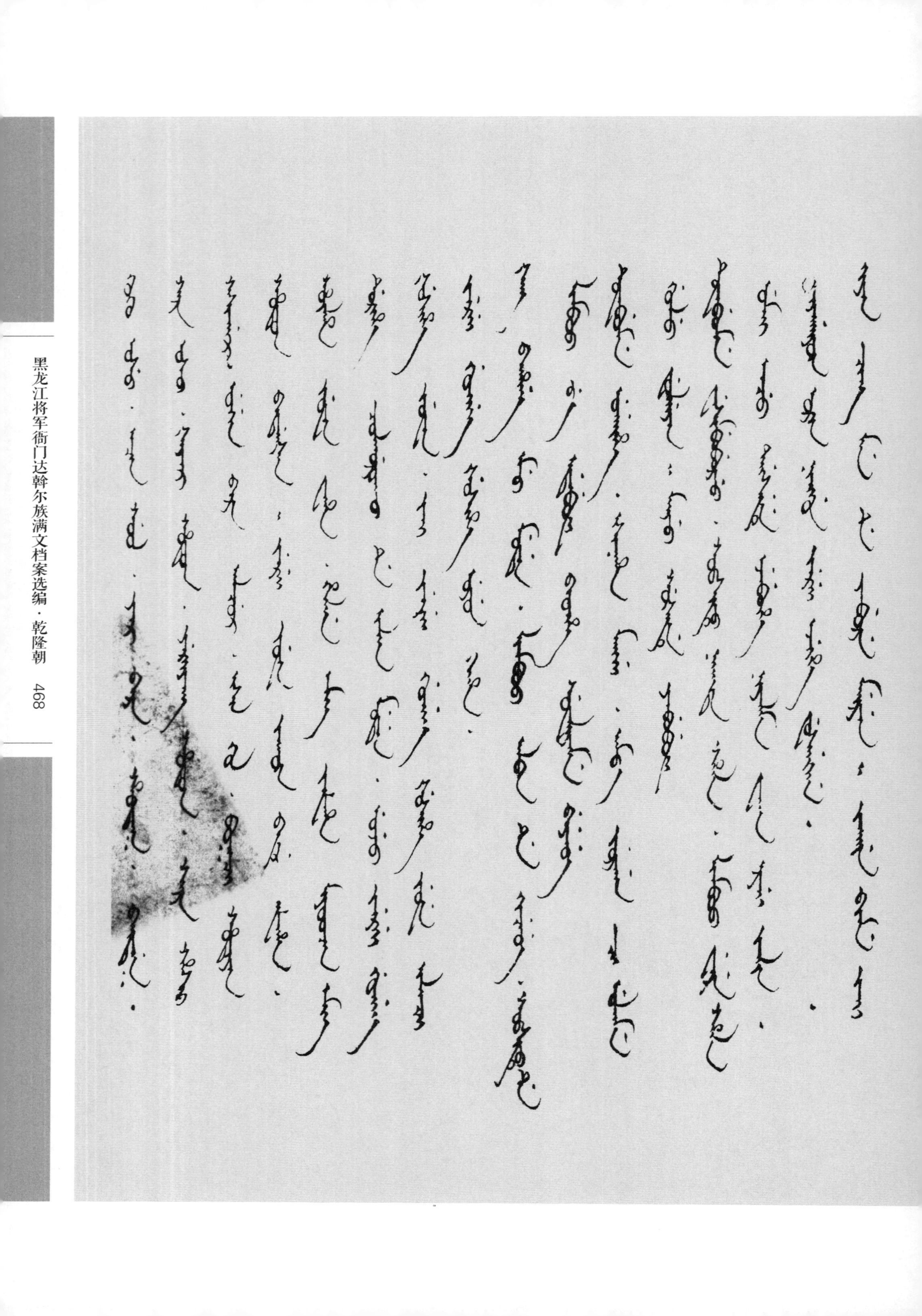

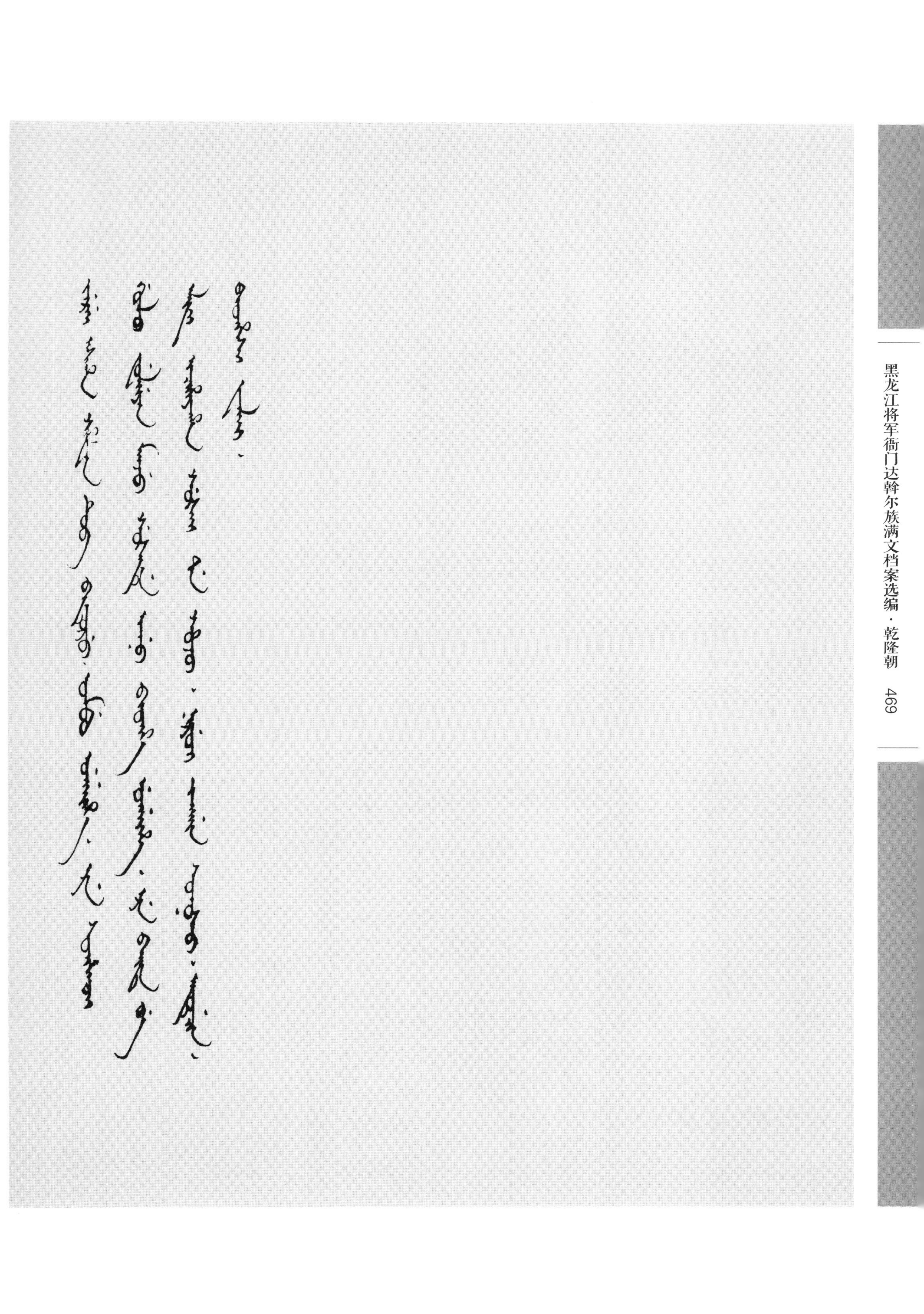

[illegible]

[illegible]

[illegible]

[illegible]

一二三二 黑龙江将军衙门为齐齐哈尔城正黄旗达斡尔骁骑校蒙郭勒岱升迁出缺以领催霍博塞补授事

咨正黄旗满洲都统衙门文

乾隆三十年三月初七日

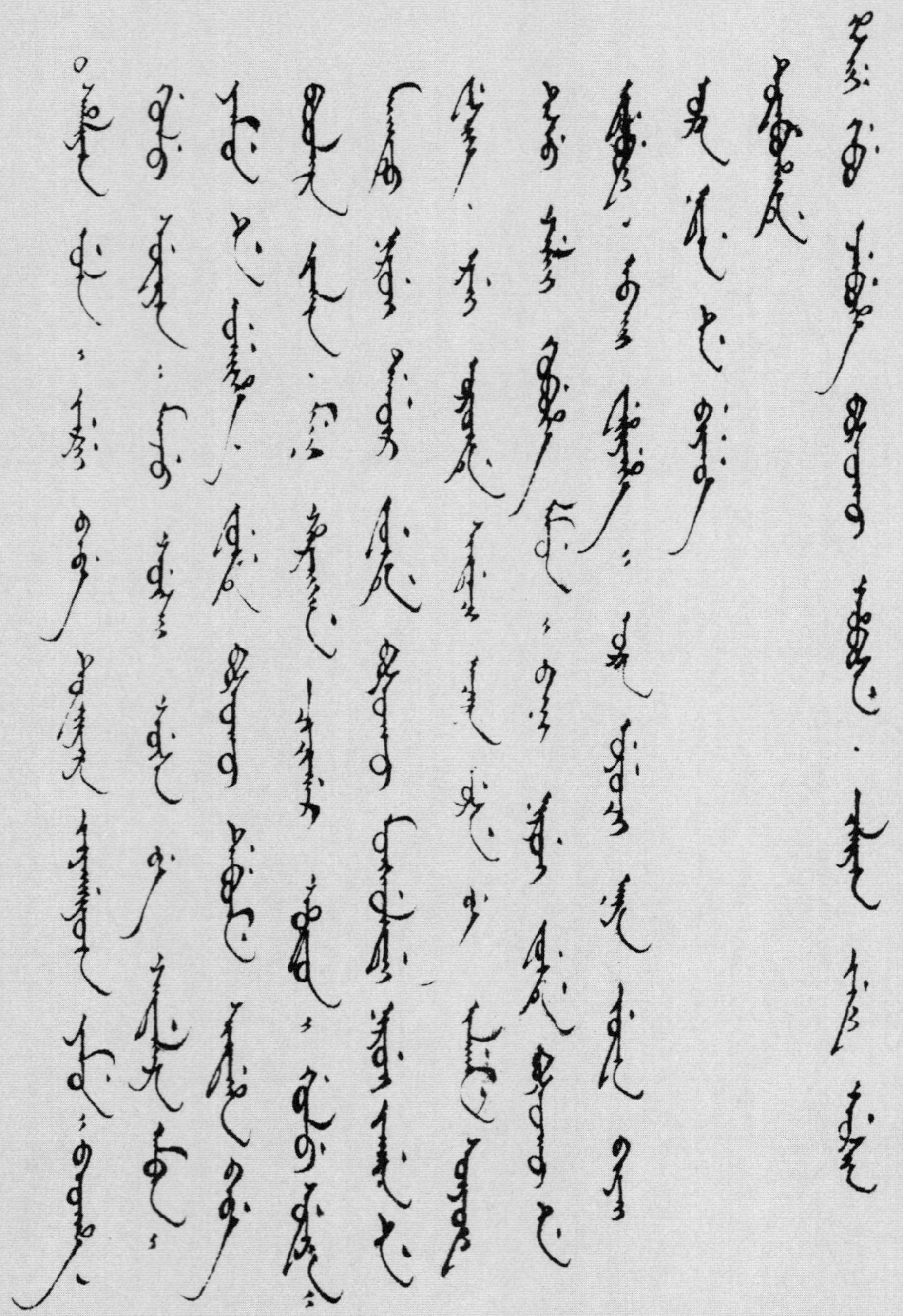

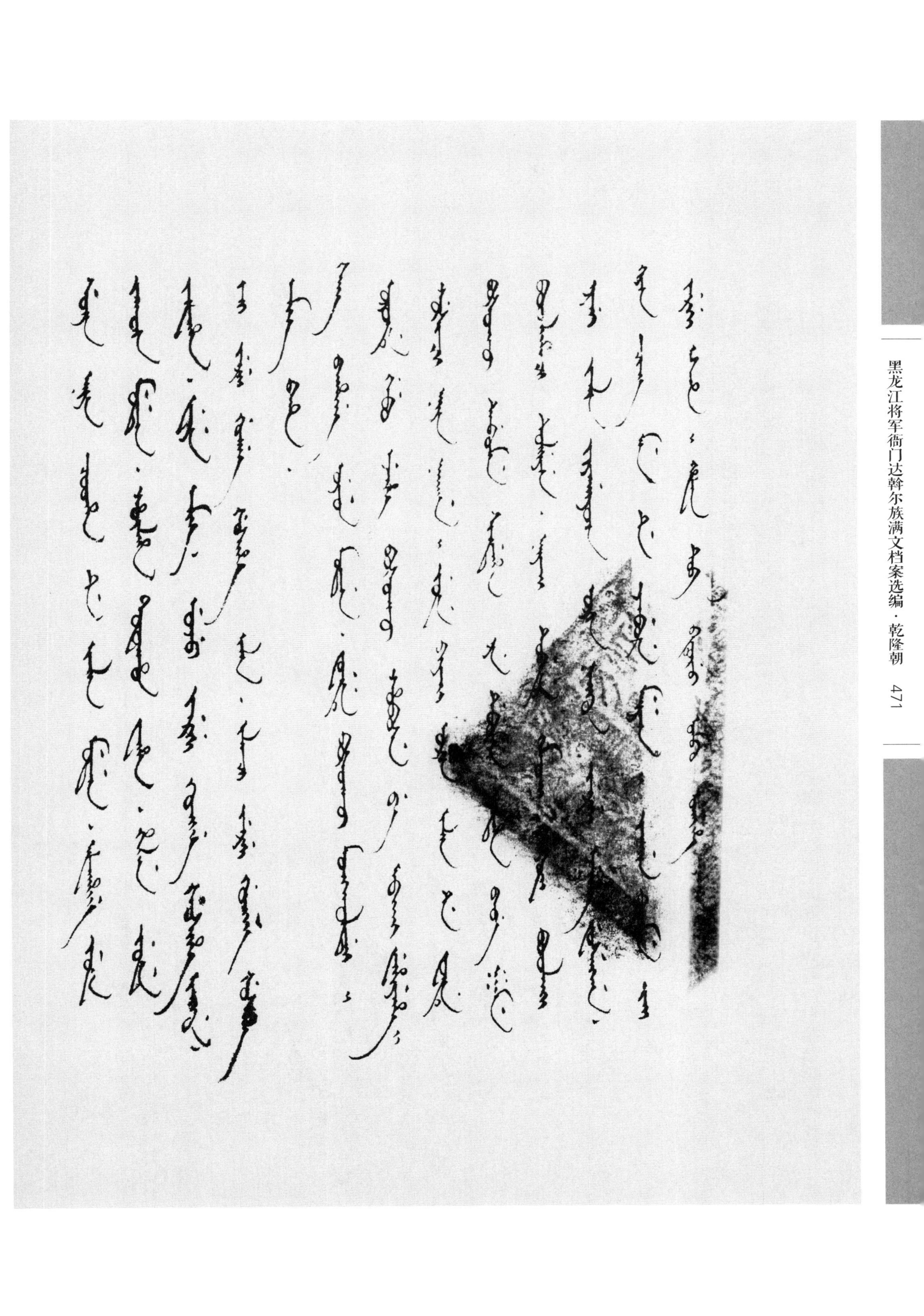

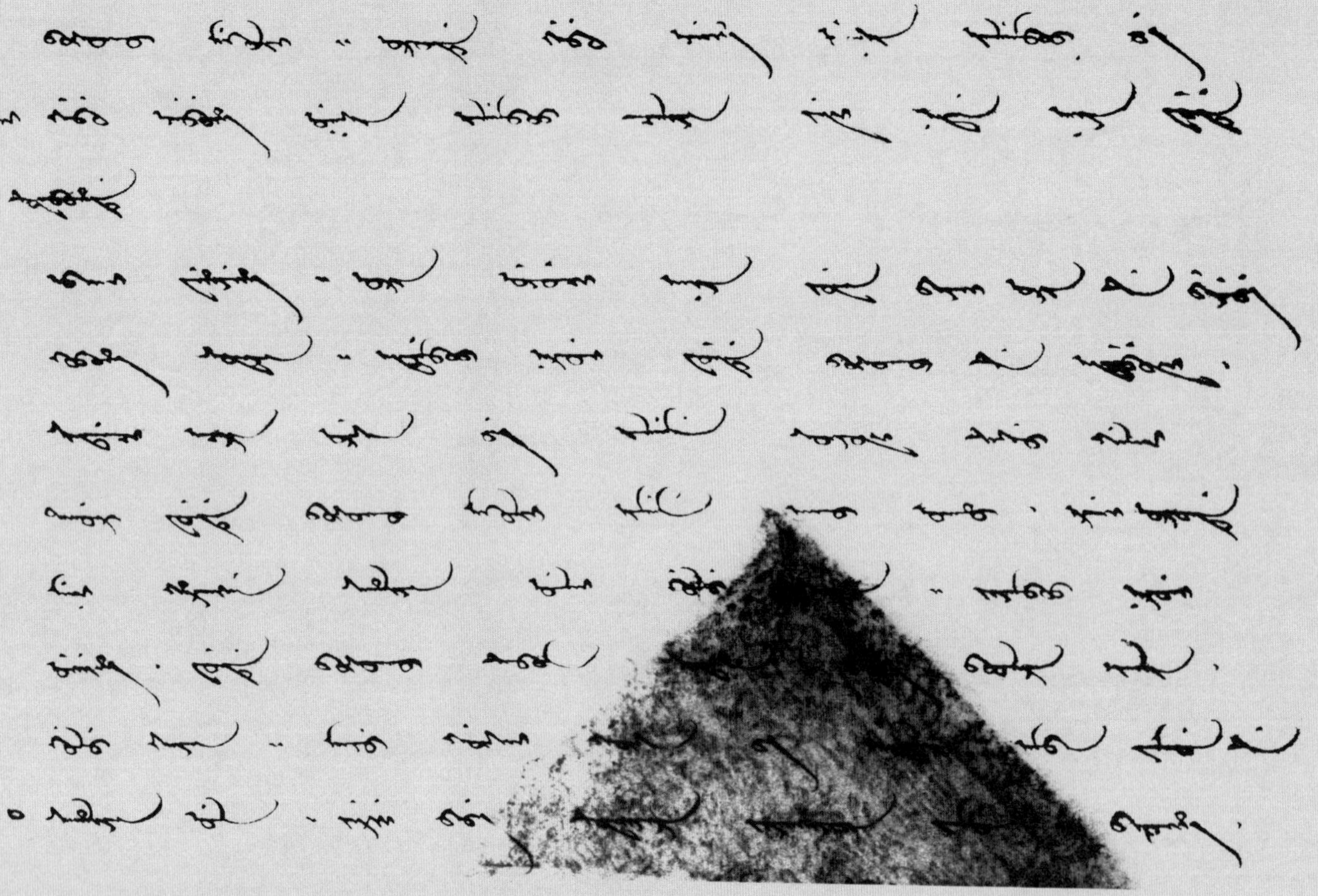

乾隆三十年三月初七日

一二三三　黑龙江将军衙门为黑龙江城正白旗领催墨库理病故出缺以披甲伊勒噶穆保补授事咨正白旗满洲都统衙门文

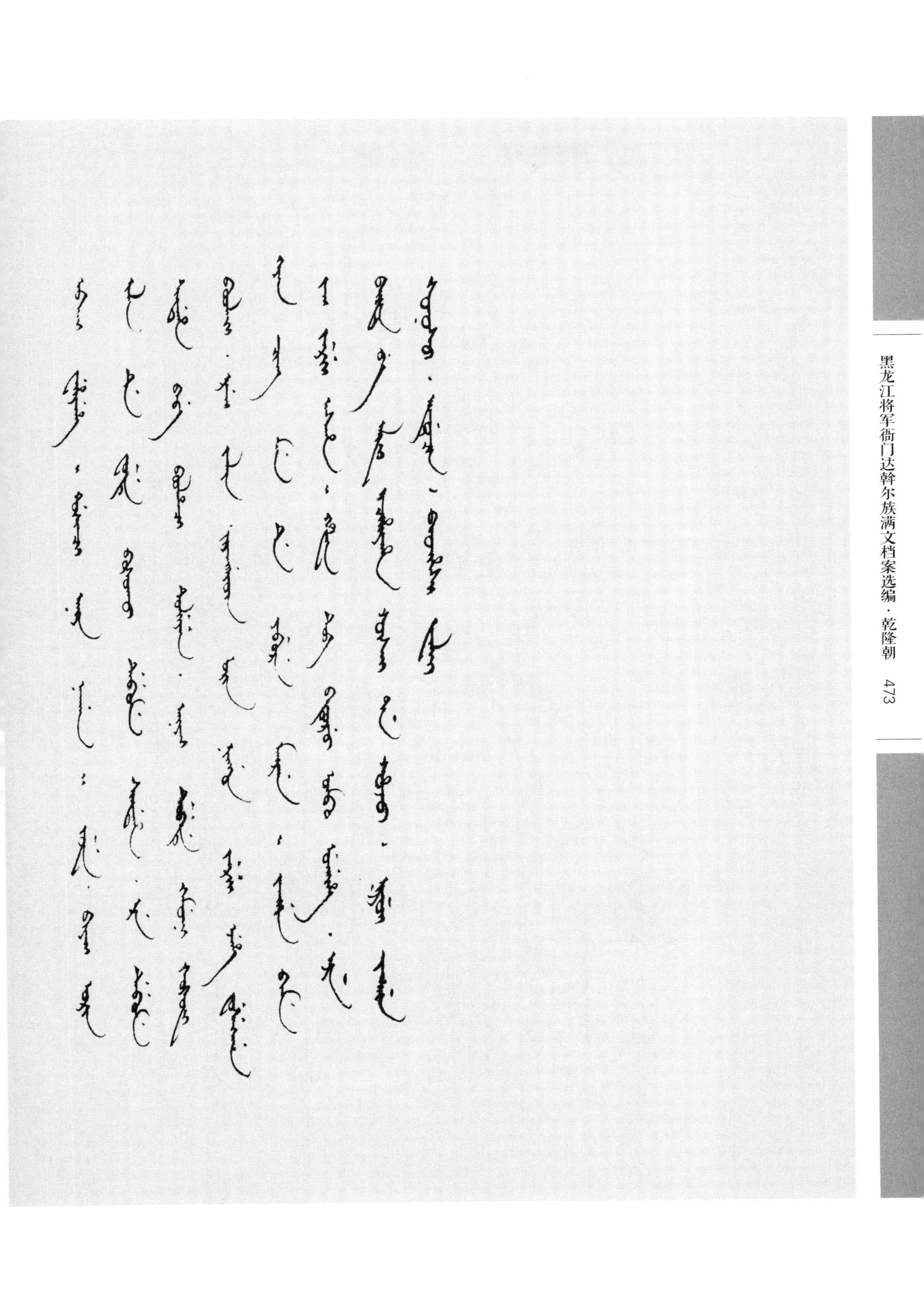

一二三四　理藩院为嗣后仍由布特哈索伦达斡尔等官兵赴京解送貂皮并照例赏赐事咨黑龙江将军文

乾隆三十年三月十一日

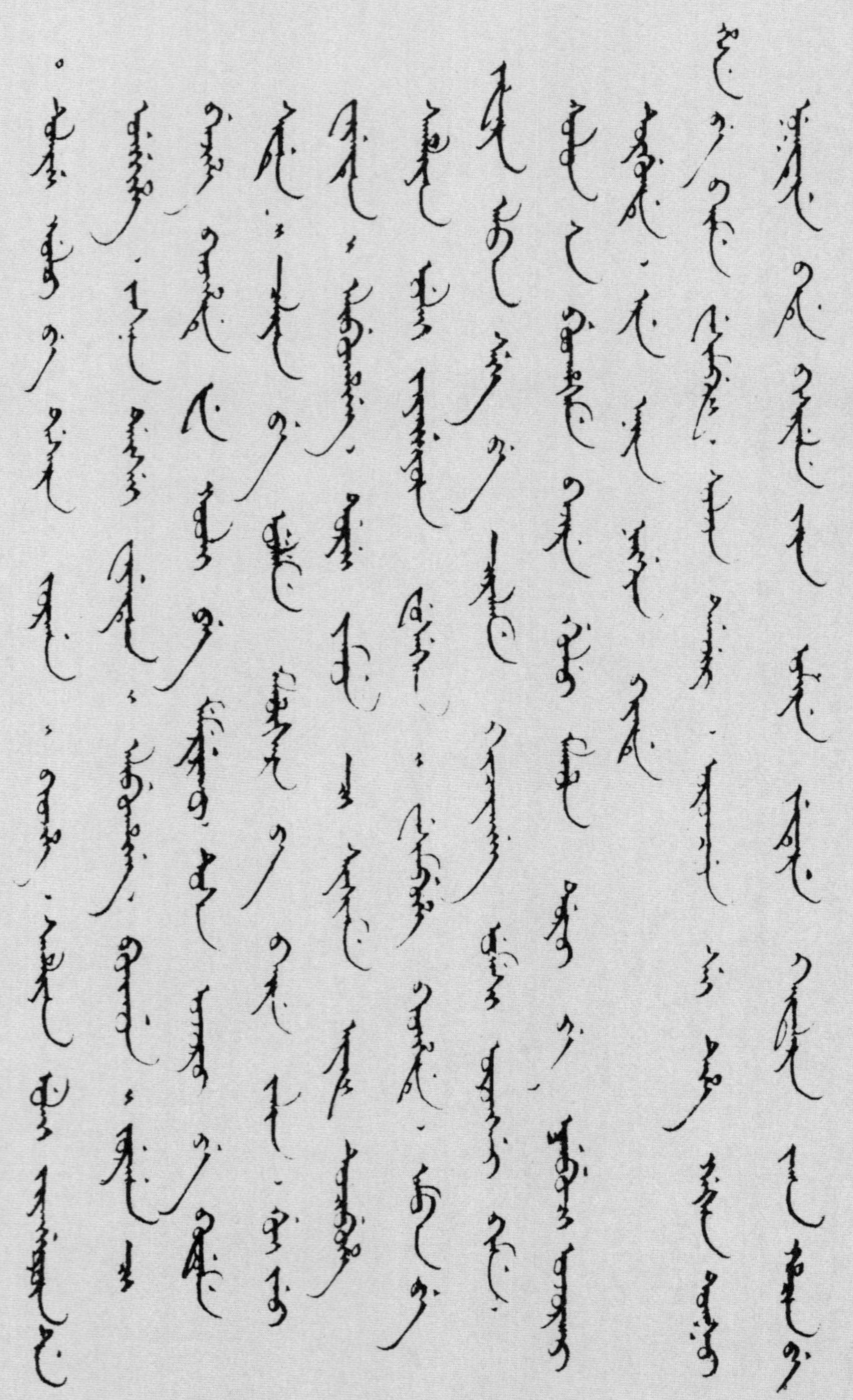

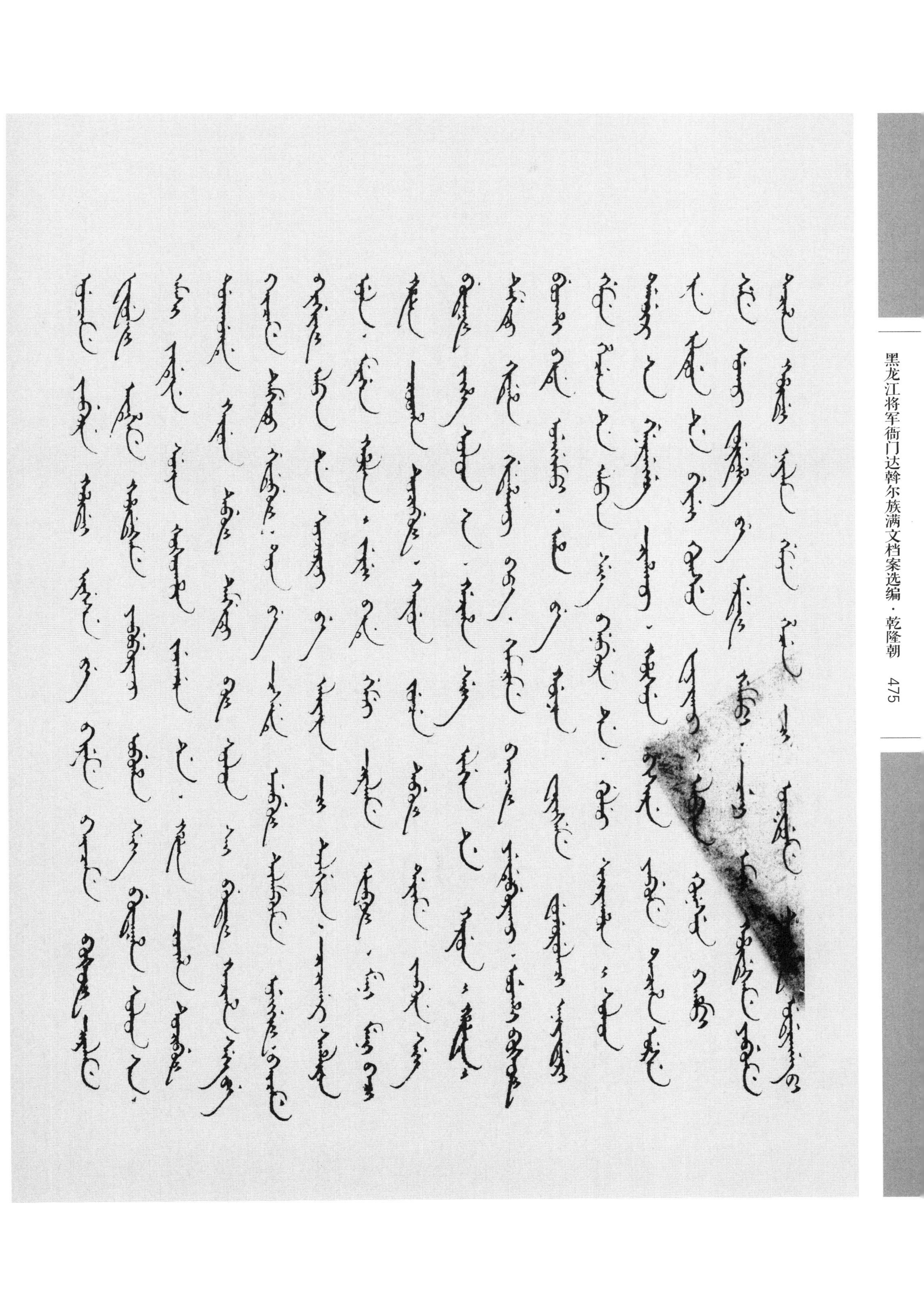

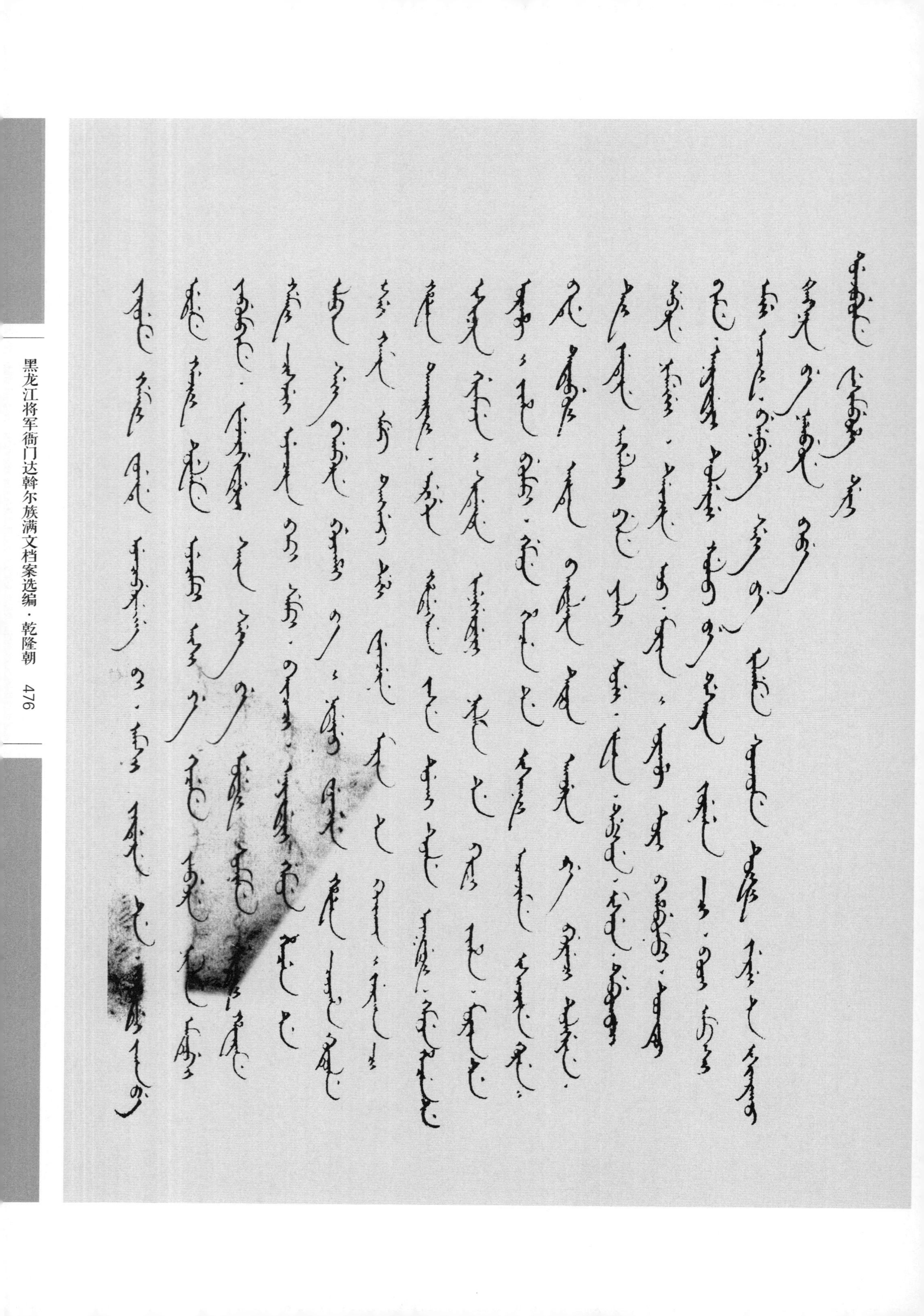

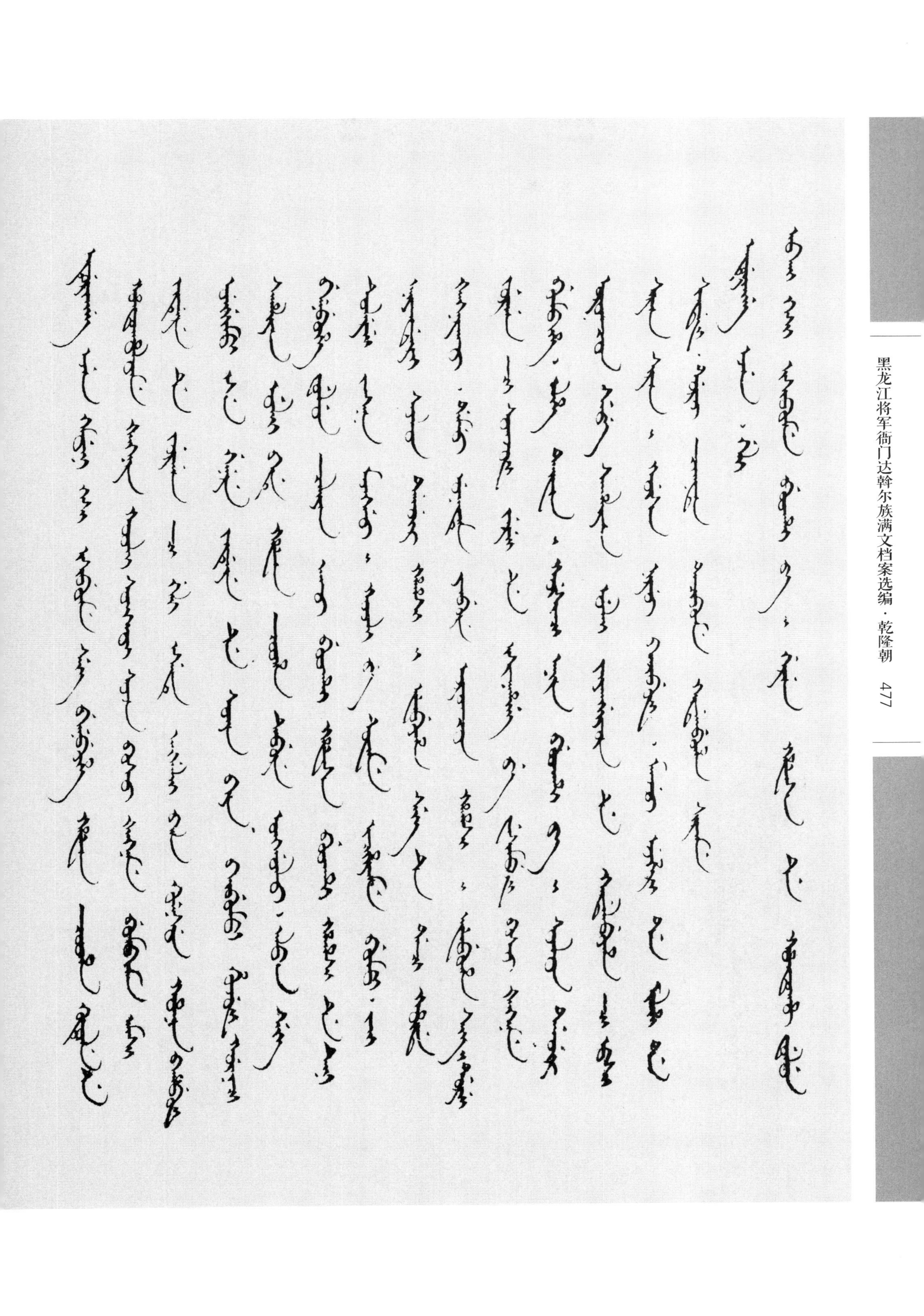

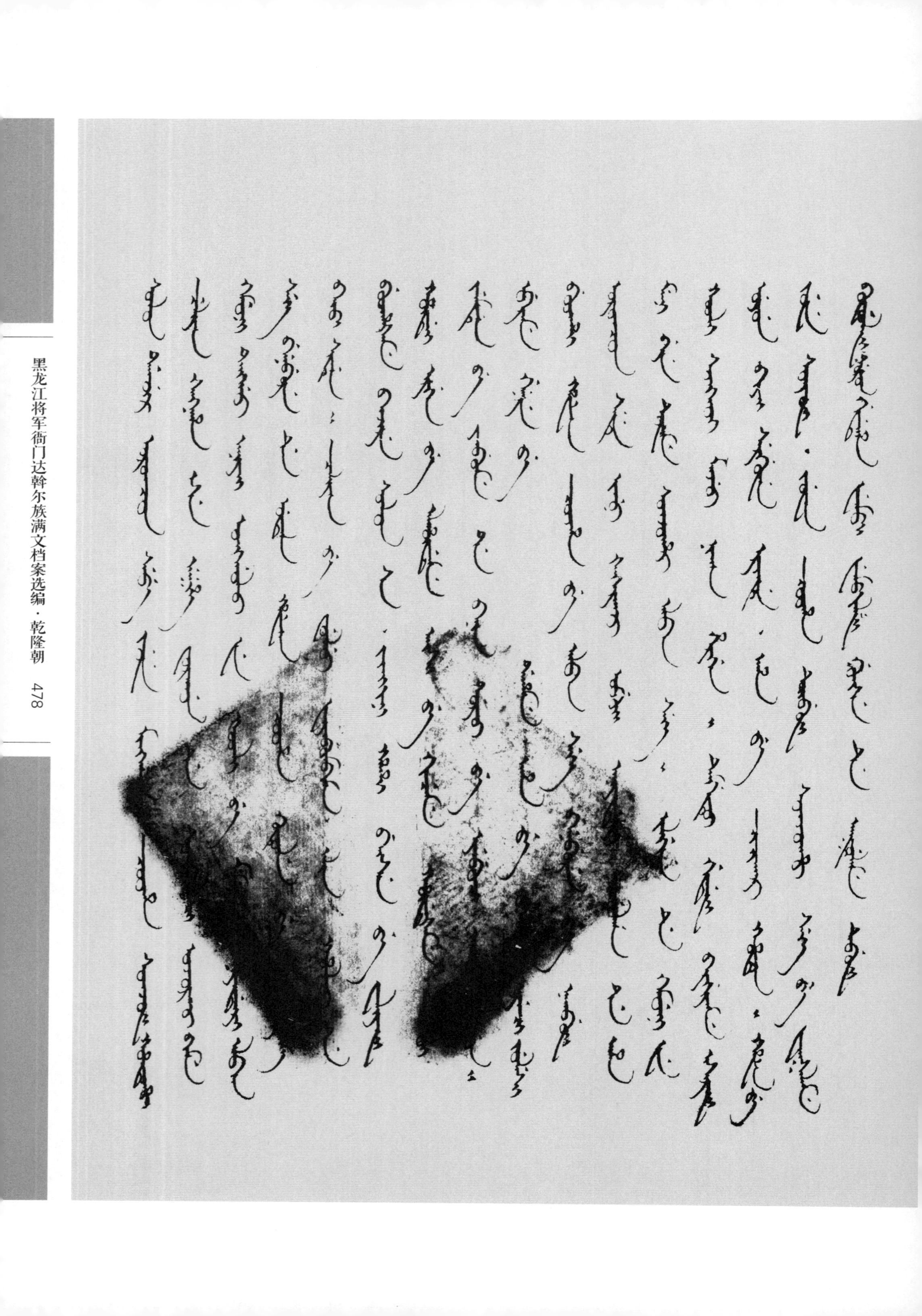

[illegible]

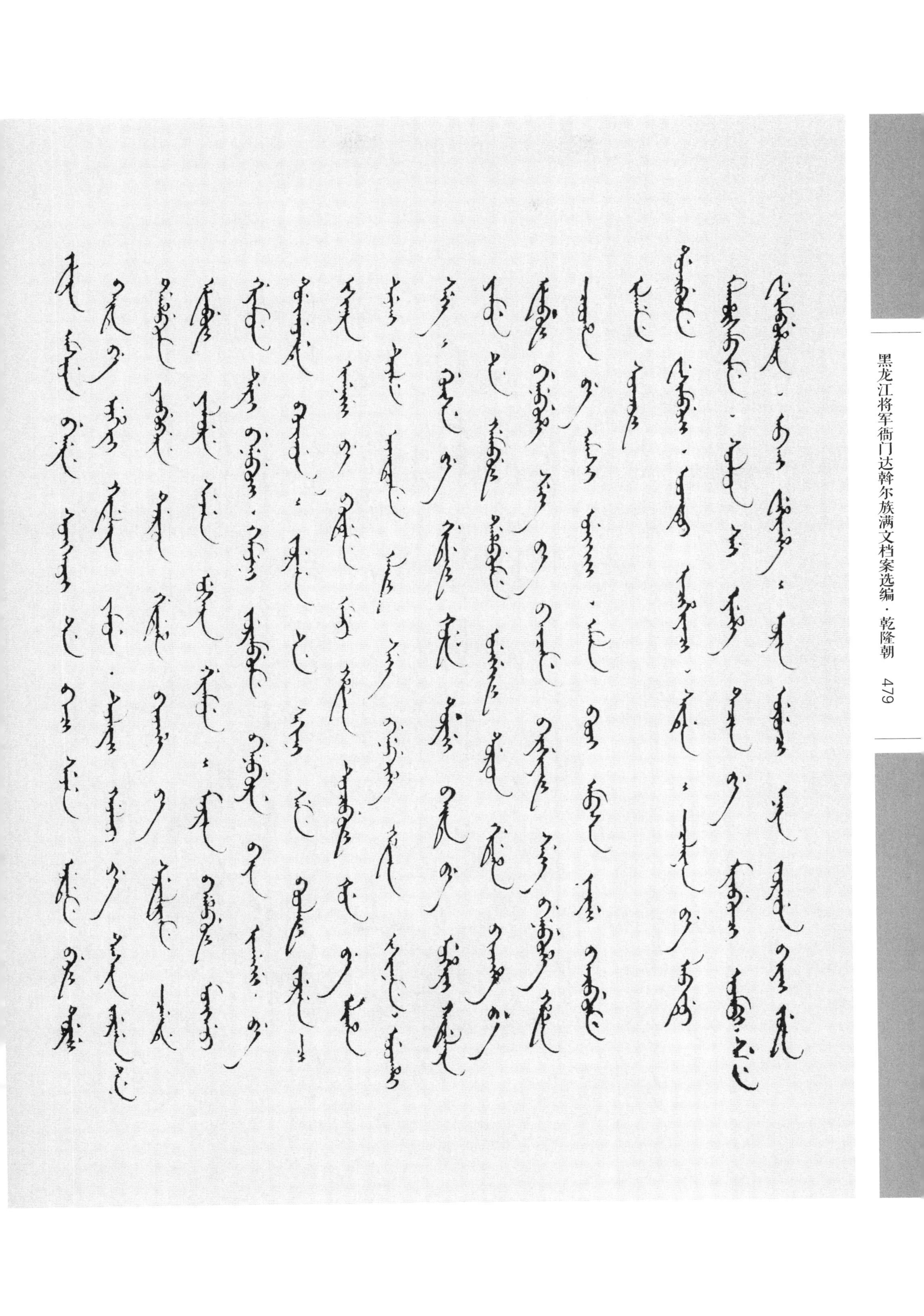

[illegible]

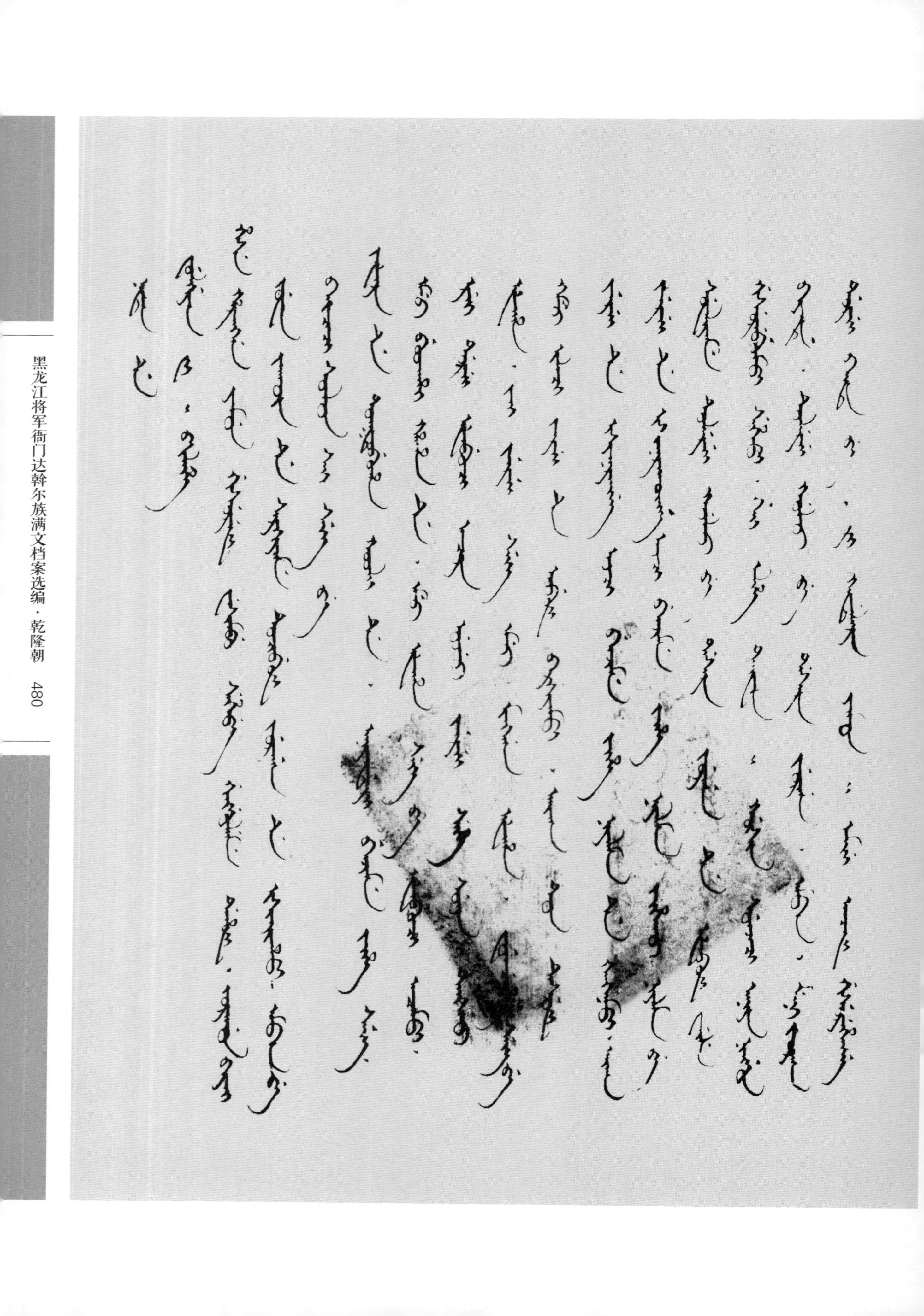

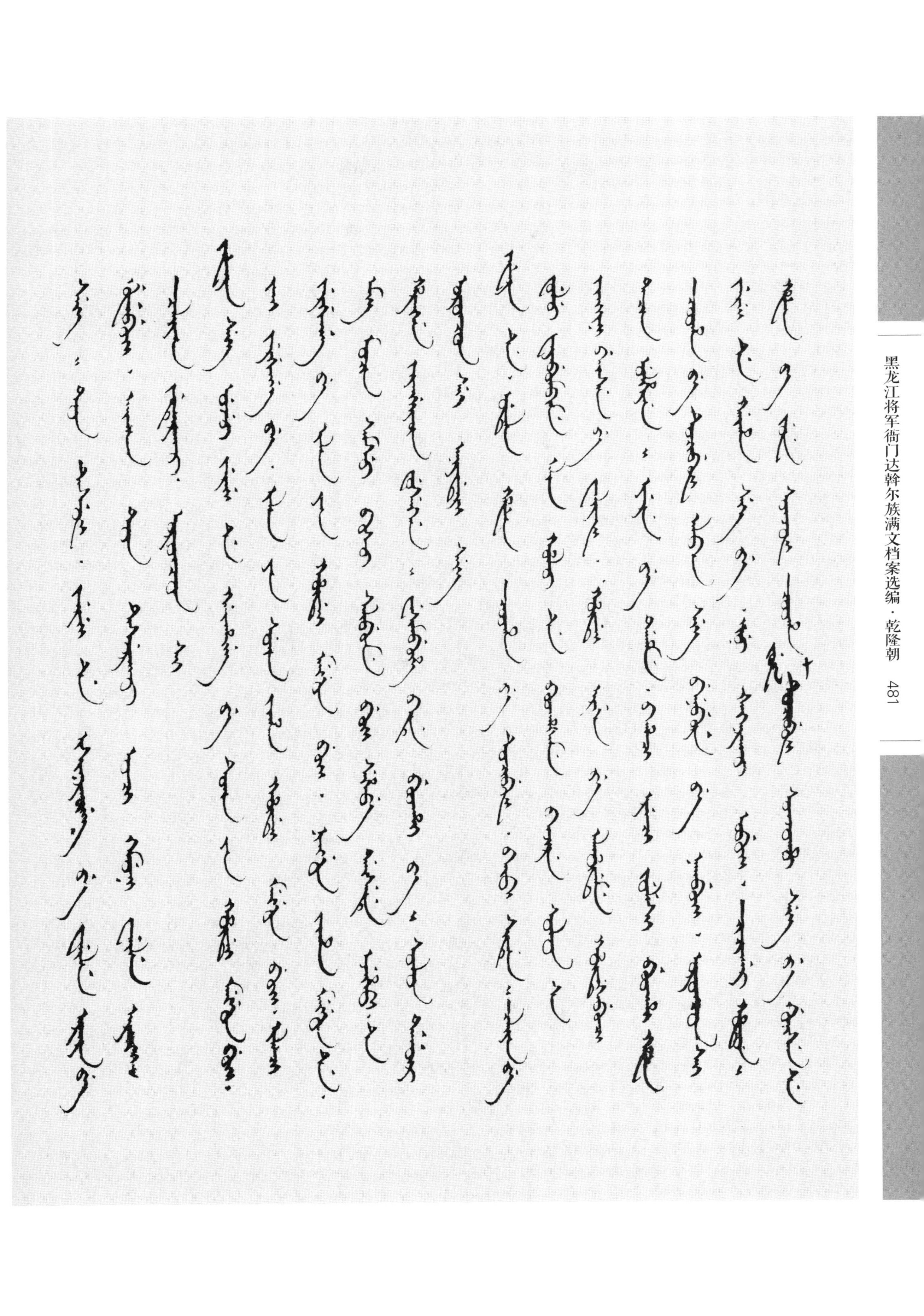

[illegible]

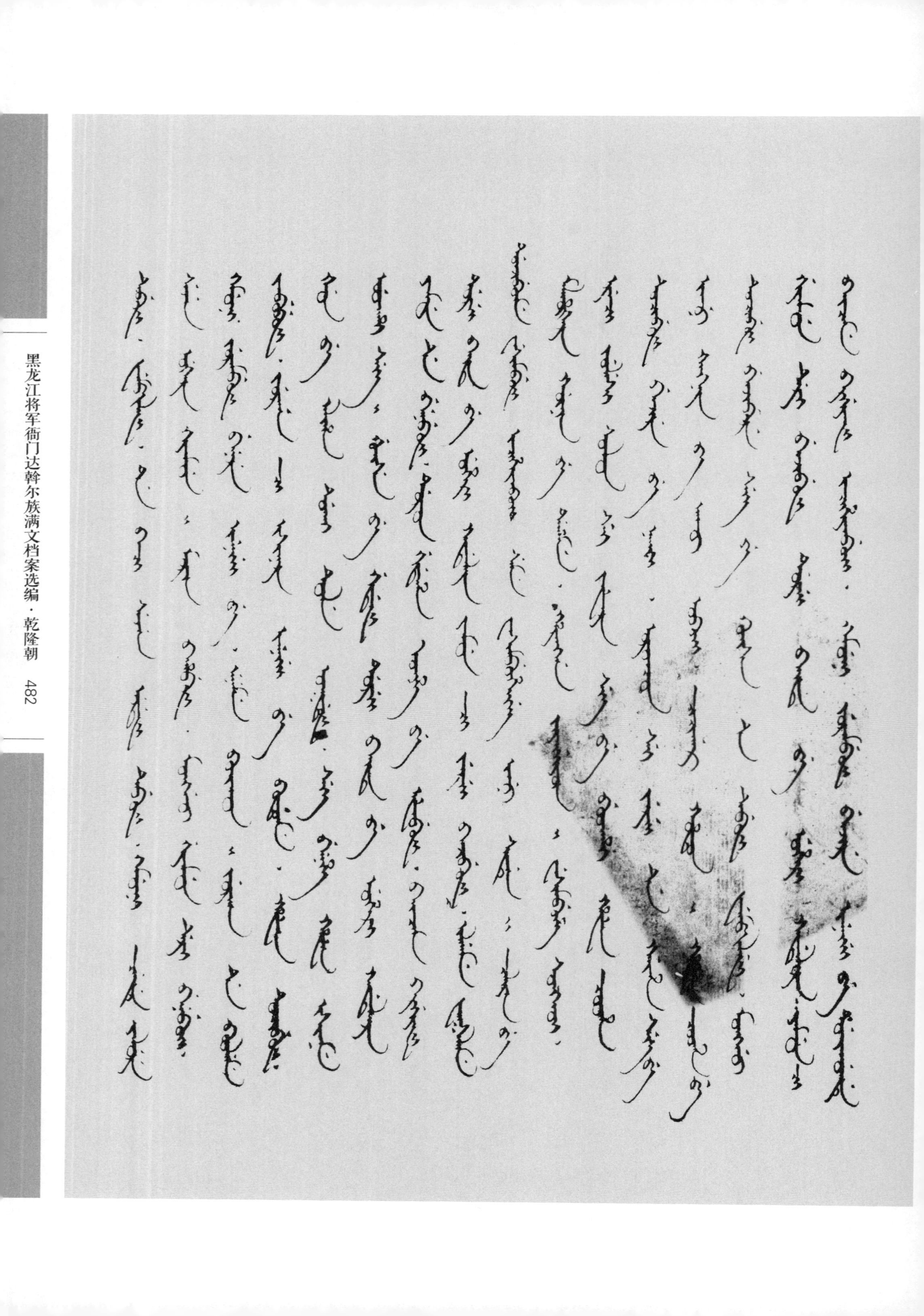

[illegible]

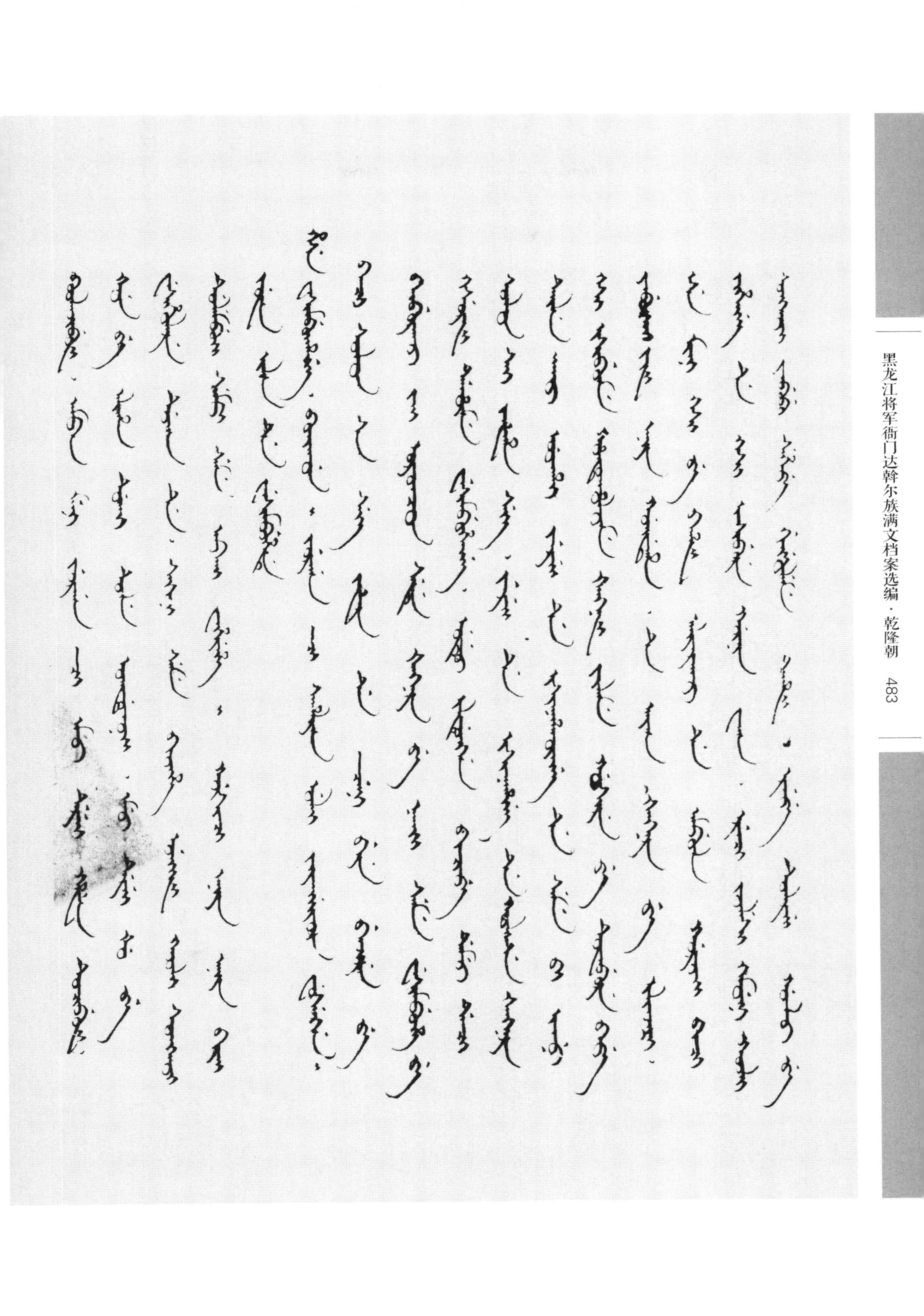

[illegible]

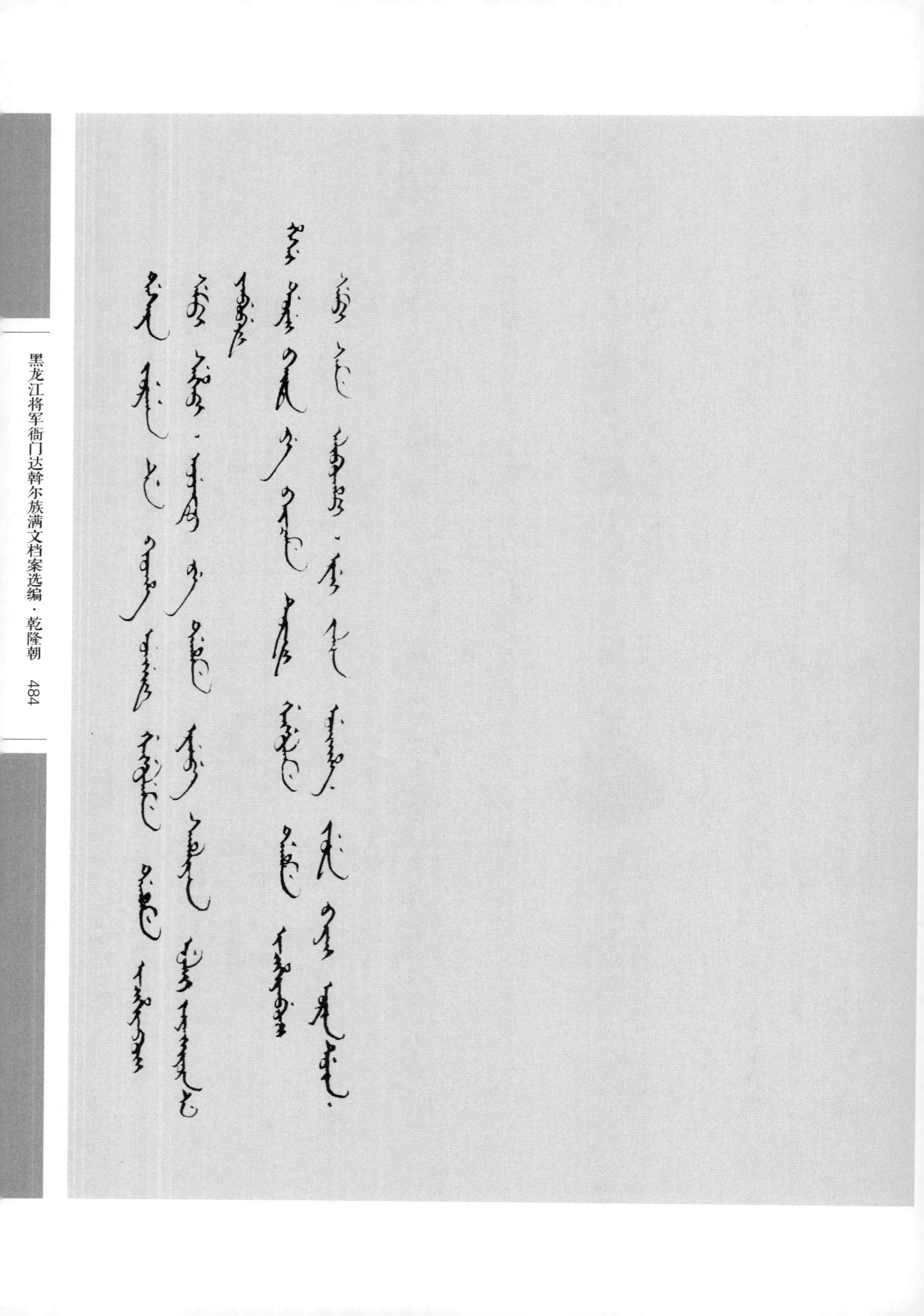

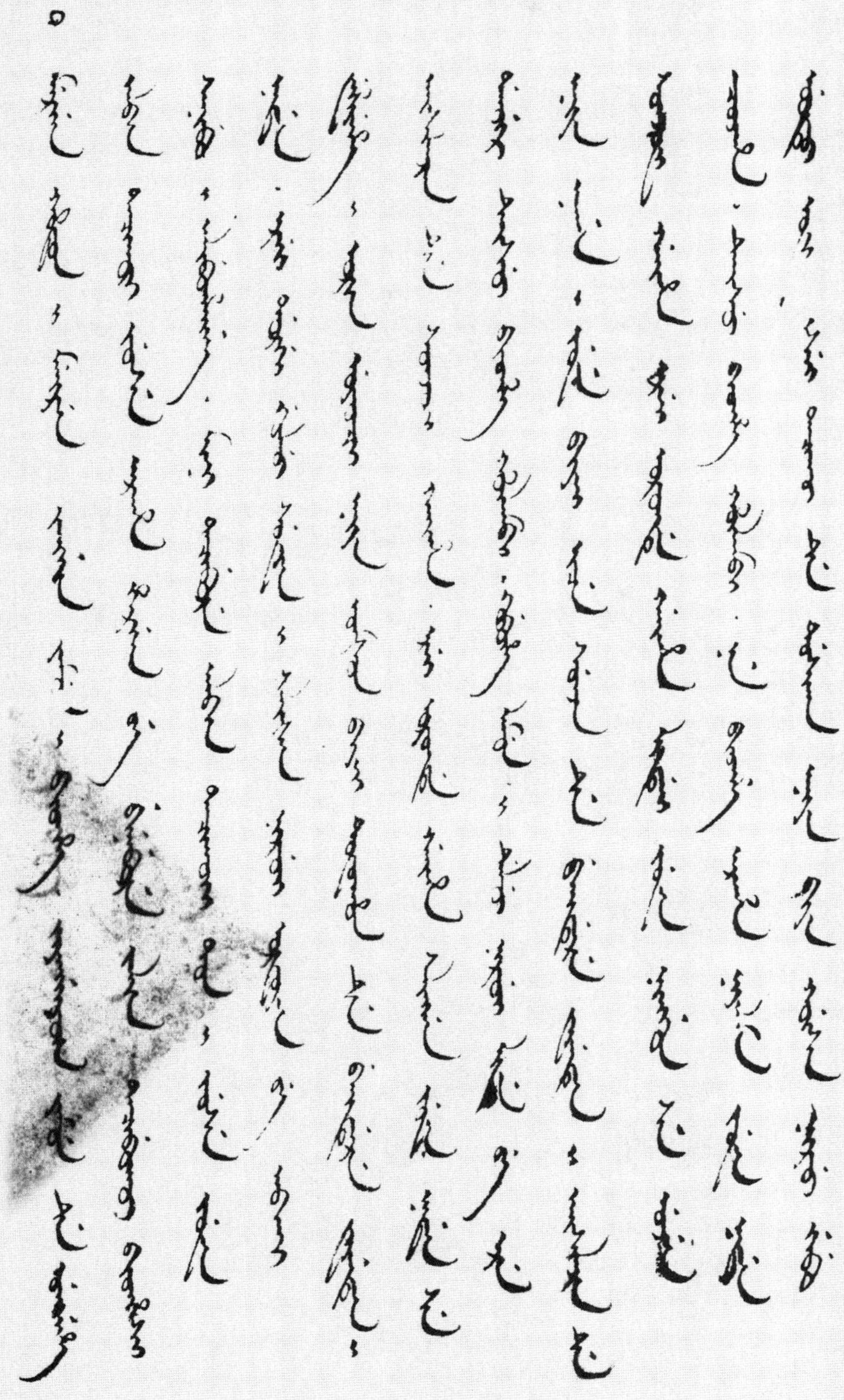

一一三五 墨尔根副都统衙门为解送达斡尔汉军官学生所写字事咨黑龙江将军衙门文

乾隆三十年三月十八日

ᡨᡝᠨ ᡨᡝ ᠪᠣᡥᠣ ᠰᡠᡴᡳ ᡤᠣᡵᠣ ᡨᠣᠮᠣᡨᡳ ᠰᡳᠨᡳ ᠮᡝᠨᡳ ᠠᠮᠪᠠ

ᠪᠣᡥᠣᡵᠣ ᡨᠣᡴᠰᠣ ᠰᡠᡴᡳ ᡤᡝᠮᡠ ᠰᡳᠨ ᡴᡳᠨᡤᡤᡝᠮᡝ᠈ ᠮᡠᡨᡝᡵᡝ ᠠᡴᡡ ᠪᡝᡳᡤᡝᡵᡳ

ᠪᠣᡥᠣᡵᠣ᠈ ᡨᠣᠮᠣᡴᡳ ᡤᠣᡵᠣ ᠰᡳᠨ ᠮᡝᡩᡝᡵᡳ ᠰᡝᠮᡝ ᠪᡳ ᠪᡳᡥᡝ ᠠᡴᡡ

ᡠᠰᡝᠨ ᠪᡝ ᡤᠣᠰᡳᠨ ᠮᡝᡵᡤᡝᠨ ᠪᡝ ᡤᡳᠰᡠᠨ᠈ ᠪᡝᡩᡝᡵᡳ ᡤᡝᠮᡠ ᠠᡴᡡ ᠪᡳ

ᠵᡳᠨ ᡩᡝ ᠪᡝᡳᡤᡝ ᡤᡝᠮᡠ᠄ ᡴᡝᠮᡠᠨᡳ ᠪᡳ ᡨᡝ ᠮᡠᠰᡝ ᠪᡝᡳᡤᡝ ᠪᡝᡳᡤᡝ

ᡥᡝᡵᡤᡝᠨ ᠨᡳᠶᠠᠯᠮᠠ᠈ ᡨᡝᡵᡝ ᠪᡝᠶᡝ ᠪᠣᠵᡳᠯᡳ᠉

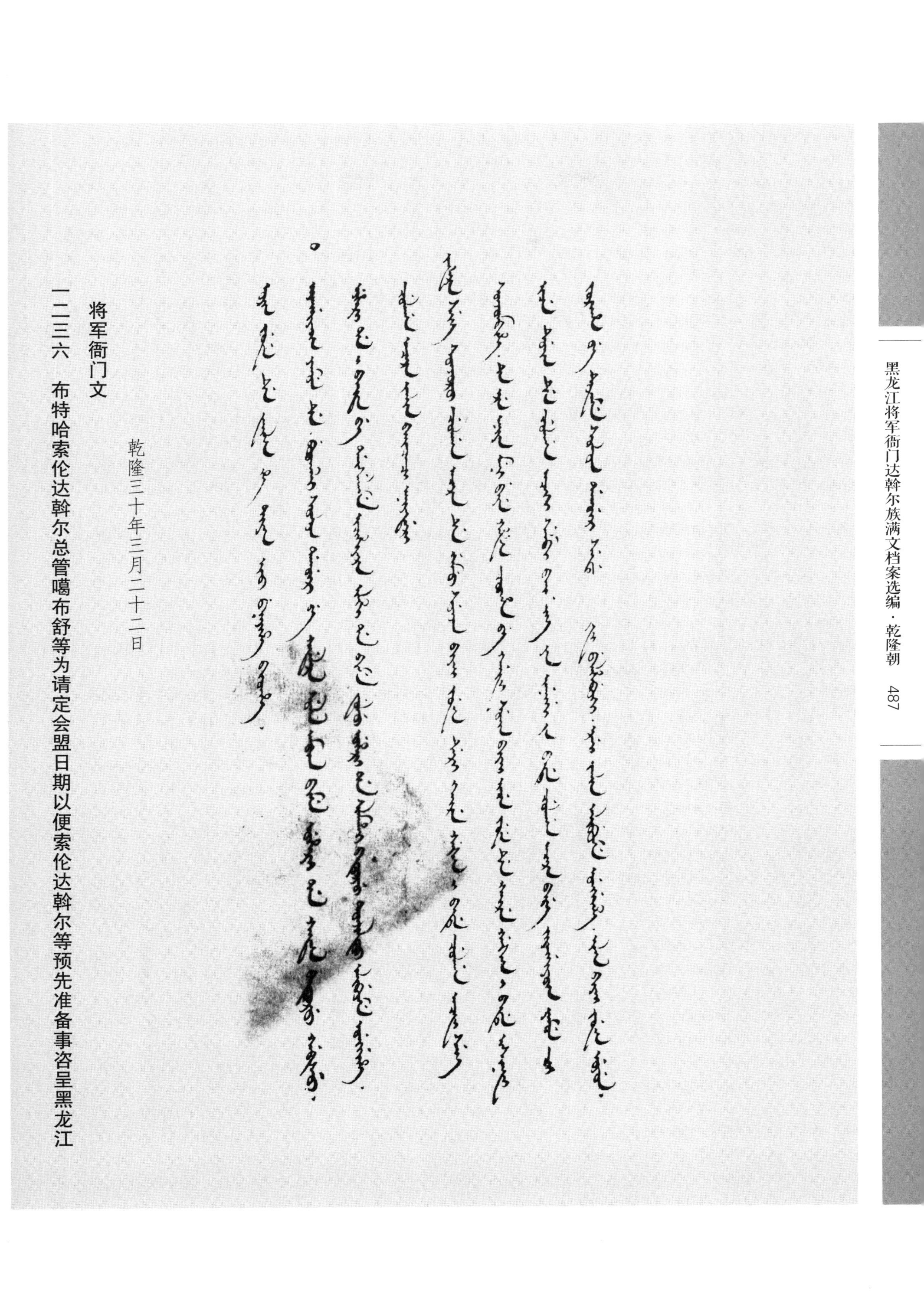

乾隆三十年三月二十二日

将军衙门文

一二三六　布特哈索伦达斡尔总管噶布舒等为请定会盟日期以便索伦达斡尔等预先准备事咨呈黑龙江

一二三七 黑龙江将军衙门为造送各城满洲索伦达斡尔等官员数目清册事咨兵部文（附清册一件）

乾隆三十年三月二十六日

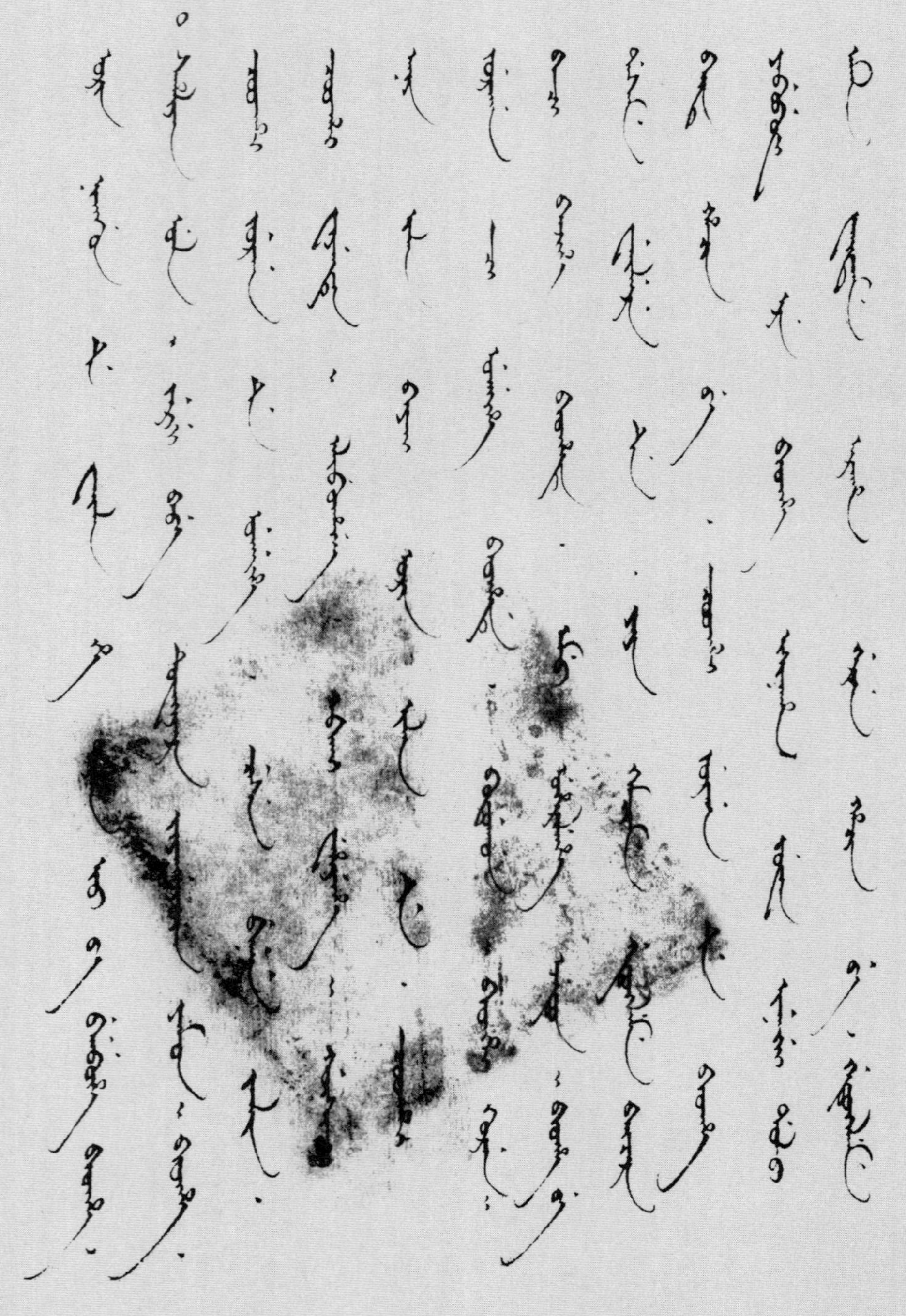

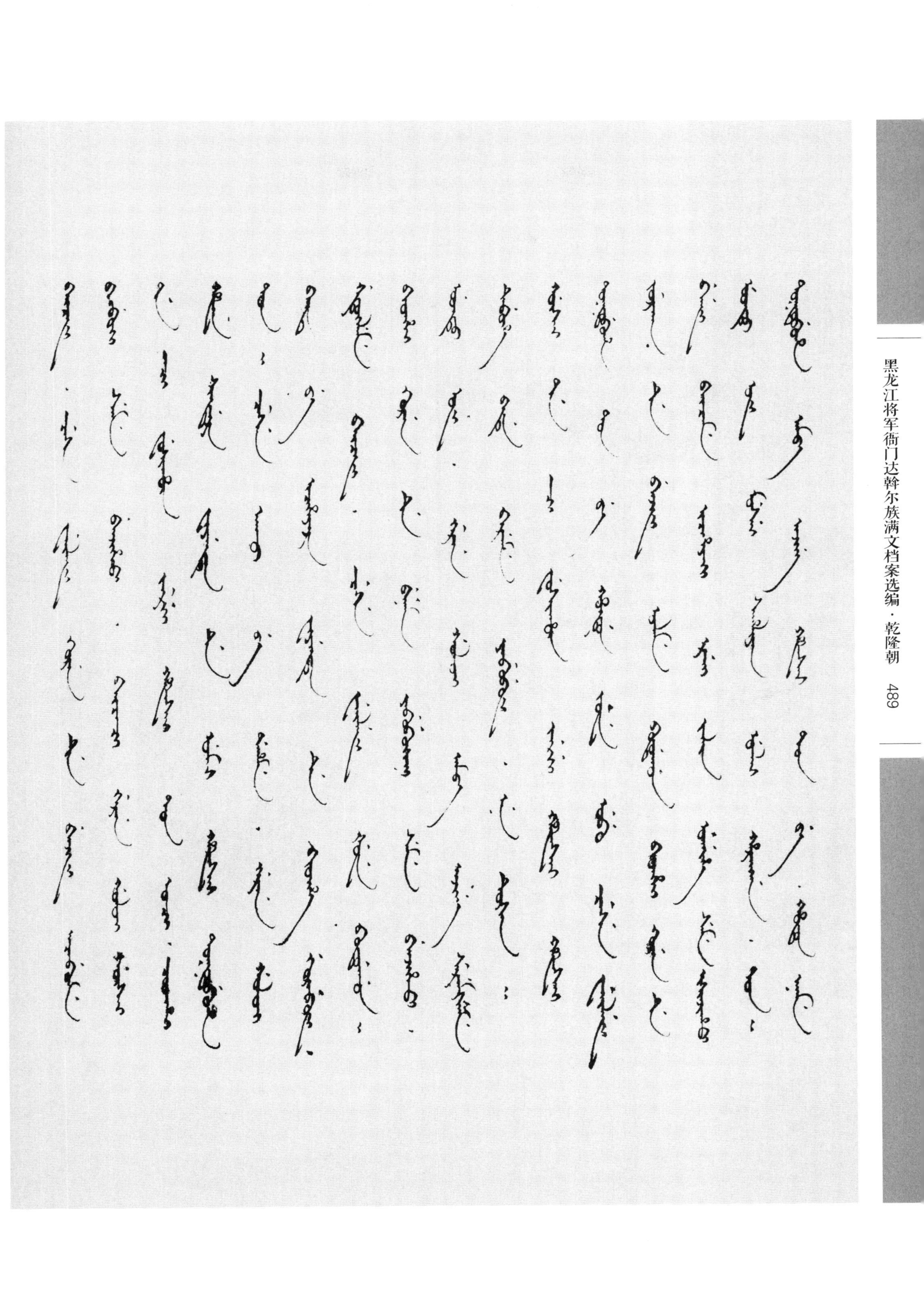

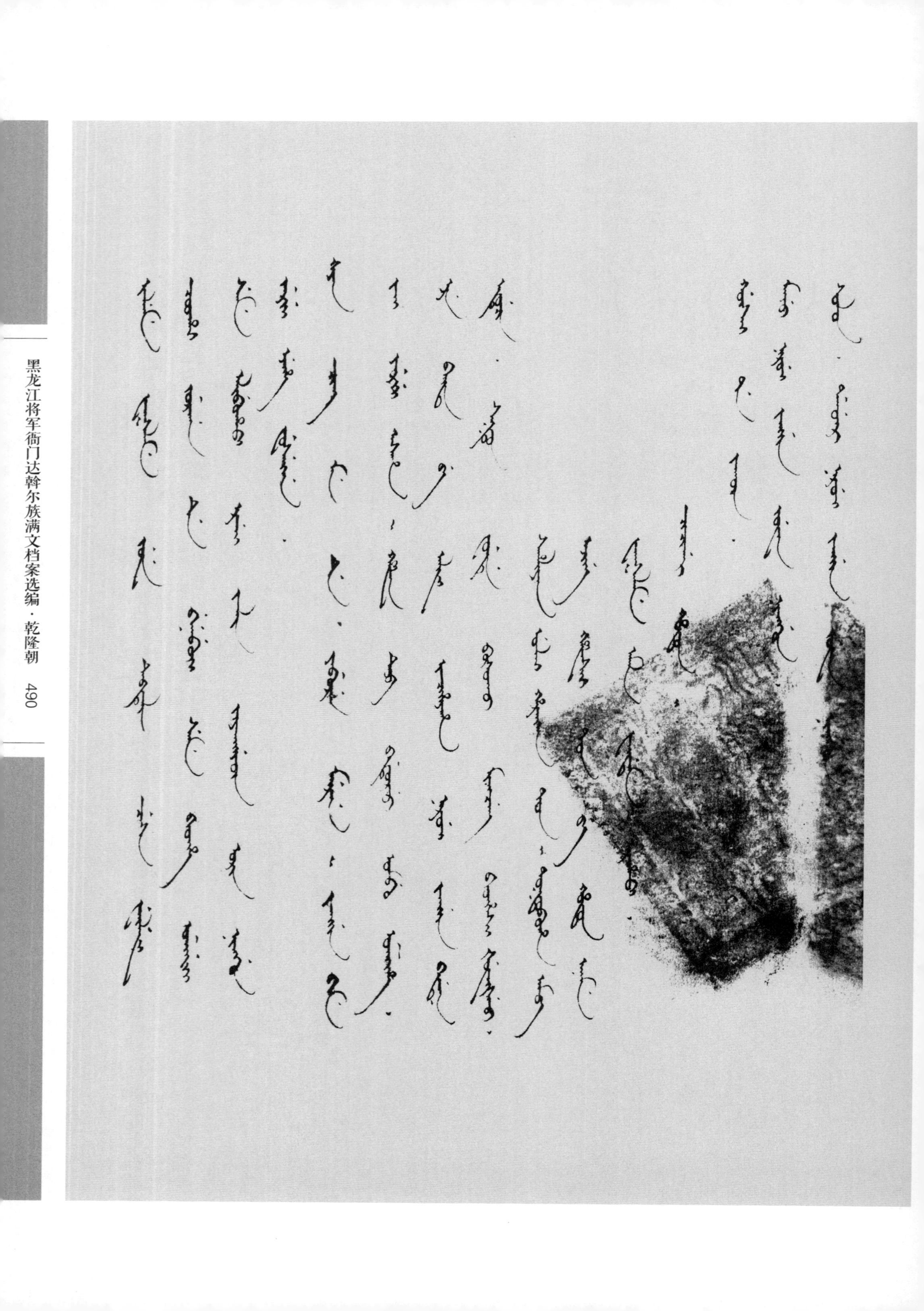

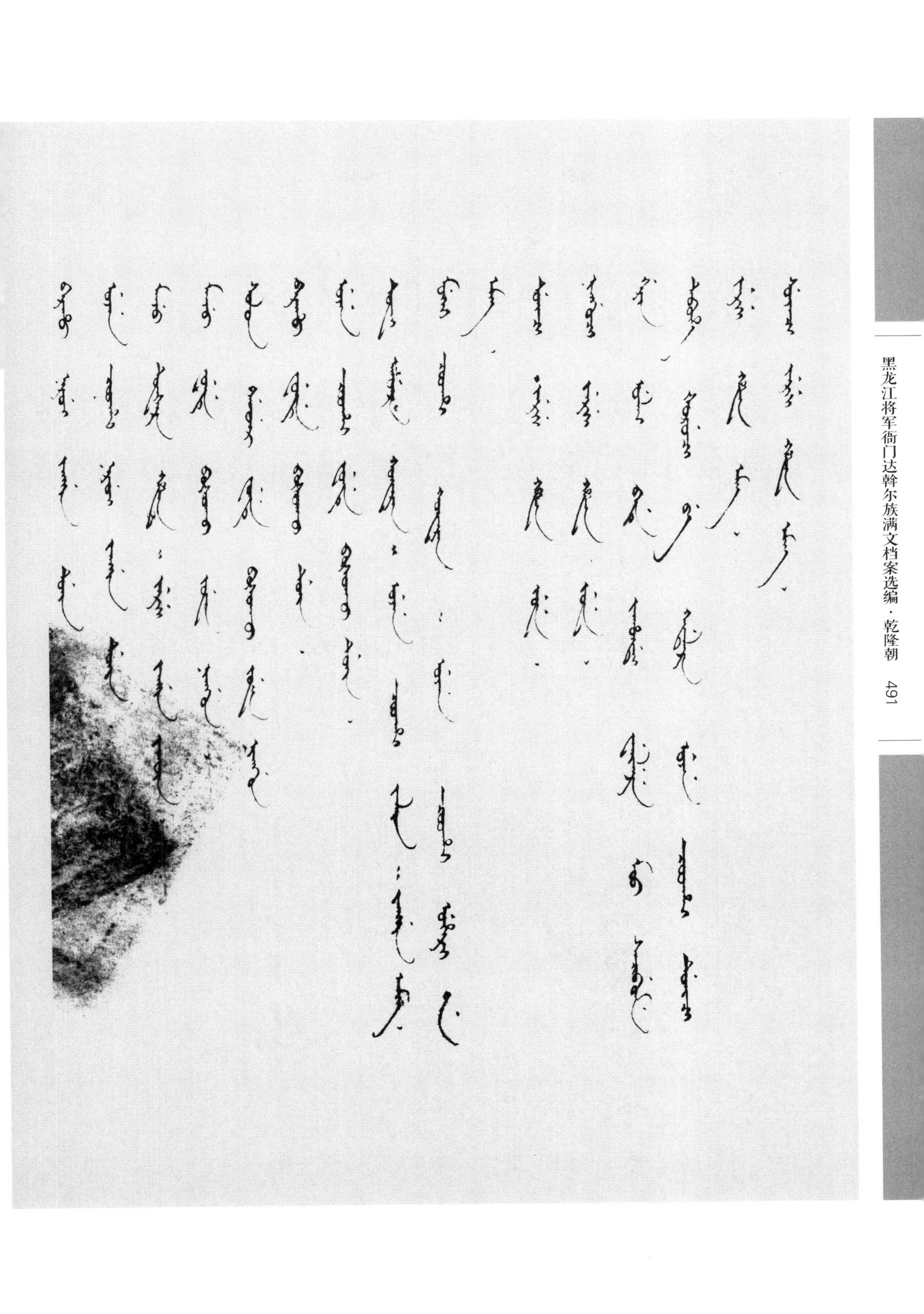

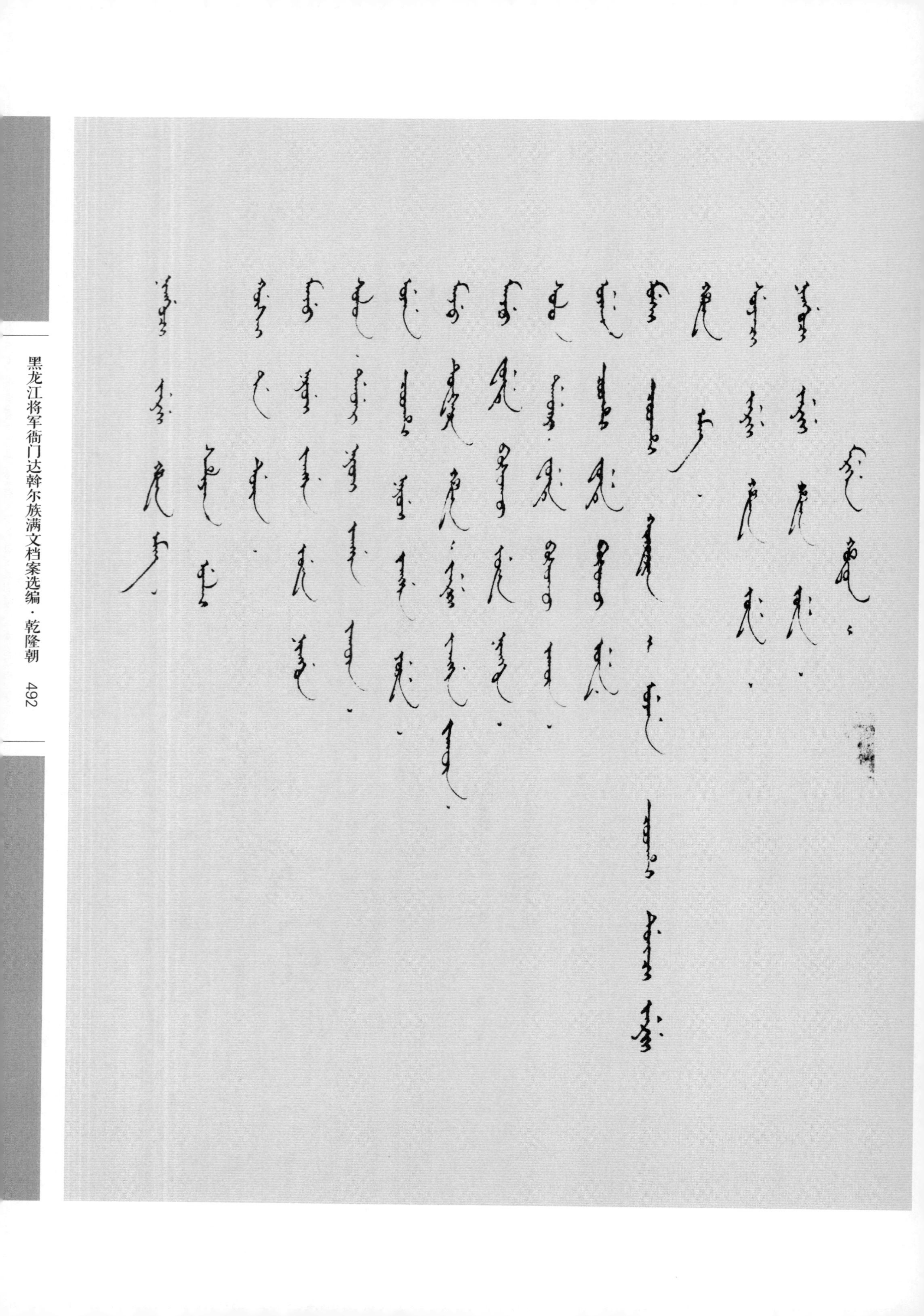

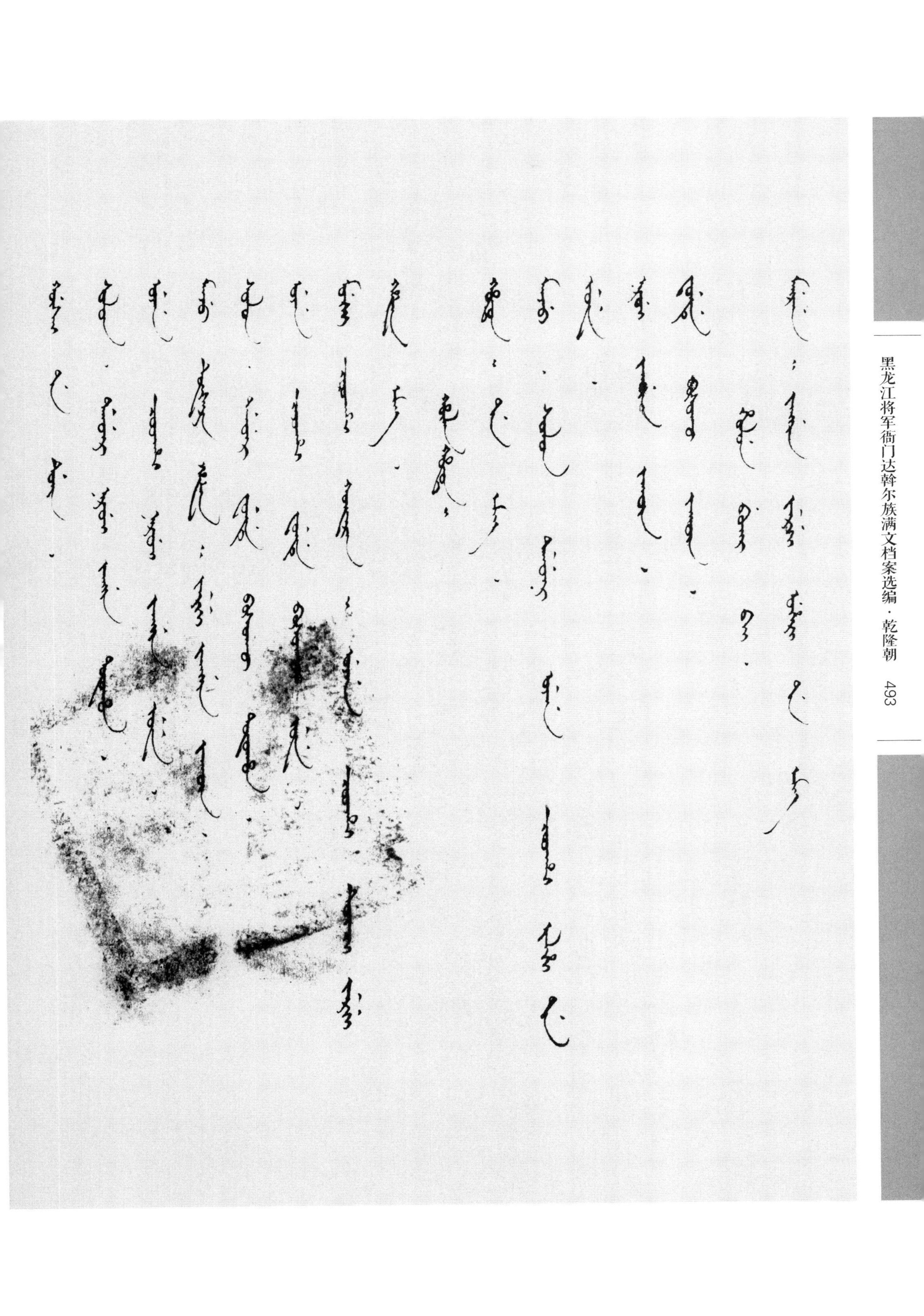

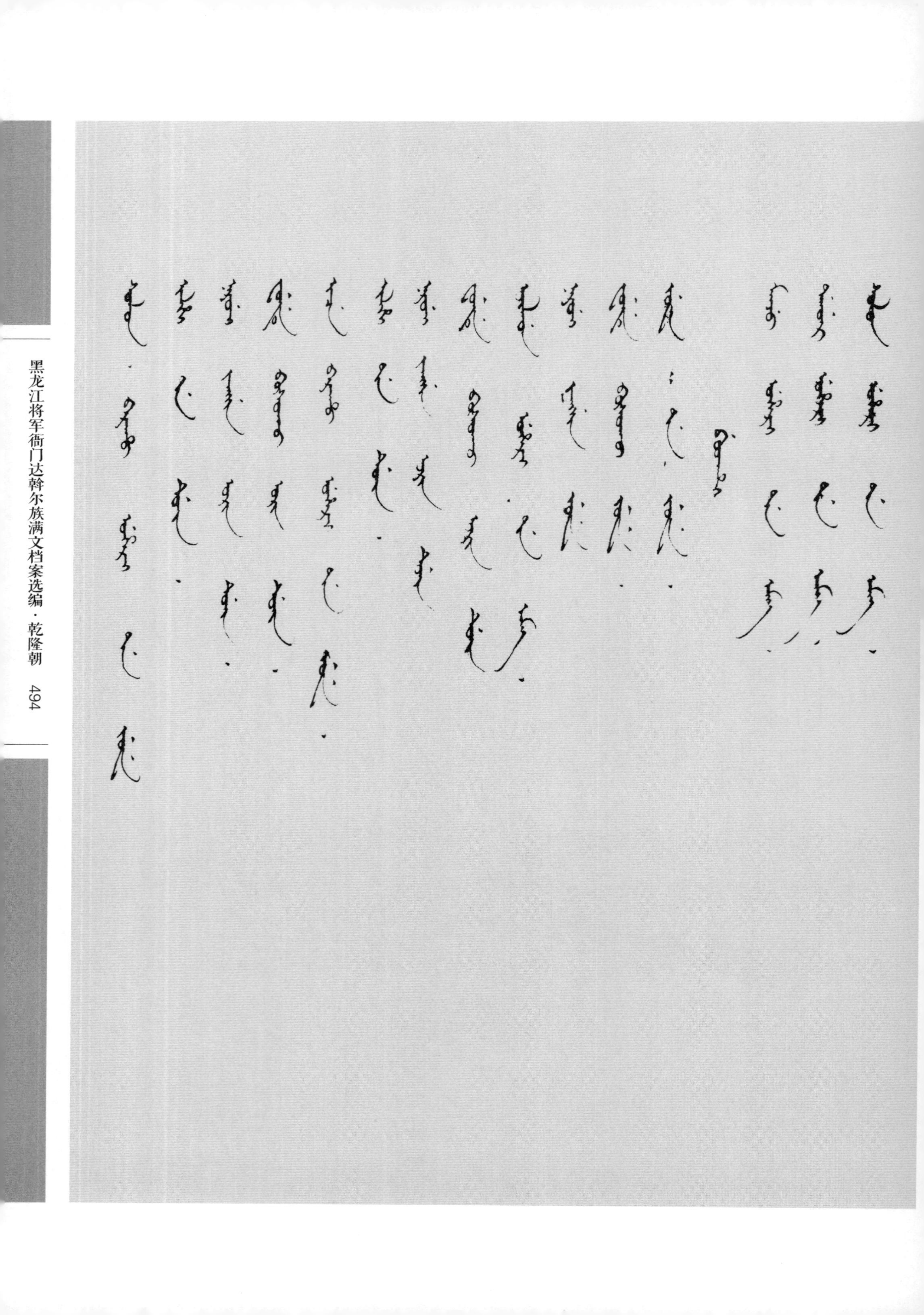

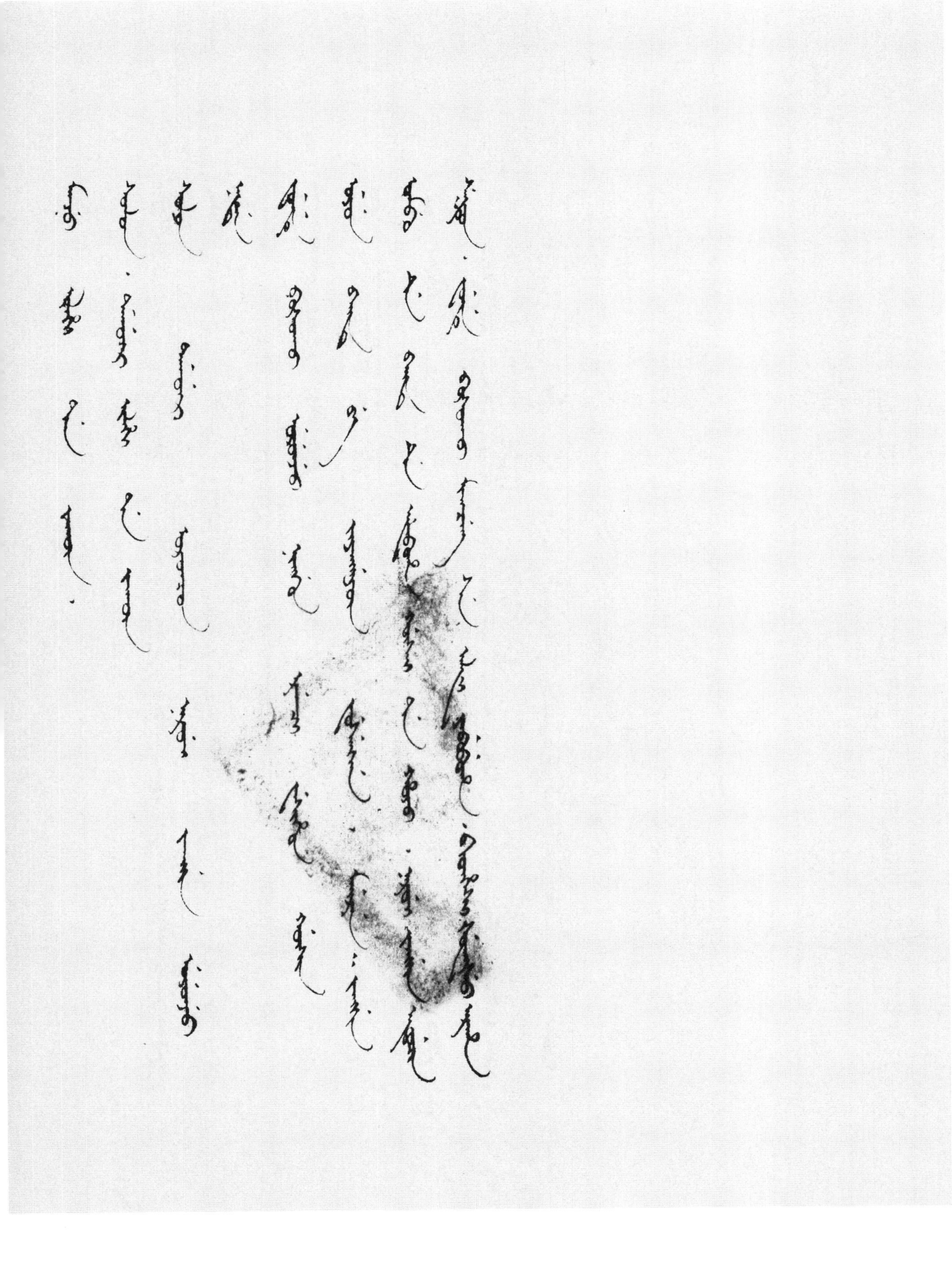

一二三八 黑龙江将军衙门为确定布特哈索伦达斡尔等会盟选貂日期地点事札布特哈总管等文

乾隆三十年三月二十六日

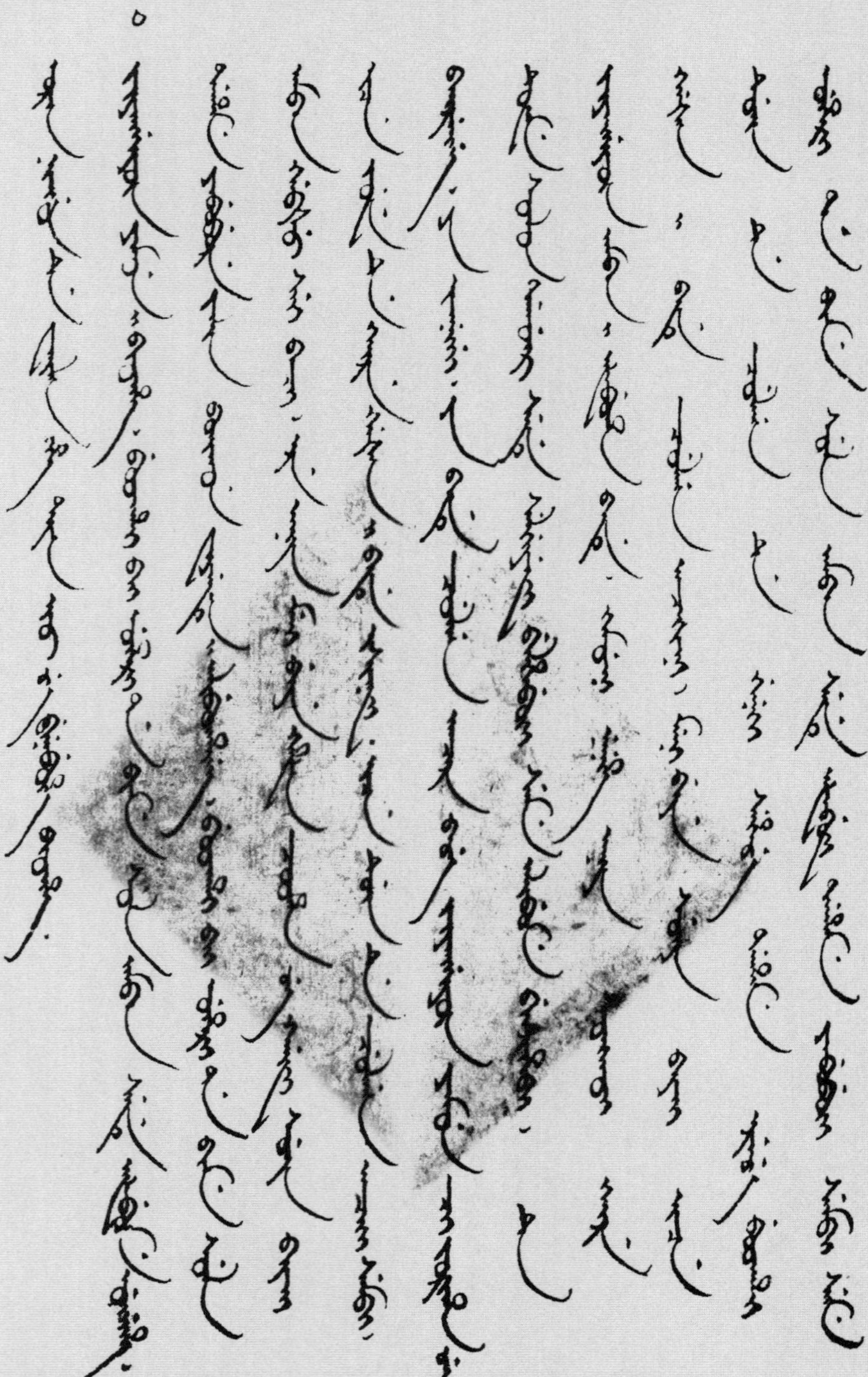

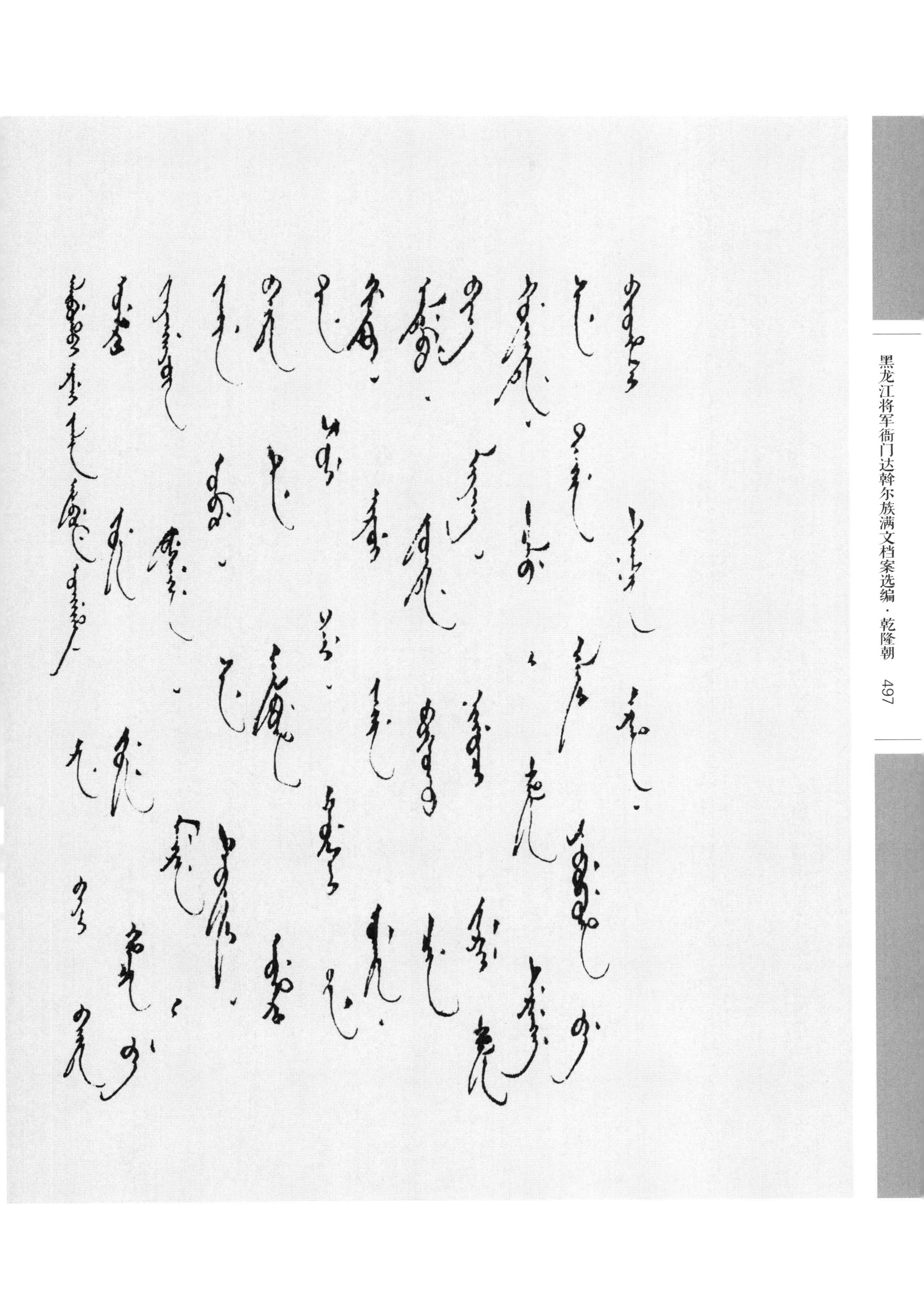

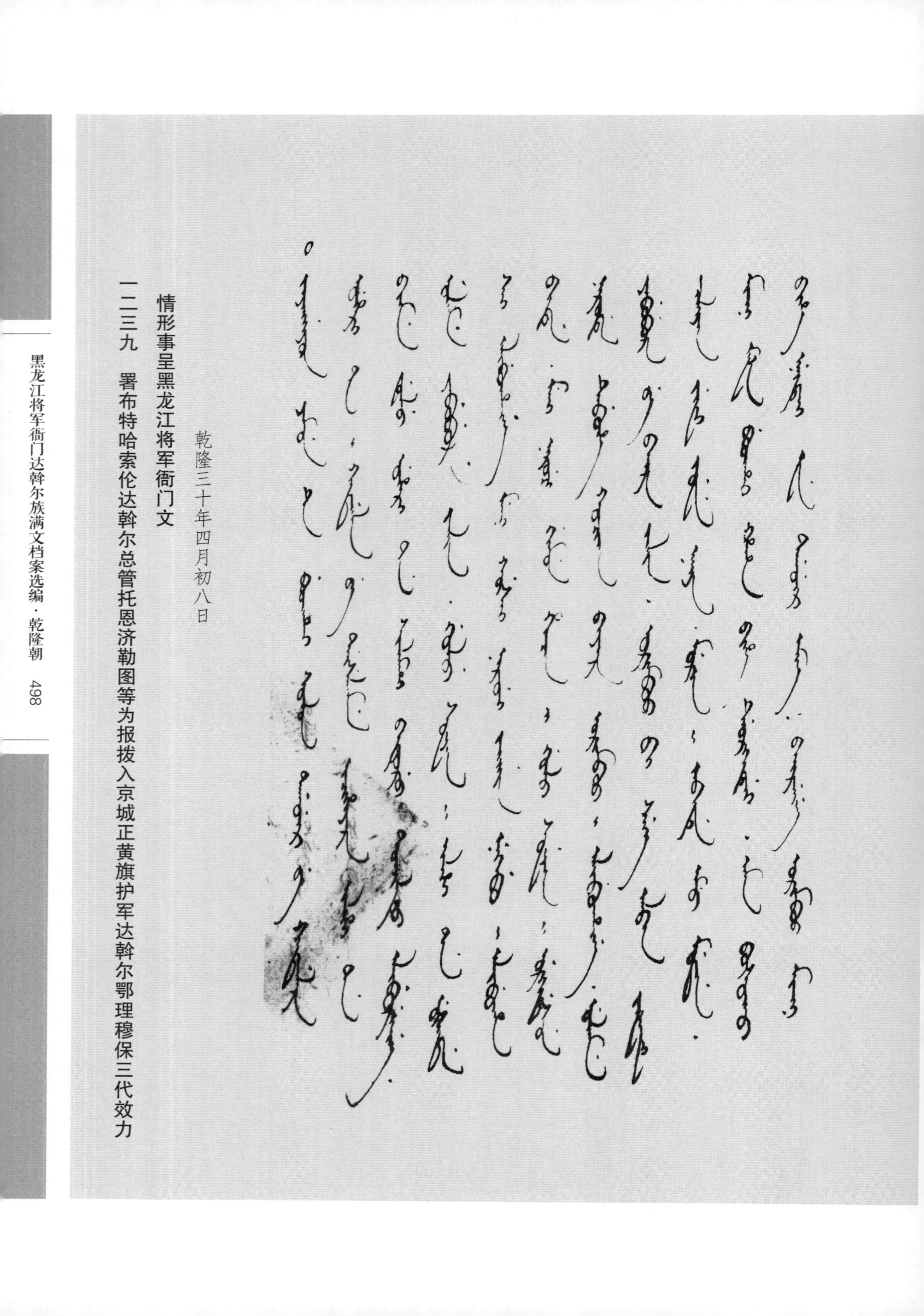

乾隆三十年四月初八日

一二三九　署布特哈索伦达斡尔总管托恩济勒图等为报拔入京城正黄旗护军达斡尔鄂理穆保三代效力情形事呈黑龙江将军衙门文

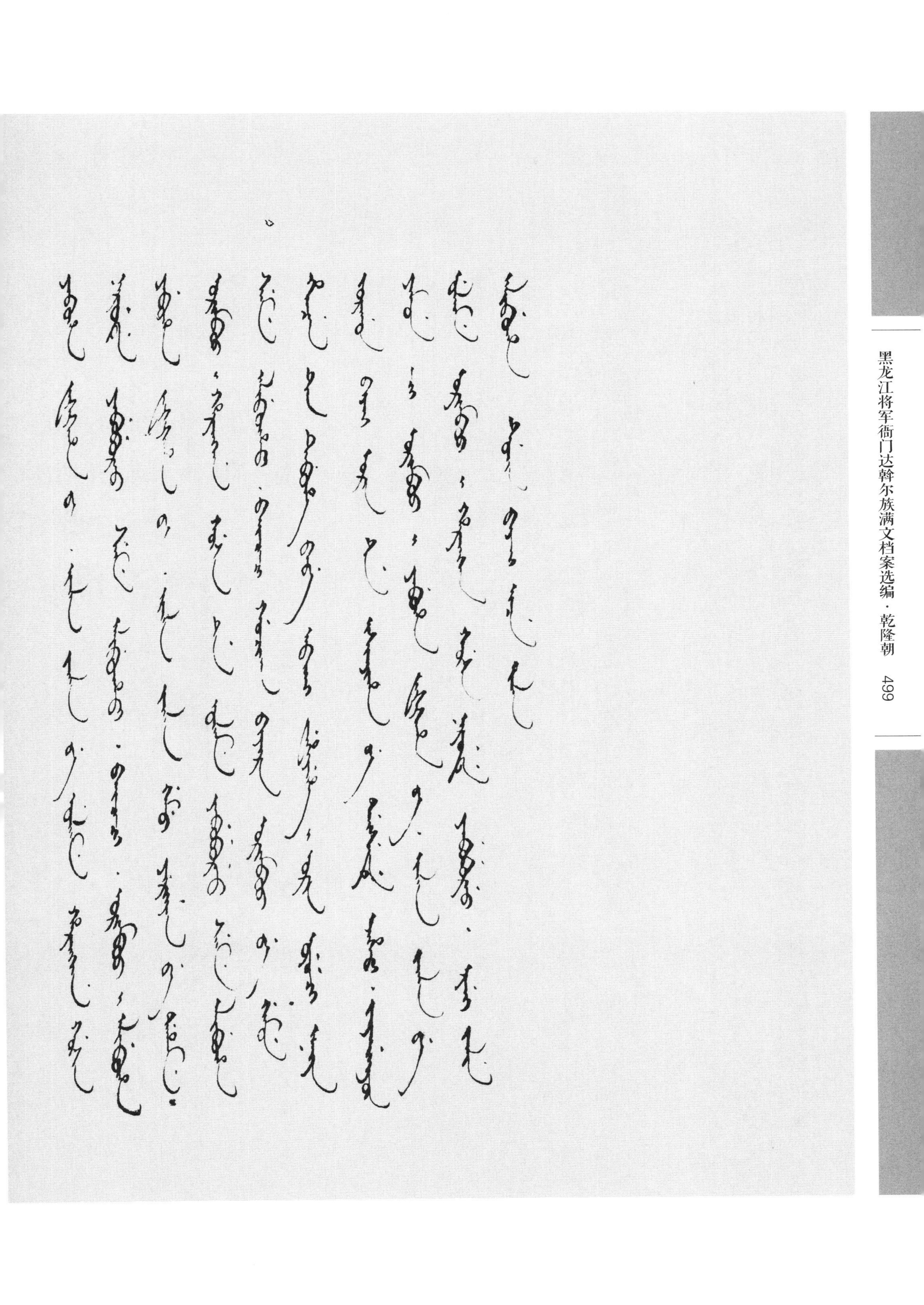

一二四〇 黑龙江副都统衙门为请每月拨给年迈不能当差另户达斡尔披甲霍和逊等银两事咨黑龙江将军衙门文

乾隆三十年四月十四日

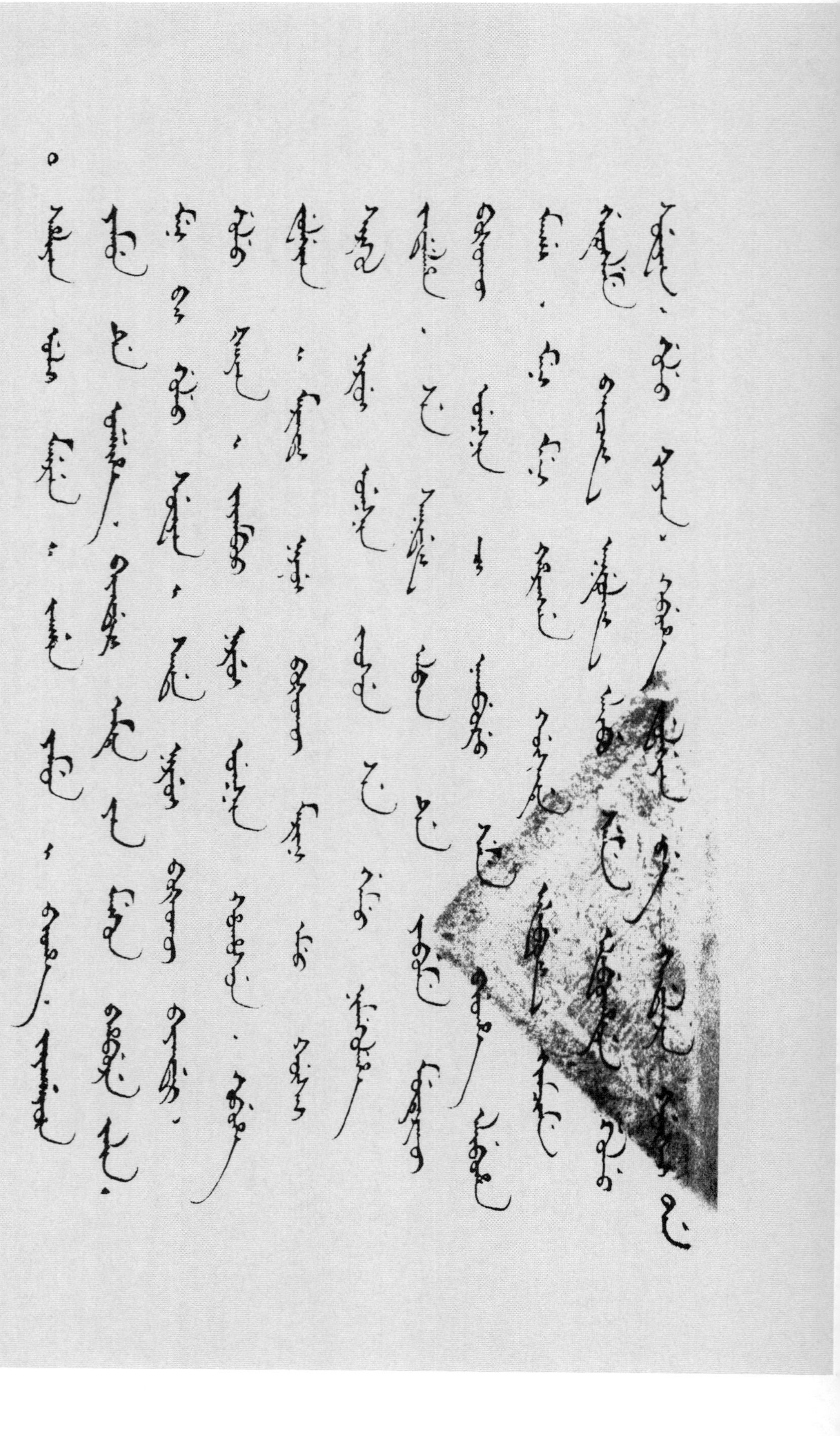

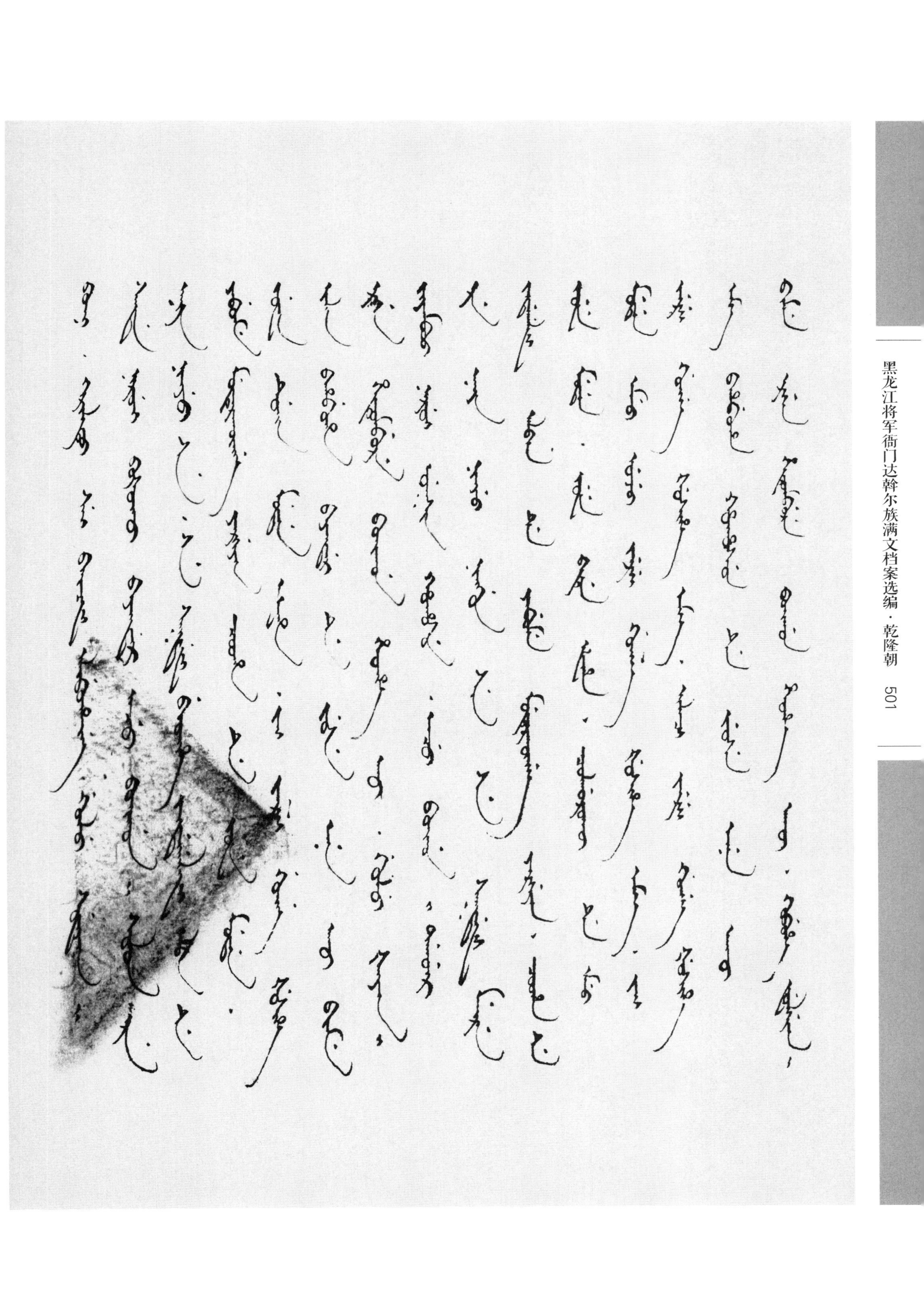

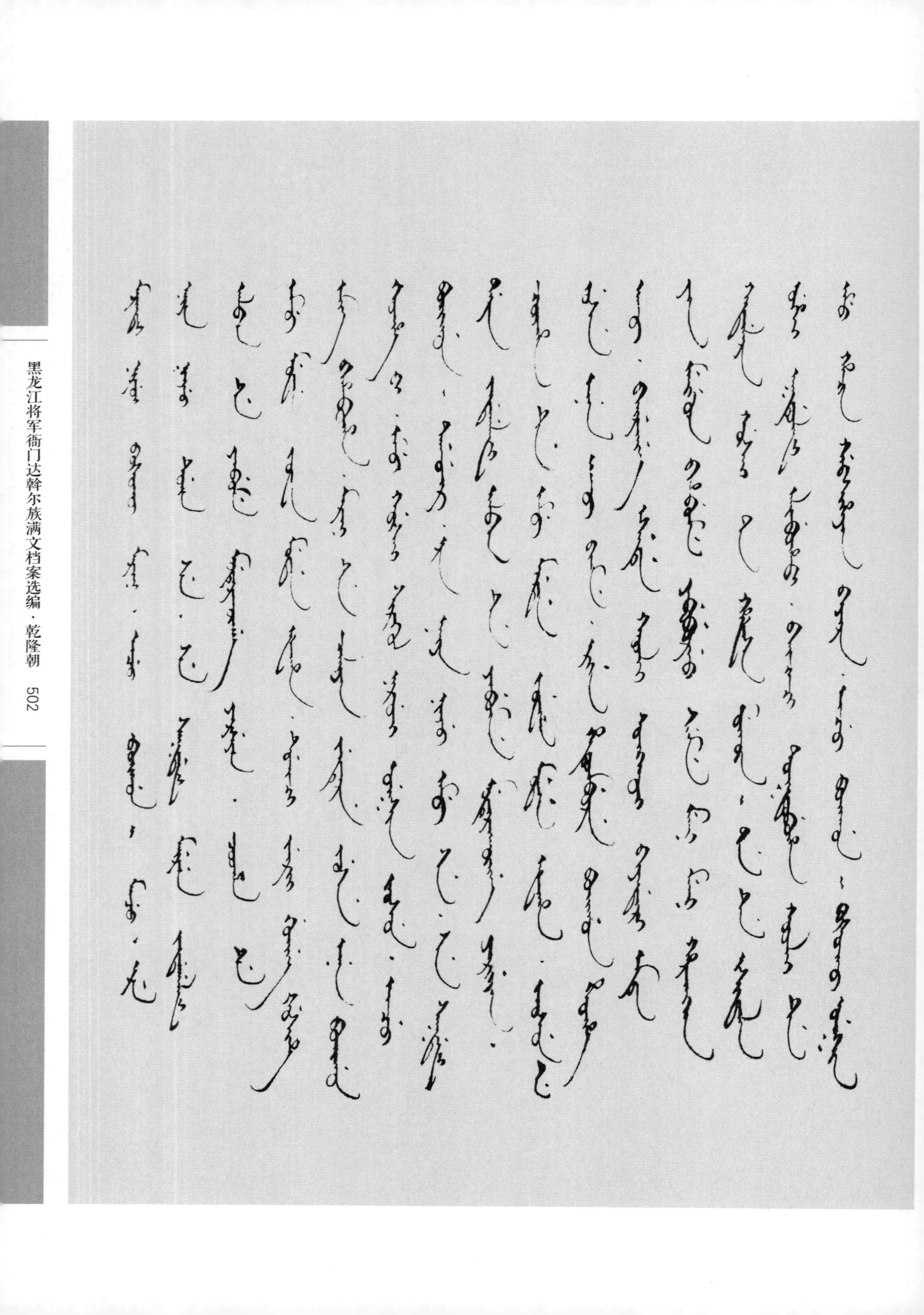

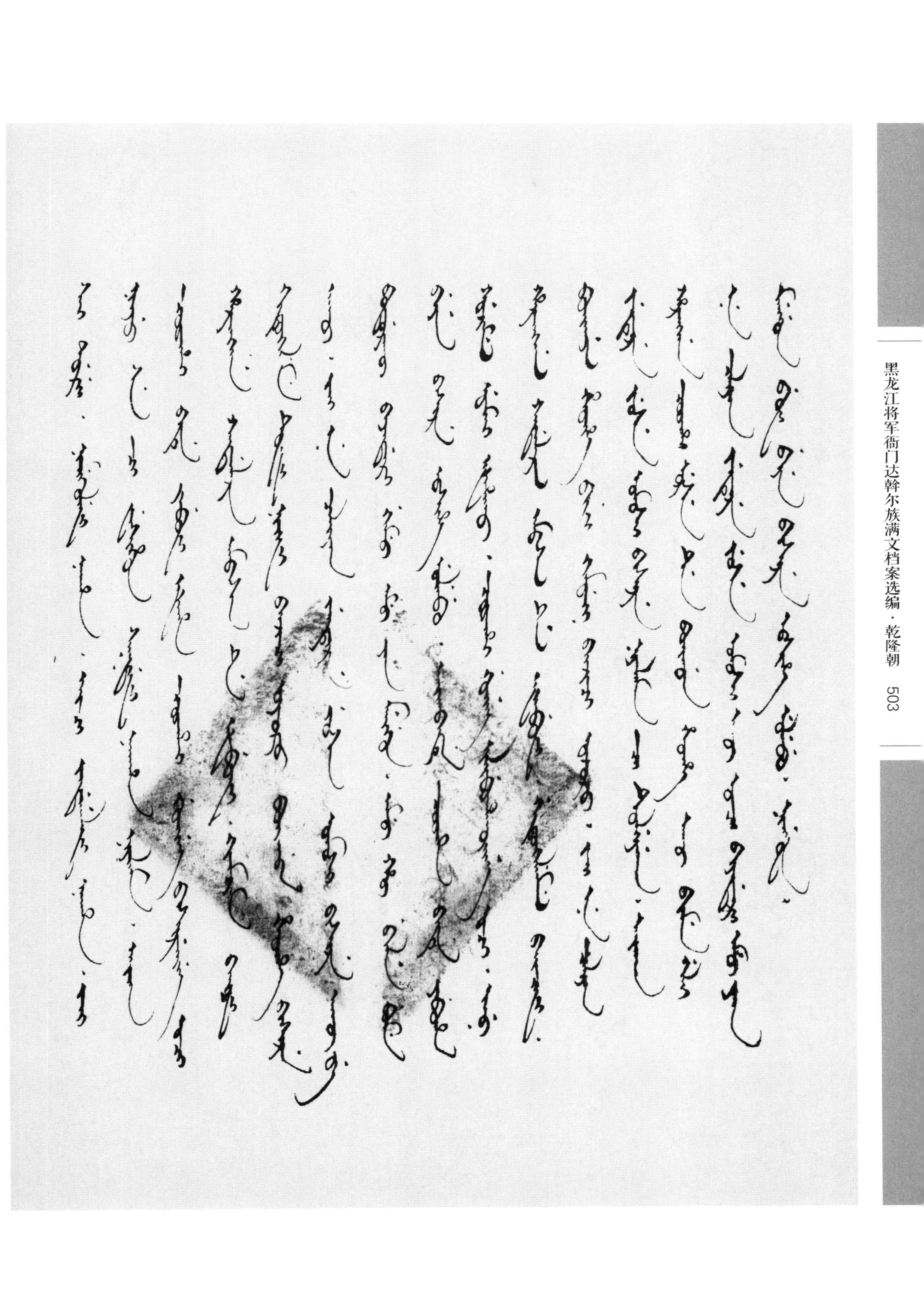

[illegible]

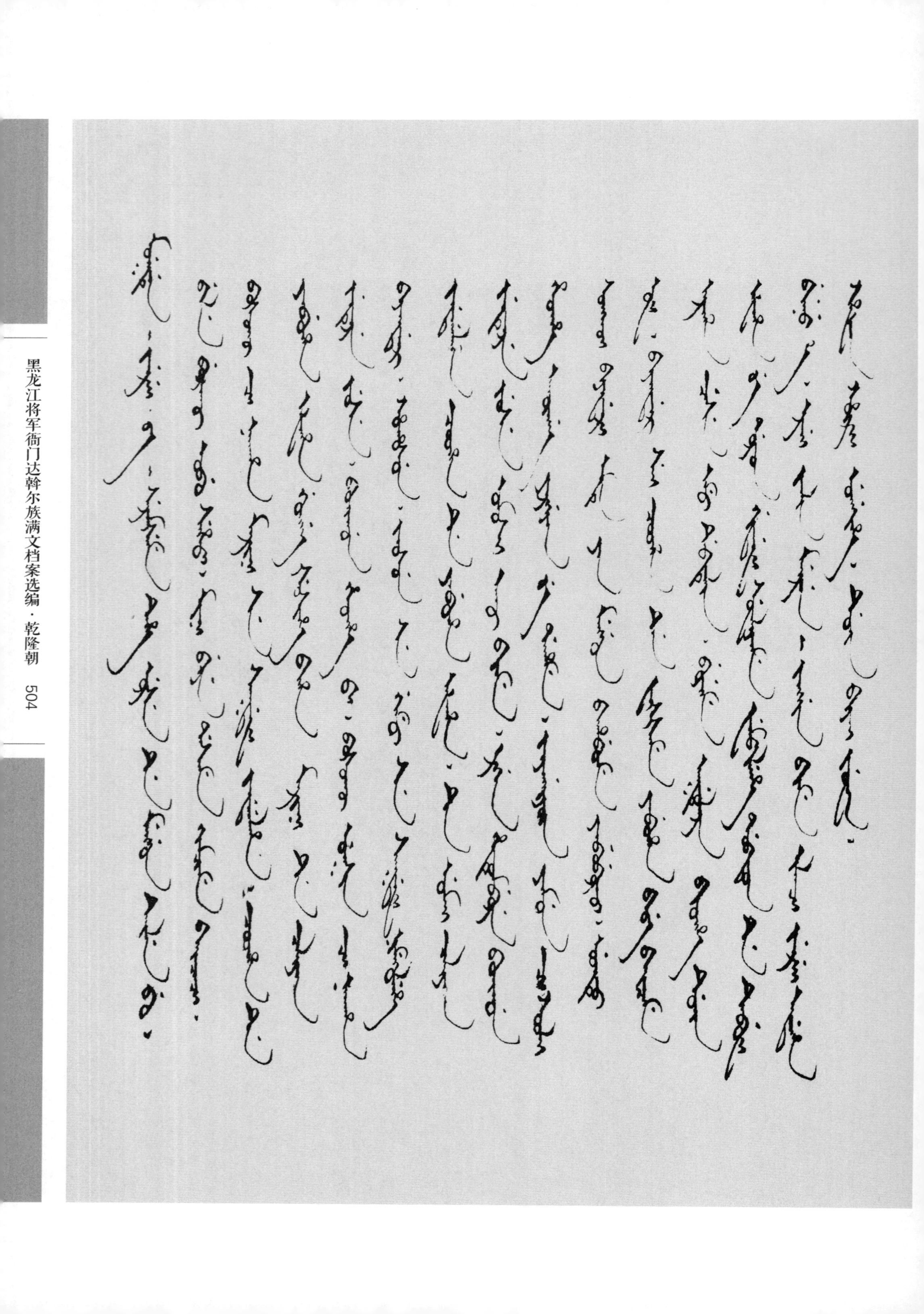

[illegible]

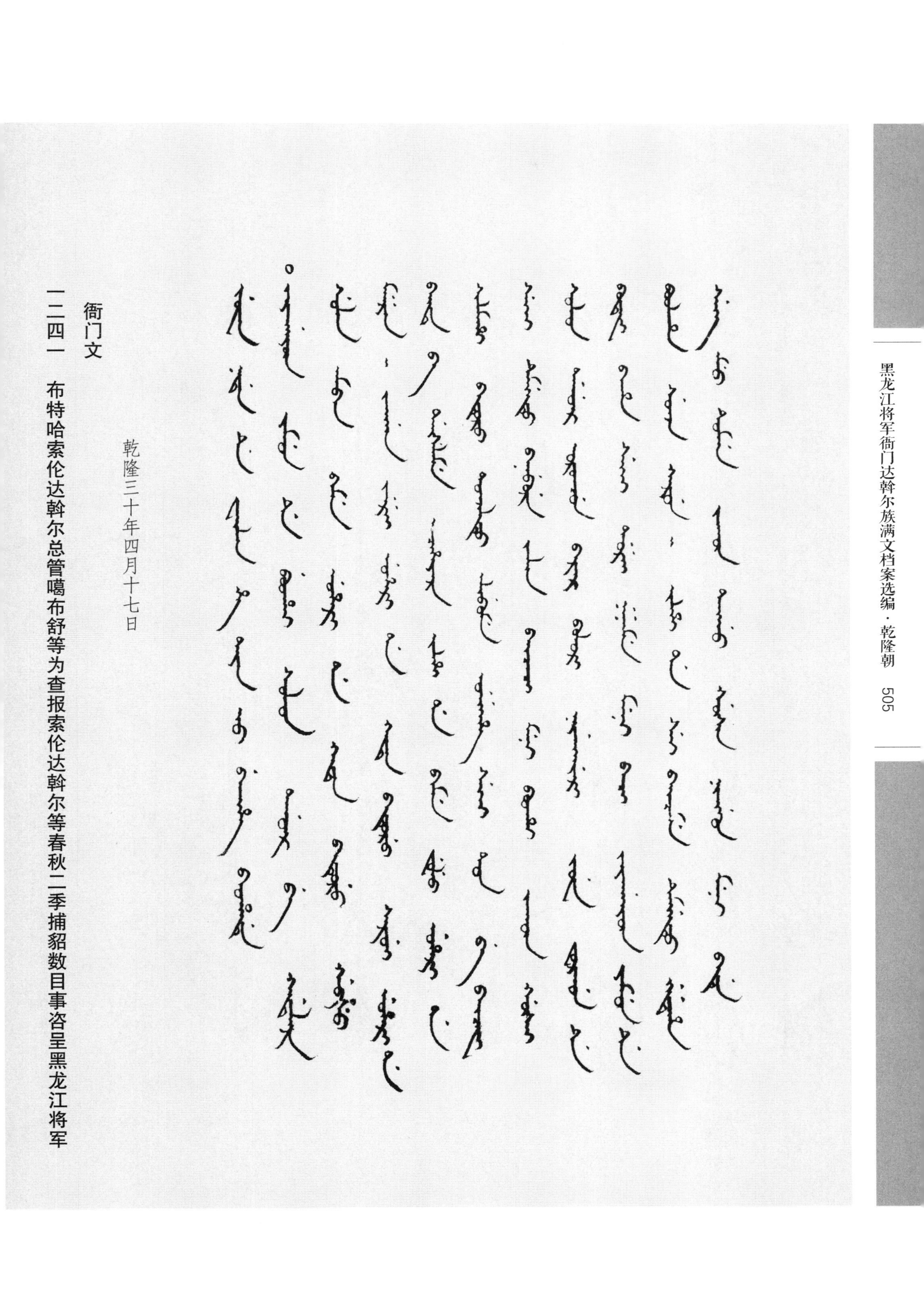

一二四一　布特哈索伦达斡尔总管噶布舒等为查报索伦达斡尔等春秋二季捕貂数目事咨呈黑龙江将军衙门文

乾隆三十年四月十七日

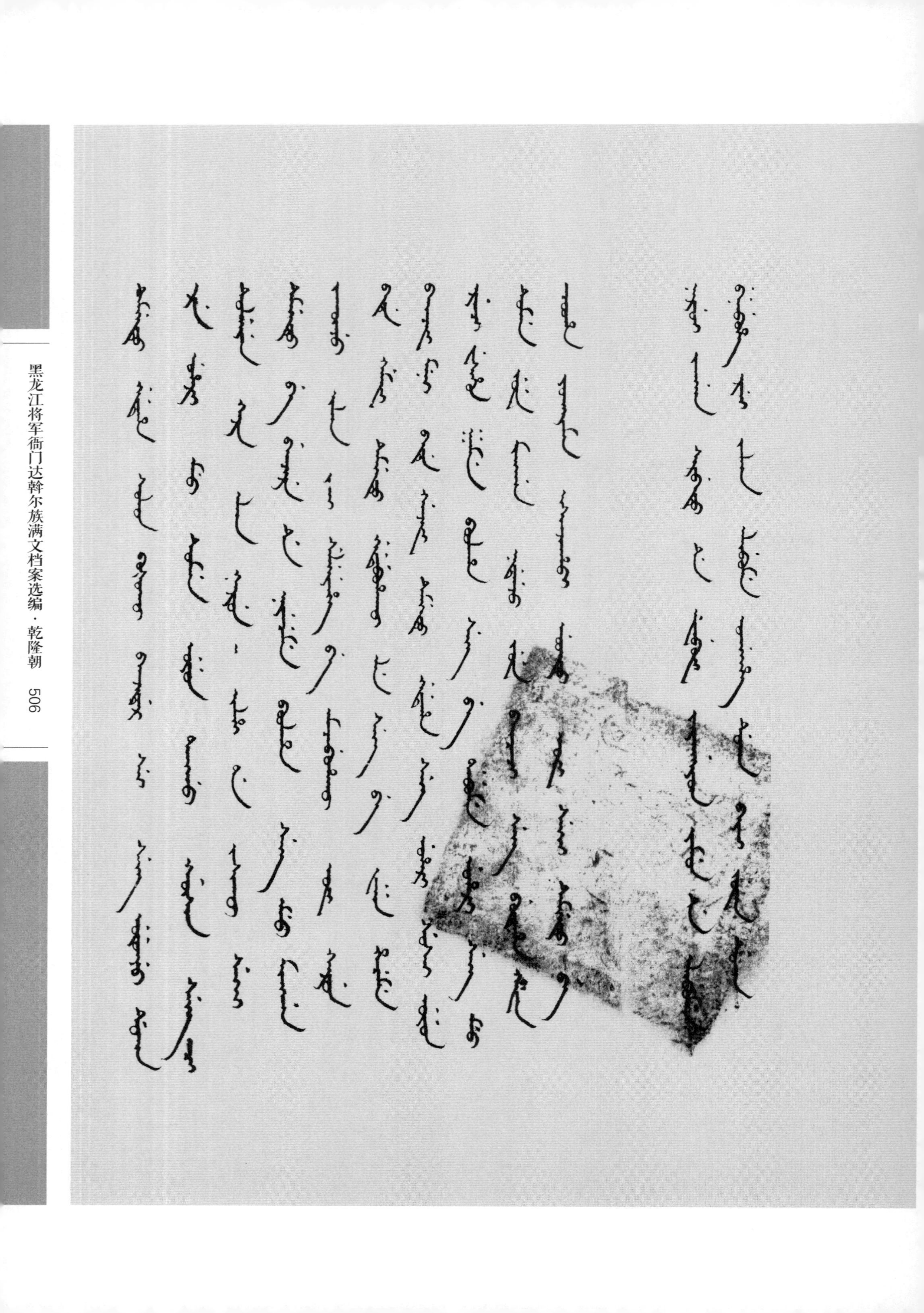

一二四二 黑龙江将军等为令满洲蒙古索伦达斡尔等官兵严加巡查索岳尔济围场附近卡伦缉拿不法人犯事告示

乾隆三十年四月二十二日

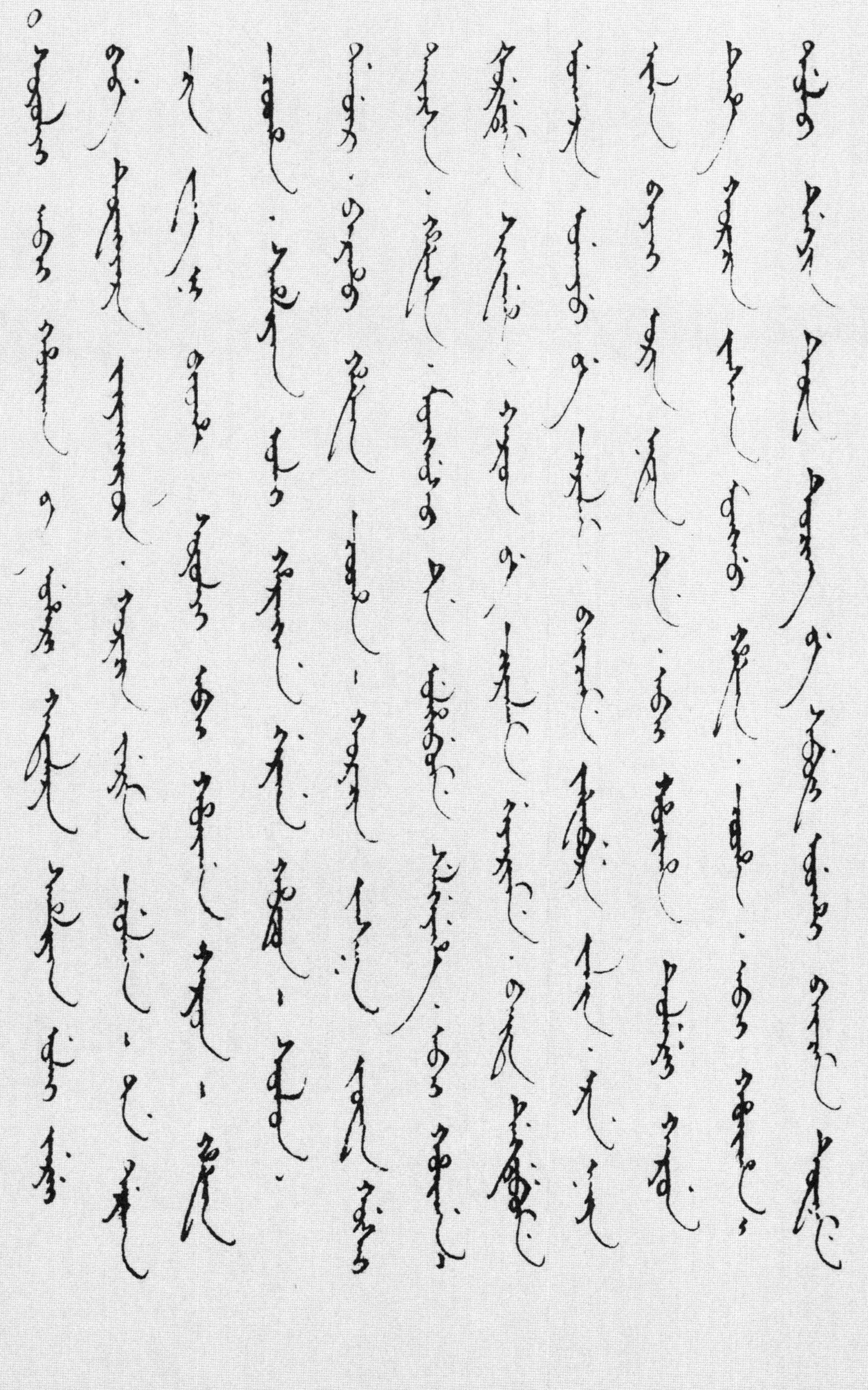

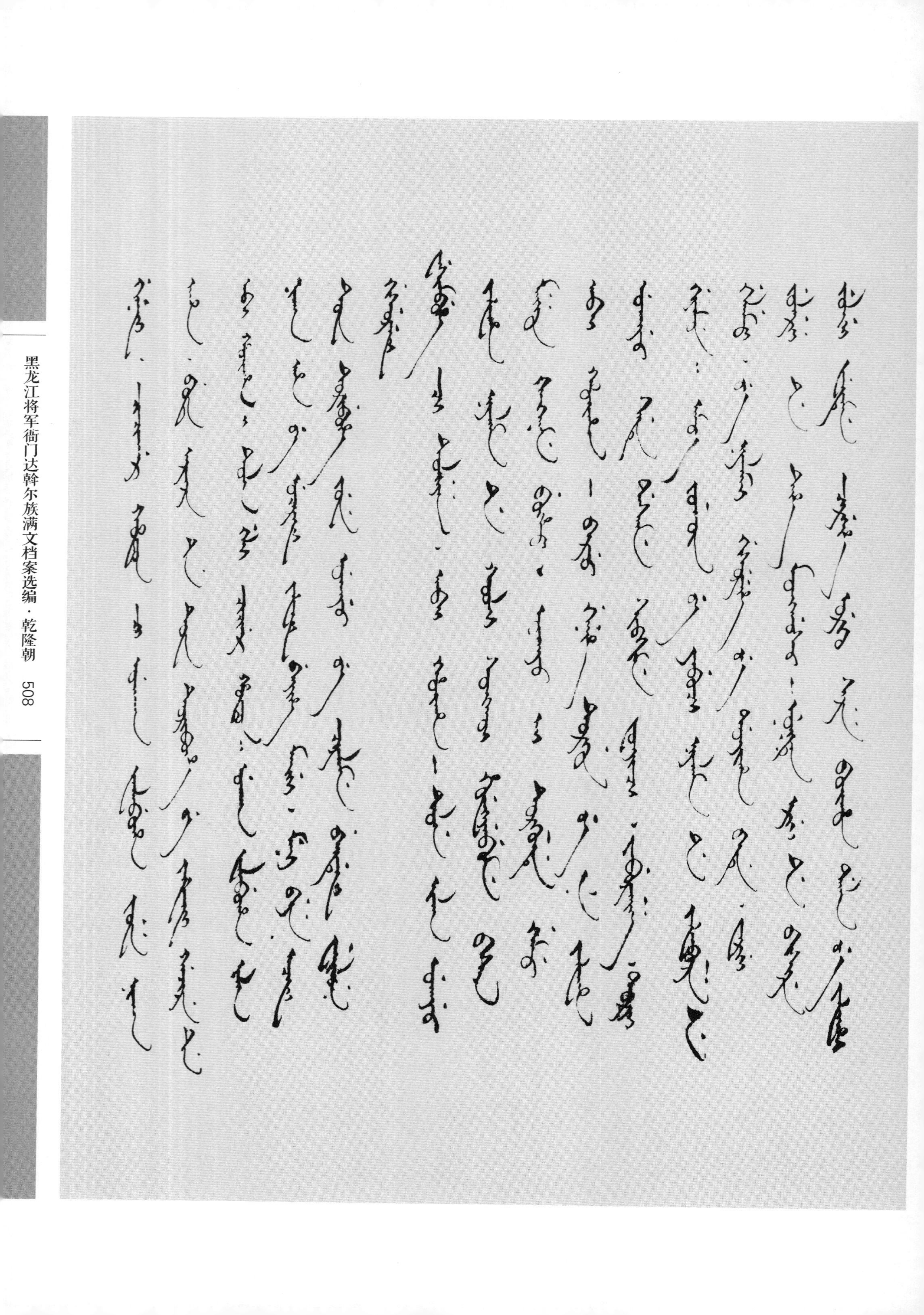

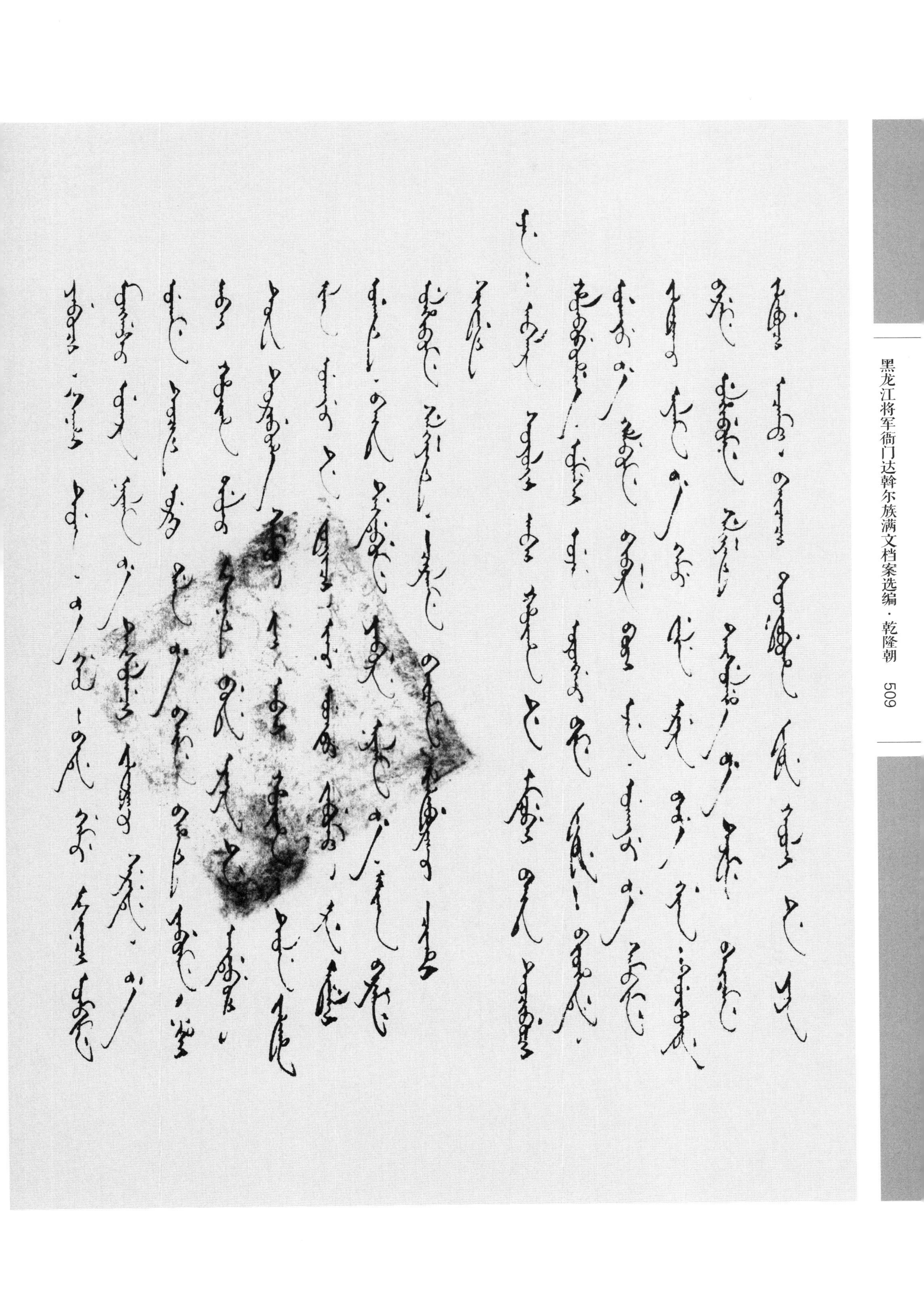

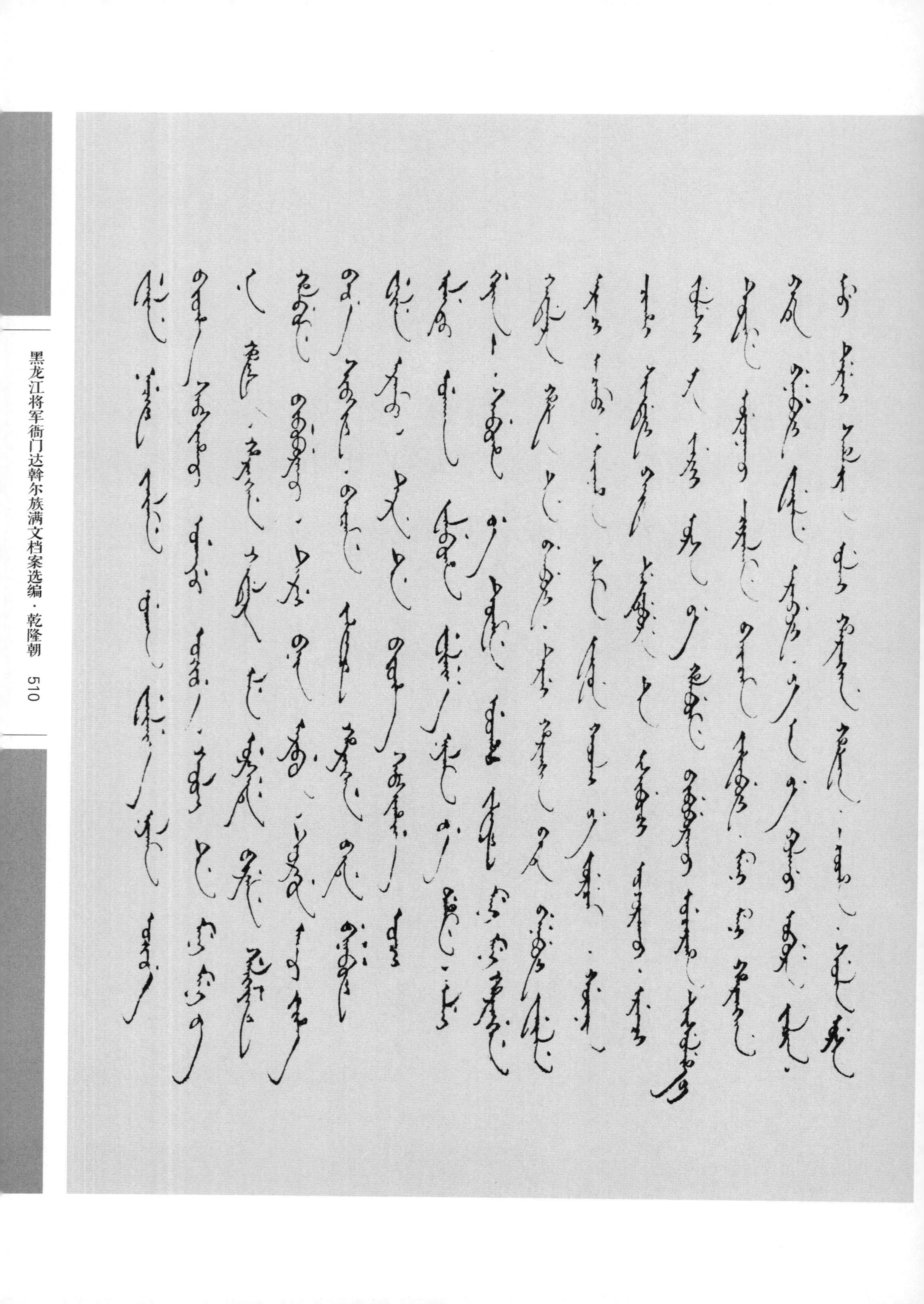

[illegible]

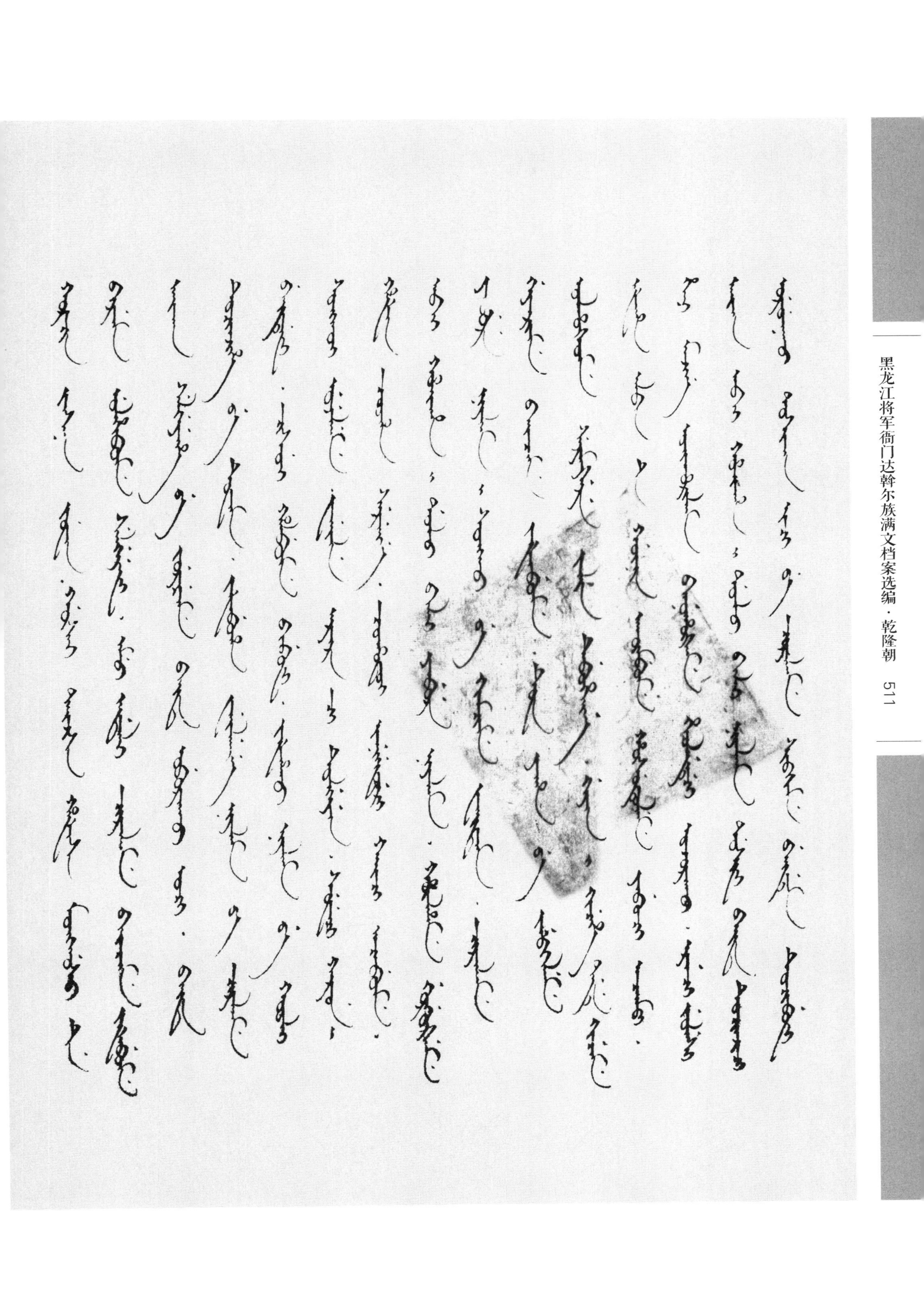

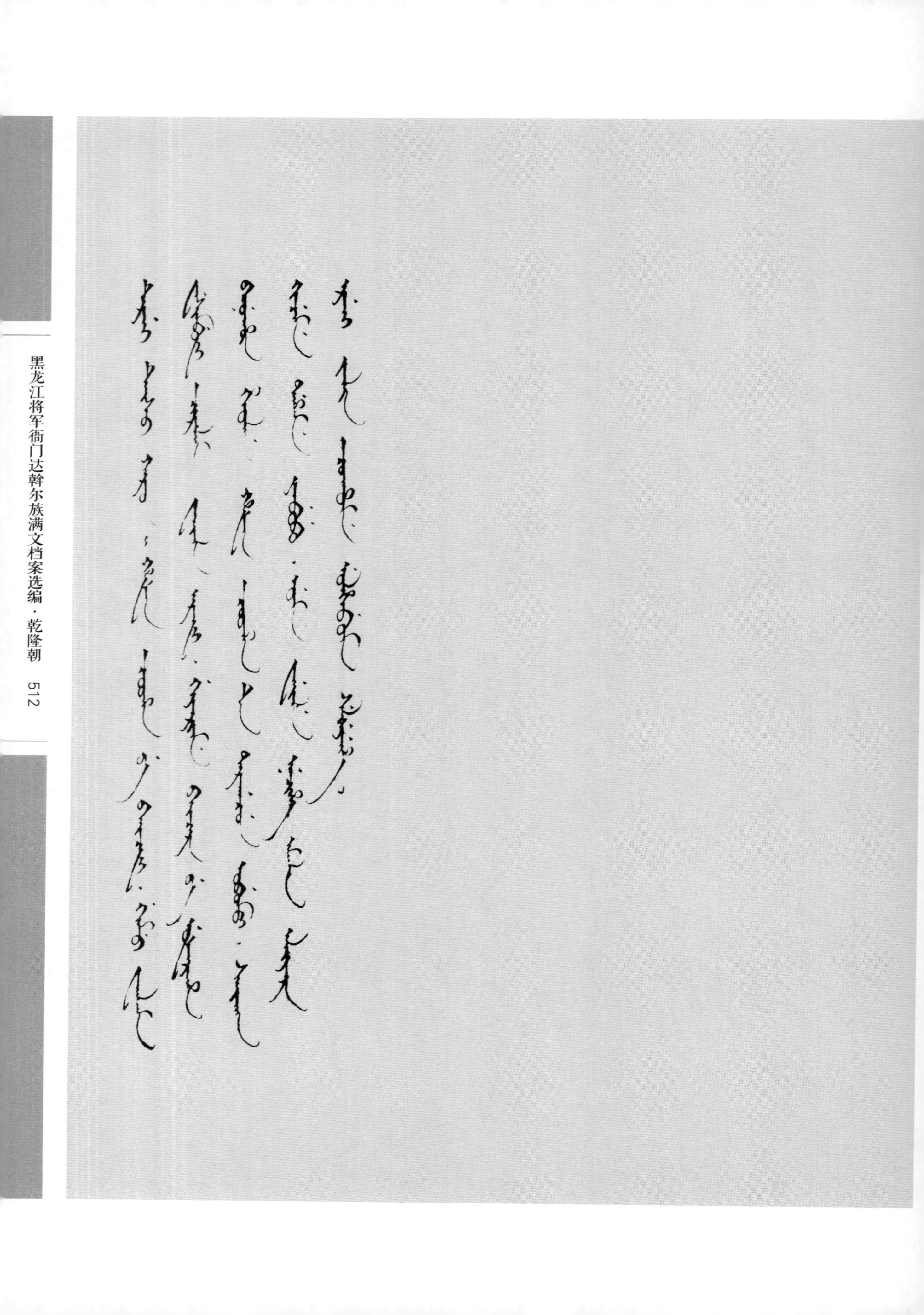

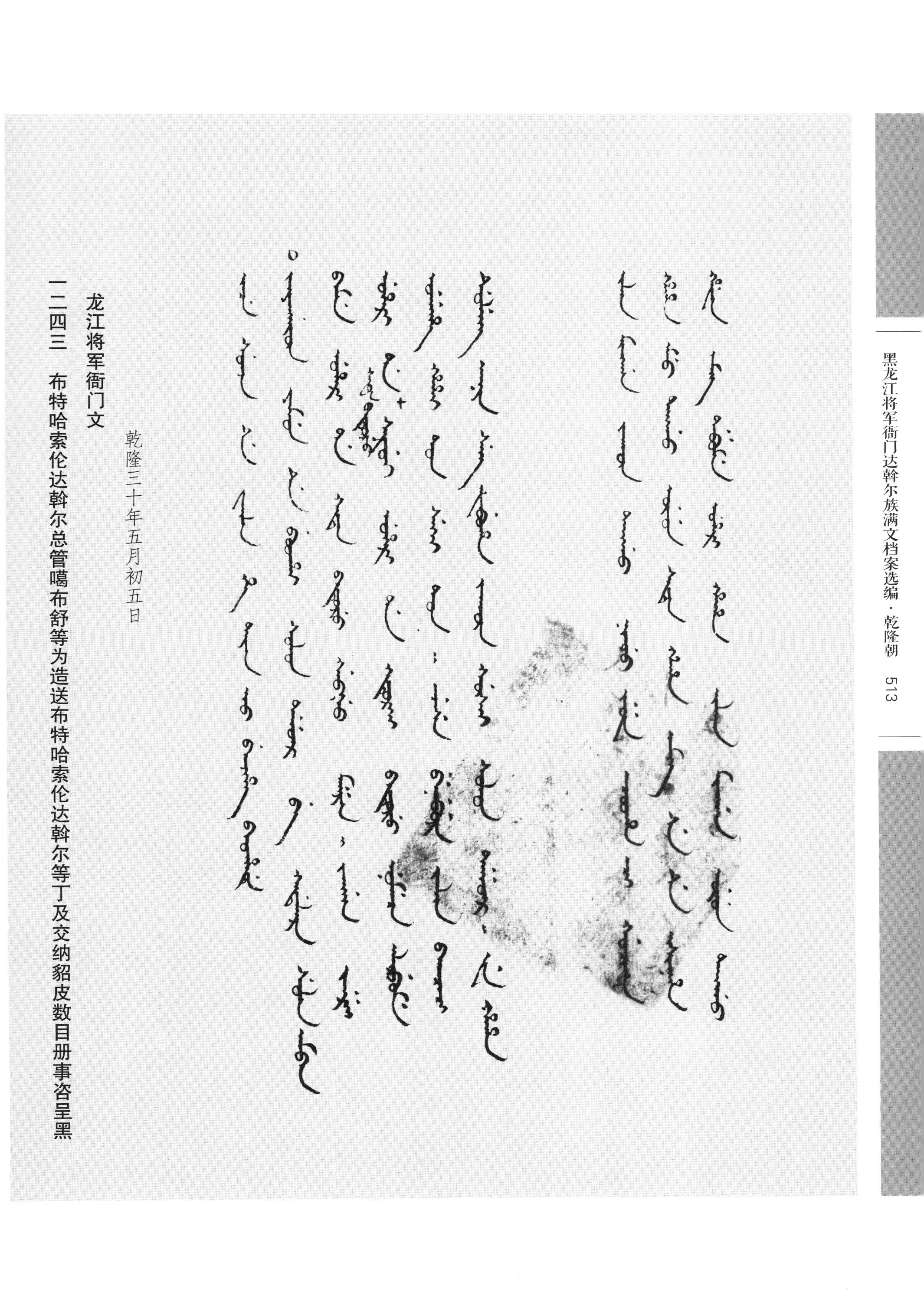

一二四三　布特哈索伦达斡尔总管噶布舒等为造送布特哈索伦达斡尔等丁及交纳貂皮数目册事咨呈黑龙江将军衙门文

乾隆三十年五月初五日

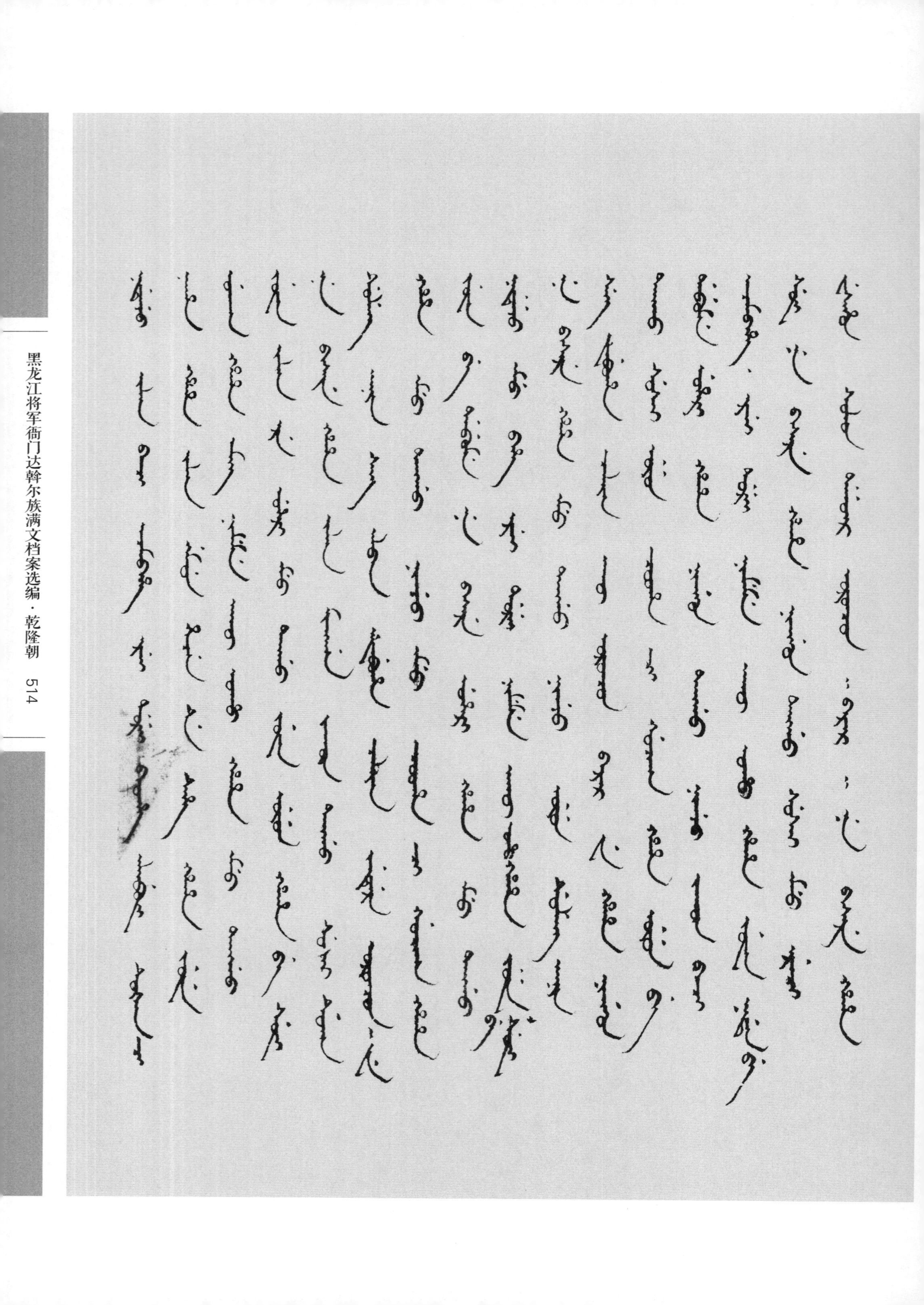

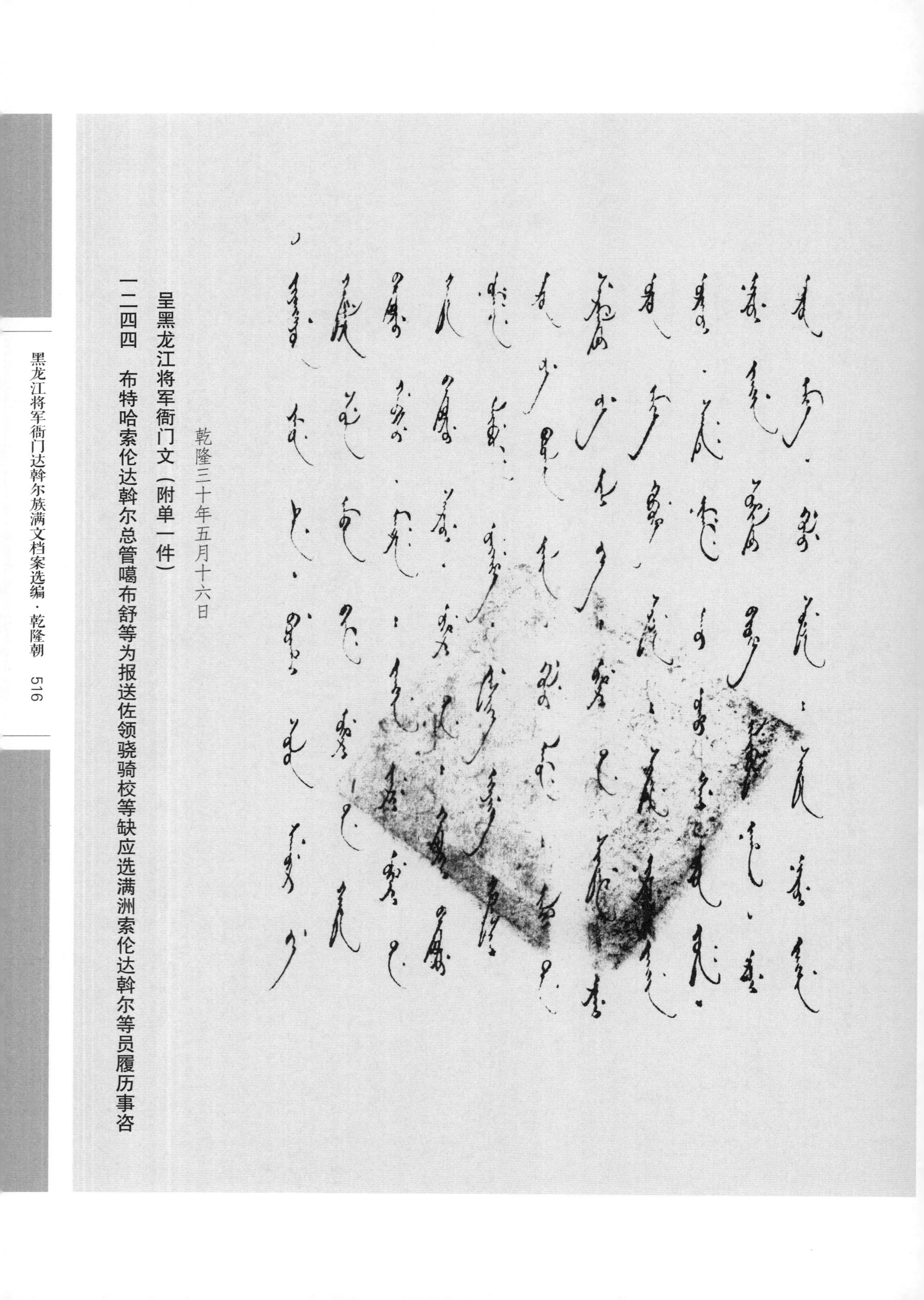

一二四四 布特哈索伦达斡尔总管噶布舒等为报送佐领骁骑校等缺应选满洲索伦达斡尔等员履历事咨呈黑龙江将军衙门文（附单一件）

乾隆三十年五月十六日

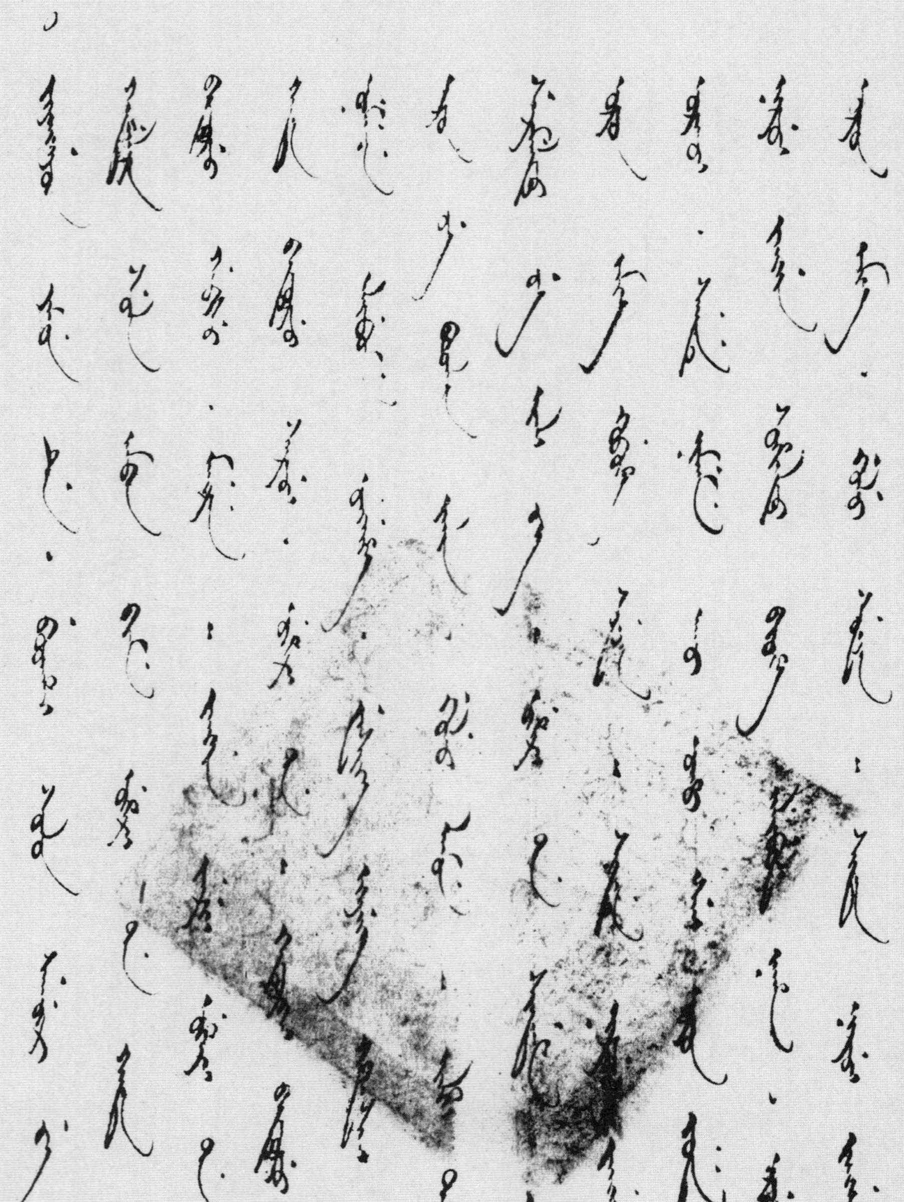

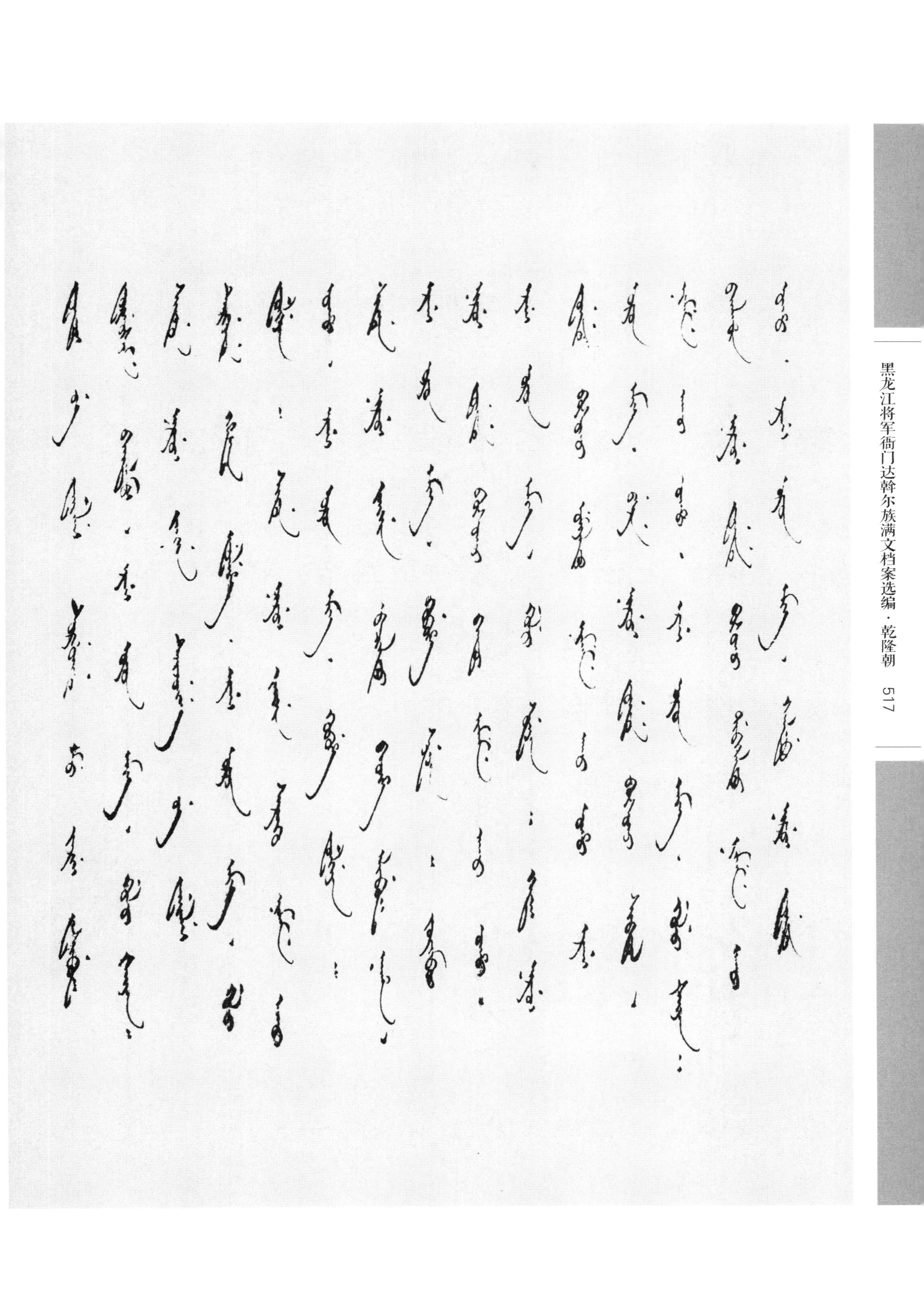

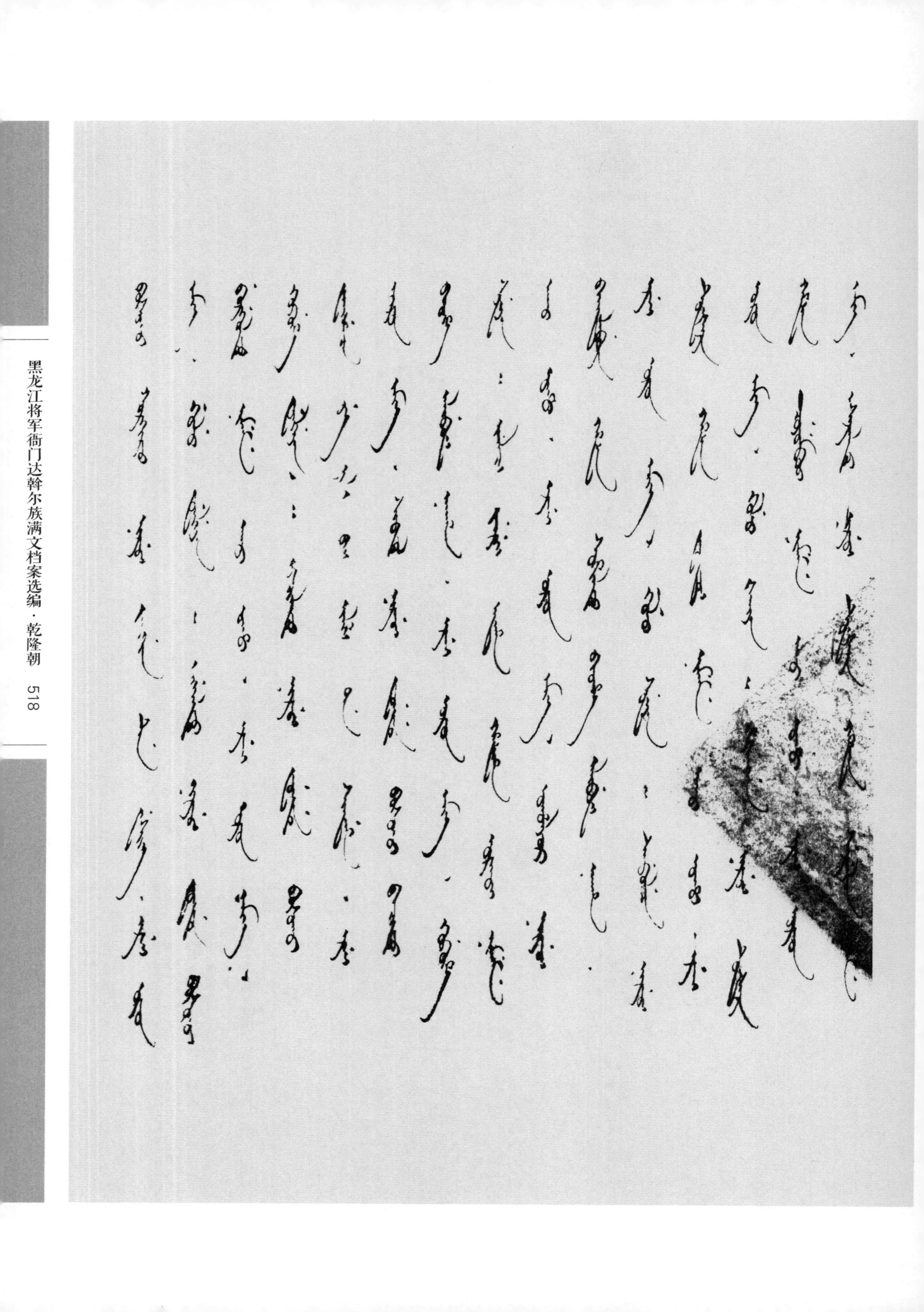

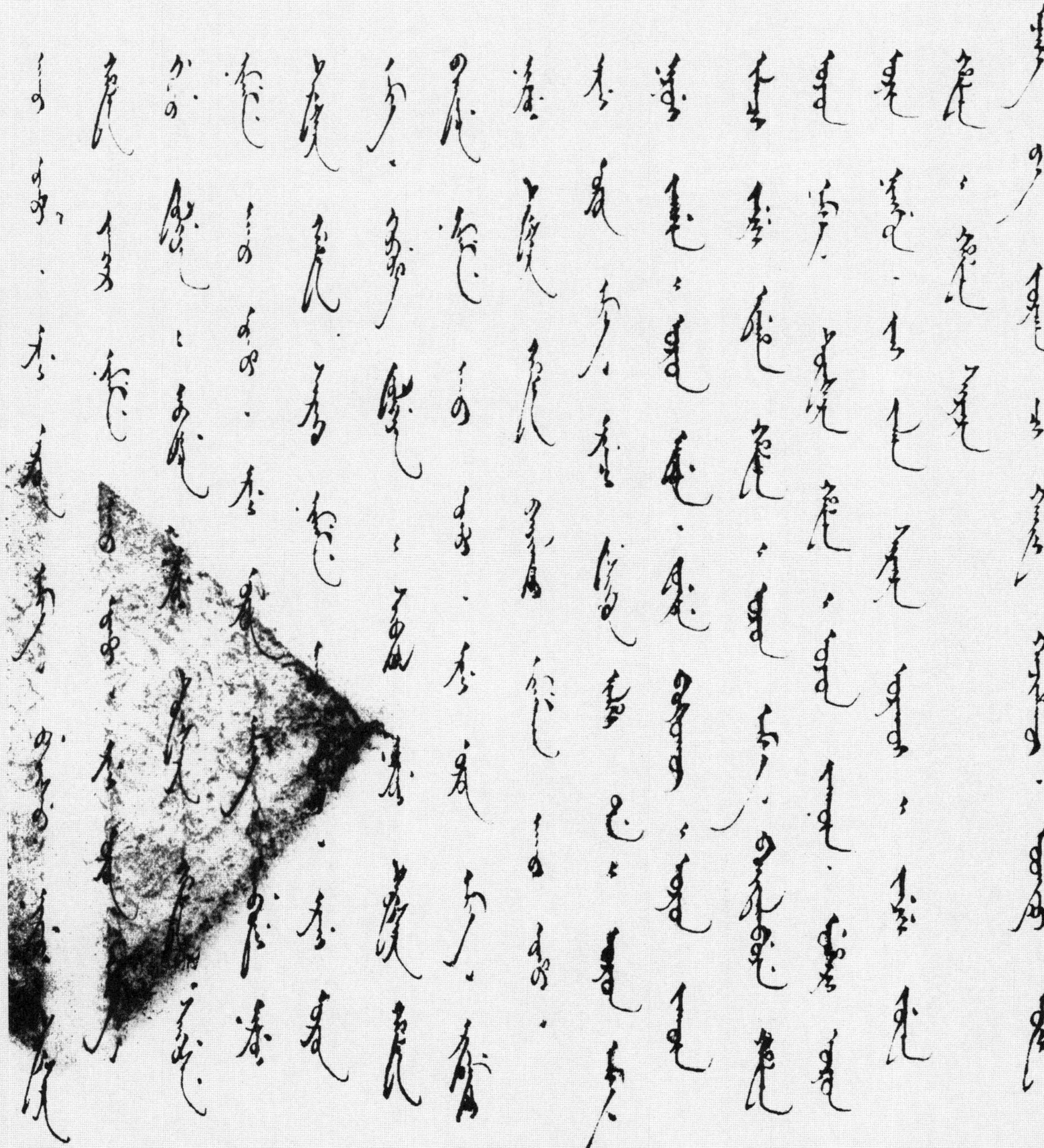

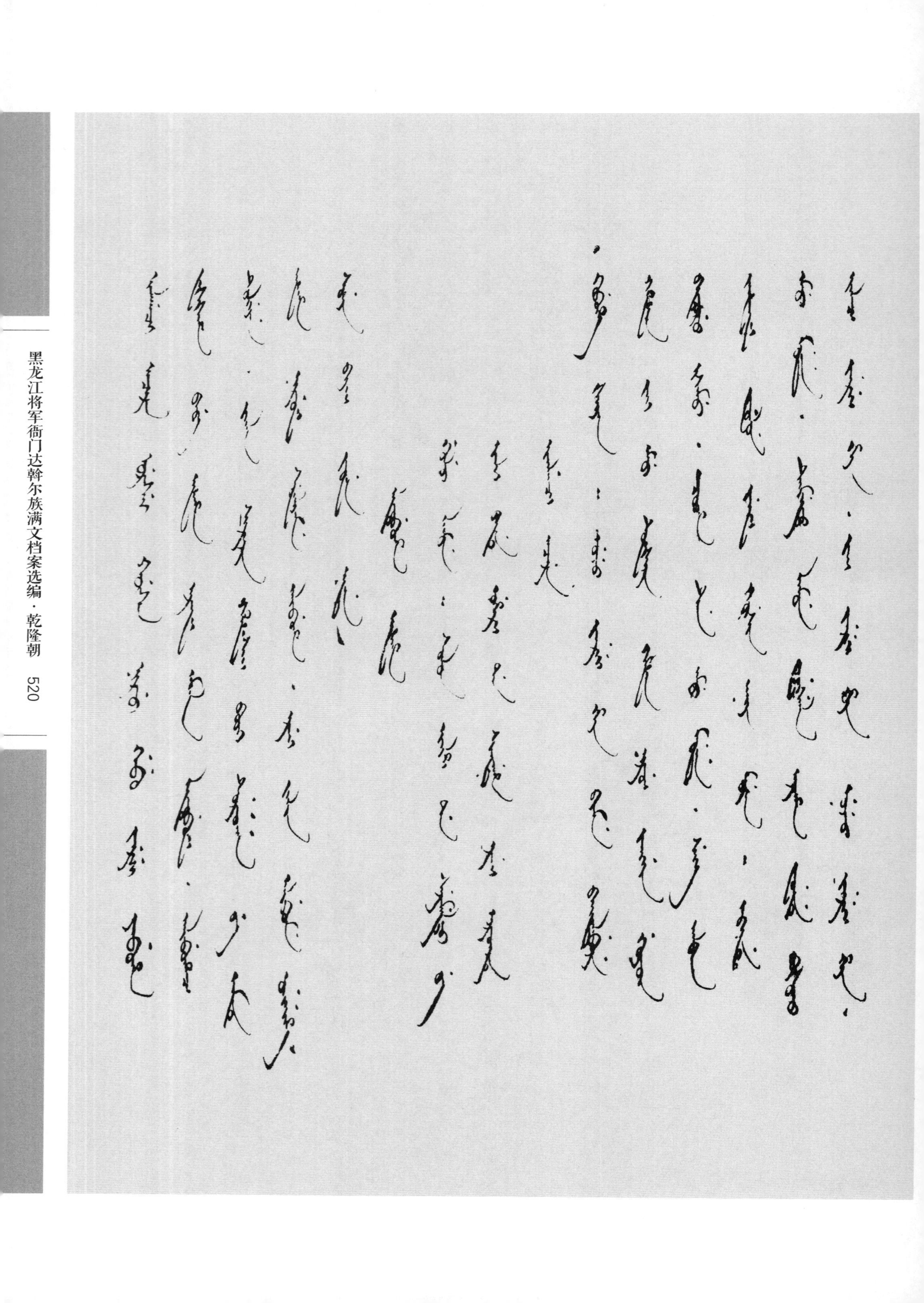

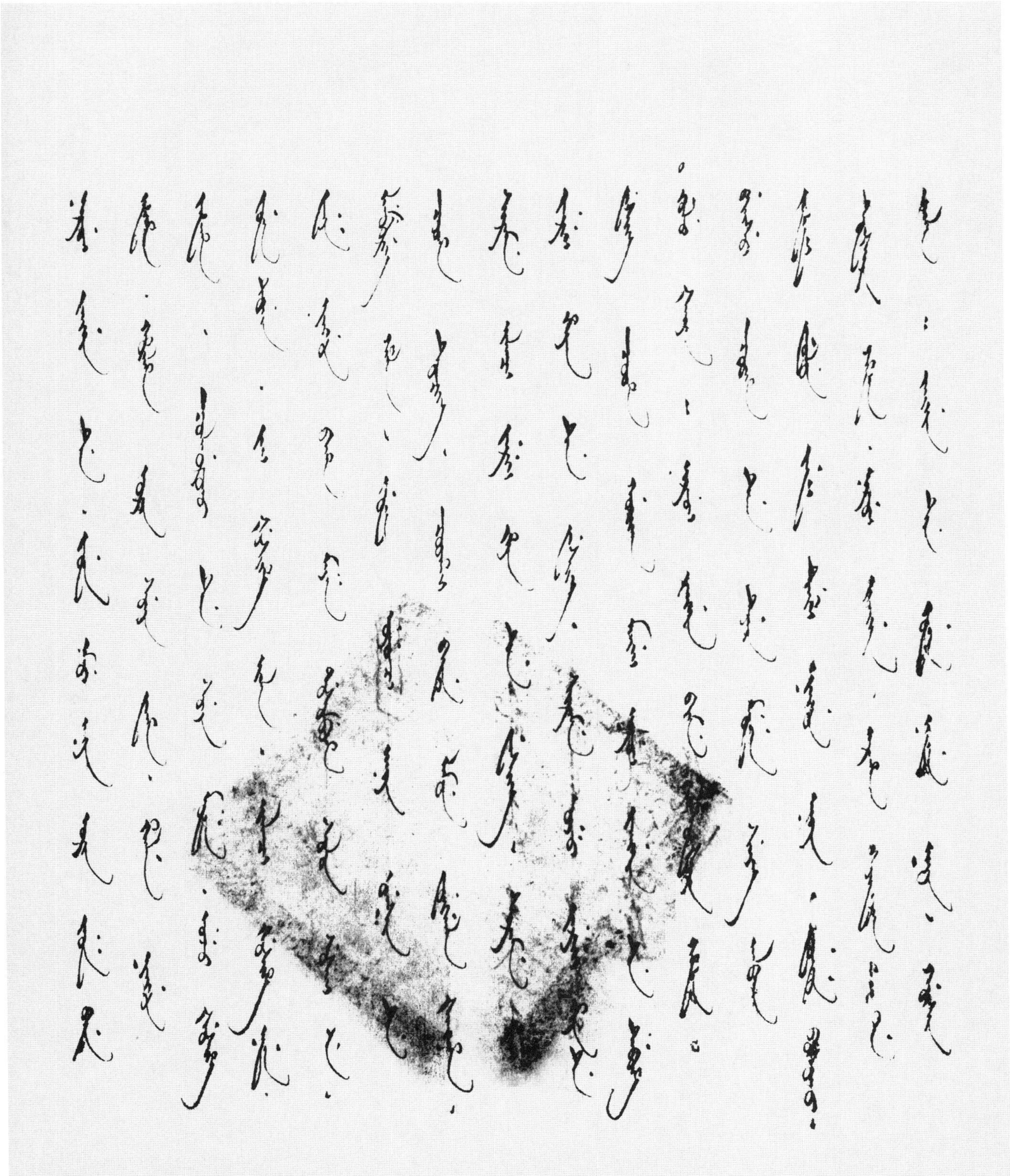

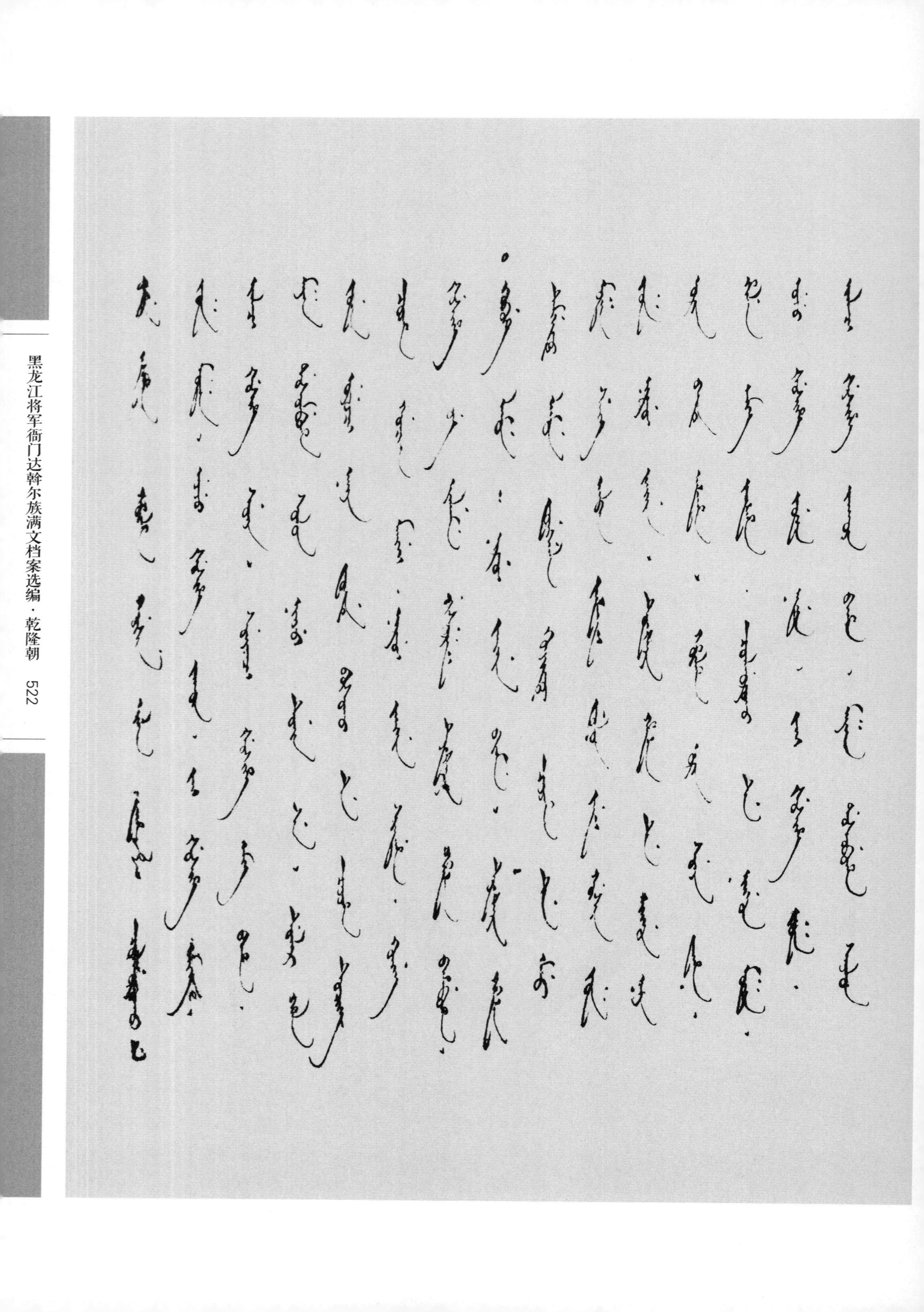

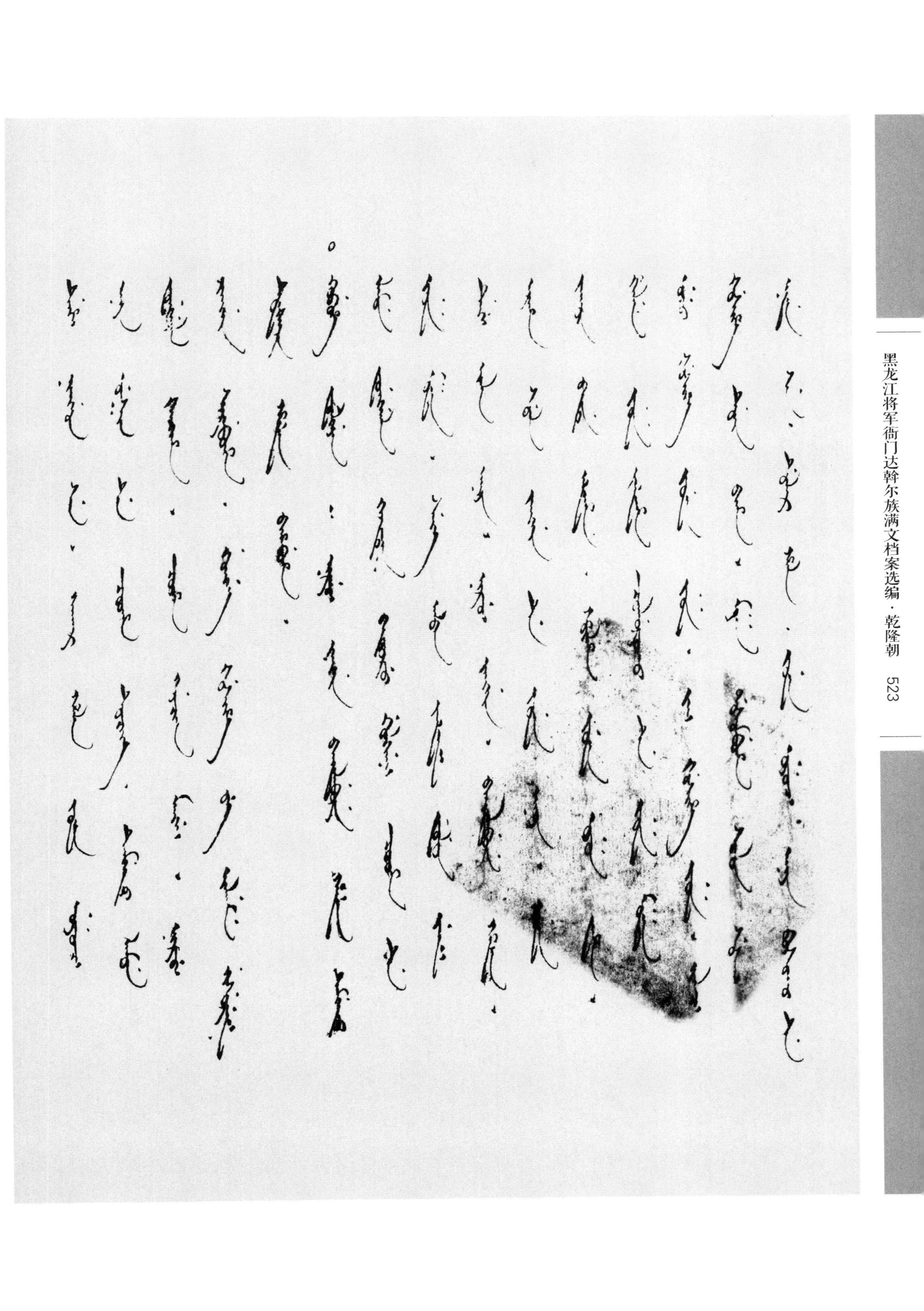

[illegible]

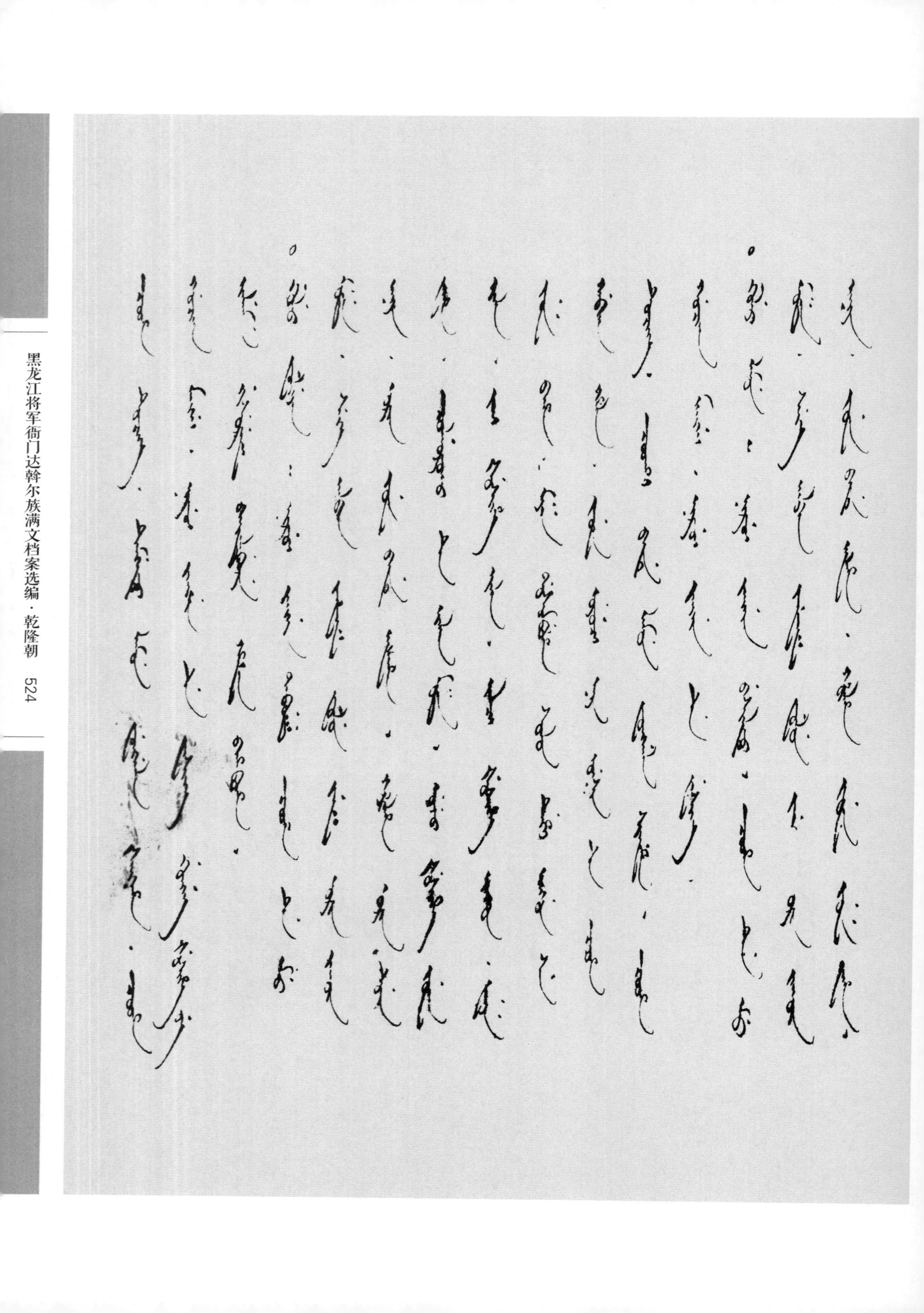

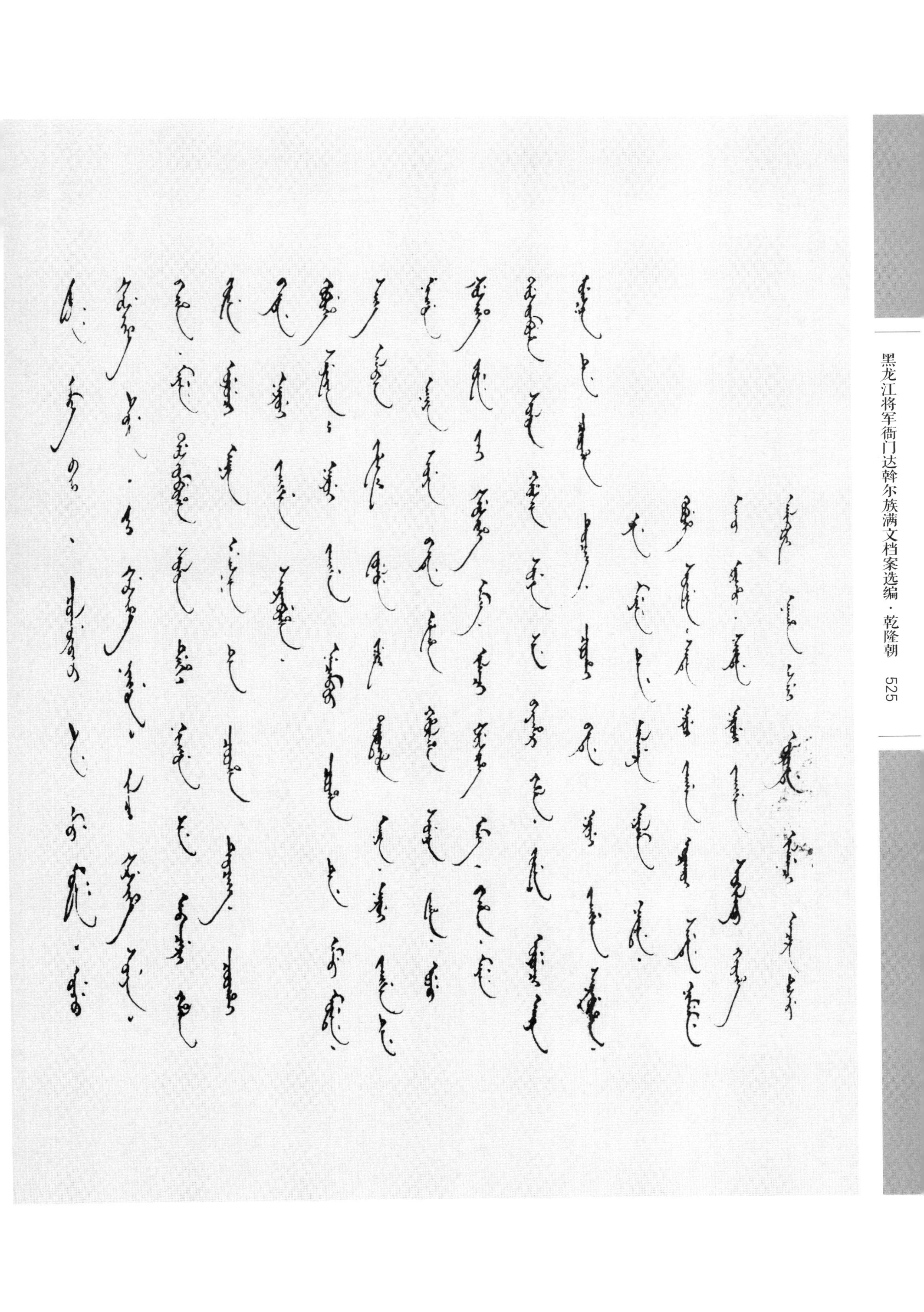

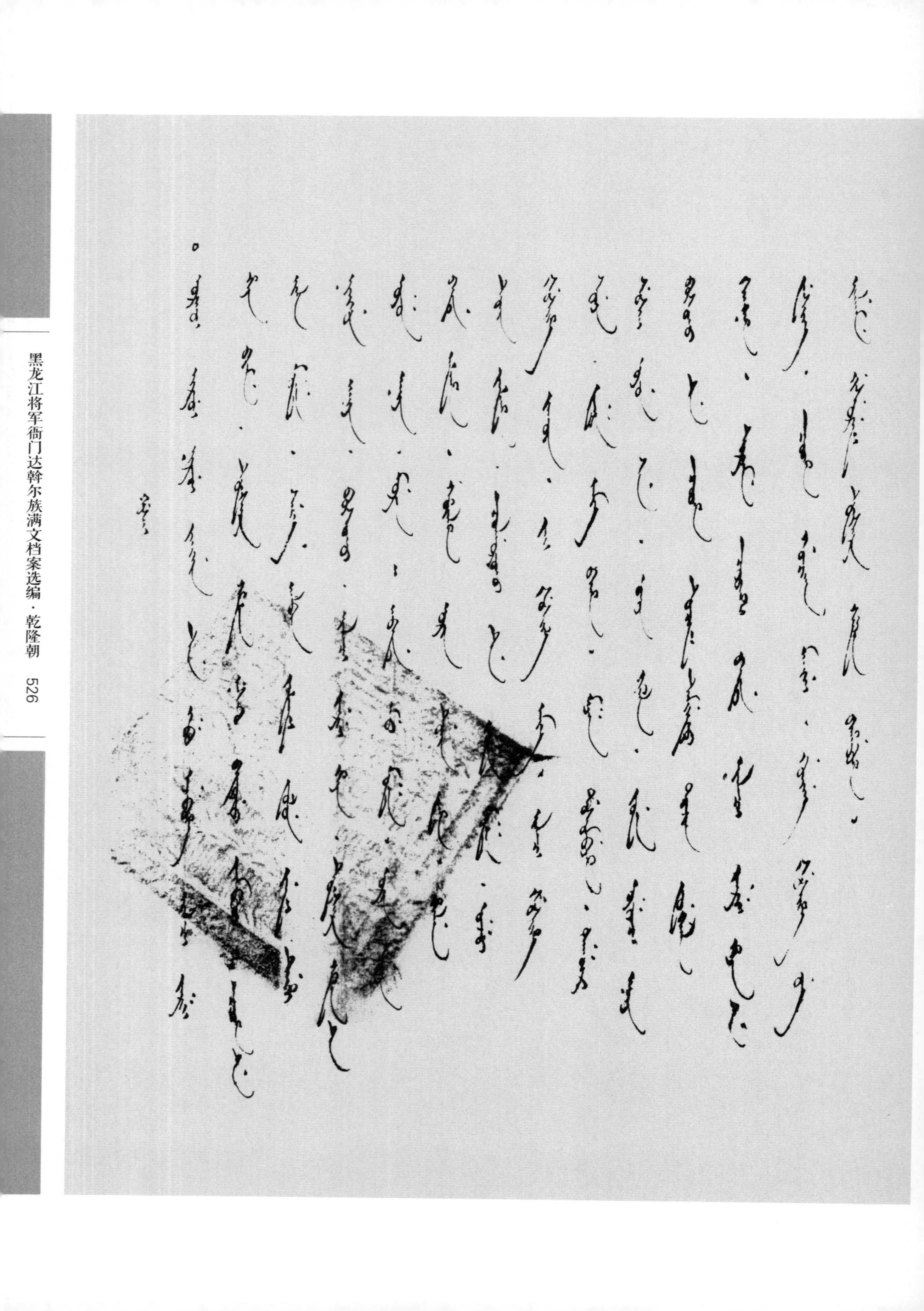

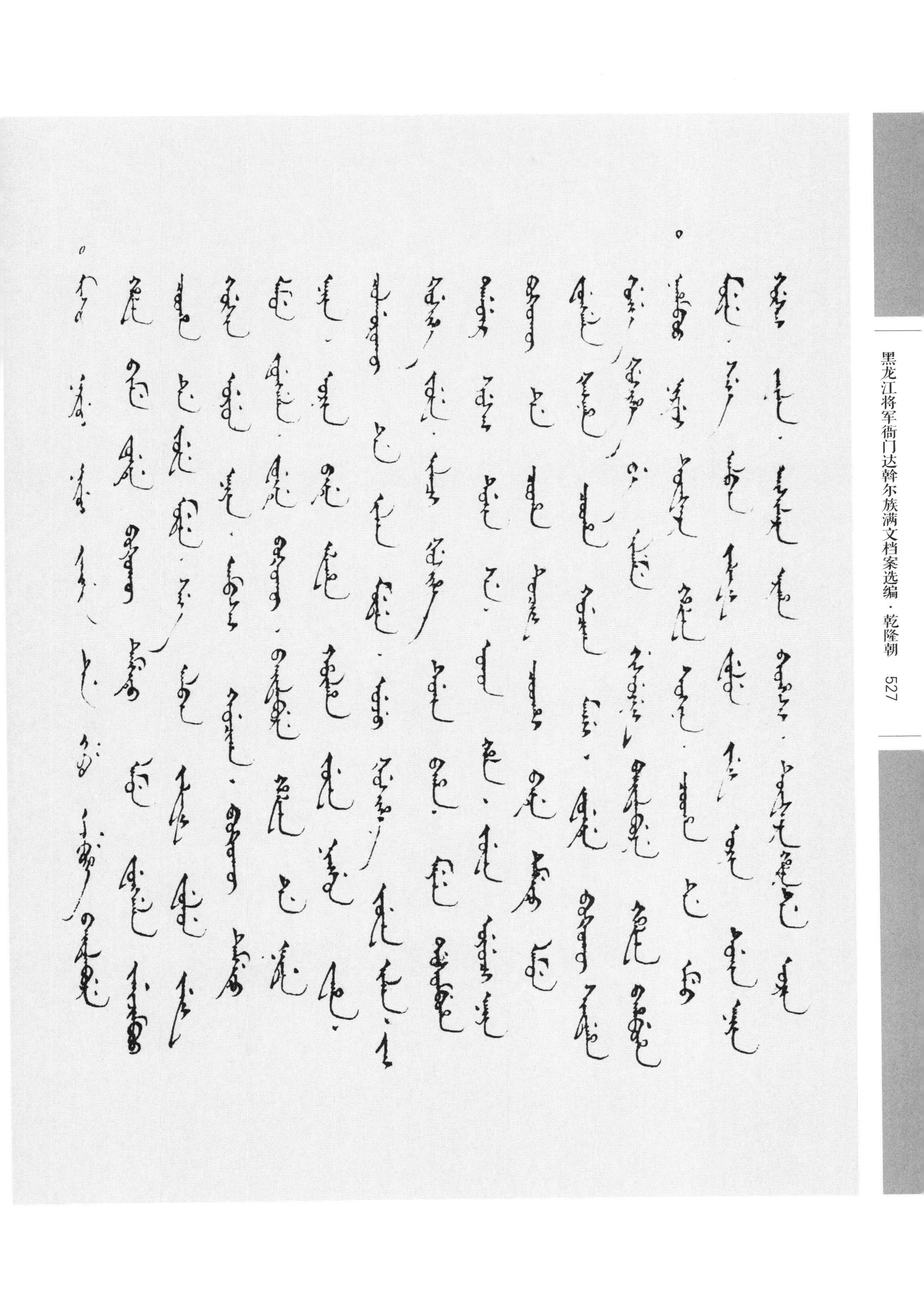

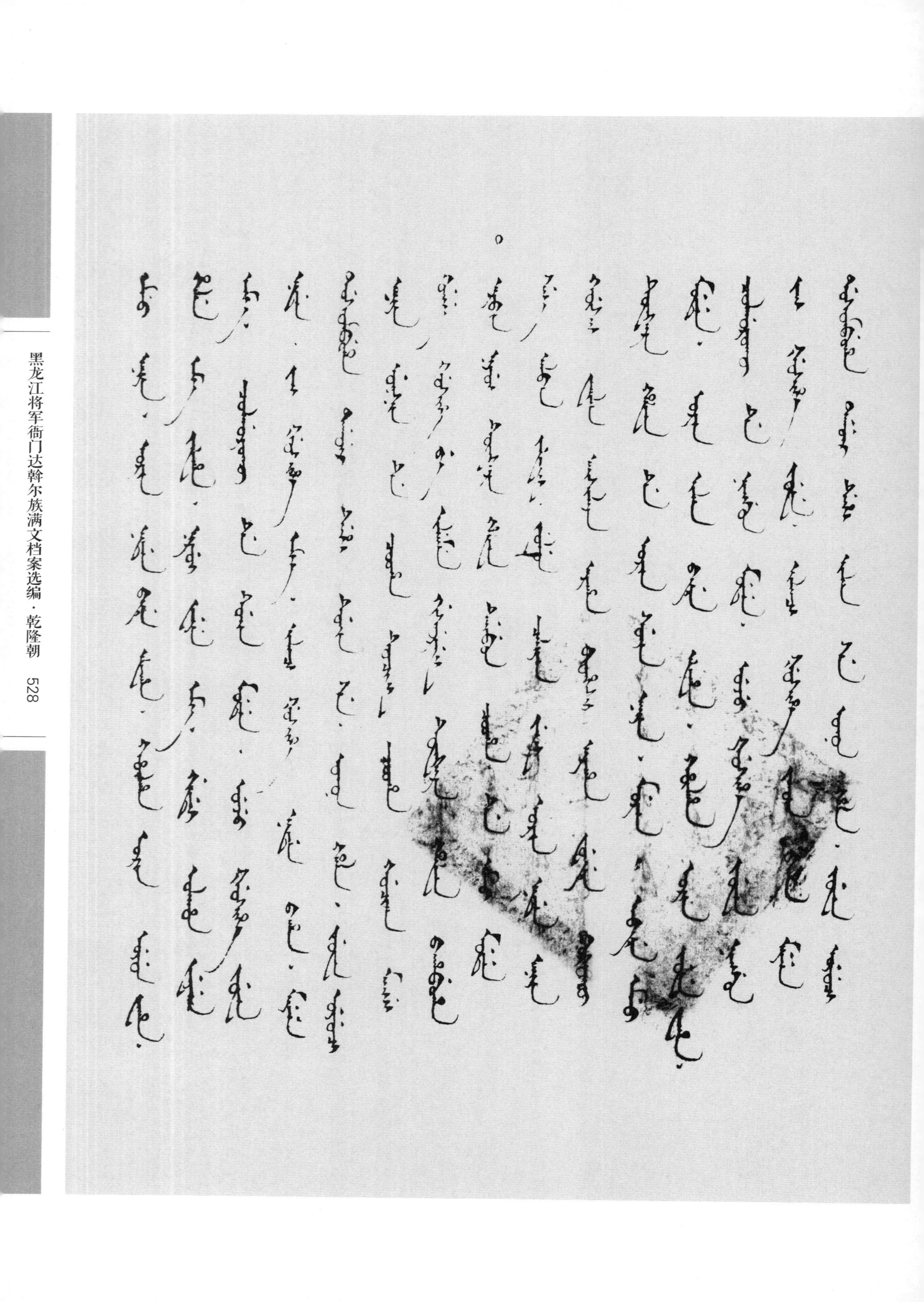

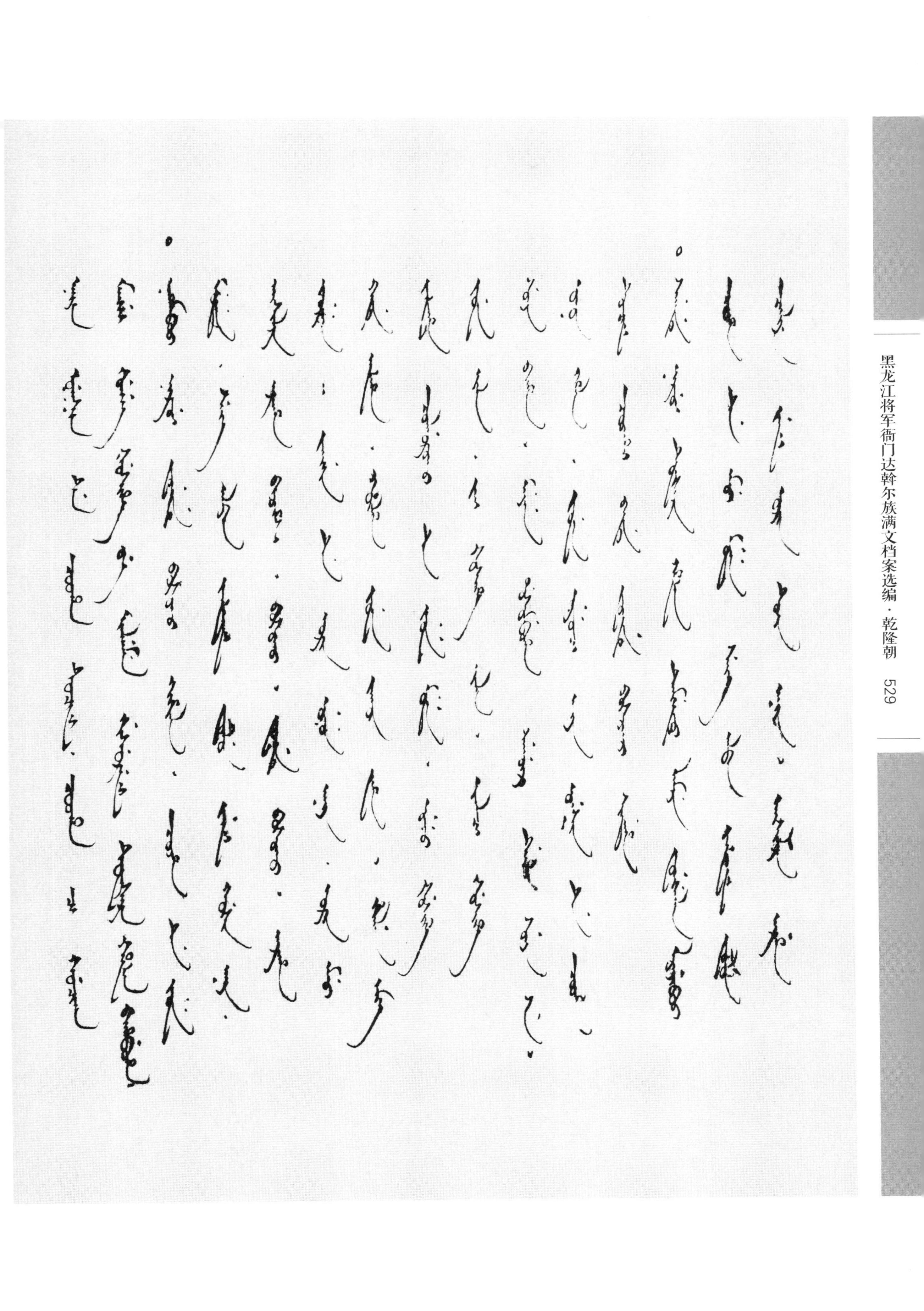

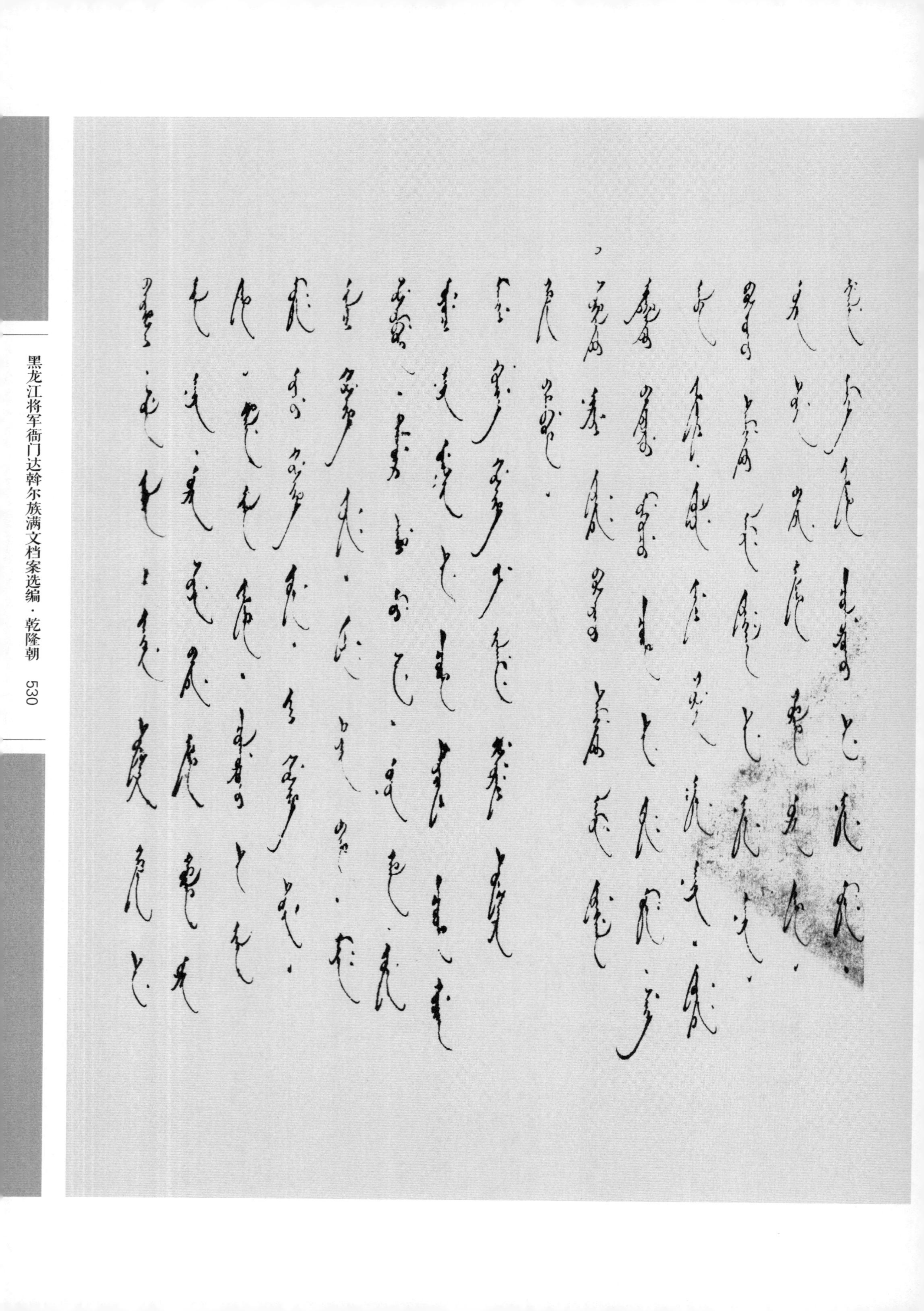

[illegible]

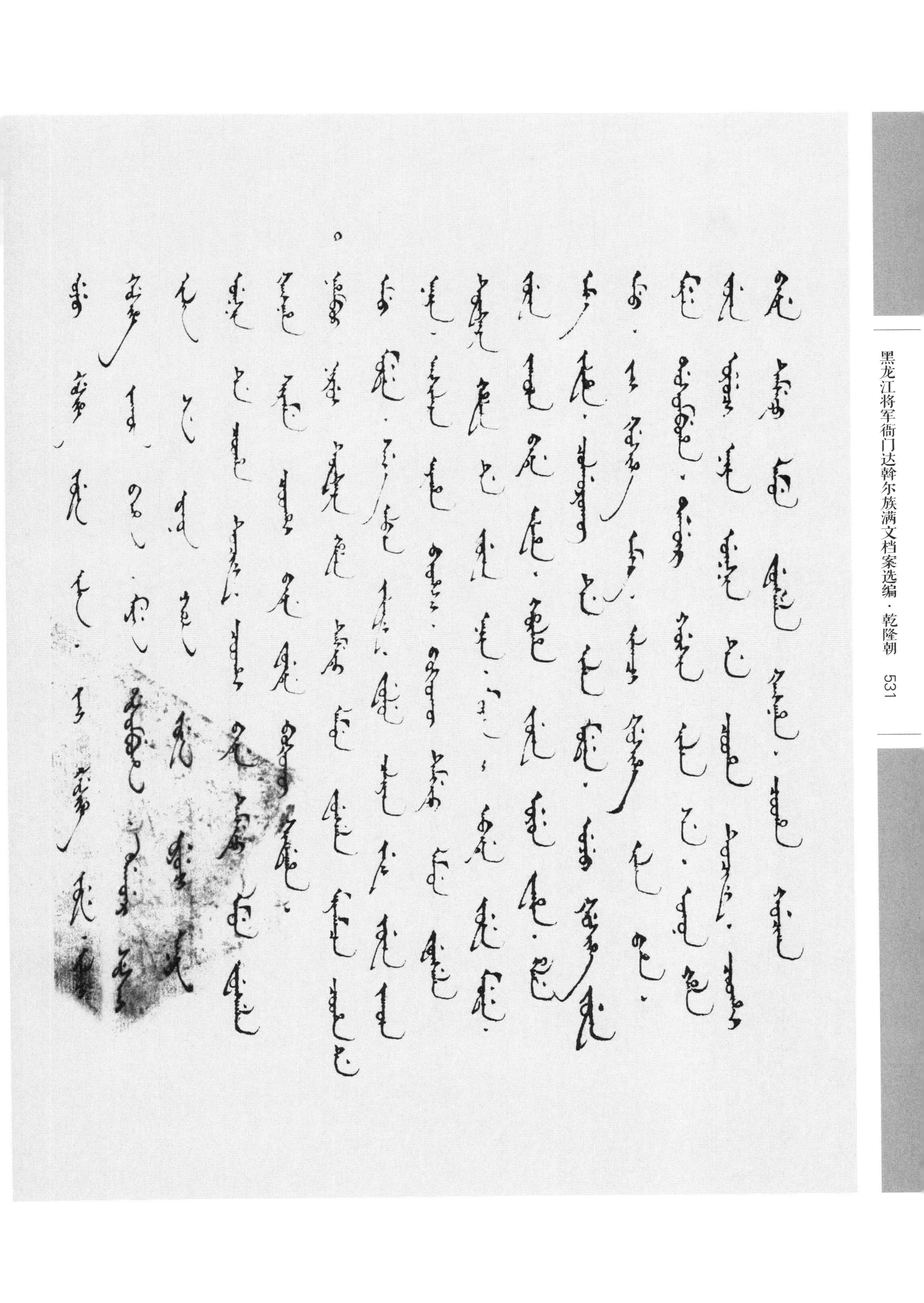

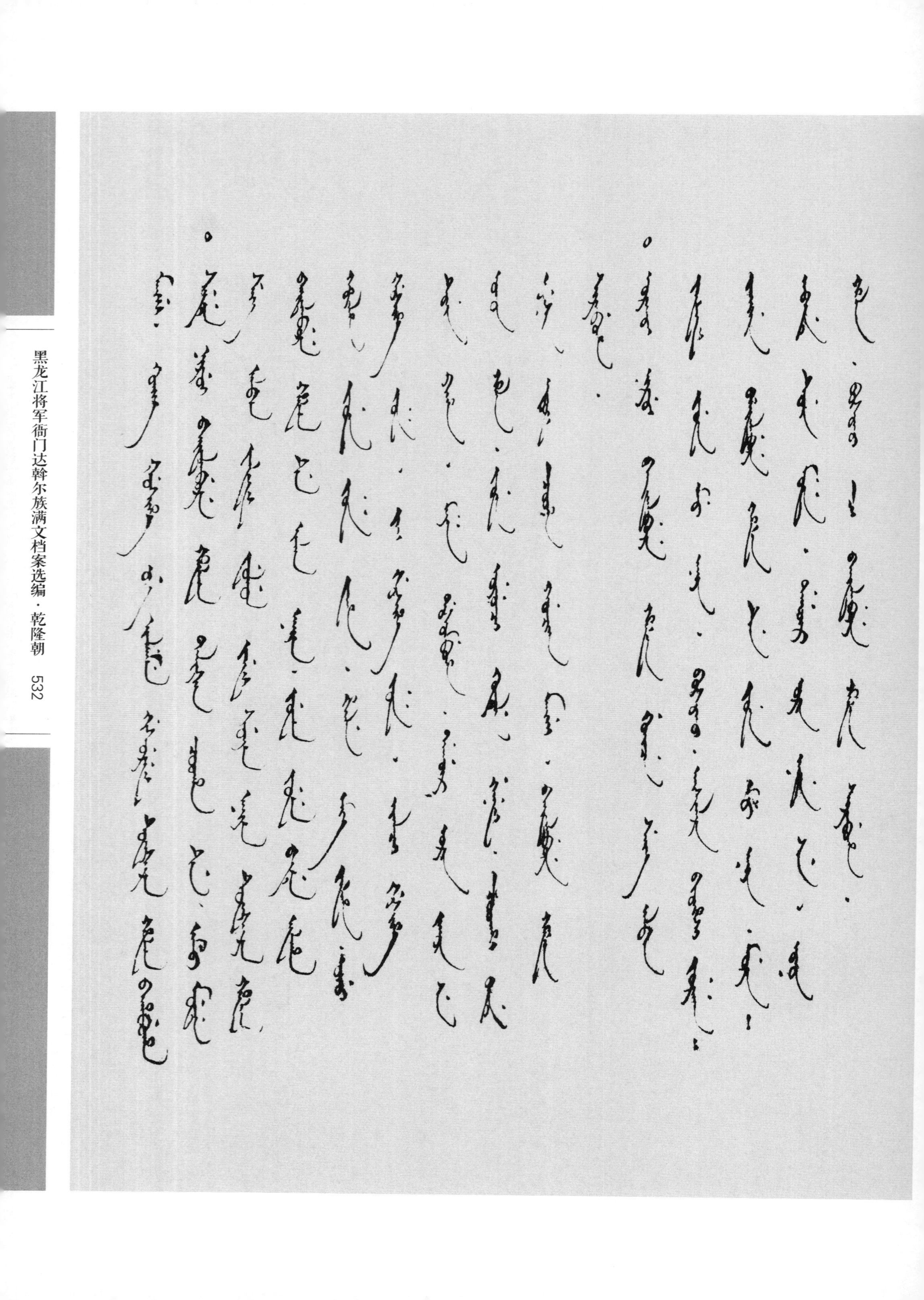

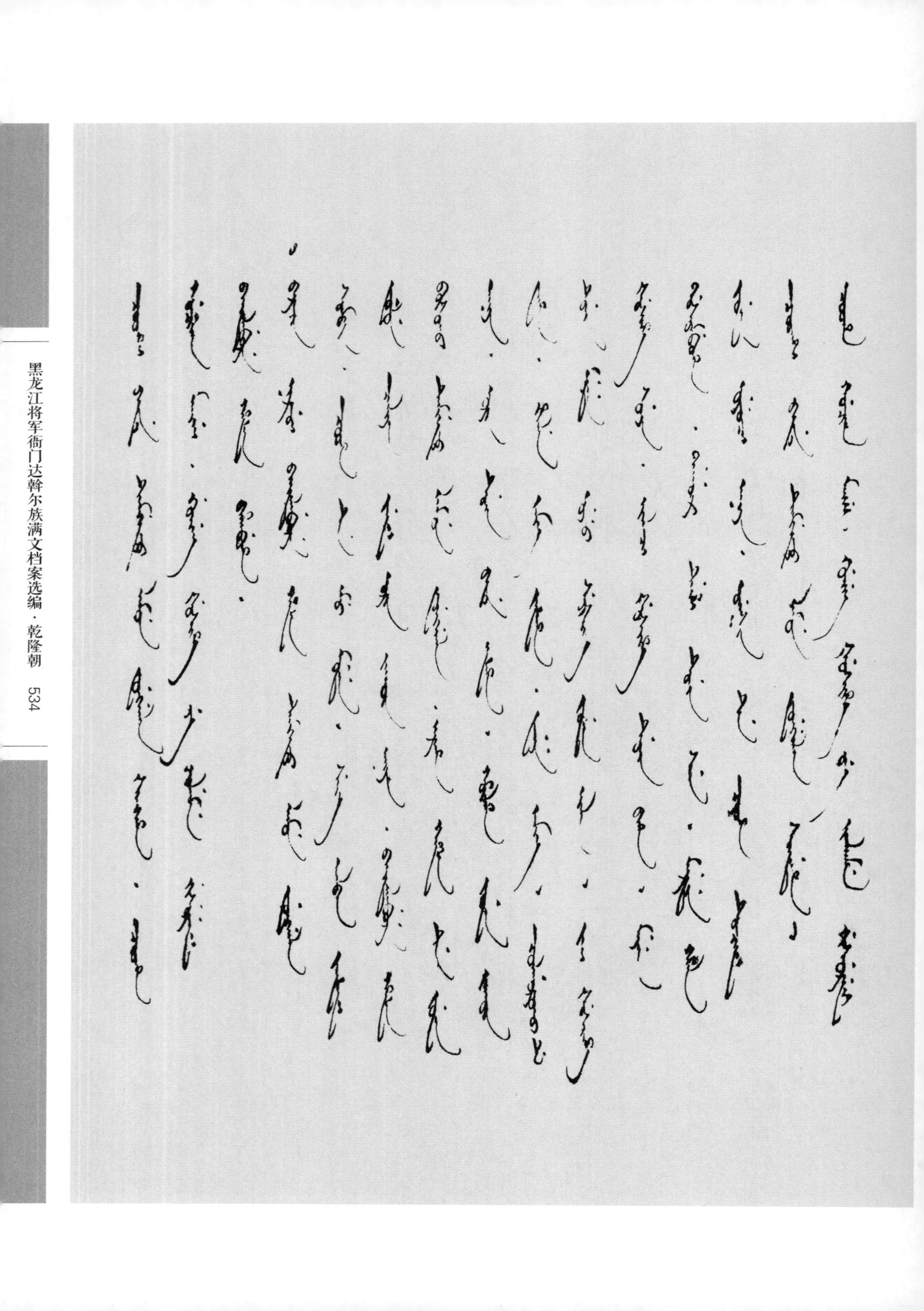

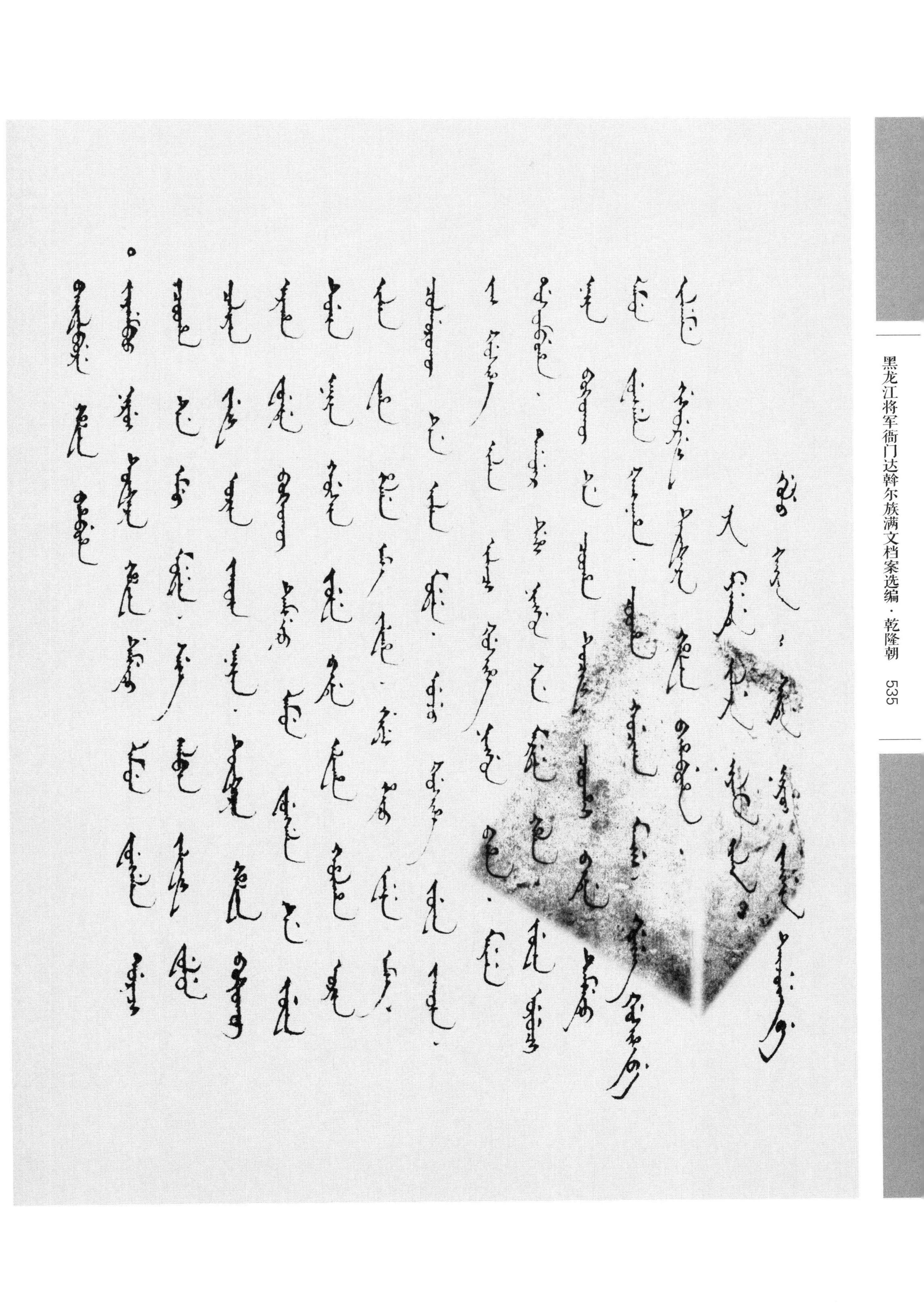

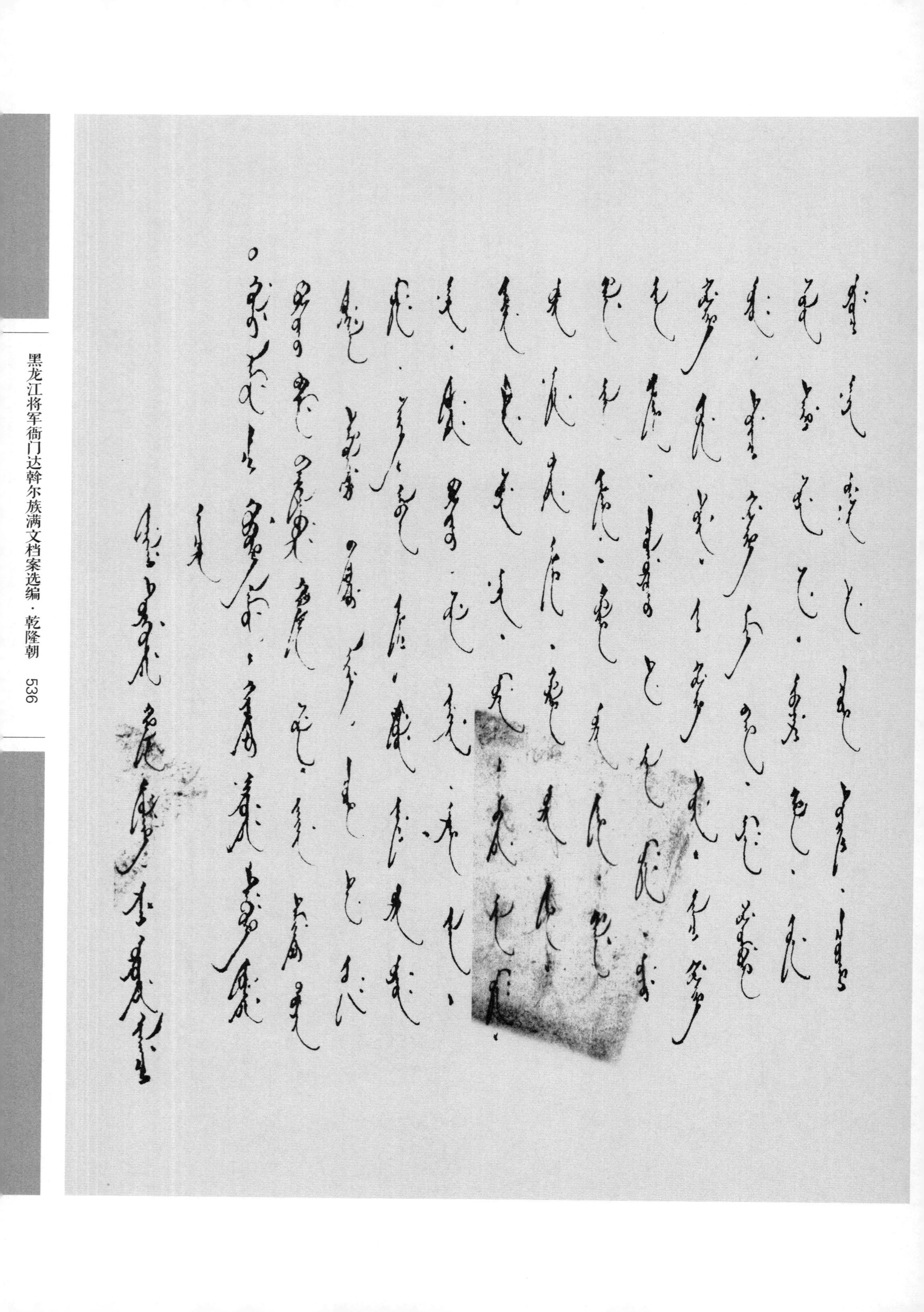

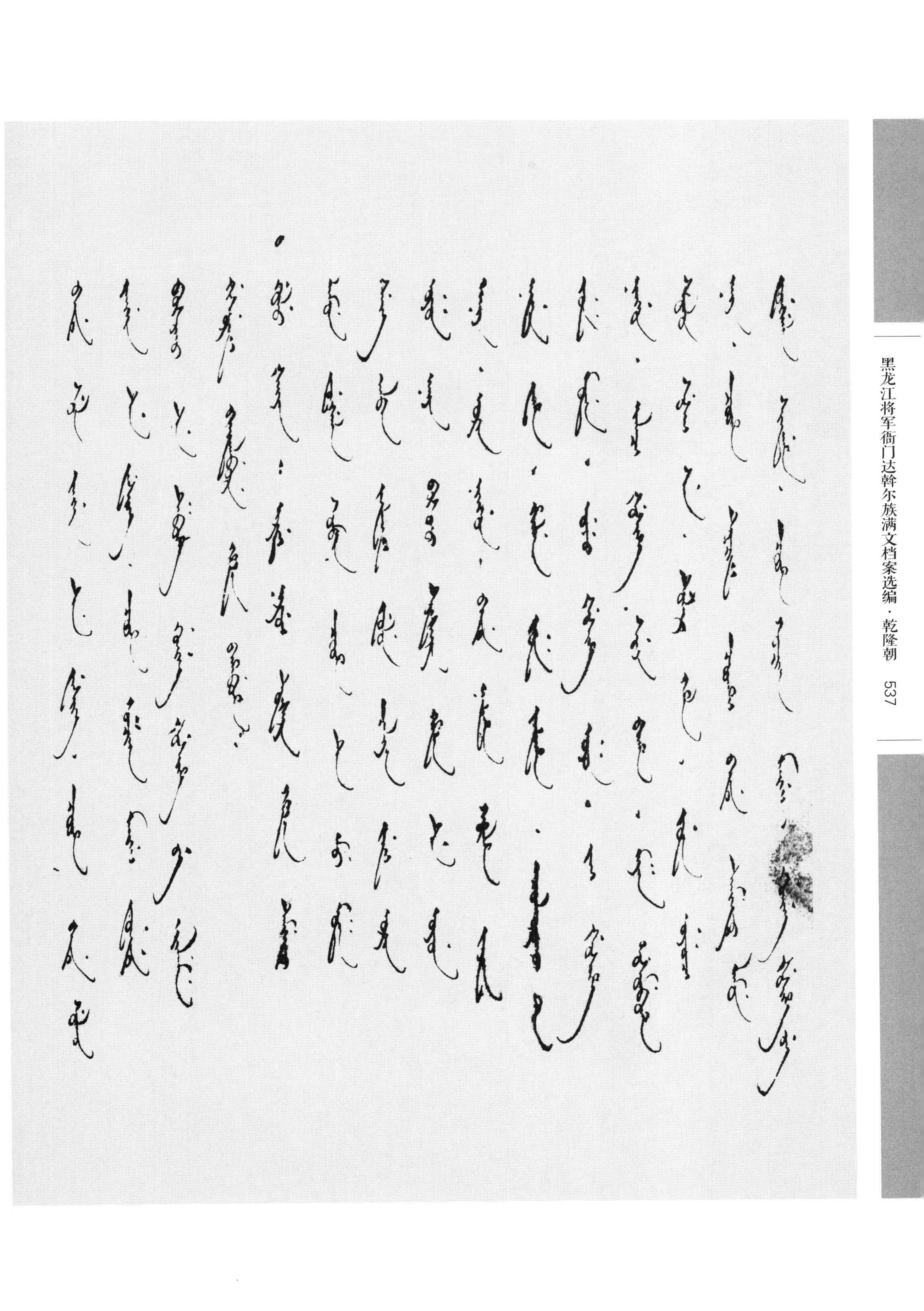

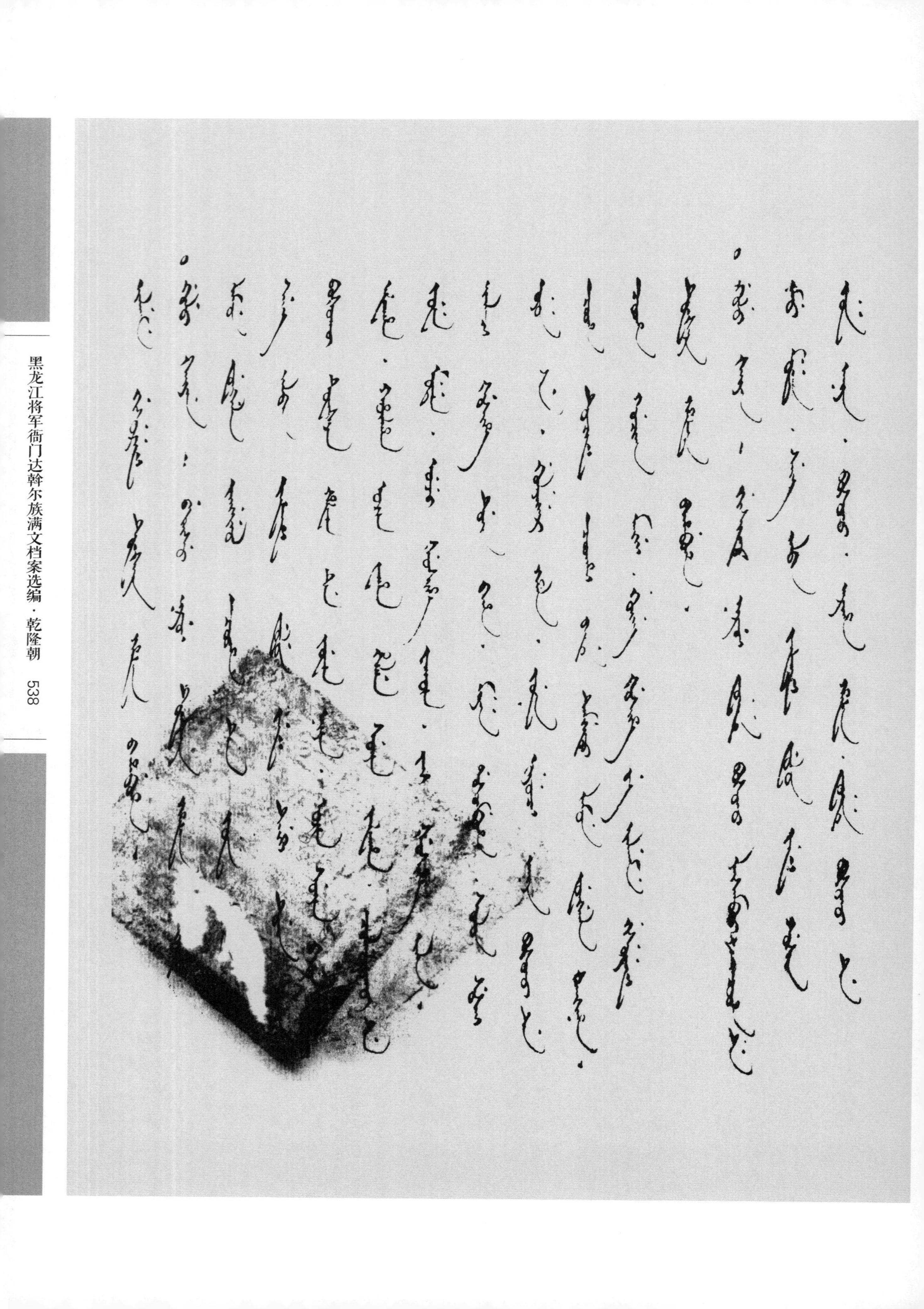

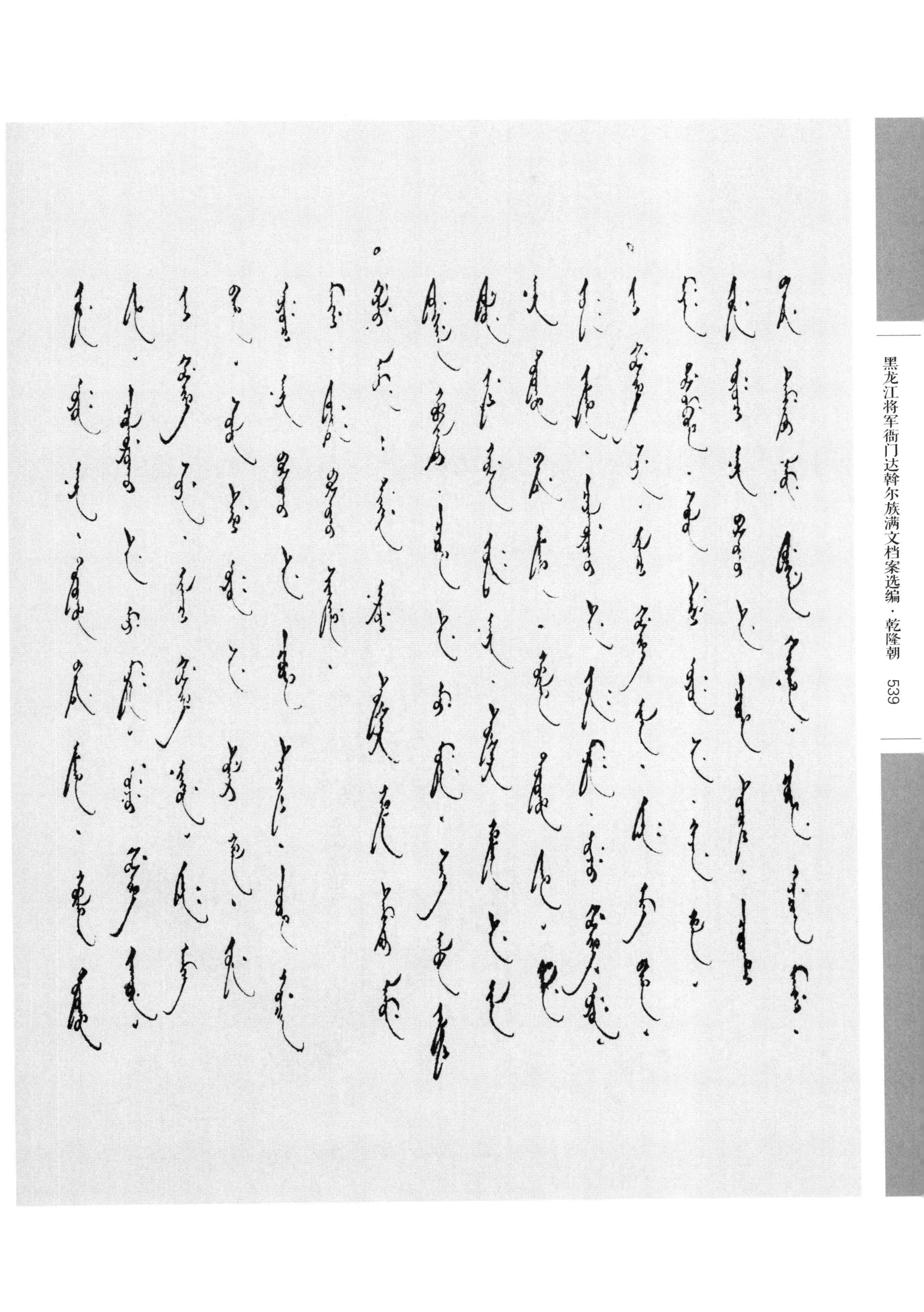

[illegible]

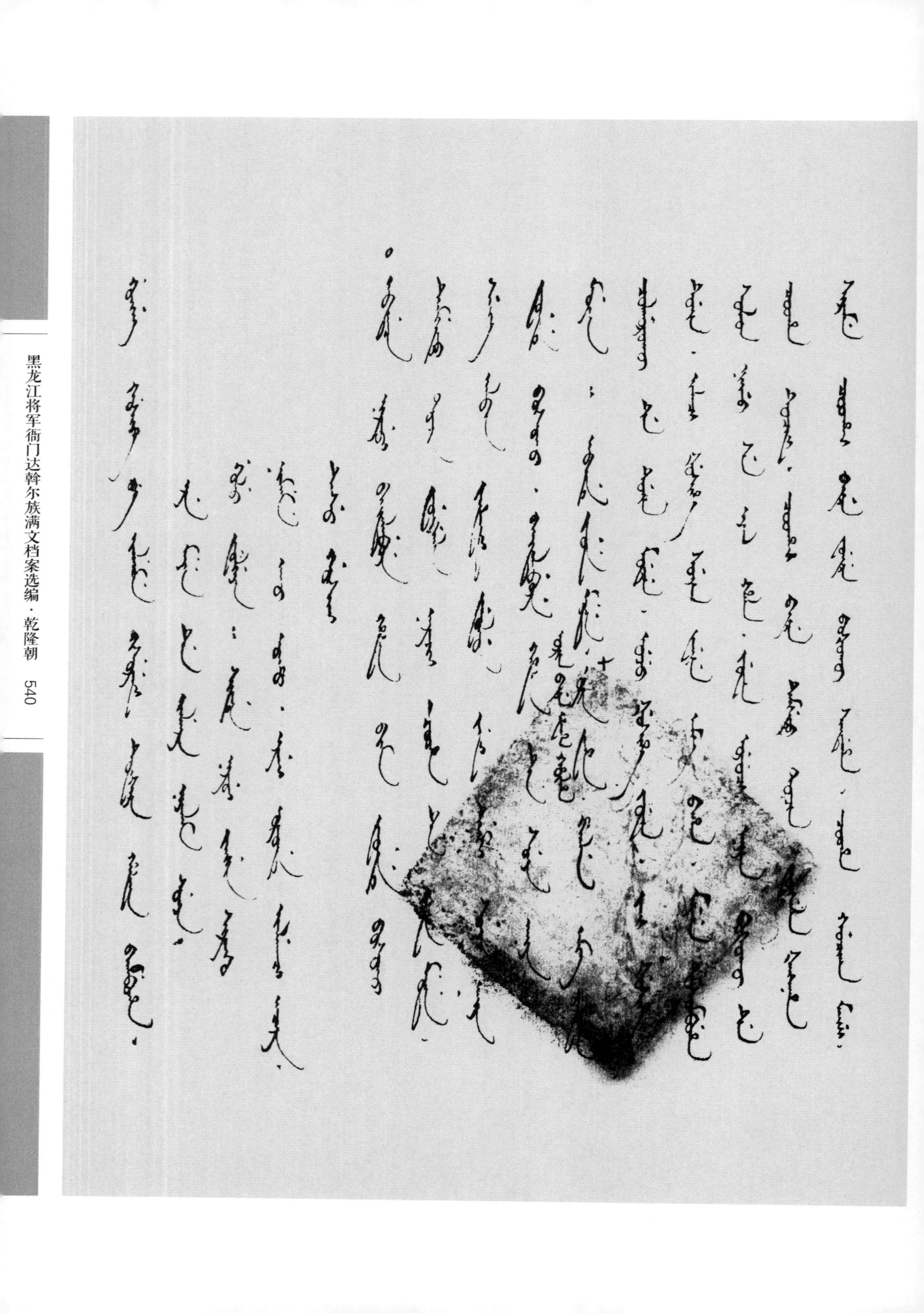

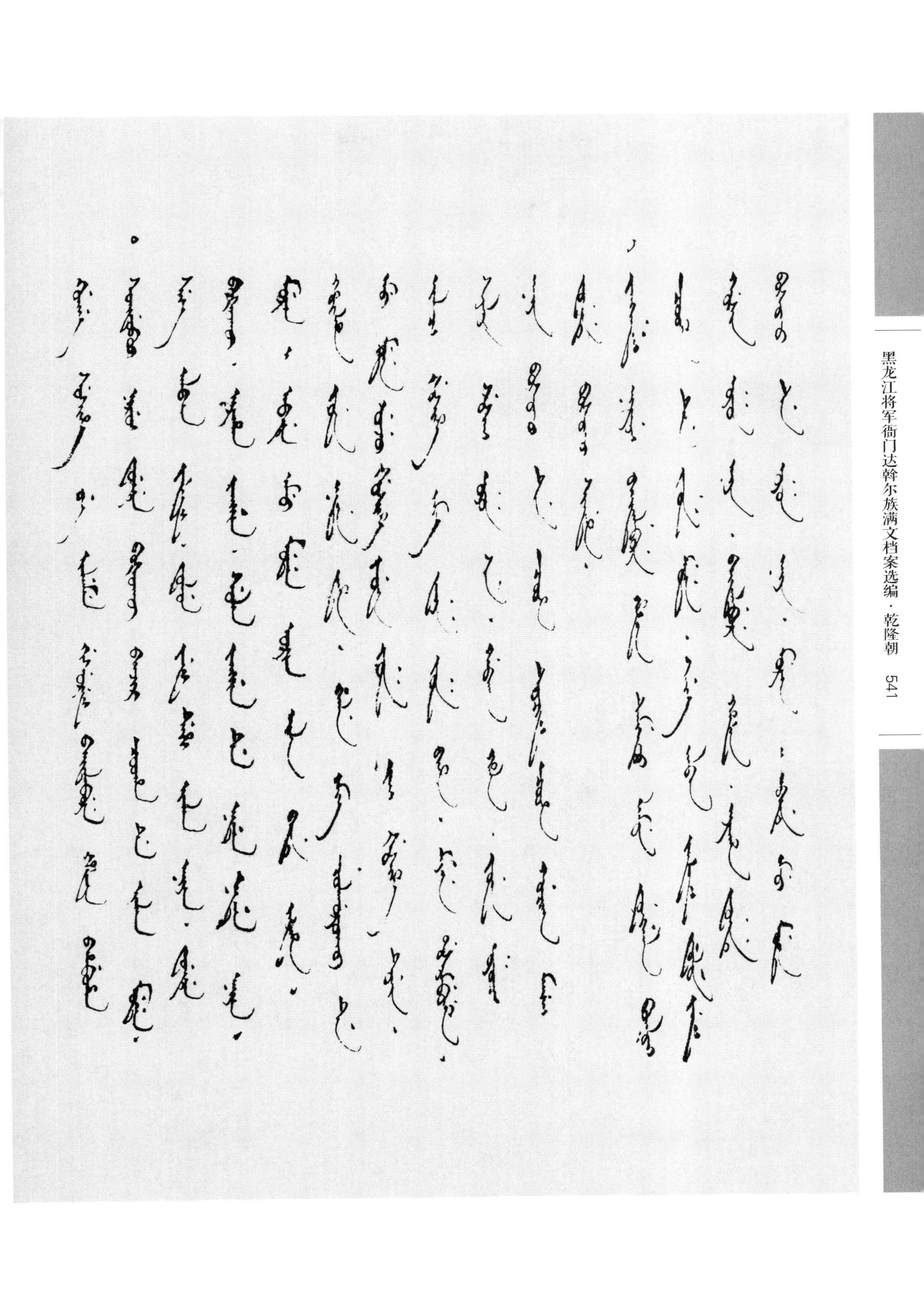

[illegible]

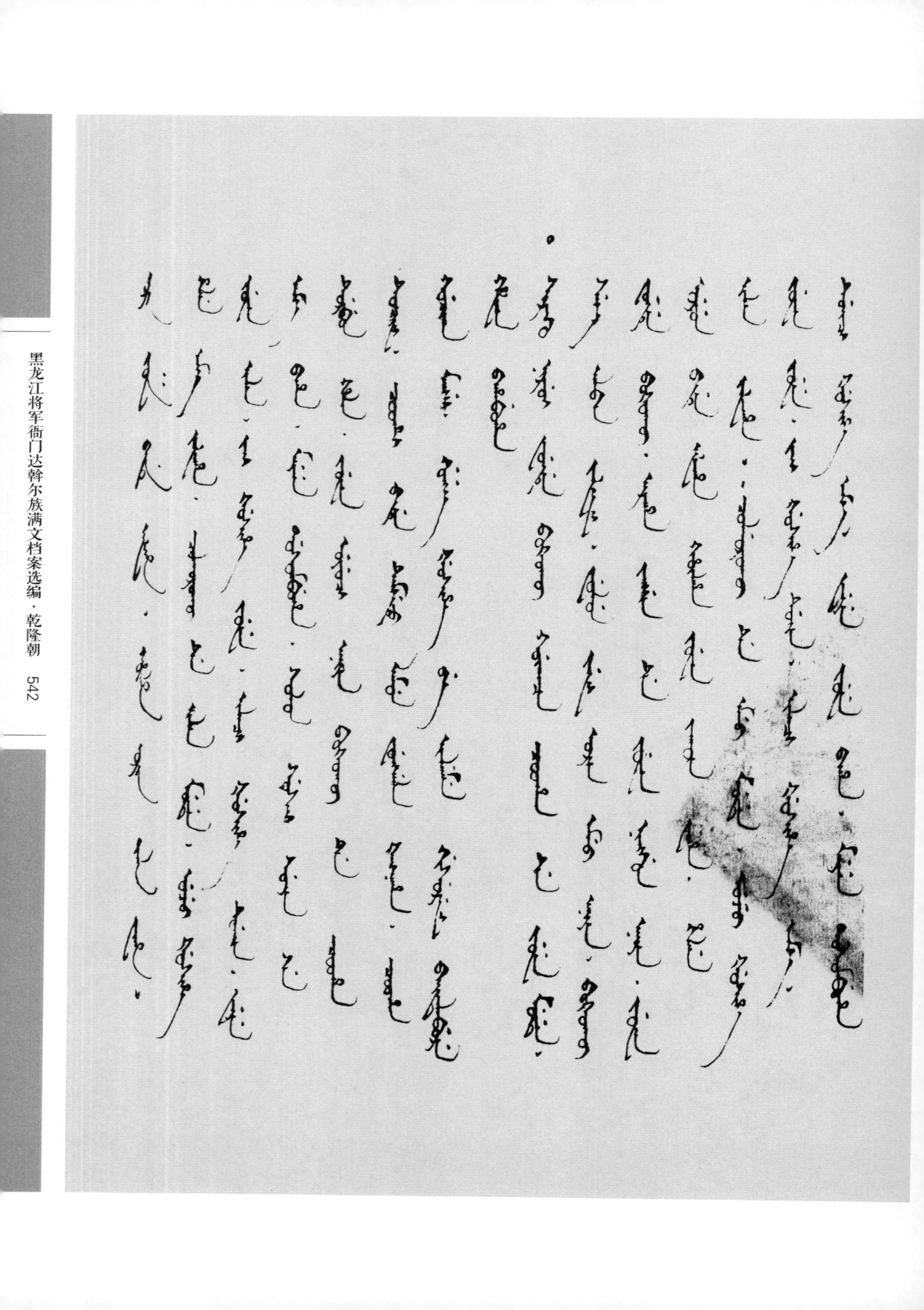

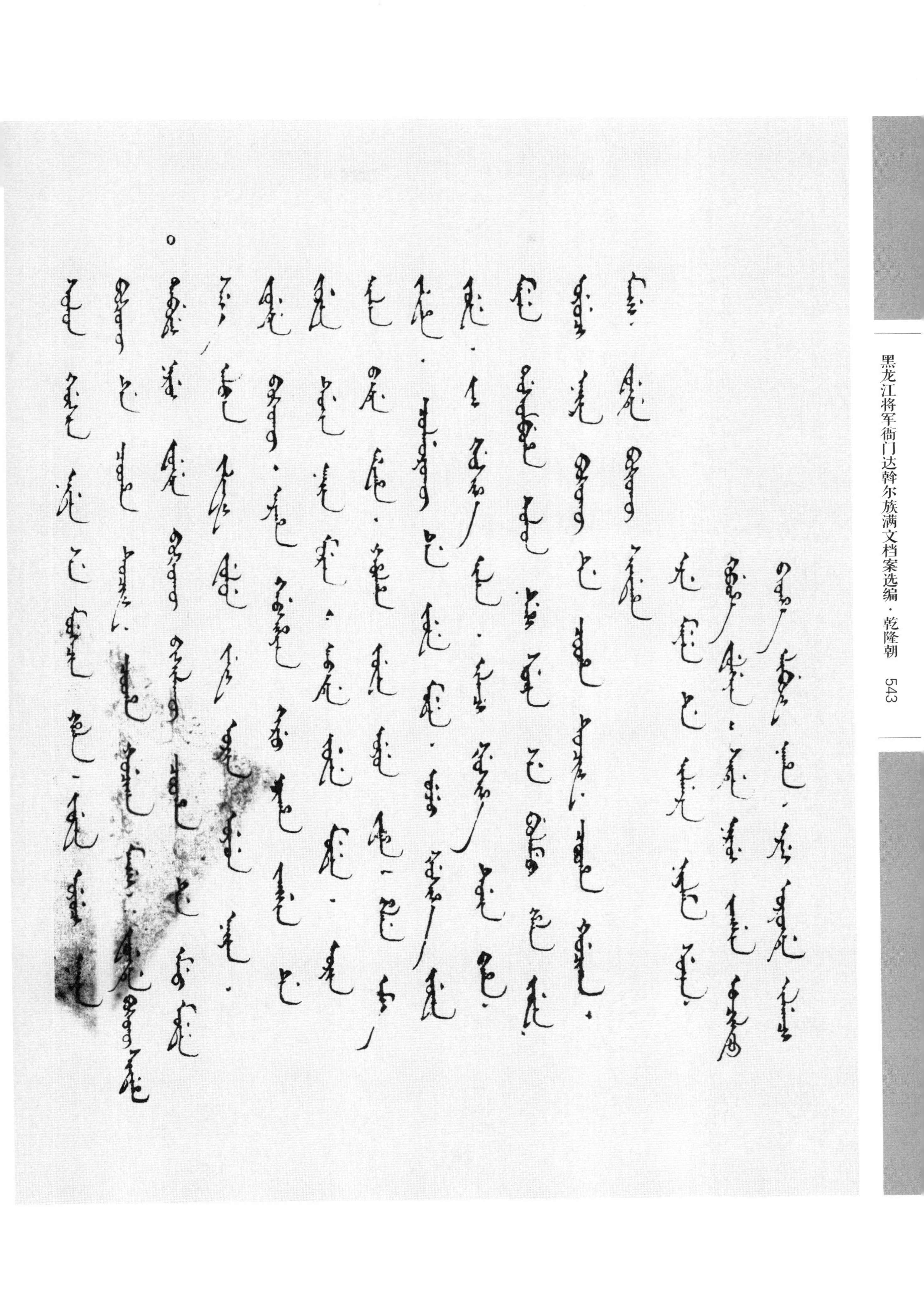

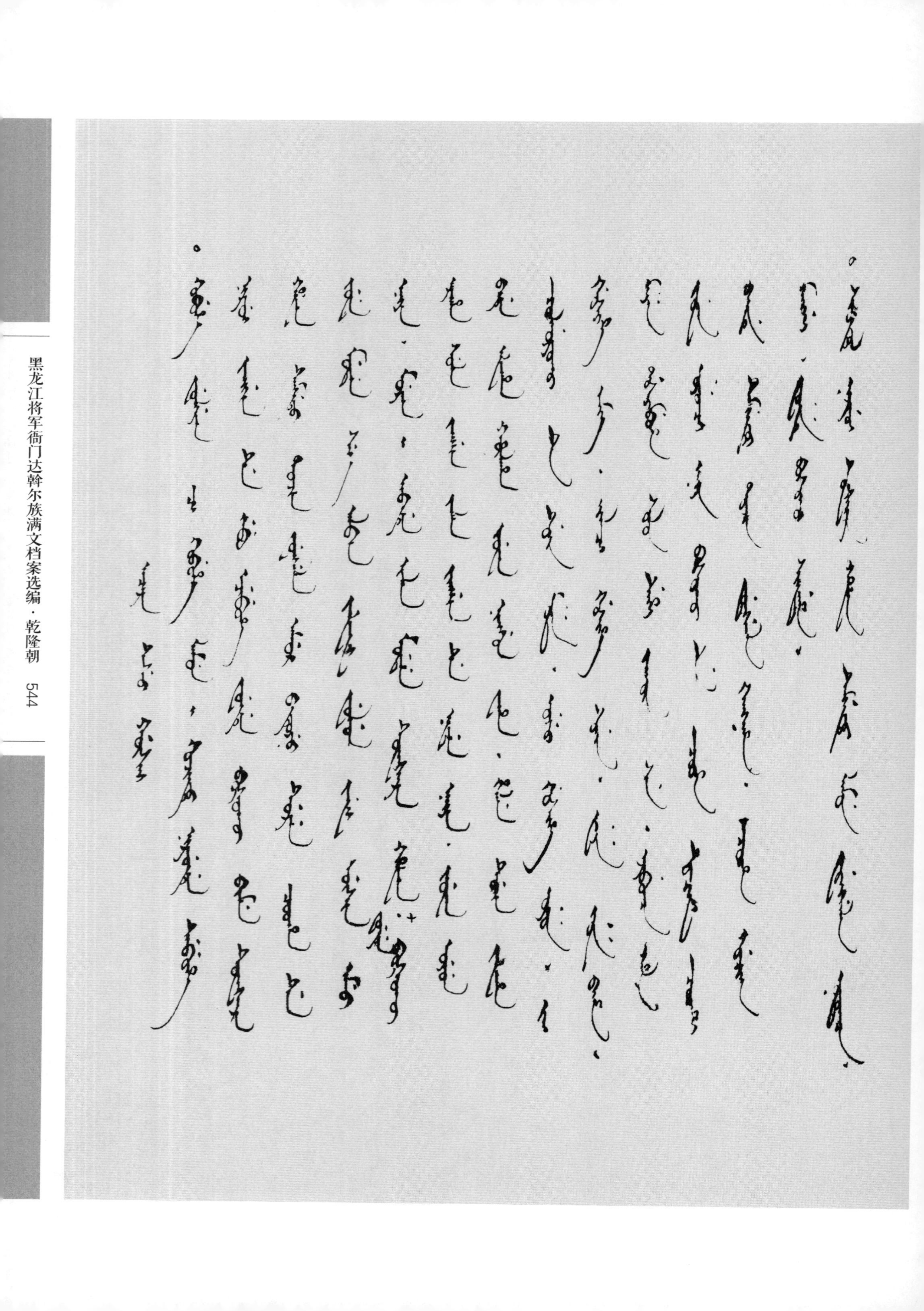

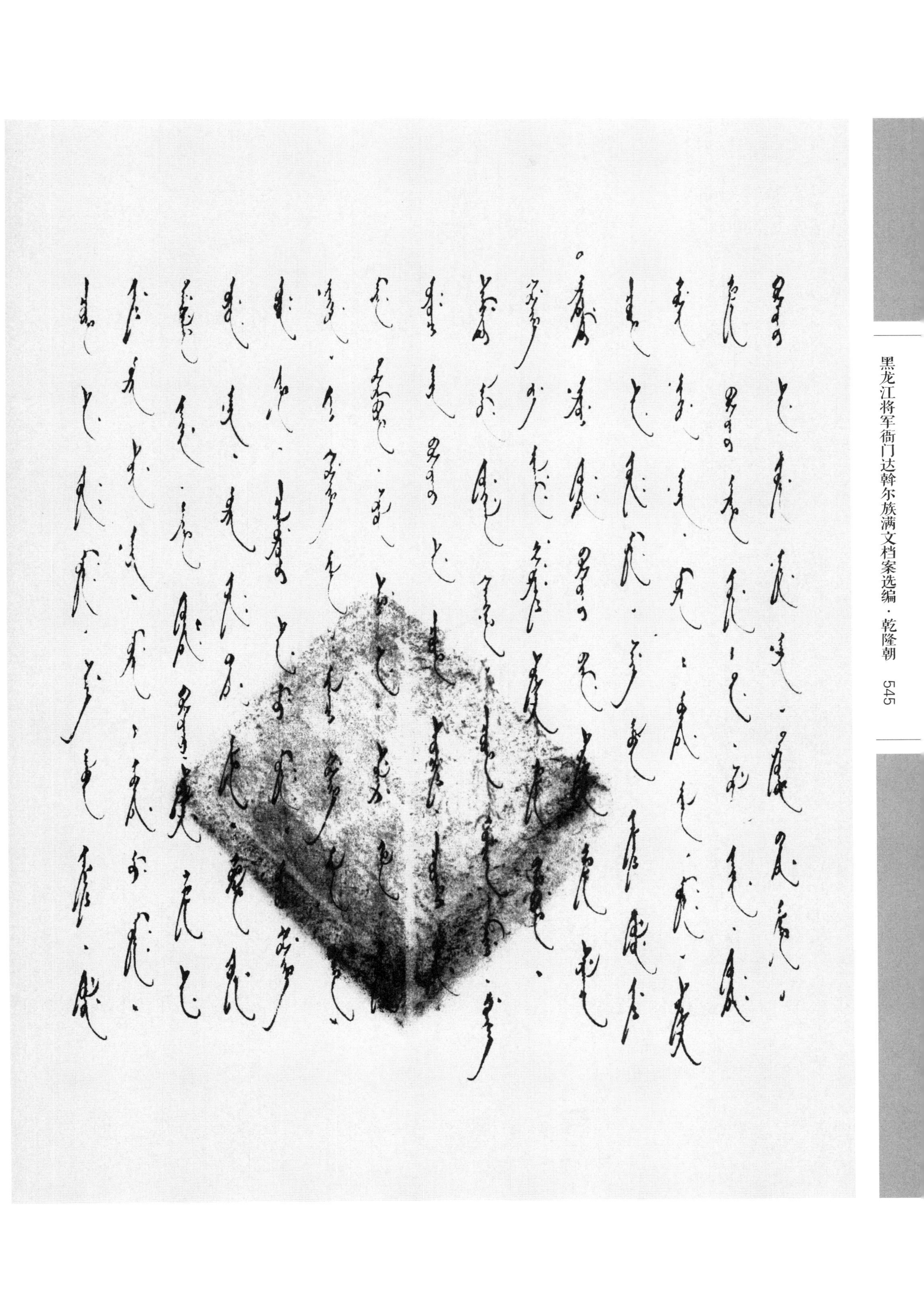

[illegible]

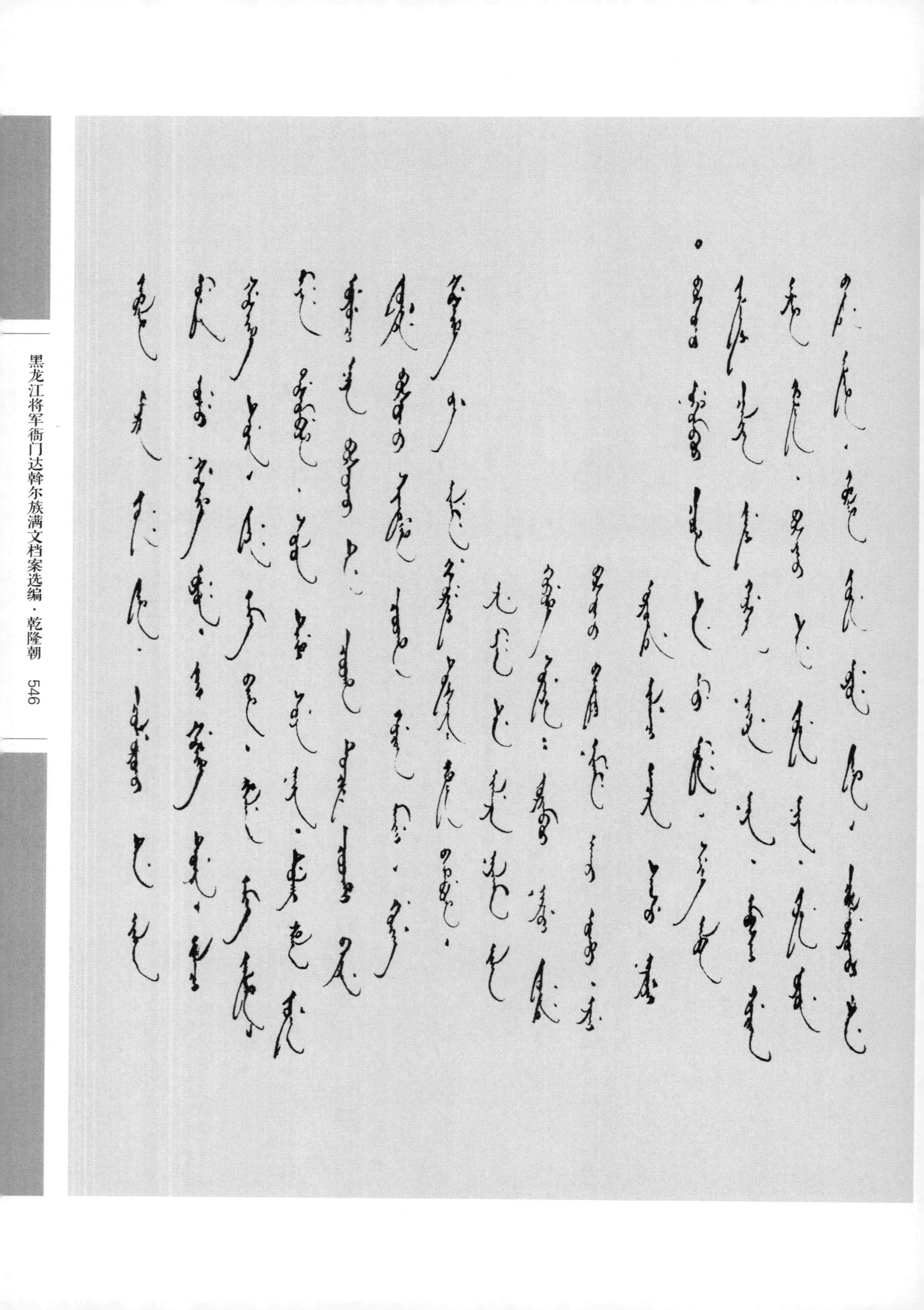

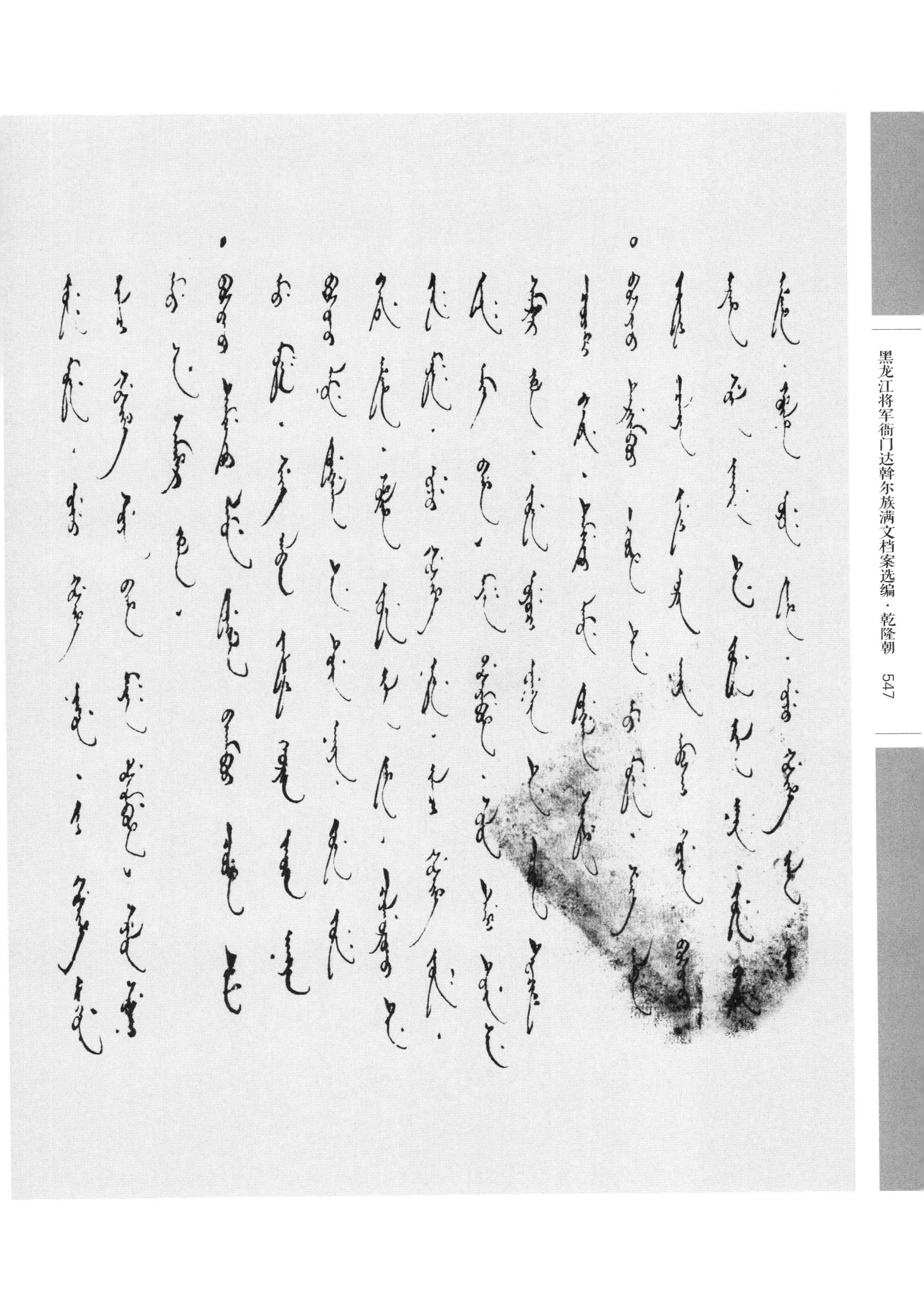

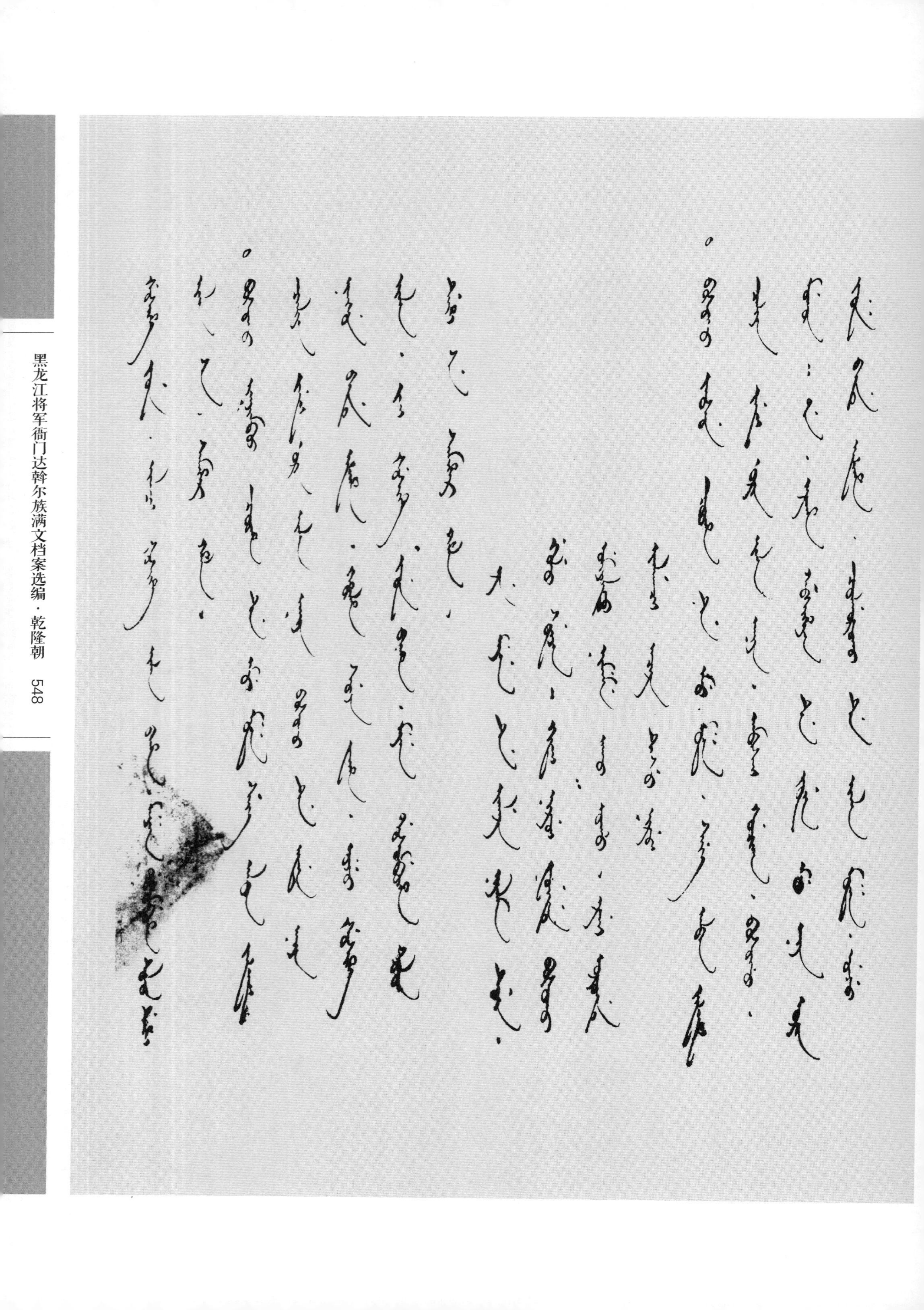

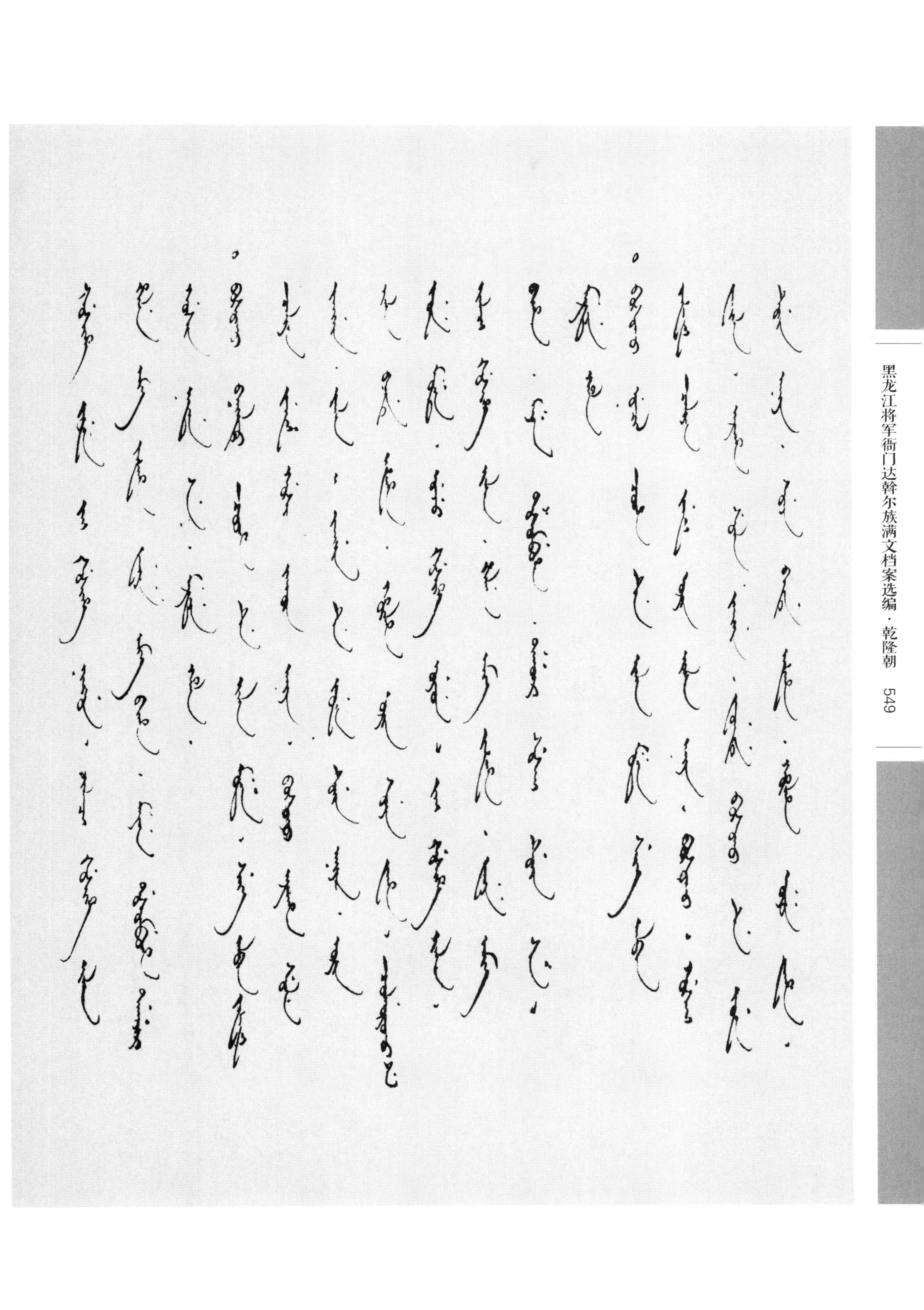

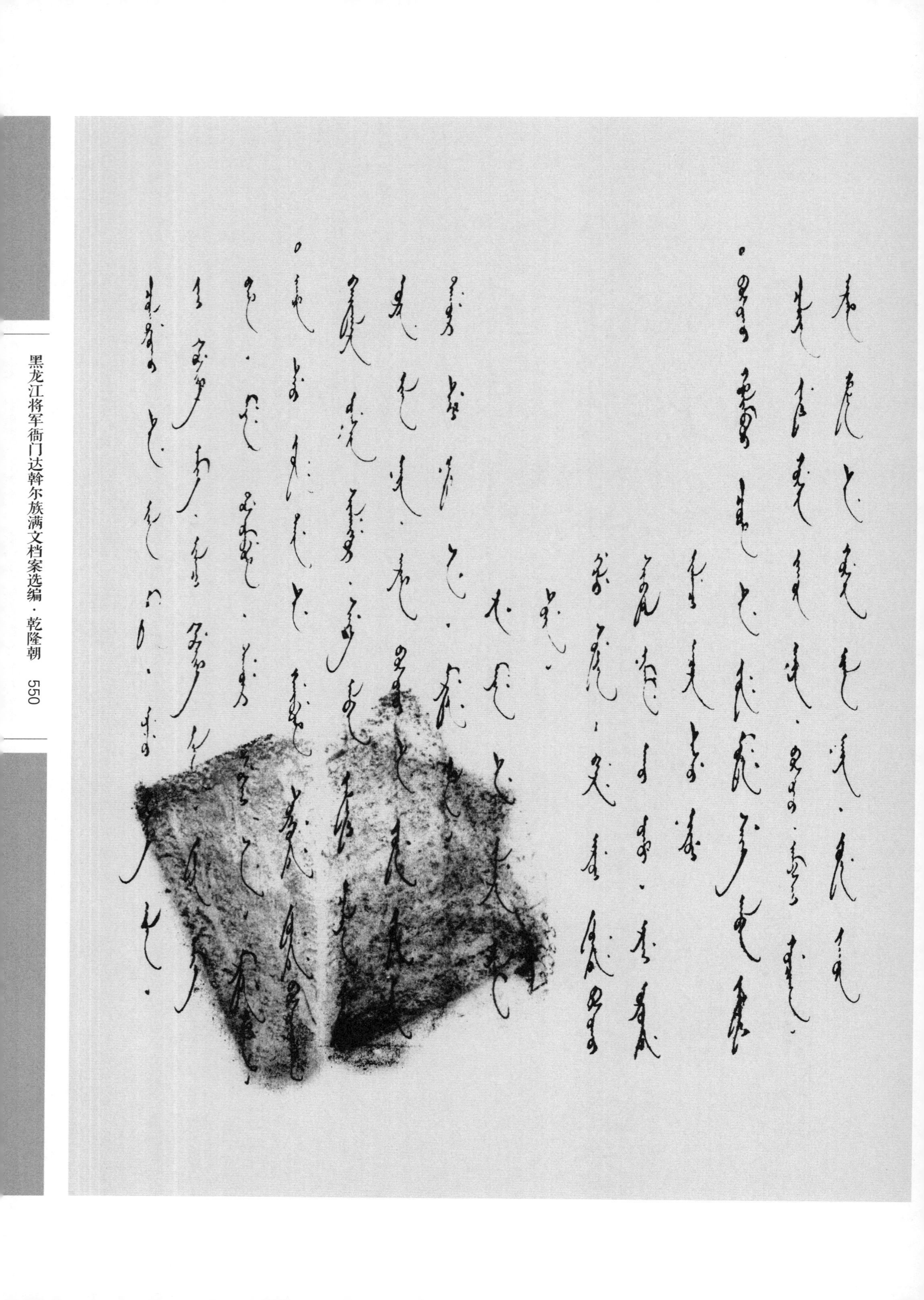

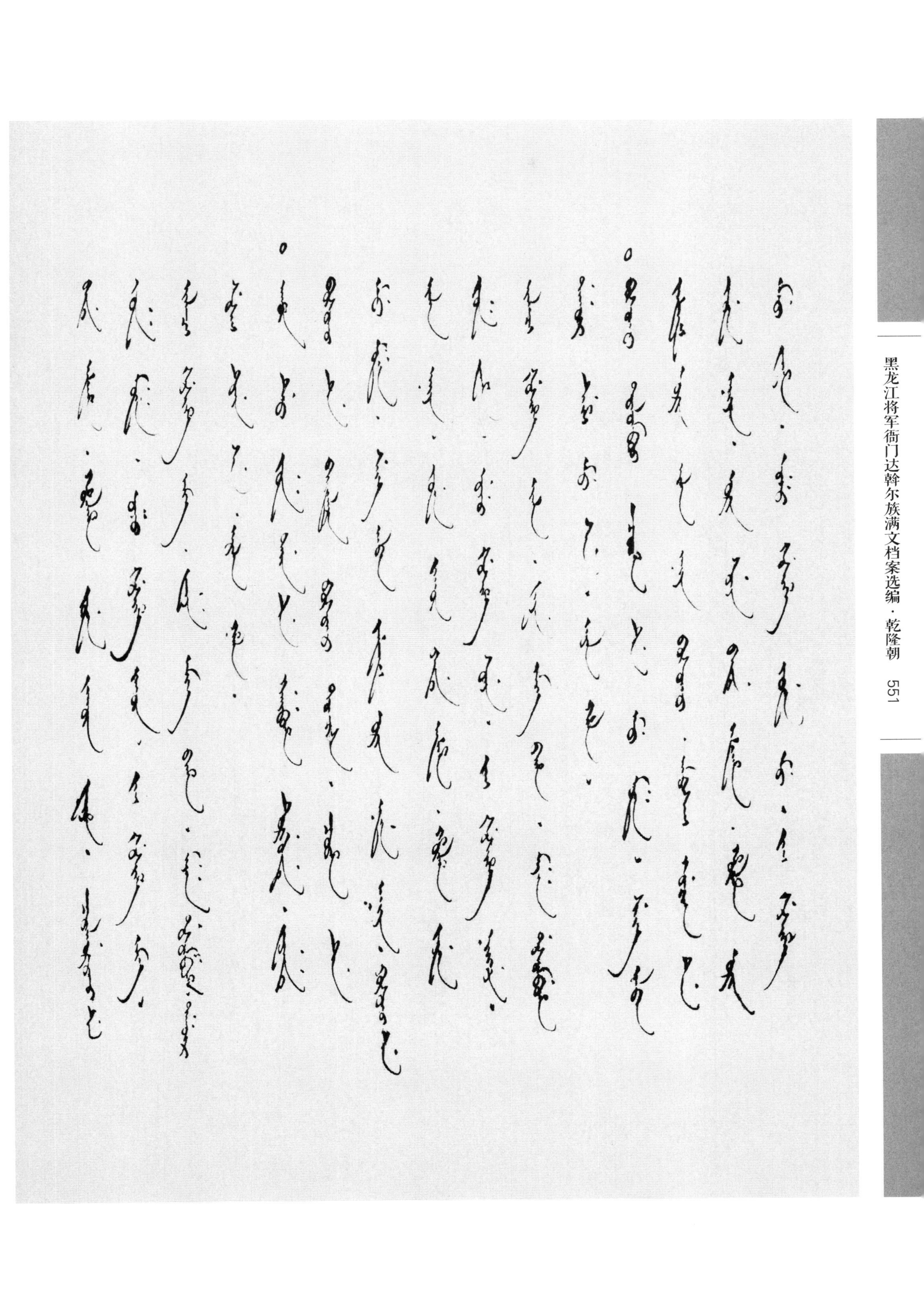

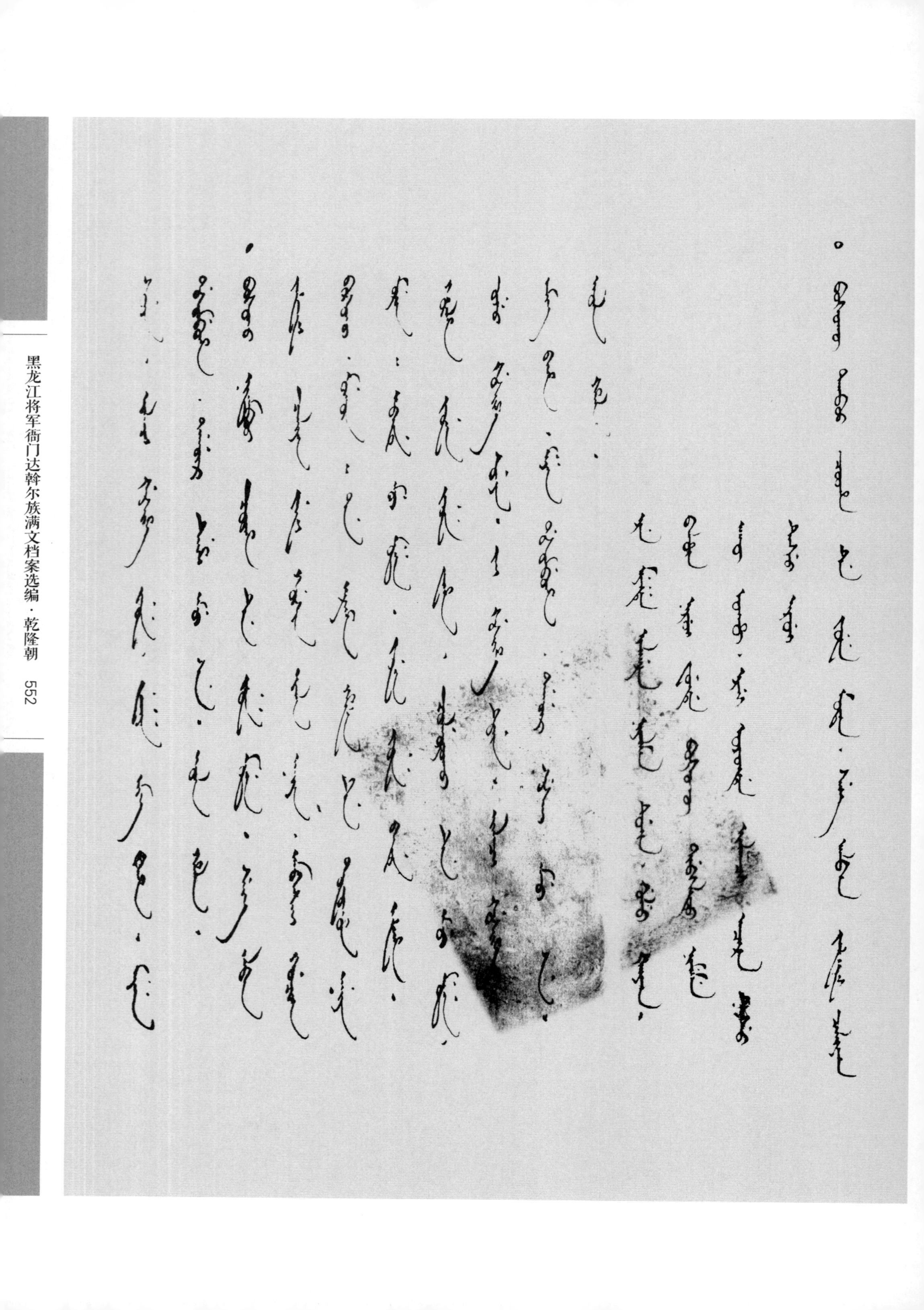

[illegible]

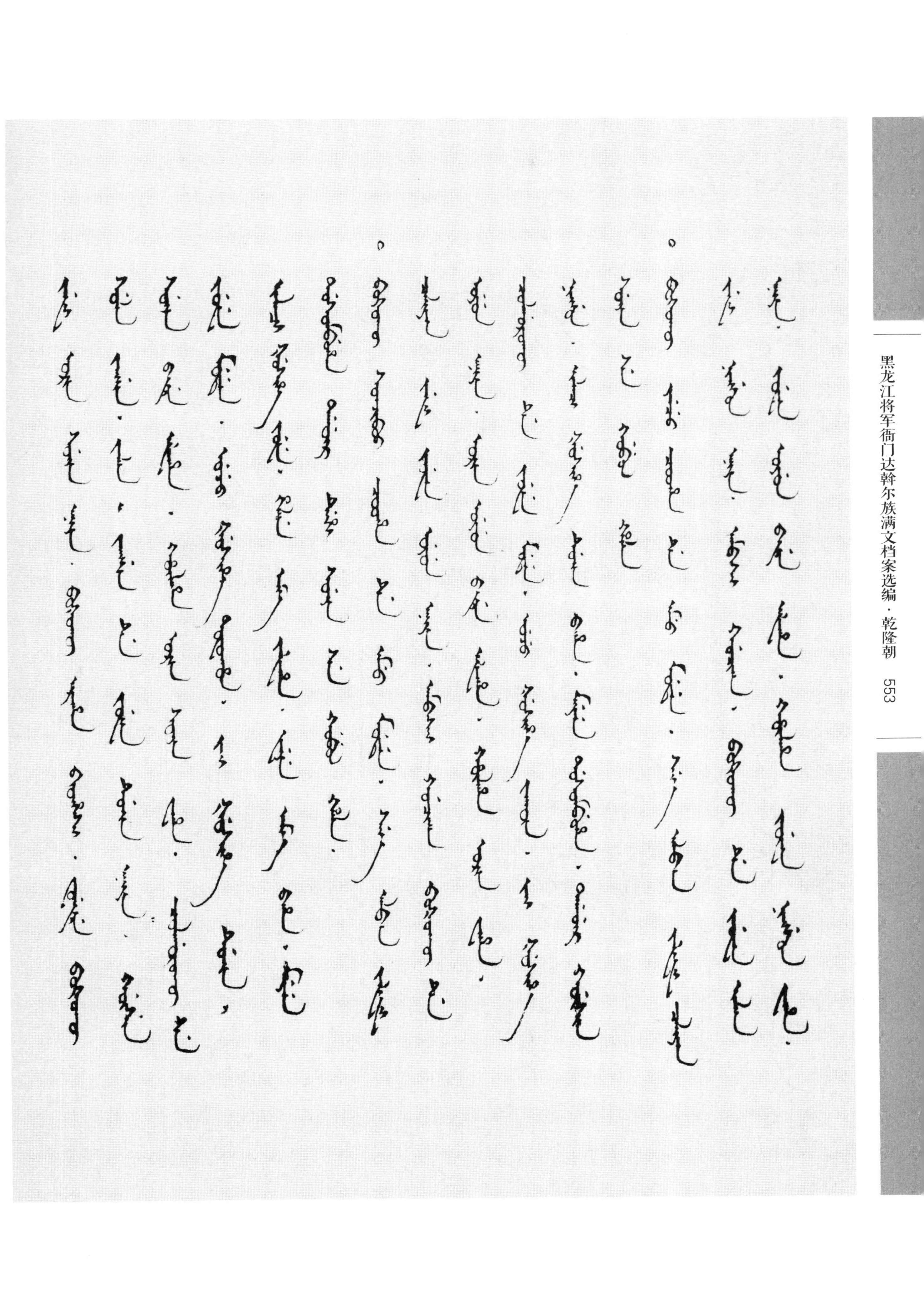

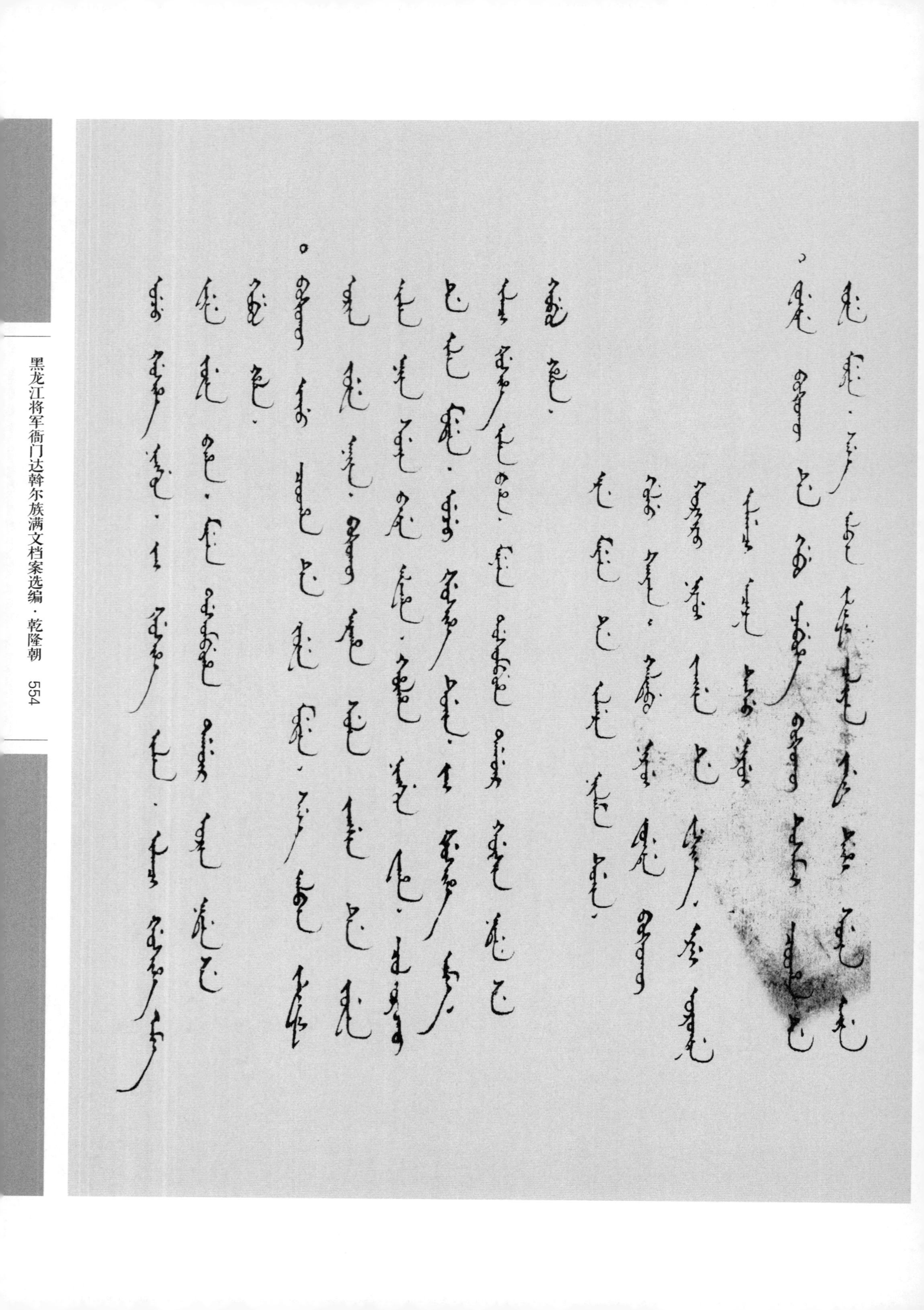

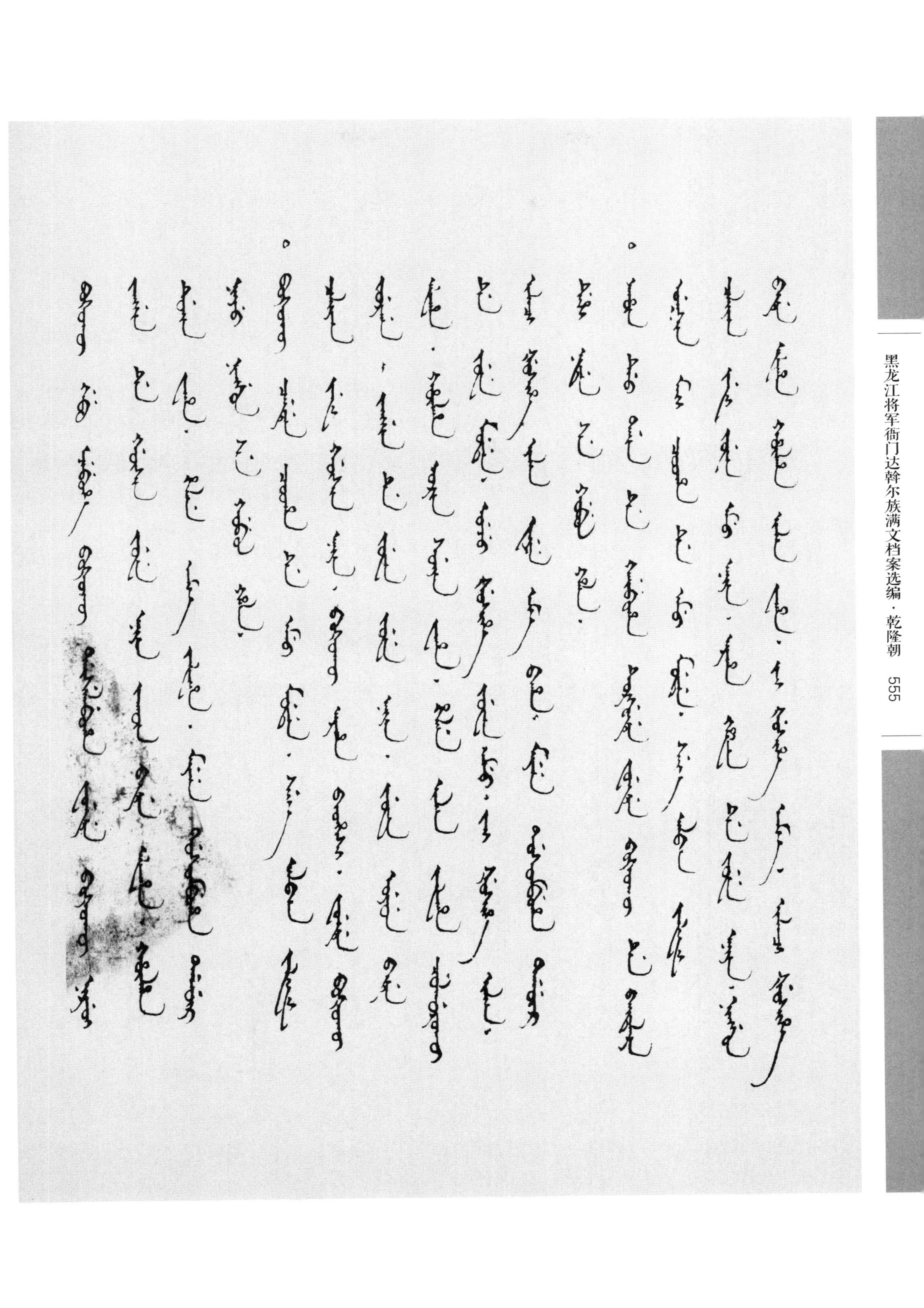

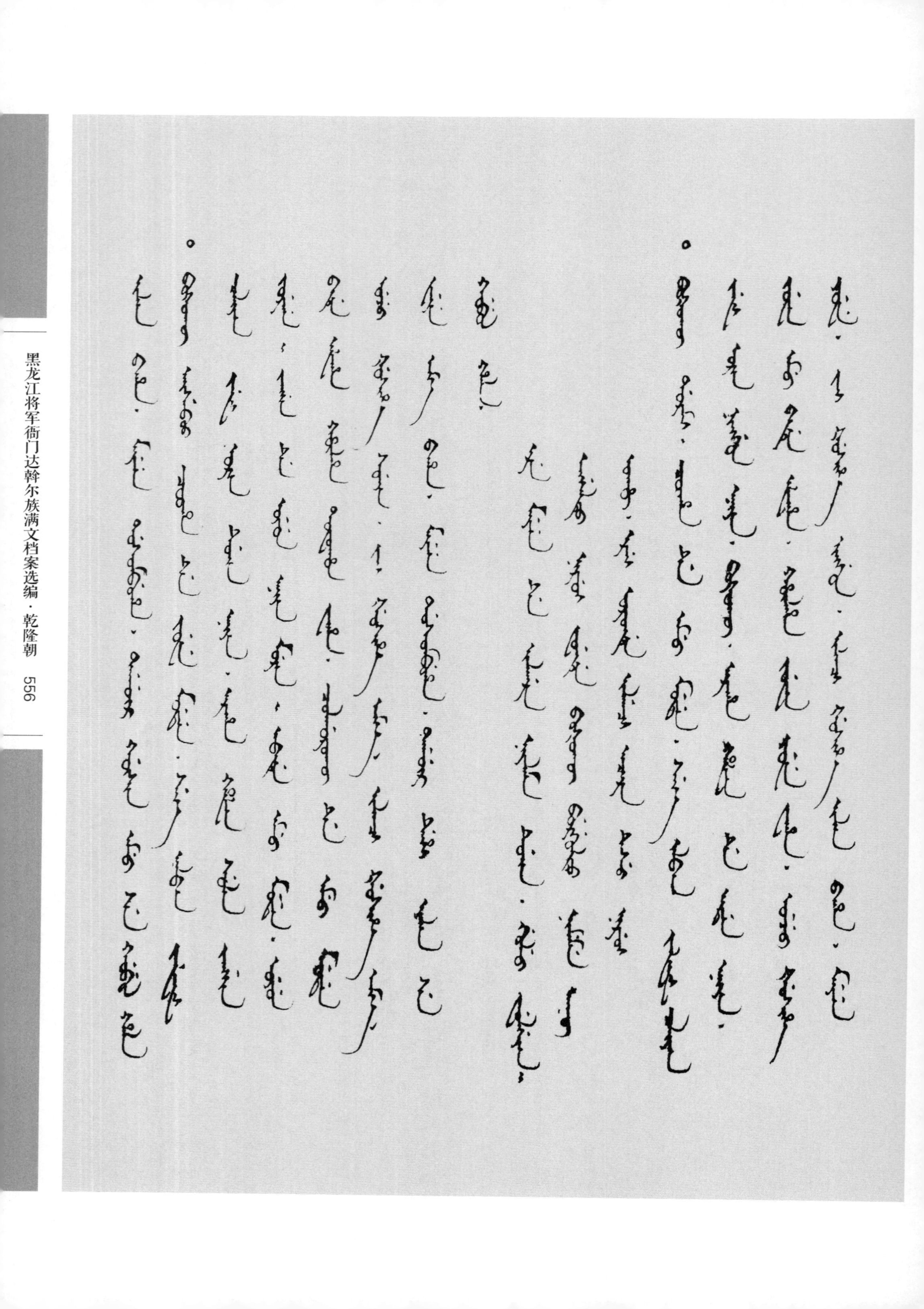

[illegible]

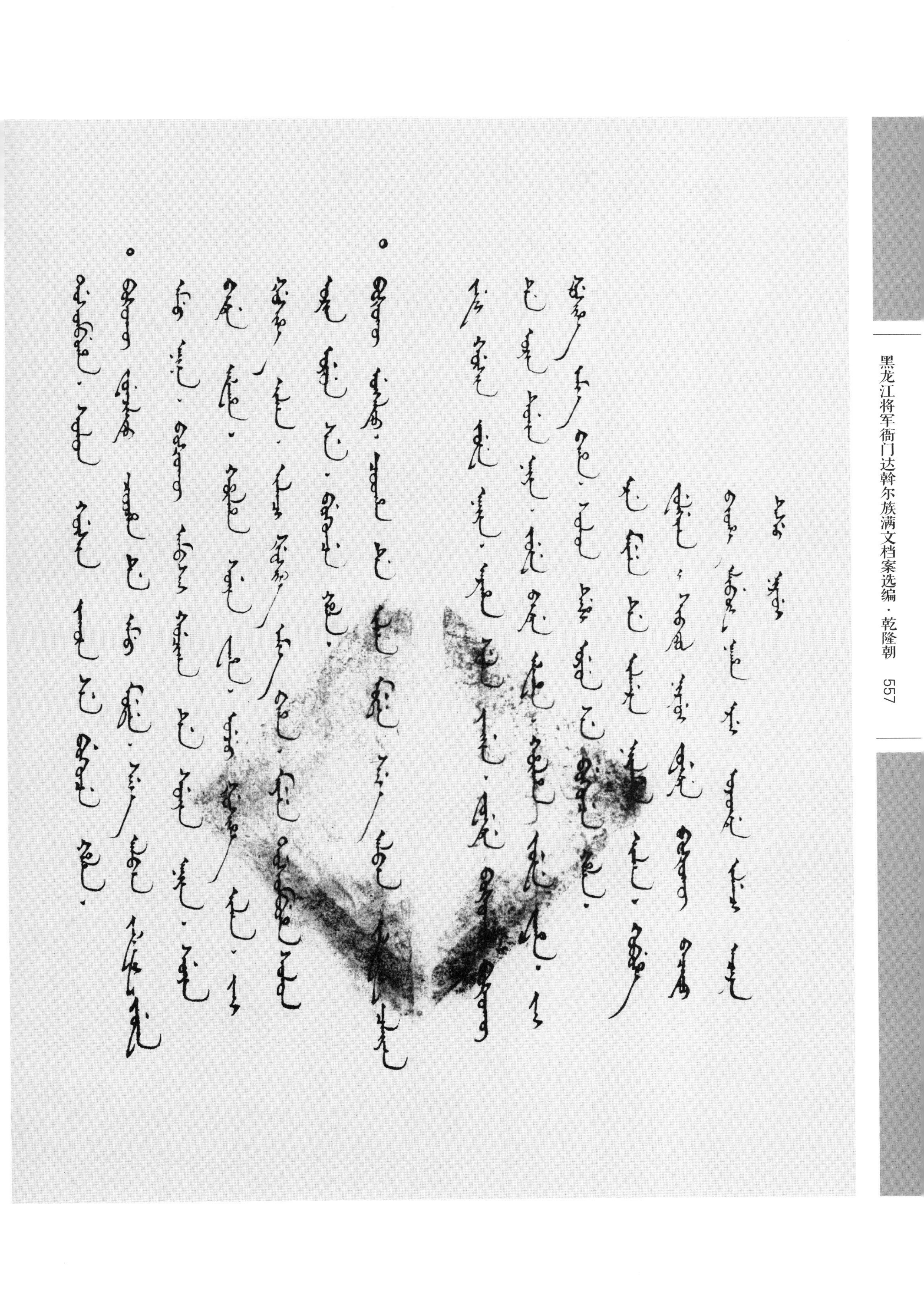

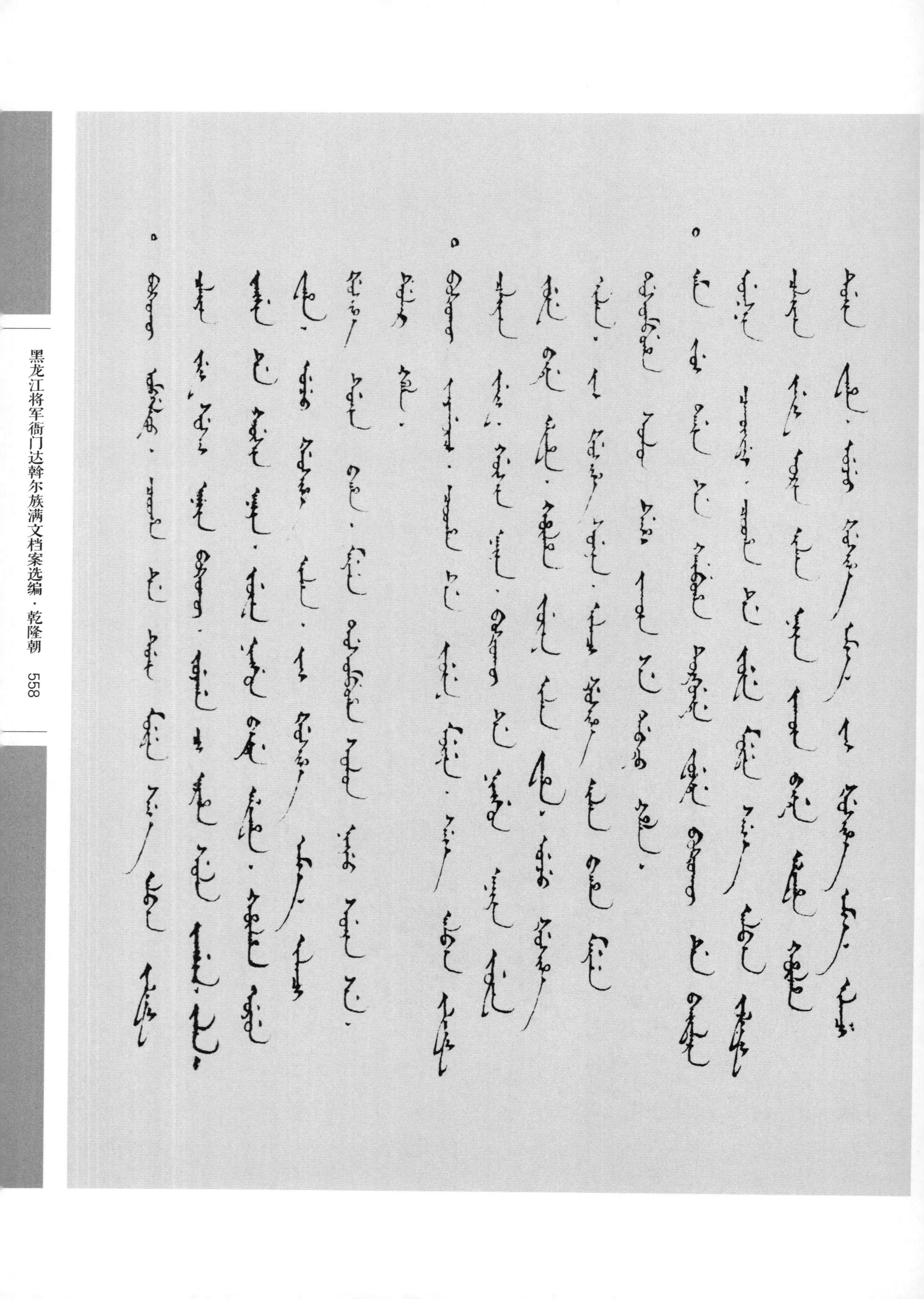

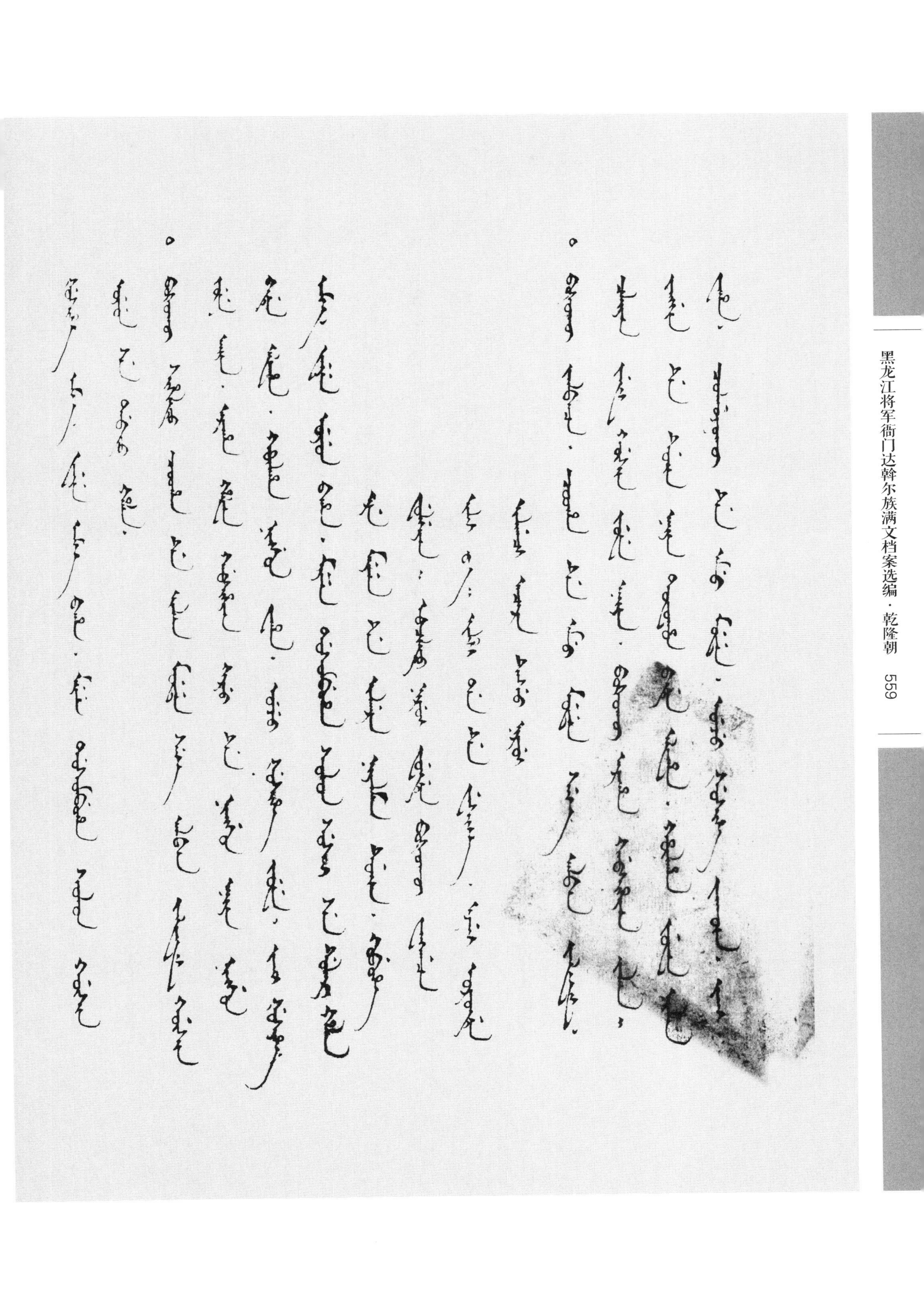

[illegible]

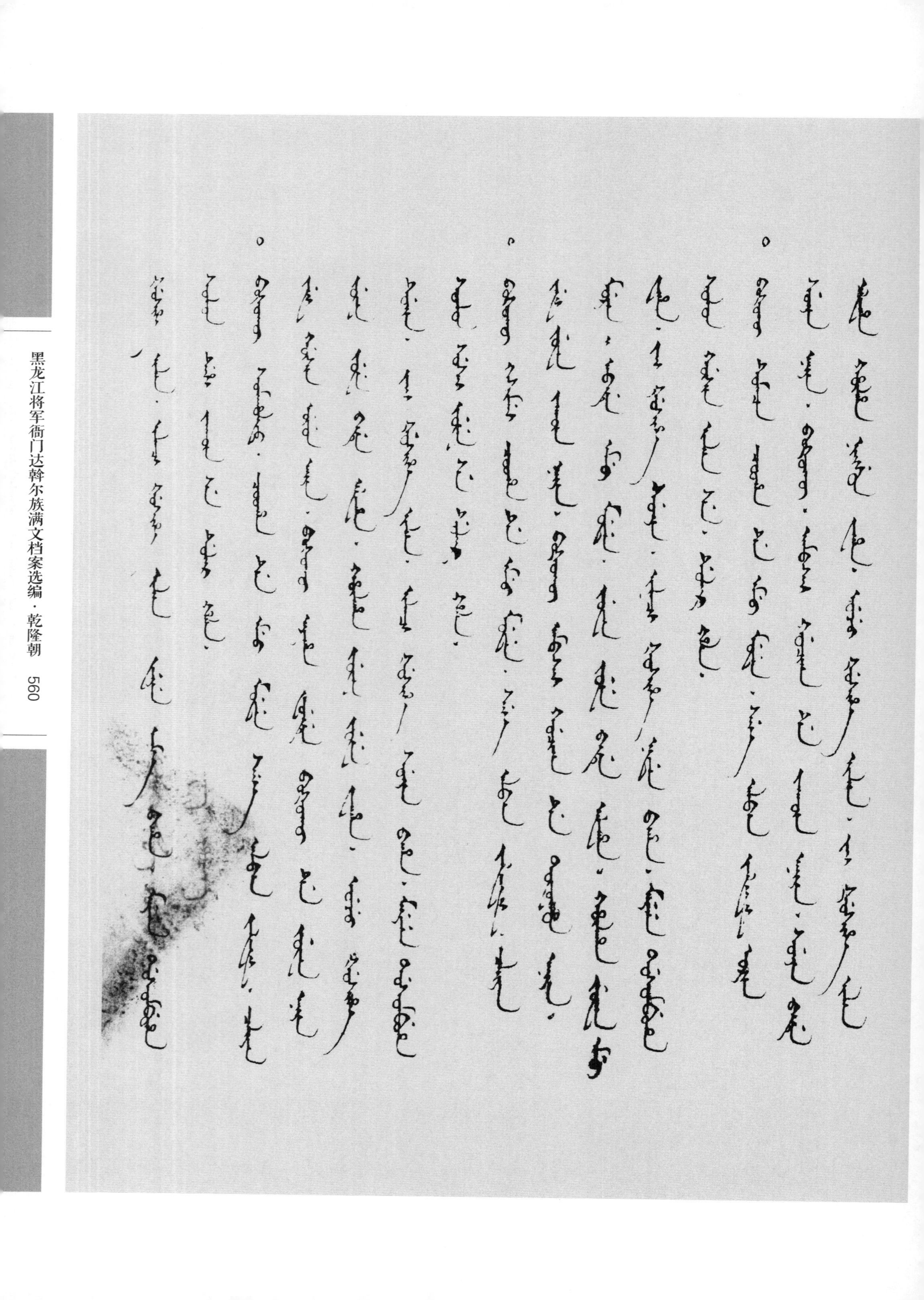

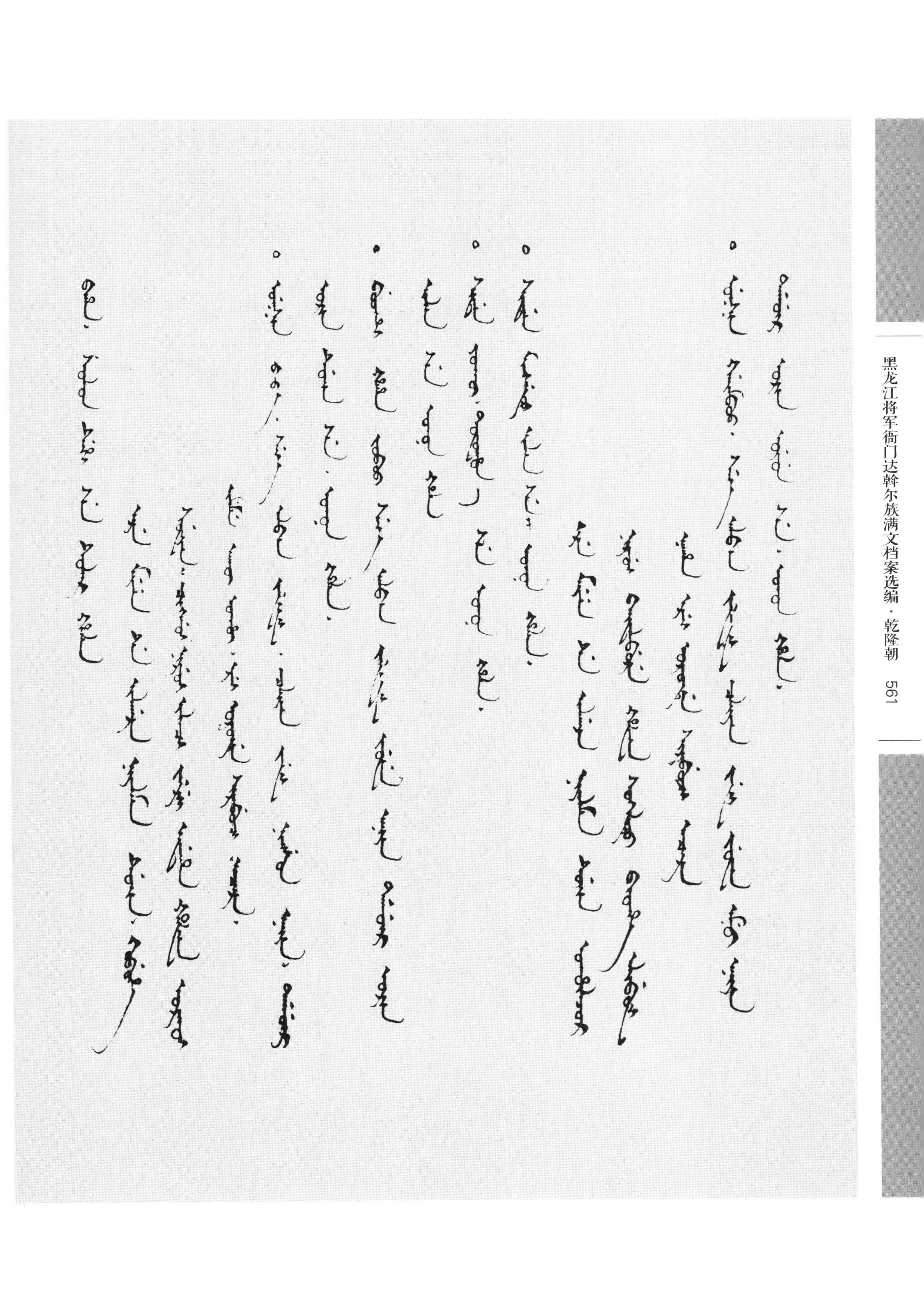

[illegible]

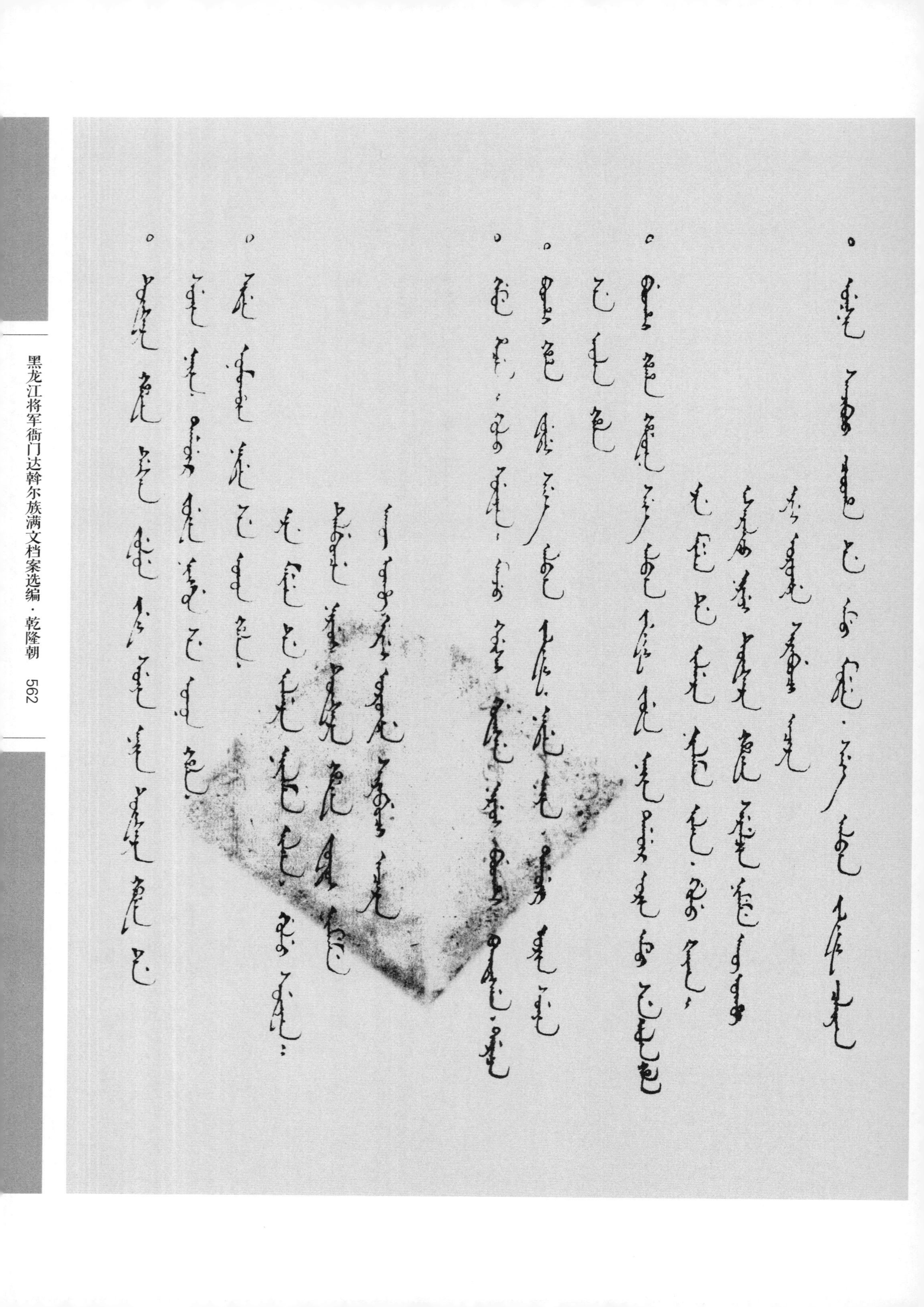

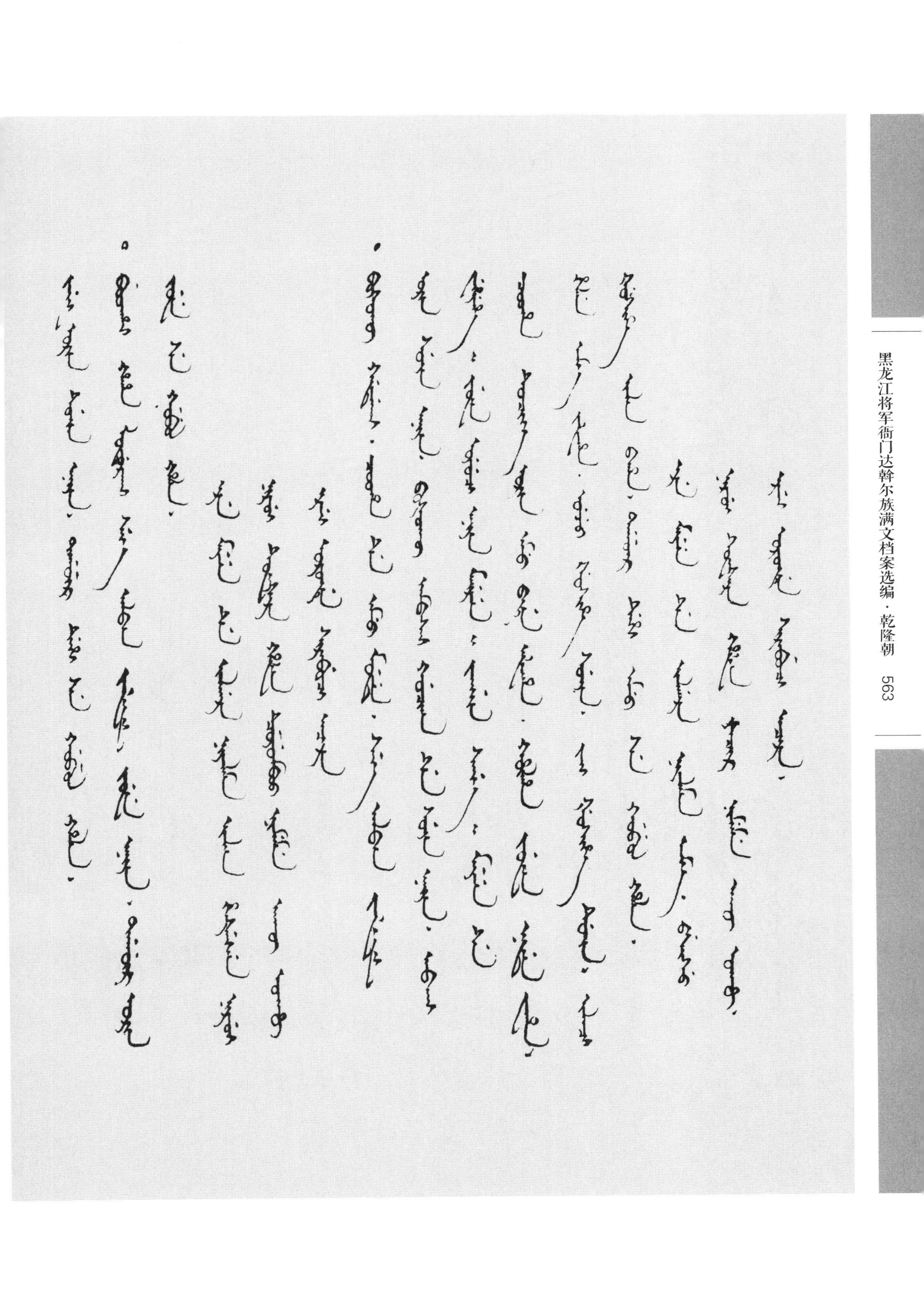

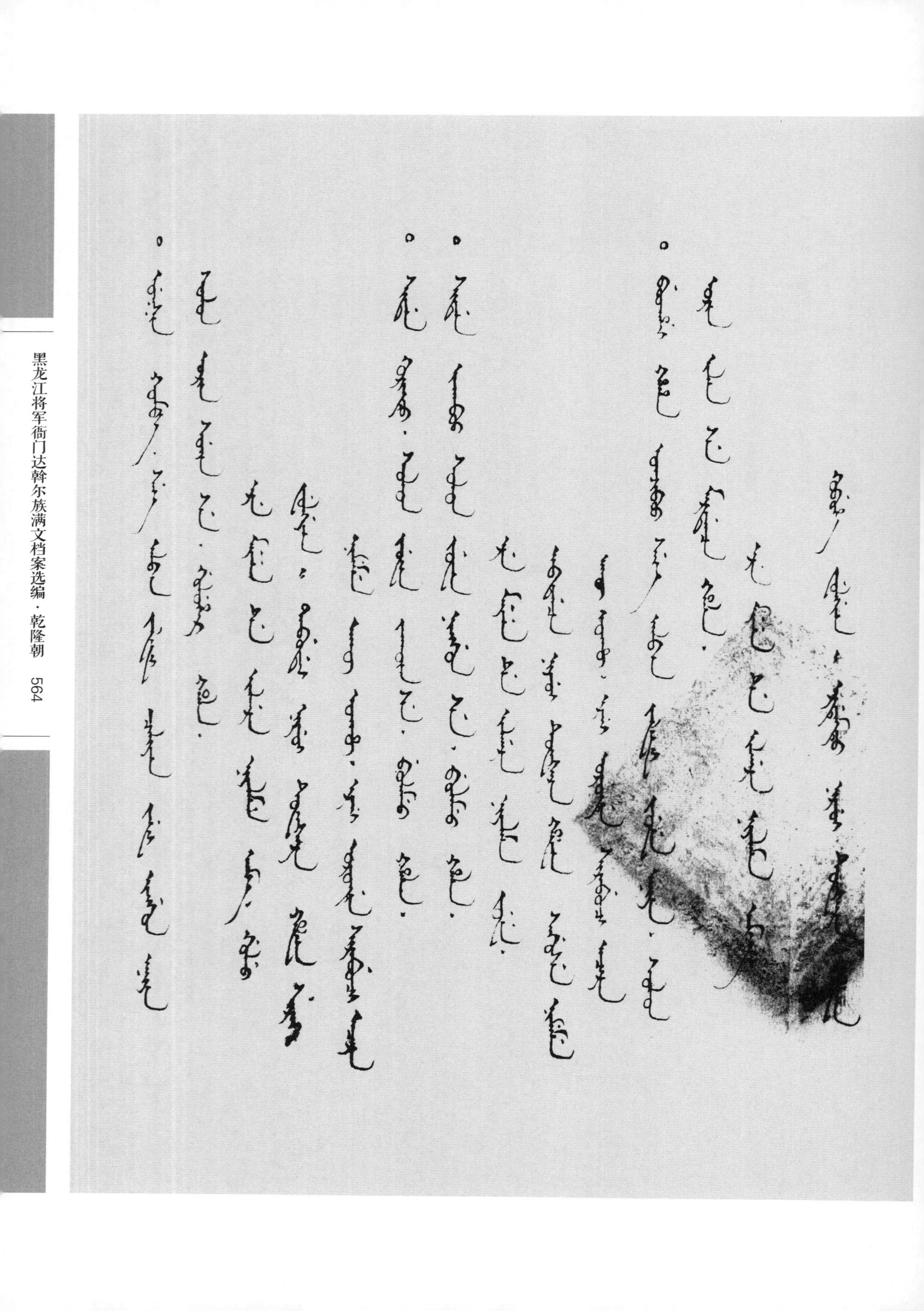

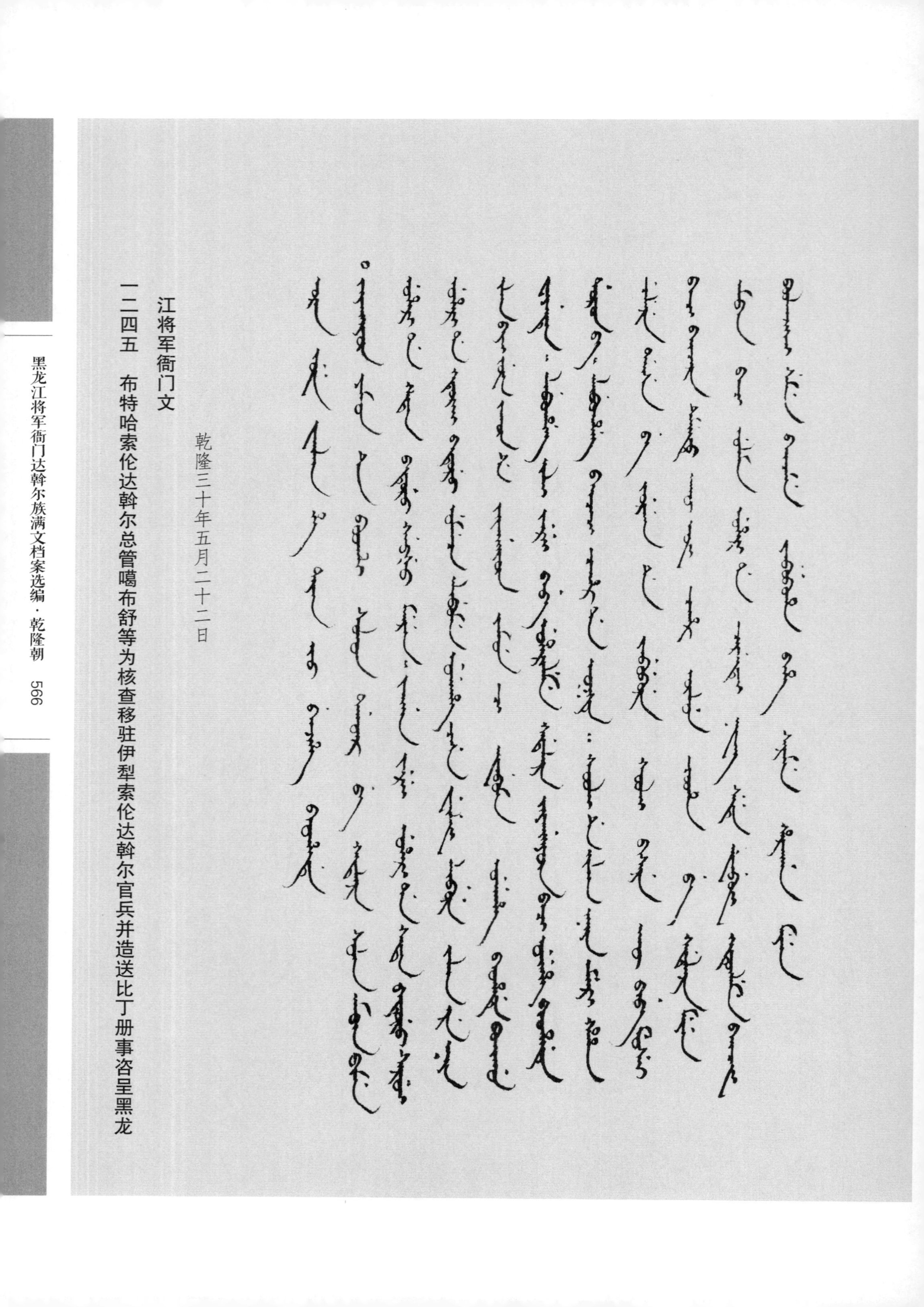

一二四五 布特哈索伦达斡尔总管噶布舒等为核查移驻伊犁索伦达斡尔官兵并造送比丁册事咨呈黑龙江将军衙门文

乾隆三十年五月二十二日

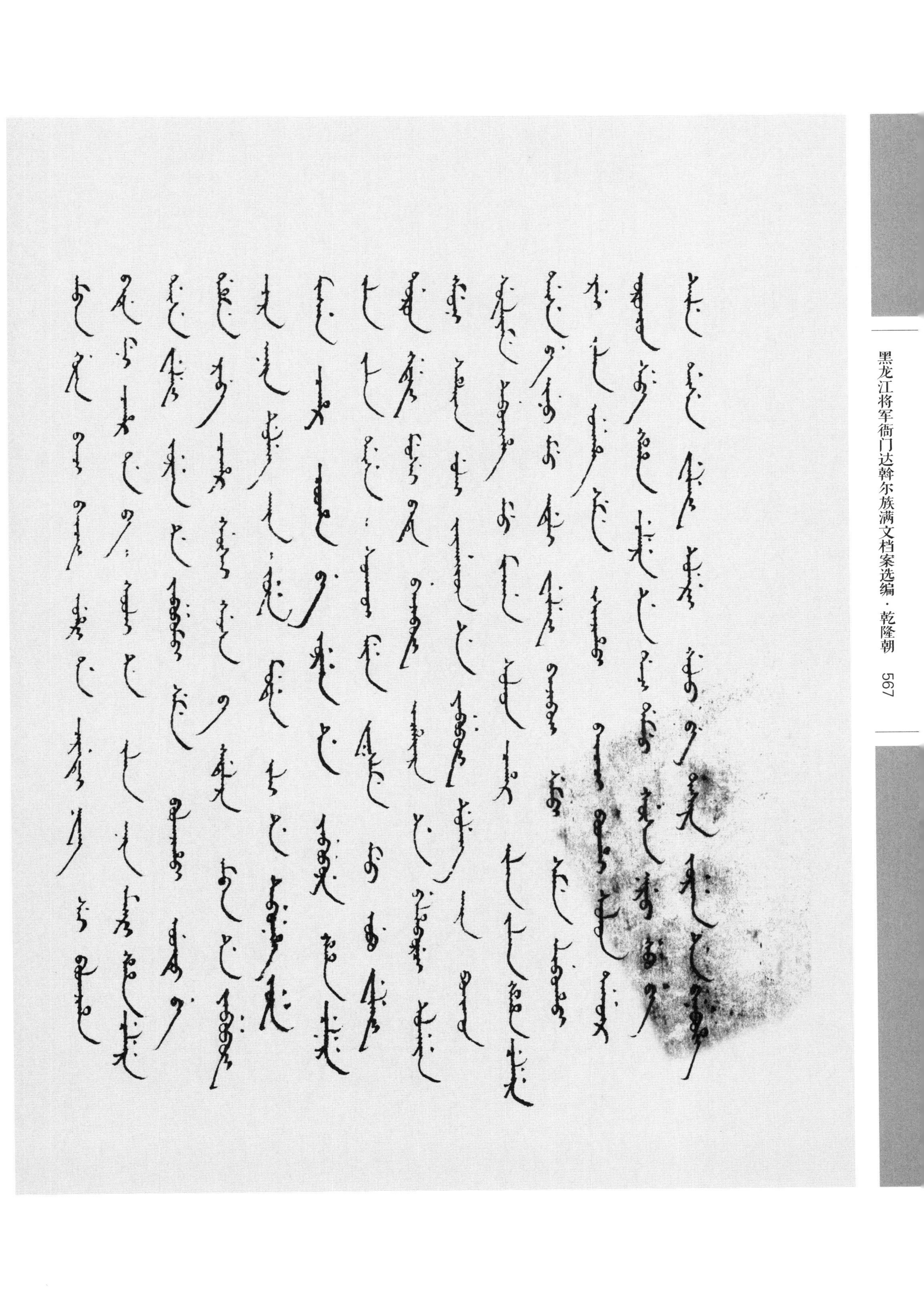

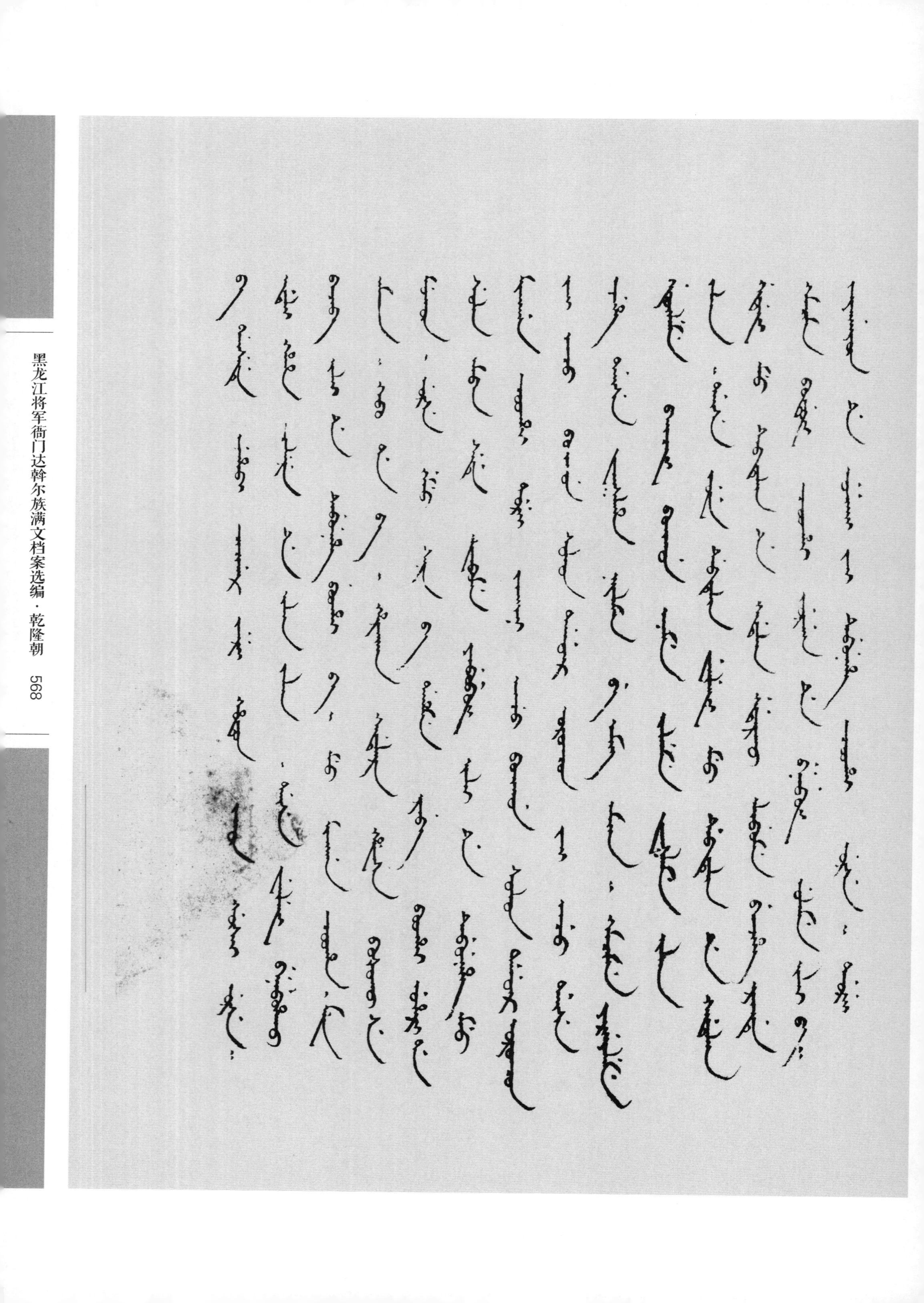

[illegible]

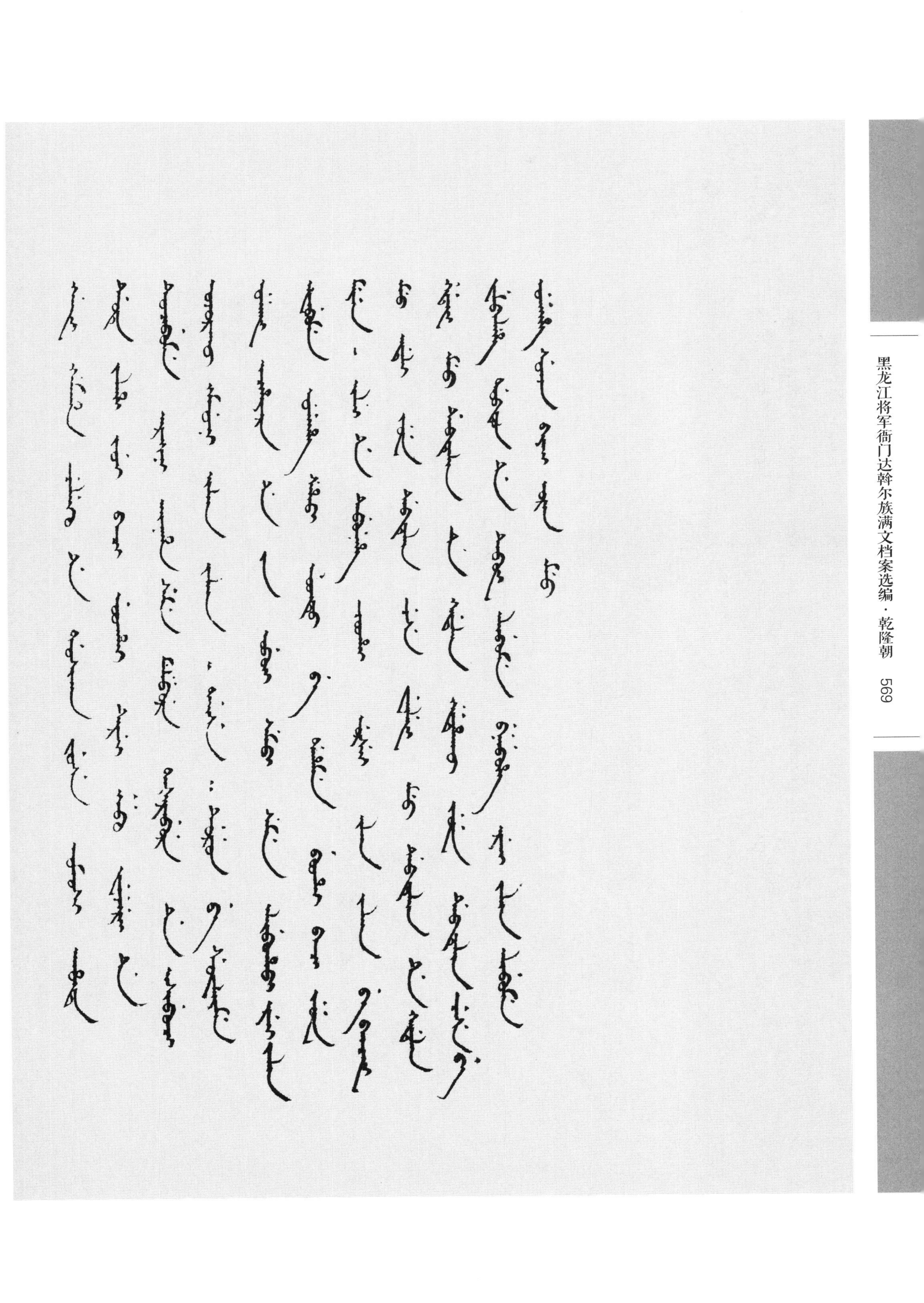

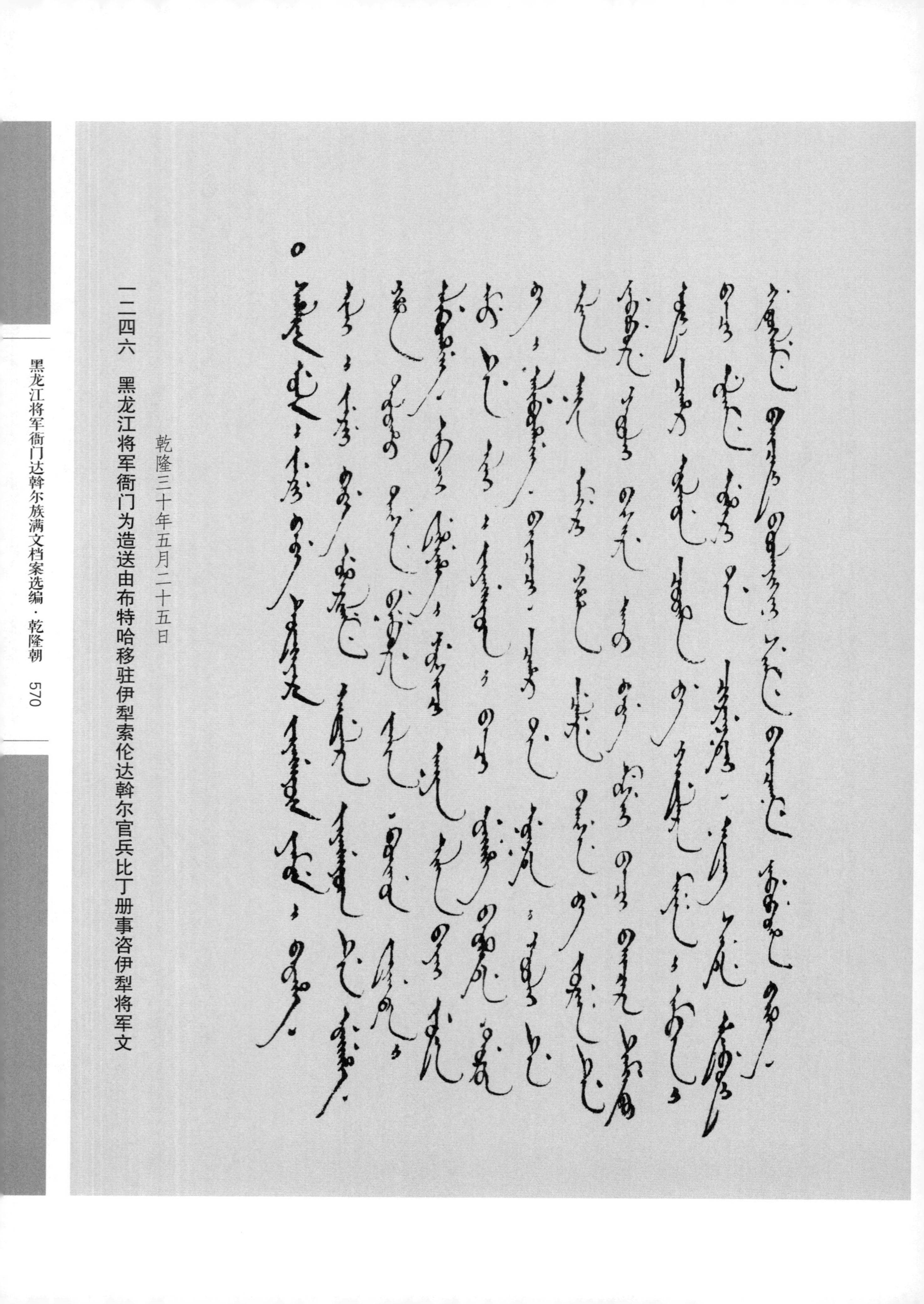

一二四六 黑龙江将军衙门为造送由布特哈移驻伊犁索伦达斡尔官兵比丁册事咨伊犁将军文

乾隆三十年五月二十五日

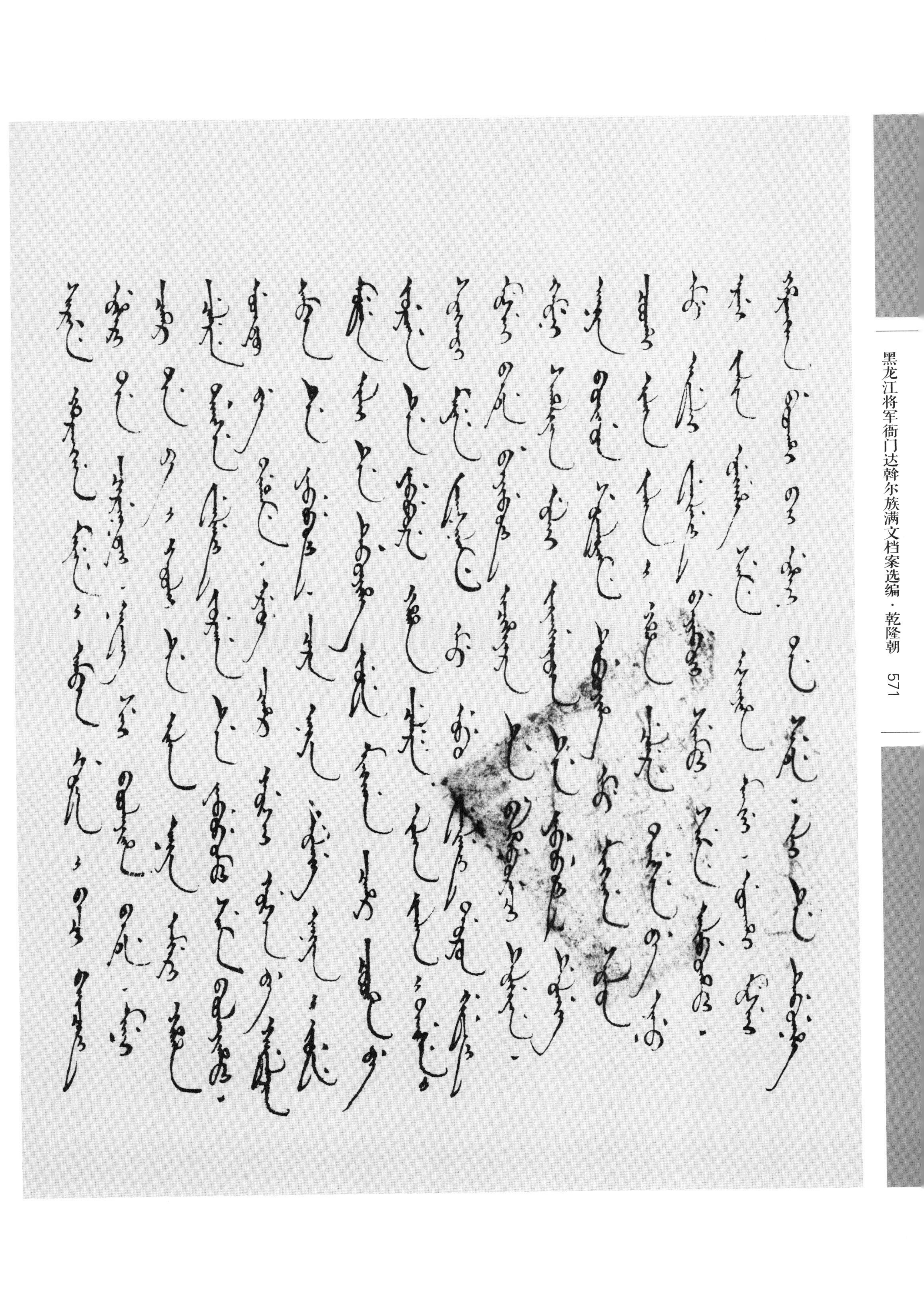

[illegible]

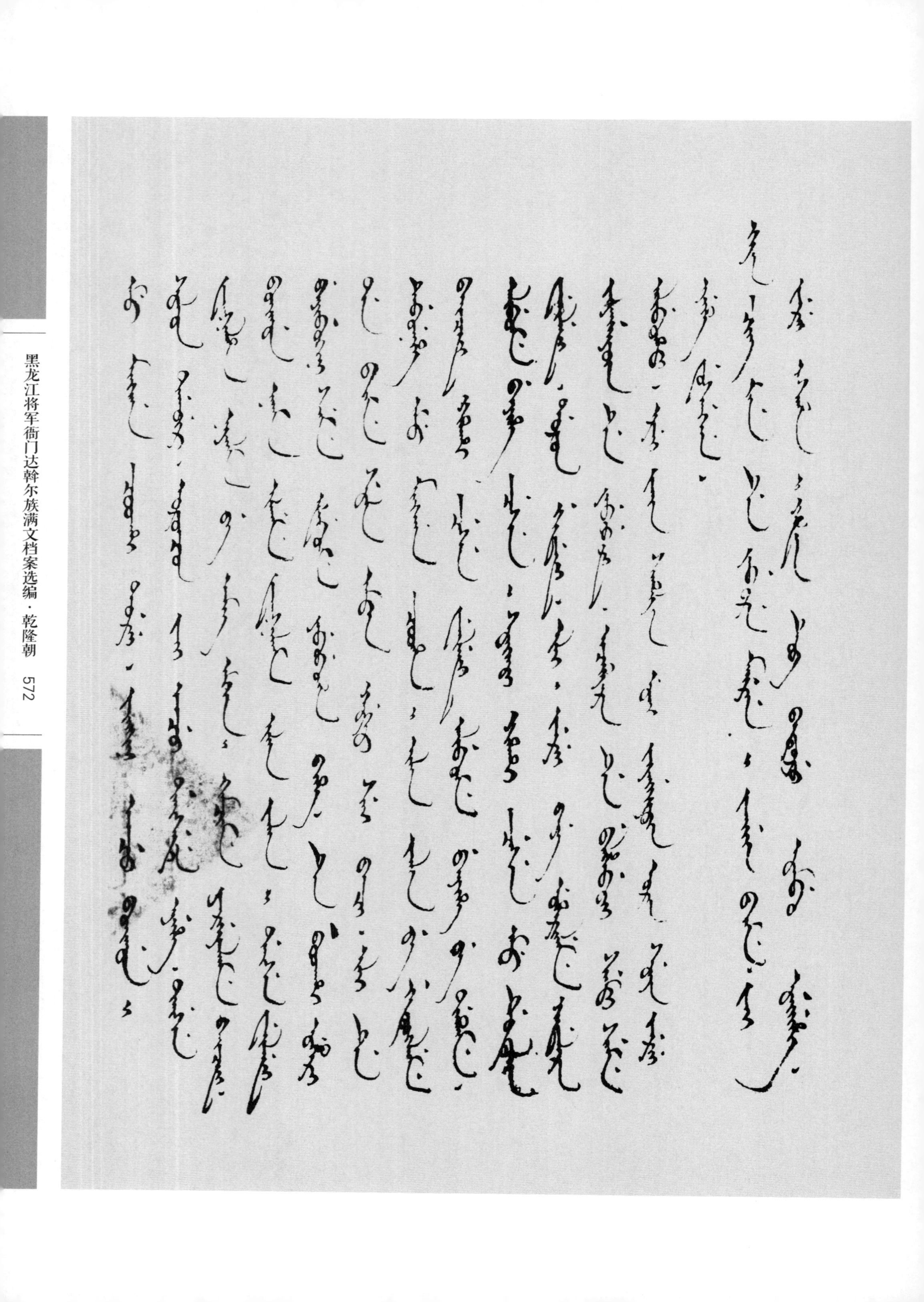

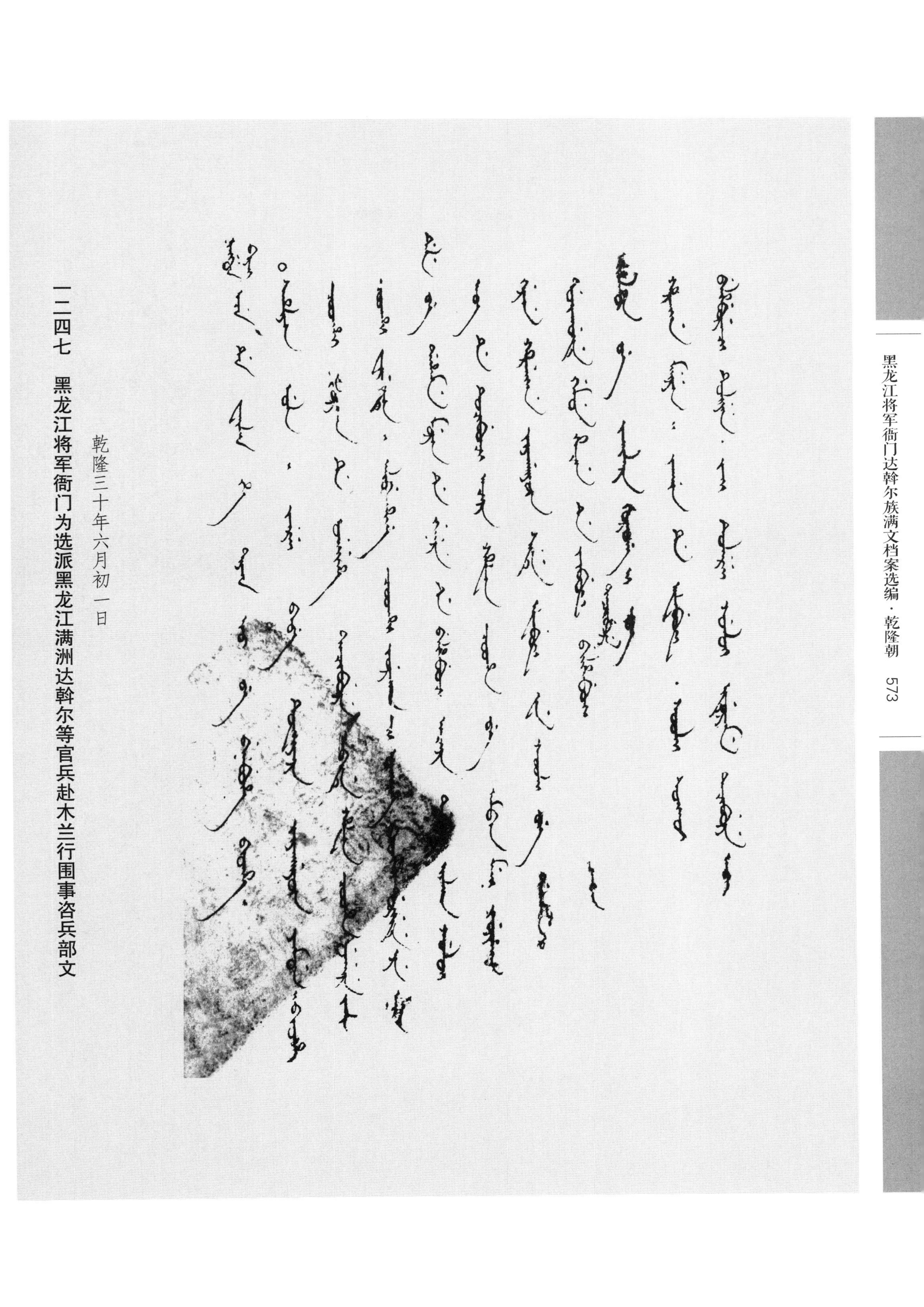

一二四七 黑龙江将军衙门为选派黑龙江满洲达斡尔等官兵赴木兰行围事咨兵部文

乾隆三十年六月初一日

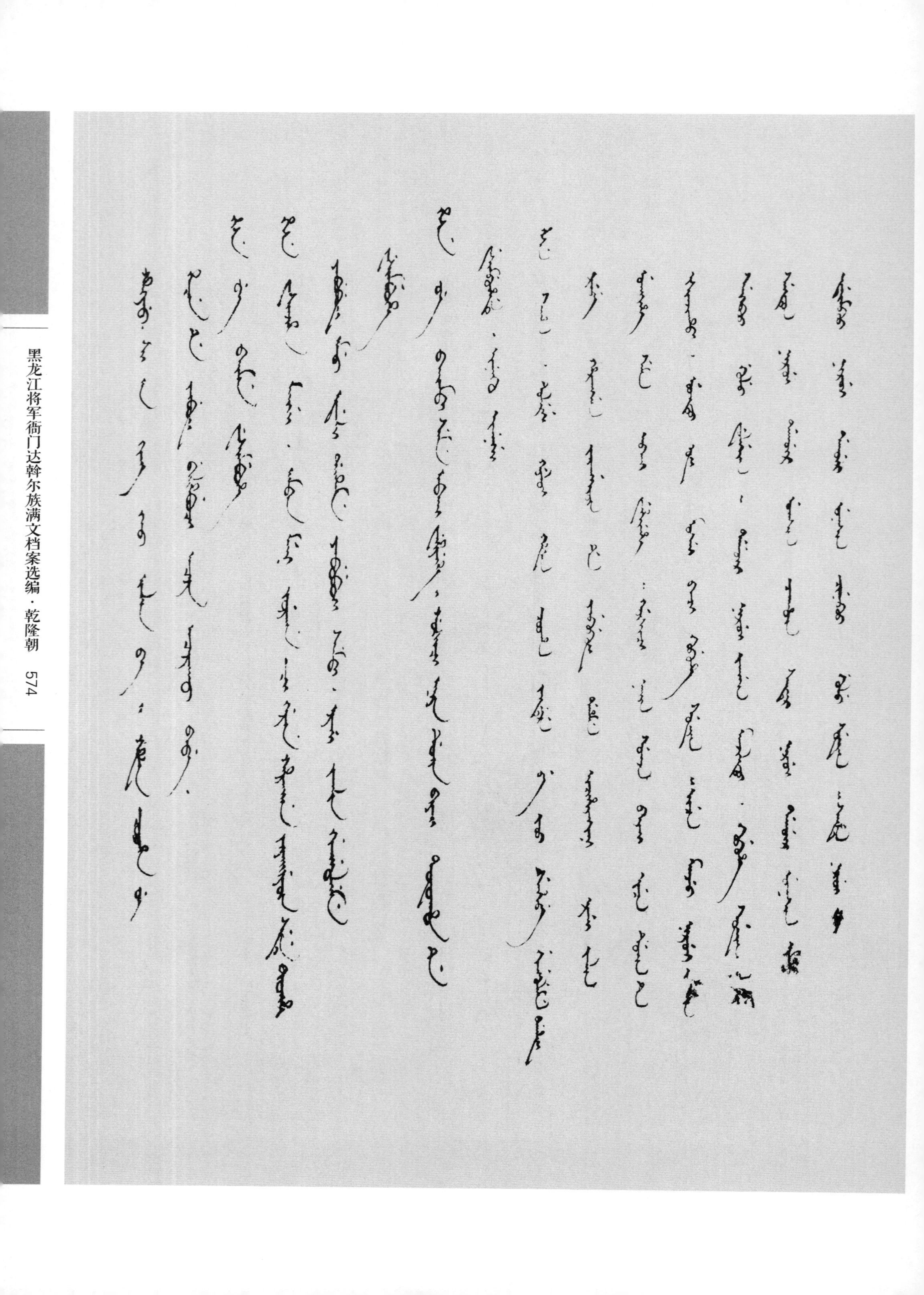

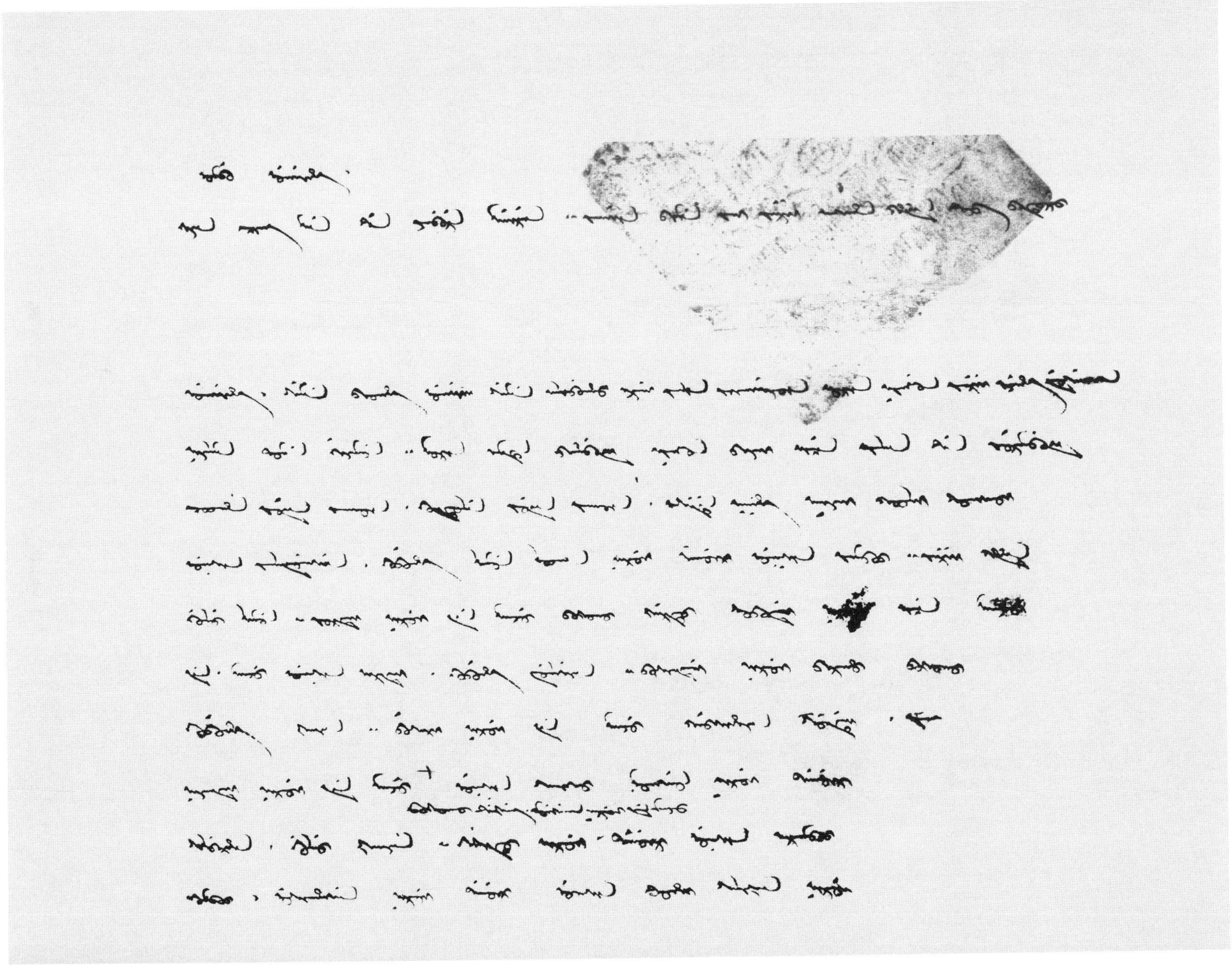

一二四八 黑龙江将军衙门为造送选派黑龙江技艺娴熟索伦达斡尔巴尔虎等官兵花名册事咨理藩院文

乾隆三十年六月初一日

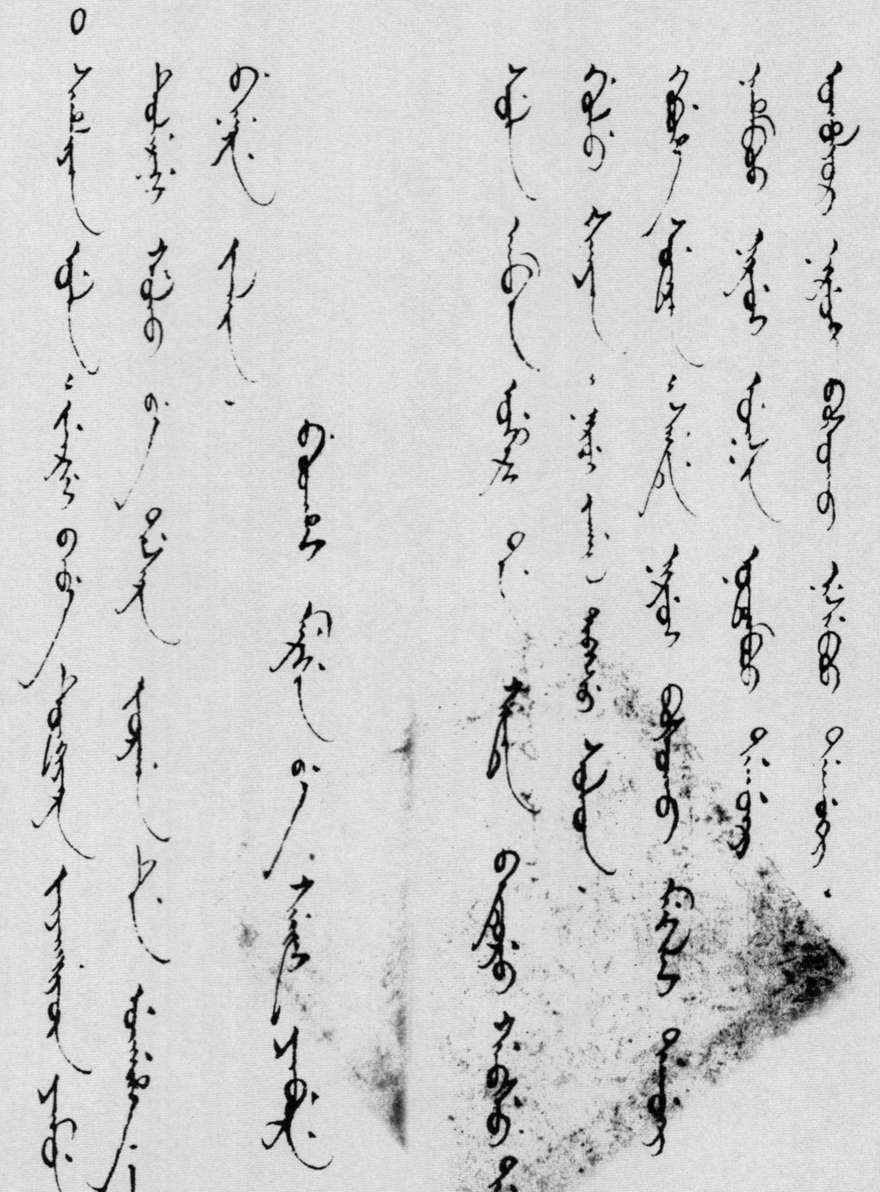

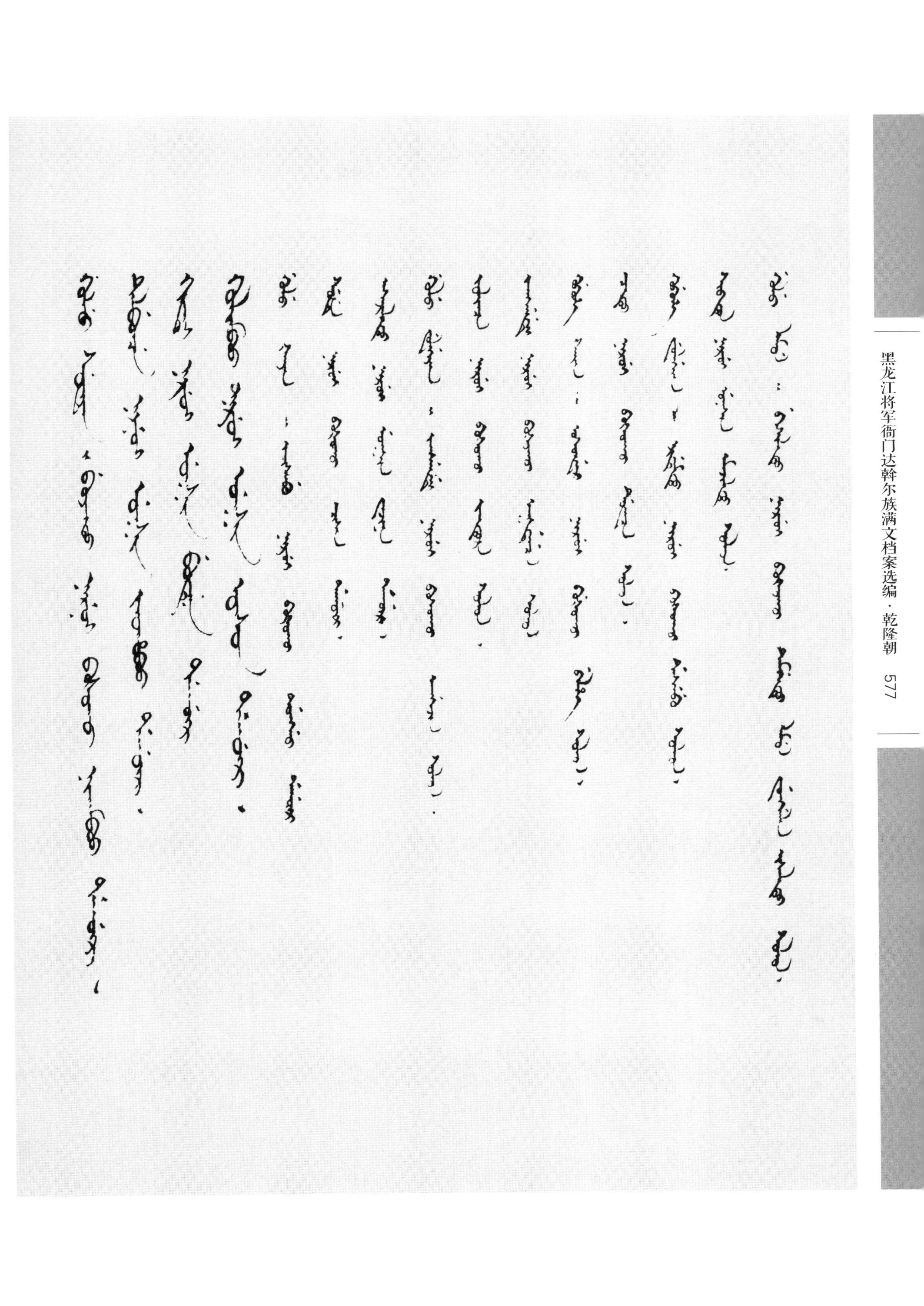

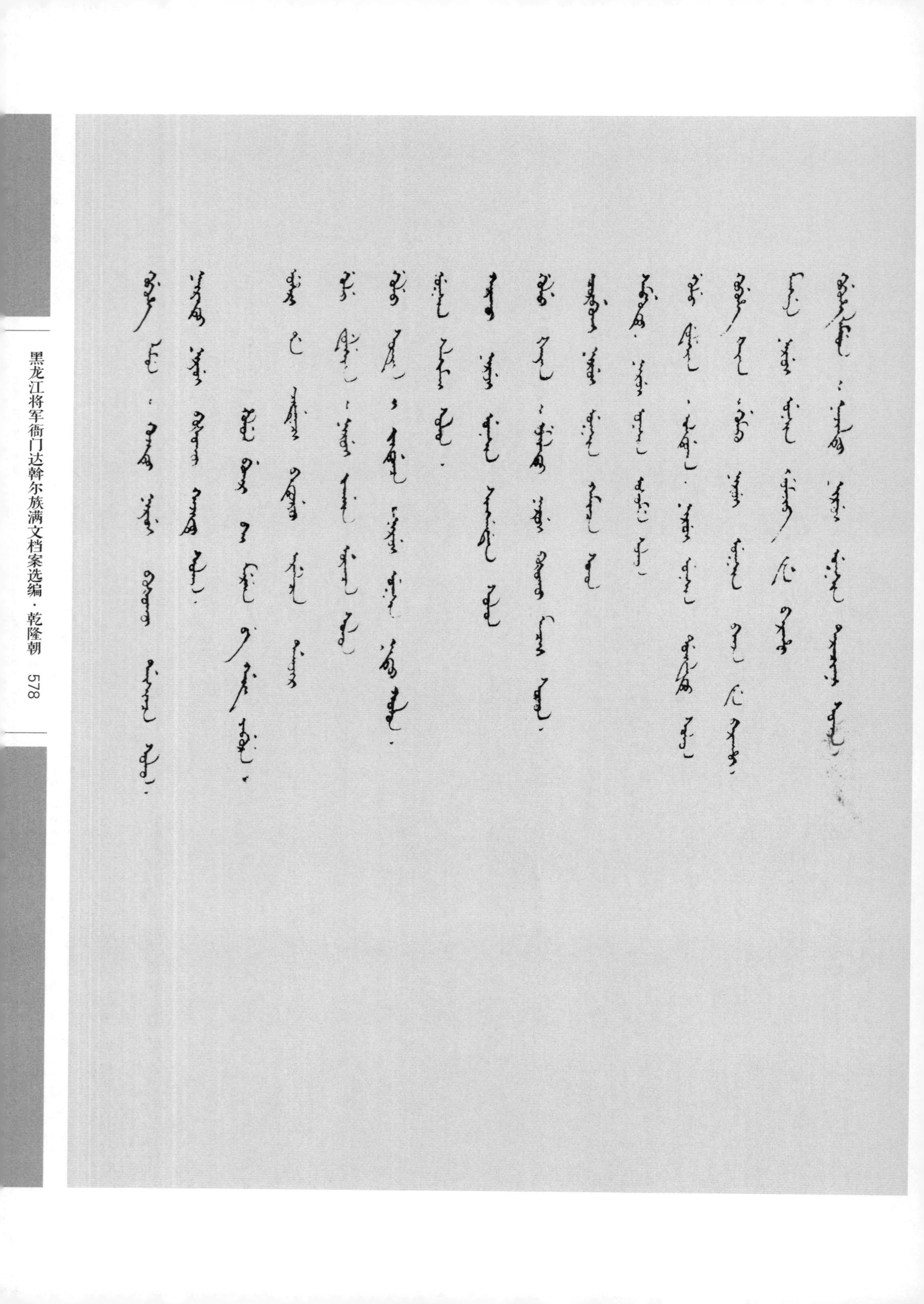

[illegible]

[illegible]

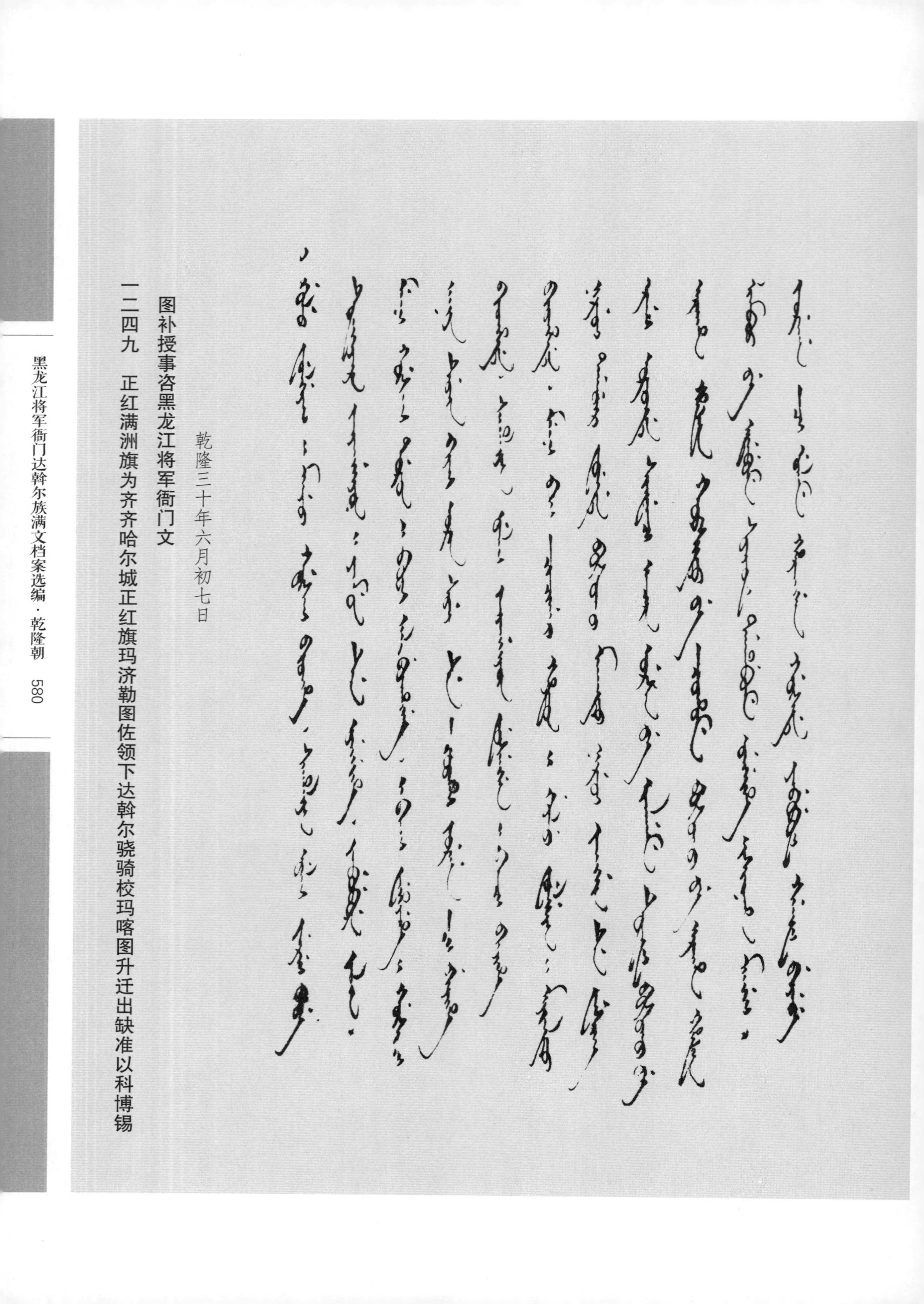

乾隆三十年六月初七日

图补授事咨黑龙江将军衙门文

一二四九　正红满洲旗为齐齐哈尔城正红旗玛济勒图佐领下达斡尔骁骑校玛喀图升迁出缺准以科博锡

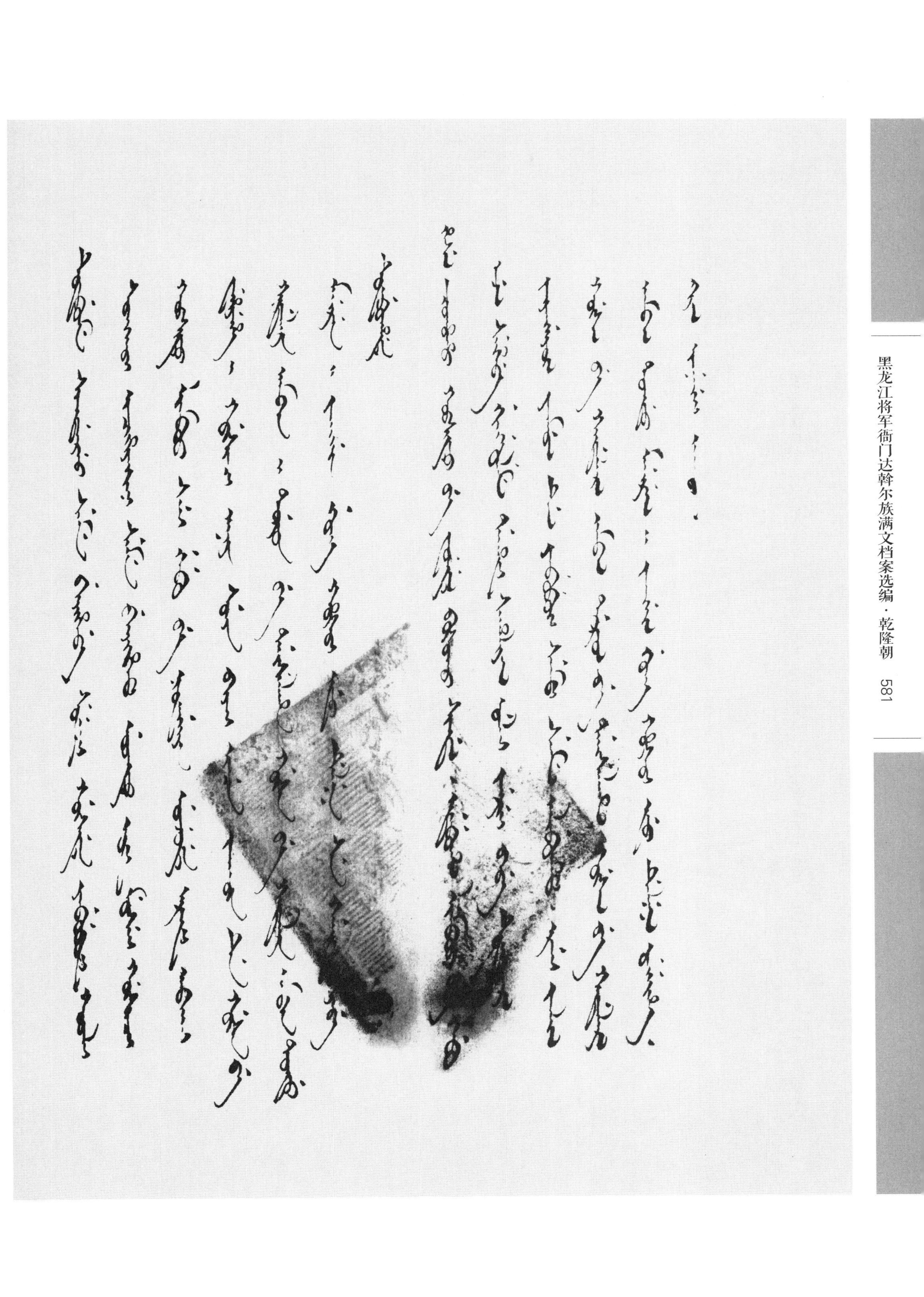

[illegible]

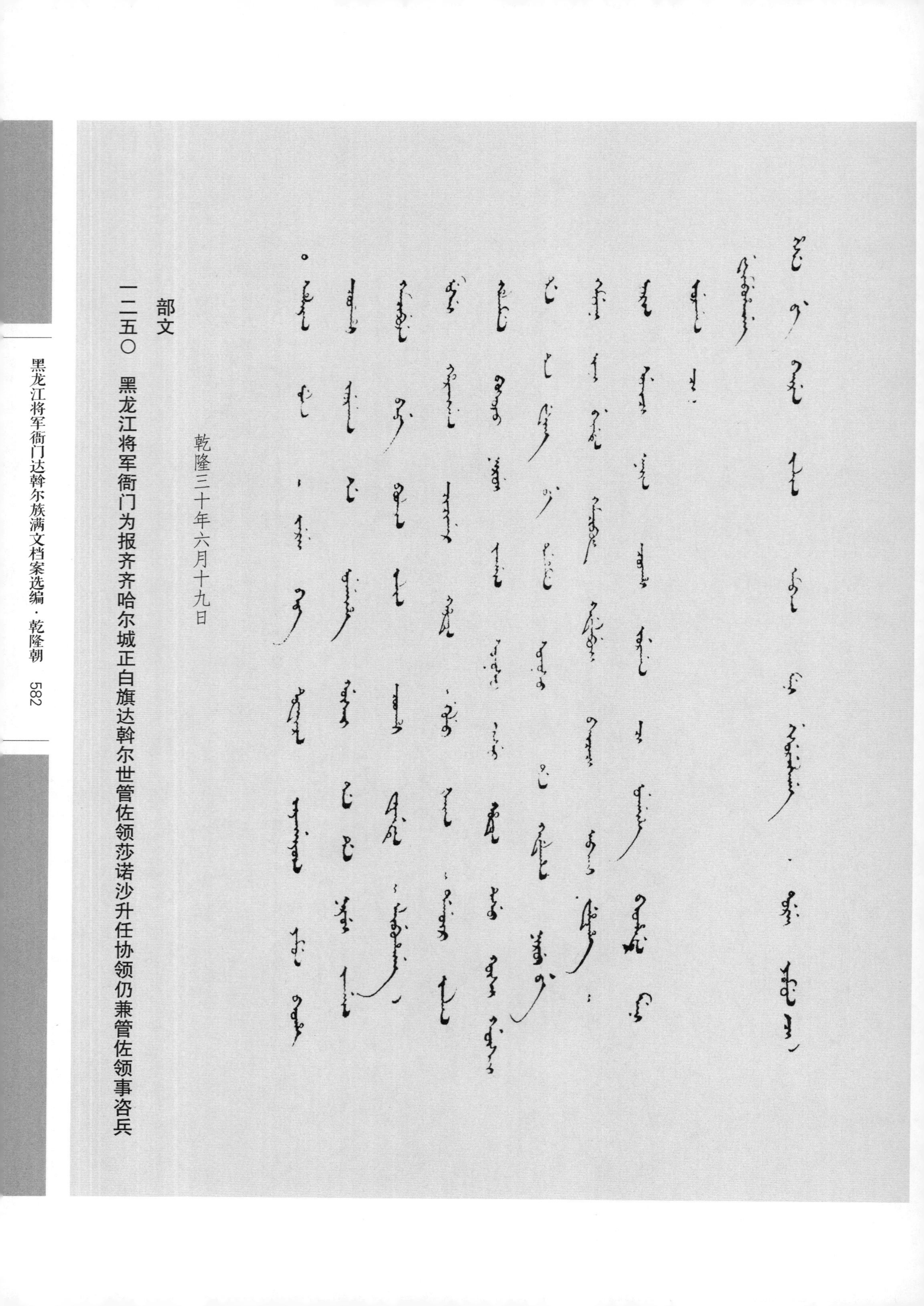

一二五〇 黑龙江将军衙门为报齐齐哈尔城正白旗达斡尔世管佐领莎诺沙升任协领仍兼管佐领事咨兵部文

乾隆三十年六月十九日

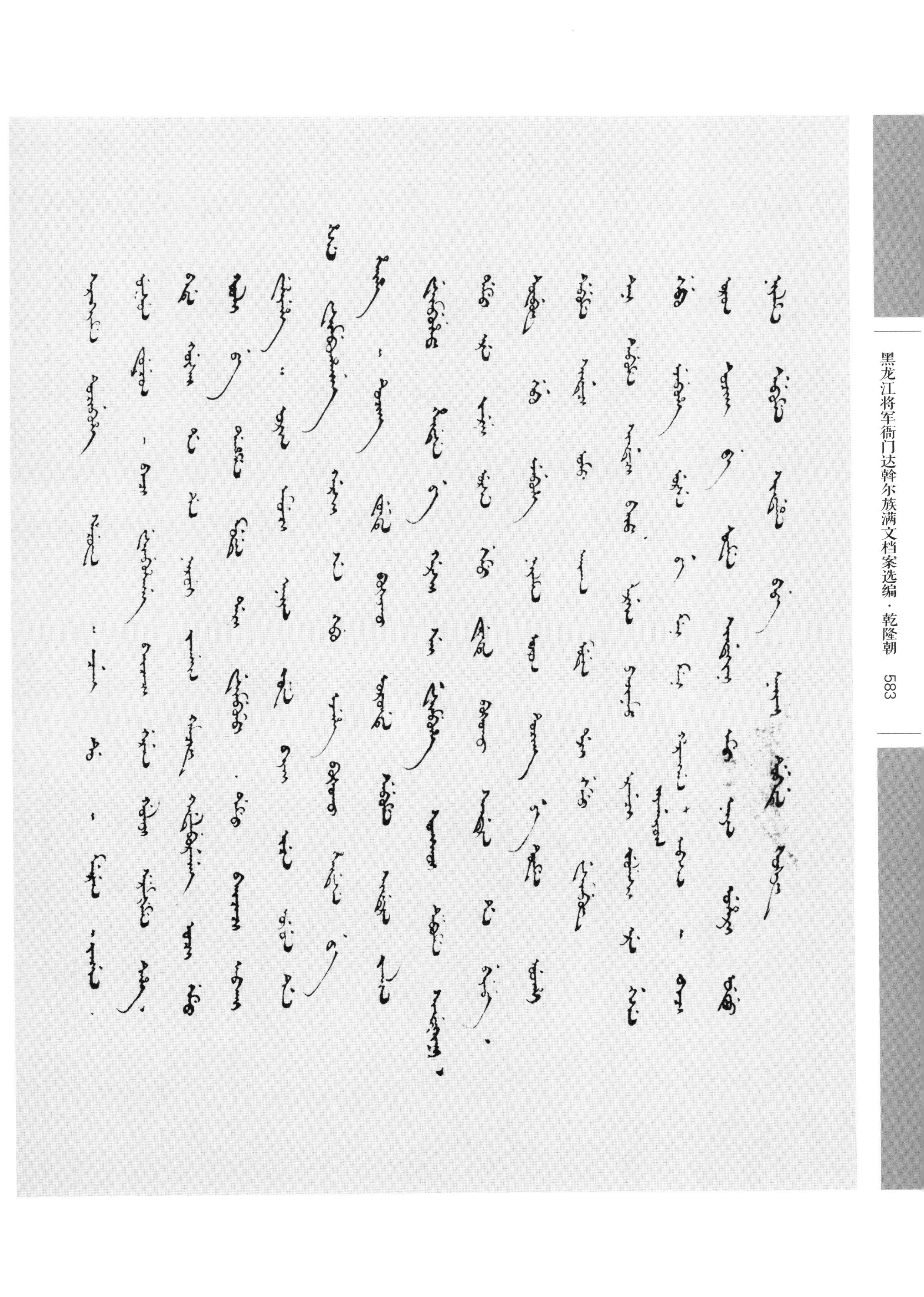

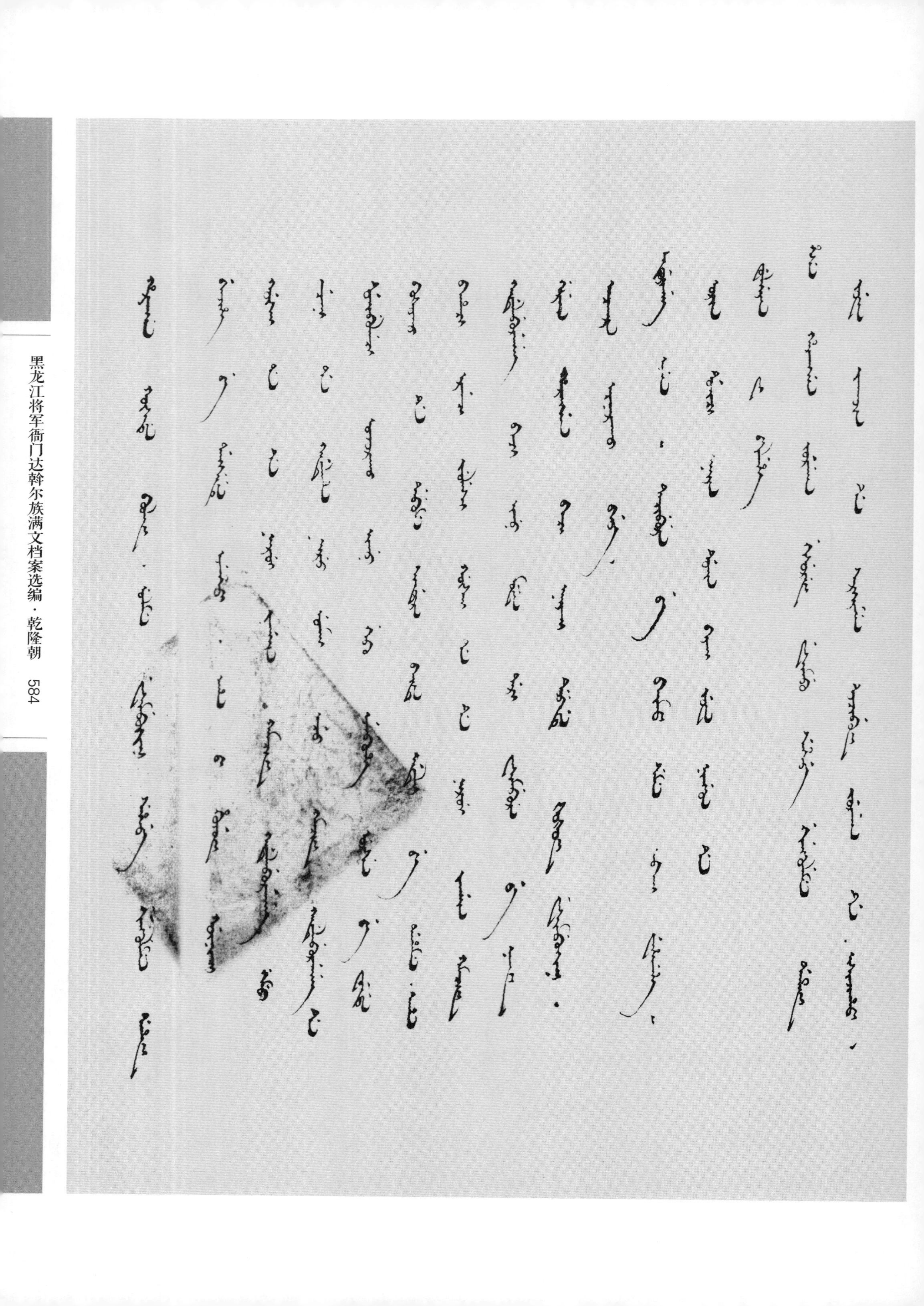

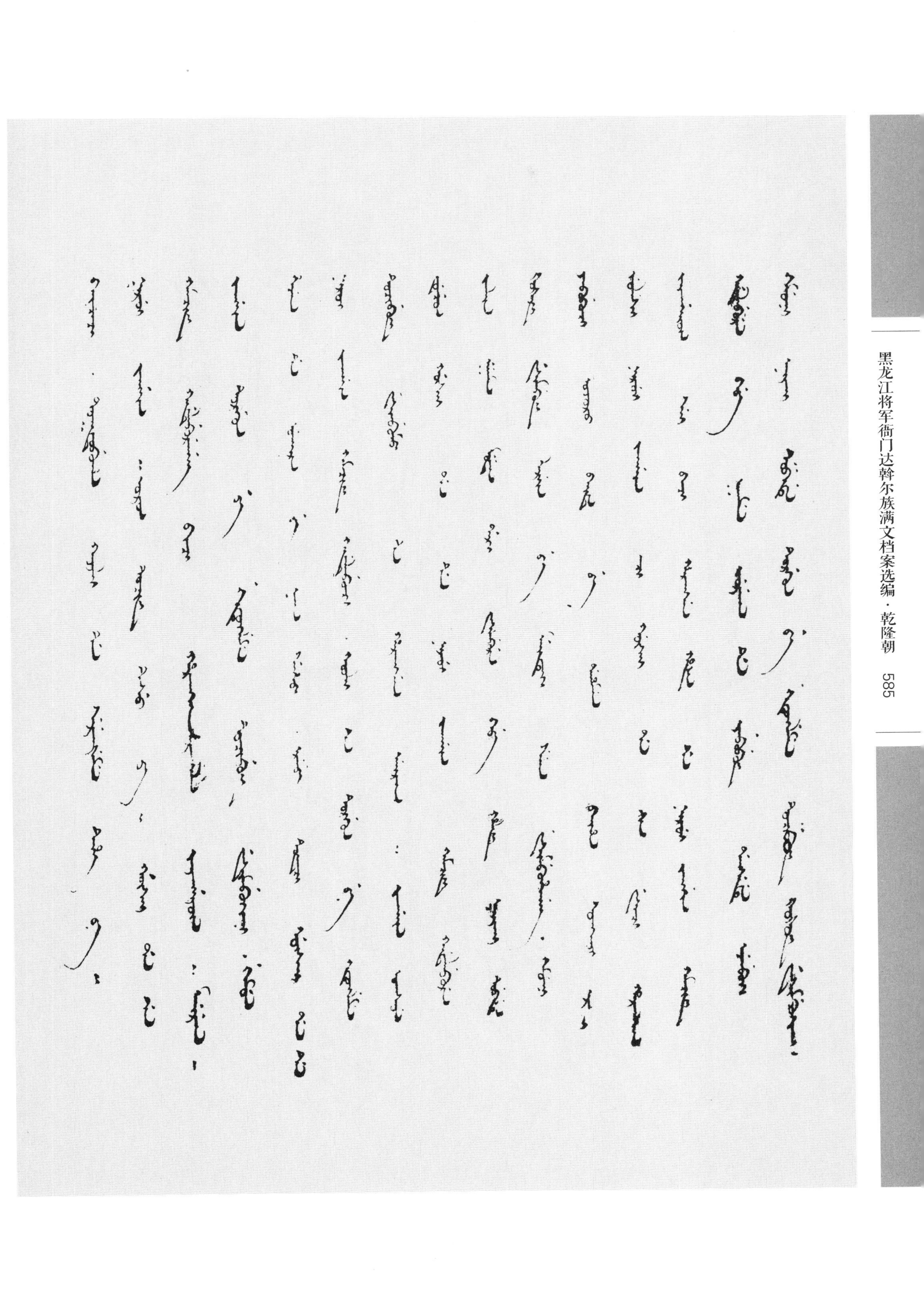

[illegible]

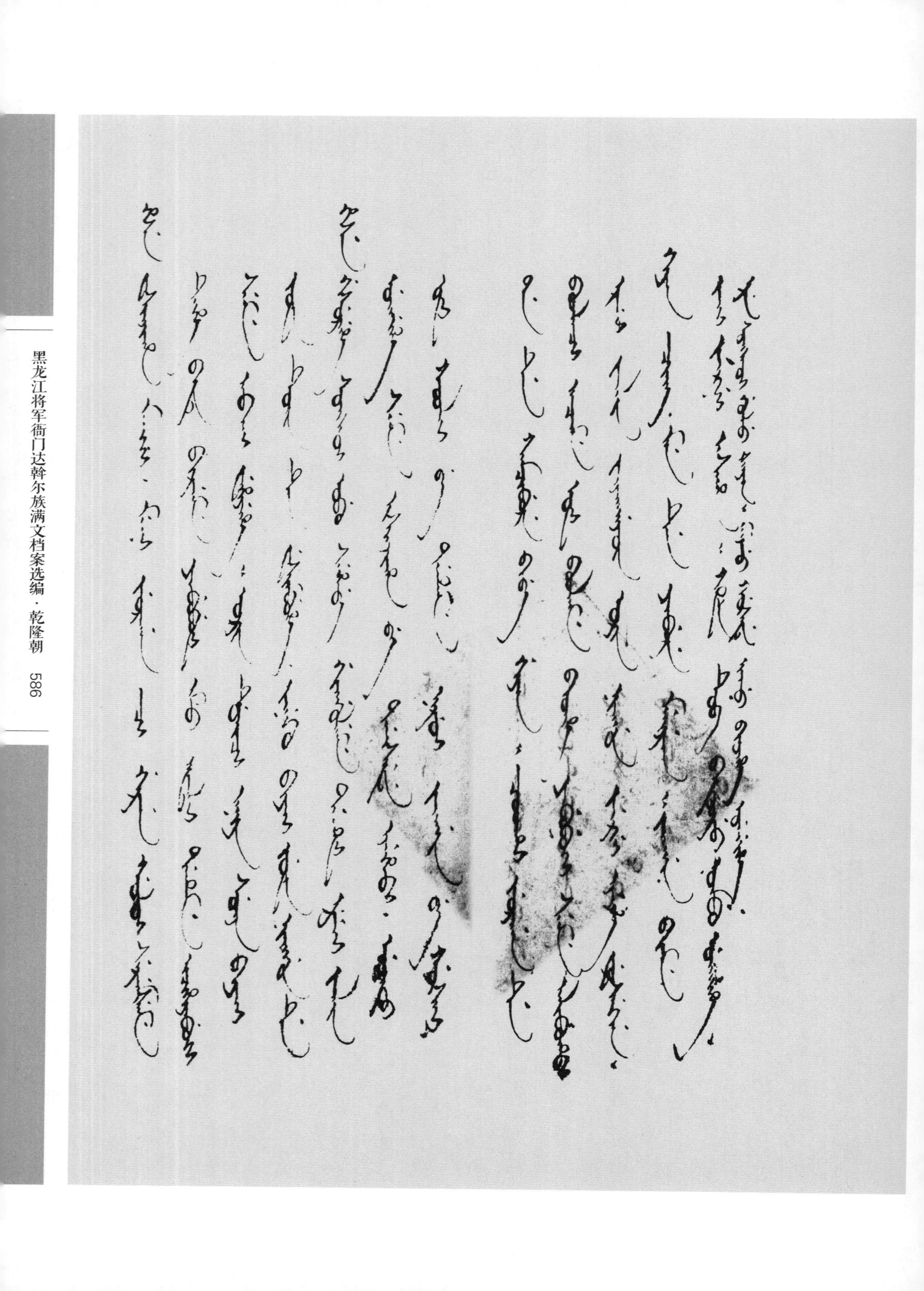

[illegible]

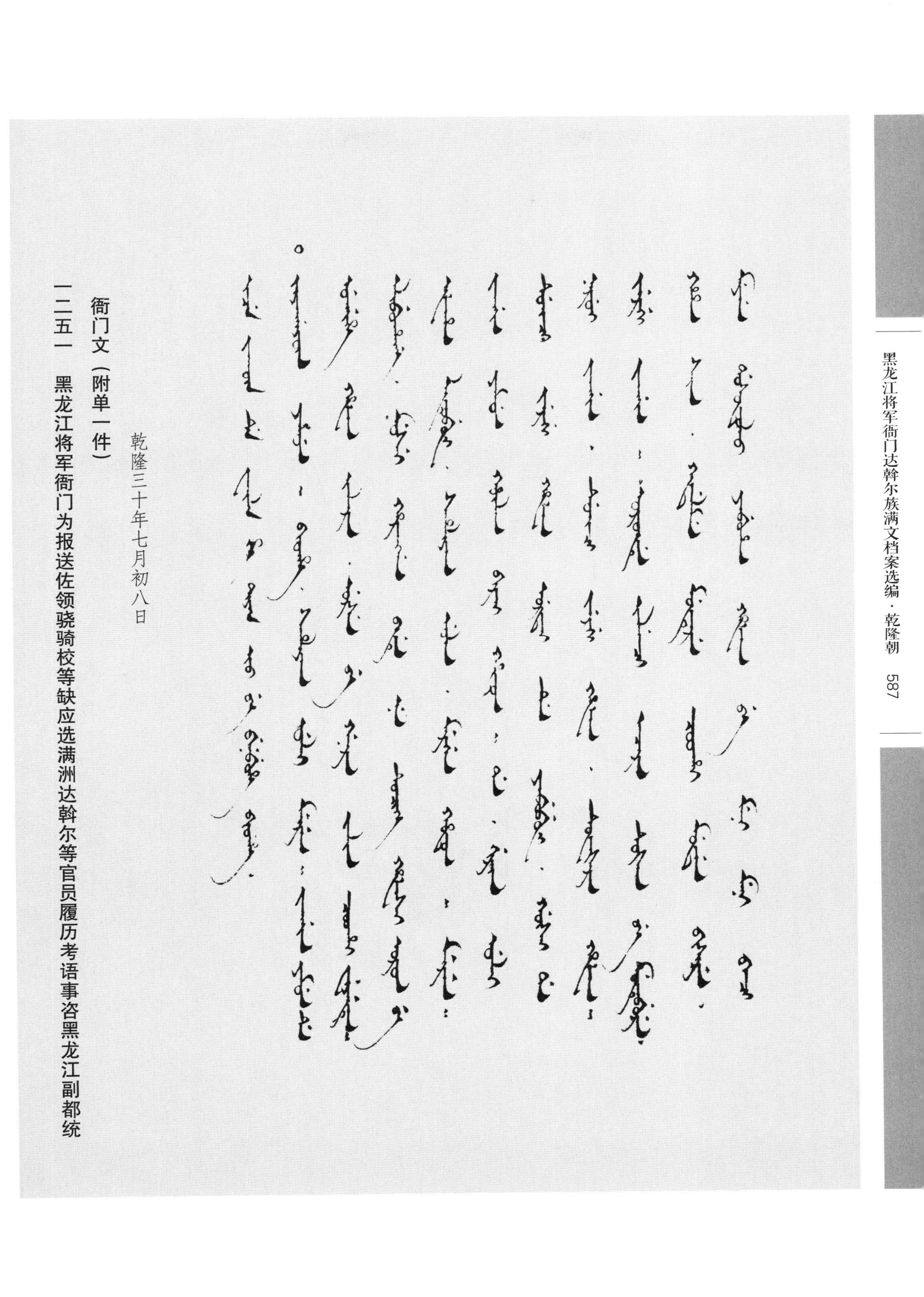

一二五一 黑龙江将军衙门为报送佐领骁骑校等缺应选满洲达斡尔等官员履历考语事咨黑龙江副都统衙门文（附单一件）

乾隆三十年七月初八日

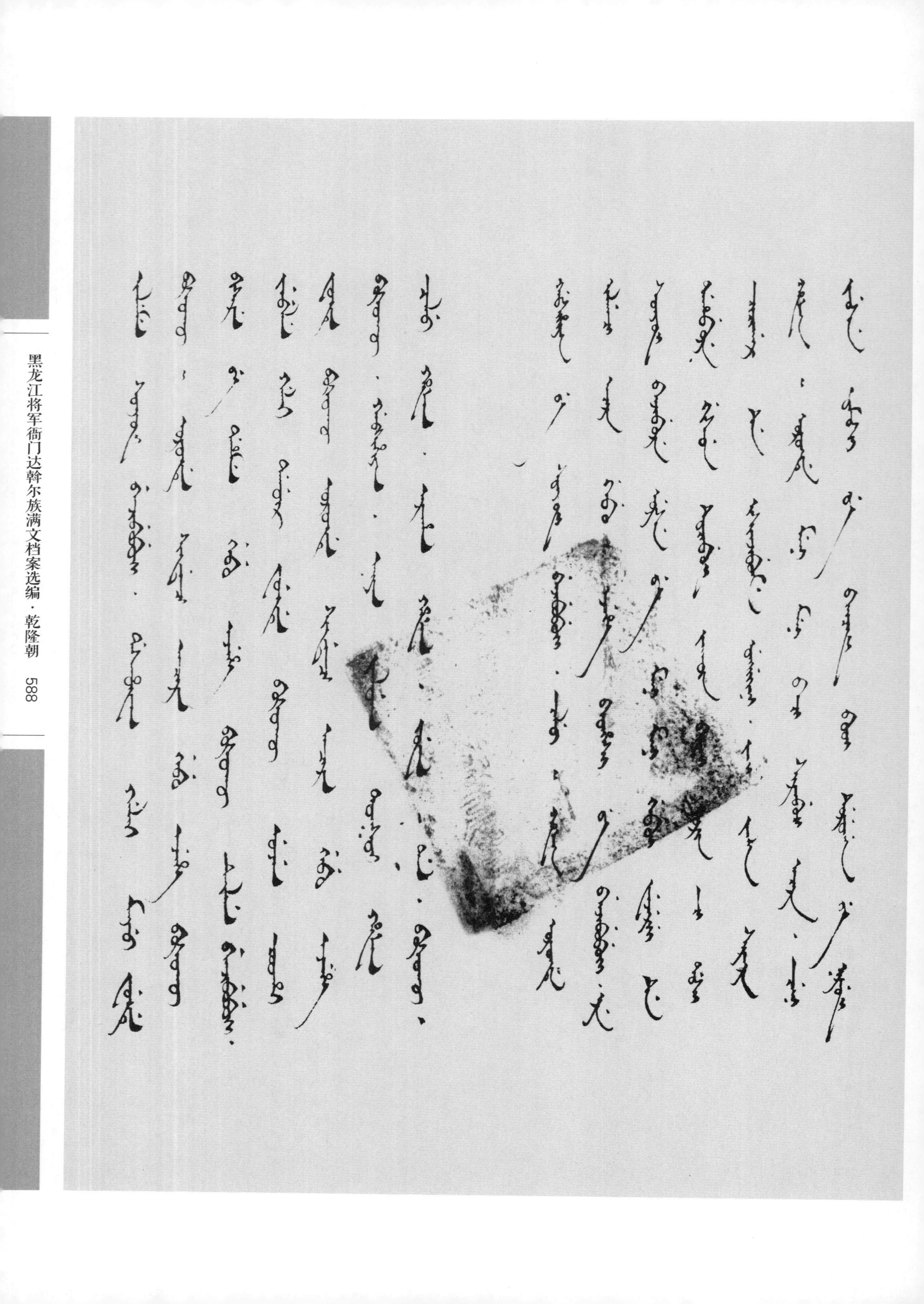

[illegible]

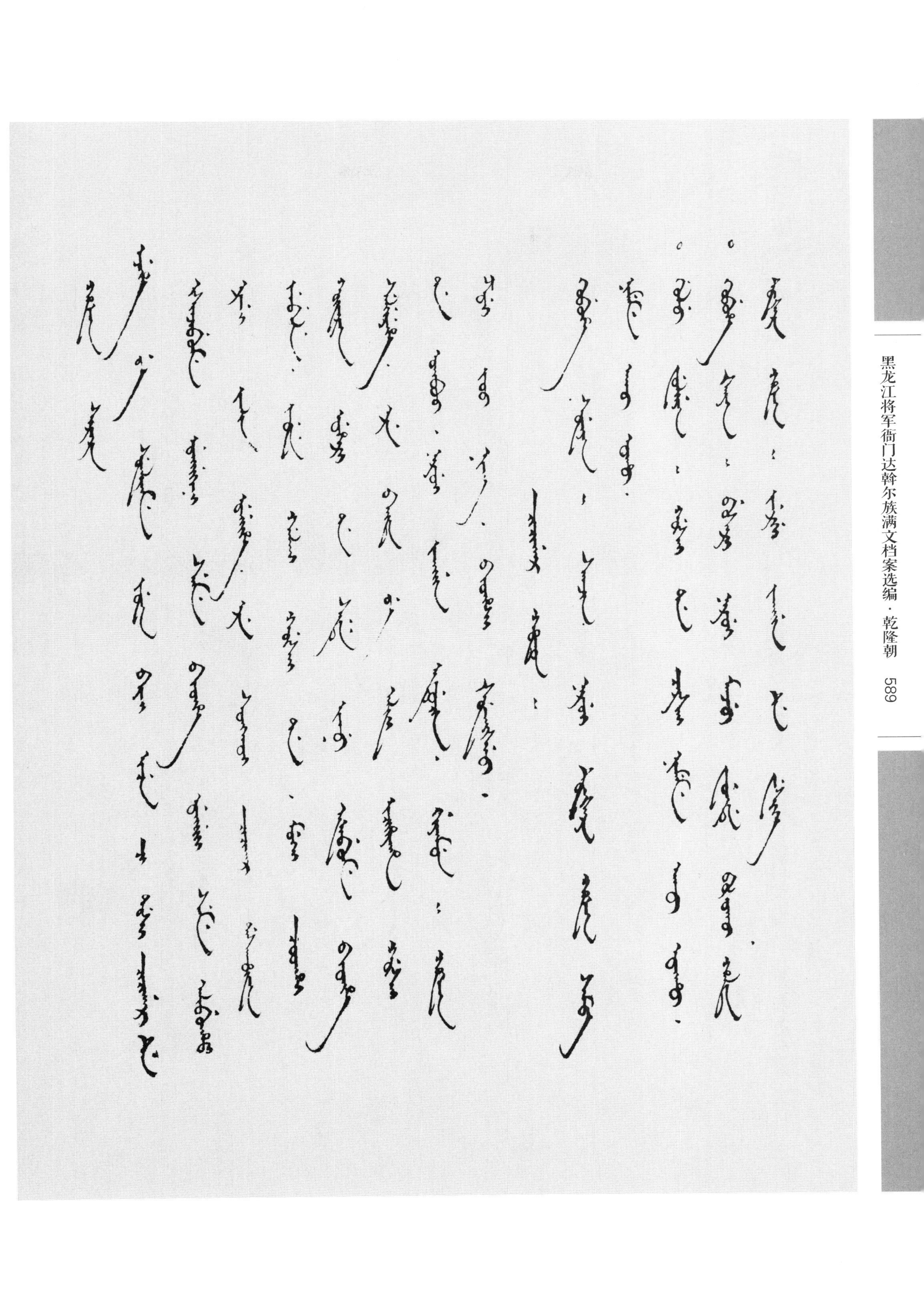

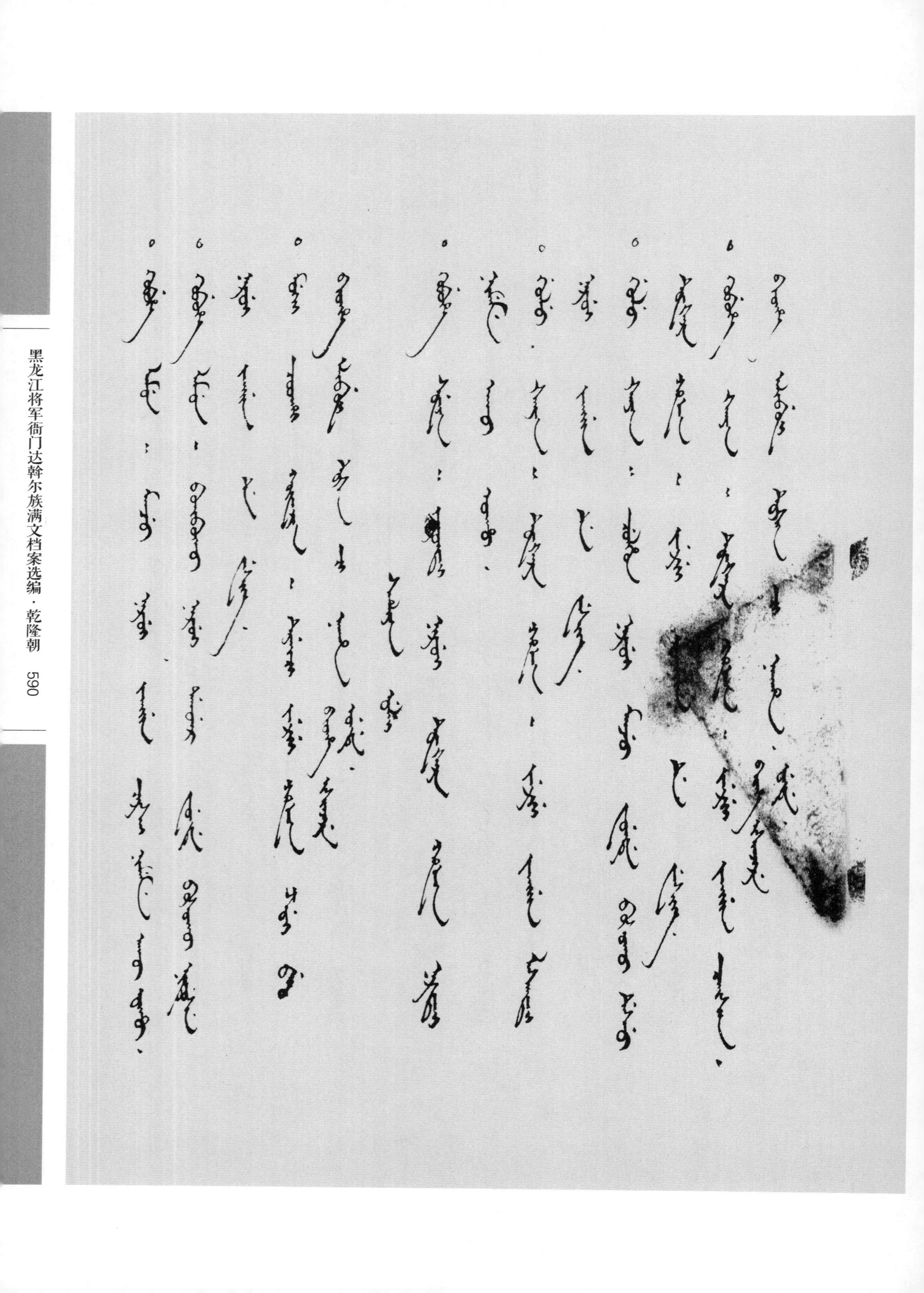

[illegible]

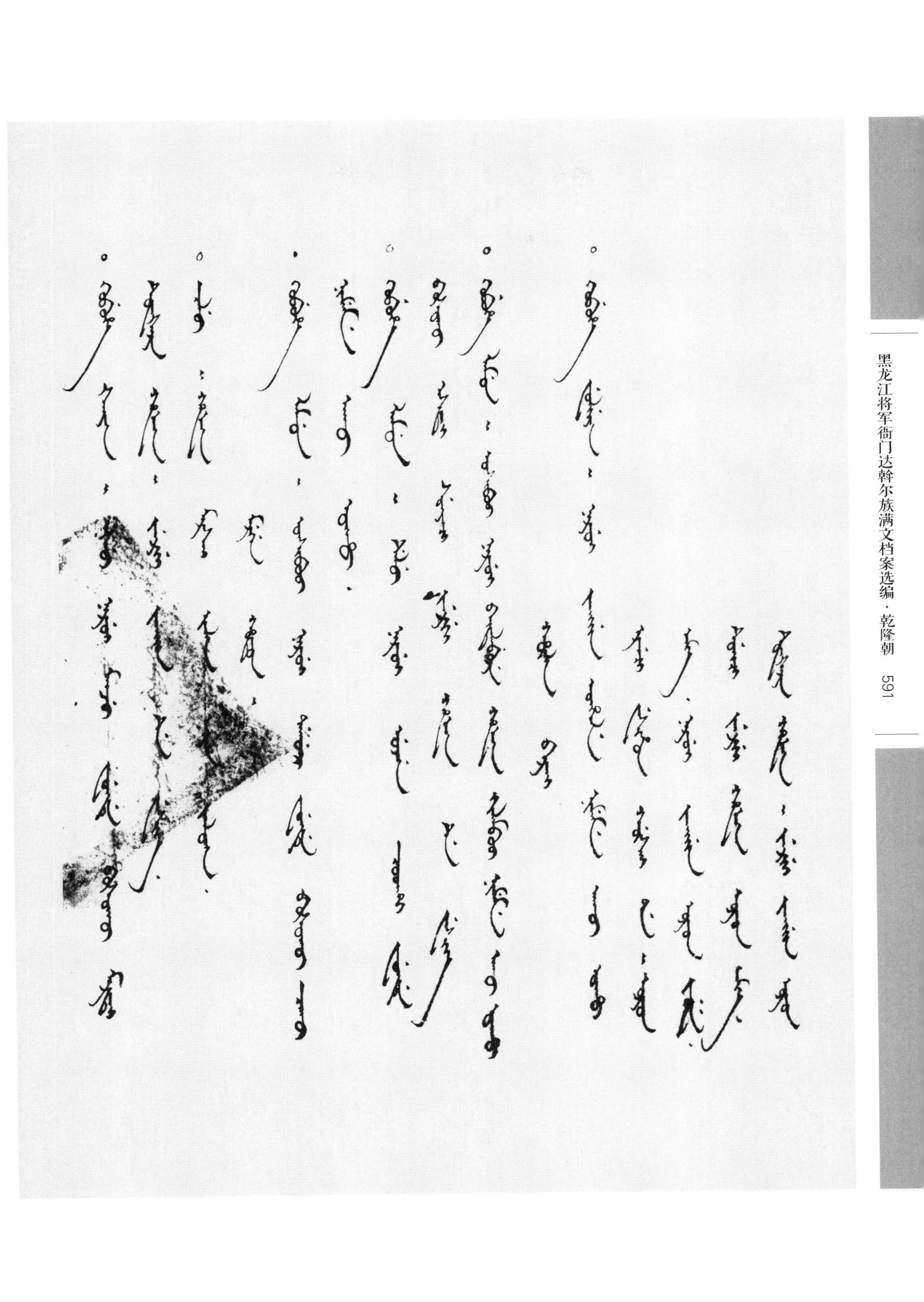

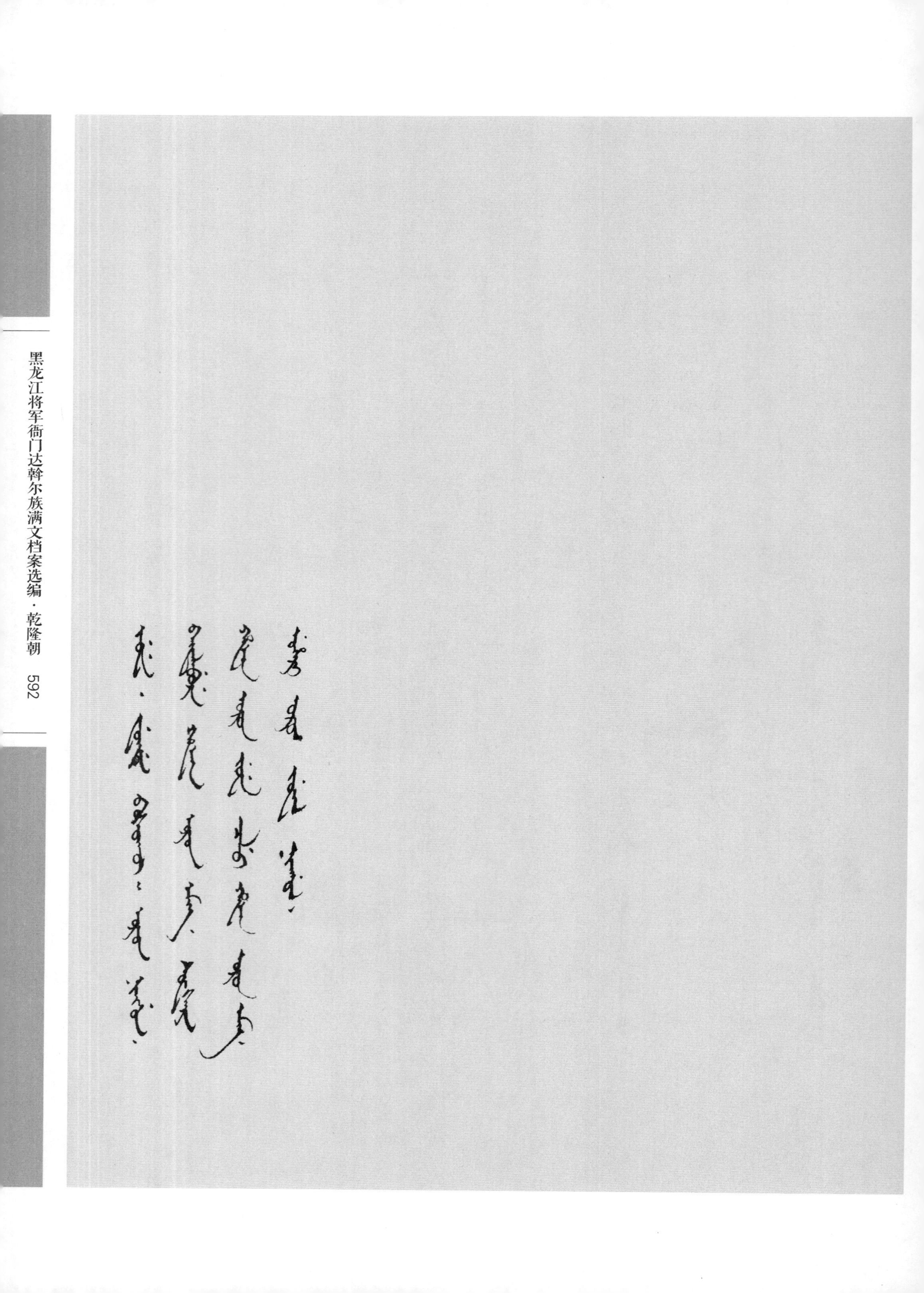

[illegible]

一二五二 布特哈索伦达斡尔副都统衔总管萨垒为报索伦达斡尔等捕貂丁数并派员解送貂皮事咨呈黑龙江将军衙门文

乾隆三十年八月初三日

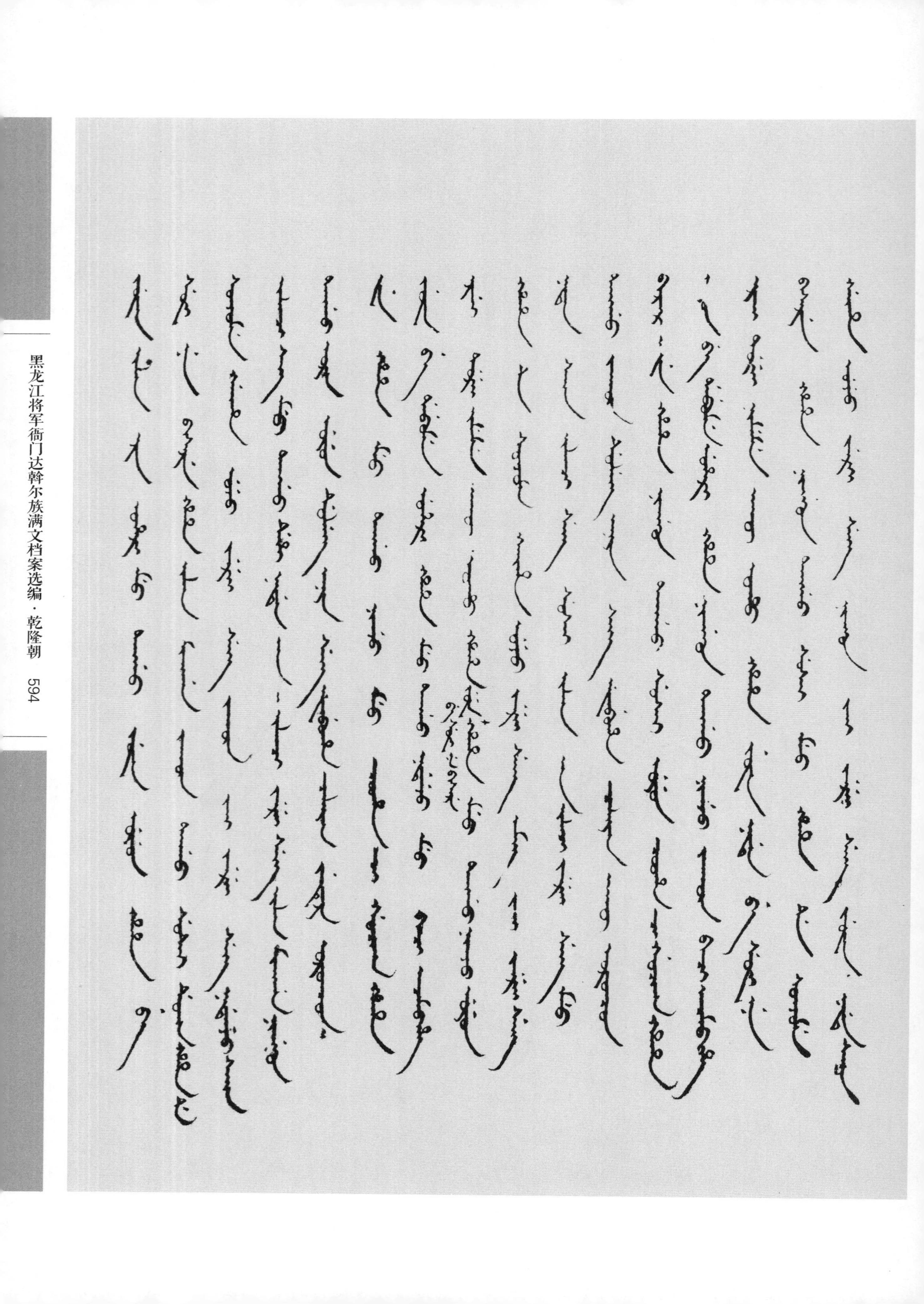

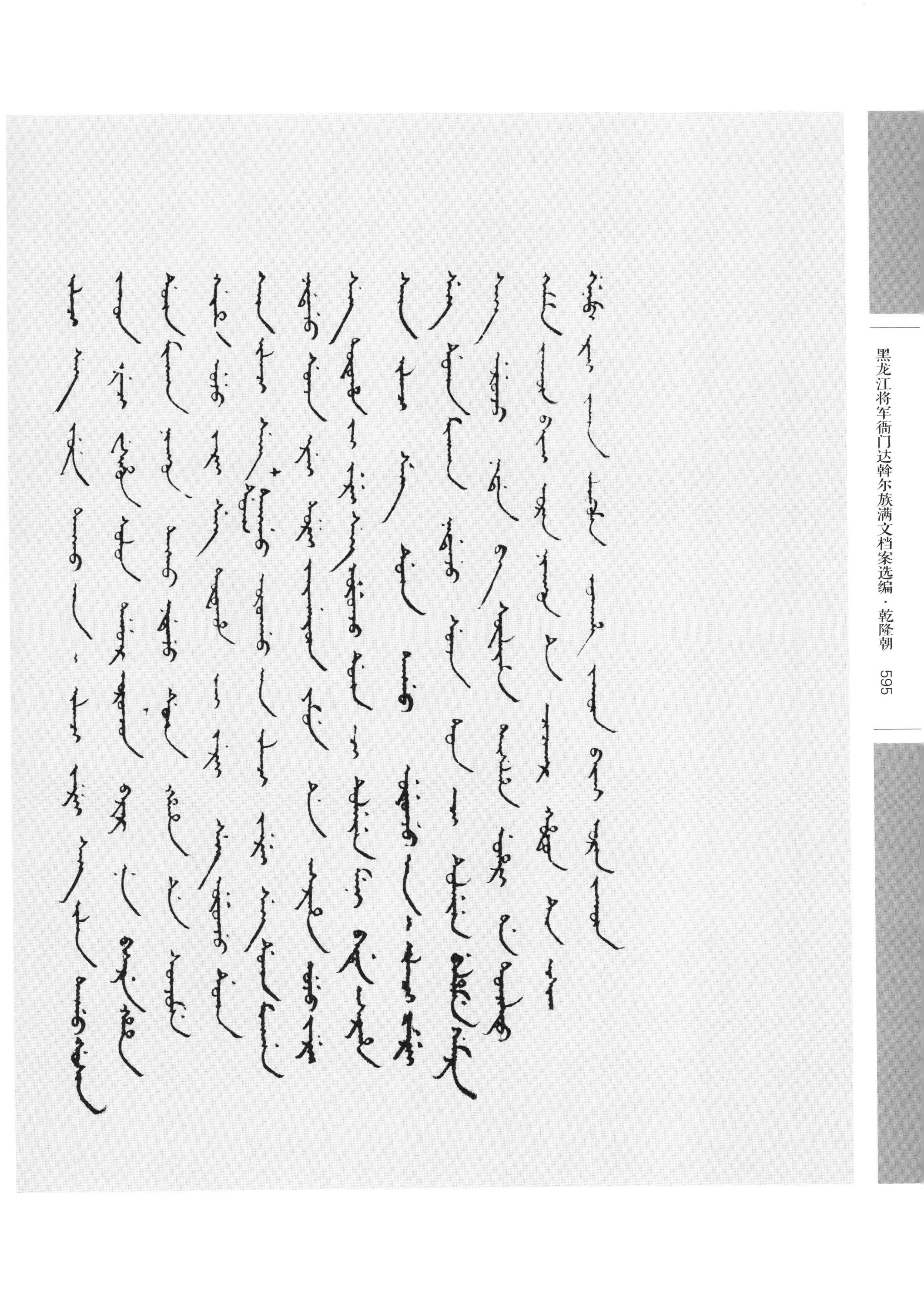

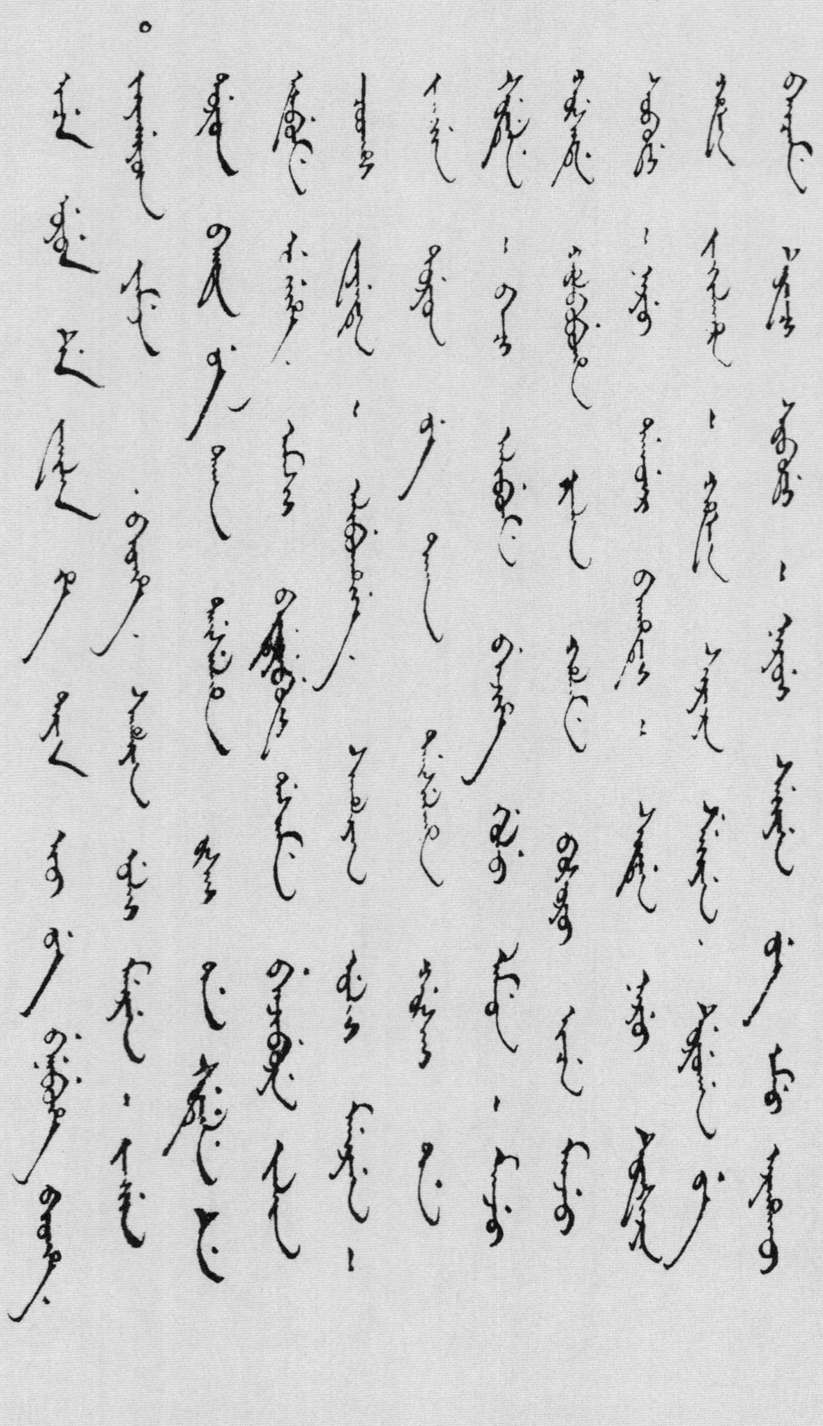

一二五三　黑龙江将军衙门为达斡尔新满洲官员家谱不合规格驳回修改火速解送事札暂护黑龙江副都统印务协领舒德勒文

乾隆三十年八月初九日

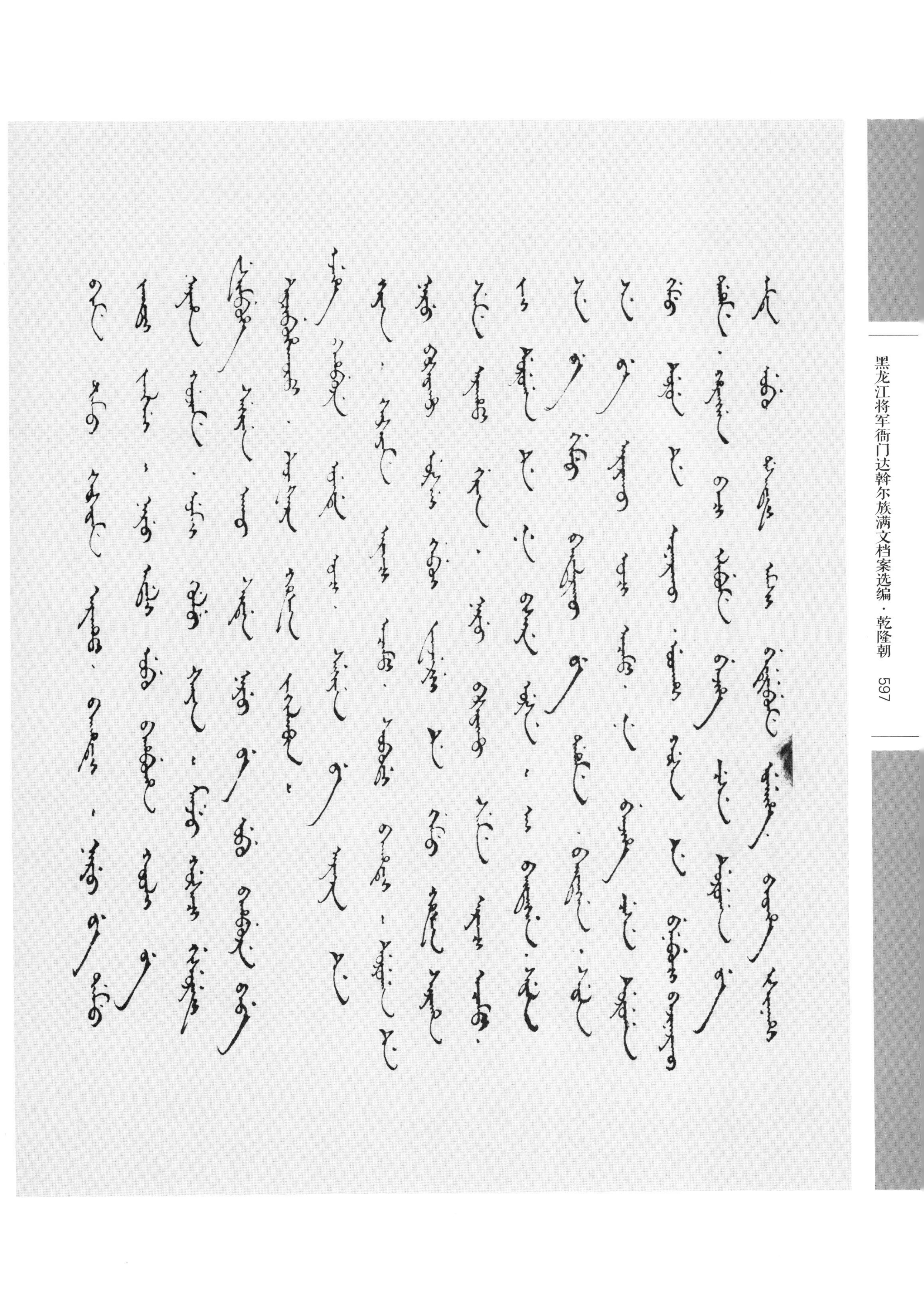

一二五四 黑龙江将军衙门为齐齐哈尔城正白旗达斡尔骁骑校兆格病故出缺拟定正陪人员引见事咨兵部文

乾隆三十年九月十六日

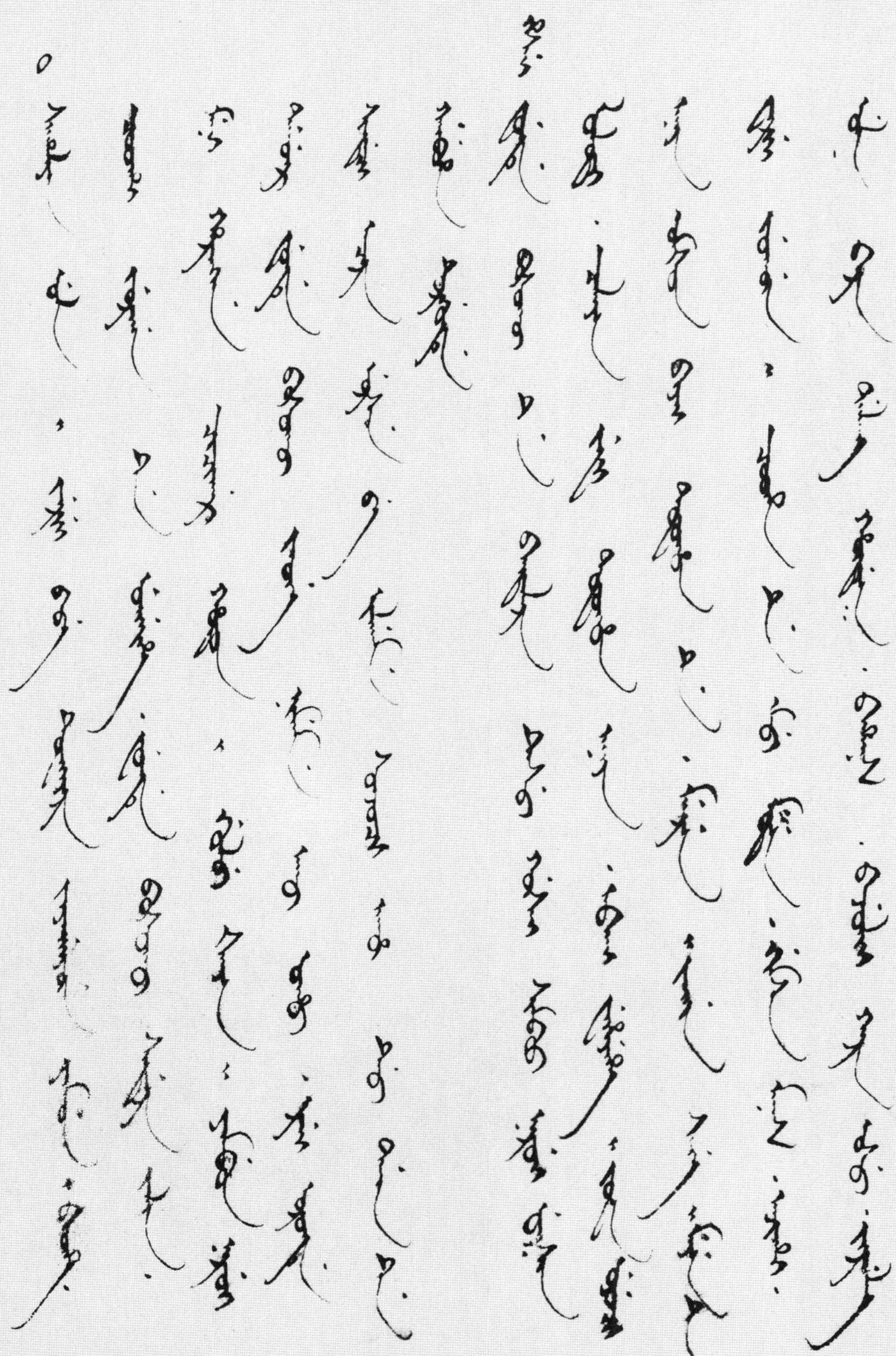

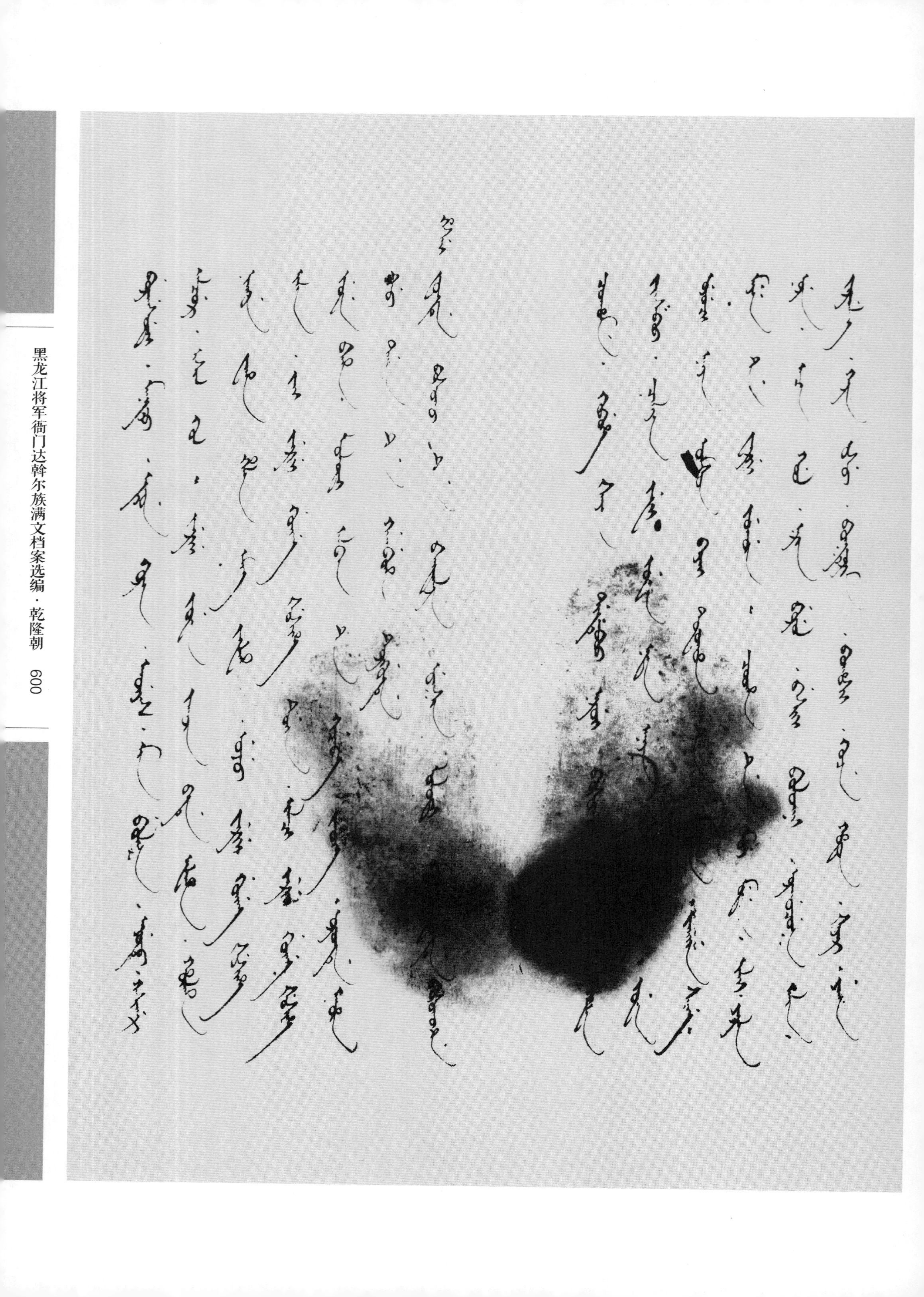

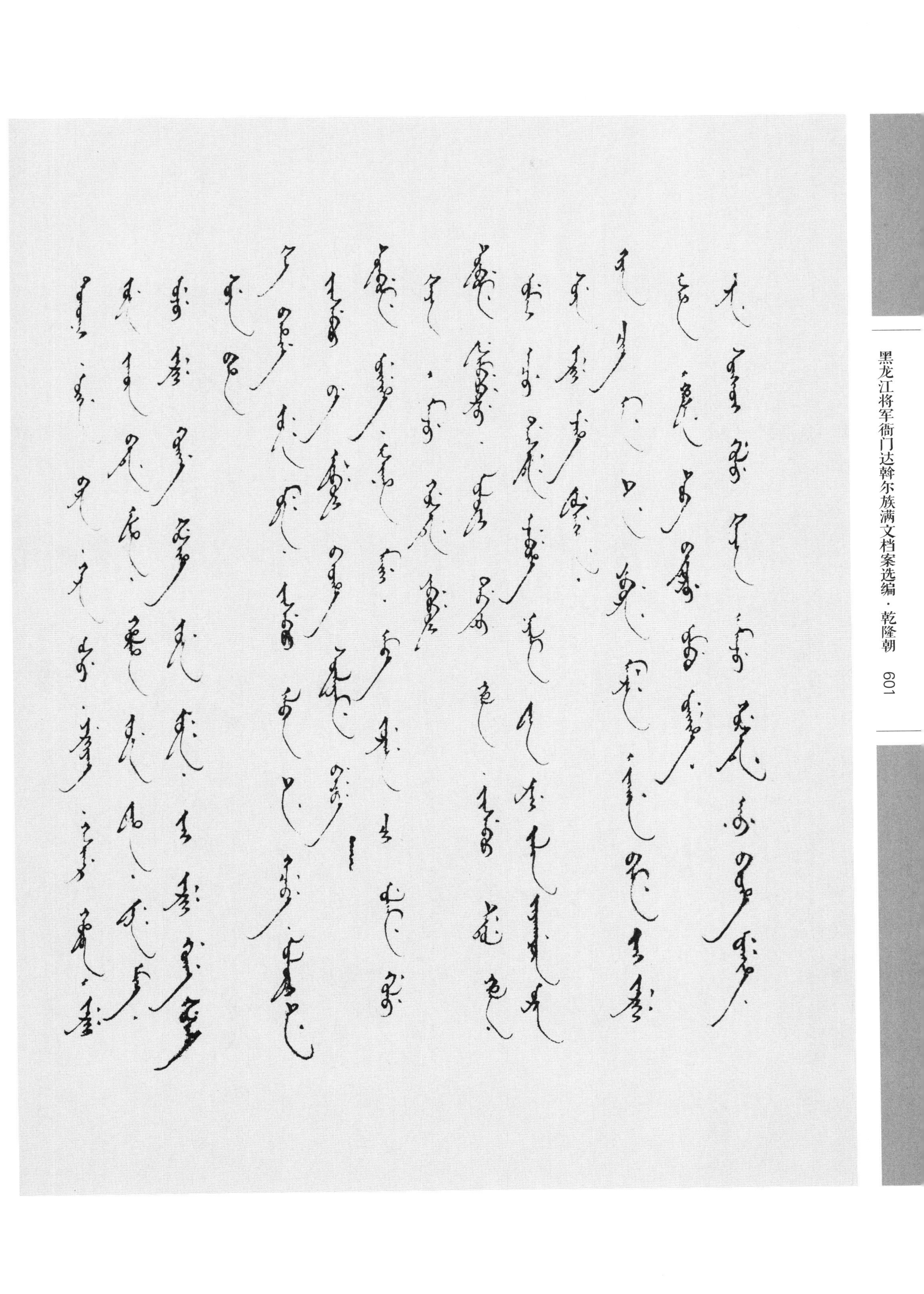

[illegible]

一二五五 黑龙江将军衙门为墨尔根城镶蓝旗达斡尔骁骑校察库病故出缺拟定正陪人员引见事咨兵部文

乾隆三十年九月十六日

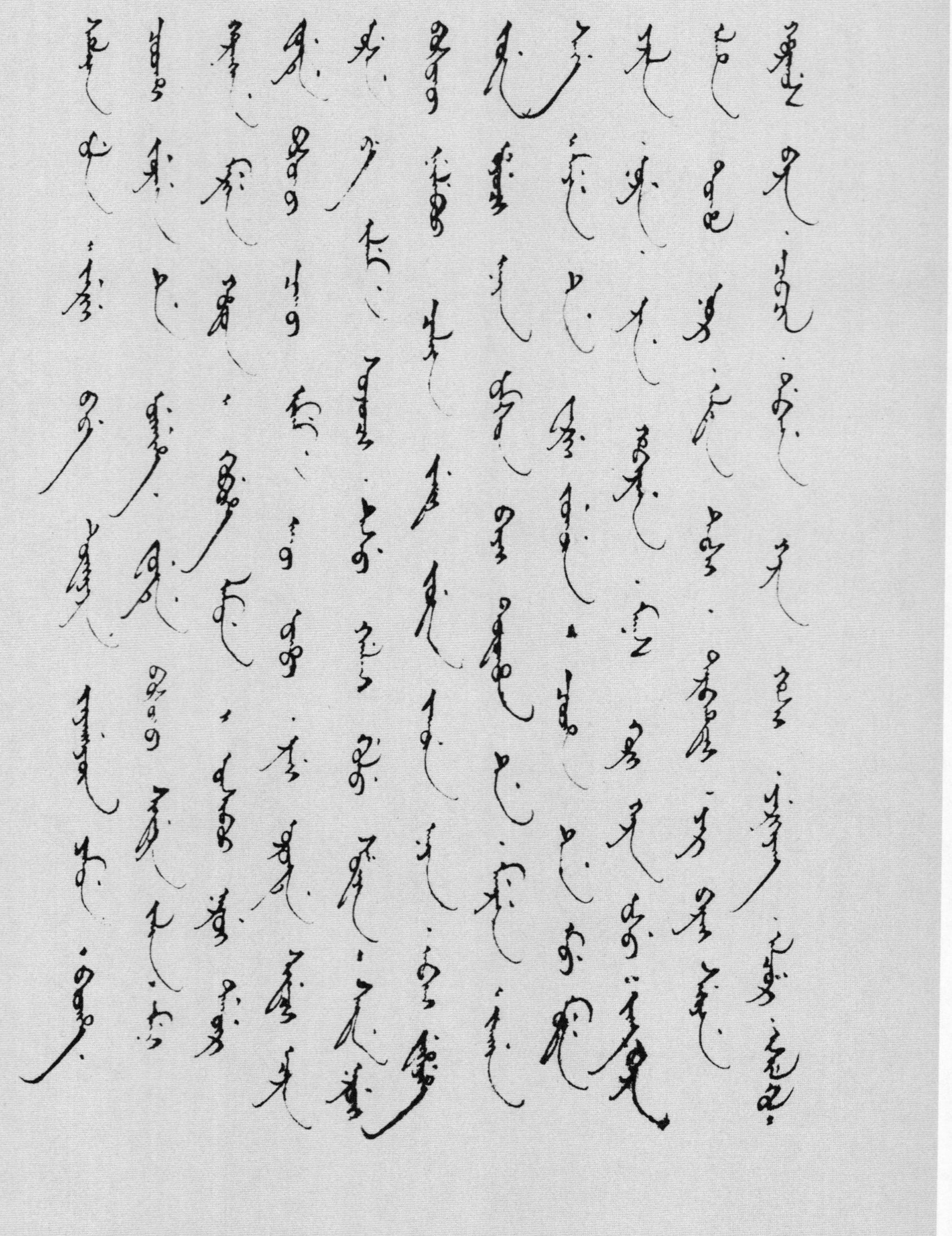

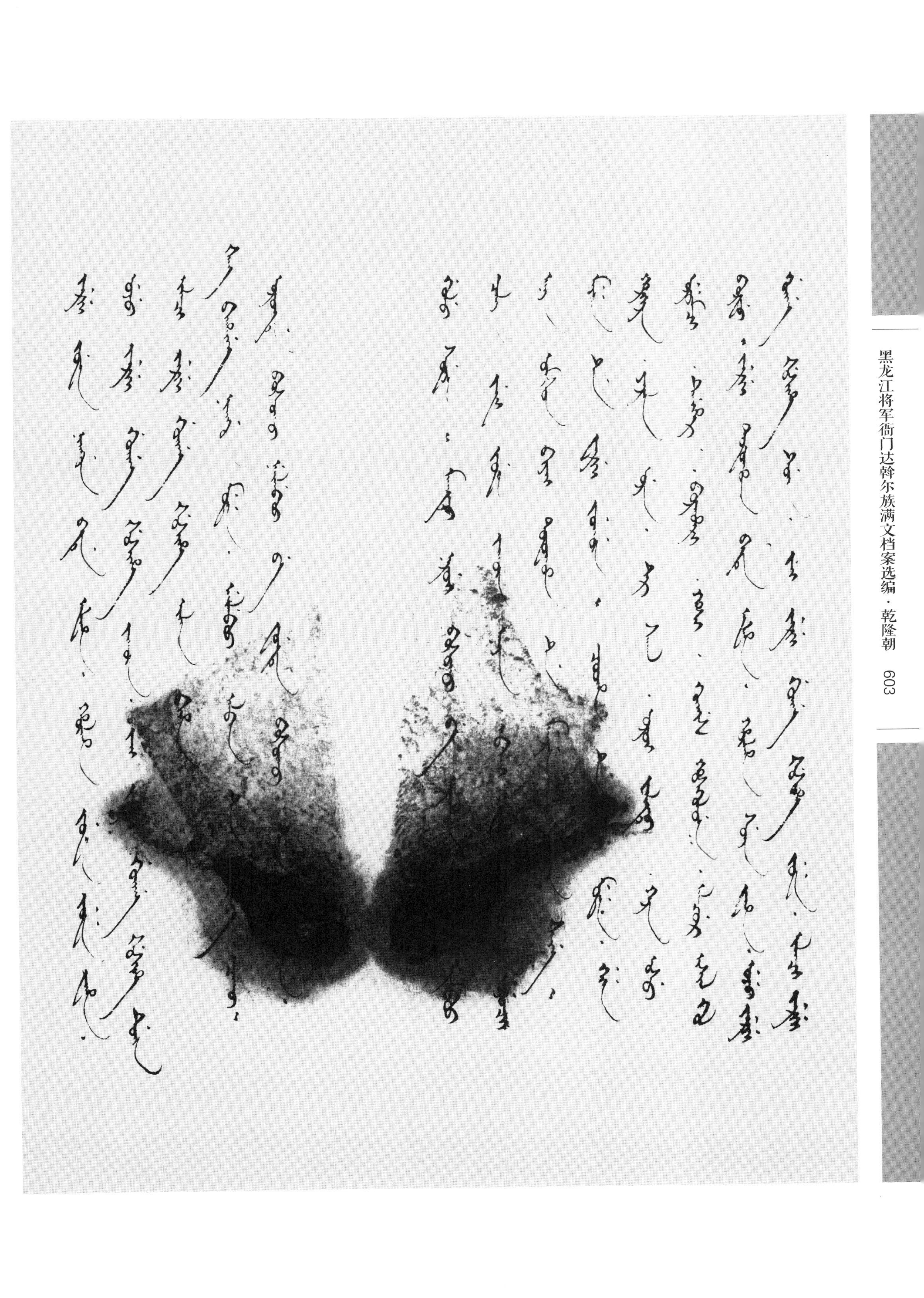

[illegible]

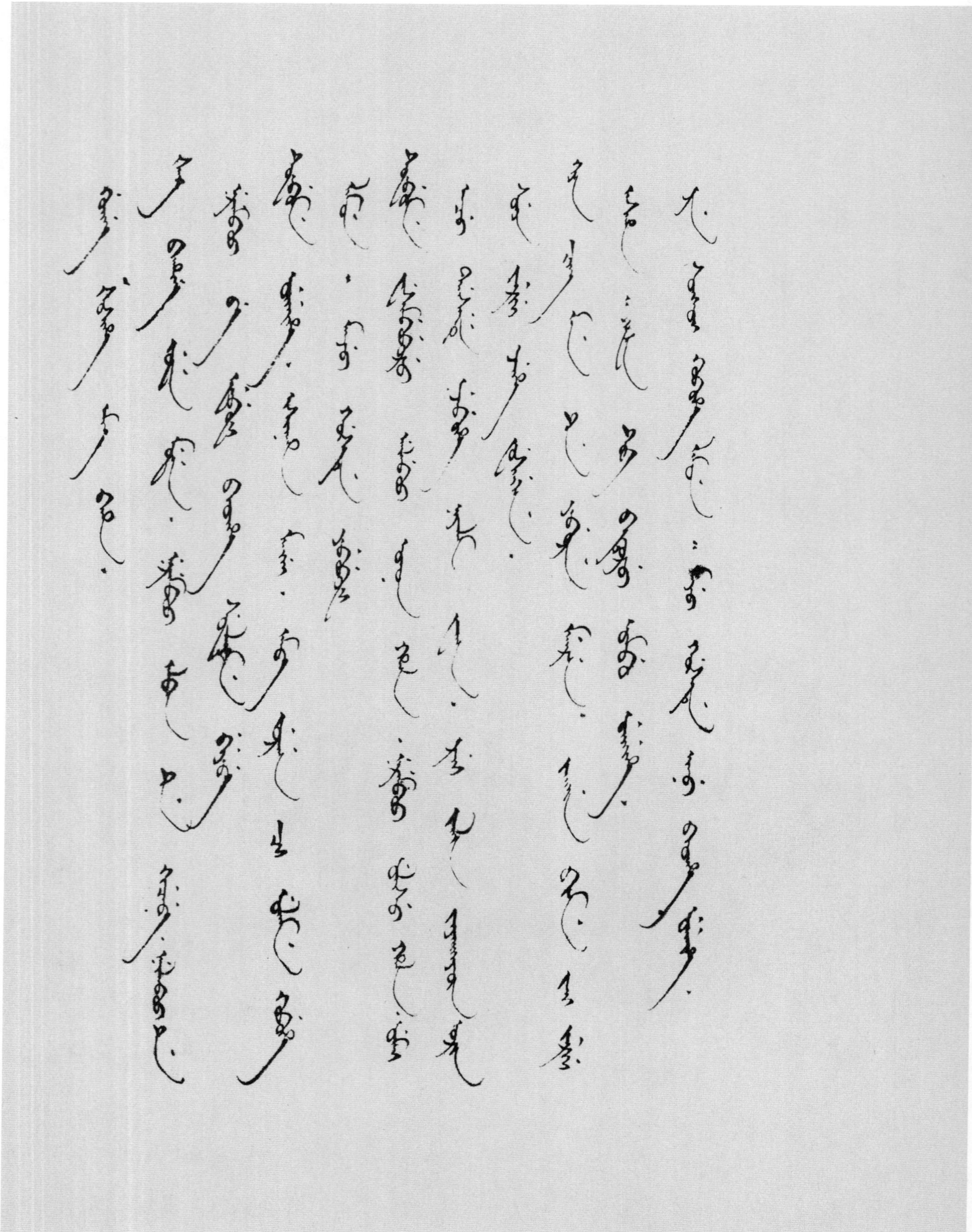

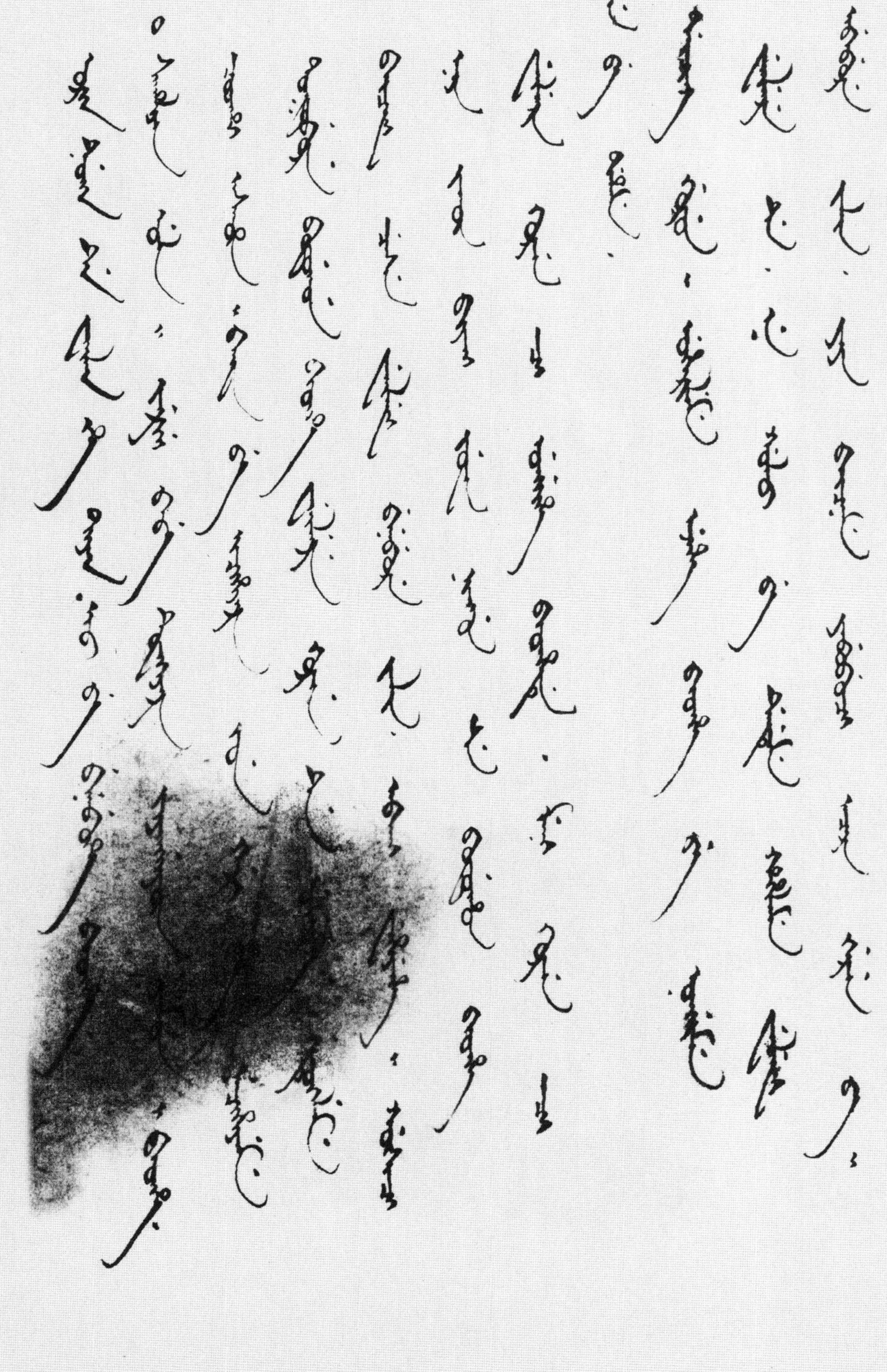

乾隆三十年九月二十四日

略馆文（附清册一件）

一二五六　黑龙江将军衙门为查报纂修一统志所需满洲索伦达斡尔等官兵数目等项事咨平定准噶尔方

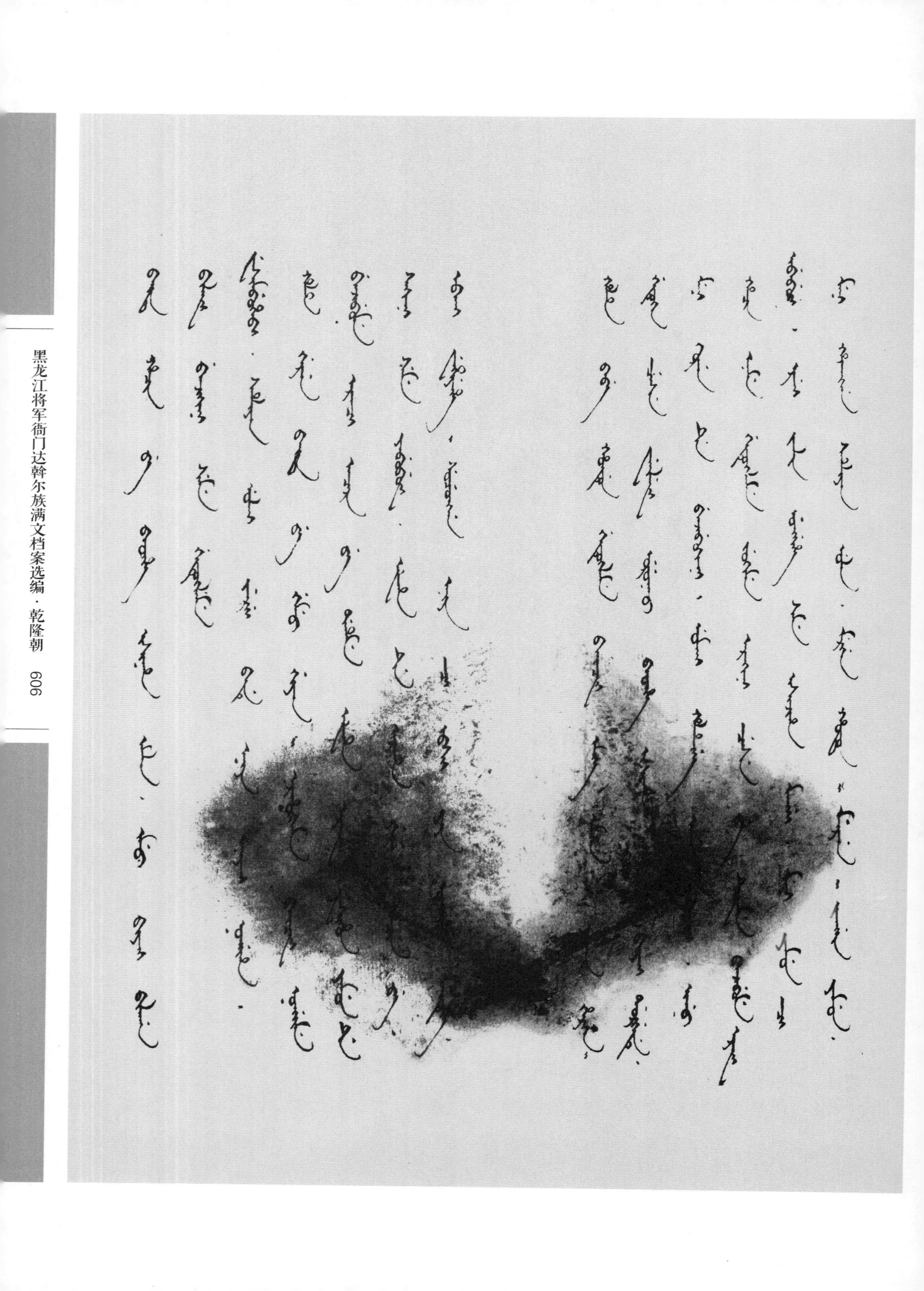

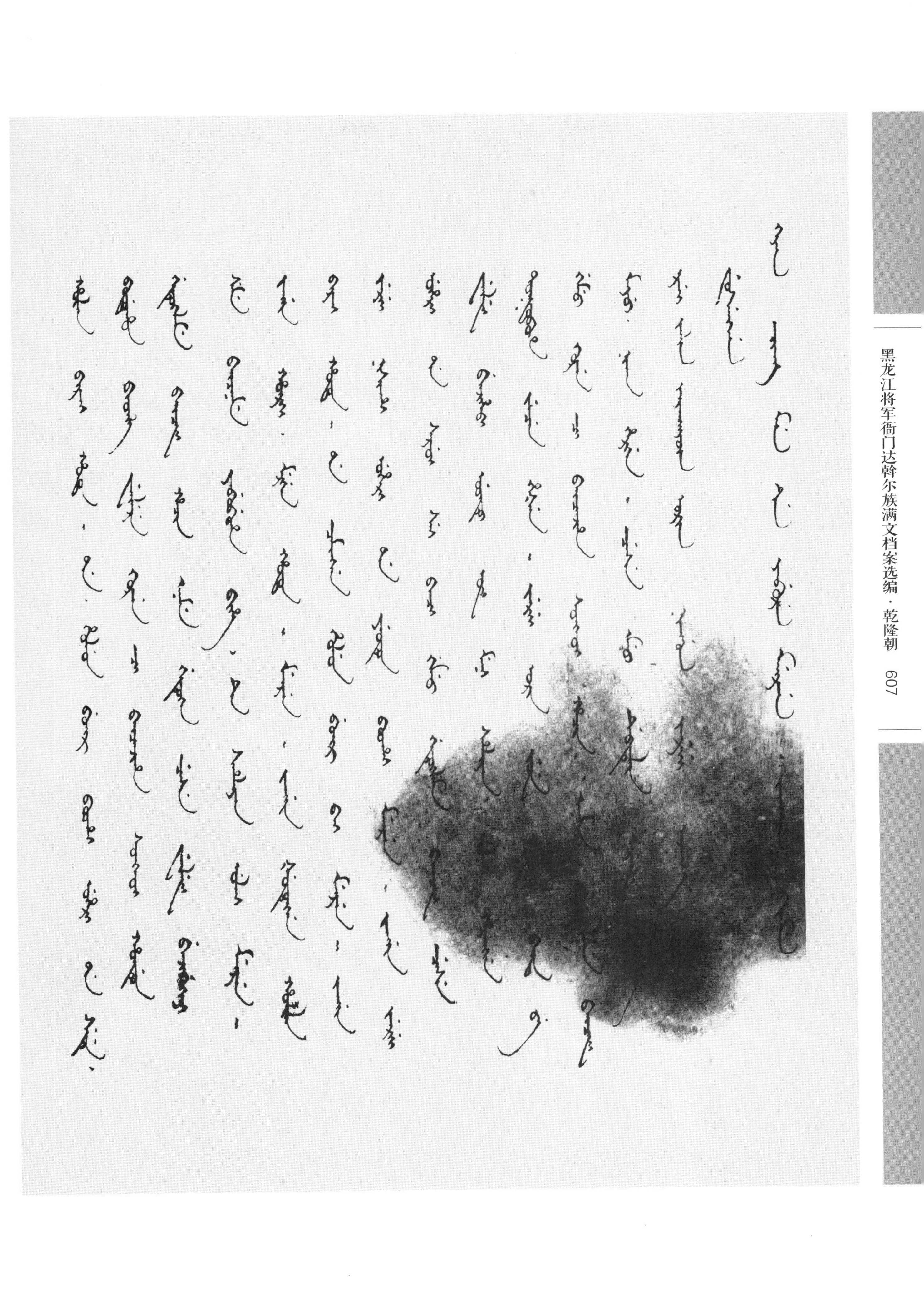

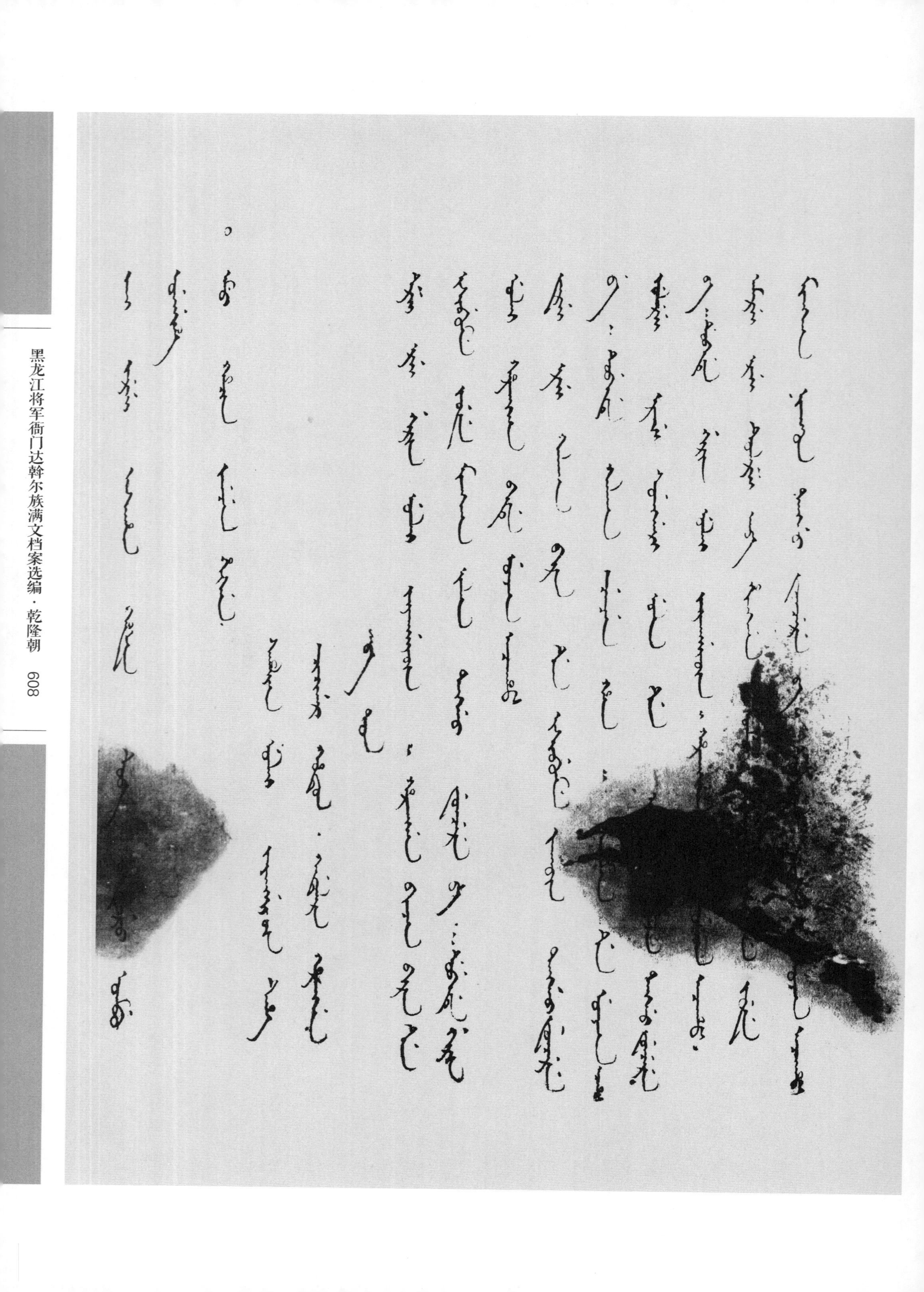

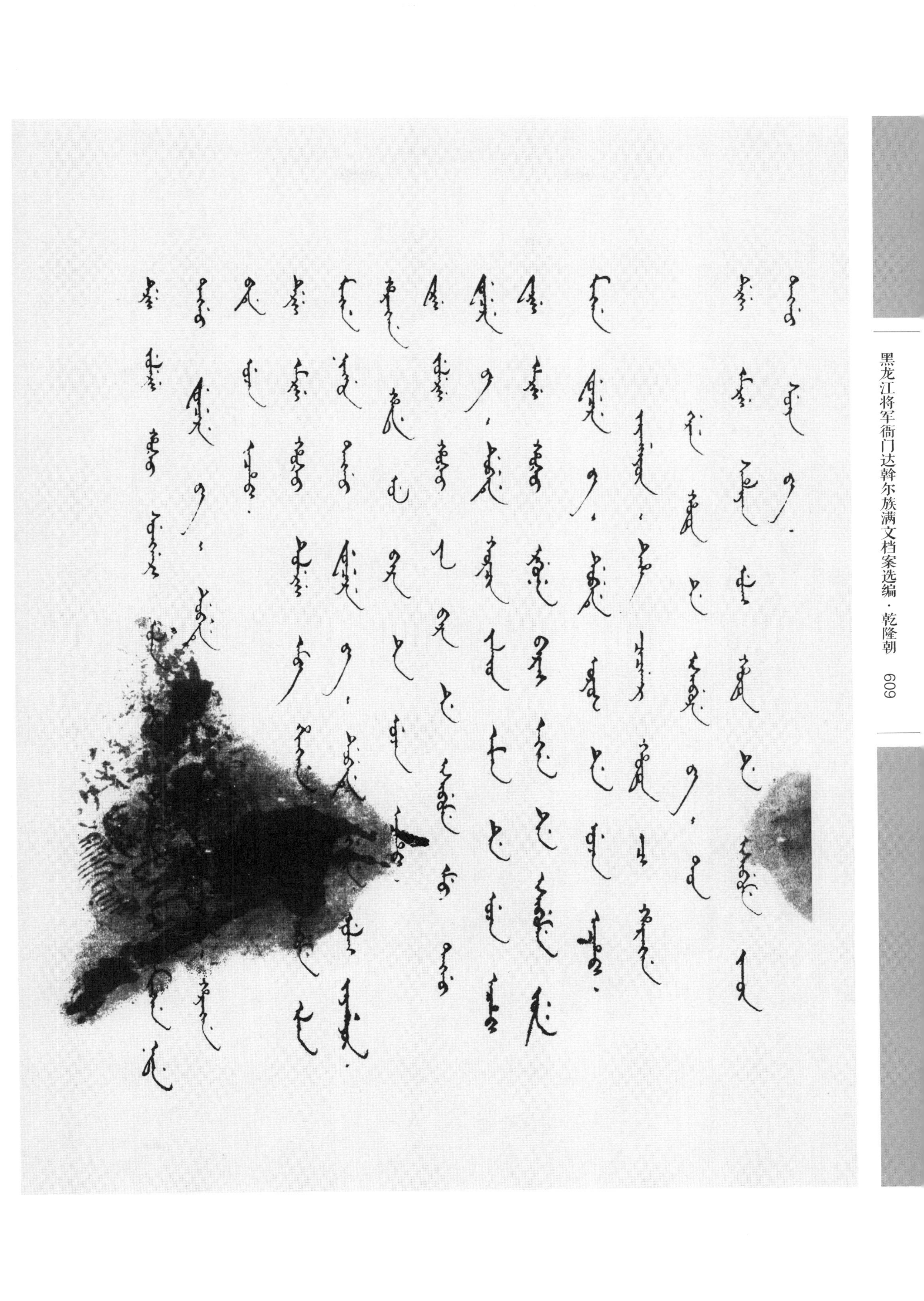

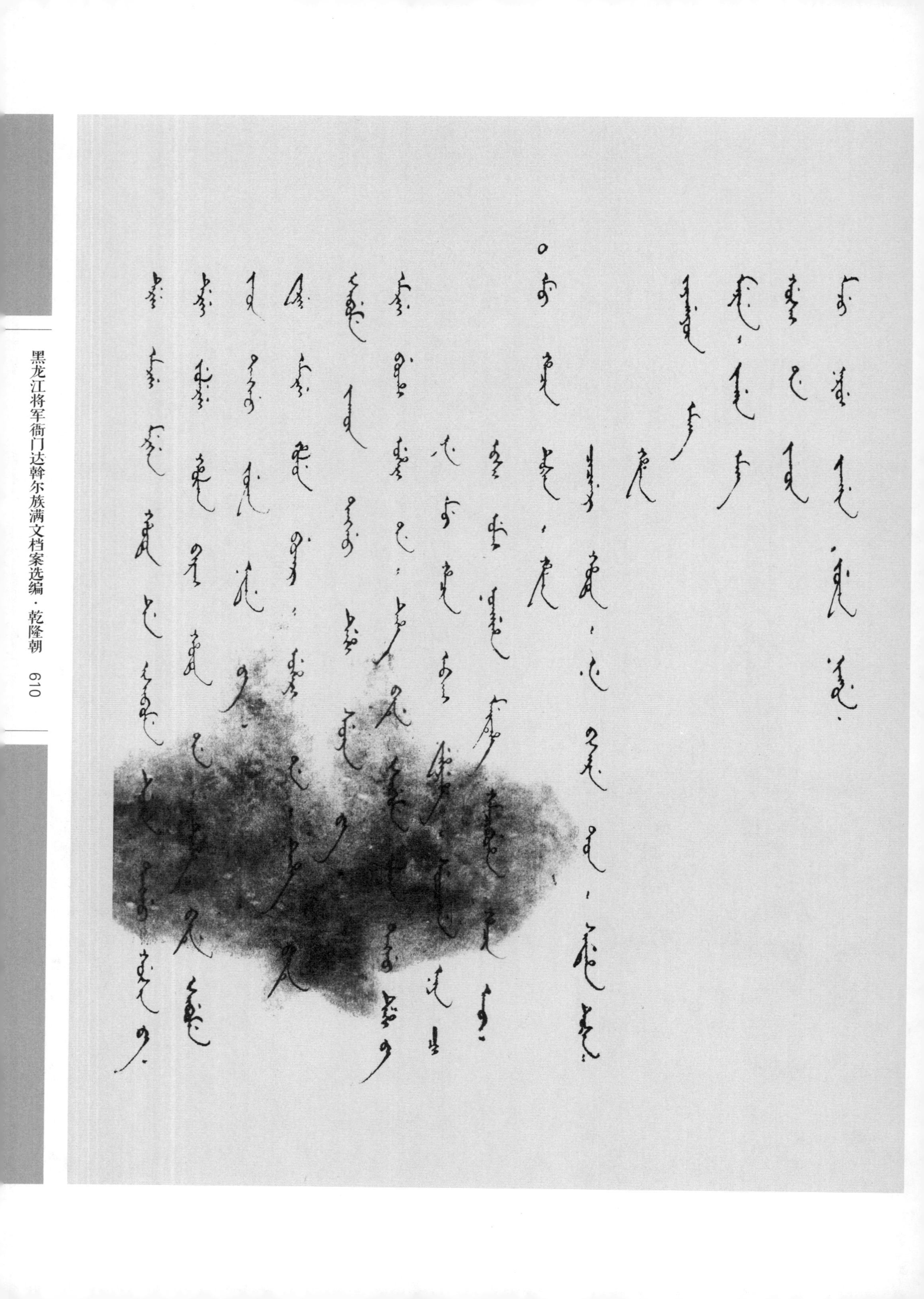

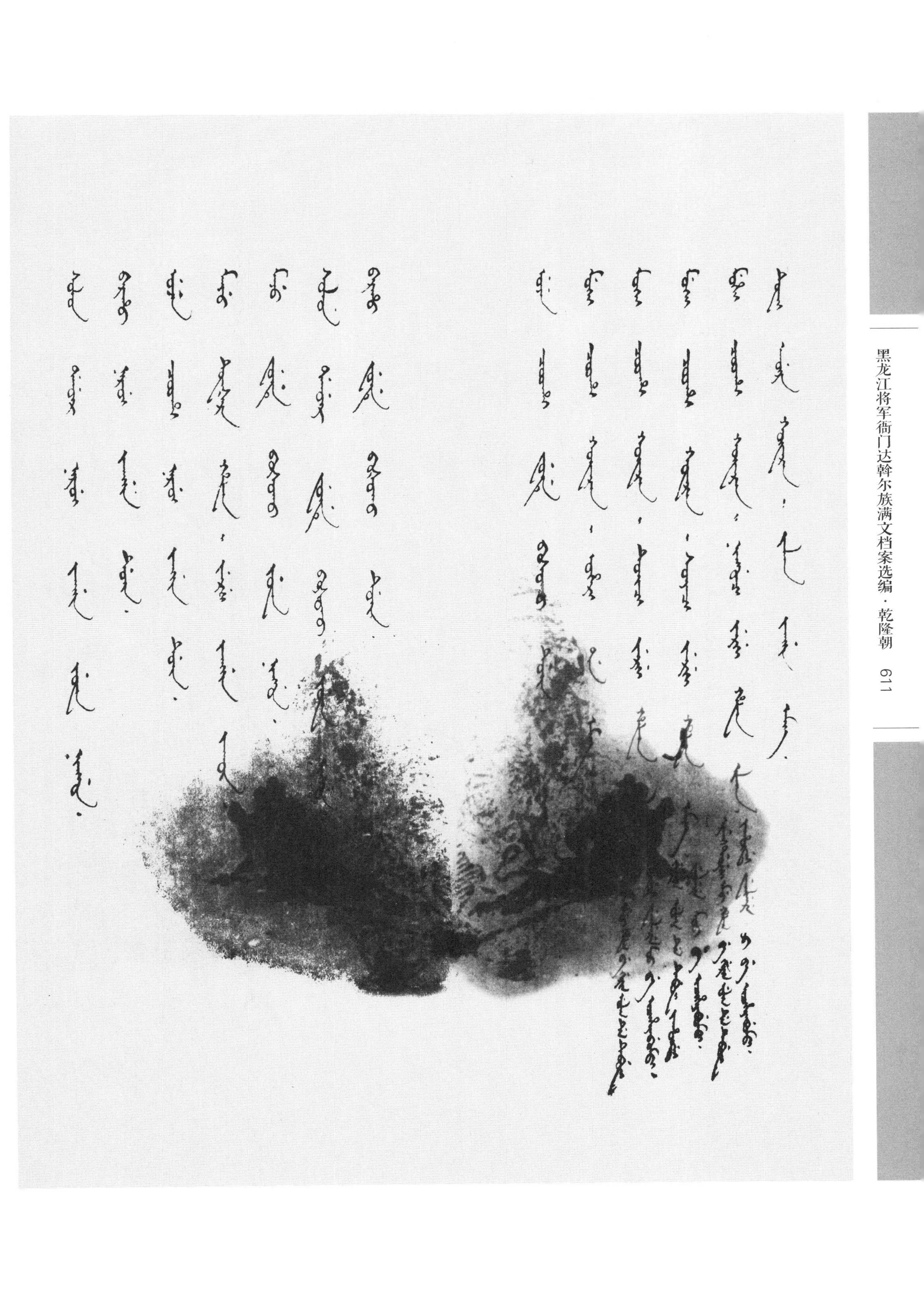

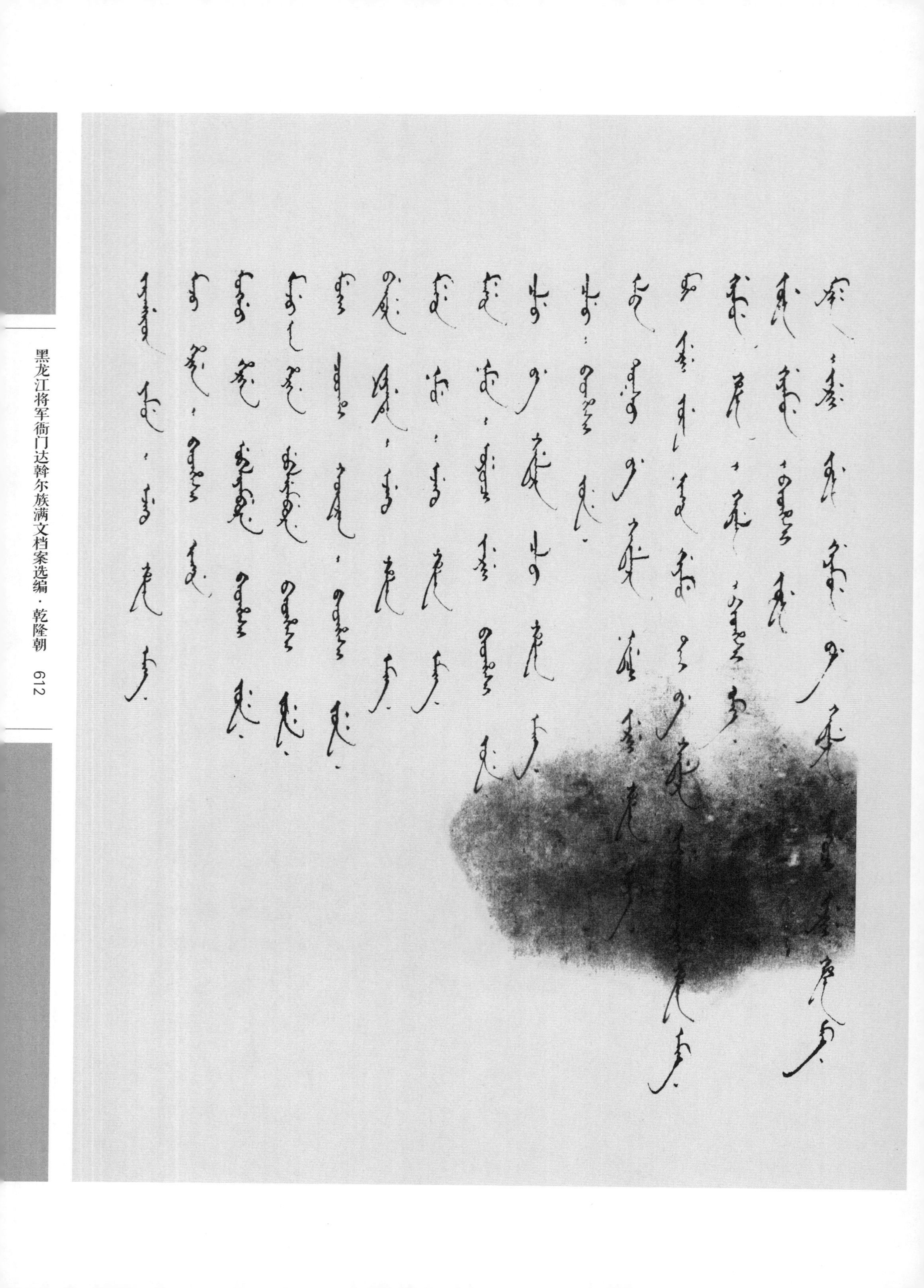

[illegible]

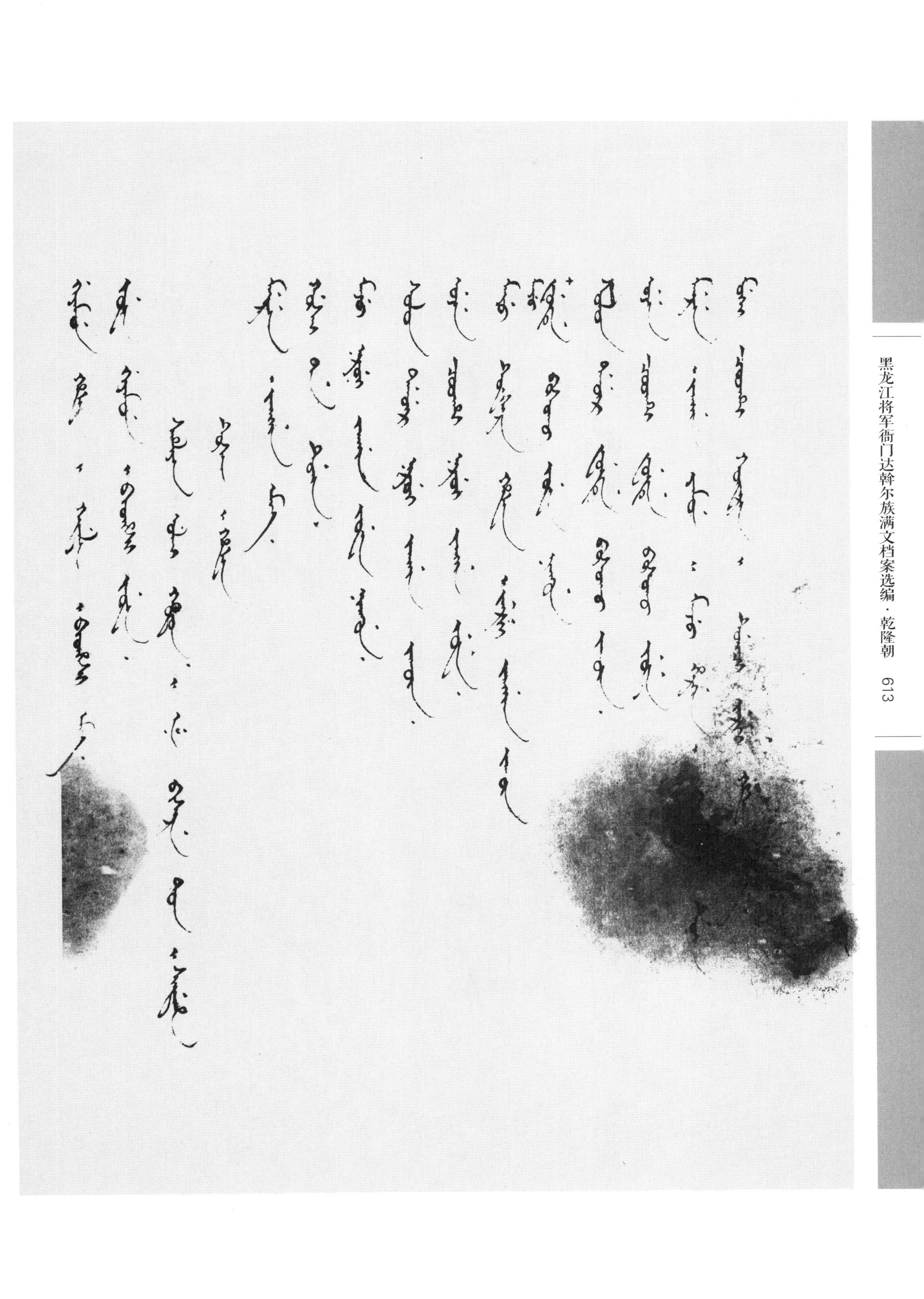

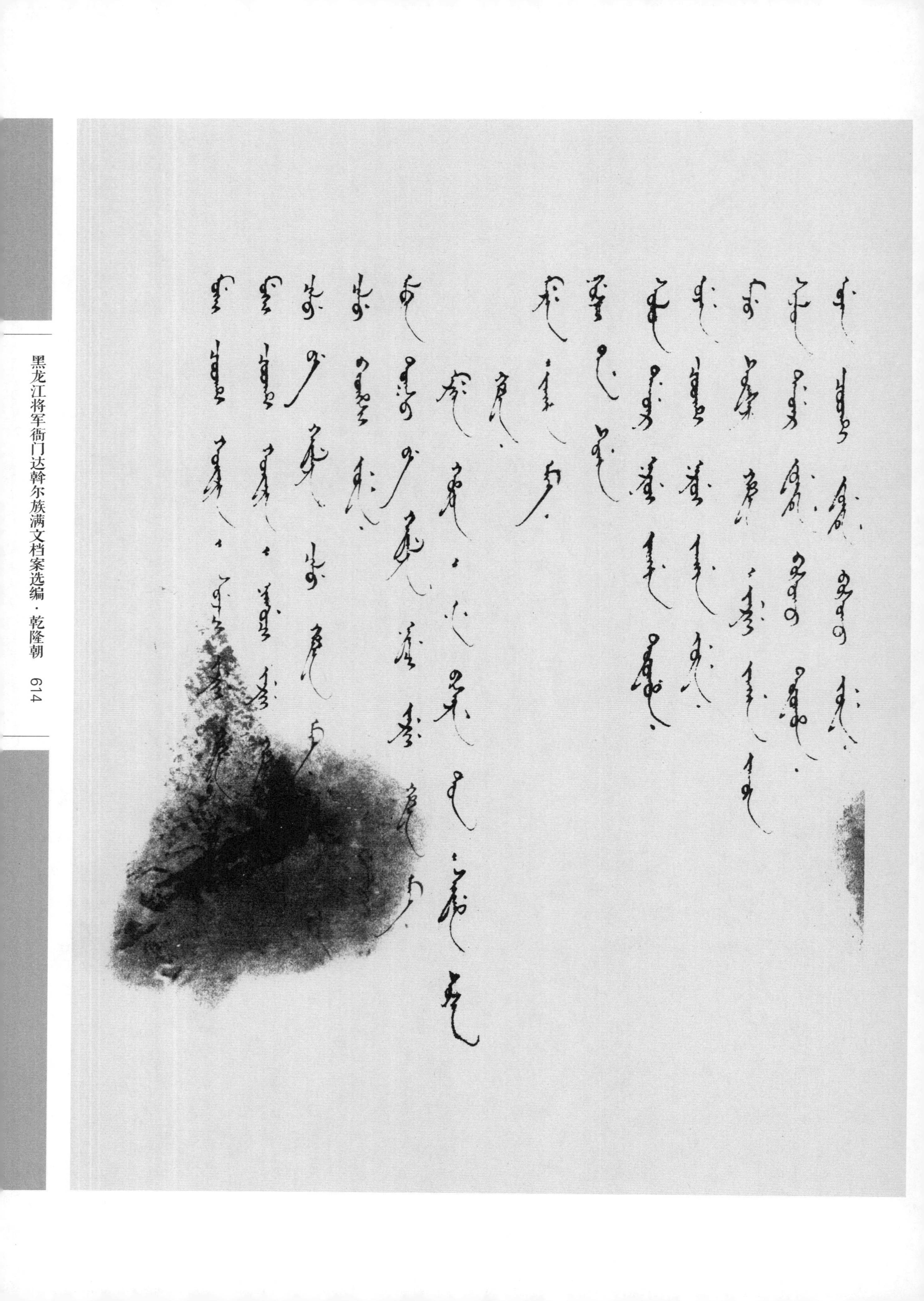

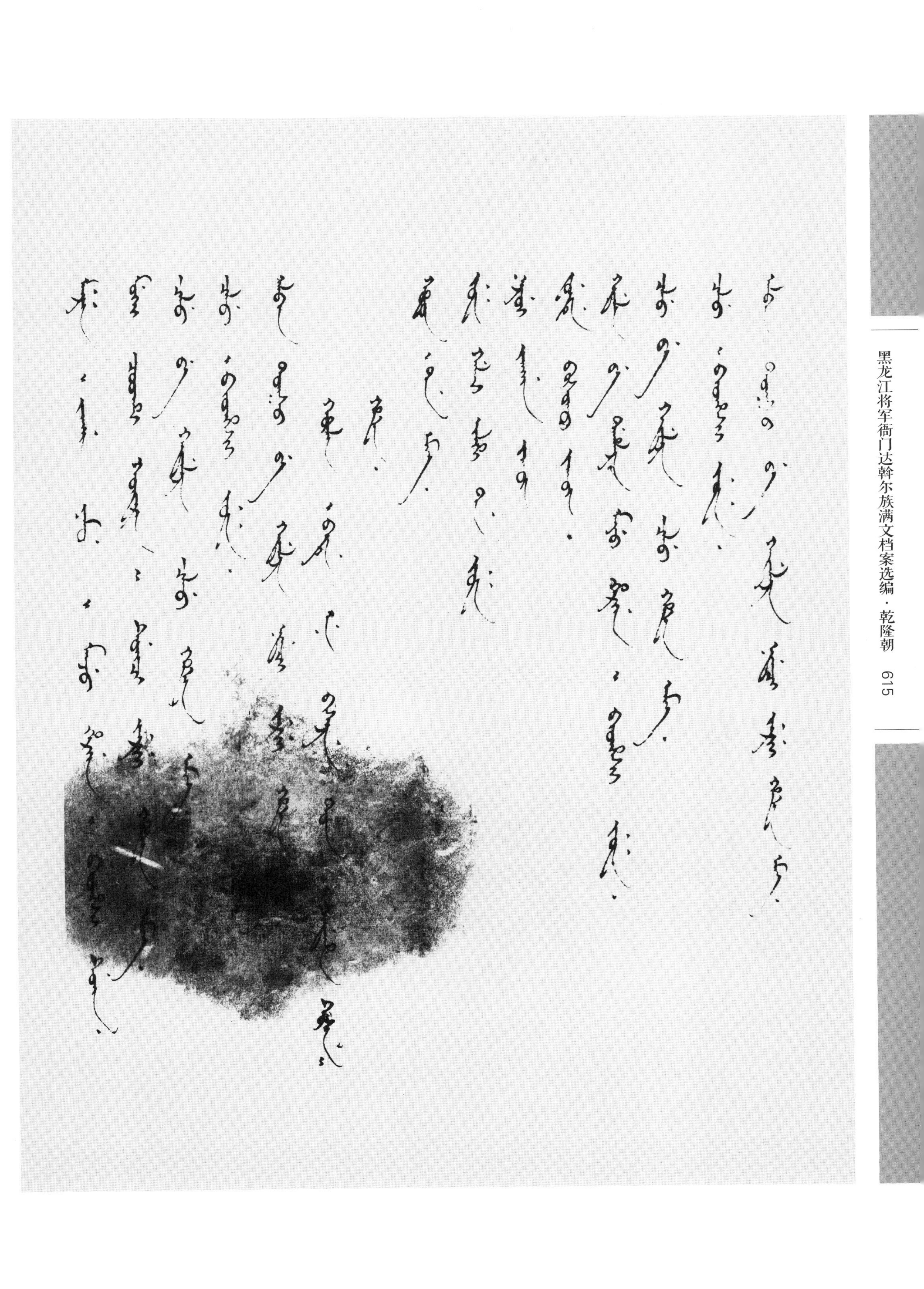

[illegible]

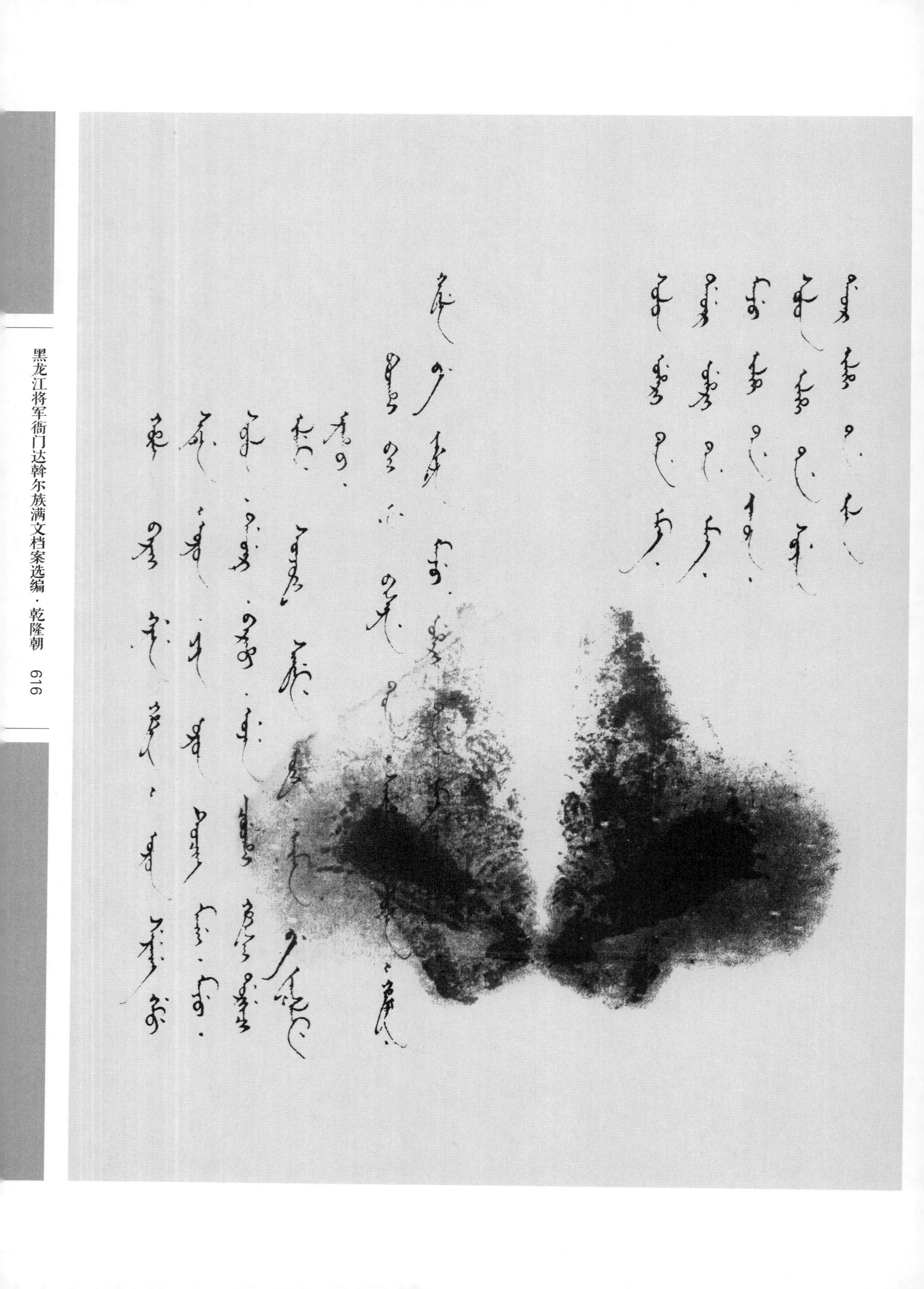

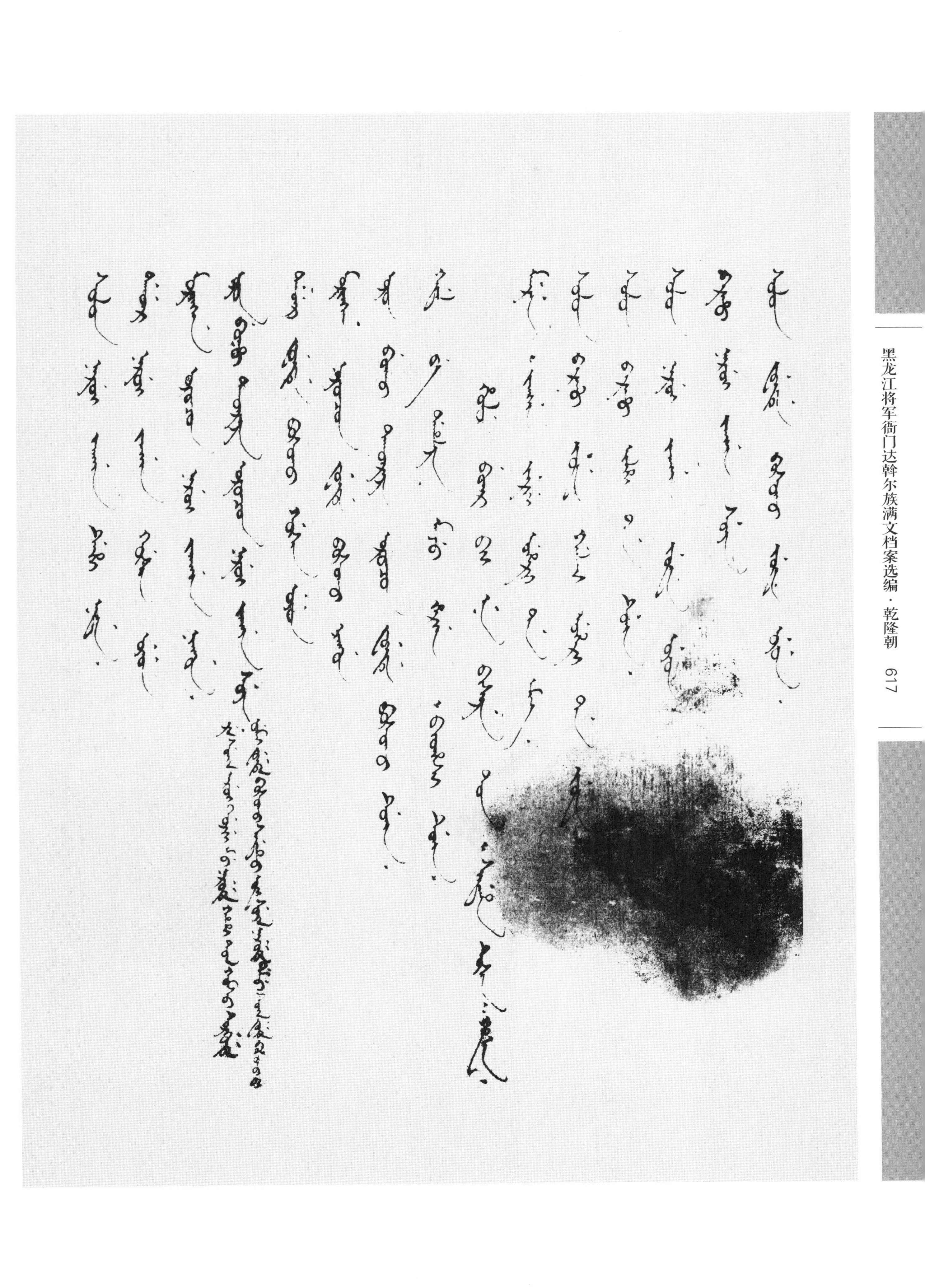

[illegible]

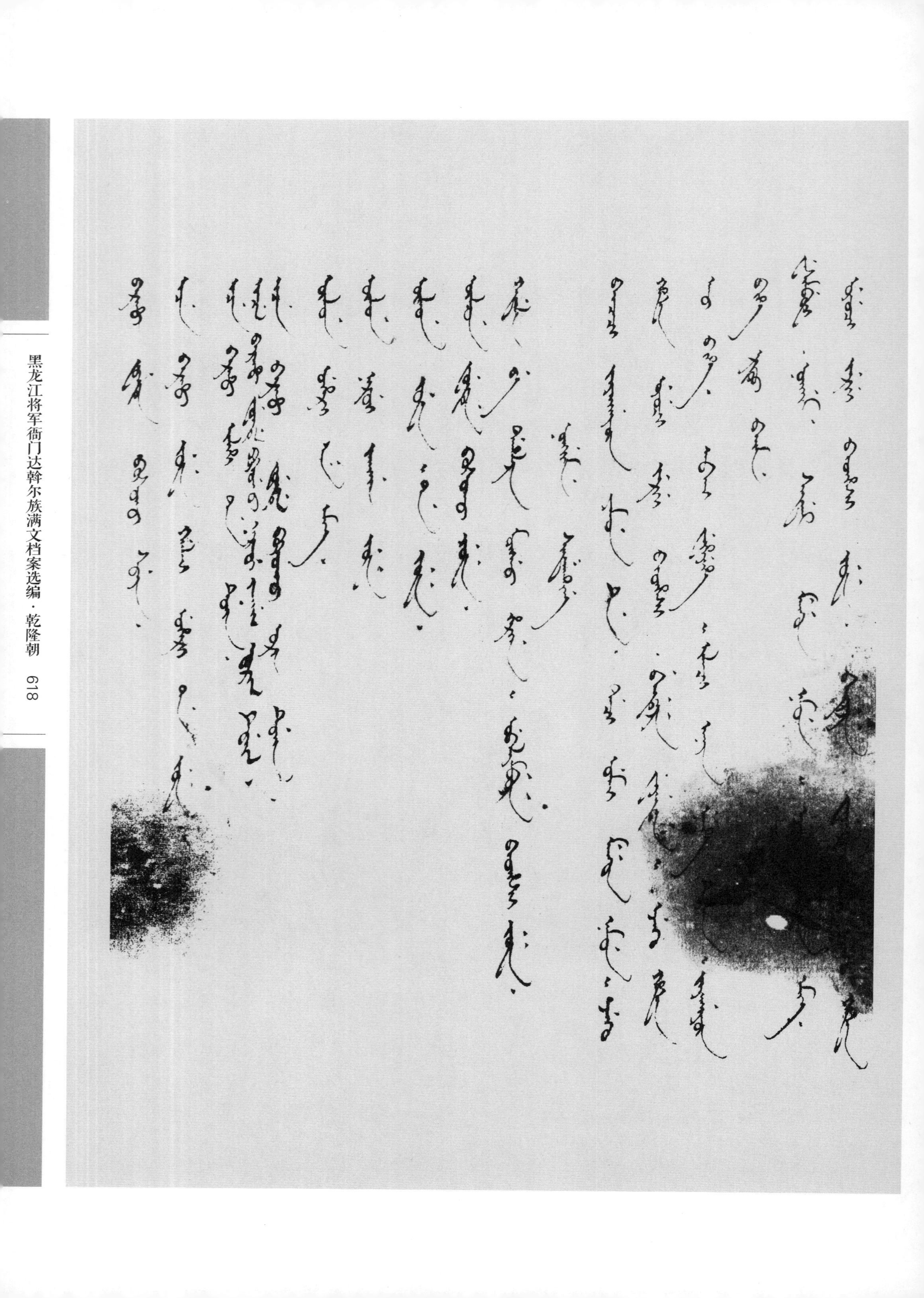

[illegible]

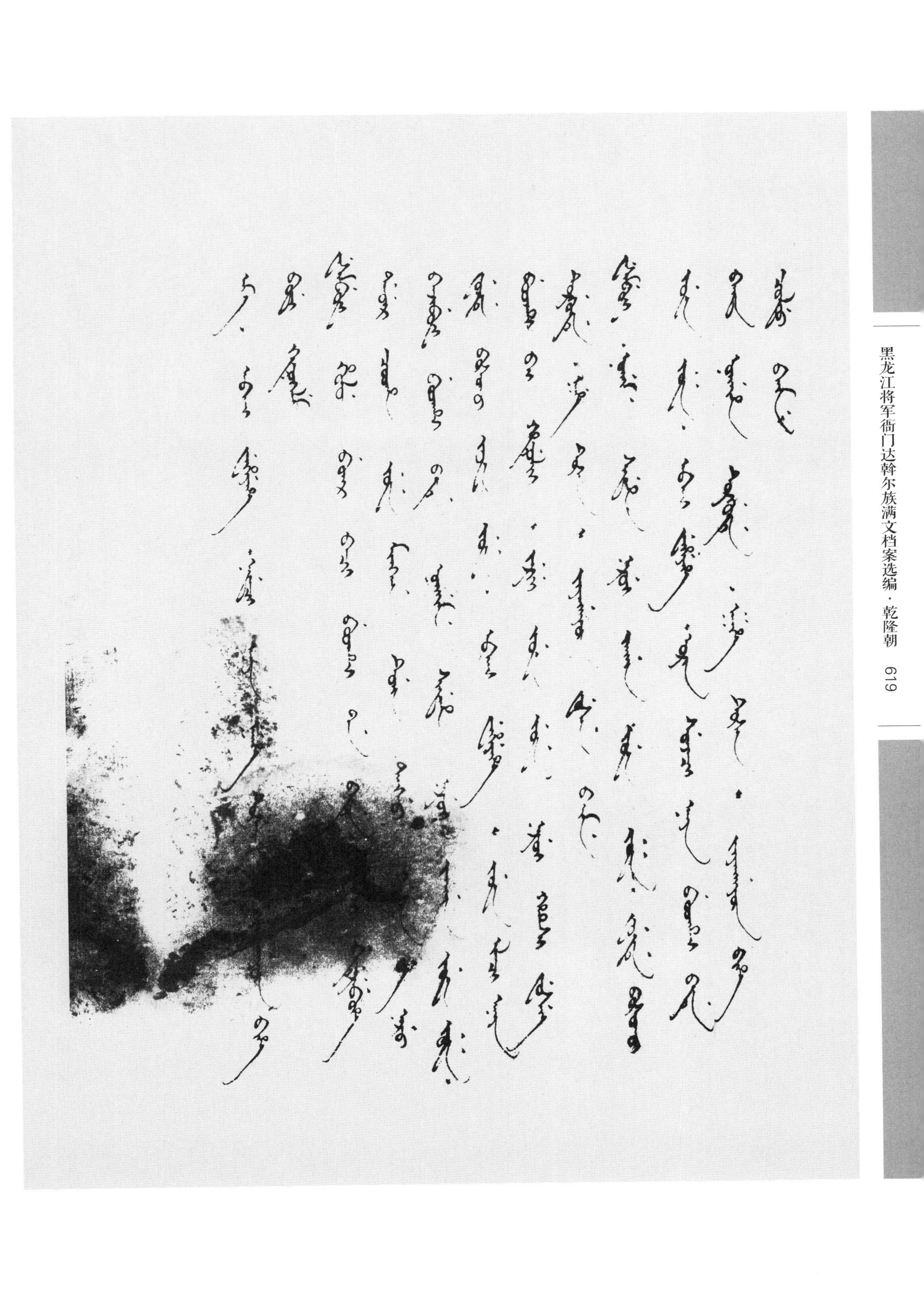

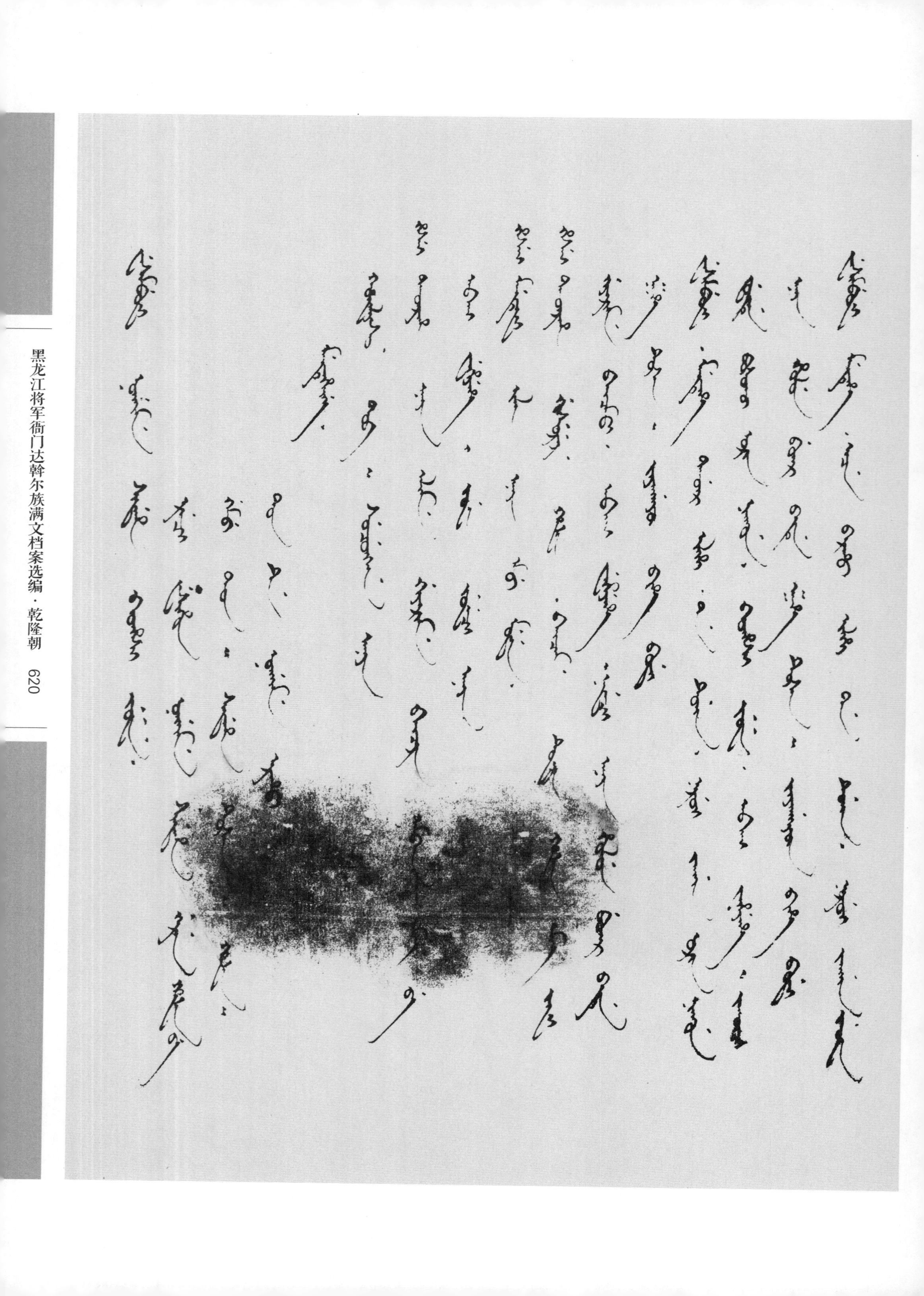

[illegible]

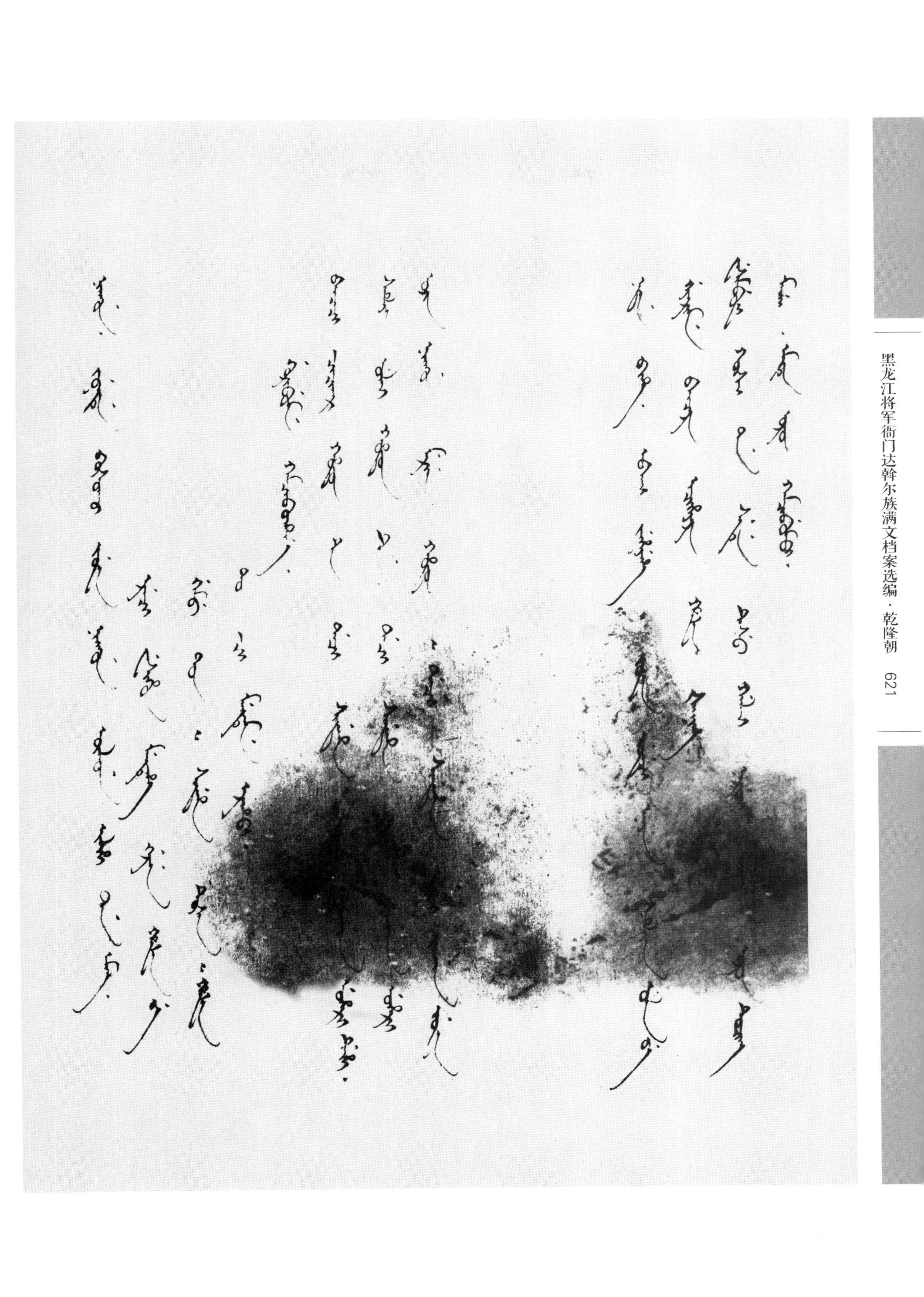

[illegible]

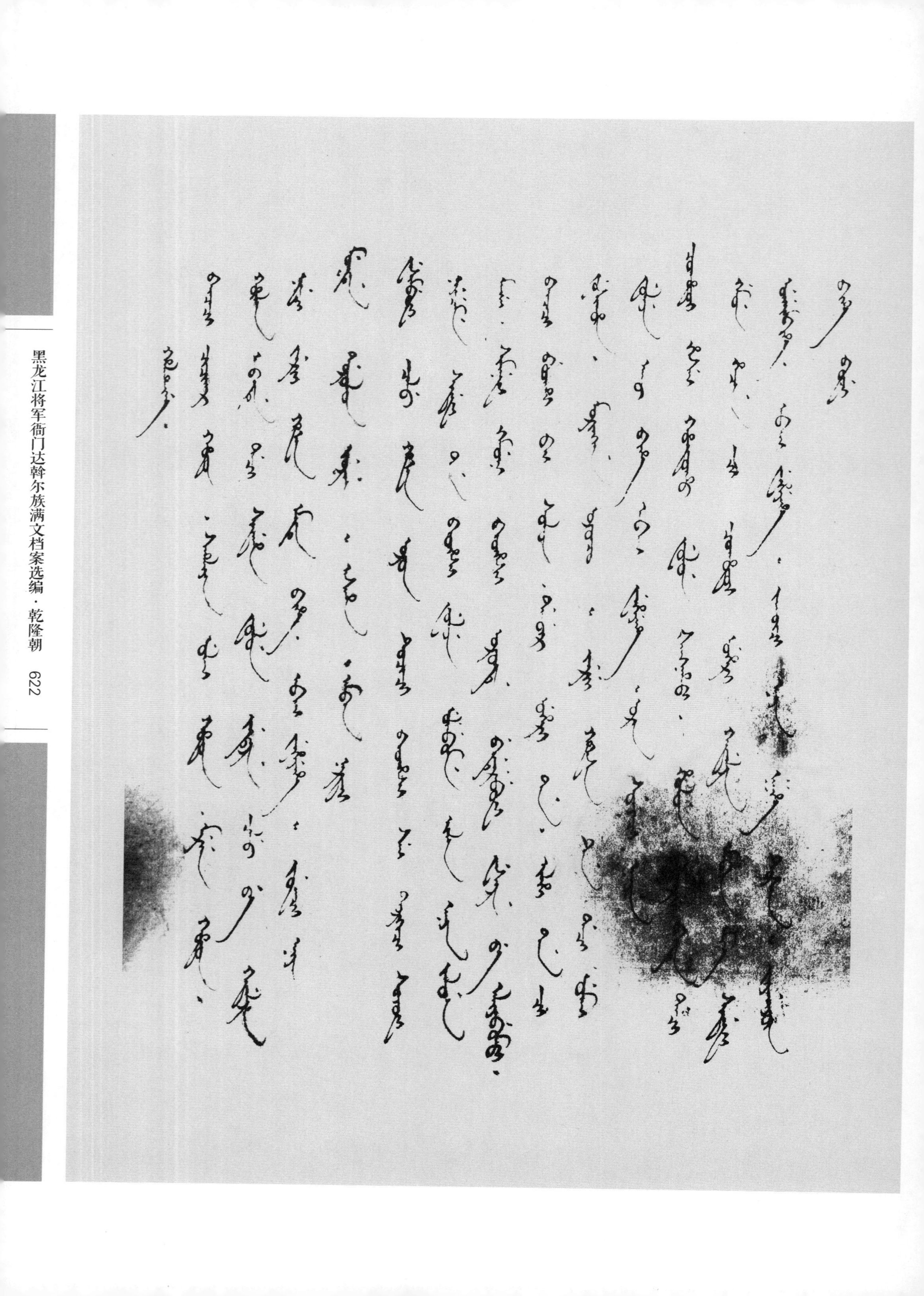

[illegible]

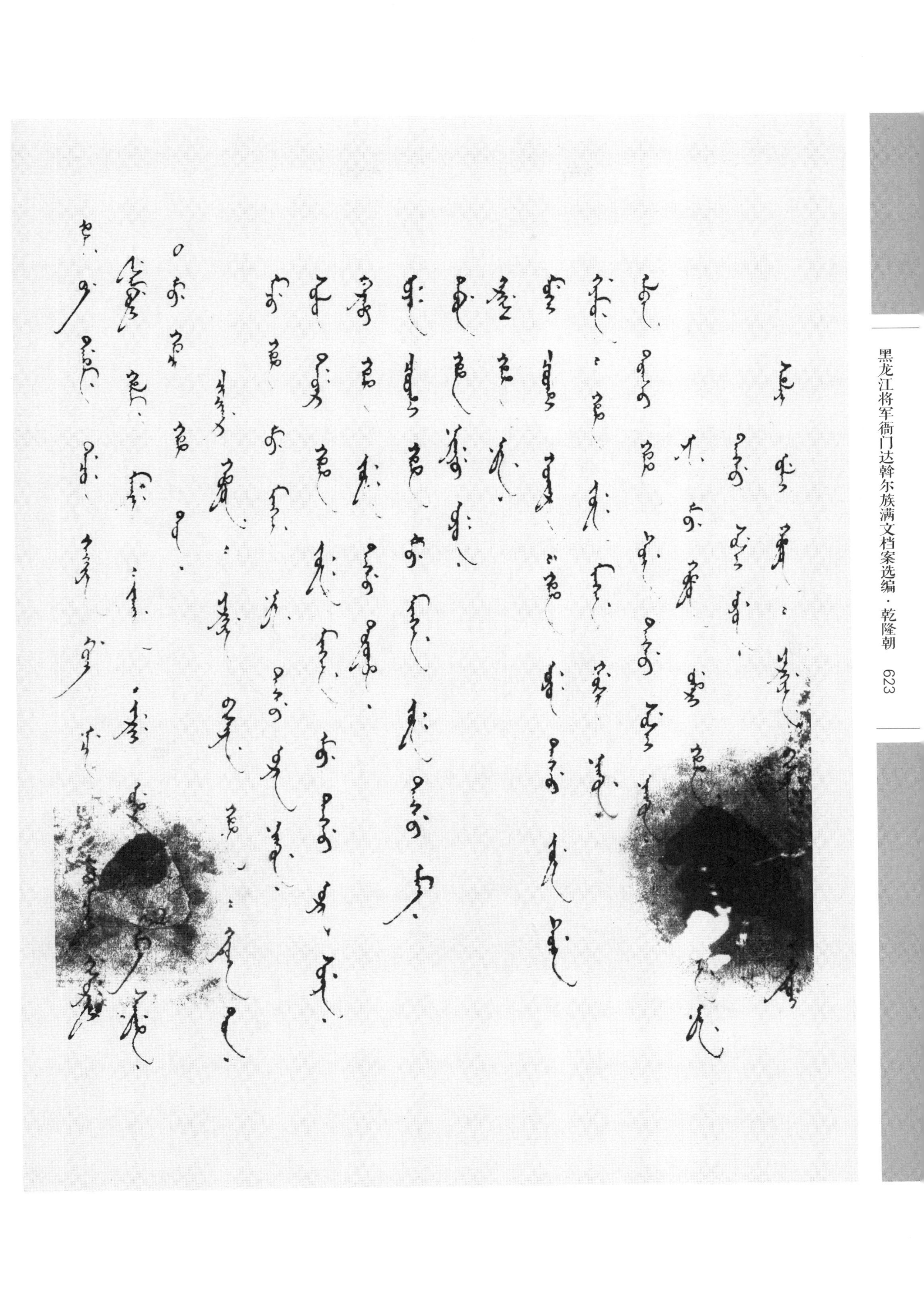

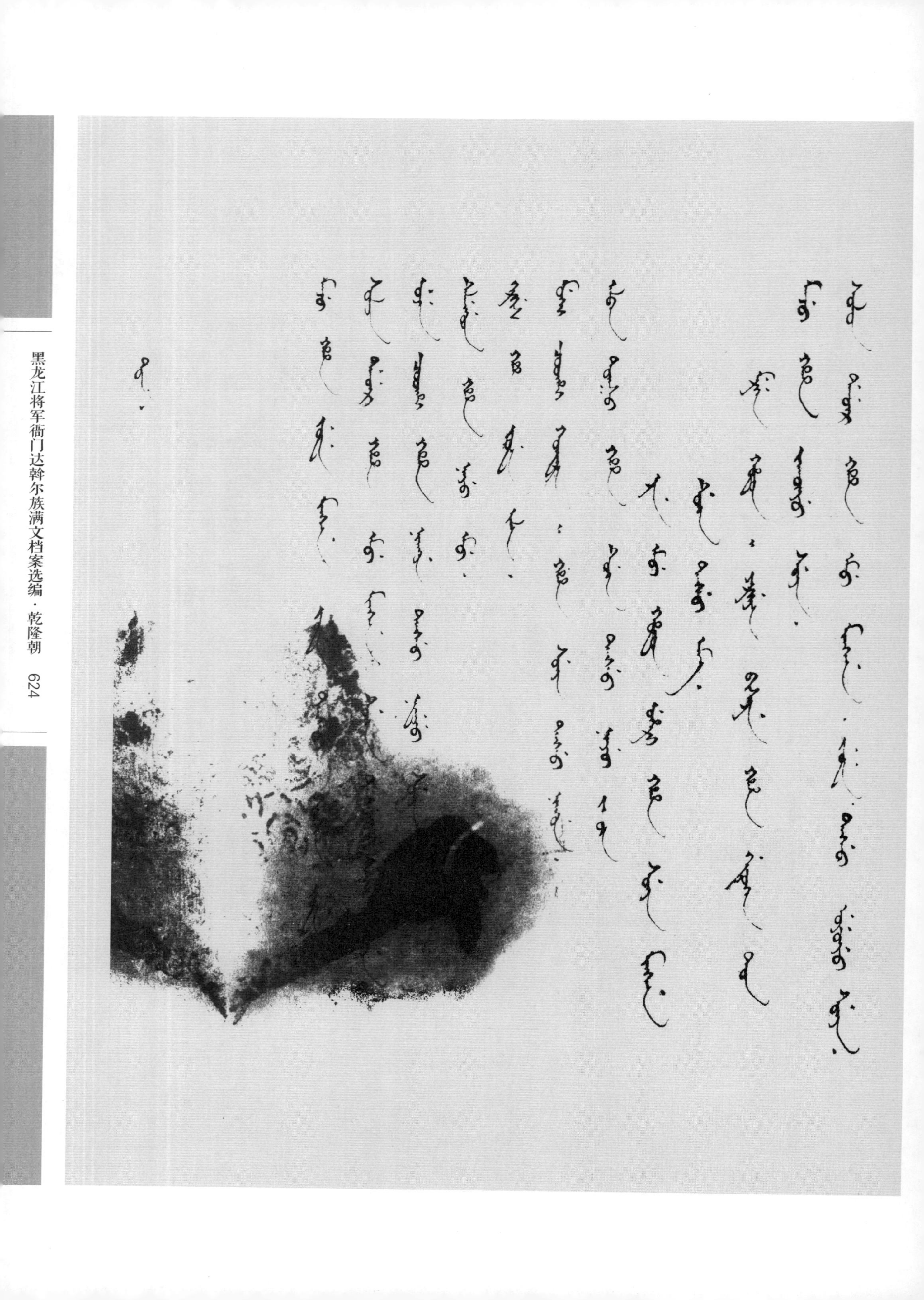

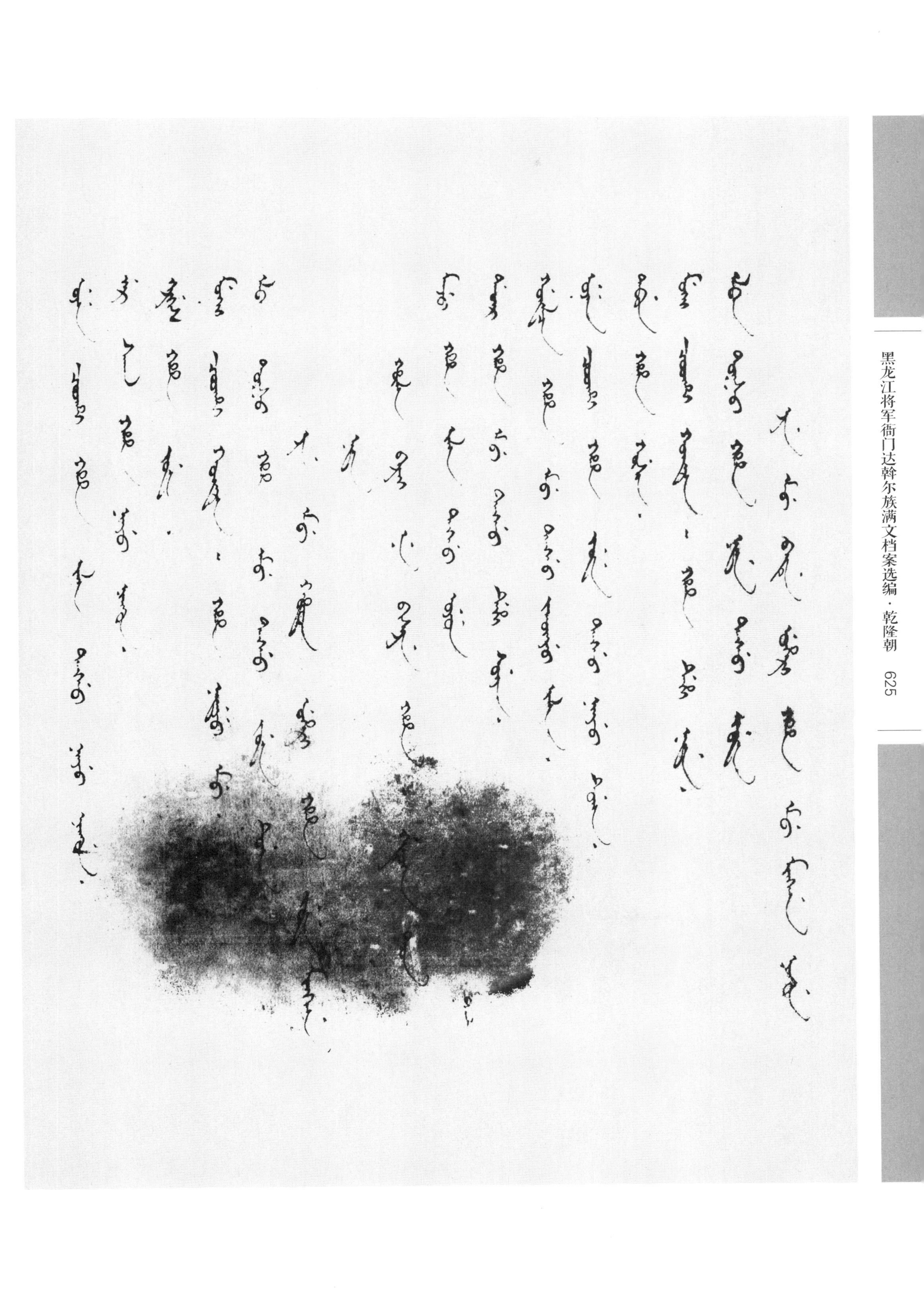

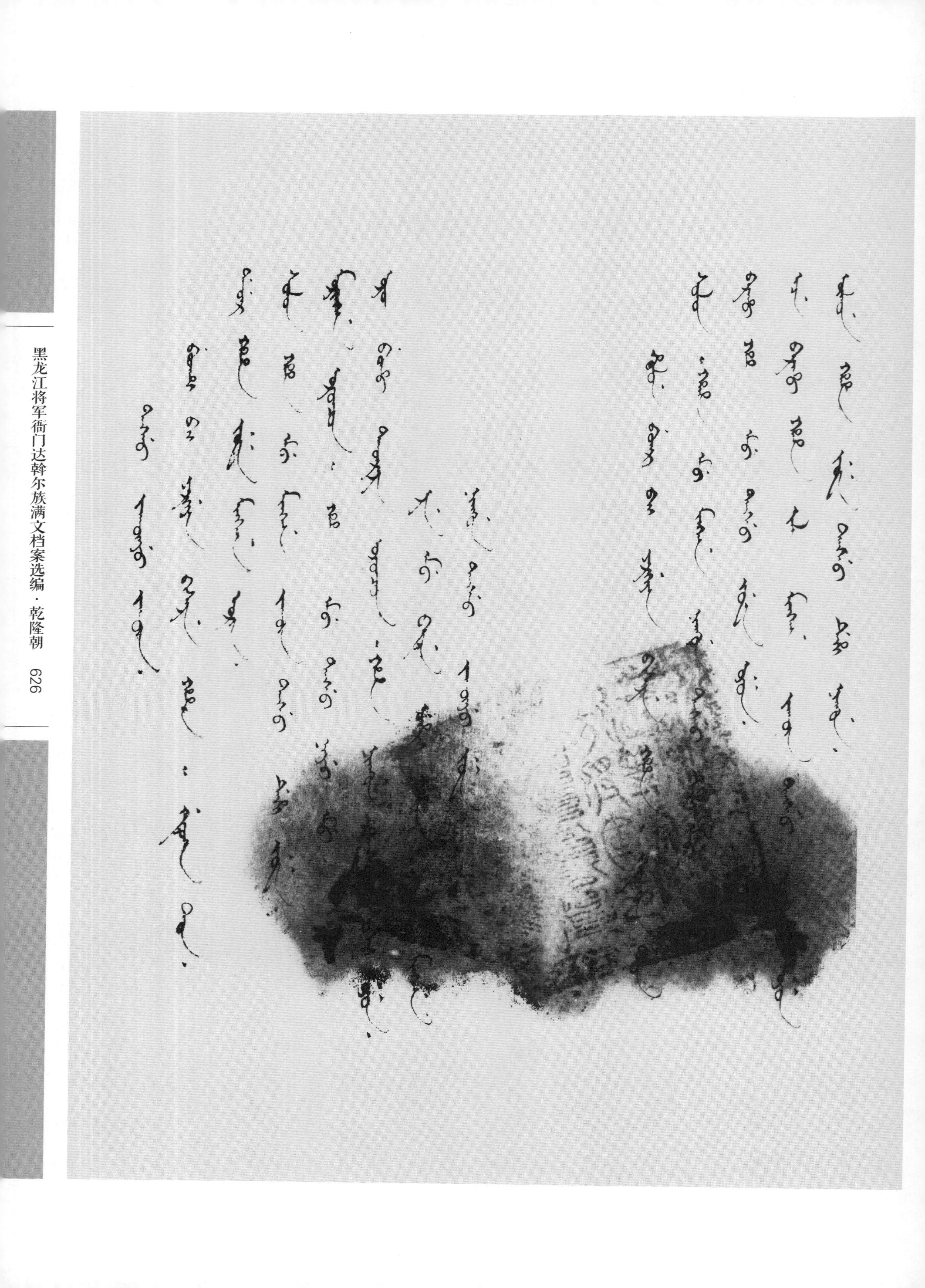

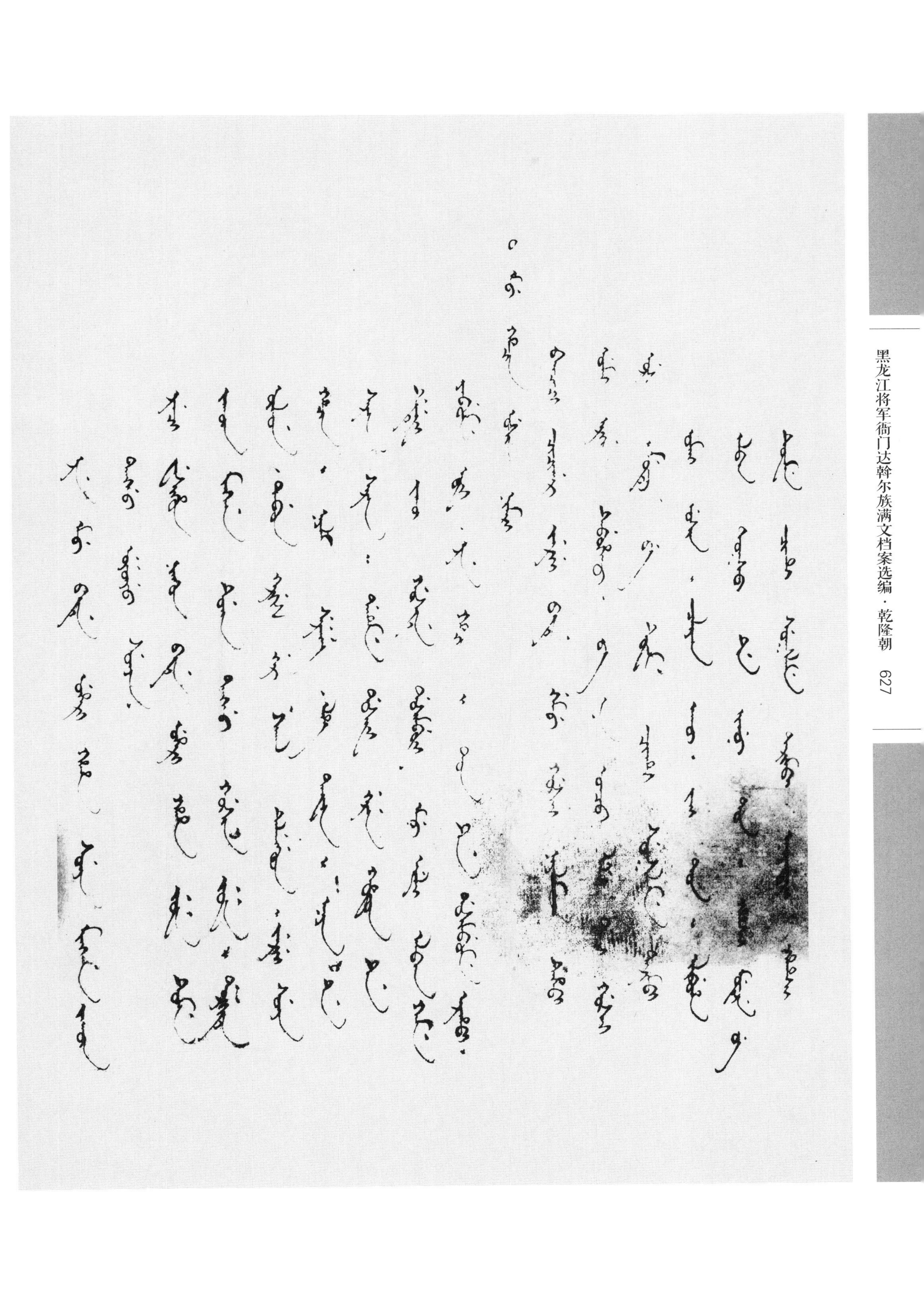

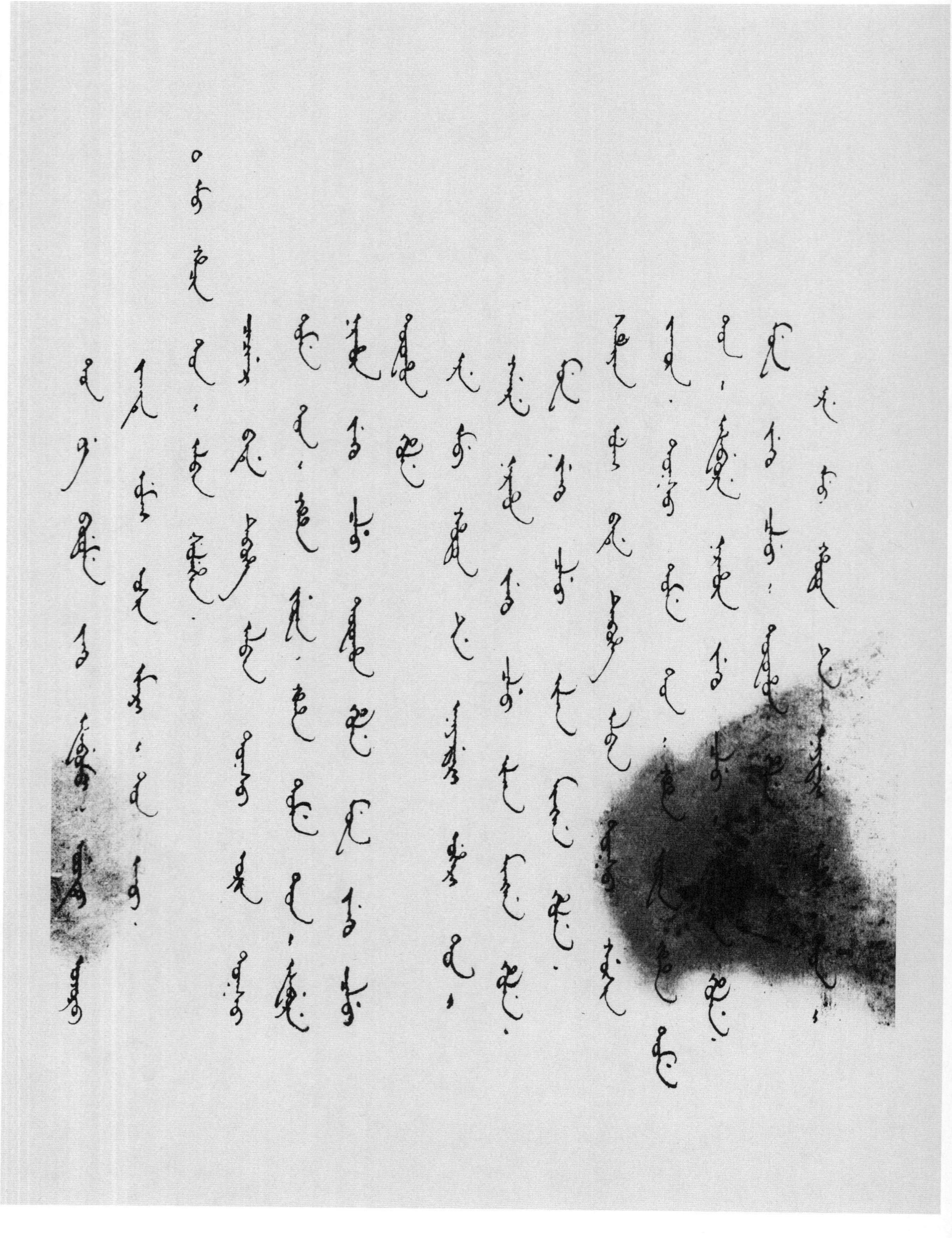

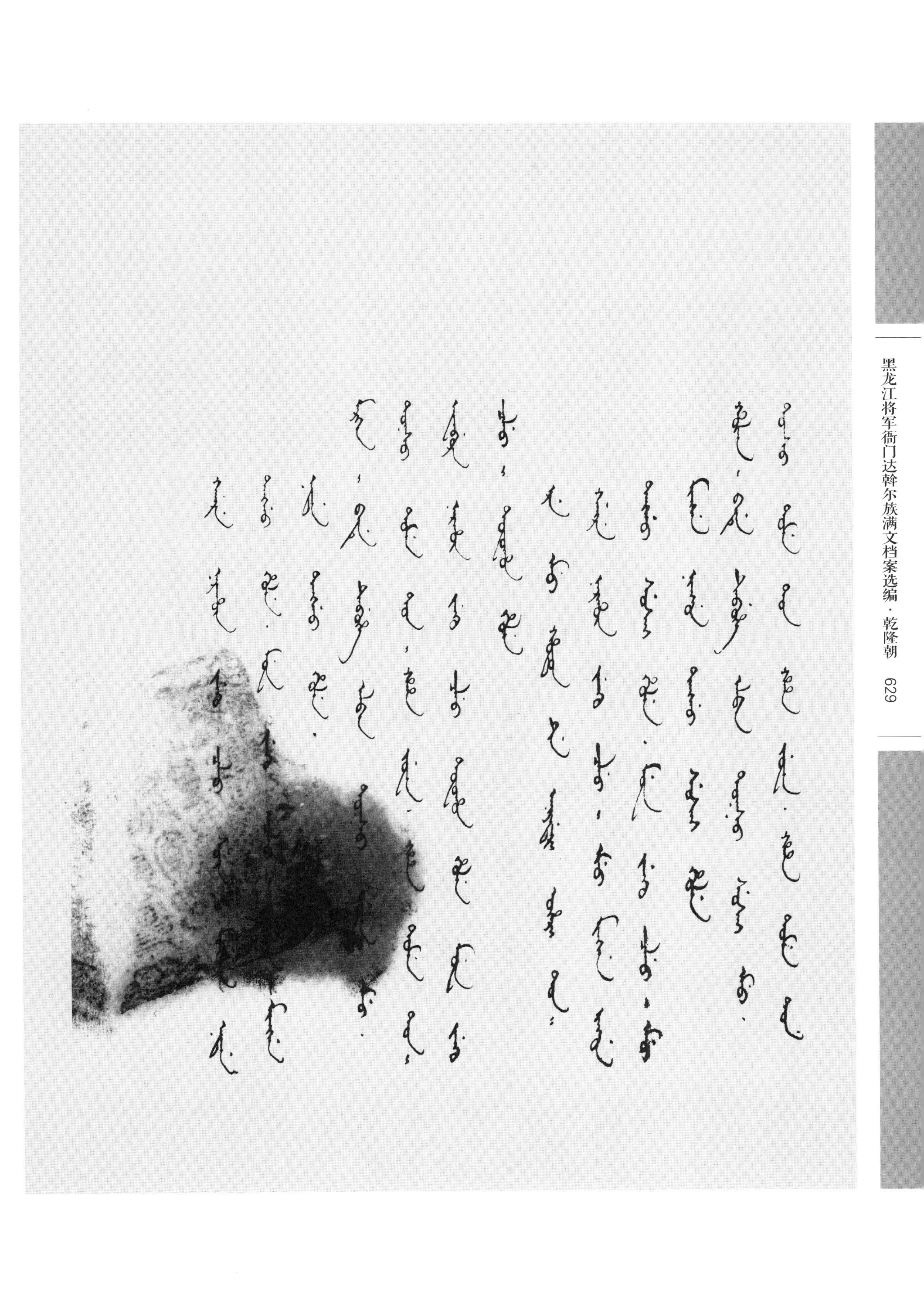

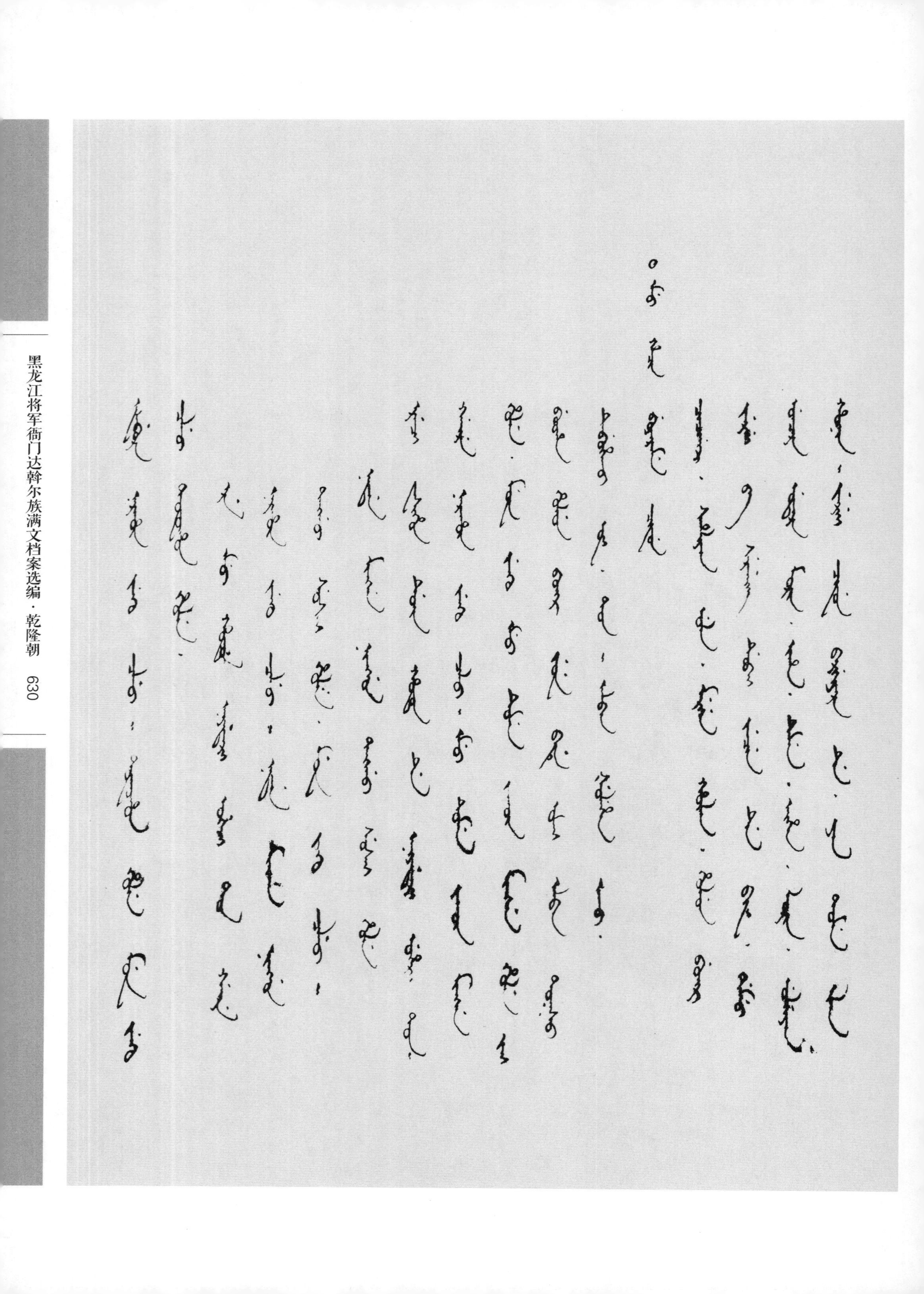

[illegible]

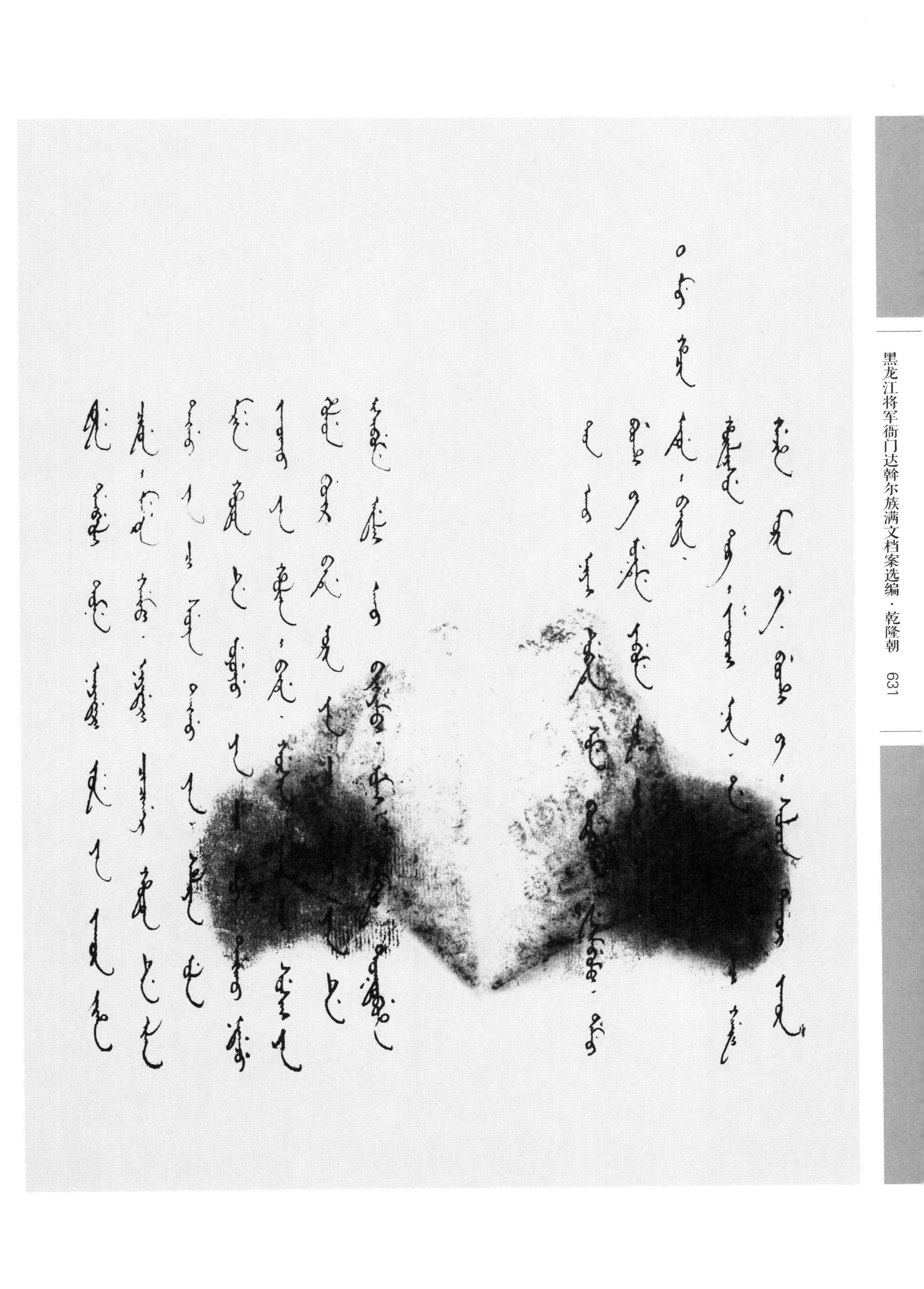

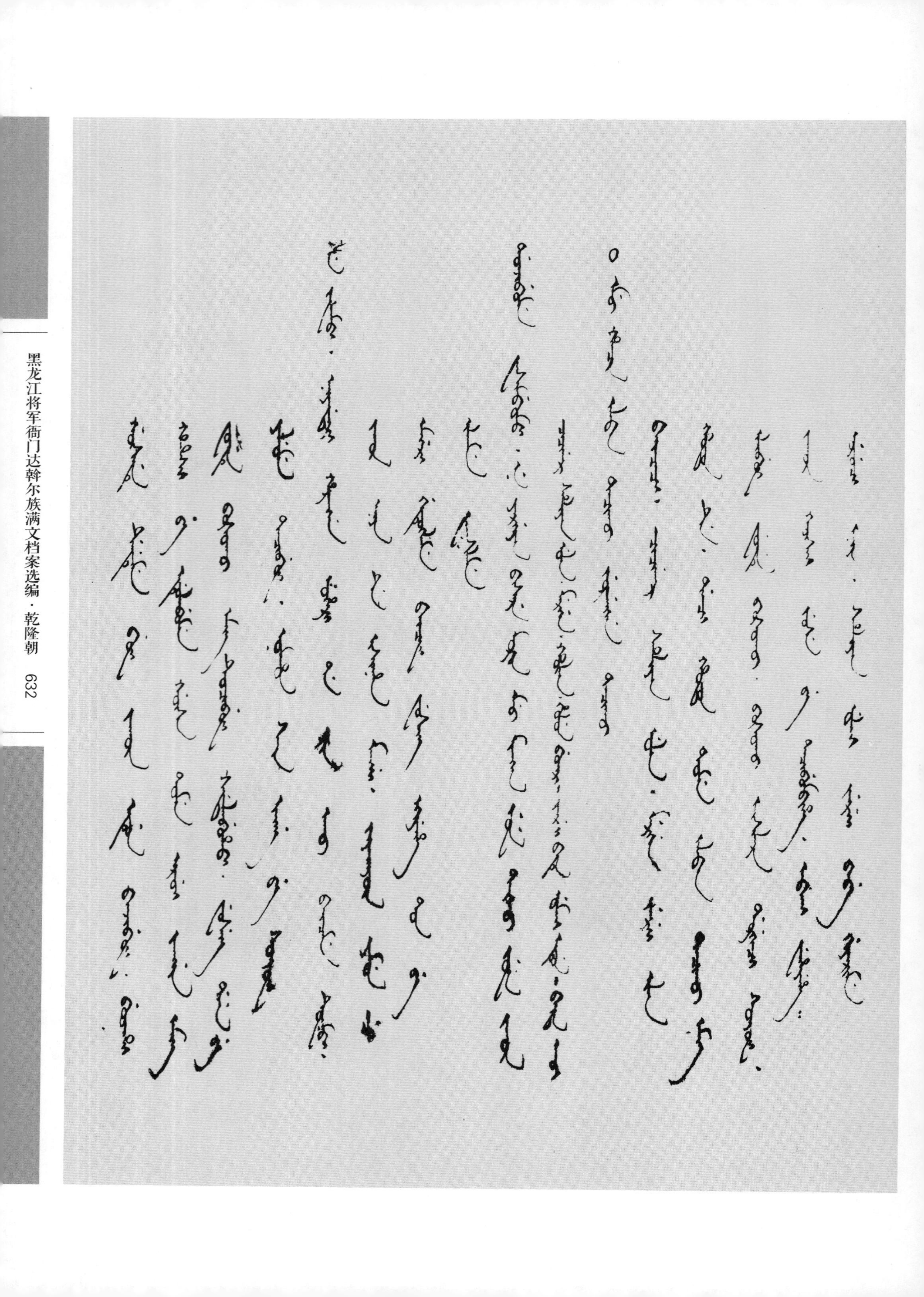

[illegible]

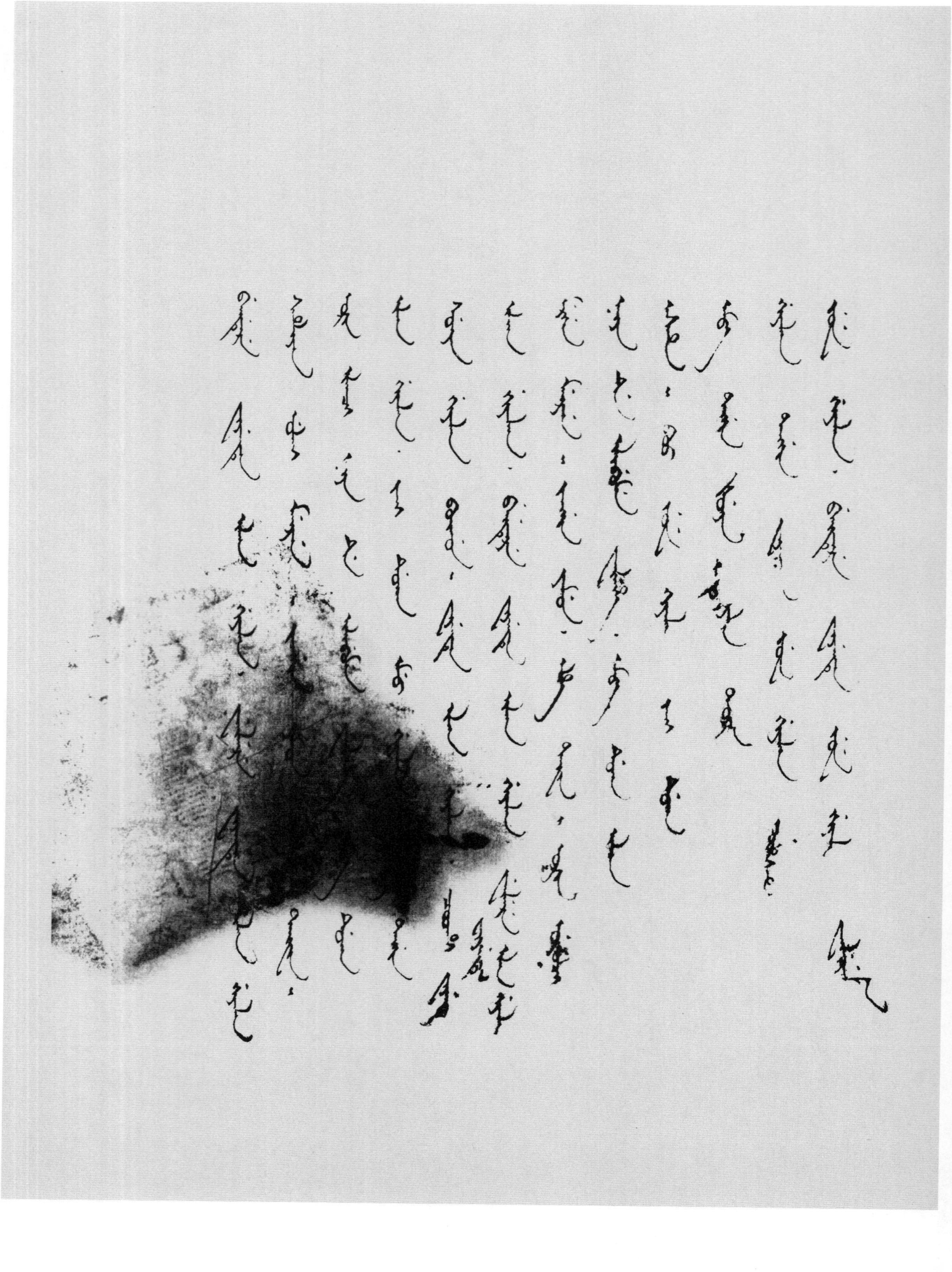

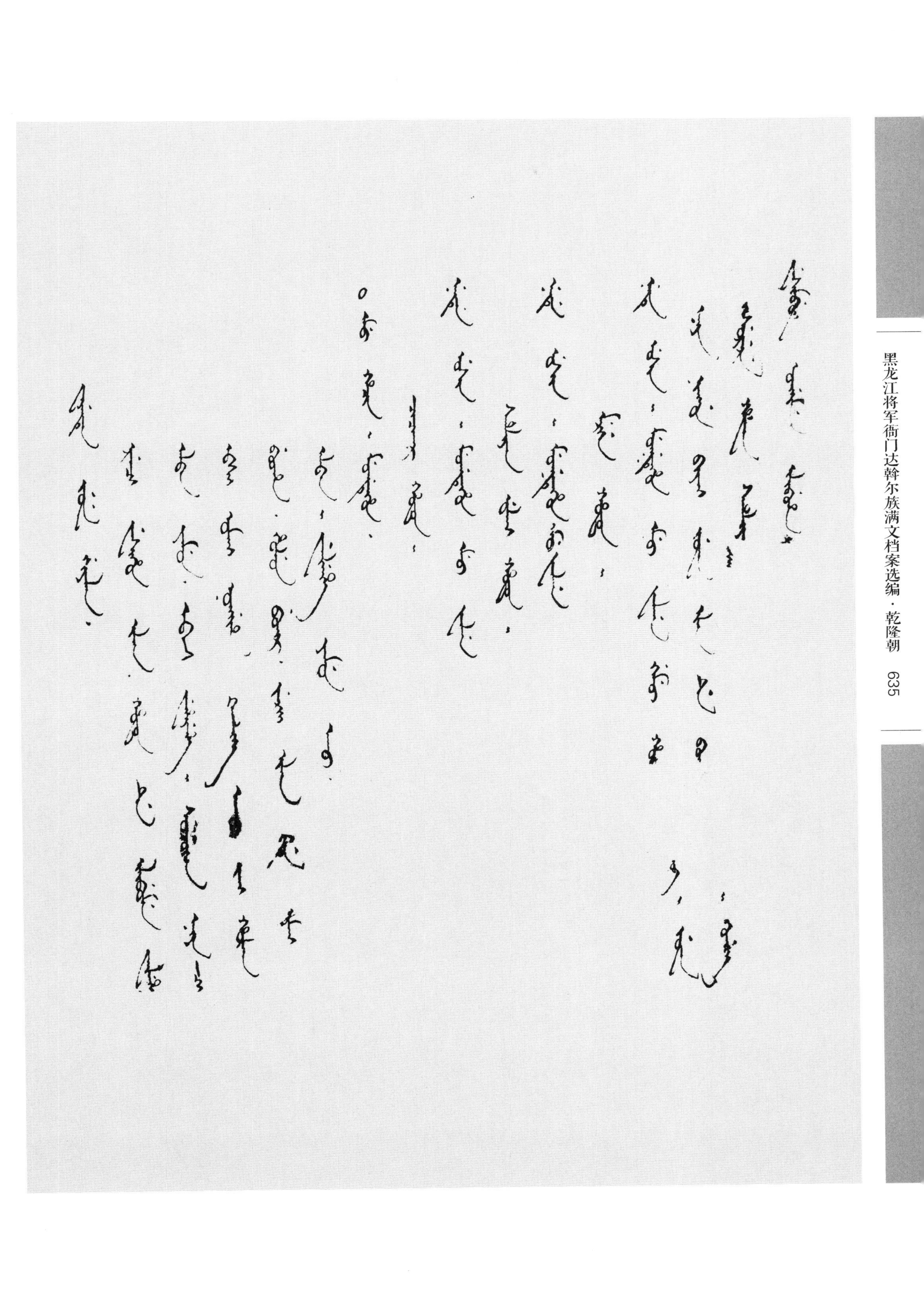

[illegible]

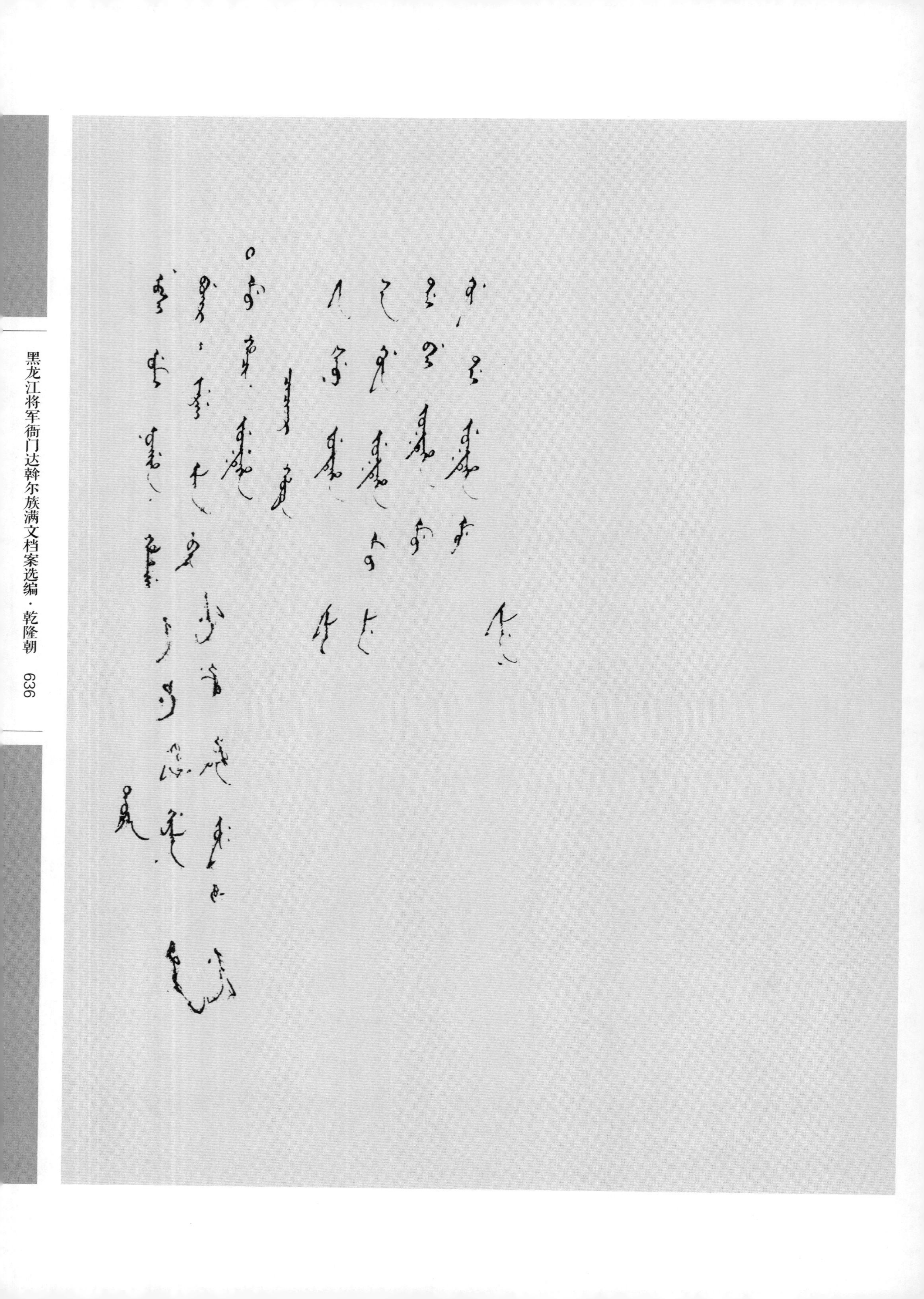

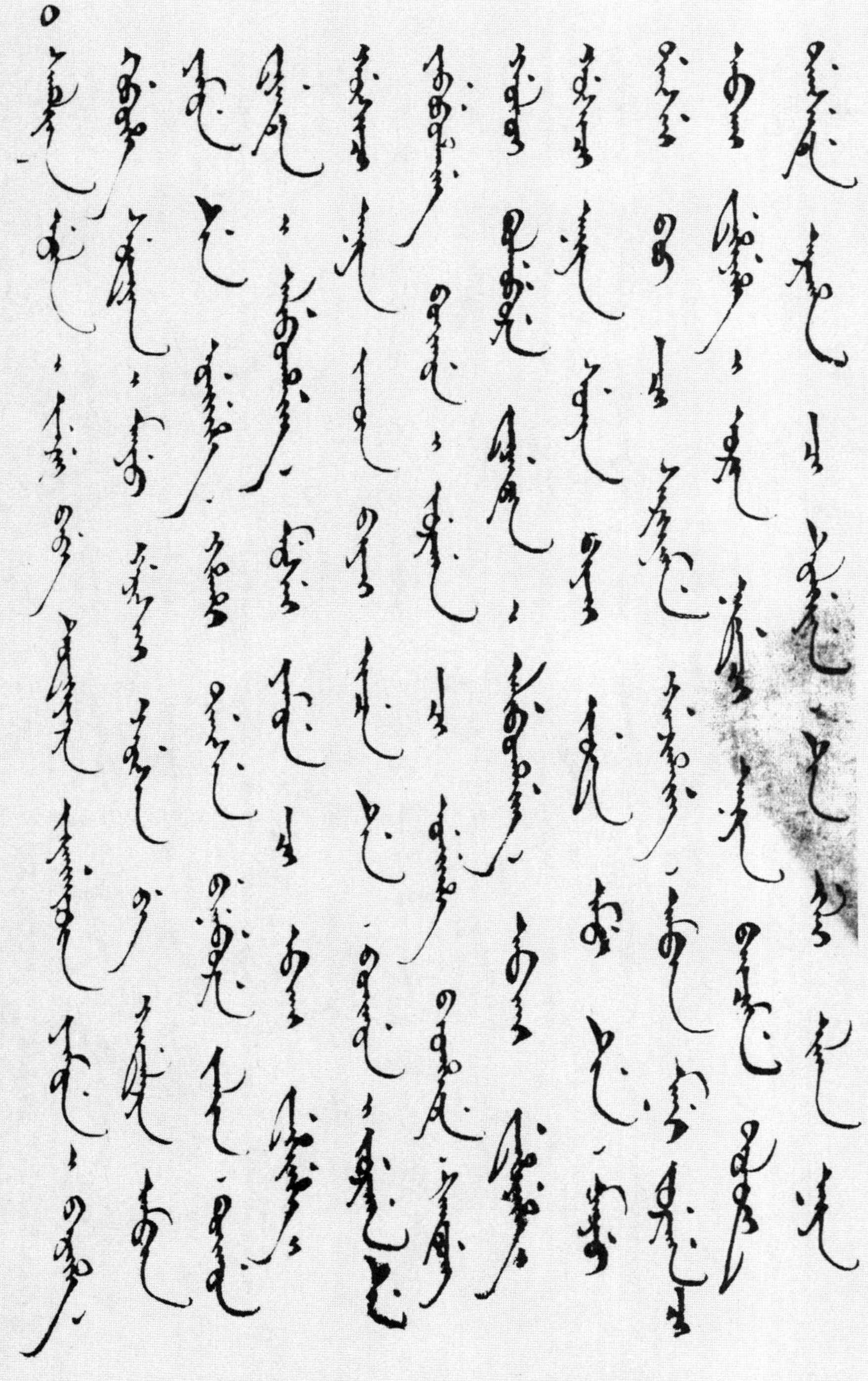

乾隆三十年十月初四日

一二五七　黑龙江将军衙门为咨送黑龙江各处满洲索伦达斡尔巴尔虎等比丁册事咨镶黄旗满洲都统衙门文

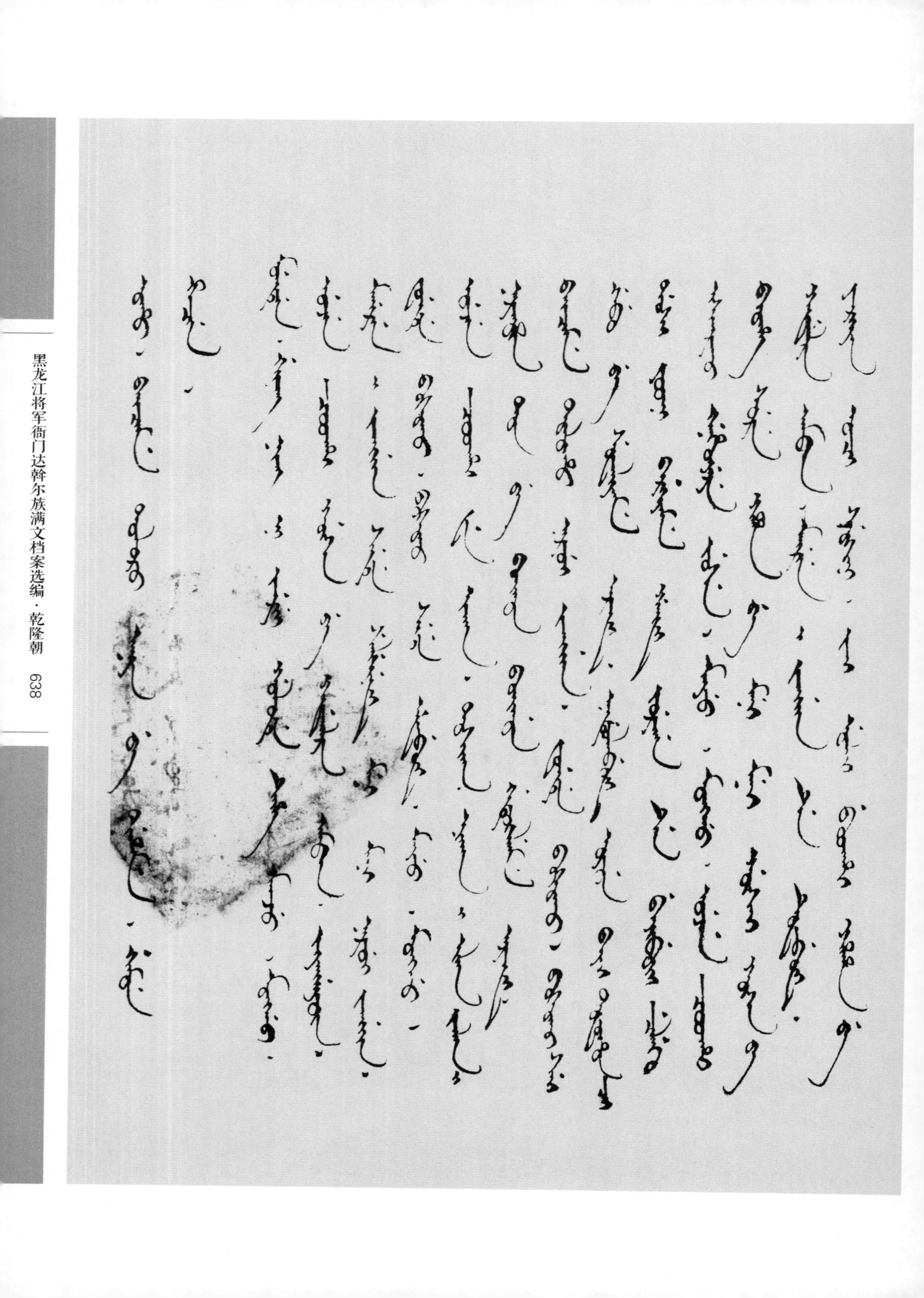

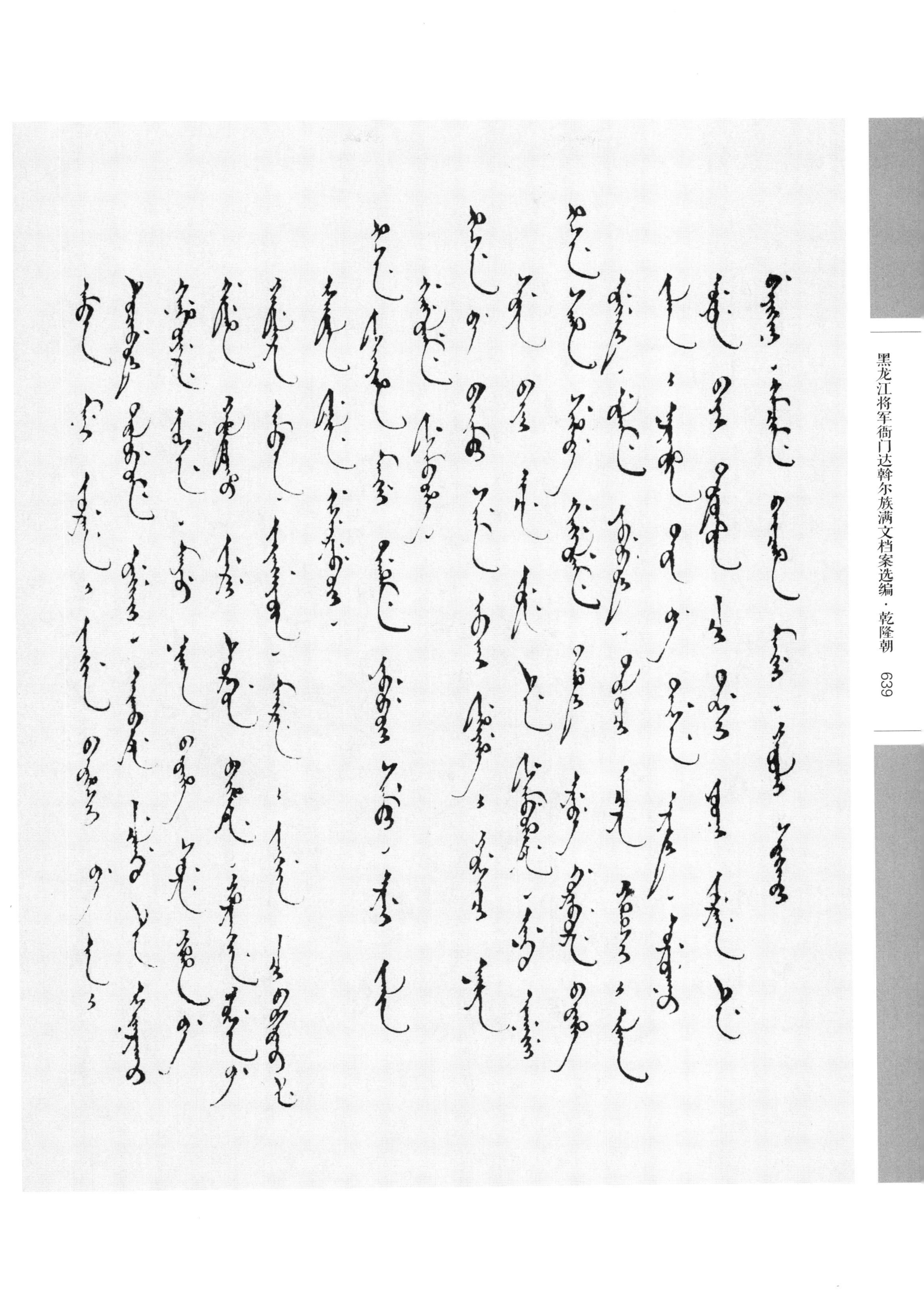

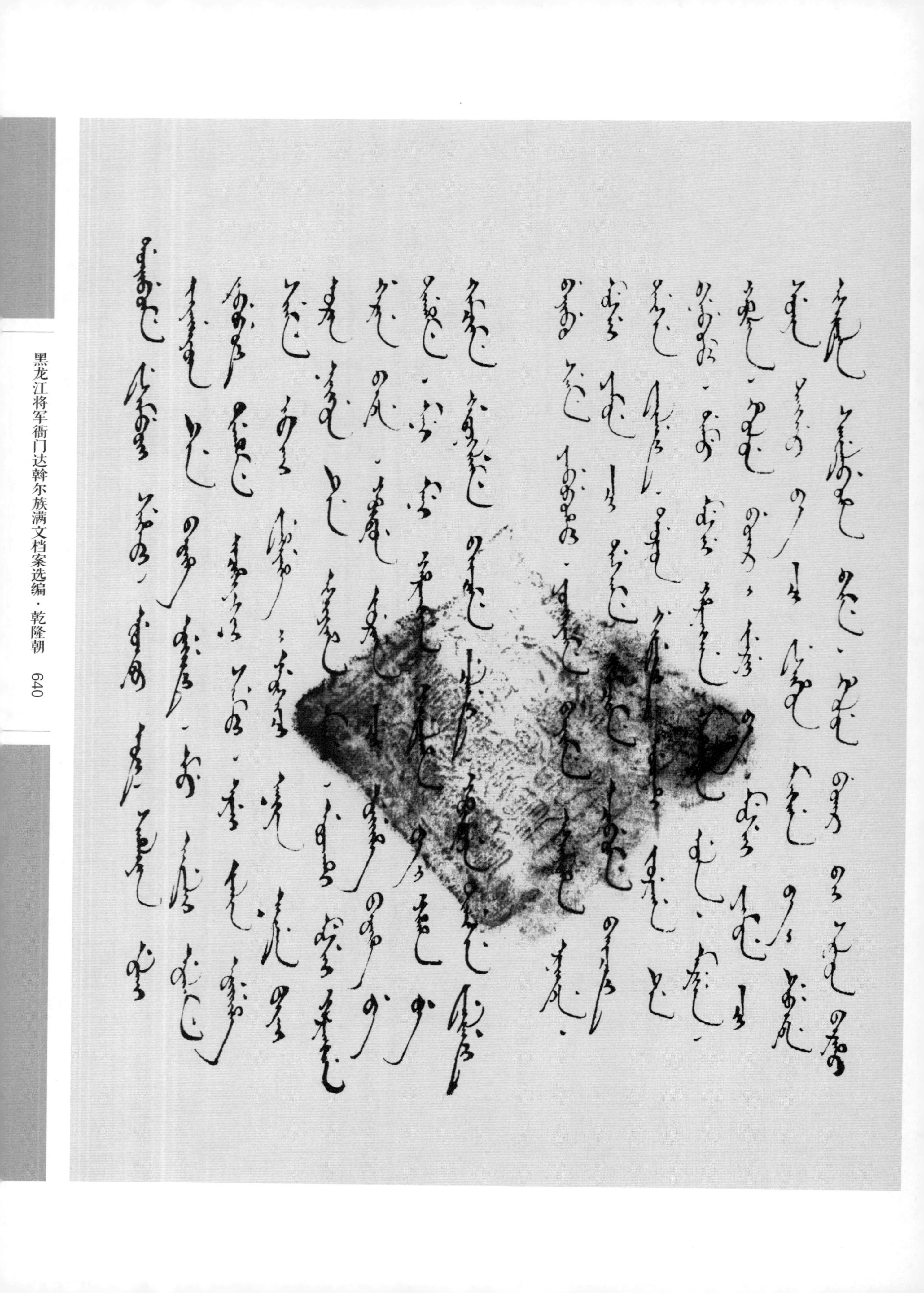

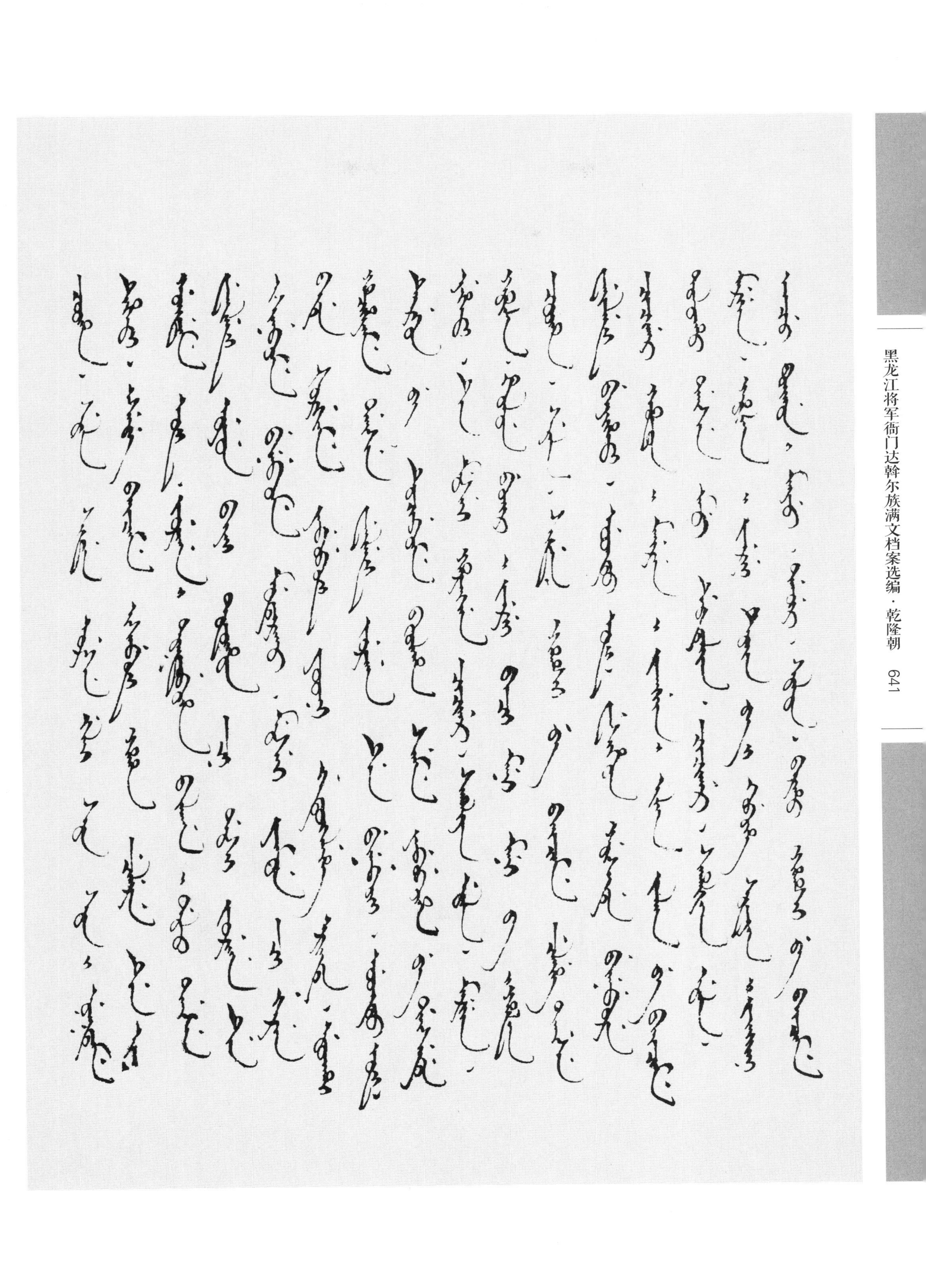

[illegible]

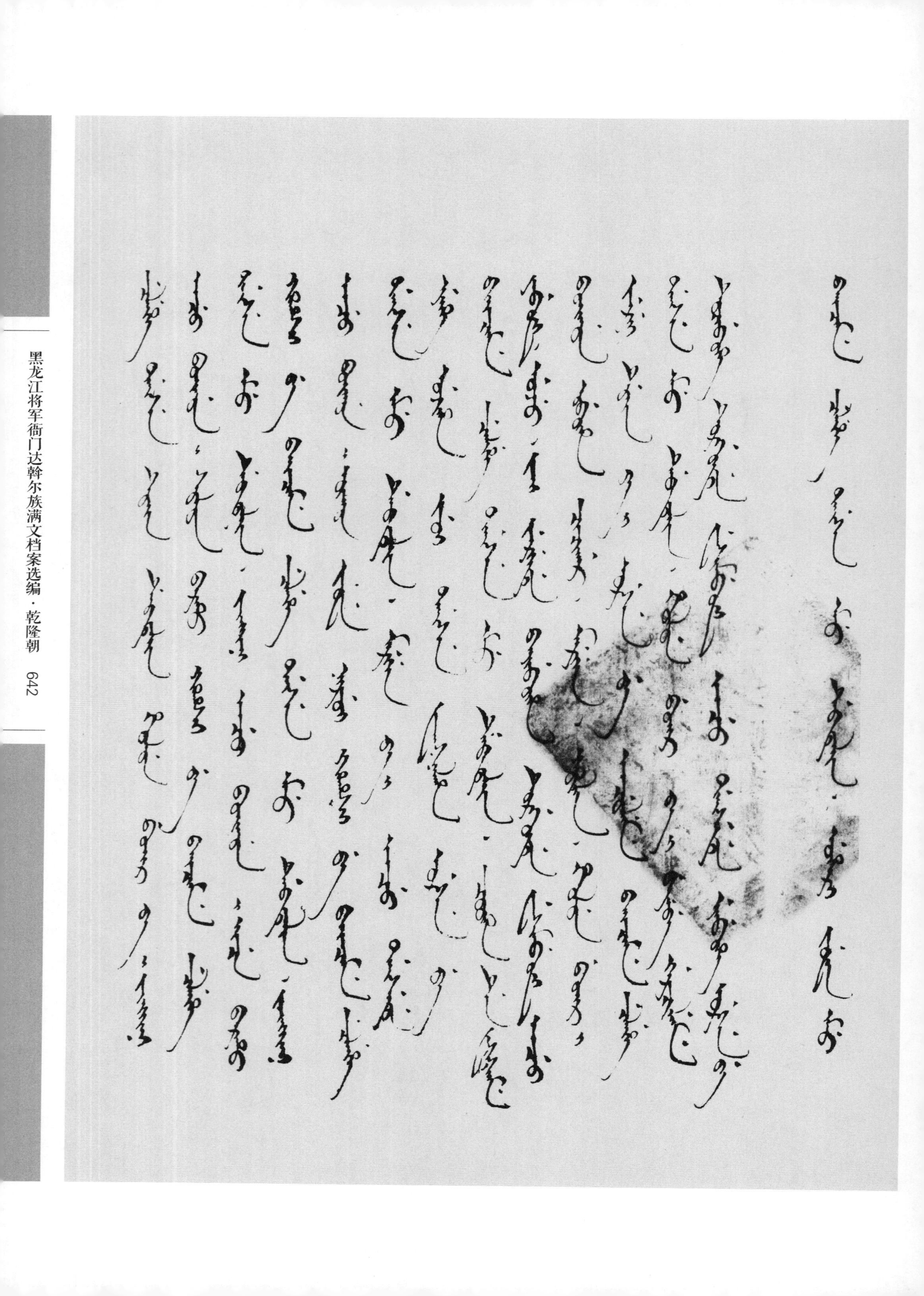

[illegible]

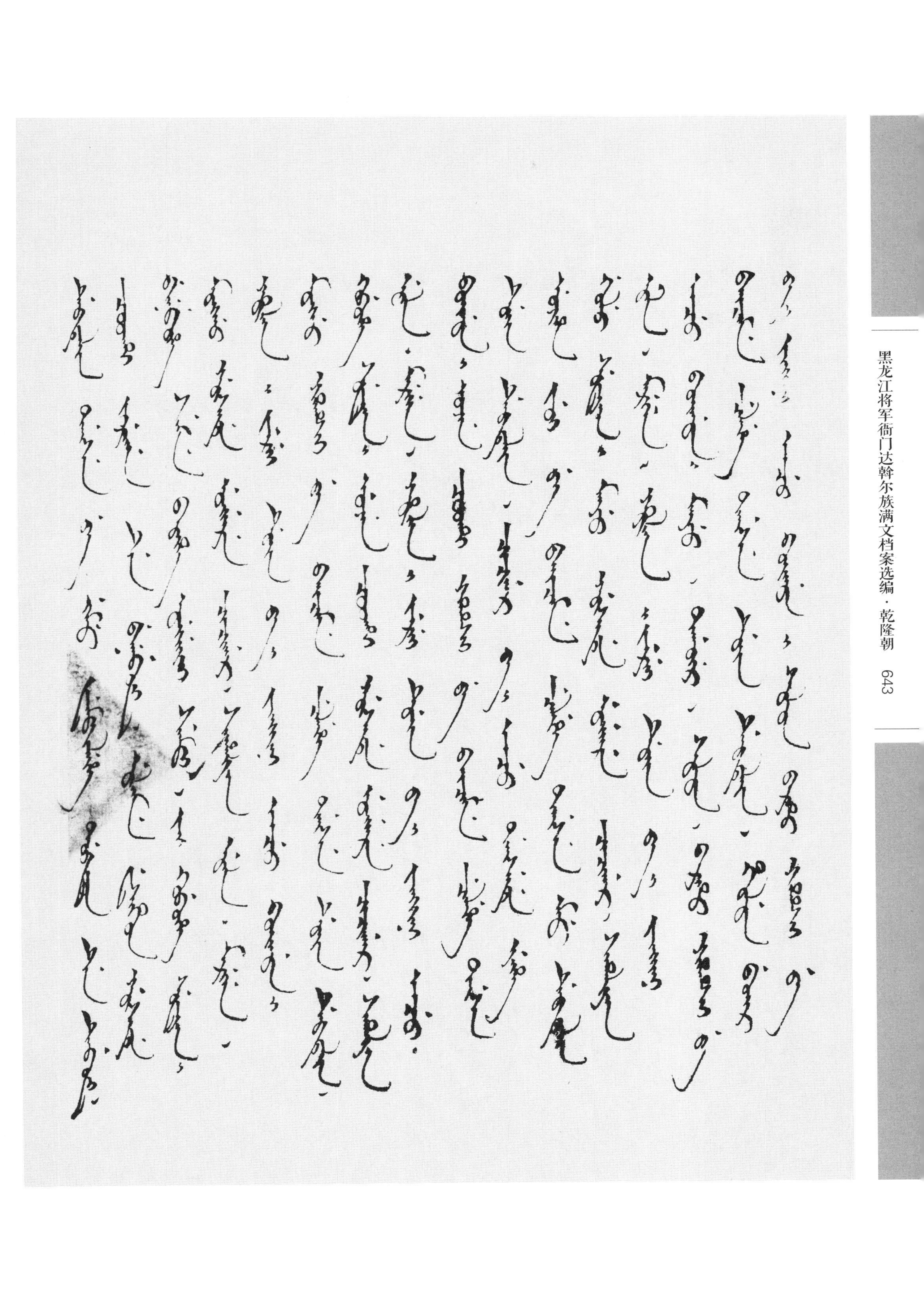

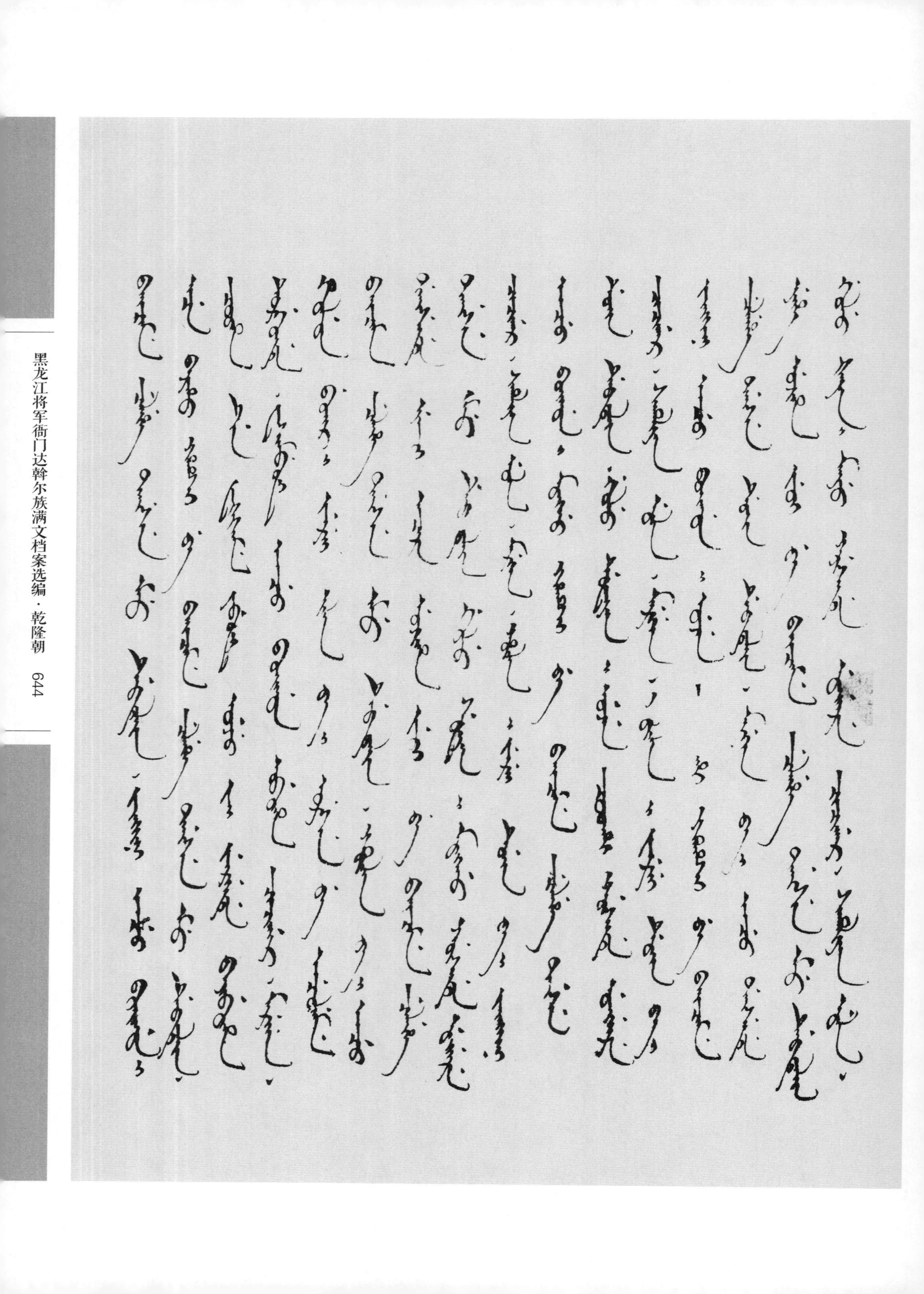

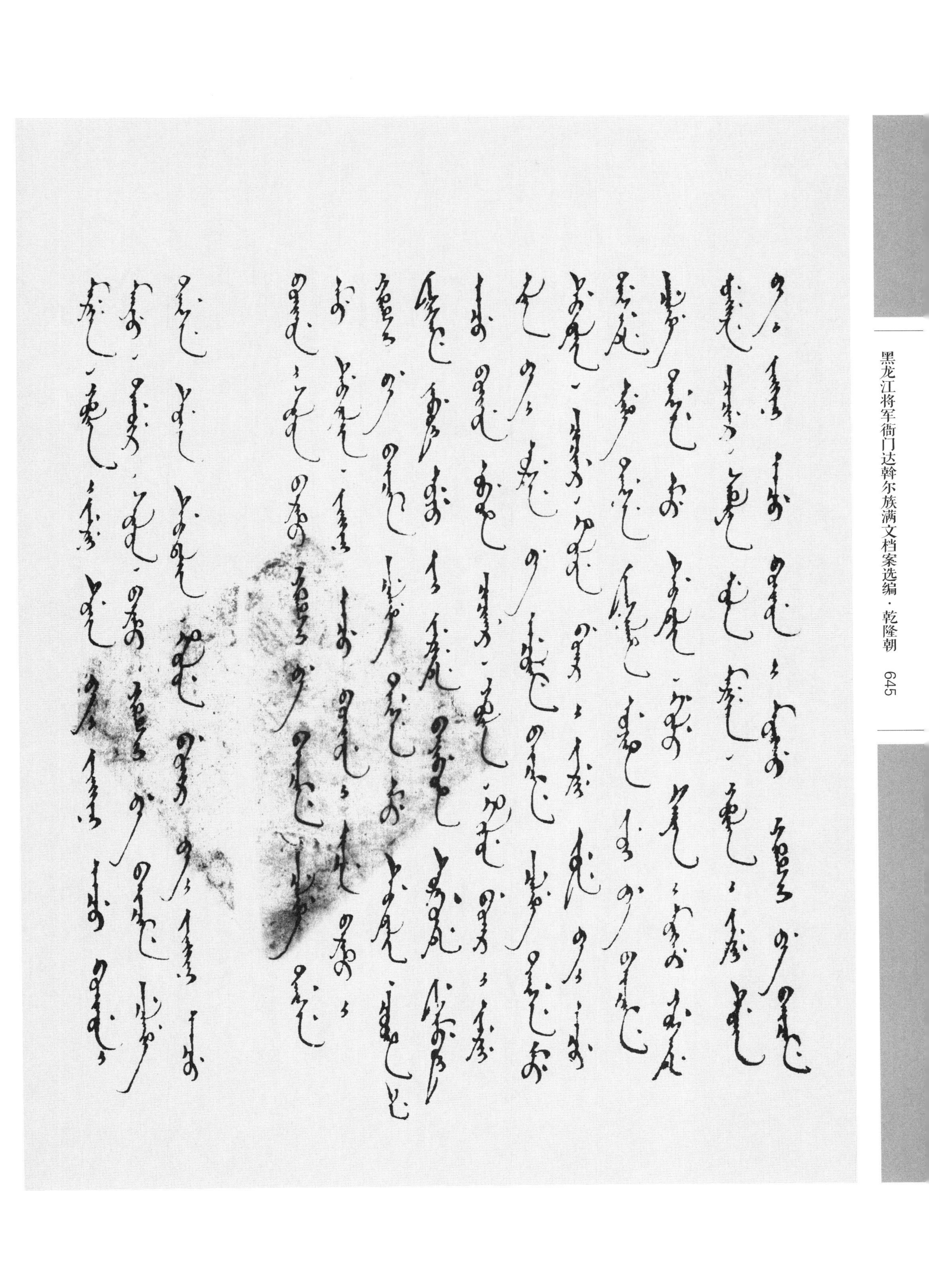

[illegible]

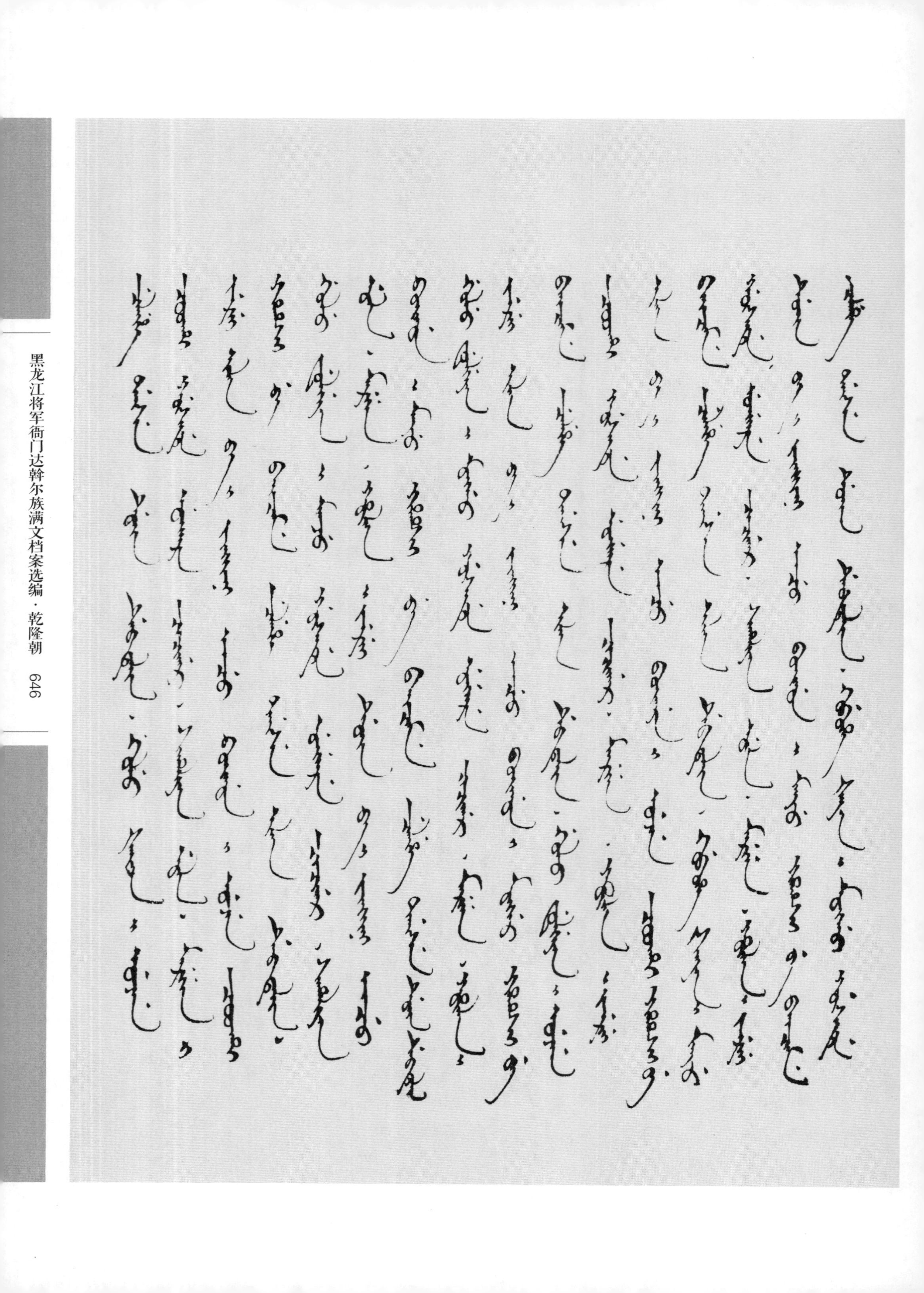

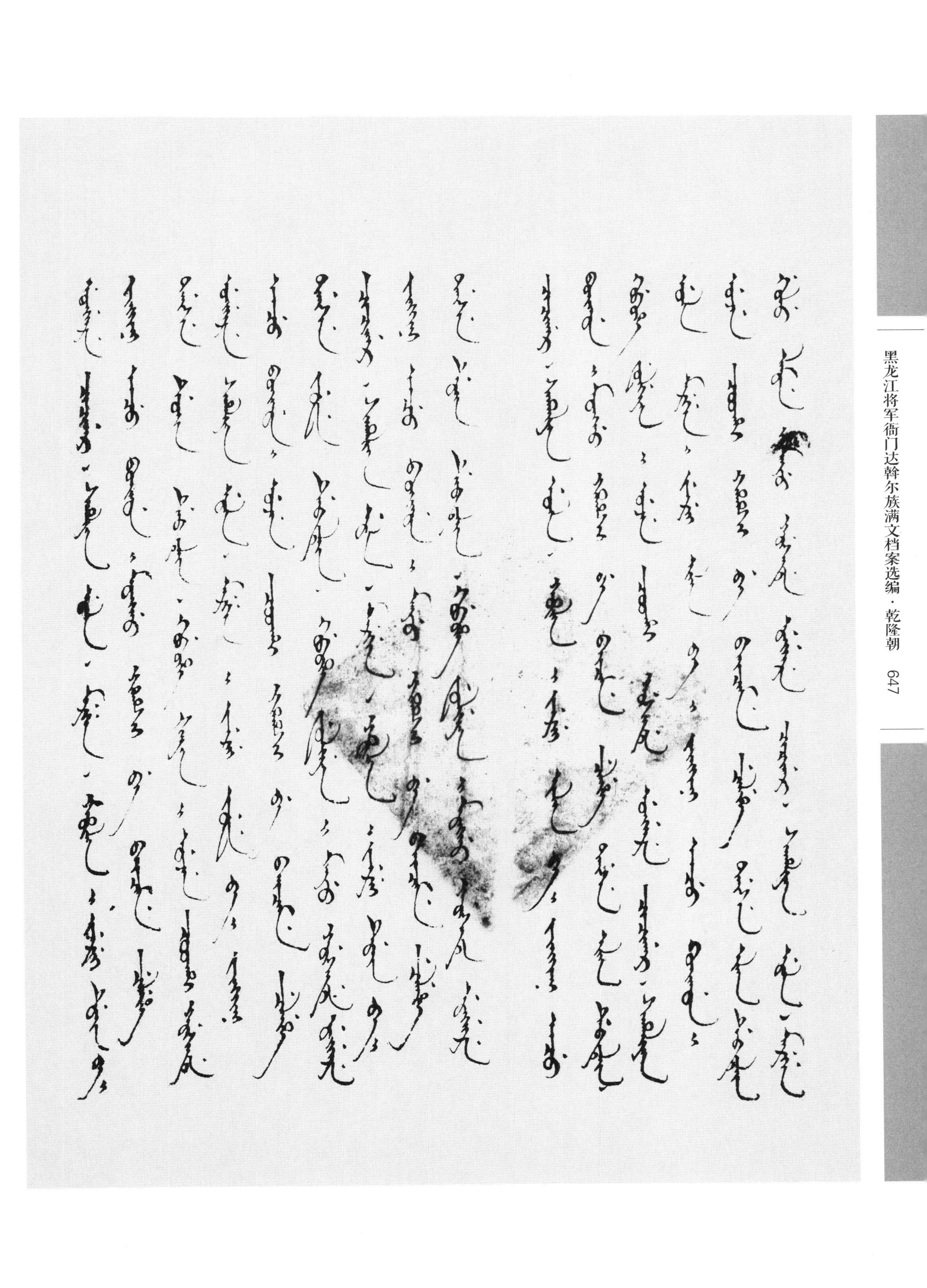

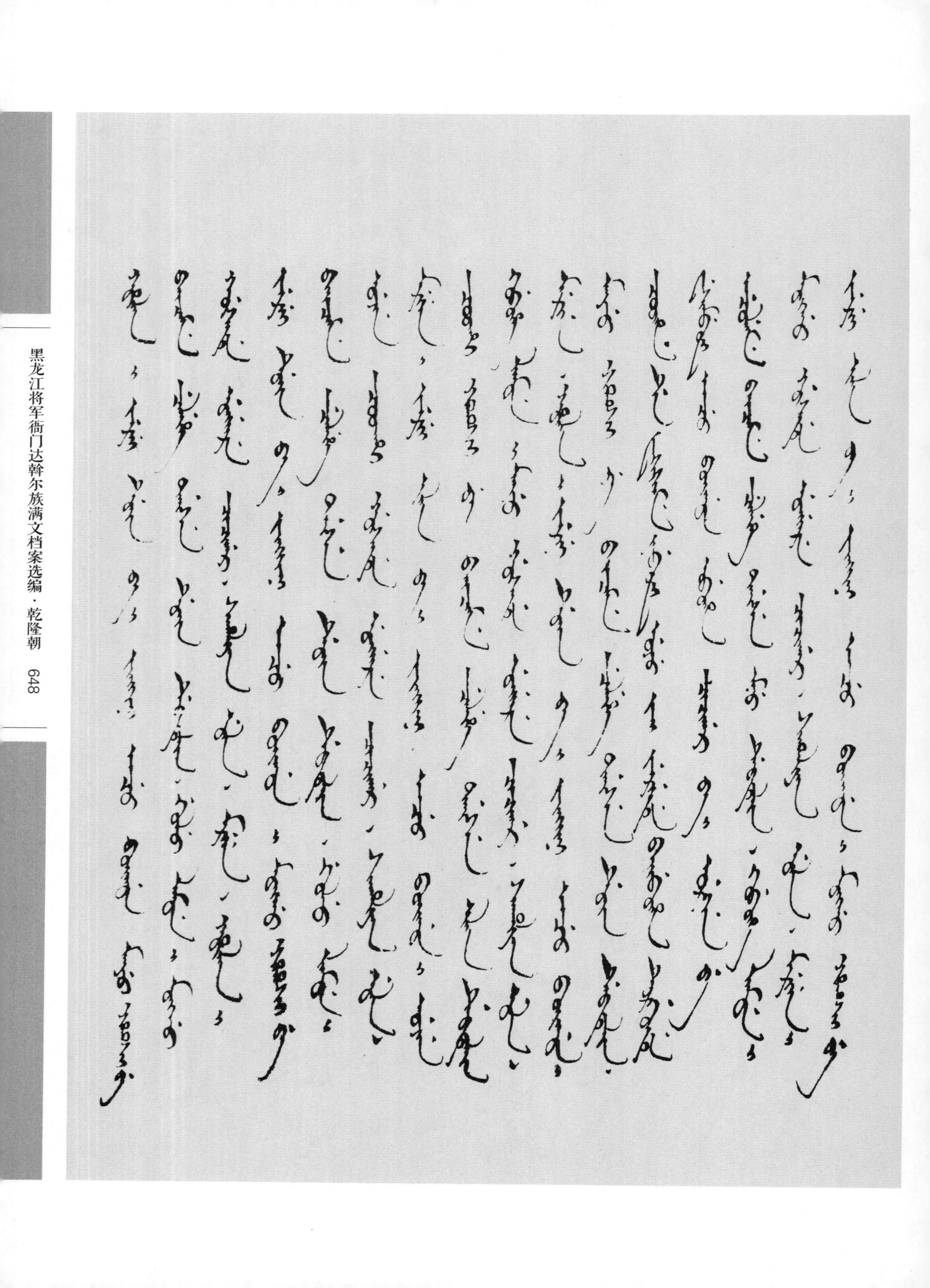

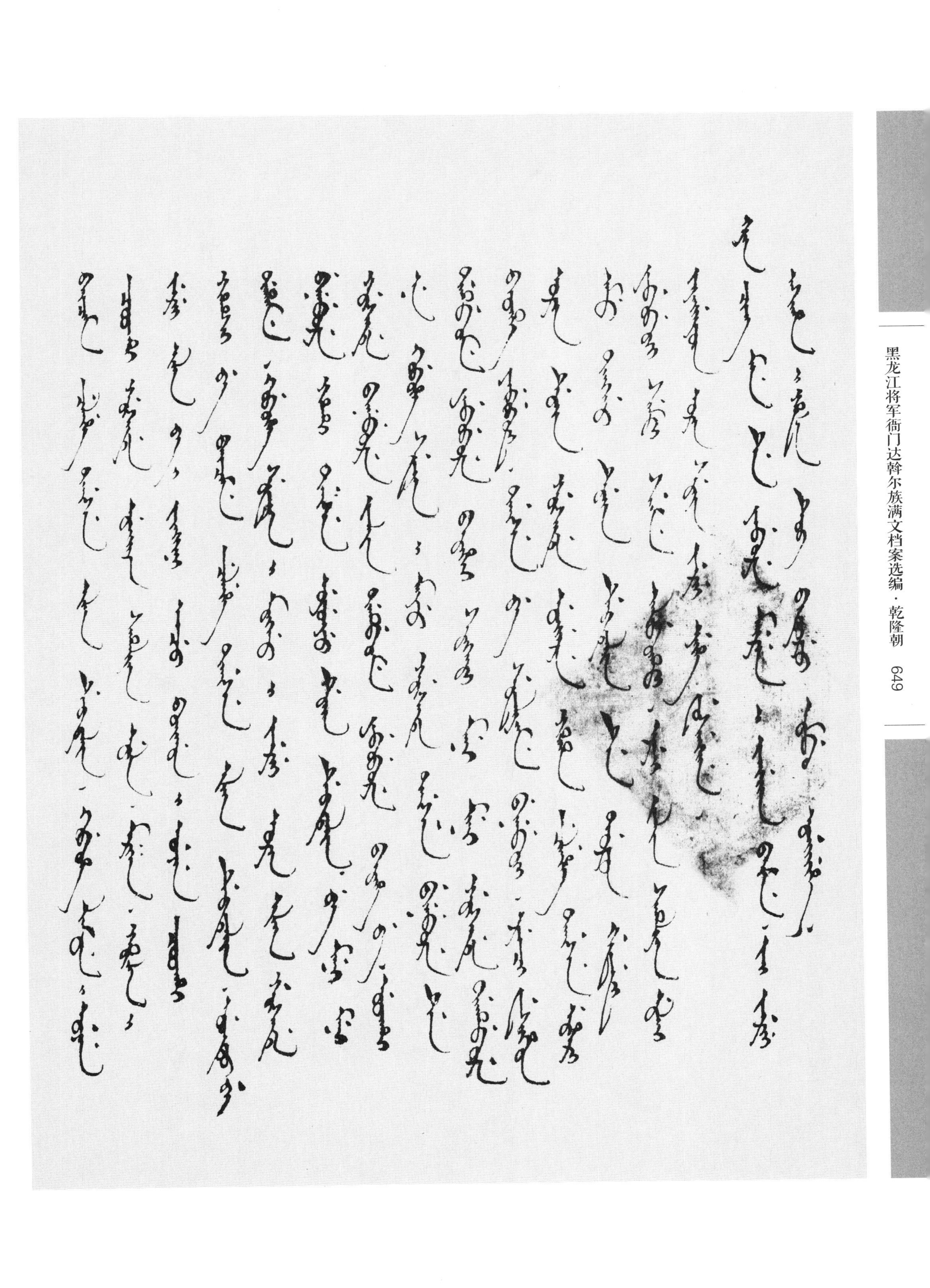

[illegible]

一二五八 黑龙江将军衙门为造送布特哈索伦达斡尔等年贡貂皮及黑龙江各项贡品清册事咨户部文

乾隆三十年十月初五日

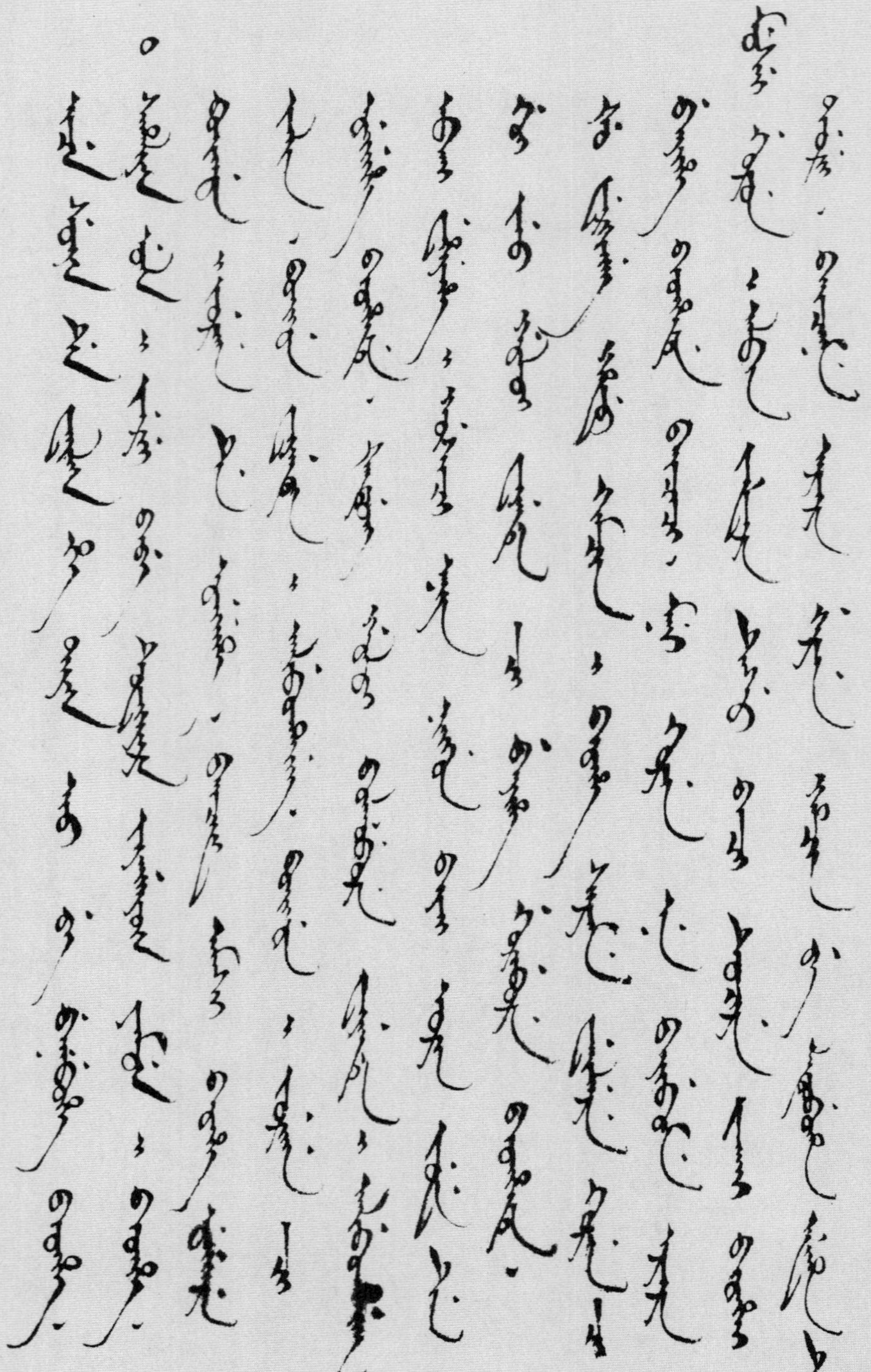

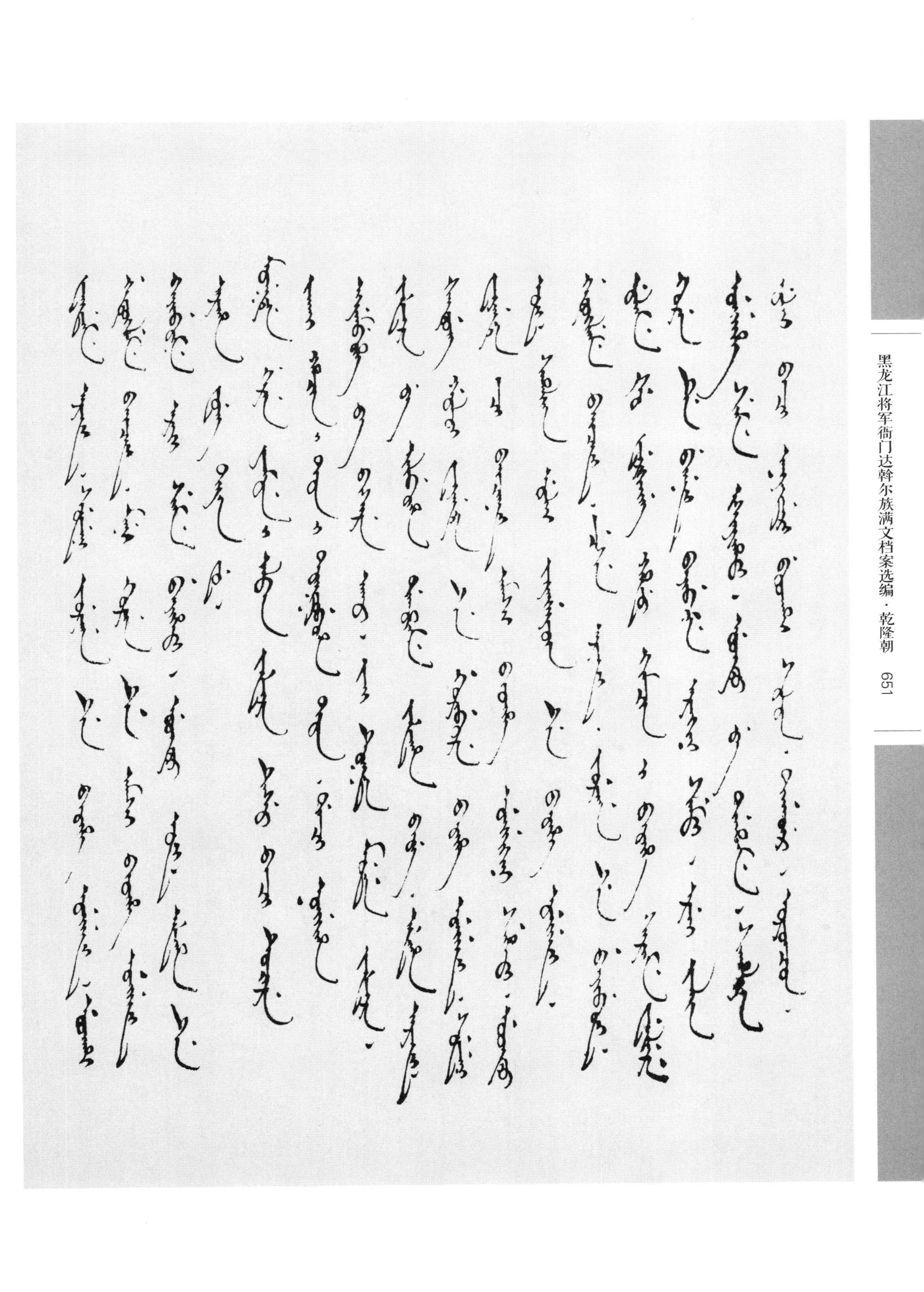

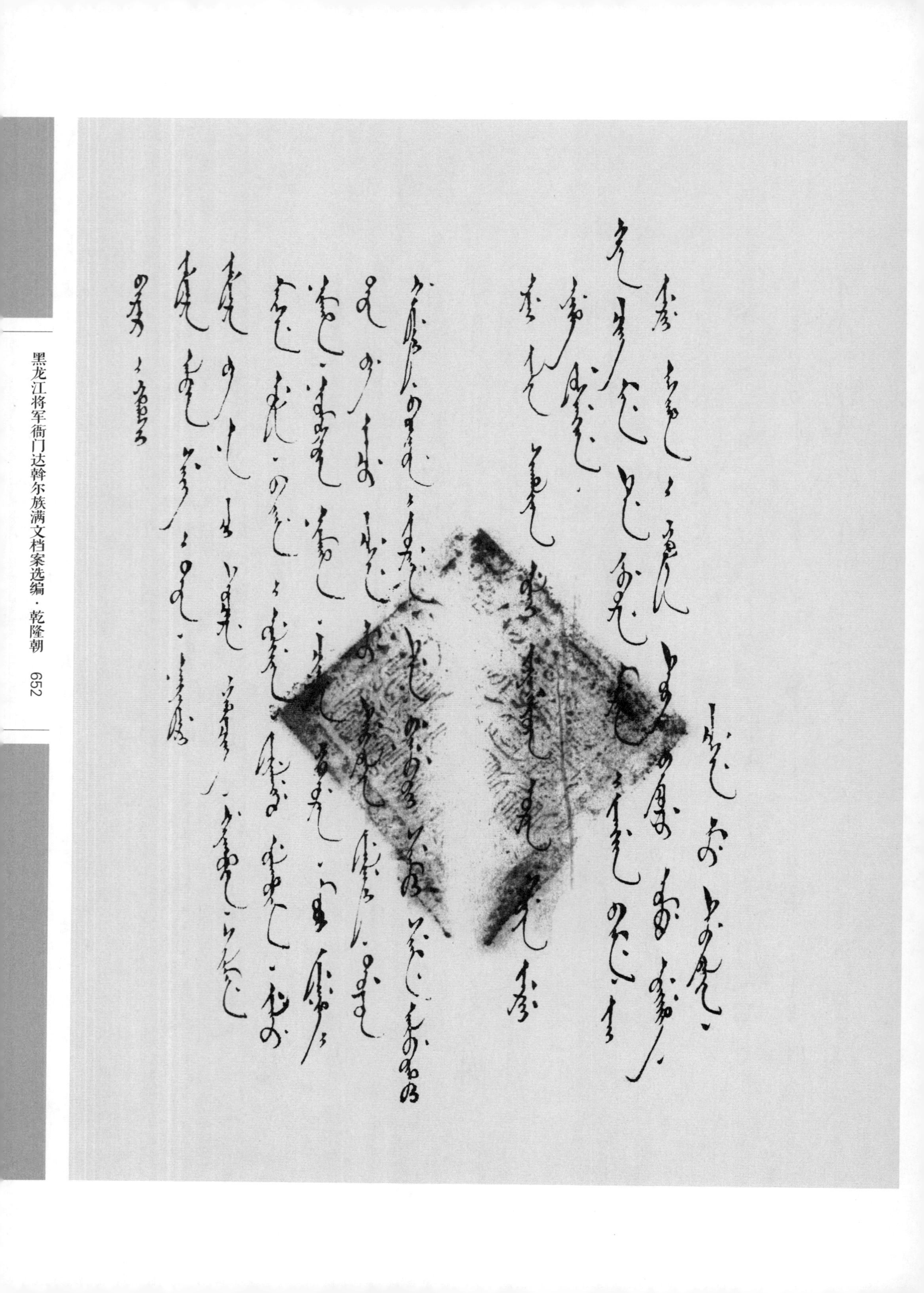

一二五九 黑龙江将军衙门为查报布特哈索伦达斡尔等按例年贡貂皮及黑龙江各项贡品事咨户部文

乾隆三十年十月初五日

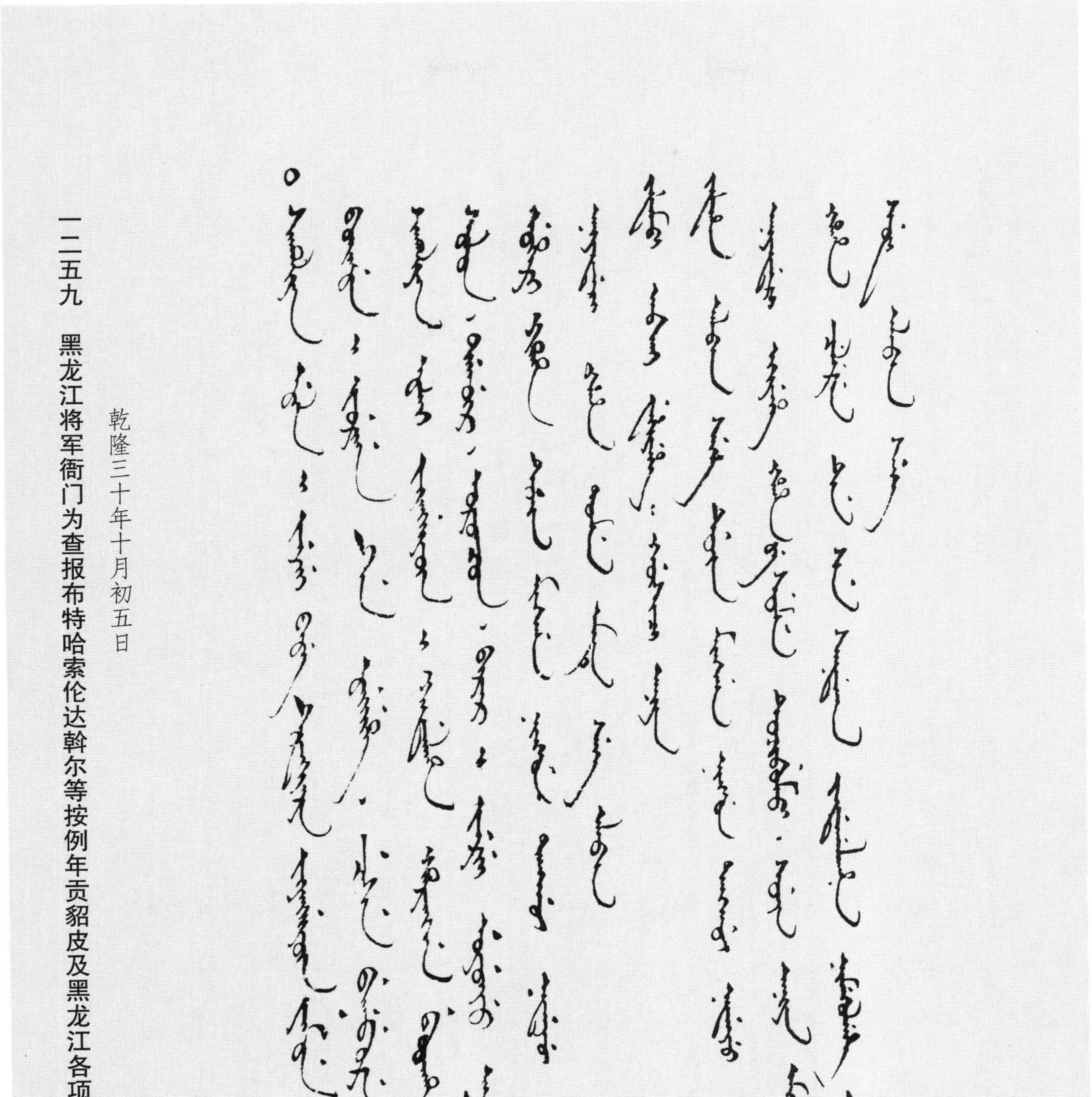

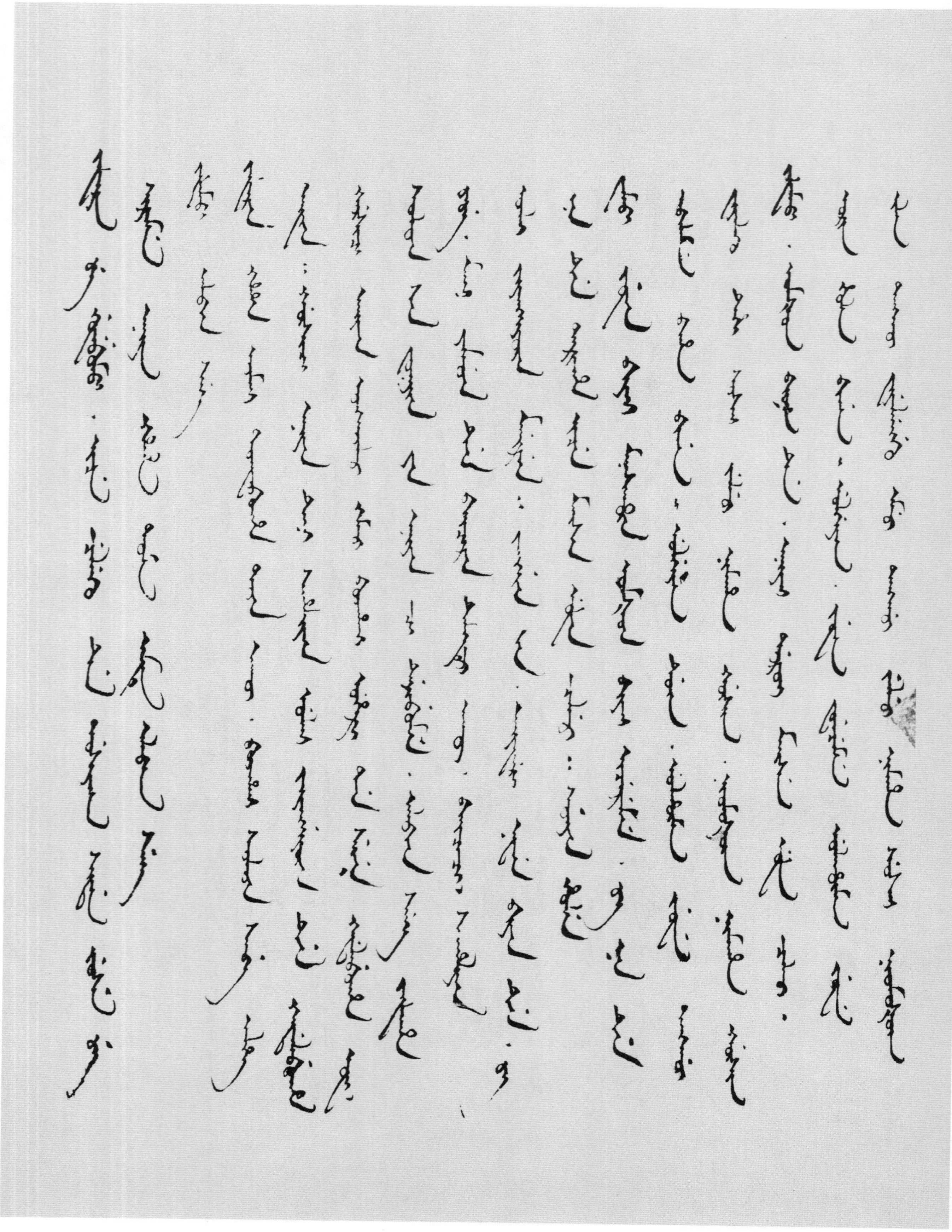

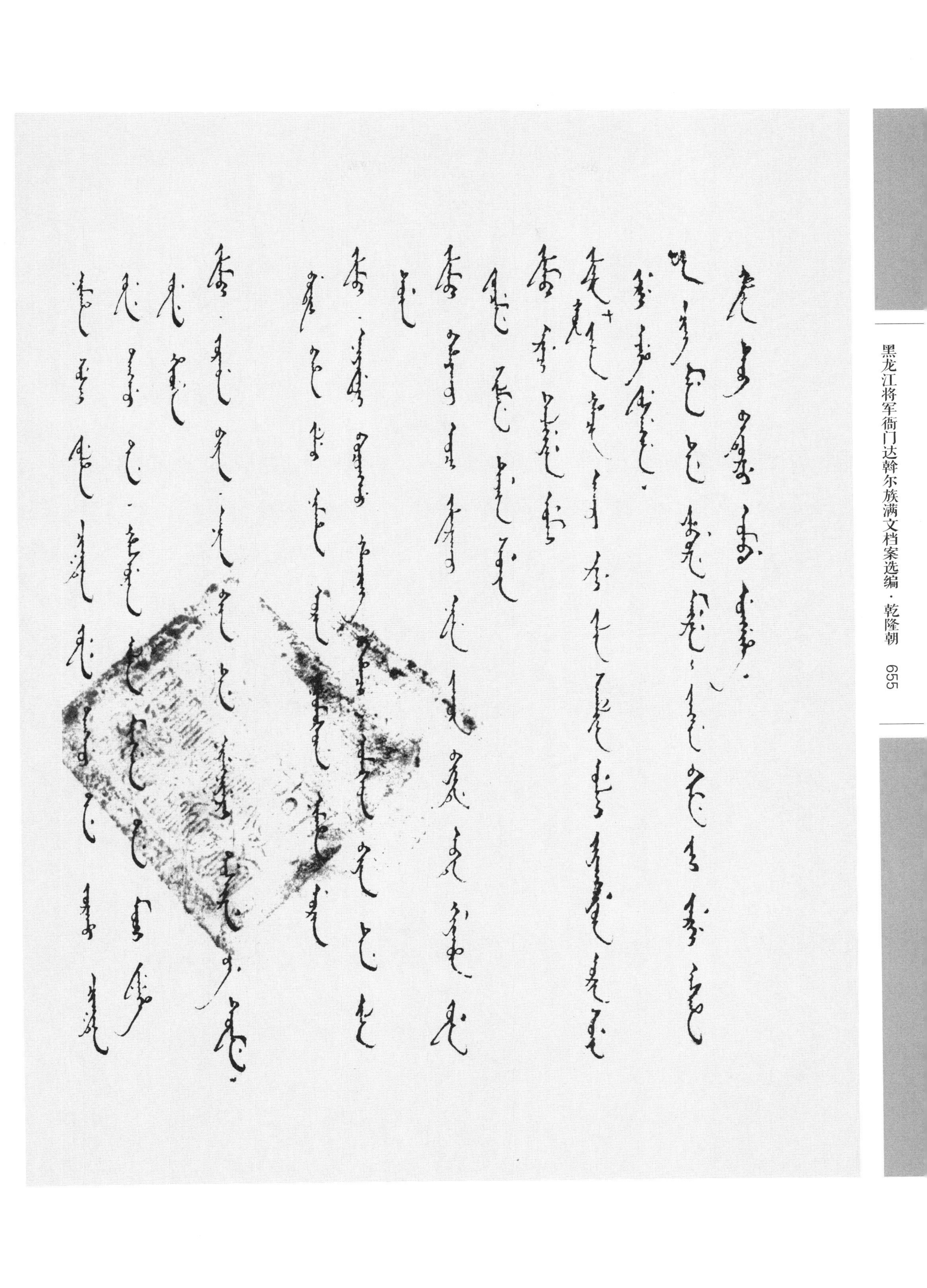

一二六〇 黑龙江将军衙门为令缉拿逃逸另户达斡尔披甲济济穆保事咨扎赉特扎萨克多罗贝勒文

乾隆三十年十一月初三日

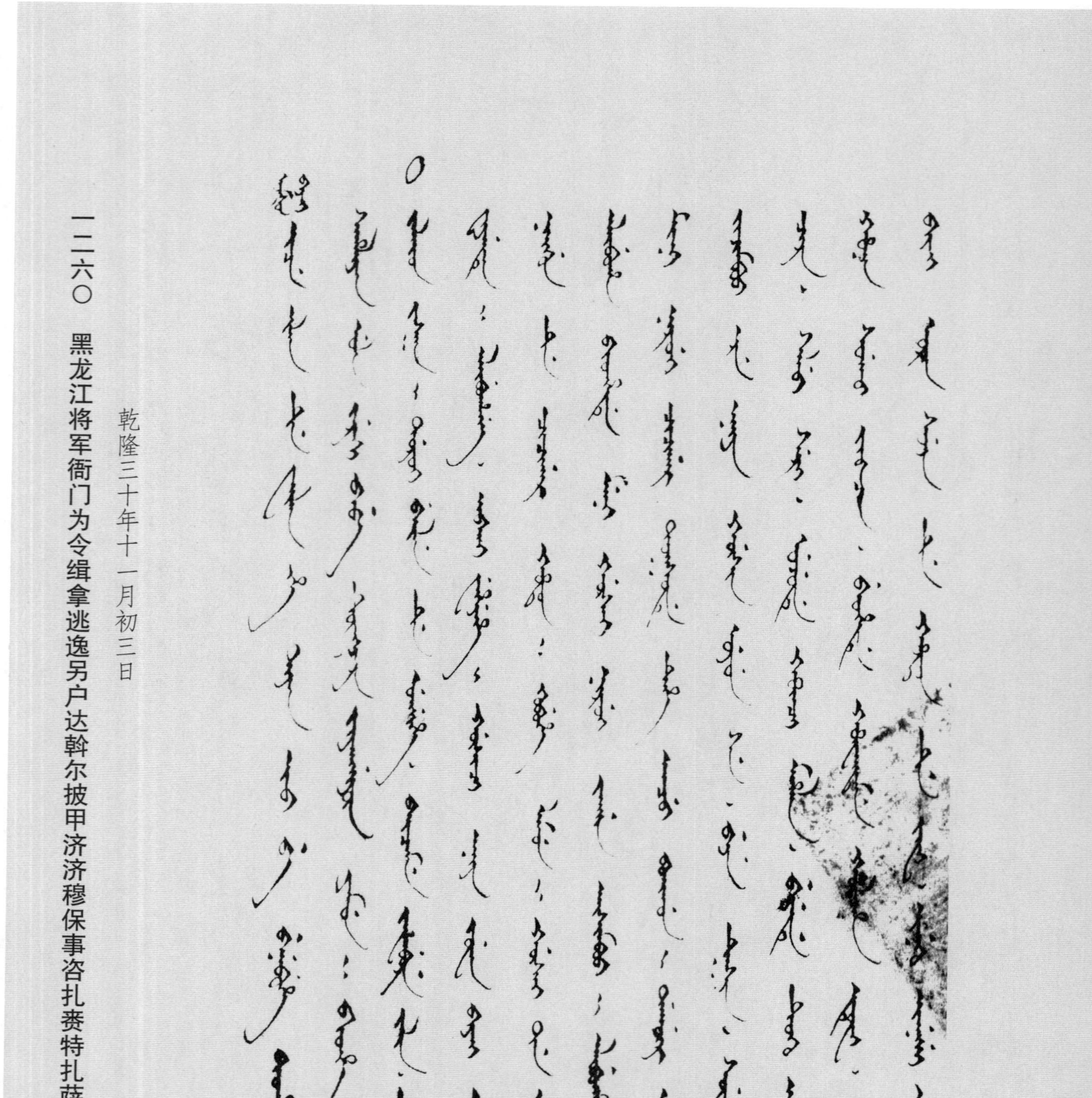

一二六一 黑龙江将军衙门为领取新授满洲达斡尔等官员俸银事咨盛京户部文

乾隆三十年十一月十三日

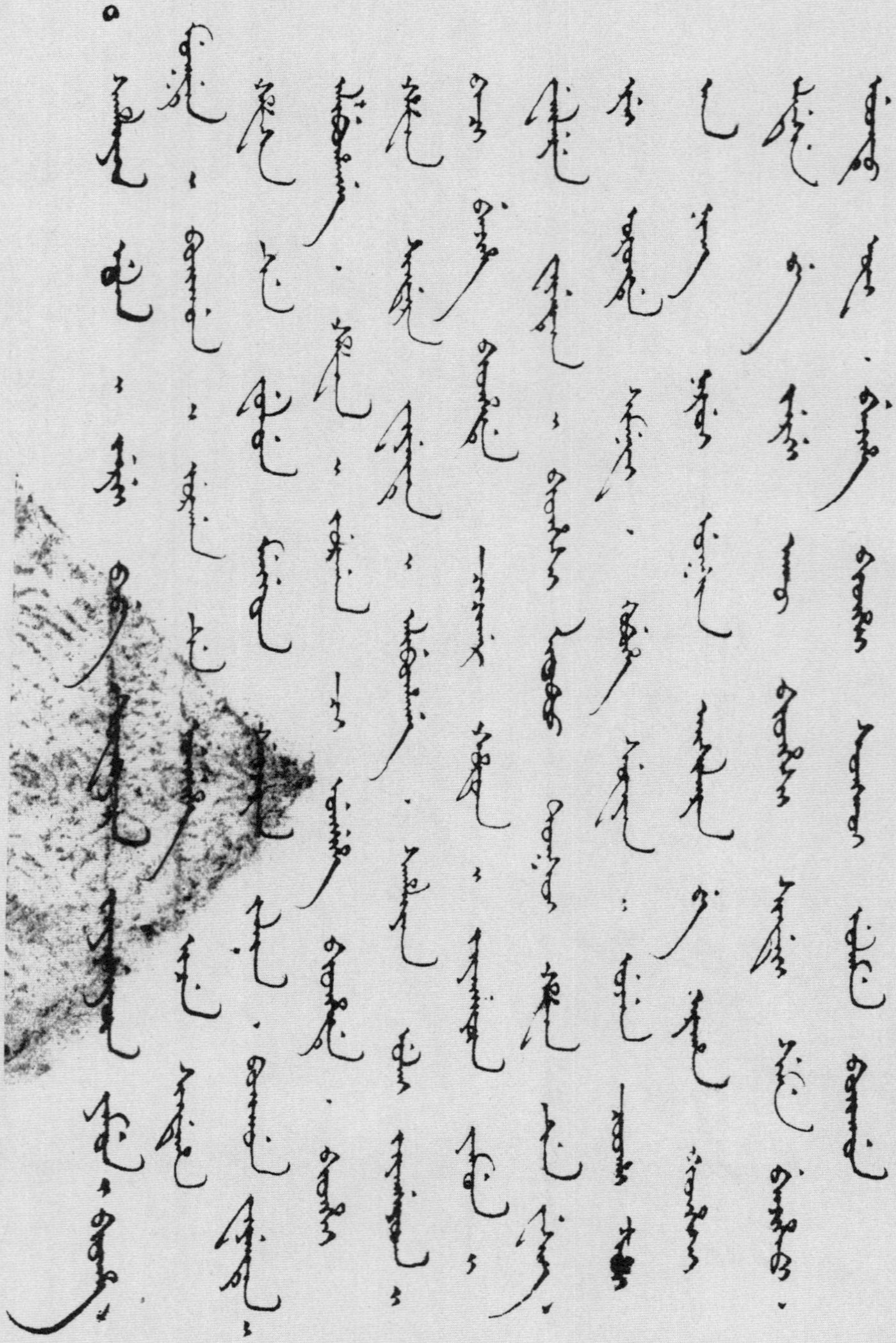

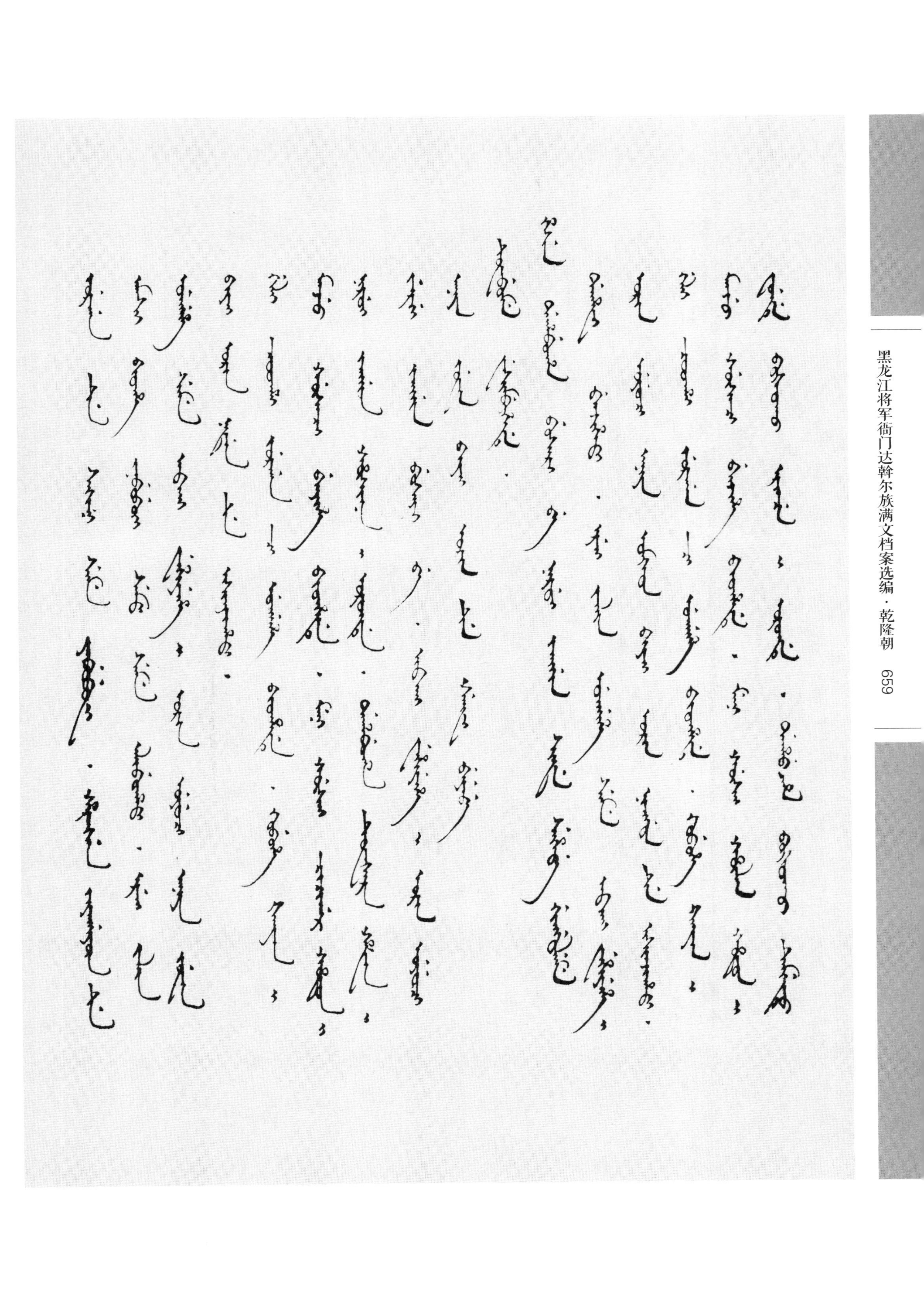

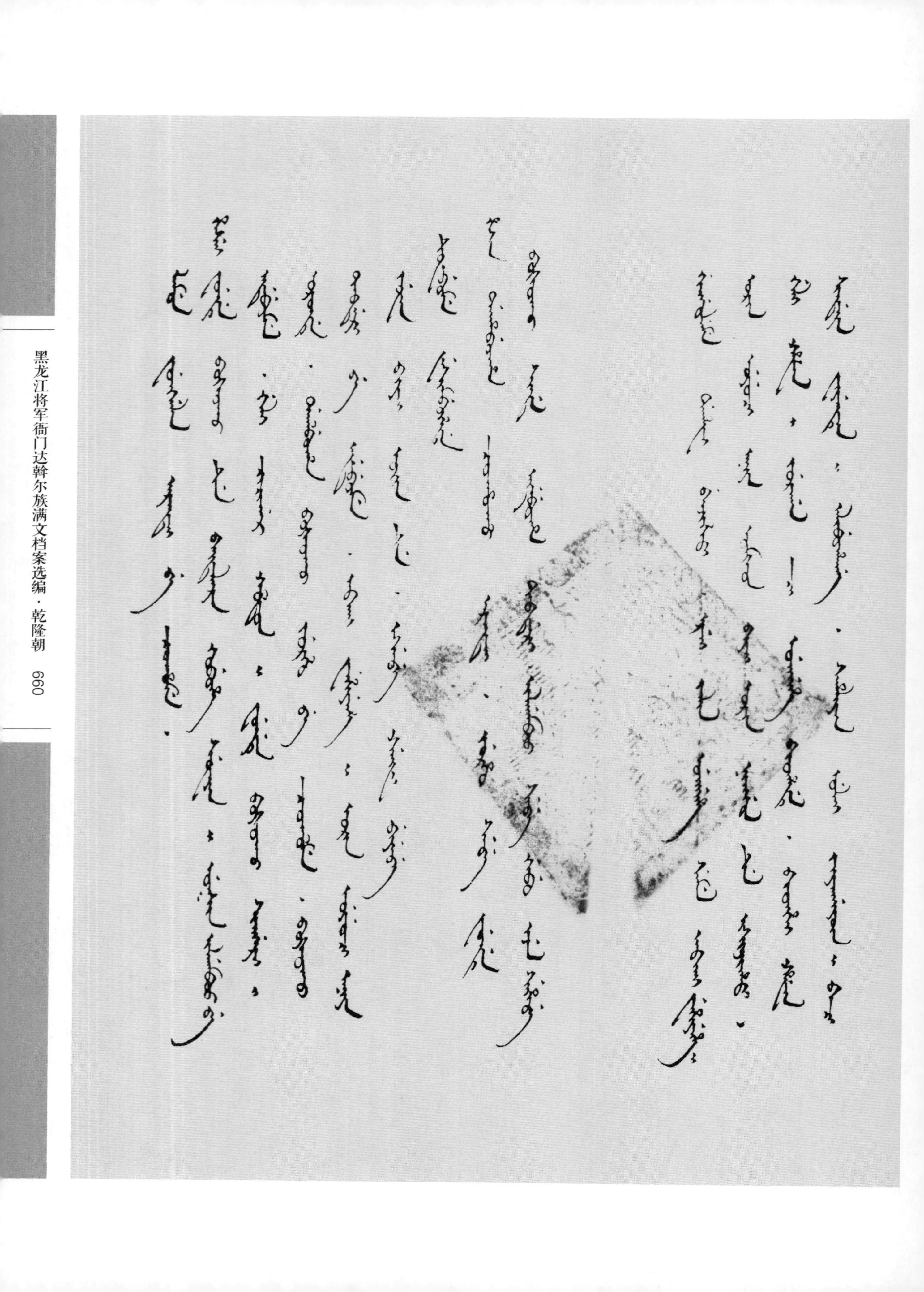

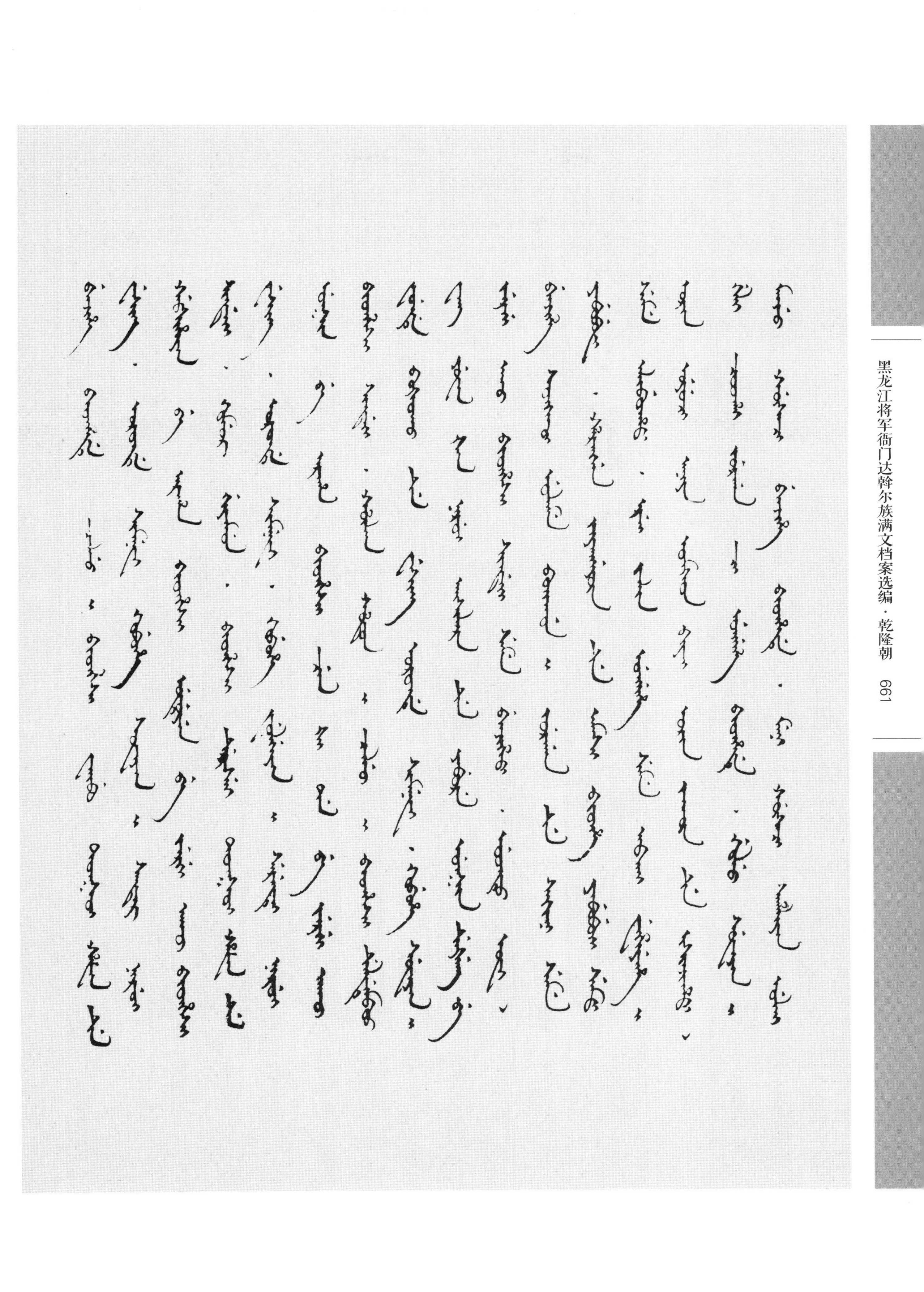

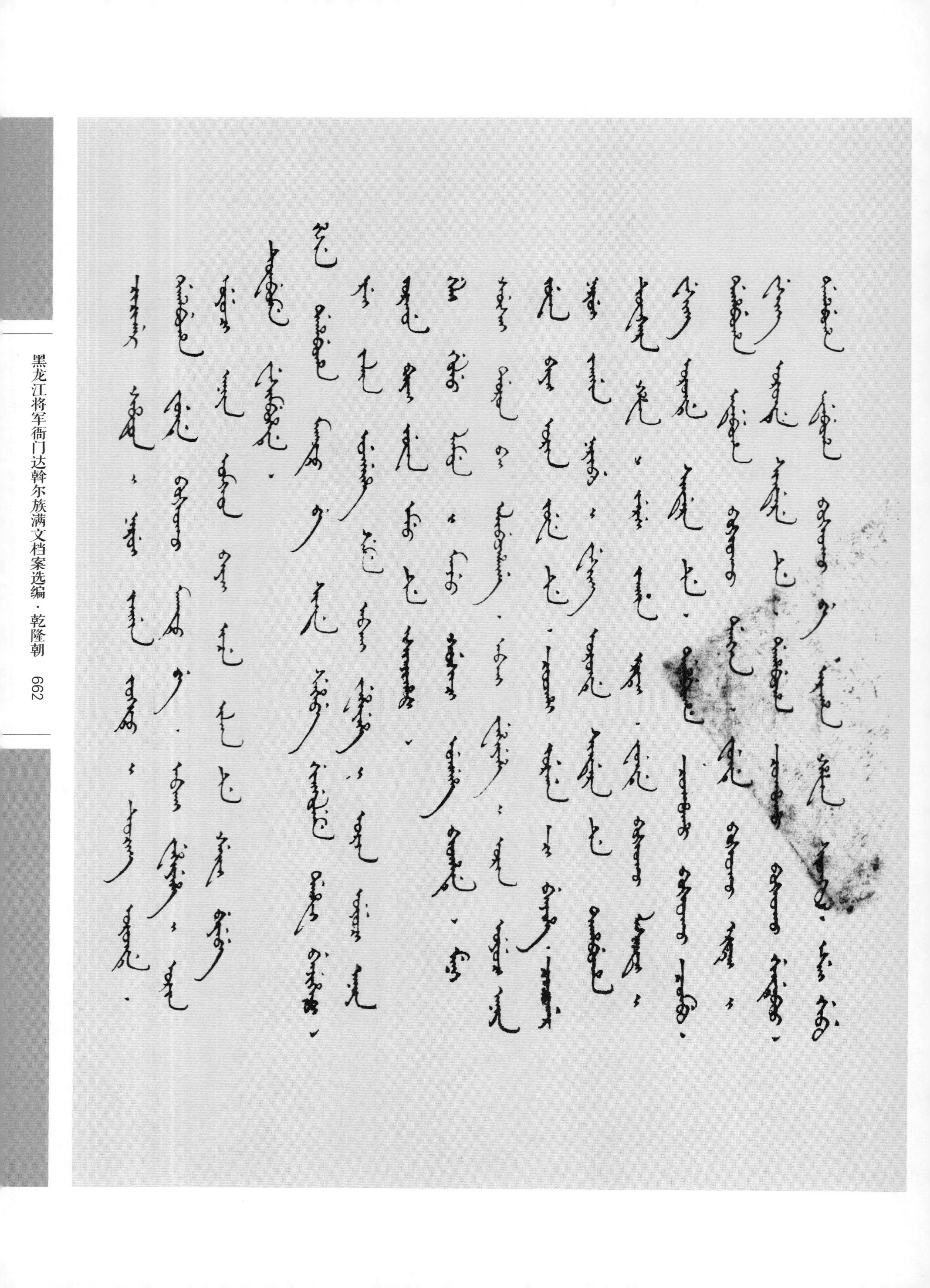

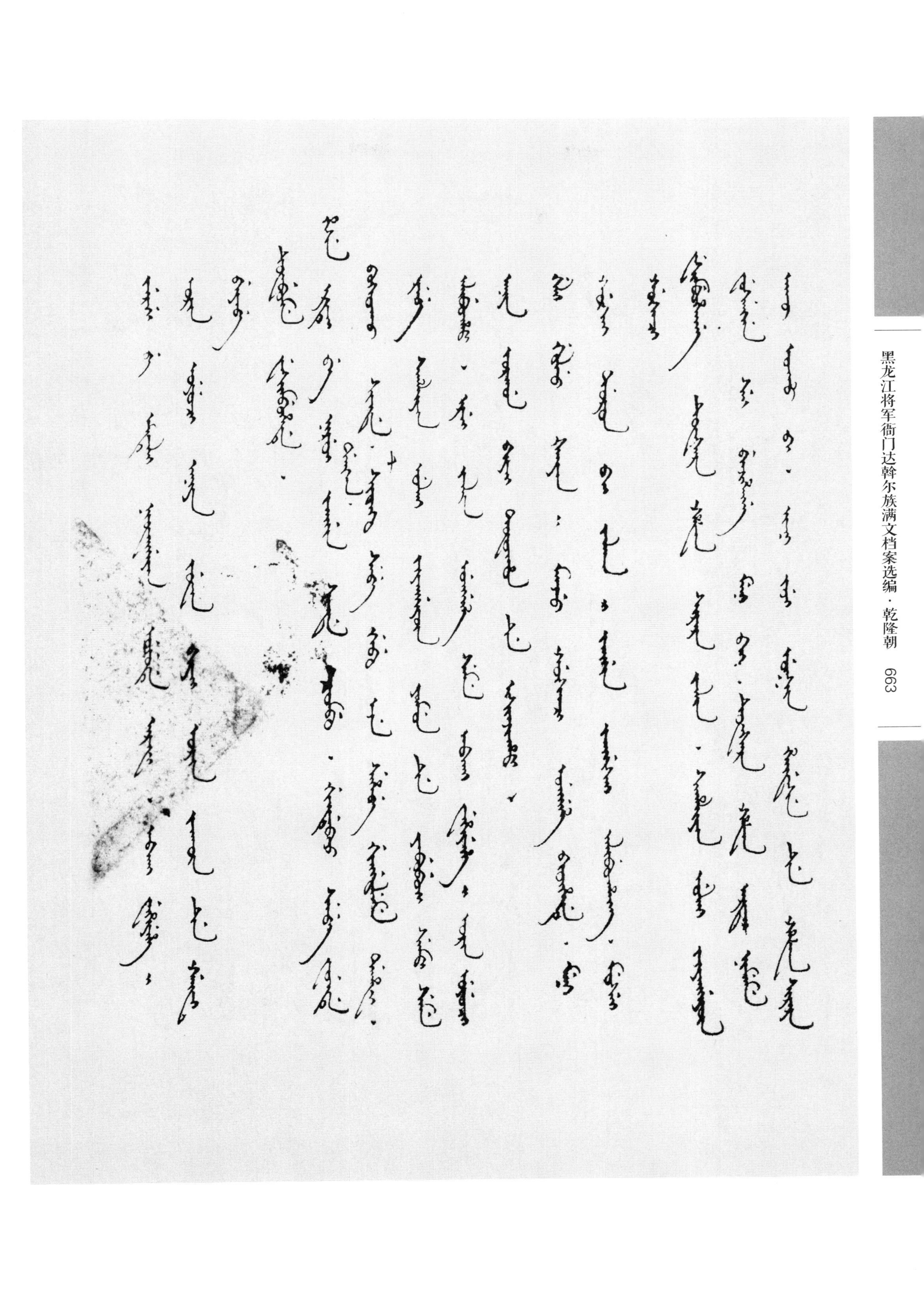

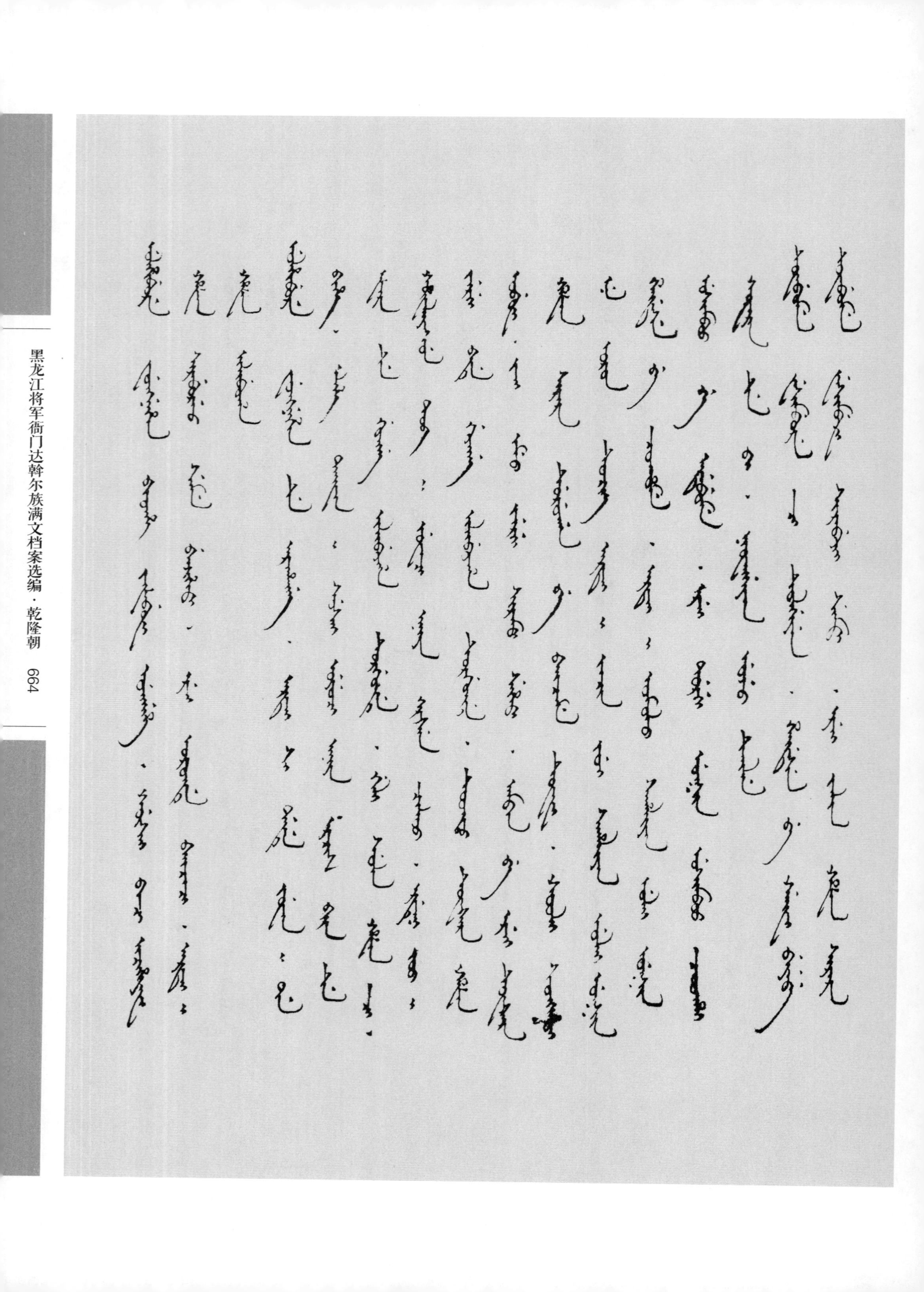

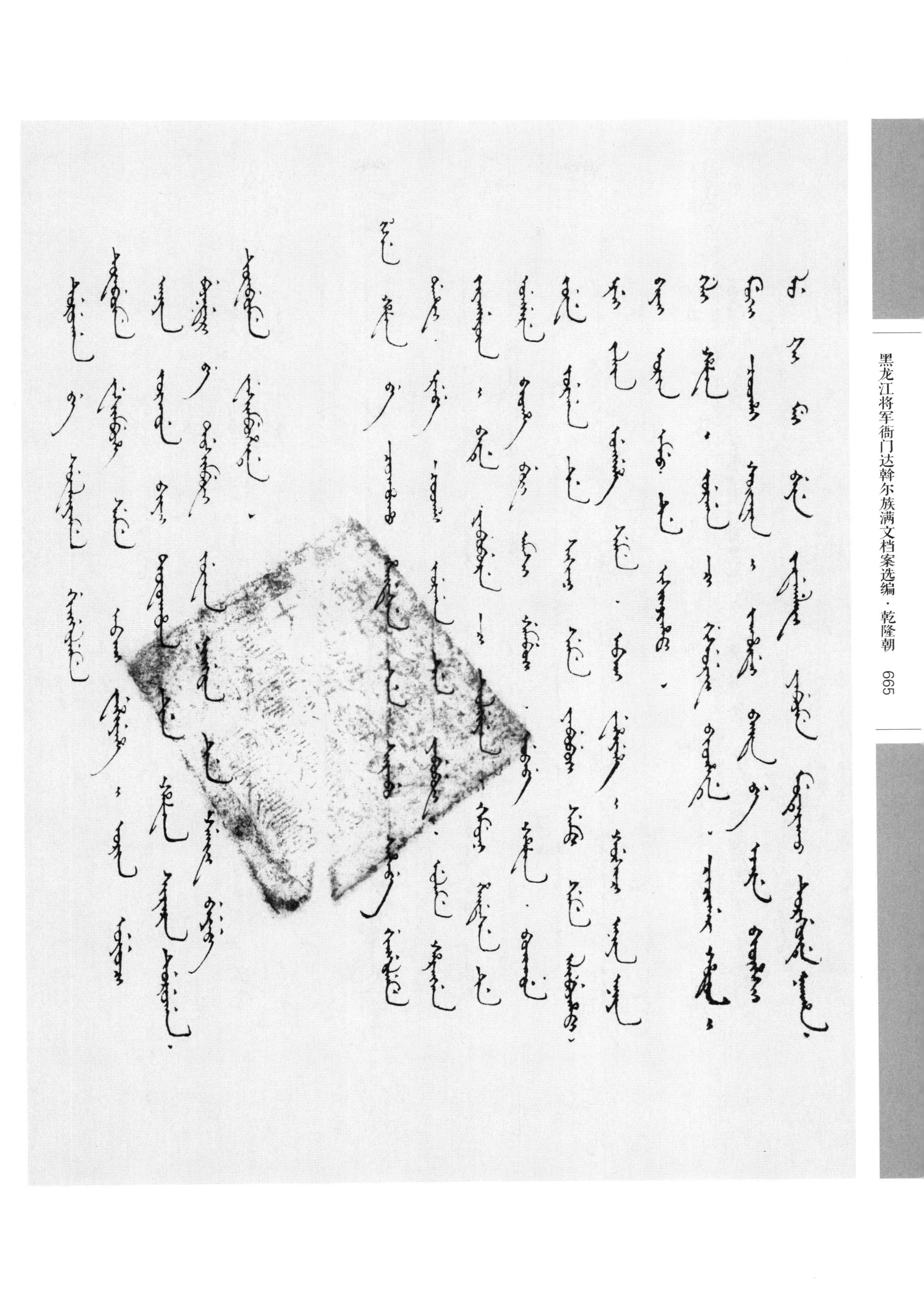

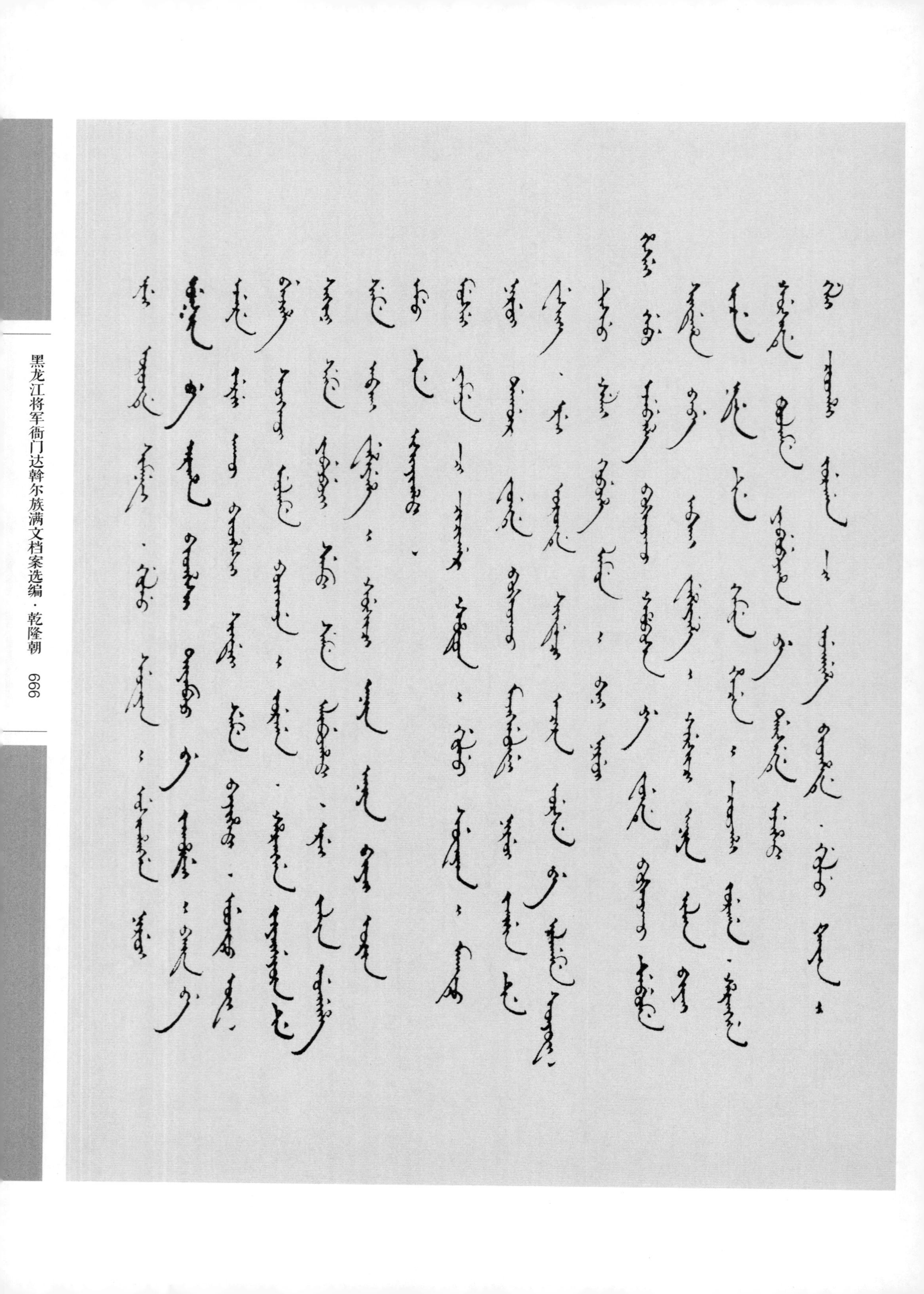

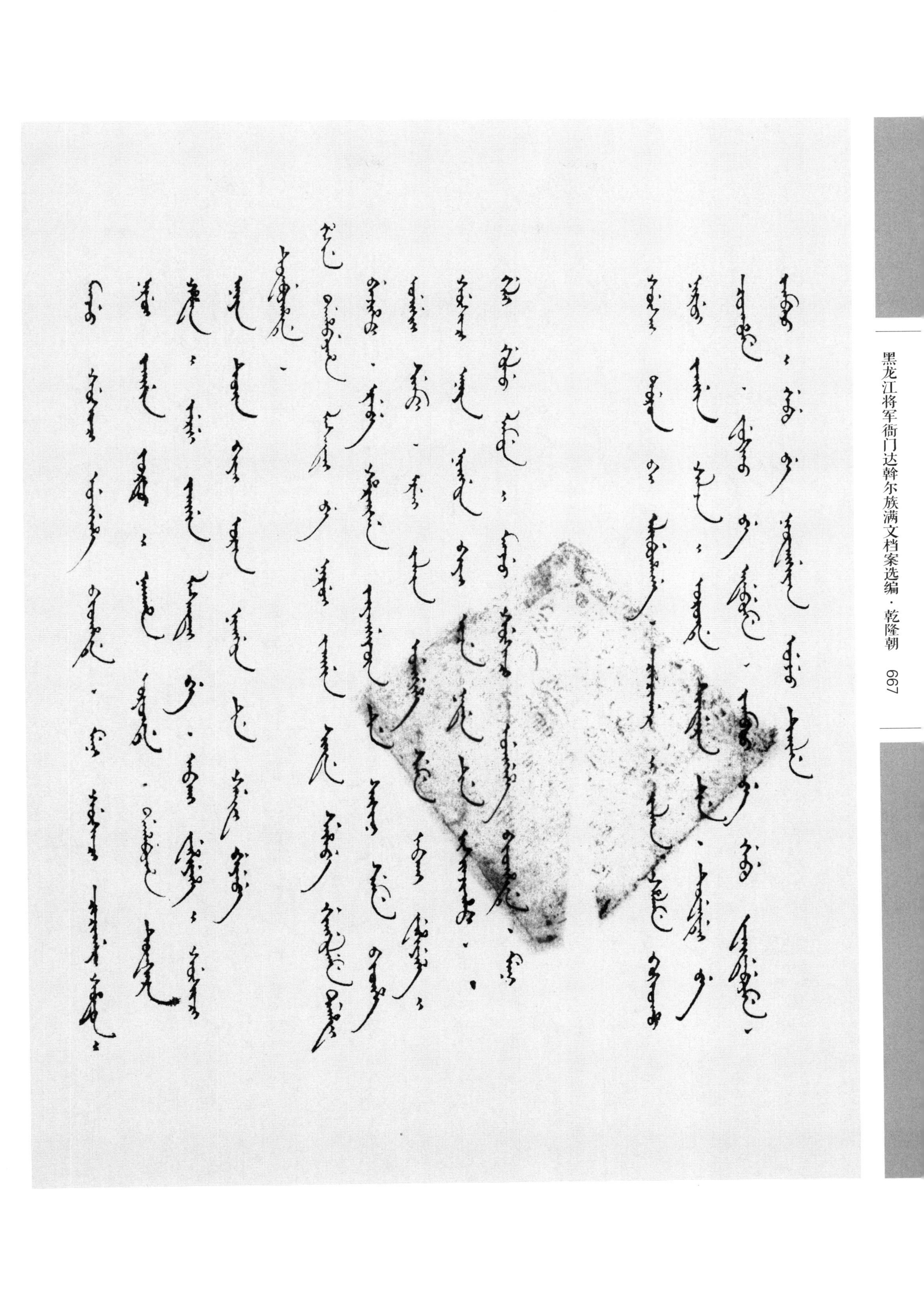

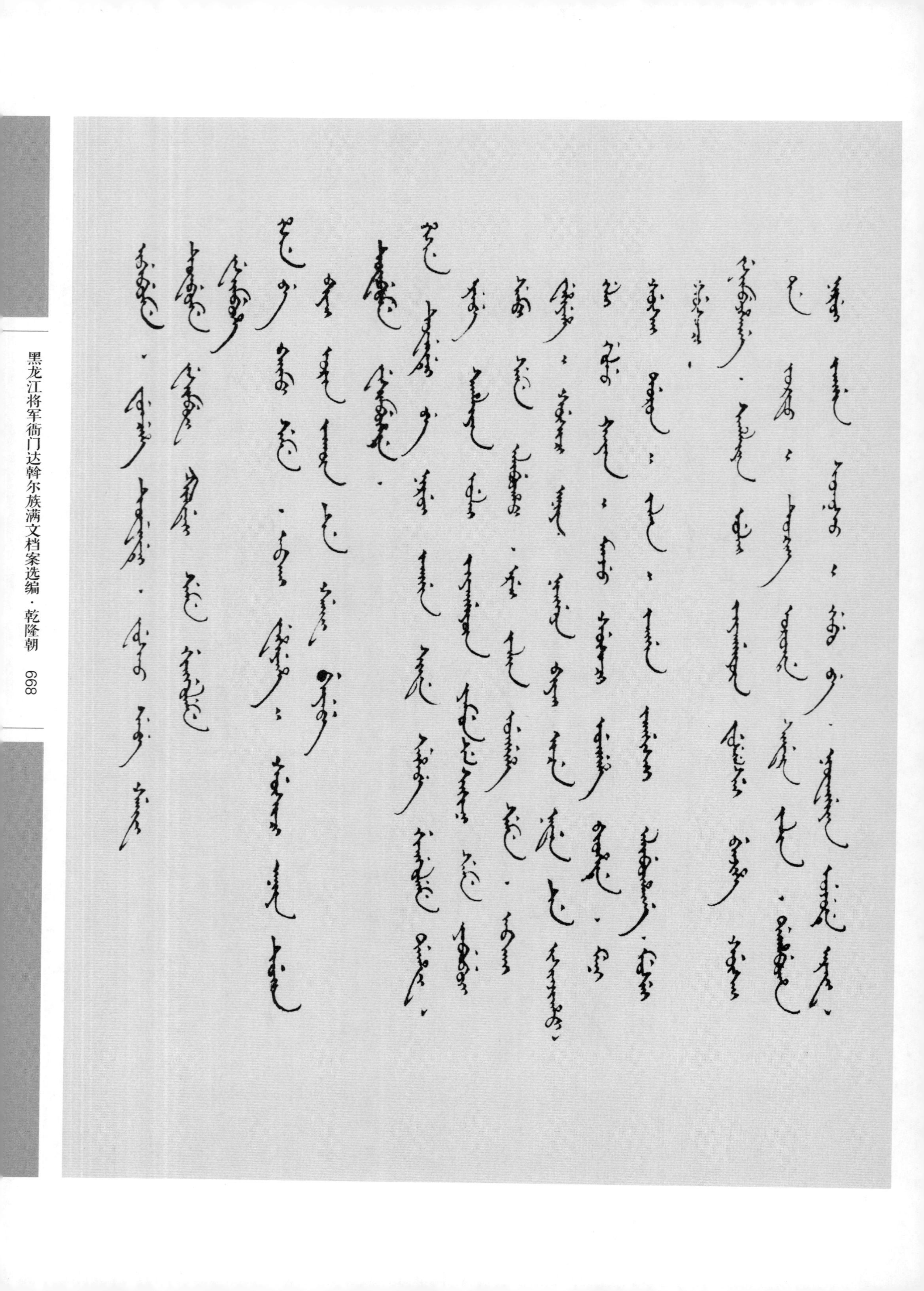

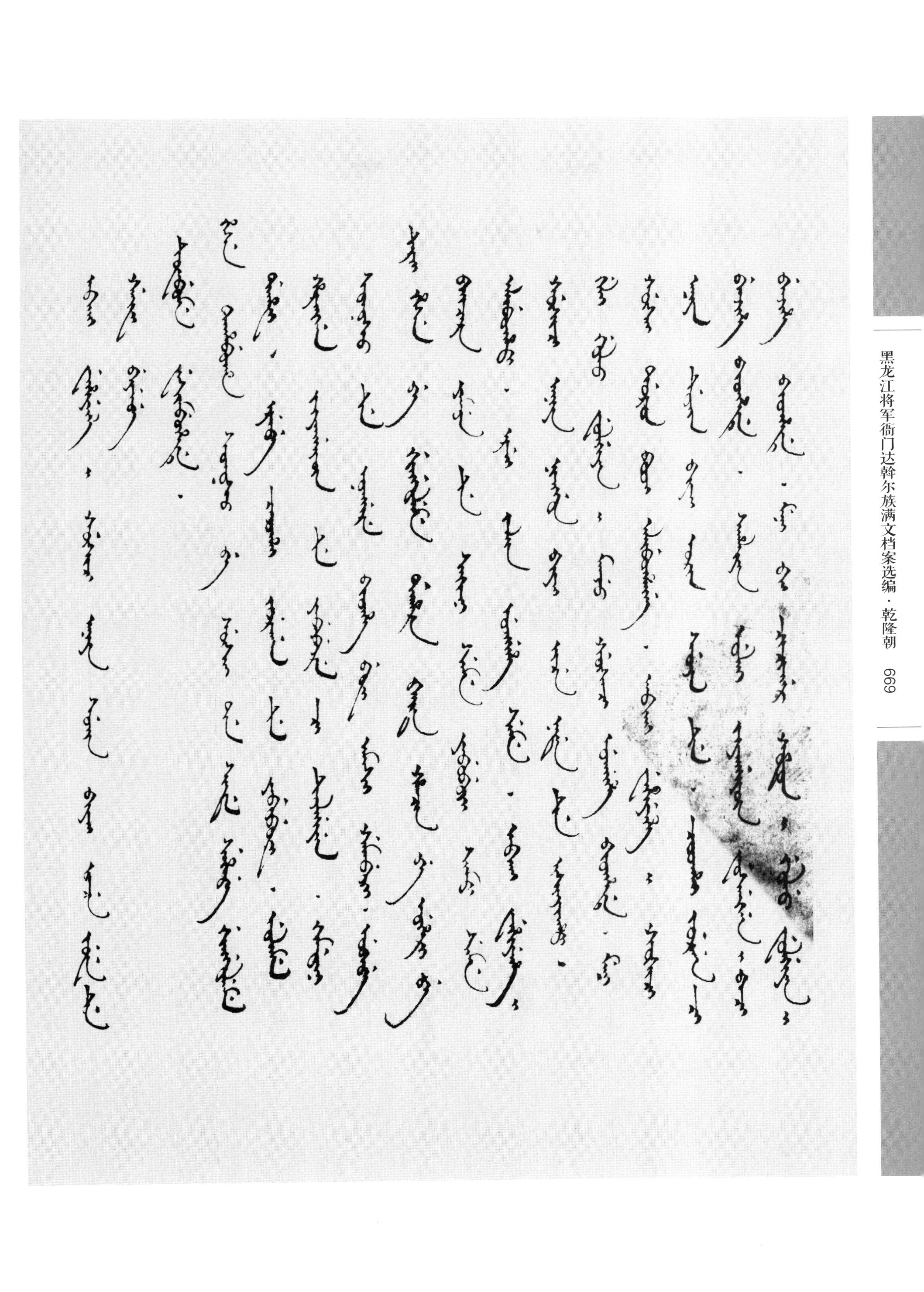

[illegible]

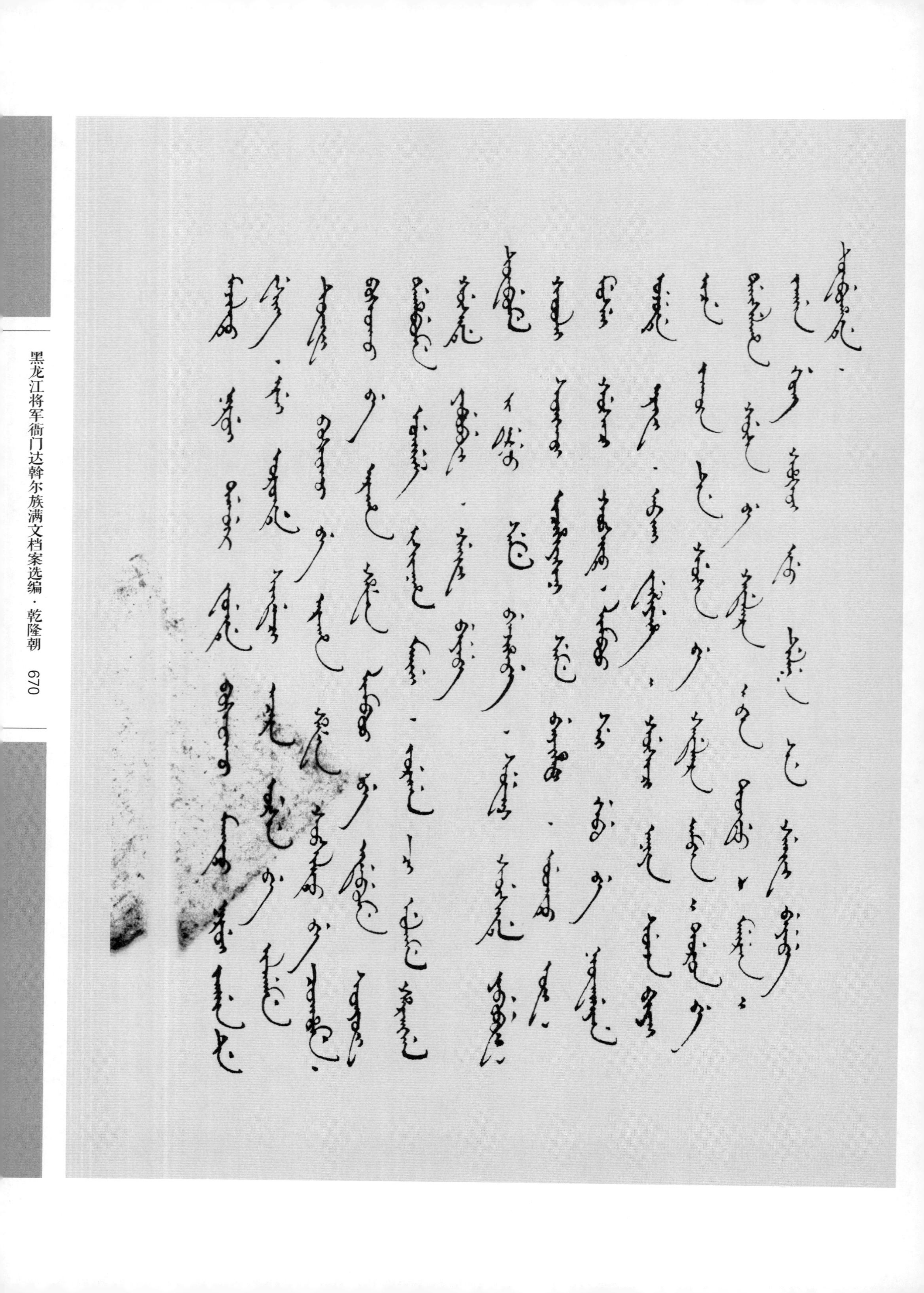

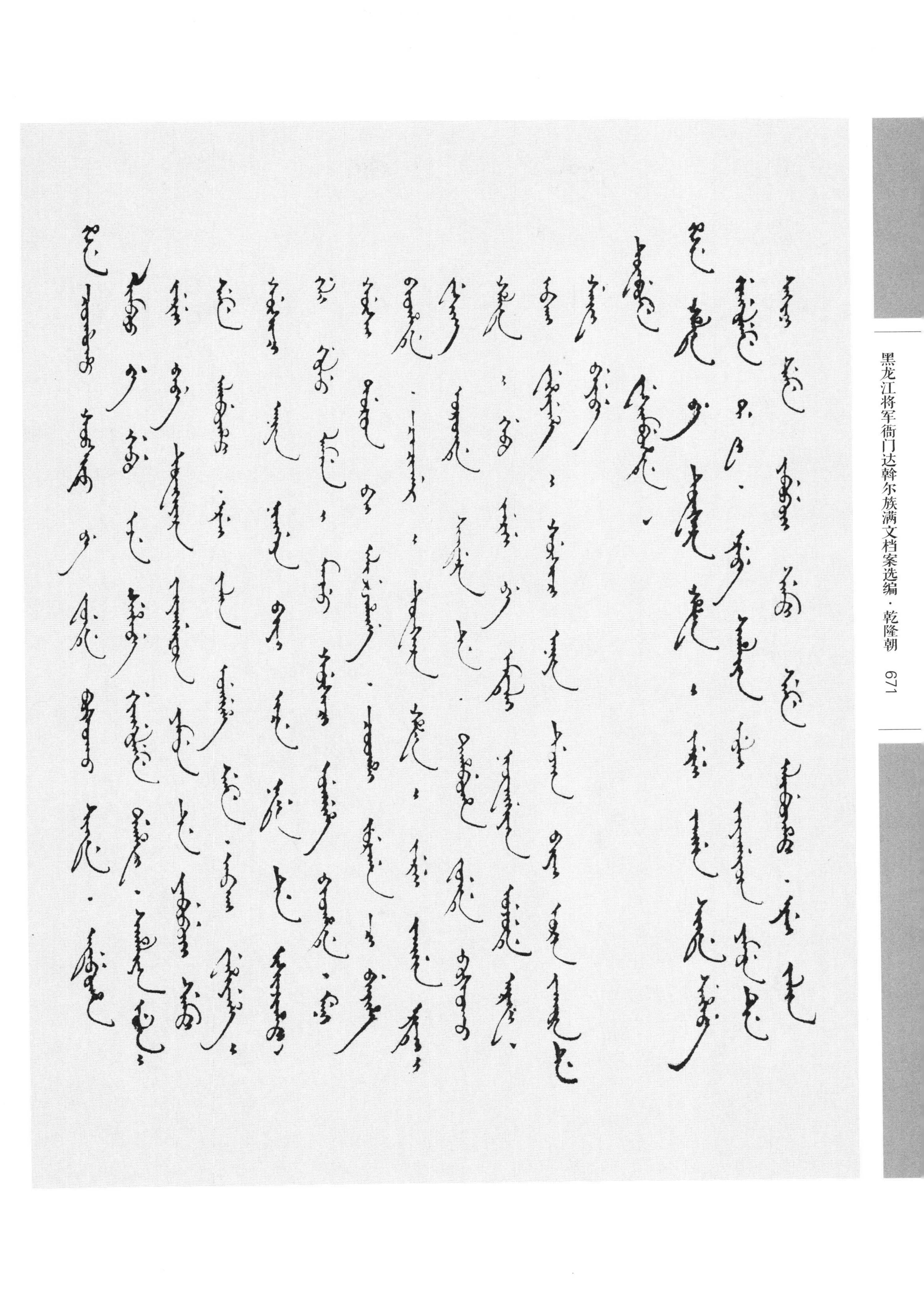

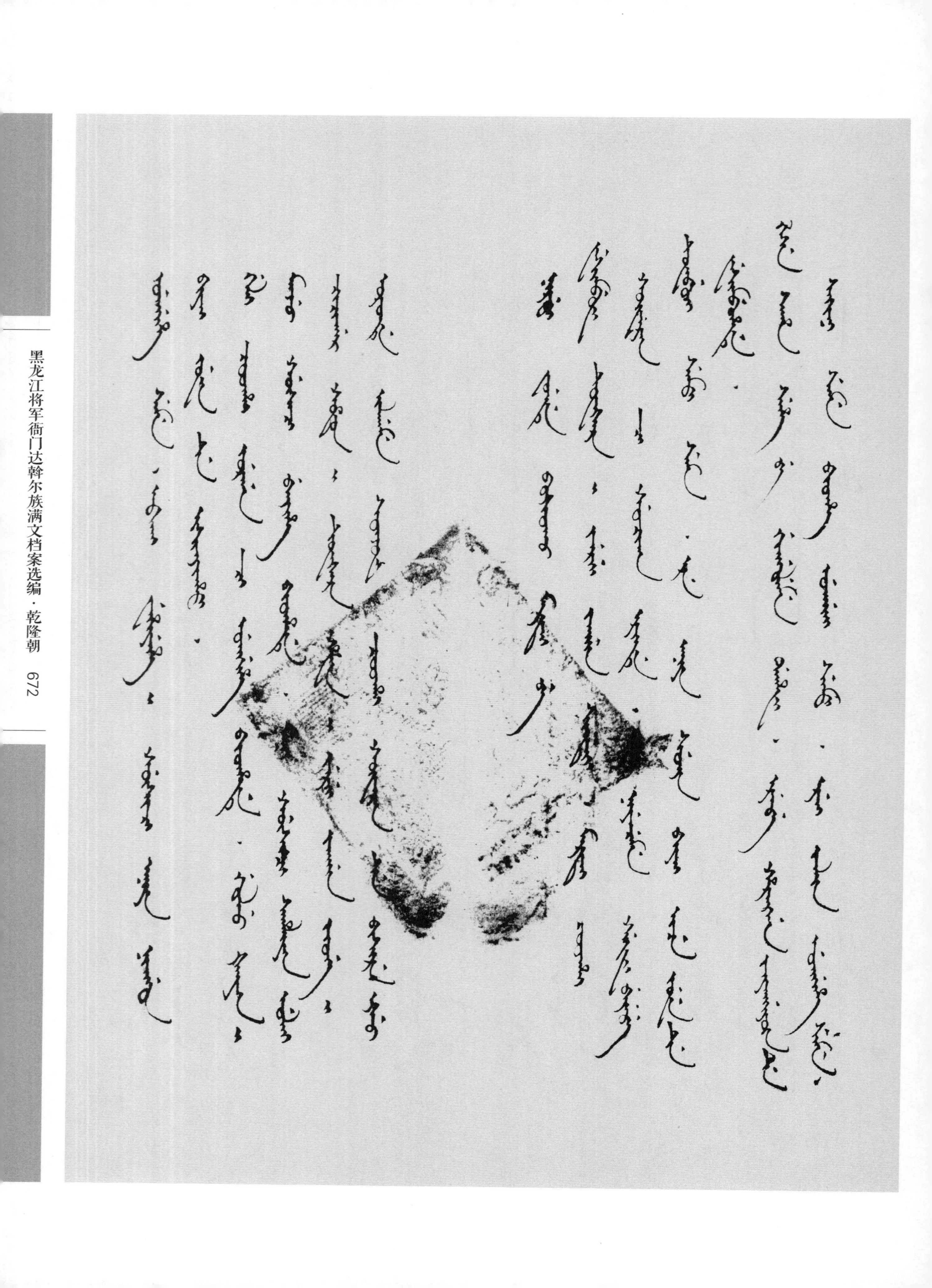

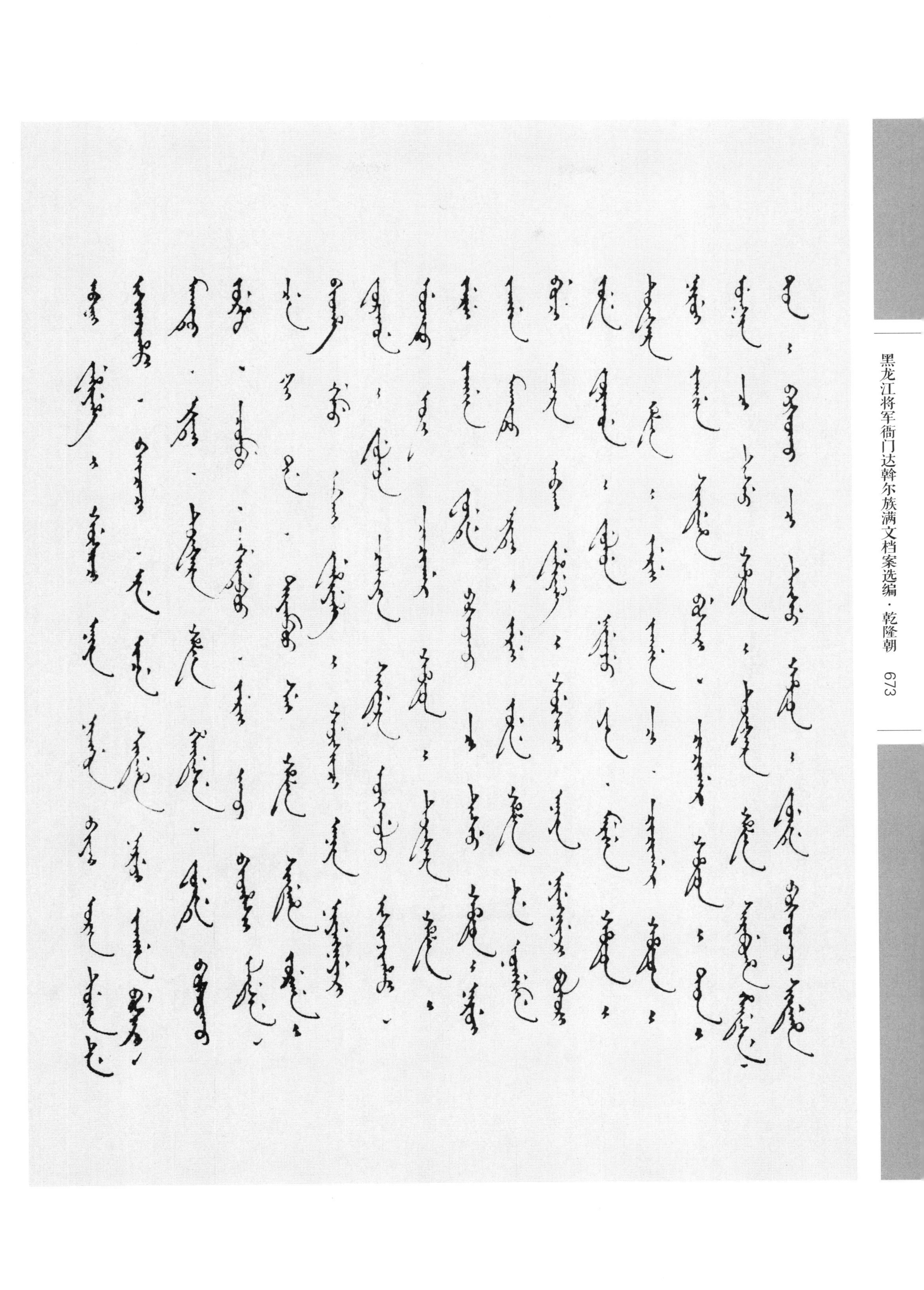

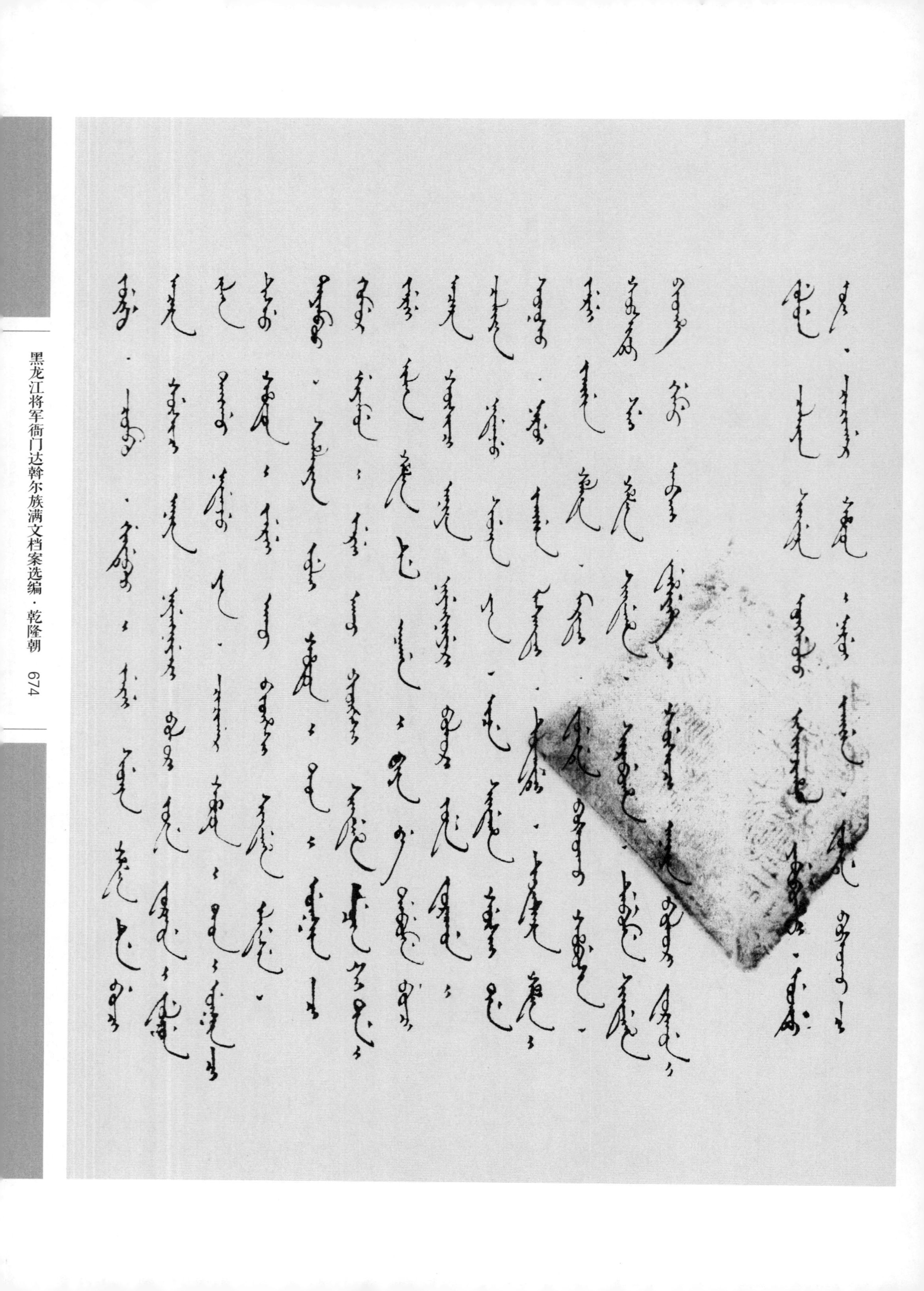

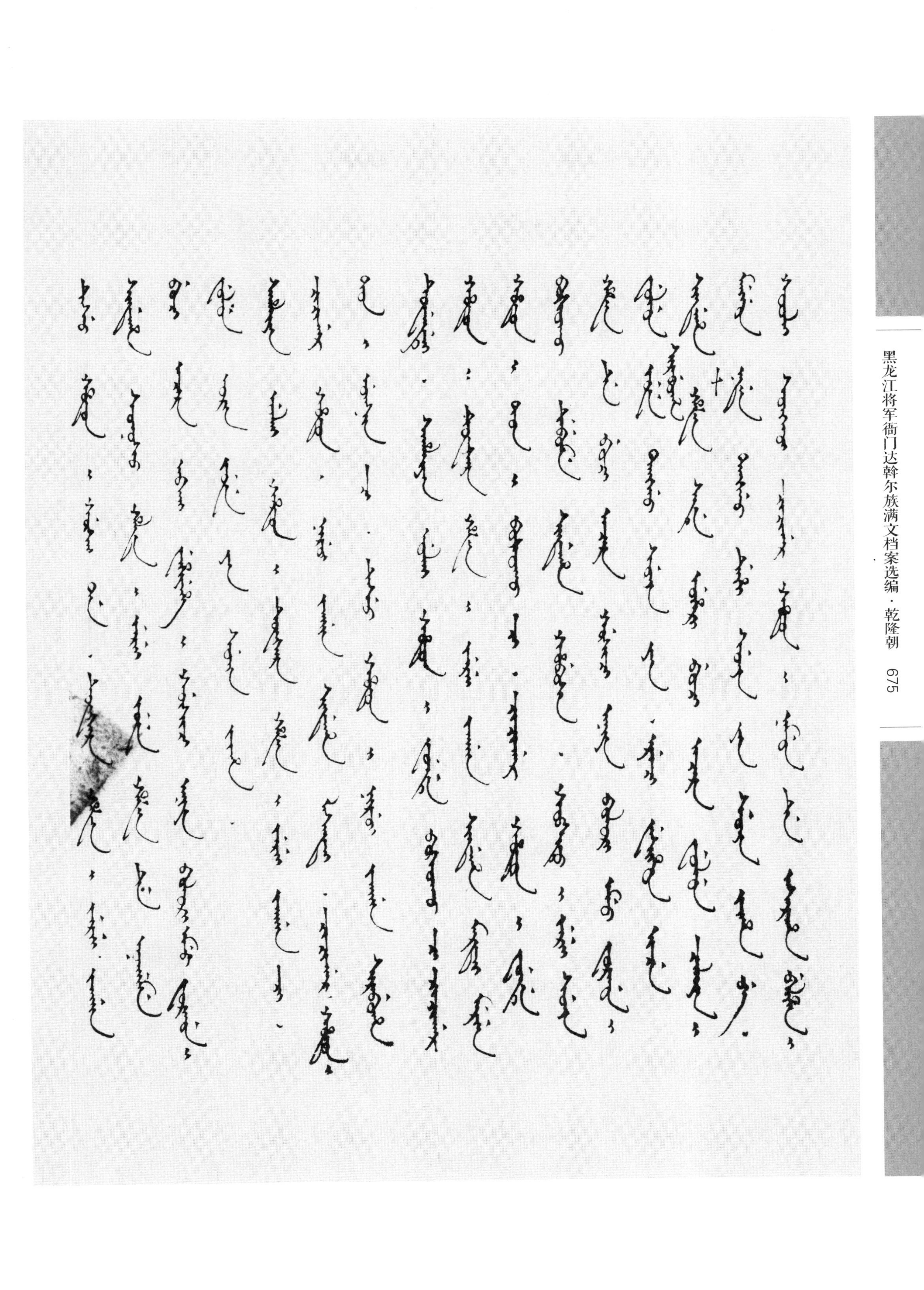

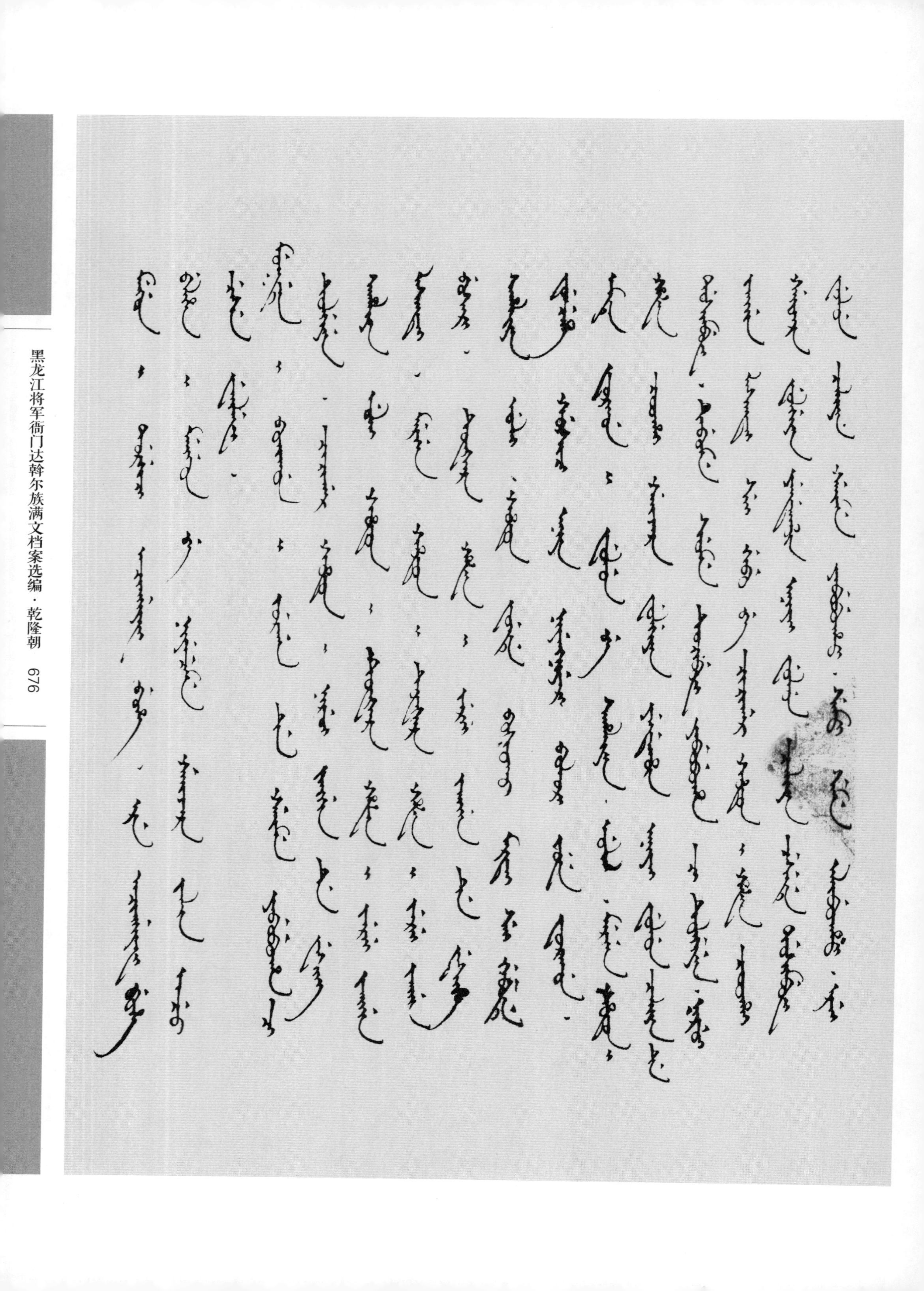

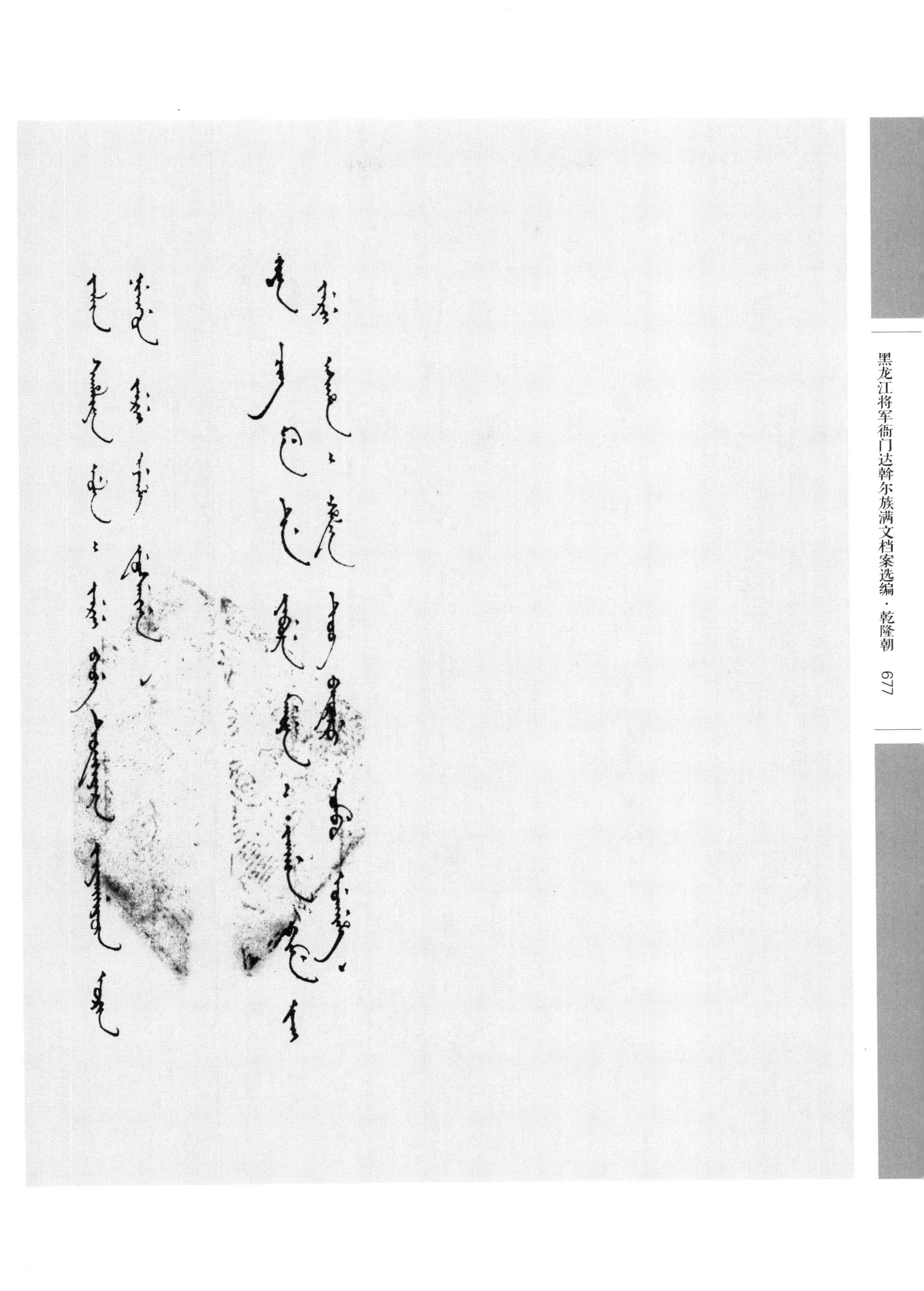

一二六二　黑龙江将军衙门为领取新授满洲达斡尔等官员俸银事咨盛京户部文

乾隆三十年十一月十三日

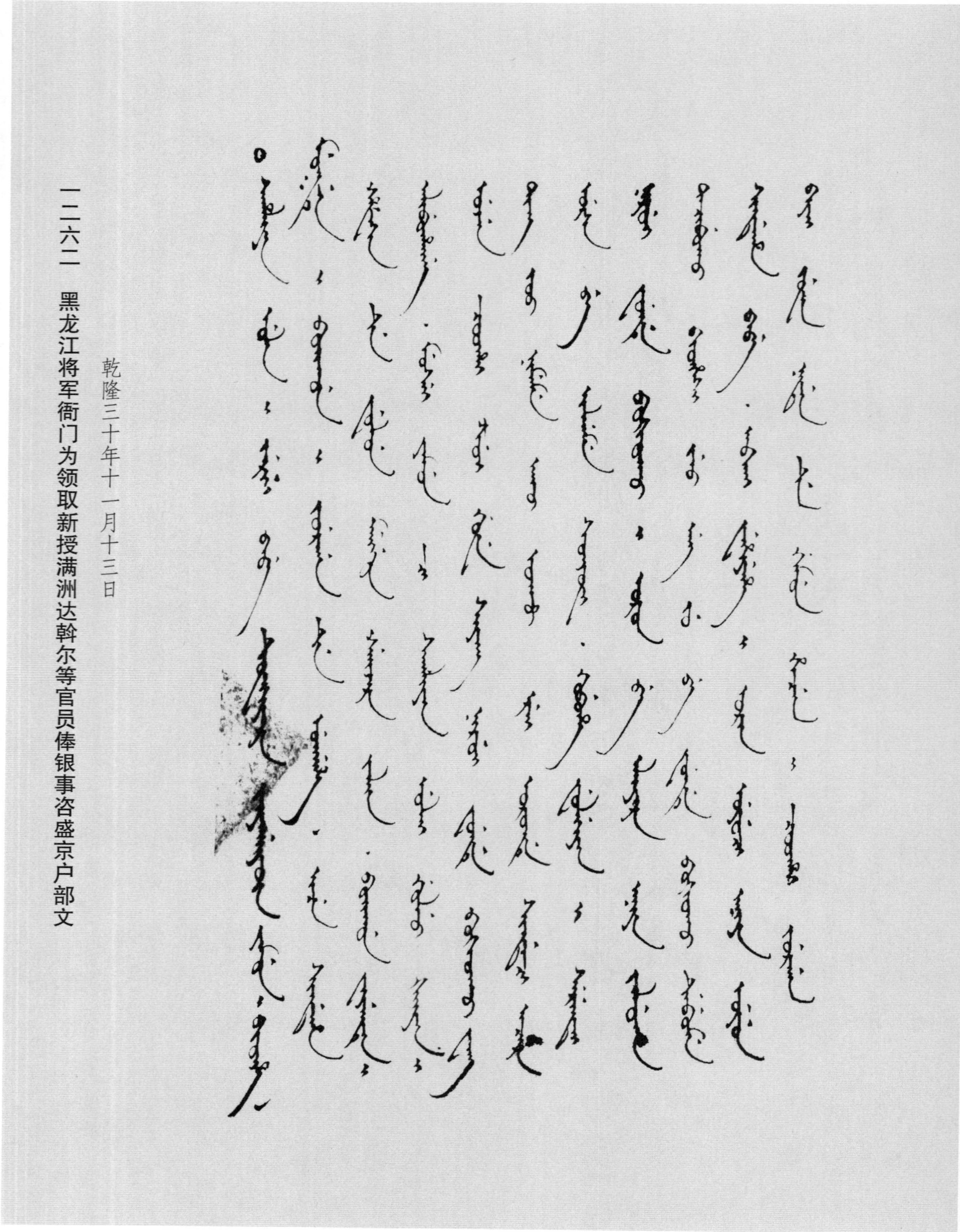

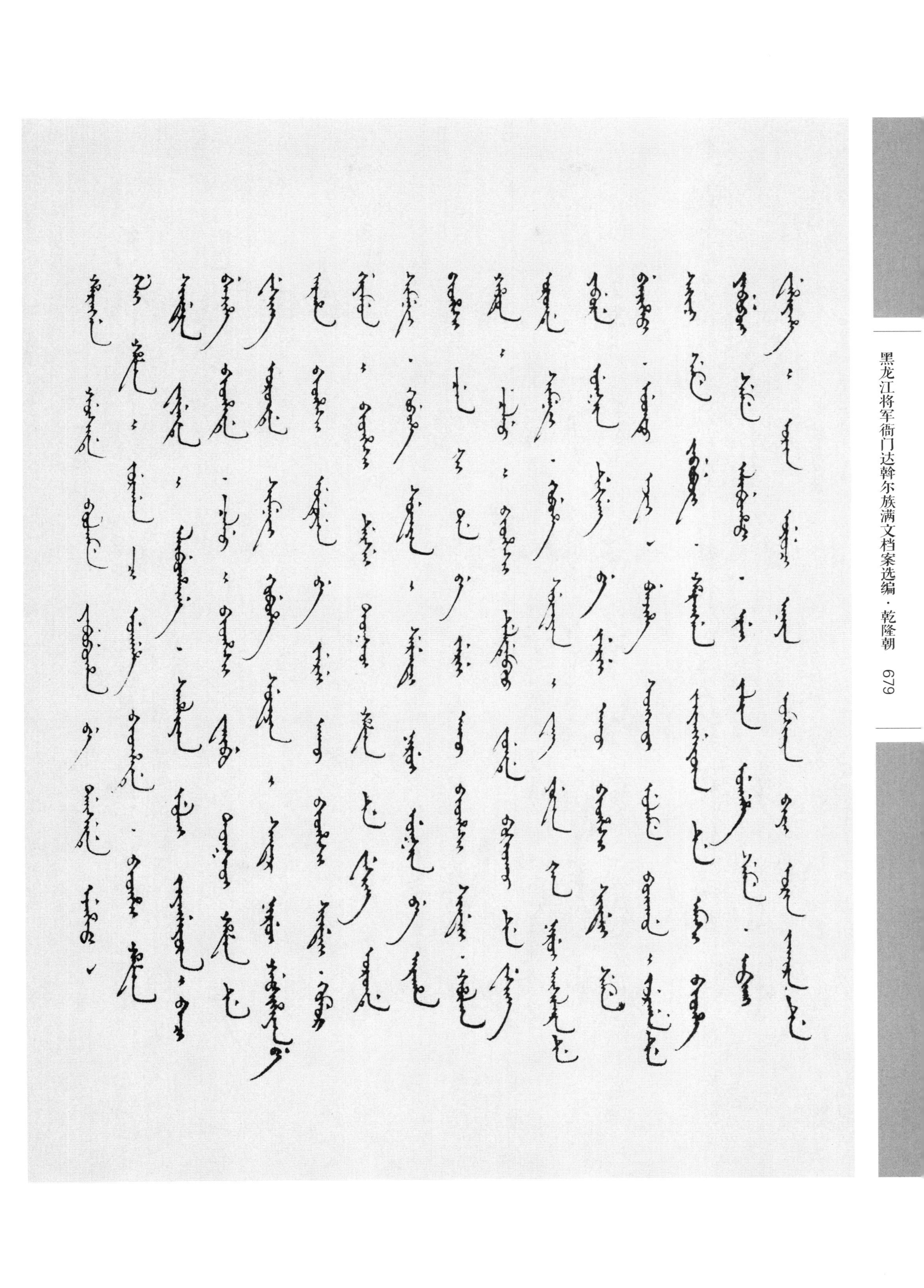

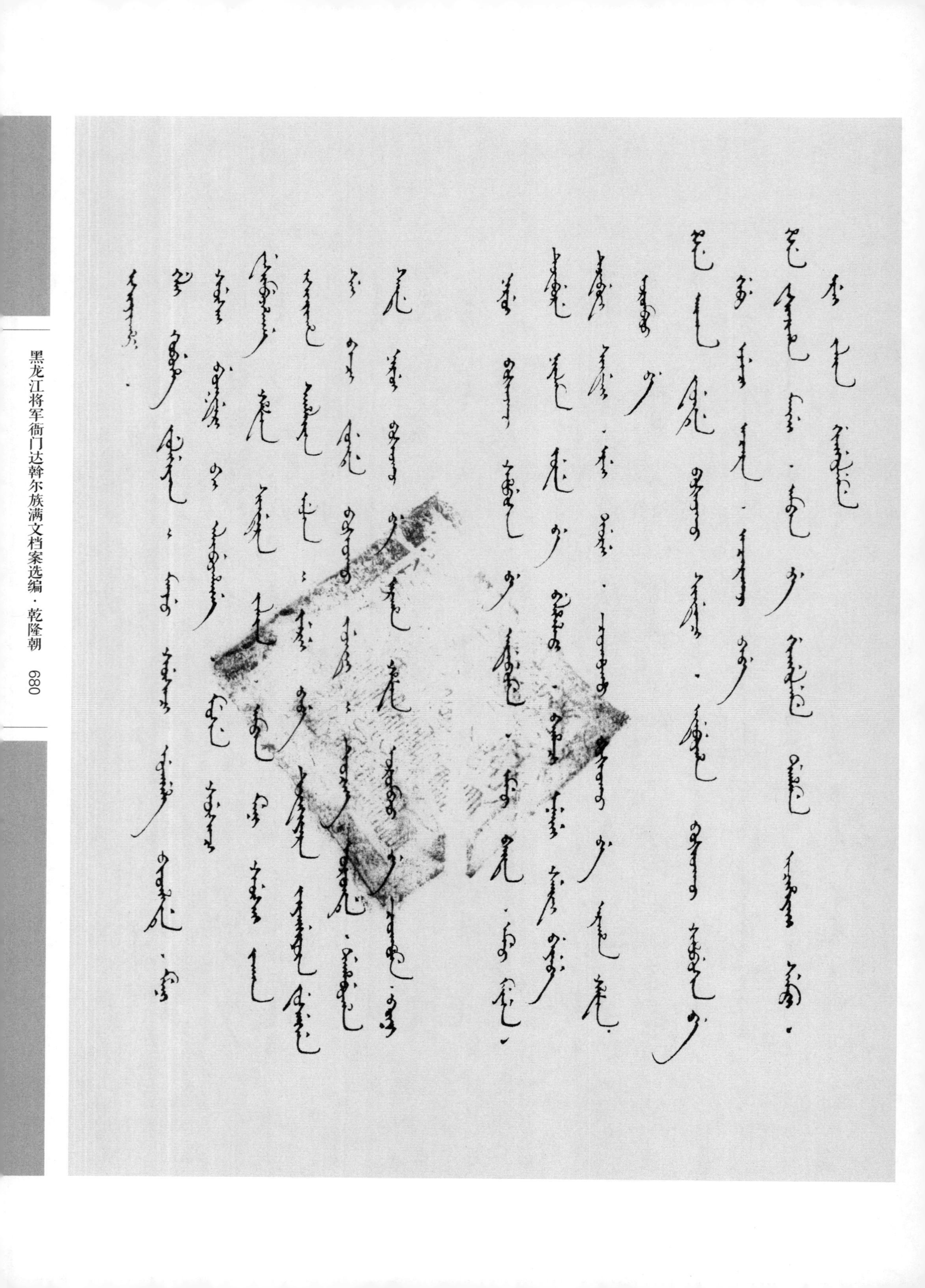

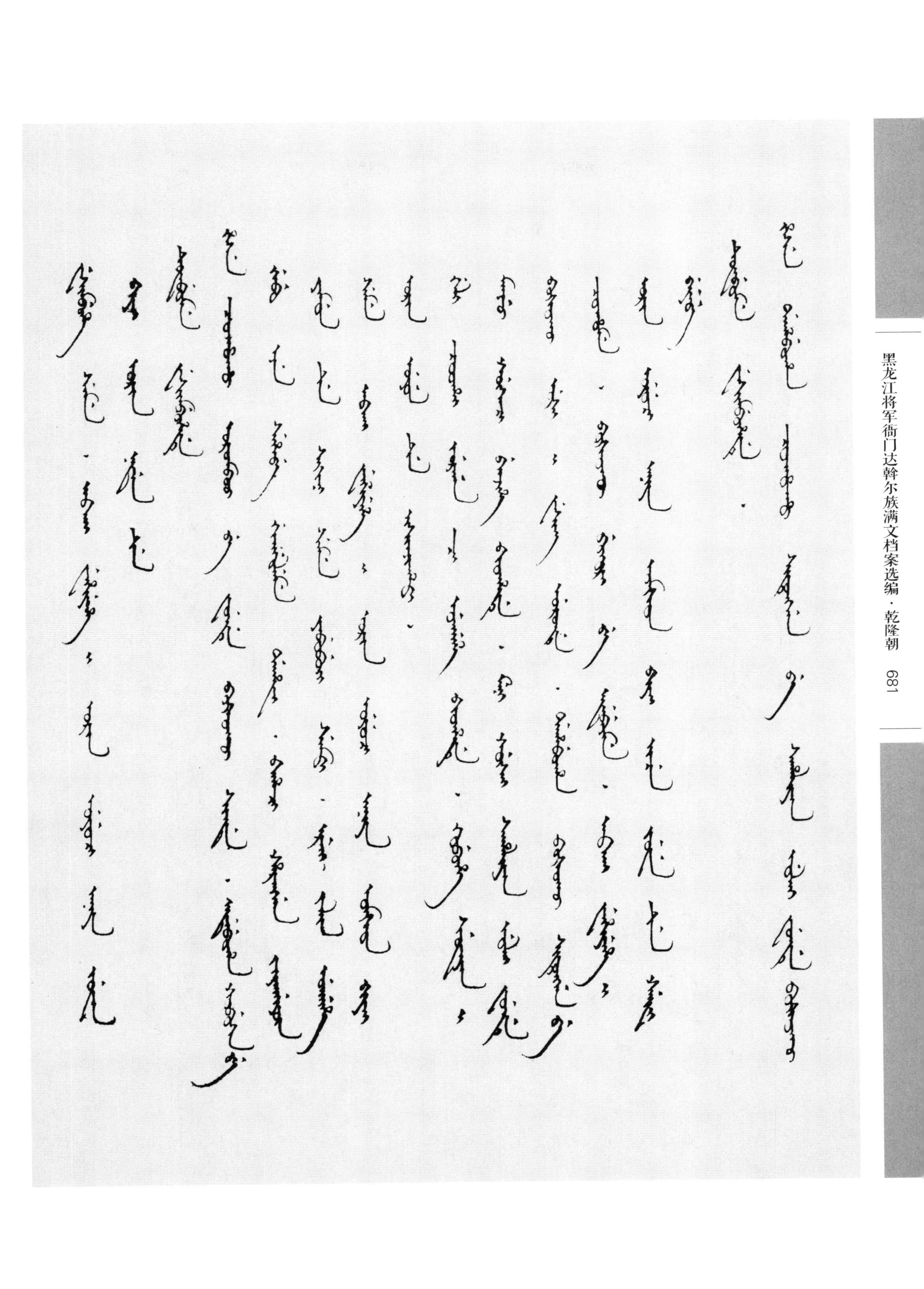

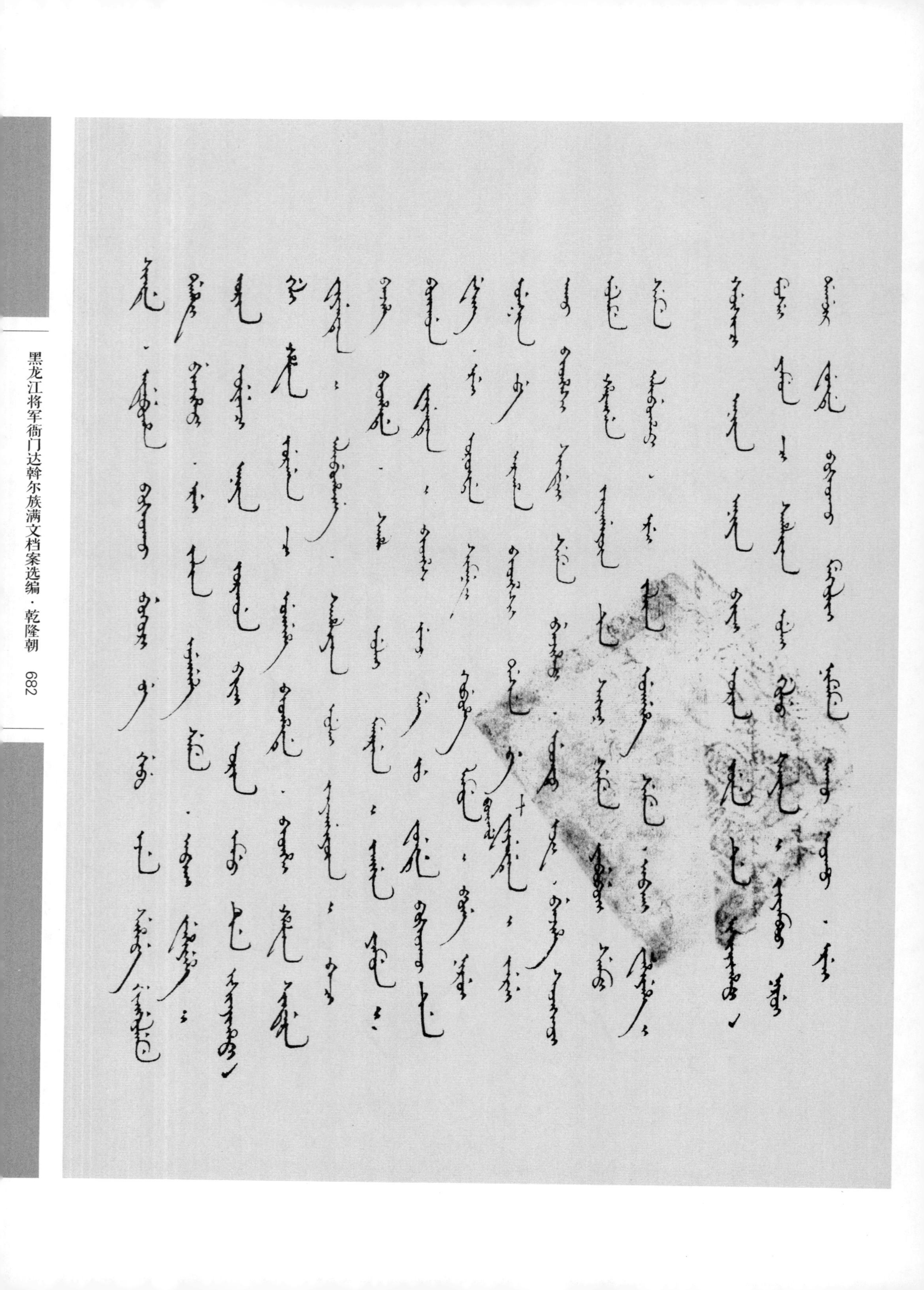

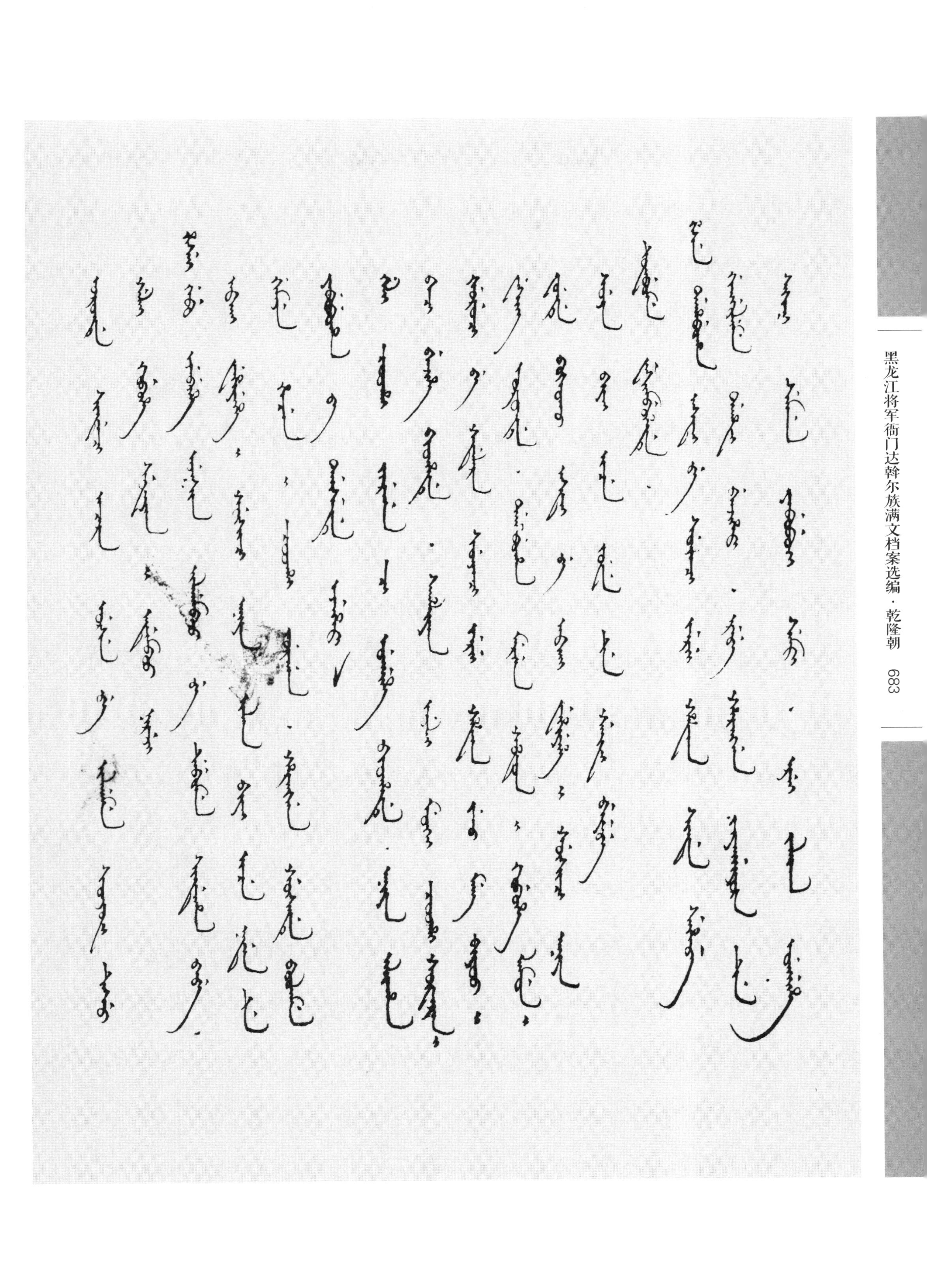

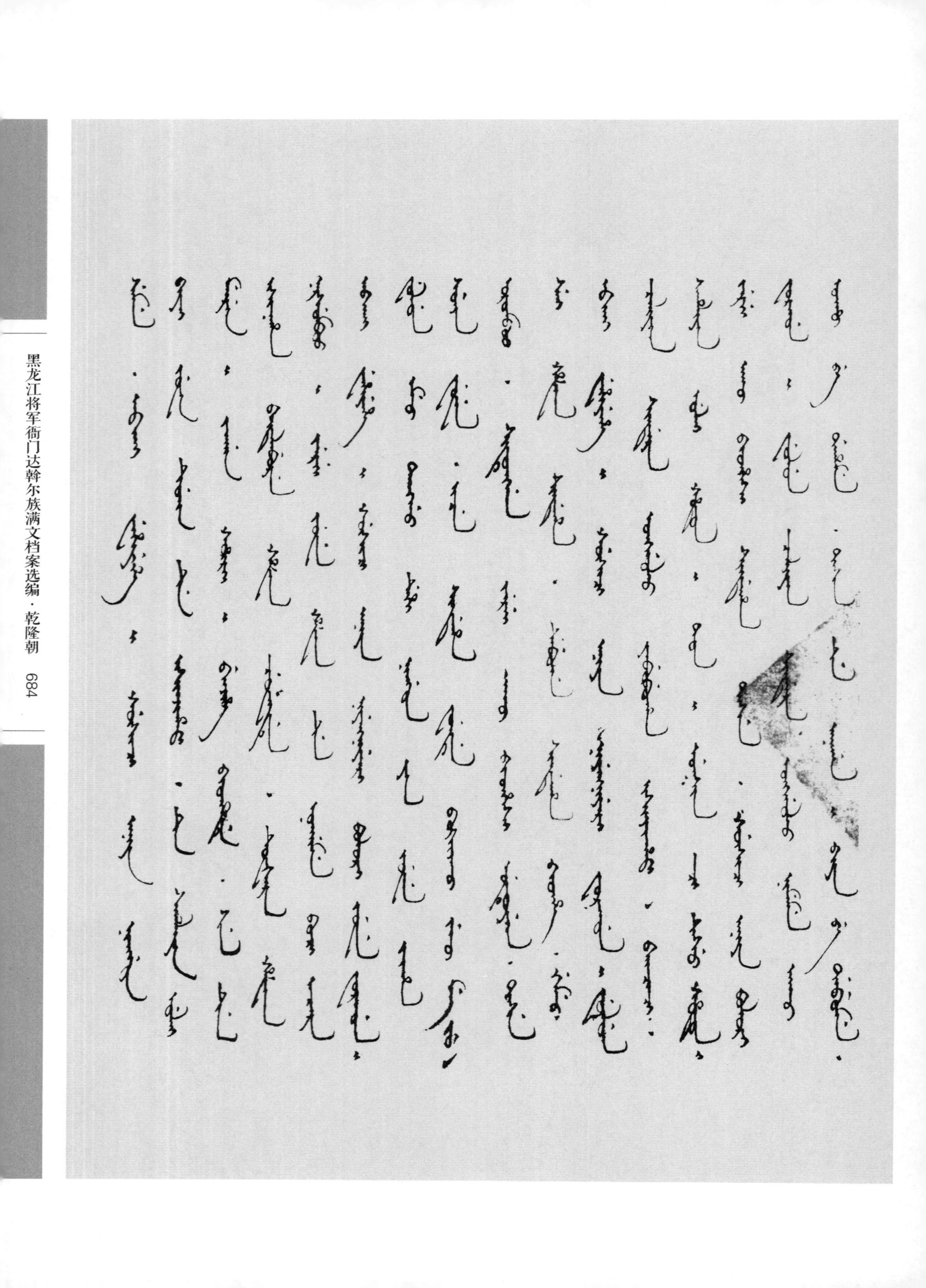

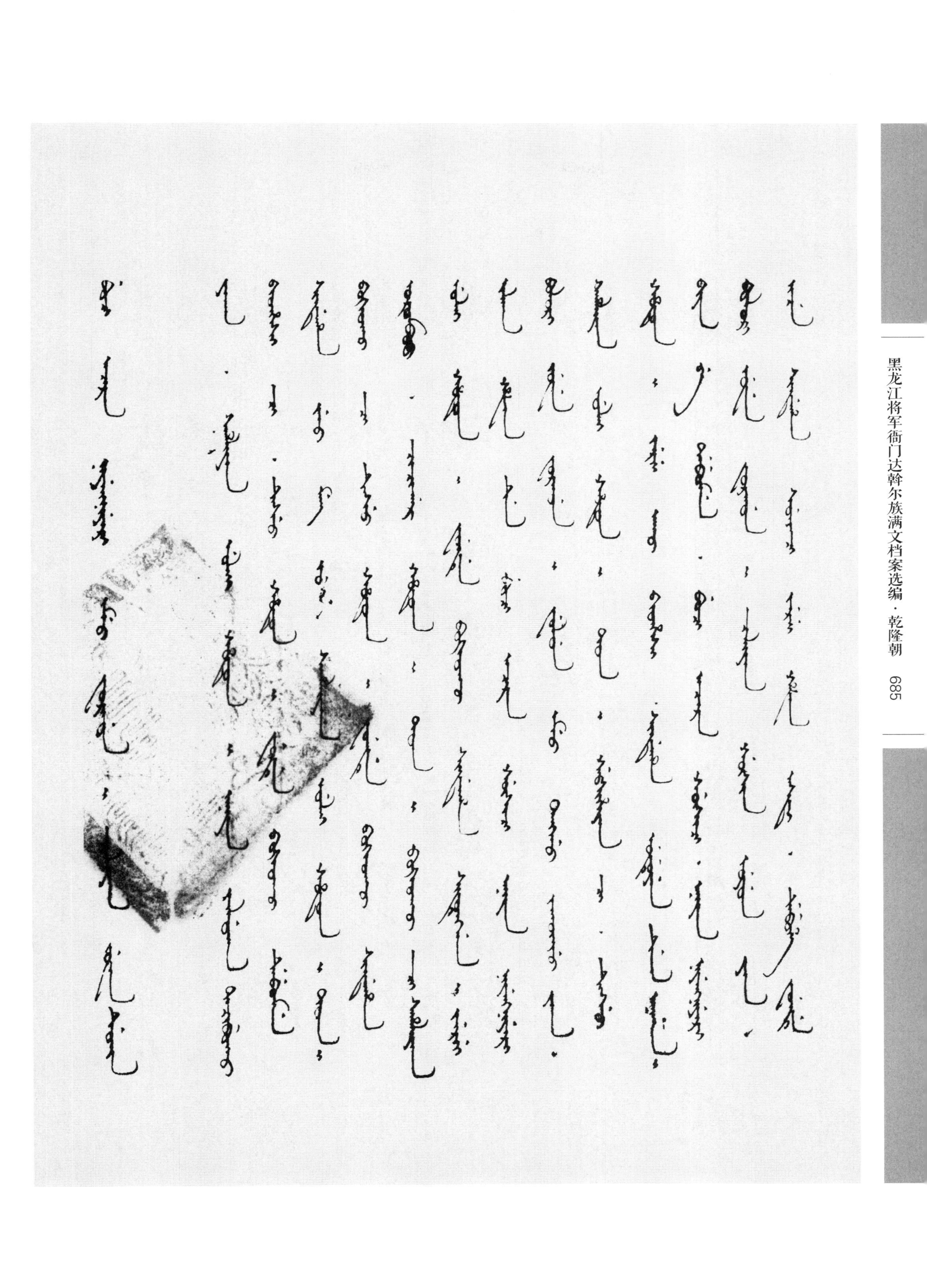

[illegible]

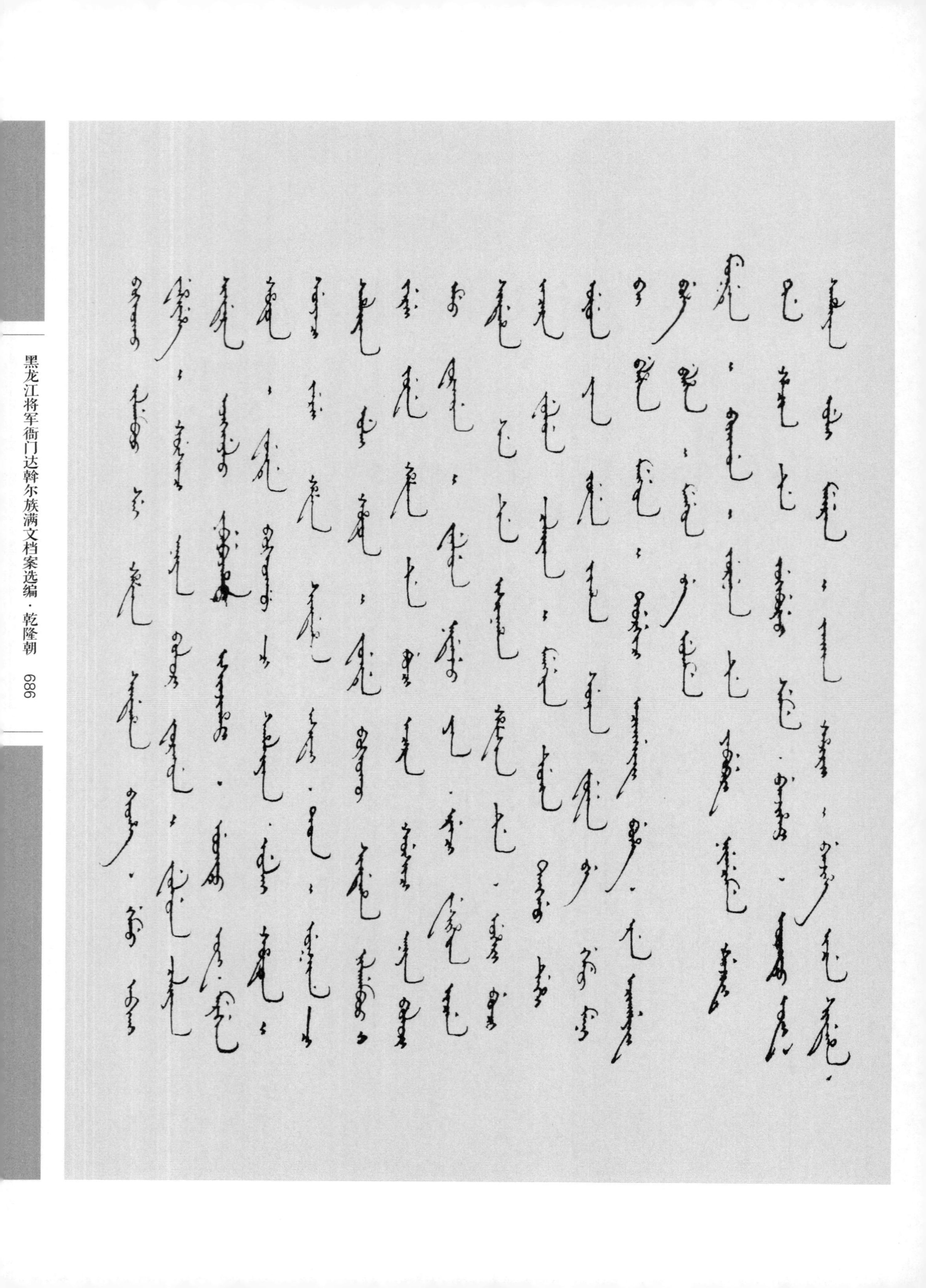

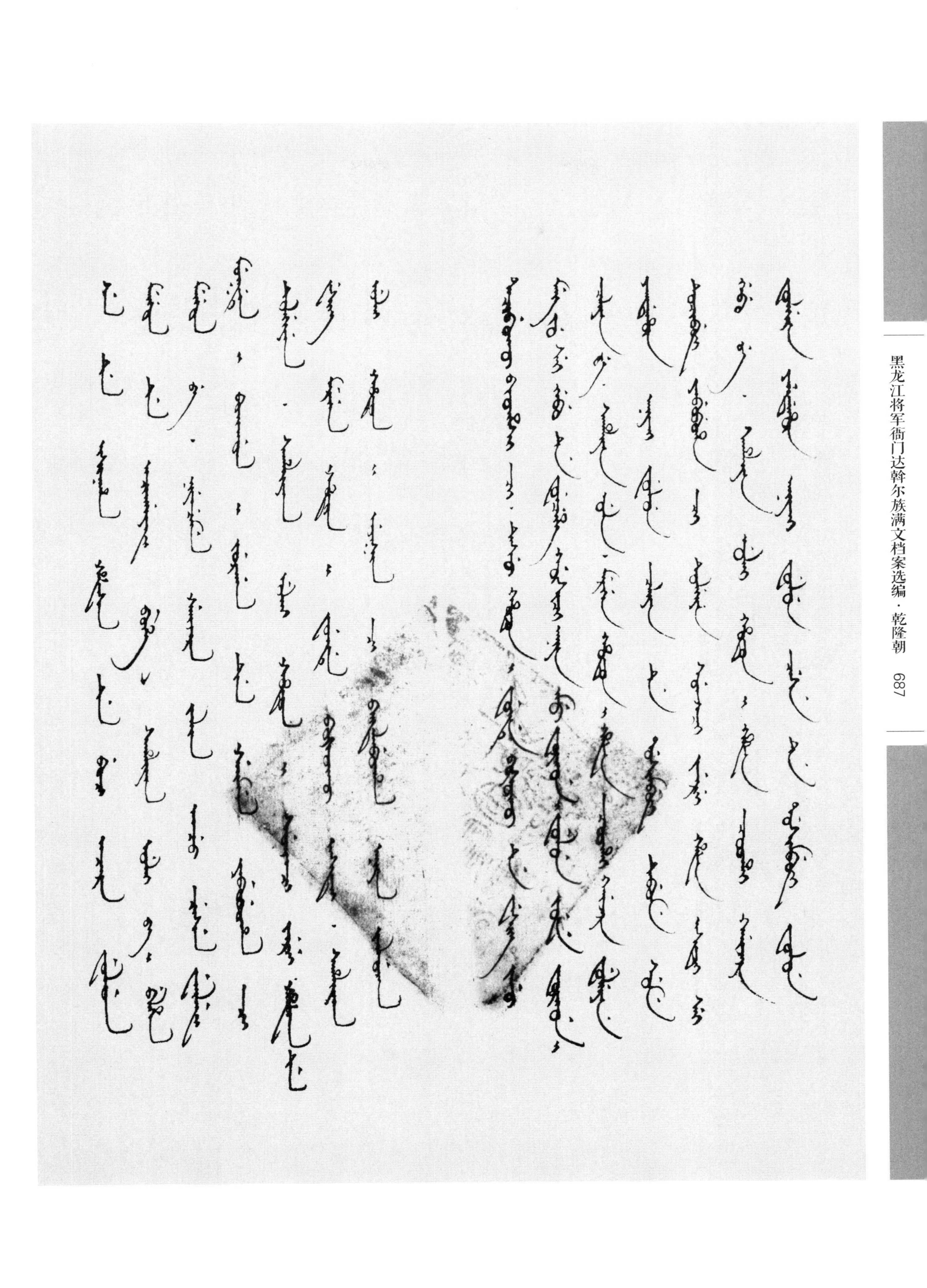

[illegible]

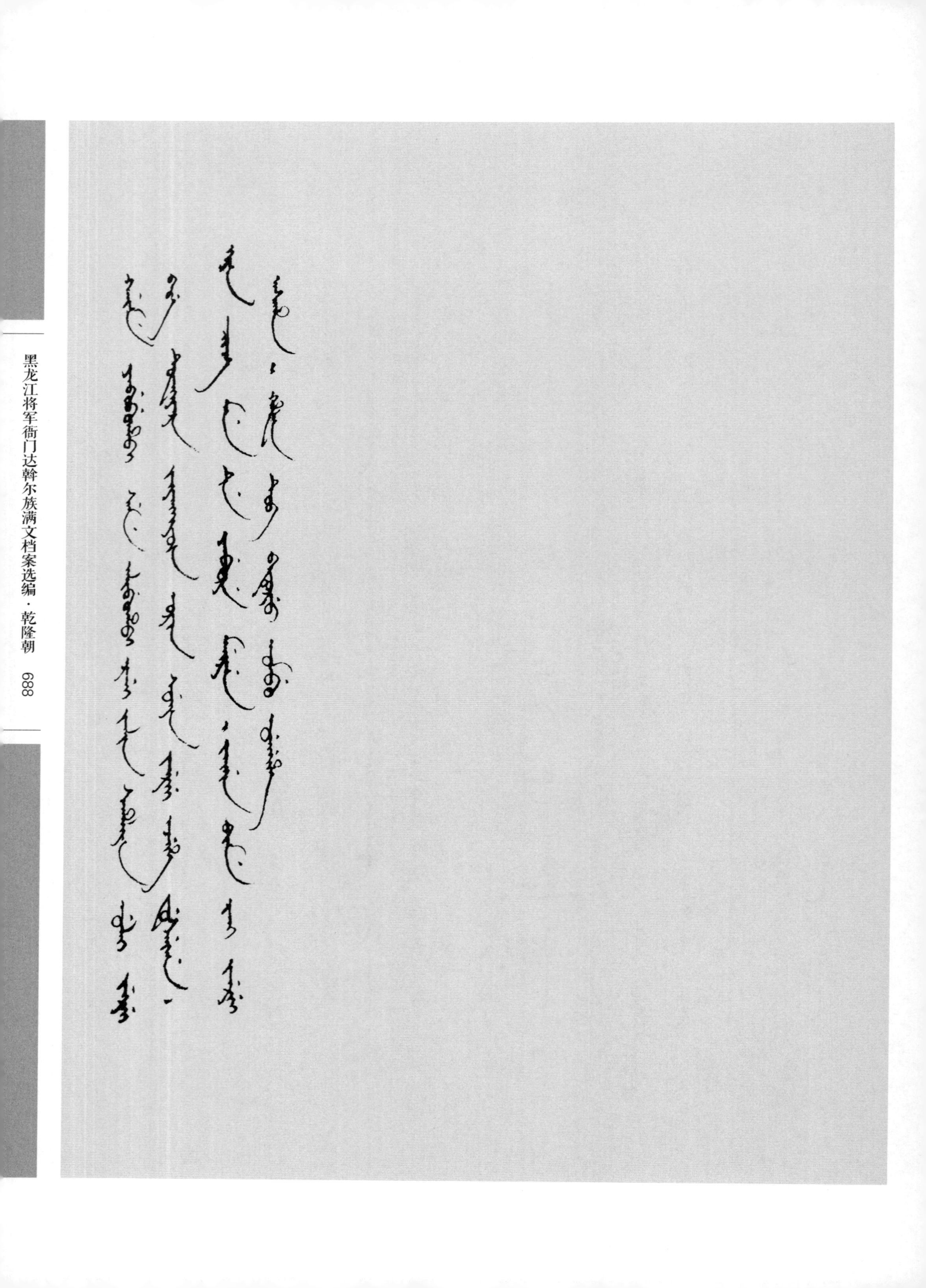

[illegible]

[illegible]

[illegible]

[illegible]

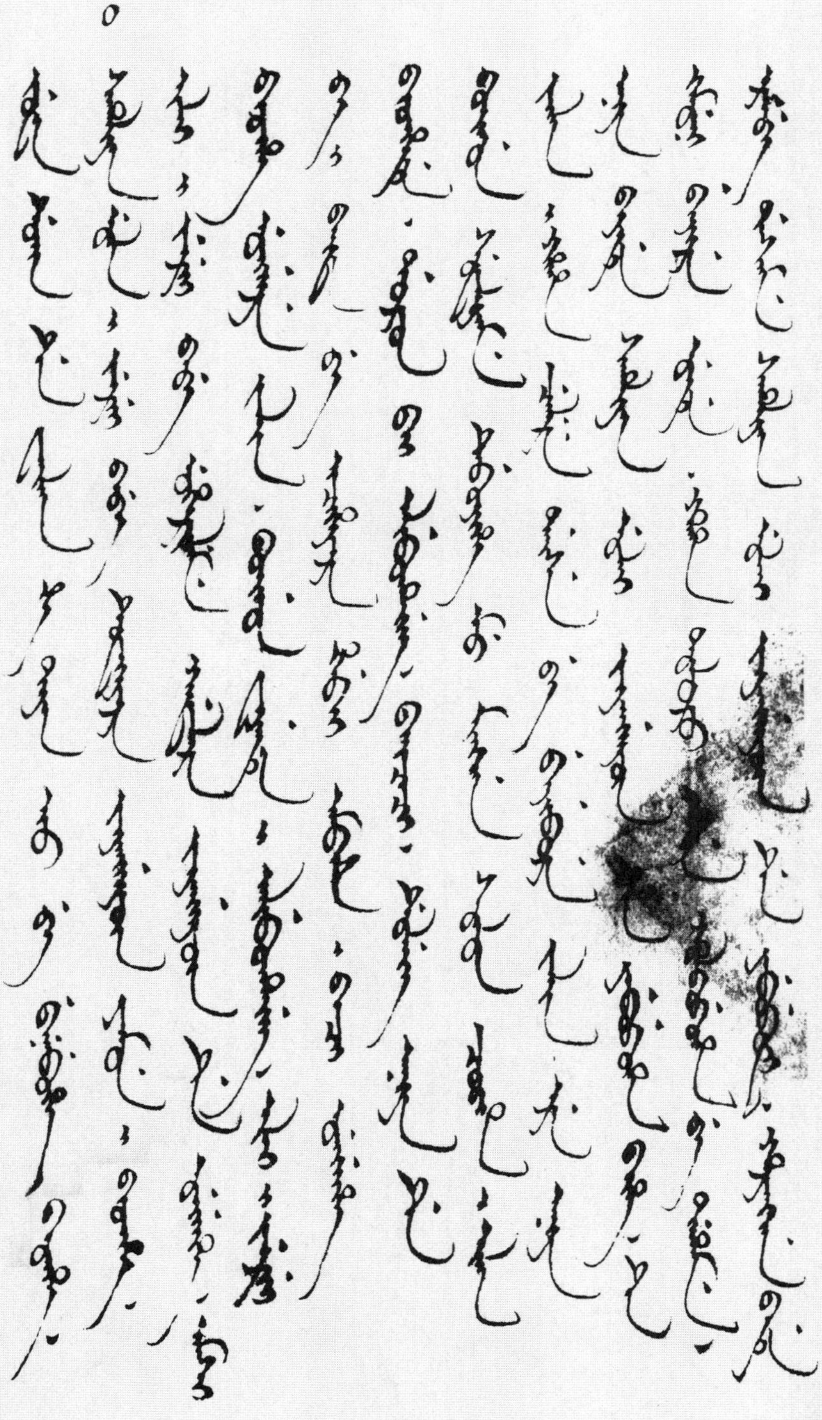

一二六三 黑龙江将军衙门为布特哈移驻伊犁索伦达斡尔官兵比丁册业已经咨送事咨伊犁将军文

乾隆三十年十一月十四日

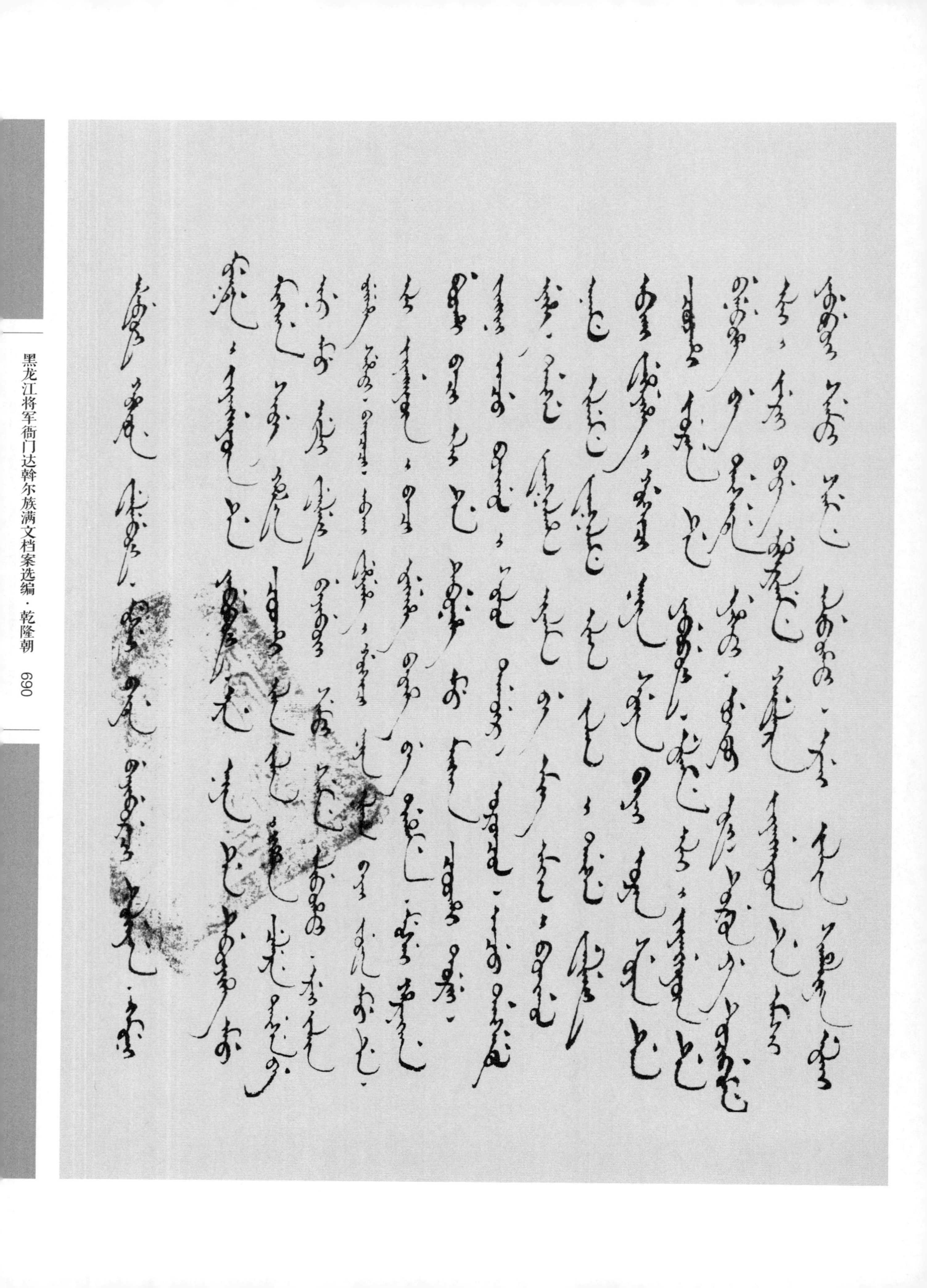

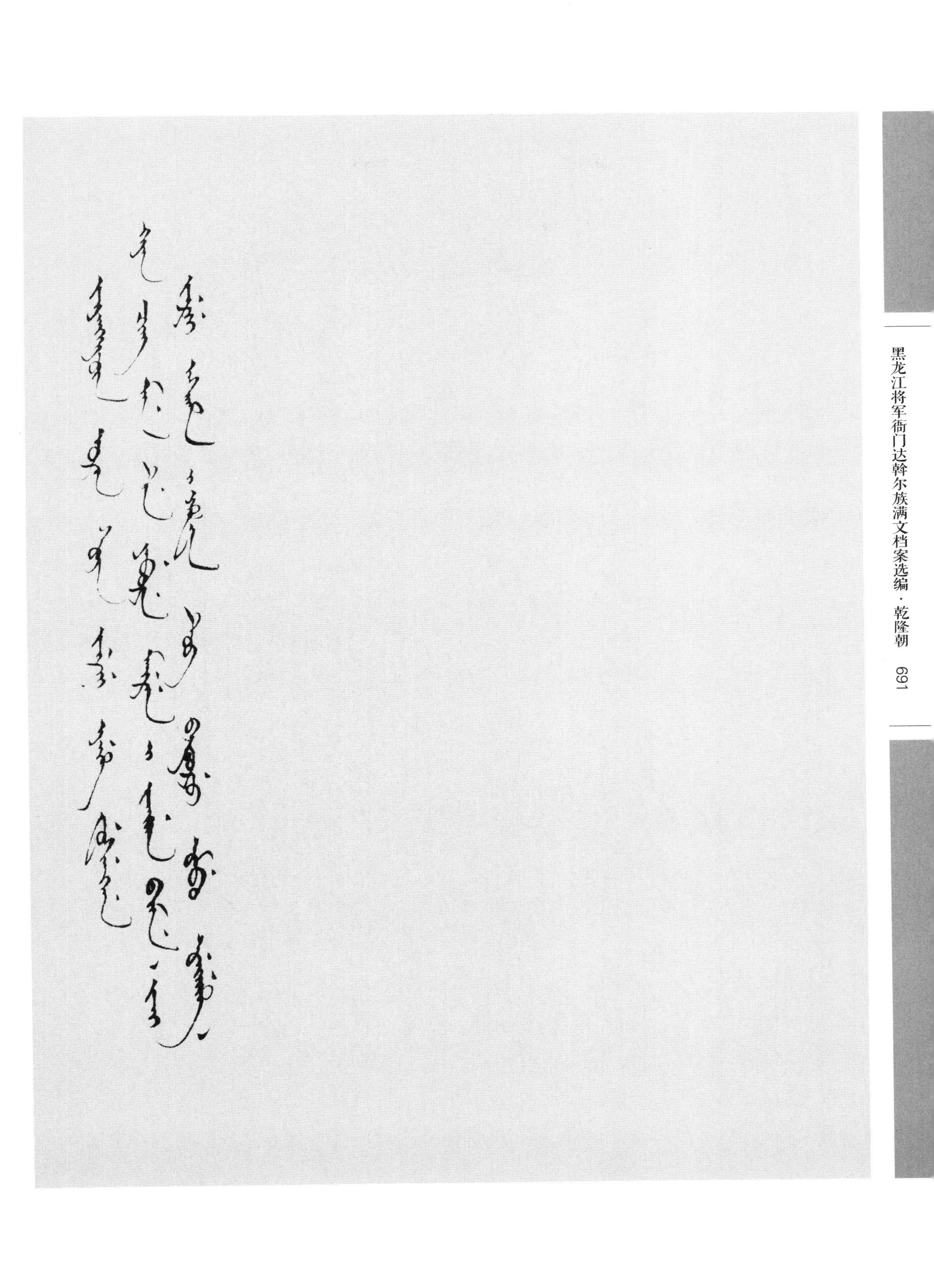

一二六四　黑龙江将军富僧阿奏齐齐哈尔城正白旗达斡尔世管佐领索诺索升任协领仍兼管佐领折

乾隆三十年十二月初二日

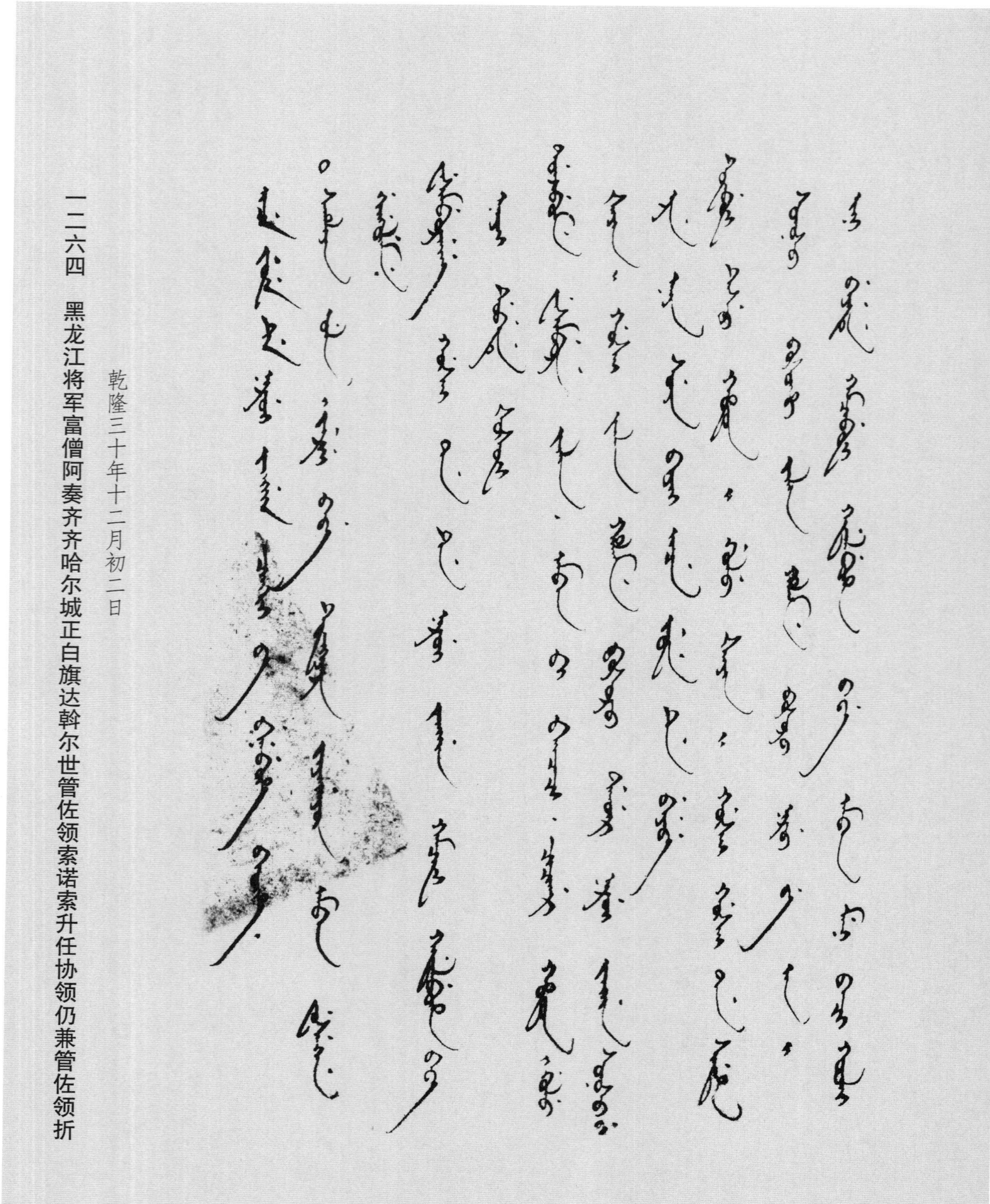

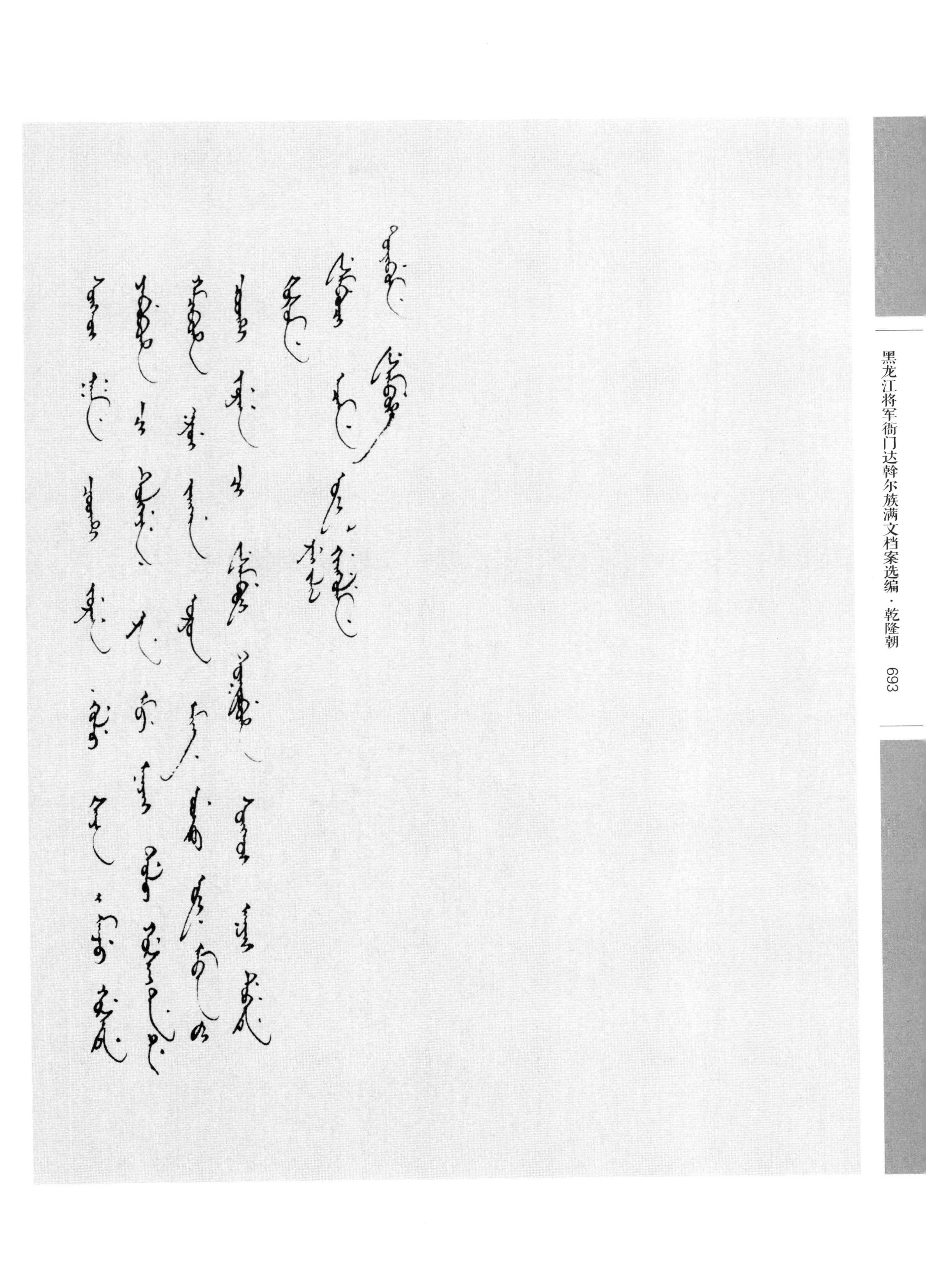

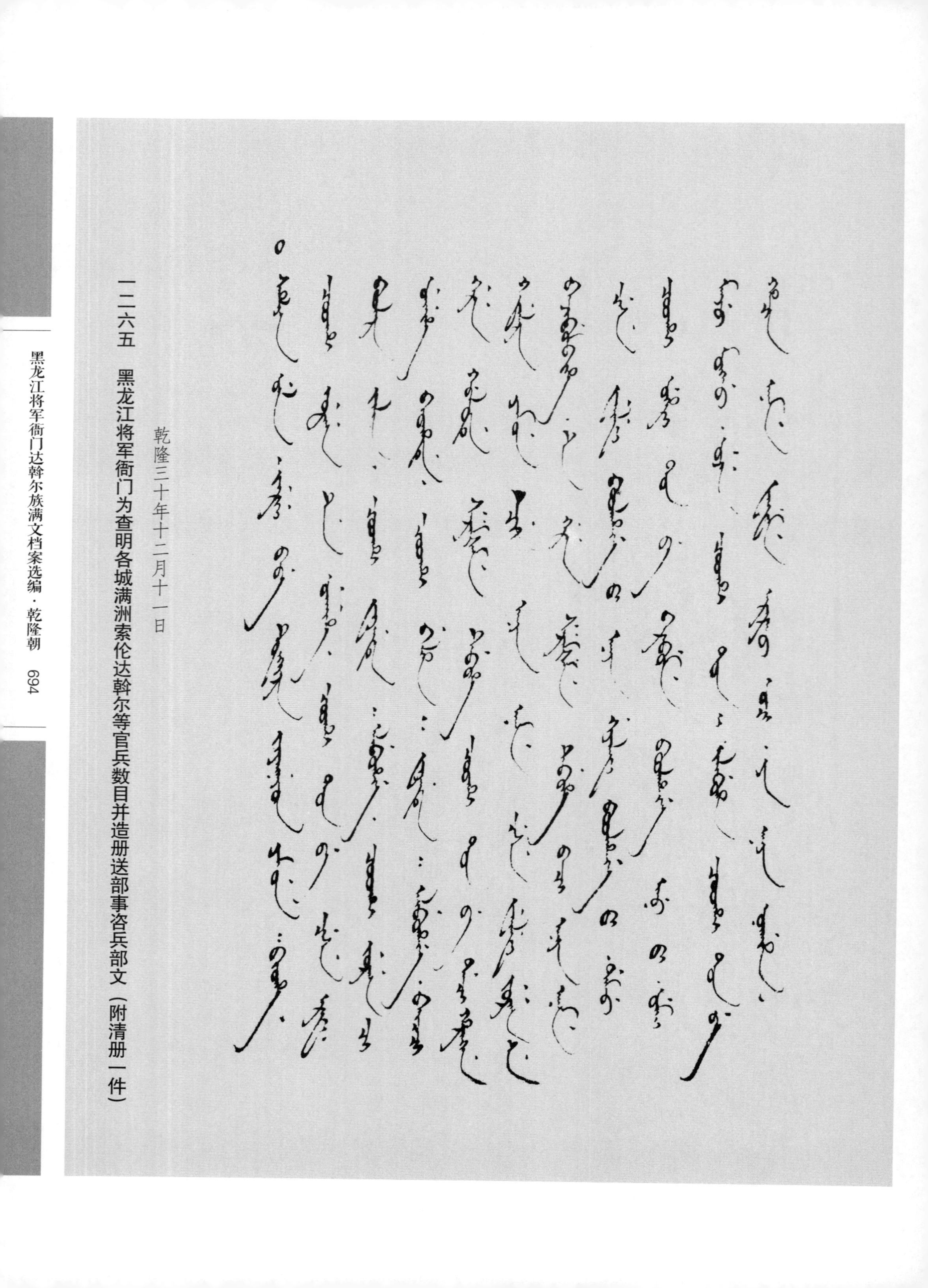

一二六五　黑龙江将军衙门为查明各城满洲索伦达斡尔等官兵数目并造册送部事咨兵部文（附清册一件）

乾隆三十年十二月十一日

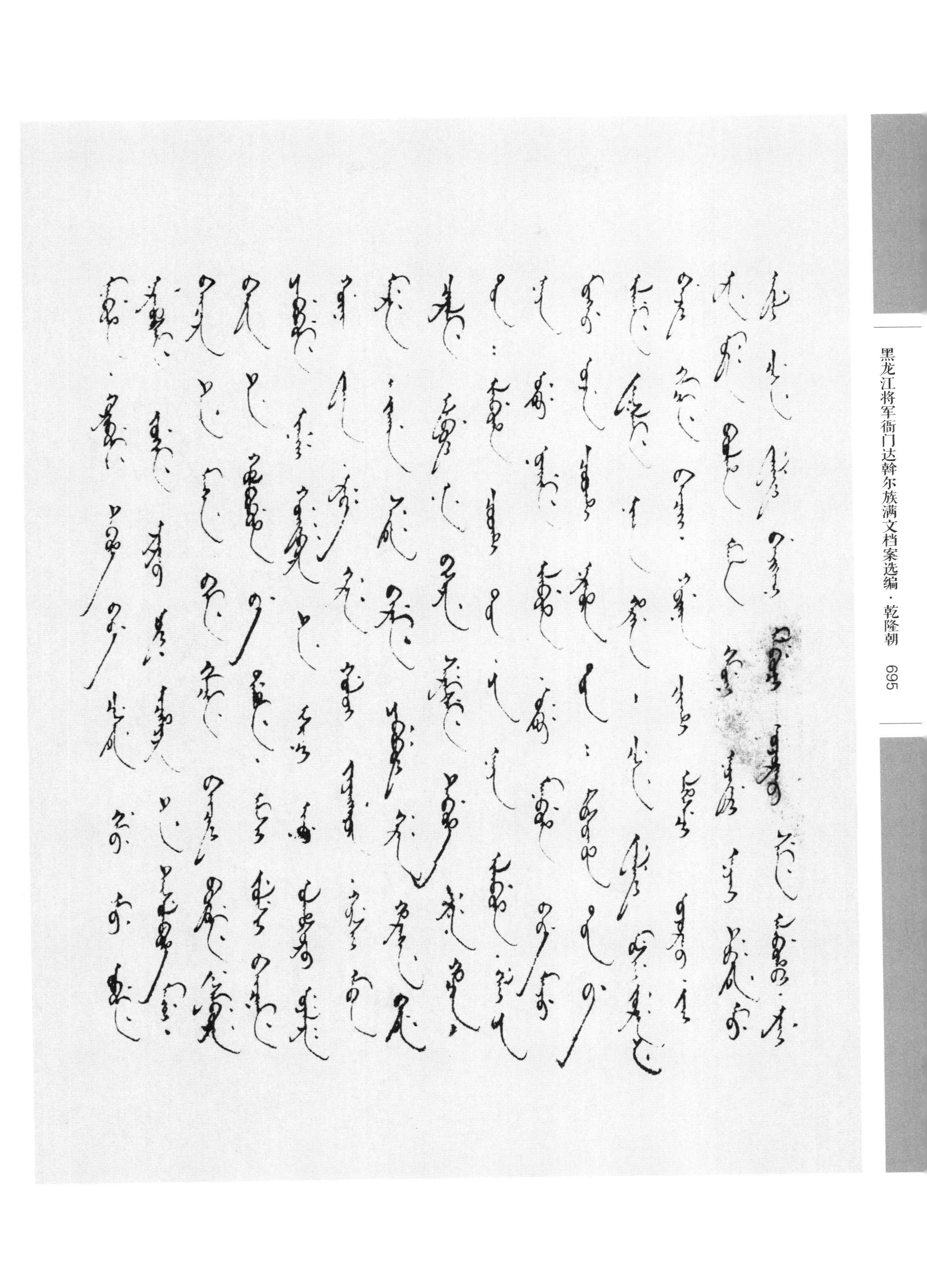

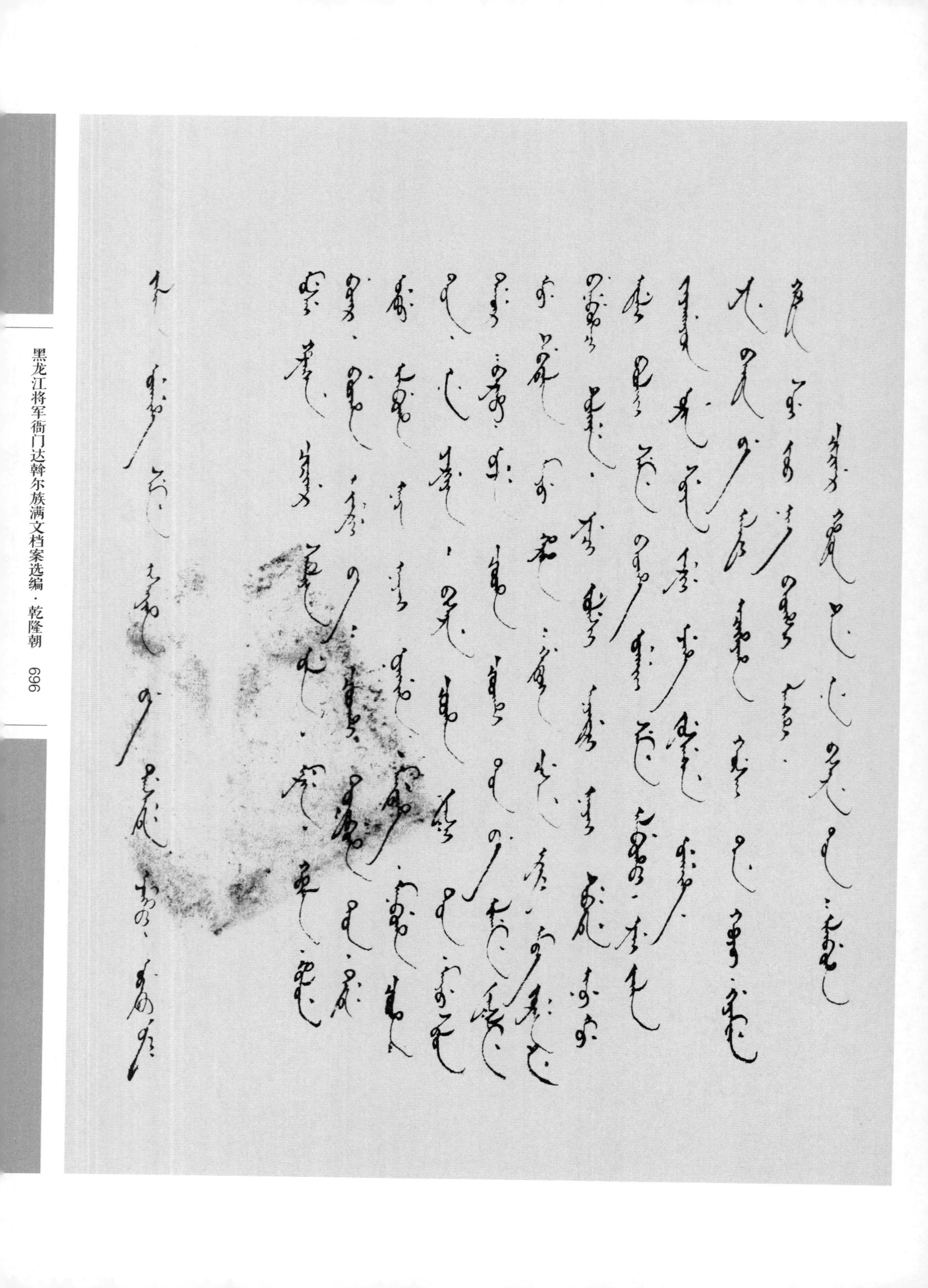

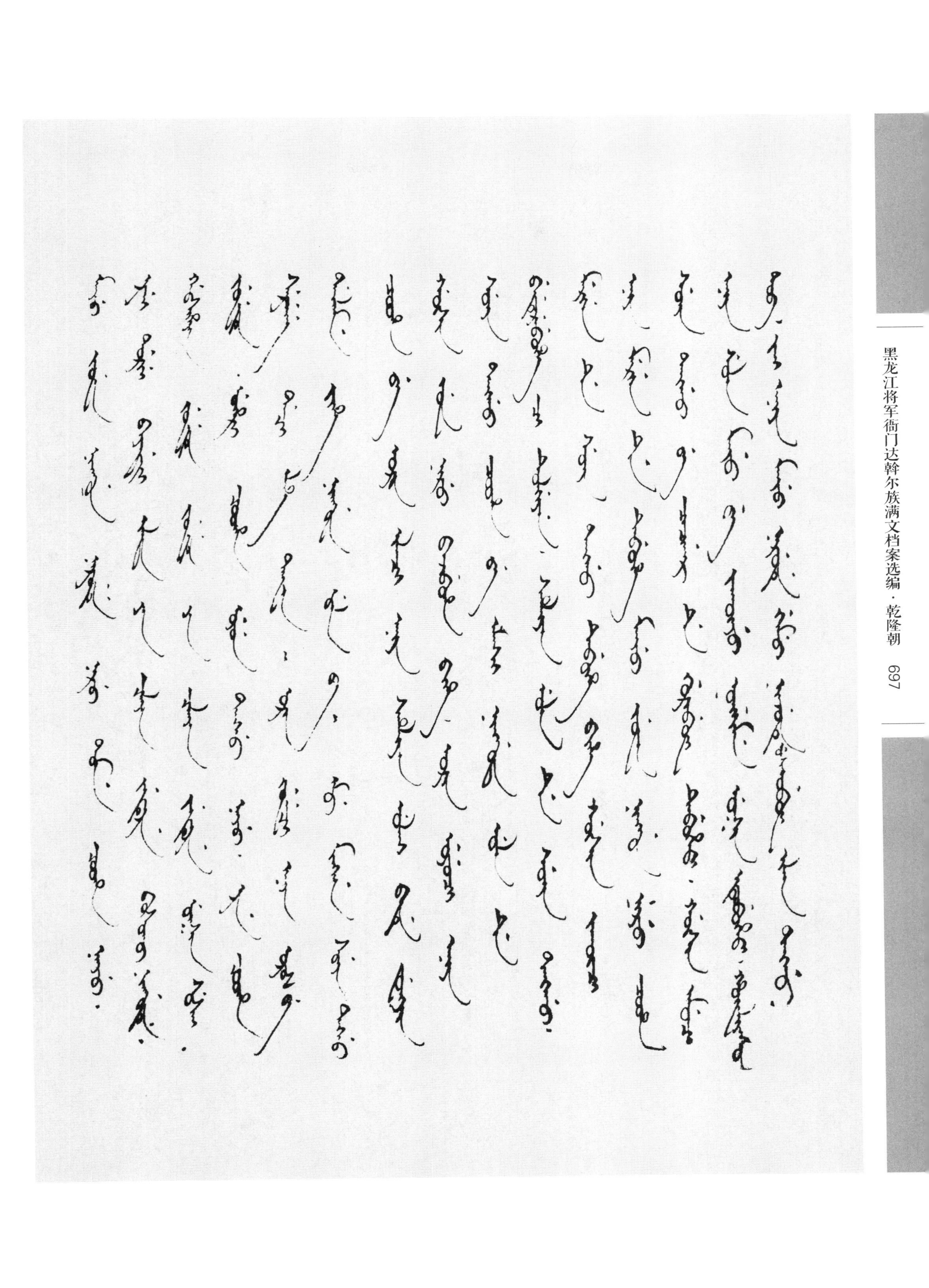

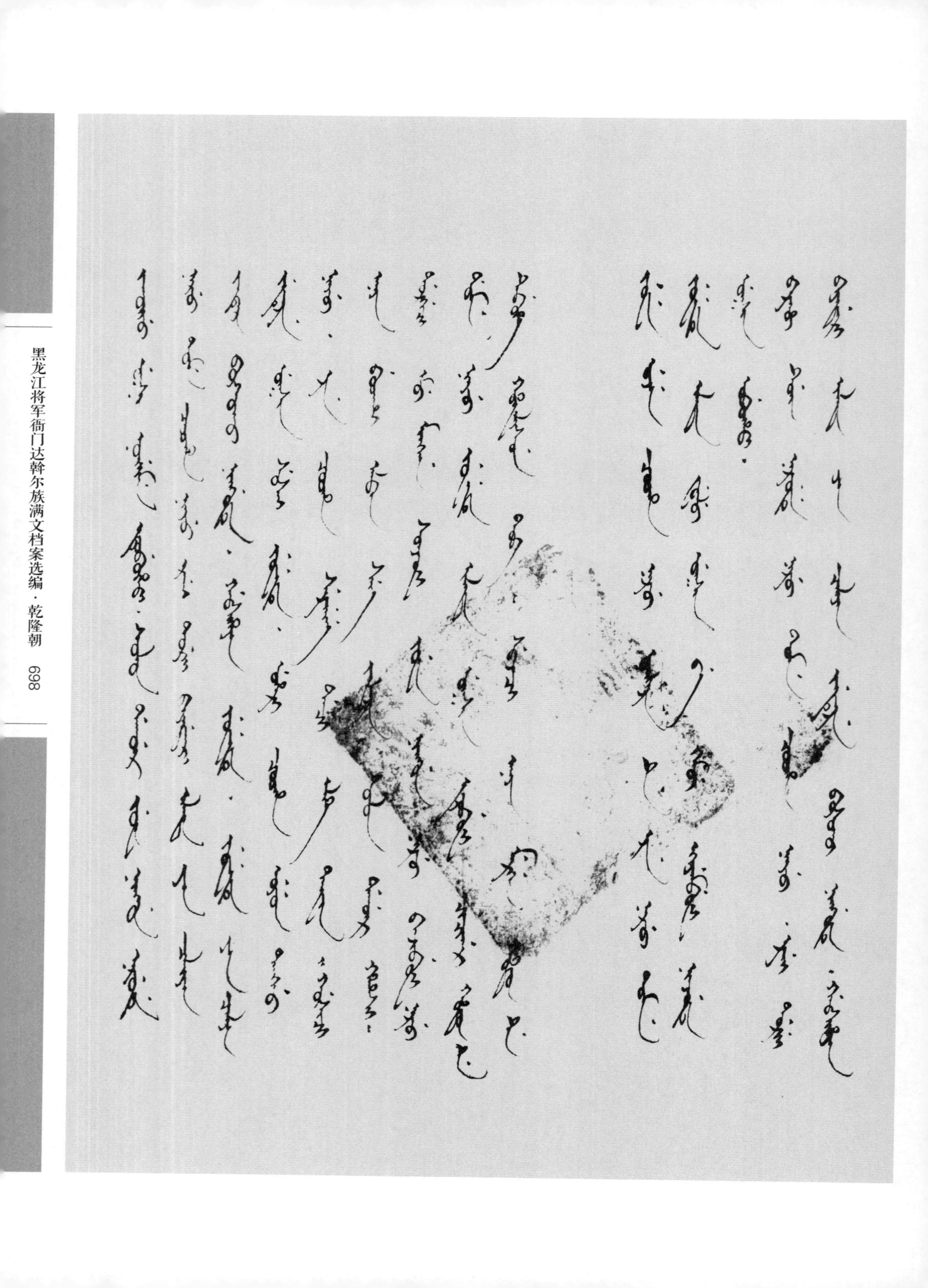

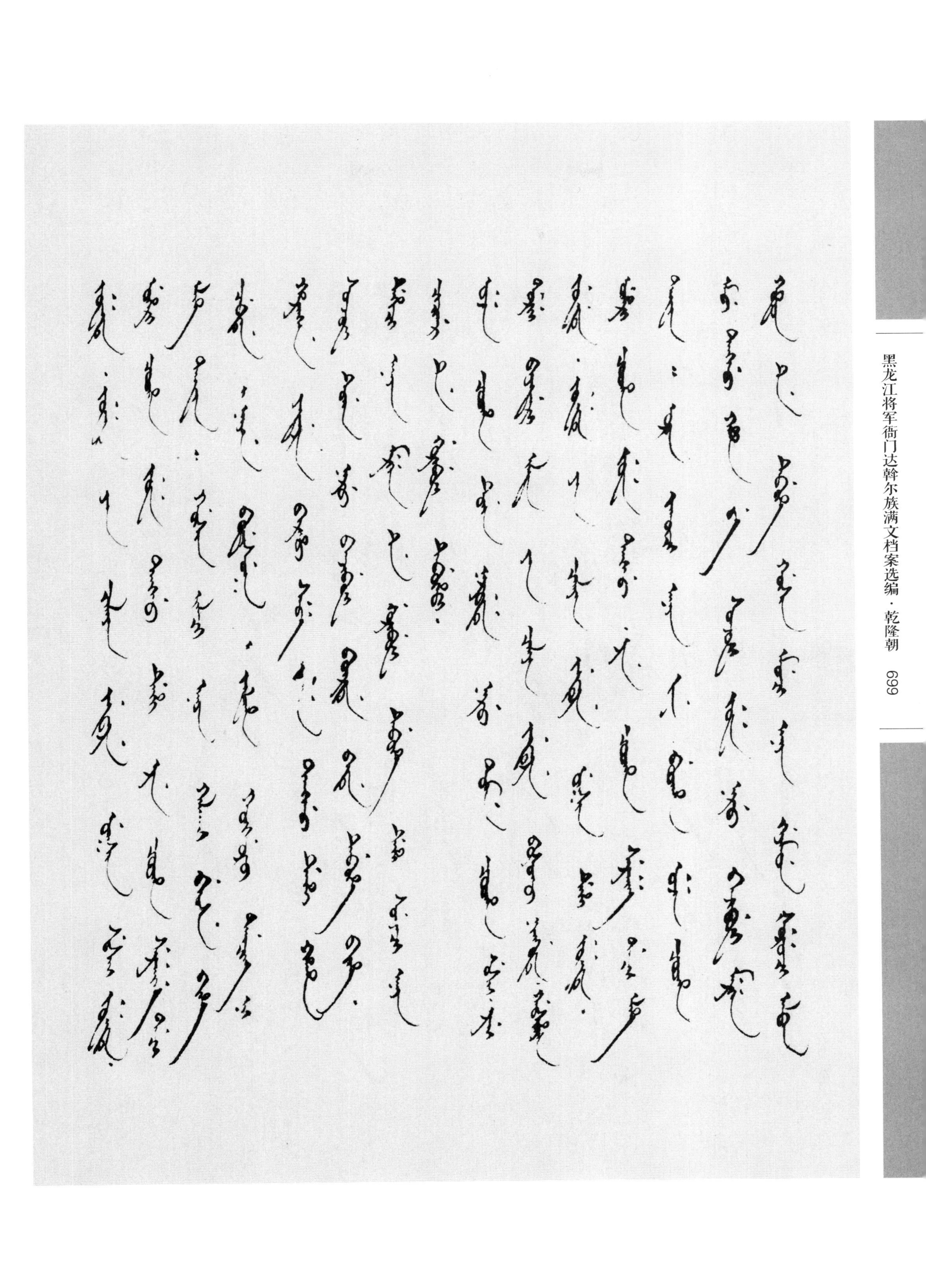

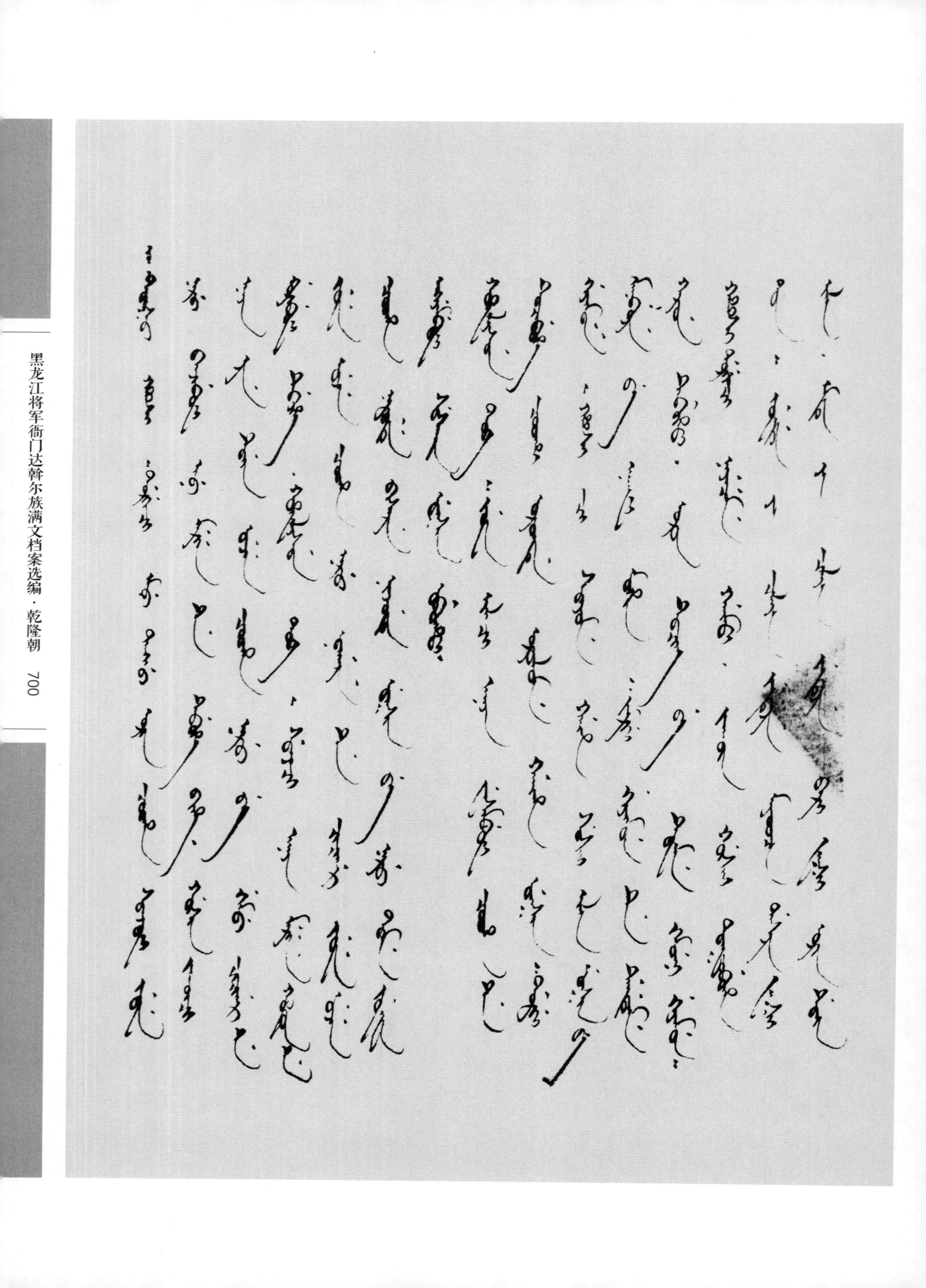

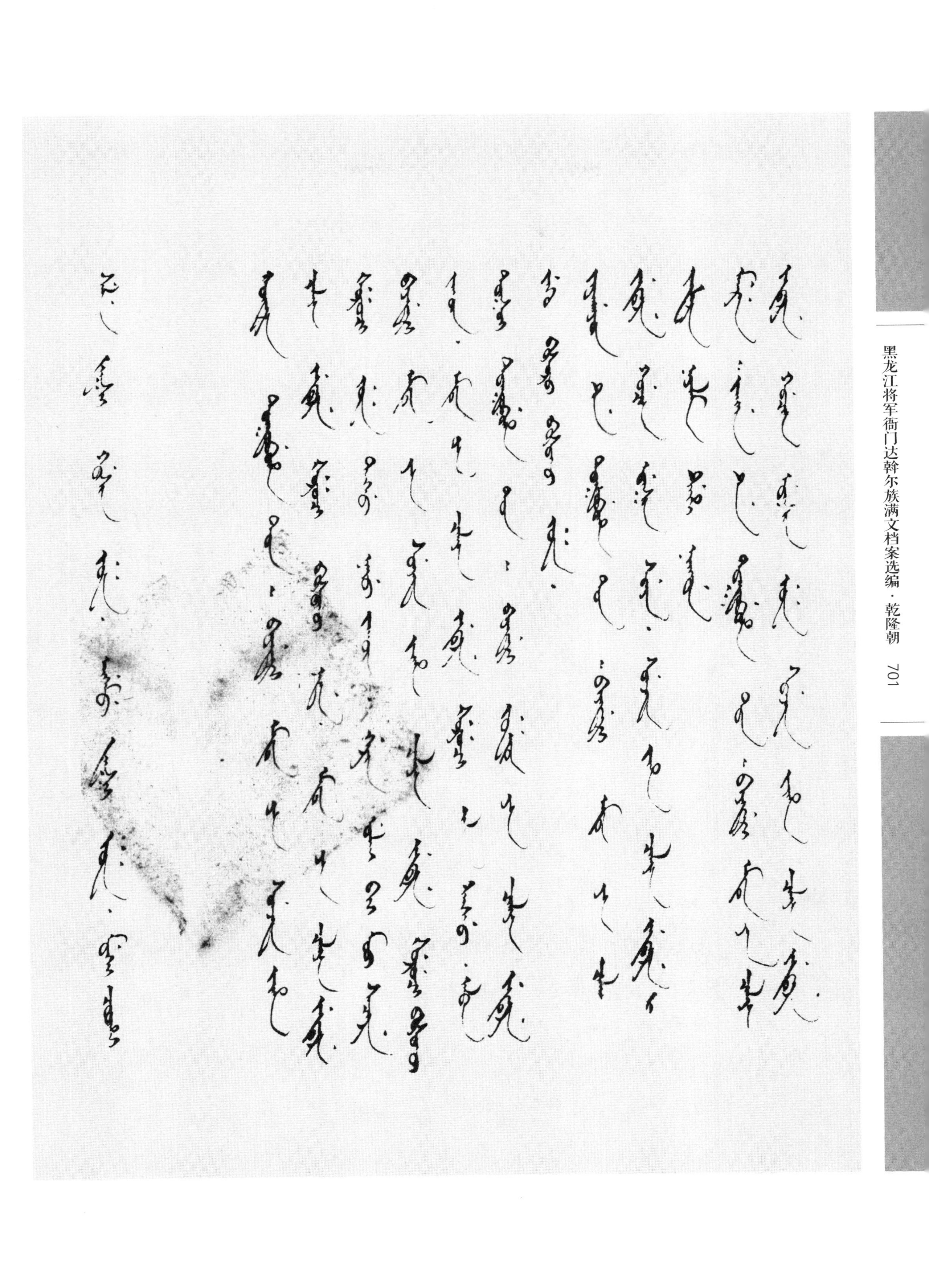

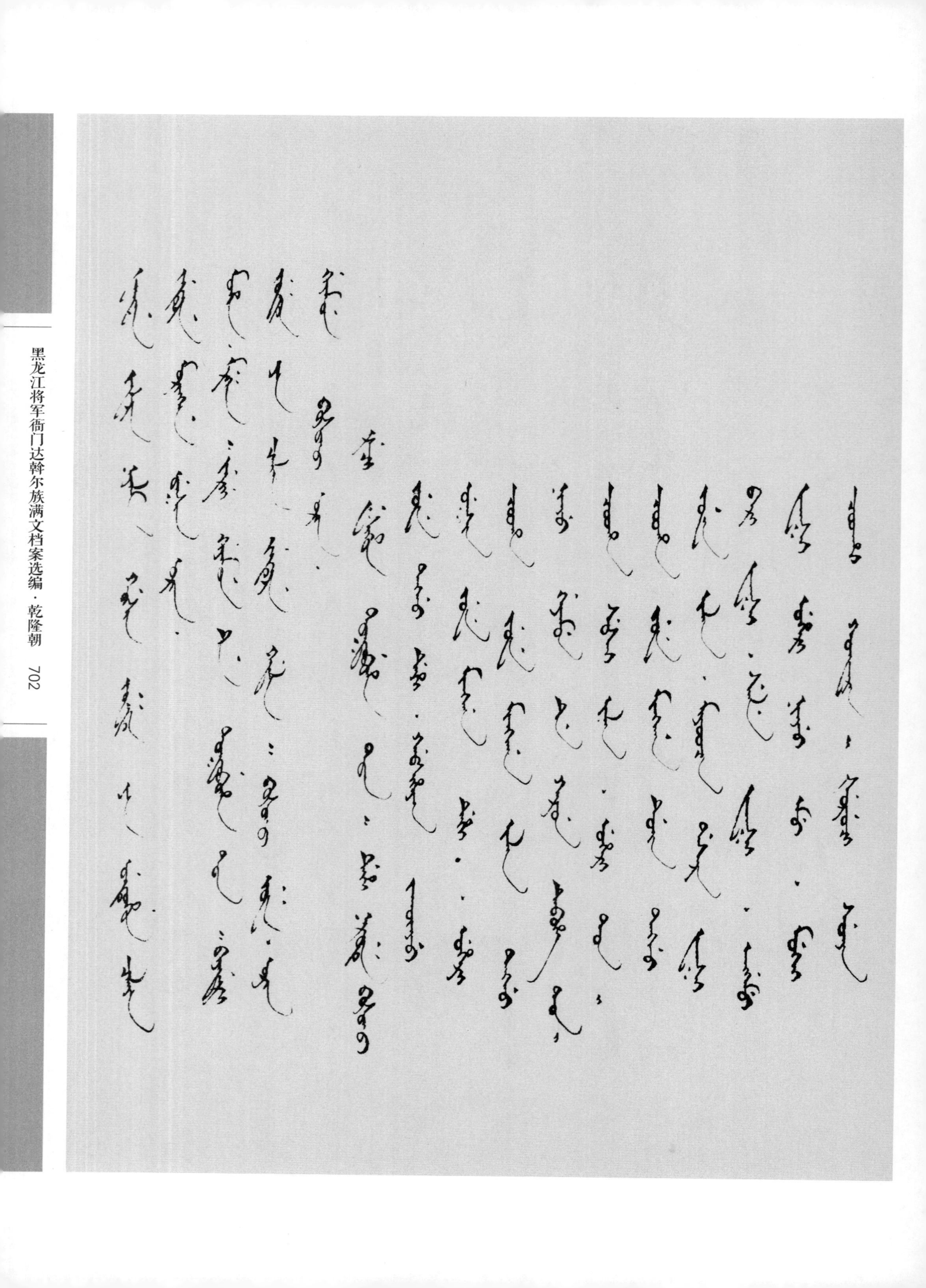

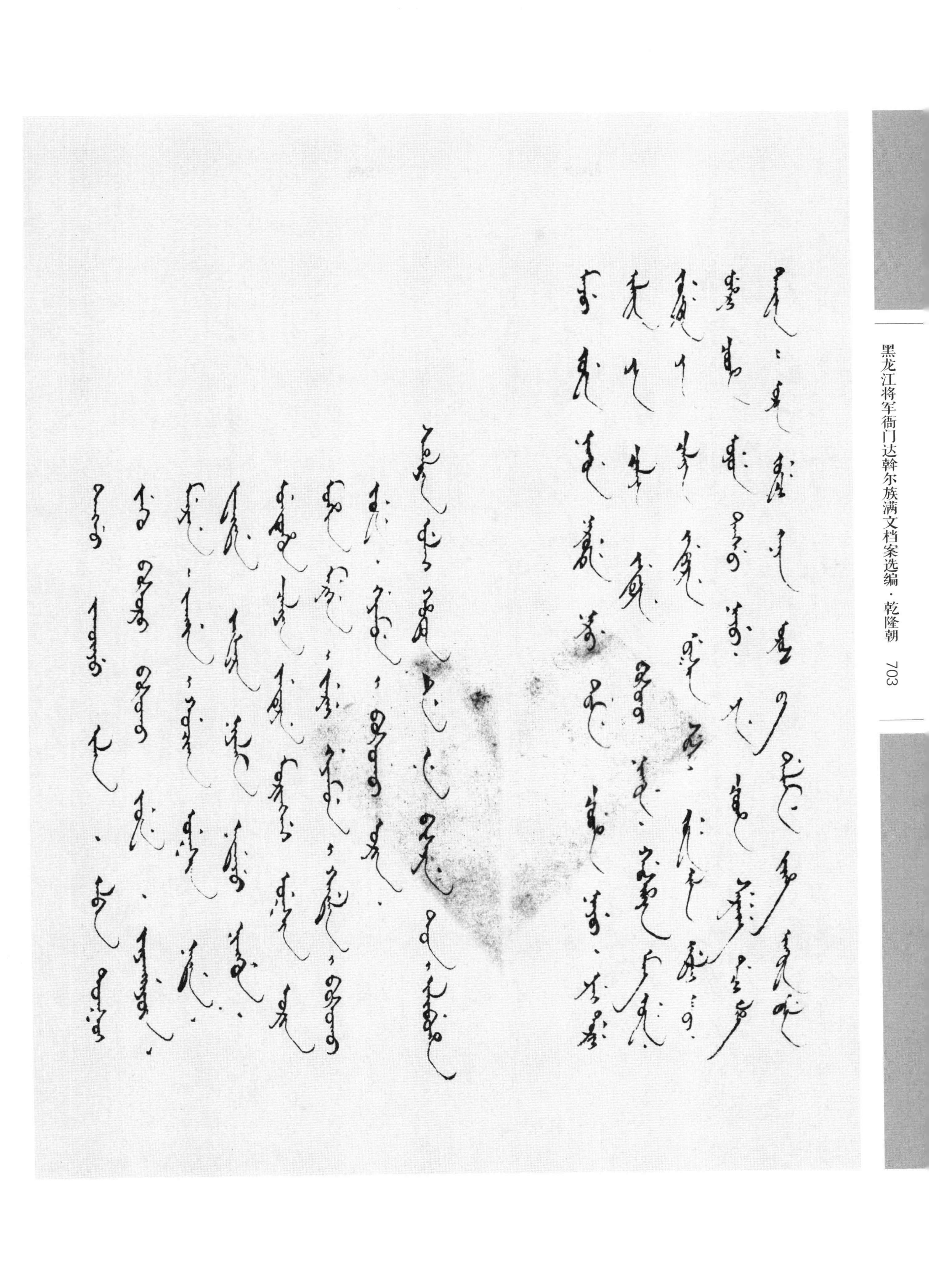

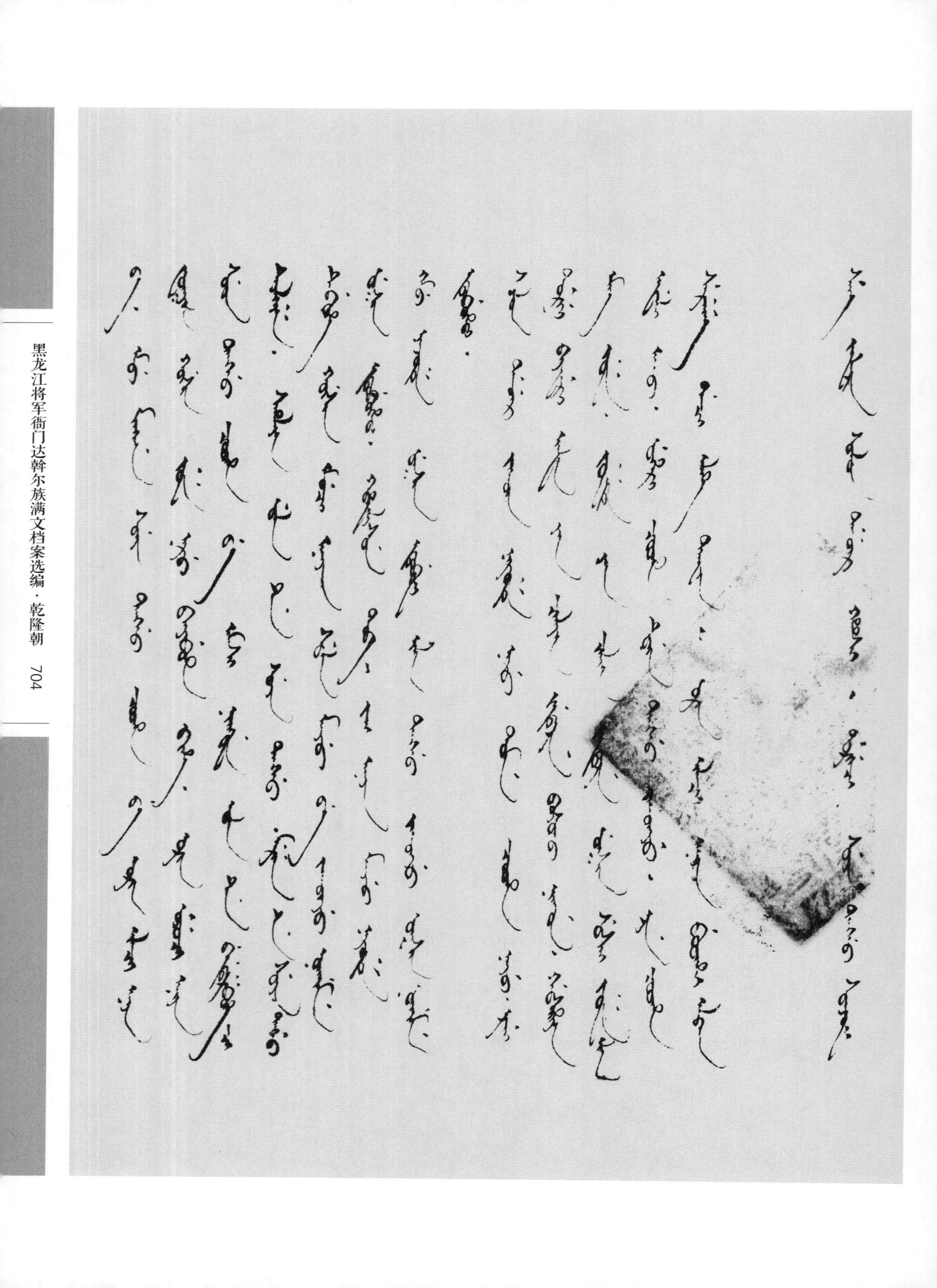

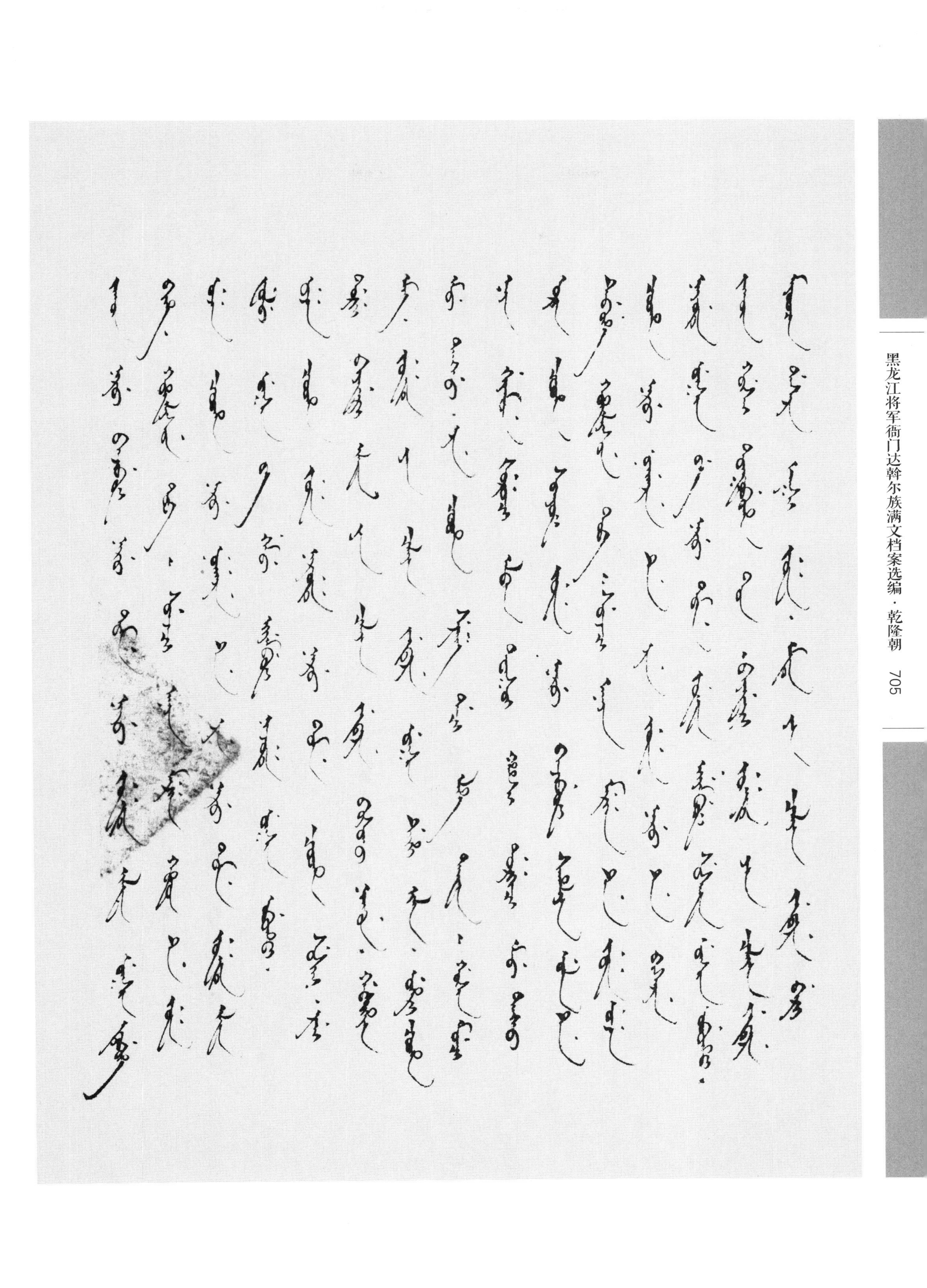

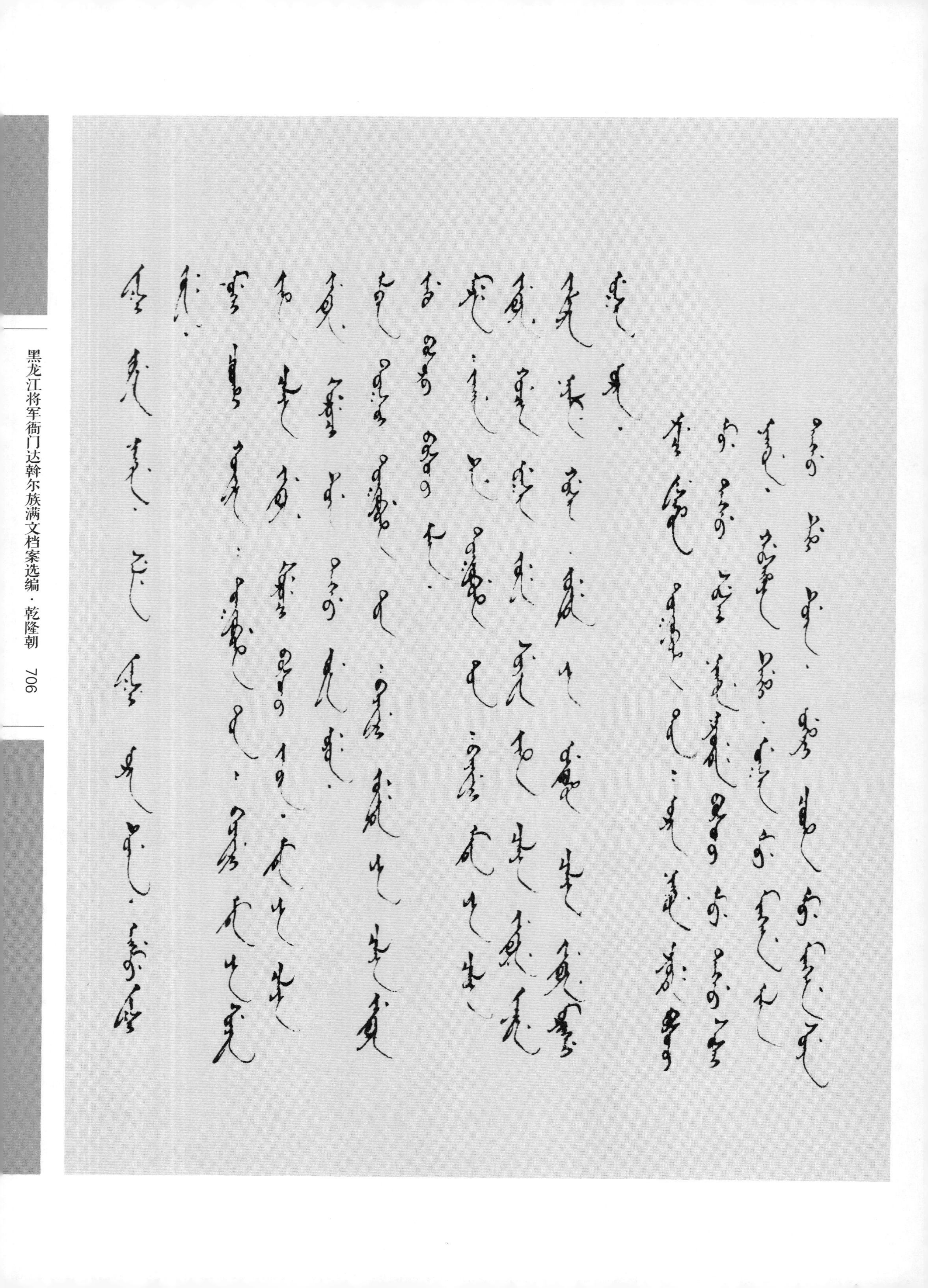

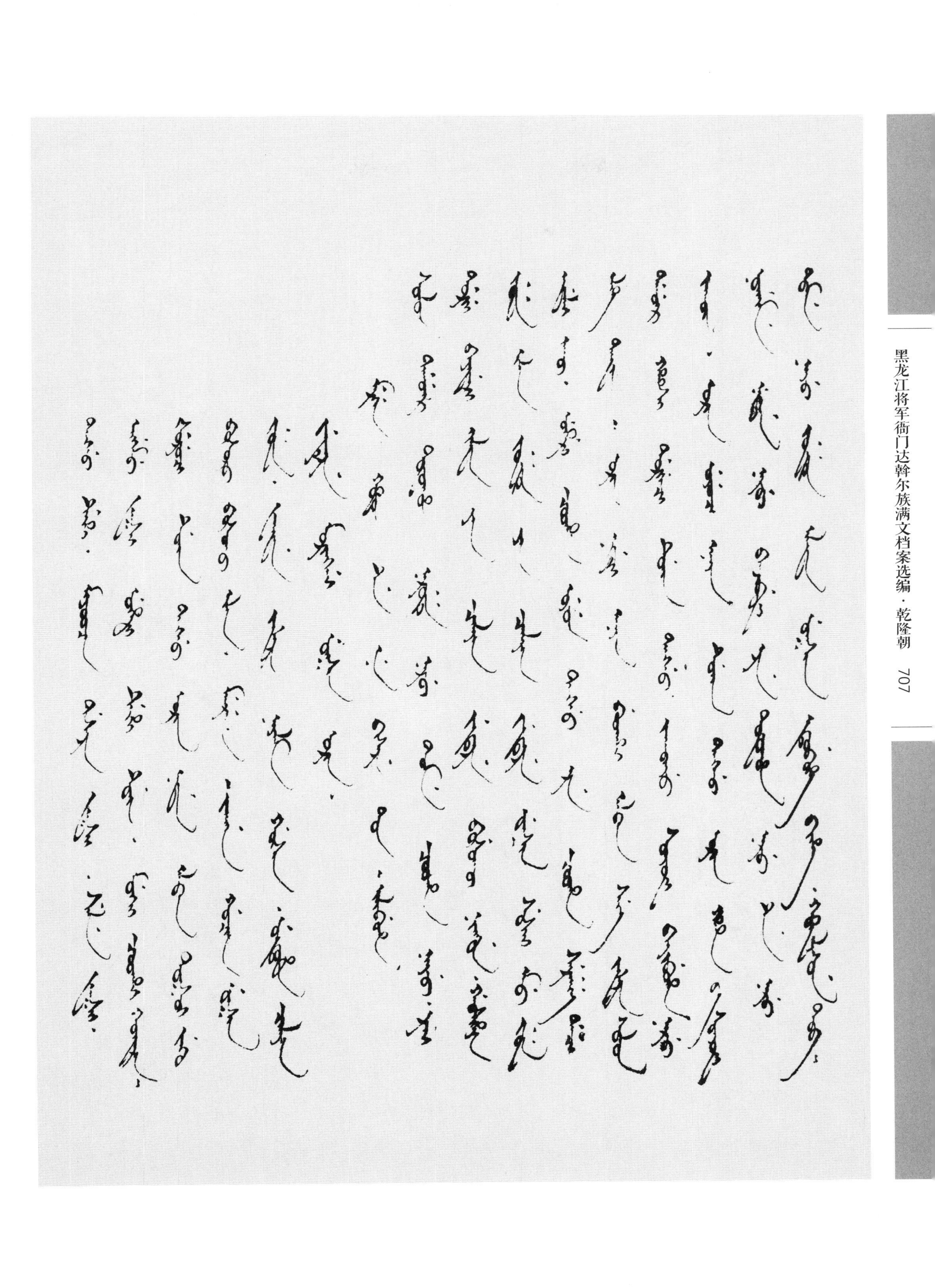

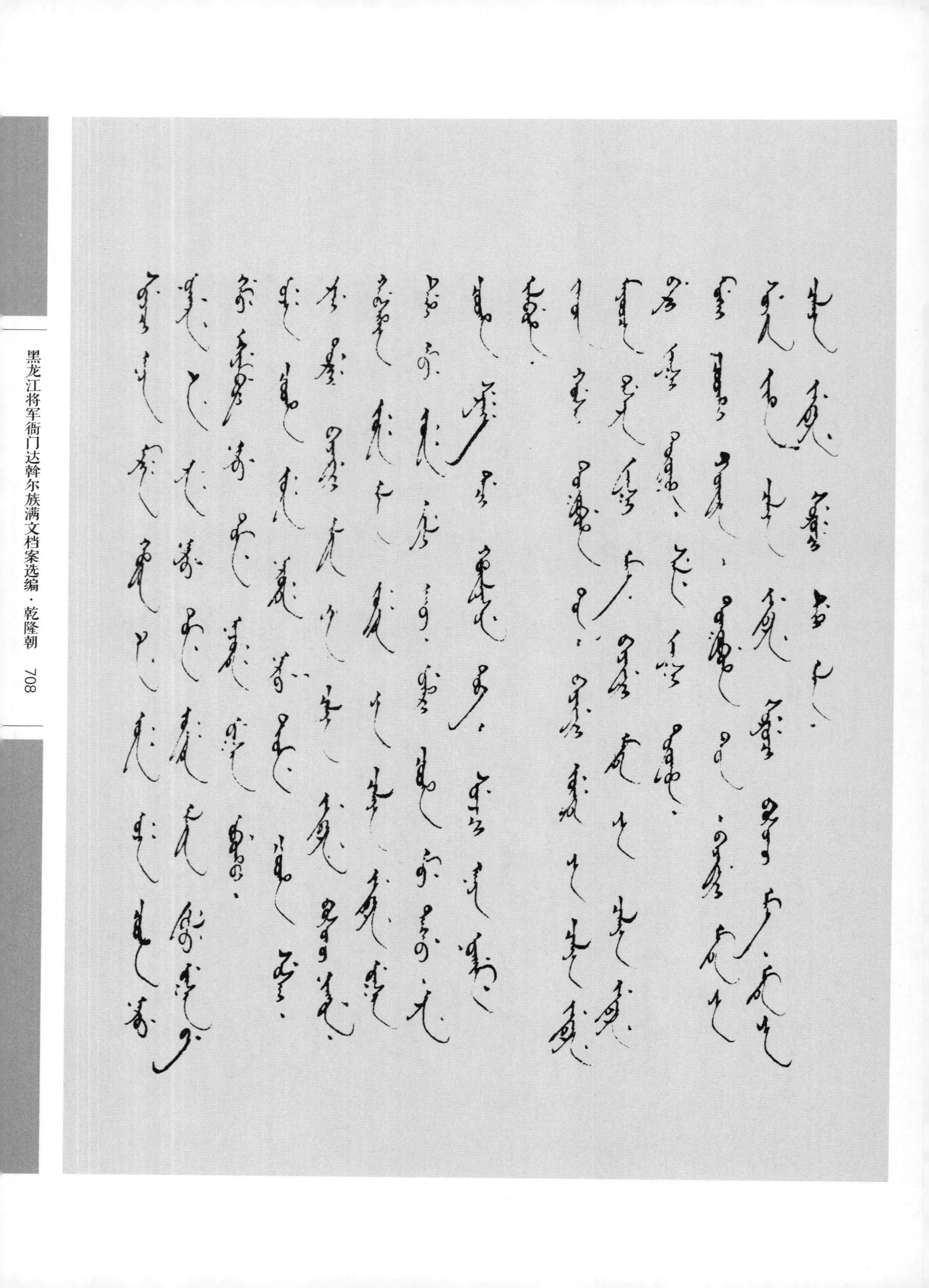

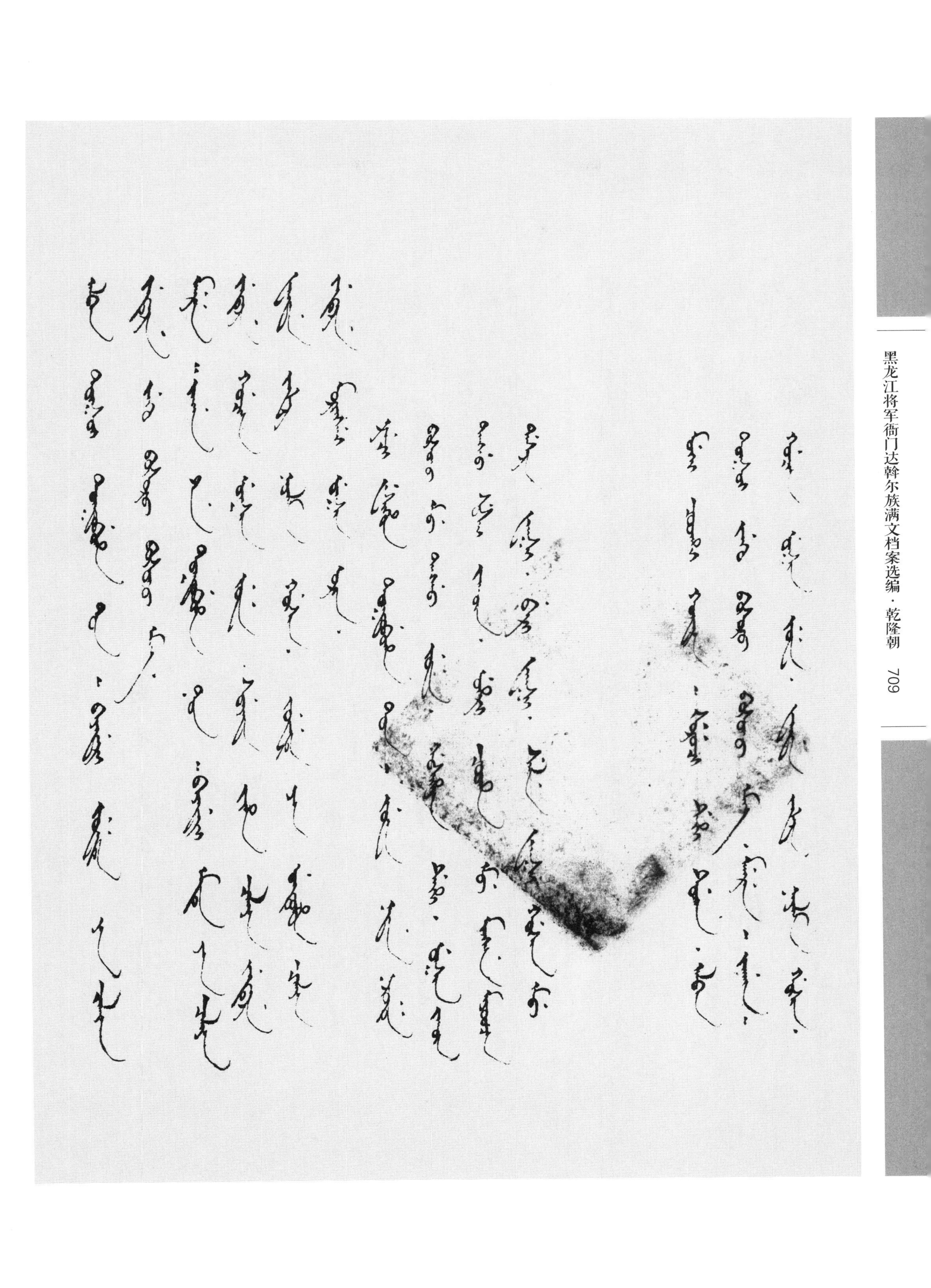

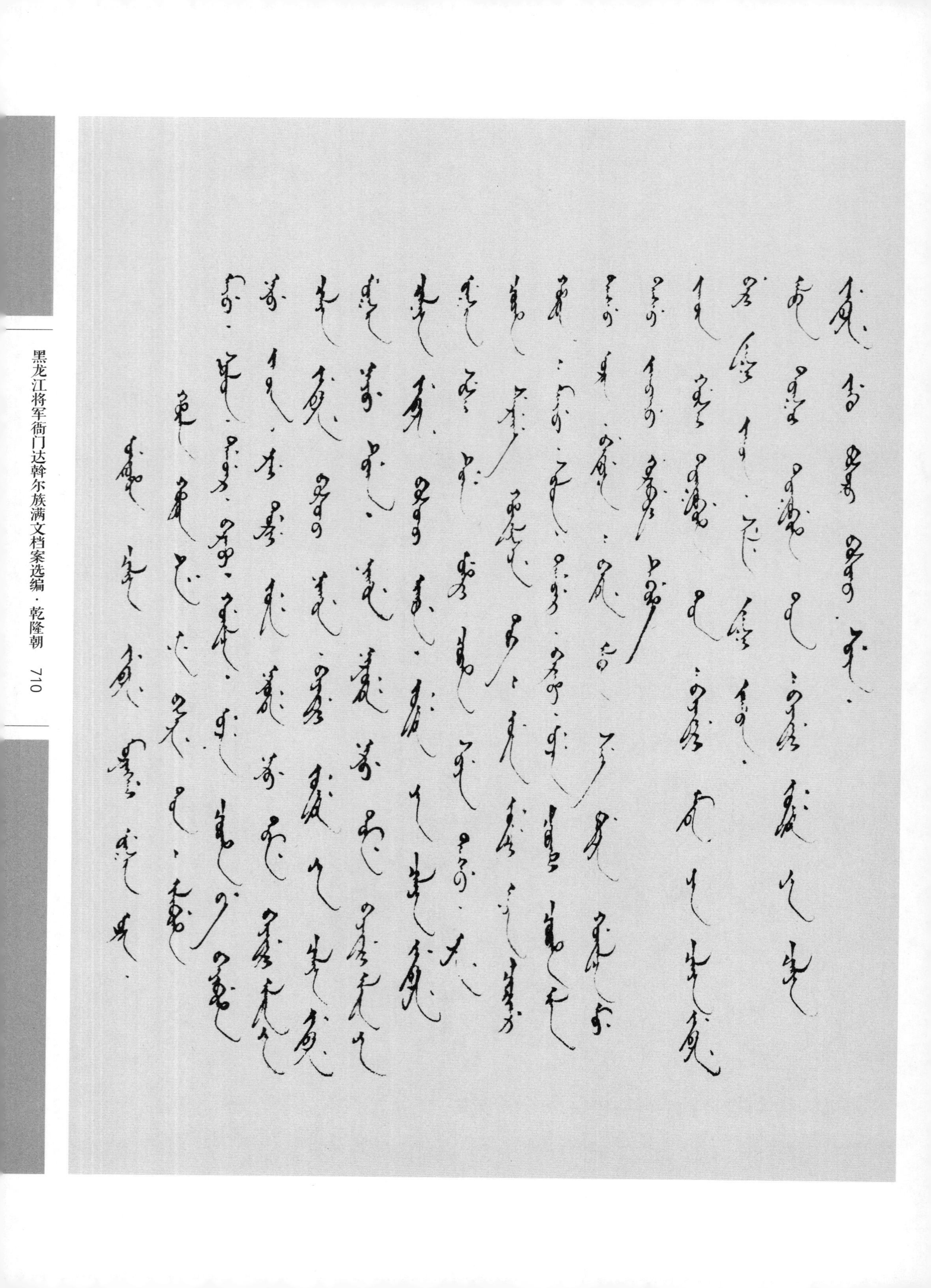

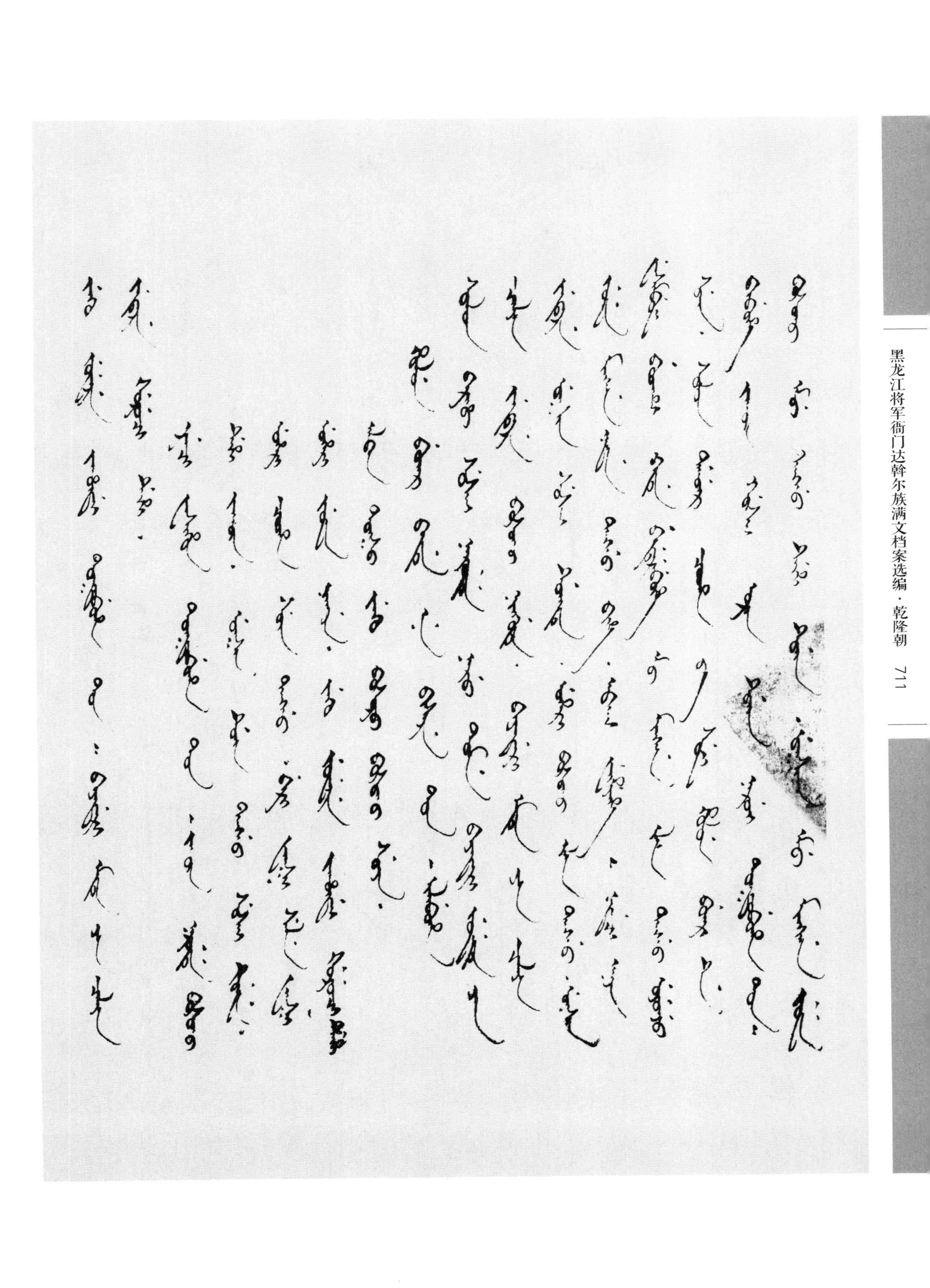

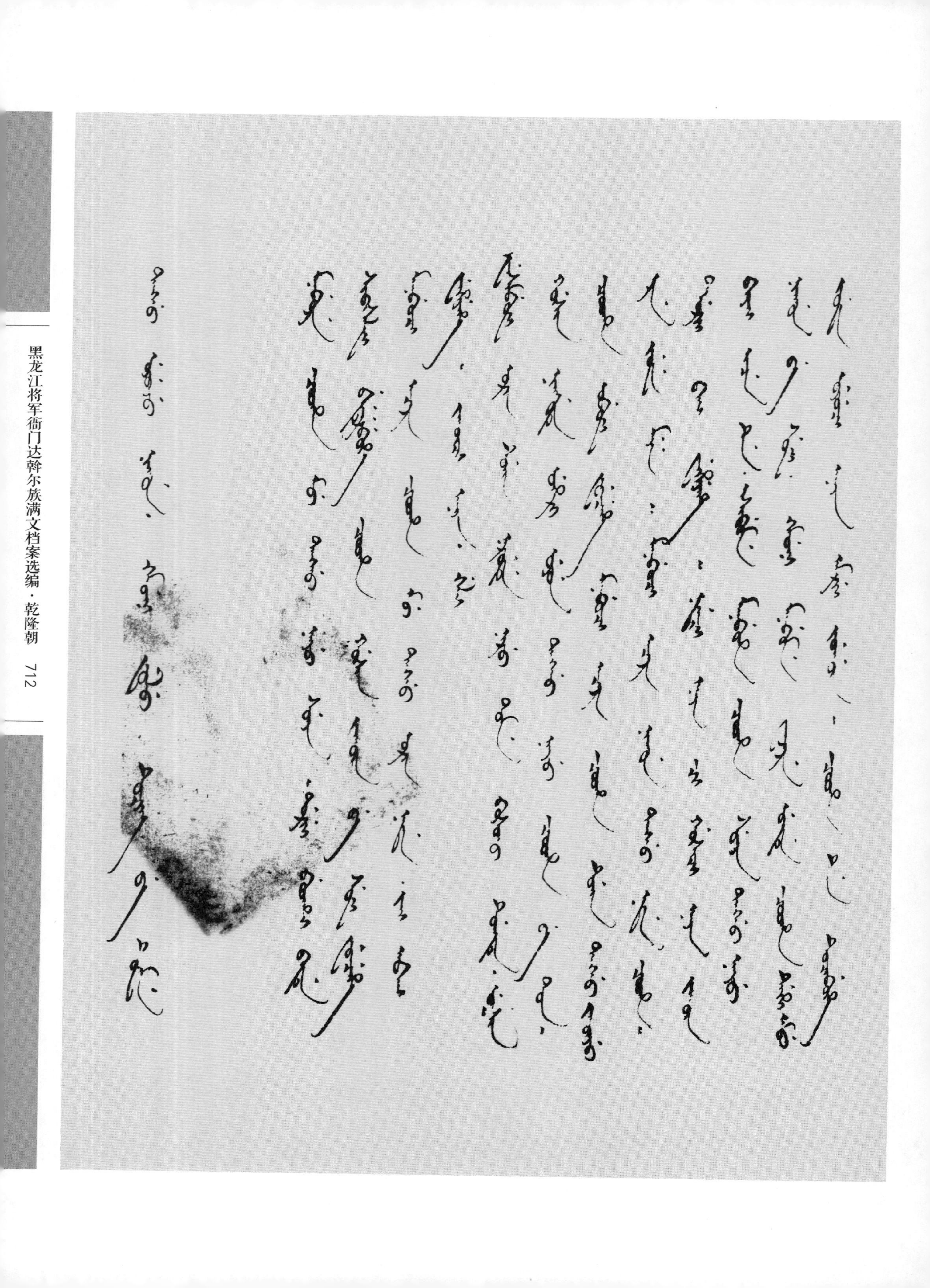

[illegible]

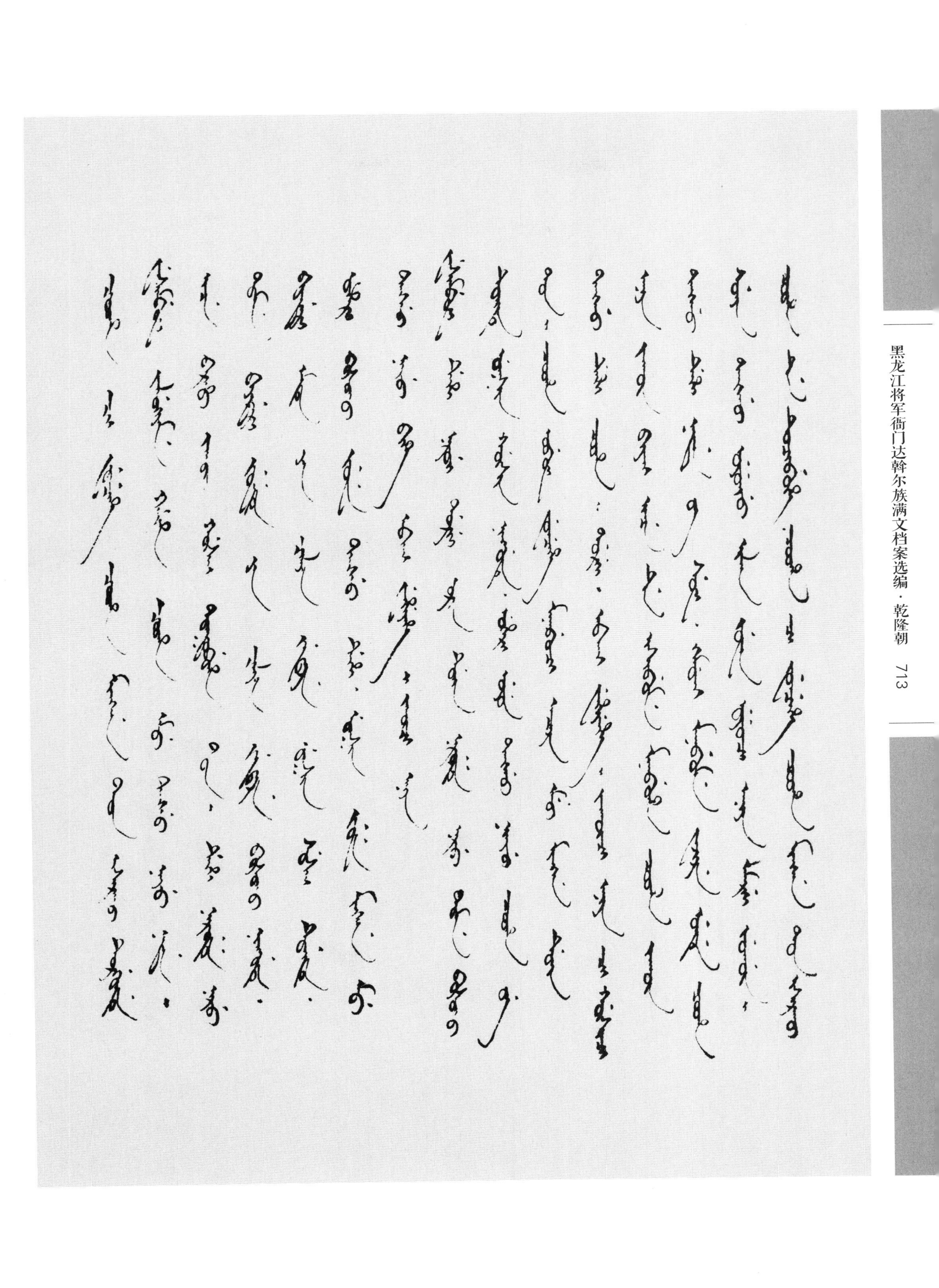

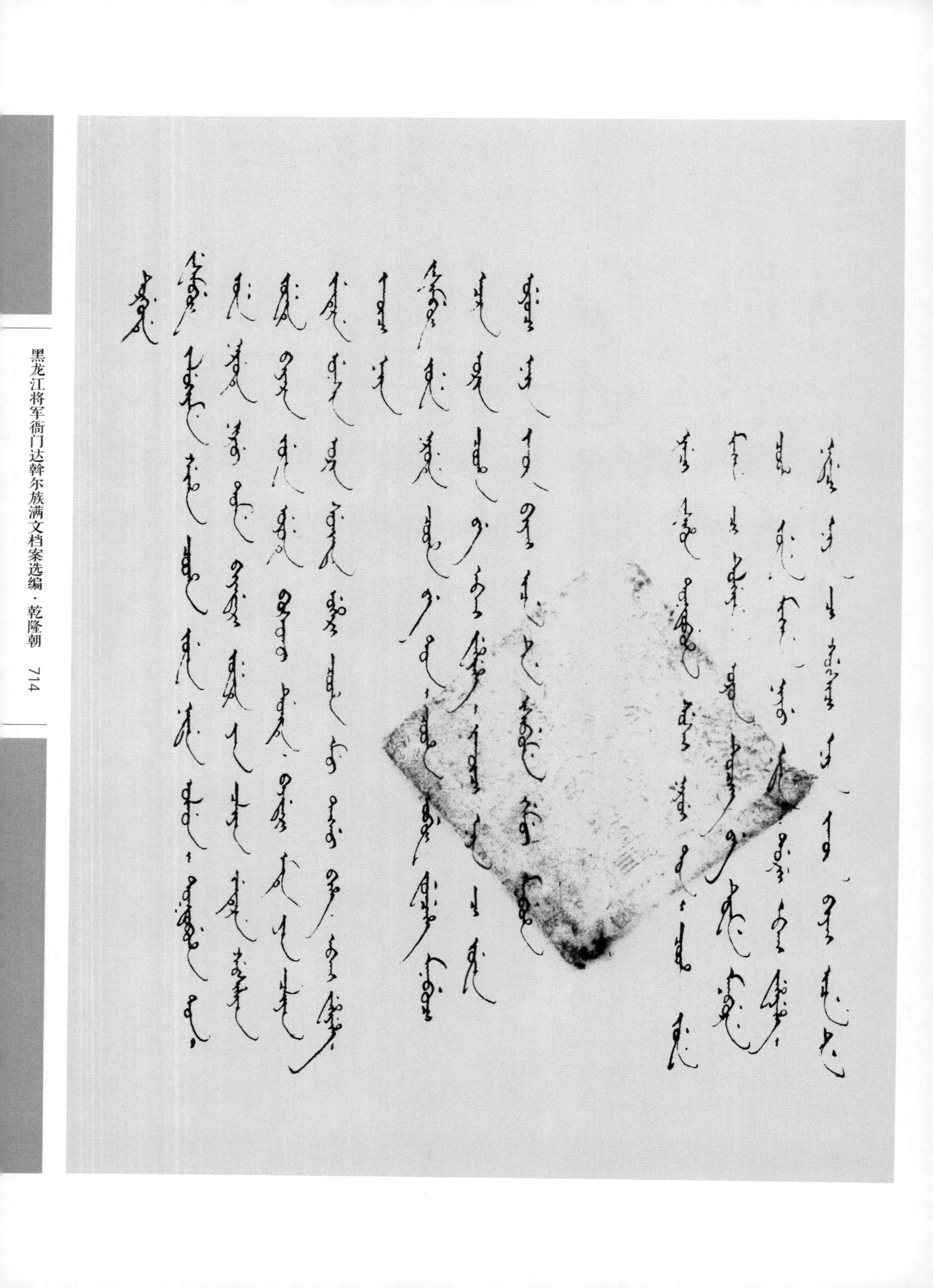

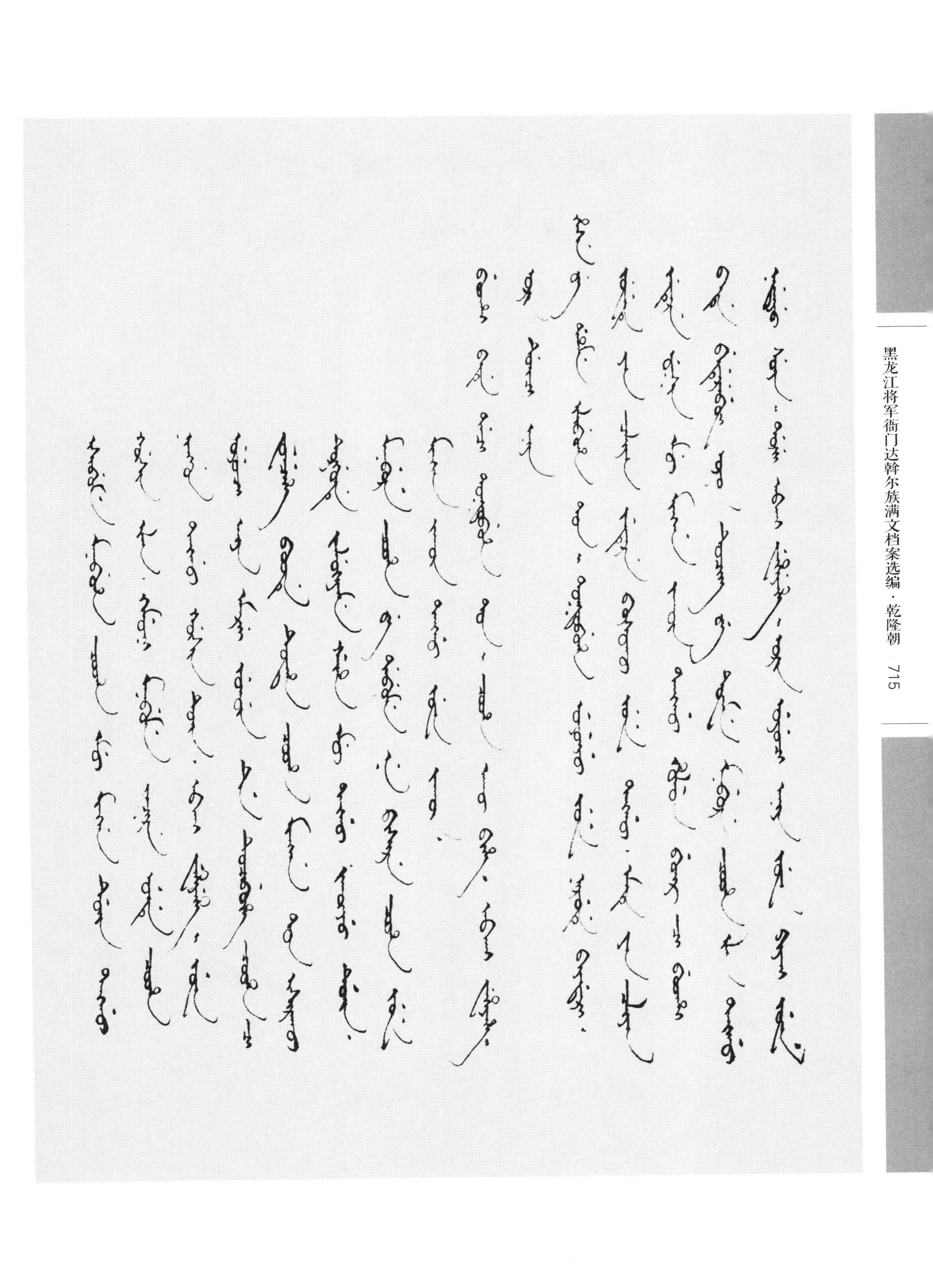

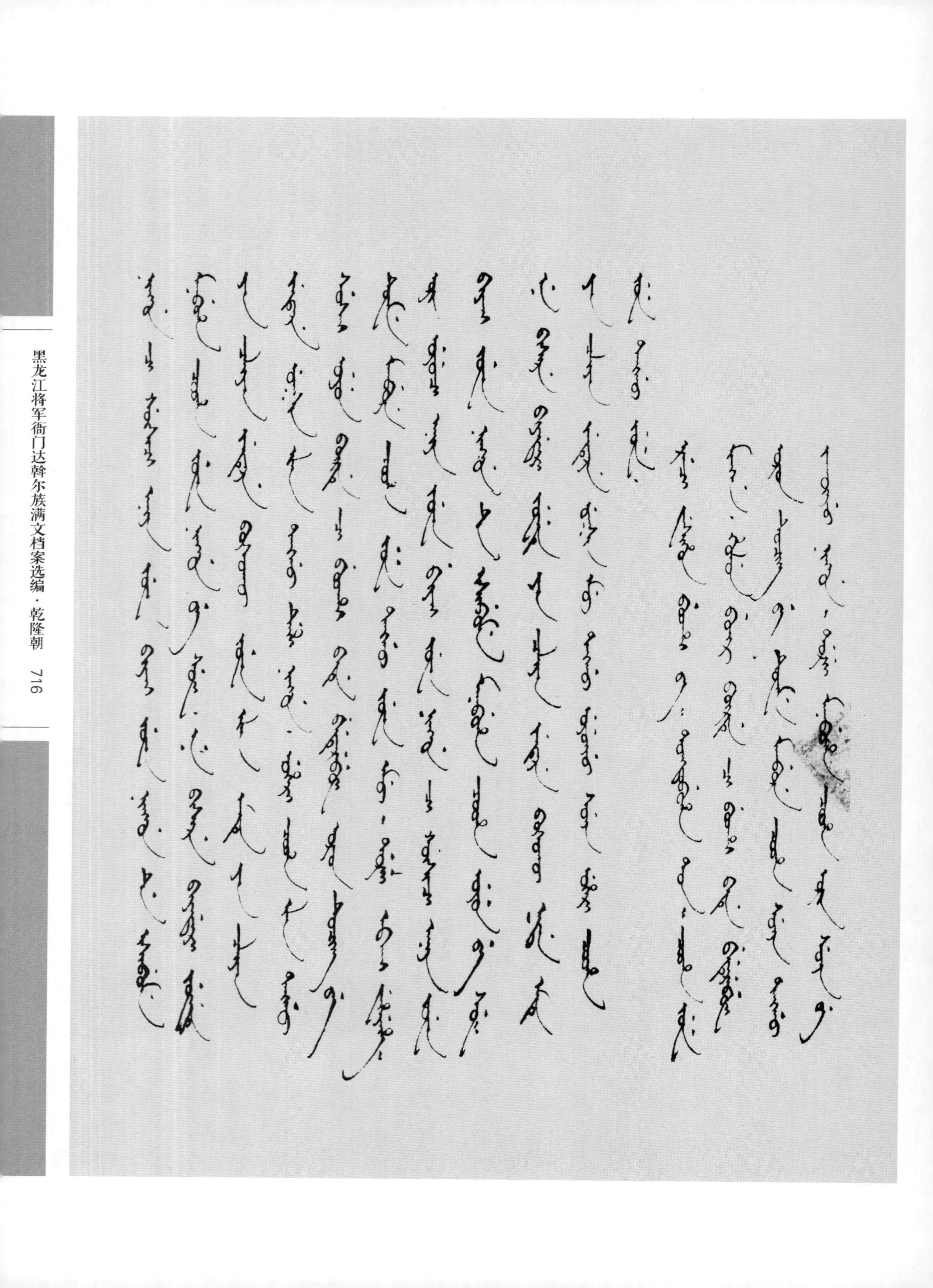

ISBN 978-7-5497-2170-2

定价：4800.00元